Konfigurieren der Windows Server 2008-Anwendungsplattform – Original Microsoft Training für Examen 70-643

Microsoft®
Press

Dieses Buch ist die deutsche Übersetzung von: J. C. Mackin und Anil Desai:
MCTS Self-Paced Training Kit (Exam 70-643): Configuring Windows Server 2008
Applications Infrastructure
Microsoft Press, Redmond, Washington 98052-6399

15 14 13 12 11 10 9 8 7 6 5 4 3 2 1
10 09 08

ISBN 978-3-86645-943-4, auch Teilband von *MCITP Windows Server 2008 Enterprise Administrator CorePack* – Original Microsoft Training für Examen 70-640, 70-642, 70-643 und 70-647 (ISBN 978-3-86645-998-4)

Übersetzung: Michael Ringel, Bonn
Korrektorat: Claudia Mantel-Rehbach, Entraching
Fachlektorat und Satz: Günter Jürgensmeier, München
Umschlaggestaltung: Hommer Design GmbH, Haar (www.HommerDesign.com)
Layout und Gesamtherstellung: Kösel, Krugzell (www.KoeselBuch.de)

Inhaltsverzeichnis

Einleitung

Dieses Buch richtet sich an IT-Profis (Information Technology), die bereits Windows Server 2008-Netzwerke unterstützen oder sich darauf vorbereiten und die außerdem die MCTS-Prüfung 70-643 ablegen möchten (MCTS bedeutet Microsoft Certified Technology Specialist). In diesem Buch wird vorausgesetzt, dass Sie bereits über solide Grundkenntnisse der Microsoft Windows-Client- und -Serverbetriebssysteme und über die gebräuchlichen Internettechnologien verfügen.

Die in diesem Buch besprochenen und in der Prüfung 70-643 abgefragten Themen beziehen sich auf die Technologien in einem Windows Server 2008-Netzwerk, die den verteilten Zugriff auf Webinhalte, Medien, Betriebssysteme und Anwendungen unterstützen.

In diesem Buch lernen Sie Folgendes:

- Bereitstellen von Windows-Servern und -Clients in einem Netzwerk mit den Windows-Bereitstellungsdiensten und dem Windows Automated Installation Kit (WAIK)
- Konfigurieren von Hyper-V- und anderen Windows-Virtualisierungstechnologien
- Konfigurieren von hochverfügbaren Speicherlösungen für Server
- Konfigurieren und Verwalten der Terminaldienste in Windows Server 2008
- Konfigurieren und Verwalten der Internetinformationsdienste 7.0 (IIS)
- Konfigurieren der Windows Media-Dienste
- Konfigurieren der Windows SharePoint Services

Hardwarevoraussetzungen (in Virtual PC simulierte Geräte)

Um den Zeitaufwand und die Kosten für den Aufbau von zusätzlichen Computern für dieses Training zu vermeiden, wird empfohlen, die Virtualisierungssoftware Virtual PC 2007 (oder höher) zu verwenden, die Sie ohne zusätzliche Kosten unter *http://www.microsoft.com/downloads* herunterladen können. Sie können zwar auch andere Virtualisierungssoftware verwenden, beispielsweise Virtual Server 2005 R2 oder Hyper-V, aber bei den Beschreibungen in diesem Buch wird von Virtual PC ausgegangen. Sofern Sie keine Virtualisierungssoftware verwenden möchten, finden Sie im nachfolgenden Abschnitt eine Beschreibung für die Einrichtung der Testumgebung auf realen Computern.

Wenn Sie sich für eine Virtualisierungssoftware entscheiden, brauchen Sie nur einen einzigen realen Computer, um die Übungen dieses Buchs nachzuvollziehen. Dieser Computer sollte folgende Mindestvoraussetzungen erfüllen:

- 1-GHz-Prozessor
- 2.0 GB realer Arbeitsspeicher (RAM); wenn Sie die Virtualisierungssoftware unter Windows Vista oder Windows Server 2008 betreiben, darf es gern auch etwas mehr sein
- 80 GB freier Speicherplatz auf dem Festplattenlaufwerk
- DVD-ROM-Laufwerk
- Internetzugang

Hardwarevoraussetzungen (reale Geräte)

Wenn Sie keine Virtualisierungssoftware verwenden möchten, sondern reale Computer den virtuellen vorziehen, brauchen Sie für die Übungen dieses Buchs insgesamt drei Computer, die folgende Mindestvoraussetzungen erfüllen sollten:

- Drei Computer, jeder ausgerüstet mit einem 1-GHz-Prozessor, 512 MB Arbeitsspeicher (RAM), Netzwerkkarte, Grafikkarte und DVD-ROM-Laufwerk.
- Unterschiedliche Mengen an freiem Speicherplatz auf den Festplattenlaufwerken:
  - Computer 1 (Server1) muss über ein Festplattenlaufwerk verfügen, auf dem noch mindestens 20 GB Speicherplatz frei ist.
  - Computer 2 (Server2) muss über mindestens 2, besser 3 Festplattenlaufwerke verfügen. Auf jedem Laufwerk sollte noch mindestens 15 GB Speicherplatz frei sein.
  - Computer 3 (Core1) muss über ein Festplattenlaufwerk mit 5 GB freiem Speicherplatz verfügen.
  - Alle Festplattenlaufwerke sollten neu formatiert werden. Es sollte keine andere Software auf diesen Festplatten installiert sein.
- Alle drei Computer müssen miteinander vernetzt werden und über einen Internetzugang verfügen.
- Der Netzwerkadapter auf Computer 2 (Server2) muss PXE-bootfähig sein.
- Falls es in Ihrem Netzwerk kein Internetgateway gibt, muss Computer 1 (Server1) mit einer zweiten Netzwerkkarte ausgerüstet werden, damit der Computer für die beiden anderen Computer als Internetgateway dienen kann.
- Die Testumgebung, die aus diesen drei Computern besteht, sollte vom Produktivnetzwerk isoliert bleiben. Es darf zum Beispiel noch keinen DHCP-Server in der Testumgebung geben, der den Computern automatisch IP-Adressen zuweist.

Softwarevoraussetzungen

Die folgende Software ist zur Durchführung der Übungen erforderlich:

- Wenn Sie die Übungen mit Virtual PC 2007 (oder höher) in einer virtuellen Umgebung durchführen, muss auf dem Hostcomputer bereits Windows installiert sein, einschließlich der erforderlichen Netzwerktreiber. Als dieses Buch entstand, wurde Virtual PC 2007 unter folgenden Betriebssystemen offiziell unterstützt: Windows Vista Business, Windows Vista Enterprise, Windows Vista Ultimate, Windows XP Professional und Windows XP Tablet PC Edition. Auf der Virtual PC-Website unter *http://www.microsoft.com/windows/products/winfamily/virtualpc/default.mspx* können Sie überprüfen, unter welchen Betriebssystemen Virtual PC unterstützt wird.
- Windows Server 2008. Eine Testversion von Windows Server 2008 können Sie vom Microsoft Download Center unter *http://www.microsoft.com/downloads* herunterladen. Beachten Sie, dass Sie in Virtual PC eine 32-Bit-Version von Windows Server 2008 verwenden müssen.

Hinweis Evaluierungs-DVD

Dem Buch liegt eine DVD mit einer Evaluierungsversion der empfohlenen 32-Bit-Version von Windows Server 2008 bei. Die 64-Bit-Version können Sie bei Bedarf über die angegebene Adresse herunterladen.

- Das Windows Automated Installation Toolkit (WAIK). Sie können das WAIK vom Microsoft Download Center unter *http://www.microsoft.com/downloads* herunterladen.
- Sofern Sie *keine* Virtualisierungssoftware verwenden, brauchen Sie zusätzliche Software, die Ihnen die Verwendung von *.iso*- und *.img*-Dateien ermöglicht. Diese Software muss eine der beiden folgenden Aufgaben erfüllen können:
  - Brennen der *.iso*- und *.img*-Dateien auf CDs oder DVDs (dafür brauchen Sie zusätzlich einen CD/DVD-Brenner).
  - Bereitstellen (mounten) von *.iso*- und *.img*-Dateien als virtuelle CD- oder DVD-Laufwerke auf Ihrem Computer.

Einrichten der Testumgebung

Für die Übungen dieses Trainings müssen Sie drei Computer einrichten. In der folgenden Beschreibung wird vorausgesetzt, dass Sie Virtual PC 2007 oder höher auf einem Hostcomputer installiert haben, der die im Abschnitt „Hardwarevoraussetzungen (in Virtual PC simulierte Geräte)“ genannten Hardwaremindestvoraussetzungen erfüllt. Falls Sie eine andere Virtualisierungssoftware oder reale statt virtueller Computer vorziehen, können Sie die Einrichtung der Computer zwar ebenfalls nach der folgenden Anleitung durchführen, müssen dann aber die einzelnen Schritte nach Bedarf entsprechend anpassen.

Wichtig Laden Sie die erforderliche Software herunter

Bevor Sie mit der Einrichtung der Übungscomputer beginnen, müssen Sie über eine Version von Windows Server 2008 (entweder als *.iso*-Datei oder als DVD) und über das Windows Automated Installation Kit (entweder als *.img*-Datei oder als DVD) verfügen.

Die Einrichtung der Testumgebung erfolgt in vier Phasen. In der ersten Phase erstellen Sie die drei virtuellen Maschinen. Abbildung E.1 zeigt die virtuelle Hardwarekonfiguration der virtuellen Computer nach der ersten Phase.

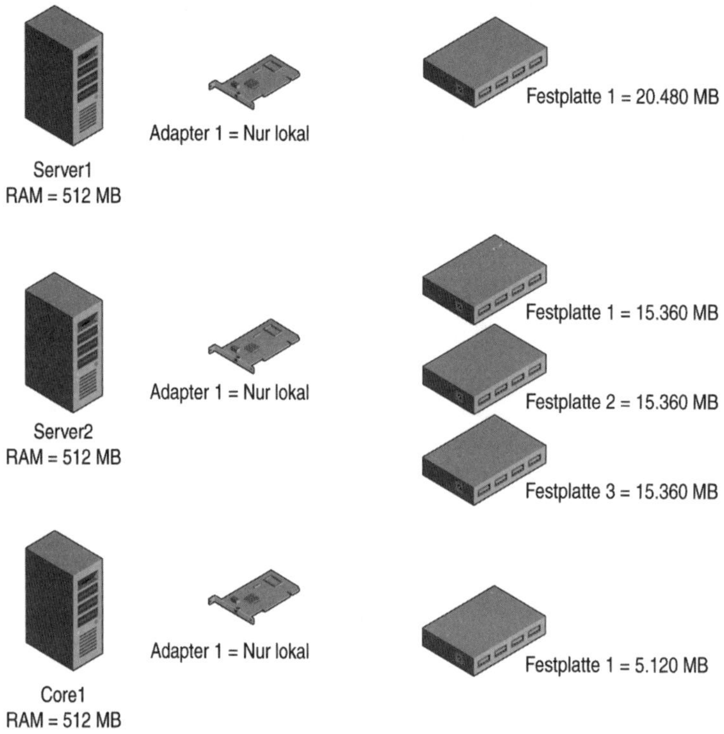

Abbildung E.1 Hardwarekonfiguration für die drei Computer in Virtual PC

In der zweiten Phase der Einrichtung der Testumgebung installieren Sie die Software auf den Computern Server1 und Core1. Auf Server2 ist keine Softwareinstallation erforderlich, denn dieser Computer dient später als Testmaschine für die automatische Installation der Betriebssystemsoftware und darf daher noch keine Software erhalten.

In der dritten Phase der Einrichtung der Testumgebung erfolgt die Konfiguration der Internetverbindung für alle drei Computer. In dieser Phase fügen Sie eine weitere Netzwerkkarte zu Server1 hinzu und konfigurieren zwischen den beiden Netzwerkkarten dieses Computers eine Netzwerkadressenübersetzung (Network Address Translation, NAT), wie in Abbildung E.2 gezeigt.

In der vierten und letzten Phase der Einrichtung der Testumgebung aktivieren Sie die Computer Server 1 und Core1 über das Internet.

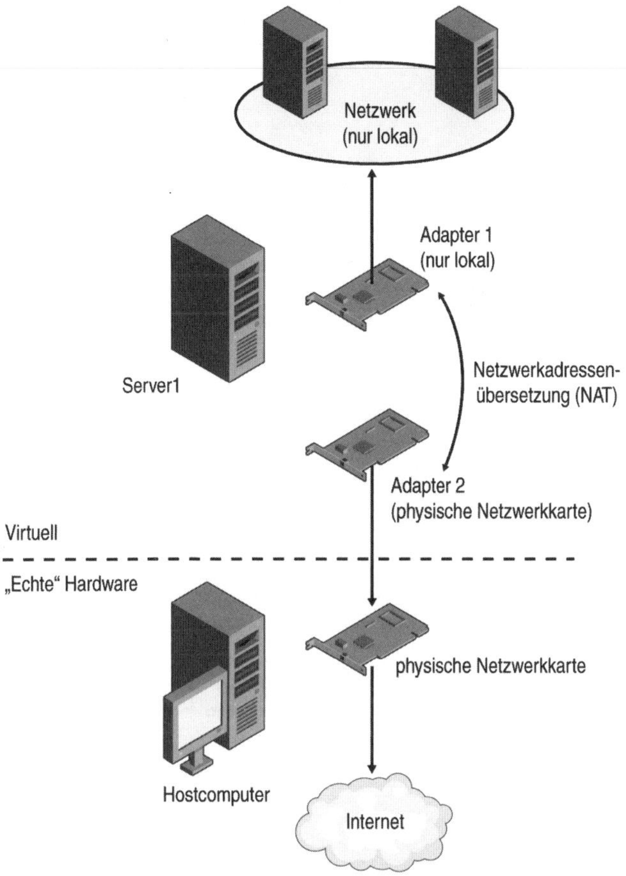

Abbildung E.2 Alle drei virtuellen Computer erhalten in Virtual PC einen Internetzugang

Phase 1: Erstellen der virtuellen Computer

Erstellen Sie mit den folgenden Schritten die virtuellen Computer für dieses Training.

Erstellen des virtuellen Computers Server1

Klicken Sie in der Virtual PC-Konsole auf die Schaltfläche *Neu*, um den Assistenten für neue virtuelle Computer zu starten, und nehmen Sie dann folgende Einstellungen vor:

- Optionen: Virtuellen Computer erstellen
- Name und Pfad: Server1

  (Wenn Sie in diesem Eingabefeld lediglich einen Namen eingeben, wird der Standardpfad verwendet.)

- Betriebssystem: Windows Server 2003 (Windows Server 2008, sobald diese Einstellung verfügbar ist)

  Als dieses Buch entstand, bot Virtual PC 2007 nicht die Möglichkeit, Windows Server 2008 anzugeben. Wählen Sie Windows Server 2008, sobald diese Option verfügbar wird.

- RAM: 512 MB

  Wenn Sie Windows Server 2003 als Betriebssystem wählen, empfiehlt Virtual PC 256 MB RAM. Wählen Sie in diesem Fall die Option, den Arbeitsspeicher anzupassen, und verwenden Sie stattdessen 512 MB.

- Festplattengröße: 20.480 MB

Konfigurieren des Netzwerkadapters in Virtual PC

Nachdem Sie in Virtual PC einen neuen (leeren) virtuellen Computer namens Server1 erstellt haben, öffnen Sie in der Virtual PC-Konsole das Dialogfeld *Einstellungen für Server 1* und stellen dann den Netzwerkadapter 1 so ein, dass er nur Verbindungen mit dem lokalen Netzwerk herstellt (*Nur lokal*), wie in Abbildung E.3 gezeigt. Fügen Sie noch keinen zweiten Adapter hinzu.

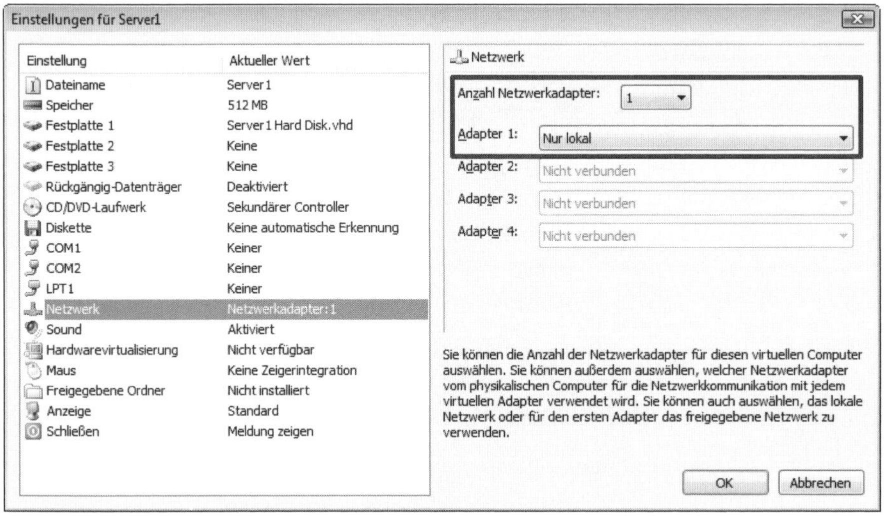

Abbildung E.3 Einstellen des Netzwerkadapters 1 für Server1 in Virtual PC

Erstellen des virtuellen Computers Core1

Erstellen Sie mit dem Assistenten für neue virtuelle Computer einen zweiten virtuellen Computer. Nehmen Sie alle Einstellungen wie bei Server1 vor, einschließlich der des Netzwerksadapters, aber mit folgenden zwei Ausnahmen:

- Name und Pfad: Core1
- Festplattengröße: 5120 MB

Erstellen des virtuellen Computers Server2

Erstellen Sie mit dem Assistenten für neue virtuelle Computer einen dritten virtuellen Computer. Nehmen Sie alle Einstellungen wie bei Server1 vor, einschließlich der Einstellung des Netzwerksadapters, aber mit folgenden zwei Ausnahmen:

- Name und Pfad: Server2
- Festplattengröße: 15360 MB

Wichtig Wählen Sie in Hyper-V eine *Ältere Netzwerkkarte* für Server2

Wenn Sie die Server in Hyper-V statt in Virtual PC erstellen, dann achten Sie darauf, dass Sie den Netzwerkadapter von Server2 als *Ältere Netzwerkkarte* konfigurieren, sonst ist der Adapter nicht PXE-kompatibel. Diese Funktion ist aber erforderlich, um Windows Server 2008 auf Server2 bereitzustellen, wie in den Übungen von Kapitel 1, Lektion 2, „Konfigurieren der Windows-Bereitstellungsdienste", beschrieben.

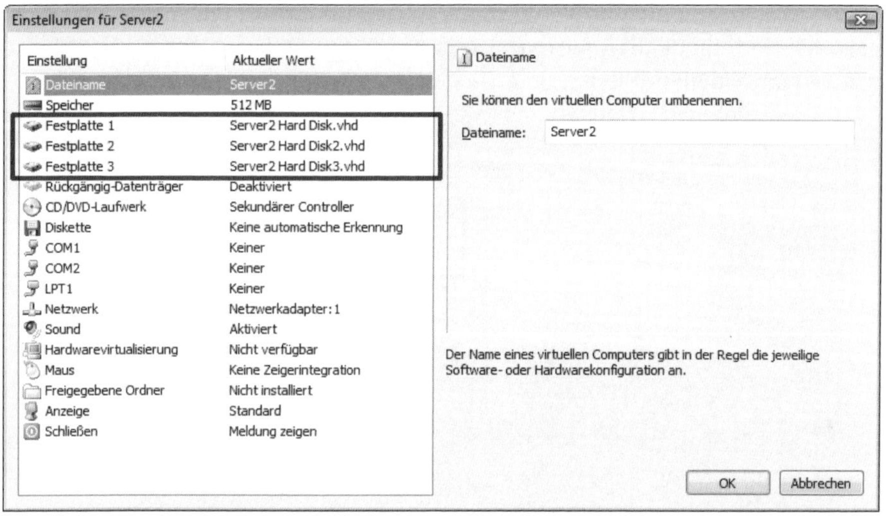

Abbildung E.4 Der virtuelle Computer Server2 sollte über drei angeschlossene virtuelle Festplatten verfügen

Konfigurieren der zweiten und dritten Festplatte für Server2

Öffnen Sie in der Virtual PC-Konsole das Dialogfeld *Einstellungen für Server2*. Wählen Sie im linken Bereich des Dialogfelds *Einstellungen für Server2* die *Festplatte 2* und klicken Sie dann auf die Schaltfläche *Assistent für virtuelle Datenträger*. Erstellen Sie dann mit dem Assistenten für virtuelle Datenträger mit einem Namen Ihrer Wahl an einem Speicherort Ihrer Wahl eine virtuelle Festplatte. Wählen Sie die Option *Dynamisch erweiterbar* und geben Sie 15360 MB als Festplattengröße an. Nach der Erstellung der virtuellen Festplatte wählen Sie im Dialogfeld *Einstellungen für Server2* die Option *Datei für virtuelle Festplatte* und suchen die neue virtuelle Festplatte heraus, die Sie gerade erstellt haben.

Erstellen Sie anschließend auf dieselbe Weise eine weitere virtuelle Festplatte mit der Größe 15360 MB und verwenden Sie diese Festplatte als Festplatte 3 von Server2.

Nachdem Sie die beiden zusätzlichen virtuellen Festplatten zum Server2 hinzugefügt haben, sollte das Dialogfeld *Einstellungen für Server2* für alle drei Festplatten eine entsprechende *.vhd*-Datei aufweisen, wie in Abbildung E.4.

Phase 2: Konfigurieren der Betriebssysteme auf Server1 und Core1

Richten Sie die Computer Server1 und Core1 nach der folgenden Anleitung ein.

Konfigurieren von Server1

Server1 wird als DHCP-Server, DNS-Server und Active Directory-Domänencontroller für die Domäne *Contoso.com* verwendet. Außerdem muss auf Server1 das WAIK installiert werden. Gehen Sie zur Konfiguration des Servers folgendermaßen vor:

1. Starten Sie in Virtual PC 2007 den virtuellen Computer Server1. Verwenden Sie dann das Menü *CD*, um die Windows Server 2008-DVD oder das entsprechende ISO-Abbild für den virtuellen Computer verfügbar zu machen, wie in Abbildung E.5. Beachten Sie, dass Sie mit dem Befehl *ISO-Abbild erfassen* nicht nur ISO-Dateien, sondern auch IMG-Dateien einbinden können.

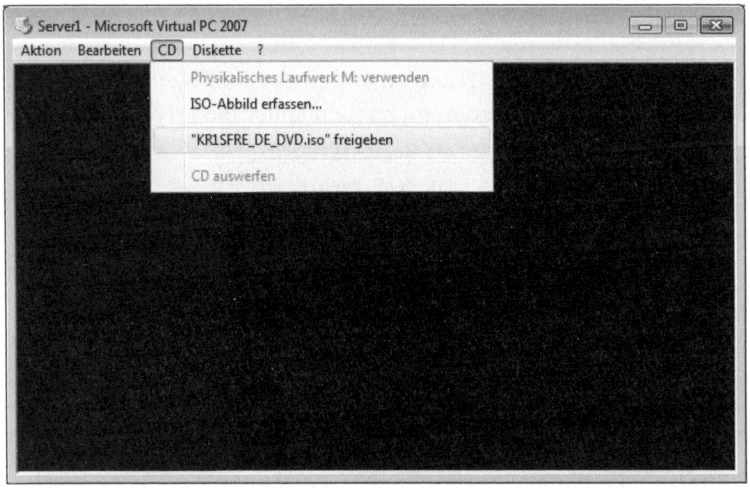

Abbildung E.5 „Erfassen" einer ISO-Datei auf einem virtuellen Computer

2. Führen Sie eine Standardinstallation von Windows Server 2008 durch. Berücksichtigen Sie dabei die folgenden Punkte.
   - Wählen Sie bei Bedarf die passende Tastatur- und Spracheinstellung.
   - Geben Sie noch keinen Product Key ein.
   - Wählen Sie *Windows Server 2008 Standard (Vollständige Installation)* oder *Windows Server 2008 Enterprise (Vollständige Installation)*.

- Installieren Sie Windows am Standardspeicherort (*Nicht zugewiesener Speicherplatz auf Datenträger 0*).
- Verwenden Sie ein sicheres Kennwort Ihrer Wahl, wenn Sie sich das erste Mal als Administrator anmelden.
- Nachdem Sie sich als Administrator angemeldet haben, verwenden Sie das Fenster *Aufgaben der Erstkonfiguration*, um die folgenden Einstellungen durchzuführen.

3. Konfigurieren Sie die LAN-Verbindung auf Server1. Das können Sie entweder im Fenster *Aufgaben der Erstkonfiguration* oder in einer Eingabeaufforderung tun.

   Im Fenster *Aufgaben der Erstkonfiguration* klicken Sie auf *Netzwerk konfigurieren*, öffnen das Eigenschaftendialogfeld der LAN-Verbindung und stellen dann die Eigenschaften für das Internet Protocol Version 4 (TCP/IPv4) mit folgenden Werten ein:

   - Wählen Sie *Folgende IP-Adresse verwenden.*
     - *IP-Adresse*: **192.168.10.1**
     - *Subnetzmaske*: **255.255.255.0**
     - *Standardgateway*: (kein Eintrag)
   - Wählen Sie *Folgende DNS-Serveradressen verwenden.*
     - *Bevorzugter DNS-Server*: **192.168.10.1**
     - *Alternativer DNS-Server*: (kein Eintrag)

     Um dieselben IP-Einstellungen auf einer Befehlszeile vorzunehmen, geben Sie in einer Eingabeaufforderung nacheinander die folgenden beiden Befehle ein:

```
netsh interface ipv4 set address "LAN-Verbindung" static 192.168.10.1 255.255.255.0
netsh interface ipv4 set dns "LAN-Verbindung" static 192.168.10.1
```

     Geben Sie dem Computer den gewünschten Namen. Auch das können Sie entweder im Fenster *Aufgaben der Erstkonfiguration* oder in einer Eingabeaufforderung erledigen.

     Klicken Sie in *Aufgaben der Erstkonfiguration* auf *Computername und -domäne festlegen*. Klicken Sie dann auf die Schaltfläche *Ändern* und geben Sie **Server1** als Computernamen ein. Nehmen Sie noch keine Änderung der Domänenzugehörigkeit vor.

     Mit folgendem Befehl können Sie den Namen auch in einer Eingabeaufforderung ändern:

```
netdom renamecomputer %ComputerName% /newname:Server1 /reboot
```

4. Verwenden Sie das Textfeld *Suche starten* des *Start*-Menüs oder das über das *Start*-Menü zugängliche Dialogfeld *Ausführen*, um Dcpromo zu starten und Server1 in einer neuen Active Directory-Domäne namens *contoso.com* als Domänencontroller zu konfigurieren. Geben Sie im Assistenten zum Installieren von Active Directory-Domänendiensten folgende Optionen an:

- *Neue Domäne in neuer Gesamtstruktur erstellen.*
- *FQDN der Gesamtstruktur-Stammdomäne*: **contoso.com.**
- *Gesamtstrukturfunktionsebene*: *Windows Server 2008.*
- *Weitere Domänencontrolleroptionen*: *DNS-Server* (Standardvorgabe).
- Wenn Sie darauf hingewiesen werden, dass der Computer mit einer dynamisch zugewiesenen IP-Adresse arbeitet, klicken Sie auf *Ja.*
- Wenn Sie darauf hingewiesen werden, dass für diesen DNS-Server keine Delegierung erstellt werden kann, klicken Sie auf *Ja.*
- Die Pfade für Datenbank, Protokolldateien und *Sysvol*: Behalten Sie die Standardeinstellungen bei.
- *Wiederherstellungsmodus für Verzeichnisdienste (Administratorkennwort)*: Ein sicheres Kennwort Ihrer Wahl.

5. Sobald der Assistent zum Installieren von Active Directory-Domänendiensten fertig ist, starten Sie Server1 neu und melden sich dann auf Server1 als *CONTOSO\Administrator* bei der Domäne *Contoso.com* an.

Wichtig Wie meldet man sich unter Virtual PC bei einem Computer an?

Beachten Sie, dass Sie in Virtual PC die Tastenkombination ALT-GR+ENTF verwenden müssen, um die Tastenkombination STRG+ALT+ENTF zu simulieren. Außerdem können Sie im Menü *Aktion* den Befehl *Strg+Alt+Entf* wählen.

---

6. Fügen Sie die Rolle DHCP-Server hinzu. Klicken Sie im Fenster *Aufgaben der Erstkonfiguration* auf *Rollen hinzufügen.* Verwenden Sie den Assistenten zum Hinzufügen von Rollen, um die Rolle DHCP-Server mit folgenden Optionen hinzuzufügen:
   - *Bindungen für Netzwerkverbindung*: Standardvorgabe. (Lassen Sie *192.168.10.1* markiert.)
   - *IPv4-DNS-Servereinstellungen*:
     - *Übergeordnete Domäne*: **contoso.com**.
     - *IPv4-Adresse des bevorzugten DNS-Servers*: **192.168.10.1**.
     - *IPv4-Adresse des alternativen DNS-Servers*: (kein Eintrag).
   - *WINS-Servereinstellungen*: WINS ist nicht erforderlich.
   - Fügen Sie einen DHCP-Bereich mit folgenden Spezifikationen hinzu:
     - *Bereichsname*: **contoso.com**.
     - *Start-IP-Adresse*: **192.168.10.2**.
     - *End-IP-Adresse*: **192.168.10.10**.
     - *Subnetzmaske*: **255.255.255.0**.

  - *Standardgateway*: **192.168.10.1**. (Diese Einstellung setzt eine Konfiguration für den Internetzugang voraus, wie sie in Phase drei dieser Anleitung beschrieben wird.)
  - *Subnetztyp*: *Verkabelt*.
  - *Diesen Bereich aktivieren*: Lassen Sie dieses Kontrollkästchen aktiviert.
  - *Statusfreier DHCPv6-Modus*: Behalten Sie die Standardvorgabe bei.
  - *IPv6 DNS-Servereinstellungen*: Behalten Sie die Standardvorgaben bei.
  - *DHCP-Server autorisieren*: Behalten Sie die Standardvorgabe bei.

7. Erstellen Sie drei Domänenadministratorkonten. Gehen Sie dabei folgendermaßen vor:

   a. Erweitern Sie in der Strukturansicht der Konsole Active Directory-Benutzer und -Computer den Knoten *contoso.com* und wählen Sie dann den Ordner *Users*.

   b. Klicken Sie den Ordner *Users* mit der rechten Maustaste an, zeigen Sie im Kontextmenü auf *Neu* und klicken Sie dann auf *Benutzer*.

   c. Geben Sie in den Feldern *Vollständiger Name* und *Benutzeranmeldename* des Dialogfelds *Neues Objekt – Benutzer* **ContosoAdmin1** ein und klicken Sie dann auf *Weiter*.

   d. Geben Sie ein Kennwort Ihrer Wahl ein, klicken Sie auf *Weiter* und dann auf *Fertig stellen*.

   e. Suchen Sie im Detailbereich der Konsole Active Directory-Benutzer und -Computer das Konto *ContosoAdmin1* heraus, das Sie gerade erstellt haben. Klicken Sie das Konto mit der rechten Maustaste an und klicken Sie im Kontextmenü dann auf *Einer Gruppe hinzufügen*.

   f. Geben Sie im Dialogfeld *Gruppen wählen* **Domänen-Admins** ein und drücken Sie dann die EINGABETASTE. Klicken Sie im Dialogfeld *Active Directory-Domänendienste* auf *OK*.

   g. Erstellen Sie nach den Schritten b bis f zwei weitere Domänenadministratorkonten mit den Namen *ContosoAdmin2* und *ContosoAdmin3*.

   h. Wenn Sie möchten, erstellen Sie ein weiteres Domänenadministratorkonto mit Ihrem Namen.

8. Aktivieren Sie auf Server1 die Dateifreigabe. Öffnen Sie das Netzwerk- und Freigabecenter, indem Sie das Netzwerksymbol im Infobereich der Taskleiste mit der rechten Maustaste anklicken und auf *Netzwerk- und Freigabecenter* klicken. Wählen Sie im Abschnitt *Freigabe und Erkennung* die Option zur Freigabe von Dateien.

9. Installieren Sie das Windows Automated Installation Kit (WAIK). Verwenden Sie dazu die WAIK-DVD- oder die IMG-Datei, die Sie vom Microsoft Download Center heruntergeladen haben. Gehen Sie dabei folgendermaßen vor:

a. Erfassen Sie in Virtual PC die WAIK-DVD- oder -IMG-Datei mit dem Befehl *ISO-Abbild erfassen* des *CD*-Menüs.

b. Verwenden Sie im *Willkommen*-Fenster des Windows Automated Installation Kits die Verknüpfungen *.NET Framework-Setup* und *MSXML 6.0-Setup*, um diese Komponenten bei Bedarf zu installieren.

   Wenn die Komponenten bereits installiert sind, lassen sie sich nicht noch einmal installieren.

c. Verwenden Sie die Option *Windows AIK-Setup*, um das WAIK zu installieren.

10. Installieren Sie auf Server1 die Virtual Machine Additions.

    Wählen Sie im Menü *Aktion* den Menübefehl *Virtual Machine Additions installieren/aktualisieren*. Folgen Sie der Anleitung, um die Virtual Machine Additions auf Server1 zu installieren. Starten Sie den Computer neu und melden Sie sich als *CONTOSO\Administrator* an.

Konfigurieren von Core1

Core1 ist Mitgliedsserver der Domäne *Contoso.com*. Konfigurieren Sie Core1 nach der folgenden Beschreibung.

1. Erfassen Sie auf dem virtuellen Computer Core1 eine Windows Server 2008-ISO-Datei oder legen Sie eine Windows Server 2008-Installations-DVD ein und wählen Sie im Menü *CD* des virtuellen Computers die Option *Physikalisches Laufwerk x: verwenden*, wobei *x:* für die Laufwerksnummer Ihres DVD-Laufwerks steht. Führen Sie dann eine Server Core-Standardinstallation von Windows Server 2008 durch. Gehen Sie folgendermaßen vor:
   - Wählen Sie bei Bedarf die passende Tastatur- und Spracheinstellung.
   - Geben Sie noch keinen Product Key ein.
   - Wählen Sie *Windows Server 2008 Standard (Server Core-Installation)* oder *Windows Server 2008 Enterprise (Server Core-Installation)*.
   - Installieren Sie Windows am Standardspeicherort (*Nicht zugewiesener Speicherplatz auf Datenträger 0*).
   - Wenn Sie sich das erste Mal anmelden, klicken Sie auf die Kachel *Anderer Benutzer* und geben dann den Benutzernamen **Administrator** ein, *aber kein Kennwort*.

     Sie werden unmittelbar darauf aufgefordert, das Kennwort zu ändern.
2. Überprüfen Sie die IP-Konfiguration. Geben Sie in einer Eingabeaufforderung den Befehl **ipconfig /all** und überprüfen Sie, ob Core1 von Server1 eine IP-Konfiguration erhalten hat.
3. Geben Sie dem Computer Core1 seinen Namen und machen Sie ihn zu einem Mitglied der Domäne. Geben Sie in einer Eingabeaufforderung folgenden Befehl ein:

```
netdom renamecomputer %ComputerName% /newname:Core1
```

4. Um Core1 zu einem Mitglied der Domäne *Contoso.com* zu machen, geben Sie folgenden Befehl ein:

   ```
   netdom join %ComputerName% /domain:contoso.com /userd:ContosoAdmin1 /passwordd:*
   ```

5. Wenn Sie dazu aufgefordert werden, geben Sie das Kennwort für das verwendete Konto *ContosoAdmin1* ein.

Hinweis Beachten Sie die Schreibweise

Beachten Sie die Verdopplung des Buchstabens „d" im Schalter `passwordd` des Netdom-Befehls.

---

6. Leiten Sie mit folgendem Befehl einen Neustart des Computers Core1 ein:

   ```
   shutdown /r /t 0
   ```

Phase 3: Konfigurieren des Internetzugangs für das Netzwerk *contoso.com*

In dieser Phase fügen Sie zu Server1 einen zweiten Netzwerkadapter hinzu, der mit der echten Netzwerkkarte des Hostcomputers verknüpft ist. Anschließend richten Sie auf Server1 die erforderliche Netzwerkadressenübersetzung ein.

Hinzufügen und Konfigurieren eines zweiten virtuellen Netzwerkadapters zu Server1

Fügen Sie mit den folgenden Schritten einen zweiten virtuellen Netzwerkadapter zu Server1 hinzu.

1. Fahren Sie Server1 herunter. Öffnen Sie in der Virtual PC-Konsole das Dialogfeld mit den Einstellungen für Server1.
2. Stellen Sie die Anzahl der Netzwerkadapter im Dialogfeld *Einstellungen für Server1* auf 2. Wählen Sie für den zweiten Adapter eine Netzwerkkarte aus, die auf dem Hostcomputer über eine Internetverbindung verfügt.

   Die (echte) Netzwerkkarte sollte bereits über eine eigene IP-Adresse verfügen und in der Lage sein, eine Verbindung mit dem Internet herzustellen. Abbildung E.6 zeigt ein Beispiel für diese Konfiguration.
3. Starten Sie Server1 und melden Sie sich an.
4. Klicken Sie im Server-Manager auf *Rollen hinzufügen*. Verwenden Sie folgende Informationen für die Eingaben im Assistenten zum Hinzufügen von Rollen:
   - *Serverrollen auswählen*: *Netzwerkrichtlinien- und Zugriffsdienste*
   - *Rollendienste auswählen*: *Routing- und RAS-Dienste* (Wählen Sie an dieser Stelle noch keine zusätzlichen Rollendienste.)

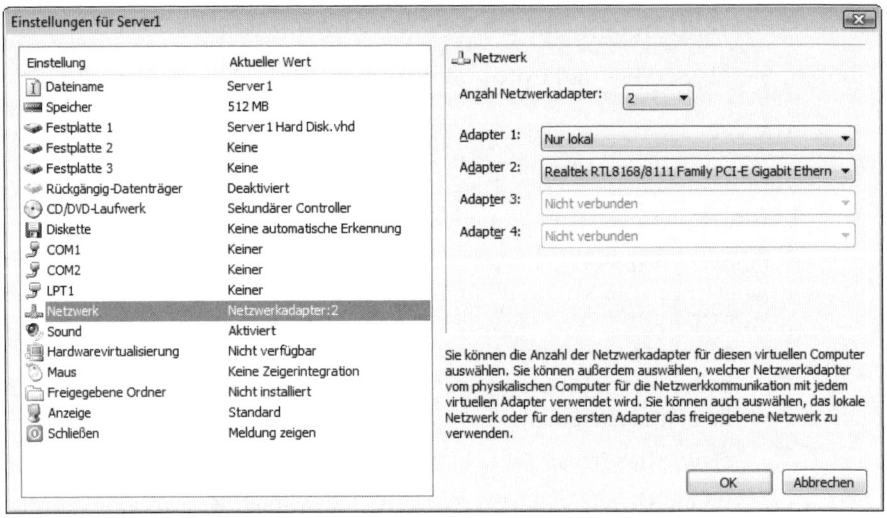

Abbildung E.6 Konfigurieren eines zweiten Netzwerkadapters auf Server1

Konfigurieren von NAT auf Server1

Richten Sie nach folgender Anleitung auf Server1 eine Netzwerkadressenübersetzung (NAT) ein.

1. Öffnen Sie die Routing und RAS-Verwaltungskonsole.
2. Klicken Sie in der Strukturansicht der Konsole Routing und RAS mit der rechten Maustaste auf den Knoten *Server1* und klicken Sie dann auf *Routing und RAS konfigurieren und aktivieren.*
3. Nehmen Sie im Setup-Assistenten für den Routing- und RAS-Server folgende Einstellungen vor:
   - Auf der Seite *Konfiguration* klicken Sie auf *Netzwerkadressübersetzung (NAT).*
   - Auf der Seite *NAT-Internetverbindung* wählen Sie *LAN-Verbindung 2* als öffentliche Schnittstelle für Verbindungen ins Internet.
4. Wählen Sie im Server-Manager den Knoten *Server-Manager.* Klicken Sie im Bereich *Sicherheitsinformationen* auf *Verstärkte Sicherheitskonfiguration für IE konfigurieren.* Wählen Sie die Option, die verstärkte Sicherheitskonfiguration für Administratoren auszuschalten.
5. Öffnen Sie den Internet Explorer und wählen Sie im Menü *Extras* die *Internetoptionen.* Stellen Sie eine Internet-Startseite Ihrer Wahl ein.
6. Überprüfen Sie die Internetverbindung, indem Sie im Internet Explorer auf das Symbol *Startseite* klicken.

Phase 4: Aktivieren der Server (empfohlen)

Sofern Sie für Server1 und Core1 über Product Keys verfügen, können Sie die Server aktivieren.

1. Aktivieren Sie Server1. Öffnen Sie die Systemsteuerung und wählen Sie die Option zum Ändern des Product Keys. Geben Sie den Product Key ein, sobald Sie dazu aufgefordert werden, und klicken Sie dann auf *Weiter*.

   Windows wird automatisch über das Internet aktiviert.

2. Aktivieren Sie Core1 auf folgende Weise:

   a. Melden Sie sich auf Core1 als Domänenadministrator bei *contoso.com* an und geben Sie folgenden Befehl ein, wobei *ProductKey* Ihr Product Key ist (mit den Bindestrichen):

   ```
   slmgr -ipk ProductKey
   ```

   b. Wenn Sie die Meldung erhalten, der Product Key sei erfolgreich installiert worden, geben Sie folgenden Befehl ein:

   ```
   slmgr -ato
   ```

   c. Nachdem Sie die Meldung über die erfolgreiche Aktivierung des Produkts erhalten haben, können Sie Core1 mit folgendem Befehl herunterfahren:

   ```
   shutdown /s /t 0
   ```

Verwenden der Begleit-CD

Dieses Buch wird mit einer Begleit-CD geliefert. Auf der Begleit-CD finden Sie Folgendes:

- **Übungstests** Mit den elektronischen Übungstests (in englischer Sprache) können Sie Ihr Wissen über die Konfiguration von Windows Server 2008 vertiefen. Die Anzeige der Tests können Sie so einstellen, dass die Lernzielkontrollfragen aus diesem Buch verwendet werden. Sie können auch für die Zertifizierungsprüfung 70-643 üben. Dazu verwenden Sie Tests, die aus einem Vorrat von 200 realistischen Prüfungsfragen zusammengestellt werden. Damit können Sie abschätzen, wie gut Sie vorbereitet sind.
- **Webcasts** Um Sie beim Erlernen des Stoffs zu unterstützen, enthält die CD Webcasts von Experten (in englischer Sprache). Diese Webcasts bieten Referate und Demonstrationen, die Ihnen zusätzliche Informationen über die in diesem Buch behandelten Themen liefern.
- **Ein E-Book** Falls Sie nicht die gedruckte Version dieses Buchs verwenden möchten, steht Ihnen eine elektronische Version (E-Book) in englischer Sprache zur Verfügung. Das E-Book liegt im PDF-Format (Portable Document Format) vor und lässt sich mit Adobe Acrobat oder Adobe Reader lesen.

So installieren Sie die Übungstests

Um die Übungstestsoftware von der Begleit-CD auf Ihrem Computer zu installieren, gehen Sie folgendermaßen vor:

1. Legen Sie die Begleit-CD in das CD-Laufwerk ein, stimmen Sie dem Lizenzvertrag zu und klicken Sie auf *Weiter*. Dann erscheint ein Dialogfeld mit einem CD-Menü.

Hinweis Falls sich das CD-Menü nicht öffnet

Wenn bereits der Lizenzvertrag nicht angezeigt wird, ist auf Ihrem Computer vielleicht die AutoRun-Funktion deaktiviert. Lesen Sie in diesem Fall die Datei *Readme.txt* von der Begleit-CD. Darin wird ein anderer Installationsweg beschrieben.

---

2. Klicken Sie auf *Übungstests* und folgen Sie der auf dem Bildschirm angezeigten Anleitung.

So benutzen Sie die Übungstests

Zum Start der Übungstests gehen Sie folgendermaßen vor:

1. Klicken Sie auf *Start*, dann auf *Alle Programme* und geben Sie im Untermenü *Microsoft Press Training Kit Exam Prep* den Befehl *Microsoft Press Training Kit Exam Prep*.

   Es öffnet sich ein Fenster, in dem alle Microsoft Press-Training Kit-Prüfungsvorbereitungskomponenten angezeigt werden, die auf Ihrem Computer installiert sind.
2. Klicken Sie die gewünschte Lernzielkontrolle oder den gewünschten Übungstest mit einem Doppelklick an.

Hinweis Unterschiede zwischen Lernzielkontroll- und Übungstests

Wenn Sie die Fragen aus den Lernzielkontrollabschnitten des Buchs verwenden möchten, wählen Sie unter *Lesson Reviews* den Punkt *(70-643) TS: Windows Server 2008 Applications Infrastructure, Configuring* aus. Wenn Sie Fragen aus einem Pool mit 200 Übungsfragen verwenden möchten, die den Fragen aus der Prüfung 70-643 ähneln, wählen Sie unter *Practice Tests* den Punkt *(70-643) TS: Windows Server 2008 Applications Infrastructure, Configuring* aus.

Optionen für Lernzielkontrollfragen

Wenn Sie eine Lernzielkontrollfrage wählen, öffnet sich das Dialogfeld *Custom Mode*, damit Sie den Test konfigurieren können. Sie können die Vorgaben mit einem Klick auf *OK* akzeptieren. Oder Sie ändern die Vorgaben, wobei Sie die gewünschte Anzahl der Fragen und die Arbeitsweise der Software festlegen, die gewünschten Themenbereiche auswählen und die Zeitspanne vorgeben, die zur Bearbeitung zur Verfügung stehen soll. Wenn Sie einen Test wiederholen, können Sie zudem entscheiden, ob Ihnen noch einmal alle Fragen vorgelegt werden sollen oder nur diejenigen, die Sie zuvor falsch oder nicht beantwortet haben.

Wenn Sie auf *OK* klicken, beginnt die Lernzielkontrolle.

- Wenn Sie den Test durchführen möchten, beantworten Sie die Fragen und wechseln mit den Schaltflächen *Next* und *Previous* von einer Frage zur nächsten.
- Wenn Sie nach der Beantwortung einer Frage überprüfen möchten, welche Antworten richtig waren, klicken Sie auf *Explanation*. Dann erhalten Sie eine Erklärung jeder richtigen Antwort.
- Sofern Sie erst am Ende des Tests erfahren möchten, wie Sie abgeschnitten haben, beantworten Sie alle Fragen und klicken dann auf *Score Test*. Sie sehen eine Zusammenfassung der Themen, die Sie gewählt haben, und die Prozentsätze der Fragen, die Sie zu jedem Thema und insgesamt richtig beantwortet haben. Sie können Ihren Test ausdrucken, Ihre Antworten überprüfen oder den Test wiederholen.

Optionen für Übungstests

Wenn Sie einen Übungstest starten, können Sie unter *Certification Mode*, *Study Mode* und *Custom Mode* wählen.

- **Certification Mode (Prüfungsmodus)** Die Bedingungen ähneln denen für das Examen. Der Test umfasst mehrere Fragen und es gibt eine Zeitbegrenzung. Sie können weder eine Pause einlegen noch die Zeitmessung neu starten.
- **Study Mode (Lernmodus)** Ein Test erfolgt ohne zeitliche Begrenzung und Sie können sich nach der Beantwortung einer Frage die richtigen Antworten und die Erläuterungen ansehen.
- **Custom Mode (Benutzerdefinierter Modus)** Sie haben die volle Kontrolle über die Optionen und können alle Einstellungen nach Wunsch vornehmen.

Die angezeigte Benutzeroberfläche ist in allen Modi dieselbe, nur werden je nach Modus bestimmte Optionen aktiviert oder deaktiviert. Die wichtigsten Optionen wurden bereits im vorigen Abschnitt „Optionen für Lernzielkontrollfragen“ beschrieben.

Wenn Sie Ihre Antwort auf eine bestimmte Frage des Übungstests überprüfen, wird ein Verweisabschnitt (*References*) angezeigt, in dem aufgelistet ist, an welcher Stelle im Training das entsprechende Thema behandelt wird und wo Sie weitere Informationen finden. Nachdem Sie *Score Test* angeklickt haben, um das Gesamtergebnis Ihres Tests anzeigen zu lassen, können Sie auf die Registerkarte *Learning Plan* klicken und sich eine Liste mit Verweisen für die entsprechenden Themen ansehen.

So deinstallieren Sie die Übungstests

Mit dem Systemsteuerungsmodul *Software* (Windows XP) oder der Option *Programme und Funktionen* (Windows Vista) können Sie die Übungstests in der Systemsteuerung von Windows wieder deinstallieren.

Das Microsoft Certified Professional-Programm

Das Microsoft Certified Professional-Programm (MCP) bietet Ihnen eine optimale Möglichkeit, Ihre Kenntnisse der aktuellen Microsoft-Produkte und -Technologien zu überprüfen. Die Prüfungen und entsprechenden Zertifikate dienen als Nachweis Ihrer Kompetenz in Bezug auf Entwurf, Entwicklung, Implementierung und Unterstützung von Lösungen mit Microsoft-Produkten und -Technologien. Computerspezialisten, die über Microsoft-Zertifikate verfügen, sind als Experten anerkannt und in der Branche gefragt. Die Zertifizierung bringt zahlreiche Vorteile für Bewerber, Arbeitgeber und Organisationen mit sich.

Weitere Informationen Alle Microsoft-Zertifizierungen

Eine vollständige Liste aller Microsoft-Zertifizierungen finden Sie unter *http://www.microsoft.com/learning/mcp/default.asp*.

Support

Microsoft Press hat sich um die Richtigkeit der in diesem Buch und auf der Begleit-CD enthaltenen Informationen bemüht. Mit Anmerkungen, Fragen oder Verbesserungsvorschlägen zu diesem Buch oder der Begleit-CD können Sie sich an Microsoft Press wenden:

Per E-Mail:

presscd@microsoft.com

Per Post:

Microsoft Press
Betreff: *Training70-643: Konfigurieren der Windows Server 2008-Anwendungsplattform*
Konrad-Zuse-Straße 1
85716 Unterschleißheim

Weitere Supportinformationen zu diesem Buch und der beiliegenden CD-ROM finden Sie auf der Supportwebsite von Microsoft Press unter *http://www.microsoft-press.de/support.asp*. Wenn Sie die Microsoft Press Knowledge Base abfragen möchten, besuchen Sie folgende Website: *http://www.microsoft.com/mspress/support/search.asp*. Supportinformationen zu den Softwareprodukten von Microsoft erhalten Sie unter der Adresse *http://support.microsoft.com/*.

KAPITEL 1

Implementieren und Konfigurieren einer Windows-Bereitstellungsinfrastruktur

Vor der Entwicklung von Windows Vista und Windows Server 2008 hat sich die Bereitstellung von Windows in großen Netzwerken über Jahre kaum geändert. Die neuste Generation des Betriebssystems Windows hat allerdings einige neue Bereitstellungstechnologien mit sich gebracht, wie zum Beispiel ImageX und die Windows-Bereitstellungsdienste, und die Bereitstellung auch um andere Aspekte erweitert, zum Beispiel virtuelle Computer und die Windows-Aktivierungsinfrastruktur. Daher gibt es nun in einem so grundlegenden Bereich wie der Bereitstellung von Windows selbst für erfahrene Windows-Administratoren einiges zu lernen. Dieses Kapitel gibt Ihnen einen Überblick über die vielen neuen Bereitstellungstechnologien und die Konzepte, die Sie für die Prüfung 70-643 verstehen müssen.

Eine ausführlichere Beschreibung der Bereitstellung finden Sie im Anhang dieses Buchs. Allerdings geht die Beschreibung im Anhang über den Stoff hinaus, den Sie für die Prüfung beherrschen müssen.

In diesem Kapitel abgedeckte Prüfungsziele:

- Bereitstellen von Servern
  - Bereitstellen von Abbildern mit den Windows-Bereitstellungsdiensten
  - Konfigurieren der Microsoft Windows-Aktivierung
  - Konfigurieren von Windows Server Hyper-V und virtuellen Computern

Lektionen in diesem Kapitel:

Bevor Sie beginnen

Um die Lektionen und Übungen dieses Kapitels durcharbeiten zu können, brauchen Sie folgende Geräte aus der bereits beschriebenen Testumgebung:

- Einen Domänencontroller namens *Server1.contoso.com* mit mindestens 3 GB freiem Speicherplatz auf einer beliebigen Partition oder einem beliebigen Volume.
- Einen realen oder virtuellen Computer ohne installiertes Betriebssystem mit mindestens 512 MB RAM. (Dieser Computer dient als Server2.)
- Außerdem wird vorausgesetzt, dass Sie das Windows Automated Installation Kit (Windows AIK) vom Microsoft Download Center (*http://www.microsoft.com/downloads*) heruntergeladen und auf Server1 installiert haben.

Praxistipp

JC Mackin

Sollen wir mit der Tatsache beginnen, dass alle Windows-Installationen nun auf der Basis von Datenträgerabbildern (Images) durchgeführt werden? Oder sollen wir einige der neuen Werkzeuge benennen, deren Verwendung Sie erlernen müssen, wie ImageX, Windows PE, den Windows-Systemabbild-Manager und die Windows-Bereitstellungsdienste, die alle zur Unterstützung der Bereitstellung dieser neuen Windows-Abbilder vorgesehen sind? Vielleicht sollten wir mit der Tatsache beginnen, dass die kleinen Windows-Versionen für kleine Firmen eher der Vergangenheit angehören und Sie sich nun damit beschäftigen müssen, wie man eine große Anzahl von Computern nach der Bereitstellung aktivieren kann. Bevor Sie irgendwelche Server oder Clients bereitstellen, sollten Sie übrigens genau geklärt haben, ob die Bereitstellung auf einer realen oder auf einer virtuellen Hardwareplattform erfolgen soll.

Aber sprechen wir von der eigentlichen Neuerung! Die Bereitstellung könnte tatsächlich die größte Änderung zwischen Windows Server 2008 und älteren Versionen von Windows Server 2008 sein. Wenn die Verwaltung von Windows für Sie ein neues Arbeitsgebiet ist, haben Sie Glück. In diesem speziellen Bereich sind Sie nun mit den erfahrenen Profis auf ungefähr gleichem Wissensstand. Sind Sie dagegen ein erfahrener Profi, können Sie sich ebenfalls freuen. Sobald Sie durchschaut haben, wie diese neuen Technologien funktionieren und verwendet werden, wird die Bereitstellung von Windows leichter als je zuvor.

Lektion 1: Bereitstellen von Windows in einer Windows Server 2008-Umgebung

Ein Betriebssystem bereitzustellen bedeutet, das Betriebssystem zu installieren und einsatzbereit zu machen, gewöhnlich auf den Computern eines Firmennetzwerks. In einem Netzwerk, auf dessen Clients Windows Vista und Windows Server 2008 verwendet wird, können Sie neue Clients und Server auf mehrere Arten bereitstellen. Alle diese Methoden einschließlich der Grundinstallation basieren auf der Abbildtechnologie. Zur Bereitstellung von Windows-Abbildern können Sie ein herkömmliches Installationsmedium (DVD) verwenden, Windows-Abbildprogramme wie ImageX und den Microsoft System Center Configuration Manager 2007 oder die in Windows Server 2008 integrierte Serverrolle Windows-Bereitstellungsdienste.

Am Ende dieser Lektion werden Sie in der Lage sein, die folgenden Aufgaben auszuführen:

- Beschreiben der Tools, mit denen Sie Windows-Abbilder verwalten, bearbeiten und bereitstellen können
- Beschreiben der verschiedenen Methoden, mit denen Sie Windows Vista und Windows Server 2008 bereitstellen können
- Erstellen einer Windows PE-CD

Veranschlagte Zeit für diese Lektion: 50 Minuten

Grundlagen der Windows-Bereitstellung

Microsoft hat für Windows Vista eine neue Methode zur Installation und Bereitstellung von Windows eingeführt und diese Methode für Windows Server 2008 weiterentwickelt. Diese Umstellung des Bereitstellungsvorgangs bedeutete auch die Einführung neuer Technologien und Werkzeuge, die das neue Windows-Abbildformat auf der Basis einer WIM-Datei unterstützen.

Was ist eine WIM-Datei?

Eine WIM-Datei (Windows Imaging Format) enthält eine oder mehrere Datenträgerabbilder im WIM-Format. Dabei handelt es sich um Abbilder auf Dateibasis. Das bedeutet, dass es sich um Sammlungen von Volumedateien handelt, also nicht einfach nur um Abbilder eines Datenträgers auf Sektorbasis, wie es bei vielen anderen Anwendungen üblich ist, die mit Datenträgerabbildern arbeiten. Der wichtigste Vorteil eines Abbilds auf Dateibasis gegenüber einem Abbild auf Sektorbasis besteht darin, dass man die Abbilder vor, während und nach der Bereitstellung ändern kann.

Neben den Nutzdaten enthalten WIM-Dateien auch Metadaten auf XML-Basis. Diese Metadaten beschreiben die Dateien und Verzeichnisse, aus denen sich jedes Abbild zusammensetzt. Zu den Metadaten gehören Zugriffssteuerungslisten (Access Control Lists, ACLs), kurze und lange Dateinamen, Attribute und andere Informationen, mit deren Hilfe sich ein abgebildetes Volume wiederherstellen lässt. Abbildung 1.1 zeigt ein Beispiel für die Metadaten einer WIM-Datei.

Abbildung 1.1 Ein Beispiel für die Metadaten einer WIM-Datei

Hinweis Install.wim

Die Basisabbilder von Windows Server 2008 sind auf der Windows-Produkt-DVD in der Datei *Install.wim* gespeichert.

WIM-Dateien bieten bei der Bereitstellung mehrere Vorteile:

- Weil das WIM-Abbildformat hardwareunabhängig ist, reicht ein einziges Abbild aus, um viele verschiedene Hardwarekonfigurationen oder Hardwareabstraktionsschichten (Hardware Abstraction Layers, HALs) zu unterstützen. Allerdings werden für x86- und 64-Bit-Betriebssysteme separate Abbilder gebraucht.
- WIM-Dateien ermöglichen Ihnen die Anpassung der Abbilder durch Skripts oder die Steuerung der Installation durch Antwortdateien.
- Das WIM-Abbildformat macht es möglich, den Inhalt eines Abbilds offline zu bearbeiten. Sie können bestimmte Betriebssystemkomponenten, Updates und Treiber hinzufügen oder löschen, ohne ein neues Abbild erstellen zu müssen.

- WIM-Dateien brauchen auch von Dateien, die in mehreren der in ihr enthaltenen Abbilder vorkommen, nur jeweils ein einziges Exemplar zu speichern. Dadurch ist bei der Speicherung von mehreren Abbildern in einer WIM-Datei deutlich weniger Speicherplatz erforderlich.
- Sie können einen Computer von einem Datenträgerabbild starten, das in einer WIM-Datei enthalten ist, indem Sie das Abbild als startfähig kennzeichnen.
- Das WIM-Abbildformat ermöglicht eine nichtüberschreibende Bereitstellung. Das bedeutet, dass Sie im Prinzip Daten auf dem Volume lassen können, auf das Sie ein Abbild anwenden möchten, weil die Anwendung des Abbilds die Daten, die auf dem Volume vorhanden sind, nicht löscht.
- Ein WIM-Dateiabbild beansprucht nur so viel Platz wie die Dateien, aus denen es sich zusammensetzt. Daher können Sie WIM-Dateien verwenden, um Daten von einem Volume zu erfassen, auf dem es noch freien Speicherplatz gibt, und die Daten auf einem kleineren Volume wiederherstellen.
- Eine WIM-Datei kann sich über mehrere CDs oder DVDs erstrecken.
- WIM-Dateien unterstützen neben unkomprimierten Dateien (die schnellste Methode) auch zwei Komprimierungsarten, nämlich Xpress (schnell) und LZX (hochkomprimiert).

Die Tools des Windows Automated Installation Kits

Das Windows AIK (Windows Automated Installation Kit) können Sie vom Microsoft Download Center unter *http://www.microsoft.com/downloads* herunterladen. Das Windows AIK bietet Administratoren und Computerherstellern Werkzeuge und die dazugehörige Dokumentation zur Durchführung von unbeaufsichtigten Installationen von Windows Server 2008, Windows Vista und einigen älteren Versionen von Microsoft Windows, einschließlich Windows XP und Windows Server 2003.

Das Windows AIK enthält mehrere wichtige Bereitstellungstools:

- **Windows PE 2.0** Windows PE 2.0 (Preinstallation Environment), auch WinPE genannt, ist eine startfähige Minimalversion von Windows, die Sie verwenden können, um einen Computer von einer CD oder DVD, von einem USB-Flashlaufwerk oder über das Netzwerk zu starten. Die wichtigste Aufgabe von Windows PE ist zwar, eine Umgebung bereitzustellen, in der ein Windows-Abbild erstellt oder angewendet werden kann, aber Sie können Windows PE auch zur Wiederherstellung eines installierten Betriebssystems oder zur Problembehebung verwenden. Im Prinzip können Sie Windows PE als Ersatz für startfähige MS-DOS-Disketten betrachten. Im Gegensatz zum 16-Bit MS-DOS, das auf seine eigenen Treiber angewiesen war, können die 32-Bit- und 64-Bit-Versionen des Betriebssystems Windows PE aber die Treiber von Windows Vista und Windows Server 2008 verwenden.

Hinweis Eine kompakte Version von Windows

Die Installationen von Windows PE unterscheiden sich zwar in ihrer Größe, aber eine typische Installation erfordert ungefähr 100 MB RAM. Wegen seiner Größe kann Windows PE nicht von einer Diskette gestartet werden, sondern nur von Speichergeräten mit entsprechendem Speicherplatz, wie CD, DVD, USB-Laufwerk oder einer Netzwerkressource.

Windows PE kann viele der gewohnten Befehlszeilenprogramme ausführen und sogar über IP-Netzwerke kommunizieren. Wenn Sie einen Computer von einer typischen Windows PE-Installation starten, erscheint eine Eingabeaufforderung, in der Sie die integrierten Tools verwenden und auch andere Programme starten können, die Sie selbst installiert haben.

Hinweis Windows Setup und Windows PE

Windows PE ist die Grundlage für alle Installationen von Windows Vista und Windows Server 2008. Wenn Sie einen Computer von der Produkt-CD starten und das Setup-Programm verwenden, läuft im Hintergrund Windows PE.

Windows PE lässt sich zwar von einem CD-Laufwerk starten, wird aber nicht direkt vom CD-Laufwerk hochgefahren. Stattdessen legt Windows PE ein RAM-Laufwerk an (damit ist ein simuliertes Laufwerk gemeint, das im Arbeitsspeicher des Computers angelegt wird), kopiert die Betriebssystemdateien auf dieses Laufwerk und setzt seinen Start dann von diesem RAM-Laufwerk aus fort. Dieses RAM-Laufwerk erhält automatisch den Laufwerksbuchstaben X.

Hinweis CD-Wechsel unter Windows PE

Da Windows PE von einem RAM-Laufwerk aus gestartet wird, können Sie die Windows PE-CD nach dem Hochfahren entfernen und eine andere CD mit zusätzlichen Treibern oder anderer Software einlegen. Der Ordner *X:\Windows\System32* enthält viele Programme und Tools, die Sie unter Windows PE ausführen können. Die meisten dieser Tools lassen sich zwar auch in einer Vollversion von Windows Vista verwenden, aber einige sind speziell für den Einsatz unter Windows PE vorgesehen.

- **ImageX** ImageX ist ein Befehlszeilentool, mit dem Sie WIM-Abbilder für die Bereitstellung erfassen, ändern oder anwenden können. Die Hauptfunktion von ImageX ist die Erfassung eines Volumes in einem WIM-Dateiabbild und die Anwendung (Installation) eines WIM-Dateiabbilds auf ein Volume. Um zum Beispiel ein Abbild zu erfassen, können Sie den Computer in Windows PE hochfahren und den Befehl `Imagex /capture` *`pfad\wimdateiname.wim`* `"AbbildName"` verwenden. Um ein Abbild auf ein Volume anzuwenden, verwenden Sie den Befehl `Imagex /apply` *`pfad\wimdateiname.wim`* `1`. (Der Wert 1 ist in diesem Fall der Indexwert des Abbilds in der Datei *wimdateiname.wim*.) Eine weitere wichtige Funktion von ImageX ist die Möglichkeit, ein WIM-Dateiabbild ins Windows-Dateisystem einzubinden. Anschließend können Sie den Inhalt dieses Abbilds ändern. Sie können zum Beispiel ein Betriebssystemabbild einbinden, um Gerätetreiber hinzuzufügen, und das Abbild dann wieder aus dem Dateisystem entfernen, damit es wieder auf ein Volume angewendet werden kann.

- **Windows SIM** Der Windows-Systemabbild-Manager (Windows System Image Manager oder Windows SIM) ist ein Programm, mit dem sich Antwortdateien für die unbeaufsichtigte Installation von Windows erstellen lassen. Für Windows Vista und Windows Server 2008 sind diese Antwortdateien XML-Dokumente, die während der Installation von Windows Informationen liefern, mit denen der weitere Verlauf der Installation gesteuert wird. Sie können mit Windows SIM zum Beispiel eine Antwortdatei erstellen, die ein Festplattenlaufwerk vor der Installation von Windows partitioniert und formatiert oder die Standardeinstellungen für die Startseite des Internet Explorers ändert. Durch die entsprechenden Einstellungen in der Antwortdatei können Sie Windows SIM auch zur Installation von Anwendungen und Gerätetreibern anderer Hersteller, von Sprachpaketen und anderen Updates verwenden.

Hinweis Windows SIM versus Installations-Manager

Als Programm zur Erstellung von Antwortdateien für unbeaufsichtigte Installationen ersetzt Windows SIM den Installations-Manager, der in älteren Windows-Versionen verwendet wurde.

Windows SIM verwendet außer Windows-Abbildern (WIM-Dateien) auch Katalogdateien (*.clg*-Dateien) zur Anzeige der verfügbaren Komponenten und Pakete, die zu einer Antwortdatei für die unbeaufsichtigte Installation hinzugefügt werden können. Katalogdateien und WIM-Dateien enthalten konfigurierbare Einstellungen, die Sie ändern können, sobald eine Komponente oder ein Paket zur Antwortdatei hinzugefügt wurde.

Hinweis Katalogdateien (*.clg*)

Wenn Sie ein WIM-Dateiabbild aktualisiert haben, müssen Sie die dazugehörige Katalogdatei neu erstellen.

Abbildung 1.2 zeigt das Windows SIM-Tool.

Prüfungstipp

Für die Prüfung 70-643 müssen Sie die Aufgaben der Programme Windows PE, ImageX und Windows SIM kennen.

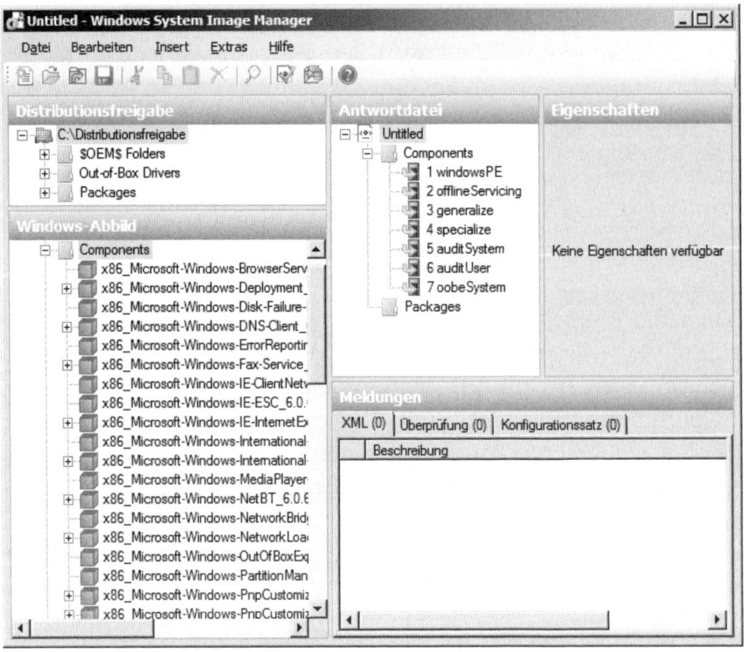

Abbildung 1.2 Der Windows-Systemabbild-Manager (Windows SIM)

Sysprep

Das Programm Sysprep ist im Ordner *%SystemRoot%\System32\Sysprep* einer Windows Vista- oder Windows Server 2008-Installation zu finden. Die Aufgabe von Sysprep besteht darin, eine Masterinstallation des Betriebssystems in eine allgemeine Form zu bringen, die sich auf anderen Computern installieren lässt. Sysprep erstellt diese allgemeine Form eines Abbilds, indem es alle Einstellungen von der Masterinstallation entfernt, die nicht auf anderen Computern verwendet werden sollten, wie zum Beispiel den Computernamen, die Domänenmitgliedschaft, die Zeitzone, den Product Key, die Sicherheitskennung (SID) und verschiedene andere Benutzer- und Computereinstellungen. Wenn Sie Sysprep auf einer Windows-Installation ausführen, wird ein Sysprep-Abbild erzeugt (man sagt, die Installation wurde „mit Sysprep bearbeitet“ oder „gesysprepped“).

Nach der Ausführung von Sysprep fährt der Computer herunter. Die mit Sysprep bearbeitete Installation bleibt auf der Festplatte und ist bereit, mit ImageX oder den Windows-Bereitstellungsdiensten erfasst, in eine WIM-Datei gespeichert und auf anderen Computern bereitgestellt zu werden. Natürlich müssen die Einstellungen, die Sysprep entfernt hat, auf jedem Computer wieder ersetzt werden, auf dem das mit Sysprep bearbeitete Abbild installiert wird. Einige dieser Einstellungen (wie die SID des Computers) werden automatisch wiederhergestellt, wenn die Installation nach der Ausführung von Sysprep das erste Mal wieder hochgefahren wird. Andere Einstellungen werden vielleicht mit den Werten aus einer Antwortdatei wiederhergestellt, die Sie zuvor konfiguriert haben und beim ersten Start des mit Sysprep bearbeiteten Abbilds verwenden. Die restlichen Einstellungen, die der Computer braucht, werden vom Benutzer mit einem interaktiven Assistenten durchgeführt, der beim ersten Start nach der Ausführung von Sysprep erscheint.

Windows-Bereitstellungsmethoden

Die Bereitstellungstechnologien werden in einem Windows Server 2008-Netzwerk benutzt, um Windows-Clients und Windows-Server bereitzustellen. Die folgenden Abschnitte beschreiben die Bereitstellungsmethoden, die für Windows Vista und Windows Server 2008 wichtig sind.

Windows Vista und Windows Server 2008 werden gewöhnlich auf eine von vier Arten bereitgestellt: mit einer Produkt-DVD, mit WIM-Dateien, die auf einer Netzwerkfreigabe verfügbar gemacht werden, mit den Windows-Bereitstellungsdiensten oder mit dem System Center Configuration Manager 2007. Diese vier Methoden bieten in der genannten Reihenfolge eine zunehmende Automatisierung, erfordern aber auch eine zunehmend größere Menge an Ressourcen, Erfahrung und Vorbereitung. Welche Methode für Sie die beste ist, hängt ab von den Ressourcen, die Ihnen zur Verfügung stehen, von der Größe Ihrer Organisation und von der Anzahl der Computer, auf denen Sie ein Betriebssystem bereitstellen wollen.

Verwenden der Produkt-DVD

Der einfachste Weg, Windows auf neuer Hardware zu installieren, führt über die Windows-Produkt-DVD. Wenn Sie zu Beginn der Installation auf einer Diskette oder in einem USB-Flashlaufwerk (USB steht für Universal Serial Bus) eine Antwortdatei namens *Autounattend.xml* bereitstellen, können Sie den Vorgang so weit automatisieren, dass keine interaktive Steuerung des Vorgangs mehr erforderlich ist. Diese Bereitstellungsmethode ist dann zu empfehlen, wenn keine leistungsfähige Netzwerkverbindung zum Zielcomputer verfügbar ist (das könnte zum Beispiel für kleine Filialen gelten), wenn Sie Windows nur auf einer kleinen Anzahl von Computern installieren oder wenn am Standort des Zielcomputers keine IT-Fachkräfte verfügbar sind. Im Vergleich mit den anderen automatisierten Formen der Bereitstellung stellt diese Methode an den Quell- und Zielstandorten zudem die geringsten Anforderungen an die technische Vorbereitung, die Ressourcen und die Erfahrung.

Allerdings stößt die Bereitstellung von Windows mit einer Produkt-DVD schnell an ihre Grenzen. Erstens erfordert sie von Endanwendern aus dem nichttechnischen Bereich umfangreichere Eingaben und schwierigere Entscheidungen, als für eine Betriebssysteminstallation zu empfehlen sind. Verfügt der Zielcomputer nicht über ein Diskettenlaufwerk oder stellen Sie die Datei *Autounattend.xml* über eine Netzwerkverbindung bereit, wird dem Benutzer einiges abverlangt. Er muss die Antwortdatei im Stammverzeichnis eines USB-Flashlaufwerks oder einer Diskette speichern, die Diskette in den Zielcomputer einlegen oder das USB-Flashlaufwerk am Zielcomputer anschließen, die Produkt-DVD einlegen und den Computer neu starten. Eine zweite Beschränkung der Produkt-DVD besteht darin, dass es nicht möglich ist, ohne beträchtliche Kenntnisse am Standort des Endanwenders zusätzliche Treiber oder Updates (sogenannte Konfigurationssätze) in den Installationsvorgang einzubinden. Als letzter Nachteil dieser Bereitstellungsmethode sei genannt, dass auf jedem Zielcomputer eine Produkt-DVD zur Verfügung stehen muss. Installationen können nur auf so vielen Computern gleichzeitig erfolgen, wie Produkt-DVDs zur Verfügung stehen.

Verwenden der Windows AIK-Tools und einer Netzwerkfreigabe

Steht eine Netzwerkfreigabe mit ausreichend schneller Datenübermittlung zur Verfügung, können Sie Windows Vista und Windows Server 2008 auf zwei Arten installieren: mit dem Setup-Programm oder durch die Anwendung eines WIM-Dateiabbilds. Bei der ersten Methode wird der Inhalt des Windows-Produktmediums auf einer Netzwerkfreigabe gespeichert. Dann können Sie entweder die vorgegebene Version der Datei *Install.wim* beibehalten oder sie (und die dazugehörige Katalogdatei) durch ein Abbild ersetzen, das Sie selbst nach ihrer Referenz- oder Masterinstallation zusammengestellt haben. Anschließend wird Setup auf dem lokalen Computer unter Windows PE in einer Eingabeaufforderung gestartet. Zur Angabe einer Antwortdatei verwenden Sie den Schalter `/unattend`. Wenn Sie zum Beispiel Laufwerk *Y* mit einer Netzwerkfreigabe verknüpft haben, auf der die Installationsdateien gespeichert sind, und wenn auf derselben Freigabe eine Antwortdatei namens *deploy_unattend.xml* verfügbar ist, können Sie den lokalen Computer mit Windows PE hochfahren und dann **Y:\setup /unattend:deploy_unattend.xml** eingeben.

Die zweite Methode zur Installation von Windows mit einer Netzwerkfreigabe ist, auf dieser Freigabe ein WIM-Dateiabbild der mit Sysprep bearbeiteten Masterinstallation zu speichern. In diesem Fall können Sie die Antwortdatei sogar in der Masterinstallation unterbringen, und zwar im Pfad *%SystemRoot%\Panther\Unattend*. (Die Antwortdatei muss *Unattend.xml* oder *Autounattend.xml* heißen.) Auf dem Zielcomputer können Sie das Windows-Abbild dann mit Windows PE und ImageX anwenden. Wenn Sie zum Beispiel die Netzwerkfreigabe, auf der die WIM-Dateiabbilder gespeichert sind, mit dem Laufwerksbuchstaben *Y* verknüpft haben, können Sie den lokalen Computer mit Windows PE hochfahren und dann **Imagex /apply Y:\myimage.wim 1 c:** eingeben.

Die Bereitstellung von Windows mit einer Netzwerkfreigabe ist dann sinnvoll, wenn die Netzwerkbandbreite hoch genug ist, um sehr große Dateien zu übertragen, wenn Sie nur eine relativ kleine Anzahl von Computern bereitstellen müssen (zwischen 5 und 20) und wenn in der Netzwerkumgebung weder eine Active Directory-Domäne noch das Netzwerkverwaltungsprogramm System Center Configuration Manager 2007 zur Verfügung steht.

Der größte Nachteil dieser Methode besteht darin, dass sie sich nicht vollständig automatisieren lässt. Am Standort der Zielcomputer muss jemand zur Verfügung stehen, der genug von Computern versteht, um einen Computer unter Windows PE starten und in der Eingabeaufforderung die entsprechenden Befehle geben zu können. Im Gegensatz zu den Windows-Bereitstellungsdiensten sucht diese Lösung nicht automatisch die Quelldateien im Netzwerk, um ein Menü mit den zur Auswahl stehenden Betriebssystemen anzubieten. Im Gegensatz zum System Center Configuration Manager 2007 ermöglicht es diese Lösung einem Administrator nicht, an anderen Standorten automatisch Betriebssysteme bereitzustellen.

Der zweite Nachteil einer Bereitstellung mit einer Netzwerkfreigabe ist neben der fehlenden Automatisierung, dass es sich nicht um eine verwaltete Lösung handelt. Es gibt kein zentrales Programm, in dem Sie die Windows-Abbilder, die auf der Netzwerkfreigabe gespeichert sind, zentral verwalten und ändern können. Daher sind Bereitstellungen mit einer Netzwerkfreigabe meistens nur dann sinnvoll, wenn 20 oder weniger neue Computer bereitgestellt werden sollen.

Windows-Bereitstellungsdienste

Im Gegensatz zu einer Bereitstellung mit einer Netzwerkfreigabe ermöglichen die Windows-Bereitstellungsdienste es auch einem Endanwender ohne technische Erfahrung, einen Computer zu starten, auf dem noch kein Betriebssystem installiert ist, und aus einem Auswahlmenü das Windows-Abbild auszuwählen, das installiert werden soll. Der Zielcomputer ist mit einem PXE-Startprozess in der Lage, den Windows-Bereitstellungsdiensteserver (WDS-Server) zu finden und das Betriebssystemmenü herunterzuladen (PXE bedeutet Pre-boot eXecution Environment). PXE findet den WDS-Server in der Startphase des Computers mit DHCP (Dynamic Host Configuration Protocol).

Hinweis PXE-startfähige Computer

Damit ein WDS-Clientcomputer einen WDS-Server finden kann, muss er über eine PXE-startfähige Netzwerkkarte verfügen.

Die Installation mit den Windows-Bereitstellungsdiensten ist im Vergleich zu der einfachen Speicherung von WIM-Dateien auf einer Netzwerkfreigabe wesentlich besser zu skalieren und zu verwalten. Allerdings stellen die Windows-Bereitstellungsdienste auf nahezu allen Computern, auf denen der Rollendienst Bereitstellungsserver installiert wird, erhebliche Ansprüche an die Infrastruktur:

- **Active Directory** Ein Windows-Bereitstellungsdiensteserver muss entweder Mitglied einer Active Directory-Domäne oder ein Domänencontroller in einer Active Directory-Domäne sein. Allerdings ist es nicht wichtig, welcher Art die Active Directory-Domäne oder die Gesamtstruktur ist. Alle Domänen- und Gesamtstrukturkonfigurationen unterstützen die Windows-Bereitstellungsdienste.
- **Dynamic Host Configuration Protocol** Sie brauchen im Netzwerk einen funktionsfähigen DHCP-Server mit einem aktiven IP-Adressenbereich für das Netzwerk, weil die Windows-Bereitstellungsdienste PXE verwendet, das wiederum DHCP verwendet. Der DHCP-Server braucht nicht auf dem Windows-Bereitstellungsdiensteserver installiert zu sein, aber er (oder ein DHCP-Relay-Agent) muss im selben Subnetz wie der Client verfügbar sein.
- **Domain Name System** Ein funktionierender DNS-Server (Domain Name System) im Netzwerk ist ebenfalls erforderlich, um die Windows-Bereitstellungsdienste zu verwenden. Der DNS-Server muss nicht auf dem Windows-Bereitstellungsdiensteserver ausgeführt werden.

- **NTFS-Volume** Der Server, auf dem die Windows-Bereitstellungsdienste ausgeführt werden, muss über ein NTFS-Volume verfügen, auf dem die Abbilder gespeichert werden.
- **Eine dauerhafte Hochgeschwindigkeitsverbindung zwischen den Windows-Bereitstellungsdiensteservern und den Zielcomputern** Eine solche Verbindung ist wegen der Größe der Abbilder, die auf die Zielcomputer übertragen werden müssen, ebenfalls eine Voraussetzung. Außerdem sollten sich diese Server in benachbarten Subnetzen der Zielcomputer befinden, um eine hohe Übertragungsleistung zu gewährleisten.

Neben den Ansprüchen der Windows-Bereitstellungsdienste an die Infrastruktur besteht ein weiterer Nachteil dieser Bereitstellungslösung darin, dass ein Benutzer am Zielcomputer in den Vorgang eingreifen muss. Der Administrator kann nicht einfach ein Betriebssystem auf einem beliebigen Desktopcomputer der Organisation installieren.

Wegen dieser Einschränkungen lässt sich die Installation mit den Windows-Bereitstellungsdiensten nicht gut auf große Unternehmensnetzwerke skalieren, in denen es mehrere Active Directory-Domänen, IP-Subnetze oder Standorte gibt.

Hinweis Windows-Bereitstellungsdienste außerhalb von Active Directory

Neben dem Rollendienst Bereitstellungsserver gehört auch der Rollendienst Transportserver zur Rolle Windows-Bereitstellungsdienste. Der Rollendienst Transportserver ermöglicht die Übertragung von beliebigen Dateien oder Ordnern (beispielsweise von Betriebssystemabbildern, Datendateien oder MP3-Archiven) an Remoteclients, und zwar mit Multicast-IP-Adressierung. Wird der Transportserver ohne Bereitstellungsserver verwendet, ist weder eine Active Directory-Infrastruktur noch DHCP erforderlich. Allerdings ist diese Art der Bereitstellung eines Betriebssystems wesentlich komplizierter. Im Gegensatz zum Rollendienst Bereitstellungsserver reagiert der Transportserver nicht auf PXE-Anfragen. Außerdem lässt er sich nur mit dem Befehlszeilenprogramm *Wdsutil* verwalten und verwenden. Außerhalb von Active Directory-Domänen ist es einfacher, Windows Vista und Windows Server 2008 mit den Windows AIK-Tools und Netzwerkfreigaben bereitzustellen.

Schnelltest

- Welche Anforderungen stellen die Windows-Bereitstellungsdienste an den Server und die Infrastruktur?

Antwort zum Schnelltest

- Windows Server 2008 mit installierten Windows-Bereitstellungsdiensten, Active Directory, DNS, DHCP, einem NTFS-Volume und einer dauerhaften Hochgeschwindigkeitsverbindung.

System Center Configuration Manager 2007

Wird System Center Configuration Manager 2007 mit anderen Bereitstellungsmethoden kombiniert, ermöglicht er die Erstellung einer vollständig verwalteten Bereitstellungslösung für große Organisationen. Im Gegensatz zu anderen Bereitstellungsmethoden ermöglicht der System Center Configuration Manager 2007 auch auf Remotecomputern eine vollständig unbeaufsichtigte Bereitstellung von Betriebssystemen.

Der System Center Configuration Manager 2007 unterstützt Sie bei den vielen Aufgaben, die bei der Anwendung von automatischen Prozeduren auf viele Server- und Clientcomputer anfallen, wie zum Beispiel:

- Auswählen der Computer, die über Hardware verfügen, die für ein bestimmtes Betriebssystem erforderlich ist, und die Sie unterstützen möchten
- Verteilen der Betriebssystem-Quelldateien an alle Standorte einschließlich der Standorte in anderen Städten und der Standorte, die über keine eigene Technikabteilung verfügen
- Überwachen der Verteilung an alle Standorte
- Bereitstellen der erforderlichen Benutzerrechte für die Aktualisierung
- Automatisches Einleiten der Installation der Softwarepakete, wobei die Benutzer die Möglichkeit haben sollen, die passenden Zeitpunkte zu bestimmen
- Beheben von Problemen, die sich bei der Verteilung oder Installation ergeben haben
- Berichterstattung über den Erfolg und die Erfolgsrate der Bereitstellungen
- Überprüfen, ob alle Computer der Organisation die standardisierte Betriebssystemkonfiguration erhalten haben

Die Bereitstellung von Windows Vista oder Windows Server 2008 mit dem System Center Configuration Manager 2007 erfordert eine dauerhafte Hochgeschwindigkeitsverbindung zwischen den Servern und den Zielcomputern, auf denen die Bereitstellung erfolgen soll. Eine solche Verbindung ist wegen der Größe der Dateien erforderlich, die auf die Zielcomputer übertragen werden müssen.

Zu den Nachteilen des System Center Configuration Managers 2007 gehört, dass es sich im Gegensatz zu den bisher beschriebenen Bereitstellungsmethoden um ein separates Produkt handelt, was neben den Kosten für Windows Server 2008 zusätzliche Kosten bedeutet. Außerdem erfordert die Installation und Konfiguration der Infrastruktur für den System Center Configuration Manager 2007 erhebliches technisches Fachwissen. Der dritte Nachteil des System Center Configuration Managers 2007 besteht darin, dass es mit ihm im Gegensatz zu den Windows-Bereitstellungsdiensten nicht möglich ist, auf einem fabrikneuen Computer, auf dem noch keine Software vorhanden ist, ein Betriebssystem zu installieren. Auf einem Zielcomputer muss die Clientsoftware für den System Center Configuration Manager 2007 installiert werden. (Wegen dieser letzten Einschränkung wird der System Center Configuration Manager 2007 gewöhnlich nicht als Ersatz, sondern zur Ergänzung der Windows-Bereitstellungsdienste verwendet.)

Praktische Übung Erstellen einer Windows PE-CD

In dieser Übung erstellen Sie eine startfähige Windows PE-CD, mit der Sie Windows-Abbilder erstellen oder anwenden können. Voraussetzung für diese Übung ist, dass Sie auf Laufwerk C von Server1 das Windows AIK installiert haben.

► Übung: Erstellen einer Windows PE-CD

In dieser Übung erstellen Sie eine Windows PE-CD, mit der Sie später einen Computer starten und Programme wie zum Beispiel ImageX verwenden können.

1. Öffnen Sie auf Server1 in der Programmgruppe *Microsoft Windows AIK* die *Windows PE Tools-Eingabeaufforderung*.
2. Geben Sie in der Windows PE Tools-Eingabeaufforderung diejenige der folgenden Zeilen ein, die zur Architektur der Computer passt, auf denen Sie die Windows PE-CD verwenden möchten:

   ```
   Copype.cmd x86 C:\WinPE_x86
   Copype.cmd amd64 C:\WinPE_amd64
   Copype.cmd ia64 C:\WinPE_ia64
   ```

   Das Skript *Copype.cmd* erstellt ein neues Verzeichnis mit dem Namen, der beim Aufruf des Skripts angegeben wurde. Nach der Ausführung dieses Skripts enthält das neue Verzeichnis unter anderen Dateien und Ordnern ein Verzeichnis namens *ISO*. Dieses *ISO*-Verzeichnis ist wichtig, weil es den zukünftigen Inhalt der Windows PE-CD enthält. Daher müssen Sie die Tools (wie zum Beispiel ImageX), die auf der Windows PE-CD zur Verfügung stehen sollen, ins *ISO*-Verzeichnis kopieren. Diese Tools kopieren Sie im nächsten Schritt.
3. Geben Sie in der Windows PE Tools-Eingabeaufforderung diejenige der folgenden Zeilen ein, die zur Architektur der Computer passt, auf denen Sie die Windows PE-CD verwenden möchten:

   ```
   Copy "C:\Program files\Windows AIK\Tools\x86\imagex.exe" C:\WinPE_x86\ISO
   Copy "C:\Program files\Windows AIK\Tools\amd64\imagex.exe" C:\WinPE_amd64\ISO
   Copy "C:\Program files\Windows AIK\Tools\ia64\imagex.exe" C:\WinPE_ia64\ISO
   ```
4. Erstellen Sie im Editor (Notepad) eine leere Datei namens *Wimscript.ini* und speichern Sie die Datei je nach den Gegebenheiten im neuen Ordner *WinPE_x86\ISO*, *WinPE_amd64\ISO* oder *WinPE_ia64\ISO*.
5. Geben Sie in *Wimscript.ini* folgenden Text ein und speichern Sie die Datei erneut:

   ```
   [ExclusionList]
   ntfs.log
   hiberfil.sys
   pagefile.sys
   "System Volume Information"
   RECYCLER
   Windows\CSC
   ```

```
[CompressionExclusionList]
*.mp3
*.zip
*.cab\WINDOWS\inf\
*.pnf
```

Der Abschnitt `[ExclusionList]` der Datei *Wimscript.ini* gibt an, welche Dateien nicht erfasst werden sollen, wenn Sie mit dem Programm ImageX ein Abbild des Volumes erstellen. Der Abschnitt `[CompressionExclusionList]` von *Wimscript.ini* gibt an, welche Dateien oder Dateitypen nicht komprimiert werden sollen, wenn Sie ein Abbild mit dem Programm ImageX komprimieren.

6. Geben Sie in der Windows PE Tools-Eingabeaufforderung diejenige der folgenden Zeilen ein, die zur Architektur der Computer passt, auf denen Sie die Windows PE-CD verwenden möchten:

```
Oscdimg -n -bc:\WinPE_x86\etfsboot.com c:\WinPE_x86\ISO
    c:\WinPE_x86\WinPE_x86.iso

Oscdimg -n -bc:\WinPE_amd64\etfsboot.com c:\WinPE_x86\ISO
    c:\WinPE_amd64\WinPE_amd64.iso

Oscdimg -n -bc:\WinPE_ia64\etfsboot.com c:\WinPE_ia64\ISO
    c:\WinPE_x86\WinPE_ia64.iso
```

Der Befehl Oscdimg erstellt aus dem angegebenen *ISO*-Verzeichnis eine *.iso*-Datei. Der Schalter `-b` gibt den Pfad der Startsektordatei *etfsboot.com* an, damit die resultierende Windows PE-CD startfähig wird. Beachten Sie, dass auf den Schalter `-b` kein Leerzeichen folgt. (Das `c`, das sich an den Schalter anschließt, ist der Laufwerksbuchstabe in der Pfadangabe für *etfsboot.com*.) Der Schalter `-n` schließlich ermöglicht die Verwendung von langen Dateinamen in der *.iso*-Datei.

7. Brennen Sie die neue *.iso*-Datei bei Bedarf mit der Software Ihrer Wahl auf eine CD (oder binden Sie die *.iso*-Datei in ein virtuelles CD-Laufwerk ein).

Zusammenfassung der Lektion

- In einem Netzwerk, auf dessen Clients Windows Vista und auf dessen Server Windows Server 2008 ausgeführt wird, können Sie neue Clients und Server auf mehrere unterschiedliche Arten bereitstellen. Diese Methoden einschließlich der Basisinstallation beruhen alle auf WIM-Dateien.
- Eine WIM-Datei ist eine Datei, die ein oder mehrere Datenträgerabbilder im Windows-Abbildungsformat enthält. WIM-Dateien werden auf Dateibasis erstellt und können daher vor, während und nach der Bereitstellung geändert werden.
- Das Windows AIK ist eine ISO-Datei, die Sie von der Microsoft-Website herunterladen können. Es enthält einige wichtige Bereitstellungstools, wie zum Beispiel Windows PE, ImageX und Windows SIM.
- Sysprep ist ein Tool, das auf einer Windows Vista- oder Windows Server 2008-Installation im Ordner *%SystemRoot%\System32\Sysprep* zu finden ist. Sysprep hat die

Aufgabe, eine Masterinstallation zu verallgemeinern, damit sich das Abbild auf vielen anderen Computern verwenden lässt.

- Sie können Windows von einer DVD installieren, mit einer Netzwerkfreigabe und den Windows AIK-Tools oder mit den Windows-Bereitstellungsdiensten.

Lernzielkontrolle

Die folgende Frage dient zur Vertiefung des in dieser Lektion besprochenen Stoffs. Die Frage ist (in englischer Sprache) auch auf der Begleit-CD zu finden, falls Sie die elektronische Form der Fragen vorziehen.

Hinweis Antwort

Die Antworten auf die Frage und Erläuterungen, warum die entsprechende Antwort richtig oder falsch ist, finden Sie im Abschnitt „Antworten“ am Ende des Buchs.

1. Welches der folgenden Tools eignet sich zur Vorbereitung einer Referenz- oder Masterinstallation, damit von ihr ein Abbild für die Verwendung in einer Bereitstellung auf Abbildbasis erstellt werden kann?

   A. Windows PE

   B. ImageX

   C. Sysprep

   D. Windows SIM

Lektion 2: Konfigurieren der Windows-Bereitstellungsdienste (WDS)

Die Windows-Bereitstellungsdienste (Windows Deployment Services, WDS) bestehen aus mehreren Komponenten und stellen die neuste Version der Remoteinstallationsdienste dar, die erstmals im Rahmen von Windows 2000 Server als Bereitstellungstechnologie veröffentlicht wurden. Windows Server 2008 enthält die Rolle Windows-Bereitstellungsdienste, die Sie im Server-Manager zu Servern hinzufügen können. Die Windows-Bereitstellungsdienste wiederum bieten eine Bereitstellungstechnologie auf Server- und Abbildbasis, die sich gut für mittelgroße Unternehmen eignet, die die Bereitstellung von Arbeitsstationen, Servern oder beidem automatisieren wollen.

In der Windows Server 2008-Version der Windows-Bereitstellungsdienste gibt es einige neue Funktionen, wie zum Beispiel eine verbesserte Verwaltungsschnittstelle, ein skriptfähiges Befehlszeilentool namens Wdsutil, Unterstützung für das neue Windows-Abbildformat (*.wim*) und Verbesserungen in der effizienten Ausnutzung der verfügbaren Bandbreite bei umfangreichen Bereitstellungen.

Am Ende dieser Lektion werden Sie in der Lage sein, die folgenden Aufgaben auszuführen:

- Bereitstellen von Windows-Abbildern mit den Windows-Bereitstellungsdiensten

Veranschlagte Zeit für diese Lektion: 120 Minuten

Einführung in die Windows-Bereitstellungsdienste

Die Windows-Bereitstellungsdienste sind eine Technologie auf Serverbasis zur Bereitstellung von Windows-Abbildern auf Computern, auf denen noch keine Software installiert ist. Der Windows-Bereitstellungsdiensteserver wird zur Speicherung von Windows-Abbildern verwendet. Clients, auf denen Windows installiert werden soll, suchen in der Startphase einen geeigneten Windows-Bereitstellungsdiensteserver, wofür entweder Startdatenträger oder PXE verwendet werden. PXE ist eine Technologie auf der Basis von DHCP, die von den meisten Netzwerkkarten verwendet wird. Mit den Windows-Bereitstellungsdiensten können Sie auch Abbilder verwalten und anpassen. Dadurch empfehlen sich die Windows-Bereitstellungsdienste für Organisationen, die eine große Zahl von Bereitstellungen durchführen müssen, bei denen viele Anpassungen erforderlich sind.

Vergleich der Windows-Bereitstellungsdienste mit den Windows AIK-Tools

Die Windows-Bereitstellungsdienste (WDS) verfügen über eine grafische Oberfläche, die es möglich macht, auf die direkte Verwendung mancher Windows AIK-Tools zu verzichten. Sie können Abbilder zum Beispiel mit den Windows-Bereitstellungsdiensten statt mit ImageX erstellen und auf Computern bereitstellen. Allerdings werden auch die Windows-Bereitstellungsdienste leistungsfähiger, wenn Sie die Windows AIK-Tools beherrschen. Sie können zum Beispiel Windows SIM verwenden, um Antwortdateien zu erstellen, mit denen Sie Ihre WDS-Bereitstellungen automatisieren können.

Die Durchführung von automatischen Windows-Bereitstellungen mit dem Windows AIK erfordert eine umfangreiche manuelle Konfiguration und Anpassung. Die Windows-Bereitstellungsdienste bieten dagegen eine einfach zu verwendende Verwaltungskonsole, die viele dieser Konfigurations- und Anpassungsarbeiten erleichtert. Außerdem können Sie das Befehlszeilentool Wdsutil verwenden, um viele WDS-Aufgaben durch Skripts zu automatisieren. Als Lösung auf Serverbasis erleichtern die Windows-Bereitstellungsdienste zudem die Verwaltung einer großen Zahl von angepassten Start- und Installationsabbildern. Im Vergleich dazu bietet Windows AIK kein eigenes Programm oder System zur Verwaltung solcher Abbilder. Dieses Problem müssen Sie also auf andere Weise selbst lösen.

Vorteile der Windows-Bereitstellungsdienste

Die Windows-Bereitstellungsdienste sind wegen ihrer Vorteile für viele Organisationen die ideale Wahl für eine Bereitstellungslösung. Erstens erleichtern die Windows-Bereitstellungsdienste als Lösung auf Serverbasis die zentrale Verwaltung aller Aspekte des Bereitstellungsprozesses, einschließlich der Erstellung, Anpassung, Wartung, Aktualisierung und Installation der Abbilder. Durch die Zentralisierung wird nicht nur die Komplexität des Bereitstellungsprozesses verringert, sondern auch die Kosten und der Aufwand, der für solche Bereitstellungen getrieben werden muss. Zweitens unterstützt die Windows Server 2008-Version der Windows-Bereitstellungsdienste die Bereitstellung folgender Betriebssysteme: Windows Server 2008, Windows Vista, Windows Server 2003 und Windows XP. Das bedeutet, dass Sie in einer gemischten Umgebung, in der die aktuellen und auch ältere Windows-Plattformen verwendet werden, nur eine Bereitstellungsinfrastruktur brauchen, um diese Versionen warten zu können. Drittens enthält die Windows Server 2008-Version der Windows-Bereitstellungsdienste Erweiterungen für das Trivial File Transfer Protocol (TFTP) und eine Multicastunterstützung, mit der es möglich ist, Windows auch in sehr großen Umgebungen bereitzustellen, ohne das Netzwerk dadurch übermäßig zu belasten.

Grundlagen der WDS-Infrastrukturkomponenten

Bevor Sie die Rolle Windows-Bereitstellungsdiensteserver in Ihrer Umgebung bereitstellen, müssen Sie die erforderlichen Vorbereitungen durchführen. Welche Schritte dafür erforderlich sind, hängt davon ab, welchen WDS-Rollendienst Sie verwenden möchten. Während der Installation der Rolle Windows-Bereitstellungsdienste haben Sie die Wahl unter zwei Rollendiensten:

- **Bereitstellungsserver** Dieser Rollendienst bietet den ganzen Funktionsumfang der Windows-Bereitstellungsdienste und ermöglicht Ihnen, Abbilder herzustellen, anzupassen und auf Remotecomputern bereitzustellen, auf denen noch keine Software installiert ist. Wenn Sie diesen Rollendienst bereitstellen, müssen Sie in Ihrem Netzwerk zuvor die Active Directory-Domänendienste, einen DNS-Server und einen DHCP-Server bereitstellen.
- **Transportserver** Dieser Rollendienst bietet nur eine Teilmenge der Funktionen der Windows-Bereitstellungsdienste und kann für spezielle Lösungen verwendet

werden, in denen eigenständige Bereitstellungsserver und Multicastadressierung verwendet werden sollen. Sie brauchen zur Unterstützung dieses Rollendienstes weder die Active Directory-Domänendienste noch einen DNS- oder DHCP-Server.

Obwohl der Rollendienst Transportserver weniger Anforderungen als der Rollendienst Bereitstellungsserver an die Infrastruktur stellt, ist der Rollendienst Transportserver für komplexere Situationen vorgesehen und erfordert eine spezielle Anpassung, um sich als Bereitstellungslösung zu eignen. Daher wird in diesem Kapitel nur die Bereitstellung von Windows mit dem Rollendienst Bereitstellungsserver der Windows-Bereitstellungsdienste beschrieben.

Weitere Informationen Suche nach dem DHCP-Server

Es ist möglich, alles auf demselben Computer zu installieren – Active Directory zusammen mit dem DNS-, dem DHCP- und dem Windows-Bereitstellungsdiensteserver –, statt die Rolle Windows-Bereitstellungsdienste auf einem separaten Computer bereitzustellen. Wenn Sie das tun, müssen Sie allerdings bei der Installation der Windows-Bereitstellungsdienste eine spezielle Option wählen. Informationen über die Konfiguration dieser Option mit dem Hilfsprogramm Wdsutil finden Sie weiter unten in diesem Kapitel im Abschnitt „Durchführen der ersten Serverkonfiguration mit Wdsutil“.

- **Serverkomponenten** Diese Komponenten liegen auf dem Windows-Bereitstellungsdiensteserver und umfassen einen Abbildspeicher, der Startabbilder, Installationsabbilder und andere für eine Remoteinstallation über das Netzwerk erforderlichen Dateien enthält, sowie einen PXE-Server, damit die Remotecomputer ohne installiertes Betriebssystem starten können, einen TFTP-Server, damit Remotecomputer ein Betriebssystemabbild aus dem Abbildspeicher herunterladen und installieren können, eine Netzwerkschicht für die Unterstützung der Multicastverteilung von Abbilddateien über das Netzwerk und eine Diagnosekomponente, die in die Ereignisinfrastruktur von Windows Server 2008 eingebunden ist.
- **Clientkomponenten** Dazu gehört eine grafische Oberfläche, die in Windows PE verwendet werden kann und den Benutzer in die Lage versetzt, das Betriebssystemabbild auszuwählen, das auf dem Remotecomputer installiert werden soll. Nachdem die Auswahl erfolgt ist, fordern die Clientkomponenten das entsprechende Abbild aus dem Abbildspeicher des Windows-Bereitstellungsdiensteservers an und laden es herunter.
- **Verwaltungskomponenten** Dazu gehören die Konsole Windows-Bereitstellungsdienste aus der Programmgruppe *Verwaltung*, das Befehlszeilenprogramm Wdsutil und andere Tools.

Abbildung 1.3 stellt die Architektur der Windows-Bereitstellungsdienste in vereinfachter Form dar.

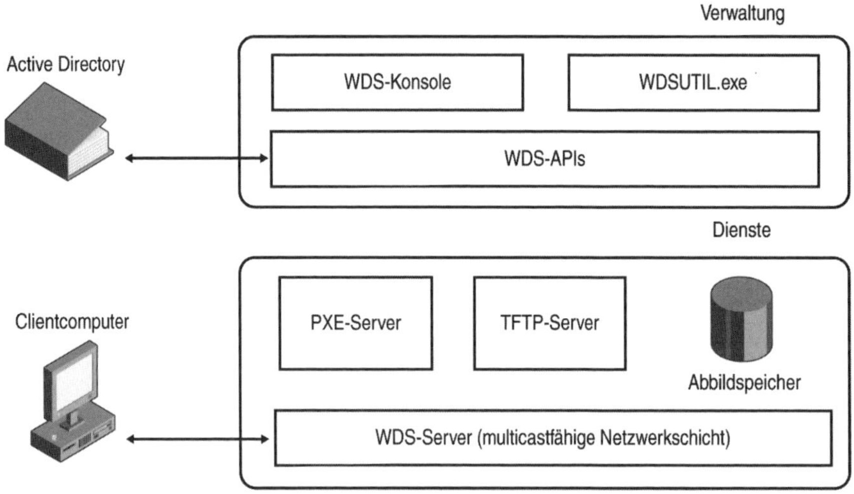

Abbildung 1.3 Die Architektur der Windows-Bereitstellungsdienste

Installieren der Windows-Bereitstellungsdienste

Der einfachste Weg zur Installation der Rolle Windows-Bereitstellungsdienste führt über den Assistenten zum Hinzufügen von Rollen. Um diesen Assistenten im Server-Manager zu starten, klicken Sie den Knoten *Rollen* mit der rechten Maustaste an und wählen dann *Rollen hinzufügen*. Wenn die Seite *Vorbemerkungen* erscheint, klicken Sie auf *Weiter*. Wenn die Seite *Serverrollen auswählen* erscheint, wählen Sie die Option *Windows-Bereitstellungsdienste* und klicken auf *Weiter* (Abbildung 1.4).

Dann erscheint die Seite *Übersicht über Windows-Bereitstellungsdienste*. Diese Seite gibt Ihnen einen kurzen Überblick über die Aufgabe der Windows-Bereitstellungsdienste und bietet außerdem weitere Informationen über die Installation, Konfiguration und Verwaltung der Rolle an.

Ein Klick auf *Weiter* öffnet die Seite *Rollendienste auswählen* (Abbildung 1.5). Auf dieser Seite können Sie festlegen, ob Ihr Windows-Bereitstellungsdiensteserver als ein Bereitstellungsserver oder als ein Transportserver dient. Wenn Sie die Option *Bereitstellungsserver* wählen, müssen Sie auch *Transportserver* wählen, weil die erste Rolle auf die zweite angewiesen ist.

Klicken Sie auf *Weiter* und überprüfen Sie, welche Änderungen auf Ihrem Server durchgeführt werden. Klicken Sie dann auf *Installieren*, um die Installation zu beginnen.

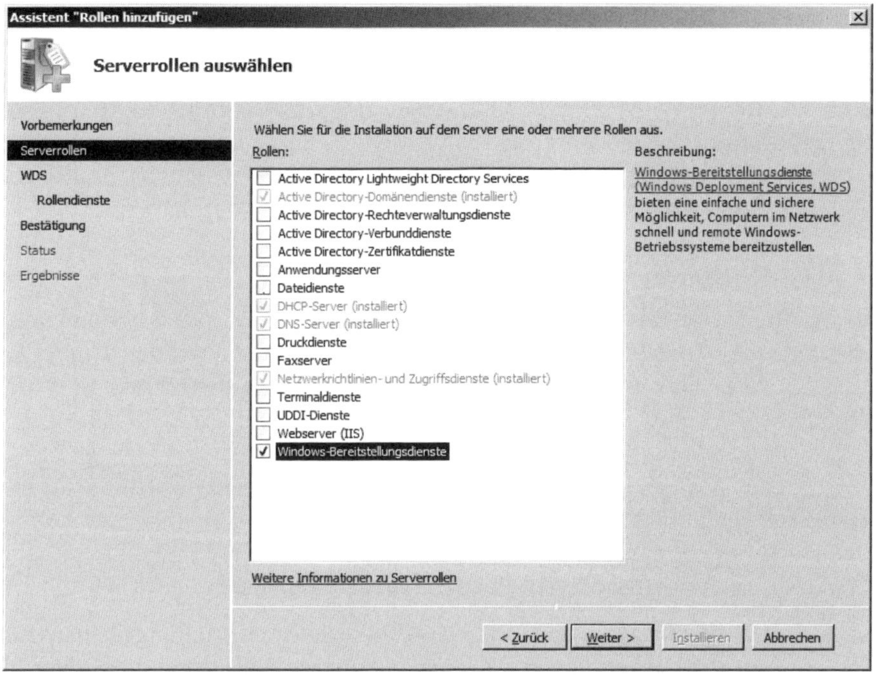

Abbildung 1.4 Hinzufügen der Rolle Windows-Bereitstellungsdienste

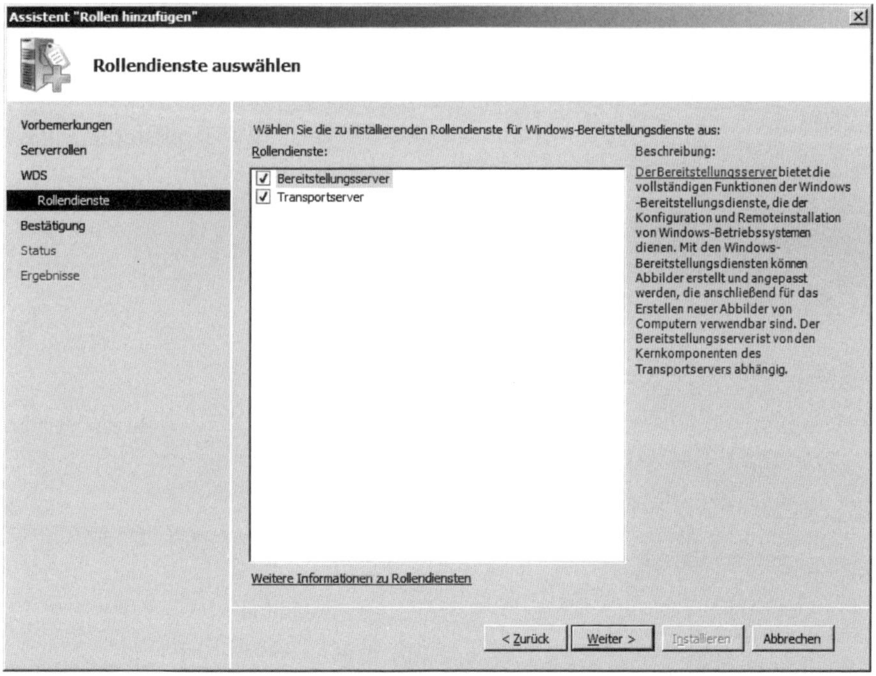

Abbildung 1.5 Installieren des Rollendienstes Bereitstellungsserver

Konfigurieren der Windows-Bereitstellungsdienste

Bevor Sie die Windows-Bereitstellungsdienste verwenden können, müssen Sie sie konfigurieren. Die folgenden Abschnitte beschreiben einige der häufiger vorkommenden Konfigurationsaufgaben wie die Durchführung der ersten Serverkonfiguration, das Hinzufügen eines Standardstartabbilds, das Hinzufügen eines Standardinstallationsabbilds und das Konfigurierens des Startmenüs.

Durchführen der ersten Serverkonfiguration

Die Erstkonfiguration der Windows-Bereitstellungsdienste lässt sich mit einem Assistenten oder auf einer Befehlszeile durchführen. Bei der Konfiguration des Servers geschehen mehrere Dinge. Erstens wird der Abbildspeicher angelegt, in dem Ihre Start- und Installationsabbilder gespeichert werden. Standardmäßig schlägt der Assistent den Pfad *%SystemDrive%\RemoteInstall* als Speicherort für Abbilder vor (Abbildung 1.6), aber vielleicht möchten Sie aus Leistungsgründen zu diesem Zweck eine andere Partition auf einem speziellen Festplattenlaufwerk auswählen. Die einzigen Bedingungen, die der Abbildspeicher erfüllen muss, besteht darin, dass die gewählte Partition mit NTFS formatiert ist und noch genügend Speicherplatz frei ist, um Ihre Abbilder aufzunehmen.

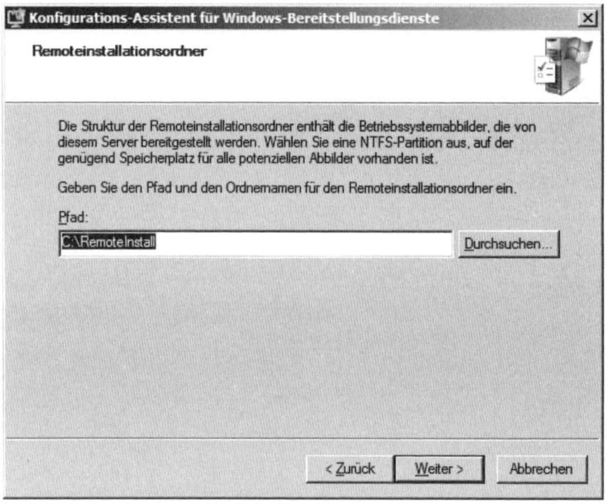

Abbildung 1.6 Festlegen des Speicherorts für Abbilder

Die zweite Einstellung, die Sie bei der Erstkonfiguration des Servers vornehmen müssen, betrifft die Antwortrichtlinie des Servers. Das bedeutet, dass Sie festlegen, welchen Arten von Computern Ihr Windows-Bereitstellungsdiensteserver antwortet (Abbildung 1.7).

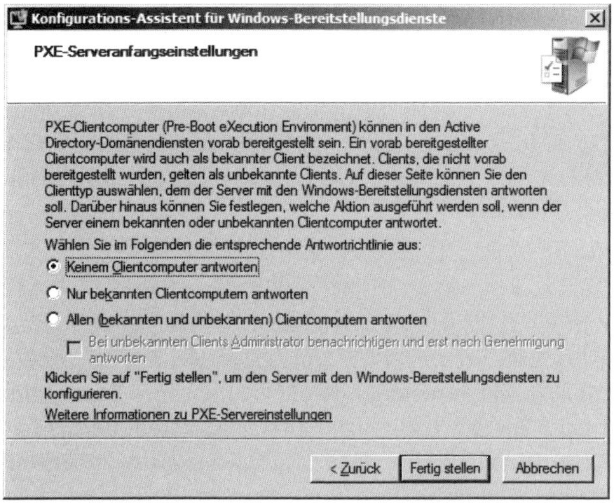

Abbildung 1.7 Konfigurieren der PXE-Serveranfangseinstellungen

Sie können unter folgenden Einstellungen wählen:

- **Keinem Clientcomputer antworten** Diese Einstellung bedeutet, dass keine Installationen durchgeführt werden. Sie können diese Einstellung verwenden, um den Windows-Bereitstellungsdiensteserver gewissermaßen zu deaktivieren, bis er gebraucht wird.
- **Nur bekannten Clientcomputern antworten** Ein bekannter Clientcomputer ist ein Computer, für den es in Active Directory ein Computerkonto gibt. Bei neuen Computern, die noch nicht über ein Betriebssystem verfügen, bedeutet dies, dass vorab ein Computerkonto für den Computer angelegt wurde. Diese Einstellung der Windows-Bereitstellungsdienste verhindert, dass der Server auf Installationsanforderungen von Computern reagiert, die noch nicht für eine Bereitstellung vorgesehen oder gar nicht dazu berechtigt sind.
- **Allen (bekannten und unbekannten) Clientcomputern antworten** Ein unbekannter Computer ist ein Computer, für den es in Active Directory kein Computerkonto gibt. Diese Option bedeutet also, dass die Windows-Bereitstellungsdienste jedem Client antworten, der sich mit einer Installationsanforderung meldet.

Der letzte Vorgang bei der Erstkonfiguration des Servers ist die Erstellung des Abbildspeichers auf dem Windows-Bereitstellungsdiensteserver. Der Abbildspeicher besteht aus mehreren Unterordnern, in denen der Server unterschiedliche Abbildarten speichert.

Um die Erstkonfiguration Ihres Windows-Bereitstellungsdiensteservers durchzuführen, öffnen Sie in der Programmgruppe *Verwaltung* die Konsole *Windows-Bereitstellungsdienste*, klicken den Knoten, der Ihren Server darstellt, mit der rechten Maustaste an und wählen *Server konfigurieren* (Abbildung 1.8). Dadurch wird der Konfigurationsassistent für Windows-Bereitstellungsdienste gestartet. Folgen Sie einfach der Anleitung dieses Assistenten, um die Konfiguration Ihres Servers durchzuführen.

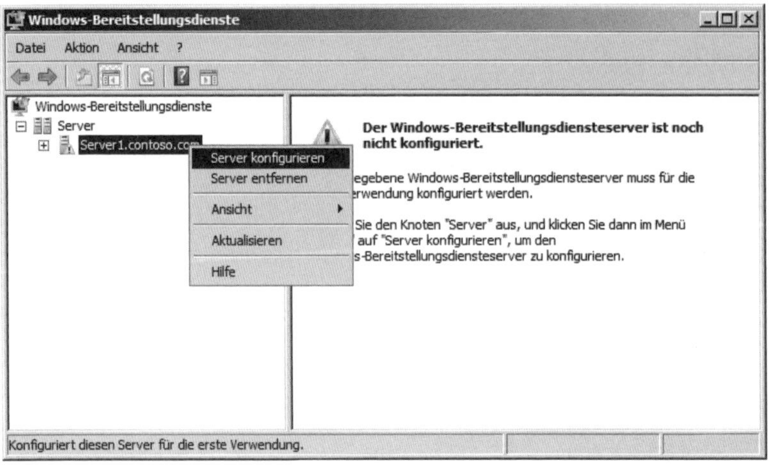

Abbildung 1.8 Die Windows-Bereitstellungsdienste müssen konfiguriert werden

Durchführen der ersten Serverkonfiguration mit Wdsutil

Sie können die Erstkonfiguration Ihres Windows-Bereitstellungsdiensteservers auch mit dem Befehlszeilenprogramm Wdsutil durchführen. Dazu sind zwei Schritte erforderlich. Zuerst erstellen Sie mit folgendem Befehl einen Abbildspeicher:

```
wdsutil /Initialize-Server /reminst:Pfad\Ordnername
```

Dann konfigurieren Sie mit folgendem Befehl die Antwortrichtlinie für Ihren Server. (Die hier gewählte Richtlinie erlaubt es Ihrem Server, allen Clientcomputern zu antworten, also nicht nur den bekannten, sondern auch den unbekannten.)

```
wdsutil /Set-Server /AnswerClients:all
```

Falls Ihr Windows-Bereitstellungsdienstecomputer auch Ihr DHCP-Server ist, müssen Sie an diesem Punkt noch folgende Einstellung vornehmen:

```
wdsutil /Set-Server /UseDHCPPorts:no /DHCPoption60:yes
```

Mit diesem Befehl werden zwei getrennte, aber zusammenhängende Einstellungen vorgenommen. Die erste Option (`/UseDHCPPorts:no`) deaktiviert die Verwendung der DHCP-Ports durch die Windows-Bereitstellungsdienste. Standardmäßig überwachen DHCP und die Windows-Bereitstellungsdienste beide Port 67. Sind die Windows-Bereitstellungsdienste und DHCP aber auf demselben Computer installiert, brauchen die Windows-Bereitstellungsdienste diesen DHCP-Port nicht zu verwenden. Tun sie es doch, ergibt sich ein Konflikt. Daher müssen die Windows-Bereitstellungsdienste so eingestellt werden, dass sie diesen Port nicht verwenden. Die zweite Option (`/DHCPoption60:yes`) fügt die DHCP-Option 60 zu den lokalen DHCP-Serverleases hinzu. Diese Option verwendet das `DHCPOffer`-Paket, um DHCP-Clientcomputer darüber zu informieren, dass ein PXE-Server im Netzwerk verfügbar ist.

Beachten Sie, dass Sie diesen letzten Befehl nur geben müssen, wenn Sie die Erstkonfiguration des Servers mit Wdsutil durchführen. Falls Sie stattdessen die Windows-Bereitstellungsdienstekonsole verwenden, bietet der Konfigurationsassistent die entsprechenden Optionen zur Einstellung an.

Schnelltest

1. Welche Einstellung sollten Sie auf Ihrem Windows-Bereitstellungsdiensteserver vornehmen, wenn Sie nicht möchten, dass PXE-fähige Clientcomputer automatisch eine Verbindung mit Ihrem Server herstellen und ein Abbild herunterladen können?
2. Welche Einstellung sollten Sie auf Ihrem Windows-Bereitstellungsdiensteserver wählen, wenn Sie vorhaben, die Computerkonten der Clientcomputer vorab in Active Directory anzulegen?

Antworten zum Schnelltest

1. Wählen Sie auf der Registerkarte *PXE-Antworteinstellungen* des Eigenschaftendialogfelds des Windows-Bereitstellungsdiensteservers die Option *Keinem Clientcomputer antworten*.
2. Wählen Sie auf der Registerkarte *PXE-Antworteinstellungen* des Eigenschaftendialogfelds des Windows-Bereitstellungsdiensteservers die Option *Nur bekannten Clientcomputern antworten*.

Hinzufügen des Standardstartabbilds

Die einfachste Methode zur Bereitstellung von Windows mit den Windows-Bereitstellungsdiensten besteht darin, das Standardstartabbild aus dem Ordner *\sources* der Windows Server 2008-Produkt-DVD zu verwenden. Ein *Startabbild* ist eine relativ kleine Windows-Abbilddatei (*.wim*-Datei), die Sie dazu verwenden können, einen frisch zusammengebauten Computer zu hochzufahren, auf dem noch kein Betriebssystem installiert ist, und ein Betriebssystem zu installieren. Im Gegensatz dazu handelt es sich bei einem *Installationsabbild* um das Windows Vista- oder Windows Server 2008-Betriebssystem selbst, das Sie auf dem Clientcomputer installieren wollen. Der Ordner *\sources* auf Ihren Windows Vista- und Windows Server 2008-Produkt-DVDs enthält zwei Abbilder: ein Standardstartabbild (*Boot.wim*) und ein Standardinstallationsabbild (*Install.wim*). Das Standardstartabbild können Sie verwenden, um Clientcomputer zu starten und den Bereitstellungsvorgang einzuleiten. Mit dem Standardinstallationsabbild wird dann Windows auf diesen Computern installiert. Diese Abbilder können Sie nach Bedarf anpassen.

Um das Standardstartabbild zum Abbildspeicher Ihres Windows-Bereitstellungsdiensteservers hinzuzufügen, klicken Sie den Ordner *Startabbilder* unter dem Knoten Ihres Servers mit der rechten Maustaste an und wählen *Startabbild hinzufügen*. Dadurch wird der Assistent zum Hinzufügen von Abbildern gestartet (Abbildung 1.9). Folgen Sie der Anleitung des Assistenten, um die Datei *Boot.wim* von Ihrer Produkt-DVD zum Abbildspeicher hinzuzufügen.

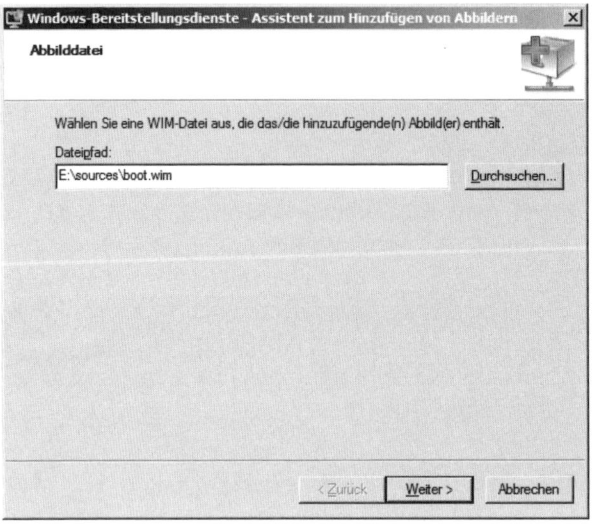

Abbildung 1.9 Hinzufügen eines Startabbilds

Wichtig Verwenden Sie das richtige Startabbild!

Wenn Sie die erweiterten Windows-Bereitstellungsdienstefunktionen wie zum Beispiel Multicasting verwenden möchten, die von älteren Versionen der Windows-Bereitstellungsdienste (vor Windows Server 2008) nicht unterstützt werden, müssen Sie das Startabbild von einer Windows Server 2008-DVD oder von einer Windows Vista-DVD mit integriertem Service Pack 1 verwenden. Falls Sie stattdessen das Startabbild von einer Original-Windows Vista-DVD verwenden, wird Ihre Windows-Bereitstellungsdienste-Infrastruktur die erweiterten Funktionen nicht unterstützen, die die Windows-Bereitstellungsdienste von Windows Server 2008 zu bieten haben.

Hinzufügen des Standardstartabbilds mit Wdsutil

Sie können das Standardstartabbild von Ihrer Windows Server 2008-DVD auch mit dem Befehlszeilenprogramm Wdsutil zu Ihrem Abbildspeicher hinzufügen. Dazu geben Sie folgenden Befehl ein:

```
wdsutil /Add-Image /ImageFile:DVD_Laufwerksbuchstabe:\sources\Boot.wim /ImageType:boot
```

Hinzufügen des Standardinstallationsabbilds

Auch in diesem Fall ist es am einfachsten, das Standardinstallationsabbild aus dem Ordner *\sources* der Windows Server 2008-Produkt-DVD zu verwenden. Nachdem Sie dieses Abbild (*Install.wim*) und das Standardstartabbild (*Boot.wim*) zum Abbildspeicher hinzugefügt haben, können Sie beginnen, Remotecomputer zu starten und mit den Windows-Bereitstellungsdiensten Windows auf ihnen zu installieren. In der Praxis werden Sie zuvor aber noch Anpassungen an den Abbildern vornehmen und die passenden Antwortdateien zusammenstellen, damit Ihre Bereitstellungen den Anforderungen Ihrer Organisation genügen.

Um auf Ihrem Server das Standardinstallationsabbild zum Abbildspeicher hinzuzufügen, klicken Sie den Ordner *Startabbilder* unter dem Knoten Ihres Servers mit der rechten Maustaste an und wählen *Installationsabbild hinzufügen*. Dadurch wird der Assistent zum Hinzufügen von Abbildern gestartet. Zuerst fordert er Sie auf, eine Abbildgruppe zu erstellen oder auszuwählen, in der das Abbild gespeichert werden soll. Eine Abbildgruppe ist eine Technik zur strukturierten Speicherung von Windows-Abbildern im Abbildspeicher der Windows-Bereitstellungsdienste. Dateiressourcen werden für die gesamte Abbildgruppe verwendet, wobei von jeder Datei nur jeweils eine Instanz gespeichert wird. Dadurch nutzen Abbildgruppen den Speicher effizienter aus, als es bei einer einzelnen Speicherung der Abbilder auf dem Server möglich wäre. Die Windows-Bereitstellungsdienste schlagen zwar den Standardnamen *Abbildgruppe 1* für die erste Abbildgruppe vor, aber Sie können den Namen nach Bedarf ändern und so viele Abbildgruppen erstellen, wie Sie zur Verwaltung Ihrer Abbilder brauchen (Abbildung 1.10).

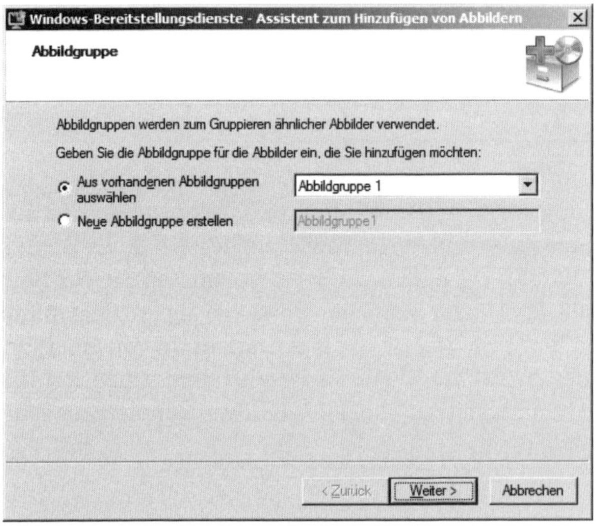

Abbildung 1.10 Erstellen einer Abbildgruppe

Nachdem Sie die Abbildgruppe angegeben haben, werden Sie aufgefordert, die Installationsabbilder auszuwählen, die Sie zu Ihrem Abbildspeicher hinzufügen möchten. Je nach dem vorliegenden Produktmedium können hier unterschiedliche Abbilder angezeigt werden. Abbildung 1.11 zeigt zum Beispiel eine *Install.wim*-Datei, die Abbilder für sechs Windows Server 2008-Abbilder enthält (drei Editionen mit jeweils zwei Installationsoptionen, vollständig oder Server Core).

Wenn Sie zum Beispiel einen Produkt Key für die Installation der Windows Server 2008 Enterprise Edition erworben haben, würden Sie die Auswahl des zweiten und des fünften Kontrollkästchens beibehalten und die anderen löschen. Dadurch werden nur zwei Installationsabbilder zum Abbildspeicher hinzugefügt: eins für die vollständige Installation der Enterprise Edition und eins für die Server Core-Installation der Enterprise Edition. Falls

Sie auf Ihrem Server alle Installationsabbilder hinzufügen, wird Ihr Abbildspeicher so aussehen wie in Abbildung 1.12.

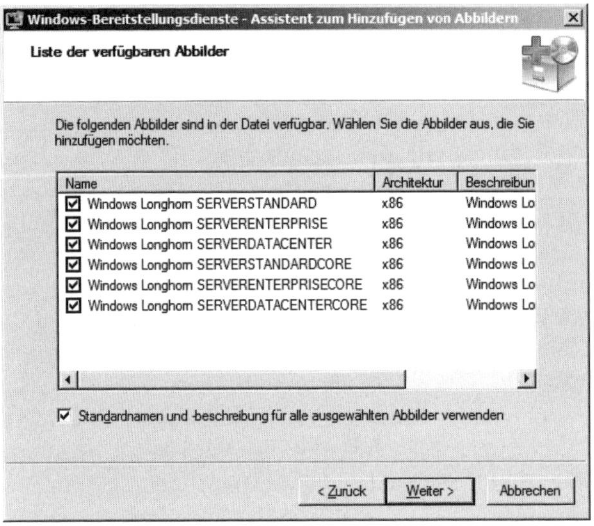

Abbildung 1.11 Auswählen der Installationsabbilder, die zum Abbildspeicher hinzugefügt werden

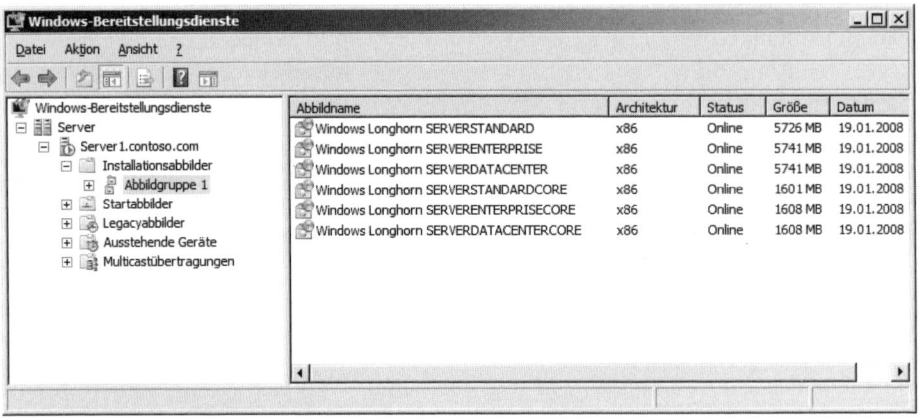

Abbildung 1.12 Abbildspeicher mit sechs Installationsabbildern

Sie können auch festlegen, wer Zugriff auf die Abbilder einer Abbildgruppe erhält, indem Sie die Abbildgruppe in der Windows-Bereitstellungsdienstekonsole mit der rechten Maustaste anklicken und *Sicherheit* wählen. Für die Abbildgruppe 1 wird dadurch zum Beispiel das Dialogfeld *Berechtigungen für Abbildgruppe 1* mit der Registerkarte *Sicherheit* angezeigt, auf der Sie die ACL für die Abbildgruppe und die darin enthaltenen Abbilder konfigurieren können.

Hinzufügen des Standardinstallationsabbilds mit Wdsutil

Sie können das Standardinstallationsabbild von Ihrer Windows Server 2008-DVD auch mit dem Befehlszeilenprogramm Wdsutil zu einer bestimmten Abbildgruppe Ihres Abbildspeichers hinzufügen. Dazu geben Sie folgenden Befehl ein:

```
wdsutil /Add-Image /ImageFile:DVD_Laufwerksbuchstabe:\sources\Install.wim
    /ImageType:install /ImageGroup:name
```

Andere Konfigurationsaufgaben

Zu den weiteren Konfigurationsaufgaben, die Sie durchführen müssen, gehört die Konfiguration des Startmenüs. Wenn ein PXE-fähiger Computer gestartet wird, der noch nicht über ein Betriebssystem verfügt, nimmt er Verbindung mit dem PXE-Server auf Ihrem Windows-Bereitstellungsdiensteserver auf, fordert eine IP-Adresse an und lädt den Windows-Bereitstellungsdiensteclient (WDS-Client) herunter. Der WDS-Client zeigt dann ein Startmenü an, in dem er eine Liste der Betriebssysteme präsentiert, die zur Auswahl stehen. Dieses Startmenü kann verschiedene Versionen von Windows, verschiedene Editionen derselben Windows-Version, verschiedene Installationsoptionen (vollständig oder Server Core) für dieselbe Edition oder verschiedene Architekturtypen (x86 oder x64) umfassen, unter denen Sie das für die Installation geeignete Betriebssystem auswählen können. Das Startmenü der Windows-Bereitstellungsdienste verwendet dieselbe BCD-Menüstruktur (Boot Configuration Data) wie Windows Vista und Windows Server 2008.

Das Startmenü wird nur angezeigt, wenn es auf Ihrem Windows-Bereitstellungsdiensteserver mehr als ein unterstütztes Startabbild gibt. Anders gesagt, solange Sie nur ein Standardstartabbild zu Ihrem Server hinzufügen, wird auf dem Client kein Startmenü angezeigt. Außerdem können Startmenüs wegen Beschränkungen in der Anzahl der sichtbaren Zeilen nicht mehr als 13 Startabbilder anbieten. Mehrere Startabbilder verfügbar zu machen, ist zum Beispiel sinnvoll, wenn den Clients in den verschiedenen Abbildern unterschiedliche Funktionen angeboten werden sollen. Sie könnten zum Beispiel ein Startabbild verwenden, um Windows Setup für die unbeaufsichtigte Installation von Windows zu starten, während ein anderes Startabbild zum Start des Assistenten zur Abbildaufzeichnung für Windows-Bereitstellungsdienste dient, damit Sie ein Abbild eines Mastercomputers herstellen können, das für zukünftige Installationen als Installationsabbild dienen soll. Ein drittes Startabbild könnte zum Beispiel verwendet werden, um vor der Installation von Windows die Festplattenlaufwerke eines Computers neu zu partitionieren und zu formatieren, um eine BitLocker-Laufwerkverschlüsselung vorzubereiten.

Nachdem Sie einige Startabbilder zu Ihrem Windows-Bereitstellungsdiensteserver hinzugefügt haben, können Sie die Datei *Default.bcd* mit dem Programm Bcdedit bearbeiten, um das Verhalten des Startmenüs zu ändern. Diese Datei ist auf Ihrem Server im Ordner Pfad*\RemoteInstall\Boot*Architektur zu finden. (Der Ordner *RemoteInstall* liegt in der NTFS-Partition, die Sie bei der Konfiguration der Windows-Bereitstellungsdienste gewählt haben.) Weitere Informationen über die Verwendung dieses Programms erhalten Sie, wenn Sie in einer Eingabeaufforderung **bcdedit /?** eingeben.

Schließlich gibt es noch eine Reihe von Einstellungen für die Windows-Bereitstellungsdienste selbst, die Sie ändern können. Um diese Einstellungen für den Server vorzunehmen, klicken Sie in der Windows-Bereitstellungsdienstekonsole den Knoten Ihres Servers mit der rechten Maustaste an, wählen *Eigenschaften* und dann die Registerkarte, auf der Sie die Einstellungen vornehmen möchten (Abbildung 1.13).

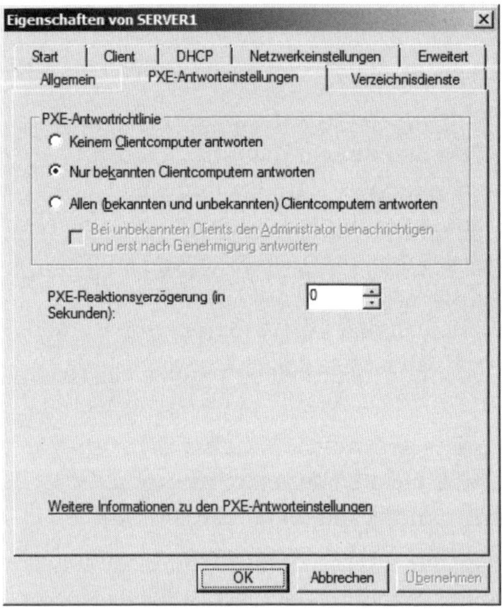

Abbildung 1.13 Konfigurieren der Servereinstellungen

Der folgende Abschnitt beschreibt die Konfigurationsoptionen, die auf den acht Registerkarten für die Konfiguration des Servers zur Verfügung stehen.

- **Allgemein** Zeigt den Servernamen, den Servermodus und den Pfad des Remoteinstallationsordners an, in dem die Abbilder gespeichert werden.
- **PXE-Antworteinstellungen** Gibt die Antwortrichtlinie des Servers an, die festlegt, welche Arten von Computern (bekannte oder unbekannte) Abbilder vom Server herunterladen und installieren können. Legt außerdem die PXE-Reaktionsverzögerung in Sekunden fest (der Standardwert ist 0).
- **Verzeichnisdienste** Gibt den Namen des Computerkontos und den Speicherort an, an dem das Konto für jeden Computer, der die Windows-Bereitstellungsdienste verwendet, in Active Directory gespeichert wird. Wenn Sie verhindern wollen, dass ein Computerkonto erstellt wird, verwenden Sie die Registerkarte *Client*.
- **Start** Legt das standardmäßige Netzwerkstartprogramm und das Startabbild für jeden Architekturtyp fest (x86, x64 oder IA64). Für x86- und x64-Computer wird das Netzwerkstartprogramm *Pxeboot.com* vorgegeben. Es fordert Benutzer zur Betätigung der Taste F12 auf und fährt nur dann mit der WDS-unterstützten Installation fort, wenn die Taste F12 gedrückt wird. Eine häufiger verwendete Alternative zu

Pxeboot.com ist das Netzwerkprogramm *Pxeboot.n12*. Dieses Netzwerkstartprogramm leitet direkt die von den Windows-Bereitstellungsdiensten unterstützte Installation ein, ohne den Benutzer zur Betätigung der Taste F12 aufzufordern. Eine zweite Alternative ist *Abortpxe.com*. Dieses Netzwerkstartprogramm sorgt dafür, dass Clientcomputer, die von einem zweiten, im BIOS eingestellten Startlaufwerk gestartet werden können, dies auch tun dürfen. Es unterstützt den Benutzer dabei, unnötige und unbeabsichtigte PXE-Startvorgänge zu vermeiden.

- **Client** Wird zur Aktivierung und Konfiguration von unbeaufsichtigten Installationen der WDS-Clientsoftware verwendet.
- **DHCP** Auf dieser Registerkarte brauchen Sie nur dann Einstellungen vorzunehmen, wenn Ihr DHCP-Server auf dem Windows-Bereitstellungsdiensteserver ausgeführt wird. Wenn ein DHCP-Server lokal verfügbar ist, müssen Sie die Windows-Bereitstellungsdienste so einstellen, dass sie Port 67 nicht überwachen, und Sie müssen diesen lokalen DHCP-Server mit der Option 60 konfigurieren. Diese Optionen delegieren gewisse Verantwortlichkeiten an den DHCP-Server, um die sich der Windows-Bereitstellungsdiensteserver normalerweise selbst kümmern würde. Auf diese Weise werden mögliche Konflikte vermieden.
- **Netzwerkeinstellungen** Gibt IP-Adressenbereiche, Portbereiche und die Netzwerkbandbreite an (von 10 MBit/s bis 1 GBit/s oder eine benutzerdefinierte Bandbreite). Dient zur Konfiguration eines Multicastadressenbereichs für Multicastbereitstellungen.
- **Erweitert** Wird zur Autorisierung des Windows-Bereitstellungsdiensteservers in DHCP und zur Angabe eines Domänencontrollers und eines globalen Katalogs verwendet. Man kann den Server aber auch so einstellen, dass er selbst einen gültigen Domänencontroller sucht.

Beachten Sie, dass Sie die meisten dieser Servereinstellungen auch mit dem Programm Wdsutil vornehmen können. Wenn Sie weitere Informationen über die Verwendung von Wdsutil brauchen, geben Sie in einer Eingabeaufforderung **wdsutil /?** ein.

Weitere Informationen Konfigurieren der Servereinstellungen

Ausführliche Informationen über die Einstellungen des Windows-Bereitstellungsdiensteservers erhalten Sie, wenn Sie im Hilfemenü der Windows-Bereitstellungsdienstekonsole *Hilfethemen* wählen.

Aufzeichnen von Abbildern mit den Windows-Bereitstellungsdiensten

Nach der Installation und Konfiguration der Windows-Bereitstellungsdienste besteht der nächste Schritt darin, die Start- und Installationsabbilder zu erstellen und anzupassen, mit denen Sie später Windows auf den vorgesehenen Zielcomputern (den Clientcomputern) installieren. Dabei handelt es sich um Computer, auf denen noch kein Betriebssystem installiert ist. Wie bereits erwähnt, können die Windows-Bereitstellungsdienste zur Bereitstellung von Windows Vista und Windows Server 2008 verwendet werden, und von älteren Windows-Versionen, falls Sie Ihren Server von der Windows Server 2003-Version der Windows-Bereitstellungsdienste aktualisiert haben. Daher lassen sich diese Verfahrensweisen zur Bereitstellung von Client- und Servercomputern verwenden. Allerdings beschränken wir uns in diesem Buch auf die Bereitstellung von Computern, auf denen Windows Server 2008 ausgeführt wird, mit den Windows-Bereitstellungsdiensten.

Ein *Startabbild* dient zum Starten des Clientcomputers für die Installation von Windows. Startabbilder enthalten Windows-PE und den WDS-Client. Sie zeigen auf dem Clientcomputer ein Startmenü an, in dem Sie das Betriebssystemabbild auswählen können, das Sie auf dem Computer installieren möchten. Startabbilder können zum Abbildspeicher der Windows-Bereitstellungsdienste hinzugefügt werden und lassen sich anpassen. Außerdem können Sie Startabbilder als Grundlage für die Erstellung zweier spezieller Arten von Startabbildern verwenden, nämlich Aufzeichnungsabbilder und Suchabbilder.

Ein *Aufzeichnungsabbild* ist ein spezielles Startabbild, das Sie verwenden, um einen Mastercomputer zu starten. (Auf diesem Computer wurde eine Referenz- oder Masterinstallation des Betriebssystems durchgeführt und angepasst, die Sie auf einem oder mehreren Zielcomputern duplizieren möchten.) Um ein Aufzeichnungsabbild zu verwenden, bereiten Sie zuerst Ihre Masterinstallation vor, indem Sie Windows konfigurieren, Anwendungen installieren und alle anderen Anpassungen durchführen, die erforderlich sind. Dann bearbeiten Sie die Masterinstallation mit Sysprep, um alle computerspezifischen Informationen von der Masterinstallation zu entfernen. Nachdem Sysprep den Computer heruntergefahren hat, starten Sie ihn neu, diesmal aber vom Aufzeichnungsabbild. Es startet einen Assistenten, der ein Abbild vom Computer herstellt und als *.wim*-Datei an dem Ort speichert, den Sie angeben. Nachdem Sie auf diese Weise ein Abbild Ihrer Masterinstallation hergestellt haben, können Sie das Abbild als neues Installationsabbild zu Ihrem Abbildspeicher hinzufügen und mit den Windows-Bereitstellungsdiensten auf Ihren Zielcomputern bereitstellen.

Ein *Suchabbild* ist ein Startabbild, das Sie verwenden können, um ein Abbild auf einem Computer zu installieren, der nicht PXE-fähig ist. Suchabbilder können in verschiedenen Szenarien nützlich sein. Sie können ein Suchabbild zum Beispiel verwenden, um Windows auf einem älteren Computer zu installieren, der nicht PXE-startfähig ist. Dazu erstellen Sie das Suchabbild, speichern es auf einem startfähigen Datenträger (CD, DVD oder USB-Flashlaufwerk) und starten den Clientcomputer dann von diesem Suchabbild, um den Installationsprozess einzuleiten. Oder Sie verwenden Suchabbilder in einer Umgebung, in der die Sicherheitsrichtlinien der Organisation keine PXE-Installationen zulassen. Außerdem können Sie Suchabbilder in einer Umgebung verwenden, in der es mehrere Windows-Bereitstellungsdiensteserver gibt, wobei Sie jedes Suchabbild so einstellen, dass es sich zur Einleitung der Installation jeweils an einen anderen Windows-Bereitstellungsdiensteserver wendet.

Erstellen eines Aufzeichnungsabbilds

Um ein neues Aufzeichnungsabbild zu erstellen, beginnen Sie mit dem Standardstartabbild aus dem Ordner *Startabbilder* der Windows-Bereitstellungsdienstekonsole. Klicken Sie das Standardabbild mit der rechten Maustaste an und wählen Sie *Aufzeichnungsstartabbild erstellen*, um den Assistenten zum Erstellen von Aufzeichnungsabbildern zu starten. Auf der ersten Seite des Assistenten geben Sie einen Namen und eine Beschreibung für Ihr Aufzeichnungsabbild ein und legen einen Pfadnamen (einen Pfad und einen Dateinamen) für das Aufzeichnungsabbild fest (Abbildung 1.14). Wählen Sie einen Speicherort auf einem lokalen Festplattenlaufwerk Ihres Windows-Bereitstellungsdiensteservers.

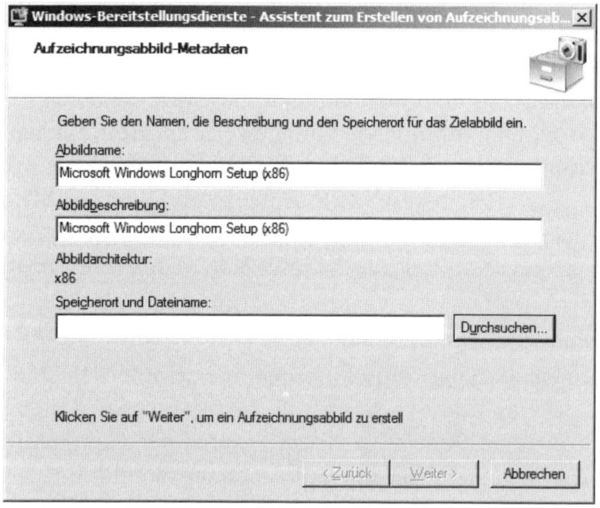

Abbildung 1.14 Erstellen eines Aufzeichnungsstartabbilds

Ein Klick auf *Weiter* veranlasst den Assistenten zum Erstellen von Aufzeichnungsabbildern dazu, das Abbild aus der Quelldatei (das Standardstartabbild) auszulesen und in der *.wim*-Zieldatei abzulegen, die Sie angegeben haben. Nachdem das geschehen ist, klicken Sie den Ordner *Startabbilder* mit der rechten Maustaste an, wählen *Startabbild hinzufügen* und fügen Ihr neues Aufzeichnungsabbild zum Abbildspeicher hinzu (Abbildung 1.15).

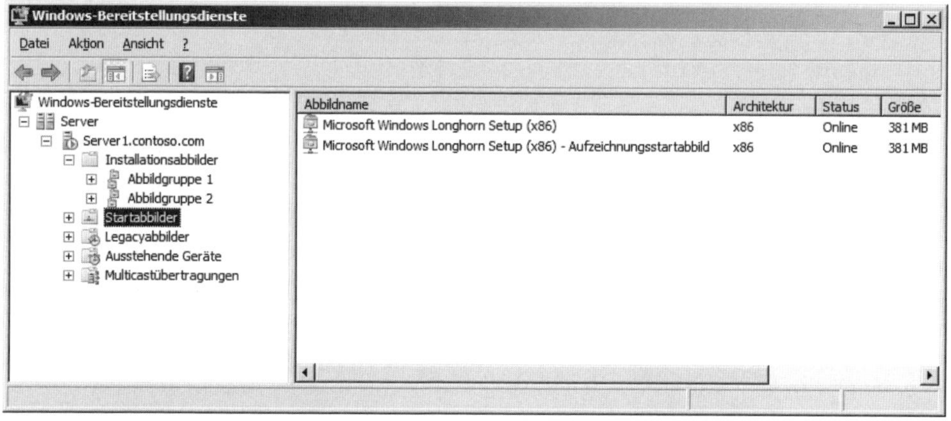

Abbildung 1.15 Standardstart- und Aufzeichnungsstartabbilder

Erstellen eines Suchstartabbilds

Die Erstellung eines Suchabbilds erfordert ein paar Einstellungen mehr als ein Aufzeichnungsabbild. Um ein neues Suchabbild zu erstellen, klicken Sie wie zuvor das Standardstartabbild mit der rechten Maustaste an und wählen diesmal *Suchstartabbild erstellen*. Auf der ersten Seite des Assistenten geben Sie den Namen und die Beschreibung des Abbilds ein, legen den Pfadnamen (Pfad und Dateiname) fest, unter dem das Abbild gespeichert wird, und geben den vollständigen Domänennamen (Fully Qualified Domain Name, FQDN) des Windows-Bereitstellungsdiensteservers an, mit dem das Aufzeichnungsabbild auf dem Client eine Verbindung herstellen soll (Abbildung 1.16). Nach dem Klick auf *Weiter* liest der Assistent das Abbild aus der Quelldatei aus und speichert es in der *.wim*-Zieldatei ab, die Sie angegeben haben. Anschließend können Sie das neue Suchabbild wie beschrieben zum Abbildspeicher hinzufügen. Wenn Sie mit diesem Abbild ein neues Startmedium erstellen müssen (CD oder DVD oder USB-Flashlaufwerk), können Sie das mit dem Programm Oscdimg aus dem Windows AIK tun. (Oscdimg wurde unter „Erstellen einer Windows PE-CD" in der Übung von Lektion 1 dieses Kapitels beschrieben.)

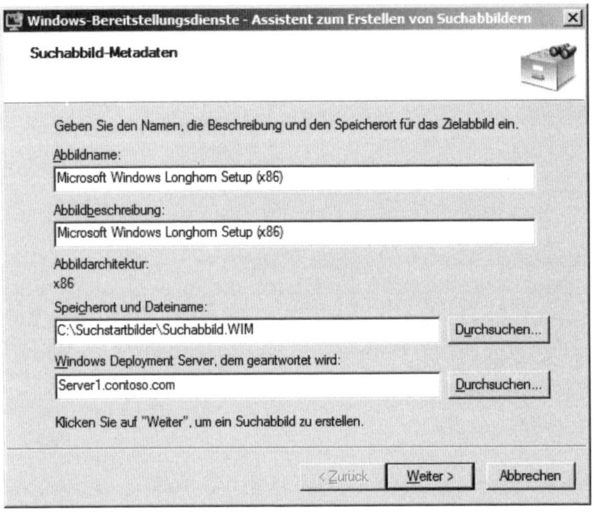

Abbildung 1.16 Erstellen eines Suchstartabbilds

Bereitstellen von Abbildern mit den Windows-Bereitstellungsdiensten

Sobald Sie Ihren Windows-Bereitstellungsdiensteserver konfiguriert, Startabbilder hinzugefügt, von einer angepassten Masterinstallation ein Installationsabbild erstellt und dieses Installationsabbild zu Ihrem Abbildspeicher hinzugefügt haben, sind Sie bereit, Windows auf Clientcomputern bereitzustellen. Ihre Clientcomputer müssen über mindestens 512 MB RAM verfügen, damit sie Windows PE-Startabbilder ins RAM-Laufwerk laden können, und das BIOS der Clients muss so eingestellt sein, dass PXE in der Startreihenfolge die erste Option ist (sofern Sie die Clients nicht mit startfähigen Suchabbildern von einem Wechselmedium starten).

Sie können Abbilder entweder manuell oder unter Verwendung von Antwortdateien mit den Windows-Bereitstellungsdiensten bereitstellen. Eine manuelle Bereitstellung erfordert von Ihnen den geringsten Aufwand für die Vorbereitung, aber den größten Aufwand auf der Seite des Clients. Eine automatische Bereitstellung erfordert die Erstellung einer Antwortdatei mit dem Windows-Systemabbild-Manager (Windows SIM).

Manuelles Bereitstellen eines Abbilds mit den Windows-Bereitstellungsdiensten

Um ein Installationsabbild manuell auf einem Clientcomputer bereitzustellen, schalten Sie den Clientcomputer ein und drücken auf die Taste F12, sobald Sie dazu aufgefordert werden. Dann erscheint an dieser Stelle das Windows-Startmenü, in dem Sie das Startabbild auswählen, mit dem Sie das System starten und die Installation einleiten möchten (Abbildung 1.17).

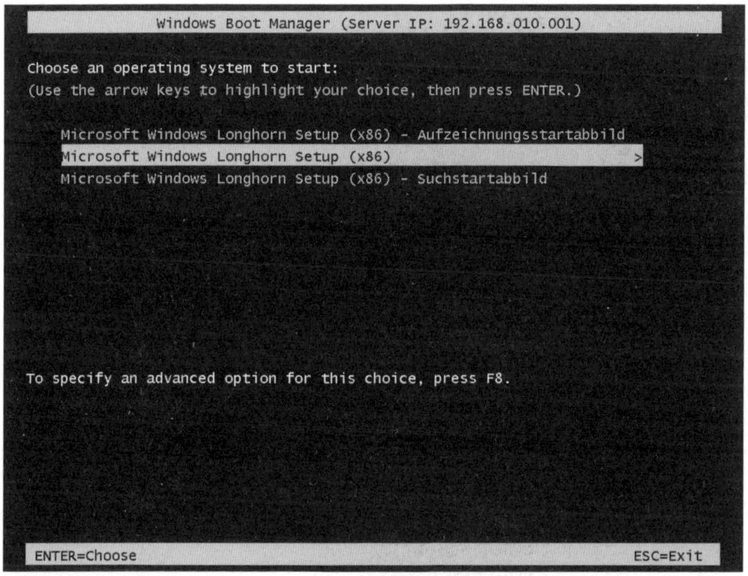

Abbildung 1.17 Auswählen eines Startabbilds zur manuellen Bereitstellung

Nachdem das Startabbild vom TFTP-Server heruntergeladen wurde, wird der Clientcomputer mit Windows PE hochgefahren und Sie werden aufgefordert, das Gebietsschema und das Tastaturlayout zu wählen, mit dem Sie die Installation durchführen möchten (Abbildung 1.18).

Wenn Sie dazu aufgefordert werden, geben Sie die Anmeldeinformationen eines Domänenadministrators ein, um eine Verbindung zwischen dem Clientcomputer und dem Abbildspeicher des Windows-Bereitstellungsdiensteservers herzustellen. Ist die Verbindung hergestellt, wird eine Liste der Installationsabbilder angezeigt, die Sie installieren können. Wählen Sie das angepasste Abbild aus, das Sie von Ihrer Masterinstallation erstellt haben (Abbildung 1.19).

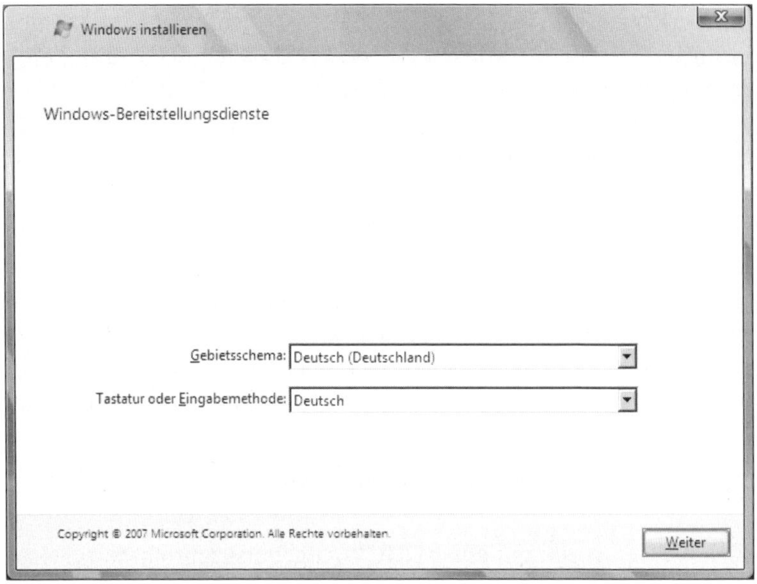

Abbildung 1.18 Auswählen der Sprache für die Installation

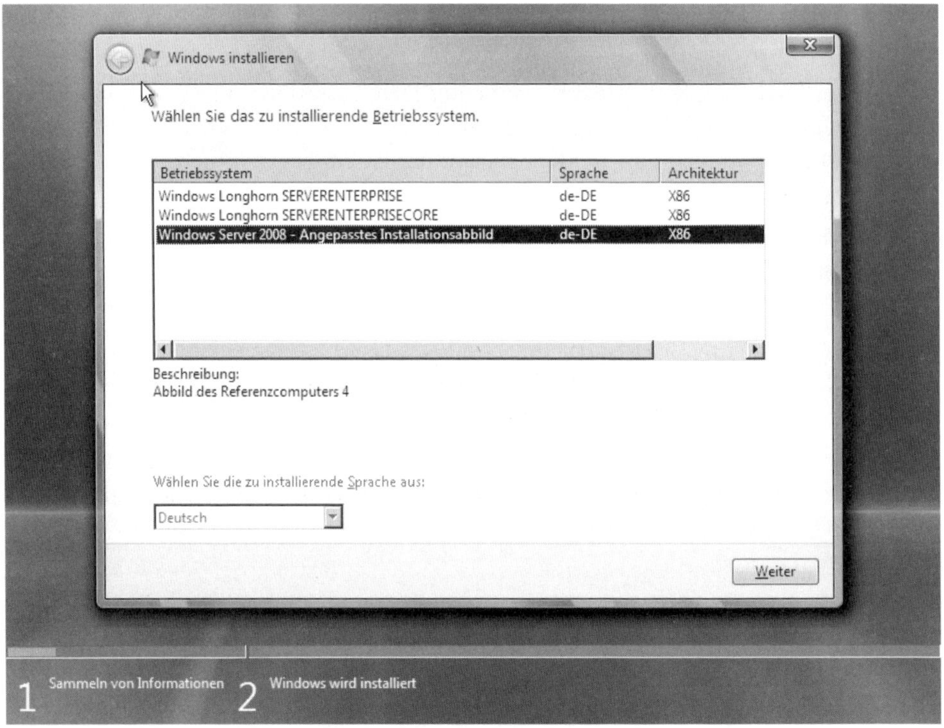

Abbildung 1.19 Auswählen des zu installierenden Abbilds

Wenn Sie auf *Weiter* klicken, werden Sie aufgefordert, ein Laufwerk auszuwählen, auf dem Windows installiert werden soll. Anschließend leitet der Server eine Sitzung mit dem Client ein und das angepasste Installationsabbild wird auf Ihrem Clientcomputer heruntergeladen und installiert. Nach dem Abschluss dieses Vorgangs wird der Zielcomputer neu gestartet und das Installationsprogramm schließt seine Arbeit ab.

Was geschieht bei einer Bereitstellung?

Es lohnt sich, den Ablauf der beschriebenen Bereitstellung etwas genauer zu untersuchen, denn dadurch wird es einfacher, eventuell auftretende Probleme zu beheben. Die folgende Beschreibung gibt Ihnen einen kurzen Überblick über die Vorgänge, die auf Netzwerkebene stattfinden, wenn ein PXE-fähiger Clientcomputer eine Verbindung mit einem Windows-Bereitstellungsdiensteserver aufnimmt, um ein Abbild herunterzuladen und zu installieren:

1. Der Client sendet eine DHCP-Suchnachricht (discover), um einen DHCP-Server zu finden.
2. Der DHCP-Server antwortet mit einer DHCP-Angebotsnachricht (offer), in der er dem Client eine IP-Adresse anbietet.
3. Der Client sendet eine DHCP-Anforderungsnachricht (request), in der er eine Lease für die IP-Adresse fordert, die ihm zuvor in der DHCP-Angebotsnachricht angeboten wurde.
4. Der DHCP-Server antwortet mit einer DHCP-Bestätigungsnachricht (acknowledgement), mit der er bestätigt, dass der Client die IP-Adresse für den vorgesehenen Zeitraum verwenden darf (anders gesagt, der Client hat eine Lease erhalten).
5. Der Client sendet eine zweite DHCP-Anforderungsnachricht, weil er die Adresse eines PXE-Servers braucht (in diesem Fall ist dies der Windows-Bereitstellungsdiensteserver).
6. Der PXE-Server antwortet mit einer DHCP-Antwortnachricht (reply), in der er den `ServerHostName` (der Name des Windows-Bereitstellungsdiensteservers) und den `BootFileName` (für eine manuelle Einleitung der Installation mit F12 ist dies *Pxeboot.com*) an den Client übermittelt.
7. Der Client lädt nun die Startdatei mit TFTP vom TFTP-Server herunter (also vom Windows-Bereitstellungsdiensteserver). Das ist mit erheblichem UDP-Datenverkehr verbunden.
8. Sobald die Startdatei heruntergeladen ist, lädt der Client mit TFTP die Datei Windows-Start-Manager *Bootmgr.exe* herunter.
9. Nach dem Abschluss dieses Vorgangs zeigt der Client das Startmenü des Start-Managers an, in dem Sie Ihr Startabbild auswählen können.
10. Dann wird das Startabbild mit TFTP vom Server heruntergeladen und in den Speicher geladen.

11. Nun wird Windows PE von einem RAM-Laufwerk ausgeführt. Nachdem Sie das Installationsabbild ausgewählt haben, das Sie auf Ihrem Computer installieren möchten, und alle anderen erforderlichen Angaben gemacht haben, lädt der Server das Installationsabbild mit einer SMB-Übertragung (Server Message Block) herunter, damit es auf den Computer angewendet werden kann.

Praktische Übung Konfigurieren der Windows-Bereitstellungsdienste

In dieser Übung installieren und konfigurieren Sie die Rolle Windows-Bereitstellungsdienste auf Server1. Dann verwenden Sie die Windows-Bereitstellungsdienste, um Windows Server 2008 auf Server2 zu installieren. Für diese Übung brauchen Sie auf Server1 mindestens 3 GB freien Speicherplatz auf einer NTFS-Partition. Server2 muss ein PXE-startfähiger Computer sein, der sich im selben realen oder virtuellen Netzwerk wie Server1 befindet und auf dem noch kein Betriebssystem installiert sein sollte. (Die virtuellen Computer von Virtual PC 2007 erfüllen die PXE-Voraussetzungen. Sorgen Sie außerdem mit der Netzwerkeinstellung *Nur lokal* dafür, dass beide virtuellen Computer in Virtual PC nur mit dem lokalen Netzwerk verbunden sind.)

▶ Übung 1: Hinzufügen der Rolle Windows-Bereitstellungsserver

In dieser Übung installieren Sie auf Server1 die Rolle Windows-Bereitstellungsdienste.

1. Melden Sie sich auf Server1 als Domänenadministrator an und öffnen Sie den Server-Manager.
2. Wählen Sie in der Konsolenstruktur des Server-Managers den Knoten *Rollen* und klicken Sie dann im Detailbereich auf *Rollen hinzufügen*.

   Der Assistent zum Hinzufügen von Rollen öffnet sich.
3. Klicken Sie auf der Seite *Vorbemerkungen* auf *Weiter*.
4. Wählen Sie auf der Seite *Serverrollen auswählen* die Rolle *Windows-Bereitstellungsdienste* und klicken Sie dann auf *Weiter*.
5. Lesen Sie den Text auf der Seite *Übersicht über Windows-Bereitstellungsdienste* und klicken Sie auf *Weiter*.
6. Überprüfen Sie auf der Seite *Rollendienste auswählen*, ob beide Rollendienste ausgewählt sind, und klicken Sie dann auf *Weiter*.
7. Klicken Sie auf der Seite *Installationsauswahl bestätigen* auf *Installieren*.
8. Klicken Sie auf der Seite *Installationsergebnisse* auf *Schließen*.
9. Schließen Sie den Server-Manager und fahren Sie mit Übung 2 fort.

▶ Übung 2: Durchführen der Erstkonfiguration des Servers

In dieser Übung konfigurieren Sie Ihren Windows-Bereitstellungsdiensteserver, indem Sie für Ihren Abbildspeicher den Ordner *RemoteInstall* erstellen und die PXE-Starteinstellungen für Ihren Server vornehmen.

1. Sie müssen für diese Übung auf Server1 als Domänenadministrator angemeldet sein. Starten Sie in der Programmgruppe *Verwaltung* die Konsole *Windows-Bereitstellungsdienste*.
2. Erweitern Sie die Konsolenstruktur, bis unter dem Knoten *Server* der Knoten des lokalen Servers erscheint.
3. Klicken Sie den Knoten des lokalen Servers mit der rechten Maustaste an und klicken Sie dann auf *Server konfigurieren*.

   Der Konfigurations-Assistent für Windows-Bereitstellungsdienste wird gestartet und zeigt die *Willkommenseite*.
4. Lesen Sie den Text auf der *Willkommenseite* des Konfigurations-Assistenten für Windows-Bereitstellungsdienste und klicken Sie dann auf *Weiter*.
5. Lesen Sie den Text auf der Seite *Remoteinstallationsordner*.
6. Ändern Sie den Standardpfad im Textfeld *Pfad* bei Bedarf. Wählen Sie dabei eine NTFS-Partition, auf der 3 GB oder mehr Speicherplatz frei ist. Dabei sollten Sie nach Möglichkeit (aber nicht zwingend) ein anderes Volume wählen als das, auf dem Windows installiert ist. Übernehmen Sie den Standardnamen *RemoteInstall* des Ordners.
7. Klicken Sie auf der Seite *Remoteinstallationsordner* auf *Weiter*.
8. Falls eine Warnmeldung erscheint und Sie darauf hinweist, dass es sich um das Windows-Systemvolume handelt, klicken Sie auf *Ja*.
9. Lesen Sie den Text auf der Seite *DHCP Option 60*.
10. Wählen Sie auf der Seite *DHCP Option 60* beide Kontrollkästchen und klicken Sie dann auf *Weiter*.
11. Lesen Sie den Text auf der Seite *PXE-Serveranfangseinstellungen*.
12. Wählen Sie auf der Seite *PXE-Serveranfangseinstellungen* die Option *Nur bekannten Clientcomputern antworten* und klicken Sie dann auf *Fertig stellen*.

▶ Übung 3: Hinzufügen der Standardstart- und Standardinstallationsabbilder

In dieser Übung fügen Sie das Standardstartabbild und das Standardinstallationsabbild von Ihrer Windows Server 2008-DVD zu Ihrem Abbildspeicher hinzu.

1. Sie müssen für diese Übung auf Server1 als Domänenadministrator angemeldet sein. Öffnen Sie die Konsole Windows-Bereitstellungsdienste, falls die Konsole noch nicht geöffnet ist.
2. Erweitern Sie in der Konsolenstruktur der Konsole Windows-Bereitstellungsdienste den Knoten des lokalen Servers, bis die verschiedenen Ordner aus dem Abbildspeicher des Servers angezeigt werden.
3. Legen Sie Ihre Windows Server 2008-DVD in das DVD-Laufwerk Ihres Windows-Bereitstellungsdiensteservers ein. Falls sich das Dialogfeld *Automatische Wiedergabe*

öffnet, schließen Sie es. Als Alternative bietet es sich in Virtual PC an, ein ISO-Abbild von Windows Server 2008 zu erfassen und ins Dateisystem einzubinden.

4. Klicken Sie den Ordner *Startabbilder* mit der rechten Maustaste an und wählen Sie *Startabbild hinzufügen*.

   Der Windows-Bereitstellungsdienste-Assistent zum Hinzufügen von Abbildern wird gestartet.

5. Klicken Sie auf der Seite *Abbilddatei* auf *Durchsuchen* und suchen Sie im Ordner *\Sources* ihrer Produkt-DVD die Datei *Boot.wim* heraus. Klicken Sie dann auf *Öffnen*, um das Standardstartabbild *Boot.wim* von Ihrer Windows Server 2008-Produkt-DVD zum Abbildspeicher Ihres Windows-Bereitstellungsdiensteservers hinzuzufügen.

6. Klicken Sie auf der Seite *Abbilddatei* auf *Weiter*.

7. Übernehmen Sie auf der Seite *Abbildmetadaten* den Standardabbildnamen und die Beschreibung Ihres Startabbilds und klicken Sie auf *Weiter*.

8. Lesen Sie den Text auf der Seite *Zusammenfassung* des Assistenten und klicken Sie dann auf *Weiter*.

   Die Seite *Aufgabenstatus* erscheint, während das Startabbild von Ihrer Produkt-DVD zu Ihrem Abbildspeicher hinzugefügt wird. Dieser Vorgang kann einige Minuten dauern.

9. Wenn das Abbild erfolgreich zu Ihrem Server hinzugefügt wurde, klicken Sie auf *Fertig stellen*.

   Nachdem Sie nun Ihr Standardstartabbild zu den Windows-Bereitstellungsdiensten hinzugefügt haben, fügen Sie Ihr Standardinstallationsabbild von Ihrer Produkt-DVD hinzu.

10. Klicken Sie in der Konsole Windows-Bereitstellungsdienste den Knoten *Installationsabbilder* mit der rechten Maustaste an und wählen Sie *Installationsabbild hinzufügen*.

    Die Seite *Abbildgruppe* des Windows-Bereitstellungsdienste-Assistenten zum Hinzufügen von Abbildern erscheint und fordert Sie auf, eine neue Abbildgruppe auf dem Server zu erstellen.

11. Übernehmen Sie den vorgeschlagenen Standardnamen für diese Abbildgruppe und klicken Sie auf *Weiter*.

12. Suchen Sie auf der Seite *Abbilddatei* das Standardinstallationsabbild *Install.wim* auf Ihrer Produkt-DVD heraus. Öffnen Sie dann das Abbild, um es in Ihren Abbildspeicher zu übernehmen.

13. Klicken Sie auf der Seite *Abbilddatei* auf *Weiter*.

14. Überprüfen Sie auf der Seite *Liste der verfügbaren Abbilder*, welche Abbilder verfügbar sind. Wählen Sie alle Abbilder mit Ausnahme von *SERVERSTANDARD* oder *SERVERENTERPRISE* ab und klicken Sie dann auf *Weiter*.

15. Überprüfen Sie die Angaben auf der Seite *Zusammenfassung* und klicken Sie dann auf *Weiter*.

    Die Seite *Aufgabenstatus* erscheint, während das Abbild zum Speicher hinzugefügt wird. Dieser Vorgang kann 15 Minuten oder länger dauern.

16. Wenn das Abbild erfolgreich zu Ihrem Server hinzugefügt wurde, klicken Sie auf *Fertig stellen*.

▶ Übung 4: Vorabbereitstellen eines Clientcomputers in der Domäne *Contoso*

In dieser Übung stellen Sie den Computer Server2 vorab bereit, indem Sie sein Konto zu Active Directory hinzufügen und einen 32-Byte-Wert eingeben, der mit seiner MAC-Adresse verknüpft ist. Dieser Vorgang ist erforderlich, weil Sie die Windows-Bereitstellungsdienste so eingestellt haben, dass sie nur auf bekannte Computer antworten.

Server2 muss zur Durchführung dieser Übung ein neuer virtueller Computer oder ein anderer PXE-startfähiger Computer sein. Auf Server2 sollte noch kein Betriebssystem oder andere Software installiert sein. Entfernen Sie alle Disketten und startfähigen CDs oder DVDs aus den lokalen Laufwerken von Server2.

1. Ermitteln Sie die MAC-Adresse von Server2. Zu diesem Zweck starten Sie Server2. Sobald Sie in den ersten Sekunden nach dem Start sehen, dass die MAC-Adresse des Clients mit ihren 12 Zeichen angezeigt wird, schreiben Sie sich diese Zahl auf, fahren den Computer herunter und machen dann mit Schritt 3 weiter. (In Virtual PC können Sie bei Bedarf den Befehl *Anhalten* aus dem Menü *Aktion* verwenden, damit Sie genug Zeit haben, die Adresse aufzuschreiben.)

   Wenn keine MAC-Adresse angezeigt wird, fahren Sie mit Schritt 2 fort, um den PXE-Start im BIOS zu aktivieren.

2. Starten Sie Server2 neu und wählen Sie sofort die Option, das Setup-Programm für das BIOS zu öffnen. (In Virtual PC ist diese Option die Taste ENTF.) Sorgen Sie im BIOS-Setupprogramm dafür, dass PXE als erstes Startgerät von Server2 verfügbar ist, und beenden Sie dann das Setupprogramm (speichern Sie die Änderungen). Starten Sie Server2 neu und gehen Sie zurück zu Schritt 1.

3. Melden Sie sich auf Server1 als Domänenadministrator an. Öffnen Sie dann in der Programmgruppe *Verwaltung* die Konsole *Active Directory-Benutzer und -Computer*.

4. Erweitern Sie in der Konsolenstruktur von Active Directory-Benutzer und -Computer den Knoten *Contoso.com*.

5. Klicken Sie in der Konsolenstruktur mit der rechten Maustaste auf den Ordner *Computers*, wählen Sie *Neu* und klicken Sie dann auf *Computer*.

   Das Dialogfeld *Neues Objekt – Computer* öffnet sich.

6. Geben Sie im Feld *Computername* den Namen **Server2** ein und klicken Sie dann auf *Weiter*.

   Die Seite *Verwalteter Computer* erscheint.

7. Lesen Sie den Text auf der Seite *Verwalteter Computer* und wählen Sie dann das Kontrollkästchen *Verwalteter Computer.*
8. Geben Sie im Textfeld *Eindeutige Computer-ID (GUID/UUID)* 20 Nullen ein, gefolgt von den 12 Zeichen der MAC-Adresse von Server2. Wenn die MAC-Adresse von Server2 beispielsweise 00 03 FF 9F B5 36 lautet, sollten Sie die Zahl **0000000000000000000000003FF9FB536** eingeben.
9. Klicken Sie auf der Seite *Verwalteter Computer* auf *Weiter.*
10. Lesen Sie den Text auf der Seite *Hostserver.* Übernehmen Sie dann die Standardvorgaben und klicken Sie auf *Weiter.*
11. Klicken Sie auf der Seite *Neues Objekt – Computer* auf *Fertig stellen.*

▶ Übung 5: Bereitstellen von Windows Server 2008 mit den Windows-Bereitstellungsdiensten

In dieser Übung stellen Sie Windows Server 2008 auf Server2 bereit. Um diese Übung durchführen zu können, müssen Sie dafür sorgen, dass sich Server2 in derselben Broadcastdomäne wie Server1 befindet (also im selben Subnetz oder im selben virtuellen Netzwerk). Wenn Sie mit Virtual PC arbeiten, erreichen Sie dies, indem Sie den Netzwerkadapter *Adapter 1* von Server2 auf *Nur lokal* einstellen.

1. Starten Sie Server2.

   Nach einigen Sekunden beginnt der PXE-Startvorgang und der lokale DHCP-Client fordert eine IP-Adresse für Server2 an. Sobald die Adresse zugewiesen ist, werden Sie aufgefordert, die Taste F12 zu drücken, um den Start über das Netzwerk einzuleiten.

2. Drücken Sie auf Server2 auf die Taste F12. Dazu haben Sie aber nur wenige Sekunden. Wenn Sie diese Gelegenheit versäumen, setzen Sie Server2 zurück und versuchen es erneut.

   Während das Startabbild von Server1 geladen wird, erscheint die Meldung, dass Windows Dateien lädt. Dieser Vorgang kann 5 Minuten oder länger dauern.

   Sobald das Startabbild geladen ist, erscheint erst eine grafische Benutzeroberfläche und dann die Seite *Windows-Bereitstellungsdienste* des Assistenten zum Installieren von Windows.

3. Wählen Sie auf der Seite *Windows-Bereitstellungsdienste* das passende Gebietsschema und die gewünschte Tastatur und klicken Sie dann auf *Weiter.*

   Sie werden aufgefordert, die Anmeldeinformationen für die Domäne einzugeben.

4. Geben Sie den Benutzernamen und das Kennwort eines Domänenadministrators der Domäne *Contoso.com* ein und klicken Sie auf *OK.* Achten Sie darauf, dass Sie den Benutzernamen im Format *contoso\Benutzername* eingeben.

5. Wählen Sie auf der Seite *Wählen Sie das zu installierende Betriebssystem* das Betriebssystem *Windows Longhorn 2008 SERVERSTANDARD* oder *Windows Longhorn 2008 SERVERENTERPRISE* und klicken Sie dann auf *Weiter.*
6. Sorgen Sie auf der Seite *Wo möchten Sie Windows installieren?* dafür, dass Datenträger 0 gewählt ist, und klicken Sie dann auf *Weiter.*

   Die Installation von Windows beginnt. Dieser Vorgang kann 30 Minuten oder länger dauern. Während dieses Vorgangs wird der Server nach Bedarf neu gestartet.
7. Wenn die Seite *Windows einrichten* erscheint, wählen Sie die passenden Einstellungen für Ihr Land, das Zeit- und Währungsformat und für die Tastatur. Klicken Sie dann auf *Weiter.*
8. Auf der Seite *Geben Sie den Product Key zur Aktivierung ein* geben Sie einen Produkt Key ein, sofern verfügbar, und klicken dann auf *Weiter.*
9. Prüfen Sie auf der Seite *Bitte lesen Sie die Lizenzbedingungen* die Lizenzbedingungen, klicken Sie auf das Kontrollkästchen *Ich akzeptiere die Lizenzbedingungen* und dann auf *Weiter.*
10. Wenn die Seite *Vielen Dank!* erscheint, klicken Sie auf *Starten.*
11. Wenn Sie dazu aufgefordert werden, drücken Sie STRG+ALT+ENTF, um sich anzumelden. (In Virtual PC drücken Sie ALT-GR+ENTF oder wählen den entsprechenden Befehl im Menü *Aktion.*)
12. Klicken Sie auf die Kachel *Anderer Benutzer.*
13. Geben Sie die Anmeldeinformationen eines Domänenadministrators der Domäne *Contoso.com* ein und drücken Sie die EINGABETASTE.

    Ein Desktop wird angezeigt und dann erscheint das Fenster *Aufgaben der Erstkonfiguration.*
14. Überprüfen Sie kurz die Informationen, die auf der Seite *Aufgaben der Erstkonfiguration* über den Computer angezeigt werden.

    Der vollständige Computername wird als *Server2.contoso.com* angezeigt und die Domäne als *contoso.com* angegeben.
15. Klicken Sie bei Bedarf auf *Zeitzone festlegen*, um die Zeitzone anzupassen.
16. Öffnen Sie in der Systemsteuerung das Netzwerk- und Freigabecenter und verwenden Sie dieses Tool dann, um auf Server2 die Netzwerkerkennung und die Freigabe von Dateien zu aktivieren.
17. Wenn Sie Virtual PC verwenden, nutzen Sie jetzt die Gelegenheit, um über das Menü *Aktion* die Virtual Machine Additions (VMA) auf Server2 zu installieren.

    Wenn Sie die VMA installieren, wird eine virtuelle CD (eine *.iso*-Datei) mit dem lokalen virtuellen Computer verknüpft und durch die automatische Wiedergabe wird ein neues Fenster geöffnet, in dem Sie die Gelegenheit erhalten, das Programm *Setup.exe* von der CD zu starten und die VMA zu installieren.

18. Wenn Sie mit Virtual PC arbeiten, klicken Sie nach dem Abschluss des Setup-Programms für die VMA auf *Fertig stellen*.
19. Fahren Sie erst Server2 und anschließend Server 1 herunter.

Zusammenfassung der Lektion

- Die Windows-Bereitstellungsdienste sind eine Servertechnologie zur Bereitstellung von Windows-Abbildern auf Computern, auf denen noch keine Software installiert ist.
- Wenn ein PXE-fähiger Computer gestartet wird, auf dem noch kein Betriebssystem installiert ist, stellt er eine Verbindung zum PXE-Server auf Ihrem Windows-Bereitstellungsdiensteserver her, fordert eine IP-Adresse an und lädt den Windows-Bereitstellungsdiensteclient (WDS-Client) herunter. Der WDS-Client zeigt dann ein Startmenü mit einer Liste der Betriebssysteme an, die auf dem Computer installiert werden können.
- Ein *Startabbild* ist eine Windows-Abbilddatei (*.wim*), die Sie zum Start eines Computers verwenden können, auf dem noch kein Betriebssystem installiert ist, um auf diesem Computer ein Betriebssystem zu installieren. Wenn Sie mit den Windows-Bereitstellungsdiensten Abbilder bereitstellen, können Sie das Standardstartabbild aus dem Ordner *\sources* der Windows Server 2008-DVD verwenden.
- Ein *Installationsabbild* ist ein Abbild des Windows Server 2008- oder Windows Server 2008-Betriebssystems selbst, das Sie zur Installation des Betriebssystems auf Clientcomputern verwenden können. Die einfachste Methode, die Windows-Bereitstellungsdienste zu verwenden, ist die Bereitstellung des Standardinstallationsabbilds aus dem Ordner *\sources* Ihrer Windows Server 2008-Produkt-DVD.
- Ein *Aufzeichnungsabbild* ist ein spezielles Startabbild, mit dem Sie einen Referenz- oder Mastercomputer starten, um die Installation als Abbild aufzuzeichnen und auf einen Windows-Bereitstellungsdiensteserver hochzuladen.
- Ein *Suchabbild* ist ein Startabbild, mit dem Sie ein Installationsabbild auf einem Computer installieren können, der nicht PXE-fähig ist.

Lernzielkontrolle

Die folgenden Fragen dienen zur Vertiefung des in dieser Lektion besprochenen Stoffs. Die Fragen sind (in englischer Sprache) auch auf der Begleit-CD zu finden, falls Sie die elektronische Form der Fragen vorziehen.

Hinweis Die Antworten

Die Antworten auf die Fragen und Erläuterungen, warum die entsprechende Antwort richtig oder falsch ist, finden Sie im Abschnitt „Antworten“ am Ende des Buchs.

1. Welche der folgenden Komponenten ist ein Bestandteil der Windows-Bereitstellungsdienste?
   A. Abbildspeicher
   B. TFTP-Server (Trivial File Transfer Protocol)
   C. Windows-Systemabbild-Manager (Windows SIM)
   D. PXE-Server (Pre-boot eXecution Environment)
2. Sie möchten Windows Vista RTM mit den Windows-Bereitstellungsdiensten auf 50 PXE-fähigen Clientcomputern installieren. Daher haben Sie die Rolle Windows-Bereitstellungsdienste installiert und bereits folgende Konfigurationsaufgaben erledigt:
   A. Erstellen eines Ordners Pfad*RemoteInstall* auf einem Datenträgervolume, das mit FAT32 installiert wurde
   B. Konfigurieren des PXE-Servers in der Weise, dass er bekannte und unbekannte Clientcomputer zulässt
   C. Hinzufügen der Datei *Boot.wim* aus dem Ordner Pfad*Sources* von Ihrem Original-Windows Vista-Medium zu Ihrem Abbildspeicher
   D. Hinzufügen der Datei *Install.wim* aus dem Ordner Pfad*Sources* Ihres Original-Windows Vista-Mediums zu Ihrem Abbildspeicher

   Sie möchten die Windows-Bereitstellungsdienste einsetzen und stellen fest, dass sie anscheinend nicht korrekt arbeiten. Der Abbildspeicher funktioniert nicht und Sie können die Erweiterungen nicht verwenden, die die Windows-Bereitstellungsdienste in der Version von Windows Server 2008 aufweisen. Woran liegt es? (Wählen Sie alle zutreffenden Antworten.)
   A. Der Ordner Pfad*RemoteInstall* muss sich auf einem NTFS-Volume befinden.
   B. Die PXE-Serveranfangseinstellungen sollten so vorgenommen werden, dass nur bekannte Clients zugelassen werden.
   C. Sie müssen die *Boot.wim*-Datei des Produktmediums von Windows Server 2008 oder von Windows Vista mit integriertem Service Pack 1 verwenden, wenn Sie die Erweiterungen einsetzen möchten, die die Windows-Bereitstellungsdienste in der Version von Windows Server 2008 aufzuweisen haben.
   D. Sie müssen die *Install.wim*-Datei des Produktmediums von Windows Server 2008 oder von Windows Vista mit integriertem Service Pack 1 verwenden, wenn Sie die Erweiterungen einsetzen möchten, die die Windows-Bereitstellungsdienste in der Version von Windows Server 2008 aufzuweisen haben.

Lektion 3: Bereitstellen von virtuellen Computern

Die Virtualisierungstechnik bietet Ihnen die Möglichkeit, Computer zu simulieren. Durch Computervirtualisierungssoftware wie Microsoft Virtual PC, Virtual Server und Hyper-V können Sie mit nur einem realen Computer mehrere verschiedene Betriebssysteme auf mehreren simulierten Computern nebeneinander anwenden. Diese Technik setzt sich immer mehr durch, weil sie preisgünstig die Möglichkeit bietet, veraltete reale Computer auszumustern, alte Betriebssysteme und Anwendungen auf neuer Hardware zu unterstützen und umfangreiche Test- und Verwaltungsumgebungen aufzubauen, ohne dafür entsprechend viele reale Computer anzuschaffen und aufzustellen.

Am Ende dieser Lektion werden Sie in der Lage sein, die folgenden Aufgaben auszuführen:

- Beschreiben der Vorteile der Computervirtualisierung
- Beschreiben der Unterschiede zwischen den drei Virtualisierungstechnologien von Microsoft

Veranschlagte Zeit für diese Lektion: 50 Minuten

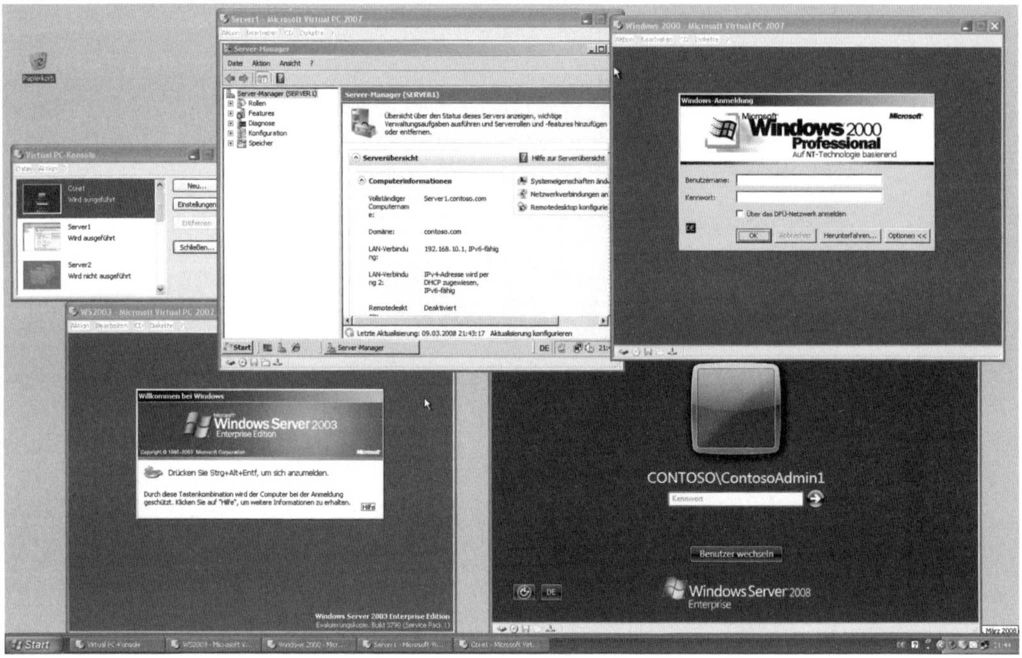

Abbildung 1.20 Mehrere virtuelle Computer auf einem Windows-Desktop

Was sind virtuelle Computer?

Ein virtueller Computer (Virtual Machine, VM) ist die Simulation eines realen, als physisches Gerät vorhandenen Computers. Mit virtuellen Computern können Sie auf einem Computer mehrere Betriebssysteme gleichzeitig verwenden (Abbildung 1.20).

Virtualisierungssoftware stellt eine Softwareumgebung für ein Betriebssystem bereit, die für es wie ein realer Computer aussieht und nicht ohne Weiteres davon zu unterscheiden ist. Das Betriebssystem, das in der virtuellen Umgebung ausgeführt wird, wird *Gast* genannt. Das Betriebssystem, auf dem die Virtualisierungssoftware ausgeführt wird, ist der *Host* (der „Gastgeber", wenn man so will). Auf dem Hostbetriebssystem (genauer, auf der Hardwarevirtualisierungsschicht) wird auf jedem virtuellen Computer ein eigenes, von den anderen Computern getrenntes Betriebssystem ausgeführt, auf dem wiederum separate Anwendungen installiert werden können, die nur im jeweiligen Host direkt zugänglich sind (Abbildung 1.21).

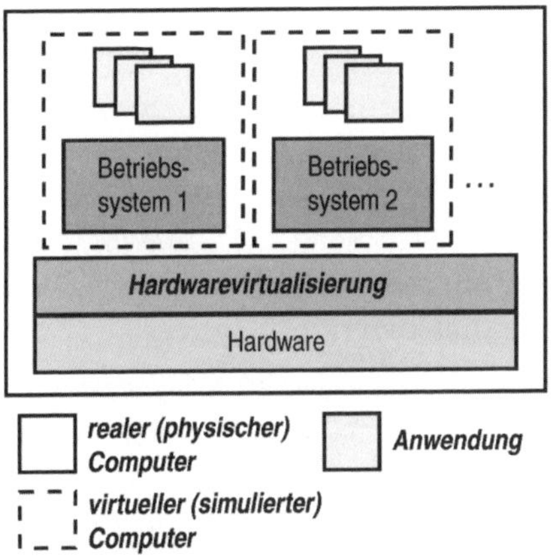

Abbildung 1.21 Die Virtualisierung der Hardware ermöglicht die wirklichkeitsnahe Simulation von Computern

Wofür sind virtuelle Computer gut?

Sie können virtuelle Computer bereitstellen oder vorhandene reale Server auf virtuelle Server umstellen, um folgende Vorteile zu erzielen:

- **Konsolidierung der Produktivsserver** Die Virtualisierung wird häufig eingesetzt, um die Arbeitslasten von einer großen Zahl kaum ausgelasteter realer Server auf einer kleineren Zahl realer Server zusammenzufassen. In Unternehmensnetzwerken liegt die Auslastung der realen Server häufig nur bei 5 bis 10 Prozent der Maximalleistung. Durch die Verlegung der geeigneten Server in eine virtuelle Umgebung steigt die Effizienz, wogegen die Kosten für die Stromversorgung, Kühlung und Wartung der realen Computer sinken. Außerdem wird Platz gespart. Das ist nicht nur für Datenverarbeitungszentren ein wichtiger Vorteil.

- **Unterstützung alter Anwendungen und Betriebssysteme** Virtuelle Computer werden oft benutzt, um Anwendungen auszuführen, die ein älteres Betriebssystem wie zum Beispiel Windows NT brauchen. Wenn Sie das Betriebssystem und die Anwendung in einer virtuellen Umgebung verwenden, brauchen Sie keinen realen Computer für diesen Zweck einzurichten.
- **Softwaretest und Softwareentwicklung** Virtuelle Computer lassen sich nach Bedarf leicht vom Firmennetzwerk trennen oder ins Firmennetzwerk integrieren. Außerdem lässt sich die Aufgabe eines bestimmten virtuellen Computers relativ leicht ändern. Manche Virtualisierungssoftware ermöglicht sogar die Einrichtung von VLANs. Damit können Sie virtuelle Netzwerke aufbauen, die aus mehreren Subnetzen bestehen. Wegen dieser Flexibilität eignen sich virtuelle Computer gut für den Test und die Modellierung von Betriebssystemen, Anwendungen oder Sicherheitsvorkehrungen.
- **Maximierung der Betriebsdauer** Durch Virtualisierung können Sie Anwendungen auf separaten Computern isolieren und verhindern, dass eine Anwendung die Leistung von anderen Anwendungen aus der Produktivumgebung beeinträchtigt. Stürzt zum Beispiel eine Anwendung auf einem virtuellen Computer ab, wirkt sich dies nicht auf die Anwendungen der anderen Server aus. Außerdem verbessert die Virtualisierung auch dadurch die Maschinenlaufzeiten, dass Hardwarekonflikte verringert oder eliminiert werden. Virtuelle Computer bieten mit ihren allgemeinen Gerätetreibern eine stabile Umgebung für Anwendungen, mit der Folge, dass Anwendungen in einer virtuellen Umgebung recht zuverlässig laufen.
- **Effiziente Serververwaltung und Wartung** Mit Verwaltungsprogrammen wie Microsoft System Center Virtual Machine Manager können Sie virtuelle Computer remote verwalten und einen virtuellen Computer sogar mit einer minimalen Ausfallzeit von einem physischen Server auf einen anderen übertragen. Solche Funktionen vereinfachen die Verwaltung und geben Ihnen die Möglichkeit, die Belastungen der einzelnen Server relativ flexibel an die aktuellen Anforderungen anzupassen.

Microsoft bietet drei Lösungen für die Computervirtualisierung an: Virtual PC, Virtual Server und Hyper-V. Diese Lösungen weisen zwar ähnliche, aber trotzdem unterschiedliche Funktionen auf, die für verschiedene Einsatzbereiche entwickelt wurden. In den folgenden Abschnitten erfahren Sie mehr darüber.

Virtual PC 2007

Wie alle Virtualisierungslösungen ermöglicht Ihnen Virtual PC 2007, auf demselben realen Computer mehrere Betriebssysteme zu verwenden. Eines der Ziele beim Entwurf von Virtual PC war eine einfachere Verwaltung. In Virtual PC erscheint jeder virtuelle Computer in seinem eigenen Fenster auf dem Desktop, wobei sich die Fenstergröße nach Bedarf einstellen lässt (Abbildung 1.22).

Die Einstellungen für virtuelle Computer können Sie leicht ändern, indem Sie den gewünschten virtuellen Computer in der Virtual PC-Konsole anklicken und auf *Einstellungen* klicken (Abbildung 1.23).

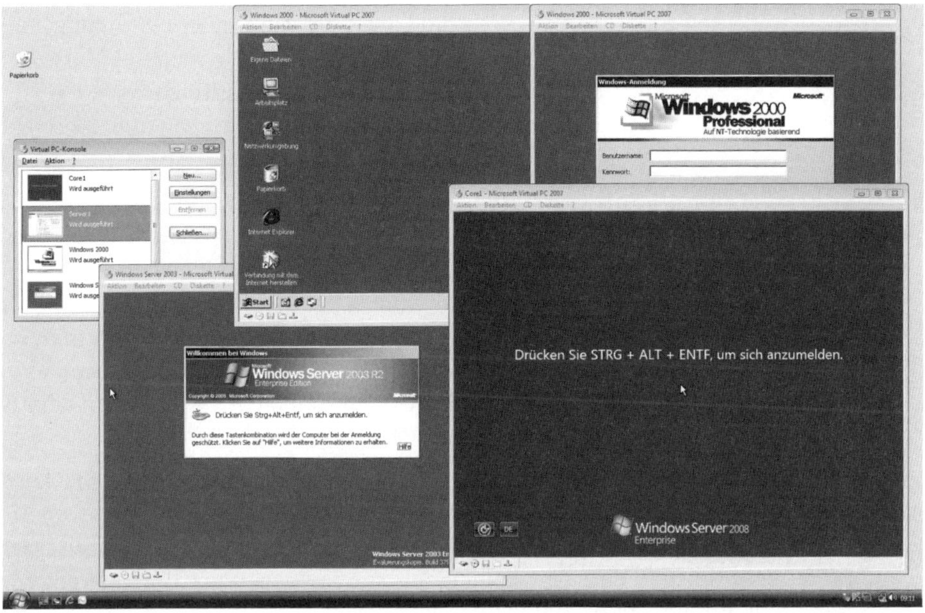

Abbildung 1.22 In Virtual PC erscheint jeder virtuelle Computer in seinem eigenen Fenster mit anpassbarer Größe auf dem Desktop

Abbildung 1.23 Die Virtual PC-Konsole ermöglicht eine einfache Verwaltung

Unter den folgenden Stichwörtern werden die Funktionen und Grenzen von Virtual PC 2007 kurz beschrieben.

- **Unterstützung virtueller Festplattenlaufwerke** Virtual PC 2007 verwendet VHD-Dateien (Virtual Hard Disk) als lokale Festplatten für die virtuellen Computer. Diese VHDs werden auch von Virtual Server und Hyper-V verwendet. Daher lassen sich virtuelle Computer relativ leicht zwischen den Lösungen austauschen.
- **Keine 64-Bit-Unterstützung für virtuelle Computer** Microsoft bietet für 64-Bit-Versionen von Windows eine 64-Bit-Version von Virtual PC 2007 an. Allerdings

können Sie in Virtual PC keinen virtuellen 64-Bit-Computer einrichten. Auch auf 64-Bit-Hosts sind nur 32-Bit-Gäste verfügbar.

- **Unterstützte Hosts** Sie können Virtual PC auf folgenden Betriebssystemen installieren und ausführen:
  - Windows Server 2008
  - Windows Vista
  - Windows Server 2003
  - Windows XP Professional
  - Windows XP Tablet PC Edition
- **Unterstützte Gastbetriebssysteme** In einem virtuellen Computer, den Sie mit Virtual PC erstellen, können Sie eines der folgenden Betriebssysteme verwenden:
  - Windows Server 2008
  - Windows Vista
  - Windows Server 2003
  - Windows XP Professional
  - Windows 2000
  - Windows 98 Second Edition
  - OS/2

  Die folgenden Betriebssysteme lassen sich zwar ebenfalls unter Virtual PC ausführen, werden aber von Microsoft offiziell nicht mehr unterstützt:
  - MS-DOS 6.22
  - Windows 95
  - Windows 98
  - Windows Millennium Edition (Windows Me)
  - Windows NT 4.0 Workstation
- **Prozessorunterstützung für Gäste** In Virtual PC wird jedem Gast nur ein einkerniger Prozessor zugewiesen, unabhängig davon, ob das Hostsystem über mehrkernige Prozessoren oder mehrere Prozessoren verfügt.
- **Virtuelle Netzwerke** In Virtual PC können Sie jedem Gast bis zu vier Netzwerkadapter zuweisen. Für jeden virtuellen Adapter können Sie eine der folgenden Einstellungen wählen:
  - *Nicht verbunden* Wird diese Option gewählt, ist im virtuellen Computer kein Netzwerk verfügbar. Diese Option wird empfohlen, wenn sich der Hostcomputer nicht in einem Netzwerk befindet oder wenn Sie nicht vorhaben, vom virtuellen Computer aus auf das Internet zuzugreifen.

  - *Nur Lokal* Diese Option bietet nur zwischen den virtuellen Computern Netzwerkunterstützung. Das bedeutet, dass der virtuelle Computer keinen Zugang zu den Netzwerkressourcen des Hostbetriebssystems hat. Aber er verfügt zusammen mit den anderen virtuellen Computern, die mit dem lokalen Netzwerk verbunden sind, über eine gemeinsame virtuelle Broadcastdomäne.
  - *Gemeinsames Netzwerk (NAT)* Diese Option ist nur für den ersten virtuellen Netzwerkadapter des virtuellen Computers verfügbar. Wird diese Einstellung gewählt, erhält der VM Zugang zu einem privaten Netzwerk, das Virtual PC erstellt. In diesem Netzwerk gibt es einen virtuellen DCHP-Server und einen virtuellen NAT-Server für die Übersetzung von Netzwerkadressen. Dadurch ist der virtuelle Computer in der Lage, auf die meisten TCP/IP-Ressourcen zuzugreifen, die dem Hostbetriebssystem zur Verfügung stehen.
  - *(Eine der verfügbaren realen Netzwerkkarten)* Wenn Sie diese Option wählen, wird der virtuelle Computer direkt mit der ausgewählten Netzwerkverbindung des Hostbetriebssystems verbunden. Der virtuelle Computer erscheint und benimmt sich im Netzwerk wie ein separater realer Computer. Wenn es einen DHCP-Server im Netzwerk gibt, wird dem virtuellen Computer dynamisch eine IP-Adresse zugewiesen. Wurde das Netzwerk dagegen mit statischen IP-Adressen konfiguriert, müssen Sie auch auf dem virtuellen Computer eine passende statische IP-Adresse einstellen.

Wichtig Eingeschränkte virtuelle Vernetzung in Virtual PC

Eine der wichtigsten Beschränkungen von Virtual PC ist, dass es den virtuellen Gastcomputern nur eine einzige virtuelle Broadcastdomäne zur Verfügung stellt. Anders gesagt, Sie können nicht mehrere virtuelle Netzwerke einrichten, um die Kommunikation in isolierten Gruppen von virtuellen Computern zu testen.

- **Verbindung zum Host (Freigabe)** In Virtual PC können Sie eine Verbindung zum Hostbetriebssystem nur in der Form herstellen, dass Sie ein Netzlaufwerk einrichten, das auf einen Ordner des Hosts abgebildet wird. Diese Netzwerkfreigabe richten Sie mit der Option *Freigegebene Ordner* (Abbildung 1.24) ein.
- **Hardwareunterstützte Virtualisierung** Wenn der Prozessor des realen Hosts eine Virtualisierungstechnologie wie Intel-VT oder AMD-V bietet, kann Virtual PC 2007 diese Technologie nutzen, um die Leistung des virtuellen Computers zu verbessern.

  Abbildung 12.5 zeigt diese Option, die standardmäßig aktiviert ist.
- **PXE-Start** Die virtuellen Netzwerkadapter von Virtual PC 2007 sind von Haus aus PXE-fähig. Diese Technologie ermöglicht es einem Computer, auf dem noch kein Betriebssystem installiert ist, eine DHCP-Adresse anzufordern und ein Betriebssystem aus dem Netzwerk herunterzuladen. (Der PXE-Start wird besprochen in der Übung „Konfigurieren der Windows-Bereitstellungsdienste" von Lektion 2.)

Abbildung 1.24 In Virtual PC stellen Sie über Netzlaufwerke Verbindungen zum Hostbetriebssystem her

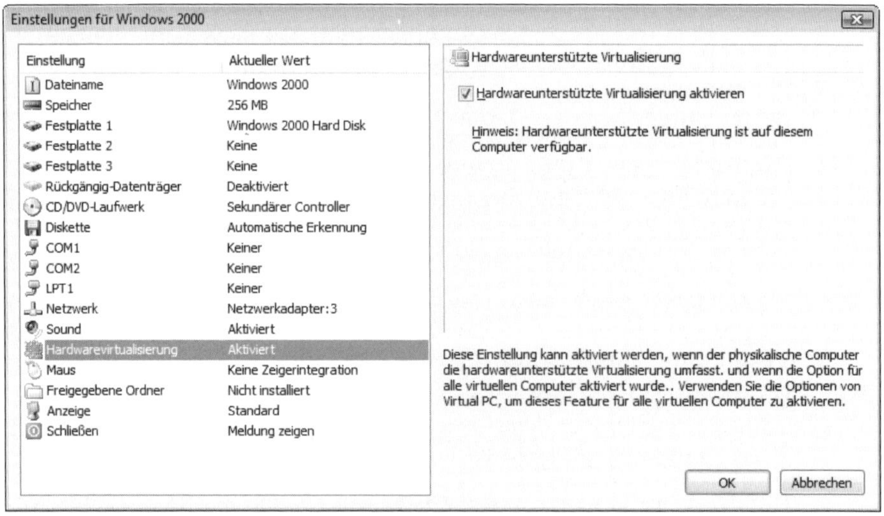

Abbildung 1.25 Virtual PC nutzt zur Virtualisierung auch eventuell vorhandene Hardwareunterstützung

- **Virtual Machine Additions** Um die Leistung eines virtuellen Computers zu optimieren, müssen Sie die Virtual Machine Additions installieren. Dadurch ergeben sich eine deutlich bessere Gesamtleistung, eine verbesserte Maussteuerung und andere Verbesserungen.

Wegen dieser Funktionen und Beschränkungen wird Virtual PC 2007 zur Unterstützung älterer Desktopanwendungen, zum Test von Anwendungen und zur Schulung empfohlen.

Virtual Server 2005 R2 SP1

Virtual Server unterscheidet sich durch einen größeren Funktionsumfang von Virtual PC, mit dem es den Anforderungen von Serveranwendungen und der Verwaltung in Unternehmen genügen soll.

Die folgende Liste beschreibt die zusätzlichen Funktionen, die Virtual Server gegenüber Virtual PC aufweist:

- **Erweiterte Gastbetriebssystemunterstützung** Über die Betriebssysteme hinaus, die Virtual PC unterstützt, können Sie mit Virtual Server auch folgende Gastbetriebssysteme verwenden:
  - Red Hat Linux
  - SuSE Linux
  - Solaris
  - Windows NT Server SP6a
- **Failoverclusterunterstützung** Virtual Server bietet ein einfaches Zwei-Knoten-Failover von einem virtuellen Computer auf einen anderen. Diese Funktion können Sie allerdings nur für die Entwicklung und zu Testzwecken verwenden. Für den Einsatz in einer Produktivumgebung wird sie nicht unterstützt.
- **Netzwerklastenausgleich** Zu Testzwecken unterstützt Virtual Server virtualisierte NLB-Farmen (Network Load Balance, Netzwerklastausgleich).
- **Mehrprozessorunterstützung** Wenn ein Hostcomputer über einen Prozessor mit mehreren Kernen oder über mehrere Prozessoren verfügt, können Sie für die virtuellen Computern unter Virtual Server mehr als nur einen Kern oder einen Prozessor verwenden. Allerdings können Sie keinem einzelnen virtuellen Gastcomputer mehr als einen Kern oder einen Prozessor zuweisen. Verfügt der Hostcomputer zum Beispiel über 32 Prozessoren, können Sie die Prozessorkapazität so aufteilen, dass 31 gleichzeitig laufende virtuelle Computer jeweils einen Prozessor erhalten und ein Prozessor für das Hostbetriebssystem übrig bleibt.
- **Erweiterte Unterstützung von virtuellen Netzwerken** Mit Virtual Server können Sie eine unbeschränkte Anzahl an virtuellen Netzwerken (Broadcastdomänen) einrichten, jedes mit seinem eigenen DHCP-Server. Außerdem können Sie DNS- und WINS-Server, IP-Adressen und Leasezeiten für IP-Adressen konfigurieren.
- **SCSI-Unterstützung** Virtual Server unterstützt virtuelle SCSI-Laufwerke mit einer Größe von bis zu 2 Terabyte.
- **Remoteverwaltung** Sie können Virtual Server mit der Verwaltungswebsite remote verwalten. Außerdem können Sie mit Virtual Machine Remote Control (VMRC) virtuelle Computer verwenden und verwalten.
- **Erleichterte Umstellung von realen auf virtuelle Computer** Das Virtual Server 2005 Migration Toolkit (VSMT) ist ein kostenloses, herunterladbares Tool, das Sie für Virtual Server 2005 verwenden können. VSMT erleichtert die P2V-Migration

(Physical-to-Virtual) eines kompletten Betriebssystems und der darauf installierten Anwendungen von einem realen Server in eine virtuelle Umgebung von Virtual Server 2005.

Weitere Informationen Von real auf virtuell: eine Demonstration der P2V-Umstellung

Für den Wechsel von einem realen Computer auf einen virtuellen Computer können Sie auch Virtual Machine Manager 2007 verwenden. Wenn Sie eine Demonstration einer solchen Umstellung sehen möchten, sehen Sie sich die Vorführung „Physical to Virtual Machine Migration" unter *mms://wm.microsoft.com/ms/systemcenter/scvmm/demo/vmm_intro_03.wmv* an.

Die erweiterten Funktionen machen Virtual Server zu einer guten Basis für die Konsolidierung von Servern, für die Unterbringung von Netzwerkanwendungen, für den Test von komplexen Netzwerkszenarien und zur Unterstützung von Linux und Solaris in einer virtuellen Umgebung.

Hyper-V

Hyper-V ist eine Virtualisierungstechnologie und eine Windows Server 2008-Serverrolle, die 180 Tage nach Veröffentlichung von Windows Server 2008 verfügbar sein wird. Im Gegensatz zu Virtual PC und Virtual Server ist Hyper-V eine *Hypervisor*-Technologie. Ein Hypervisor ist eine dünne Softwareschicht, die zwischen Hardware und Betriebssystem angesiedelt ist. Wenn ein Hypervisor installiert ist, werden Host- und Gastbetriebssysteme in separaten Partitionen installiert, die gleichberechtigten Zugriff auf die Hardware erhalten. Diese Architektur ist in Abbildung 1.26 dargestellt.

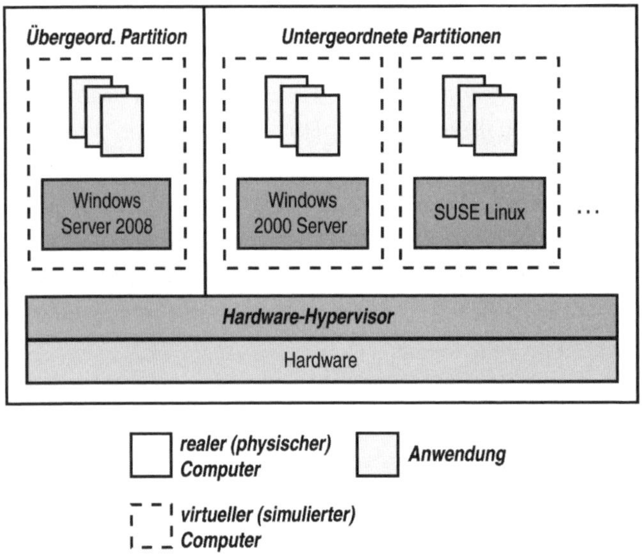

Abbildung 1.26 Hyper-V ist unterhalb aller installierten Betriebssysteme angesiedelt

In Windows Server 2008 wird Hyper-V durch den Hyper-V Manager verwaltet (Abbildung 1.27).

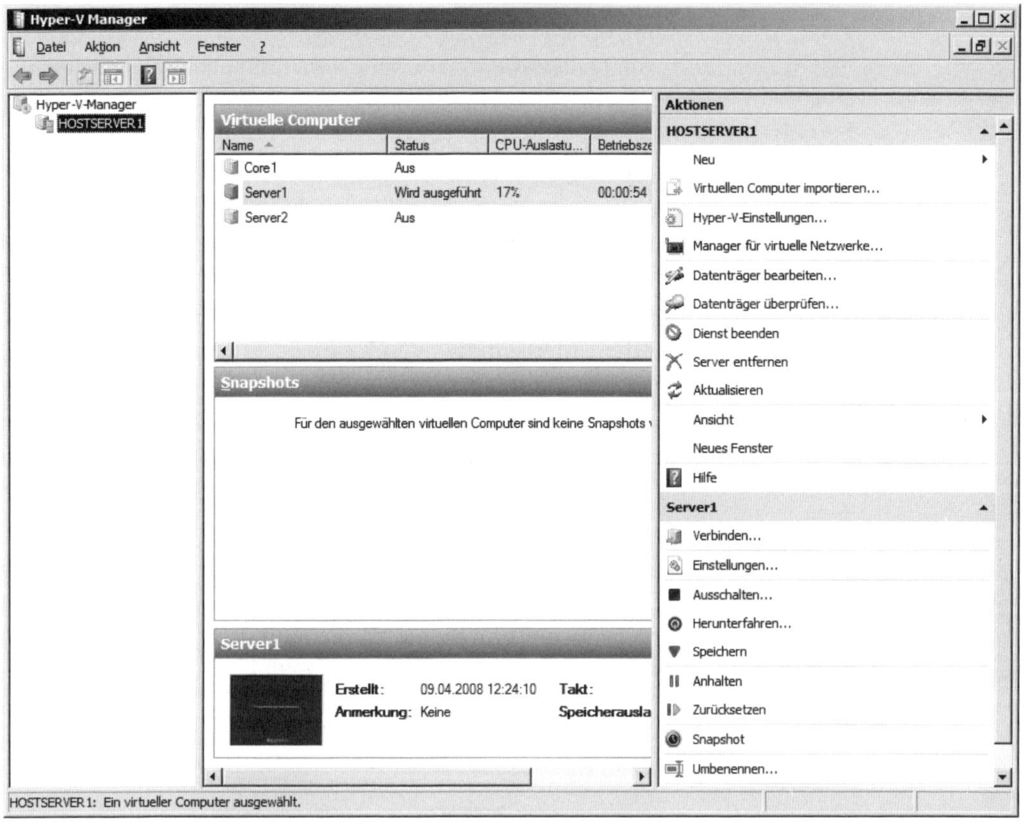

Abbildung 1.27 Hyper-V Manager

Im Vergleich zu Virtual PC und Virtual Server bietet Hyper-V deutliche Verbesserungen in den Bereichen Leistung, Skalierbarkeit und Verwaltung. Die folgenden Stichwörter nennen einige Funktionen und Vorteile, die Hyper-V gegenüber Virtual PC oder Virtual Server aufweist:

- **64-Bit-Unterstützung für Gäste** Hyper-V unterstützt 64-Bit-Betriebssysteme als Gäste (virtuelle Computer).
- **Mehrkern- und Mehrprozessorunterstützung für Gäste** Auf einem Hyper-V-fähigen Server können jedem virtuellen Computer bis zu vier Prozessoren zugewiesen werden.
- **Verbesserte Speicherunterstützung für Gäste** In Virtual PC und Virtual Server können Sie jedem virtuellen Computer bis zu 3,6 GB Speicher zuweisen, in Hyper-V bis zu 32 GB.

- **Höhere Leistung** Die Hypervisor-Technologie, die Unterstützung für mehrere Prozessoren und der größere verfügbare Speicher führen dazu, dass virtuelle Computer in einer Hyper-V-Umgebung eine wesentlich höhere Leistung erbringen können.
- **Zustandsaufzeichnungen (Snapshots)** Hyper-V bietet die Möglichkeit, von einem laufenden virtuellen Computer ein Speicherabbild als Zustandsaufzeichnung (Snapshot) anzufertigen. Mit solchen Snapshots können Sie einen virtuellen Computer leicht in einen vorherigen Zustand zurückversetzen oder Sicherungen durchführen.
- **Erweiterte Netzwerklastenausgleich** Hyper-V bietet neue Umschaltfähigkeiten, mit denen ein Lastausgleich zwischen mehreren virtuellen Computern erreicht werden kann, die auf verschiedenen Servern laufen.
- **Integration Components** Die Integration Components (ICs) von Hyper-V haben dieselbe Aufgabe wie die Virtual Machine Additions von Virtual PC und Virtual Server. Sie verbessern die Leistung und unterstützen die Integration eines virtuellen Computers ins Hostsystem. Wenn Sie in Hyper-V einen virtuellen Computer erstellen, werden die Integration Components im Gegensatz zu den Virtual Machine Additions in Windows-Gastbetriebssystemen *automatisch vorinstalliert.* In einigen Fällen müssen Sie die Integration Components allerdings manuell installieren. Wenn Sie zum Beispiel einen virtuellen Computer von Virtual PC oder Virtual Server unter Hyper-V verwenden, müssen Sie zuerst die Virtual Machine Additions entfernen, bevor Sie den Computer in Hyper-V einbinden können, und nach dieser Einbindung die Integration Components manuell installieren. Außerdem müssen Sie die Integration Components auf solchen virtuellen Computern manuell installieren, auf denen nicht Windows, sondern ein anderes Betriebssystem ausgeführt wird.

Prüfungstipp

Für die Prüfung 70-643 müssen Sie diese Hyper-V-Funktionen kennen.

Schnelltest

- Was ist ein Hypervisor?

Antwort zum Schnelltest

- Ein Hypervisor ist eine dünne Softwareschicht, die unter dem Hostbetriebssystem angesiedelt ist und sowohl dem Host als auch den Gästen Zugriff auf die Hardware ermöglicht. Im Prinzip macht der Hypervisor alle lokal installierten Betriebssysteme zu virtuellen Computern.

Hardware- und Softwarevoraussetzungen für Hyper-V

Hyper-V stellt strenge Anforderungen an den Prozessor. Hyper-V setzt einen x64-Prozessor voraus, der hardwareunterstützte Virtualisierung (AMD-V oder Intel VT) und Datenausführungsverhinderung auf Hardwareebene bietet. (Auf AMD-Systemen wird die Datenausführungsverhinderung das No Execute- oder NX-Bit genannt. Auf Intel-Systemen ist für diese Funktion das Execute Disable- oder XD-Bit zuständig.) Außerdem müssen diese Funktionen im BIOS aktiviert werden. (Meistens sind sie standardmäßig deaktiviert.)

Die Softwarevoraussetzung für Hyper-V ist eine x64-Version von Windows Server 2008 Standard Edition, Enterprise Edition oder Datacenter Edition. Hyper-V kann auf einer Server Core-Installation und auf einer vollständigen Installation von Windows Server 2008 verwendet werden.

Prüfungstipp

Merken Sie sich die Hardware- und Softwarevoraussetzungen für Hyper-V.

Auf einer vollständigen Installation von Windows Server 2008 (also nicht auf einer Server Core-Installation) können Sie Hyper-V folgendermaßen installieren:

▶ **Installieren von Hyper-V**

1. Sorgen Sie vor der Installation dafür, dass Ihr Computer die Hardwarevoraussetzungen für Hyper-V erfüllt und dass sowohl die hardwareunterstützte Virtualisierung als auch die Datenausführungsverhinderung aktiviert sind. Sofern eine Einstellung im BIOS erforderlich ist, um diese Änderungen vorzunehmen, müssen Sie den Computer herunterfahren, beim nächsten Start ins BIOS wechseln und den Computer nach erfolgter Einstellung wieder hochfahren, bevor Sie mit der Installation von Hyper-V beginnen können.
2. Fügen Sie im Server-Manager die Rolle Hyper-V hinzu. Klicken Sie dazu unter *Rollenübersicht* auf *Rollen hinzufügen* und wählen Sie dann im Assistenten zum Hinzufügen von Rollen die Rolle *Hyper-V* (Abbildung 1.28).
3. Folgen Sie der Anleitung des Assistenten zum Hinzufügen von Rollen.
4. Wenn der Assistent zum Hinzufügen von Rollen seine Arbeit abgeschlossen hat, müssen Sie den Computer neu starten, damit die Rolle Hyper-V aktiviert werden kann.
5. Melden Sie sich nach dem Neustart mit demselben Konto an, mit dem Sie die Rolle Hyper-V installiert haben.
6. Überzeugen Sie sich davon, dass die Rolle Hyper-V installiert ist. Dazu erweitern Sie im Server-Manager den Knoten *Rollen*, wählen den Knoten *Hyper-V* und überprüfen, ob die Hyper-V-Dienste ausgeführt werden (Abbildung 1.29).

Hinweis Hyper-V-Server sollten ausschließlich für diese Rolle reserviert werden

Es wird empfohlen, auf dem Hostsystem keine anderen Windows Server 2008-Rollen zu aktivieren, wenn die Rolle Hyper-V auf dem Computer aktiviert wurde.

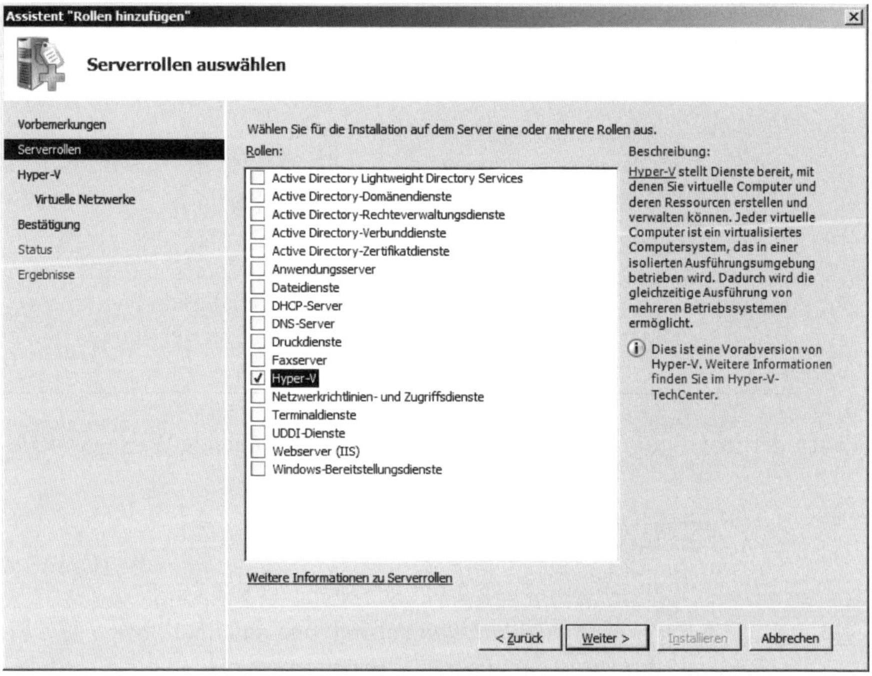

Abbildung 1.28 Hinzufügen der *Hyper-V*-Rolle

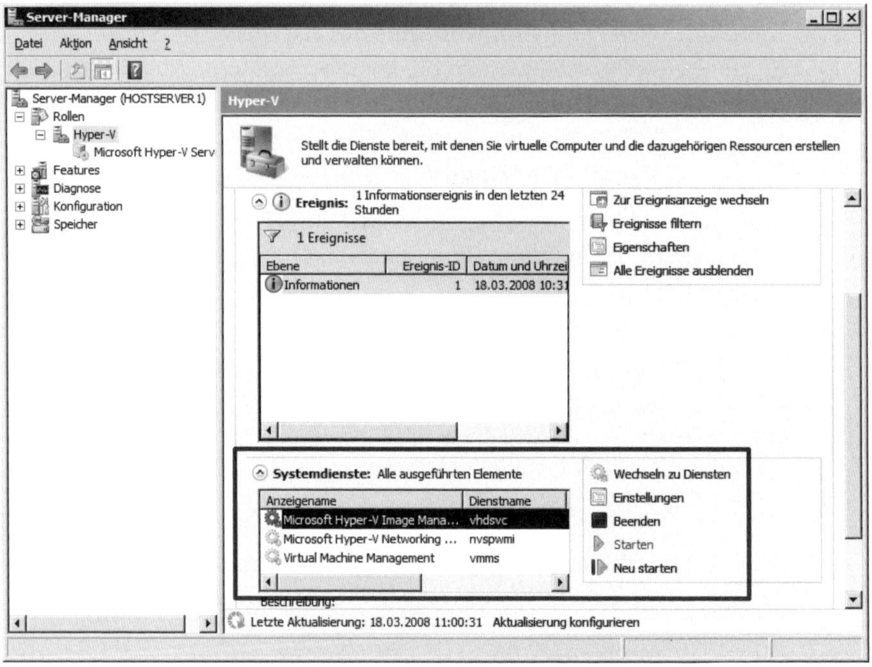

Abbildung 1.29 Hyper-V-Dienste

Auf einer Server Core-Installation von Windows Server 2008 gehen Sie zur Aktivierung von Hyper-V folgendermaßen vor:

▶ **Aktivieren von Hyper-V auf einer Server Core-Installation**

1. Geben Sie den Befehl **start /w ocsetup Microsoft-Hyper-V** ein, um die Rolle Hyper-V zu aktivieren.
2. Führen Sie einen Neustart des Computers durch, wenn Sie dazu aufgefordert werden.

Wichtig Um Hyper-V auf einer Server Core-Installation zu verwalten, müssen Sie den Hyper-V Manager auf einem anderen Computer verwenden und eine Remoteverbindung mit dem Server herstellen.

Nach der Installation von Hyper-V können Sie auf folgende Weise virtuelle Computer erstellen:

▶ **Erstellen eines virtuellen Computers in Hyper-V**

1. Öffnen Sie in der Programmgruppe *Verwaltung* den *Hyper-V Manager*.
2. Klicken Sie im Bereich *Aktionen* auf *Neu* und dann auf *Virtual Machine*.
3. Nehmen Sie auf den verschiedenen Seiten des Assistenten die gewünschten Einstellungen vor. Sie können auf jeder Seite des Assistenten auf *Weiter* klicken, um zur nächsten Seite zu gelangen, oder direkt zu einer Seite wechseln, indem Sie den Namen der Seite auf der linken Seite des Assistenten anklicken.
4. Wenn Sie die Einstellung des virtuellen Computers abgeschlossen haben, klicken Sie auf *Fertig stellen*.

Virtuelle Datenträgerarten in Hyper-V

Wie Virtual PC und Virtual Server verwendet auch Hyper-V für virtuelle Datenträger *.vhd*-Dateien. Diese virtuellen Datenträger gibt es in drei Varianten: dynamisch erweiterbar, feste Größe und differenzierend.

- **Dynamisch erweiterbar** Dynamisch erweiterbare virtuelle Datenträger wachsen mit der Datenmenge, die Sie speichern. Beim Erstellen des Datenträgers ist die *.vhd*-Datei noch klein. Sie wird um so größer, je mehr Daten auf dem Datenträger gespeichert werden. Die *.vhd*-Datei schrumpft aber nicht automatisch, wenn wieder Daten von dem virtuellen Festplattenlaufwerk gelöscht werden. Allerdings können Sie den Datenträger mit dem Assistenten für virtuelle Datenträger komprimieren, um die Dateigröße nach dem Löschen von Daten zu verringern.
- **Feste Größe** Für ein virtuelles Festplattenlaufwerk mit fester Größe wird eine *.vhd*-Datei verwendet, die ihre Größe schon beim Erstellen des Datenträgers erhält. Diese Größe bleibt unabhängig von der gespeicherten Datenmenge gleich. Allerdings können Sie das virtuelle Festplattenlaufwerk mit dem Assistenten für virtuelle Datenträger vergrößern. Dabei wird auch die *.vhd*-Datei entsprechend vergrößert.

- **Differenzierend** Ein differenzierender Datenträger ist ein Datenträger, der über eine Eltern-Kind-Beziehung mit einem weiteren Datenträger verknüpft ist. Der differenzierende Datenträger ist dabei der untergeordnete Datenträger und der damit verknüpfte Datenträger der übergeordnete. Als übergeordneter Datenträger eignet sich jede Art von virtuellem Festplattenlaufwerk. Das (untergeordnete) differenzierende Laufwerk speichert Daten über alle Änderungen, die am übergeordneten Datenträger erfolgen, und bietet auf diese Weise die Möglichkeit, Änderungen zu speichern, ohne den übergeordneten Datenträger zu verändern. Anders gesagt, mit einem differenzierenden Datenträger sorgen Sie dafür, dass Änderungen standardmäßig auf dem differenzierenden Datenträger vorgenommen werden und nicht auf dem übergeordneten Originaldatenträger. Allerdings können Sie die Änderungen vom differenzierenden Datenträger bei Bedarf auf den virtuellen Originaldatenträger übernehmen.

Sie können für denselben übergeordneten Datenträger auch mehrere differenzierende Datenträger einrichten. Diese Methode spart Platz, wenn Sie mehrere verschiedene virtuelle Datenträger erstellen möchten, die alle auf demselben Abbild basieren.

Prüfungstipp

Für die Prüfung 70-643 müssen Sie die drei verschiedenen Arten von virtuellen Datenträgern kennen.

Konfigurieren von virtuellen Netzwerken in Hyper-V

Hyper-V ermöglicht Ihnen die Erstellung von komplexen virtuellen Netzwerken mit mehreren miteinander verbundenen Subnetzen oder Broadcastdomänen. Sie können drei verschiedene Arten von Netzwerken erstellen: extern, intern und privat.

- **Extern** Ein externes virtuelles Netzwerk wird mit der realen (physischen) Netzwerkkarte verbunden, damit die virtuellen Computer auf das reale Netzwerk zugreifen können. Ist zum Beispiel im realen Netzwerk ein DHCP-Server vorhanden, erhalten die virtuellen Computer, die mit einem externen Netzwerk verbunden sind, ihre DHCP-Adressen von diesem Netzwerkserver.

  Wenn Sie die Serverrolle Hyper-V hinzufügen, erhalten Sie die Gelegenheit, für jede Netzwerkkarte, die mit dem Computer verbunden ist, ein externes Netzwerk zu erstellen.

- **Intern** Ein internes Netzwerk kann alle virtuellen Computer mit dem realen lokalen Computer verbinden. Diese Art von virtuellem Netzwerk ermöglicht aber keinen Zugriff auf eine reale Netzwerkverbindung.
- **Privat** Ein privates virtuelles Netzwerk kann nur dazu verwendet werden, virtuelle Computer miteinander zu verbinden, die auf demselben realen Computer ausgeführt werden. Es ermöglicht keinen Zugriff auf den realen Computer.

Erstellen neuer virtueller Netzwerke

Nachdem Sie die Serverrolle Hyper-V installiert haben, möchten Sie vielleicht zusätzliche virtuelle Netzwerke erstellen. Dazu klicken Sie im Bereich *Aktionen* des Hyper-V Managers auf *Manager für virtuelle Netzwerke*. Im Fenster *Manager für virtuelle Netzwerke* wählen Sie dann die Art des virtuellen Netzwerks aus, das Sie erstellen möchten, und klicken auf *Hinzufügen* (Abbildung 1.30).

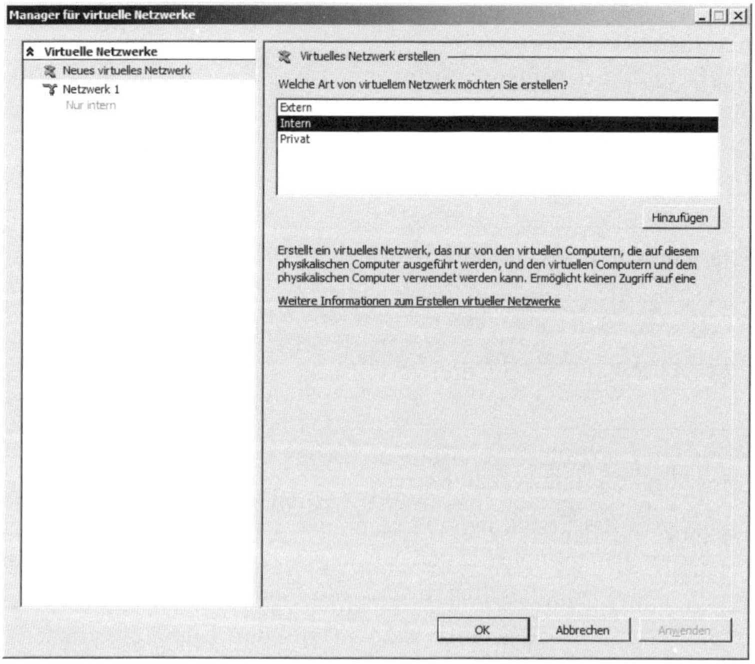

Abbildung 1.30 Erstellen eines neuen virtuellen Netzwerks

Anschließend erhalten Sie beim Erstellen eines neuen virtuellen Computers mit dem Assistenten für neue virtuelle Computer die Gelegenheit, den neuen Computer mit jedem virtuellen Netzwerk zu verbinden, das Sie bereits erstellt haben (Abbildung 1.31).

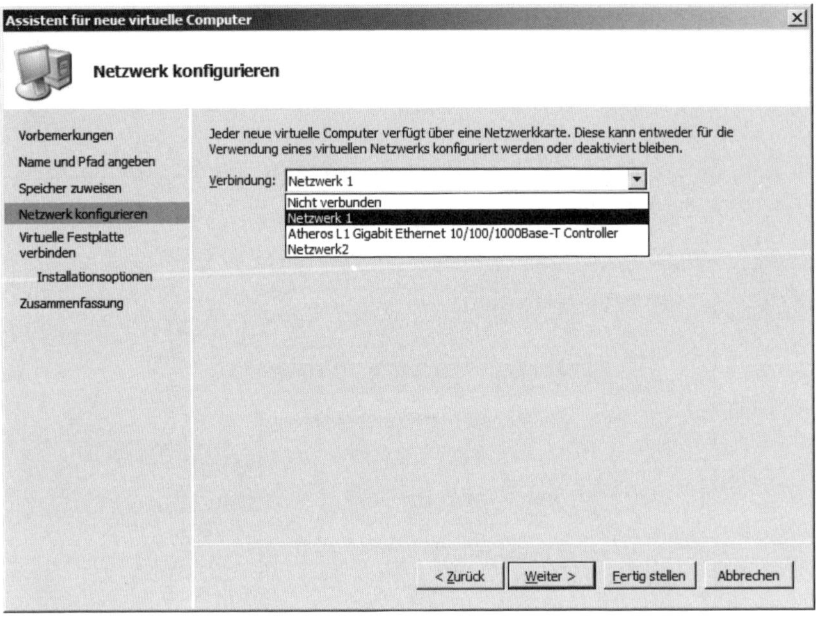

Abbildung 1.31 Hinzufügen eines virtuellen Computers zu einem Netzwerk

Zuweisen von virtuellen Computern zu virtuellen LANs

Um eine Gruppe virtueller Computer von anderen virtuellen Computern zu trennen, die auf demselben realen Computer ausgeführt werden, würden Sie diese virtuellen Computer einem eigenen separaten virtuellen Netzwerk zuordnen. Allerdings können Sie eine Gruppe virtueller Computer auch dadurch isolieren, dass Sie diese Computer in einem bestimmten virtuellen Netzwerk demselben VLAN (virtuelles LAN) zuweisen.

Nehmen wir zum Beispiel an, Sie möchten ein internes virtuelles Netzwerk namens InternA in zwei Subnetze aufteilen und jedem Subnetz einen DHCP-Server zuweisen. Durch die Zuweisung separater VLAN-IDs an jeden Teil des Netzwerks können Sie jedem VLAN einen DHCP-Server zuordnen und die Clients auf diese VLANs aufteilen. Die Clients jedes VLANs antworten dann nur dem DHCP-Server aus ihrem eigenen VLAN. Auf diese Weise ermöglichen VLAN-IDs im selben virtuellen Netzwerk die Simulation separater realer Netzwerke.

Um einen virtuellen Computer einem VLAN zuzuordnen, öffnen Sie zuerst das Dialogfeld *Einstellungen* des virtuellen Computers, indem Sie den virtuellen Computer im Hyper-V Manager mit der rechten Maustaste anklicken und dann *Einstellungen* auswählen (Abbildung 1.32).

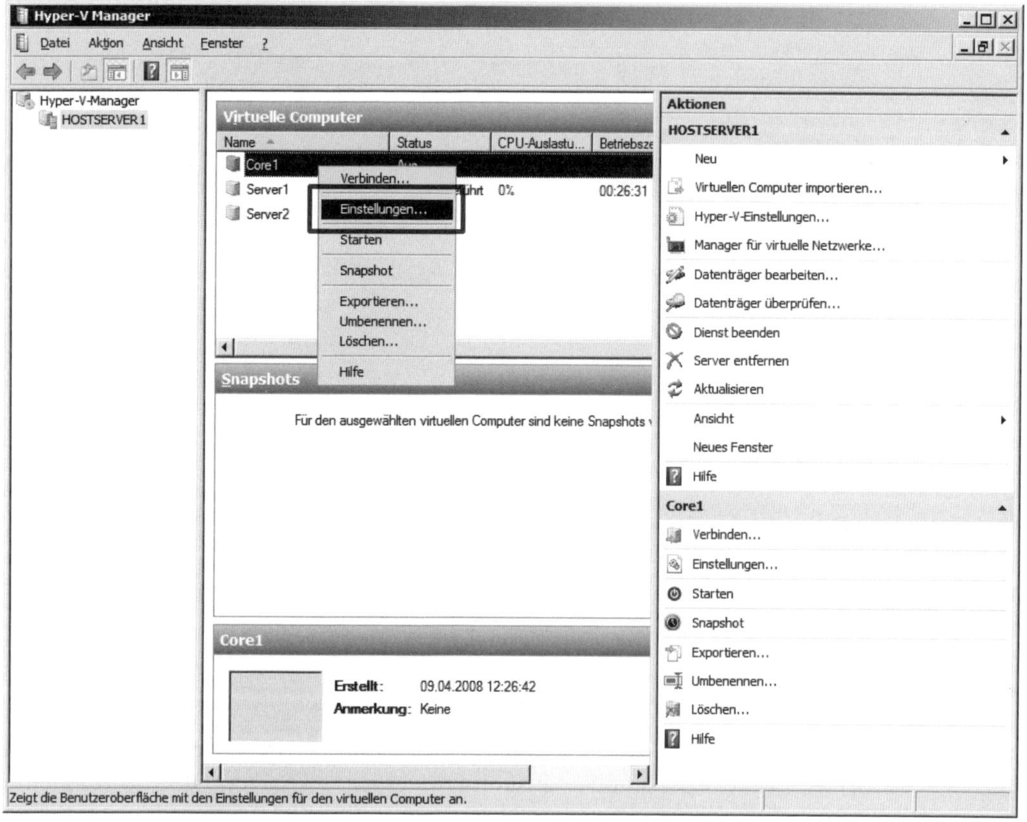

Abbildung 1.32 Zugreifen auf die Einstellungen eines virtuellen Computers im Hyper-V Manager

Im Fenster *Einstellungen*, das sich dann öffnet, wählen Sie den Netzwerkadapter und die Option zur Aktivierung der LAN-Identifikation (Abbildung 1.33). Schließlich legen Sie noch eine VLAN-ID fest. Jede VLAN-ID stellt ein Subnetz im ausgewählten virtuellen Netzwerk dar. Wenn auf einem bestimmten virtuellen Computer die virtuelle LAN-Identifizierung aktiviert ist, können andere virtuelle Computer nur dann direkt mit diesem Computer kommunizieren, wenn sie zum selben Netzwerk gehören und über dieselbe VLAN-ID verfügen.

Prüfungstipp

Für die Prüfung 70-643 müssen Sie die Grundlagen virtueller Netzwerke unter Hyper-V einschließlich VLANs kennen.

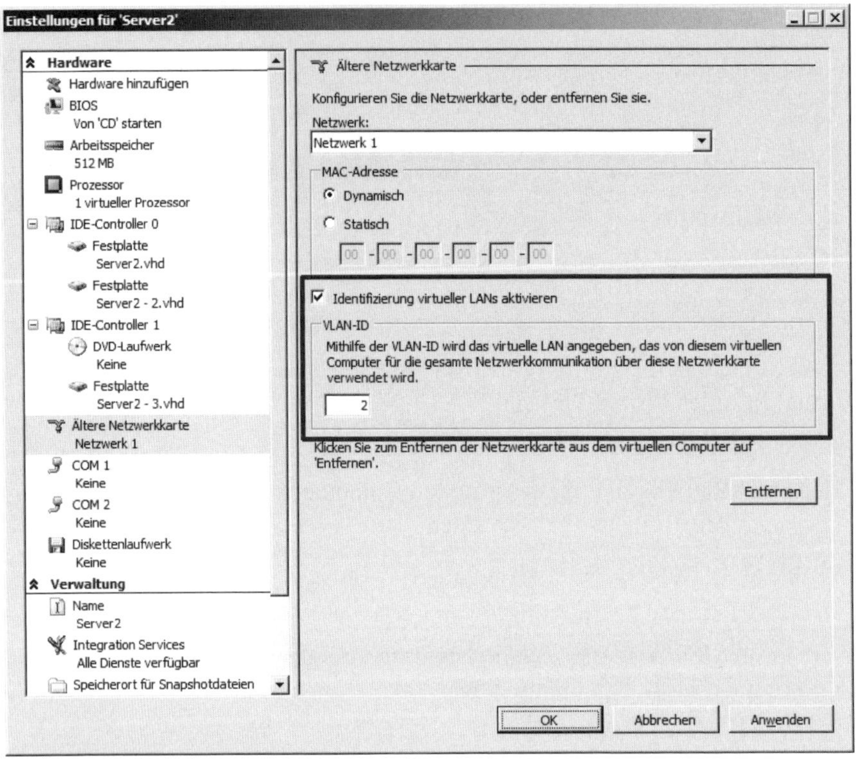

Abbildung 1.33 Zuordnen eines virtuellen Computers zu einem VLAN

Zusammenfassung der Lektion

- Ein virtueller Computer ist eine Softwaresimulation eines realen Computers. Virtuelle Computer werden (unter anderem) zur Konsolidierung realer Server, zur Unterstützung alter Anwendungen und Betriebssysteme sowie zur Entwicklung und zu Testzwecken verwendet.
- Microsoft bietet drei verschiedene Produkte für die Computervirtualisierung an: Virtual PC, Virtual Server und Hyper-V. Diese Produkte ähneln sich zwar, unterscheiden sich aber im Funktionsumfang und in der Leistungsfähigkeit.
- Die Installation der Virtual Machine Additions in einem virtuellen Computer (unter Virtual PC) verbessert die Leistung dieses Computers.
- Hyper-V ist eine *Hypervisor*-Technologie in Form einer dünnen Softwareschicht, die zwischen der Hardware und dem Hostbetriebssystem angesiedelt ist. Im Gegensatz zu Virtual PC und Virtual Server unterstützt Hyper-V 64-Bit Gastbetriebssysteme und die Zuordnung von mehreren Prozessoren oder Prozessorkernen zu einem Gast.

Lernzielkontrolle

Die folgenden Fragen dienen zur Vertiefung des in dieser Lektion besprochenen Stoffs. Die Fragen sind (in englischer Sprache) auch auf der Begleit-CD zu finden, falls Sie die elektronische Form der Fragen vorziehen.

Hinweis Die Antworten

Die Antworten auf die Fragen und Erläuterungen, warum die entsprechende Antwort richtig oder falsch ist, finden Sie im Abschnitt „Antworten“ am Ende des Buchs.

1. Welche der folgenden Funktionen sind nur in Hyper-V zu finden, nicht aber in Virtual PC oder Virtual Server?
   A. Unterstützung für Netzwerklastenausgleich
   B. Die Möglichkeit, einem virtuellen Computer auf einem Mehrprozessorhost einen Hostprozessor zuzuordnen
   C. 64-Bit-Hostunterstützung
   D. 64-Bit-Gastunterstützung
2. Welches der folgenden Tools unterstützt Sie bei der Verlegung eines realen Computers auf einen virtuellen Computer?
   A. Virtual PC
   B. Virtual Server
   C. Hyper-V
   D. Virtual Server Migration Toolkit

Lektion 4: Implementieren einer Windows-Aktivierungsinfrastruktur

Ein Volumenlizenzschlüssel ist ein Produkt Key, mit dem mehrere Exemplare des Softwareprodukts für gültig erklärt werden, wie es in größeren Netzwerken sinnvoll ist. Bei Windows XP und Windows Server 2003 mussten Volumenlizenzschlüssel bereits bei der Installation eingegeben werden, aber diese Installationen brauchten nicht aktiviert zu werden. Allerdings hat sich diese alte Volumenlizenzaktivierung mit Windows Vista und Windows Server 2008 geändert, denn die Volumenlizenzbereitstellungen dieser Betriebssysteme müssen innerhalb von 30 Tagen nach der Installation aktiviert werden. Damit ist die Aktivierung nun ein integraler Bestandteil der Softwarebereitstellung in größeren Organisationen.

Die neuen Optionen, Vorgehensweisen und Technologien, die zur Aktivierung der Volumenlizenzausgaben von Windows Vista oder Windows Server 2008 verwendet werden, wurden zur Volumenaktivierung 2.0 (Volume Activation 2.0) zusammengefasst. Diese Lektion beschreibt die Optionen und Vorgehensweisen der Volumenaktivierung 2.0.

Am Ende dieser Lektion werden Sie in der Lage sein, die folgenden Aufgaben auszuführen:

- Beschreiben der Unterschiede zwischen der MAK- und KMS-Lizenzierung
- Beschreiben von Szenarien, in denen MAK- oder KMS-Lizenzierung vorzuziehen ist
- Installieren und Konfigurieren eines KMS-Hosts

Veranschlagte Zeit für diese Lektion: 50 Minuten

Produktaktivierungsarten

Es gibt drei Grundarten der Produktaktivierung für Windows Vista und Windows Server 2008: OEM, Vollprodukt (retail) und Volumen. Die OEM-Aktivierung ist eine an das BIOS gebundene automatische Aktivierung, die auf Computern durchgeführt wird, die mit einem vorinstallierten Betriebssystem ausgeliefert werden. Die Vollproduktaktivierung ist die Aktivierung, die Sie durchführen müssen, wenn Sie Windows Vista oder Windows Server 2008 von einem Softwarehändler kaufen. Die Produktpakete enthalten einen Lizenzschlüssel, der gewöhnlich nur für einen Computer gilt. Nach der Eingabe dieses Vollproduktlizenzschlüssels können Sie die Software online oder per Telefon aktivieren.

Eine Volumenlizenzierung ist komplizierter. Kunden müssen sich zwischen zwei Arten von Schlüsseln und drei Aktivierungsmethoden entscheiden:

- MAK-Schlüssel (Multiple Activation Key)
  - Unabhängige MAK-Aktivierung
  - MAK-Proxyaktivierung
- KMS-Schlüssel (Key Management Service, Schlüsselverwaltungsdienst)
  - KMS-Aktivierung

Hinweis Wie erwerben Sie einen Volumenlizenzschlüssel?

Wenn Sie für ein Microsoft-Produkt einen Volumenlizenzschlüssel erwerben möchten, informieren Sie sich auf *http://www.microsoft.com/germany/lizenzen* über die verschiedenen Volumenlizenzprogramme. Dort erfahren Sie auch, wo Sie einen autorisierten Händler finden. Beachten Sie, dass Sie für Windows Vista und Windows Server 2008 mindestens 5 Lizenzen erwerben müssen, um eine Volumenlizenz zu erhalten.

Alle Kunden können einen MAK erwerben und verwenden, aber ein KMS-Schlüssel kann nur von Organisationen verwendet werden, die 25 (für Windows Vista) oder 5 reale (physische) Computer aktivieren (für Windows Server 2008). Diese Schlüssel und Aktivierungsmethoden werden in den folgenden Abschnitten beschrieben.

Implementieren der MAK-Aktivierung

MAKs (Multiple Activation Keys) werden gewöhnlich in Umgebungen mit weniger als 25 Computern verwendet. Bei der MAK-Aktivierung verwenden Sie einen Product Key, um eine bestimmte Anzahl von Windows-Installationen zu aktivieren. Dieser Product Key braucht nicht bereits bei der Installation eingegeben zu werden, weil alle Versionen von Windows Vista und Windows Server 2008 Ihnen eine Frist von 30 Tagen für die Aktivierung lassen. Eine einmal erfolgte Aktivierung ist dann so lange gültig, bis auf dem Computer eine größere Hardwareänderung erfolgt.

Es gibt zwei Möglichkeiten, Computer mit einem MAK zu aktivieren.

- **Unabhängige MAK-Aktivierung** Bei einer unabhängigen Aktivierung sind zwei Schritte erforderlich. Zuerst müssen Sie den MAK auf jedem Computer eingeben, der aktiviert werden soll. Das können Sie bereits während der Installation des Betriebssystems oder anschließend tun. Nach erfolgter Installation können Sie den Schlüssel mit dem Assistenten zur Änderung des Product Keys lokal eingeben, oder remote über das Netzwerk mit dem Volume Activation Management Tool (VAMT).

  Weitere Informationen Wo erhalten Sie das VAMT?

  Das VAMT können Sie im Microsoft Download Center unter *http://www.microsoft.com/download* herunterladen.

  Nachdem Sie den MAK eingegeben haben, können Sie jeden Computer mit dem VAMT oder über das Telefon aktivieren, wie in Abbildung 1.34 dargestellt.

  Die unabhängige Aktivierung eignet sich zur Aktivierung von MAK-Clients, die über eine Internetverbindung verfügen, oder zur Aktivierung einer sehr kleinen Zahl von Computern (bis zu 3), die nicht mit dem Internet verbunden sind.

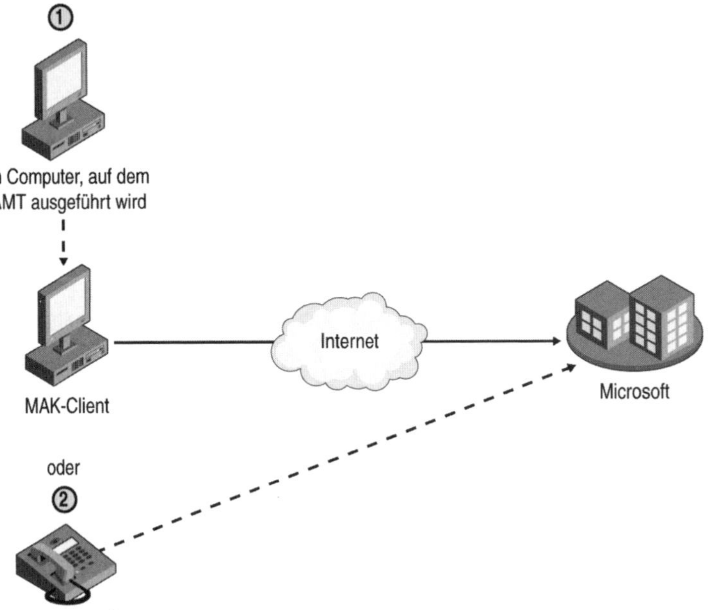

Abbildung 1.34 Sie können mit dem VAMT von einem anderen Computer eine unabhängige MAK-Aktivierung durchführen

Wichtig Aktivieren einer Server Core-Installation

Die Aktivierung einer Server Core-Installation von Windows Server 2008 mit einem MAK oder einem Vollproduktschlüssel erfolgt mit dem Befehl Slmgr in zwei Schritten.

Wenn Sie bei der Installation von Windows noch keinen Produkt Key eingegeben haben, geben Sie auf der Befehlszeile folgenden Befehl ein, wobei *ProductKey* Ihr Product Key ist (inklusive der vier Bindestriche):

```
slmgr -ipk ProductKey
```

(Sofern Sie den Product Key bereits bei der Installation von Windows eingegeben haben, können Sie diesen Schritt überspringen.)

Dann geben Sie folgenden Befehl ein, um die eigentliche Aktivierung durchzuführen:

```
slmgr -ato
```

Mit dem Befehl Slmgr können Sie auch eine Remoteinstallation aktivieren. Weitere Informationen erhalten Sie, wenn Sie in einer Eingabeaufforderung **slmgr** eingeben.

- **MAK-Proxyaktivierung** Die Aktivierung von Clients über das Telefon kann je nach der Zahl der Clients sehr zeitaufwendig sein. Wenn Sie in Ihrem Netzwerk eine etwas größere Anzahl von Computern betreiben (4 bis 24), ist es weder wünschenswert noch praktisch, alle Computer auf diese Art zu aktivieren. Die MAK-Proxyaktivierung bietet eine einfachere Methode, um Computergruppen zu aktivieren, die nicht über einen Internetzugang verfügen.

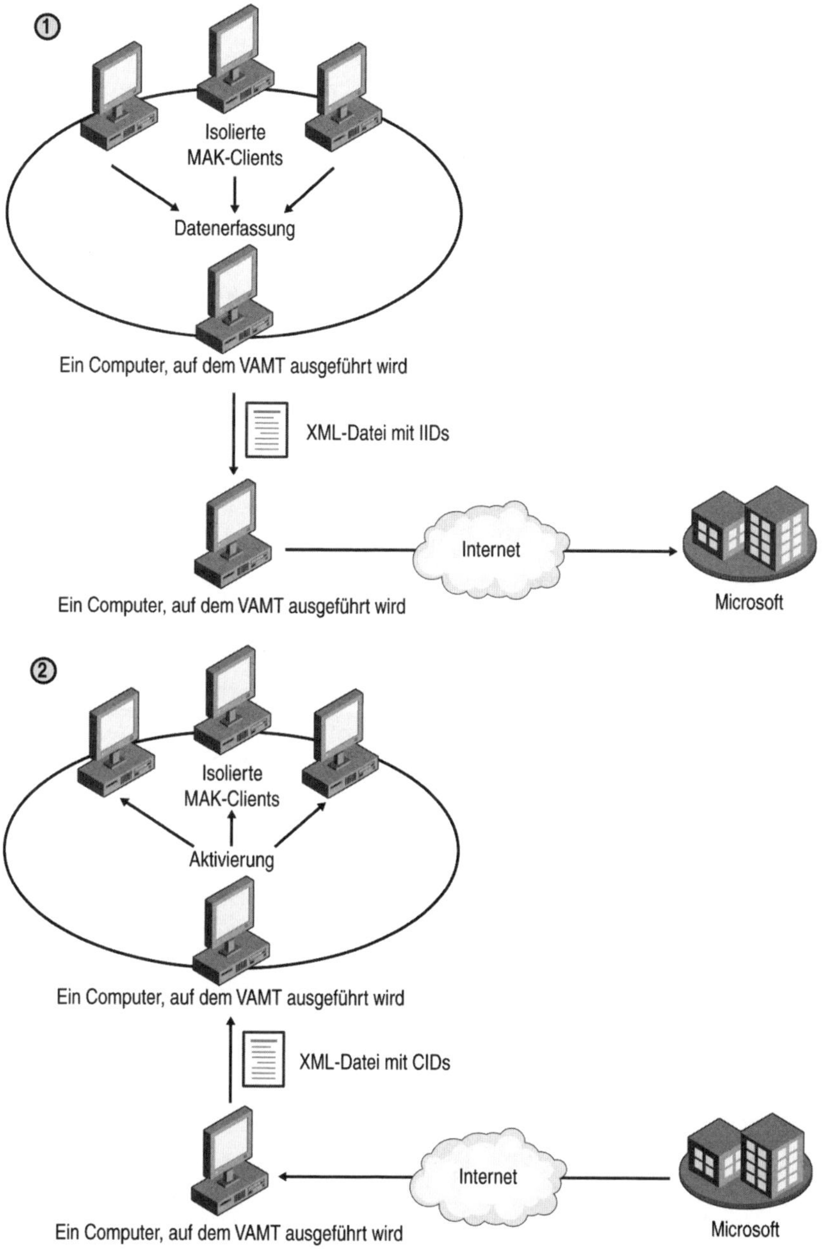

Abbildung 1.35 Bei der MAK-Proxyaktivierung wird die Aktivierung mithilfe einer XML-Datei durchgeführt

Bei der MAK-Proxyaktivierung erfassen Sie auf einem Computer, der eine Verbindung mit den isolierten Computern herstellen kann, mit VAMT die Installationskennungen (Installation IDs, IIDs) dieser Computer und speichern diese IIDs in einer

XML-Datei. Dann stellen Sie auf einem Computer, der über Internetzugang verfügt, mit VAMT eine Verbindung mit Microsoft her und fordern die Bestätigungskennungen (Confirmation IDs, CIDs) an, die zu diesen IIDs gehören. (Bei Bedarf können Sie die XML-Datei manuell von einem Computer auf einen anderen übertragen, um diesen Vorgang durchzuführen). Diese CIDs werden in derselben XML-Datei gespeichert. Schließlich stellen Sie wieder mit VAMT eine Verbindung mit den isolierten Computern her und verwenden die aktualisierte XML-Datei, um diese Computer zu aktivieren.

Abbildung 1.35 stellt die MAK-Proxyaktivierung schematisch dar.

Vor- und Nachteile der MAK-Lizenzierung

Wenn Sie eine relativ kleine Anzahl von Computern aktivieren müssen, ist die MAK-Lizenzierung sehr einfach. Es muss keine spezielle Infrastruktur eingerichtet werden. Sie können den Vorgang zwar mit VAMT vereinfachen, verfügen aber noch über die vertraute Option, den Product Key lokal einzugeben und zu aktivieren, wie Sie es bei einem Vollproduktschlüssel tun würden. Wenn Sie eine Windows-Installation mit einem MAK aktiviert haben, bleibt diese Installation aktiviert (sozusagen für immer), solange keine größeren Änderungen an der Hardware stattfinden.

Wenn Sie aber eine größere Anzahl von Clients aktivieren müssen, gestaltet sich die MAK-Aktivierung unter Verwaltungsgesichtspunkten als schwierig. Product Keys 250 bis 2000 Mal einzugeben, die Zahl der Aktivierungen genau zu erfassen, die mit einem bestimmten Schlüssel durchgeführt wurden, und auch noch genau Buch über die Computer zu führen, die aktiviert wurden, ist ebenso zeitaufwendig wie fehlerträchtig.

Für Netzwerke dieser Größe wäre eine Aktivierungsfunktion vorzuziehen, bei der es nicht erforderlich ist, auf jedem lokalen Computer einen Product Key einzugeben und bei dem die Aktivierung ohne Eingaben des Benutzers automatisch erfolgt. Diese Option ist bei der KMS-Lizenzierung verfügbar.

Implementieren der KMS-Aktivierung

Die KMS-Lizenzierung ermöglicht ohne Kontaktaufnahme mit Microsoft die automatische Aktivierung von Clients in großen Netzwerken. In einer KMS-Infrastruktur gibt es nur einen Schlüssel im Netzwerk, nämlich den KMS-Schlüssel. Dieser Schlüssel wird auf einem einzigen Computer installiert, dem KMS-Host, auf dem der Schlüsselverwaltungsdienst (Key Management Service, KMS) ausgeführt wird. Von allen Computern des Netzwerks wird nur dieser KMS-Host direkt bei Microsoft aktiviert und dieser Schritt ist nur einmal erforderlich. Nach dieser Aktivierung braucht der KMS-Host keinen Kontakt mehr mit dem Microsoft-Aktivierungsserver aufzunehmen.

Computer, auf denen Volumenlizenzausgaben von Windows Vista oder Windows Server 2008 ausgeführt werden (KMS-Clients), versuchen automatisch, Verbindung mit einem KMS-Host aufzunehmen und die Aktivierung durchzuführen. Clients, die noch nicht aktiviert sind, versuchen alle 2 Stunden, eine Verbindung mit dem KMS-Host herzustellen.

Nach erfolgter Aktivierung müssen KMS-Clients ihre Aktivierung regelmäßig auffrischen. Das ist ein entscheidender Unterschied zwischen der KMS-Aktivierung und anderen Aktivierungsformen. KMS-Clients müssen ihre Aktivierung nach spätestens 180 Tagen erneuern (oder nach 210 Tagen, wenn man die Fristverlängerung berücksichtigt). Aktivierte KMS-Clients versuchen alle 7 Tage, eine Verbindung zum KMS-Host herzustellen, und erneuern im Erfolgsfall ihre Aktivierung. Anschließend gilt die Aktivierung wieder für 180 Tage. Können Clients nach Ablauf der 180 Tage keinen Kontakt zu einem KMS-Server herstellen, steht ihnen eine Fristverlängerung von 30 Tagen zur Verfügung, um die Aktivierung durchzuführen oder zu erneuern. Clients, die in diesem Zeitraum nicht aktiviert werden, wechseln in einen Modus mit eingeschränktem Funktionsumfang.

Abbildung 1.36 stellt schematisch eine einfache KMS-Infrastruktur dar.

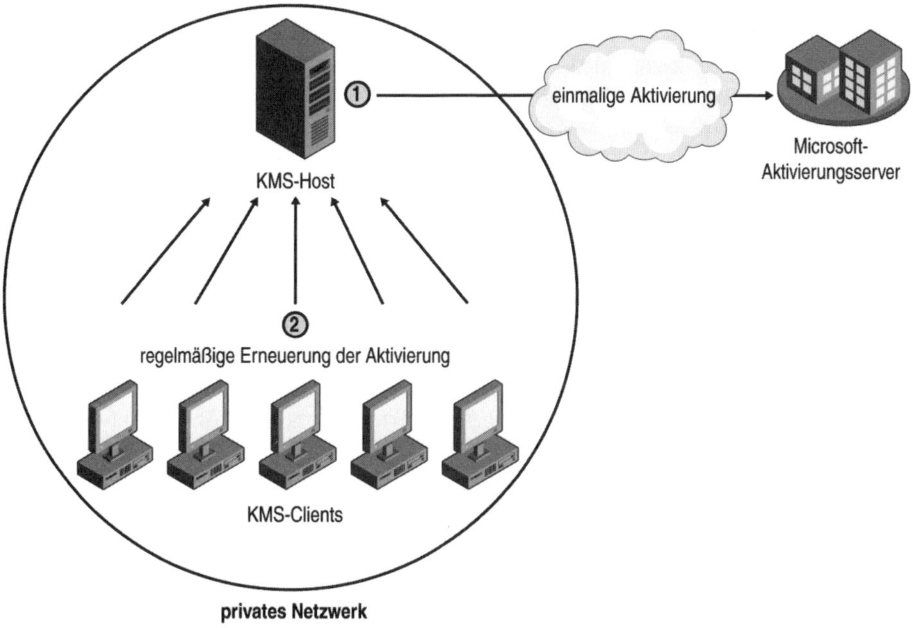

Abbildung 1.36 KMS-Clients erneuern regelmäßig ihre Aktivierung bei einem KMS-Host aus Ihrem Netzwerk

Mindestanzahl von KMS-Clients (Schwellenwert)

Eine KMS-Aktivierung erfordert eine Mindestanzahl an realen Computern (also keine virtuellen Computer), die eine Verbindung mit dem KMS-Host herstellen müssen, bevor eine Aktivierung erfolgen kann. Diese Mindestanzahl ist der KMS-Aktivierungsschwellenwert. Dieser nicht einstellbare Schwellenwert ist ein gewisser Schutz vor Softwarepiraterie und soll mit dafür sorgen, dass der delegierte Aktivierungsdienst nur in einer Unternehmensumgebung verwendet wird.

Der KMS-Host zählt die Aktivierungsanfragen und antwortet auf jede gültige Anfrage mit der Zahl der Computer, die in den letzten 30 Tagen Kontakt zum KMS-Host aufgenommen haben. Erreicht oder übersteigt diese Zahl den KMS-Aktivierungsschwellenwert, aktiviert sich dieser KMS-Client selbst.

Die Schwellenwerte für Windows Server 2008 und Windows Vista sind verschieden und werden folgendermaßen berechnet:

- Damit ein Windows Server 2008-Client aktiviert werden kann, müssen mindestens fünf reale (physische) KMS-Clientcomputer beim KMS-Host eine Aktivierung angefordert haben. Diese Anforderungen können von Computern stammen, auf denen Windows Server 2008 oder Windows Vista ausgeführt wird.
- Damit ein Windows Vista-Client aktiviert werden kann, müssen mindestens 25 reale KMS-Clients beim KMS-Host eine Aktivierung angefordert haben. Diese Anforderungen können von Computern stammen, auf denen Windows Vista oder Windows Server 2008 ausgeführt wird.

Beachten Sie, dass virtuelle Computer zwar nicht mitgezählt werden, aber sobald die Aktivierungsschwelle erreicht ist, können auch sie durch den KMS-Host aktiviert werden. Beachten Sie auch, dass der KMS-Host selbst nicht mitgezählt wird.

KMS-Hostsuche

Um eine KMS-Aktivierung durchzuführen, müssen Clients in der Lage sein, im Netzwerk einen KMS-Host zu finden. Diesen KMS-Host können Clients auf zwei Arten suchen, nämlich mit einer *automatischen Suche*, bei der ein KMS-Client mit DNS-Einträgen automatisch einen lokalen KMS-Host findet, oder durch eine *direkte Verbindung*, bei der ein Systemadministrator die Adresse und den Kommunikationsport des KMS-Hosts festlegt.

- **Automatische Suche** Standardmäßig sucht ein KMS-Client einen KMS-Host, indem er von einem DNS-Server einen `SRV`-Datensatz namens `_vlmcs._TCP` anfordert. Wenn ein Client einen KMS-Host sucht, muss der DNS-Server, mit dem der Client kommuniziert, einen `SRV`-Eintrag namens `_vlmcs._TCP` enthalten, der auf den KMS-Host verweist.

  Der KMS-Host versucht, diesen `SRV`-Eintrag mit den Mitteln des dynamischen DNS automatisch zu erstellen. Damit die automatische KMS-Hosterkennung funktioniert, müssen die DNS-Server also dynamische DNS-Registrierungen und `SRV`-Ressourceneinträge unterstützen. Die DNS-Versionen von Windows 2000 Server, Windows Server 2003, Windows Server 2008 sowie die BIND DNS-Versionen 8 bis 9.4.0 unterstützen diese Funktionen.

  Sollte die dynamische DNS-Registrierung aber aus irgendwelchen Gründen nicht funktionieren, muss der Administrator des DNS-Servers den `SRV`-Eintrag manuell erstellen. Der vollständige Name des Eintrags sollte `_vlmcs._TCP.`*`DNSDomänenName`* lauten, wobei *`DNSDomänenName`* der Name der lokalen DNS-Domäne ist. Die Gültigkeitsdauer (Time To Live, TTL) dieser Einträge sollte 60 Minuten betragen. Außerdem muss jeder dieser Einträge die KMS-Hostadresse und den Kommunikationsport (1688/TCP) enthalten.

- **Direkte Verbindung** Sie können das Skript *Slmgr.vbs* (Windows Software Licensing Management Tool) aus dem Ordner *%SystemRoot%\System32* verwenden, um auf dem Client einen KMS-Host anzugeben und die automatische Erkennung zu umgehen. Zur Konfiguration dieser Verbindung geben Sie auf dem KMS-Client folgenden Befehl ein, wobei *KMS-Host* der DNS-Name oder die IP-Adresse des KMS-Hosts ist:

  ```
  cscript %SystemRoot%\system32\slmgr.vbs -skms KMS-Host
  ```

Prüfungstipp

Für die Prüfung 70-643 müssen Sie wissen, wie `SRV`-Einträge auf DNS-Servern manuell erstellt werden und wie eine direkte Verbindung mit einem KMS-Host konfiguriert wird.

Installieren und Konfigurieren eines KMS-Hosts

Alle für einen KMS-Host erforderlichen Tools sind bereits in Windows Vista und Windows Server 2008 enthalten. Sie brauchen nur mit dem Skript *Slmgr.vbs* den KMS-Schlüssel zu installieren und zu aktivieren. Nach diesen beiden Schritten kann der KMS-Host damit beginnen, Aktivierungsanforderungen von KMS-Clients zu bearbeiten.

Um einen KMS-Host auf einem Computer zu konfigurieren, auf dem Windows Vista oder Windows Server 2008 ausgeführt wird, gehen Sie folgendermaßen vor:

1. Installieren Sie einen Unternehmens-Volumenlizenzschlüssel, indem Sie in einer Eingabeaufforderung mit erhöhten Rechten folgenden Befehl eingeben, wobei *Schlüssel* der Unternehmens-Volumenlizenzschlüssel ist:

   ```
   cscript %SystemRoot%\system32\slmgr.vbs -ipk Schlüssel
   ```

2. Zur Aktivierung des KMS-Hosts über das Internet führen Sie das Skript folgendermaßen aus:

   ```
   cscript %systemroot%\system32\slmgr.vbs -ato
   ```

3. Zur Aktivierung des KMS-Hosts über das Telefon starten Sie den Windows-Aktivierungsassistenten, indem Sie folgende Datei ausführen:

   ```
   slui.exe
   ```

   Klicken Sie auf *Windows jetzt online aktivieren* und dann auf *Automatisches Telefonsystem verwenden.*

4. Sorgen Sie dafür, dass der KMS-Port (standardmäßig 1688/TCP) in allen Firewalls zwischen dem KMS-Host und den KMS-Clientcomputern zugelassen ist.

Wichtig KMS-Hostsicherheit

Erlauben Sie keinen ungesicherten Zugriff auf KMS-Hosts über ein unkontrolliertes Netzwerk wie das Internet, damit Unbefugte, die gar nicht zur Organisation gehören, nicht mit unerlaubten Aktivierungsversuchen Erfolg haben.

5. Führen Sie alle Konfigurationsänderungen durch, die in der Umgebung erforderlich sind.

   Mit dem Skript *Slmgr.vbs* und der Registrierung des KMS-Hosts können Sie die KMS-Konfiguration anpassen. Sie können KMS zum Beispiel so konfigurieren, dass SRV-Ressourceneinträge in mehreren DNS-Domänen erfolgen, dass gar keine DNS-Registrierung stattfindet, dass ein anderer Port verwendet wird oder dass andere Erneuerungsintervalle für die Clients gelten.

Vor- und Nachteile der KMS-Lizenzierung

Die KMS-Lizenzierung ist gegenüber der MAK-Lizenzierung vorzuziehen, weil sie keine Benutzereingaben erfordert. Der KMS-Host registriert seine Adresse automatisch im DNS-System und der KMS-Client kann dann DNS verwenden, um den KMS-Host automatisch zu finden.

Allerdings hat die KMS-Lizenzierung den Nachteil, hohe Anforderungen an die Infrastruktur zu stellen. Erstens müssen eine gewisse Anzahl KMS-Clients vorhanden sein (5 Windows Server 2008-Clients oder 25 Windows Vista-Clients), damit überhaupt eine KMS-Lizenzierung erfolgen kann. Zweitens müssen alle KMS-Clients in der Lage sein, spätestens alle 180 Tage eine Verbindung zu einem KMS-Host herzustellen. Diese Anforderungen werden von der MAK-Lizenzierung nicht gestellt. Wurde ein MAK-Client aktiviert, gilt die Aktivierung unbeschränkt, sofern keine größeren Hardwareänderungen stattfinden.

Wegen der unterschiedlichen Topologien großer Netzwerke mit vielen Standorten setzen viele große Organisation nicht ausschließlich eine Lizenzierungsart ein, sondern nach Bedarf beide, MAK- und KMS-Lizenzierung.

Aktivierungsinfrastrukturbeispiel

Da die KMS-Aktivierung der MAK-Aktivierung vorzuziehen ist, gilt beim Entwurf der Aktivierungsinfrastruktur für große Organisationen die einfache Regel, die KMS-Lizenzierung zu verwenden, wann immer es möglich ist, und die restlichen Computer mit MAKs zu aktivieren. Dieses einfache Prinzip wird in Abbildung 1.37 berücksichtigt, das ein privates Netzwerk mit vier Standorten zeigt.

Diese Abbildung zeigt ein privates Netzwerk mit vier Standorten. In der Zentrale sind ungefähr 500 Clients vorhanden. Das reicht für eine KMS-Lizenzierung aus. Also wird eine KMS-Lizenzierung verwendet. (Die beiden Server, die im Diagramm gezeigt werden, können entweder die Aktivierungen für zwei separate DNS-Domänen übernehmen oder teilen sich die Arbeit, die durch die Aktivierungsanforderungen anfällt.) Am Standort A sind 25 oder mehr Clients vorhanden. Das reicht für die Einrichtung eines lokalen KMS-Hosts aus, also wird einer verwendet. Am Standort B sind nicht genügend Clients für eine KMS-Lizenzierung durch einen lokalen KMS-Host vorhanden. Außerdem können diese Clients keine Verbindung zu einem KMS-Host aufnehmen, der an einem anderen Standort im privaten Netzwerk verfügbar ist. In solchen Fällen ist keine KMS-Lizenzierung möglich und es bleibt nur die MAK-Lizenzierung. Am Standort C gibt es ebenfalls nicht genügend Clients für einen lokalen KMS-Host, aber die Clients dieses Standorts können eine Verbindung zu einem KMS-Host aufnehmen, der in der Zentrale steht. In diesem Fall ist die KMS-Lizenzierung die beste Option.

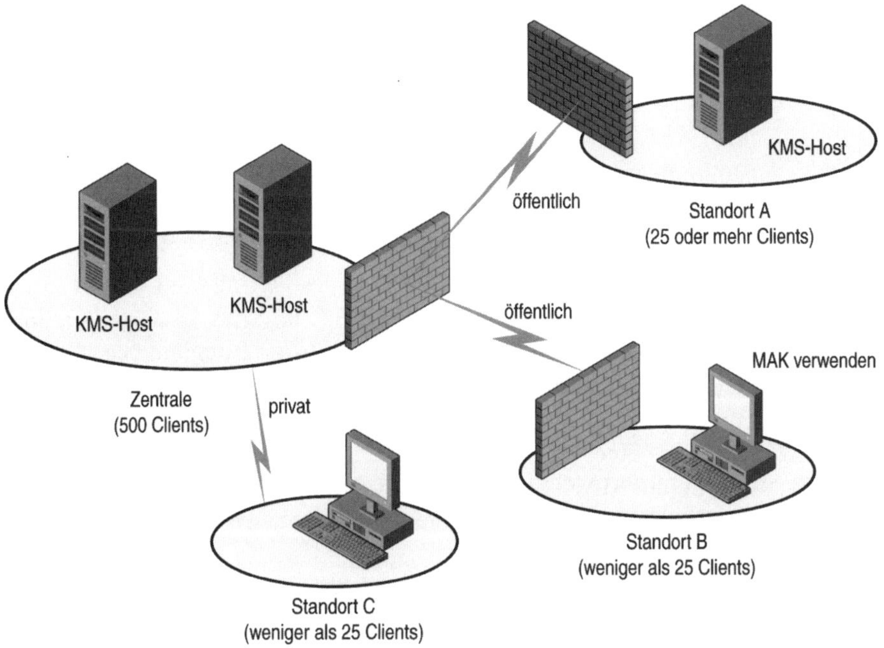

Abbildung 1.37 In Netzwerken, die sich über mehrere Standorte erstrecken, werden die KMS- und MAK-Lizenzierung gewöhnlich nach Bedarf kombiniert

Schnelltest

- Warum könnte es erforderlich werden, manuell SRV-Einträge zu erstellen, um eine Aktivierung zu ermöglichen?

Antwort zum Schnelltest

- KMS-Clients sind darauf angewiesen, dass der DNS-Server einen SRV-Eintrag enthält, durch den sie die Adresse eines KMS-Hosts erfahren. Wenn der lokale KMS-Host diesen SRV-Eintrag nicht automatisch beim DNS-Server vorgenommen hat, müssen Sie den Eintrag manuell vornehmen.

Praktische Übung Aktivieren von Windows Server 2008

In dieser Übung verwenden Sie den Windows-Aktivierungsassistenten, um Server2 über das Internet zu starten.

▶ **Übung: Aktivieren von Server2**

In dieser Übung verwenden Sie die Systemsteuerung, um Server2 zu aktivieren. Sorgen Sie vor Beginn dieser Übung dafür, dass Server2 eine Verbindung mit dem Internet herstellen kann.

1. Melden Sie sich auf Server2 als Domänenadministrator bei der Domäne *Contoso.com* an.
2. Klicken Sie in der Systemsteuerung auf *System und Wartung* und dann auf *System*.
3. Klicken Sie im Bereich *Windows-Aktivierung* des Fensters *System* auf *xx Tage verbleiben für die Aktivierung. Aktivieren Sie Windows jetzt* (dabei steht *xx* für die Zahl der Tage, die auf Ihrem Computer noch für die Aktivierung bleiben).

   Die Seite *Windows jetzt aktivieren* des Windows-Aktivierungsassistenten öffnet sich.
4. Klicken Sie auf *Windows jetzt online aktivieren.*
5. Wenn Sie aufgefordert werden, einen Product Key einzugeben, dann geben Sie den Schüssel ins vorgesehene Eingabefeld ein und klicken auf *Weiter*.

   Der Windows-Aktivierungsassistent zeigt dann normalerweise an, dass die Aktivierung erfolgreich war, und das Meldungsfeld *Windows-Aktivierung* öffnet sich und weist Sie darauf hin, dass Sie den Computer neu starten müssen.
6. Klicken Sie auf *Schließen*, um das Meldungsfeld *Windows-Aktivierung* zu schließen.
7. Klicken Sie auf *Schließen*, um den Windows-Aktivierungsassistenten zu schließen.
8. Fahren Sie Server2 herunter.

Zusammenfassung der Lektion

- Die Volumenlizenzierung wurde für Windows Vista und Windows Server 2008 geändert. Diese Betriebssysteme müssen innerhalb von 30 Tagen nach der Installation aktiviert werden.
- Für Windows Vista und Windows Server 2008 sind zwei Arten von Volumenlizenzen verfügbar: MAK-Lizenzen (Multiple Access Key) und KMS-Lizenzen (Key Management Service). Die Lizenzarten unterscheiden sich darin, wie die Aktivierung erfolgt.
- MAKs werden gewöhnlich in Umgebungen verwendet, in denen weniger als 25 Computer vorhanden sind. Bei der MAK-Aktivierung verwenden Sie einen Product Key, um eine bestimmte Anzahl von Windows-Installationen zu aktivieren.
- Die KMS-Lizenzierung ermöglicht es, Clients in einem großen Netzwerk automatisch zu aktivieren, ohne Kontakt zu Microsoft aufzunehmen. In einer KMS-Infra-

struktur gibt es nur einen Schlüssel im Netzwerk, nämlich den KMS-Schlüssel. Dieser Schüssel wird auf einem einzigen Computer installiert, der KMS-Host genannt wird (auf ihm wird der Schlüsselverwaltungsdienst ausgeführt). Computer, auf denen eine Volumenlizenzversion von Windows Vista oder Windows Server 2008 ausgeführt wird, versuchen automatisch, eine Verbindung zum KMS-Host herzustellen und sich zu aktivieren.

Lernzielkontrolle

Die folgenden Fragen dienen zur Vertiefung des in dieser Lektion besprochenen Stoffs. Die Fragen sind (in englischer Sprache) auch auf der Begleit-CD zu finden, falls Sie die elektronische Form der Fragen vorziehen.

Hinweis Die Antworten

Die Antworten auf die Fragen und Erläuterungen, warum die entsprechende Antwort richtig oder falsch ist, finden Sie im Abschnitt „Antworten“ am Ende des Buchs.

1. Sie sind als Administrator für ein Unternehmensnetzwerk zuständig. In einer Filiale möchten Sie Windows Vista auf 21 Clientcomputern bereitstellen und Windows Server 2008 auf vier Servern. Für welche Betriebssysteme können Sie in dieser Filiale eine KMS-Lizenzierung vorsehen?
   A. Windows Vista
   B. Windows Server 2008
   C. Beide, Windows Vista und Windows Server 2008
   D. Weder für Windows Vista noch für Windows Server 2008
2. Welche der folgenden Methoden ist die effizienteste zur Aktivierung von 15 Computern eines Subnetzes, das zu Forschungszwecken verwendet wird und über keinen Internetzugang verfügt, mit einer Volumenlizenz?
   A. Unabhängige MAK-Aktivierung
   B. MAK-Proxyaktivierung
   C. Aktivierung mit einem KMS-Host
   D. Aktivierung mit einem Vollproduktschlüssel

Rückblick auf dieses Kapitel

Um den in diesem Kapitel behandelten Stoff zu vertiefen und einzuüben, können Sie folgende Aufgaben durchführen:

- Lesen Sie die Zusammenfassung des Kapitels.
- Lesen Sie die Liste der Schlüsselbegriffe durch, die in diesem Kapitel eingeführt wurden.
- Arbeiten Sie die Übungen mit Fallbeispiel durch. Diese Fallbeispiele bilden Situationen aus der Praxis nach, in denen der Stoff aus diesem Kapitel verwendet werden kann. Entwickeln Sie eine Lösung.
- Arbeiten Sie die vorgeschlagenen Übungen durch.
- Machen Sie einen Übungstest.

Zusammenfassung des Kapitels

- Sie können Windows Vista und Windows Server 2008 auf verschiedene Arten bereitstellen: mit der Produkt-DVD, mit den Tools aus dem Windows Automated Installation Kit (AIK) oder mit den Windows-Bereitstellungsdiensten (Windows Deployment Services, WDS). Alle Methoden zur Bereitstellung von Windows Vista und Windows Server 2008 basieren auf einem neuen Windows-Abbildformat (WIM, Windows imaging). WIM-Dateien (*.wim*) enthalten Abbilder auf Dateibasis (also nicht auf Sektorbasis), die sich vor, während und nach einer Bereitstellung ändern lassen.
- Sie können Windows Vista oder Windows Server 2008 mit den Windows-Bereitstellungsdiensten (WDS) auf Computern installieren, auf denen noch kein Betriebssystem installiert ist. Bei diesem Vorgang nimmt ein PXE-fähiger Computer Verbindung mit dem Windows-Bereitstellungsdiensteserver auf und lädt ein Menü herunter, in dem die verfügbaren Betriebssysteme zur Auswahl angeboten werden. Dann kann ein Endbenutzer aus diesem Menü ein Betriebssystem auswählen, das installiert werden soll.
- Ein virtueller Computer ist eine Simulation eines realen (physischen) Computers und eignet sich zur Konsolidierung von Servern, zu Testzwecken und für den Betrieb von älteren Anwendungen. Microsoft bietet drei Virtualisierungsprodukte an (Virtual PC, Virtual Server und Hyper-V), die sich jeweils für unterschiedliche Umgebungen eignen.
- Hyper-V ist eine Serverrolle von Windows Server 2008, bei deren Aktivierung unter dem Hostbetriebssystem ein Hypervisor installiert wird. Hyper-V ermöglicht Host- und Gastbetriebssystemen gleichberechtigten Zugriff auf die Hardware.
- Auch die Volumenlizenzversionen von Windows Vista und Windows Server 2008 müssen aktiviert werden. Zwei verschiedene Volumenlizenzierungsarten stehen zur Wahl: die MAK-Lizenzierung (Multiple Access Key) und die KMS-Lizenzierung

(Key Management Service). Die MAK-Lizenzierung eignet sich für Umgebungen mit weniger als 25 Computern. Die KMS-Lizenzierung ermöglicht in großen Netzwerken eine automatische Aktivierung.

Schlüsselbegriffe

Wissen Sie, was die folgenden Schlüsselbegriffe bedeuten? Sie können Ihre Antworten überprüfen, indem Sie die Begriffe im Glossar am Ende dieses Buchs nachschlagen.

- Startabbild (boot image)
- Aufzeichnungsabbild (capture image)
- Suchabbild (discover image)
- Gastbetriebssystem (guest)
- Hostbetriebssystem (host)
- Hypervisor
- Installationsabbild (install image)
- KMS (Key Management Service, Schlüsselverwaltungsdienst)
- MAK (Multiple Acess Key)
- WIM-Datei

Übungen mit Fallbeispiel

In den folgenden Übungen mit Fallbeispiel wenden Sie an, was Sie in diesem Kapitel gelernt haben. Antworten auf die Fragen finden Sie im Abschnitt „Antworten" am Ende des Buchs.

Übung 1: Bereitstellen von Servern

Sie sind als Netzwerkadministrator für *Contoso.com* zuständig und sollen die Installation von Windows Vista auf 200 Computern und die Installation von Windows Server 2008 auf 25 Computern planen und vorbereiten.

1. Die Firmenleitung erwartet, dass Betriebssysteme von einem zentralen Ort aus per Remoteinstallation bereitgestellt werden können. Welche Bereitstellungslösung sollten Sie wählen, um diese Anforderung erfüllen zu können?
2. Sie haben nur 20 Server zur Verfügung, auf denen Sie Windows Server 2008 bereitstellen können. In der Firma gibt es zehn weitere Server, auf denen Windows NT- und Linux-Anwendungen eingesetzt werden. Die Auslastung dieser Server liegt im Durchschnitt bei 15 Prozent. Können Sie in dieser Situation die Kosten der Bereitstellung von Windows Server 2008 durch eine Virtualisierung verringern?

Übung 2: Erstellen einer Aktivierungsinfrastruktur

Sie arbeiten in der IT-Abteilung von Northwind Traders und gehören dem Bereitstellungsteam an. Northwind Traders plant die Bereitstellung von Windows Vista auf 500 Computern und die Bereitstellung von Windows Server 2008 auf 50 Computern. Sie wurden beauftragt, die Aktivierungsinfrastruktur für die neuen Betriebssysteme auszuarbeiten.

Northwind Traders verfügt über drei Standorte. In der Zentrale, die sich in New York befindet, sollen 400 Windows Vista-Clients und 43 Installationen von Windows Server 2008 bereitgestellt werden. Von den 400 Clients der Zentrale gehören 20 Windows Vista-Clients zu einem separaten Forschungsnetzwerk. Dieses Forschungsnetzwerk verfügt nicht über einen Internetzugang und ist auch nicht mit dem *Nwtraders.com*-Netzwerk verbunden.

Der zweite Standort von Northwind Traders ist Binghamton, NY. Dieses Filialnetzwerk umfasst 80 Windows Vista-Clients und 5 Server, auf denen Windows Server 2008 ausgeführt wird. Das lokale Netzwerk von Binghamton ist über ein virtuelles privates Netzwerk (VPN) mit der Zentrale verbunden.

Der dritte Standort ist Syracuse, NY. Das dazugehörige Netzwerk besteht aus 20 Windows Vista-Clients und 2 Servern, auf denen Windows Server 2008 ausgeführt wird. Der Standort Syracuse ist mit keinem der beiden anderen Firmennetzwerke verbunden.

1. Wie sollte die Aktivierungsinfrastruktur für die Zentrale aussehen?
2. Welche Aktivierungsinfrastruktur sehen Sie für den Standort Binghamton vor?
3. Wie würden Sie die Aktivierungsinfrastruktur für den Standort Syracuse einrichten?

Empfohlene Übungen

Führen Sie die folgenden Übungen durch, um den in diesem Kapitel vorgestellten prüfungsrelevanten Stoff einzuüben.

Bereitstellen von Abbildern mit den Windows-Bereitstellungsdiensten

Vertiefen Sie mit den folgenden Übungen Ihr Wissen über die WDS-Bereitstellung.

- **Übung 1** Erstellen Sie eine Installation von Windows Vista, die auch Microsoft Office und andere Anwendungen umfasst, die Sie für Ihre tägliche Arbeit brauchen. Bereiten Sie die Installation dann mit Sysprep auf die Erfassung als Abbild vor. Verwenden Sie ein Aufzeichnungsabbild, um ein Abbild von der mit Sysprep bearbeiteten Installation als WIM-Datei aufzuzeichnen, das neue Abbild auf die Windows-Bereitstellungsdienste hochzuladen und es anschließend auf einem PXE-fähigen Client bereitzustellen.
- **Übung 2** Sehen Sie sich den Webcast „Overview of Windows Deployment Services" von Chris Henley an (auf der Begleit-CD im Ordner *Webcasts*). Sie finden diesen Webcast auch auf der Website *http://msevents.microsoft.com*, wenn Sie nach der Ereigniskennung (event ID) 1032322748 suchen.

Konfigurieren der Microsoft Windows-Aktivierung

Dieser Webcast wird Ihnen dabei helfen, die Konzepte der KMS- und MAK-Lizenzierung besser zu verstehen.

- **Übung** Sehen Sie sich den Webcast „Windows Vista Volume Activation 2.0" von Thomas Lindeman an (auf der Begleit-CD im Ordner *Webcasts*). Sie finden diesen Webcast auch auf der Website *http://msevents.microsoft.com*, wenn Sie nach der Ereigniskennung 1032318045 suchen.

Konfigurieren von Hyper-V und virtuellen Computern

Wie jede Technologie lässt sich auch Hyper-V am einfachsten durch den Praxiseinsatz verstehen. Wenn Sie über einen Computer verfügen, der die Hardwarevoraussetzungen für Hyper-V erfüllt, führen Sie die erste Übung durch. Auf jeden Fall aber sollten Sie sich den Webcast aus der zweiten Übung ansehen.

- **Übung 1** Installieren Sie auf einem 64-Bit-Computer, der die Hardwarevoraussetzungen für Hyper-V erfüllt, Windows Server 2008 und fügen Sie dann die Serverrolle Hyper-V hinzu. Installieren Sie dann in einem virtuellen Computer ein Betriebssystem Ihrer Wahl.
- **Übung 2** Sehen Sie sich den Webcast „Hyper-V Tour.wmv" von Keith Combs an (auf der Begleit-CD im Ordner *Webcasts*). Sie finden diesen Webcast auch unter *http://blogs.technet.com/keithcombs/archive/2007/09/13/windows-server-2008-screencast-virtualization-10-minute-tour.aspx.*

  Sehen Sie sich den Webcast „SCVMM-15 Minute Tour.wmv" von Keith Combs an (auf der Begleit-CD im Ordner *Webcasts*). Sie finden diesen Webcast auch unter *http://blogs.technet.com/keithcombs/archive/2007/09/06/everything-you-need-to-know-about-scvmm-in-15-minutes.aspx.*

Machen Sie einen Übungstest

Die Übungstests auf der Begleit-CD zu diesem Buch (in englischer Sprache) bieten zahlreiche Möglichkeiten. Zum Beispiel können Sie einen Test machen, der ausschließlich die Themen eines bestimmten Lernziels behandelt, oder Sie können sich selbst mit dem gesamten Inhalt der Prüfung 70-643 testen. Sie können den Test so konfigurieren, dass er dem Ablauf einer echten Prüfung entspricht, oder Sie können einen Lernmodus verwenden, in dem Sie sich nach dem Beantworten einer Frage jeweils sofort die richtige Antwort und Erklärungen ansehen können.

Weitere Informationen Übungstests

Einzelheiten zu allen Optionen, die bei den Übungstests zur Verfügung stehen, finden Sie im Abschnitt „So benutzen Sie die Übungstests" in der Einführung dieses Buchs.

KAPITEL 2

Konfigurieren von Serverspeicher und Clustern

SANs (Storage-Area Networks), HBAs (Host Bus Adapters) und LUNs (Logical Unit Numbers) waren früher die Domäne von Speicherspezialisten und weit weg vom Arbeitsalltag eines durchschnittlichen Microsoft Windows-Administrators. Mit dem Aufkommen neuer Technologien wie dem Dienst für virtuelle Datenträger (VDS) und iSCSI sowie mit der zunehmend komplexeren Realität der Datenspeicherung in Unternehmen, gelangten diese ehemaligen Spezialistenthemen mehr und mehr in den Bereich der Windows Server 2008-Verwaltung. Um sich heutzutage als Windows-Serveradministrator zu behaupten, müssen Sie immer noch den Unterschied zwischen den verschiedenen RAID-Stufen kennen, aber darüber hinaus auch noch ein wenig mehr über Serverspeichertechnologien.

Dieses Kapitel führt Sie in die Grundlagen der Datenträgerverwaltung unter Windows Server 2008 und weiterentwickelter Speichertechnologien wie beispielsweise SANs ein. Anschließend stellt Ihnen dieses Kapitel auf der Basis dieser Einführung die verschiedenen Clustertechnologien vor, die in Windows Server 2008 verfügbar sind.

In diesem Kapitel abgedeckte Prüfungsziele:

- Bereitstellen von Servern
  - Konfigurieren des Speichers
  - Konfigurieren von hoher Verfügbarkeit

Lektionen in diesem Kapitel:

Bevor Sie beginnen

Um die Lektionen und Übungen dieses Kapitels durcharbeiten zu können, brauchen Sie folgende Ausrüstung:

- Einen Computer namens Server2, auf dem Windows Server 2008 ausgeführt wird. Neben dem Festplattenlaufwerk, auf dem das Betriebssystem installiert ist, muss Server2 mit einer oder besser zwei zusätzlichen Festplattenlaufwerken ausgerüstet sein. Die beiden zusätzlichen Festplatten müssen mindestens dieselbe Speicherkapazität wie das Festplattenlaufwerk aufweisen, auf dem das Betriebssystem installiert ist. (Um diese Hardwarevoraussetzungen ohne größeren Aufwand zu erfüllen, empfiehlt sich die Verwendung von Microsoft Virtual PC oder Virtual Server.)
- Grundwissen über die Windows-Verwaltung

Lektion 1: Konfigurieren des Serverspeichers

Für Unternehmensnetzwerke sind verschiedene Formen von Serverspeicher verfügbar und Windows Server 2008 setzt diese Technologien in neuer Weise ein. Diese Lektion stellt Ihnen die wichtigsten Serverspeicherarten und die Tools vor, die Windows Server 2008 zur Verwaltung der Serverspeicher bietet.

Am Ende dieser Lektion werden Sie in der Lage sein, die folgenden Aufgaben auszuführen:

- Beschreiben der wichtigsten Merkmale von direkt angeschlossenen Speichergeräten (Direct-Attached Storage, DAS), im Netzwerk verfügbaren Speichergeräten (Network-Attached Storage, NAS) und SANs (Storage-Area Networks)
- Beschreiben der Funktionsweise des Dienstes für virtuelle Datenträger
- Beschreiben der Eigenschaften von einfachen, übergreifenden, gespiegelten und RAID-5-Volumes sowie von Stripesetvolumes
- Verwenden der Datenträgerverwaltungskonsole zur Erstellung der verschiedenen Volumearten

Veranschlagte Zeit für diese Lektion: 80 Minuten

Grundlagen der Serverspeichertechnologien

Mit der wachsenden Nachfrage nach Serverspeicher ist auch die Zahl der Speichermethoden gewachsen. Im Lauf der Jahre ist die Auswahl an Speichermethoden für Server von einfachen direkt angeschlossenen Speichergeräten (DAS) über im Netzwerk verfügbare Speichergeräte (NAS) bis hin zu Fiber Channel- und iSCSI-SANs gewachsen.

Direkt angeschlossener Speicher (DAS)

DAS (Direct-Attached Storage) ist ein Speicher, der nur an einem einzigen Server angeschlossen ist. Beispiele für eine DAS-Lösung sind die in einem Server eingebauten internen Festplattenlaufwerke oder ein RAID-System, das in einem externen Gehäuse oder Rack eingebaut und über einen SCSI- oder FC-Controller mit einem Server verbunden ist. Der Hauptvorteil eines DAS-Systems ist, dass es einen einzelnen Server mit einem schnellen Speicher auf *Blockbasis* versorgt, der über einen internen oder externen Bus zugänglich ist (Blockbasis im Gegensatz zur Dateibasis; das bedeutet, dass Daten relativ unstrukturiert in Form von Datenblöcken bewegt werden und nicht in Form von Dateien). DAS ist eine erschwingliche Lösung für Server, die zwar eine gute Leistung, aber keine riesigen Mengen an Speicher bieten müssen. DAS ist gewöhnlich zum Beispiel die beste Lösung für Infrastrukturserver wie DNS-, WINS- und DHCP-Server sowie für Domänencontroller. Datei- und Webserver können ebenfalls gut auf einem Server mit einem DAS-System laufen.

Die wichtigste Beschränkung von DAS-Speicher ist, dass er nur für einen einzigen Server direkt zugänglich ist. Das führt bei größeren Netzwerken zu einer sehr ineffizienten Speichernutzung. Abbildung 2.1 zeigt zum Beispiel ein LAN, in dem der gesamte verfügbare Speicher direkt mit den einzelnen Servern verbunden ist. Trotz der Tatsache, dass die Server Web und App2 noch über ausreichend freien Speicherplatz verfügen, gibt es keine einfache Möglichkeit, diese Ressourcen den Servern Mail oder App1 zur Verfügung zu stellen, die mehr Speicherplatz brauchen.

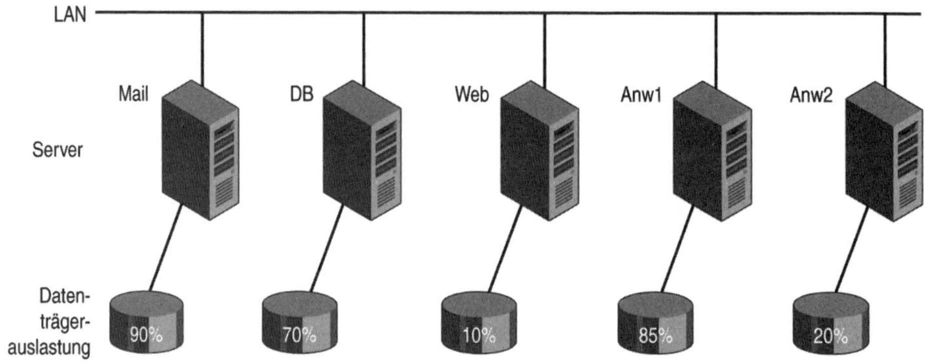

Abbildung 2.1 Ein Netzwerk mit reinen DAS-Lösungen

Verwalten von DAS unter Windows Server 2008

Das wichtigste Werkzeug zur Verwaltung von DAS unter Windows ist die Konsole Datenträgerverwaltung. Dieses Tool, das Ihnen zum Beispiel im Server-Manager zur Verfügung steht, ermöglicht die Partitionierung von Festplattenlaufwerken und die Formatierung von Datenträgersätzen. Die Funktionen der Datenträgerverwaltung stehen Ihnen auch im Befehlszeilenprogramm Diskpart zur Verfügung, das darüber hinaus auch noch zusätzliche Funktionen bietet.

Im Netzwerk verfügbarer Speicher (NAS)

NAS (Network-Attached Storage) ist eigenständiger Speicher, der anderen Servern und Clients im Netzwerk zur Verfügung steht. Ein NAS-Speichergerät ist ein vorkonfigurierter Server, auf dem ein Betriebssystem ausgeführt wird, das speziell für Dateidienste entworfen wurde. Der Hauptvorteil eines NAS-Geräts ist, dass es leicht aufzubauen ist und den Clients und Servern im LAN eine große Menge an Speicherplatz zur Verfügung stellen kann. Der Nachteil von NAS ist natürlich, dass der Zugriff auf ein NAS-Gerät über das Netzwerk erfolgt und nicht über einen lokalen Bus. Daher ist der Zugriff auf die Daten langsamer und erfolgt zudem nicht auf der Basis von Blöcken, sondern auf der Basis von Dateien. NAS-Geräte weisen daher praktisch immer eine geringere Leistung auf als DAS-Geräte.

Wegen seiner Funktionen und Beschränkungen ist NAS meistens eine gute Wahl für Dateiserver, Webserver und andere Server, die keinen möglichst schnellen und leistungsfähigen Datenzugriff aufweisen müssen.

Abbildung 2.2 zeigt ein Netzwerk, in dem Clients ein NAS-Gerät als Dateiserver verwenden.

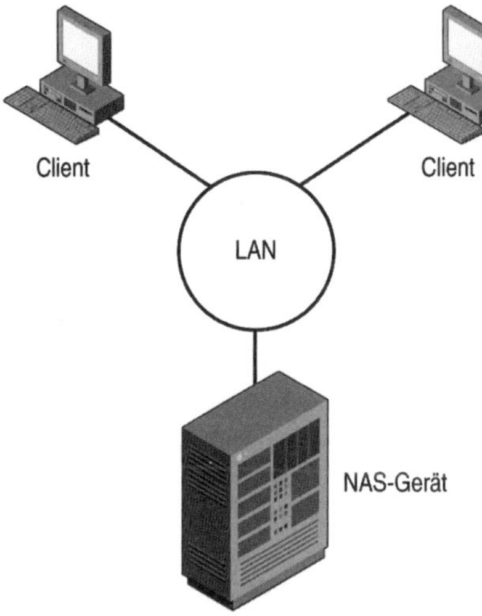

Abbildung 2.2 Ein LAN mit einem NAS-Gerät

Verwalten von NAS

NAS-Geräte werden gewöhnlich mit eigenen webbasierten Verwaltungstools geliefert.

Speichernetzwerke (Storage-Area Networks, SANs)

SANs (Storage-Area Networks) sind Hochleistungsnetzwerke, deren Aufgabe es ist, Datenblöcke zwischen Servern und Speichersubsystemen zu transportieren. Aus der Sicht des Betriebssystems sieht SAN-Speicher wie lokaler Speicher aus. Der wichtigste Unterschied zwischen einem SAN und DAS ist der, dass der Speicher bei einem SAN nicht auf einen Server beschränkt ist, sondern einer beliebigen Anzahl von Servern zur Verfügung stehen kann. (SAN-Speicher kann von einem Server zu einem anderen verlagert werden, ist aber außerhalb eines Clusterdateisystems nur jeweils für einen Server zugänglich.)

Hinweis SAN versus DAS

DAS-Übertragungsraten sind gewöhnlich zwar immer noch höher als SAN-Übertragungsraten, aber die Leistungslücke zwischen DAS und SAN wird immer kleiner. Trotz des Geschwindigkeitsvorteils von DAS-Geräten durch den direkten Buszugang sind SAN-Geräte im Netzwerk vorteilhafter, weil der Vorteil durch den gemeinsam verwendbaren Speicher weit größer ist als der Nachteil durch die höheren Zugriffszeiten.

Ein SAN besteht aus speziellen Geräten. Dazu gehören HBAs (Hostbusadapter) auf den Hostservern, Switches zum Routen des Datenverkehrs, Festplattensubsysteme und Bandlaufwerksbibliotheken. Diese Hardwaregeräte, die Server und Speicher in einem SAN verbinden, werden auch als *SAN-Fabric* (SAN-System) bezeichnet. Diese Geräte werden dann per Fibre Channel oder Kupferkabel miteinander verbunden. Nach dem Anschluss ans SAN-Netzwerk wird der verfügbare Speicher in virtuelle Partitionen aufgeteilt, die

LUNs (Logical Unit Numbers) genannt werden und für Server wie lokale Datenträger aussehen.

SANs haben den Sinn, eine Zentralisierung der Speicherressourcen zu ermöglichen und dabei die Entfernungs- und Verbindungsbeschränkungen aufzuheben, die für DAS gelten. Ein paralleler SCSI-Bus beschränkt das DAS-System zum Beispiel auf maximal 16 Geräte und auf eine Entfernung (einschließlich Controller) von maximal 25 Metern. Fibre-Channel-SANs erweitern die Entfernung auf 10 km oder mehr und ermöglichen es einer nahezu unbegrenzten Anzahl von Geräten, über das Netzwerk eine Verbindung herzustellen. Dadurch wird es möglich, den verfügbaren Speicher von den einzelnen Servern zu trennen und in einem Netzwerk zusammenzufassen, wo er von allen Netzwerkgeräten benutzt werden kann.

SANs sind eine gute Lösung für Server, die auf einen schnellen Zugriff auf sehr große Datenmengen angewiesen sind (insbesondere auf Blockbasis). Zu solchen Servern können Mail-, Sicherungs-, Streamingmedien-, Anwendungs- und Datenbankserver gehören. Außerdem ermöglicht ein SAN eine effiziente Datenreplikation über große Entfernungen, wie sie bei einer Notfallwiederherstellung erforderlich werden könnte.

Abbildung 2.3 stellt ein einfaches SAN dar.

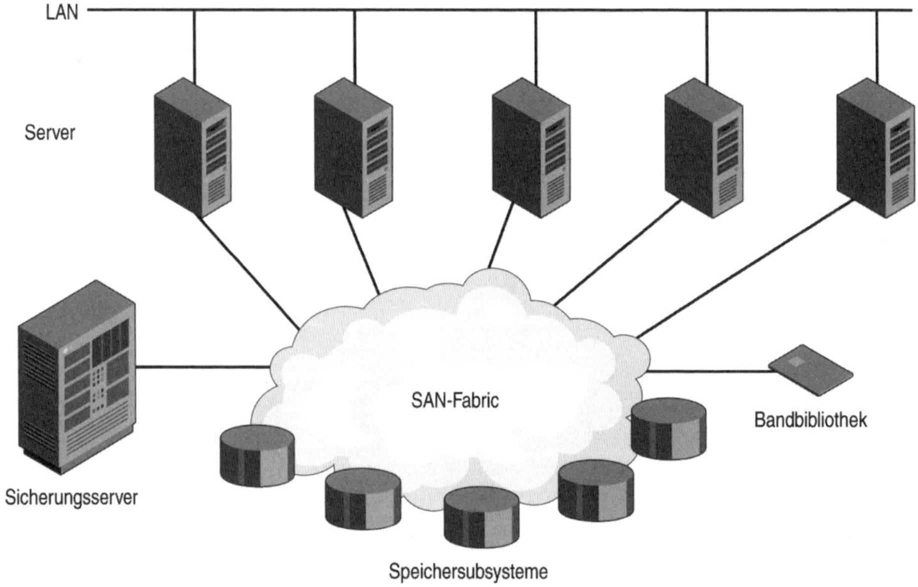

Abbildung 2.3 Ein einfaches SAN (Storage-Area Network)

SANs gibt es in zwei Varianten: Fibre Channel und iSCSI.

Fibre-Channel-SANs

Fibre Channel (FC) ermöglicht eine Block-Ein- und -Ausgabe mit hoher Leistung. FC basiert auf seriellem SCSI und ist die älteste und am weitesten verbreitete SAN-Verbindungstechnologie. Im Gegensatz zu parallelen SCSI-Geräten brauchen FC-Geräte nicht um einen gemeinsamen Bus zu konkurrieren oder sich mit den anderen Geräten über den Buszugriff zu einigen. Stattdessen verwendet FC spezielle Switches, um gleichzeitig Informationen unter mehreren Servern und Speichergeräten auszutauschen. Der wichtigste Vorteil von FC ist der, dass es sich um die am weitesten verbreitete SAN-Technologie handelt, die bis vor Kurzem auch die beste Leistung bot. Die Nachteile der FC-Technologie sind die Kosten der Hardware und die Komplexität der Implementierung. Zu den Fibre-Channel-Netzwerkkomponenten gehören Server-HBAs, Kabel und Switches. Diese Komponenten sind auf FC spezialisiert, lassen sich kaum mit den entsprechenden Geräten anderer Hersteller kombinieren, sind relativ teuer und erfordern Spezialwissen.

iSCSI-SANs

Internet-SCSI (iSCSI) ist ein Industriestandard, der zur Übertragung von SCSI-Blockbefehlen über ein Ethernetnetzwerk mit dem TCP/IP-Protokoll entwickelt wurde. Server kommunizieren mit iSCSI-Geräten über einen lokal installierten Softwareagenten, der *iSCSI-Initiator* genannt wird. Der iSCSI-Initiator führt Anfragen durch und erhält Antworten von einem *iSCSI-Ziel*, bei dem es sich um ein Endknoten-Speichergerät oder um ein zwischen den beiden Beteiligten liegendes Gerät handeln kann, beispielsweise um einen Switch. Für iSCSI-Fabrics enthält das Netzwerk auch einen oder mehrere iSNS-Server (Internet Storage Name Service), die wie DNS-Server in einem LAN für die Auffindbarkeit von SAN-Ressourcen sorgen.

Da iSCSI-SANS auf TCP/IP aufbauen, haben sie den Vorteil, dass die erforderlichen Geräte und das nötige Fachwissen weit verbreitet sind. Dadurch sind iSCSI-SANs einfacher und preiswerter zu implementieren als FC-SANs.

Neben den niedrigeren Kosten und der einfacheren Implementierung weist iSCSI gegenüber FC noch weitere Vorteile auf:

- **Verbindungen über große Entfernungen** Organisationen, die über weit voneinander entfernte Standorte verfügen, haben vielleicht auch einige voneinander isolierte „SAN-Inseln", die wegen der derzeitigen Entfernungsbeschränkung von 10 km nicht durch Fibre Channel miteinander verbunden werden können. (Es gibt zwar Neuentwicklungen, mit denen Fibre-Channel-Verbindungen über einige Hundert Kilometer möglich sind, aber diese Methoden sind komplex und teuer.) Im Gegensatz dazu kann iSCSI auch SANs miteinander verbinden, die weit voneinander entfernt sind, sei es mit MANs (Metropolitan Area Networks) oder mit WANs (Wide-Area Networks).
- **Integrierte Sicherheit** Im Fibre-Channel-Protokoll sind keine Sicherheitsvorkehrungen vorhanden. Sicherheit wird stattdessen in erster Linie durch die Beschränkung des physischen Zugangs zum SAN erreicht. Im Gegensatz zu FC sichert die Microsoft-Implementierung des iSCSI-Protokolls die Geräte im Netzwerk durch eine

Authentifizierung mit CHAP (Challenge Handshake Authentication Protocol) und durch eine Verschlüsselung nach dem IPSec-Standard (Internet Protocol Security). Da diese Methoden zur Absicherung von Kommunikationskanälen bereits in Windows-Netzwerken verfügbar sind, können sie leicht von LANs auf SANs ausgeweitet werden.

Hinweis iSCSI-SAN-Fabric

Ein iSCSI-SAN kann mit speziellen Geräten oder mit der vorhandenen LAN-, MAN- oder WAN-Infrastruktur einer Organisation aufgebaut werden. Aus Sicherheits- und Leistungsgründen empfiehlt es sich, ein separates iSCSI-Netzwerk aufzubauen, damit der übliche Netzwerkdatenverkehr vom Speicherdatenverkehr getrennt wird.

Der größte Nachteil eines iSCSI-SANs besteht darin, dass seine Übertragungsleistung geringer ist als die eines FC-SANs, sofern es nicht mit speziellen (und teuren) 10-GB-Ethernetkabeln und -switches aufgebaut wird. Und wenn Sie für Ihr iSCSI-SAN statt des gebräuchlicheren Gigabit-Ethernets tatsächlich eine 10-GB-Ausrüstung wählen, verschwindet durch die hohen Kosten solch einer 10-GB-Lösung der Preisvorteil, den iSCSI in der langsameren Ausführung gegenüber FC aufweist.

Prüfungstipp

Zu den Begriffen, die Sie für die Prüfung beherrschen sollten, gehören *LUNs*, *HBA*, *iSCSI-Initiator*, *iSCSI-Ziel*, *SAN-Fabric* und *iSNS*.

Verwalten von SANs

Windows Server 2008 enthält den Dienst für virtuelle Datenträger (Virtual Disk Service, VDS), eine Anwendungsprogrammierschnittstelle (API), mit der iSCSI-SAN- und FC-Hardwarehersteller Datenträgersubsysteme und SAN-Hardware für die Verwaltungsprogramme von Windows zugänglich machen können. Wenn die Hardware einen VDS-Hardwareanbieter enthält, können Sie diese Hardware unter Windows Server 2008 mit Tools wie der Datenträgerverwaltung, dem Speicher-Manager für SANs, dem Speicher-Explorer, dem iSCSI-Initiator oder dem Befehlszeilentool DiskRAID verwalten.

- **Speicher-Manager für SANs** Der Speicher-Manager für SANs ist in Windows Server 2008 als Feature verfügbar, das Sie mit dem Assistenten zum Hinzufügen von Features installieren können. Sie können SANs mit dem Speicher-Manager für SANs verwalten und zum Beispiel Datenträger bereitstellen, LUNs erstellen und verschiedenen Servern im SAN LUNs zuweisen.

  Abbildung 2.4 zeigt die Konsole des Speicher-Managers für SANs.

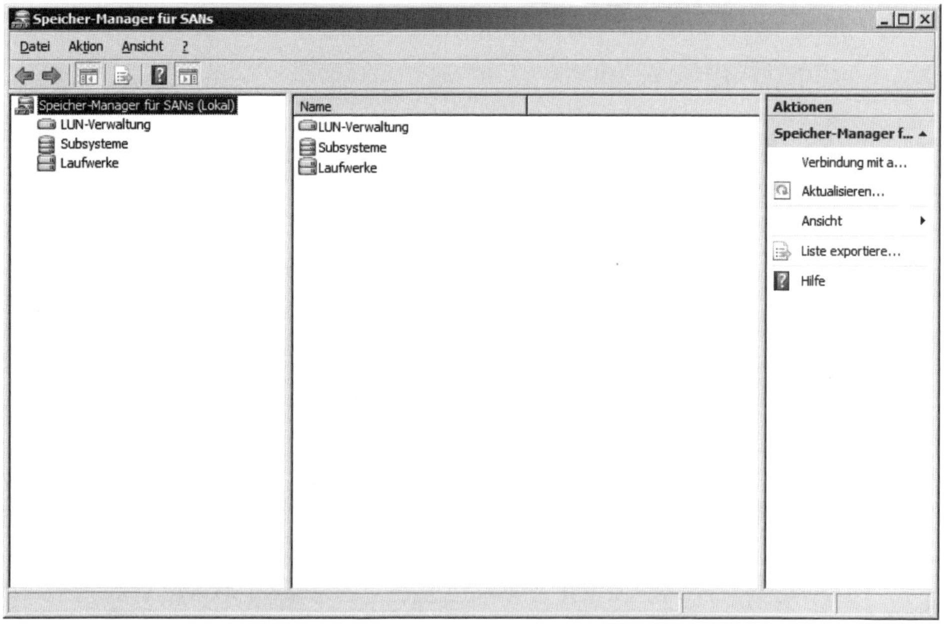

Abbildung 2.4 Speicher-Manager für SANs

- **Speicher-Explorer** Der Speicher-Explorer ist in Windows Server 2008 standardmäßig in der Programmgruppe *Verwaltung* verfügbar. Sie können mit dem Speicher-Explorer ausführliche Informationen über Server anzeigen, die mit dem SAN verbunden sind, sowie über die Fabric-Komponenten wie HBAs, FC-Switches und iSCSI-Initiatoren und -Ziele. Außerdem können Sie den Speicher-Explorer verwenden, um iSCSI-Fabrics zu verwalten.
- **iSCSI-Initiator** Das iSCSI-Initiator-Tool ist unter Windows Server 2008 standardmäßig in der Programmgruppe *Verwaltung* verfügbar. Mit diesem Tool können Sie Einstellungen für die Suche, die Sicherheit und andere Funktionen der lokalen Serververbindungen mit iSCSI-Zielen vornehmen.
- **DiskRAID** DiskRAID ist ein Befehlszeilentool, mit dem Sie auf einem VDS-fähigen Hardware-RAID-System LUNs verwalten können.

Prüfungstipp

Für die Prüfung 70-643 müssen Sie die Bedeutung des Dienstes für virtuelle Datenträger (VDS) und den Zusammenhang zwischen diesem Dienst und den gerade beschriebenen Tools verstehen.

Verwalten von Datenträgern, Volumes und Partitionen unter Windows Server 2008

Das wichtigste Werkzeug zur Verwaltung von Datenträgern, Volumes und Partitionen unter Windows Server 2008 ist die Datenträgerverwaltung. In der Datenträgerverwaltung können Sie Datenträger initialisieren, sie online oder offline schalten, Volumes auf den Datenträgern einrichten, Volumes formatieren, den Partitionstyp ändern, Volumes vergrößern oder verkleinern und fehlertolerante Datenträgersätze erstellen.

Um mit der Datenträgerverwaltung zu arbeiten, können Sie im Dialogfeld *Ausführen* **Diskmgmt.msc** eingeben, im Server-Manager unter dem Knoten *Speicher* den Knoten *Datenträgerverwaltung* wählen oder in der Programmgruppe *Verwaltung* die Konsole *Computerverwaltung* öffnen und in ihr den Knoten *Datenträgerverwaltung* wählen.

Abbildung 2.5 zeigt die Datenträgerverwaltung.

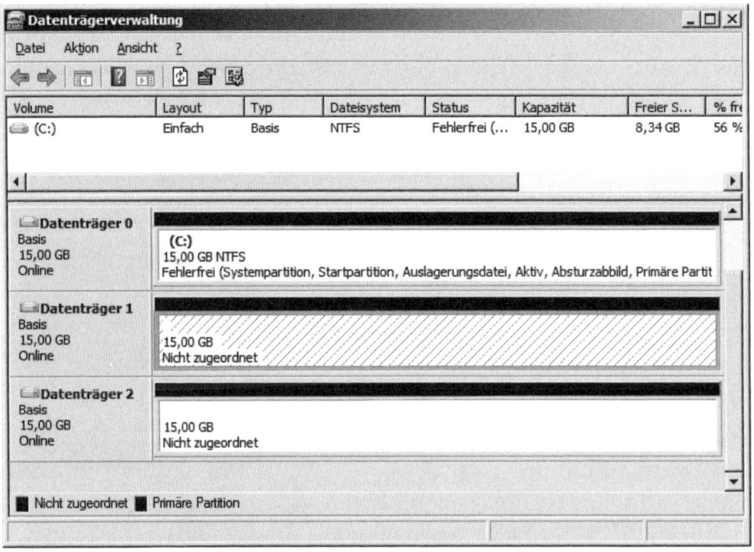

Abbildung 2.5 Die Datenträgerverwaltung in Windows Server 2008

Basisdatenträger und dynamische Datenträger

Die Datenträgerverwaltung ermöglicht Ihnen die Verwaltung von Basisdatenträgern und von dynamischen Datenträgern.

Standardmäßig sind alle Datenträger Basisdatenträger. Ein Basisdatenträger ist ein Festplattenlaufwerk, das primäre Partitionen, erweiterte Partitionen oder logische Laufwerke enthält. Wie viele Partitionen Sie auf einem Basisdatenträger erstellen können, hängt vom *Partitionstyp* des Datenträgers ab. Auf Datenträgern mit MBR-Partitionierung (Master Boot Record) können Sie auf einem Basisdatenträger bis zu vier primäre Partitionen erstellen, oder drei primäre und eine erweiterte Partition. Ist eine erweiterte Partition vorhanden, können Sie so viele logische Laufwerke einrichten, wie auf den Datenträger passen. Auf einem Basisdatenträger mit GPT-Partitionierung (GUID Partition Table) können Sie bis zu 128 primäre Partitionen erstellen. Da ein GPT-Datenträger Sie nicht auf vier Partitionen beschränkt, brauchen Sie keine erweiterten Partitionen und keine logischen Laufwerke einzurichten. Die GPT-Partitionierung wird für Festplattenlaufwerke empfohlen, die größer als 2 Terabyte (TB) sind, sowie für Festplattenlaufwerke in 64-Bit-Systemen.

Hinweis Partitionstypen

Der Partitionstyp bezieht sich auf die elementarste Datenträgerstruktur, die im Betriebssystem sichtbar wird. Der Partitionstyp hat aber nichts mit den Dateisystemen wie NTFS oder FAT32 zu tun, mit denen die Partitionen formatiert werden. Mit beiden Partitionstypen können Basisdatenträger und dynamische Datenträger erstellt werden.

Dynamische Datenträger bieten Funktionen, die den Basisdatenträgern fehlen, wie zum Beispiel die Möglichkeit, eine unbeschränkte Anzahl von Volumes zu erstellen, sowie Volumes zu erstellen, die sich über mehrere Festplattenlaufwerke erstrecken (übergreifende Volumes und Stripesetvolumes), und fehlertolerante Volumes (gespiegelte und RAID-5-Volumes). Es gibt fünf Arten von dynamischen Volumes: einfach, übergreifend, Stripeset, gespiegelt, RAID-5.

In älteren Windows-Versionen mussten Sie einen Basisdatenträger in einen dynamischen Datenträger konvertieren, bevor Sie eine dieser Volumearten erstellen konnten. Wenn Sie die Datenträgerverwaltung von Windows Server 2008 verwenden, um eine dieser Volumearten zu erstellen, werden Basisdatenträger bei diesem Vorgang automatisch in dynamische Datenträger konvertiert. Daher ist die Frage, ob es sich bei einem Datenträger um einen Basisdatenträger oder um einen dynamischen Datenträger handelt, unter dem Gesichtspunkt der Verwaltung weniger wichtig. Trotz dieser Entwicklung ist es aber für Dual-Boot-Konfigurationen immer noch wichtig zu wissen, dass viele ältere Windows-Versionen (wie Windows NT, Windows 98 und Windows ME) nicht auf dynamische Datenträger zugreifen können. Außerdem ist es für Dual-Boot-Konfigurationen wichtig, dass dynamische Datenträger nur zu Windows-Betriebssystemen kompatibel sind.

Prüfungstipp

Basisdatenträger werden bei Bedarf zwar automatisch in dynamische Datenträger konvertiert, aber für die Prüfung 70-643 müssen Sie trotzdem wissen, welche Volumearten einen dynamischen Datenträger erfordern.

Erstellen von Volumes

Sie können die Datenträgerverwaltung oder das Befehlszeilenprogramm Diskpart verwenden, um folgende Volumearten unter Windows Server 2008 zu erstellen.

- **Einfache oder Basisvolumes** Einfache Volumes sind nicht fehlertolerant. Ein einfaches Volume kann aus einem einzigen zusammenhängenden Bereich oder aus mehreren Bereichen bestehen, die sich auf demselben Festplattenlaufwerk befinden und miteinander verknüpft sind.

Um in der Datenträgerverwaltung ein einfaches Volume zu erstellen, klicken Sie den nicht zugeordneten Bereich eines Festplattenlaufwerks mit der rechten Maustaste an und klicken dann auf *Neues einfaches Volume*, wie in Abbildung 2.6 gezeigt. (Dieser Vorgang ist bei Basisdatenträgern und dynamischen Datenträgern gleich, auch wenn das neue Volume auf einem Basisdatenträger aus technischer Sicht ein Basisvolume ist.) Vielleicht müssen Sie die Datenträgerkachel (im linken Bereich) zuvor mit der rechten Maustaste anklicken und *Online* wählen.

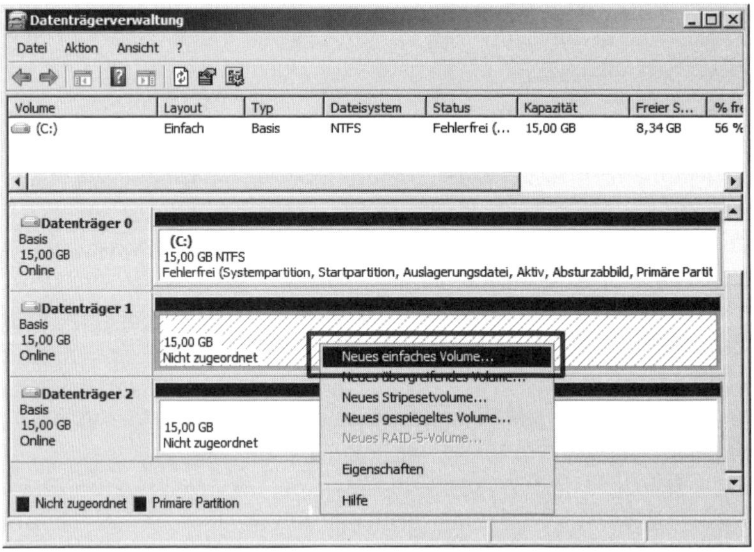

Abbildung 2.6 Erstellen eines einfachen Volumes

Wenn Sie mit dem Programm Diskpart ein einfaches Volume erstellen möchten, wählen Sie den Datenträger in Diskpart an und geben dann für einen dynamischen Datenträger den Befehl **create volume simple** ein. Um auf einem Basisdatenträger ein neues Volume (eine neue Partition) zu erstellen, geben Sie den Befehl **create partition** ein. Mit den Befehlen **create volume ?** oder **create partition ?** erhalten Sie weitere Informationen über diese Befehle.

- **Übergreifende Volumes** Ein übergreifendes Volume ist ein dynamisches Volume, das sich nicht auf ein einziges Festplattenlaufwerk beschränkt, sondern auch noch Speicherplatz von mindestens einem weiteren Festplattenlaufwerk umfasst. Sofern es sich bei dem einfachen Volume nicht um das System- oder Startvolume handelt, können Sie es auf weitere Datenträger erweitern, um auf diese Weise ein übergreifendes Volume zu erstellen. Oder Sie erstellen ein neues Volume als übergreifendes Volume, indem Sie freien Speicherplatz von mehreren Festplattenlaufwerken verwenden.

Um in der Datenträgerverwaltung ein übergreifendes Volume zu erstellen, klicken Sie den freien Bereich eines der Datenträger an, auf dem Sie ein übergreifendes Volume erstellen wollen, und klicken dann auf *Neues übergreifendes Volume*. Dadurch öffnet sich der Assistent zum Erstellen übergreifender Volumes, in dem Sie freien Speicherplatz von den verfügbaren Datenträgern zum übergreifenden Volume hinzufügen können.

Abbildung 2.7 zeigt ein übergreifendes Volume, dem der Laufwerksbuchstabe E zugewiesen wurde. Beachten Sie, dass dieses Volume zwar auf den beiden Datenträgern 1 und 2 Speicherplatz belegt, aber wie ein einzelnes Volume mit einer Speicherkapazität von 11,08 GB verwendet wird.

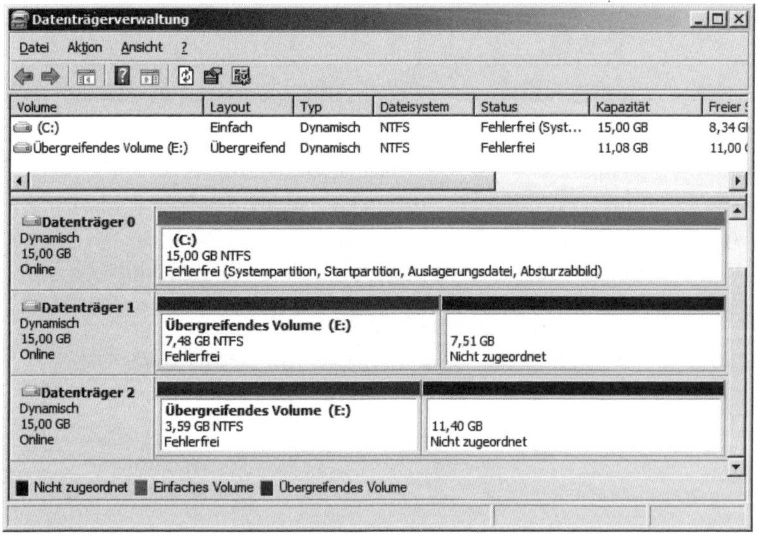

Abbildung 2.7 Ein übergreifendes Volume in der Datenträgerverwaltung

- **Stripesetvolumes** Ein Stripesetvolume, auch RAID 0 genannt, ist ein dynamisches Volume, das Daten in Streifen speichert, die über zwei oder mehr Festplattenlaufwerke verteilt sind. Stripesetvolumes bieten zwar von allen unter Windows verfügbaren Volumearten die beste Leistung, sind aber nicht fehlertolerant. Fällt ein an einem Stripesetvolume beteiligtes Festplattenlaufwerk aus, sind die Daten des gesamten Volumes verloren.

  Abbildung 2.8 stellt schematisch dar, wie die Daten in einem Stripesetvolume auf den Datenträgersatz verteilt werden.

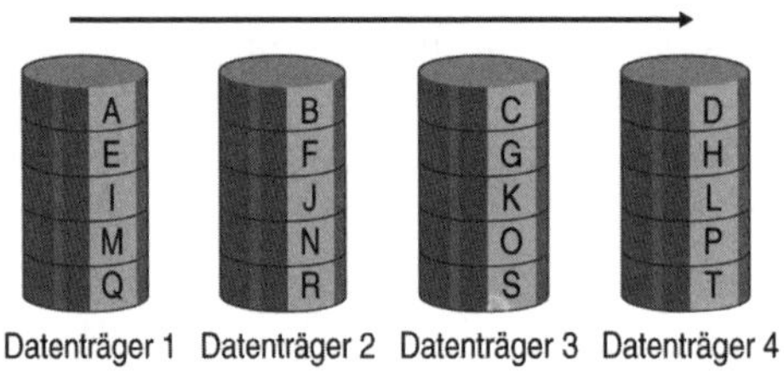

Abbildung 2.8 In einem Stripesetvolume (RAID 0) werden die Daten in „Streifen“ gespeichert

Wann sollten Sie ein Stripesetvolume verwenden? Ein Stripesetvolume ist die beste Lösung für temporäre Daten, für die keine Fehlertoleranz, aber eine möglichst hohe Leistung verlangt wird. Dazu gehören zum Beispiel Auslagerungsdateien und *Temp*-Ordner. Um in der Datenträgerverwaltung ein neues Stripesetvolume zu erstellen, klicken Sie den freien Speicherbereich eines Datenträgers mit der rechten Maustaste an und klicken dann auf *Neues Stripesetvolume*.

Abbildung 2.9 zeigt ein Stripesetvolume in der Datenträgerverwaltung. Beachten Sie, dass dieses Volume auf den Datenträgern 1 und 2 jeweils 7,48 GB belegt, aber wie ein einziges Volume E mit einer Gesamtkapazität von 14,97 GB verwendet wird. Beachten Sie auch, dass dieses Volume für temporäre Daten vorgesehen ist, zum Beispiel für die Auslagerungsdatei.

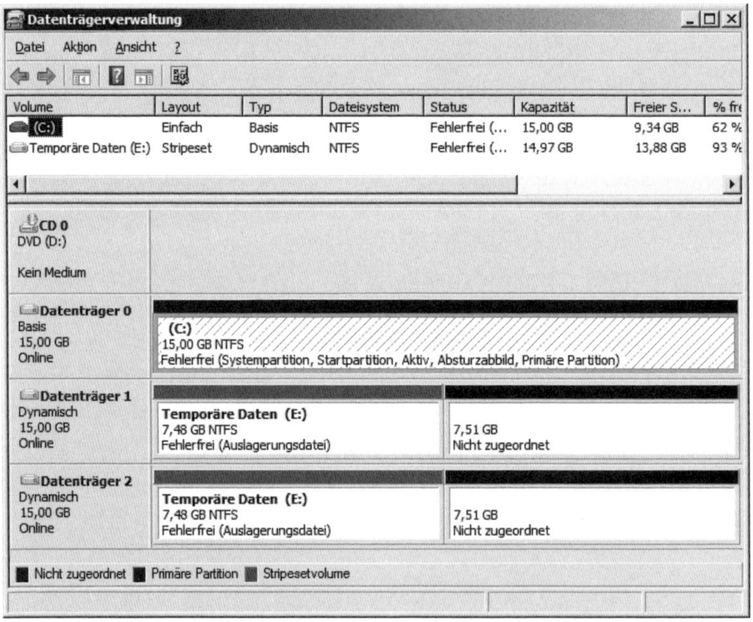

Abbildung 2.9 Ein Stripesetvolume (RAID 0) in der Datenträgerverwaltung

Hinweis RAID-Volumes

Wie bei allen RAID-Lösungen werden auch für ein Stripesetvolume Festplattenlaufwerke (oder Partitionen) gleicher Größe verwendet.

- **Gespiegelte Volumes** Ein gespiegeltes Volume (auch RAID 1 genannt) ist ein fehlertolerantes Volume, das seine Fehlertoleranz durch eine Spiegelung des Datenträgers auf einen zweiten Datenträger erreicht. Alle Daten, die auf das gespiegelte Volume geschrieben werden, werden auf beide Volumes geschrieben, die sich auf separaten Festplattenlaufwerken befinden. Fällt eines der Festplattenlaufwerke aus, sind zwar die Daten verloren, die sich auf dem ausgefallenen Laufwerk befinden, aber das System kann mit der anderen Festplatte weiterarbeiten.

  Abbildung 2.10 stellt schematisch dar, wie Daten auf einem gespiegelten Volume gespeichert werden. Da alle Daten doppelt vorhanden sind, gehen keine Daten verloren, wenn eine der beiden Festplatten ausfällt.

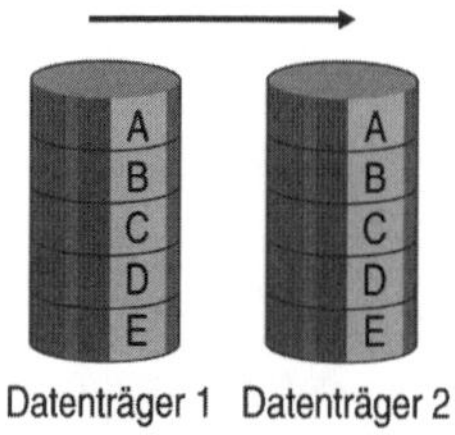

Abbildung 2.10 Bei einem gespiegelten Volume (RAID 1) werden die Daten immer auch auf einem zweiten Festplattenlaufwerk gespeichert

Hinweis Mehrfache Spiegelungen

Ein mit den Mitteln von Windows Server 2008 gespiegeltes Volume beschränkt sich zwar auf zwei Festplattenlaufwerke, aber andere Hersteller haben Systeme entwickelt, bei denen auf zusätzlichen Festplattenlaufwerken weitere Spiegelungen erstellt werden. Bei einer doppelten Spiegelung (oder „triple mirror“, also eine Spiegelung, die drei Exemplare ergibt) wird der Inhalt eines Datenträgers zum Beispiel auf zwei zusätzlichen Festplattenlaufwerken gespeichert. Die zusätzlichen Schreibvorgänge verschlechtern zwar die Schreibleistung, verbessern aber die Fehlertoleranz. Daher stellen solche Systeme gute Lösungen für kritische Daten dar.

Als fehlertolerante Lösung hat ein gespiegeltes Volume Vor- und Nachteile. Zu den Vorteilen eines gespiegelten Volumes gehören die sehr gute Leseleistung und eine relativ gute Schreibleistung. Außerdem erfordert eine Spiegelung nur zwei Laufwerke. Praktisch jedes Volume lässt sich spiegeln, auch System- und Startvolumes. Der Nachteil eines gespiegelten Volumes besteht darin, dass 50 Prozent der Gesamtspeicherkapazität eines Festplattenlaufwerks für die Sicherung der Fehlertoleranz gebraucht wird. Wenn Sie eine fehlertolerante Speicherlösung brauchen, ist eine Spiegelung eine gute Wahl, wenn Sie nur zwei Laufwerke einsetzen können, wenn Sie eine gute Lese- und Schreibleistung oder Fehlertoleranz für das System- oder Startvolume oder andere kritische Daten brauchen.

Um ein gespiegeltes Volume zu erstellen, können Sie entweder zu einem vorhandenen Volume eine Spiegelung hinzufügen oder ein neues gespiegeltes Volume erstellen. Um in der Datenträgerverwaltung ein vorhandenes Volume zu spiegeln, klicken Sie das vorhandene Volume mit der rechten Maustaste an und klicken dann auf *Spiegelung hinzufügen* (Abbildung 2.11).

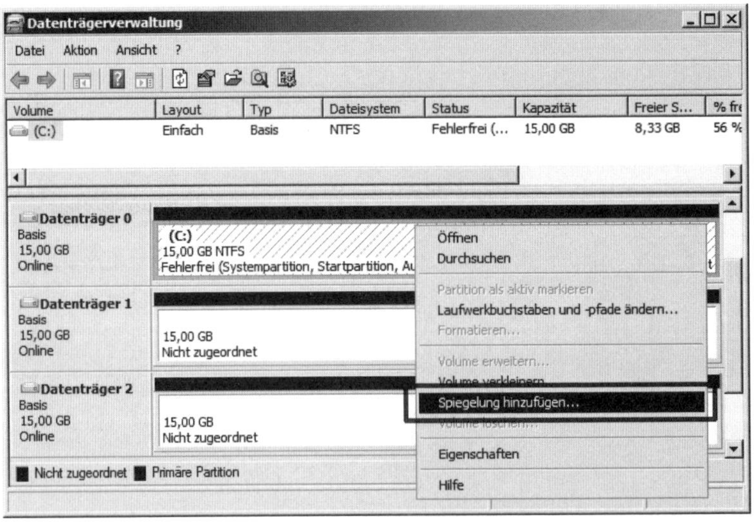

Abbildung 2.11 Hinzufügen einer Spiegelung zur Systempartition

Wenn Sie in der Datenträgerverwaltung ein neues gespiegeltes Volume erstellen möchten, klicken Sie den nicht zugeordneten Bereich eines Datenträgers mit der rechten Maustaste an und klicken dann auf *Neues gespiegeltes Volume*. Abbildung 2.12 zeigt ein neues gespiegeltes Volume. Beachten Sie, dass das Volume Speicherplatz von den Datenträgern 1 und 2 verwendet und trotzdem nur als einzelnes Volume E mit einer Gesamtkapazität von 7,48 GB angezeigt wird.

- **RAID-5-Volumes** Ein RAID-5-Volume ist ein fehlertolerantes Volume, das Speicherbereiche von mindestens drei verschiedenen Festplattenlaufwerken zu einem logischen Volume zusammenfasst. RAID-5-Volumes speichern Daten in Stripes (Streifen) ab, wobei sie zusätzlich noch Paritätsangaben (gerade oder ungerade) speichern. Fällt ein Festplattenlaufwerk aus, verwendet Windows Server 2008 diese Paritätsangaben, um die Daten wiederherzustellen, die sich auf dem ausgefallenen Laufwerk befanden. Allerdings funktioniert das nur, solange nur eines der am RAID-5-Volume beteiligten Laufwerke ausfällt.

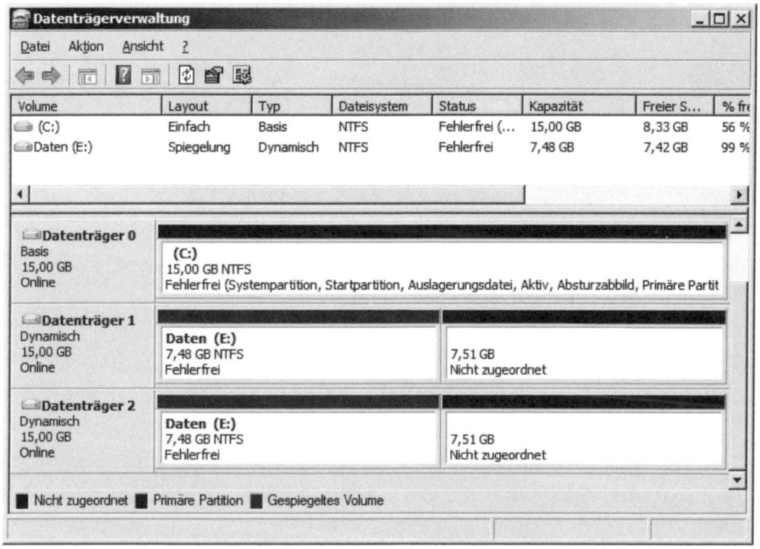

Abbildung 2.12 Ein gespiegeltes Volume (RAID-1)

Prüfungstipp

In der Prüfung 70-643 wird ein RAID-5-Volume eventuell auch als *Stripeset mit Parität* bezeichnet.

Abbildung 2.13 zeigt ein RAID-5-Volume, das aus vier Festplattenlaufwerken besteht. Daten, die auf das Volume geschrieben werden, werden von links nach rechts in Form von Stripes auf die Datenträger verteilt. Eins der Festplattenlaufwerke speichert die Paritätsdaten für die anderen Streifen aus dem Streifensatz. Abbildung 2.13 zeigt ein vereinfachtes Beispiel, bei dem die Parität auf 1 gesetzt wird, wenn die Summe der Werte aus den anderen Streifen ungerade ist, oder auf 0, wenn die Summe der anderen Werte gerade ist. Mit den Paritätswerten und den Daten aus den verbleibenden Streifen kann Windows den Inhalt eines ausgefallenen Festplattenlaufwerks vollständig rekonstruieren (es darf aber nur ein Laufwerk aus dem Satz ausfallen, nicht mehrere gleichzeitig). Die Daten des ausgefallenen Laufwerks können in Echtzeit wiederhergestellt werden, wenn der Benutzer sie anfordert. Außerdem können die Informationen bei laufendem Betrieb auf dem neuen Festplattenlaufwerk wiederhergestellt werden, das die ausgefallene Festplatte ersetzt.

In einem RAID-5-Volume wird für die Fehlertoleranz ungefähr der Speicherplatz verwendet, der der Kapazität eines Festplattenlaufwerks entspricht. Wenn Sie zum Beispiel mit vier 120-GB-Festplattenlaufwerken ein RAID-5-Volume erstellen, beträgt die Speicherkapazität des RAID-5-Volumes 360 GB.

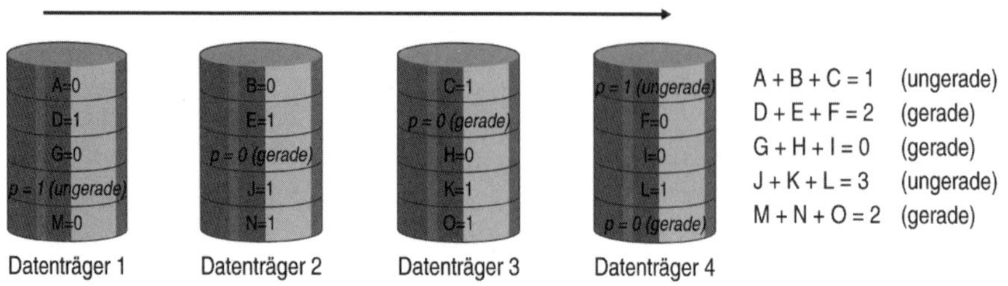

Abbildung 2.13 Ein RAID-5-Volume erreicht seine Fehlertoleranz durch die Speicherung von Paritätswerten für die gespeicherten Daten

Wann sollten Sie ein RAID-5-Volume verwenden? Ein RAID-5-Volume zeichnet sich durch eine sehr gute Leseleistung, eine relativ schwache Schreibleistung und durch die optimale Platzausnutzung in einer fehlertoleranten Lösung aus. Ziehen Sie daher ein RAID-5-Volume in Betracht, wenn Sie fehlertoleranten Speicher brauchen, der die Festplattenkapazität möglichst gut ausnutzt. Beachten Sie, dass Sie ein RAID-5-Volume, das mit den Mitteln von Windows Server 2008 erstellt wurde, nicht als Start- oder Systempartition verwenden können.

Hinweis Software- und Hardware-RAIDs

Ein RAID-5-Volume, das mit der Datenträgerverwaltung erstellt wurde, ist ein Beispiel für ein Software-RAID, weil das Volume durch das Betriebssystem erstellt wird, also durch Software. Manche Hersteller vertreiben RAID-5-Systeme mit einer eigenen Steuerelektronik und der dazugehörigen Konfigurationssoftware. So ein System ist für Windows nicht als RAID-System zu erkennen, das aus mehreren Festplattenlaufwerken besteht, sondern wird einfach als ein lokales Volume betrachtet. Solche Systeme nennt man auch Hardware-RAID. Ein Software-RAID weist zwar eine geringere Leistung als Hardware-RAID auf, ist aber relativ preiswert und leicht zu konfigurieren, weil es keine speziellen Anforderungen an die Hardware stellt, außer dass mehrere Festplattenlaufwerke zur Verfügung stehen müssen. Sind die Kosten wichtiger als die Leistung, ist ein Software-RAID eine passende Lösung.

Um in der Datenträgerverwaltung ein RAID-5-Volume zu erstellen, klicken Sie den freien Speicherbereich eines der beteiligten Datenträger mit der rechten Maustaste an und klicken dann auf *Neues RAID-5-Volume*. Folgen Sie dann der Anleitung im Assistenten für neue RAID-5-Volumes.

Um mit dem Programm Diskpart ein RAID-5-Volume zu erstellen, verwenden Sie den Befehl **create volume raid**. Informationen über diesen Befehl erhalten Sie mit **help create volume raid**.

Praxistipp

JC Mackin

Sie lassen sich zwar nicht unter Windows erstellen, aber die RAID-Stufen RAID 0+1 und RAID 1+0 werden in der Praxis zunehmend wichtiger. Ein RAID 0+1 (oder 01) ist eine Spiegelung von Stripes (mirror of stripes). Im Prinzip liegen also zwei Exemplare eines Stripesetvolumes vor. Diese RAID-Art entsteht, indem man RAID 0-Datenträgersätze erstellt und diese anschließend spiegelt. Ein RAID 1+0 (oder 10) ist dagegen ein Stripeset auf Spiegelungen (stripe of mirrors), bei denen Daten als Stripesets auf gespiegelten Datenträgersätzen gespeichert werden. Für den Aufbau eines RAID-Systems dieser Art erstellen Sie zuerst eine Reihe von Spiegelsätzen und dann über diese Spiegelsätze ein RAID 0-Volume.

Beide Lösungen verwenden 50 Prozent der Festplattenkapazität für die Fehlertoleranz und beide bieten ausgezeichnete Lese- und Schreibleistung. RAID 1+0 bietet aber eine höhere Erfolgswahrscheinlichkeit für die Wiederherstellung, falls mehr als nur ein Festplattenlaufwerk ausfällt.

Beachten Sie, dass sich noch keine einheitlichen Bezeichnungen für diese beiden RAID-Stufen durchgesetzt haben. Manche Firmen (einschließlich Microsoft) bezeichnen RAID 01 und RAID 10 vielleicht ganz allgemein als 0+1. Wenn Sie mit einem Lieferanten sprechen, sollten Sie mit ihm klären, ob Sie eine Spiegelung von Stripes oder einen Stripe aus Spiegelungen meinen (*mirror of stripes* oder *stripe of mirrors*).

Prüfungstipp

Für die Prüfung 70-643 müssen Sie die RAID-Stufen und die verschiedenen Volumearten kennen.

Erweitern eines Volumes

Zu einem vorhandenen einfachen oder übergreifenden Volume können Sie Speicherplatz hinzufügen, indem Sie das Volume auf einen freien Bereich erweitern, der sich auf demselben oder auf einem anderen Datenträger befindet. Um ein Volume zu erweitern, muss es entweder unformatiert oder mit dem Dateisystem NTFS formatiert sein. Wenn Sie ein einfaches oder übergreifendes Volume in der Datenträgerverwaltung erweitern möchten, klicken Sie es mit der rechten Maustaste an und klicken dann auf *Volume erweitern*.

Hinweis Erweitern von Start- und Systemvolumes

Ein Start- oder Systemvolume können Sie nicht auf einen anderen Datenträger erweitern.

Verkleinern eines Volumes

Sie können den Platz verkleinern, den ein einfaches oder übergreifendes Volume beansprucht, indem Sie es um freien zusammenhängenden Speicherbereich am Ende des Volumes verkleinern. Wenn Sie zum Beispiel auf einem Datenträger Platz für eine neue Partition oder ein neues Volume schaffen möchten, können Sie versuchen, die auf dem Datenträger vorhandenen Volumes zu verkleinern. Bei der Verkleinerung einer Partition werden alle gewöhnlichen Dateien nach Bedarf in der Partition umkopiert, um Platz am Ende der Partition freizumachen. Es ist nicht erforderlich, den Datenträger neu zu partitionieren und zu formatieren, um eine Partition zu verkleinern.

Wie viel Platz durch die Verkleinerung einer Partition auf einem Datenträger frei wird, hängt von den Gegebenheiten ab. Je mehr Platz auf dem Volume frei ist und je weniger beschädigte Sektoren es enthält, desto mehr Speicher wird durch eine Verkleinerung des Volumes verfügbar. Ist aber die Zahl der beschädigten Sektoren zu groß, die dynamisch auf andere Sektoren abgebildet werden, können Sie das Volume vielleicht überhaupt nicht verkleinern. Sollte dies der Fall sein, empfiehlt es sich, die Daten zu sichern und das Festplattenlaufwerk zu ersetzen.

Vorsicht Verkleinern Sie keine unformatierten Partitionen, die Daten enthalten

Wurde eine Partition nicht mit einem Dateisystem formatiert und enthält sie trotzdem Daten (beispielsweise eine Datenbankdatei), können diese Daten durch eine Verkleinerung der Partition zerstört werden.

Um ein einfaches oder übergreifendes Volume in der Datenträgerverwaltung zu verkleinern, klicken Sie es mit der rechten Maustaste an und klicken dann auf *Volume verkleinern* (Abbildung 2.14).

Prüfungstipp

Die Verkleinerung ist eine neue Funktion von Windows Server 2008, daher wird in der Prüfung 70-643 voraussichtlich danach gefragt werden.

Konfigurieren eines Bereitstellungspunkts

Ein Bereitstellungspunkt (mount point) ist ein Ordner in einem Volume, der als Zeiger auf das Stammverzeichnis eines anderen Volumes dient. Wenn Sie zum Beispiel auf dem System- oder Startvolume mehr Speicherplatz verfügbar machen möchten, können Sie auf einem anderen Datenträger ein neues Volume erstellen und dieses Volume auf dem Start- oder Systemvolume in einem Ordner bereitstellen.

Abbildung 2.15 zeigt ein Beispiel, bei dem die Kapazität des Volumes C 15 GB beträgt. Wenn Sie in einem leeren Ordner von Volume C (nennen Sie ihn zum Beispiel *BereitgestelltesVolume*) ein 7,48-GB-Volume bereitstellen, steht Ihnen in Volume C mehr Speicherplatz zur Verfügung, obwohl Sie das eigentliche Volume C nicht vergrößert haben.

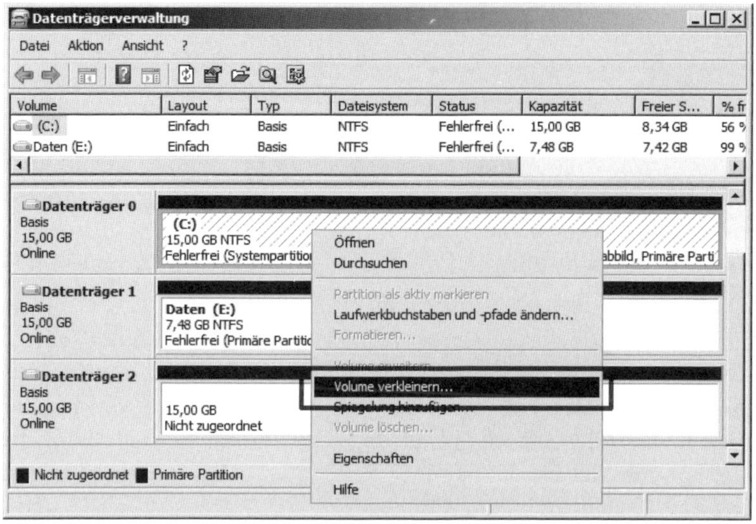

Abbildung 2.14 Verkleinern eines Volumes in der Datenträgerverwaltung

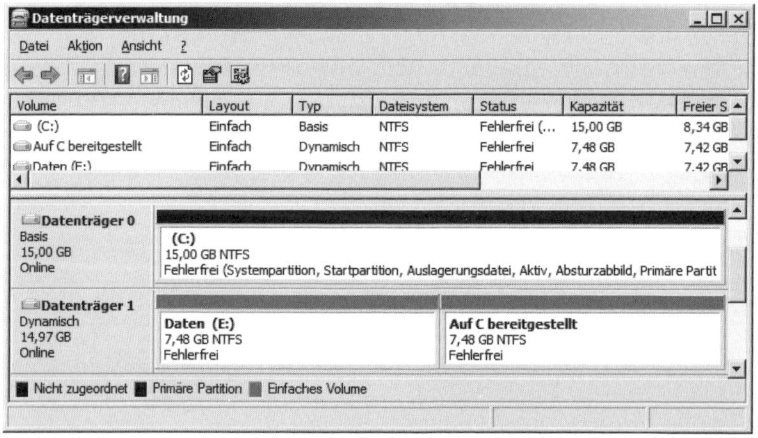

Abbildung 2.15 Ein neues Volume wird im Systemvolume bereitgestellt

Um in der Datenträgerverwaltung ein Volume in einem Bereitstellungspunkt bereitzustellen, erstellen Sie das neue Volume und wählen bei diesem Vorgang die Option, das Volume in einem leeren NTFS-Ordner bereitzustellen (Abbildung 2.16).

Hinweis Erweitern des System- oder Startvolumes

Da Sie ein Systemvolume nicht auf einen anderen Datenträger erweitern können, sind Bereitstellungspunkte die einzige Möglichkeit, auf dem Systemvolume mehr Speicherplatz verfügbar zu machen, ohne den Datenträger neu zu partitionieren oder durch einen größeren zu ersetzen.

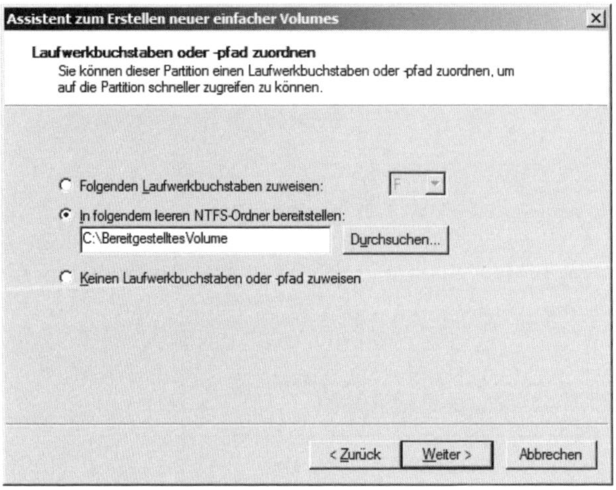

Abbildung 2.16 Bereitstellen eines neuen Volumes in einem leeren NTFS-Ordner

Auch für ein bereits vorhandenes Volume können Sie einen Bereitstellungspunkt einrichten, indem Sie das Volume mit der rechten Maustaste anklicken und *Laufwerkbuchstaben und -pfade ändern* wählen. Im Dialogfeld *Laufwerkbuchstaben und -pfade ändern* klicken Sie auf *Ändern* und wählen dann die Option, das Volume in einem leeren NTFS-Ordner bereitzustellen.

Prüfungstipp

Für die Prüfung 70-643 müssen Sie das Thema Bereitstellungspunkte beherrschen.

Schnelltest

1. Können Sie ein gespiegeltes Volume erweitern?
2. Richtig oder falsch: Sie können ein Hardware RAID-5-Volume unter Windows Server 2008 nicht als Start- oder Systemvolume verwenden.

Antworten zum Schnelltest

1. Nein.
2. Falsch. Ein Hardware-RAID-5-Volume wäre für Windows Server 2008 nicht als solches zu erkennen. Beschränkungen gibt es aber für das, was Sie im Betriebssystem konfigurieren können. Sie können die Start- oder Systempartition nicht zu einem Software-RAID-5-Volume hinzufügen und Sie können kein Betriebssystem auf einem Software-RAID-5-Volume installieren, das Sie in Windows erstellt haben. (Beachten Sie aber, dass es zwar möglich, aber wegen der schlechten Schreibleistung nicht empfehlenswert ist, ein Betriebssystem auf einem Hardware-RAID-5-Volume zu installieren.)

Praktische Übungen Arbeiten mit Datenträgersätzen

In dieser Übung erstellen Sie in der Datenträgerverwaltung verschiedene Arten von Volumes.

Hinweis Wie viele Festplattenlaufwerke brauchen Sie für diese Übungen?

Die Übungen 1 bis 3 setzen voraus, dass Server2 über ein unpartitioniertes Festplattenlaufwerk (Datenträger 1) verfügt, dessen Speicherkapazität mindestens so groß ist wie die Speicherkapazität des Festplattenlaufwerks, auf dem das Betriebssystem installiert ist (Datenträger 0). Die Übungen 4 bis 6 erfordern über Datenträger 0 hinaus zwei leere Festplattenlaufwerke (Datenträger 1 und Datenträger 2). Beachten Sie, dass Sie in Virtual PC oder Virtual Server leicht neue Datenträger erstellen können.

▶ Übung 1: Arbeiten mit Datenträgern und einfachen Volumes

In dieser Übung, die Sie auf Server2 durchführen, erstellen Sie auf Datenträger 1 einfache Volumes, wobei Sie erst zwischen dynamischen und Basisdatenträgern wechseln und dann zwischen MBR- und GPT-Datenträgern.

1. Melden Sie sich auf Server2 als Domänenadministrator bei der Domäne *Contoso.com* an.
2. Geben Sie im Dialogfeld *Ausführen* **diskmgmt.msc** ein und drücken Sie die EINGABETASTE.
3. Stellen Sie den oberen Bereich der Datenträgerverwaltung so ein, dass nur Volume *C* sichtbar ist. Sichern Sie bei Bedarf die Daten und löschen Sie dann alle anderen Volumes.

   Im unteren Bereich der Datenträgerverwaltung sollten mindestens zwei Datenträger angezeigt werden: Datenträger 0, Datenträger 1 und optional Datenträger 2.
4. Klicken Sie den nicht zugeordneten Bereich von Datenträger 1 mit der rechten Maustaste an und klicken Sie auf *Neues einfaches Volume*.

   Der Assistent zum Erstellen neuer einfacher Volumes öffnet sich.
5. Klicken Sie auf der *Willkommen*-Seite des Assistenten zum Erstellen neuer einfacher Volumes auf *Weiter*.
6. Lesen Sie den Text auf der Seite *Volumegröße festlegen* und klicken Sie dann auf *Weiter*.
7. Lesen Sie den Text auf der Seite *Laufwerkbuchstaben oder -pfad zuordnen* und klicken Sie dann auf *Weiter*.
8. Lesen Sie den Text auf der Seite *Partition formatieren*, wählen Sie die Option *Schnellformatierung durchführen* und klicken Sie dann auf *Weiter*.

9. Klicken Sie auf der Seite *Fertigstellen des Assistenten* auf *Fertig stellen.*

   Nach dem Abschluss der Erstellung und Formatierung wird das neue Volume in der Datenträgerverwaltung angezeigt.

10. Klicken Sie auf der linken Seite des unteren Bereichs der Datenträgerverwaltung die Kachel *Datenträger 1* mit der rechten Maustaste an und klicken Sie dann auf *In dynamischen Datenträger konvertieren.*

11. Überprüfen Sie im Dialogfeld *In dynamischen Datenträger konvertieren*, ob Datenträger 1 gewählt ist, und klicken Sie dann auf *OK.*

12. Klicken Sie im Dialogfeld *Zu konvertierende Datenträger* auf *Konvertieren.*

13. Lesen Sie den Text im Dialogfeld *Datenträgerverwaltung* und klicken Sie dann auf *Ja.*

14. Nach einigen Sekunden wird das Volume nicht mehr in Blau, sondern in Olivgrün angezeigt.

15. Klicken Sie die Kachel *Datenträger 1* mit der rechten Maustaste an und beantworten Sie dann folgende Fragen:

    Können Sie Datenträger 1 wieder in einen Basisdatenträger konvertieren?

    Antwort: Nein, denn die Option ist deaktiviert (sie wird grau dargestellt).

    Können Sie Datenträger 1 in einen GPT-Datenträger konvertieren?

    Antwort: Nein, denn der Datenträger enthält Volumes. Daher ist die Option deaktiviert.

16. Klicken Sie das neue Volume, das Sie auf Datenträger 1 erstellt haben, mit der rechten Maustaste an und klicken Sie dann auf *Volume löschen.* Klicken Sie auf *Ja*, wenn Sie zur Bestätigung des Vorgangs aufgefordert werden.

17. Beantworten Sie nach dem Löschen des Volumes folgende Frage:

    Wird Datenträger 1 nun als Basisdatenträger oder als dynamischer Datenträger angezeigt?

    Antwort: Basisdatenträger. Datenträger ohne Volumes sind standardmäßig Basisdatenträger.

18. Klicken Sie die Kachel *Datenträger 1* mit der rechten Maustaste an und wählen Sie die Option, Datenträger 1 in einen dynamischen Datenträger zu konvertieren. Nach dem Abschluss der Konvertierung klicken Sie die Kachel *Datenträger 1* erneut mit der rechten Maustaste an und konvertieren den Datenträger wieder in einen Basisdatenträger.

    Beachten Sie, dass Sie ein Festplattenlaufwerk nach Belieben in einen Basisdatenträger oder in einen dynamischen Datenträger konvertieren können, solange der Datenträger noch keine Volumes enthält. Sobald auf dem Datenträger ein Volume vorhanden ist, können Sie nur noch einen Basisdatenträger in einen dynamischen Datenträger konvertieren, aber nicht umgekehrt.

19. Klicken Sie die Kachel *Datenträger 1* mit der rechten Maustaste an und klicken Sie dann auf *In GPT-Datenträger konvertieren.*
20. Klicken Sie die Kachel *Datenträger 1* nach einigen Sekunden erneut mit der rechten Maustaste an und klicken Sie dann auf *In MBR-Datenträger konvertieren.*

    Beachten Sie, dass Sie einen Datenträger nach Belieben in einen MBR- oder GPT-Datenträger konvertieren können, solange der Datenträger keine Volumes enthält. Allerdings können Sie die Partitionierungsart eines Datenträgers nicht mehr ändern, wenn der Datenträger Volumes enthält.
21. Lassen Sie die Datenträgerverwaltung geöffnet und fahren Sie mit Übung 2 fort.

▶ Übung 2: Erstellen von Bereitstellungspunkten

In dieser Übung, die Sie auf Server2 durchführen, stellen Sie zwei andere Volumes auf Volume *C* als Ordner bereit.

1. Wenn Sie gerade die Übung 1 durchgeführt haben, sind Sie noch auf Server2 als Domänenadministrator bei *Contoso.com* angemeldet. Erstellen Sie im Stammordner von Volume *C* zwei neue Ordner mit den Namen **MountVol1** und **MountVol2**.
2. Klicken Sie in der Datenträgerverwaltung den nicht zugeordneten Bereich von Datenträger 1 mit der rechten Maustaste an und klicken Sie auf *Neues einfaches Volume.*
3. Klicken Sie auf der *Willkommen*-Seite des Assistenten zum Erstellen neuer einfacher Volumes auf *Weiter.*
4. Geben Sie auf der Seite *Volumegröße festlegen* im Textfeld *Größe des einfachen Volumes in MB* einen Wert ein, der ungefähr der Hälfte des verfügbaren Speicherplatzes entspricht. Wenn zum Beispiel 10.000 MB verfügbar sind, geben Sie 5000 ein und klicken dann auf *Weiter.*
5. Wählen Sie auf der Seite *Laufwerkbuchstaben oder -pfad zuordnen* die Option *In folgendem leeren NTFS-Ordner bereitstellen.* Geben Sie im dazugehörigen Textfeld **C:\MountVol1** ein (oder klicken Sie auf die Schaltfläche *Durchsuchen*, um diesen Ordner herauszusuchen) und klicken Sie dann auf *Weiter.*
6. Ersetzen Sie auf der Seite *Partition formatieren* den Text „Volume" im Textfeld *Volumebezeichnung* durch **Auf C bereitgestellt**.
7. Wählen Sie auf der Seite *Partition formatieren* die Option *Schnellformatierung durchführen* und klicken Sie dann auf *Weiter.*
8. Klicken Sie auf der Seite *Fertigstellen des Assistenten* des Assistenten zum Erstellen neuer einfacher Volumes auf *Fertig stellen.*

   Nach einigen Sekunden wird das neue Volume in der Datenträgerverwaltung angezeigt. Beachten Sie, dass dem Volume kein Laufwerksbuchstabe zugeordnet wird, es wird nur mit dem Text *Auf C bereitgestellt* beschriftet, den Sie eingegeben haben.

9. Klicken Sie im *Start*-Menü auf *Computer*.

   Im Fenster *Computer* wird nur Laufwerk C angezeigt. Sie können nicht direkt auf den neuen Datenträger zugreifen, den Sie gerade erstellt haben.

10. Öffnen Sie Laufwerk C.

    Der Ordner *MoutVol1* von Laufwerk C wird mit einem speziellen Symbol dargestellt. Außerdem wird die volle Größe des bereitgestellten Volumes angezeigt, obwohl der Ordner leer ist.

11. Öffnen Sie das Eigenschaftendialogfeld von *MountVol1*.

    Der Typ wird im Dialogfeld *Eigenschaften von MountVol1* als *Bereitgestelltes Volume* angegeben.

12. Klicken Sie im Dialogfeld *Eigenschaften von MountVol1* auf die Schaltfläche *Eigenschaften*.

    Das Dialogfeld *Eigenschaften von Auf C bereitgestellt (C:\MountVol1)* öffnet sich. Das Dialogfeld zeigt dieselben Informationen an, die auch im Eigenschaftendialogfeld eines Volumes zu finden sind.

13. Klicken Sie auf *OK*, um das Dialogfeld *Eigenschaften von Auf C bereitgestellt (C:\MountVol1)* zu schließen, und klicken Sie dann noch einmal auf *OK*, um das Dialogfeld *Eigenschaften von MountVol1* zu schließen.

14. Erstellen Sie in der Datenträgerverwaltung auf Datenträger 1 ein neues einfaches Volume, wie in Übung 1 beschrieben. Verwenden Sie für das neue Volume den restlichen freien Platz von Datenträger 1, aber wählen Sie diesmal *nicht* die Option, das Volume in einem NTFS-Ordner bereitzustellen. Geben Sie dem Volume den Namen **Auf C bereitgestellt (2)** und wählen Sie die Option *Schnellformatierung durchführen*.

    Nach der Erstellung erscheint das neue Volume in der Datenträgerverwaltung. Beachten Sie, dass ihm ein Laufwerksbuchstabe zugewiesen wurde, zum Beispiel E.

15. Klicken Sie in der Datenträgerverwaltung mit der rechten Maustaste auf das Volume *Auf C bereitgestellt (2)* und klicken Sie dann auf *Laufwerkbuchstaben und -pfade ändern*.

16. Klicken Sie im Dialogfeld *Laufwerkbuchstaben und -pfade ändern* auf *Entfernen* und klicken Sie dann zu Bestätigung auf *Ja*.

    Ein vorhandenes Volume können Sie nur dann in einem Ordner bereitstellen, wenn Sie zuvor den Laufwerksbuchstaben entfernen, der dem Volume zugeordnet ist.

17. Klicken Sie in der Datenträgerverwaltung wieder mit der rechten Maustaste auf das Volume *Auf C bereitgestellt (2)* und wählen Sie wieder *Laufwerkbuchstaben und -pfade ändern*.

18. Klicken Sie im Dialogfeld *Laufwerkbuchstaben und -pfade ändern* auf *Hinzufügen*.

19. Klicken Sie im Dialogfeld *Laufwerkbuchstaben oder -pfad hinzufügen* auf die Option *In folgendem leeren NTFS-Ordner bereitstellen* und geben Sie dann den Pfad **C:\MountVol2** ein oder suchen Sie diesen Pfad heraus.
20. Klicken Sie im Dialogfeld *Laufwerkbuchstaben oder -pfad hinzufügen* auf *OK*.
21. Klicken Sie auf *Start* und dann auf *Computer*, um zu überprüfen, ob das Volume *Auf C bereitgestellt (2)* im Ordner *MountVol2* von Laufwerk C bereitgestellt wurde.
22. Löschen Sie in der Datenträgerverwaltung die beiden Volumes *Auf C bereitgestellt* und *Auf C bereitgestellt (2)*. Überprüfen Sie, ob der gesamte Platz von Datenträger 1 wieder frei ist.
23. Schließen Sie alle Fenster bis auf die Datenträgerverwaltung und fahren Sie dann mit Übung 3 fort.

▶ Übung 3: Erstellen und Aufteilen eines gespiegelten Volumes

In dieser Übung, die Sie auf Server2 durchführen, verwenden Sie Datenträger 1 für eine Spiegelung des Volumes C.

1. Wenn Sie gerade die Übung 2 durchgeführt haben, sind Sie noch auf Server2 als Domänenadministrator bei *Contoso.com* angemeldet. Klicken Sie das Volume C in der Datenträgerverwaltung mit der rechten Maustaste an (entweder im oberen oder im unteren Bereich) und klicken Sie dann auf *Spiegelung hinzufügen*.
2. Wählen Sie im Dialogfeld *Spiegelung hinzufügen* den *Datenträger 1* und klicken Sie dann auf *Spiegelung hinzufügen*.
3. Lesen Sie den Text im Dialogfeld *Datenträgerverwaltung* und klicken Sie dann auf *Ja*.

   Auf Datenträger 1 wird ein neues Volume erstellt. Nach der Konvertierung der Datenträger 0 und 1 in dynamische Datenträger wird auch dem neuen Volume auf Datenträger 1 der Laufwerksbuchstabe C zugeordnet. Während die Spiegelung erstellt wird, wird der Status der beiden Laufwerke mit *Die Synchronisation wird wiederholt* angegeben. Wie lange die Synchronisation dauert, hängt von der Größe der Volumes ab.
4. Sehen Sie sich das gespiegelte Volume nach der Synchronisation des Spiegelungsvolumes in der Datenträgerverwaltung genauer an. Beachten Sie, dass im oberen Bereich nur ein Volume angezeigt wird. Achten Sie auch auf die Kapazitätsangabe.
5. Klicken Sie auf *Datenträger 1* mit der rechten Maustaste auf Volume C. Beantworten Sie anhand der Optionen aus dem Kontextmenü folgende Fragen:

   Welche Option des Kontextmenüs sollten Sie verwenden, um das gespiegelte Volume in zwei separate Volumes aufzuteilen?

   Antwort: Gespiegeltes Volume aufteilen. *Diese Option sollten Sie wählen, wenn eins der Laufwerke ausfällt oder Fehler aufweist.*

Welche Option des Kontextmenüs sollten Sie wählen, wenn Sie die Spiegelung auf Datenträger 1 sofort entfernen wollen?

Antwort: Spiegelung entfernen.

6. Klicken Sie im Kontextmenü auf *Spiegelung entfernen*.
7. Wählen Sie im Dialogfeld *Spiegelung entfernen* den *Datenträger 1* und klicken Sie dann auf *Spiegelung entfernen*.
8. Klicken Sie im Dialogfeld *Datenträgerverwaltung* zur Bestätigung auf *Ja*.

   In der Datenträgerverwaltung erscheint Datenträger 1 wieder als Basisdatenträger, dessen Speicherplatz noch keinem Volume zugeordnet ist.
9. Lassen Sie die Datenträgerverwaltung geöffnet und fahren Sie mit Übung 4 fort.

▶ Übung 4: Erstellen eines übergreifenden Volumes

In dieser Übung erstellen Sie auf den Datenträgern 1 und 2 ein übergreifendes Volume. Beachten Sie, dass Sie für diese Übung zwei unpartitionierte dynamische Festplattenlaufwerke brauchen.

1. Klicken Sie in der Datenträgerverwaltung mit der rechten Maustaste auf den nicht zugeordneten Bereich von Datenträger 1 und klicken Sie dann auf *Neues übergreifendes Volume*.
2. Der Assistent zum Erstellen übergreifender Volumes öffnet sich.
3. Lesen Sie den Text auf der *Willkommen*-Seite des Assistenten zum Erstellen übergreifender Volumes und klicken Sie dann auf *Weiter*.
4. Überprüfen Sie auf der Seite *Datenträger auswählen*, ob nur Datenträger 1 im Bereich *Ausgewählt* angezeigt wird.
5. Geben Sie im Textfeld *Speicherplatz in MB* eine Größe ein, die ungefähr der Hälfte des verfügbaren Platzes entspricht. Wird in diesem Textfeld zum Beispiel die Zahl 10000 vorgegeben, ersetzen Sie diese Angabe durch die Zahl **5000**.
6. Wählen Sie auf der Seite *Datenträger auswählen* den *Datenträger 2*, der im Bereich *Verfügbar* angezeigt wird, und klicken Sie dann auf die Schaltfläche *Hinzufügen*, um Datenträger 2 in den Bereich *Ausgewählt* zu verschieben.
7. Klicken Sie im Bereich *Ausgewählt* auf *Datenträger 2*, um ihn auszuwählen.
8. Geben Sie im Textfeld *Speicherplatz in MB* eine Größe ein, die ungefähr 25 Prozent des verfügbaren Platzes entspricht. Wird in dem Textfeld zum Beispiel die Zahl 10000 vorgegeben, ersetzen Sie diese Angabe durch die Zahl **2500**.
9. Klicken Sie auf der Seite *Datenträger auswählen* auf *Weiter*.
10. Klicken Sie auf der Seite *Laufwerkbuchstaben oder -pfad zuordnen* auf *Weiter*.
11. Ersetzen Sie auf der Seite *Volume formatieren* den Text im Textfeld *Volumebezeichnung* durch den Text **Übergreifendes Volume**.

12. Klicken Sie auf der Seite *Volume formatieren* auf das Kontrollkästchen *Schnellformatierung durchführen* und dann auf *Weiter*.
13. Klicken Sie auf der Seite *Fertigstellen des Assistenten* auf *Fertig stellen*.
14. Wenn das Dialogfeld *Datenträgerverwaltung* erscheint, lesen Sie den Text und klicken dann auf *Ja*.

    Nach dem Abschluss der Erstellung und Formatierung erscheint das neue übergreifende Volume in der Datenträgerverwaltung. Das neue Volume überspannt die Datenträger 1 und 2.
15. Überprüfen Sie die Angaben, die in der Datenträgerverwaltung zu dem neuen Volume gemacht werden. Beachten Sie zum Beispiel die Speicherkapazität des Volumes und die Tatsache, dass ihm nur ein Laufwerksbuchstabe zugewiesen wurde.
16. Lassen Sie die Datenträgerverwaltung geöffnet und fahren Sie mit Übung 5 fort.

▶ Übung 5: Erstellen eines Stripesetvolumes

In dieser Übung erstellen Sie in den verbleibenden freien Bereichen von Datenträger 1 und 2 ein neues Stripesetvolume.

1. Wenn Sie gerade die Übung 4 durchgeführt haben, sind Sie noch auf Server2 als Domänenadministrator bei *Contoso.com* angemeldet. Klicken Sie in der Datenträgerverwaltung mit der rechten Maustaste auf den nicht zugeordneten Bereich von Datenträger 1 und klicken Sie dann auf *Neues Stripesetvolume*.

   Der Assistent zur Erstellung von Stripesetvolumes öffnet sich.
2. Klicken Sie auf der *Willkommen*-Seite des Assistenten zur Erstellung von Stripesetvolumes auf *Weiter*.
3. Beachten Sie, dass nur Datenträger 1 auf der Seite *Datenträger auswählen* im Bereich *Ausgewählt* erscheint.
4. Wählen Sie auf der Seite *Datenträger auswählen* im Bereich *Verfügbar* den *Datenträger 2* und klicken Sie dann auf die Schaltfläche *Hinzufügen*, um Datenträger 2 in den Bereich *Ausgewählt* zu verschieben.

   Beachten Sie, dass von den Datenträgern 1 und 2 jeweils dieselbe Speichermenge verwendet wird. In einem Stripesetvolume müssen alle beteiligten Datenträger dieselbe Größe haben.
5. Klicken Sie auf der Seite *Datenträger auswählen* auf *Weiter*.
6. Klicken Sie auf der Seite *Laufwerkbuchstaben oder -pfad zuordnen* auf *Weiter*.
7. Ersetzen Sie auf der Seite *Volume formatieren* den Text im Textfeld *Volumebezeichnung* durch die Eingabe **Stripesetvolume**.
8. Wählen Sie auf der Seite *Volume formatieren* das Kontrollkästchen *Schnellformatierung durchführen* und klicken Sie dann auf *Weiter*.

9. Klicken Sie auf der Seite *Fertigstellen des Assistenten* auf *Fertig stellen.*

   Nach dem Abschluss der Erstellung und Formatierung erscheint das neue Stripesetvolume in der Datenträgerverwaltung.

10. Überprüfen Sie die Angaben, die in der Datenträgerverwaltung zu dem neuen Stripesetvolume gemacht werden. Beachten Sie zum Beispiel die Speicherkapazität des Volumes und die Tatsache, dass ihm nur ein Laufwerksbuchstabe zugewiesen wurde.

11. Lassen Sie die Datenträgerverwaltung geöffnet und fahren Sie mit Übung 6 fort.

▶ Übung 6: Vergrößern und Verkleinern eines Volumes

In dieser Übung verkleinern Sie das übergreifende Volume, das Sie in Übung 4 erstellt haben. Nachdem Sie dann das Stripesetvolume aus Übung 5 gelöscht haben, erweitern Sie das übergreifende Volume um den freien Platz auf Datenträger 1.

1. Wenn Sie gerade die Übung 5 durchgeführt haben, sind Sie noch auf Server2 als Domänenadministrator bei *Contoso.com* angemeldet. Klicken Sie in der Datenträgerverwaltung mit der rechten Maustaste auf das übergreifende Volume auf Datenträger 2 und klicken Sie dann auf *Volume verkleinern.*

   Erst öffnet sich das Meldungsfeld *Verkleinerung des Speicherplatzes wird abgerufen* und dann erscheint das Dialogfeld *Verkleinern von Laufwerk [Laufwerksbuchstabe].*

2. Lesen Sie den Text im *Verkleinern*-Dialogfeld.

   Beachten Sie, dass im Textfeld *Zu verkleinernder Speicherplatz in MB* der Speicherplatz vorgegeben wird, um den das Laufwerk höchstens verkleinert werden kann.

3. Klicken Sie auf die Schaltfläche *Verkleinern*, um das Volume so weit wie möglich zu verkleinern.

   Nach einigen Sekunden erscheint das übergreifende Volume in seiner neuen, kleineren Größe. Vielleicht beschränkt es sich ganz auf Datenträger 1, vielleicht aber auch nicht.

4. Klicken Sie in der Datenträgerverwaltung das Stripesetvolume (nicht das übergreifende Volume) mit der rechten Maustaste an und klicken Sie dann auf *Volume löschen.*

5. Lesen Sie den Text im Dialogfeld *"Stripesetvolume" löschen* und klicken Sie dann zur Bestätigung auf *Ja.*

   Nach dem Löschen ist auf Datenträger 1 wieder Platz frei.

6. Klicken Sie das übergreifende Volume auf Datenträger 1 mit der rechten Maustaste an und klicken Sie dann auf *Volume erweitern.*

   Der Assistent zum Erweitern von Volumes öffnet sich.

7. Lesen Sie den Text auf der *Willkommen*-Seite des Assistenten und klicken Sie dann auf *Weiter.*

8. Überprüfen Sie auf der Seite *Wählen Sie einen Datenträger*, ob nur *Datenträger 1* im Bereich *Ausgewählt* erscheint.

9. Übernehmen Sie die Standardmenge des Speichers (der gesamte freie Platz), um den das Volume auf Datenträger 1 erweitert werden soll, und klicken Sie dann auf *Weiter*.

10. Klicken Sie auf der Seite *Fertigstellen des Assistenten* auf *Fertig stellen*.

    Nach einigen Sekunden erscheint das Volume in der Datenträgerverwaltung und belegt nun den gesamten Speicherplatz von Datenträger 1. Sofern sich das Volume auf Datenträger 1 beschränkt, wird es nun als einfaches Volume ausgewiesen. Befindet sich ein Teil des Volumes auf Datenträger 2, wird es immer noch als übergreifendes Volume geführt.

11. Klicken Sie das Volume auf Datenträger 1 mit der rechten Maustaste an, klicken Sie auf *Volume löschen* und dann zur Bestätigung der Löschung auf *Ja*.

    Nach einigen Sekunden zeigt die Datenträgerverwaltung, dass die Datenträger 1 und 2 wieder in ihren Ausgangszuständen vorliegen.

12. Melden Sie sich von Server2 ab.

Zusammenfassung der Lektion

- Die verschiedenen Arten, wie Festplatten als Speichermedien eingesetzt werden, lassen sich ganz allgemein zu drei Gruppen zusammenfassen: direkt angeschlossener Speicher (Direct-Attached Storage, DAS), im Netzwerk verfügbarer Speicher (Network-Attached Storage, NAS) und Speichernetzwerke (Storage-Area Networks, SANs). DAS und SANs bieten Datenzugriff auf Blockbasis, während NAS Zugriff auf Dateibasis bietet. Außerdem bieten SANs gegenüber DAS den Vorteil, dass sich der Speicher durch mehrere Computer gemeinsam nutzen lässt.
- Wenn Speichersubsysteme anderer Hersteller einen Hardwareanbieter für den Dienst für virtuelle Datenträger (VDS) enthalten, können Sie die Hardware mit den Tools von Windows Server 2008 verwalten, zum Beispiel mit der Datenträgerverwaltung, dem Speicher-Manager für SANs, dem Speicher-Explorer, dem iSCSI-Initiator oder dem Befehlszeilentool DiskRAID.
- Die Datenträgerverwaltung ist das wichtigste Werkzeug für die Verwaltung von Datenträgern und Volumes unter Windows Server 2008. Mit der Datenträgerverwaltung können Sie einfache, übergreifende und gespiegelte Volumes, Stripesetvolumes und RAID-5-Volumes erstellen.
- Mit der Datenträgerverwaltung können Sie ein einfaches oder übergreifendes Volume verkleinern oder erweitern.
- Mit der Datenträgerverwaltung können Sie ein Volume mit einem Bereitstellungspunkt in einem anderen Volume bereitstellen.

Lernzielkontrolle

Die folgenden Fragen dienen zur Vertiefung des in dieser Lektion besprochenen Stoffs. Die Fragen sind (in englischer Sprache) auch auf der Begleit-CD zu finden, falls Sie die elektronische Form der Fragen vorziehen.

Hinweis Die Antworten

Die Antworten auf die Fragen und Erläuterungen, warum die entsprechende Antwort richtig oder falsch ist, finden Sie im Abschnitt „Antworten“ am Ende des Buchs.

1. Sie arbeiten als Netzwerkadministrator und sind auch für die Verwaltung des Serverspeichers zuständig. Sie wurden beauftragt, ein neues Festplattensubsystem für das SAN (Storage-Area Network) Ihrer Firma zu beschaffen. Sie testen verschiedene Hardwarelösungen, bevor Sie sich für ein bestimmtes System entscheiden, und schließen gerade ein neues Festplattensubsystem ans Netzwerk an. Sie möchten die neuen Festplattenlaufwerke bereitstellen und für einen Server namens Server1 neue LUNs (Logical Unit Numbers) erstellen. Sie öffnen den Speicher-Manager für SANs, sehen die neue Hardware aber nicht. Allerdings können Sie mit der Software des Herstellers eine Verbindung mit der neuen Hardware herstellen. Sie möchten das neue Festplattensubsystem, das Sie beschaffen sollen, mit dem Speicher-Manager für SANs verwalten können. Was sollten Sie tun?
   - A. Wählen Sie in der Datenträgerverwaltung die Option *Datenträger neu einlesen*.
   - B. Wählen Sie ein Festplattensubsystem, das über einen Hardwareprovider für den Dienst für virtuelle Datenträger verfügt.
   - C. Konfigurieren Sie auf Server1 den iSCSI-Initiator mit der neuen Hardware als bevorzugtes Ziel.
   - D. Konfigurieren Sie Server1 mit dem Speicher-Explorer als iSNS-Server.
2. Sie arbeiten als IT-Supportspezialist. Zu Ihren Aufgaben gehört die Verwaltung des Serverspeichers. Sie planen die Speicherlösung für einen neuen Anwendungsserver. Die Anwendung verwendet den temporären Speicher sehr intensiv, daher möchten Sie für diesen Speicher drei 20-GB-Festplattenlaufwerke vorsehen. Wenn eine hohe Lese- und Schreibleistung gefordert wird und so viel Platz wie möglich verfügbar gemacht werden soll, welchen der folgenden Volumetypen sollten Sie erstellen?
   - A. Einfaches Volume
   - B. Übergreifendes Volume
   - C. Gespiegeltes Volume
   - D. Stripesetvolume
   - E. RAID-5-Volume

Lektion 2: Konfigurieren von Serverclustern

In Unternehmensnetzwerken werden häufig mehrere Server zu einer Gruppe zusammengefasst, in der sie dieselben Dienste anbieten. Beispielsweise können mehrere Computer für die Bearbeitung von Anfragen vorgesehen werden, die an eine bestimmte Website oder an einen bestimmten Datenbankserver gerichtet sind. Solche Gruppen werden zwar häufig *Cluster* genannt, aber Cluster können auch andere Aufgaben übernehmen. Diese Lektion beschreibt den Lastausgleich in hochverfügbaren Serverclustern, die Sie mit Windows Server 2008 einrichten können.

Am Ende dieser Lektion werden Sie in der Lage sein, die folgenden Aufgaben auszuführen:

- Beschreiben der Funktion und der Beschränkungen von DNS-Round-Robin
- Beschreiben der wichtigsten Funktionen eines Netzwerklastausgleichsclusters
- Beschreiben der wichtigsten Arbeitsschritte beim Aufbau eines Netzwerklastausgleichsclusters
- Beschreiben von Funktion und Zweck eines Failover-Clusters
- Aufzählen der Voraussetzungen für die Erstellung eines Failover-Clusters

Veranschlagte Zeit für diese Lektion: 50 Minuten

Grundlagen der Servercluster

Unter Windows Server 2008 können Sie drei verschiedene Arten von Servergruppen konfigurieren, um einen Lastausgleich, gute Skalierbarkeit und hohe Verfügbarkeit zu erreichen. Eine Round-Robin-Verteilergruppe ist eine Computergruppe, die DNS verwendet, um mit minimalen Konfigurationsanforderungen einen Lastausgleich zu erreichen. In einem NLB-Cluster (auch *NLB-Farm* genannt) werden mehrere Server zu einer Gruppe zusammengefasst, um die anfallende Arbeit gleichmäßig auf die Server zu verteilen und eine gute Skalierbarkeit zu erreichen (NLB steht für Network Load Balancing oder *Netzwerklastenausgleich*). Ein *Failover-Cluster* schließlich kann dazu verwendet werden, um auch dann für die Verfügbarkeit einer Anwendung oder eines Dienstes zu sorgen, wenn einer der beteiligten Server ausfällt.

Hinweis Was ist Lastausgleich?

Lastausgleich bedeutet, dass die eingehenden Verbindungsanfragen zur Bearbeitung gleichmäßig auf zwei oder mehr Server verteilt werden. Der Benutzer bemerkt dies nur indirekt, und zwar dadurch, dass die Bearbeitung schneller erfolgt, als wenn nur ein Server verfügbar wäre. Der Lastausgleich kann durch entsprechende Hardware, Software oder eine Kombination von beidem erreicht werden.

Round-Robin-Verteilung

Round-Robin-DNS ist eine einfache Methode zur Verteilung der Arbeitslast auf mehrere Server. Beim Round-Robin erhält ein DNS-Server zur Auflösung eines Servernamens in eine IP-Adresse nicht nur einen Eintrag, sondern mehrere. Wenn Clients den DNS-Server abfragen, um den Namen des Servers aufzulösen (die dazugehörige Adresse zu erhalten), geht der DNS-Server der Reihe nach diese Einträge durch und verweist jeden neuen Client jeweils an eine andere Adresse (an einen anderen Computer).

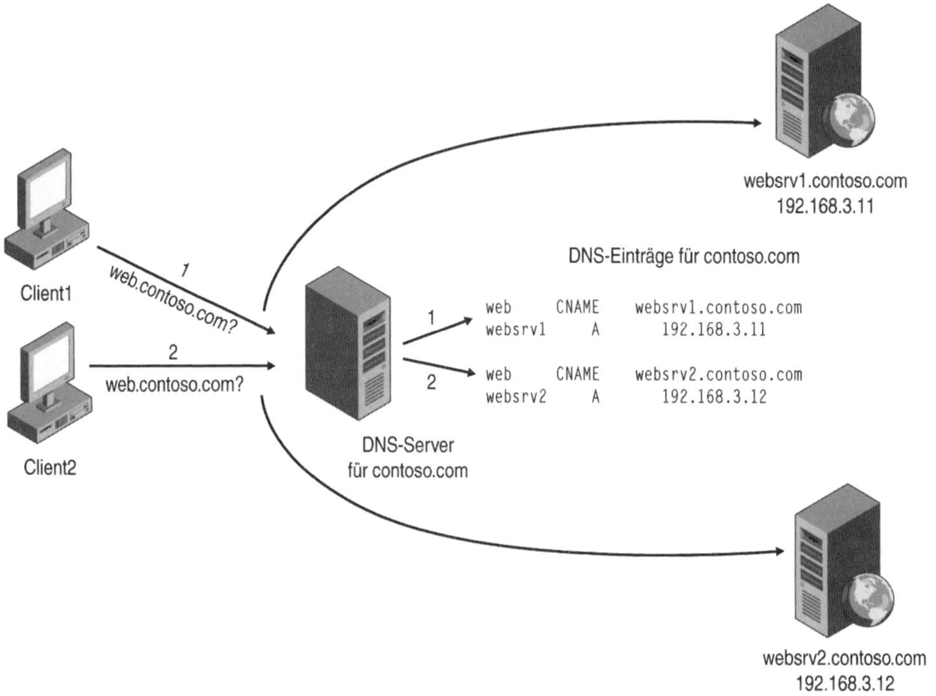

Abbildung 2.17 Ein Round-Robin-Mechanismus im DNS-Server eignet sich zur Verteilung der Anfragen auf zwei oder mehr Server

Nehmen wir zum Beispiel an, ein DNS-Server, der für die DNS-Domäne *Contoso.com* zuständig ist, ist mit zwei separaten Ressourceneinträgen konfiguriert worden, von denen jeder den Namen *web.contoso.com* auflösen kann, aber den Client jeweils an einen anderen Server verweist (Abbildung 2.17). Wenn der erste Client (Client1) vom DNS-Server eine IP-Adresse für den Namen *web.contoso.com* anfordert, verweist der DNS-Server den Client an den Server namens websrv1, der unter der Adresse 192.168.3.11 zu finden ist. Das ist die Information, die man aus dem ersten DNS-Datensatz ableiten kann, der zum Namen „web" passt. Wenn der zweite Client (Client2) vom DNS-Server eine IP-Adresse für denselben Namen *web.contoso.com* anfordert, beantwortet der DNS-Server die Anfrage mit den Informationen aus dem zweiten Datensatz, der zum Namen „web" passt. Dieser zweite Datensatz nennt den Servernamen websrv2, der unter der Adresse 192.168.3.12 zu finden ist. Fragt ein dritter Client den DNS-Server mit demselben Namen ab, antwortet der DNS-Server wieder mit den Informationen aus dem ersten Datensatz.

Der Sinn der Round-Robin-DNS-Abfrage ist, die Clientanfragen gleichmäßig auf die beteiligten Server zu verteilen. Ihr größter Vorteil besteht darin, dass sie leicht einzurichten ist. Auf den meisten DNS-Servern wird Round-Robin-DNS standardmäßig aktiviert. Um diese einfache Art des Lastausgleichs zu konfigurieren, brauchen Sie also nur auf dem DNS-Server die entsprechenden DNS-Datensätze zu erstellen.

Allerdings weist Round-Robin als Lastausgleichsmechanismus auch einige gravierende Schwächen auf. Der größte Nachteil ist, dass der DNS-Server nicht auf den Ausfall eines der beteiligten Server reagiert. Fällt einer der Zielserver aus, verweist der DNS-Server Clients weiterhin an den inaktiven Server, bis ein Netzwerkadministrator den DNS-Eintrag vom DNS-Server löscht. Ein weiterer Nachteil ist, dass jeder Datensatz die gleiche Gewichtung erhält, und zwar unabhängig davon, ob einer der Zielserver leistungsfähiger als der/die andere(n) ist oder ob ein bestimmter Server bereits sehr stark ausgelastet ist. Als letzer Nachteil sei noch genannt, dass Round-Robin nicht immer so funktioniert, wie man es erwartet. Da DNS-Clients die Ergebnisse der DNS-Abfragen zwischenspeichern, wendet sich ein DNS-Client standardmäßig immer an denselben Zielserver, solange er dessen Adresse zwischengespeichert hat.

Netzwerklastenausgleich

Als installierbares Feature von Windows Server 2008 sorgt der Netzwerklastenausgleich (Network Load Balancing, NLB) unter Verwendung von virtuellen IP-Adressen und eines gemeinsamen Namens für die gleichmäßige Verteilung von Clientanfragen an die Server eines NLB-Clusters. Für einen Client sieht der NLB-Cluster wie ein einziger Server aus. NLB ist eine vollständig verteilte Lösung, die keinen zentralen Verteiler einsetzt.

Ein übliches Szenario ist zum Beispiel der Einsatz von NLB bei der Erstellung einer Webfarm. Mit einer *Webfarm* ist eine Gruppe von Computern gemeint, auf denen eine oder mehrere Websites eingerichtet sind. Allerdings lässt sich NLB auch bei der Erstellung einer Terminalserverfarm, einer VPN-Serverfarm oder eines ISA-Server-Firewallclusters verwenden. Abbildung 2.18 zeigt schematisch die Grundkonfiguration einer NLB-Webfarm, die hinter einem NLB-Firewallcluster angeordnet ist.

Als Mechanismus für den Lastausgleich bietet NLB gegenüber Round-Robin-DNS beträchtliche Vorteile. Erstens erkennt NLB im Gegensatz zu Round-Robin-DNS automatisch, ob ein Server noch mit dem NLB-Cluster verbunden ist oder nicht, und leitet Clientanfragen nur an die verbleibenden Server weiter. Dadurch wird verhindert, dass Clients vergebliche Anfragen an ausgefallene Server senden. Ein weiterer Unterschied zwischen NLB und Round-Robin-DNS besteht darin, dass Sie bei NLB den Anteil der Arbeitslast festlegen können, den jeder Host übernehmen soll. Clientanfragen werden dann statistisch so auf die Hosts verteilt, dass jeder Server seinen Anteil an Anfragen erhält.

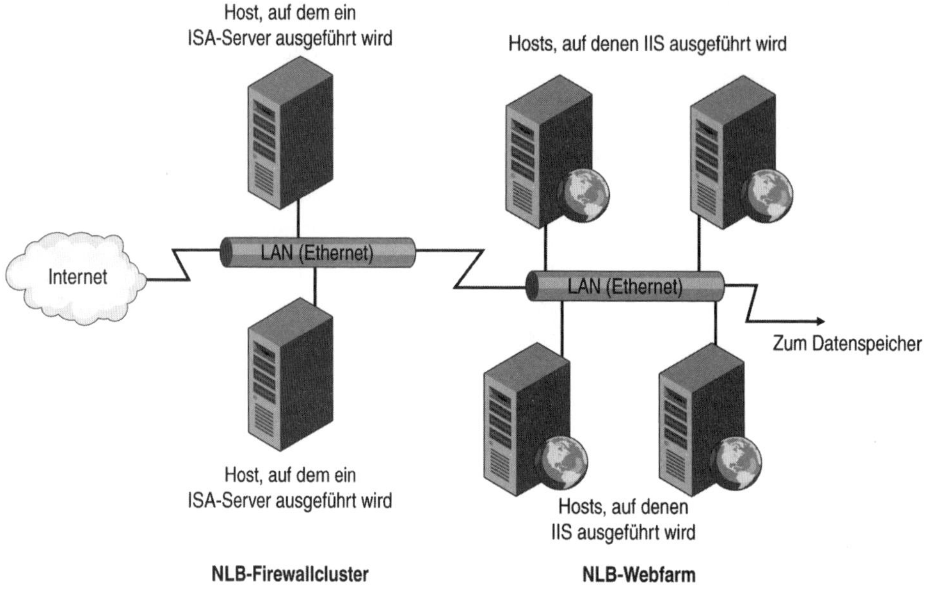

Abbildung 2.18 Schematische Darstellung zweier verbundener NLB-Cluster

Neben dem Lastausgleich unterstützt NLB auch die Skalierbarkeit. Wenn die Arbeitsbelastung eines Netzwerkdienstes weiter ansteigt, beispielsweise die Belastung einer Website, können mit einem minimalen Verwaltungsaufwand mehr Server zur Farm hinzugefügt werden.

Failover-Clusterunterstützung

Ein Failover-Cluster ist eine Gruppe von zwei oder mehr Computern, die so eingerichtet sind, dass auch beim Ausfall eines Computers möglichst keine Ausfallzeiten für ausgewählte Anwendungen und Dienste entstehen. Die zu einem Cluster zusammengefassten Server (sie werden Knoten genannt) werden durch Kabel untereinander und mit dem gemeinsamen Speicher verbunden. Fällt einer der Clusterknoten aus, übernimmt ein anderer Knoten in einem Vorgang, der Failover genannt wird, die Arbeit des ausgefallenen Knotens. Das Ergebnis des Failovers ist, dass Benutzer, die mit dem Server arbeiten, nur eine geringfügige Unterbrechung des Dienstes bemerken.

Die Server eines Failover-Clusters können verschiedene Rollen übernehmen, beispielsweise die Rollen als Datei-, Druck-, Mail- oder Datenbankserver, und sie sorgen für eine hohe Verfügbarkeit anderer Dienste und Anwendungen.

In den meisten Fällen gehört zu einem Failover-Cluster ein gemeinsames Speichergerät, das direkt mit allen Servern des Clusters verbunden ist, wobei allerdings jedes Volume des Speichers zu jedem Zeitpunkt immer nur von einem Server verwendet wird.

Abbildung 2.19 stellt schematisch einen Failover in einem einfachen Failover-Cluster mit zwei Knoten dar.

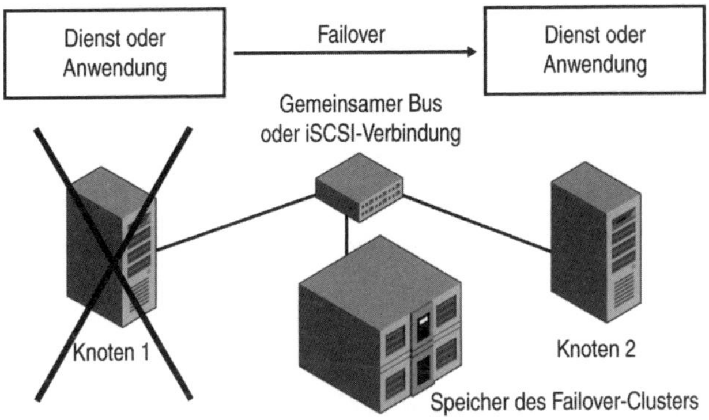

Abbildung 2.19 Beim Ausfall eines Servers übernimmt in einem Failover-Cluster ein anderer Server die Arbeit, wobei er denselben Speicher verwendet

In einem Failover-Cluster dürfen Speichervolumes oder LUNs, die von den Knoten eines Clusters verwendet werden, nicht von anderen Servern verwendet werden, auch nicht von Servern aus anderen Clustern. Abbildung 2.20 illustriert dieses Konzept anhand von Failover-Clustern, die aus jeweils zwei Knoten bestehen und den Speicher eines SANs verwenden.

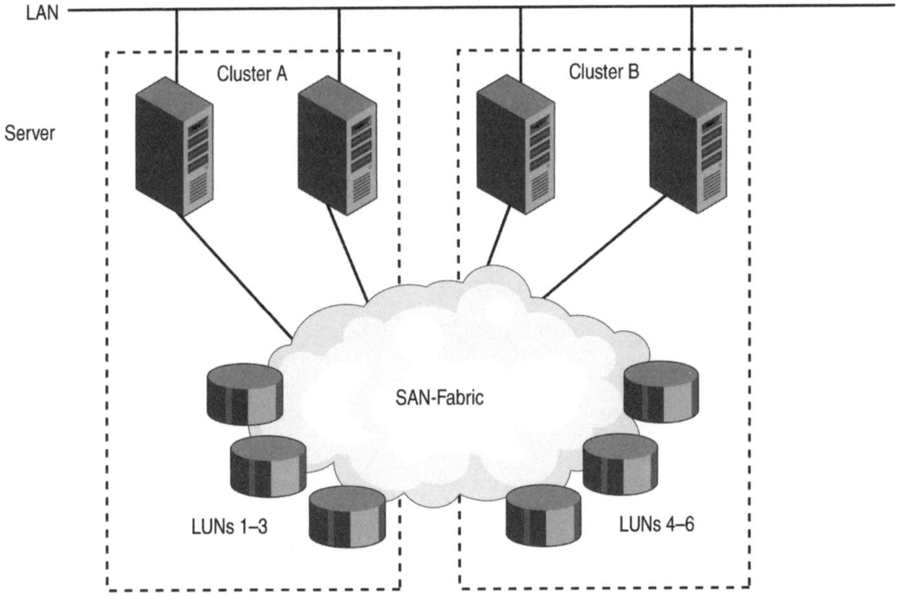

Abbildung 2.20 Der Speicher eines Failover-Clusters darf nicht auch von anderen Servern verwendet werden

Konfigurieren eines NLB-Clusters

Das Erstellen eines NLB-Clusters ist ein relativ einfacher Vorgang. Zuerst installieren Sie Windows Server 2008 auf zwei Servern und konfigurieren dann auf jedem dieser beiden Server den Dienst oder die Anwendung (beispielsweise IIS), die Sie den Clients anbieten wollen. Achten Sie darauf, dass Sie die Konfigurationen in gleicher Weise vornehmen, damit das Verhalten des Clusters für die Clients immer gleich ist, unabhängig davon, mit welchem Server sie tatsächlich verbunden sind.

Der nächste Schritt in der Konfigurierung eines NLB-Clusters ist die Installation des Features Netzwerklastenausgleich auf allen Servern, die dem NLB-Cluster angehören sollen. Für diesen Schritt öffnen Sie einfach den Server-Manager und klicken dann auf *Features hinzufügen*. Im Assistenten zum Hinzufügen von Features wählen Sie *Netzwerklastenausgleich*, klicken auf *Weiter* und folgen dann der Anleitung.

Der letzte Schritt beim Aufbau eines NLB-Clusters ist die Konfiguration des Clusters mit dem Netzwerklastenausgleich-Manager. Dieser Vorgang wird im folgenden Abschnitt beschrieben.

▶ **So erstellen Sie einen NLB-Cluster**

1. Starten Sie im Untermenü *Verwaltung* des *Start*-Menüs den *Netzwerklastenausgleich-Manager*. (Sie können den Netzwerklastenausgleich-Manager auch öffnen, indem Sie in einer Eingabeaufforderung `Nlbmgr` eingeben.)
2. Klicken Sie in der Konsolenstruktur des Netzwerklastenausgleich-Managers mit der rechten Maustaste auf *Netzwerklastenausgleich-Cluster* und klicken Sie dann auf *Neuer Cluster*.
3. Stellen Sie eine Verbindung zu einem Server her, der Teil des neuen Clusters werden soll. Geben Sie im Textfeld *Host* den Namen des Servers ein und klicken Sie dann auf *Verbinden*.
4. Wählen Sie die Schnittstelle aus, die Sie für den Cluster verwenden möchten, und klicken Sie dann auf *Weiter*. (Die Schnittstelle enthält die virtuellen IP-Adressen und erhält den Clientdatenverkehr, für den ein Lastausgleich durchgeführt werden soll.)
5. Wählen Sie auf der Seite *Hostparameter* einen Wert aus der Dropdownliste *Priorität (eindeutige Host-ID)* aus. Dieser Parameter weist jedem Host eine eindeutige Kennung zu. Der Host mit der zahlenmäßig niedrigsten Priorität unter den Mitgliedern des Clusters ist für den Netzwerkdatenverkehr zuständig, für den es keine Portregel gibt. Sie können diese Prioritäten außer Kraft setzen oder für bestimmte Portbereiche einen Lastausgleich einrichten, indem Sie auf der Registerkarte *Portregeln* des Eigenschaftendialogfelds des Clusters entsprechende Regeln angeben.
6. Überprüfen Sie auf der Seite *Hostparameter*, ob die dedizierte IP-Adresse der ausgewählten Schnittstelle in der Liste aufgeführt wird. Ist dies nicht der Fall, verwenden Sie die Schaltfläche *Hinzufügen*, um die IP-Adresse in die Liste einzutragen. Klicken Sie dann auf *Weiter*.

7. Klicken Sie auf der Seite *Cluster-IP-Adressen* auf *Hinzufügen*, um die Cluster-IP-Adresse einzugeben, die von jedem Host aus dem Cluster verwendet werden soll. NLB fügt diese IP-Adresse auf allen Hosts, die zum Cluster gehören sollen, zum TCP/IP-Stapel der ausgewählten Schnittstelle hinzu. Klicken Sie dann auf *Weiter*.

Hinweis Verwenden Sie nur statische Adressen

NLB unterstützt kein DHCP (Dynamic Host Configuration Protocol). NLB deaktiviert DHCP auf jeder Schnittstelle, die es konfiguriert. Daher müssen die IP-Adressen statisch sein.

8. Überprüfen Sie auf der Seite *Clusterparameter* im Bereich *Cluster-IP-Konfiguration* die Werte für die IP-Adresse und die Subnetzmaske und geben Sie dann den vollständigen Internetnamen (Fully Qualified Domain Name, FQDN) für den Cluster ein.

   Beachten Sie, dass für IPv6-Adressen keine Subnetzmaske erforderlich ist. Beachten Sie auch, dass kein vollständiger Internetname erforderlich ist, wenn NLB für die Terminaldienste verwendet wird.

9. Klicken Sie auf der Seite *Clusterparameter* im Bereich *Clusterausführungsmodus* auf *Unicast*. Damit legen Sie fest, dass für Clustervorgänge eine Unicast-MAC-Adresse (Media Access Control) verwendet werden soll. Im Unicastmodus wird der Netzwerkkarte die MAC-Adresse des Clusters zugewiesen. Die integrierte MAC-Adresse des Clusters wird nicht verwendet. Es wird empfohlen, die Standardeinstellung Unicast zu übernehmen. Klicken Sie dann auf *Weiter*.

10. Klicken Sie auf der Seite *Portregeln* auf *Bearbeiten*, um die Standardportregeln zu bearbeiten. Ändern Sie die Regeln folgendermaßen ab:

    - Geben Sie im Bereich *Portbereich* einen Portbereich für den Dienst an, den Sie im NLB-Cluster anbieten möchten. Geben Sie für Webdienste zum Beispiel den Bereich von **80** bis **80** an, damit die neue Regel nur für HTTP-Datenverkehr gilt. Für Terminaldienste legen Sie den Bereich von **3389** bis **3389** fest, damit die Regel nur für RDP-Datenverkehr gilt.

    - Im Bereich *Protokolle* wählen Sie nach Bedarf *TCP* oder *UDP* oder *Beide*. Damit legen Sie fest, für welches Protokoll die Portregel gilt. Nur der Netzwerkdatenverkehr, der mit dem angegebenen Protokoll erfolgt, ist von der Regel betroffen. Datenverkehr, für den die Regel nicht gilt, wird vom Standardhost übernommen.

    - Wählen Sie im Bereich *Filterungsmodus* die Option *Mehrfachhost*, wenn Sie möchten, dass mehrere Hosts aus dem Cluster den Netzwerkdatenverkehr bearbeiten, für den die Portregel gilt. Wählen Sie *Einzelhost*, wenn nur ein Host den Netzwerkdatenverkehr bearbeiten soll, für den die Portregel gilt.

    - Unter *Affinität* (diese Einstellung gilt nur für den Filterungsmodus *Mehrfachhost*) wählen Sie *Keine*, wenn mehrere Verbindungen, die mit derselben Client-

IP-Adresse erfolgen, durch verschiedene Clusterhosts bearbeitet werden sollen (keine Bindung an einen Client). Übernehmen Sie die Voreinstellung *Einfach*, wenn NLB mehrere Anfragen, die mit derselben Client-IP-Adresse erfolgen, an denselben Clusterhost weiterleiten soll. Wählen Sie *Netzwerk*, wenn NLB mehrere Anfragen aus dem lokalen Subnetz an denselben Clusterhost weiterleiten soll.

11. Nachdem Sie die Portregel hinzugefügt haben, klicken Sie auf *Fertig stellen*, um den Cluster zu erstellen.

    Um mehrere Hosts zum Cluster hinzuzufügen, klicken Sie den neuen Cluster mit der rechten Maustaste an und klicken dann auf *Host dem Cluster hinzufügen*. Konfigurieren Sie die Hostparameter (einschließlich Hostpriorität und dedizierte IP-Adressen) für die zusätzlichen Hosts mit denselben Schritten, mit denen Sie den ersten Host konfiguriert haben. Da Sie Hosts zu einem bereits konfigurierten Cluster hinzufügen, bleiben alle clusterweit gültigen Einstellungen gleich.

Erstellen eines Failover-Clusters

Die Erstellung eines Failover-Clusters erfordert mehrere Schritte. Der erste Schritt ist die Vorbereitung der Hardware, die für den Cluster verwendet werden soll. Dann müssen Sie das Feature *Failover-Clusterunterstützung* installieren und das Failover-Cluster Validation Tool ausführen, damit es überprüft, ob die Hardware- und Softwarevoraussetzungen für einen Failover-Cluster erfüllt werden. Nachdem das Tool die Konfiguration überprüft hat, erstellen Sie den Cluster mit dem Clustererstellungs-Assistenten. Um das Verhalten des Clusters genau einzustellen und die Verfügbarkeit ausgewählter Dienste festzulegen, müssen Sie schließlich noch den Assistenten für hohe Verfügbarkeit ausführen.

Vorbereiten der Failover-Cluster-Hardware

Failover-Cluster stellen komplexe Anforderungen an die Hardware. In der folgenden Liste finden Sie eine Zusammenfassung der Anforderungen, die Server, Netzwerkadapter, Verkabelung, Controller und Speicher für die Erstellung eines Failover-Clusters erfüllen müssen:

- **Server** Verwenden Sie Computer, die weitgehend gleich oder zumindest mit ähnlichen Komponenten aufgebaut sind (empfohlen).
- **Netzwerkadapter und Verkabelung** Die Netzwerkhardware muss wie die anderen Komponenten eines Failover-Clusters zu Windows Server 2008 kompatibel sein. Wenn Sie iSCSI verwenden, muss jeder für den Cluster verwendete Netzwerkadapter entweder für die Netzwerkkommunikation oder für iSCSI eingerichtet werden, nicht beides.

  Vermeiden Sie, dass es in der Netzwerkinfrastruktur, mit der die Knoten verbunden werden, einzelne Punkte gibt, an denen eine Störung den Cluster außer Betrieb setzen würde (anders gesagt, vermeiden Sie „single points of failure"). Das lässt sich auf verschiedene Arten erreichen. Sie können Ihre Clusterknoten zum Beispiel durch mehrere separate Netzwerke miteinander verbinden. Oder Sie verbinden Ihre Clusterknoten mit einem Netzwerk, in dem Teaming-Netzwerkadapter (teamed network adapter), redundante Switches, redundante Router oder ähnliche Hardwarekonfigurationen verwendet werden, die keine einzelnen Ausfallpunkte (die „single points of failure") entstehen lassen.

- **Gerätecontroller oder entsprechende Adapter für den Speicher** Wenn Sie in allen Servern des Clusters seriell angeschlossene SCSI-Geräte oder FC verwenden, sollten die Massenspeichergerätecontroller, die für den Clusterspeicher vorgesehen sind, in allen beteiligten Servern identisch sein. Auch die Firmware-Version sollte identisch sein. Wenn Sie iSCSI verwenden, muss jeder Server aus dem Cluster über einen oder mehrere Netzwerkadapter oder HBAs verfügen, die nur für den Clusterspeicher vorgesehen sind. Für iSCSI können Sie nicht dasselbe Netzwerk wie für die Netzwerkkommunikation verwenden. In allen Clusterservern sollten die gleichen Netzwerkadapter für die Verbindung mit dem iSCSI-Speicherziel verwendet werden. Außerdem wird empfohlen, Gigabit-Ethernet (oder besser) zu verwenden. Beachten Sie auch, dass Sie für iSCSI keine Teaming-Netzwerkadapter (teamed network adapter) verwenden können.
- **Mit Windows Server 2008 kompatibler gemeinsam verwendeter Speicher** Für einen Failover-Cluster mit zwei Knoten sollte der Speicher mindestens zwei separate Volumes (LUNs) aufweisen, die auf Hardwareebene konfiguriert werden.

  Das erste Volume dient als *Zeugendatenträger*. Damit ist ein Volume gemeint, das eine Kopie der Clusterkonfigurationsdatenbank enthält. Zeugendatenträger, in Microsoft Windows Server 2003 *Quorumdatenträger* genannt, werden in vielen, aber nicht in allen Clusterkonfigurationen verwendet.

  Das zweite Volume enthält die Dateien, die für die Benutzer freigegeben sind. An den Speicher werden folgende Anforderungen gestellt:

  - Um die Volumeunterstützung der Failover-Clusterunterstützung verwenden zu können, müssen Sie Basisdatenträger verwenden, keine dynamischen Datenträger.
  - Es wird empfohlen, die Speicherpartitionen mit NTFS zu formatieren. (Was den Zeugendatenträger betrifft, muss die Partition mit NTFS formatiert werden.)

  Klären Sie vor der Bereitstellung eines SANs (Storage Area Network) in einem Failover-Cluster mit den Herstellern und Lieferanten des Speichers, ob die verwendete Hard- und Software zu den Failover-Clustern von Windows Server 2008 kompatibel ist, einschließlich aller Treiber, Firmware und Software, die für den Speicher verwendet werden.

Sind die Hardwarevoraussetzungen erfüllt und haben Sie den Serverspeicher an die Clusterserver angeschlossen, können Sie das Feature Failover-Cluster installieren.

Hinweis Was ist die Quorumkonfiguration?

Die Quorumkonfiguration in einem Failover-Cluster bestimmt die Anzahl der Ausfälle, die im Cluster auftreten dürfen, bevor der Cluster insgesamt ausfällt. In Windows Server 2008 haben Sie die Wahl unter vier Quorumkonfigurationen. Die erste Option ist die Quorumkonfiguration *Knotenmehrheit*, die für Cluster mit einer ungeraden Knotenzahl empfohlen wird. Bei der *Knotenmehrheit* bleibt der Failover-Cluster so lange betriebsbereit, wie die Mehrheit der Knoten noch betriebsbereit ist. Die zweite Option ist die Quorumkonfiguration *Knoten- und Datenträgermehrheit*, die für Cluster mit einer geraden Knotenzahl empfohlen wird. Bei der *Knoten- und Datenträgermehrheit* wird ein Zeugendatenträger als Hilfsknoten mitgezählt und der Failover-Cluster bleibt so lange betriebsbereit, wie die Mehrheit dieser Knoten online und verfügbar ist. Die dritte Option ist die Quorumkonfiguration *Knoten- und Dateifreigabemehrheit*. Bei der *Knoten- und Dateifreigabemehrheit*, die für Cluster empfohlen wird, die über eine gerade Anzahl von Knoten, aber nicht über einen Zeugendatenträger verfügen, dient eine Zeugendateifreigabe als Hilfsknoten und der Failover-Cluster bleibt so lange betriebsbereit, wie die Mehrheit dieser Knoten online und verfügbar ist. Die vierte und letzte Option ist die Quorumkonfiguration *Keine Mehrheit: Nur Datenträger*. Bei dieser Konfiguration, die nicht empfohlen wird, bleibt der Failover-Cluster so lange betriebsbereit, wie ein Knoten samt dazugehörigem Speicher online und verfügbar ist.

Schnelltest

1. Was ist ein Zeugendatenträger?
2. Was ist die Quorumkonfiguration auf einem Failover-Cluster?

Antworten zum Schnelltest

1. Ein Zeugendatenträger ist ein gemeinsam verwendetes Volume, das in vielen Failover-Clustern verwendet wird und eine Kopie der Clusterkonfigurationsdatenbank enthält.
2. Die Quorumkonfiguration legt fest, wie viele Knotenausfälle es in einem Failover-Cluster geben darf, bevor der Cluster seinen Betrieb einstellt.

Prüfungstipp

In der Prüfung 70-643 werden wahrscheinlich Fragen zum Grundlagenwissen über Quorumkonfigurationen, Zeugnisdatenträger oder Zeugendateifreigaben gestellt.

Installieren des Features Failover-Clusterunterstützung

Bevor Sie einen Failover-Cluster erstellen können, müssen Sie auf allen Knoten des Clusters das Feature Failover-Clusterunterstützung installieren.

Um das Feature *Failover-Clusterunterstützung* zu installieren, klicken Sie im Server-Manager auf *Features hinzufügen*. Im Assistenten zum Hinzufügen von Features wählen

Sie das Kontrollkästchen *Failover-Clusterunterstützung*. Klicken Sie auf *Weiter* und folgen Sie der Anleitung.

Nach der Installation des Features auf allen Knoten sind Sie bereit, die Hardware- und Softwarekonfiguration zu überprüfen.

Überprüfen der Clusterkonfiguration

Bevor Sie einen neuen Cluster erstellen, überprüfen Sie mit dem Konfigurationsüberprüfungs-Assistenten, ob die Knoten die Hard- und Softwarevoraussetzungen eines Failover-Clusters erfüllen.

Um den Konfigurationsüberprüfungs-Assistenten zu starten, öffnen Sie zuerst in der Programmgruppe *Verwaltung* die *Failover-Clusterverwaltung*. Klicken Sie im Bereich *Verwaltung* der Failover-Clusterverwaltung oder im Aktionsbereich *Konfiguration überprüfen* (Abbildung 2.21).

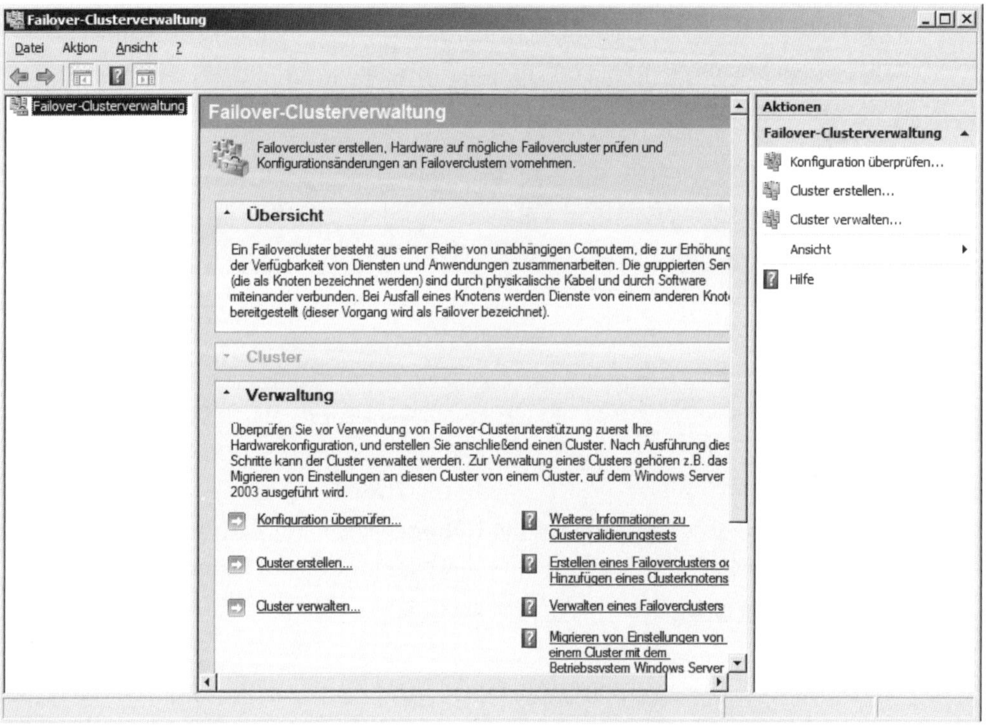

Abbildung 2.21 Überprüfen der Voraussetzungen für einen Failover-Cluster

Nachdem der Assistent seine Arbeit beendet hat, führen Sie bei Bedarf alle erforderlichen Konfigurationsänderungen durch und wiederholen den Test, bis die Überprüfung erfolgreich ist. Wenn die Voraussetzungen für die Erstellung eines Failover-Clusters erfüllt sind, können Sie den Cluster mit dem Clustererstellungs-Assistenten erstellen.

Ausführen des Clustererstellungs-Assistenten

Der nächste Schritt in der Clustererstellung ist der Start des Clustererstellungs-Assistenten. Der Clustererstellungs-Assistent installiert die Softwarebasis für den Cluster, konvertiert den angeschlossenen Speicher in Clusterlaufwerke und erstellt in Active Directory ein Computerkonto für den Cluster. Um dieses Programm zu starten, klicken Sie im Bereich *Verwaltung* oder im Bereich *Aktionen* der Failover-Clusterverwaltung auf *Cluster erstellen*.

Geben Sie im Clustererstellungs-Assistenten einfach die Namen der Knoten ein, wenn Sie dazu aufgefordert werden. Der Assistent ermöglicht Ihnen dann, dem Cluster einen Namen und eine IP-Adresse zu geben. Anschließend wird der Cluster erstellt.

Wenn der Assistent seine Arbeit abgeschlossen hat, müssen Sie die Dienste oder Anwendungen konfigurieren, für die Sie den Failover-Mechanismus bereitstellen möchten. Für diesen Aspekt der Konfiguration führen Sie den Assistenten für hohe Verfügbarkeit aus.

Ausführen des Assistenten für hohe Verfügbarkeit

Der Assistent für hohe Verfügbarkeit konfiguriert den Failover-Mechanismus für einen bestimmten Dienst oder eine bestimmte Anwendung. Um den Assistenten für hohe Verfügbarkeit zu starten, klicken Sie im Bereich *Aktionen* oder *Konfigurieren* der Failover-Clusterverwaltung auf *Dienst oder Anwendung konfigurieren*.

Führen Sie im Assistenten für hohe Verfügbarkeit folgende Schritte durch:

1. Lesen Sie den Text auf der Seite *Vorbemerkungen* und klicken Sie dann auf *Weiter*.
2. Wählen Sie auf der Seite *Dienst oder Anwendung auswählen* den Dienst oder die Anwendung aus, für die Sie den Failover-Dienst (hohe Verfügbarkeit) bereitstellen möchten, und klicken Sie dann auf *Weiter*.
3. Folgen Sie der Anleitung des Assistenten und machen Sie die erforderlichen Angaben über den ausgewählten Dienst. Wenn Sie zum Beispiel den Dienst *Dateiserver* wählen, müssen Sie Folgendes angeben:
   - Einen Namen für den Dateiservercluster
   - Alle IP-Adressen, die nicht automatisch durch DHCP vergeben werden, zum Beispiel eine statische IPv4-Adresse für diesen Dateiservercluster
   - Das Speichervolume oder die Speichervolumes, die der Dateiserver verwenden soll
4. Wenn der Assistent fertig ist und die Seite *Zusammenfassung* erscheint, klicken Sie auf *Bericht*, wenn Sie den Bericht überprüfen möchten, den der Assistent erstellt hat.
5. Um den Assistenten zu schließen, klicken Sie auf *Fertig stellen*.

Testen des Failover-Clusters

Nachdem der Assistent seine Arbeit beendet hat, testen Sie den Failover-Cluster in der Failover-Clusterverwaltung. Erweitern Sie in der Konsolenstruktur den Knoten *Dienste und Anwendungen* und wählen Sie dann den Dienst, den Sie gerade mit dem Assistenten für hohe Verfügbarkeit hinzugefügt haben. Klicken Sie den geclusterten Dienst mit der rechten Maustaste an, klicken Sie auf *Diesen Dienst oder diese Anwendung in einen anderen Knoten verschieben* und dann auf einen der zur Auswahl stehenden Knoten. Sie können beobachten, dass sich der Status im mittleren Bereich des Snap-Ins ändert, wenn die Instanz des geclusterten Dienstes verschoben wird. Wenn sich der Dienst verschieben lässt, funktioniert das Failover.

Praktische Übung Erforschen der Failover-Clusterunterstützung

In dieser Übung sehen Sie sich einen Webcast an, der die Erstellung eines Failover-Clusters unter Windows Server 2008 demonstriert.

▶ Übung 1: Sehen Sie sich einen Screencast über die Failover-Clusterunterstützung an

Um diese Übung durchzuführen, sehen Sie sich den 17-minütigen Screencast „How to Create a Failover-Cluster in Windows Server 2008“ von Jose Barreto an. Sie finden diese Datei auf der Begleit-CD im Ordner *Webcasts*. Außerdem ist sie unter *https://www.livemeeting.com/cc/microsoft/view?id=FailoverClustering&pw=josebda* verfügbar.

Zusammenfassung der Lektion

- Sie können mit Windows Server 2008 Server zu Gruppen zusammenfassen, um einen Ausgleich der Arbeitsbelastung, eine gute Skalierbarkeit oder eine hohe Verfügbarkeit einer bestimmten Anwendung oder eines bestimmten Dienstes zu erreichen. Solche Servergruppen werden häufig Cluster genannt und können für verschiedene Aufgaben eingesetzt werden. Dass es sich um mehrere Computer handelt, ist für Clients gewöhnlich nicht zu erkennen. Clients sehen einen Cluster als einen einzigen Computer.
- Round-Robin-DNS ist eine einfache Methode, um Anfragen, die an einen bestimmten Server gerichtet werden, auf zwei oder mehr Server zu verteilen. Round-Robin ist leicht zu konfigurieren, weist aber beträchtliche Beschränkungen auf, wie zum Beispiel das Fehlen einer Überwachung des Serverstatus.
- Der Netzwerklastenausgleich (Network Load Balancing, NLB) ist ein installierbares Feature von Windows Server 2008. Wie Round-Robin verteilt NLB Anfragen, die an einen einzelnen Server gerichtet werden, von den Clients unbemerkt auf zwei oder mehr Server. Allerdings weist NLB nicht die Beschränkungen von Round-Robin-DNS auf und bietet erweiterte Funktionen, wie zum Beispiel die Möglichkeit, Anfragen, die an einen ausgefallenen oder überlasteten Server gerichtet sind, automatisch an einen anderen Server umzuleiten. NLB wird häufig zur Erstellung von Webfarmen eingesetzt. Dabei handelt es sich um NLB-Cluster, die zur Beantwortung von Anfragen verwendet werden, die an eine oder mehrere Websites gerichtet sind.
- Die Failover-Clusterunterstützung ist ein installierbares Feature von Windows Server 2008. Ein Failover-Cluster ist eine Gruppe von Computern, die verwendet wird, um

für ausgewählte Anwendungen oder Dienste Ausfallzeiten zu verhindern. Die Server (oder Knoten) eines Failover-Clusters sind untereinander und mit dem gemeinsam verwendeten Speicher verbunden. Failover-Cluster stellen hohe Anforderungen an die Hardware. Vor einer Kaufentscheidung sollten Sie diese Anforderungen überprüfen.

Lernzielkontrolle

Die folgenden Fragen dienen zur Vertiefung des in dieser Lektion besprochenen Stoffs. Die Fragen sind (in englischer Sprache) auch auf der Begleit-CD zu finden, falls Sie die elektronische Form der Fragen vorziehen.

Hinweis Die Antworten

Die Antworten auf die Fragen und Erläuterungen, warum die entsprechende Antwort richtig oder falsch ist, finden Sie im Abschnitt „Antworten“ am Ende des Buchs.

1. Sie arbeiten als Netzwerkadministrator für *Tailspintoys.com*. Zu Ihren Aufgaben gehört die Unterstützung der Firmenserver. Im Netzwerk *Tailspintoys.com* gibt es einen Webserver, der auf einem einzelnen Computer namens Websrv1 ausgeführt wird. In der letzten Zeit ist die Zahl der Websitebesucher gestiegen und der Webserver immer langsamer geworden. Es wird erwartet, dass die Anfragen bei diesem Webserver über die nächsten 5 bis 8 Jahre weiter zunehmen werden. Sie möchten eine Lösung entwickeln, die das Leistungsproblem des Webservers beseitigt und auch die in den nächsten 5 bis 8 Jahren zu erwartende Last bewältigen kann. Was sollten Sie tun?
   A. Die Website auf einen leistungsfähigeren Server verlagern
   B. Mit NLB eine Webfarm für die Website einrichten
   C. Die Website mit der Failover-Clusterunterstützung unterstützen, damit ihr ein Cluster mit mehreren Servern zur Verfügung steht
   D. Einen zweiten Webserver hinzufügen und die Webanfragen mit Round-Robin-DNS auf diese beiden Server aufteilen. Bei Bedarf werden noch weitere Server hinzugefügt.
2. Sie konfigurieren einen Failover-Cluster für einen Datenbankserver und sehen für den Cluster vier Knoten vor. Alle Knoten haben Zugriff auf ein SAN und verfügen über ausreichend Speicherplatz. Welche der folgenden Optionen sollten Sie für die Quorumkonfiguration wählen?
   A. *Knotenmehrheit*
   B. *Knoten- und Datenträgermehrheit*
   C. *Knoten- und Dateifreigabemehrheit*
   D. *Keine Mehrheit: Nur Datenträger*

Rückblick auf dieses Kapitel

Um den in diesem Kapitel behandelten Stoff zu vertiefen und einzuüben, können Sie folgende Aufgaben durchführen:

- Lesen Sie die Zusammenfassung des Kapitels.
- Lesen Sie die Liste der Schlüsselbegriffe durch, die in diesem Kapitel eingeführt wurden.
- Arbeiten Sie die Übungen mit Fallbeispiel durch. Diese Fallbeispiele bilden Situationen aus der Praxis nach, in denen der Stoff aus diesem Kapitel verwendet werden kann. Entwickeln Sie eine Lösung.
- Arbeiten Sie die vorgeschlagenen Übungen durch.
- Machen Sie einen Übungstest.

Zusammenfassung des Kapitels

- Server benötigen für die Ausführung von Betriebssystemen und Anwendungen Blockzugriff auf Daten. Gewöhnlich werden Speichergeräte zu diesem Zweck direkt an die Server angeschlossen. Zu dieser Speicherart gehören zum Beispiel alle intern im Computer eingebauten Festplattenlaufwerke und auch alle externen direkt angeschlossenen Speichergeräte.
- In Windows Server 2008 gibt es den Dienst für virtuelle Datenträger (Virtual Disk Service, VDS), der kompatible Speichersubsysteme für die Verwaltungsprogramme von Windows Server 2008 zugänglich macht, beispielsweise für den Speicher-Manager für SANs.
- Mit der Datenträgerverwaltung von Windows Server 2008 können Sie einfache Volumes, übergreifende Volumes, Stripesetvolumes, gespiegelte Volumes und RAID-5-Volumes erstellen. Geeignete vorhandene Volumes können Sie zudem erweitern oder verkleinern.
- Der Netzwerklastenausgleich (NLB) dient zur angemessenen Verteilung der Arbeitsbelastung auf mehrere Server. Wenn Clients eine Verbindung mit einem NLB-Cluster herstellen, verwenden sie einen virtuellen Computernamen und eine virtuelle IP-Adresse. Ein verfügbarer Server aus dem NLB-Cluster beantwortet dann die Anfrage.
- Die Failover-Clusterunterstützung dient dazu, Serverausfallzeiten zu minimieren. In einem Failover-Cluster verwenden Clusterserver oder Knoten denselben Speicher. Fällt ein Server aus, übernimmt ein anderer Server die Arbeit des ausgefallenen Servers.

Schlüsselbegriffe

Wissen Sie, was die folgenden Schlüsselbegriffe bedeuten? Sie können Ihre Antworten überprüfen, indem Sie die Begriffe im Glossar am Ende dieses Buchs nachschlagen.

- Datenzugriff auf Blockbasis (block-based)
- Cluster
- iSCSI-Initiator
- iSCSI-Ziel
- Parität
- Partitionstyp
- Quorumkonfiguration
- Round-Robin-DNS
- SAN-Fabric
- Webfarm
- Zeugendatenträger

Übungen mit Fallbeispiel

In den folgenden Fallbeispielen wenden Sie das Wissen an, das Sie in diesem Kapitel erworben haben. Antworten auf die Fragen finden Sie im Abschnitt „Antworten" am Ende des Buchs.

Übung 1: Planen des Speichers

Sie arbeiten als IT-Supportspezialist für die Woodgrove Bank. Ihr Manager informiert Sie darüber, dass die Bank beschlossen hat, für den gemeinsam von den Servern verwendeten Speicher ein SAN einzurichten. Sie sollen untersuchen, welche technischen Alternativen sinnvoll sind. Die Umstellung der ausgewählten Server auf SAN-Speicher soll in ungefähr einem Jahr erfolgen.

Die Umstellung auf ein SAN hat zum Ziel, einen flexiblen Speicher verfügbar zu machen und die Antwortzeiten der Datenbankserver zu minimieren. Außerdem soll die vorhandene Erfahrung der IT-Abteilung in der Netzwerkverwaltung genutzt und die Verwaltung des SANs mit den Werkzeugen von Windows Server 2008 ermöglicht werden. Derzeit verfügt aber keiner der Angestellten der IT-Abteilung über Erfahrungen mit SANs.

1. Welche Verbindungstechnologie sollten Sie bei den vorliegenden Anforderungen an den Speicher für das SAN verwenden?
2. Worauf sollten Sie bei den Produkten der verschiedenen Hersteller achten, damit das SAN die Anforderungen an die Verwaltbarkeit erfüllt?

Übung 2: Planen der Verfügbarkeit

Sie arbeiten als Serveradministrator für Trey Research. Vor Kurzem hat Trey Research eine Anwendung namens App1 angeschafft, die von allen 500 Mitarbeitern im Lauf des Tages intensiv genutzt wird. App1 ist eine Anwendung auf Webbasis, die auf eine Verbindung mit einer Back-End-Datenbank angewiesen ist.

Sie und andere Angestellte der IT-Abteilung arbeiten an den Servern, die App1 und die dazugehörige Datenbank aufnehmen sollen. Das Designteam sieht zwei separate Server oder Cluster vor, einen für IIS und App1 und den zweiten für die Datenbank. Auf allen Servern soll Windows Server 2008 eingesetzt werden. Zu den Entwurfszielen gehört, Ausfallzeiten zu minimieren und für die Anwendung und die Datenbank die bestmögliche Leistung zu erreichen. Außerdem muss die Anwendung eine einzige Datenbank verwenden, die sich intern stets in einem konsistenten Zustand befinden muss. Für App1 müssen alle Tabellen immer sichtbar sein.

Im Designteam wurden Sie beauftragt, Clusterlösungen für den Webanwendungsserver und den Datenbankserver zu untersuchen.

Welche Clustertechnologie von Windows Server 2008 eignet sich am besten für den Webanwendungsserver, und warum?

Welche Clustertechnologie von Windows Server 2008 eignet sich am besten für den Datenbankserver, und warum?

Empfohlene Übungen

Führen Sie die folgenden Übungen durch, um den in diesem Kapitel vorgestellten prüfungsrelevanten Stoff einzuüben.

Konfigurieren des Speichers

Wenn Ihnen ein Computer mit drei zusätzlichen Festplattenlaufwerken (virtuell oder real) zur Verfügung steht, sollten Sie alle drei Übungen durchführen. Haben Sie keinen Zugang zu einem solchen System, sehen Sie sich die Webcasts an, die in den Übungen 2 und 3 genannt werden. Übung 2 wurde zwar für Windows Server 2003 R2 aufgezeichnet, beschreibt aber viele Konzepte und Tools, die auch für Windows Server 2008 wichtig sind. Es empfiehlt sich daher, dass sie sich diese Webcasts ansehen.

- **Übung 1** Erstellen Sie auf einem Windows Server 2008-Computer ein RAID-5-Volume. Speichern Sie Daten auf dem Volume. Schalten Sie eins der Festplattenlaufwerke offline und versuchen Sie dann, auf die Daten zuzugreifen.
- **Übung 2** Sehen Sie sich den Webcast „Build a Simple SAN with Windows Server 2003 R2 and Intelligent iSCSI Storage“ von Tres Hill an. Sie finden diesen Webcast auf der Begleit-CD oder indem Sie unter *http://msevents.microsoft.com* nach der Ereigniskennung 1032289955 suchen.

- **Übung 3** Sehen Sie sich den Webcast „Reducing IT Overhead with Windows Server 2008 Storage Features" von Dave Lalor. Sie finden diesen Webcast auf der Begleit-CD oder indem Sie unter *http://msevents.microsoft.com* nach der Ereigniskennung 1032347804 suchen.

Konfigurieren der hohen Verfügbarkeit

Führen Sie zumindest die ersten beiden Übungen durch. Wenn Sie mit virtuellen Computern arbeiten können oder über zwei reale Computer verfügen, führen Sie auch Übung 3 durch.

- **Übung 1** Sehen Sie sich den Screencast „Load Balancing" von Orin Thomas an, verfügbar unter *mms://wm.microsoft.com/ms/windowsserversystem/compare/screencasts/Load_balancing_Windows.wmv.* Dieser 5-minütige Screencast zeigt die Erstellung eines NLB-Clusters unter Windows Server 2003.
- **Übung 2** Besuchen Sie *http://msevents.microsoft.com* und suchen Sie nach der Ereigniskennung ID 1032345932. Melden Sie sich für das virtuelle Labor „TechNet Virtual Lab: Windows Server 2008 Enterprise Failover Clustering Lab" an und führen Sie die Übung durch.
- **Übung 3** Installieren Sie Windows Server 2008 auf zwei Servern und fügen Sie dann auf beiden Servern das Feature Netzwerklastenausgleich hinzu. Erstellen Sie einen NLB-Cluster und fügen Sie dann beide Server zum Cluster hinzu.

Machen Sie einen Übungstest

Die Übungstests auf der Begleit-CD zu diesem Buch (in englischer Sprache) bieten zahlreiche Möglichkeiten. Zum Beispiel können Sie einen Test machen, der ausschließlich die Themen eines bestimmten Lernziels behandelt, oder Sie können sich selbst mit dem gesamten Inhalt der Prüfung 70-643 testen. Sie können den Test so konfigurieren, dass er dem Ablauf einer echten Prüfung entspricht, oder Sie können einen Lernmodus verwenden, in dem Sie sich nach dem Beantworten einer Frage jeweils sofort die richtige Antwort und Erklärungen ansehen können.

Weitere Informationen Übungstests

Einzelheiten zu allen Optionen, die bei den Übungstests zur Verfügung stehen, finden Sie im Abschnitt „So benutzen Sie die Übungstests" in der Einführung dieses Buchs.

KAPITEL 3

Installieren und Konfigurieren der Terminaldienste

Wenn Sie sich eine Anwendungsinfrastruktur als eine Technologie vorstellen, deren Aufgabe es ist, Remotebenutzern die Arbeit mit Anwendungen zu ermöglichen, wären die Terminaldienste eine zentrale Komponente dieser Infrastruktur. Die Terminaldienste ermöglichen es Remotebenutzern, auf einem Windows Server 2008-Computer interaktive Desktopsitzungen und Anwendungssitzungen durchzuführen.

Die zentrale Rolle der Terminaldienste spiegelt sich auch in der Prüfung 70-643 wider. Mit den vielen Features, Tools und Funktionen der Terminaldienste gibt es zu diesem Thema viel zu lernen, und zwar nicht nur für die Prüfung, sondern auch für die Praxis. Deshalb werden diesem Thema gleich zwei Kapitel gewidmet. Dieses Kapitel beschreibt die Bereitstellung und Konfiguration der Rolle Terminaldienste. Im nächsten Kapitel besprechen wir die vielen Zusatzkomponenten, aus denen eine Terminaldienste-Infrastruktur besteht.

In diesem Kapitel abgedeckte Prüfungsziele:

- Konfigurieren der Terminaldienste
  - Konfigurieren der Terminaldienste-Serveroptionen
  - Konfigurieren der Terminaldienstelizenzierung
  - Konfigurieren des Terminaldienste-Lastausgleichs

Lektionen in diesem Kapitel:

Bevor Sie beginnen

Um die Lektionen und Übungen dieses Kapitels durcharbeiten zu können, brauchen Sie folgende Ausrüstung:

- Einen Computer namens Server1, auf dem Windows Server 2008 ausgeführt wird und der in einer Domäne namens *contoso.com* als Domänencontroller dient.
- Einen Computer namens Server2, auf dem Windows Server 2008 ausgeführt wird und der Mitgliedsserver in der Domäne *Contoso.com* ist.
- Einen Computer namens Core1, auf dem eine Server Core-Installation von Windows Server 2008 ausgeführt wird und der Mitgliedsserver in der Domäne *Contoso.com* ist.

Praxistipp

JC Mackin

Der wichtigste Aspekt der Terminaldienste von Windows Server 2008 ist, dass sie einige von Grund auf neue und wichtige Funktionen bieten, die über den Funktionsumfang von Remotedesktop oder älteren Versionen von Windows Server hinausgehen. Die Funktion RemoteApp ermöglicht es Ihnen zum Beispiel, ein Remoteprogramm so auf einem anderen Computer auszuführen, als wäre es lokal installiert. Eine weitere Funktion, der Terminaldienste-Webzugriff, bietet eine Webseite, auf der Sie diese Remoteanwendungen starten können, und das Terminaldienstegateway bietet Ihrer Organisation eine attraktive Alternative zu virtuellen privaten Netzwerken (VPNs), indem es autorisierten Benutzer ermöglicht, über das Internet eine Verbindung mit jedem gewünschten Desktop Ihres internen Netzwerks herzustellen.

Bisher waren solche Funktionen nur mit Anwendungen von anderen Herstellern verfügbar. Nun, da diese leistungsfähigen Funktionen in Windows Server 2008 integriert sind, werden weitere Organisationen beginnen, sie zu nutzen. Als Windows-Supporttechniker haben Sie die Terminaldienste bisher vielleicht als eine Komponente angesehen, die man getrost ignorieren durfte. Aber die Terminaldienste werden nun immer wichtiger werden.

Die Terminaldienste rücken weiter in die Gruppe der unentbehrlichen Supporttechnologien vor, die Sie auf jeden Fall kennen und verstehen müssen. Falls Sie sich bisher noch nicht ausführlicher mit ihnen beschäftigt haben, wird es Zeit, damit zu beginnen.

Lektion 1: Bereitstellen eines Terminalservers

Die Entscheidung, die Terminaldienste bereitzustellen, wird durch die Tatsache etwas komplizierter, dass Windows Server 2008 mit Remotedesktop bereits über eine Technologie verfügt, die im Wesentlichen dieselbe Aufgabe wie die Terminaldienste hat. Bevor Sie daher die Terminaldienste bereitstellen, ist es wichtig, die Funktionen zu verstehen, die diese Serverrolle über den Leistungsumfang von Remotedesktop hinaus bietet.

Diese Lektion beschreibt zuerst die Features, die nur von der Rolle Terminaldienste geboten werden, und dann die Schritte, die erforderlich sind, einen Terminalserver zu installieren und bereitzustellen.

Am Ende dieser Lektion werden Sie in der Lage sein, die folgenden Aufgaben auszuführen:

- Beschreiben der Funktionen der Terminaldienste
- Aufzählen der Gemeinsamkeiten und Unterschiede zwischen den Terminaldiensten und der integrierten Remotedesktop-Funktion von Windows
- Installieren der Terminaldienste-Rolle auf einer Vollinstallation und auf einer Server Core-Installation von Windows Server 2008
- Beschreiben der Clientlizenzierungsoptionen für einen Terminalserver
- Vorbereiten eines Terminalservers auf die Bereitstellung

Veranschlagte Zeit für diese Lektion: 40 Minuten

Grundlagen der Terminaldienste

Die Terminaldienste ermöglichen es Remotebenutzern, auf einem Windows Server 2008-Computer interaktive Desktop- oder Anwendungssitzungen abzuhalten. Während einer Terminaldienstesitzung delegieren Terminaldiensteclients praktisch die gesamte Arbeit, die der Computer für diese Sitzung leisten muss, an den Terminalserver. Diese Funktion der Terminaldienste ermöglicht es einer Organisation, vielen Benutzern oder Clients die Ressourcen eines zentralen Servers zur Verfügung zu stellen. Beispielsweise werden die Terminaldienste oft verwendet, um vielen Benutzern aus einer Organisation die Verwendung einer bestimmten Anwendung zu ermöglichen, die zu diesem Zweck nur ein einziges Mal installiert werden muss. Besonders nützlich kann diese Option für Firmen sein, um Branchenanwendungen und andere Programme bereitzustellen, mit denen beispielsweise Bestandslisten für ein Warenwirtschaftssystem geführt werden.

Abbildung 3.1 illustriert, wie ein Terminalserver eine zentrale Anwendung für Remoteclients verfügbar machen kann.

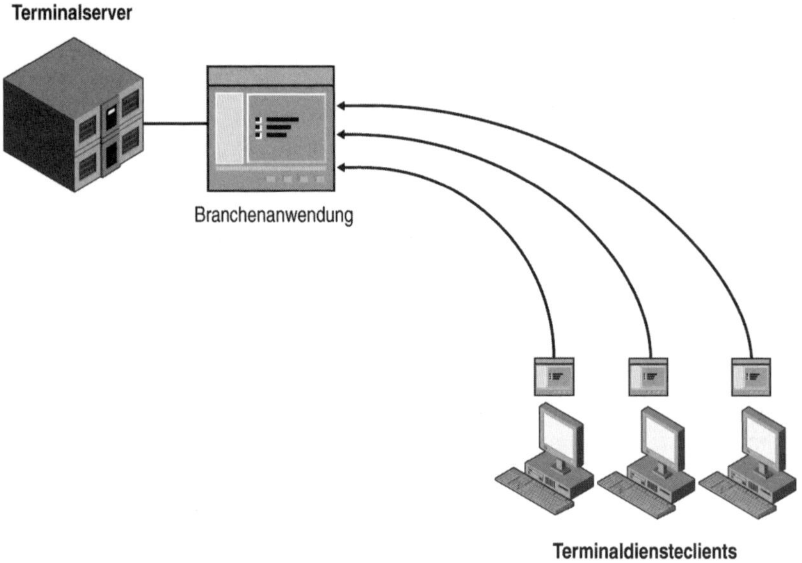

Abbildung 3.1 Verwenden des Terminalservers zur Bereitstellung einer Anwendung

Vergleich zwischen Terminaldiensten und Remotedesktop

Microsoft Windows XP, Windows Vista, Windows Server 2003, und Windows Server 2008 bieten alle eine Funktion namens Remotedesktop, die wie die Terminaldienste Benutzer in die Lage versetzt, auf einem Remotecomputer eine interaktive Desktopsitzung abzuhalten. Remotedesktop und die Terminaldienste sind in der Tat eng miteinander verwandt. Erstens verwenden beide Technologien dieselbe Clientsoftware namens *Remotedesktopverbindung* (auch *Terminaldiensteclient* oder Mstsc genannt). Diese Clientsoftware ist auf allen Windows-Versionen ab Windows XP verfügbar. Aus der Sicht eines Remotebenutzers sind die Vorgänge bei einer Verbindung mit einem Terminalserver oder mit einem Remotedesktop gleich. Zweitens sind auch die Serverkomponenten beider Features im Wesentlichen gleich. Die Terminaldienste und Remotedesktop sind auf denselben Dienst angewiesen, nämlich auf den Dienst Terminaldienste. Und schließlich richten Remotedesktop und die Terminaldienste ihre Sitzungen beide mit demselben Protokoll RDP (Remote Desktop Protocol) und demselben TCP-Port 3389 ein.

Trotz dieser Gemeinsamkeiten sind die Unterschiede zwischen Remotedesktop und den Terminaldiensten von Bedeutung, denn die Terminaldienste sind wesentlich besser skalierbar und verfügen über wichtige zusätzliche Funktionen. Zum Beispiel können auf einem Computer, auf dem Windows Server 2008 ausgeführt wird und Remotedesktop aktiviert ist, nur zwei Benutzer gleichzeitig mit einer aktiven Desktopsitzung verbunden sein (einschließlich der Konsolensitzung des lokalen Benutzers). Für einen Server, auf dem die Terminaldienste installiert und konfiguriert sind, gibt es diese Beschränkung nicht.

Hinweis Verbindungen versus Sitzungen

Was ist eigentlich der Unterschied zwischen einer Terminaldiensteverbindung und einer Terminaldienstesitzung? Eine Terminaldiensteverbindung ist einfach ein geöffnetes Remotedesktopverbindungfenster, das den Desktop eines Remotecomputers anzeigt. Eine Terminaldienstesitzung beschreibt den Zeitraum, in dem ein Benutzer auf einem Remotecomputer angemeldet ist. Wenn Sie ein Remotedesktopverbindungfenster schließen, ohne sich beim Remotecomputer abzumelden, endet zwar die Verbindung, aber die Sitzung besteht weiter (sofern die Servereinstellungen dies zulassen). Wenn Sie sich dann wieder beim Remoteserver anmelden, werden Sie dieselbe Sitzung in demselben Zustand vorfinden, in dem Sie sie verlassen haben, mit denselben geöffneten Programmen und Dateien. Eine *Konsolensitzung* ist, wie der Name schon andeutet, keine Terminaldienstesitzung, sondern es handelt sich dabei um die Desktopsitzung, die auf dem lokalen Computer für den lokal angemeldeten Benutzer aktiv ist.

Die Terminaldienste von Windows Server 2008 bieten über den Leistungsumfang von Remotedesktop hinaus folgende Funktionen und Leistungsmerkmale:

- **Mehrbenutzerfähigkeit** Die Terminaldienste sehen zwei verschiedene Modi vor, nämlich den Ausführungsmodus (für die normale Verwendung von Programmen) und den Installationsmodus (zur Installation von Programmen). Wenn Sie im Installationsmodus eine Anwendung auf einem Terminalserver installieren, werden die Konfigurationsdaten so in die Registrierung oder in *.ini*-Dateien geschrieben, dass mehrere Benutzer unterstützt werden. Im Gegensatz zu den Terminaldiensten gibt es für die Remotedesktopfunktion von Windows keinen Installationsmodus und auch keine Mehrbenutzerunterstützung für Anwendungen.
- **RemoteApp** Unter Windows Server 2008 ermöglicht Ihnen die RemoteApp-Komponente der Terminaldienste, eine Anwendung so für Remotebenutzer bereitzustellen, als würde die Anwendung auf dem lokalen Computer des Remotebenutzers ausgeführt. Statt den gesamten Desktop des Remoteterminalservers in einem Fenster mit anpassbarer Größe zu zeigen, ermöglicht RemoteApp die Integration einer lokalen Anwendung in den Desktop des Remotebenutzers. Daher wird eine mit den Terminaldiensten bereitgestellte Anwendung in ihrem eigenen Fenster mit anpassbarer Größe und einem eigenen Eintrag in der Taskleiste ausgeführt.
- **Terminaldienste-Webzugriff** Der Terminaldienste-Webzugriff ermöglicht es Ihnen, Anwendungen, die auf einem Remoteterminalserver installiert sind, in einem Webbrowser für die Benutzer zugänglich zu machen. Wenn der Terminaldienste-Webzugriff konfiguriert ist, besuchen Benutzer eine Website (sei es im Internet oder im Intranet ihrer Organisation) und können sich eine Liste aller Anwendungen ansehen, die über RemoteApp verfügbar sind. Um eine der aufgelisteten Anwendungen zu starten, klicken die Benutzer einfach auf der Webseite das Symbol der Anwendung an.

- **Terminaldienste-Sitzungsbroker** Mit dem Netzwerklastenausgleich (NLB) oder einer DNS-Round-Robin-Verteilung können Sie mehrere Terminalserver einer Farm so bereitstellen, dass sie aus der Sicht des Remotebenutzers wie ein einziger Server aussehen. Zur Unterstützung einer größeren Zahl von Benutzern ist eine Terminalserverfarm am besten geeignet. Um den Funktionsumfang einer solchen Farm zu erweitern, können Sie den Rollendienst Terminaldienste-Sitzungsbroker verwenden. Die Komponente Terminaldienste-Sitzungsbroker sorgt dafür, dass Clients, die eine Verbindung mit einer Terminalserverfarm herstellen, auch wieder eine Verbindung mit einer getrennten Sitzung herstellen können.
- **Terminaldienstegateway** Das Terminaldienstegateway ermöglicht autorisierten Benutzern aus dem Internet, Verbindungen mit Remotedesktops und Terminalservern aus dem privaten Firmennetzwerk herzustellen. Das Terminaldienstegateway schützt diese Verbindungen, indem es die Daten für jede RDP-Sitzung in einer verschlüsselten HTTPS-Sitzung (Hypertext Transfer Protocol Secure) übermittelt. Da es autorisierten Benutzern über eine verschlüsselte Verbindung umfassenden Zugang zu internen Computern ermöglicht, macht das Terminaldienstegateway in vielen Fällen die Einrichtung eines VPNs überflüssig.

Vorteile von Remotedesktop

Der wichtigste Vorteil von Remotedesktop gegenüber den Terminaldiensten besteht darin, dass die Funktion bereits in Windows Server 2008 integriert ist und nicht den Kauf von Terminaldienste-Clientzugriffslizenzen (Terminal Services Client Access Licenses, TS CALs) erfordert. Wenn Sie für die Terminaldienste keine TS CALs erwerben und installieren, funktionieren sie nach 120 Tagen nicht mehr. Es steht Ihnen dann nur noch der Funktionsumfang von Remotedesktop zur Verfügung.

Ein weiterer Vorteil von Remotedesktop gegenüber den Terminaldiensten ist die leichte Implementierung. Während für die Aktivierung der Terminaldienste das Installieren und Konfigurieren einer neuen Serverrolle erforderlich ist, erfordert die Aktivierung von Remotedesktop nur die Wahl einer einzigen Option im Dialogfeld *Systemeigenschaften*.

Hinweis Remotedesktop versus Remotedestop für Verwaltung

Unter Windows Server 2003 und Windows Server 2008 wird die integrierte Remotedesktopfunktion häufig als *Remotedestop für Verwaltung* bezeichnet. Der Unterschied zwischen Remotedestop für Verwaltung und der Remotedesktopfunktion von Windows XP und Windows Vista besteht darin, dass Remotedestop für Verwaltung unter Windows Server 2008 zwei aktive Desktopsitzungen zulässt, nämlich entweder zwei Remotesitzungen oder eine Remotesitzung und eine Konsolensitzung. Windows XP und Windows Vista lassen dagegen mehrere gleichzeitige Desktopsitzungen nicht zu. Zu einem bestimmten Zeitpunkt kann immer nur ein Remotedesktopbenutzer eine Verbindung herstellen, und wenn sich ein Remotebenutzer anmeldet, muss vorher jeder lokal angemeldete Benutzer abgemeldet werden.

Prüfungstipp

In Windows Server 2008 wird Remotedesktop gewöhnlich für die Remoteverwaltung verwendet und die Terminaldienste werden für die Ausführung von Anwendungen eingesetzt. Der wichtigste Unterschied zwischen diesen beiden Funktionen ist die Skalierung, denn ihre Aufgaben überschneiden sich. Sie können zum Beispiel auch Remotedesktop verwenden, um mit einer selten benutzten Anwendung zu arbeiten, oder einen Server, auf dem die Terminaldienste installiert sind, remote zu verwalten. Wie erwähnt, verwenden beide Technologien auch dieselben Client- und Serverkomponenten. Seien Sie also nicht überrascht, wenn die Bezeichnungen synonym verwendet werden.

Aktivieren von Remotedesktop

Standardmäßig lässt Windows Server 2008 keine Verbindungen von Remotedesktopclients zu. Zur Aktivierung der Funktion Remotedesktop unter Windows Server 2008 verwenden Sie die Registerkarte *Remote* des Dialogfelds *Systemeigenschaften*. Um diese Registerkarte zu erreichen, können Sie in der Systemsteuerung die Seite *System* öffnen und dann auf die Verknüpfung *Remoteeinstellungen* klicken, oder Sie geben im Dialogfeld *Ausführen* den Befehl **control sysdm.cpl** ein und drücken die Eingabetaste. Nachdem sich das Dialogfeld *Systemeigenschaften* geöffnet hat, klicken Sie auf die Registerkarte *Remote*.

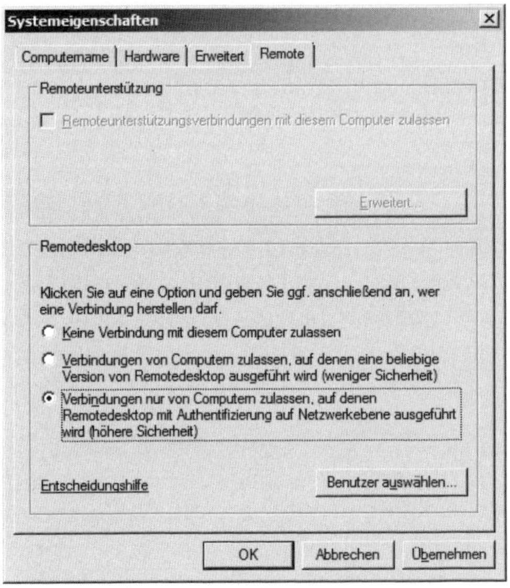

Abbildung 3.2 Aktivieren der Remotedesktopfunktion unter Windows Server 2008

Wenn Sie hohe Anforderungen an die Sicherheit der Remotedesktopverbindungen stellen, wählen Sie auf der Registerkarte *Remote* die Option, dass eine Authentifizierung auf Netzwerkebene verlangt wird (Abbildung 3.2). Dann sind Verbindungen nur von Remotedesktopclients möglich, auf denen Windows Vista oder höher ausgeführt wird. Bei Bedarf können Sie auch die Option wählen, dass Verbindungen von Computern mit beliebigen Remotedesktop-Versionen zugelassen werden.

Wenn Sie das Dialogfeld *Systemeigenschaften* verwenden, um unter Windows Server 2008 Remotedesktopverbindungen zuzulassen, wird in Windows-Firewall automatisch eine Remotedesktop-Ausnahme eingerichtet. Daher brauchen Sie diese Ausnahme nicht manuell zu aktivieren, um Verbindungen von Remotedesktopclients zuzulassen.

Hinweis Was ist eine Authentifizierung auf Netzwerkebene?

Die Authentifizierung auf Netzwerkebene (Network Level Authentication, NLA) ist eine Funktion des Remotedesktopprotokolls 6.0, die dafür sorgt, dass vor dem vollständigen Aufbau einer Remotedesktopverbindung zwischen zwei Computern eine Authentifizierung des Benutzers stattfindet. Bei den älteren Versionen des Remotedesktopprotokolls konnte ein Benutzer zur Authentifizierung erst dann einen Benutzernamen und ein Kennwort eingeben, nachdem ein Windows-Anmeldebildschirm vom Remotecomputer in der Remotedesktopsitzung erschien. Da jeder Versuch, eine Sitzung zu authentifizieren, durchaus beachtliche Ressourcen des Servers beansprucht, machte dieses Verhalten der älteren Remotedesktopprotokollversionen einen remotedesktop- und terminaldienstefähigen Computer für Denial-of-Service-Angriffe anfällig.

Wichtig ist außerdem, dass Remotedesktopverbindung 6.0 (auch als Terminaldiensteclient 6.0 oder Mstsc bekannt) auf Windows XP-Computern NLA nicht unterstützt. Allerdings lässt sich diese Version des Remotedesktopclients unter Windows XP SP2 auf NLA-Unterstützung nachrüsten, wenn Sie das Terminaldiensteclient 6.0-Update für Windows XP (KB925876) herunterladen und installieren, das auf der Microsoft-Website erhältlich ist.

Aktivieren von Remotedesktop auf einer Server Core-Installation

Eine Server Core-Installation von Windows Server 2008 unterstützt nicht die vollständige Rolle Terminaldienste. Allerdings können Sie die Remotedesktopfunktion mit dem Skript *Scregedit.wsf* (Server Core Registry Editor) auf einer Server Core-Installation aktivieren. *Scregedit.wsf* bietet eine einfachere Möglichkeit, die meisten häufiger verwendeten Funktionen auf einer Server Core-Installation von Windows Server 2008 zu aktivieren.

Wichtig Wo finden Sie *Scregedit.wsf*?

Scregedit.wsf ist auf jeder Server Core-Installation im Ordner *%SystemRoot%\System32* zu finden.

Wenn Sie Remotedesktop mit *Scregedit.wsf* aktivieren möchten, rufen Sie das Skript mit Cscript auf und geben den Schalter `/AR` mit dem Wert 0 an, der Remotedesktopverbindungen erlaubt. (Standardmäßig steht der Wert auf 1, wodurch Remotedesktopverbindungen gesperrt werden.) Der vollständige Befehl zur Aktivierung von Remotedesktop lautet:

```
Cscript C:\Windows\System32\Scregedit.wsf /AR 0
```

Wenn Sie auf diese Weise Remotedesktop auf einer Server Core-Installation aktivieren, werden nur Remotedesktopverbindungen von Clients akzeptiert, auf denen Windows Vista oder höher ausgeführt wird. Wenn der Server auch Remotedesktopverbindungen von älteren Remotedesktopprotokollversionen akzeptieren soll, können Sie die Sicherheitsansprüche des Servers lockern, indem Sie das Skript *Scregedit.wsf* mit dem Schalter `/CS` und dem Wert 0 aufrufen:

```
Cscript C:\Windows\System32\Scregedit.wsf /CS 0
```

Hinweis Erstellen einer Remotedesktopverbindung mit einer Server Core-Installation

Wenn Sie mit Remotedesktop eine Verbindung zu einer Server Core-Installation herstellen, sehen Sie dieselbe Benutzeroberfläche, die Sie auch lokal auf dem Server sehen würden. Anders gesagt, eine Remotedesktopverbindung mit einem Computer, auf dem Windows Server 2008 Server Core ausgeführt wird, bietet Ihnen keine zusätzlichen grafischen Tools zur Verwaltung des Servers.

Prüfungstipp

Für die Prüfung 70-643 müssen Sie wissen, wie Sie Remotedesktop auf einer Server Core-Installation von Windows Server 2008 aktivieren und wie Sie Verbindungen von Remotedesktopclients zulassen, die eine ältere Remotedesktopprotokollversion als 6.0 verwenden. Wundern Sie sich auch nicht, wenn dieser Vorgang in der Prüfung anders bezeichnet wird, beispielsweise als „Aktivieren der Terminaldienste" oder „Aktivieren der Terminaldienste für die Remoteverwaltung".

Installieren der Terminaldienste

Im Gegensatz zu Remotedesktop müssen Sie zur Installation der Terminaldienste die Serverrolle Terminaldienste hinzufügen. Wie jede Serverrolle lässt sich auch die Rolle Terminaldienste auf einer Vollinstallation von Windows Server 2008 am einfachsten installieren, indem man im Server-Manager auf *Rollen hinzufügen* klickt.

Ein Klick auf *Rollen hinzufügen* startet den Assistenten zum Hinzufügen von Rollen. Wählen Sie auf der Seite *Serverrollen auswählen* das Kontrollkästchen *Terminaldienste* (Abbildung 3.3).

Klicken Sie auf der Seite des Assistenten zum Hinzufügen von Rollen auf *Weiter*, um die Seite *Terminaldienste* zu öffnen. Diese Seite beschreibt kurz die Rolle Terminaldienste. Klicken Sie dann auf der Seite *Terminaldienste* auf *Weiter*, um die Seite *Rollendienste auswählen* zu öffnen.

Auswählen der Rollendienste

Auf der Seite *Rollendienste auswählen* des Assistenten zum Hinzufügen von Rollen können Sie unter den verfügbaren Rollendiensten die gewünschten für die Rolle Terminaldienste auswählen.

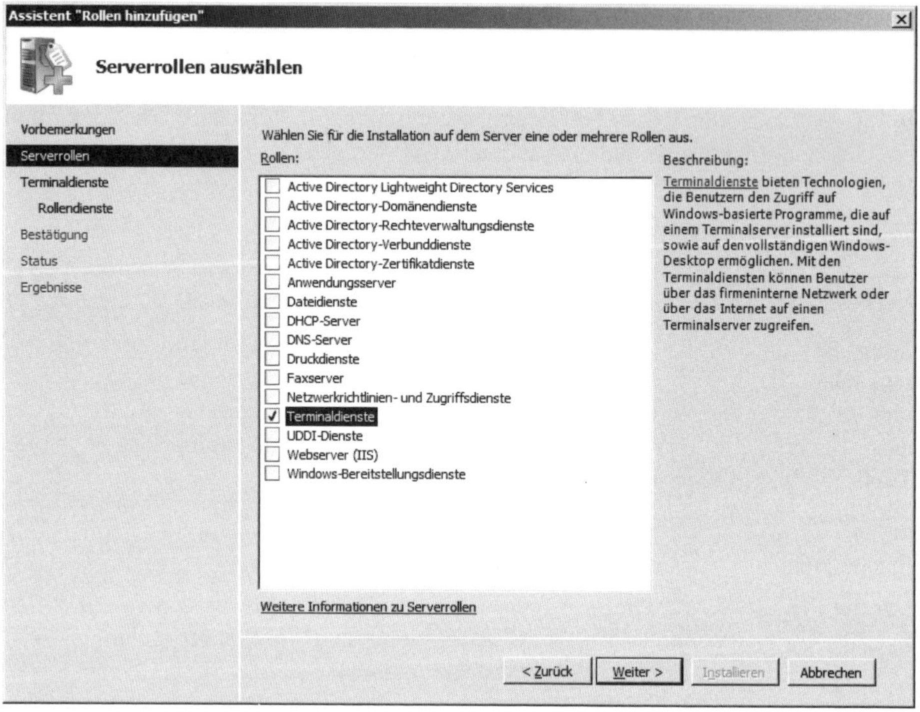

Abbildung 3.3 Hinzufügen der Rolle Terminaldienste

- **Terminalserver** Dieser Rollendienst sorgt für die Grundfunktionen der Terminaldienste, einschließlich der RemoteApp-Funktion.
- **Terminaldienstelizenzierung** Sie brauchen diesen Rollendienst nur zu installieren, wenn Sie Terminaldienste-Clientzugriffslizenzen erworben haben und einen Lizenzserver aktivieren können. Der Aktivierungszeitraum der Terminaldienste beträgt 120 Tage. Wenn Sie nach dieser relativ langen Zeit keine Terminaldienste-Clientzugriffslizenzen erworben und auf dem Terminaldienstelizenzserver installiert haben, stellen die Terminaldienste den Dienst ein. (Informationen über die Installation und Konfiguration der Terminaldienstelizenzierung finden Sie in Lektion 2 dieses Kapitels, „Konfigurieren der Terminaldienste".)
- **Terminaldienste-Sitzungsbroker** Installieren und konfigurieren Sie diesen Rollendienst, wenn Sie die Terminaldienste in einer Serverfarm implementieren möchten. Wie bereits im Abschnitt „Vergleich zwischen Terminaldiensten und Remotedesktop" dieser Lektion erwähnt, erweitert dieser Rollendienst den Funktionsumfang der Serverfarm, indem er es Clients ermöglicht, die Verbindung zu getrennten Sitzungen wiederherzustellen.
- **Terminaldienstegateway** Installieren Sie diesen Rollendienst, wenn Sie eine bestimmte Anzahl von Terminalservern, die sich hinter einer Firewall oder einem Gerät

befinden, das eine Netzwerkadressenübersetzung vornimmt, für autorisierte externe Clients zugänglich machen möchten.

- **Terminaldienste-Webzugriff** Installieren Sie diesen Rollendienst, wenn Sie Anwendungen, die mit den Terminaldiensten bereitgestellt werden, auf einer Webseite für Clients verfügbar machen möchten.

Abbildung 3.4 zeigt die Seite *Rollendienste auswählen.*

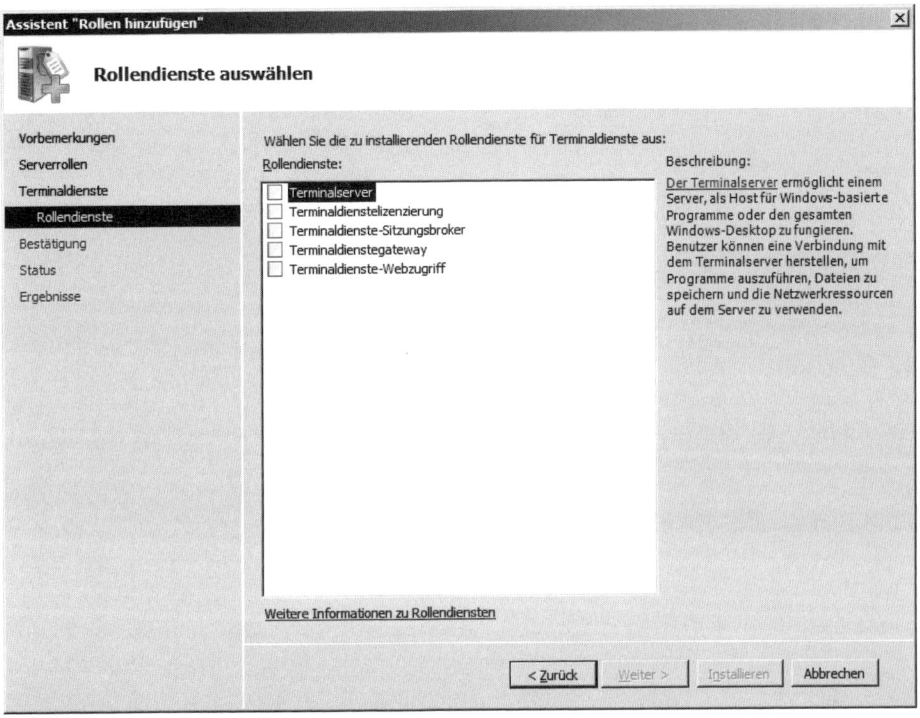

Abbildung 3.4 Hinzufügen von Terminaldienste-Rollendiensten

Die folgenden Abschnitte beschreiben die Installation der Terminaldienste-Rollendienste.

Deinstallieren von Anwendungen

Nachdem Sie einen Terminaldienste-Rollendienst ausgewählt haben, erinnert der Assistent zum Hinzufügen von Rollen Sie daran, dass Anwendungen, die Sie mit den Terminaldiensten für Benutzer bereitstellen möchten, erst nach dem Hinzufügen der Rolle Terminaldienste installiert werden sollten. Falls Sie bereits Anwendungen installiert haben, die Sie bereitstellen möchten, sollten Sie die Anwendungen wieder deinstallieren und nach der Installation der Terminaldienste erneut installieren (im Installationsmodus der Terminaldienste), sofern die Anwendungen für mehrere Benutzer verfügbar sein sollen. Abbildung 3.5 zeigt diese Erinnerung.

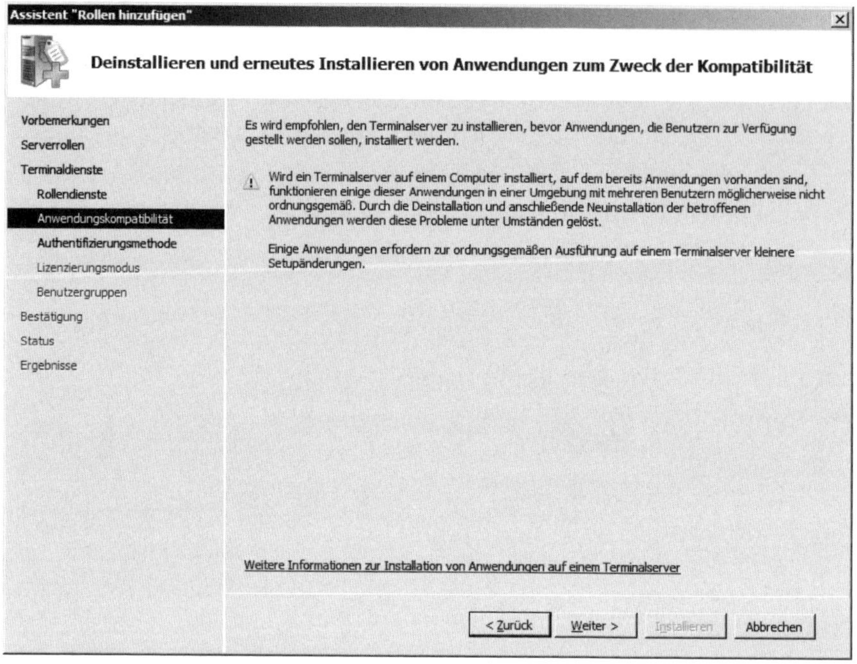

Abbildung 3.5 Erinnerung an die Empfehlung, Anwendungen erst nach der Installation der Terminaldienste zu installieren

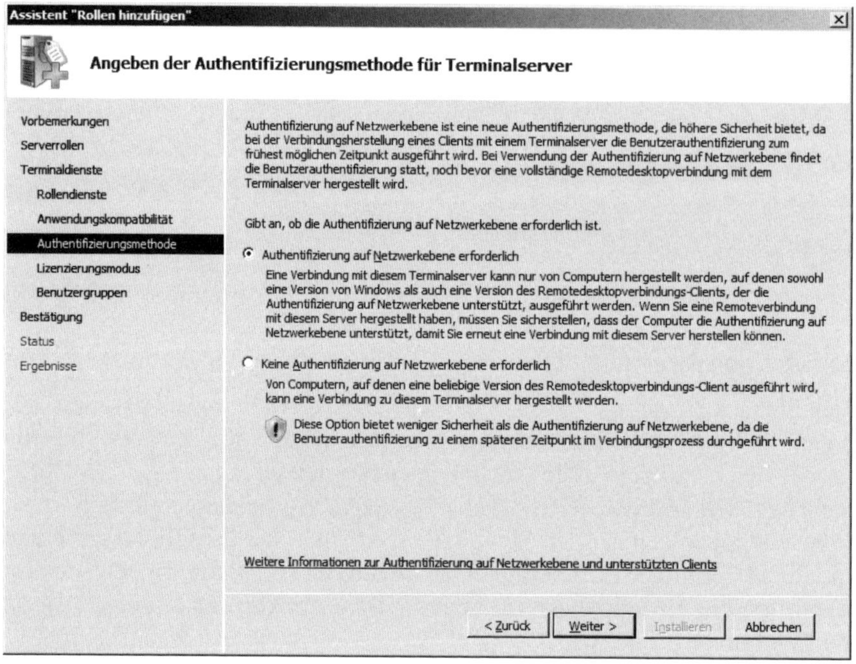

Abbildung 3.6 Einstellen der Anforderungen an die Authentifizierung/Clientversion

Einstellungen für die Authentifizierung auf Netzwerkebene

Anschließend müssen Sie entscheiden, ob der Terminalserver nur von Clients Verbindungen annehmen soll, die eine Authentifizierung auf Netzwerkebene durchführen können. Wenn Sie diese Option wählen (Abbildung 3.6), werden Remotedesktopverbindungen mit Computern blockiert, auf denen ältere Betriebssysteme als Windows Vista ausgeführt werden.

Festlegen des Clientzugriffslizenztyps

Dann gibt Ihnen der Assistent zum Hinzufügen von Rollen die Gelegenheit, die Art der Clientzugriffslizenz anzugeben, die Sie erworben haben. Für die Terminaldienste sind zwei Arten von Terminaldienste-Clientzugriffslizenzen verfügbar:

- **Pro Gerät** Auf Geräte bezogene Terminaldienste-Clientzugriffslizenzen sind permanente Clientzugriffslizenzen, die jedem Computer oder Gerät zugewiesen werden, das mehr als einmal eine Verbindung zu den Terminaldiensten herstellt. Wird der Geräte-Lizenzierungsmodus verwendet und ein Clientcomputer oder Gerät stellt zum ersten Mal eine Verbindung mit einem Terminalserver her, erhält der Clientcomputer oder das Gerät standardmäßig eine befristete Lizenz. Stellt ein Clientcomputer oder Gerät zum zweiten Mal eine Verbindung mit einem Terminalserver her und ist zudem der Lizenzserver aktiv und stehen genug Geräte-Clientzugriffslizenzen zur Verfügung, so stellt der Lizenzserver dem Clientcomputer oder Gerät eine permanente Clientzugriffslizenz aus.
- **Pro Benutzer** Auf Benutzer bezogene Terminaldienste-Clientzugriffslizenzen geben Benutzern das Recht, die Terminaldienste von einer beliebigen Anzahl von Geräten aus zu verwenden. Auf Benutzer bezogene Clientzugriffslizenzen werden aber nicht bestimmten Benutzern zugewiesen. Wenn Sie die Benutzerlizenzierung wählen, brauchen Sie nur dafür zu sorgen, dass Sie für die Benutzer in Ihrer Organisation genügend Lizenzen besitzen.

Prüfungstipp

Windows Server 2008 kann die Geräte- und Benutzerlizenzen automatisch verwalten und hilft Ihnen dadurch, die Übersicht darüber zu behalten, wie viele Terminalserverlizenzen gerade verwendet werden. Windows Server 2003 konnte nur Gerätelizenzen verwalten.

Bei der Entscheidung, welche dieser beiden Lizenzarten für Ihre Organisation besser geeignet ist, sind mehrere Faktoren zu berücksichtigen. Der erste ist die Zahl der Geräte und Benutzer in Ihrer Organisation. Gewöhnlich ist es preiswerter, gerätebezogene Clientzugriffslizenzen zu wählen, wenn im Nutzungszeitraum des Terminalservers weniger Geräte als Benutzer vorhanden sein werden, und eine Benutzerlizenzierung zu wählen, wenn es vermutlich weniger Benutzer als Geräte geben wird. Ein weiterer Faktor ist die Überlegung, wie häufig Ihre Benutzer auf Reisen sind und Verbindungen von anderen Computern aus herstellen. Wenn eine kleine Zahl von Benutzern häufig von verschiedenen Standorten aus

Verbindungen herstellt, beispielsweise aus Netzwerken der Kunden, ist die Lizenzierung auf Benutzerbasis meistens günstiger.

Wenn Sie sich noch nicht für eine bestimmte Lizenzierungsart entschieden haben, können Sie die Option *Später konfigurieren* wählen (Abbildung 3.7). Dann haben Sie 120 Tage Zeit, die Terminaldienste-Clientzugriffslizenzen zu erwerben und auf einem lokal aktivierten Lizenzserver zu installieren. Nach Ablauf dieser Aktivierungsfrist funktionieren die Terminaldienste nicht mehr.

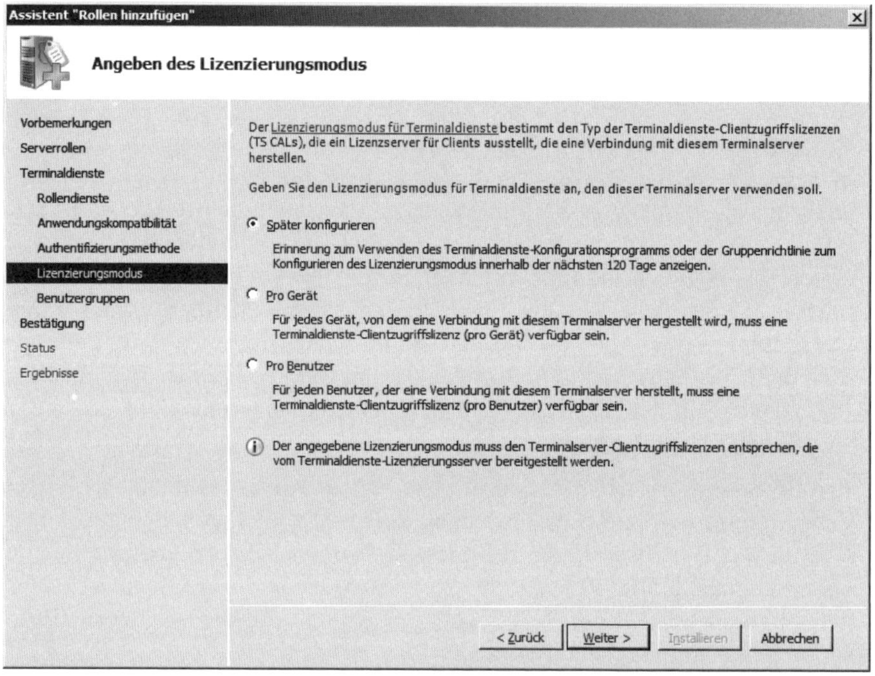

Abbildung 3.7 Festlegen des Lizenzierungsmodus

Prüfungstipp

Für die Prüfung 70-643 müssen Sie auf jeden Fall den Unterschied zwischen den Clientzugriffslizenzarten kennen.

Autorisieren von Benutzern

Der letzte Konfigurationsschritt ist die Auswahl der Benutzer und Gruppen, denen die Verwendung der Terminaldienste gestattet wird. Die integrierte lokale Gruppe *Remotedesktopbenutzer* erhält automatisch das Benutzerrecht, über die Terminaldienste mit dem lokalen Computer eine Verbindung herzustellen. Der Assistent zum Hinzufügen von Rollen bietet hier die Möglichkeit, Konten auf einfache Weise zur Gruppe *Remotedesktopbenutzer* hinzuzufügen. Standardmäßig sind die lokalen Administratoren bereits Mitglieder der Gruppe *Remotedesktopbenutzer*, wie in Abbildung 3.8 gezeigt.

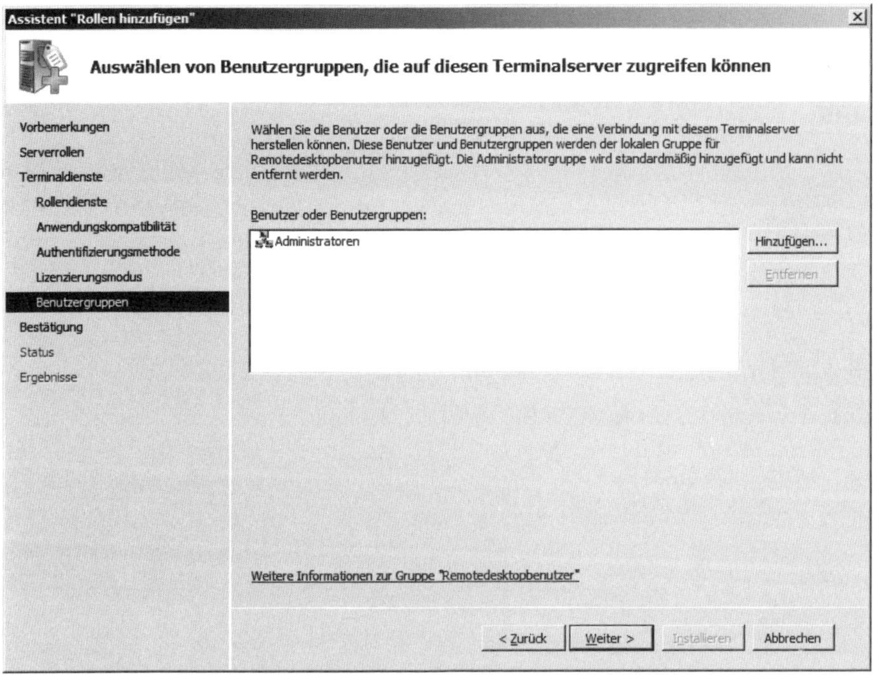

Abbildung 3.8 Autorisieren von Benutzern für die Terminaldienste

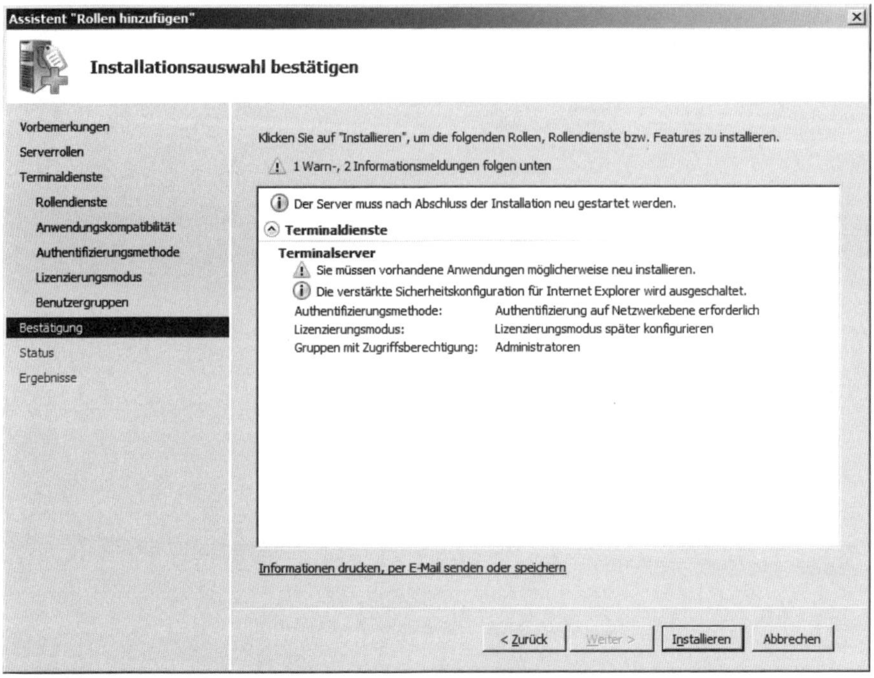

Abbildung 3.9 Bestätigen der Installationsoptionen für die Terminaldienste

Nach diesem letzten Schritt brauchen Sie nur noch Ihre Auswahl zu betätigen und die Installation der Terminaldienste einzuleiten (Abbildung 3.9).

Einrichten des Terminalservers

Mit dem *Einrichten* (staging) eines Servers ist der Vorgang gemeint, mit dem er auf die Bereitstellung vorbereitet wird. Im Fall eines Terminalservers gehört zur Vorbereitung eines Computers die Installation und Konfiguration der Komponenten auf dem Server, die Sie für Terminaldiensteclients verfügbar machen möchten. Der Vorgang umfasst mindestens die Installation der gewünschten Serverfeatures und Anwendungen.

Installieren der integrierten Features von Windows Server 2008

Mit dem Server-Manager können Sie nicht nur Rollen hinzufügen, sondern auch jedes der etwa 35 Features von Windows Server 2008 installieren. Features sind kleinere Windows-Komponenten, die dem Betriebssystem eine bestimmte Menge an zusätzlichen Funktionen geben. Um einen Terminalserver auf die Bereitstellung vorzubereiten, müssen Sie wissen, welche dieser Features von Windows Server 2008 Sie für Clients verfügbar machen möchten, die eine Verbindung mit dem Terminalserver herstellen.

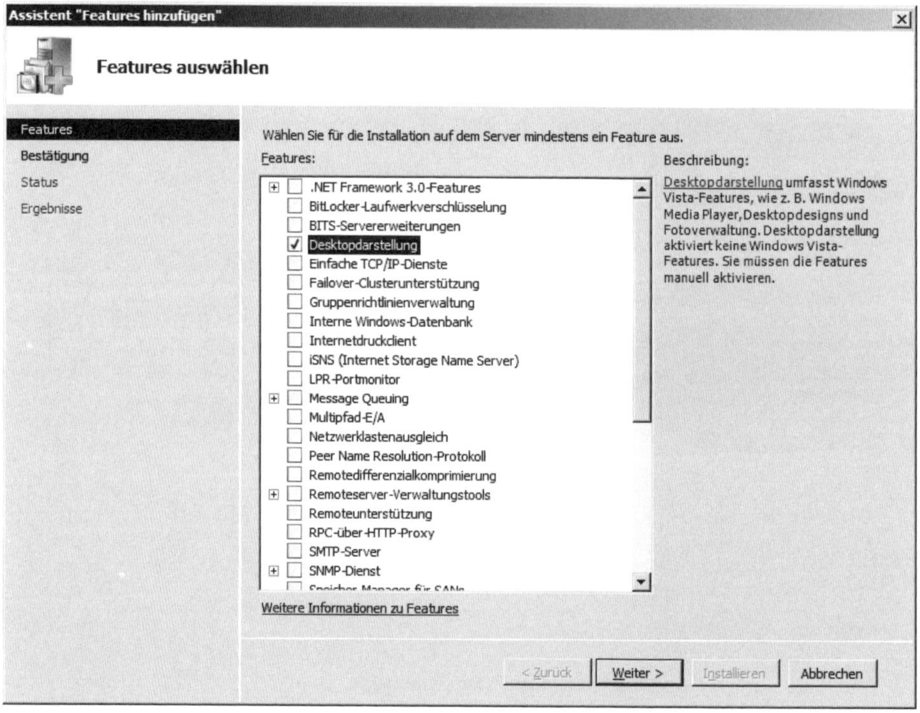

Abbildung 3.10 Der Assistent zum Hinzufügen von Features

Da für Remotebenutzer nur die Features verfügbar sind, die Sie auf dem Terminalserver installieren, müssen Sie den Bedarf der Clients und die Funktionen überprüfen, die jedes Feature bietet. Wenn zum Beispiel für Terminaldiensteclients der Windows Media Player oder Windows Aero verfügbar sein soll, müssen Sie auf dem Computer, auf dem die Terminaldienste ausgeführt werden, das Feature Desktopdarstellung installieren.

Um ein Feature zu installieren, klicken Sie im Server-Manager auf *Features hinzufügen*. Dadurch wird der Assistent zum Hinzufügen von Features gestartet. Abbildung 3.10 zeigt einen Teil der Liste mit den Features, die im Assistenten zum Hinzufügen von Features zur Wahl stehen.

Die folgende Liste nennt einige Beispiele für Features von Windows Server 2008, die Sie den Terminaldiensteclients vielleicht zur Verfügung stellen möchten. Für eine erfolgreiche Bereitstellung der Terminaldienste ist es erforderlich, dass Sie diese Features verstehen und bei der Einrichtung des Servers überprüfen.

- **Desktopdarstellung** Dieses Feature installiert Windows Media Player 11, Desktopdesigns und die Fotogalerie. Außerdem werden dadurch Funktionen von Windows Aero verfügbar, wobei jedoch jeder Benutzer diese Funktionen manuell aktivieren muss.
- **Verbessertes Windows-Audio-/Video-Streaming** Dieses Feature ermöglicht bei der Wiedergabe von Streamingmedien über IP-Netzwerke eine hohe Qualität.
- **Netzwerklastenausgleich** Der Netzwerklastenausgleich (Network Load Balancing, NLB) ermöglicht es, einen Server zu einem NLB-Cluster oder einer NLB-Serverfarm hinzuzufügen.
- **Windows Server-Sicherungsfeatures** Sie können die Windows Server-Sicherungsfeatures installieren, damit Administratoren im Rahmen der Wartung des Computers, auf dem der Terminalserver ausgeführt wird, Sicherungen durchführen können.
- **Windows PowerShell** Windows PowerShell ist eine Befehlszeilenshell und Skriptsprache von Windows Server 2008. Sie können das Feature Windows PowerShell installieren, um die Remoteverwaltung des Terminaldiensteservers mit PowerShell zu ermöglichen.
- **Gruppenrichtlinienverwaltung** Die Gruppenrichtlinienverwaltung ist eine Konsole für die Verwaltung von Gruppenrichtlinien. Sie können dieses Feature installieren, wenn Administratoren den Server zur Remoteverwaltung von Gruppenrichtlinien verwenden können sollen.
- **Windows-Systemressourcen-Manager** Der Windows-Systemressourcen-Manager (WSRM) ermöglicht Ihnen, die Ressourcen eines Servers zu verwalten und eine gleichmäßigere Ressourcenverwendung zu erzielen.

Prüfungstipp

Sehen Sie sich die Serverfeatures für die Prüfung 70-643 genauer an. Es empfiehlt sich zwar, sich mit allen Features zu beschäftigen, achten Sie aber besonders auf die gerade genannten.

Installieren der Terminaldiensteanwendungen

Häufig werden die Terminaldienste verwendet, um eine bestimmte Installation einer Anwendung für mehrere Benutzer verfügbar zu machen. Die Bereitstellung einer Anwendung in dieser Weise ist oft die beste Lösung für Datenerfassungsprogramme, die für den Einsatz auf einem einzigen Server entwickelt wurden oder die eng an eine lokal installierte Datenbank gekoppelt sind. Vielleicht möchten Sie auch eine Anwendung mit den Terminaldiensten bereitstellen, um Lizenzgebühren zu verringern, die Clientcomputer zu entlasten oder die Produktivität der Benutzer zu erhöhen, indem Sie Terminaldienstesitzungen ermöglichen.

Nachdem Sie die Anwendungen ausgewählt haben, die Sie mit den Terminaldiensten für Remotebenutzer verfügbar machen möchten, müssen Sie diese Anwendungen in geeigneter Weise so installieren, dass sie für mehrere Benutzer verfügbar sind. Dazu müssen Sie die Anwendungen installieren, während sich die Terminaldienste im Installationsmodus befinden. Im Installationsmodus können Sie Anwendungen mit einem MSI-Installationsprogramm installieren, oder in der Systemsteuerung mit dem Assistenten *Anwendung auf dem Terminalserver installieren*, oder in einer Eingabeaufforderung mit den Befehlen `Change user /install` oder `Chgusr /install`. Weitere Informationen über den Installationsmodus finden Sie in Kapitel 4, „Konfigurieren und Verwalten einer Terminaldiensteinfrastruktur".

Schnelltest

1. Welches Serverfeature sollten Sie auf einem Terminalserver installieren, wenn Benutzer in der Lage sein sollen, in Terminaldienstesitzungen Audio- und Video-Inhalte abzuspielen?
2. Wie viele Benutzersitzungen können auf einem Windows Server 2008-Computer mit aktivierter Remotedesktopfunktion maximal gleichzeitig gehostet werden (einschließlich Remote- und Konsolensitzungen)?

Antworten zum Schnelltest

1. Desktopdarstellung
2. Zwei

Praktische Übung Installieren eines Terminalservers

In dieser Übung installieren Sie die Terminaldienste auf einer Vollinstallation von Windows Server 2008 und aktivieren dann die Funktion Remotedesktop auf einer Server Core-Installation.

▶ Übung 1: Installieren der Rolle Terminaldienste

In dieser Übung installieren Sie auf Server2 die Serverrolle Terminaldienste.

1. Melden Sie sich auf Server2 als Domänenadministrator bei der Domäne *Contoso.com* an.
2. Wählen Sie in der Konsolenstruktur des Server-Managers den Knoten *Rollen* und klicken Sie dann im Detailbereich auf *Rollen hinzufügen.*

   Wenn die Seite *Vorbemerkungen* angezeigt wird, klicken Sie auf *Weiter.*
3. Wählen Sie auf der Seite *Serverrollen auswählen* des Assistenten zum Hinzufügen von Rollen das Kontrollkästchen *Terminaldienste* und klicken Sie dann auf *Weiter.*
4. Lesen Sie den Text auf der Seite *Terminaldienste* und klicken Sie auf *Weiter.*
5. Wählen Sie auf der Seite *Rollendienste auswählen* das Kontrollkästchen *Terminalserver* und klicken Sie dann auf *Weiter.*
6. Lesen Sie den Text auf der Seite *Deinstallieren und erneutes Installieren von Anwendungen zum Zweck der Kompatibilität* und klicken Sie auf *Weiter.*
7. Lesen Sie den Text auf der Seite *Angeben der Authentifizierungsmethode für Terminalserver*, wählen Sie *Authentifizierung auf Netzwerkebene erforderlich* und klicken Sie dann auf *Weiter.*
8. Lesen Sie den Text auf der Seite *Angeben des Lizenzierungsmodus*, lassen Sie die Vorgabe *Später konfigurieren* unverändert und klicken Sie auf *Weiter.*
9. Lesen Sie den Text auf der Seite *Auswählen von Benutzergruppen, die auf diesen Terminalserver zugreifen können* und klicken Sie dann auf *Weiter.*
10. Lesen Sie den Text auf der Seite *Installationsauswahl bestätigen* und klicken Sie dann auf *Installieren.*
11. Lesen Sie nach dem Abschluss der Installation den Text auf der Seite *Installationsergebnisse* und klicken Sie dann auf *Schließen.*
12. Klicken Sie im Dialogfeld *Assistent "Rolle hinzufügen"* auf *Ja*, um den Server neu zu starten.
13. Melden Sie sich nach dem Neustart wieder mit demselben Domänenadministratorkonto auf Server2 bei der Domäne *Contoso.com* an.

Wichtig Melden Sie sich immer mit demselben Konto wieder an

Wenn Sie unter Windows Server 2008 eine Serverrolle hinzufügen oder entfernen, werden Sie aufgefordert, einen Neustart des Servers durchzuführen. Sie müssen sich mit demselben Konto, mit dem Sie den Vorgang eingeleitet haben, wieder anmelden, um den Vorgang abzuschließen.

Nach einem Augenblick erscheint der Assistent zum Fortsetzen der Konfiguration.

Wenn die Seite *Installationsergebnisse* erscheint, klicken Sie auf *Schließen.*

14. Öffnen Sie in der Systemsteuerung *Windows-Firewall.*
15. Klicken Sie auf die Option *Programm durch die Windows-Firewall kommunizieren lassen.*
16. Überprüfen Sie auf der Registerkarte *Ausnahmen* des Dialogfelds *Windows-Firewalleinstellungen*, ob die Kontrollkästchen *Remotedesktop* und *Terminaldienste* aktiviert sind, und klicken Sie dann auf *OK.*
17. Schließen Sie alle geöffneten Fenster und fahren Sie mit Übung 2 fort.

▶ Übung 2: Testen der Terminaldiensteverbindung

In dieser Übung testen Sie die Terminaldienstekonfiguration auf Server2, indem Sie auf Server1 eine Remotedesktopverbindung mit Server2 herstellen.

1. Melden Sie sich auf Server1 als Domänenadministrator bei der Domäne *Contoso.com* an.
2. Wählen Sie im *Start*-Menü den Befehl *Ausführen.*
3. Geben Sie im Dialogfeld *Ausführen* den Befehl Mstsc ein und drücken Sie die EINGABETASTE.

Prüfungstipp

Für die Prüfung 70-643 müssen Sie die Funktion des Befehls Mstsc kennen.

Das Dialogfeld *Remotedesktopverbindung* öffnet sich.

4. Geben Sie im Textfeld *Computer* des Dialogfelds *Remotedesktopverbindung* den Namen **server2.contoso.com** ein und drücken Sie die EINGABETASTE.

   Das Dialogfeld *Windows-Sicherheit* öffnet sich.

5. Geben Sie im Dialogfeld *Windows-Sicherheit* die Anmeldeinformationen eines Domänenadministrators ein. Achten Sie darauf, dass Sie den Benutzernamen in der Form **contoso*Benutzername*** eingeben.

   Nach einem Augenblick besteht eine Remotedesktopverbindung mit Server2. Auf dem Desktop von Server1 erscheint der Remotedesktop von Server2, gekennzeichnet durch eine verkürzte hellgelbe Titelleiste mit der Beschriftung *server2.contoso.com.*

6. Verwenden Sie die *Start*-Schaltfläche in der Remotedesktopsitzung mit Server2, um sich von der Remotedesktopverbindung abzumelden.

   Das Remotedesktopfenster schließt sich.

▶ Übung 3: Aktivieren von Remotedesktop auf einer Server Core-Installation

In dieser Übung aktivieren Sie Remotedesktop auf dem Computer Core1 und testen dann die Konfiguration.

Hinweis Server1 und Server2

Für diese Übung wird Server1 benötigt, aber nicht Server2. Wenn Sie mit virtuellen Computern arbeiten und nicht genügend Speicher zur Verfügung haben, um alle drei Computer gleichzeitig zu öffnen, können Sie Server2 herunterfahren, bevor Sie mit dieser Übung beginnen.

---

1. Melden Sie sich auf Core1 als Domänenadministrator bei *Contoso.com* an.
2. Geben Sie in der Eingabeaufforderung folgenden Befehl ein: **cd C:\Windows\System32**.
3. Geben Sie in der Eingabeaufforderung folgenden Befehl ein: **cscript scregedit.wsf /AR /v**.

   Dieser Befehl zeigt die aktuelle Einstellung des Registrierungswerts `fDenyTSConnections` an. Steht der Wert auf 1, lehnt der lokale Computer eingehende Remotedesktopverbindungsanforderungen ab.
4. Geben Sie folgenden Befehl ein: **cscript scregedit.wsf /AR 0**.
5. Um die Änderung zu überprüfen, geben Sie wieder folgenden Befehl ein: **cscript scregedit.wsf /AR /v**.

   Aus dem Text, den dieser Befehl anzeigt, geht hervor, dass der Registrierungswert `fDenyTSConnections` nun auf 0 steht.
6. Um sicherzustellen, dass der Server Verbindungen von RDP-Clients annimmt, die älter als Version 6.0 sind, oder von den Clients von Windows XP und älter, geben Sie folgenden Befehl ein: **cscript scregedit.wsf /CS 0**.
7. Geben Sie zur Überprüfung der Einstellung folgenden Befehl ein: **cscript scregedit.wsf /CS /v**.
8. Aus dem Text, den dieser Befehl anzeigt, geht hervor, dass der Wert `RDP-Tcp UserAuthentication` nun auf 0 steht. Diese Einstellung ermöglicht Verbindungen mit älteren Remotedesktopversionen.

   Geben Sie folgenden Befehl ein: **netsh firewall show service**.

   Dieser Befehl zeigt die Firewallausnahmen an, die für die verschiedenen Dienste von Core1 erstellt wurden. In diesem Fall ermöglicht die Ausgabe die Überprüfung, ob für den Remotedesktopdienst im Domänenprofil eine Ausnahme erstellt (aktiviert) wurde.

9. Melden Sie sich auf Server1 als Domänenadministrator bei der Domäne *Contoso.com* an.
10. Geben Sie im Dialogfeld *Ausführen* den Befehl **Mstsc** ein und drücken Sie die EINGABETASTE.

    Das Dialogfeld *Remotedesktopverbindung* öffnet sich.
11. Geben Sie im Textfeld *Computer* den Namen **core1.contoso.com** ein und klicken Sie dann auf *Verbinden*.
12. Geben Sie im Dialogfeld *Windows-Sicherheit* den Benutzernamen und das Kennwort eines Domänenadministrators ein. Achten Sie darauf, dass Sie den Namen im Format **contoso*Benutzername*** eingeben.
13. Klicken Sie im Dialogfeld *Windows-Sicherheit* auf *OK*.

    Nach einem Augenblick ist eine Remotedesktopverbindung mit Core1 eingerichtet. Die Remotedesktopverbindung zeigt denselben Server Core-Desktop, den Sie auch sehen, wenn Sie lokal auf Core1 angemeldet sind.
14. Geben Sie auf Server1 in der Remotedesktopsitzung mit Core1 in der Eingabeaufforderung den Befehl **logoff** ein.

    Die Remotedesktopsitzung auf Server1 wird geschlossen.
15. Geben Sie auf Core1 in der Eingabeaufforderung den Befehl **shutdown /p**, um den Computer herunterzufahren.

Zusammenfassung der Lektion

- Die Terminaldienste ermöglichen es Benutzern, mit einer Desktop- oder Anwendungssitzung zu arbeiten, die auf einem Remotecomputer ausgeführt wird, auf dem die Terminaldienste installiert sind.
- Die Terminaldienste und Remotedesktop verfügen über dieselbe Kernfunktionalität. Der größte Unterschied zwischen diesen beiden Features besteht darin, dass Remotedesktop unter Windows Server 2008 zwei Desktopsitzungen gleichzeitig durchführen kann (einschließlich der lokalen Konsolensitzung). Die Terminaldienste unterliegen dieser Beschränkung nicht.
- In Windows Server 2008 bieten die Terminaldienste viele neue und wichtige Funktionen und Komponenten wie das Terminaldienstegateway, RemoteApp und den Terminaldienste-Webzugriff. (Diese Themen werden ausführlicher in Kapitel 4 behandelt.)
- Um die Terminaldienste auf einem Computer zu installieren, auf dem Windows Server 2008 ausgeführt wird, fügen Sie die Serverrolle Terminaldienste hinzu.
- Die Terminaldienste erfordern Clientzugriffslizenzen für alle Benutzer, die Verbindungen aufnehmen, oder für alle Geräte, die Verbindungen aufnehmen. Wenn Sie keine Terminaldienste-Clientzugriffslizenzen erwerben und installieren, stellen die Terminaldienste nach 120 Tagen den Betrieb ein.

Lernzielkontrolle

Die folgenden Fragen dienen zur Vertiefung des in dieser Lektion besprochenen Stoffs. Die Fragen sind (in englischer Sprache) auch auf der Begleit-CD zu finden, falls Sie die elektronische Form der Fragen vorziehen.

Hinweis Die Antworten

Die Antworten auf die Fragen und Erläuterungen, warum die entsprechende Antwort richtig oder falsch ist, finden Sie im Abschnitt „Antworten" am Ende des Buchs.

1. Sie möchten Remotedesktop auf einer Server Core-Installation von Windows Server 2008 aktivieren und den Server dann so konfigurieren, dass er Verbindungen von Clients annimmt, die ältere RDP-Versionen als Version 6.0 verwenden. Welche Befehle müssen Sie eingeben? (Wählen Sie zwei Befehle aus.)
   A. cscript scregedit.wsf /AR 0
   B. cscript scregedit.wsf /AR 1
   C. cscript scregedit.wsf /CS 0
   D. cscript scregedit.wsf /CS 1
2. Sie sind einer von 75 Beratern, die bei einer IT-Dienstleistungsfirma namens Contoso.com angestellt sind. Im Rahmen Ihrer Arbeit leisten Sie und andere Teammitglieder Netzwerkunterstützung für über 150 Firmen in Ihrer Stadt. Ihre Firma plant, eine Anwendung zur Erfassung wichtiger Informationen zu installieren, bei der die Berater eine Verbindung mit einem Anwendungsserver aus dem *Contoso.com*-Netzwerk herstellen müssen, während Sie in den Geschäftsräumen der Kunden arbeiten. Wenn sie mit dem Anwendungsserver verbunden sind, geben die Berater wichtige aufgabenbezogene Daten ein. Man geht davon aus, dass die Berater für die Verbindung mit dem *Contoso.com*-Anwendungsserver die Computer der Kunden verwenden dürfen, auf denen höchstwahrscheinlich Windows XP oder Windows Vista ausgeführt wird. Sie werden beauftragt zu überprüfen, ob Ihre Firma Clientzugriffslizenzen für die Terminaldienste erwerben muss. Welche der folgenden Optionen passt am besten zu den Vorstellungen Ihrer Firma?
   A. Auf dem Anwendungsserver Remotedestop für die Verwaltung verwenden und Benutzerlizenzen kaufen.
   B. Auf dem Anwendungsserver Remotedestop für die Verwaltung verwenden, aber keine Clientzugriffslizenzen kaufen.
   C. Die Terminaldienste auf dem Anwendungsserver installieren und gerätebezogene Clientzugriffslizenzen kaufen.
   D. Die Terminaldienste auf dem Anwendungsserver installieren und benutzerbezogene Clientzugriffslizenzen kaufen.

Lektion 2: Konfigurieren der Terminaldienste

Die Konsole Terminaldienstekonfiguration ist das wichtigste Werkzeug zur Konfiguration der Rolle Terminaldienste. Die Serveroptionen, die in diesem Tool verfügbar sind, wirken sich in erster Linie auf die Umgebung des Benutzers aus, wenn er eine Verbindung mit dem lokalen Terminalserver herstellt. Andere Optionen haben allerdings mit der Serverlizenzierung und dem Lastausgleich zu tun. Nach einer Beschreibung der Optionen und Funktionen der Konsole Terminaldienstekonfiguration beschreibt diese Lektion weitere Konfigurationsoptionen, die in den Gruppenrichtlinien zur Verfügung stehen, und zwar insbesondere für die Druckerumleitung.

Am Ende dieser Lektion werden Sie in der Lage sein, die folgenden Aufgaben auszuführen:

- Konfigurieren der Terminalserveroptionen
- Konfigurieren des Terminaldienste-Lastausgleichs
- Installieren und Konfigurieren eines Terminaldienste-Lizenzservers.

Veranschlagte Zeit für diese Lektion: 50 Minuten

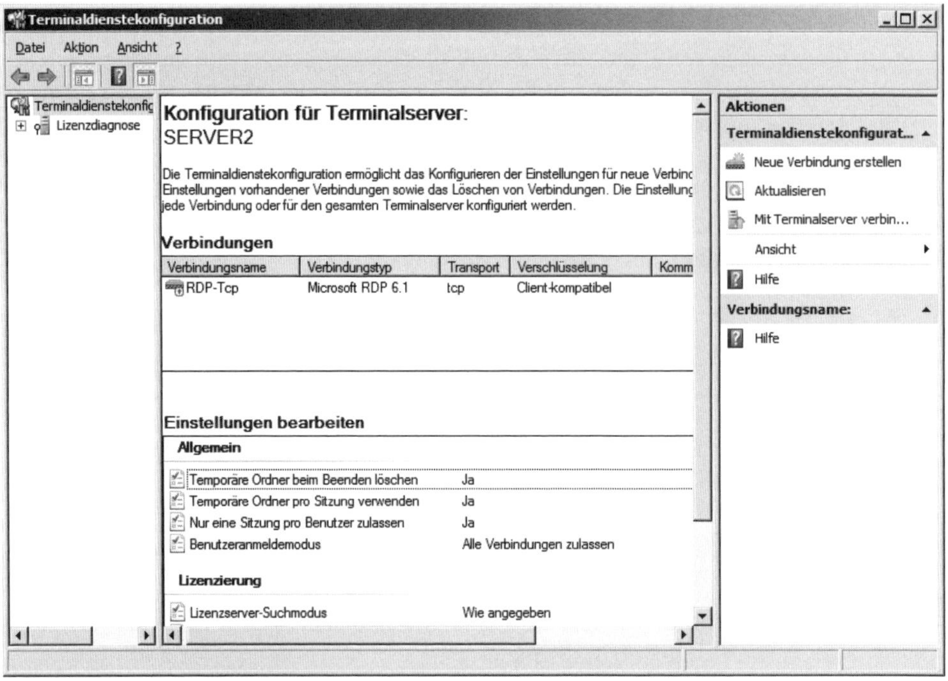

Abbildung 3.11 Die Konsole Terminaldienstekonfiguration

Einführung in die Konsole Terminaldienstekonfiguration

Die Konsole Terminaldienstekonfiguration wurde für die Kontrolle von Einstellungen entwickelt, die sich auf alle Benutzer auswirken, die eine Verbindung mit dem Terminalserver herstellen, oder für alle Benutzer, die bestimmte Verbindungsarten verwenden. Sie können die Terminaldienstekonfiguration-Konsole zum Beispiel verwenden, um für alle Terminaldienstesitzungen die Verschlüsselung festzulegen, um die grafische Auflösung der Sitzungen einzustellen oder die Zahl der Sitzungen auf eine Sitzung für jeden Benutzer zu beschränken. Abbildung 3.11 zeigt die Terminaldienstekonfiguration-Konsole.

Die Konsole Terminaldienstekonfiguration bietet zwei allgemeine Bereiche zur Konfiguration an, nämlich das Eigenschaftendialogfeld *RDP-Tcp-Eigenschaften* und den Bereich *Einstellungen bearbeiten*. Die folgenden Abschnitte beschreiben die Optionen, die in diesem Konfigurationsbereich zur Verfügung stehen.

Konfigurieren der Verbindungseigenschaften (RDP-Tcp)

Verbindungseigenschaften werden zur Anpassung des Verhaltens aller Terminaldienstesitzungen verwendet, die mit bestimmten Transportprotokollen (wie RDP über TCP) oder über bestimmte Netzwerkadapter des Terminalservers eingeleitet werden. Standardmäßig ist nur eine Verbindung namens RDP-Tcp verfügbar, die konfiguriert werden kann. Die Einstellungen für diese Verbindung gelten für alle RDP-Sitzungen auf allen lokalen Netzwerkadaptern. Sie können neben dieser Standardverbindung auch neue Verbindungen einrichten, die für Transportprotokolle anderer Hersteller oder für spezielle Netzwerkkarten gelten.

Abbildung 3.12 Die Registerkarte *Allgemein* des Dialogfelds *RDP-TCP Eigenschaften*

In Umgebungen, in denen nur die integrierten Funktionen von Windows Server 2008 verwendet werden, reicht die RDP-Tcp-Verbindung normalerweise aus und das Dialogfeld *RDP-TCP Eigenschaften* umfasst die wichtigsten Optionen des ganzen Servers.

Um das Eigenschaftendialogfeld der RDP-Tcp-Verbindung zu öffnen, klicken Sie im Bereich *Verbindungen* der Konsole Terminaldienstekonfiguration mit der rechten Maustaste auf *RDP-Tcp* und klicken dann auf *Eigenschaften*. Dadurch öffnet sich das Dialogfeld *RDP-TCP Eigenschaften* (Abbildung 3.12).

Der folgende Abschnitt beschreibt, welche Werte sich auf den acht Registerkarten einstellen lassen.

Prüfungstipp

Prägen Sie sich gut ein, welche Werte sich auf den acht Registerkarten des Dialogfelds *RDP-TCP Eigenschaften* einstellen lassen.

Registerkarte *Allgemein*

Die Registerkarte *Allgemein* ermöglicht Ihnen, für drei Sicherheitsbereiche Einstellungen vorzunehmen, nämlich für die Sicherheitsstufe, die Verschlüsselungsstufe und die Authentifizierung auf Netzwerkebene. Der folgende Abschnitt beschreibt diese drei Bereiche.

Sicherheitsstufe

Alle RDP-Verbindungen werden automatisch verschlüsselt. Die Einstellung der Sicherheitsstufe legt die Art der Verschlüsselung fest, die für diese Terminaldiensteverbindungen verwendet wird. Drei Einstellungen stehen für die Sicherheitsstufe zur Wahl: *RDP-Sicherheitsstufe*, *SSL (TLS 1.0)* und *Verhandeln*.

- Die Einstellung *RDP-Sicherheitsstufe* beschränkt die Verschlüsselung auf die Verschlüsselungsart, die das Remotedesktopprotokoll bietet. Der Vorteil ist, dass diese Einstellung keine weitere Konfiguration erfordert und eine hohe Leistung bietet. Allerdings hat sie den Nachteil, dass sie nicht für alle Clienttypen eine Terminalserverauthentifizierung ermöglicht. RDP 6.0 bietet zwar Serverauthentifizierung für Clients, auf denen Windows Vista oder höher ausgeführt wird, aber Terminaldiensteclients, auf denen Windows XP oder älter ausgeführt wird, unterstützen die Serverauthentifizierung nicht. Wenn RDP-Clients, auf denen Windows XP ausgeführt wird, den Terminalserver authentifizieren sollen, bevor sie eine Verbindung herstellen, müssen Sie die SSL-Verschlüsselung einstellen.
- Die Option *SSL (TLS 1.0)* bietet gegenüber der RDP-Verschlüsselung zwei Vorteile. Erstens ermöglicht sie eine bessere Verschlüsselung. Zweitens bietet sie RDP-Clients, die älter als Version 6.0 sind, die Serverauthentifizierung. Daher ist SSL eine gute Wahl, wenn Sie für Windows XP-Clients die Terminalserverauthentifizierung unterstützen müssen. Allerdings hat diese Einstellung auch Nachteile. So erfordert SSL zum Beispiel ein Computerzertifikat für die Verschlüsselung und für die Authentifizierung. Standardmäßig wird nur ein selbstausgestelltes Zertifikat verwendet. Das ist

so gut wie keine Authentifizierung. Um die Sicherheit zu verbessern, müssen Sie von einer vertrauenswürdigen Zertifizierungsstelle ein gültiges Computerzertifikat beschaffen und dieses Zertifikat auf dem Terminalserver im Zertifikatspeicher des Computerkontos speichern. Ein weiterer Nachteil von SSL ist, dass diese stärkere Verschlüsselung im Vergleich mit anderen RDP-Verbindungen zu einer schwächeren Leistung führt.

- Wenn Sie die Einstellung *Verhandeln* wählen, verwendet der Terminalserver nur dann die SSL-Sicherheit, wenn sie vom Client und vom Server unterstützt wird. Ist dies nicht der Fall, wird die integrierte RDP-Verschlüsselung verwendet. Außerdem ist *Verhandeln* die vorgegebene Standardeinstellung.

Verschlüsselungsstufe

Mit der Einstellung der *Verschlüsselungsstufe* auf der Registerkarte *Allgemein* können Sie die Leistungsfähigkeit des Verschlüsselungsalgorithmus festlegen, der bei RDP-Verbindungen verwendet wird. Die Standardeinstellung ist *Client-kompatibel.* Sie bewirkt die Wahl des leistungsfähigsten Algorithmus, über den der Clientcomputer verfügt. Außerdem stehen noch die Einstellungen *Niedrig*, *Hoch* und die sicherste Einstellung *FIPS-konform* zur Verfügung.

Authentifizierung auf Netzwerkebene

Wenn das Kontrollkästchen *Verbindungen nur von Computern zulassen, die Remotedesktop mit Authentifizierung auf Netzwerkebene verwenden* aktiviert ist, dürfen nur Clients, die eine Authentifizierung auf Netzwerkebene unterstützen, eine Verbindung mit dem Terminalserver herstellen.

Wenn Sie überprüfen möchten, ob auf einem Computer eine Version des Remotedesktopverbindungsclients ausgeführt wird, die eine Authentifizierung auf Netzwerkebene unterstützt, starten Sie den Remotedesktopverbindungsclient, klicken im Dialogfeld *Remotedesktopverbindung* auf das Symbol in der linken oberen Ecke und klicken dann auf *Info.* Achten Sie im *Info*-Dialogfeld auf die Aussage „Authentifizierung auf Netzwerkebene wird unterstützt" (Abbildung 3.13).

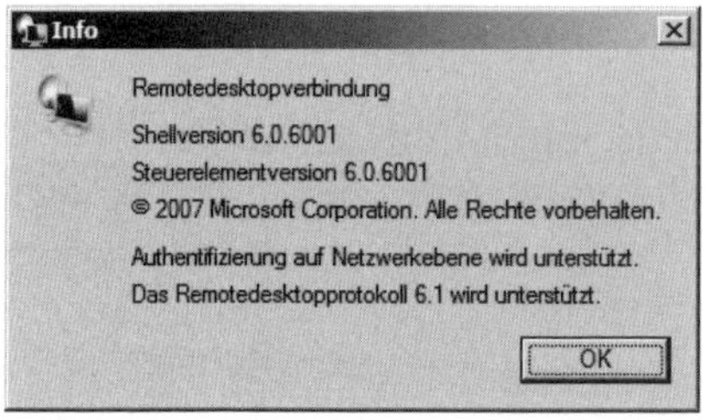

Abbildung 3.13 Im *Info*-Dialogfeld der Remotedesktopverbindung lässt sich überprüfen, ob die Authentifizierung auf Netzwerkebene unterstützt wird

Registerkarte *Anmeldeeinstellungen*

Die Registerkarte *Anmeldeeinstellungen* (Abbildung 3.14) ermöglicht Ihnen, alle Terminaldiensteclients so einzustellen, dass sie denselben vordefinierten Benutzernamen und dasselbe Kennwort verwenden. Die gemeinsame Verwendung derselben Anmeldeinformationen in dieser Weise ermöglicht es den Benutzern, eine Verbindung mit dem Terminalserver herzustellen, ohne Anmeldeinformationen eingeben zu müssen. Diese Einstellung kann sich für Testumgebungen oder öffentliche Terminals eignen.

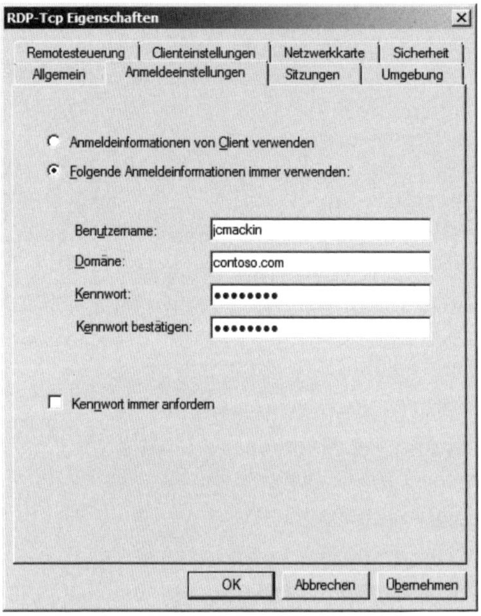

Abbildung 3.14 Einstellungen für die Anmeldung bei den Terminaldiensten

Wenn Sie das Kontrollkästchen *Kennwort immer anfordern* wählen, muss der Benutzer mindestens ein Kennwort, eventuell auch den Benutzernamen eingeben, bevor er eine Verbindung herstellen kann.

Registerkarte *Sitzungen*

Sie können die Registerkarte *Sitzungen* verwenden, um Zeitlimits für die Benutzung des Terminalservers festzulegen. Auf dieser Registerkarte können Sie einstellen, wie lange getrennte Sitzungen erhalten bleiben, wie lange aktive Sitzungen und Leerlaufsitzungen dauern dürfen und was nach Ablauf der Fristen geschehen soll.

Standardmäßig werden diese Einstellungen nicht in diesem Dialogfeld *RDP-TCP Eigenschaften* vorgenommen, sondern in den Domänenkonten der Benutzer. Wenn Sie diese benutzerdefinierten Einstellungen außer Kraft setzen möchten, können Sie das Kontrollkästchen *Benutzereinstellungen überschreiben* anklicken (Abbildung 3.15) und folgende Werte einstellen:

- **Getrennte Sitzung beenden** Diese Einstellung bestimmt, wann (und ob) ein Benutzer automatisch von einer getrennten Sitzung abgemeldet wird.
- **Zeitlimit für aktive Sitzungen** Diese Einstellung bestimmt, wie lange ein Benutzer in einer Terminaldienstesitzung arbeiten kann, bevor die Sitzung automatisch getrennt wird.
- **Leerlaufsitzungslimit** Diese Einstellung bestimmt, wie lange ein Benutzer eine inaktive Verbindung mit einer Terminaldienstesitzung aufrechterhalten kann, bevor er automatisch getrennt wird.
- **Bei Erreichen des Sitzungslimits oder bei getrennter Verbindung** Diese Einstellung bestimmt, ob ein Benutzer automatisch abgemeldet wird, wenn die Verbindung manuell oder automatisch unterbrochen wird.

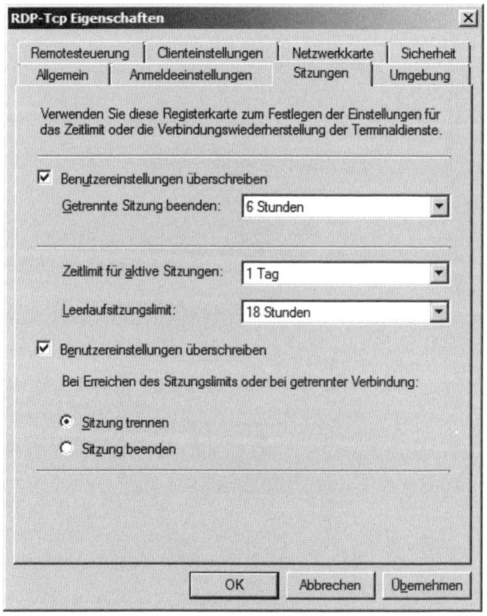

Abbildung 3.15 Einstellen der Fristen für aktive, getrennte und leer laufende Sitzungen

Registerkarte *Umgebung*

Auf dieser Registerkarte können Sie festlegen, ob die im Benutzerprofil festgelegten Autostartprogramme auch in einer Terminaldienstesitzung automatisch gestartet werden sollen. Außerdem können Sie ein Programm einstellen, das bei der Anmeldung eines Benutzers über RDP beim lokalen Terminalserver automatisch gestartet wird.

Abbildung 3.16 zeigt die Registerkarte *Umgebung*.

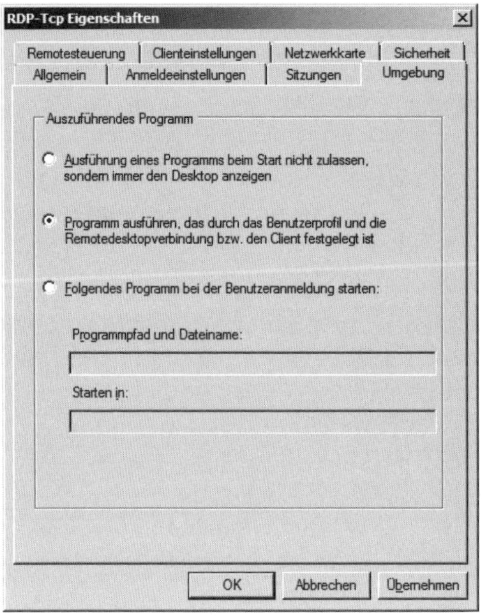

Abbildung 3.16 Einstellungen für automatisch gestartete Programme

Registerkarte *Remotesteuerung*

Die Remotesteuerung der Terminaldienste ermöglicht es einem Administrator, die Terminaldienstesitzung eines anderen Benutzers zu sehen oder mit ihr zu arbeiten. Standardmäßig wird diese Funktion auf Benutzerbasis eingestellt, und zwar in den Eigenschaftendialogfeldern der Benutzerkonten. (Diese Einstellungen legen fest, ob ein Administrator Terminaldienstesitzungen des betreffenden Benutzers sehen oder steuern kann). Auf der Registerkarte *Remotesteuerung* können Sie diese Funktion dagegen auf Serverbasis einstellen.

Die Standardeinstellungen eines Benutzerkontos erlauben es einem Administrator nur mit dem Einverständnis des Benutzers, sich in die Terminaldienstesitzung eines anderen Benutzers einzumischen. Allerdings können Sie Administratoren mit der Registerkarte *Umgebung* des Dialogfelds *RDP-TCP Eigenschaften* in die Lage versetzen, auch ohne Einverständnis der Benutzer alle Benutzersitzungen zu sehen oder zu steuern. Andererseits können Sie Administratoren auch daran hindern, sich ohne Einverständnis der Benutzer in die Sitzungen anderer Benutzer einzumischen oder die Sitzungen zu sehen.

Wichtig Die Remotesteuerung funktioniert nur in Remotesitzungen

Sie können die Remotesteuerung nur in einer RDP-Sitzung verwenden. Wenn ein Administrator lokal auf einem Terminalserver angemeldet ist, ist diese Funktion deaktiviert.

Abbildung 2.17 zeigt die Registerkarte *Remotesteuerung*.

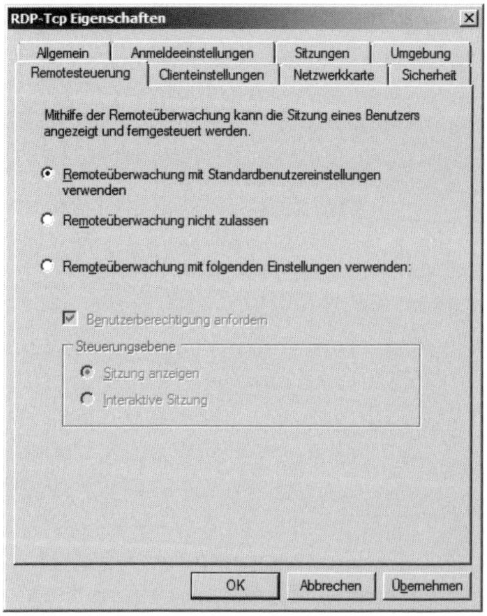

Abbildung 3.17 Einstellungen für die Remoteüberwachung

Registerkarte *Clienteinstellungen*

Die Registerkarte *Clienteinstellungen* (Abbildung 3.18) ermöglicht Ihnen, bestimmte Komponenten der Benutzeroberfläche umzuleiten.

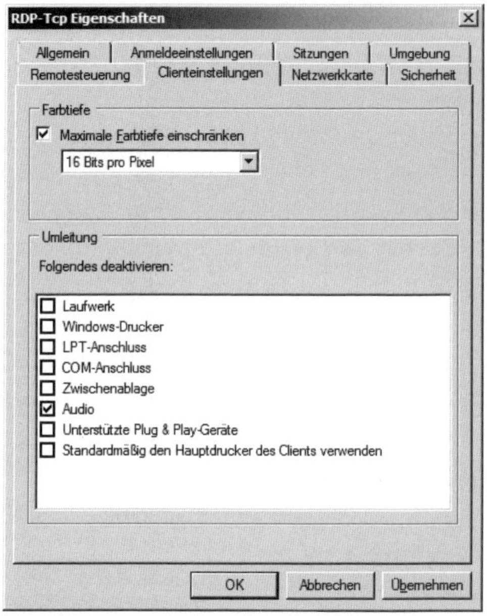

Abbildung 3.18 Die Registerkarte *Clienteinstellungen*

Im Bereich *Farbtiefe* der Registerkarte können Sie festlegen, wie umfangreich die Farbinformationen sind, die der Terminalserver an den Client sendet. Die Standardeinstellung ist 16 Bit pro Pixel, aber Sie können auch einen höheren oder niedrigeren Wert einstellen. Wenn Sie für RDP-Verbindungen eine höhere Farbtiefe einstellen, steigt zwar die Bildqualität, aber die Übertragung eines Bildes dauert länger.

Im Bereich *Umleitung – Folgendes deaktivieren* der Registerkarte können Sie festlegen, welche Komponenten und Daten nicht an den Client umgeleitet werden sollen. Der Vorteil ist eine bessere Übertragungsleistung, aber diese Verbesserung hat ihren Preis: Sie kostet die Verfügbarkeit der einzelnen Komponenten, die Sie deaktivieren.

- **Laufwerk** Wenn Sie diese Option wählen, werden die lokalen Datenträger des Clients nicht in die Terminaldiensteverbindung einbezogen. (Damit die Laufwerke verfügbar sind, muss dieses Kontrollkästchen gelöscht sein und auf der Registerkarte *Lokale Ressourcen* des Remotedesktopverbindungsclients muss die Option *Laufwerke* gewählt sein.)
- **Windows-Drucker** Wenn Sie diese Option wählen, sind die lokal am Client angeschlossenen Drucker nicht in der Terminaldienstesitzung verfügbar. Allerdings können Benutzer trotzdem in einer Eingabeaufforderung eine Verbindung mit dem Clientdrucker herstellen, wobei sie eine LPT- oder COM-Anschlusszuordnung vornehmen.
- **LPT-Anschluss** Die Wahl dieser Option verhindert, dass Benutzer einer Verbindung einen LPT-Drucker zuordnen können.
- **COM-Anschluss** Die Wahl dieser Option blockiert in der Terminaldienstesitzung eine Verbindung mit den COM-Geräten des Clientcomputers.
- **Zwischenablage** Wird diese Option gewählt, können Benutzer in einer Terminaldienstesitzung keine Daten ausschneiden oder in die Zwischenablage kopieren und diese Daten dann auf dem Clientcomputer in der lokalen Sitzung einfügen. Bei langsamen Verbindungen lässt sich das scheinbare Einfrieren des Bildschirms verringern, wenn die Umlenkung der Zwischenablage deaktiviert wird.
- **Audio** Ist diese Option aktiviert, werden keine Audiodaten vom Remotedesktop auf den lokalen Clientcomputer übertragen. Das ist die einzige Option, die standardmäßig vorgewählt wird.
- **Unterstützte Plug & Play-Geräte** Wird diese Option gewählt, können lokale Plug & Play-Geräte nicht in eine Terminaldienstesitzung umgeleitet werden.
- **Standardmäßig den Hauptdrucker des Clients verwenden** Wenn Sie diese Option wählen, kann der Standarddrucker des Terminaldiensteclients nicht in der Terminaldienstesitzung als Standarddrucker verwendet werden.

Registerkarte *Netzwerkkarte*

Diese Registerkarte ermöglicht Ihnen, die RDP-Tcp-Standardverbindung so weit einzuschränken, dass sie nur auf einer bestimmten Netzwerkkarte auf RDP-Verbindungsversuche wartet. Außerdem können Sie auf der Registerkarte die Zahl der Verbindungen beschränken, die auf dem Terminalserver maximal zulässig sind. Standardmäßig wird hier kein Wert vorgegeben (Abbildung 3.19).

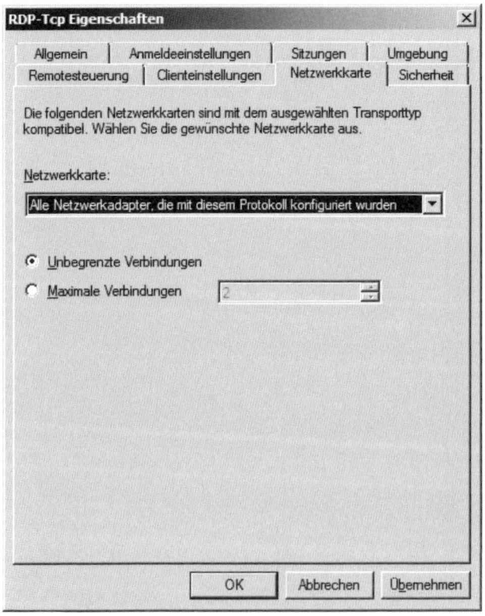

Abbildung 3.19 Die Registerkarte *Netzwerkkarte*

Registerkarte *Sicherheit*

Mit dieser Registerkarte können Sie die Benutzerberechtigungen für alle RDP-Verbindungen mit dem Terminalserver festlegen. Es wird aber empfohlen, zur Konfiguration des Benutzerzugriffs auf die Terminaldienste nicht diese Registerkarte zu verwenden. Verwenden Sie stattdessen die Gruppe *Remotedesktopbenutzer*. Sie sollten diese Registerkarte verwenden, um festzulegen, welche Benutzer Administrationsrechte (*Vollzugriff*) für die Terminaldienste erhalten sollen. Abbildung 3.20 zeigt die Registerkarte *Sicherheit*.

Konfigurieren der Eigenschaften des Terminaldiensteservers

Neben dem Dialogfeld *RDP-TCP Eigenschaften* bietet die Konsole Terminaldienstekonfiguration im Bereich *Einstellungen bearbeiten* einen zweiten wichtigen Optionssatz. Diese Einstellungen gelten allerdings für den gesamten Terminalserver. Im Gegensatz zu den RDP-Tcp-Eigenschaften oder anderen Verbindungseinstellungen lassen sie sich nicht auf ein Transportprotokoll oder eine bestimmte Netzwerkkarte beschränken.

Der Bereich *Einstellungen bearbeiten* bietet sieben Terminalserveroptionen in drei Gruppen: *Allgemein*, *Lizenzierung* und *Terminaldienste-Sitzungsbroker*. Wenn Sie diese Servereinstellungen ändern möchten, klicken Sie eine mit einem Doppelklick an. Dadurch öffnet sich ein Dialogfeld *Eigenschaften*, dessen drei Registerkarten dieselben Bezeichnungen haben. Die darauf verfügbaren Optionen werden im Folgenden besprochen.

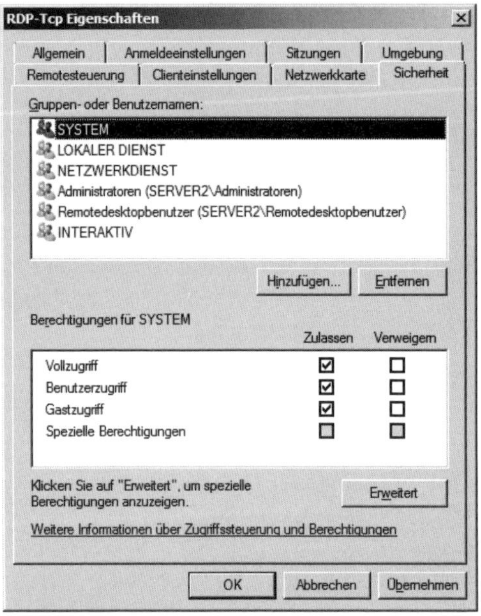

Abbildung 3.20 Die Registerkarte *Sicherheit* des Dialogfelds *RDP-TCP Eigenschaften*

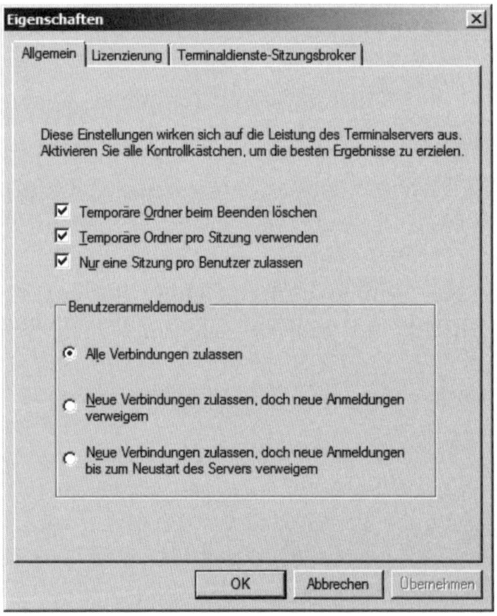

Abbildung 3.21 *Benutzeranmeldemodus*-Einstellungen

Registerkarte *Allgemein*

Die Registerkarte *Allgemein* ermöglicht Ihnen, folgende Einstellungen für Benutzeranmeldesitzungen vorzunehmen:

- **Temporäre Ordner beim Beenden löschen** Wenn diese Option aktiviert ist, was sie standardmäßig ist, werden alle temporären Dateien gelöscht, sobald sich der Benutzer von einer Terminaldienstesitzung abmeldet. Temporäre Daten auf diese Weise zu löschen, kostet zwar Leistung, verbessert aber den Datenschutz, weil es verhütet, dass Benutzer unter Umständen auf Daten anderer Benutzer zuzugreifen. Diese Einstellung funktioniert aber nur, wenn auch die nächste Option *Temporäre Ordner pro Sitzung verwenden* aktiviert ist.
- **Temporäre Ordner pro Sitzung verwenden** Standardmäßig aktiviert, sorgt diese Option dafür, dass für jede Benutzersitzung ein neuer Ordner für temporäre Daten angelegt wird. Ist diese Option deaktiviert, sind temporäre Daten für alle aktiven Sitzungen zugänglich. Die gemeinsame Nutzung von temporären Daten durch mehrere Benutzer kann zwar die Leistung verbessern, erfolgt aber auf Kosten des Datenschutzes.
- **Nur eine Sitzung pro Benutzer zulassen** Diese Option ist standardmäßig aktiviert. Wenn sie aktiviert ist, erlaubt sie nur eine Anmeldesitzung pro Benutzer auf dem Terminalserver. Wenn Sie zum Beispiel mit dem integrierten Konto *Administrator* lokal auf einem Server angemeldet sind, können Sie nicht mit demselben Konto *Administrator* über eine Remotedesktopverbindung mit demselben Computer verbunden werden, ohne sich vorher lokal vom Server abzumelden. Da Benutzer erst eine Sitzung beenden müssen, bevor sie eine weitere Sitzung beginnen können, verhindert diese Standardeinstellung einen möglichen Datenverlust im Benutzerprofil. Außerdem verhindert sie gescheiterte Benutzersitzungen und schont auf diese Weise die Serverressourcen.
- **Benutzeranmeldemodus** Mit den Einstellungen aus dem Bereich *Benutzeranmeldemodus* können Sie verhindern, dass sich Benutzer neu am Terminalserver anmelden. Das ist zum Beispiel sinnvoll, wenn der Server zu Wartungszwecken heruntergefahren werden muss. Die Option *Alle Verbindungen zulassen* ist die Standardeinstellung. Wenn Sie auf unbestimmte Zeit verhindern wollen, dass Benutzer eine Verbindung mit dem Terminalserver herstellen, können Sie die Option *Neue Verbindungen zulassen, doch neue Anmeldungen verweigern* wählen. Falls Sie nur bis zum nächsten Neustart des Servers verhindern wollen, dass Benutzer eine Verbindung mit dem Server herstellen, können Sie die Option *Neue Verbindungen zulassen, doch neue Anmeldungen bis zum Neustart des Servers verweigern* wählen. Beachten Sie, dass keine dieser Optionen eine Sitzung zwangsweise beendet. Sofern Sie einen Server neu starten müssen, kann es erforderlich werden, die Sitzungen manuell zu beenden, wie es in Kapitel 4 beschrieben wird.

Die Registerkarte *Allgemein* ist in Abbildung 3.21 zu sehen.

Prüfungstipp

Die drei Einstellungen aus dem Bereich *Benutzeranmeldemodus* sind in Windows Server 2008 neu. Daher können Sie wohl davon ausgehen, dass es in der Prüfung 70-643 mindestens eine Frage zu diesen Optionen gibt. Beachten Sie, dass die Funktion zur Verhinderung neuer Anmeldungen manchmal auch „Drain Mode“ genannt wird.

Registerkarte *Lizenzierung*

Die Registerkarte *Lizenzierung* (Abbildung 3.22) ermöglicht Ihnen die Einstellung zweier Modi, die mit der Terminalserverlizenzierung zu tun haben, nämlich die Einstellung des Lizenzierungsmodus und des Lizenzserver-Suchmodus.

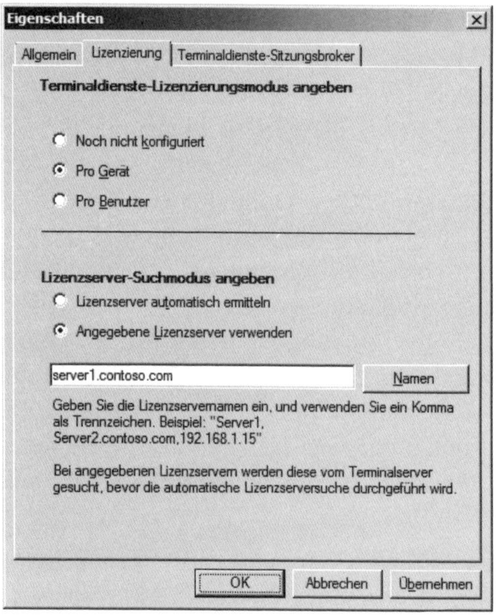

Abbildung 3.22 Die Registerkarte *Lizenzierung*

- **Terminaldienste-Lizenzierungsmodus** Während der Installation der Serverrolle Terminaldienste können Sie bereits den Lizenzierungsmodus des Terminalservers angeben oder die Festlegung auf später verschieben. Um den Lizenzierungsmodus nach der Installation festzulegen oder zu ändern, wählen Sie im Eigenschaftendialogfeld des Servers die Registerkarte *Lizenzierung* und wählen dann im Bereich *Terminaldienste-Lizenzierungsmodus angeben* die Option *Pro Gerät* oder *Pro Benutzer*.
- **Lizenzserver-Suchmodus** Der Lizenzserver-Suchmodus ist die Methode, mit der ein Terminalserver versucht, eine Verbindung mit dem Lizenzserver herzustellen, um Terminaldienste-Clientzugriffslizenzen abzurufen. Standardmäßig ist der Suchmodus auf *Lizenzserver automatisch ermitteln* eingestellt. Bei dieser automatischen Lizenzserversuche versucht ein Terminalserver, Kontakt mit einem Lizenzserver aufzunehmen, der in Active Directory veröffentlicht oder auf Domänencontrollern der lokalen

Domäne installiert ist. Als Alternative zur automatischen Suche können Sie den Lizenzserver manuell festlegen, indem Sie die Option *Angegebene Lizenzserver verwenden* wählen und dann im dazugehörigen Textfeld den Namen oder die Adresse eines Lizenzservers eingeben.

Prüfungstipp

In Active Directory-Benutzer und -Computer finden Sie eine domänenlokale Sicherheitsgruppe namens *Terminal Server Computers*. Sie können durch die Mitgliedschaft in dieser Gruppe festlegen, welche Terminalserver mit den Lizenzservern der Domäne kommunizieren dürfen.

Registerkarte *Terminaldienste-Sitzungsbroker*

Die Registerkarte *Terminaldienste-Sitzungsbroker* (Abbildung 3.23) dient zur Konfiguration von Einstellungen für einen Mitgliedsserver in einer Serverfarm. Der Terminaldienste-Sitzungsbroker kann zur Verteilung der Last auf die Server einer Farm verwendet werden, wobei neue Benutzersitzungen an die Server der Farm weitergeleitet werden, die über die geringste Zahl an Sitzungen verfügen. Der Terminaldienste-Sitzungsbroker wird auch verwendet, um sicherzustellen, dass Benutzer automatisch wieder Verbindungen mit getrennten Sitzungen auf den entsprechenden Mitgliedsservern herstellen können.

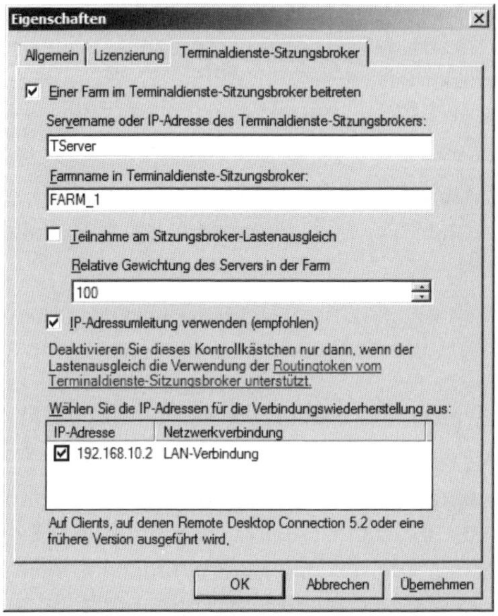

Abbildung 3.23 Konfigurieren des Terminaldienste-Lastausgleichs

Hinweis Terminaldienste-Sitzungsbroker und Active Directory

Der Server, auf dem Sie den Terminaldienste-Sitzungsbroker installieren, muss Mitglied einer Domäne sein.

Der erste Schritt zur Konfiguration einer Terminalserverfarm besteht darin, den Rollendienst Terminaldienste-Sitzungsbroker auf einem Server zu installieren, auf dem Sie die Sitzungen in der gesamten Farm verwalten möchten. Dieser Server wird der Terminaldienste-Sitzungsbrokerserver. Dann müssen Sie die Terminalserver der Farm auf dem Terminaldienste-Sitzungsbrokerserver zur lokalen Gruppe *Sitzungsverzeichnis Computer* hinzufügen. Schließlich müssen Sie noch die Terminalserver zur Farm hinzufügen, indem Sie auf dieser Registerkarte die folgenden Optionen konfigurieren:

- **Einer Farm im Terminaldienste-Sitzungsbroker beitreten** Wählen Sie dieses Kontrollkästchen, wenn Sie den lokalen Server zur Farm hinzufügen und die restlichen Optionen zur Konfiguration verfügbar machen wollen.
- **Servername oder IP-Adresse des Terminaldienste-Sitzungsbrokers** Geben Sie in diesem Textfeld den Namen oder die IP-Adresse des Servers ein, auf dem Sie den Rollendienst Terminaldienste-Sitzungsbroker installiert haben.
- **Farmname in Terminaldienste-Sitzungsbroker** In diesem Textfeld müssen Sie den Namen der Farm eingeben, der von allen Farmmitgliedern verwendet wird. Dieser Name ist auch der DNS-Name (Domain Name System), den Clients verwenden, wenn sie eine Verbindung mit der Terminalserverfarm herstellen. (Daher sollten Sie auf dem zuständigen DNS-Server dafür sorgen, dass mehrere DNS-Einträge mit diesem Farmnamen vorhanden sind, mit denen die Adressen der einzelnen Farmmitglieder verfügbar werden).
- **Teilnahme am Sitzungsbroker-Lastenausgleich** Wählen Sie dieses Kontrollkästchen, wenn der lokale Server am Lastausgleichsmechanismus des Terminaldienste-Sitzungsbrokers teilnehmen soll.
- **Relative Gewichtung des Servers in der Farm** Mit dieser Einstellung können Sie dafür sorgen, dass leistungsfähige Server einen größeren Anteil an den Benutzersitzungen erhalten als schwächere Server. Wenn Sie zum Beispiel einem leistungsfähigen Server die Gewichtung 200 zuweisen und einem weniger leistungsfähigen die Gewichtung 100, erhält der erste Server doppelt so viel Sitzungen wie der zweite.
- **IP-Adressumleitung verwenden (empfohlen)** Der Sitzungsbroker kann zwei Methoden verwenden, um Clients an eine getrennte Sitzung zu vermitteln: IP-Adressumleitung und Routingtokenumleitung. Die IP-Adressumleitung ist standardmäßig aktiviert und reicht in den meisten Fällen aus. Diese Umleitungsmethode funktioniert, wenn die Clients mit jedem Terminalserver der Farm direkt eine Verbindung herstellen können. Löschen Sie dieses Kontrollkästchen nur, wenn Ihre Terminaldiensteclients nicht mit allen Terminalservern der Farm eine Verbindung herstellen können und wenn Ihre Netzwerklastenausgleichslösung die Routingtoken des Terminaldienste-Sitzungsbrokers unterstützt.

- **Wählen Sie die IP-Adressen für die Verbindungswiederherstellung aus** Wählen Sie in diesem Abschnitt die IP-Adresse aus, die in der Terminalserverfarm verwendet werden soll.

Prüfungstipp

Vergessen Sie nicht, die IP-Adressumleitung durch den Terminaldienste-Sitzungsbroker zu deaktivieren, wenn Ihr Netzwerk einen Lastenausgleicher aufweist (gewöhnlich ein spezielles Hardwaregerät), der Routingtoken unterstützt.

Prüfungstipp

Vergessen Sie für die Prüfung 70-643 und für die Praxis nicht, dass Sie jedes Farmmitglied auf dem Terminaldienste-Sitzungsbrokerserver zur lokalen Gruppe *Sitzungsverzeichnis Computer* hinzufügen müssen.

Wichtig Terminaldienste-Sitzungsbroker und die ersten Verbindungen im Lastausgleich

Um in der Serverfarm die ersten Verbindungen herstellen zu können, muss für den Lastausgleichsmechanismus des Terminaldienste-Sitzungsbrokers eine Lastausgleichslösung wie Round-Robin-DNS, der Netzwerklastenausgleich oder ein Hardware-Lastausgleicher zur Verfügung stehen.

Konfigurieren der Terminalserver-Druckerumleitung

Die Druckerumleitung ermöglicht es, in einer Terminaldienstesitzung die Drucker des Clients zu verwenden. Die Grundoptionen für die Druckerumleitung können Sie zwar leicht auf der Registerkarte *Clienteinstellungen* des Dialogfelds *RDP-TCP Eigenschaften* ändern, aber die Gruppenrichtlinien bieten wichtige zusätzliche Optionen für die Druckerumleitung.

In der Konsole Gruppenrichtlinienverwaltung können Sie die Druckerumleitung deaktivieren oder anpassen. Öffnen Sie in der Gruppenrichtlinienverwaltung ein Gruppenrichtlinienobjekt und wechseln Sie in den Ordner *Computerkonfiguration\Richtlinien\Administrative Vorlagen\Windows-Komponenten\Terminaldienste\Terminalserver\Druckerumleitung*. Im Ordner *Druckerumleitung* können Sie folgende fünf Richtlinieneinstellungen vornehmen:

- **Standardclientdrucker nicht als Standarddrucker in einer Sitzung festlegen** Die Terminaldienste verwenden den Standarddrucker des Clients automatisch auch in der Terminaldienstesitzung als Standarddrucker. Mit dieser Richtlinieneinstellung können Sie das ändern. Wenn Sie diese Richtlinieneinstellung aktivieren, wird der auf dem Remotecomputer angegebene Drucker in der Terminaldienstesitzung als Standarddrucker verwendet.

- **Clientdruckerumleitung nicht zulassen** Diese Richtlinieneinstellung deaktiviert die Druckerumleitung. Wenn Sie diese Richtlinieneinstellung aktivieren, können Benutzer in Terminaldienstesitzungen Druckaufträge nicht vom Remotecomputer auf einen lokalen Drucker umleiten.
- **Verhalten des Terminalserver-Fallbackdruckertreibers festlegen** Diese Richtlinieneinstellung legt fest, was geschieht, wenn der Terminalserver nicht über einen passenden Druckertreiber für den Drucker des Clients verfügt. Standardmäßig ist in diesem Fall einfach kein Drucker in der Terminaldienstesitzung verfügbar. Allerdings können Sie mit dieser Richtlinieneinstellung dafür sorgen, dass bei einem fehlenden Druckertreiber ein PCL-Druckertreiber (Printer Control Language), ein PS-Druckertreiber (PostScript) oder beide verwendet werden.
- **Zuerst Easy Print-Druckertreiber der Terminaldienste verwenden** Der Easy Print-Druckertreiber der Terminaldienste ermöglicht es Benutzern, in Terminaldienstesitzungen zuverlässig auf den richtigen Druckern Ihrer Clientcomputer zu drucken. Außerdem gleicht er den Druckvorgang in Remotesitzungen besser an den lokalen Druck an. Standardmäßig versucht der Terminalserver zuerst, die Clientdrucker mit dem Eeasy Print-Druckertreiber der Terminaldienste zu installieren. Mit dieser Richtlinieneinstellung können Sie den Easy Print-Druckertreiber der Terminaldienstesitzung deaktivieren.
- **Nur Standardclientdrucker umleiten** Standardmäßig werden alle Clientdrucker in Terminaldienstesitzungen umgeleitet. Wenn Sie diese Richtlinieneinstellung aktivieren, wird nur der Standarddrucker des Clients in Terminaldienstesitzungen umgeleitet.

Prüfungstipp

Lernen Sie diese Gruppenrichtlinien gründlich für die Prüfung 70-643.

Schnelltest

1. Sie möchten einen Server aus einer Serverfarm vom Netzwerk trennen. Bei diesem Vorgang möchten Sie aber keine Benutzersitzungen zwangsweise beenden. Wie bereiten Sie das Herunterfahren des Servers vor?
2. Sie möchten in Terminaldiensteverbindungen mit einem Server namens TS1 den Ton aktivieren. Was tun Sie?

Antworten zum Schnelltest

1. Konfigurieren Sie die Terminalservereigenschaften in der Konsole Terminaldienstekonfiguration so, dass zwar Verbindungen zugelassen werden, aber keine Neuanmeldungen.
2. Löschen Sie auf TS1 das Kontrollkästchen *Audio* auf der Registerkarte *Clienteinstellungen* des Dialogfelds *RDP-TCP Eigenschaften*.

Praktische Übung Installieren und Konfigurieren eines Lizenzierungsservers

Wenn Sie von Microsoft oder über Händler Terminaldienste-Clientzugriffslizenzen erworben haben, müssen Sie einen Lizenzierungsserver installieren und aktivieren. In dieser Übung installieren Sie auf Server 1 einen Terminaldienste-Lizenzserver. Server1 dient also als Lizenzserver für Server2, auf dem die Terminaldienste bereits installiert sind.

Nach der Installation des Lizenzservers öffnen Sie die Konsole Terminaldienstelizenzierungs-Manager, um die Prozeduren für die Aktivierung eines Lizenzservers und die Installation von Terminaldienste-Clientzugriffslizenzen zu überprüfen.

▶ Übung 1: Installieren der Serverrolle Terminaldienstelizenzierung

In dieser Übung verwenden Sie den Assistenten zum Hinzufügen von Rollen, um auf dem Domänencontroller der Domäne *Contoso.com* einen Terminaldienste-Lizenzserver zu installieren.

1. Melden Sie sich auf Server1 als Domänenadministrator bei der Domäne *Contoso.com* an.
2. Öffnen Sie den Server-Manager.
3. Wählen Sie in der Konsolenstruktur des Server-Managers den Knoten *Rollen* und klicken Sie im Detailbereich dann auf *Rollen hinzufügen.*

   Der Assistent zum Hinzufügen von Rollen öffnet sich.
4. Klicken Sie auf der Seite *Vorbemerkungen* auf *Weiter.*
5. Wählen Sie auf der Seite *Serverrollen auswählen* das Kontrollkästchen *Terminaldienste* und klicken Sie dann auf *Weiter.*
6. Klicken Sie auf der Seite *Terminaldienste* auf *Weiter.*
7. Wählen Sie auf der Seite *Rollendienste auswählen* das Kontrollkästchen *Terminaldienstelizenzierung* und klicken Sie dann auf *Weiter.*
8. Lesen Sie den Text auf der Seite *Konfigurieren des Suchbereichs für Terminaldienstelizenzierung.*

   Beachten Sie, dass Sie den Lizenzserver für eine lokale Active Directory-Domäne oder für eine Gesamtstruktur mit mehreren Domänen konfigurieren können. Die aktuelle Active Directory-Umgebung besteht aus einer Gesamtstruktur mit nur einer Domäne.

   Prüfungstipp

   Lesen Sie diese Seite sorgfältig. Für die Prüfung müssen Sie das Konzept des Suchbereichs für die Terminaldienstelizenzierung verstehen.

9. Übernehmen Sie auf der Seite *Konfigurieren des Suchbereichs für Terminaldienstelizenzierung* die Standardvorgabe *Diese Domäne* und klicken Sie auf *Weiter.*

10. Lesen Sie den Text auf der Seite *Installationsauswahl bestätigen* und klicken Sie dann auf *Installieren*.

    Nach dem Abschluss der Installation erscheint die Seite *Installationsergebnisse*.

11. Klicken Sie auf der Seite *Installationsergebnisse* auf *Schließen*.

▶ Übung 2: Aktivieren eines Terminaldienste-Lizenzierungsservers

In dieser Übung aktivieren Sie den Lizenzserver und sehen sich an, wie Terminaldienste-Clientzugriffslizenzen installiert werden. Für diese Übung muss Server1 mit dem Internet verbunden sein.

1. Sie müssen für diese Übung auf Server1 als Domänenadministrator angemeldet sein. Öffnen Sie die Konsole Terminaldienstelizenzierungs-Manager. Dazu klicken Sie auf *Start*, zeigen erst auf *Verwaltung*, dann auf *Terminaldienste*, und klicken auf *Terminaldienstelizenzierungs-Manager*.

   Der Terminaldienstelizenzierungs-Manager öffnet sich.

   Der Terminaldienstelizenzierungs-Manager wird zwar automatisch auf jedem Server installiert, auf dem Sie den Rollendienst Terminaldienstelizenzierung installieren, aber Sie brauchen den Lizenzierungsserver nicht direkt auf dem Server zu verwalten. Sie können den Terminaldienstelizenzierungs-Manager auf einem geeigneten anderen Server installieren und den Lizenzserver remote verwalten.

2. Erweitern Sie in der Konsolenstruktur des Terminaldienstelizenzierungs-Managers den Knoten *Alle Server* und wählen dann den Knoten *SERVER1*. (An dieser Stelle sollte der Server mit einem roten X gekennzeichnet sein, weil er noch nicht aktiviert ist.)

3. Klicken Sie den Knoten *SERVER1* mit der rechten Maustaste an und klicken Sie dann auf *Server aktivieren*.

   Der Serveraktivierungs-Assistent öffnet sich.

4. Lesen Sie den Text auf der *Willkommen*-Seite und klicken Sie dann auf *Weiter*.

5. Lesen Sie den Text auf der Seite *Verbindungsmethode* und beantworten Sie dann folgende Frage: Welche Verbindungsmethode wird standardmäßig für den Lizenzserver vorgegeben?

   Antwort: Automatische Verbindung (empfohlen)

6. Wählen Sie auf der Seite *Verbindungsmethode* in der Dropdownliste *Verbindungsmethode* den Eintrag *Webbrowser*.

7. Lesen Sie den Text in den Bereichen *Beschreibung* und *Anforderungen*, der für den gewählten Eintrag aktualisiert wurde. Die Webbrowser-Verbindungsmethode ist nützlich, wenn der Lizenzierungsserver nicht über eine Internetverbindung verfügt. Bei dieser Methode müssen Sie nur auf einem anderen Computer Zugriff auf das Internet haben. Der Computer muss nicht mit dem Lizenzierungsserver verbunden sein.

8. Wählen Sie auf der Seite *Verbindungsmethode* in der Dropdownliste *Verbindungsmethode* den Eintrag *Telefon*.
9. Lesen Sie den Text in den Bereichen *Beschreibung* und *Anforderungen*, der für den gewählten Eintrag aktualisiert wurde. Die Verbindungsmethode *Telefon* ist sinnvoll, wenn Ihr Netzwerk nicht mit dem Internet verbunden ist.
10. Wählen Sie auf der Seite *Verbindungsmethode* in der gleichnamigen Dropdownliste wieder den Eintrag *Automatische Verbindung* und klicken Sie dann auf *Weiter*.

    Während Server1 die Verbindung mit dem Aktivierungsserver des Microsoft Clearinghouse herstellt, erscheint kurz das Dialogfeld *Serveraktivierungs-Assistent*. Nach einem Augenblick erscheint die Seite *Firmeninformationen*.
11. Geben Sie auf der Seite *Firmeninformationen* die entsprechenden Informationen in den Feldern *Vorname*, *Nachname* und *Firma* ein. Wählen Sie dann aus der Dropdownliste *Land oder Region* Ihr Land aus.
12. Klicken Sie auf *Weiter*.
13. Eine weitere Seite *Firmeninformationen* erscheint. Die Eingaben auf dieser Seite sind allerdings optional. Klicken Sie auf *Weiter*.

    Es erscheint kurz das Dialogfeld *Serveraktivierungs-Assistent* und dann die Seite *Fertigstellen des Assistenten*. Beachten Sie, dass das Kontrollkästchen *Assistent für die Lizenzinstallation starten* vorgewählt ist.
14. Lesen Sie den Text auf der Seite *Fertigstellen des Assistenten* und klicken Sie dann auf *Weiter*.

    Die *Willkommen*-Seite des Lizenzinstallations-Assistenten erscheint.
15. Lassen Sie alle Fenster geöffnet und fahren Sie mit Übung 3 fort.

▶ Übung 3: Prüfen des Vorgangs zur Installation der Terminaldienste-Clientzugriffslizenzen

Die Installation von Clientlizenzen ist der letzte Schritt bei der Bereitstellung eines Lizenzservers. Auch wenn Sie keine Terminaldienste-Clientzugriffslizenzen installieren müssen, ist es eine gute Idee, sich die Seiten des Lizenzinstallations-Assistenten anzusehen, um eine bessere Vorstellung vom gesamten Ablauf des Bereitstellungsprozesses zu erhalten.

In dieser Übung prüfen Sie den Vorgang, mit dem Terminaldienste-Clientzugriffslizenzen auf Ihrem frisch aktivierten Server installiert werden.

1. Lesen Sie den Text auf der *Willkommen*-Seite des Lizenzinstallations-Assistenten (Abbildung 3.24) und klicken Sie dann auf *Weiter*.

   Die Seite *Lizenzen installieren* ist kurz zu sehen und dann erscheint die Seite *Lizenzprogramm*. Abbildung 3.25 zeigt die Seite *Lizenzprogramm*.

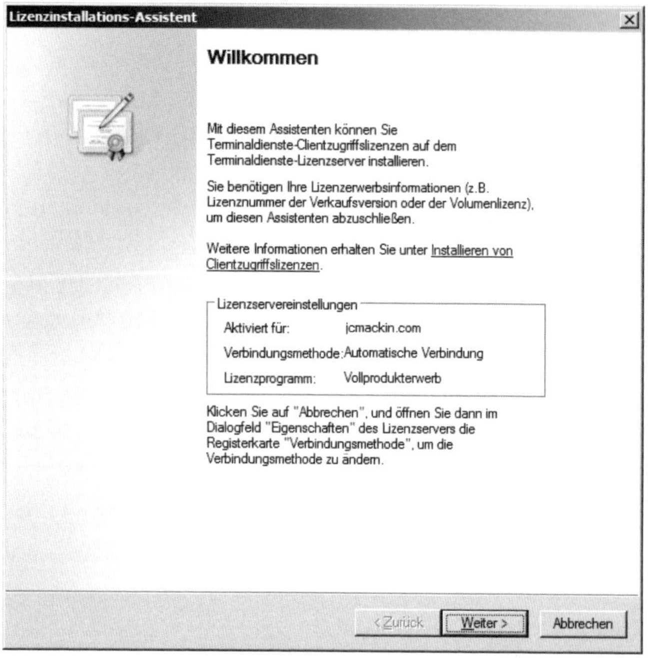

Abbildung 3.24 Die *Willkommen*-Seite des Lizenzinstallations-Assistenten

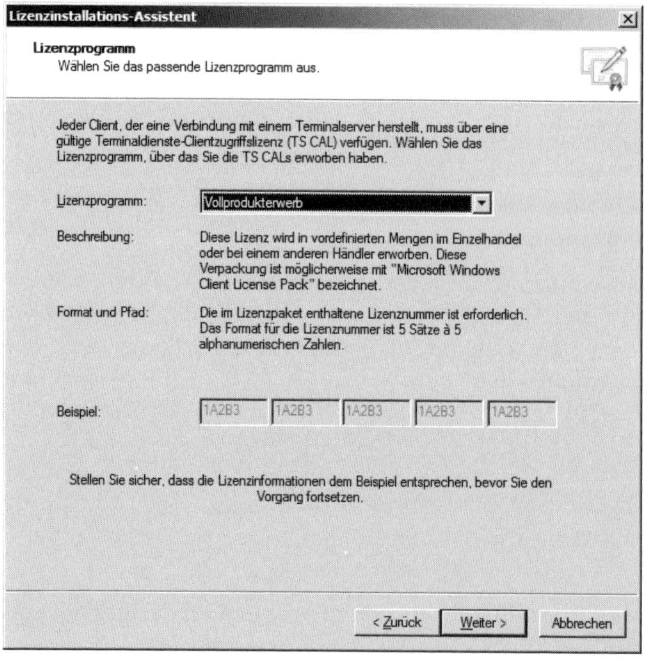

Abbildung 3.25 Die Seite *Lizenzprogramm* des Lizenzinstallations-Assistenten

2. Lesen Sie den Text auf der Seite *Lizenzprogramm*.
3. Überprüfen Sie die Optionen in der Dropdownliste *Lizenzprogramm*.
4. Nehmen Sie sich die Zeit, die verschiedenen Lizenzprogrammoptionen zu untersuchen. Wählen Sie jede Option an und lesen Sie den dazugehörigen Text auf der Seite.
5. Sorgen Sie in der Dropdownliste *Lizenzprogramm* dafür, dass die Standardoption *Vollprodukterwerb* gewählt ist, und klicken Sie dann auf *Weiter*.

   Die Seite *Lizenznummer* erscheint. Die Seite *Lizenznummer* ist in Abbildung 3.26 zu sehen.

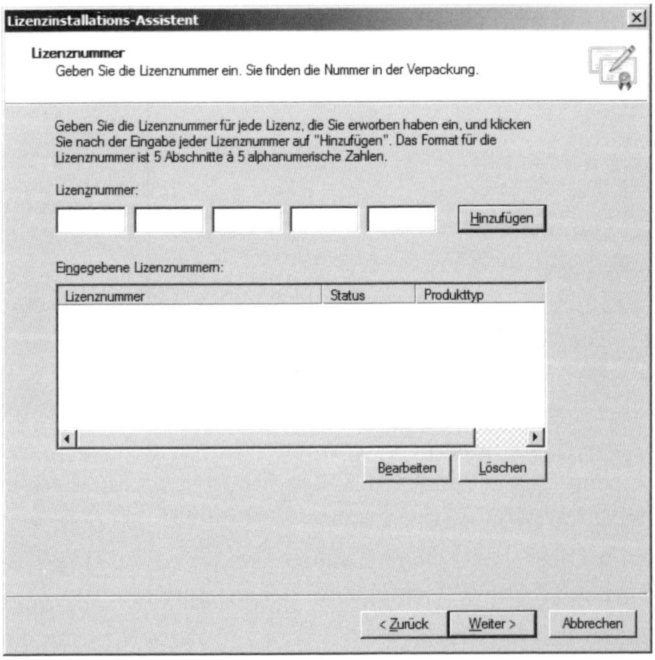

Abbildung 3.26 Die Seite *Lizenznummer* des Lizenzinstallations-Assistenten

6. Lesen Sie den Text auf der Seite.

   Sofern Sie über eine gültige Lizenznummer verfügen, können Sie die restlichen Schritte dieser Übung durchführen. Andernfalls klicken Sie auf *Abbrechen*, um den Assistenten zu schließen, und lesen die restlichen Schritte durch.
7. Geben Sie in den *Lizenznummer*-Eingabefeldern eine gültige Lizenznummer ein und klicken Sie dann auf die Schaltfläche *Hinzufügen*.
8. Klicken Sie auf der Seite *Lizenznummer* auf *Weiter*.

   Das Dialogfeld *Lizenzinstallations-Assistent* ist kurz zu sehen und dann erscheint die Seite *Fertigstellen des Assistenten* (Abbildung 3.27).

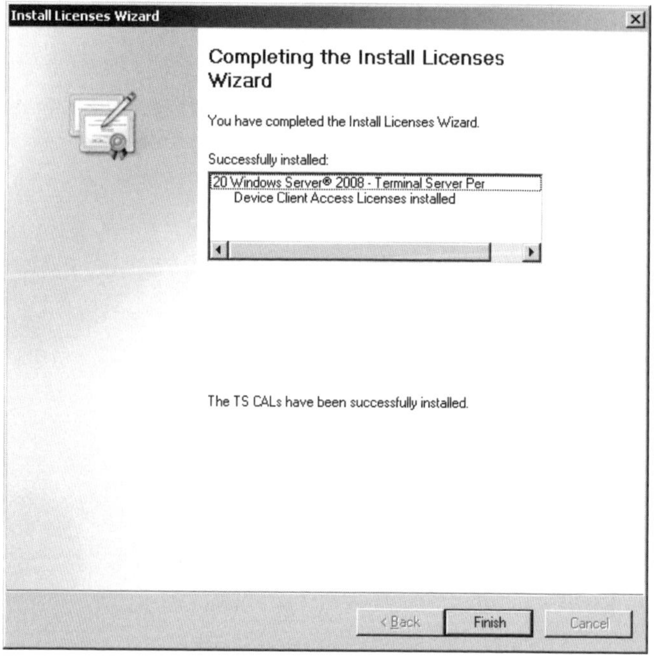

Abbildung 3.27 Die Seite *Fertigstellen des Assistenten*

9. Klicken Sie auf der Seite *Fertigstellen des Assistenten* auf *Fertig stellen.*
10. Der Knoten *Server1* in der Konsolenstruktur des Terminaldienstelizenzierungs-Managers ist nun mit einem kleinen Häkchen auf grünem Grund versehen (Abbildung 3.28). Der Lizenzierungsserver ist nun konfiguriert.
11. Melden Sie sich auf Server2 als Domänenadministrator bei der Domäne *Contoso.com* an und öffnen Sie die Konsole Terminaldienstekonfiguration.
12. Klicken Sie im Bereich *Einstellungen bearbeiten*, *Lizenzierung* mit einem Doppelklick auf die Option *Terminaldienste-Lizenzierungmodus.*
13. Wählen Sie auf der Registerkarte *Lizenzierung* des Eigenschaftendialogfelds entweder die Option *Pro Gerät* oder *Pro Benutzer*, je nach der Art der Terminaldienste-Clientzugriffslizenzen, die Sie auf Server1 installiert haben.
14. Wählen Sie im Bereich *Lizenzserver-Suchmodus angeben* die Option *Angegebene Lizenzserver verwenden* und geben Sie dann im dazugehörigen Textfeld **Server1. contoso.com** ein.
15. Klicken Sie auf *Namen*, um die Verbindung zum Server zu überprüfen.
16. Wenn Sie die Meldung erhalten, dass es sich bei dem angegebenen Server um einen gültigen Terminalserver-Lizenzserver handelt, klicken Sie auf *OK*.

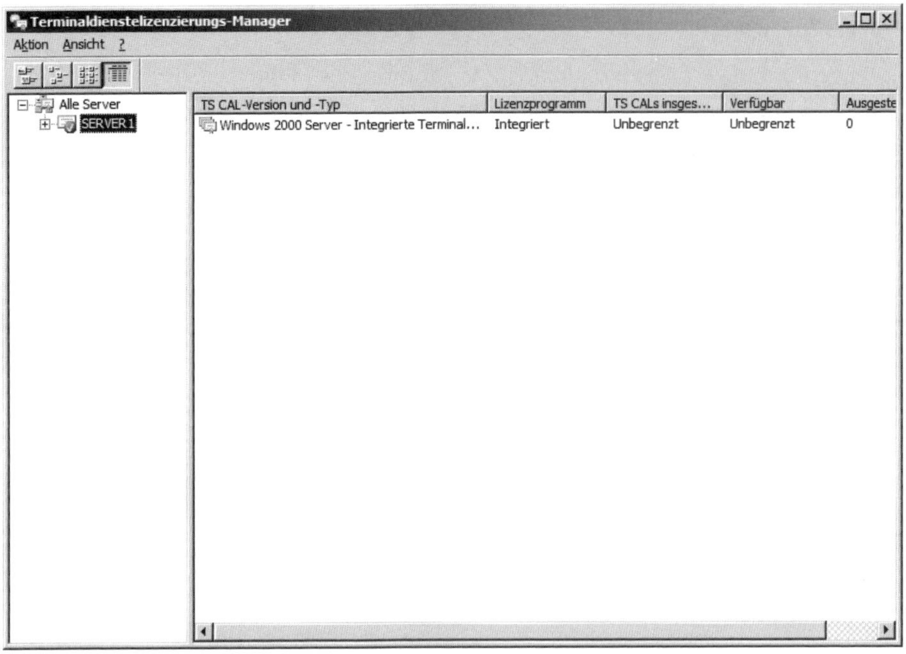

Abbildung 3.28 Erfolgreiche Bereitstellung eines Lizenzierungsservers

17. Klicken Sie im Eigenschaftendialogfeld von Server2 auf *OK*.

    In der Konsole Terminaldienstekonfiguration wird die Option *Terminaldienste-Lizenzierungmodus* nun als *Pro Gerät* oder *Pro Benutzer* angegeben.

18. Schließen Sie alle geöffneten Fenster und melden Sie sich dann bei Server1 und Server2 ab.

Zusammenfassung der Lektion

- Das wichtigste Werkzeug zum Konfigurieren der Terminaldienste ist die Konsole Terminaldienstekonfiguration.
- Mit dem Dialogfeld *RDP-TCP Eigenschaften* aus der Konsole Terminaldienstekonfiguration können Sie die Eigenschaften der Terminaldienstesitzungen einstellen, zum Beispiel die Verschlüsselungsstärke, Ablauffristen und die Verfügbarkeit von Druckern.
- Im Eigenschaftendialogfeld des Terminaldiensteservers, das in der Konsole Terminaldienstekonfiguration zugänglich ist, können Sie Einstellungen für den Lastausgleich, die Lizenzserversuche, temporäre Ordner und die Zulässigkeit neuer Verbindungen vornehmen.
- In den Gruppenrichtlinien sind weitere Einstellungen für die Terminalserver-Druckerumleitung möglich. So lassen sich zum Beispiel Standarddruckertreiber festlegen und die Druckerumleitung auf den Standarddrucker beschränken.

Lernzielkontrolle

Die folgenden Fragen dienen zur Vertiefung des in dieser Lektion besprochenen Stoffs. Die Fragen sind (in englischer Sprache) auch auf der Begleit-CD zu finden, falls Sie die elektronische Form der Fragen vorziehen.

Hinweis Die Antworten

Die Antworten auf die Fragen und Erläuterungen, warum die entsprechende Antwort richtig oder falsch ist, finden Sie im Abschnitt „Antworten" am Ende des Buchs.

1. In Ihrem Firmennetzwerk gibt es eine Terminalserverfarm namens TSFARM1. Die Farm besteht aus fünf Computern, auf denen Windows Server 2008 ausgeführt wird. Auf einem dieser Server namens TSLB1 wurde der Rollendienst Terminaldienste-Sitzungsbroker installiert. Sie möchten einen sechsten Windows Server 2008-Computer namens TSLB6 zur Farm hinzufügen. Nach der Konfiguration des Servers mit denselben Hardware- und Softwareoptionen, die auch die anderen Farmmitglieder verwenden, fügen Sie TSLB6 zur Farm hinzu, wobei Sie in den Terminaldienste-Sitzungsbrokereigenschaften von TSLB6 als Terminaldienste-Sitzungsbrokerserver TSLB1 und als Farmnamen TSFARM1 angeben. Sie haben sich davon überzeugt, dass einige Benutzer, die eine Verbindung mit dem virtuellen Server TSFARM1 aufnehmen wollten, zwar auf TSLB6 Terminaldienstesitzungen einrichten konnten, aber nach der Trennung nicht mehr in der Lage sind, wieder eine Verbindung zu ihren Sitzungen herzustellen. Sie möchten, dass Benutzer, die über TSFARM1 eine Verbindung mit TSLB6 herstellen, wieder eine Verbindung mit getrennten Sitzungen herstellen können. Was sollten Sie tun?
   A. Fügen Sie TSLB6 auf TSLB6 zur lokalen Gruppe *Sitzungsverzeichnis Computer* hinzu.
   B. Fügen Sie TSLB6 auf TSLB1 zur lokalen Gruppe *Sitzungsverzeichnis Computer* hinzu.
   C. Fügen Sie auf dem DNS-Server einen Hosteintrag (A) namens TSFARM1 hinzu, der die IP-Adresse von TSLB6 angibt.
   D. Fügen Sie auf dem DNS-Server einen Hosteintrag (A) namens TSLB6 hinzu, der die IP-Adresse von TSLB6 angibt.
2. Ihr Firmennetzwerk besteht aus einer einzigen Active Directory-Domäne namens *Contoso.com*. Sie haben im Firmennetzwerk auf einem Windows Server 2008-Computer namens TS1 die Terminaldienste installiert. Einige Benutzer, die über RDP eine Verbindung mit TS1 herstellen, beschweren sich darüber, dass sie ihre lokalen Drucker nicht verwenden können. Sie möchten sicherstellen, dass TS1 einen allgemeinen PostScript-Druckertreiber verwendet, wenn die Terminaldienste keinen passenden Druckertreiber für den Drucker des Terminaldiensteclients finden können. Was sollten Sie tun?

A. Wählen Sie auf TS1 auf der Registerkarte *Clienteinstellungen* des Dialogfelds *RDP-TCP Eigenschaften* die Option *Windows-Drucker*.

B. Wählen Sie auf TS1 auf der Registerkarte *Clienteinstellungen* des Dialogfelds *RDP-TCP Eigenschaften* die Option *Standardmäßig den Hauptdrucker des Clients verwenden*.

C. Konfigurieren Sie in einem Gruppenrichtlinienobjekt die Richtlinieneinstellung *Zuerst Easy Print-Druckertreiber der Terminaldienste verwenden* und verknüpfen Sie das Gruppenrichtlinienobjekt dann so, dass TS1 in den Wirkungsbereich dieser Richtlinie fällt.

D. Konfigurieren Sie in einem Gruppenrichtlinienobjekt die Richtlinieneinstellung *Verhalten des Terminalserver-Fallbackdruckertreibers festlegen* mit der *PS*-Option und verknüpfen Sie das Gruppenrichtlinienobjekt dann so, dass TS1 in den Wirkungsbereich dieser Richtlinie fällt.

Rückblick auf dieses Kapitel

Um den in diesem Kapitel behandelten Stoff zu vertiefen und einzuüben, können Sie folgende Aufgaben durchführen:

- Lesen Sie die Zusammenfassung des Kapitels.
- Lesen Sie die Liste der Schlüsselbegriffe durch, die in diesem Kapitel eingeführt wurden.
- Arbeiten Sie die Übungen mit Fallbeispiel durch. Diese Fallbeispiele bilden Situationen aus der Praxis nach, in denen der Stoff aus diesem Kapitel verwendet werden kann. Entwickeln Sie eine Lösung.
- Arbeiten Sie die vorgeschlagenen Übungen durch.
- Machen Sie einen Übungstest.

Zusammenfassung des Kapitels

- Die Terminaldienste ermöglichen es Benutzern, auf einem Remotecomputer eine Desktop- oder Anwendungssitzung durchzuführen. Die Terminaldienste von Windows Server 2008 bieten viele neue und wichtige Komponenten und Funktionen wie das Terminaldienstegateway, RemoteApp und den Terminaldienste-Webzugriff.
- Die Terminaldienste erfordern Clientzugriffslizenzen für alle Geräte oder Benutzer, die eine Verbindung herstellen. Wenn Sie keine Terminaldienste-Clientzugriffslizenzen erwerben und installieren, stellen die Terminaldienste nach 120 Tagen den Dienst ein.
- Um die Terminaldienste auf einem Windows Server 2008-Computer zu installieren, fügen Sie die Serverrolle Terminaldienste hinzu.
- Das wichtigste Werkzeug zum Konfigurieren der Terminaldienste ist die Konsole Terminaldienstekonfiguration. In der Konsole Terminaldienstekonfiguration können Sie das Dialogfeld *RDP-TCP Eigenschaften* verwenden, um Einstellungen für die Terminaldienste-Benutzersitzungen vorzunehmen, zum Beispiel die Verschlüsselungsstärke, Ablauffristen und die Verfügbarkeit von Druckern. Außerdem können Sie die Servereigenschaften bearbeiten, um Einstellungen für den Lastausgleich, die Lizenzserversuche und die Sperrung neuer Anmeldungen vorzunehmen.

Schlüsselbegriffe

Wissen Sie, was die folgenden Schlüsselbegriffe bedeuten? Sie können Ihre Antworten überprüfen, indem Sie die Begriffe im Glossar am Ende dieses Buchs nachschlagen.

- Authentifizierung auf Netzwerkebene (Network Level Authentication, NLA)
- Druckerumleitung
- Remotedestop für Verwaltung (RDA)

- Remotedesktopprotokoll (Remote Desktop for Administration, RDP)
- Terminaldiensteverbindung
- Terminaldienstesitzung
- Terminaldienste-Clientzugriffslizenz (Terminal Services Client Access License, TS CAL)
- Terminaldienste-Sitzungsbroker

Übungen mit Fallbeispiel

In den folgenden Fallbeispielen wenden Sie das Wissen an, das Sie in diesem Kapitel erworben haben. Antworten auf die Fragen finden Sie im Abschnitt „Antworten" am Ende des Buchs.

Übung 1: Auswählen eines Terminaldienste-Lizenzierungsmodus

Sie arbeiten in einer großen Firma als Netzwerkadministrator. Kürzlich hat Ihre Abteilung zwei Terminalserver mit den Namen TS1 und TS2 eingerichtet und Sie wurden beauftragt, die richtigen Lizenzarten zu ermitteln.

TS1 ist ein Anwendungsserver. Die Anwendung wird zwar nicht als kritisch angesehen, aber gewöhnlich arbeiten etwa 5 Benutzer gleichzeitig mit der Anwendung. Insgesamt müssen etwa 20 Benutzer im Verlauf des Tages eine Verbindung mit TS1 herstellen. Diese Verbindungen können von 50 verschiedenen Computern aus erfolgen.

TS2 ist ein DNS-Server, der gelegentlich Fernwartung und Fernadministration erfordert. Nur Administratoren stellen eine Verbindung mit TS2 her.

1. Müssen Sie auf TS1 die Terminaldienste installieren? Welche Art von Clientzugriffslizenzen würden Sie erwerben, sofern erforderlich?
2. Müssen Sie auf TS2 die Terminaldienste installieren? Welche Art von Clientzugriffslizenzen würden Sie erwerben, sofern erforderlich?

Übung 2: Beheben von Fehlern in einer Terminaldienste-Installation

Sie arbeiten im IT-Support für eine große Firma, deren Netzwerk aus einer einzigen Active Directory-Domäne besteht. Zu Ihren Aufgaben gehört die Wartung der Terminalserver in der Werbeabteilung. Im Verlauf einer Woche ergeben sich zwei Probleme:

1. Sie installieren die Terminaldienste auf einem neuen Computer namens App3, auf dem Windows Server 2008 ausgeführt wird, und stellen fest, dass kein Windows XP-Benutzer eine Verbindung mit dem Server herstellen kann. Was sollten Sie tun?
2. Benutzer, die mit dem Terminalserver App1 eine Verbindung herstellen können, beschweren sich darüber, dass sie nicht immer eine Verbindung mit einer getrennten Sitzung erhalten. Was sollten Sie tun?

Empfohlene Übungen

Führen Sie die folgenden Übungen durch, um den in diesem Kapitel vorgestellten prüfungsrelevanten Stoff einzuüben.

Bereitstellen einer Terminalserverfarm

In dieser Übung erstellen Sie eine Terminalserverfarm mit Lastausgleich.

- **Übung** Machen Sie zwei identische Installationen von Windows Server 2008, real oder virtuell, zu Mitgliedern einer Domäne. Installieren Sie auf beiden Computern den Rollendienst Terminalserver, aber den Rollendienst Terminaldienste-Sitzungsbroker nur auf einem der beiden Computer. Nehmen Sie beide Computer auf dem Sitzungsbrokercomputer in die lokale Gruppe *Sitzungsverzeichnis Computer* auf. Verwenden Sie auf beiden Computern in der Konsole Terminaldienstekonfiguration die Registerkarte *Terminaldienste-Sitzungsbroker*, um die Terminaldienstefarm einzurichten. Erstellen Sie in DNS Hosteinträge (A) für den Farmnamen, einen Eintrag für jede Server-IP-Adresse. Stellen Sie dann von einem Remote-RDP-Client eine Verbindung mit der Serverfarm her.

Sehen Sie sich einen Webcast an

In dieser Übung sehen Sie sich einen Webcast über die Terminaldienste von Windows Server 2008 an.

- **Übung** Sehen Sie sich den Webcast „A Technical Overview of Windows Server 2008 Terminal Services“ von Blain Barton an (auf der Begleit-CD im Ordner *Webcasts*). Dieser Webcast ist auch online unter *http://msevents.microsoft.com* verfügbar. Suchen Sie nach der Ereigniskennung 1032345660.

Machen Sie einen Übungstest

Die Übungstests auf der Begleit-CD zu diesem Buch (in englischer Sprache) bieten zahlreiche Möglichkeiten. Zum Beispiel können Sie einen Test machen, der ausschließlich die Themen eines bestimmten Lernziels behandelt, oder Sie können sich selbst mit dem gesamten Inhalt der Prüfung 70-643 testen. Sie können den Test so konfigurieren, dass er dem Ablauf einer echten Prüfung entspricht, oder Sie können einen Lernmodus verwenden, in dem Sie sich nach dem Beantworten einer Frage jeweils sofort die richtige Antwort und Erklärungen ansehen können.

Weitere Informationen Übungstests

Einzelheiten zu allen Optionen, die bei den Übungstests zur Verfügung stehen, finden Sie im Abschnitt „So benutzen Sie die Übungstests“ in der Einführung dieses Buchs.

KAPITEL 4

Konfigurieren und Verwalten einer Terminaldiensteinfrastruktur

Dieses Kapitel geht über die Bereitstellung eines Terminalservers hinaus und beschreibt, wie die Komponenten konfiguriert werden, aus denen sich eine Terminaldiensteinfrastruktur zusammensetzt: Clients, Server, Gateways und Anwendungen.

Mehr noch als für andere Microsoft Windows Server-Technologien gilt für die Komponenten der Terminaldienste, dass man sie am besten versteht, wenn man direkt mit ihnen arbeitet. Vergessen Sie das nicht und arbeiten Sie am Ende jeder Lektion die ausführlichen Übungen durch, um die Fähigkeiten zu entwickeln, die Sie für die Prüfung und für die Praxis brauchen.

In diesem Kapitel abgedeckte Prüfungsziele:

- Konfigurieren der Terminaldienste
    - Konfigurieren der Terminaldiensteclientverbindungen
    - Konfigurieren des Terminaldienstegateways
    - Konfigurieren von Terminaldienste-RemoteApp
    - Konfigurieren und Überwachen der Terminaldiensteressourcen

Lektionen in diesem Kapitel:

Bevor Sie beginnen

Um die Lektionen und Übungen dieses Kapitels durcharbeiten zu können, brauchen Sie folgende Ausrüstung:

- Einen Computer namens Server1, auf dem Windows Server 2008 ausgeführt wird und der in einer Domäne namens *Contoso.com* als Domänencontroller dient
- Einen Computer namens Server2, auf dem Windows Server 2008 ausgeführt wird und der Mitgliedsserver in der Domäne *Contoso.com* ist. Auf Server2 wurde die Rolle Terminaldienste installiert, aber noch keine anderen Rollendienste der Rolle Terminaldienste.
- Drei Domänenadministratorkonten mit den Namen *ContosoAdmin1*, *ContosoAdmin2* und *ContosoAdmin3*

Praxistipp

JC Mackin

Virtualisierung ist heutzutage ein unaufhaltsamer Trend in der IT-Branche und die Terminaldienste sind Teil dieses Trends, da sie eine *Virtualisierung der Darstellung* (presentation virtualization) bieten. Heutzutage ist zwar alles „cool“, was nach Virtualisierung klingt, aber was ist eigentlich der Sinn dieser Technik? Wo ist das Problem, das es zu lösen gilt?

Ignoriert man die überzogenen Vorstellungen, bleibt als tatsächlicher Vorteil der Darstellungsvirtualisierung, dass sie die Serverkonsolidierung unterstützt. In der letzten Zeit haben viele IT-Abteilungen damit begonnen, unter den Gesichtspunkten einer besseren Leistung und niedrigerer Kosten ihre Anwendungsserver zusammenzulegen oder zu „konsolidieren“, wie der entsprechende Modebegriff lautet. Mit der *Serverkonsolidierung* ist gemeint, die Ressourcen von vielen Servern auf so wenigen, tatsächlich als reale Geräte vorhandenen Servern wie möglich zusammenzufassen. Die Terminaldienste sind eine Schlüsselkomponente solch einer Anwendungskonsolidierungsstrategie, da sie es vielen Benutzern ermöglichen, auf viele Anwendungen zuzugreifen, die sich alle auf einem einzigen Server befinden.

Lektion 1: Konfigurieren und Verwalten der Terminaldiensteclients

In einer Terminaldiensteinfrastruktur gibt es viele Bereiche zur Konfiguration von Clients, beispielsweise Benutzerprofile, Clientsitzungsoptionen, Ressourcenzuweisungen und das Terminaldiensteclientprogramm (Mstsc) selbst.

Diese Lektion stellt Ihnen die Tools vor, mit denen Sie diese und andere Aspekte der Terminaldiensteclientverbindungen verwalten können.

Am Ende dieser Lektion werden Sie in der Lage sein, die folgenden Aufgaben auszuführen:

- Beschreiben der Konfigurationsoptionen des Programms Remotedesktopverbindung
- Verwalten von Verbindungen mit den Terminaldiensten

Veranschlagte Zeit für diese Lektion: 50 Minuten

Konfigurieren der Terminaldiensteclienteinstellungen

Der Terminaldiensteclient heißt Remotedesktopverbindung und ist in großem Umfang konfigurierbar. Sie können den Client zum Beispiel so einstellen, dass er Remotedesktops mit bestimmten Bildschirmauflösungen darstellt oder bestimmte lokale Datenträger in der Sitzung verfügbar macht. Diese Einstellungen können in der Clientanwendung oder in einem Gruppenrichtlinienobjekt vorgenommen werden, wo sie dann zum Beispiel auf Domänenebene gelten können.

Konfigurieren der Remotedesktopverbindungsoptionen

Remotedesktopverbindung, auch als Mstsc bekannt, ist das wichtigste Clientprogramm für Verbindungen mit den Terminaldiensten. Das zweite Clientprogramm ist Remotedesktops. Es ist als Snap-In für die MMC (Microsoft Management Console) verfügbar. Mit seinen Registerkarten ermöglicht Remotedesktopverbindung Ihnen die Einstellung einer Terminaldiensteverbindung in den Grenzen, die vom Server oder in den Gruppenrichtlinien vorgegeben werden.

Abbildung 4.1 Zugriff auf die Registerkarte von Remotedesktopverbindung

Wenn Sie sich die Optionen des Programms Remotedesktopverbindung genauer ansehen möchten, öffnen Sie Remotedesktopverbindung und klicken dann auf die Schaltfläche *Optionen* (Abbildung 4.1).

Dieser Schritt macht die sechs Registerkarten von Remotedesktopverbindung zugänglich. Der folgende Abschnitt beschreibt die Einstellungen, die Sie auf diesen Registerkarten vornehmen können.

- **Allgemein** Die Registerkarte *Allgemein* (Abbildung 4.2) ermöglicht Ihnen die Angabe des Zielcomputers und eines Benutzernamens für die Verbindung. Außerdem können Sie auf dieser Registerkarte die Optionen, die für die Verbindung festgelegt werden, in einer RDP-Datei (Remotedesktop) speichern.

Abbildung 4.2 Die Registerkarte *Allgemein*

- **Anzeige** Die Registerkarte *Anzeige* (Abbildung 4.3) ermöglicht Ihnen die Einstellung der Bildschirmauflösung und der Farbtiefe für das Terminaldiensteclientfenster.
- **Lokale Ressourcen** Auf der Registerkarte *Lokale Ressourcen* können Sie festlegen, welche lokalen Ressourcen (beispielsweise die Zwischenablage, lokal definierte Drucker und lokale Datenträger) in der Terminaldienstesitzung verfügbar sein sollen. Auf dieser Registerkarte können Sie auch festlegen, wo Sounds abgespielt und wo Windows-Tastenkombinationen angewendet werden.

  Abbildung 4.4 zeigt die Registerkarte *Lokale Ressourcen*.

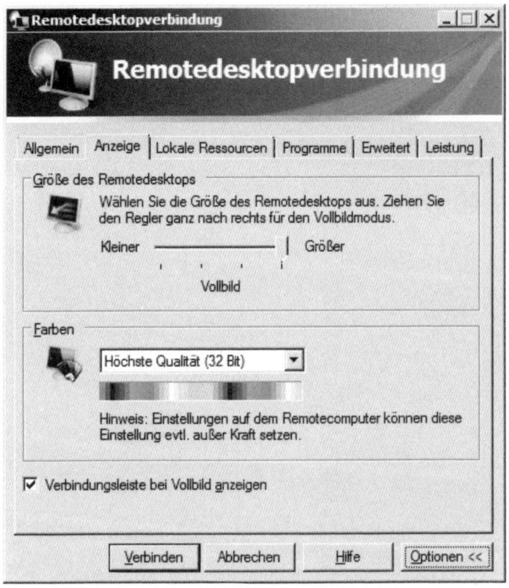

Abbildung 4.3 Die Registerkarte *Anzeige*

Abbildung 4.4 Die Registerkarte *Lokale Ressourcen*

- **Programme** Auf dieser Registerkarte können Sie ein Programm angeben, das zu Beginn einer Terminaldiensteverbindung gestartet werden soll.

  Die Registerkarte *Programme* ist in Abbildung 4.5 zu sehen.

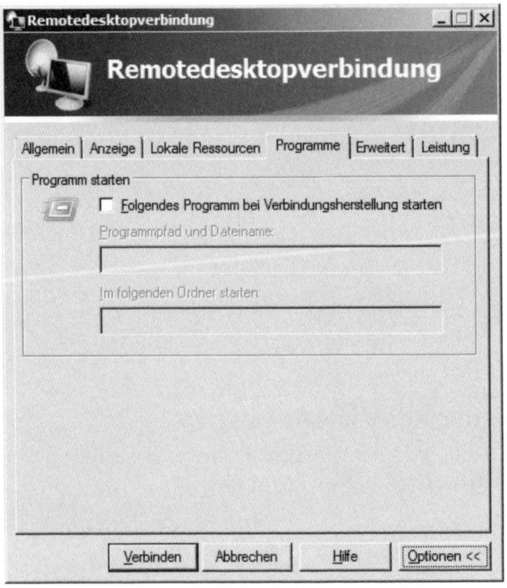

Abbildung 4.5 Die Registerkarte *Programme*

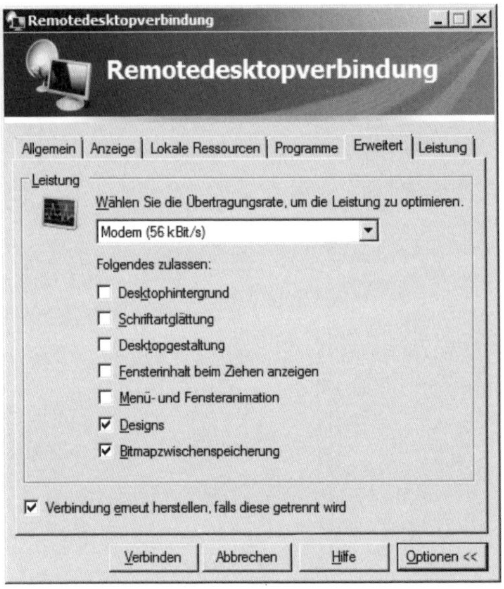

Abbildung 4.6 Die Registerkarte *Erweitert*

- **Erweitert** Die Registerkarte *Erweitert* (Abbildung 4.6) ermöglicht Ihnen die Einstellung von zusätzlichen Effekten für die grafische Benutzeroberfläche, die bei der Anzeige des Remotedesktops verwendet werden sollen. Die Optionen *Desktophintergrund* und *Schriftartglättung* verbessern zum Beispiel die Darstellung in der Terminaldienstesitzung, belasten aber auch das Netzwerk und verlangsamen den Terminaldiensteclient. Bei der Wahl einer Übertragungsrate werden bestimmte Einstellungen automatisch vorgenommen. Diese Einstellungen sind als Vorschläge gedacht, die Sie natürlich nach Bedarf ändern können.

- **Leistung** Die Registerkarte *Leistung* (Abbildung 4.7) ermöglicht Einstellungen für die Serverauthentifizierung und das Terminaldienstegateway. Die Serverauthentifizierung ist eine integrierte Funktion von Windows Vista und Windows Server 2008, mit der ein Terminalserver beweisen kann, dass er der Computer ist, den der Terminaldiensteclient angegeben hat. Auf der Registerkarte *Leistung* können Sie festlegen, dass ein Terminaldiensteclient keine Verbindung mit dem angesprochenen Server herstellt, wenn die Serverauthentifizierung fehlschlägt. Sie können auch festlegen, dass er auch in diesem Fall ohne Warnung eine Verbindung herstellt oder dass er zumindest eine Warnung anzeigt.

  Die Einstellungen für das Terminaldienstegateway ermöglichen es einem Terminaldiensteclient, durch eine Firmenfirewall hindurch eine Verbindung mit anderen Terminalservern aus der Organisation herzustellen. Diese Funktion wird in Lektion 2, „Bereitstellen des Terminaldienstegateways", näher beschrieben.

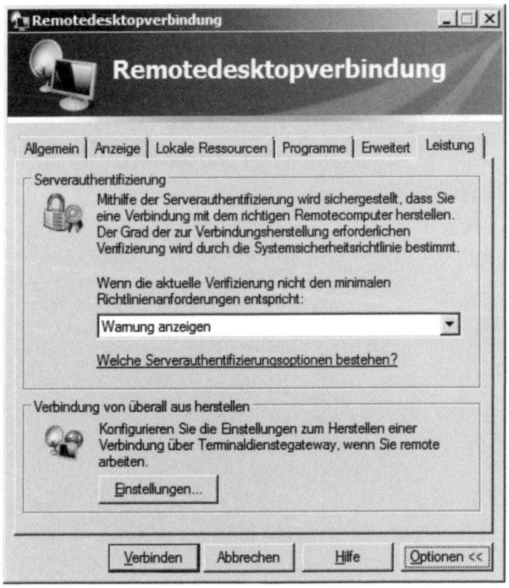

Abbildung 4.7 Die Registerkarte *Leistung*

Speichern von RDP-Dateien

Nachdem Sie in Remotedesktopverbindung alle erforderlichen Einstellungen für den Terminaldiensteclient vorgenommen haben, werden diese Einstellungen automatisch im Ordner *Dokumente* gespeichert, und zwar in einer verborgenen Datei namens *Default.rdp*. Diese Datei enthält die Einstellungen, die für Remotedesktopverbindung verwendet werden, wenn Sie das Programm im *Start*-Menü öffnen. Allerdings können Sie die Konfiguration des Terminaldiensteclients auch in separaten *.rdp*-Dateien speichern, indem Sie auf der Registerkarte *Allgemein* auf die Schaltfläche *Speichern unter* klicken. Diese *.rdp*-

Dateien können dann zur Einleitung von Terminaldienstesitzungen mit bestimmten Clientoptionen verwendet werden (beispielsweise mit vorgegebenen Server- und Benutzernamen).

Prüfungstipp

Sie können damit rechnen, dass in der Prüfung 70-643 eine Frage über die Speicherung der Remotedesktopverbindung-Einstellungen in einer *.rdp*-Datei gestellt wird. Sehen Sie sich die Optionen auf den Registerkarten von Remotedesktopverbindung genau an, damit Sie wissen, welcher Art die Einstellungen sind, die in solch einer Datei gespeichert werden können.

Konfigurieren der Terminaldiensteclients durch Gruppenrichtlinien

Gruppenrichtlinien ermöglichen in einer Active Directory-Umgebung eine zentrale Verwaltung von Einstellungen für Benutzer oder Computer. Wenn Sie viele Terminaldiensteclients zu verwalten haben, können Sie ein Gruppenrichtlinienobjekt verwenden und auf diese Weise sicherstellen, dass Remotedesktopverbindung immer mit den Einstellungen arbeitet, die Sie festgelegt haben. In vielen Fällen ist dies die effizienteste und effektivste Art, Terminaldiensteclients zu verwalten.

Im Abschnitt *Computerkonfiguration* eines Gruppenrichtlinienobjekts können Sie Clienteinstellungen vornehmen und zum Beispiel festlegen, ob die Kennwörter gespeichert werden, ob Benutzer immer zur Eingabe von Anmeldeinformationen aufgefordert werden, wie die Serverauthentifizierung durchgeführt wird und welche Ressourcen in einer Terminaldienstesitzung zur Verfügung stehen. Diese Einstellungen finden Sie in einem Gruppenrichtlinienobjekt unter *Computerkonfiguration\Richtlinien\Administrative Vorlagen\Windows-Komponenten\Terminaldienste*.

Im Abschnitt *Benutzerkonfiguration* eines Gruppenrichtlinienobjekts können Sie Einstellungen für Sitzungszeitlimits, die Remoteüberwachung und die Remoteumgebung vornehmen. Diese Einstellung finden Sie in einem Gruppenrichtlinienobjekt unter *Benutzerkonfiguration\Richtlinien\Administrative Vorlagen\Windows-Komponenten\Terminaldienste*.

Einmaliges Anmelden (Single Sign-on)

Eine besonders nützliche Terminaldiensteclientfunktion, die Sie in den Gruppenrichtlinien einstellen können, ist das einmalige Anmelden (Single Sign-on, SSO)

In einer Active Directory-Umgebung können Sie die einmalige Anmeldung verwenden, damit Benutzer keine Anmeldeinformationen mehr eingeben müssen, wenn sie mit Remotedesktopverbindung eine Verbindung zu einem Terminalserver herstellen. Mit der einmaligen Anmeldung fordert Remotedesktopverbindung den Benutzer nicht mehr zur Eingabe von Anmeldeinformationen auf, sondern verwendet automatisch die Anmeldeinformationen des aktuell auf dem lokalen Windows-Computer angemeldeten Benutzers.

Um die einmalige Anmeldung zu ermöglichen, aktivieren Sie die Richtlinieneinstellung *Delegierung von gespeicherten Anmeldeinformationen zulassen*, die Sie unter *Computer-*

konfiguration\Richtlinien\Administrative Vorlagen\System\Delegierung von Anmeldeinformationen finden. Nach der Aktivierung der Richtlinie müssen Sie in derselben Richtlinie noch eine Liste der Server angeben, auf denen die Terminalserver ausgeführt werden, die eine einmalige Anmeldung akzeptieren. Fügen Sie den Servernamen in der Form TERMSRV/<NameIhresServers> hinzu. Um alle Terminalserver im Wirkungsbereich der Richtlinie so einzustellen, dass sie die Anmeldeinformationen aus einer einmaligen Anmeldung akzeptieren, können Sie den Eintrag TERMSRV/* hinzufügen.

Prüfungstipp

Für die Prüfung 70-643 brauchen Sie nur zu wissen, dass Gruppenrichtlinien die beste Methode sind, um für viele Benutzer und Computer eine Terminalserver- oder Remotedesktopverbindung-Konfiguration durchzuführen. Sie brauchen sich nicht die einzelnen Optionen zu merken oder die Orte, an denen sie zu finden sind. Allerdings empfiehlt es sich, die Optionen genauer durchzusehen, um eine Vorstellung davon zu erhalten, welche sich in einer Active Directory mit Gruppenrichtlinien einstellen lassen.

Konfigurieren von Benutzerprofilen für die Terminaldienste

Ein *Benutzerprofil* ist, ganz allgemein gesagt, eine Ansammlung von Daten, aus denen sich die individuelle Umgebung eines Benutzers zusammensetzt. Dazu gehören zum Beispiel die Dateien des Benutzers, Anwendungseinstellungen und die Desktopkonfiguration. Etwas genauer ausgedrückt, wird mit *Benutzerprofil* auch der Inhalt des persönlichen Ordners des Benutzers bezeichnet, der von Windows automatisch erstellt und nach dem Benutzer benannt wird. Standardmäßig wird dieser persönliche Ordner im Ordner *C:\Users* erstellt, wenn sich ein Benutzer das erste Mal auf einem Computer anmeldet, auf dem Windows Vista oder Windows Server 2008 ausgeführt wird. Er enthält Unterordner wie *Documents*, *Desktop* und *Downloads* sowie eine persönliche Datendatei namens *Ntuser.dat*. Ein Benutzer mit dem Namen *StefanR* speichert zum Beispiel die Daten, die für seine persönliche Umgebung wichtig sind, in einem Ordner namens *C:\Users\StefanR*.

In einer Terminaldiensteumgebung werden Benutzerprofile standardmäßig auf dem Terminalserver gespeichert. Dieser Punkt ist wichtig, denn wenn viele Benutzer auf den Terminalserver zugreifen, sammeln sich die Profile an und können auf den Datenträgern des Servers beträchtlichen Platz beanspruchen. Falls der Speicherplatz des Terminalservers nicht ausreicht, sollten Sie in Betracht ziehen, Benutzerdaten und Profile auf einem anderen Datenträger zu speichern, also nicht auf dem Volume, auf dem das Betriebssystem installiert ist. Prüfen Sie auch, ob Datenträgerkontingente eingerichtet werden müssen, um den Speicherplatz zu beschränken, der jedem Benutzer zur Verfügung steht. (Sie können Datenträgerkontingente auf dem Terminalserver im Eigenschaftendialogfeld des Datenträgers einrichten, auf dem die Profile gespeichert werden.)

Prüfungstipp

Für die Prüfung 70-643 müssen Sie wissen, dass Sie die Größe der Benutzerprofile in den Terminaldiensten mit Datenträgerkontingenten beschränken können.

Eine andere Möglichkeit zur Verwaltung von Terminalserver-Benutzerprofilen ist, für die Benutzer ein terminaldienstespezifisches servergespeichertes Benutzerprofil zu konfigurieren, das auf einer zentralen Netzwerkfreigabe gespeichert wird. So ein Profil wird in die Terminaldienstesitzung des Benutzers heruntergeladen, wann immer und wo immer die Sitzung eingeleitet wird. Dieses terminaldienstespezifische servergespeicherte Benutzerprofil kann auf der Registerkarte *Terminaldienstprofile* eines Benutzerkontos definiert werden (Abbildung 4.8). Sie können servergespeicherte Terminaldienste-Benutzerprofile auch mit Gruppenrichtlinien definieren. (Die Profileinstellungen finden Sie in einem Gruppenrichtlinienobjekt unter *Computerkonfiguration\Richtlinien\Administrative Vorlagen\Windows-Komponenten\Terminaldienste\Terminalserver\Profile*. Die Richtlinieneinstellung, die für die Konfiguration von terminalserverspezifischen servergespeicherten Benutzerprofilen verwendet wird, heißt *Pfad für servergespeichertes Terminaldienste-Benutzerprofil festlegen*.)

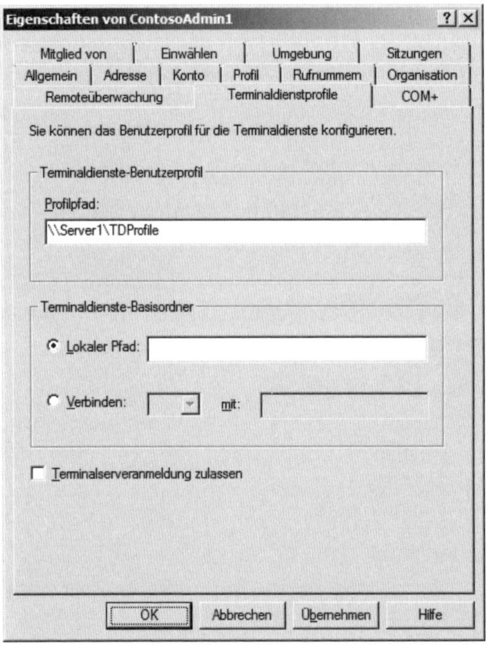

Abbildung 4.8 Konfigurieren eines terminaldienstespezifischen servergespeicherten Benutzerprofils

Vorsicht Servergespeicherte Benutzerprofile und Terminaldienste

Gewöhnliche servergespeicherte Benutzerprofile sind Profile, die einem Benutzer folgen, wenn er sich auf verschiedenen Computern einer Windows-Domäne an- oder abmeldet. Gewöhnliche servergespeicherte Benutzerprofile sollten nicht für Terminaldienstesitzungen verwendet werden, weil das zu Datenverlusten oder Schäden an den Dateien führen kann. Wenn Sie in Ihrer Organisation servergespeicherte Benutzerprofile verwenden, achten Sie darauf, auch terminaldienstespezifische Benutzerprofile zu implementieren.

Konfigurieren von Basisordnern

Wenn ein Benutzer eine Datei speichert, verweist der Standardpfad auf einen Ort, der *Basisordner* genannt wird. Für die Terminaldienste liegt der Basisordner standardmäßig auf dem Terminalserver. Allerdings ist es gewöhnlich sinnvoll, den Basisordner entweder auf ein lokales Festplattenlaufwerk oder auf eine Netzwerkfreigabe zu verlegen. Wenn Sie den Basisordner auf diese Art festlegen, können Benutzer ihre gespeicherten Dateien leicht finden. Wie bei terminaldienstespezifischen servergespeicherten Benutzerprofilen können Sie die Basisordner für die Terminaldienste entweder in den Benutzerkonten oder mit Gruppenrichtlinien festlegen. (Die Basisordnereinstellungen für die Terminaldienste finden Sie in einem Gruppenrichtlinienobjekt unter *Computerkonfiguration\Richtlinien\Administrative Vorlagen\Windows-Komponenten\Terminaldienste\Terminalserver\Profile*. Die Richtlinieneinstellung zur Einstellung der Basisordner heißt *Basisverzeichnis für Terminalserverbenutzer festlegen*.)

Schnelltest

1. Wo liegt der Standardspeicherort für das Benutzerprofil eines Terminaldienstebenutzers?
2. Wie lassen sich Remotedesktopverbindungseinstellungen am effizientesten für viele Benutzer einer Organisation durchführen?

Antworten zum Schnelltest

1. Auf dem Terminalserver
2. Mit Gruppenrichtlinien

Verwalten von Terminaldiensteverbindungen

Die Terminaldiensteverwaltung (Terminal Services Manager, TSM) ist das wichtigste Programm für die Verwaltung von Verbindungen mit einem Terminalserver. Sie können mit der Terminaldiensteverwaltung Informationen über Benutzer anzeigen, die mit einem Terminalserver verbunden sind, Benutzersitzungen überwachen oder Verwaltungsaufgaben durchführen wie zum Beispiel Benutzer abmelden oder Benutzersitzungen trennen.

Um die Terminaldiensteverwaltung zu öffnen, klicken Sie im *Start*-Menü auf *Verwaltung*, zeigen auf *Terminaldienste* und klicken dann auf *Terminaldiensteverwaltung*. Sie können die Terminaldiensteverwaltung auch öffnen, indem Sie im Feld *Suche starten* des *Start*-Menüs oder im Dialogfeld *Ausführen* **tsadmin.msc** eingeben.

Der nächste Abschnitt beschreibt die wichtigsten Verwaltungsaufgaben, die Sie in der Terminaldiensteverwaltung durchführen können, und weist auf viele Befehlszeilenalternativen für diese Verwaltungsaufgaben hin. Wenn Sie mehr über die Terminaldiensteverwaltung erfahren möchten, führen Sie die Übungen am Ende der Lektion durch.

Prüfungstipp

Die Terminaldiensteverwaltung ist zwar das wichtigste Tool zur Verwaltung von Terminaldienste-Benutzerverbindungen, aber für die meisten Verwaltungsfunktionen gibt es auch entsprechende Befehle, die sich auf einer Befehlszeile (in einer Eingabeaufforderung) verwenden lassen. Lernen Sie nicht nur die grafische Variante der Funktionen, die in diesem Abschnitt beschrieben werden, sondern auch die Befehlszeilenversionen.

Abbildung 4.9 zeigt die Terminaldiensteverwaltung.

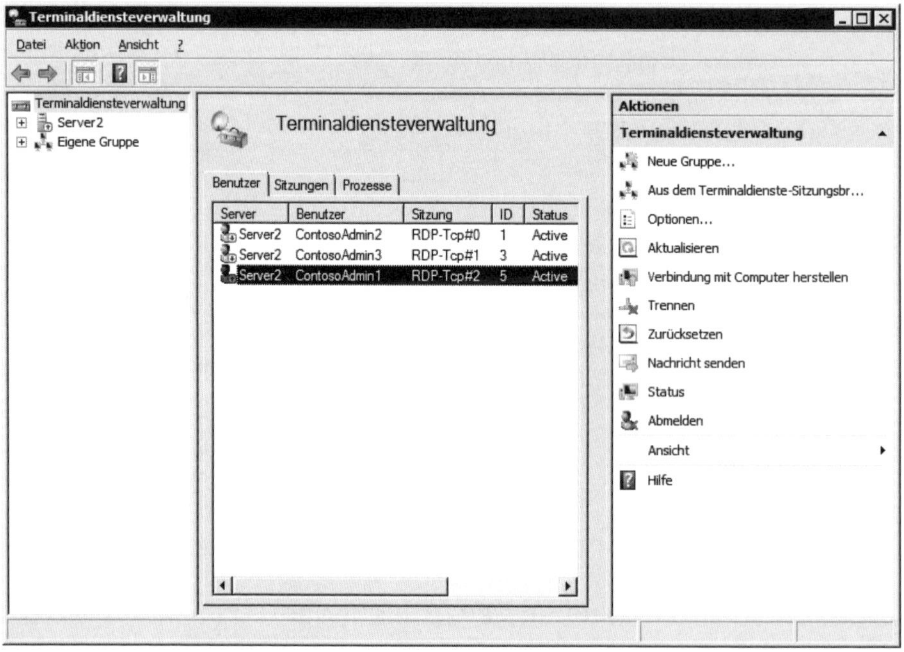

Abbildung 4.9 Die Konsole Terminaldiensteverwaltung

Die Terminaldiensteverwaltung weist drei Registerkarten auf, auf denen Sie Terminaldiensteverbindungen anzeigen und verwalten können: *Benutzer*, *Sitzungen* und *Prozesse*.

- Die Registerkarte *Benutzer* zeigt Informationen über Benutzer an, die mit dem Terminalserver verbunden sind, wie zum Beispiel das verwendete Benutzerkonto, den Zeitpunkt der Anmeldung des Benutzers beim Server und den Sitzungsstatus.

Um Informationen über Benutzersitzungen auf einem Terminalserver anzuzeigen, können Sie auch die Befehle `Query user` oder `Quser` verwenden.

Weitere Informationen Verwenden Sie den Schalter /? für Hilfeinformationen

Wenn Sie mehr über eines der Befehlszeilenprogramme erfahren möchten, die in diesem Abschnitt genannt werden, geben Sie einfach den Befehl in einer Eingabeaufforderung mit dem Schalter `/?` ein. Um zum Beispiel mehr über Quser zu erfahren, geben Sie **quser /?** ein.

- Die Registerkarte *Sitzungen* bietet Informationen über die Sitzungen, die auf dem Server abgehalten werden. Da einige Sitzungen von Diensten oder vom Betriebssystem eingeleitet werden, gibt es gewöhnlich mehr Sitzungen als Benutzer.

  Um auf einem Terminalserver Informationen über Sitzungen anzuzeigen, können Sie auch den Befehl `Query session` verwenden.

- Die Registerkarte *Prozesse* zeigt Informationen darüber an, welche Programme jeder Benutzer auf dem Terminalserver ausführt.

  Um Informationen über die Prozesse zu erhalten, die auf dem Terminalserver ausgeführt werden, können Sie auch die Befehle `Query process` oder `Qprocess` verwenden.

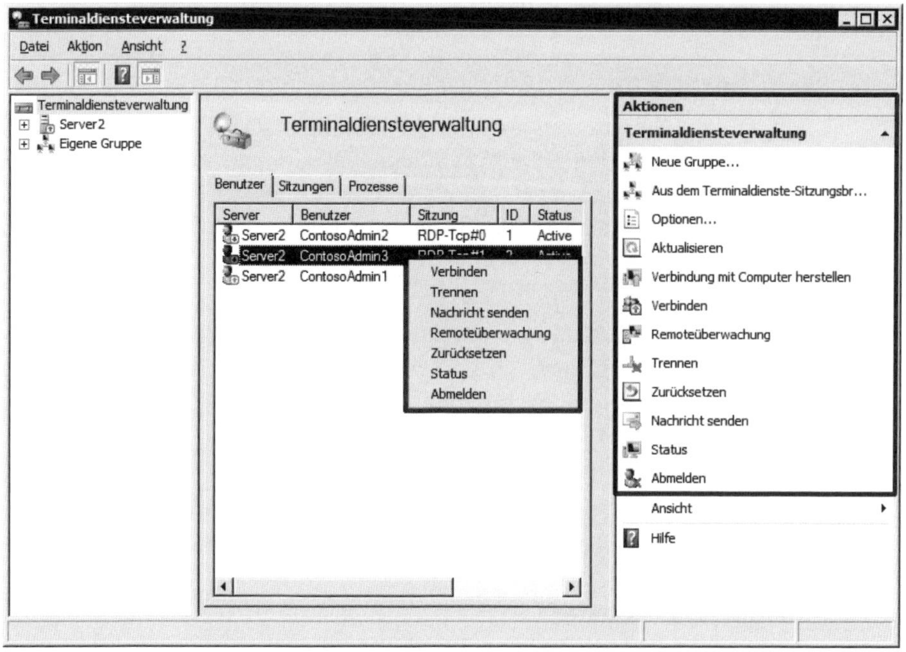

Abbildung 4.10 Die Befehle der Terminaldiensteverwaltung für Benutzersitzungen

Verwalten von Benutzersitzungen

Um in der Terminaldiensteverwaltung Benutzersitzungen zu verwalten, klicken Sie auf der Registerkarte *Benutzer* einfach einen Benutzer an und wählen dann einen der sieben Befehle, die im Kontextmenü verfügbar sind. Oder wählen Sie einen Benutzer und klicken Sie dann auf eine Aktion, die im Bereich *Aktionen* angezeigt wird. Abbildung 4.10 stellt beide Möglichkeiten dar.

Der folgende Abschnitt beschreibt die sieben Verwaltungsoptionen, die im Kontextmenü einer Benutzersitzung verfügbar sind, und nennt auch die entsprechenden Befehlszeilenversionen.

- **Verbinden** Sie können den Befehl *Verbinden* verwenden, um eine Verbindung mit ihrer eigenen aktiven oder getrennten Benutzersitzung herzustellen. (Allerdings ist dieses Szenario nur möglich, wenn Sie den Terminalserver so eingestellt haben, dass er mehrere Sitzungen vom selben Benutzer zulässt.) Wenn Sie über *Vollzugriff* oder die spezielle Zugriffsberechtigung *Verbinden* für die RDP-Tcp-Verbindung des Servers verfügen (konfiguriert in der Konsole Terminaldienstekonfiguration), können Sie diesen Befehl außerdem dazu verwenden, eine Verbindung mit der aktiven oder getrennten Sitzung eines anderen Benutzers herzustellen.

  Als Alternative zur Terminaldiensteverwaltung können Sie auch den Befehl `Tscon` verwenden, um auf der Befehlszeile eine Verbindung mit einer Terminaldiensteclientsitzung herzustellen.

Wichtig Verwenden der Verbindungsfunktion der Terminaldiensteverwaltung

Sie müssen in einer Clientsitzung mit dem Terminalserver verbunden sein, um in der Terminaldiensteverwaltung die Verbindungsfunktion zu verwenden. Diese Funktion wird in der Terminaldiensteverwaltung deaktiviert, wenn Sie lokal auf dem Terminalserver angemeldet sind. (Eine lokale Anmeldesitzung wird auch *Konsolensitzung* genannt.)

- **Trennen** Mit dem Befehl *Trennen* aus dem Bereich *Aktionen* oder dem Kontextmenü können Sie einen Benutzer von einer Sitzung trennen. Wenn Sie einen Benutzer von einer Sitzung trennen, laufen alle Programme und Prozesse weiter, die in der Sitzung ausgeführt werden. Daher kann es sich negativ auf die Ressourcen und die Leistung des Terminalservers auswirken, wenn es zu viele getrennte Sitzungen gibt.

  Als Alternative zur Trennung einer Terminaldiensteclientsitzung mit der Terminaldiensteverwaltung können Sie auch das Befehlszeilenprogramm Tsdiscon verwenden.

  Die Trennung eines Benutzers von einer Sitzung erfordert die Berechtigung *Vollzugriff* oder die spezielle Berechtigung *Trennen* für die RDP-Tcp-Verbindung des Servers.

- **Nachricht senden** Der Befehl *Nachricht senden* ermöglicht Ihnen, einem Benutzer, der mit einem Terminalserver verbunden ist, eine einfache Konsolennachricht zu senden. Verwenden Sie diesen Befehl zum Beispiel, wenn Sie einen Benutzer darauf hinweisen möchten, dass er demnächst getrennt oder abgemeldet wird.

Um einem Benutzer des Terminalservers eine Nachricht zu senden, können Sie auch das Befehlszeilenprogramm Msg verwenden.

Einem anderen Benutzer der Terminaldienste eine Nachricht zu senden, erfordert *Vollzugriff* oder die spezielle Berechtigung *Nachricht* für die RDP-Tcp-Verbindung des Servers.

- **Remoteüberwachung** Der Befehl *Remoteüberwachung* ermöglicht Ihnen, die Terminaldiensteclientsitzung eines anderen Benutzers zu sehen oder zu kontrollieren. (Die Remoteüberwachung können Sie in der Konsole Terminaldienstekonfiguration, auf der Registerkarte *Remotesteuerung* des Eigenschaftendialogfelds eines Benutzerkontos oder mit Gruppenrichtlinien konfigurieren.)

  Sie können auch das Befehlszeilenprogramm Shadow verwenden, um die aktive Sitzung eines anderen Benutzers auf einem Terminalserver remote zu kontrollieren.

  Um die Sitzung eines anderen Benutzers zu kontrollieren, müssen Sie über *Vollzugriff* oder die spezielle Berechtigung *Remoteüberwachung* für die RDP-Tcp-Verbindung des Servers verfügen.

Wichtig Verwenden der Remoteüberwachungsfunktion in der Terminaldiensteverwaltung

Sie müssen in einer Clientsitzung mit dem Terminalserver verbunden sein, um die Remoteüberwachungsfunktion in der Terminaldiensteverwaltung verwenden zu können. Diese Funktion wird in der Terminaldiensteverwaltung deaktiviert, wenn Sie in einer Konsolensitzung lokal auf dem Terminalserver angemeldet sind.

- **Zurücksetzen** Beim Zurücksetzen einer Terminaldienstesitzung wird die Sitzung sofort gelöscht, ohne Speicherung der Sitzungsdaten. Setzen Sie daher eine Sitzung nur zurück, wenn sie nicht mehr reagiert.

  Um eine Benutzersitzung auf einem Terminalserver zurückzusetzen, können Sie auch in einer Eingabeaufforderung die Befehle `Rwinsta` oder `Reset session` verwenden.

  Die Terminaldienstesitzung eines anderen Benutzers zurückzusetzen, erfordert die Berechtigung *Vollzugriff* auf die RDP-Tcp-Verbindung eines Servers.

- **Status** Wenn Sie eine Benutzersitzung, die auf der Registerkarte *Benutzer* angezeigt wird, mit der rechten Maustaste anklicken und im Kontextmenü den Befehl *Status* wählen, öffnet sich das Dialogfeld *Status* und zeigt zusätzliche Informationen über den Zustand der Sitzung an. Zu diesen Informationen gehören die IP-Adresse des Clients, der Computername und die Gesamtzahl an Bytes, die im Verlauf der Sitzung übermittelt wurden. Abbildung 4.11 ein Beispiel.

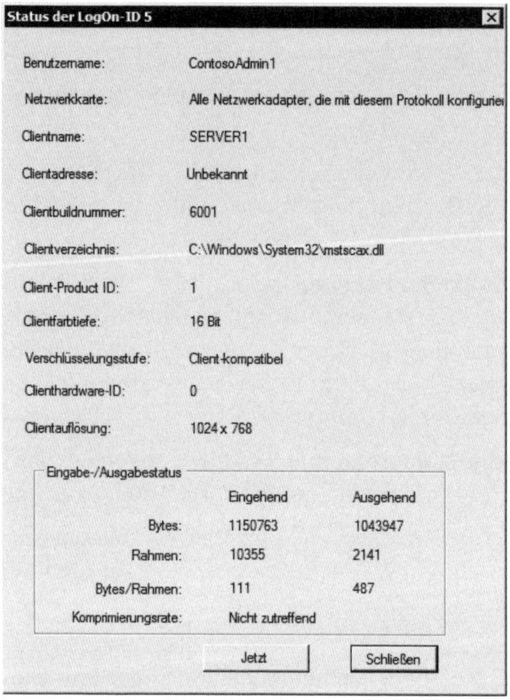

Abbildung 4.11 Das Dialogfeld *Status* der Terminaldiensteverwaltung

Um den Status der Sitzung eines anderen Benutzers anzeigen zu können, müssen Sie über *Vollzugriff* oder die spezielle Berechtigung *Information abfragen* für die RDP-Tcp-Verbindung des Servers verfügen.

- **Abmelden** Durch das Abmelden eines Benutzers werden alle Benutzerprozesse beendet und die Sitzung vom Terminalserver gelöscht. Wenn Sie einen Benutzer abmelden möchten, schicken Sie ihm vorher eine Nachricht, damit er keine noch nicht gespeicherten Daten verliert.

  Um einen Benutzer abzumelden, können Sie auch das Befehlszeilenprogramm Logoff verwenden.

  Um einen Benutzer von einer anderen Sitzung abzumelden, müssen Sie über die Berechtigung *Vollzugriff* für die RDP-Tcp-Verbindung des Servers verfügen.

Beenden eines Benutzersitzungsprozesses

Sie können die Registerkarte *Prozesse* in der Terminaldiensteverwaltung verwenden, um in einer Benutzersitzung einen bestimmten Prozess zu schließen. Das kann zum Beispiel erforderlich werden, wenn eine bestimmte Anwendung in der Sitzung abgestürzt ist und scheinbar die ganze Konsole blockiert. Wenn Sie einen Prozess aus diesem oder einem anderen Grund beenden möchten, klicken Sie den fraglichen Prozess einfach mit der rechten Maustaste an und klicken dann auf *Prozess beenden*, wie in Abbildung 4.12 gezeigt.

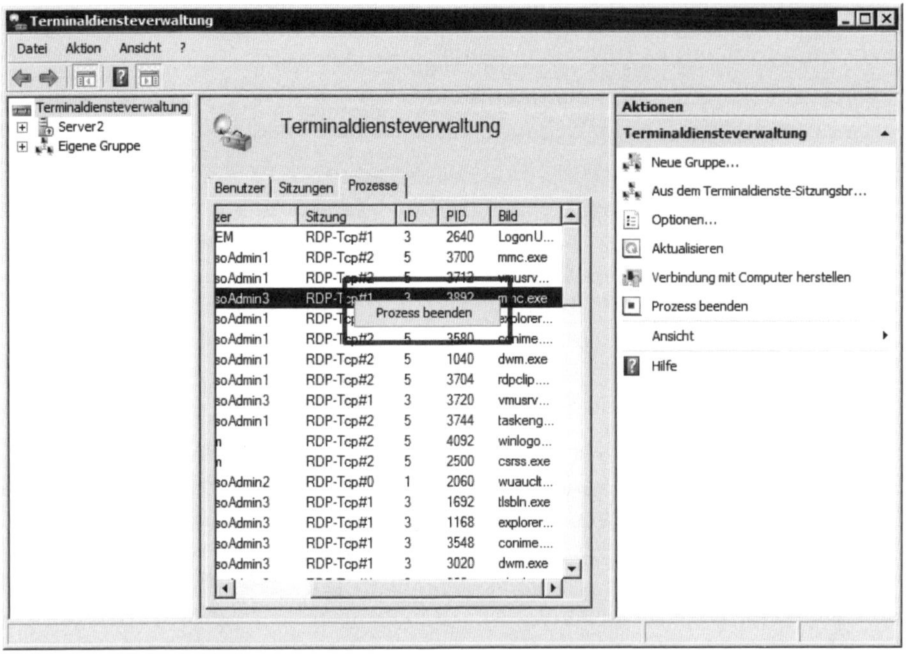

Abbildung 4.12 Beenden eines Prozesses in einer Terminaldienstebenutzersitzung

Um einen Prozess in einer Terminaldienstebenutzersitzung zu beenden, können Sie auch das Befehlszeilenprogramm Tskill verwenden.

Schnelltest

- Was ist auf einem Terminalserver eine Konsolensitzung?

Antwort zum Schnelltest

- Die Konsolensitzung ist die Sitzung des lokal angemeldeten Benutzers.

Verwalten von Ressourcen in Clientsitzungen

Mit dem Feature Windows-Systemressourcen-Manager (WSRM) von Windows Server 2008 können Sie dafür sorgen, dass jeder Client, der eine Verbindung mit einem Terminalserver herstellt, denselben Zugang zu den Ressourcen des Servers erhält. Um den WSRM verwenden zu können, müssen Sie ihn zuerst installieren. Dazu öffnen Sie den Server-Manager, wählen den Knoten *Features* und klicken dann auf *Features hinzufügen*. Anschließend können Sie das Feature im Assistenten zum Hinzufügen von Features auswählen und installieren. Nach der Installation finden Sie den Windows-Systemressourcen-Manager im Untermenü *Verwaltung* des *Start*-Menüs.

Der WSRM bestimmt anhand von Ressourcenzuweisungsrichtlinien, wie die Ressourcen des Computers auf die Prozesse aufgeteilt werden, die auf dem Computer ausgeführt werden. Zu einem bestimmten Zeitpunkt ist immer nur eine Ressourcenzuweisungsrichtlinie als *Verwaltungsrichtlinie* (managing policy) wirksam.

Vier Ressourcenzuweisungsrichtlinien wurden für den WSRM vordefiniert, von denen sich zwei speziell für die Kontrolle der Ressourcenverwendung von Benutzersitzungen auf Terminalservern eignen:

- **Equal_Per_User** Wenn diese Richtlinie als Verwaltungsrichtlinie gewählt wird, wird die verfügbare Prozessorleistung gleichmäßig auf alle Benutzer aufgeteilt. Wenn zum Beispiel zwei Benutzer mehrere Anwendungen ausführen, die 100 Prozent der verfügbaren Prozessorleistung beanspruchen, senkt der Windows-Systemressourcen-Manager die Prioritäten der Prozesse, die von dem Benutzer verwendet werden, der mehr als 50 Prozent der Leistung beansprucht. Bei dieser Richtlinie wird die Zahl der Terminaldienstesitzungen nicht berücksichtigt.
- **Equal_Per_Session** Wenn Sie *Equal_Per_Session* als Verwaltungsrichtlinie wählen, erhält jede Benutzersitzung (mit den dazugehörigen Prozessen) den gleichen Anteil an der verfügbaren Prozessorleistung. Wenn zum Beispiel zwei Benutzer auf einem Terminalserver jeweils zwei separate Sitzungen abhalten und 100 Prozent der verfügbaren Prozessorleistung beanspruchen, senkt der WSRM die Prioritäten der Prozesse in der Terminaldienstesitzung, die mehr als 25 Prozent der Rechenleistung beansprucht.

Diese integrierten Ressourcenzuweisungsrichtlinien des WSRM können Sie als einfaches Mittel betrachten, mit dem sich sicherstellen lässt, dass kein Benutzer und keine Sitzung mehr als den ihr zustehenden Teil der verfügbaren Ressourcen verwenden kann. Allerdings können Sie mit dem WSRM auch benutzerdefinierte Ressourcenzuweisungsrichtlinien erstellen. Wenn Sie das tun, definieren Sie *Prozessauswahlkriterien*, in denen Dienste, Prozesse oder Anwendungen auf dem lokalen Server angegeben werden. In der Ressourcenzuweisungsrichtlinie können Sie den ausgewählten Diensten, Prozessen oder Anwendungen dann einen bestimmten Anteil an der verfügbaren Prozessorzeit zuweisen.

Prüfungstipp

Für die Prüfung 70-643 müssen Sie die Ressourcenzuweisungsrichtlinien Equal_Per_User und Equal_Per_Session kennen. Außerdem müssen Sie wissen, welche Rolle Prozessauswahlkriterien in einer benutzerdefinierten Ressourcenzuweisungsrichtlinie spielen.

Praktische Übung Verwalten von Clientverbindungen

In dieser Übung verwenden Sie die Konsole Terminaldiensteverwaltung zur Anzeige, Kontrolle und Beendigung von Terminaldienste-Benutzersitzungen.

► Übung 1: Anzeigen von Terminaldienstesitzungen

In dieser Übung verwenden Sie die Konsole Terminaldiensteverwaltung, um in einer Konsolensitzung (lokale Anmeldung) Terminaldienstesitzungen anzuzeigen. Diese Übung erfordert drei verschiedene Domänenadministratorkonten. In den folgenden Schritten werden diese Konten *ContosoAdmin1*, *ContosoAdmin2* und *ContosoAdmin3* genannt.

1. Melden Sie sich auf Server2 als *ContosoAdmin1* bei *Contoso.com* an.
2. Öffnen Sie die Terminaldiensteverwaltung. Klicken Sie dazu auf *Start*, *Verwaltung* und *Terminaldienste*. Klicken Sie dann auf *Terminaldiensteverwaltung*.
3. Wenn das Dialogfeld *Terminaldiensteverwaltung* erscheint, lesen Sie den Text und klicken auf *OK*.
4. Wählen Sie in der Konsolenstruktur den Knoten *Server2*.

   Der Detailbereich im mittleren Teil der Konsole trägt nun die Überschrift *Terminalserver verwalten: Server2*. Dieser Bereich enthält drei Registerkarten: *Benutzer*, *Sitzungen* und *Prozesse*.
5. Sorgen Sie dafür, dass im mittleren Bereich die Registerkarte *Benutzer* gewählt ist, und beantworten Sie dann die folgenden Fragen.

   Wie viele Benutzer sind derzeit verbunden?

   Antwort: Einer

   Welcher Sitzungstyp wird dem angezeigten Benutzer zugeordnet?

   Antwort: Console

   Ist dies ein Sitzungstyp für einen lokalen Benutzer oder für einen Remotebenutzer?

   Antwort: Lokal
6. Klicken Sie den auf der Registerkarte *Benutzer* angezeigten Benutzer mit der rechten Maustaste an und beantworten Sie dann die folgenden Fragen.

   Welche Befehle sind im Kontextmenü verfügbar?

   Antwort: Trennen, Nachricht senden *und* Abmelden

   Welche im Kontextmenü angezeigten Befehle sind deaktiviert?

   Antwort: Verbinden, Remoteüberwachung, Zurücksetzen *und* Status

   Warum sind diese Befehle deaktiviert?

   Antwort: Verbinden *und* Remoteüberwachung *können nicht in einer Konsolensitzung verwendet werden.* Zurücksetzen *und* Status *können nur auf andere Benutzersitzungen angewendet werden.*
7. Melden Sie sich auf Server1 als *ContosoAdmin2* bei *Contoso.com* an.
8. Öffnen Sie auf Server1 den Remotedesktopverbindungsclient.
9. Geben Sie im Textfeld *Computer* den Namen **server2.contoso.com** ein und klicken Sie dann auf *Verbinden*.
10. Geben Sie im Dialogfeld *Windows-Sicherheit* die Anmeldeinformationen für *ContosoAdmin2* ein und klicken Sie dann auf *OK*. Achten Sie darauf, dass Sie den Namen in der Form **contoso\ContosoAdmin2** eingeben.

11. Minimieren Sie auf Server1 das *Remotedesktop*-Fenster.
12. Öffnen Sie auf Server1 eine weitere Instanz von Remotedesktopverbindung.
13. Geben Sie im Textfeld *Computer* des Dialogfelds *Remotedesktopverbindung* den Namen **server2.contoso.com** ein und klicken Sie dann auf *Verbinden.*
14. Klicken Sie im Dialogfeld *Windows-Sicherheit* auf *Anderes Konto verwenden.*
15. Geben Sie in den Textfeldern die Anmeldeinformationen für *ContosoAdmin3* ein und klicken Sie dann auf *OK*. Achten Sie darauf, dass Sie den Benutzernamen in der Form **contoso\ContosoAdmin3** angeben.
16. Wechseln Sie zur Terminaldiensteverwaltung auf Server2. Aktualisieren Sie die Registerkarte *Benutzer*, indem Sie im Bereich *Aktionen* auf *Aktualisieren* klicken.
17. Beantworten Sie folgende Fragen:

    Wie viele Benutzersitzungen sind nun auf der Registerkarte *Benutzer* zu sehen?

    Antwort: Drei

    Welcher Sitzungstyp wird für die Sitzungen von *ContosoAdmin2* und *ContosoAdmin3* angezeigt?

    Antwort: RDP-Tcp

    Welche beiden Befehle sind für die RDP-Tcp-Sitzungen verfügbar, die für die Konsolensitzung nicht zur Verfügung stehen?

    Antwort: Zurücksetzen *und* Status

    Was ist der Unterschied zwischen den Befehlen *Zurücksetzen* und *Abmelden*?

    Antwort: Beide Befehle trennen und beenden eine Sitzung. Allerdings löscht der Befehl Zurücksetzen *eine Sitzung sofort, ohne den Benutzer abzumelden.*
18. Lassen Sie alle Fenster geöffnet und fahren Sie mit Übung 2 fort.

▶ Übung 2: Verwalten von Terminaldienstesitzungen

In dieser Übung verwalten Sie in einer Terminaldienstesitzung eine andere Terminaldienstesitzung. Die Übung setzt voraus, dass Sie auf Server1 über zwei aktive Terminaldienstesitzungen verfügen, die auf Server2 abgehalten werden.

1. Wechseln Sie auf Server1.
2. Öffnen Sie in der Remotedesktopsitzung von *ContosoAdmin2* die Terminaldiensteverwaltung. (Sie können die Remotedesktopsitzungen zum Beispiel in den Startmenüs voneinander unterscheiden.)
3. Beantworten Sie folgende Frage: Welche Benutzersitzung wird auf der Registerkarte *Benutzer* mit einem grünen, nach oben gerichteten Pfeil dargestellt?

   Antwort: Die Benutzersitzung von ContosoAdmin2.

4. Wechseln Sie auf Serverl ins *Remotedesktop*-Fenster für *ContosoAdmin3*. Falls der Bildschirm gesperrt ist, geben Sie die erforderlichen Anmeldeinformationen ein, damit Sie wieder den Desktop von Server 2 sehen.
5. Kennzeichnen Sie den Desktop von *ContosoAdmin3* so, dass Sie erkennen, dass er zu *ContosoAdmin3* gehört. Sie können zum Beispiel mit dem Editor eine Datei namens *ADMIN3* erstellen.
6. Wechseln Sie wieder zum *Remotedesktop*-Fenster von *ContosoAdmin2*. Klicken Sie in der Terminaldiensteverwaltung die Benutzersitzung von *ContosoAdmin3* mit der rechten Maustaste an und klicken Sie dann auf *Remoteüberwachung*.
7. Lesen Sie den Text im Dialogfeld *Remoteüberwachung* und klicken Sie dann auf *OK*.
8. Wechseln Sie in das *Remotedesktop*-Fenster von *ContosoAdmin3*.

   Das Dialogfeld *Remoteüberwachungsanforderung* erscheint. Das Dialogfeld informiert Sie darüber, dass *ContosoAdmin2* die Remoteüberwachung Ihrer Sitzung anfordert, und fragt Sie, ob Sie zustimmen.
9. Klicken Sie im Dialogfeld *Remoteüberwachungsanforderung* auf *Ja*.
10. Wechseln Sie in die Remotedesktopsitzung von *ContosoAdmin2*.

    In der *ContosoAdmin2*-Sitzung ist nun der Desktop von *ContosoAdmin3* zu sehen.
11. Tun Sie etwas im Remoteüberwachungsfenster. Öffnen Sie zum Beispiel den Editor (Notepad). *ContosoAdmin2* ist nun in der Lage, den Desktop von *ContosoAdmin3* zu kontrollieren.
12. Wechseln Sie auf Server2.
13. Klicken Sie in der Terminaldiensteverwaltung die Sitzung *ContosoAdmin3* auf der Registerkarte *Benutzer* mit der rechten Maustaste an und klicken Sie dann auf *Abmelden*.
14. Klicken Sie im Dialogfeld *Terminaldiensteverwaltung* auf *OK*, um den Vorgang zu bestätigen.

    Die Sitzung *ContosoAdmin3* wird beendet. (Vielleicht müssen Sie auf *Aktualisieren* klicken, damit der Eintrag aus der Liste der Benutzersitzungen verschwindet.)
15. Klicken Sie die Sitzung *ContosoAdmin2* in der Terminaldiensteverwaltung auf der Registerkarte *Benutzer* mit der rechten Maustaste an und klicken Sie dann auf *Trennen*.
16. Klicken Sie im Dialogfeld *Terminaldiensteverwaltung* auf *OK*, um den Vorgang zu bestätigen.

    Der Status der Sitzung *ContosoAdmin2* ändert sich von *Active* auf *Disconnected*. (Vielleicht müssen Sie auf *Aktualisieren* klicken, um die Änderung zu sehen.)
17. Lassen Sie alle Fenster geöffnet und fahren Sie mit Übung 3 fort.

▶ Übung 3: Verbinden mit einer getrennten Sitzung

In dieser Übung stellen Sie eine Verbindung mit einer getrennten Sitzung her. Dann versuchen Sie, mit demselben Benutzernamen eine zweite Verbindung zum Terminalserver herzustellen, und beobachten die Wirkung.

1. Klicken Sie in der Terminaldiensteverwaltung-Konsole auf Server2 auf die Registerkarte *Sitzungen*.

   Die Registerkarte *Sitzungen* zeigt, dass die Sitzung *ContosoAdmin2* getrennt ist.

2. Klicken Sie auf die Registerkarte *Prozesse*.

   Die Registerkarte *Prozesse* zeigt, das viele Prozesse aus der Sitzung *ContosoAdmin2* noch ausgeführt werden.

3. Klicken Sie mit der rechten Maustaste auf einen der aufgelisteten Prozesse.

   Das Kontextmenü, das sich dann öffnet, gibt Ihnen die Möglichkeit, den Prozess zu beenden. Das können Sie allerdings auch mit dem Befehl *Prozess beenden* aus dem Bereich *Aktionen* auf der rechten Seite der Terminaldiensteverwaltung tun. Außerdem lässt sich ein Prozess auch in einer Eingabeaufforderung mit dem Befehl Tskill beenden.

4. Beenden Sie den ausgewählten Prozess nicht und wechseln Sie auf Server1.

   Das Meldungsfeld *Remotedesktop getrennt* hat sich geöffnet und informiert Sie darüber, dass die Remotedesktopsitzung beendet wurde.

5. Klicken Sie im Meldungsfeld *Remotedesktop getrennt* auf *OK*.

   Das Dialogfeld *Remotedesktopverbindung* erscheint auf dem Desktop.

6. Verwenden Sie den Remotedesktopverbindungsclient und die Anmeldeinformationen von *ContosoAdmin2*, um auf Server1 eine Verbindung mit Server2 herzustellen.

7. Wechseln Sie auf Server2.

8. Klicken Sie in der Konsole Terminaldiensteverwaltung auf Server2 auf die Registerkarte *Benutzer*.

   Beachten Sie, dass die Sitzung *ContosoAdmin2* wieder als *Active* aufgeführt wird.

9. Wechseln Sie auf Server1.

10. Minimieren Sie das aktuelle *Remotedesktop*-Fenster auf Server1.

11. Öffnen Sie über das *Start*-Menü das Dialogfeld *Remotedesktopverbindung*.

12. Verwenden Sie die Anmeldeinformationen von *ContosoAdmin2*, um auf Server2 eine zweite Terminaldienstesitzung zu erstellen.

13. Untersuchen Sie auf Server1 und Server2 alle geöffneten Fenster und beantworten Sie folgende Frage: Konnten Sie auf Server2 eine zweite Terminaldienstesitzung einrichten, die gleichzeitig mit der ersten abgehalten wird?

    Antwort: Nein. Der zweite Verbindungsversuch hat einfach die aktive Benutzersitzung übernommen und die erste Verbindung wurde gelöscht.

14. Wechseln Sie auf Server2.
15. Öffnen Sie die Konsole Terminaldienstekonfiguration, indem Sie auf *Start*, *Verwaltung* und *Terminaldienste* klicken, und dann auf Terminaldienstekonfiguration.
16. Klicken Sie im mittleren Bereich der Konsole Terminaldienstekonfiguration unter *Einstellungen bearbeiten – Allgemein* mit einem Doppelklick auf die Option *Nur eine Sitzung pro Benutzer zulassen*.
17. Löschen Sie im Dialogfeld *Eigenschaften* das Kontrollkästchen *Nur eine Sitzung pro Benutzer zulassen* und klicken Sie dann auf *OK*.
18. Wenn eine *Terminaldienstekonfiguration*-Fehlermeldung erscheint, lesen Sie die Meldung und klicken dann auf *OK*.
19. Wechseln Sie wieder auf Server1 und versuchen Sie noch einmal, mit den Anmeldeinformationen von *ContosoAdmin2* eine zweite Remotedesktopverbindung mit Server2 herzustellen.

    Die zweite Remotedesktopverbindung wird eingerichtet. Wenn Sie auf Server2 in der Konsole Terminaldiensteverwaltung auf *Aktualisieren* klicken, können Sie sehen, dass nun zwei Sitzungen von *ContosoAdmin2* als *Active* geführt werden.

    Wenn Sie einem Benutzer erlauben, auf einem Terminaldiensteserver mehrere Sitzungen gleichzeitig abzuhalten, vergrößern Sie die Wahrscheinlichkeit, dass einige Sitzungen einfach vergessen werden.
20. Verwenden Sie die Terminaldiensteverwaltung auf Server2, um die erste Sitzung von *ContosoAdmin2* abzumelden und die zweite zurückzusetzen.
21. Aktivieren Sie auf Server2 in der Konsole Terminaldienstekonfiguration wieder die Option *Nur eine Sitzung pro Benutzer zulassen*.
22. Schließen Sie auf Server1 und Server2 alle geöffneten Fenster und melden Sie alle Benutzer ab.

Zusammenfassung der Lektion

- Sie können die Einstellungen für Terminaldiensteclients mit den Optionen des Programms Remotedesktopverbindung oder auf Domänenebene mit einem Gruppenrichtlinienobjekt durchführen.
- Wenn Benutzer eine Verbindung mit einem Terminalserver herstellen, werden ihre Profile standardmäßig auf dem Remoteserver gespeichert. Daher können die Profile viel Speicherplatz belegen, wenn viele Benutzer auf den Terminalserver zugreifen. Um den Speicherplatz zu begrenzen, der auf diese Weise verwendet wird, können Sie Datenträgerkontingente einrichten.
- Sie können die Terminalserverbenutzerprofile auch auf eine zentrale Netzwerkfreigabe verlegen, indem Sie terminaldienstespezifische servergespeicherte Benutzerprofile konfigurieren. Solche terminaldienstespezifischen servergespeicherten Be-

nutzerprofile lassen sich im Eigenschaftendialogfeld eines Benutzerkontos auf der Registerkarte *Terminaldienstprofile* oder in den Gruppenrichtlinien festlegen.

- Die Terminaldiensteverwaltung ist das wichtigste Verwaltungsprogramm für die Verwaltung von Verbindungen mit einem Terminalserver. Sie können mit der Terminaldiensteverwaltung Informationen über Benutzer anzeigen, die mit einem Terminalserver verbunden sind, oder Benutzersitzungen überwachen oder Verwaltungsaufgaben durchführen und zum Beispiel Benutzer abmelden oder Benutzersitzungen trennen.
- Mit dem Windows-Systemressourcen-Manager (WSRM) können Sie die verfügbaren Ressourcen eines Terminalservers gleichmäßig auf alle Benutzer oder Sitzungen aufteilen.

Lernzielkontrolle

Die folgenden Fragen dienen zur Vertiefung des in dieser Lektion besprochenen Stoffs. Die Fragen sind (in englischer Sprache) auch auf der Begleit-CD zu finden, falls Sie die elektronische Form der Fragen vorziehen.

Hinweis Die Antworten

Die Antworten auf die Fragen und Erläuterungen, warum die entsprechende Antwort richtig oder falsch ist, finden Sie im Abschnitt „Antworten“ am Ende des Buchs.

---

1. TS1 ist ein Server, auf dem Windows Server 2008 und die Terminaldienste ausgeführt werden. Benutzer aus Ihrer Organisation stellen Verbindungen zum Server TS1 her, um mit einer Branchenanwendung zu arbeiten. Kürzlich haben Sie festgestellt, dass die Benutzerprofile immer mehr Speicher auf dem Datenträger von TS1 belegen und fast schon den gesamten Platz beanspruchen. Sie möchten dafür sorgen, dass die Benutzer zwar ihre Daten speichern können, aber nicht die gesamte Speicherkapazität von TS1 beanspruchen. Was sollten Sie tun?
   A. Sie weisen den Benutzern, die eine Verbindung mit TS1 herstellen, erforderliche Profile zu.
   B. Sie richten auf dem Datenträger von TS1, auf dem Benutzerprofile gespeichert werden, Datenträgerkontingente ein.
   C. Sie verwenden Gruppenrichtlinien, um den Benutzern, die Verbindungen mit TS1 herstellen, erforderliche servergespeicherte Terminaldienstebenutzerprofile zuzuweisen.
   D. Sie konfigurieren auf den lokalen Datenträgern der Benutzer, die Verbindungen mit TS1 herstellen, Datenträgerkontingente.
2. TS3 ist ein Server, auf dem Windows Server 2008 und die Terminaldienste ausgeführt werden. Sie sind für den Support der Benutzer zuständig, die Verbindungen mit TS3 herstellen, um mit verschiedenen Anwendungen zu arbeiten. Die Benutzer be-

schweren sich darüber, dass die Anwendungen zu langsam reagieren. Sie geben auf TS3 den Befehl `quser` ein und stellen fest, dass viele Benutzer auf dem Server mehrere getrennte Sitzungen eingerichtet haben, die sich bereits 2 Tage oder länger im Leerlauf befinden. Sie möchten die Belastung von TS3 verringern, indem Sie die getrennten Sitzungen löschen, die sich bereits seit 2 Tagen oder länger im Leerlauf befinden. Was sollten Sie tun?

A. Sie verwenden den Befehl Rwinsta.

B. Sie verwenden den Befehl Tsdicon.

C. Sie verwenden den Befehl Tskill.

D. Sie verwenden den Befehl Tscon.

Lektion 2: Bereitstellen des Terminaldienstegateways

Das Terminaldienstegateway ermöglicht es autorisierten Benutzern, Verbindungen mit Terminalservern herzustellen, die sich hinter einer Firewall befinden. So einfach diese Idee auch klingt, die Leistung des Terminaldienstegateways ist doch erstaunlich wichtig. Vorher mussten Sie ein virtuelles privates Netzwerk (VPN) einrichten, um über das Internet eine Verbindung mit den Ressourcen eines privaten Netzwerks herzustellen. Nun können Sie zu wesentlich mehr Ressourcen eine Verbindung herstellen, einschließlich Terminalserverdesktops und veröffentlichten Anwendungen, noch dazu mit einer Technologie, die tatsächlich leichter zu implementieren ist.

Diese Lektion stellt Ihnen das Terminaldienstegateway vor und beschreibt, wie man es installiert, konfiguriert und verwendet.

Am Ende dieser Lektion werden Sie in der Lage sein, die folgenden Aufgaben auszuführen:

- Beschreiben der Funktion des Terminaldienstegateways
- Installieren des Terminaldienstegateways
- Konfigurieren des Terminaldienstegateways
- Konfigurieren von Remotedesktopverbindung für das Terminaldienstegateway

Veranschlagte Zeit für diese Lektion: 50 Minuten

Überblick über das Terminaldienstegateway

Das Terminaldienstegateway ist eine optionale Terminalserverkomponente, die autorisierte Remotedesktopclients in die Lage versetzt, über das Internet RDP-Sitzungen (Remotedesktopprotokoll) mit Terminaldienstressourcen abzuhalten, die sich hinter einer Firewall in einem privaten Netzwerk befinden. (Mit „Terminaldienstressourcen" sind in diesem Fall Terminalserver und Computer mit aktiviertem Remotedesktop gemeint.) Für die Übertragung im Internet werden RDP-Verbindungen mit einem Terminaldienstegatewayserver durch das SSL-Protokoll (Secure Sockets Layer) geschützt und verschlüsselt. Eine Schlüsselfunktion des Terminaldienstegateways ist seine Fähigkeit, RDP-Datenverkehr durch Firmenfirewalls zu ermöglichen, und zwar über Port 443, der gewöhnlich für SSL-Datenverkehr geöffnet ist. (Standardmäßig erfolgt der Remotedesktopprotokoll-Datenverkehr über TCP-Port 3389.)

In einer einfachen Terminaldienstegateway-Bereitstellung, wie sie in Abbildung 4.13 dargestellt ist, stellt ein Benutzer auf seinem Heimcomputer (Punkt 1) über das Internet eine Verbindung mit einem Terminaldienstegateway (Punkt 2) her, das sich hinter einer äußeren Firmenfirewall befindet.

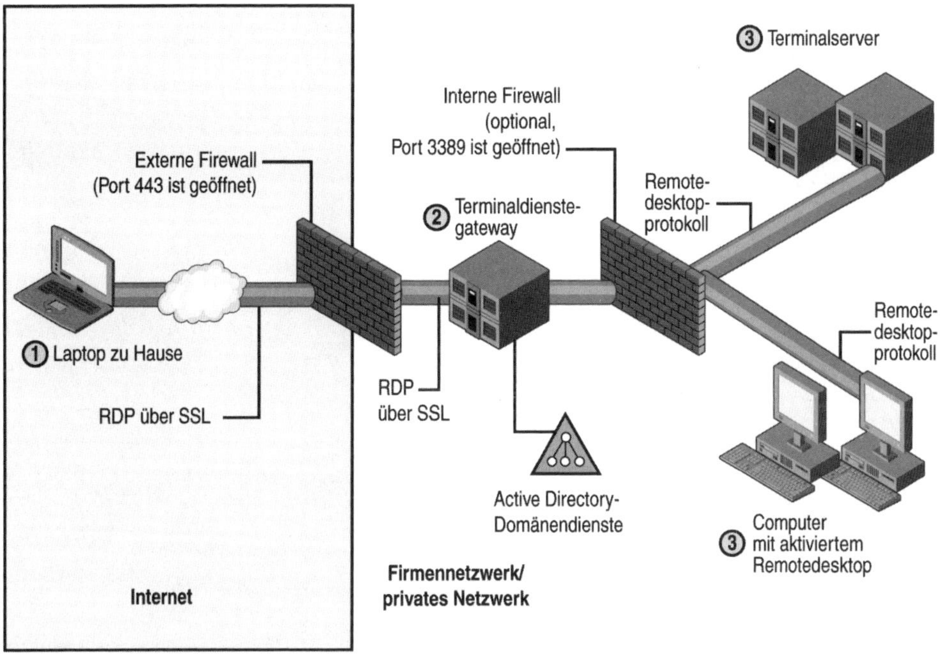

Abbildung 4.13 Grundaufbau eines Netzwerks mit einem Terminaldienstegateway

Die Verbindung zwischen den Punkten 1 und 2 wird mit dem Remotedesktopprotokoll hergestellt, das in einem HTTPS-Tunnel (HTTP über SSL) gekapselt wird. Um diese HTTPS-Verbindung im Umkreisnetzwerk empfangen zu können, muss auf dem Terminaldienstegatewayserver ein IIS-Webserver (Internetinformationsdienste-Webserver) ausgeführt werden. Nach dem Eingang der Verbindungsanfrage entfernt der Terminaldienstegatewayserver die HTTPS-Hülle und leitet die RDP-Datenpakete an die Terminalserver (Punkt 2) weiter, die sich hinter einer zweiten, internen Firewall befinden. Wenn eingehende Verbindungsanfragen auf der Basis von Active Directory-Konten bearbeitet oder abgelehnt werden, müssen in diesem Szenario die Active Directory-Domänendienste auf dem Terminaldienstegateway installiert sein.

Als Alternative zu dem in Abbildung 4.13 dargestellten Grundaufbau können Sie statt eines Terminaldienstegatewayservers ISA-Server (Internet Security and Acceleration) als SSL/HTTPS-Endpunkte für eingehende Terminaldiensteclientverbindungen verwenden. In diesem Szenario, das in Abbildung 4.14 dargestellt wird, dient ein ISA-Server (Punkt 2) als HTTPS-zu-HTTPS- oder als HTTPS-zu-HTTP-Bridge zum Terminaldienstegatewayserver (Punkt 3) und der Terminaldienstegatewayserver leitet die RDP-Verbindung dann an die entsprechende interne Ressource (Punkt 4) weiter. Diese Methode hat den Vorteil, dass die Active Directory-Informationen im Firmennetzwerk geschützt werden.

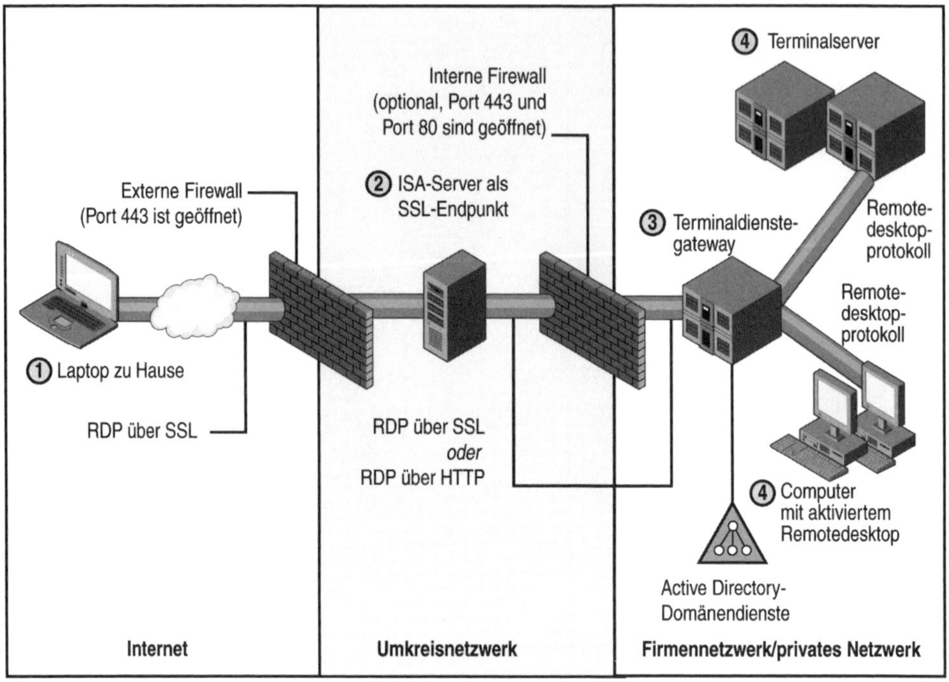

Abbildung 4.14 Ein Netzwerk mit Terminaldienstegateway und einem ISA-Server, der als SSL-Endpunkt dient

Prüfungstipp

Wenn Sie ISA-Server als HTTPS-zu-HTTPS-Bridge zum Terminaldienstegateway verwenden, vergessen Sie nicht, das Serverzertifikat, das für SSL verwendet wird, vom Terminaldienstegatewayserver zu exportieren und auf dem Computer zu installieren, auf dem der ISA-Server ausgeführt wird.

Installieren und Konfigurieren eines Terminaldienstegatewayservers

Sie können einen Terminaldienstegatewayserver installieren und konfigurieren, indem Sie zuerst den Rollendienst Terminaldienstegateway hinzufügen und die Clients dann so einstellen, dass sie den Terminaldienstegatewayserver verwenden. Diese Schritte werden im folgenden Abschnitt ausführlicher beschrieben.

Hinzufügen des Rollendienstes Terminaldienstegateway

Wenn Sie mit dem Server-Manager den Rollendienst Terminaldienstegateway hinzufügen, wird der Assistent für das Hinzufügen von Rollendiensten gestartet. Der Assistent für das Hinzufügen von Rollendiensten führt dann zwei Hauptaufgaben durch. Erstens installiert er bei Bedarf automatisch alle noch fehlenden Rollendienste, auf die das Terminaldienstegateway angewiesen ist, nämlich den IIS-Webserver und den Netzwerkrichtlinienserver.

Zweitens führt er Sie durch die Konfiguration der drei Komponenten, die für eine einwandfreie Funktion des Rollendienstes erforderlich sind, nämlich ein Serverzertifikat für die SSL-Verschlüsselung, eine Verbindungsautorisierungsrichtlinie (TS-CAP) und eine Ressourcenautorisierungsrichtlinie (TS-RAP).

- **Serverzertifikat für SSL** Terminaldiensteclientverbindungen mit dem Terminaldienstegateway werden mit SSL verschlüsselt (auch als Transport Layer Security oder TLS bekannt). Dafür ist ein Serverzertifikat erforderlich. Dieses Serverzertifikat kann von einer vertrauenswürdigen externen Zertifizierungsstelle oder von einer vertrauenswürdigen eigenen Zertifizierungsstelle stammen, die zum Beispiel mit den Zertifikatdiensten von Windows Server 2008 eingerichtet wird. Als weniger sichere Alternative für Testumgebungen kann der Assistent für das Hinzufügen von Rollendiensten auch ein *selbstsigniertes* Serverzertifikat erstellen, das sich für das Terminaldienstegateway eignet.

Wichtig Der Client muss der Stammzertifizierungsstelle des Serverzertifikats vertrauen

Jeder Terminaldiensteclient, der eine Verbindung mit dem Terminaldienstegatewayserver herstellt, muss der Zertifizierungsstelle vertrauen, die das Zertifikat des Terminaldienstegatewayservers ausgestellt hat. Wenn weder eine vertrauenswürdige externe Zertifizierungsstelle noch eine vertrauenswürdige Zertifizierungsstelle aus dem eigenen Haus das Zertifikat ausgestellt hat, müssen Sie das Serverzertifikat des Terminaldienstegatewayservers exportieren und auf dem Terminaldiensteclient im Speicher für vertrauenswürdige Stammzertifizierungsstellen installieren. Diesen Speicher können Sie mit dem Zertifikate-Snap-In untersuchen. Wie der Export und Import erfolgt, wird in den Übungen am Ende dieser Lektion beschrieben.

Abbildung 4.15 zeigt die Seite des Assistenten, auf der Sie ein Serverzertifikat für die SSL-Verschlüsselung auswählen oder erstellen können.

- **TS-CAP** Eine Terminaldienste-Verbindungsautorisierungsrichtlinie (Terminal Services Connection Authorization Policy, TS-CAP) ist eine Richtlinie, die festlegt, welche externen Benutzer oder Computer eine Verbindung mit dem Terminaldienstegateway herstellen dürfen. Der Assistent für das Hinzufügen von Rollendiensten ermöglicht Ihnen, die erste und wichtigste TS-CAP zu definieren. Später können Sie in der Verwaltungskonsole für das Terminaldienstegateway (Terminaldienstegateway-Manager) weitere Richtlinien definieren.

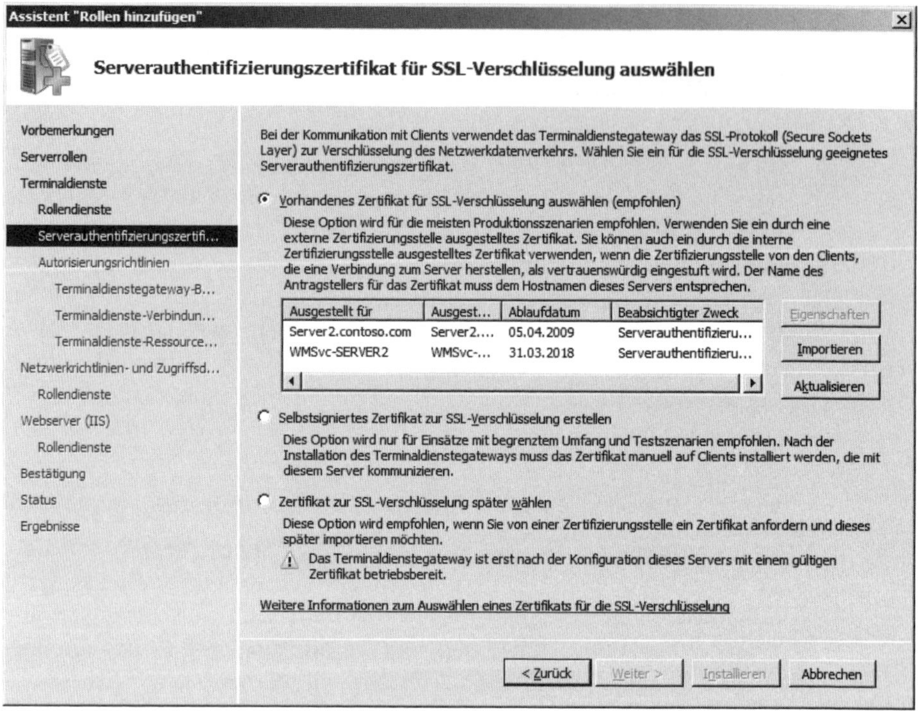

Abbildung 4.15 Auswählen eines Serverzertifikats für die SSL-Verschlüsselung

Hinweis Der Terminaldienstegateway-Manager und TS-CAPs

Um den Terminaldienstegateway-Manager zu öffnen, klicken Sie auf *Start*, zeigen erst auf *Verwaltung*, dann auf *Terminaldienste* und klicken dann auf *Terminaldienstegateway-Manager*.

Wenn Sie im Terminaldienstegateway-Manager eine neue TS-CAP definieren möchten, klicken Sie in der Konsolenstruktur den Ordner *Richtlinien* mit der rechten Maustaste an, wählen im Kontextmenü *Neue Autorisierungsrichtlinien erstellen* und dann *Nur eine TS-CAP erstellen*. Um die Eigenschaften einer vorhandenen TS-CAP zu ändern, klicken Sie die TS-CAP in der Richtlinienliste mit der rechten Maustaste an und klicken dann auf *Eigenschaften*.

Auf der Seite *Auswählen von Benutzergruppen, die über das Terminaldienstegateway eine Verbindung herstellen können* des Assistenten für das Hinzufügen von Rollendiensten wird die Erstellung der ersten TS-CAP sehr vereinfacht. Auf dieser Seite können Sie die Benutzer (gewöhnlich Active Directory-Sicherheitsgruppen) angeben, die Verbindungen herstellen dürfen. Dieselben Benutzergruppen werden auch für die Haupt-TS-RAP eingesetzt, die der Wizard im nächsten Schritt erstellt.

Beachten Sie, dass eine TS-CAP Ihnen auch die Möglichkeit gibt, eine Authentifizierungsmethode für Remotebenutzer festzulegen: Kennwort, Smartcard oder beides.

Abbildung 4.16 zeigt die Seite *Auswählen von Benutzergruppen.*

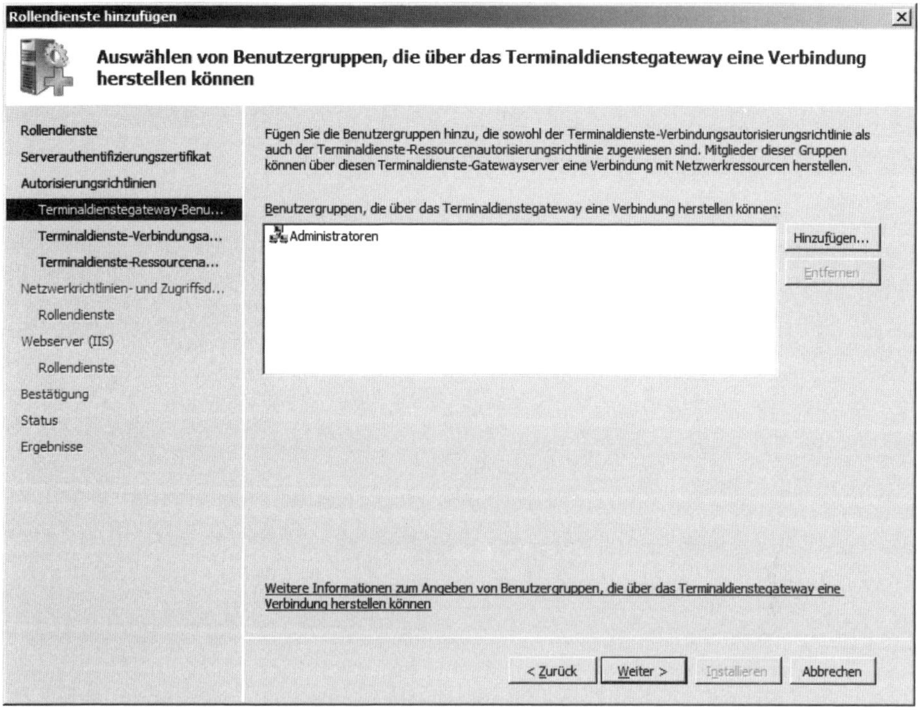

Abbildung 4.16 Auswählen von Gruppen für eine TS-CAP und eine TS-RAP

Wenn Sie eine TS-CAP in der Konsole Terminaldienstegateway-Manager bearbeiten, können Sie auch die Computer angeben, die Zugriff auf das Terminaldienstegateway erhalten sollen. Eine weitere Option für eine TS-CAP, die nur in der Konsole Terminaldienstegateway-Manager konfigurierbar ist, ist die Möglichkeit, die Umleitung von Geräten zu beschränken. Anders gesagt, Sie können eine TS-CAP verwenden, um zu verhindern, dass bestimmte Clientgeräte über das Terminaldienstegateway in eine Terminaldienste-Benutzersitzung umgeleitet werden, wie zum Beispiel ein USB-Laufwerk.

Abbildung 4.17 zeigt das Eigenschaftendialogfeld einer TS-CAP, das in der Konsole Terminaldienstegateway-Manager zugänglich ist.

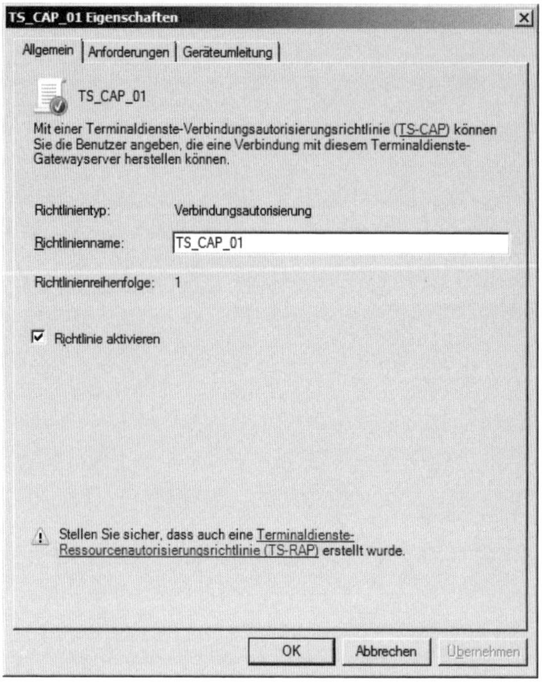

Abbildung 4.17 Bearbeiten einer TS-CAP

- **TS-RAP** Eine Terminaldienste-Ressourcenautorisierungsrichtlinie (Terminal Services Resource Authorization Policy, TS-RAP) ist eine Terminaldienstegatewayrichtlinie, die festlegt, welche Benutzer Verbindungen mit den Terminaldiensteressourcen einer Organisation herstellen können. Der Assistent für das Hinzufügen von Rollendiensten ermöglicht Ihnen, die erste und wichtigste TS-RAP zu erstellen. In der Konsole Terminaldienstegateway-Manager können Sie später bei Bedarf weitere TS-RAPs erstellen.

Hinweis Der Terminaldienstegateway-Manager und TS-RAPs

Wenn Sie im Terminaldienstegateway-Manager eine neue TS-RAP definieren möchten, klicken Sie in der Konsolenstruktur den Ordner *Richtlinien* mit der rechten Maustaste an, wählen im Kontextmenü *Neue Autorisierungsrichtlinien erstellen* und dann *Nur eine TS-RAP erstellen*. Um die Eigenschaften einer vorhandenen TS-RAP zu ändern, klicken Sie die TS-RAP in der Richtlinienliste mit der rechten Maustaste an und klicken dann auf *Eigenschaften*.

In der vereinfachten Richtlinie, die der Assistent für das Hinzufügen von Rollendiensten erstellt, legen Sie fest, ob die Benutzergruppen, die Sie auf der Seite *Auswählen von Benutzergruppen, die über das Terminaldienstegateway eine Verbindung herstellen können* ausgewählt haben, Zugang zu allen Terminalservern des Netzwerks oder nur zu einer Teilmenge erhalten sollen, die von einer Active Directory-Sicherheitsgruppe definiert wird.

Abbildung 4.18 zeigt die Seite *Erstellen einer Terminaldienste-Remotezugriffsrichtlinie für das Terminaldienstegateway* des Assistenten für das Hinzufügen von Rollendiensten.

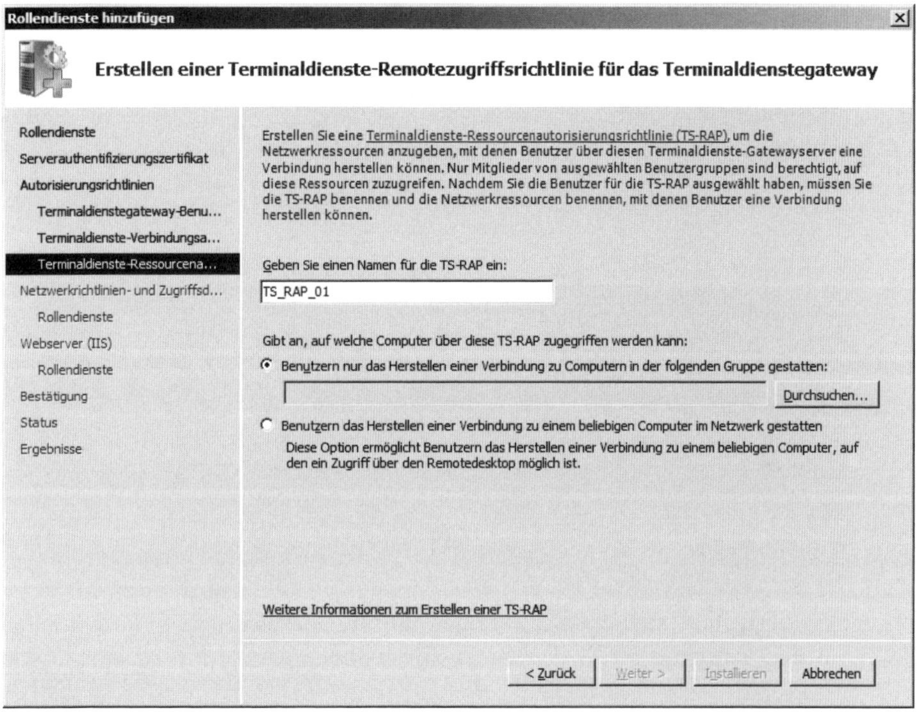

Abbildung 4.18 Erstellen einer TS-RAP im Assistenten für das Hinzufügen von Rollendiensten

Wie bei einer TS-CAP bietet die Konsole Terminaldienstegateway-Manager bei der Erstellung oder Bearbeitung einer TS-RAP zusätzliche Konfigurationsoptionen. Beispielsweise kann die Computergruppe, auf die Sie bei der Erstellung einer TS-RAP in der Konsole Terminaldienstegateway-Manager Zugriff gewähren, eine Active Directory-Sicherheitsgruppe oder eine *vom Terminaldienstegateway verwaltete* Computergruppe sein (Abbildung 4.19). Der letztere Gruppentyp wird nur für das Terminaldienstegateway verwendet und nur durch die Konsole Terminaldienstegateway-Manager erstellt. Eine zweite Konfigurationsoption, die nur im Terminaldienstegateway-Manager für TS-RAPs verfügbar ist, ist die Möglichkeit zur Festlegung der Ports, über die ein Terminaldiensteclient eine Verbindung mit einer Ressource herstellen kann. Sie können zum Beispiel alle RDP-Verbindungen auf TCP-Port 3389 beschränken (der Standardport für RDP) oder einen vom Standard abweichenden Port oder eine Portgruppe festlegen, an denen die Computergruppe auf eingehende Verbindungen wartet.

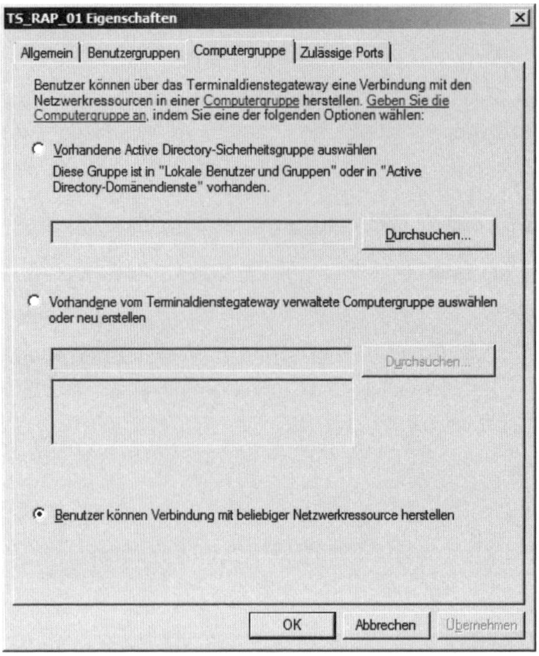

Abbildung 4.19 Angeben einer Computergruppe für eine TS-RAP

Prüfungstipp

Sie können den Knoten *Überwachung* im Terminaldienstegateway-Manager verwenden, um die Benutzersitzungen anzuzeigen, für die eine Verbindung über das Terminaldienstegateway besteht.

Konfigurieren des Programms Remotedesktopverbindung zur Verbindungsherstellung über das Terminaldienstegateway

Damit das Programm Remotedesktopverbindung Verbindungen über das Terminaldienstegateway herstellt, müssen Sie es zuerst so einstellen, dass es das Gateway verwendet. Dazu öffnen Sie Remotedesktopverbindung, klicken bei Bedarf auf die Schaltfläche *Optionen* und wählen dann die Registerkarte *Leistung*. Auf der Registerkarte *Leistung* klicken Sie im Abschnitt *Verbindung von überall aus herstellen* auf die Schaltfläche *Einstellungen* (Abbildung 4.20).

Dadurch öffnet sich das Dialogfeld *Terminaldienste-Gatewayservereinstellungen* (Abbildung 4.21).

Wählen Sie im Dialogfeld *Terminaldienste-Gatewayservereinstellungen* die Option *Diese Einstellungen für den Terminaldienste-Gatewayserver verwenden*. Geben Sie im Textfeld *Servername* den Terminaldienstegatewayserver an und im Textfeld *Anmeldemethode* eine passende Anmeldemethode (Kennwort oder Smartcard). Wenn Remotedesktopverbindung das Terminaldienstegateway auch für Computer verwenden soll, die sich in Ihrem LAN befinden, löschen Sie die Option, das Terminaldienstegateway bei lokalen Adressen nicht zu verwenden.

Abbildung 4.20 Konfigurieren von Remotedesktopverbindung mit einem Terminaldienstegateway, Schritt 1

Abbildung 4.21 Konfigurieren von Remotedesktopverbindung mit einem Terminaldienstegateway, Schritt 2

Im Bereich *Anmeldeeinstellungen* des Dialogfelds können Sie angeben, ob der Terminaldienstegatewayserver Ihre Anmeldeinformationen an den Terminalserver weiterreichen soll. Standardmäßig ist diese Option aktiviert. Wenn Sie auf dem Remoteserver aber einen anderen Benutzernamen oder ein anderes Kennwort verwenden müssen, deaktivieren Sie diese Option.

Schnelltest

1. Welche Art von Richtlinien autorisiert Verbindungen vom Internet zum Terminaldienstegateway?
2. Welche Art von Richtlinien autorisiert Verbindungen vom Terminaldienstegateway zu internen Ressourcen?

Antworten zum Schnelltest

1. TS-CAP
2. TS-RAP

Praktische Übung Installieren und Konfigurieren des Terminaldienstegateways

In den folgenden Übungen installieren Sie das Terminaldienstegateway auf Server 2 und konfigurieren dann das Programm Remotedesktopverbindung auf Server1 so, dass es über das Gateway eine Verbindung mit einem Terminalserver herstellt. Damit das funktioniert, müssen Sie das Serverzertifikat von Server2 auf Server1 installieren.

► **Übung 1: Hinzufügen des Rollendienstes Terminaldienstegateway**

In dieser Übung installieren Sie den Rollendienst Terminaldienstegateway auf Server2.

1. Melden Sie sich auf Server2 als Domänenadministrator bei der Domäne *Contoso.com* an.
2. Öffnen Sie den Server-Manager.
3. Erweitern Sie in der Konsolenstruktur des Server-Managers den Knoten *Rollen* und wählen Sie den Knoten *Terminaldienste.*
4. Klicken Sie im Detailbereich unter *Rollendienste* auf *Rollendienste hinzufügen.*

   Der Assistent für das Hinzufügen von Rollendiensten öffnet sich.
5. Wählen Sie auf der Seite *Rollendienste auswählen* des Assistenten für das Hinzufügen von Rollendiensten das Kontrollkästchen *Terminaldienstegateway.*

   An diesem Punkt öffnet sich vielleicht das Dialogfeld *Rollendienste hinzufügen* und fragt Sie, ob Sie weitere Rollendienste hinzufügen möchten, die für das Terminaldienstegateway erforderlich sind.

6. Sofern sich das Dialogfeld *Rollendienste hinzufügen* öffnet, klicken Sie auf *Erforderliche Rollendienste hinzufügen Erforderliche Rollendienste hinzufügen.*
7. Klicken Sie auf der Seite *Rollendienste auswählen* des Assistenten für das Hinzufügen von Rollendiensten auf *Weiter.*
8. Lesen Sie den Text auf der Seite *Serverauthentifizierungszertifikat für SSL-Verschlüsselung auswählen.*

   An diesem Punkt würden Sie in einer Produktivumgebung ein Serverauthentifizierungszertifikat installieren, das Sie von einer vertrauenswürdigen Zertifizierungsstelle erhalten haben. In dieser Testumgebung reicht ein selbstsigniertes Zertifikat aus.
9. Wählen Sie die Option *Selbstsigniertes Zertifikat zur SSL-Verschlüsselung erstellen* und klicken Sie dann auf *Weiter.*
10. Lesen Sie den Text auf der Seite *Autorisierungsrichtlinien für das Terminaldienstegateway erstellen.* Übernehmen Sie die Standardvorgabe für das sofortige Erstellen von Autorisierungsrichtlinien und klicken Sie auf *Weiter.*
11. Lesen Sie den Text auf der Seite *Auswählen von Benutzergruppen, die über das Terminaldienstegateway eine Verbindung herstellen können* und klicken Sie dann auf *Weiter.*
12. Lesen Sie den Text auf der Seite *Erstellen einer Terminaldienste-Clientzugriffsrichtlinie für das Terminaldienstegateway.* Lassen Sie das Kontrollkästchen *Kennwort* aktiviert und klicken Sie auf *Weiter.*
13. Lesen Sie den Text auf der Seite *Erstellen einer Terminaldienste-Remotezugriffsrichtlinie für das Terminaldienstegateway* und wählen Sie dann die Option, Benutzern die Verbindung mit einem beliebigen Computer aus dem Netzwerk zu gestatten.
14. Klicken Sie auf *Weiter.*
15. Lesen Sie den Text auf der Seite *Netzwerkrichtlinien- und Zugriffsdienste* und klicken Sie dann auf *Weiter.*
16. Lesen Sie den Text auf der Seite *Rollendienste auswählen* und klicken Sie dann auf *Weiter.*
17. Lesen Sie den Text auf der Seite *Webserver (IIS)* und klicken Sie dann auf *Weiter.*
18. Klicken Sie auf der Seite *Rollendienste auswählen* auf *Weiter.*
19. Überprüfen Sie auf der Seite *Installationsauswahl bestätigen* Ihre Auswahl an zu installierenden Rollendiensten und Komponenten und klicken Sie dann auf *Installieren.*

    Während die ausgewählten Rollendienste installiert werden, ist die Seite *Installationsstatus* zu sehen. Nach der Installation erscheint die Seite *Installationsergebnisse.*
20. Klicken Sie auf der Seite *Installationsergebnisse* auf *Schließen.*

▶ Übung 2: Erstellen einer Zertifikate-Konsole zur Verwaltung von Zertifikaten

In dieser Übung erstellen Sie auf Server1 und Server2 Konsolen zur Verwaltung von Zertifikaten.

1. Melden Sie sich auf Server1 als Administrator an.
2. Geben Sie im Textfeld *Suche starten* des *Start*-Menüs **mmc** ein und drücken Sie die EINGABETASTE.
3. Klicken Sie im *Datei*-Menü auf *Snap-In hinzufügen/entfernen*.
4. Klicken Sie im Fenster *Snap-Ins hinzufügen bzw. entfernen* in der Liste der verfügbaren Snap-Ins auf *Zertifikate* und klicken Sie dann auf *Hinzufügen*.
5. Wählen Sie auf der Seite *Zertifikat-Snap-In* die Option *Computerkonto* und klicken Sie dann auf *Weiter*.
6. Klicken Sie auf der Seite *Computer auswählen* auf *Fertig stellen*.
7. Klicken Sie im Fenster *Snap-Ins hinzufügen bzw. entfernen* auf *OK*.
8. Verwenden Sie das Dateimenü, um die Konsole unter dem Namen **Zertifikate-MMC** zu speichern. Speichern Sie die Konsole an ihrem vorgesehenen Standardort, dem Ordner *Verwaltung*.
9. Wiederholen Sie die Schritte 1 bis 8 auf Server2.

▶ Übung 3: Exportieren eines Serverzertifikats

In dieser Übung exportieren Sie auf Server2 ein selbstsigniertes Zertifikat in den Ordner *Dokumente*. Anschließend kopieren Sie das exportierte Zertifikat nach Server1.

1. Öffnen Sie auf Server2 die Konsole Zertifikate-MMC. Sofern Sie diese Konsole im Ordner *Verwaltung* gespeichert haben, können Sie sie öffnen, indem Sie auf *Start* klicken, dann auf *Alle Programme*, *Verwaltung* und schließlich auf *Zertifikate-MMC*.
2. Wechseln Sie auf Server2 in der Konsolenstruktur der Konsole Zertifikate-MMC in den Ordner *Zertifikate (Lokaler Computer)\Eigene Zertifikate\Zertifikate*.

   Wenn der Ordner *Zertifikate* gewählt wird, ist im Detailbereich ein Zertifikat namens *Server2.contoso.com* zu sehen. Dieses Zertifikat wurde von *Server2.contoso.com* ausgestellt. Es handelt sich um das selbstsignierte Zertifikat, das Sie in Übung 1 erstellt haben.
3. Klicken Sie das Zertifikat *Server2.contoso.com* mit der rechten Maustaste an, klicken Sie im Kontextmenü auf *Alle Aufgaben* und dann auf *Exportieren*.

   Der Zertifikatexport-Assistent öffnet sich.
4. Lesen Sie den Text auf der *Willkommen*-Seite des Assistenten und klicken Sie dann auf *Weiter*.
5. Übernehmen Sie auf der Seite *Privaten Schlüssel exportieren* die Vorgabe, den privaten Schlüssel nicht zu exportieren, und klicken Sie auf *Weiter*.

6. Übernehmen Sie auf der Seite *Format der zu exportierenden Datei* die Vorgabe und klicken Sie auf *Weiter.*
7. Klicken Sie auf der Seite *Zu exportierende Datei* auf die Schaltfläche *Durchsuchen.*
8. Geben Sie der Datei im Dialogfeld *Speichern unter* den Namen **Server2cert** und speichern Sie die Datei im Ordner *Dokumente.*
9. Klicken Sie auf der Seite *Zu exportierende Datei* auf *Weiter.*
10. Überprüfen Sie auf der Seite *Fertigstellen des Assistenten* den Namen und den Pfad des exportierten Zertifikats und klicken Sie dann auf *Fertig stellen.*
11. Das Meldungsfeld *Zertifikatexport-Assistent* erscheint und informiert Sie darüber, dass der Exportvorgang erfolgreich abgeschlossen wurde. Klicken Sie auf *OK.*
12. Kopieren Sie die Datei *Server2cert.cer* mit einer Methode Ihrer Wahl von Server2 auf Server1 und fahren Sie dann mit Übung 4 fort. Sie können die Datei zum Beispiel auf ein USB-Flashlaufwerk kopieren, das Laufwerk dann an Server1 anschließen und dort kopieren. Oder Sie geben auf Server1 einen Ordner frei und kopieren die Datei über das Netzwerk in diese Freigabe.

▶ Übung 4: Importieren eines Serverzertifikats

In dieser Übung importieren Sie das Zertifikat, das Sie auf Server2 exportiert haben, auf Server1 in den Speicher *Vertrauenswürdige Stammzertifizierungsstellen.*

1. Öffnen Sie auf Server1 die Konsole Zertifikate-MMC. Sofern Sie diese Konsole im Ordner *Verwaltung* gespeichert haben, können Sie sie öffnen, indem Sie auf *Start* klicken, auf *Alle Programme*, *Verwaltung* und schließlich auf *Zertifikate-MMC.*
2. Wechseln Sie auf Server1 in der Konsolenstruktur der Konsole Zertifikate-MMC in den Ordner *Zertifikate (Lokaler Computer) \Vertrauenswürdige Stammzertifizierungsstellen\Zertifikate.*
3. Klicken Sie den Ordner *Zertifikate* mit der rechten Maustaste an, klicken Sie im Kontextmenü auf *Alle Aufgaben* und klicken Sie dann auf *Importieren.*

   Der Zertifikatimport-Assistent öffnet sich.
4. Lesen Sie den Text auf der *Willkommen*-Seite des Assistenten und klicken Sie dann auf *Weiter.*
5. Klicken Sie auf der Seite *Zu importierende Datei* auf die Schaltfläche *Durchsuchen.*

   Das Fenster *Öffnen* öffnet sich.
6. Suchen Sie die lokale Kopie der Datei *Server2cert.cer* heraus, die Sie in Übung 3 gespeichert haben, wählen Sie die Datei aus und klicken Sie auf *Öffnen.*
7. Klicken Sie auf der Seite *Zu importierende Datei* auf *Weiter.*
8. Übernehmen Sie die Vorgabe auf der Seite *Zertifikatspeicher* und klicken Sie auf *Weiter.*

9. Klicken Sie auf der Seite *Fertigstellen des Assistenten* auf *Fertig stellen*.
10. Das Meldungsfeld *Zertifikatimport-Assistent* erscheint. Klicken Sie auf *OK*.

▶ Übung 5: Verbinden mit dem Terminalserver über das Terminaldienstegateway

In dieser Übung konfigurieren Sie das Programm Remotedesktopverbindung so, dass es über die Terminaldienstegateway-Komponente von Server2 eine Verbindung mit der Terminaldienste-Komponente von Server2 herstellt. Anschließend testen Sie die Verbindung.

1. Sie müssen für diese Übung auf Server1 als Domänenadministrator angemeldet sein. Öffnen Sie das Programm Remotedesktopverbindung.
2. Klicken Sie im Dialogfeld *Remotedesktopverbindung* auf die Schaltfläche *Optionen*, um das Fenster zu erweitern.
3. Klicken Sie auf die Registerkarte *Leistung*.
4. Klicken Sie im Bereich *Verbindung von überall aus herstellen* auf die Schaltfläche *Einstellungen*.

   Das Dialogfeld *Terminaldienste-Gatewayservereinstellungen* öffnet sich.
5. Wählen Sie im Bereich *Verbindungseinstellungen* die Option *Diese Einstellungen für den Terminaldienste-Gatewayserver verwenden*.

   Die Option zur Erkennung des Terminaldienste-Gatewayservers ruft automatisch die entsprechenden Einstellungen von den Gruppenrichtlinien ab.
6. Geben Sie im Textfeld *Servername* den Namen **server2.contoso.com** ein.
7. Wählen Sie in der Dropdownliste *Anmeldemethode* die Methode *Kennwort anfordern (NTLM)*.
8. Löschen Sie das Kontrollkästchen *Terminaldienste-Gatewayserver für lokale Adressen nicht verwenden*.
9. Überprüfen Sie, ob das Kontrollkästchen *Eigene Terminaldienstegateway-Anmeldeinformationen für Remotecomputer verwenden* gewählt ist, und klicken Sie dann auf *OK*.
10. Klicken Sie im Dialogfeld *Remotedesktopverbindung* auf die Registerkarte *Allgemein*.
11. Geben Sie im Textfeld *Computer* den Namen **server2.contoso.com** ein oder suchen Sie den Computer heraus.
12. Geben Sie im Textfeld *Benutzername* die Anmeldeinformationen eines Domänenadministrators ein.
13. Klicken Sie auf *Verbinden*.

   Das Dialogfeld *Windows-Sicherheit* öffnet sich.
14. Lesen Sie den Text im Dialogfeld *Windows-Sicherheit*. Beachten Sie, dass die Anmeldeinformationen, die Sie angeben, für das Terminaldienstegateway und für den Remoteterminalserver verwendet werden.

15. Geben Sie die Anmeldeinformationen eines Domänenadministrators ein und klicken Sie dann auf *OK*.

    Über das Terminaldienstegateway wird eine Verbindung mit Server2 hergestellt.

16. Melden Sie sich auf Server2 mit einem anderen Domänenadministratorkonto, als Sie gerade auf Server1 zur Herstellung der Verbindung über Remotedesktopverbindung verwendet haben, bei *Contoso.com* an.

17. Öffnen Sie auf Server2 den Terminaldienstegateway-Manager, indem Sie auf *Start* klicken, auf *Verwaltung* zeigen, dann auf *Terminaldienste* zeigen und schließlich auf *Terminaldienstegateway-Manager* klicken.

    Der Terminaldienstegateway-Manager öffnet sich.

18. Wählen Sie in der Konsolenstruktur des Terminaldienstegateway-Managers den Knoten *SERVER2 (Lokal)\Überwachung*.

    Im mittleren Bereich (*Überwachung*) wird die Verbindung von Server1 aufgeführt. Die Verbindung wurde vom Terminaldienstegateway erfolgreich weitergeleitet.

19. Melden Sie sich auf Server1 im Remotedesktop-Fenster bei Server2 ab.

20. Schließen Sie auf Server1 und Server 2 alle geöffneten Fenster und melden Sie sich ab.

Zusammenfassung der Lektion

- Terminaldienstegateway ist ein Rollendienst, der es autorisierten Remotebenutzern ermöglicht, RDP-Verbindungen mit Terminalservern herzustellen, die sich hinter einer Firmenfirewall befinden.
- Die Kommunikation der Terminaldiensteclients mit dem Terminaldienstegateway wird mit SSL verschlüsselt und erfolgt über Port 443.
- Gewöhnlich wird der Terminaldienstegatewayserver im Umkreisnetzwerk angeordnet und die Terminaldienste-Remoteclients kommunizieren direkt mit ihm. Allerdings können Sie auch einen ISA-Server verwenden, um Clientanfragen an das Terminaldienstegateway weiterzuleiten.
- Drei Komponenten sind erforderlich, damit das Terminaldienstegateway funktionieren kann: ein Serverzertifikat für SSL, einen TS-CAP (sie autorisiert Verbindungen mit dem Gateway) und eine TS-RAP (sie autorisiert Verbindungen mit internen Ressourcen).
- Das wichtigste Werkzeug zur Verwaltung des Terminaldienstegateways ist der Terminaldienstegateway-Manager.

Lernzielkontrolle

Die folgenden Fragen dienen zur Vertiefung des in dieser Lektion besprochenen Stoffs. Die Fragen sind (in englischer Sprache) auch auf der Begleit-CD zu finden, falls Sie die elektronische Form der Fragen vorziehen.

Hinweis Die Antworten

Die Antworten auf die Fragen und Erläuterungen, warum die entsprechende Antwort richtig oder falsch ist, finden Sie im Abschnitt „Antworten" am Ende des Buchs.

1. Welchen TCP-Port müssen Sie in der Firewall Ihrer Firma geöffnet lassen, wenn Clients in der Lage sein sollen, über das Terminaldienstegateway RDP-Verbindungen mit Terminalservern herzustellen?
   - A. 25
   - B. 3389
   - C. 443
   - D. 80
2. In Ihrem Netzwerk gibt es einen Terminaldienstegatewayserver mit dem Namen TSG1. Auf TSG1 wurde ein selbstsigniertes Serverzertifikat installiert, das für die SSL-Kommunikation verwendet wird. Sie möchten einen Computer, auf dem ISA Server ausgeführt wird, als SSL-Endpunkt für Verbindungen mit dem Terminaldienstegateway verwenden. Welche der folgenden Schritte müssen Sie durchführen, um sicherzustellen, dass der ISA-Server mit dem Terminaldienstegateway kommunizieren kann?
   - A. Aktivieren einer HTTPS-HTTP-Bridge zwischen ISA Server und dem Terminaldienstegateway
   - B. Öffnen von TCP-Port 443 auf dem Computer, auf dem ISA Server ausgeführt wird
   - C. Exportieren des SSL-Zertifikats von ISA Server auf das Terminaldienstegateway
   - D. Exportieren des SSL-Zertifikats des Terminaldienstegateways auf ISA Server

Lektion 3: Veröffentlichen von Anwendungen mit RemoteApp

Terminaldienste-RemoteApp ist eine Technologie, die in die Terminaldienste integriert ist und es Ihnen ermöglicht, Anwendungen zu *veröffentlichen*. Anders gesagt, Sie können Anwendungen für Remoteanwender verfügbar machen. In dieser Lektion erfahren Sie, wie Sie Anwendungen mit RemoteApp auf drei verschiedene Arten veröffentlichen können, nämlich durch den Terminaldienste-Webzugriff, durch RDP-Dateien und durch Windows-Installationspakete.

Am Ende dieser Lektion werden Sie in der Lage sein, die folgenden Aufgaben auszuführen:

- Beschreiben der RemoteApp-Komponente der Terminaldienste und der Szenarien, in denen sie eingesetzt werden kann
- Installieren einer Anwendung auf einem Terminalserver, damit sie von mehreren Benutzern verwendet werden kann
- Bereitstellen einer auf einem Windows Server 2008-Terminalserver installierten Anwendung für Remotebenutzer, die über einen Webbrowser Zugriff auf die Anwendung erhalten
- Erstellen einer RDP-Datei, die eine Anwendung startet, die auf einem Windows Server 2008-Terminalserver installiert ist
- Erstellen eines Windows-Installationspakets, das im *Start*-Menü und auf dem Desktop des Benutzers Verknüpfungen mit einer RemoteApp-Anwendung erstellt

Veranschlagte Zeit für diese Lektion: 45 Minuten

Überblick über Terminaldienste-RemoteApp

Terminaldienste-RemoteApp ermöglicht es, Programme über die Terminaldienste zu verwenden. Der Benutzer hat dabei den Eindruck, die Programme würden lokal auf seinem Computer ausgeführt. Vor Windows Server 2008 mussten Terminaldienstebenutzer, die eine Anwendung auf einem Remoteterminalserver ausführen wollten, zuerst eine Desktopsitzung mit dem Server einrichten und die Anwendung dann in dieser Desktopsitzung starten. Mit Terminaldienste-RemoteApp wird nur die Anwendung (also nicht mehr der gesamte Remotedesktop) via RDP in einem Fenster mit anpassbarer Größe auf dem lokalen Desktop des Benutzers angezeigt. RemoteApp-Anwendungen können Sie auf folgende Arten für Benutzer bereitstellen:

- Sie können RemoteApp-Programme auf einer Website verfügbar machen, wobei Sie die RemoteApp-Programme auf einer *Terminaldienste-Webzugriff*-Seite anbieten. Zu finden ist diese Seite unter *http://Servername/ts* oder *https://Servername/ts* (sofern der Webserver SSL-Verbindungen annehmen kann). In diesem Szenario richten Sie die Seite *Terminaldienste-Webzugriff* so ein, dass sie für die verfügbaren RemoteApp-Programme Symbole anzeigt. Ein Klick auf eines dieser Symbole startet das RemoteApp-Programm und der Benutzer kann es auf seinem Computer verwenden.

- Sie können RemoteApp-Programme als RDP-Dateien oder als Windows-Installationsdateien auf einer Netzwerkfreigabe oder mit einem anderen Verteilungsmechanismus wie Microsoft Systems Management Server 2003, Microsoft System Center Configuration Manager 2007 oder die Active Directory-Softwarebereitstellung bereitstellen. Nachdem ein Benutzer die RDP-Datei erhalten oder mit einem Windows-Installationspaket installiert hat, kann er das Programm durch einen Doppelklick auf diese RDP-Datei oder auf eine Datei starten, deren Erweiterung mit dem RemoteApp-Programm verknüpft ist. Außerdem kann er es im Startmenü wählen, sofern die RDP-Datei mit einem Installationspaket installiert wurde.

Nach dem Start des RemoteApp-Programms mit einer dieser Methoden kann der Benutzer das Programm verwenden, als sei es lokal installiert. Wie bei jeder Terminaldienstesitzung stellt der Terminalserver alle Ressourcen zur Verfügung, die zur Ausführung des RemoteApp-Programms erforderlich sind.

Hinweis Terminaldienste-RemoteApp und Benutzersitzungen

Wenn ein Benutzer zwei RemoteApp-Programme verwendet, die auf demselben Terminalserver installiert sind, gehören beide Programme zur selben Terminaldienste-Benutzersitzung.

Terminaldienste-RemoteApp ermöglicht Ihnen, die Ressourcen eines zentralen Servers zu nutzen und in folgenden Situationen die Komplexität der Verwaltung zu verringern:

- Benutzer müssen an weit entfernten Orten Programme aus Ihrem Netzwerk verwenden. In diesem Fall können Sie Terminaldienste-RemoteApp mit einem Terminaldienstegateway kombinieren, damit Remotebenutzer über das Internet Zugriff auf die Programme erhalten.
- In Ihrem Netzwerk gibt es alte Computer, die mit ihrer Hard- oder Software einfach nicht in der Lage sind, die erforderlichen Anwendungen selbst auszuführen.
- Ihre Firma betreibt Zweigstellen und Niederlassungen, in denen es kein IT-Personal gibt, das die erforderlichen Anwendungen vor Ort unterstützen könnte.
- In Ihrem Netzwerk gibt es Computer mit Betriebssystemen, auf denen die erforderlichen Anwendungen nicht laufen oder auf denen es zu Konflikten mit der erforderlichen Software kommt.
- Sie müssen Benutzer unterstützen, die zwar nicht über eigene Computer verfügen, aber ständig mit bestimmten Anwendungen arbeiten müssen.
- Sie möchten die Kosten einer Anwendung reduzieren, indem Sie die Anwendung nur auf einem Computer installieren.

Einrichten eines Servers für RemoteApp-Programme

Um einen Server für RemoteApp-Programme vorzubereiten, müssen Sie zuerst den Rollendienst Terminaldienste auf diesem Server installieren. Ein weiterer Rollendienst ist nicht erforderlich, weil Terminaldienste-RemoteApp in die Hauptkomponente der Terminaldienste integriert wurde.

Der nächste Schritt bei der Konfiguration eines Servers, der ein RemoteApp hosten soll, ist die Installation der gewünschten Anwendung. Allerdings soll die Installation so erfolgen, dass die Anwendung für mehrere Benutzer verfügbar wird. Erreichen können Sie dies nur, wenn Sie das Programm installieren, während sich der Terminalserver im Installationsmodus befindet. Wenn sich die Terminaldienste im Installationsmodus befinden, werden bei der Installation einer Anwendung nur die Masterkopien der Registrierungseinträge oder *.ini*-Dateien erstellt, in denen benutzerspezifische Anwendungsdaten gespeichert werden. Erst wenn Benutzer die Anwendung später starten, werden diese Mastereinträge in die Profile der Benutzer kopiert, um persönliche Konfigurationsdaten zu speichern.

Um eine Anwendung im Installationsmodus zu installieren, stehen drei Optionen zur Wahl:

- Sie können zur Installation des Programms eine MSI-Datei (Windows Installer package) verwenden. Wenn Sie eine Datei mit einem Windows-Installationspaket installieren, wird das Programm vom Terminalserver im Installationsmodus installiert.
- Sie können in der Systemsteuerung die Option *Anwendung auf dem Terminalserver installieren* wählen (Abbildung 4.22).

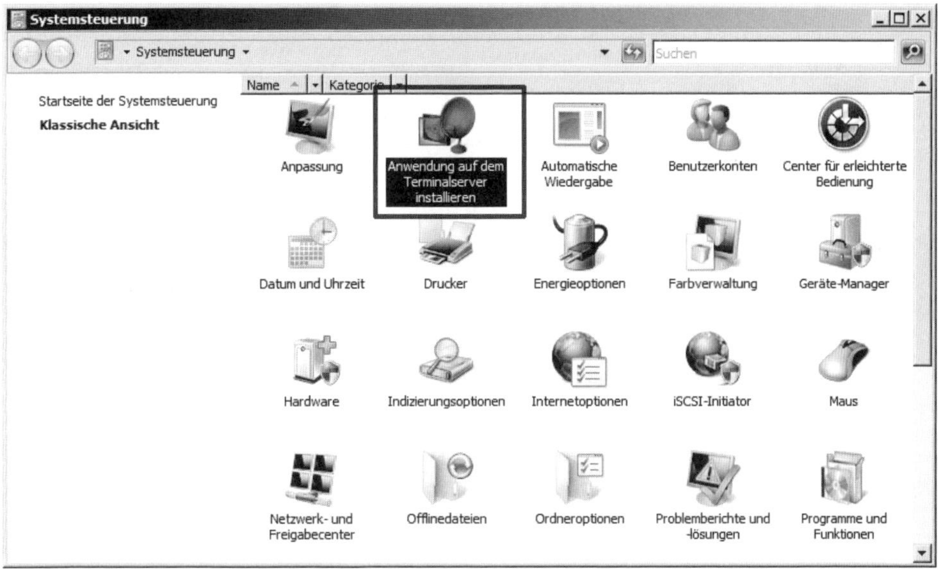

Abbildung 4.22 Verwenden Sie diese Option der Systemsteuerung, um ein Programm so zu installieren, dass es für mehrere Benutzer verfügbar ist

- Bevor Sie ein Programm installieren, können Sie in einer Eingabeaufforderung die Befehle `Change user /install` oder `Chguser /install` eingeben. Nach der Installation geben Sie den Befehl `Change user /execute` oder `Chguser /execute` ein, um den Installationsmodus zu beenden.

Prüfungstipp

Für die Prüfung 70-643 müssen Sie die Bedeutung des Installationsmodus der Terminaldienste und alle Methoden kennen, mit denen Anwendungen in diesem Modus installiert werden.

Hinzufügen von Programmen für die Veröffentlichung

Nachdem Sie die gewünschten Anwendungen im Installationsmodus installiert haben, müssen Sie diese Anwendungen im Terminaldienste-RemoteApp-Manager zur Liste *RemoteApp-Programme* hinzufügen.

Hinweis Was ist der Terminaldienste-RemoteApp-Manager?

Der Terminaldienste-RemoteApp-Manager ist die Hauptverwaltungskonsole für die Bereitstellung, Verwaltung und Konfiguration von RemoteApp-Programmen. Um den Terminaldienste-RemoteApp-Manager zu öffnen, klicken Sie auf *Start*, *Verwaltung*, *Terminaldienste* und *Terminaldienste-RemoteApp-Manager*.

Um Programme zur Liste hinzuzufügen, öffnen Sie den Terminaldienste-RemoteApp-Manager und klicken dann im Bereich *Aktionen* auf *RemoteApp-Programme hinzufügen*. Nachdem Sie das Programm in einem einfachen Assistenten ausgewählt haben, erscheint es in der Liste*RemoteApp-Programme* (Abbildung 4.23).

Nachdem ein Programm zu dieser Liste hinzugefügt wurde, erscheint es automatisch auf der Seite *Terminaldienste-Webzugriff*, sofern diese Komponente bereits auf demselben Terminalserver installiert ist. Sie können den Terminaldienste-RemoteApp-Manager auch zur Erstellung von RDP-Dateien oder Windows-Installationspaketen für Programme verwenden, die bereits zur Liste hinzugefügt wurden.

In den folgenden Abschnitten werden die drei Veröffentlichungsoptionen ausführlicher beschrieben.

Bereitstellen eines RemoteApp-Programms durch Terminaldienste-Webzugriff

Um den Terminaldienste-Webzugriff verfügbar zu machen, müssen Sie den Rollendienst Terminaldienste-Webzugriff installieren. Wenn Sie ihn auf demselben Terminalserver installieren, auf dem auch die RemoteApp-Programme installiert sind, erscheinen die in der Liste *RemoteApp-Programme* des Terminaldienste-RemoteApp-Managers aufgeführten Programme automatisch auch auf der Seite *Terminaldienste-Webzugriff*.

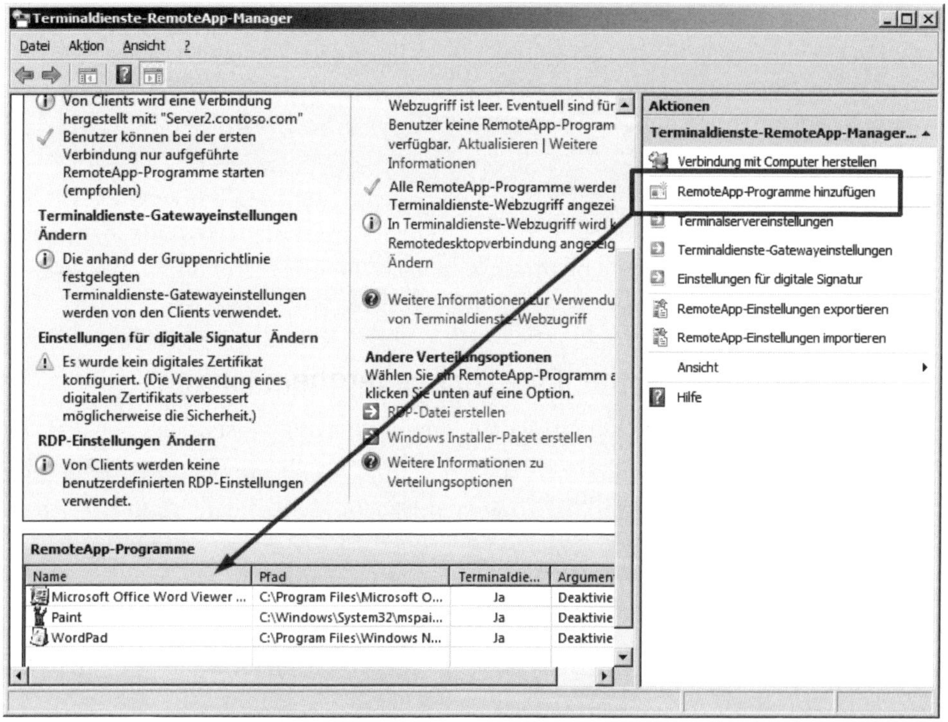

Abbildung 4.23 Hinzufügen eines RemoteApp-Programms

Abbildung 4.24 Die Seite *Terminaldienste-Webzugriff*

Zur Anzeige der Seite *Terminaldienste-Webzugriff* öffnen Benutzer den Internet Explorer und gehen auf die Seite *http://Servername/ts*. (Benutzer können auch die Seite *https://servername/ts* verwenden, sofern der Server über ein Serverzertifikat verfügt, das von einer vertrauenswürdigen Zertifizierungsstelle ausgestellt wurde.) Abbildung 4.24 zeigt die Seite *Terminaldienste-Webzugriff*.

Auf der Seite *Terminaldienste-Webzugriff* können Benutzer ein angebotenes RemoteApp-Programm starten, indem sie auf das entsprechende Symbol klicken. In einem Zwei-Server-Szenario werden der Terminaldienste-Webzugriff und die Terminaldienste auf zwei verschiedenen Servern ausgeführt. In diesem Fall sind zwei zusätzliche Schritte erforderlich, damit die Seite *Terminaldienste-Webzugriff* die RemoteApp-Programme anzeigt, die auf dem Terminalserver verfügbar sind.

1. Geben Sie im Textfeld *Name des Terminalservers* auf der Registerkarte *Konfiguration* der Seite *Terminaldienste-Webzugriff* den Namen des Remoteterminalservers ein (Abbildung 4.25). (Damit die Registerkarte *Konfiguration* angezeigt wird, müssen Sie mit einem Benutzerkonto angemeldet sein, das auf dem Terminaldienste-Webzugriffsserver Mitglied der lokalen Gruppe *TS Web Access Administrators* (Terminaldienste-Webzugriffsadministratoren) ist.

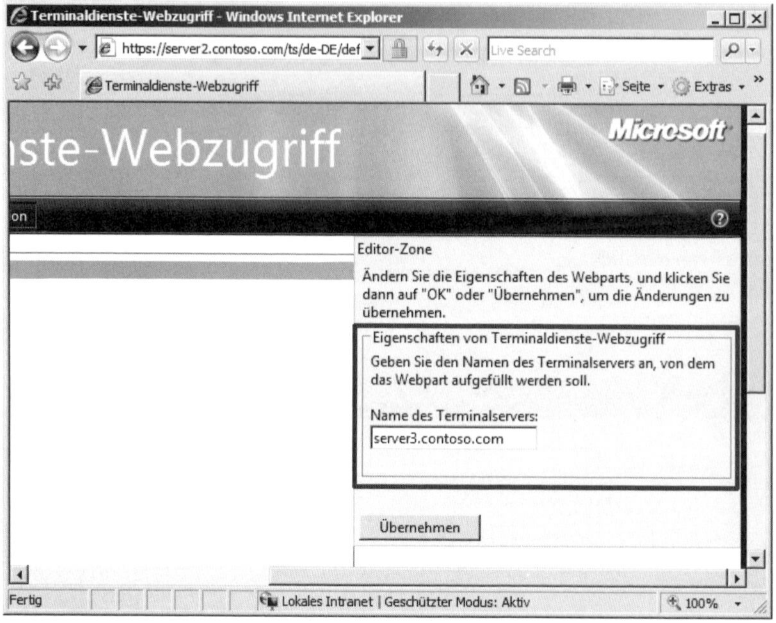

Abbildung 4.25 Konfigurieren des Terminaldienste-Webzugriffs mit einem anderen Server, auf dem die RemoteApp-Programme gespeichert sind

2. Sie müssen das Computerkonto des Terminaldienste-Webzugriffsservers auf dem Terminalserver zur Sicherheitsgruppe *Terminaldienste-Webzugriffscomputer* hinzufügen.

Hinweis Terminaldienste-Webzugriff verwendet nur einen Server

Unabhängig davon, ob Sie den Terminaldienste-Webzugriff mit einem oder mit zwei Servern implementieren, zeigt die Seite *Terminaldienste-Webzugriff* nur Ressourcen an, die sich auf einem einzigen Terminalserver befinden.

Erstellen einer RDP-Datei für ein RemoteApp-Programm

Sie können für jedes Programm, das in der Liste *RemoteApp-Programme* des Terminaldienste-RemoteApp-Managers aufgeführt wird, eine RDP-Datei erstellen. Dazu wählen Sie das Programm einfach in der Liste aus und klicken unter *Andere Verteilungsoptionen* auf *RDP-Datei erstellen* (Abbildung 4.26).

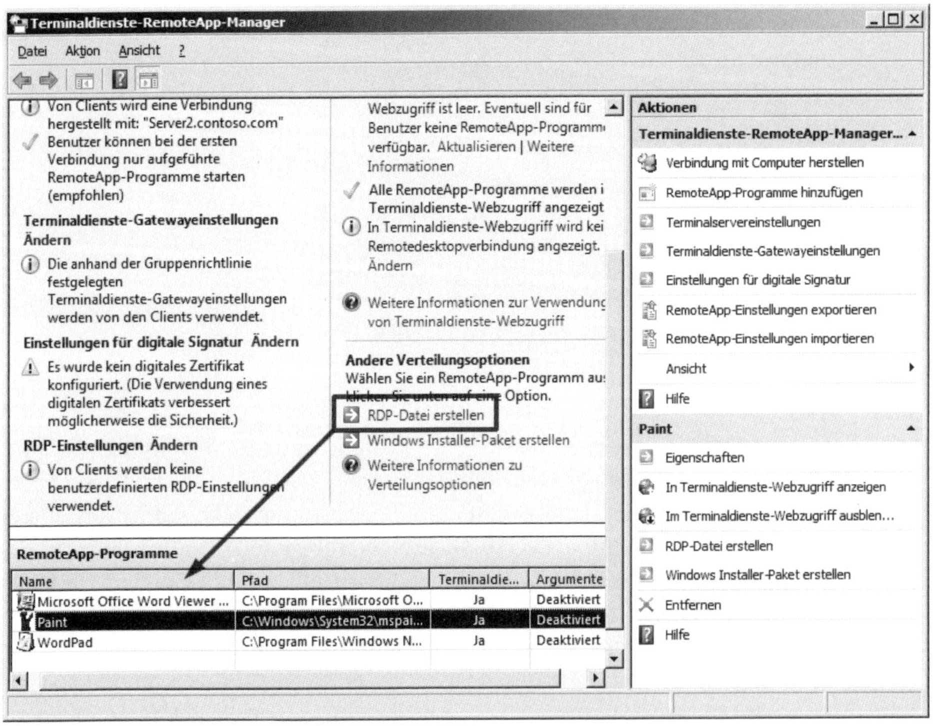

Abbildung 4.26 Erstellen einer RDP-Datei für ein RemoteApp-Programm

Dadurch wird der RemoteApp-Assistent gestartet. Bevor er eine RDP-Datei erstellt, die auf ein Remoteprogramm verweist, ermöglicht der RemoteApp-Assistent es Ihnen, auf der Seite *Paketeinstellungen angeben* bestimmte Einstellungen für die RDP-Datei vorzunehmen. Sie können zum Beispiel den TCP-Port angeben, an dem der Remoteterminalserver auf Verbindungsanforderungen wartet (der Standardport ist 3389). Weiterhin können Sie im Assistenten den Terminaldienstegatewayserver festlegen, über den die Benutzerverbindungen hergestellt werden sollen. Außerdem können Sie die RDP-Datei im Assistenten noch mit einem Zertifikat digital signieren. Diese Signatur beweist Clients, dass die RDP-Dateien von einem vertrauenswürdigen Herausgeber erstellt wurden.

Abbildung 4.27 zeigt die Seite *Paketeinstellungen angeben.*

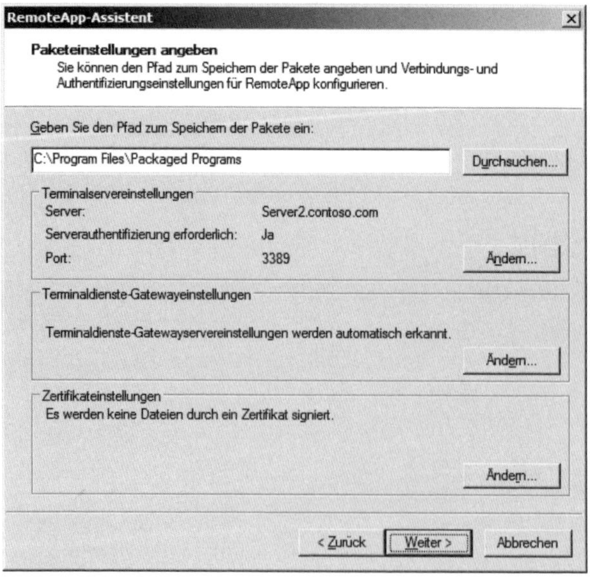

Abbildung 4.27 Einstellungen für eine RDP-Datei

Prüfungstipp

Mit Gruppenrichtlinien können Sie die Verwendung von digital signierten RDP-Dateien einschränken, die Sie auf einer Distributionsfreigabe verfügbar machen. Sie können zum Beispiel Benutzern, die auf den Computern einer bestimmten Organisationseinheit angemeldet sind, die Verwendung der RDP-Dateien erlauben und sie allen anderen Benutzern aus der Domäne explizit verbieten. Erreichen lässt sich das zum Beispiel, indem Sie die Verwendung von RDP-Dateien von akzeptierten Herausgebern auf der Ebene der Domäne *deaktivieren* und diese Richtlinieneinstellung für die Organisationseinheit *aktivieren*, zu der die Clientcomputer gehören, deren Benutzer diese Dateien verwenden dürfen. Wenn Sie diese Richtlinieneinstellung verwenden möchten, wechseln Sie in den Knoten *Computerkonfiguration\Richtlinien\Administrative Vorlagen\Windows-Komponenten\Terminaldienste\Remotedesktopverbindungs-Client* und wählen dann *RDP-Dateien von gültigen Herausgebern und standardmäßige RDP-Einstellungen des Benutzers zulassen.*

Nachdem Sie mit dem RemoteApp-Assistenten die RDP-Datei erstellt haben, können Sie die Datei mit dem bei Ihnen üblichen Softwareverteilungsprozess an die Clientcomputer verteilen, zum Beispiel mit Microsoft Systems Management Server 2003, mit Microsoft System Center Configuration Manager 2007 oder mit Gruppenrichtlinien. Als Alternative bietet es sich an, die Datei auf einer Netzwerkfreigabe zur Verfügung zu stellen oder per E-Mail zu versenden.

Erstellen eines Windows-Installationspakets für ein RemoteApp-Programm

Als Alternative zur Erstellung von RDP-Dateien bietet es sich an, MSI-Dateien zu erstellen und zu verteilen. Dazu wählen Sie im Terminaldienste-RemoteApp-Manager das gewünschte RemoteApp-Programm und klicken unter *Andere Verteilungsoptionen* auf *Windows Installer-Paket erstellen* (Abbildung 4.28).

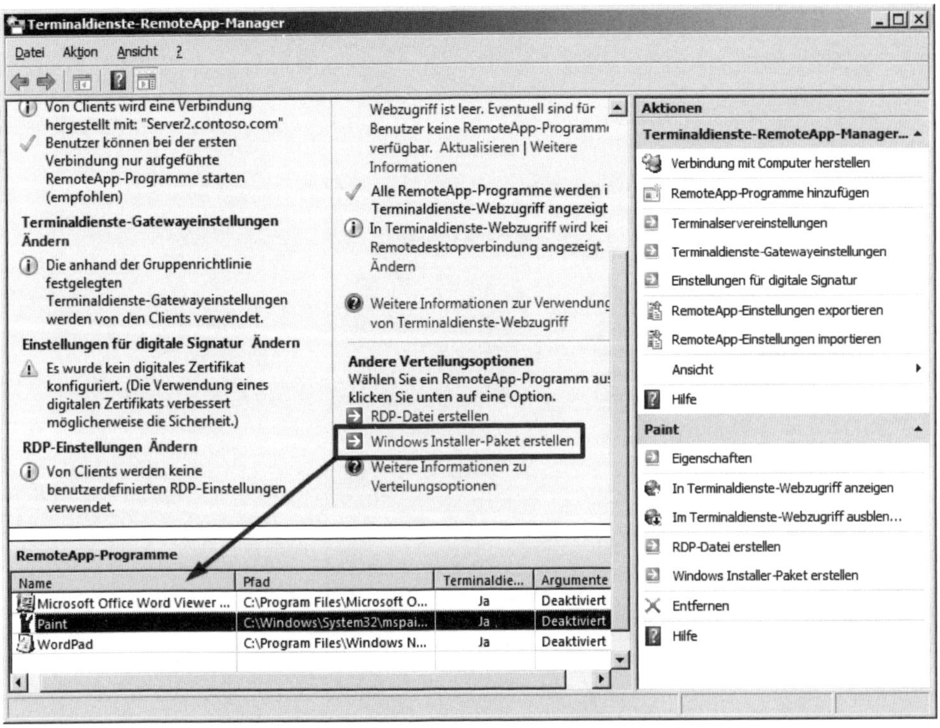

Abbildung 4.28 Erstellen eines Windows-Installer-Pakets für ein RemoteApp-Programm

Dadurch öffnet sich der RemoteApp-Assistent. Wie bei RDP-Dateien zeigt der RemoteApp-Assistent wieder eine Seite *Paketeinstellungen angeben* an, auf der Sie Einstellungen für einen Terminalserver, ein Terminaldienstegateway und ein digitales Zertifikat vornehmen können, wenn Sie ein Windows-Installationspaket erstellen.

Bei der Erstellung eines Windows-Installationspakets zeigt der RemoteApp-Assistent außerdem eine Seite *Verteilungspaket konfigurieren* mit einem weiteren Optionssatz an. Auf dieser Seite können Sie festlegen, wo bei der Installation die Verknüpfungen für das RemoteApp-Programm erstellt werden. Zur Wahl stehen der Desktop des Benutzers und ein Ordner im *Start*-Menü, dessen Namen Sie selbst festlegen können. Zweitens können

Sie die Seite *Verteilungspaket konfigurieren* verwenden, um das RemoteApp-Programm als Standardprogramm für den dazugehörigen Dateityp zu konfigurieren (der Dateityp wird durch die Namenserweiterung festgelegt). Wenn der Benutzer eine Datei dieses Typs anklickt, wird die Datei dann mit dem RemoteApp-Programm geöffnet. Verwenden Sie diese Option aber nur, wenn die Clients nicht über lokal installierte Versionen des Programms verfügen.

Prüfungstipp

Für die Prüfung 70-643 müssen Sie sich merken, dass diese beiden Optionen auf der Seite *Verteilungspaket konfigurieren* (Verknüpfungen und Dateierweiterungszuordnung) nur verfügbar sind, wenn Sie ein Windows Installer-Paket für ein RemoteApp-Programm erstellen.

Abbildung 4.29 zeigt die Seite *Verteilungspaket konfigurieren* des RemoteApp-Assistenten.

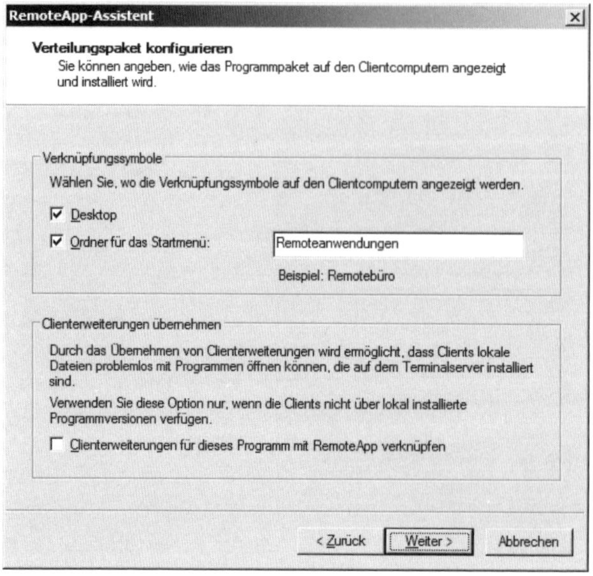

Abbildung 4.29 Installationsoptionen für ein Windows-Installer-Paket

Wie RDP-Dateien können Sie auch Windows-Installationspakete mit Microsoft Systems Management Server 2003, mit Microsoft System Center Configuration Manager 2007 oder mit Gruppenrichtlinien für Clients verfügbar machen. Als Alternative bietet es sich wieder an, die Datei auf einer Netzwerkfreigabe zur Verfügung zu stellen oder per E-Mail zu versenden.

Prüfungstipp

Ein Vorteil der Veröffentlichung von Anwendungen durch den Terminaldienste-Webzugriff besteht darin, dass sich Änderungen, die Sie an den Eigenschaften eines RemoteApp-Programms vornehmen, sofort auf die Clients auswirken. Machen Sie ein RemoteApp-Programm dagegen mit RDP- oder MSI-Dateien verfügbar und möchten die Eigenschaften des Programms ändern, damit Clients zum Beispiel die Verbindung über ein Terminaldienstegateway herstellen, müssen Sie diese Dateien neu erstellen und erneut an die Benutzer verteilen.

Schnelltest

1. Richtig oder falsch: Sie können den Terminaldienste-Webzugriff so konfigurieren, dass RemoteApp-Programme von verschiedenen Servern Ihrer Organisation angezeigt werden.
2. Welche Art der Bereitstellung von RemoteApp-Programmen bietet als einzige die Möglichkeit, im *Start*-Menü eine Programmverknüpfung zu installieren?

Antworten zum Schnelltest

1. Falsch. Der Terminaldienste-Webzugriff zeigt nur Ressourcen von einem einzigen Server an.
2. Das Erstellen eines Windows-Installationspakets (MSI-Datei). Zudem können Sie MSI-Dateien durch Gruppenrichtlinien verteilen. Dann werden die Verknüpfungen automatisch im *Start*-Menü installiert.

Praktische Übung Veröffentlichen von Anwendungen mit dem Terminaldienste-RemoteApp-Manager

In diesen Übungen veröffentlichen Sie eine Anwendung auf drei Arten. Zuerst ermöglichen Sie es Benutzern, eine Remoteanwendung auf einer Webseite zu starten. Dann erstellen und verteilen Sie eine RDP-Datei für die Remoteanwendung. Und schließlich erstellen und verteilen Sie ein Installationspaket, das es Benutzern ermöglicht, eine RDP-Datei für die Remoteanwendung zu installieren.

▶ Übung 1: Installieren des Rollendienstes Terminaldienste-Webzugriff

Der einfachste Weg zur Veröffentlichung eines RemoteApp-Programms führt über den Terminaldienste-Webzugriff. In dieser Übung bereiten Sie den Terminalserver auf die Vorbereitung von Anwendungen nach dieser Methode vor, indem Sie den Rollendienst Terminaldienste-Webzugriff installieren.

1. Melden Sie sich auf Server2 als Domänenadministrator bei der Domäne *Contoso.com* an.
2. Öffnen Sie den Server-Manager.

3. Erweitern Sie in der Konsolenstruktur des Server-Managers den Knoten *Rollen* und wählen Sie dann *Terminaldienste*.
4. Klicken Sie im Abschnitt *Rollendienste* des Detailbereichs auf *Rollendienste hinzufügen*.

   Die Seite *Rollendienste auswählen* des Assistenten für das Hinzufügen von Rollendiensten erscheint.
5. Wählen Sie in der Liste der verfügbaren Rollendienste das Kontrollkästchen *Terminaldienste-Webzugriff*.

   An diesem Punkt öffnet sich vielleicht das Dialogfeld *Rollendienste hinzufügen* und fragt Sie, ob Sie die Rollendienste hinzufügen möchten, die für den Terminaldienste-Webzugriff erforderlich sind.
6. Falls sich das Dialogfeld *Rollendienste hinzufügen* öffnet, klicken Sie auf *Erforderliche Rollendienste hinzufügen*.
7. Klicken Sie auf der Seite *Rollendienste auswählen* auf *Weiter*.
8. Wenn die Seite *Webserver (IIS)* erscheint, lesen Sie den Text auf der Seite durch und klicken dann auf *Weiter*.
9. Wenn die Seite *Rollendienste auswählen* erscheint, lesen Sie den Text auf der Seite durch und klicken dann auf *Weiter*.
10. Klicken Sie auf der Seite *Installationsauswahl bestätigen* auf *Installieren*.

    Während die Komponenten installiert werden, ist die Seite *Installationsstatus* zu sehen. Nach dem Abschluss der Installation erscheint die Seite *Installationsergebnisse*.
11. Klicken Sie auf der Seite *Installationsergebnisse* auf *Schließen*.

▶ Übung 2: Veröffentlichen einer Anwendung für den Terminaldienste-Webzugriff

In dieser Übung fügen Sie im Terminaldienste-RemoteApp-Manager das Windows-Programm Paint zur Liste der RemoteApp-Anwendungen hinzu.

1. Falls Sie noch nicht angemeldet sind, melden Sie sich auf Server2 als Domänenadministrator bei der Domäne *Contoso.com* an.
2. Öffnen Sie den Terminaldienste-RemoteApp-Manager. Dazu klicken Sie auf *Start*, *Verwaltung*, *Terminaldienste* und dann auf *Terminaldienste-RemoteApp-Manager*.
3. Klicken Sie im Terminaldienste-RemoteApp-Manager im Bereich *Aktionen* auf der rechten Seite der Konsole auf *RemoteApp-Programme hinzufügen*.
4. Klicken Sie auf der *Willkommen*-Seite des RemoteApp-Assistenten auf *Weiter*.
5. Wählen Sie auf der Seite *Programme für die RemoteApp-Liste auswählen* das Programm *Paint* aus der Liste aus und klicken Sie dann auf *Weiter*.

6. Klicken Sie auf der Seite *Einstellungen überprüfen* auf *Fertig stellen.*

   Im Terminaldienste-RemoteApp-Manager wird Paint nun im Bereich *RemoteApp-Programme* aufgeführt. Beachten Sie, dass der Status *Terminaldienste-Webzugriff* des Programms *Ja* lautet.

7. Fahren Sie mit Übung 3 fort.

▶ Übung 3: Starten einer Remoteanwendung mit Terminaldienste-Webzugriff

In dieser Übung führen Sie Paint über den Terminaldienste-Webzugriff aus.

1. Melden Sie sich auf Server1 als Domänenadministrator bei der Domäne *Contoso.com* an.
2. Öffnen Sie den Internet Explorer.
3. Wählen Sie im Menü *Extras* den Befehl *Internetoptionen* und klicken Sie dann auf die Registerkarte *Sicherheit.*
4. Wählen Sie auf der Registerkarte *Sicherheit* des Dialogfelds *Internetoptionen* die Zone *Lokales Intranet* und klicken Sie auf die Schaltfläche *Sites.*
5. Fügen Sie im Dialogfeld *Lokales Intranet* die Websites **http://server2.contoso.com** und **https://server2.contoso.com** zur Liste der Websites hinzu und klicken Sie dann auf *Schließen.*
6. Klicken Sie im Dialogfeld *Internetoptionen* auf *OK.*
7. Geben Sie im Adressfeld des Internet Explorers **https://server2.contoso.com/ts** ein und drücken Sie die EINGABETASTE.
8. Falls ein Sicherheitshinweis erscheint, klicken Sie auf *OK.*

   Die Seite *Terminaldienste-Webzugriff* öffnet sich. Wenn die Kachel *RemoteApp-Programme* gewählt ist, wird im Hauptbereich der Webseite das Programmsymbol von Paint angezeigt.

9. Klicken Sie auf das *Paint*-Symbol.

   Ein *RemoteApp*-Startfenster erscheint und dann erscheint eine *RemoteApp*-Warnmeldung.

10. Lesen Sie den Text der Meldung und klicken Sie dann auf *Verbinden.*
11. Geben Sie im Dialogfeld *Windows-Sicherheit* die Anmeldeinformationen eines Domänenadministrators ein und klicken Sie auf *OK.*

    Nach einer Weile öffnet sich ein *Paint*-Fenster (es dauert ungefähr 1 Minute).

12. Klicken Sie im *Datei*-Menü auf *Speichern.*

    Das Dialogfeld *Speichern unter* erscheint.

    Beantworten Sie folgende Fragen: Ist der Standardspeicherort für die Datei auf Server1 oder Server2 zu finden? Warum?

    Antwort: Server2, weil das Programm auf Server2 ausgeführt wird.

Klicken Sie im Dialogfeld *Speichern unter* auf *Abbrechen* und schließen Sie das *Paint*-Fenster.

▶ Übung 4: Erstellen einer Distributionsfreigabe

In dieser Übung erstellen Sie eine Distributionsfreigabe mit Lesezugriff für alle Domänenbenutzer. Die Freigabe dient zur Verteilung von RDP-Dateien und terminaldienstefähigen Installationspaketen.

1. Melden Sie sich auf Server2 als Domänenadministrator bei der Domäne *Contoso.com* an.
2. Erstellen Sie im Stammordner des Volumes C einen Ordner namens **TD-Anwendungen**.
3. Klicken Sie den Ordner *TD-Anwendungen* mit der rechten Maustaste an und klicken Sie dann im Kontextmenü auf *Freigabe*.
4. Das Dialogfeld *Dateifreigabe* öffnet sich.
5. Geben Sie im Textfeld **Domänen-Benutzer** ein und klicken Sie auf *Hinzufügen*.
6. *Domänen-Benutzer* erscheint nun in der Liste *Name* mit der Berechtigungsebene *Leser*.
7. Klicken Sie auf die Schaltfläche *Freigabe*.
8. Das Dialogfeld *Dateifreigabe* zeigt die Meldung an, dass Ihr Ordner freigegeben worden ist.
9. Klicken Sie auf *Fertig*.

▶ Übung 5: Erstellen einer RDP-Datei für eine veröffentlichte Anwendung

In dieser Übung erstellen Sie eine RDP-Datei für WordPad und speichern sie in der Distributionsfreigabe *TD-Anwendungen*.

1. Für diese Übung müssen Sie auf Server2 als Domänenadministrator bei *Contoso.com* angemeldet sein. Öffnen Sie den Terminaldienste-RemoteApp-Manager, sofern er noch nicht geöffnet ist.

   Klicken Sie im Terminaldienste-RemoteApp-Manager im Bereich *Aktionen* auf *RemoteApp-Programme hinzufügen*.

   Fügen Sie WordPad mit dem RemoteApp-Assistenten zur Liste der RemoteApp-Programme hinzu, wie in Übung 2 beschrieben.

   Wenn Sie die Arbeit mit dem Assistenten abgeschlossen haben, erscheint WordPad in der Liste *RemoteApp-Programme* des Terminaldienste-RemoteApp-Managers.
2. Wählen Sie WordPad in der Liste *RemoteApp-Programme* und klicken Sie dann im Bereich *Andere Verteilungsoptionen* des Terminaldienste-RemoteApp-Managers auf *RDP-Datei erstellen*.

   Der RemoteApp-Assistent öffnet sich.

3. Klicken Sie auf der *Willkommen*-Seite des RemoteApp-Assistenten auf *Weiter*.
4. Lesen Sie den Text auf der Seite *Paketeinstellungen angeben* und klicken Sie dann auf die Schaltfläche *Durchsuchen*.
5. Suchen Sie im Dialogfeld *Ordner suchen* den Ordner *TD-Anwendungen* heraus, den Sie im Stammverzeichnis von Laufwerk C angelegt haben, und wählen Sie den Ordner aus. Klicken Sie auf *OK*.
6. Klicken Sie auf der Seite *Paketeinstellungen angeben* des RemoteApp-Assistenten auf *Weiter*.
7. Klicken Sie auf der Seite *Einstellungen überprüfen* auf *Fertig stellen*.
8. Fahren Sie mit Übung 6 fort.

▶ Übung 6: Starten einer Remoteanwendung mit einer lokalen RDP-Datei

In dieser Übung kopieren Sie eine RDP-Datei von einer Distributionsfreigabe auf Server1 und verwenden diese RDP-Datei dann für den Start einer Remoteanwendung.

1. Falls Sie es noch nicht getan haben, melden Sie sich auf Server1 als Domänenadministrator bei der Domäne *Contoso.com* an.
2. Geben Sie im Textfeld *Suche starten* des *Start*-Menüs **Server2** ein und drücken Sie die EINGABETASTE.

   Im Windows-Explorer öffnet sich die Seite *Server2*.
3. Klicken Sie im Fenster *Server2* mit einem Doppelklick auf die Netzwerkfreigabe *TD-Anwendungen*.
4. Kopieren Sie die RDP-Datei *Wordpad* von der Freigabe *TD-Anwendungen* auf den Desktop von Server1.
5. Schließen Sie auf Server1 alle geöffneten Fenster und klicken Sie die Datei *Wordpad* auf dem Desktop von Server1 mit einem Doppelklick an.

   Das *RemoteApp*-Startfenster ist zu sehen und eine *RemoteApp*-Warnmeldung erscheint.
6. Lesen Sie den Text der Meldung und klicken Sie dann auf *Verbinden*.
7. Geben Sie im Dialogfeld *Windows-Sicherheit* die Anmeldeinformationen eines Domänenadministrators ein und klicken Sie auf *OK*.
8. Nach ungefähr 1 Minute öffnet sich WordPad auf Server1.
9. Schließen Sie alle geöffneten Fenster.

▶ Übung 7: Erstellen eines RemoteApp-Installationspakets zur Verteilung

In dieser Übung, bei der ein Internetzugang erforderlich ist, laden Sie den Microsoft Office Word Viewer vom Microsoft Download Center herunter und fügen ihn zur Liste der *RemoteApp-Programme* hinzu. Dann erstellen Sie ein Installationspaket, das über das Netzwerk an Benutzer verteilt werden kann.

Hinweis Verwenden Sie bei Bedarf ein anderes Programm

In dieser Übung dient Word Viewer nur als Beispiel. Sie können stattdessen ein beliebiges anderes installierbares Programm verwenden.

1. Melden Sie sich auf Server2 als Domänenadministrator bei der Domäne *Contoso.com* an.
2. Stellen Sie im Internet Explorer eine Verbindung mit dem Microsoft Download Center unter *http://www.microsoft.com/downloads* her. Suchen Sie im Microsoft Download Center nach „Word Viewer".
3. Laden Sie den Word Viewer von der Microsoft Download-Website herunter.
4. Installieren Sie den Word Viewer auf Server2.
5. Öffnen Sie nach dem Abschluss der Installation den Terminaldienste-RemoteApp-Manager.
6. Klicken Sie im Terminaldienste-RemoteApp-Manager im Bereich *Aktionen* auf der rechten Seite der Konsole auf *RemoteApp-Programme hinzufügen.*
7. Fügen Sie den Microsoft Office Word Viewer mit dem RemoteApp-Assistenten zur Liste *RemoteApp-Programme* hinzu, wie in Übung 2 beschrieben.

   Nach dem Abschluss der Arbeit mit dem Assistenten wird der Microsoft Office Word Viewer in der Liste *RemoteApp-Programme* des Terminaldienste-RemoteApp-Managers angezeigt.
8. Wählen Sie aus der Liste den *Microsoft Office Word Viewer* aus und klicken Sie dann im Bereich *Andere Verteilungsoptionen* des Terminaldienste-RemoteApp-Managers auf *Windows Installer-Paket erstellen.*
9. Klicken Sie auf der *Willkommen*-Seite des RemoteApp-Assistenten auf *Weiter.*
10. Lesen Sie den Text auf der Seite *Paketeinstellungen angeben* und klicken Sie dann auf die Schaltfläche *Durchsuchen.*
11. Wählen Sie im Dialogfeld *Ordner suchen* den Ordner *TD-Anwendungen* aus dem Stammordner von Volume C heraus und klicken Sie auf *OK.*
12. Klicken Sie auf der Seite *Paketeinstellungen angeben* auf *Weiter.*
13. Lesen Sie den Text auf der Seite *Verteilungspaket konfigurieren*, wählen Sie das Kontrollkästchen *Desktop* und klicken Sie dann auf *Weiter.*
14. Klicken Sie auf der Seite *Einstellungen überprüfen* auf *Fertig stellen.*
15. Fahren Sie mit Übung 8 fort.

▶ Übung 8: Installieren eines Remoteprogramms

In dieser Übung verwenden Sie das Installationspaket, das Sie in der letzten Übung erstellt haben, um den Word Viewer als Remoteanwendung zu installieren.

1. Falls Sie es noch nicht getan haben, melden Sie sich auf Server1 als Domänenadministrator bei der Domäne *Contoso.com* an.
2. Geben Sie im Textfeld *Suche starten* des *Start*-Menüs **Server2** ein und drücken Sie die EINGABETASTE.

   Im Windows-Explorer öffnet sich ein *Server2*-Fenster.
3. Klicken Sie im *Server2*-Fenster die Netzwerkfreigabe *TD-Anwendungen* mit einem Doppelklick an.
4. Kopieren Sie das Windows-Installationspaket *WORDVIEW* (eine *.msi*-Datei) aus der Freigabe *TD-Anwendungen* auf den Desktop von Server1.
5. Schließen Sie alle geöffneten Fenster auf Server1 und klicken Sie die Datei *WORDVIEW* auf dem Desktop von Server1 mit einem Doppelklick an.

   Wenn die Installation abgeschlossen ist, erscheint eine neue Verknüpfung mit einer RDP-Datei auf dem Desktop. Die Verknüpfung heißt *Microsoft Office Word Viewer 2003*.
6. Klicken Sie die Verknüpfung *Microsoft Office Word Viewer* mit einem Doppelklick an.

   Eine *RemoteApp*-Warnmeldung erscheint.
7. Lesen Sie den Text der Meldung und klicken Sie dann auf *Verbinden*.
8. Geben Sie im Dialogfeld *Windows-Sicherheit* die Anmeldeinformationen eines Domänenadministrators ein.

   Nach einiger Zeit (es kann schon mal 1 Minute dauern) öffnet sich Word Viewer und zeigt ein *Öffnen*-Dialogfeld an, in dem Sie eine Worddatei auswählen können, die geöffnet werden soll.
9. Schließen Sie alle geöffneten Fenster und melden Sie sich bei Server1 und Server2 ab.

Zusammenfassung der Lektion

- Terminaldienste-RemoteApp ermöglicht es, Anwendungen über die Terminaldienste zu verwenden. Auf dem Clientcomputer eines Benutzers wirken solche Anwendungen, als seien sie lokal installiert. Terminaldienste-RemoteApp ist in Situationen sinnvoll, in denen Benutzer von anderen Orten aus auf die Anwendungen zugreifen müssen oder einfach nicht über die Hardware oder Software verfügen, die für die fragliche Anwendung erforderlich ist.
- Ein Programm, das mit Terminaldienste-RemoteApp veröffentlicht wird, wird RemoteApp-Programm genannt. Zur Veröffentlichung von RemoteApp-Programmen

gibt es drei Wege: über die Seite *Terminaldienste-Webzugriff*, mithilfe von RDP-Dateien und Windows-Installationspakete.

- Wenn Sie auf einem Terminalserver eine Anwendung installieren, die veröffentlicht werden soll, dann achten Sie darauf, dass sich der Terminalserver bei der Installation im Installationsmodus befindet. Nur wenn Sie die Anwendung installieren, während sich der Server in diesem Modus befindet, wird die Anwendung für mehrere Benutzer verfügbar.
- Das wichtigste Programm zur Konfiguration und Verwaltung von RemoteApp-Programmen ist der Terminaldienste-RemoteApp-Manager.

Lernzielkontrolle

Die folgenden Fragen dienen zur Vertiefung des in dieser Lektion besprochenen Stoffs. Die Fragen sind (in englischer Sprache) auch auf der Begleit-CD zu finden, falls Sie die elektronische Form der Fragen vorziehen.

Hinweis Die Antworten

Die Antworten auf die Fragen und Erläuterungen, warum die entsprechende Antwort richtig oder falsch ist, finden Sie im Abschnitt „Antworten" am Ende des Buchs.

1. Wie können Sie sicherstellen, dass eine Anwendung, die auf einem Terminaldiensteserver installiert wird, mehrere Benutzer unterstützen kann?
   A. Sie verwenden den Befehl Chglogon.
   B. Sie verwenden den Befehl Chguser.
   C. Sie verwenden den Befehl Qappsrv.
   D. Sie verwenden den Befehl Mstsc.
2. Sie haben kürzlich eine RDP-Datei für ein bestimmtes RemoteApp-Programm erstellt und verteilt. Allerdings hat sich herausgestellt, dass die Anwendung viel zu langsam ausgeführt wird und auf einen leistungsfähigeren Server verlegt werden muss. Was sollten Sie tun, um sicherzustellen, dass Benutzer nach der Umstellung Zugang zum RemoteApp-Programm erhalten? (Wählen Sie zwei Antworten aus. Jede Antwort ist eine vollständige Lösung.)
   A. Erstellen Sie für den neuen Terminalserver eine neue Terminaldienste-Webzugriffssite und veröffentlichen Sie die Anwendung auf der neuen Site.
   B. Erstellen Sie nach der Umstellung eine neue RDP-Datei für das RemoteApp-Programm und verteilen Sie diese Datei an die Benutzer.
   C. Ändern Sie die Eigenschaften der vorhandenen RDP-Datei und verteilen Sie die Datei erneut an die Benutzer.
   D. Tragen Sie auf dem alten Terminalserver im Terminaldienste-RemoteApp-Manager den neuen Terminalserver als aktuellen Terminalserver ein.

Rückblick auf dieses Kapitel

Um den in diesem Kapitel behandelten Stoff zu vertiefen und einzuüben, können Sie folgende Aufgaben durchführen:

- Lesen Sie die Zusammenfassung des Kapitels.
- Lesen Sie die Liste der Schlüsselbegriffe durch, die in diesem Kapitel eingeführt wurden.
- Arbeiten Sie die Übungen mit Fallbeispiel durch. Diese Fallbeispiele bilden Situationen aus der Praxis nach, in denen der Stoff aus diesem Kapitel verwendet werden kann. Entwickeln Sie eine Lösung.
- Arbeiten Sie die vorgeschlagenen Übungen durch.
- Machen Sie einen Übungstest.

Zusammenfassung des Kapitels

- Sie können die Einstellungen für Terminaldiensteclients mit den Optionen des Programms Remotedesktopverbindung durchführen, oder auf Domänenebene mit einem Gruppenrichtlinienobjekt.
- Zur Verwaltung von Benutzersitzungen auf einem Terminalserver verwenden Sie die Terminaldiensteverwaltung. Sie können mit der Terminaldiensteverwaltung Informationen über Benutzer anzeigen, die mit einem Terminalserver verbunden sind, oder Benutzersitzungen überwachen oder Verwaltungsaufgaben durchführen und zum Beispiel Benutzer abmelden oder Benutzersitzungen trennen.
- Ein Terminaldienstegatewayserver ermöglicht es autorisierten Benutzern, eine Verbindung mit Terminalservern herzustellen, die sich hinter einer Firewall befinden. Die Terminaldiensteclientsitzungen werden vom Terminaldienstegateway durch eine Verschlüsselung mit SSL geschützt. Zur Konfiguration und Verwaltung eines Terminaldienstegatewayservers dient der Terminaldienstegateway-Manager.
- Terminaldienste-RemoteApp ermöglicht es, Anwendungen auf einem Terminalserver auszuführen und sie auf dem Clientcomputer eines Benutzers so aussehen zu lassen, als seien sie lokal installiert. Terminaldienste-RemoteApp ist dann sinnvoll, wenn Benutzer von anderen Orten aus auf die Anwendungen zugreifen müssen oder nicht über die erforderliche Hardware oder Software verfügen. Zur Konfiguration und Verwaltung von Terminaldienste-RemoteApp verwenden Sie den Terminaldienste-RemoteApp-Manager.
- Sie können RemoteApp-Programme über den Terminaldienste-Webzugriff veröffentlichen, mit RDP-Dateien oder mit Windows-Installer-Paketen.

Schlüsselbegriffe

Wissen Sie, was die folgenden Schlüsselbegriffe bedeuten? Sie können Ihre Antworten überprüfen, indem Sie die Begriffe im Glossar am Ende dieses Buchs nachschlagen.

- Zertifizierungsstelle
- Zertifikat
- Konsolensitzung
- Basisordner (home folder)
- HTTPS
- Installationsmodus
- Veröffentlichen (einer Anwendung)
- Selbstsigniertes Zertifikat
- SSL (Secure Sockets Layer)
- TS-CAP (Terminal Services Connection Authorization Policy, Terminaldienste-Verbindungsautorisierungsrichtlinie)
- Terminaldienstegateway
- TS-RAP (Terminal Services Resource Authorization Policy, Terminaldienste-Ressourcenautorisierungsrichtlinie)
- Terminaldienste-RemoteApp
- Terminaldienste-Webzugriff
- Benutzerprofil

Übungen mit Fallbeispiel

In den folgenden Fallbeispielen wenden Sie das Wissen an, das Sie in diesem Kapitel erworben haben. Antworten auf die Fragen finden Sie im Abschnitt „Antworten“ am Ende des Buchs.

Übung 1: Verwalten von Terminaldienstesitzungen

Sie sind der Administrator eines Computers namens TS1, auf dem Windows Server 2008 ausgeführt wird. Außerdem laufen auf TS1 die Terminaldienste und es sind einige Anwendungen installiert. Im Lauf des Tages stellen viele Benutzer Verbindungen mit TS1 her und Sie sind für die Verwaltung der Benutzersitzungen auf dem Server zuständig.

1. Ein Benutzer informiert Sie darüber, dass seine Terminaldienstesitzung auf TS1 wie eingefroren wirkt. Mit welchen Befehlen können Sie seine Sitzungskennung ermitteln und die Sitzung beenden?

2. Eine neue Benutzerin informiert Sie darüber, dass sie Probleme mit einer bestimmten Anwendung von TS1 hat. Da sie in einem anderen Gebäude arbeitet, möchten Sie ihr gern die Benutzung der Anwendung demonstrieren, ohne selbst Ihren Arbeitsplatz verlassen zu müssen. Wie erreichen Sie dies?

Übung 2: Veröffentlichen von Anwendungen

Ihre Firma hat kürzlich eine Branchenanwendung namens App1 auf einem Server namens Server1 installiert. Auf Server1 werden Windows Server 2008 und die Terminaldienste ausgeführt. Sie gehören zu dem Team, das die Anwendung unter Windows Server 2008 testen und veröffentlichen soll. Ihr erstes Ziel ist, die Anwendung App1 für alle Benutzer aus der Domäne *Contoso.com* verfügbar zu machen.

1. Nach der Installation von App1 auf Server1 möchte Ihr Team App1 auf den Desktops der Benutzer veröffentlichen. Sie möchten aber nicht, dass die Benutzer Dateien von einer Freigabe kopieren müssen, um die Remoteanwendung starten zu können. Welche Bereitstellungsmethode(n) würden Sie empfehlen?
2. Sie möchten, dass Benutzer die Anwendung im *Start*-Menü starten können. Wenn ein Benutzer eine Datei öffnet, die mit App1 verknüpft ist, soll außerdem automatisch das Remoteprogramm gestartet werden. Wie erreichen Sie das am einfachsten?
3. Sie möchten App1 auch als RemoteApp-Programm für Benutzer verfügbar machen, die nicht im Firmennetzwerk arbeiten. Wie erreichen Sie das? (Gehen Sie davon aus, dass Ihre Firma über eine Firewall und ein Umkreisnetzwerk verfügt, in dem öffentliche Server verfügbar sind.)

Empfohlene Übungen

Führen Sie die folgenden Übungen durch, um den in diesem Kapitel vorgestellten prüfungsrelevanten Stoff einzuüben.

Bereitstellen einer Terminaldiensteinfrastruktur

In dieser Übung stellen Sie einen Terminalserver, einen Terminaldienstegatewayserver und ein RemoteApp-Programm bereit.

- **Übung 1** Installieren Sie auf einem Server Ihrer Organisation Windows Server 2008 und die Terminaldienste. Installieren Sie eine Anwendung auf dem Server, während sich der Server im Installationsmodus befindet, und fügen Sie die Anwendung dann im Terminaldienste-RemoteApp-Manager zur Liste der RemoteApp-Programme hinzu. Installieren Sie auf demselben Server den Terminaldienste-Webzugriff und stellen Sie dann von einem anderen Computer aus eine Verbindung zur Seite *Terminaldienste-Webzugriff* her. Starten Sie auf der Seite *Terminaldienste-Webzugriff* das RemoteApp-Programm.

- **Übung 2** Stellen Sie dann auf einem zweiten Server Ihrer Organisation ein Terminaldienstegateway bereit. Erstellen Sie auf dem ersten Server mit dem Terminaldienste-RemoteApp-Manager eine RDP-Datei für dieselbe Anwendung. Geben Sie bei der Erstellung der RDP-Datei die Adresse des neuen Terminaldienstegateways ein. Exportieren Sie bei Bedarf das Zertifikat des Terminaldienstegatewayservers auf einen Clientcomputer und verwenden Sie dann die RDP-Datei, um das RemoteApp-Programm auf dem Clientcomputer über das Gateway zu starten.

Sehen Sie sich einen Webcast an

In dieser Übung sehen Sie sich einen Webcast über die Terminaldienste von Windows Server 2008 an.

- **Übung** Sehen Sie sich den Webcast „Windows Server 2008 Terminal Services RemoteApp and Web Access“ von David Hanna an, entweder auf der Begleit-CD im Ordner *Webcasts* oder im Internet unter *http://msevents.microsoft.com* (suchen Sie nach der Ereigniskennung 1032355810).

Führen Sie eine Übung in einer virtuellen Testumgebung durch

In dieser Übung konfigurieren und verwalten Sie eine Terminaldiensteinfrastruktur online.

- **Übung 1** Besuchen Sie *http://msevents.microsoft.com* und suchen Sie nach der Ereigniskennung 1032345540. Melden Sie sich für die folgende Übung an und führen Sie sie durch: „TechNet Virtual Lab: Managing Terminal Services Gateway and RemoteApps in Windows Server 2008“.
- **Übung 2** Besuchen Sie *http://msevents.microsoft.com* und suchen Sie nach der Ereigniskennung 1032347559. Melden Sie sich für die folgende Übung an und führen Sie sie durch: „TechNet Virtual Lab: Centralized Application Access with Windows Server 2008“.

Machen Sie einen Übungstest

Die Übungstests auf der Begleit-CD zu diesem Buch (in englischer Sprache) bieten zahlreiche Möglichkeiten. Zum Beispiel können Sie einen Test machen, der ausschließlich die Themen eines bestimmten Lernziels behandelt, oder Sie können sich selbst mit dem gesamten Inhalt der Prüfung 70-643 testen. Sie können den Test so konfigurieren, dass er dem Ablauf einer echten Prüfung entspricht, oder Sie können einen Lernmodus verwenden, in dem Sie sich nach dem Beantworten einer Frage jeweils sofort die richtige Antwort und Erklärungen ansehen können.

Weitere Informationen Übungstests

Einzelheiten zu allen Optionen, die bei den Übungstests zur Verfügung stehen, finden Sie im Abschnitt „So benutzen Sie die Übungstests“ in der Einführung dieses Buchs.

K A P I T E L 5

Installieren und Konfigurieren von Webanwendungen

Moderne Websites bieten einen Funktionsumfang, der sich durchaus mit lokal installierten Clientanwendungen vergleichen lässt. Sie bieten in öffentlichen und privaten Netzwerken Zugriff auf Datenbanken und ermöglichen es Benutzern, die Oberfläche nach Bedarf zu ändern. Webanwendungen oder Webdienste stützen sich auf eine Reihe von Standards, Protokollen und Technologien.

Das Betriebssystem Windows Server 2008 enthält die Internetinformationsdienste 7.0, eine vollständige Webdiensteplattform, die in der Lage ist, verschiedene Arten von Webinhalten und Anwendungen zu unterstützen. Die IIS 7.0 (Internet Information Services, Internetinformationsdienste) bieten wichtige Erweiterungen in den Bereichen Verwaltbarkeit, Skalierbarkeit und Zuverlässigkeit. Außerdem sind sie abwärtskompatibel, um die Millionen von Websites zu unterstützen, die mit älteren IIS-Versionen aufgebaut worden sind.

In diesem Kapitel erfahren Sie, wie Sie die Rollen Webserver (IIS) und Anwendungsserver in Windows Server 2008 installieren und konfigurieren. Es gibt zahlreiche Features und Dienste, die Sie nach Bedarf in Ihrer Umgebung aktivieren können. Diese Informationen werden Ihnen helfen, die IIS und die dazugehörigen Funktionen in Produktivumgebungen bereitzustellen und zu konfigurieren.

In diesem Kapitel abgedeckte Prüfungsziele:

- Konfigurieren einer Webdiensteinfrastruktur
    - Konfigurieren von Webanwendungen
    - Verwalten von Websites
    - Verwalten der Internetinformationsdienste (IIS)

Lektionen in diesem Kapitel:

Bevor Sie beginnen

Um die Lektionen und Übungen dieses Kapitels durcharbeiten zu können, müssen Sie auf *Server2.contoso.com* Windows Server 2008 installiert haben.

Hinweis Alternative Testsysteme

Die meisten Schritte können Sie auch auf jedem anderen Computer nachvollziehen, auf dem Windows Server 2008 ausgeführt wird. Allerdings müssen Sie dann die Schritte bei Bedarf an die Gegebenheiten anpassen. Außerdem gibt es zwar einige Unterschiede zwischen den verschiedenen Ausgaben von Windows Server 2008, was die Lizenzen betrifft, aber der Grundaufbau der Rolle Webserver (IIS) ist bei allen gleich.

Praxistipp

Anil Desai

Der Erfolg einer Serverinstallation beruht häufig darauf, wie gut ihre Konfiguration die Bedürfnisse von Benutzern und Entwicklern erfüllt. Wenn wichtige Funktionen fehlen, verhalten sich Anwendungen nicht wie erwartet. Sind zu viele Features und Funktionen aktiviert worden, kann dies negative Auswirkungen auf die Sicherheit, Kompatibilität oder Leistung haben. Das Ziel ist, es „genau richtig" zu machen. Das ist ein Bereich, in dem Kommunikation unverzichtbar ist.

In vielen IT-Abteilungen ist mir eine merkwürdige Trennung zwischen Entwicklungsteams (zum Beispiel Webentwicklergruppen) und den Systemadministratoren aufgefallen, die für die Bereitstellung und Unterstützung der Anwendungen verantwortlich sind, die von den Entwicklern erstellt werden. Meistens sind die Zuständigkeiten dieser Bereiche der Organisation nicht klar definiert und es kann schwierig sein herauszufinden, wer für die endgültige Konfiguration tatsächlich zuständig ist.

Aber solche Probleme lassen sich lösen. Aufseiten der Systemadministratoren sollte die IT-Abteilung versuchen, die speziellen geschäftlichen und technischen Voraussetzungen der Webanwendungen zu ermitteln, die sie unterstützen. Webentwickler können Ihren Teil dazu beitragen, indem sie die voraussichtlichen Anforderungen und die potenziellen Folgen für die Konfiguration der Produktivserver frühzeitig bekannt geben. Das Schreiben einer Dokumentation hilft, die wichtigen Punkte zu durchdenken und weiterzugeben. Schließlich darf man auch die Endanwender nicht vergessen. Ob es sich um Organisationsmitarbeiter oder um ein breites öffentliches Publikum handelt, ist nicht so wichtig. Wichtig ist, die Gründe für den Besuch Ihrer Websites zu kennen und zu verstehen. In diesem Bereich kann sich Marktforschung als nützlich erweisen.

Lektion 1: Installieren der Rolle Webserver (IIS)

Die Aktivierung der IIS und der dazugehörigen Komponenten ist zwar eine sehr einfache Prozedur, aber die eigentliche Herausforderung besteht darin, die Architektur, die Komponenten und die verfügbaren Features der Plattform zu verstehen. In dieser Lektion erfahren Sie etwas über die modulare Architektur der IIS und wie man einen Computer, auf dem Windows Server 2008 ausgeführt wird, als Webserver konfiguriert.

Am Ende dieser Lektion werden Sie in der Lage sein, die folgenden Aufgaben auszuführen:

- Beschreiben der Architektur der IIS 7.0, einschließlich neuer Funktionen
- Definieren der Aufgabe der Rolle Anwendungsserver
- Beschreiben der Aufgaben der Rollendienste für die Rolle Webserver (IIS)
- Installieren der Rolle Webserver (IIS) und Hinzufügen und Entfernen von Rollendiensten
- Durchführen von Befehlszeileninstallationen und automatischen Installationen der Rolle Webserver (IIS)

Veranschlagte Zeit für diese Lektion: 45 Minuten

Grundlagen der Webserversicherheit

IIS 7.0 bietet eine Reihe von Funktionen und Optionen zur Unterstützung unterschiedlicher Arten von Webdiensten und -anwendungen. Der Server-Manager vereinfacht die Installation der IIS und der dazugehörigen Features und Optionen. Als Systemadministrator sind Sie dafür verantwortlich, dass die IIS an die verschiedenen Bedürfnisse und Anforderungen angepasst werden. Daher ist es wichtig, den Aufbau der IIS genau zu verstehen, bevor Sie sich mit der Installation der Rollen Webserver und Anwendungsserver befassen. Dieser Abschnitt beschreibt die Bereitstellungsoptionen für die IIS-Plattform.

Weitere Informationen Andere IIS-Funktionen

Neben der Unterstützung von Webanwendungen bietet die IIS-Plattform auch Serverkomponenten für das File Transfer Protocol (FTP) und das Simple Mail Transfer Protocol (SMTP). Der Schwerpunkt dieses Kapitels liegt auf Webanwendungen. Weitere Informationen über die anderen Funktionen finden Sie in Kapitel 7, „Konfigurieren der FTP- und SMTP-Dienste".

Webstandards und -protokolle

Um den Zweck und die Funktion der IIS-Plattform zu verstehen, müssen Sie die Protokolle und Standards kennen, die von Webanwendungen verwendet werden. HTTP (Hypertext Transfer Protocol) ist das wichtigste Protokoll für die Kommunikation mit Webdiensten. HTTP wurden nach einem Anfrage/Antwort-Modell für die Kommunikation der Computer in einem Netzwerk entwickelt. Der HTTP-Datenverkehr wird auf der Basis von TCP/IP-

Verbindungen (Transmission Control Protocol/Internet Protocol) durchgeführt. Wegen der Bedeutung der Datenübertragungen im Internet erlauben die meisten Organisationen ihren Benutzern, das Internet über den TCP-Port 80 zu verwenden. Das ist der Standardport für HTTP. Das HTTP-Protokoll ist zustandslos; das bedeutet, dass es keinen integrierten Mechanismus enthält, der über die Kommunikation zwischen Clients und Server Buch führt. Jede Anfrage muss die Informationen enthalten, die zur Durchführung des Vorgangs erforderlich sind, beispielsweise den Absender.

Zu den Webstandards und -protokollen gehören auch Methoden zum Schutz der Daten bei der Übertragung. HTTP-Daten werden normalerweise im Klartext übermittelt, der leicht von anderen mitgelesen werden kann. Das ist zwar akzeptabel, wenn es um Inhalte geht, die sowieso öffentlich zugänglich sind, aber viele Websites und Anwendungen müssen vertrauliche Informationen zwischen Clients und Servern übermitteln. Das einfachste Beispiel ist eine Website, die zur Abwicklung des Zahlungsverkehrs Kreditkarteninformationen über das Internet anfordert. Um den HTTP-Datenverkehr verschlüsseln zu können, wurde das HTTPS-Protokoll (HTTP Secure) entwickelt. Standardmäßig verwenden HTTPS-Verbindungen den TCP-Port 443 für die Kommunikation. Bei Bedarf können auch andere Ports verwendet werden. Die gebräuchlichsten Verschlüsselungsmechanismen sind SSL (Secure Sockets Layer) und TLS (Transport Layer Security). Andere Verschlüsselungstechniken lassen sich ebenfalls verwenden, vor allem in Intranetumgebungen.

Die Webstandards und -protokolle bieten eine einheitliche Methode für den Datenaustausch zwischen Computern. Die wichtigste Spezifikation für Webseiten ist HTML (Hypertext Markup Language). Das auf Tags basierende Format von HTML-Seiten ermöglicht es Entwicklern, ihre Seiten so zu erstellen, dass sie von verschiedenen Webbrowsern verarbeitet werden können. Die Entwicklungswerkzeuge reichen von einfachen Textprogrammen wie Microsoft Windows Editor bis hin zu umfangreichen Entwicklungsumgebungen, wie zum Beispiel die Microsoft Visual Studio-Plattform.

Die HTTP- und HTML-Spezifikationen wurden als Basisdienste für die Kommunikation und Präsentation entwickelt. Moderne Webanwendungen bieten auf der Grundlage dieser Standards sehr komplexe Funktionen. Webentwickler können Entwicklungsplattformen wie ASP.NET (eine Komponente des Microsoft .NET Frameworks) verwenden, um aktive Websites zu erstellen. Solche Websites können zum Beispiel Benutzersitzungen verwalten und Zugriff auf Datenbanken und andere Informationen bieten.

Weitere Informationen Details über Internetstandards

Informationen über bestimmte Internet- und Webstandards finden Sie auf der W3C-Website (World Wide Web Consortium) unter *http://www.w3.org* und auf der IETF-Website (Internet Engineering Task Force) unter *http://www.ietf.org*. Auf beiden Websites sind die offiziellen Spezifikationen und Beschreibungen der Internetprotokolle erhältlich.

Einsatzbereiche von Webservern

Der wichtigste Vorteil von Anwendungen und Inhalten, die im Internet präsentiert werden, besteht darin, dass sie von einer Vielzahl von Computern aus zugänglich sind. Im Gegensatz zu Standardanwendungen ist es gewöhnlich nicht erforderlich, zusätzliche Software auf den Computern der Benutzer zu installieren oder zu konfigurieren. Da moderne Betriebssystem bereits Webbrowser wie den Internet Explorer enthalten oder unterstützen, verfügen die meisten Benutzer bereits über das wichtigste Clienttool für den Zugriff auf Internetinhalte. IT-Abteilungen und Softwareentwickler können Inhalte und Anwendungen mit verschiedenen Technologien für interne und externe Benutzer bereitstellen.

Die IIS-Plattform wurde für unterschiedlichste Einsatzzwecke entwickelt, wie die folgenden Beispiele zeigen:

- **Öffentliche Websites** Viele Unternehmen wollen nur auf möglichst einfache Weise einige Informationen im Internet zugänglich machen. Einer kleinen Firma reicht es vielleicht schon, wenn sie ihre Dienste auf einer einfachen Website beschreiben und ihre Adresse und sonstige Kontaktinformationen angeben kann.
- **Online-Einkäufe** Das Internet hat sich zu einem riesigen kommerziellen Markt entwickelt, der es Anbietern ermöglicht, eine Vielzahl von Produkten zu zeigen und zu verkaufen. Onlinegeschäfte nehmen Bestellungen an, wobei manche einen virtuellen Einkaufswagen verwenden, und unterstützen ihre Kunden auf unterschiedliche Weise.
- **Intranetszenarien** Das Web bietet allen Mitarbeitern einer Organisation eine einfache Methode, um auf Inhalte zuzugreifen oder Inhalte zu präsentieren. Typische Buchhaltungsaufgaben wie die Erstellung von Kostenabrechnungen oder die Überprüfung von Rentenzahlen lassen sich häufig online durchführen, ohne dass es erforderlich ist, persönlichen Kontakt zu anderen Mitarbeitern aufzunehmen.
- **Branchenanwendungen** Zu den typischen Schwierigkeiten herkömmlicher Branchenanwendungen gehört der Zwang, auf der Clientseite Software installieren und verwalten zu müssen. Um den Aufwand möglichst klein zu halten, haben viele Organisationen interne Anwendungen entwickelt, die in einem Webbrowser verwendet werden. Die Palette reicht von einfachen Anwendungen, die auf einer einzigen Website bereitgestellt werden, bis hin zu umfangreichen verteilten Systemen.
- **Internetanwendungen** Benutzer können zum Beispiel auf ihre E-Mail zugreifen und Dokumente erstellen, ohne auf ihren Computern Anwendungen installieren zu müssen. Verteilte Organisationen und Teams profitieren ebenfalls von einem sicheren Zugang über das Internet auf Firmenanwendungen, während sie auf Reisen sind oder an anderen Orten arbeiten.
- **Extranetszenarien** Unternehmen gehen häufig engere Geschäftsbeziehungen mit anderen Organisationen ein, um deren Dienste in Anspruch zu nehmen. Ein Extranetszenario ist in diesem Sinne ein Szenario, bei dem Benutzer, die nicht zur Organisation gehören, Zugang zu Informationen erhalten. Sicherheit ist ein wichtiger Aspekt,

aber Webanwendungen sind häufig eine gute Wahl, weil sie eine Standardmethode bieten, mit der Benutzer Zugang zu den benötigten Informationen erhalten.

- **Webhosting** Viele Firmen haben ihre geschäftliche Aktivität darauf verlegt, für ihre Kunden Websites aufzubauen und zu betreiben. Solche Firmen betreiben gewöhnlich auf einem einzigen realen Computer eine größere Anzahl von Websites. Sicherheit, Leistung und Zuverlässigkeit sind daher unerlässlich.

Die meisten Organisationen verwenden IIS für mehrere verschiedene Zwecke. Dabei sollte man berücksichtigen, dass sich die Voraussetzungen und Anforderungen an die Funktionen je nach den speziellen Aufgaben einer Bereitstellung unterscheiden.

Prüfungstipp

Wenn Sie sich in die vielen Funktionen und Optionen der IIS-Plattform einarbeiten, wird es Ihnen helfen, an Situationen zu denken, in denen diese Funktionen sinnvoll sind, um bestimmte technische oder geschäftliche Anforderungen zu erfüllen. In der Prüfung 70-643 werden wahrscheinlich Fragen gestellt, zu deren Beantwortung Sie die gestellten Anforderungen verstehen und eine geeignete Option oder Funktion finden müssen, mit der sich die Anforderungen erfüllen lassen.

Auf die Funktionen und Dienste, die von der IIS-Plattform unterstützt werden, kommen wir im Verlauf dieser Lektion noch zurück.

Neue Funktionen in den IIS

Die IIS-Plattform ist eine der meistverwendeten Plattformen für öffentliche und private Websites. Die Internetinformationsdienste (IIS) 7.0 von Windows Server 2008 bieten zahlreiche neue Funktionen, mit denen sich die Leistung und Funktionalität in vielen Bereichen verbessern lässt. Die wichtigsten Bereiche, in denen Verbesserungen zu verzeichnen sind, sind folgende:

- **Verwaltung** Eine der größten Schwierigkeiten bei der Arbeit mit älteren IIS-Versionen war die große Zahl von Eigenschaftenseiten und Dialogfeldern. IIS 7.0 enthält neue Verwaltungsprogramme, die dafür entwickelt wurden, die vielen verfügbaren Optionen und Einstellungen effizienter verwalten zu können. Die Benutzeroberfläche wurde so gestaltet, dass Webentwickler und Systemadministratoren gut damit arbeiten können.
- **Sicherheit** Standardmäßig wird die Serverrolle Webserver (IIS) nur mit einer kleinen Grundmenge an Funktionen aktiviert. Selbst die Binärdateien der unbenutzten Funktionen sind nicht unter den Standardpfaden des Betriebssystems zu finden. Zusätzliche Dienste und Features müssen von Systemadministratoren explizit aktiviert werden. Dadurch wird die Angriffsfläche verkleinert und die Verwaltung der IIS vereinfacht. Außerdem wurden in das Produkt Funktionen integriert, die häufiger vorkommende Angriffsarten automatisch erkennen. (Bisher wurde dieses Feature durch die Installation des Hilfsprogramms URLScan aktiviert.)

- **Diagnose und Fehlerbehebung** Da Organisationen zunehmend auf Webdienste als unverzichtbare Komponenten ihrer Infrastruktur angewiesen sind, ist es wichtig, Fehler schnell zu erkennen und zu beheben. IIS 7.0 enthält neue Funktionen, die die Erkennung von Problemen vereinfachen und die Beschaffung der zur Problembehebung benötigten Informationen erleichtern.
- **Zentrale Konfigurationsverwaltung** Viele Organisationen unterstützen Dutzende oder sogar Hunderte von IIS-Installationen. Um die Anforderungen zu erfüllen, die an die Skalierbarkeit und Leistung gestellt werden, ist es oft erforderlich, zahlreiche Webserver bereitzustellen, deren Konfiguration im Wesentlichen gleich ist. In den älteren IIS-Versionen war es schwierig, diese Konfigurationen zu verwalten, ohne mit jedem Server eine Verbindung aufzunehmen. IIS 7.0 bietet eine einfache Methode, mit der Administratoren Konfigurationsdaten auf ganzen Serverfarmen gemeinsam nutzen können. Außerdem wird für IIS-Sicherheitskonten eine einheitliche Menge an Benutzerkonten mit einheitlichen GUIDs (Globally Unique Identifiers) und Berechtigungen verwendet. Das bedeutet, dass sich Administratoren bei der Erstellung von Skripts und bei der Automatisierung von Vorgängen auf bestimmte Kontonamen und Einstellungen beziehen können. Außerdem bietet IIS 7.0 eine deutlich verbesserte Befehlszeilenunterstützung.
- **Unterstützung der Delegierung** Häufig ist es erforderlich, aus verwaltungstechnischen oder Sicherheitsgründen die administrativen Aufgaben aufzuteilen. IIS 7.0 bietet die Möglichkeit, exakt abgestimmte Sicherheitsberechtigungen zu vergeben, um Webhostingumgebungen und Konfigurationen auf Unternehmensebene zu unterstützen.
- **Abwärtskompatibilität** Die große Mehrheit der Websites und Anwendungen, die für ältere IIS-Versionen erstellt wurden, ist auch zu IIS 7.0 kompatibel. Außerdem sind für Anwendungen, die darauf angewiesen sind, IIS 6.0 Verwaltungstools verfügbar.

Insgesamt kann man sagen, dass IIS 7.0 entwickelt wurde, um die Probleme zu lösen, die sich mit den älteren IIS-Versionen am häufigsten ergeben. Außerdem gibt es zahlreiche zusätzliche Verbesserungen, die Sie im Verlauf dieses Kapitels noch kennenlernen werden.

Weitere Informationen IIS in Windows Vista

Microsoft hat die IIS 7.0-Plattform erstmals im Betriebssystem Windows Vista verfügbar gemacht. Da die Kernarchitektur der IIS von Windows Vista der Architektur der IIS von Windows Server 2008 gleicht, können Webentwickler auf ihren Entwicklungsrechnern und Produktivservern gleiche oder zumindest sehr ähnliche Umgebungen verwenden. Allerdings gibt es einige Unterschiede zwischen den beiden Plattformen, was die Funktionen und die Lizenzierung betrifft. Weitere Informationen finden Sie auf der Microsoft Internet Information Services-Website unter *http://www.microsoft.com/iis/*.

IIS-Komponenten und Optionen

Die IIS-Plattform wurde mit einer modularen, auf Komponenten basierenden Struktur entworfen. In ihrer einfachsten Konfiguration sorgt die Webserverkomponente für HTTP-Grundfunktionen. IIS umfasst viele Komponenten und Funktionen, die zur Unterstützung unterschiedlichster Inhalte und Anwendungen eingesetzt werden können. Die meisten Bereitstellungen brauchen aber nur eine Teilmenge dieser Funktionen. Daher können sich Administratoren darauf beschränken, nur die Komponenten zu aktivieren, die ihre Webanwendungen tatsächlich brauchen.

Der modulare Lösungsansatz verlangt zwar von den Systemadministratoren, die gewünschten Funktionen explizit zu aktivieren, aber diese Lösung bietet zahlreiche Vorteile:

- **Umfassendere Sicherheit** Jeder aktivierte Dienst und jede aktivierte Funktion kann die Angriffsfläche eines IIS-Servers vergrößern. Das fällt besonders bei öffentlich zugänglichen Servern ins Gewicht, die zum Ziel von Angriffen durch nichtautorisierte Zugriffsversuche werden können. So könnte zum Beispiel ein Fehler oder eine Schwäche in einer bestimmten IIS-Erweiterung für nichtautorisierte Aktionen ausgenutzt werden. Administratoren können dieses Risiko deutlich verringern, indem sie nur die Features und Dienste aktivieren, die für die vorhandenen Inhalte und Anwendungen erforderlich sind.
- **Verbesserte Leistung** Die Installation und Aktivierung unnötiger Komponenten beanspruchen auf dem Server, auf dem IIS ausgeführt wird, Systemressourcen. Werden nur die tatsächlich benötigten Komponenten aktiviert, bleiben die sonst beanspruchten Serverressourcen für andere Anwendungen verfügbar. Das Ergebnis ist eine bessere Leistung und Skalierbarkeit.
- **Die Möglichkeit zur Anpassung der Serverkonfigurationen** Wie bereits in dieser Lektion erwähnt, setzen Organisationen IIS in einer Vielzahl von Szenarien ein. Dabei können die Anforderungen an die Sicherheit und den Funktionsumfang sehr stark voneinander abweichen. Ein modularer Aufbau ermöglicht es den Systemadministratoren, jede Bereitstellung nach ihren speziellen Anforderungen zu konfigurieren. So unterscheiden sich zum Beispiel die Anforderungen, die an die Sicherheit und die Authentifizierungsmethoden von Servern gestellt werden, die über das Internet zugänglich sind, meistens von den Anforderungen, die für interne Webserver gelten. Administratoren können die erforderlichen Komponenten für jeden Servertyp separat aktivieren.

In diesem Abschnitt erfahren Sie mehr über die Komponenten und Optionen der IIS-Plattform.

Weitere Informationen Informationen vom IIS-Team

Das IIS-Team von Microsoft hat eine Website erstellt, auf der Einführungen, technische Artikel und andere Informationen über die Arbeit mit der IIS-Plattform erhältlich sind. Diese Website ist eine wertvolle Quelle für ausführliche Informationen über die vielen verfügbaren Funktionen und Komponenten. Die Website bietet Verknüpfungen zu Downloads und Informationen über Produkte, die mit (oder auf) der IIS-Plattform funktionieren. Zudem führen die Teammitglieder ihre eigenen Blogs, die sich auf ihre speziellen Arbeitsschwerpunkte konzentrieren. Die Hauptseite ist unter *http://www.iis.net* zu finden.

Grundlagen der Rolle Anwendungsserver

Zu den größten Stärken der Windows-Plattform gehört ihre Fähigkeit, die unterschiedlichsten Technologien zur Anwendungsentwicklung zu unterstützen. Moderne Anwendungen verwenden meistens in großem Umfang Kommunikationsfunktionen. Eine verteilte Anwendung muss vielleicht Transaktionen durchführen und verwalten, die sich in einem verteilten Netzwerk über mehrere Websites und Dienste erstrecken. Diese Funktionalität zu entwickeln, kann schwierig und kompliziert werden. Anwendungsentwickler können viel Zeit und Mühe sparen, indem sie auf Funktionen zurückgreifen, die ihre Betriebssysteme bereits bieten.

In Windows Server 2008 ist die Rolle Anwendungsserver verfügbar, die eine Reihe verschiedener Technologien zur Anwendungsentwicklung unterstützt. Die Rolle Anwendungsserver basiert auf dem .NET Framework 3.0 und unterstützt auch andere Kommunikations- und Darstellungsfunktionen. Die Rolle Anwendungsserver ist zwar nicht speziell von der Rolle Webserver (IIS) abhängig, aber verteilte Anwendungen, die mit ASP.NET oder WCF (Windows Communication Foundation) entwickelt werden, erfordern beide Rollen.

Prüfungstipp

Die Rolle Anwendungsserver bietet zusätzliche Funktionen auf der Basis von ASP.NET und anderer Dienste, die für die Rolle Webserver (IIS) verfügbar sind. Im Allgemeinen sollte es nicht erforderlich sein, die Rolle Anwendungsserver zu installieren, sofern nicht ein bestimmter Webdienst oder eine Webanwendung darauf angewiesen ist. Einfache ASP.NET-Anwendungen laufen zum Beispiel auch, ohne dass die Rolle Anwendungsserver auf dem Server aktiviert wird.

Sie können die Rolle Anwendungsserver mit dem Assistenten zum Hinzufügen von Rollen im Server-Manager hinzufügen. Bei dieser Gelegenheit können Sie auch die zusätzlichen Rollendienste auswählen, die Sie aktivieren möchten. Folgende Rollendienste sind verfügbar:

- **Application Server Foundation** Dies ist ein erforderliches Feature der Rolle Anwendungsserver. Es unterstützt die Technologie der Plattform .NET Framework 3.0. Die wichtigsten Komponenten sind WCF, Windows Presentation Foundation (WPF) und Windows Workflow Foundation (WF).
- **Unterstützung von Webservern (IIS)** Die Rolle Anwendungsserver kann in die Rolle Webserver (IIS) integriert werden, damit Webanwendungen auf erweiterte Funktionen zugreifen können. Wenn Sie diese Option wählen, fordert der Assistent zum Hinzufügen von Rollen Sie auf, die Internetinformationsdienste automatisch zu installieren, sofern sie noch nicht installiert sind.

- **COM+-Netzwerkzugriff** Der COM-Standard (Component Object Model) bietet Anwendungsentwicklern eine Methode für den Zugriff auf verschiedene Komponenten mit Anwendungscode. COM+ gibt Ihnen die Möglichkeit, Anwendungscode über ein Netzwerk aufzurufen. Verteilte Anwendungen, die sich aus mehreren Funktionsschichten zusammensetzen, sind vielleicht auf diese Funktion angewiesen.
- **TCP-Portfreigabe** Eine potenzielle Herausforderung bei der Arbeit in verteilten Umgebungen ist die Unterstützung vieler Serveranwendungen auf einem einzigen Computer. Gewöhnlich erfordert jede Anwendung ihren eigenen TCP-Port, um eingehende Anfragen annehmen zu können. Die TCP-Portfreigabe ermöglicht es mehreren Anwendungen, denselben Port zu verwenden, um die Konfiguration von Server und Firewall zu vereinfachen.
- **Unterstützung des Aktivierungsdienstes für Windows-Prozesse** Der Windows-Prozessaktivierungsdienst (Windows Process Activation Service, WAS) bietet die Möglichkeit, über das Netzwerk mit verschiedenen Protokollen und Diensten auf Anwendungsdienste zuzugreifen. Diese Funktion kann auch von IIS verwendet werden, um zusätzliche Protokolle und Kommunikationsmethoden zu unterstützen.
- **Verteilte Transaktionen** Anwendungen, die verteilte Transaktionen ausführen, müssen die Arbeiten von mehreren Servern und Anwendungen koordinieren, bevor Änderungen fest übernommen werden können. Mit diesem Abschnitt können Sie eingehende und ausgehende Remotetransaktionen aktivieren und den Standard für atomare Transaktionen (WS-Atomic-Transaktionen) für Webdienste aktivieren.

Es empfiehlt sich, die Anforderungen mit den Entwicklern der Webanwendungen abzuklären. So finden Sie schnell heraus, ob und welche Anwendungsserverkomponenten erforderlich sind.

Wird sie korrekt durchgeführt, kann die Erfassung und Weitergabe der Voraussetzungen für die Webserver den Systemadministratoren die Arbeit erleichtern, die letztlich auch darin besteht, Benutzern ihre Arbeit zu ermöglichen. IIS ist einer dieser technischen Bereiche, die von Rückmeldungen und Erfahrungen aus allen Bereichen einer Organisation profitieren. Sie sollten sich unbedingt gründlich vorbereiten, bevor Sie mit der Konfiguration der Systeme beginnen. So werden sie mit größerer Sicherheit genau die richtige IIS-Konfiguration wählen.

Grundlagen der IIS 7.0-Rollendienste

Rollendienste legen fest, welche speziellen Funktionen und Optionen der IIS-Plattform auf dem lokalen Webserver zur Verfügung stehen. Nachdem Sie IIS 7.0 auf einem Computer installiert haben, auf dem Windows Server 2008 ausgeführt wird, können Sie mit dem Server-Manager weitere Komponenten hinzufügen. Im Server-Manager sehen Sie ein Dialogfeld wie in Abbildung 5.1.

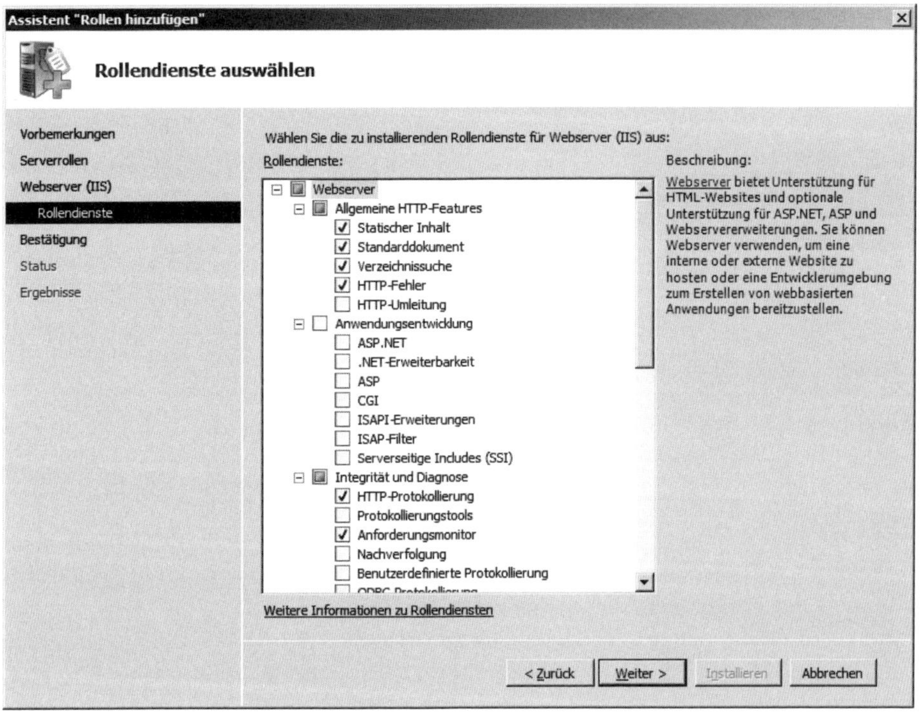

Abbildung 5.1 Verwalten der Webserver-Rollendienste im Server-Manager

Die IIS Rollendienste lassen sich verschiedenen Bereichen zuordnen:

- Allgemeine HTTP-Features
- Anwendungsentwicklung
- Integrität und Diagnose
- Sicherheit
- Leistung
- Verwaltungsprogramme
- FTP-Publishingdienst

An der Spitze der Hierarchie steht der *Webserver*. Dieses Element stellt die IIS-Kerndienste dar, die erforderlich sind, damit die optionalen Komponenten installiert werden können. Zwei andere Elemente, nämlich *Verwaltungsprogramme* und der *FTP-Publishingdienst*, lassen sich unabhängig vom Webserver installieren. In jedem Bereich wurden Funktionen und Optionen zusammengefasst, die miteinander zusammenhängen. Einige Elemente sind von anderen Rollendiensten abhängig. Wenn Sie ein solches Element wählen, ohne die erforderlichen anderen Rollendienste installiert zu haben, erhalten Sie die Gelegenheit, die erforderlichen Rollendienste automatisch hinzuzufügen (Abbildung 5.2).

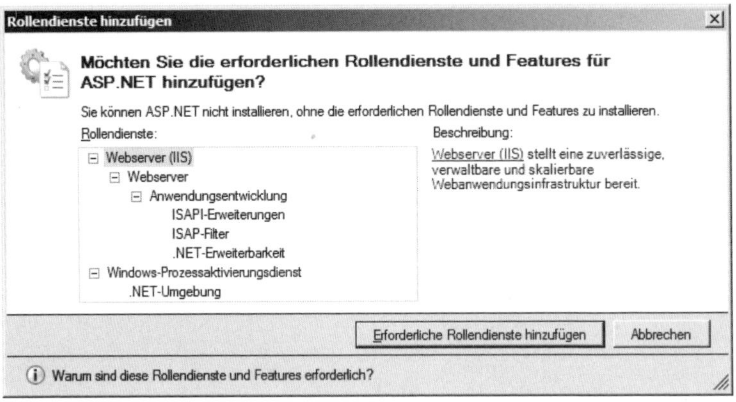

Abbildung 5.2 Beim Hinzufügen eines Rollendienstes lassen sich fehlende, aber erforderliche Komponenten automatisch hinzufügen

Prüfungstipp

Beachten Sie, dass das Hinzufügen eines Rollendienstes den Rollendienst auf Ihren Websites und für ihre Anwendungen verfügbar macht. Manchmal ist eine zusätzliche Konfiguration erforderlich, damit der Dienst korrekt arbeitet. Die Aktivierung bestimmter Authentifizierungsoptionen reicht zum Beispiel nicht aus, damit die Optionen automatisch für alle Websites gelten. Vergessen Sie in der Prüfung 70-643 nicht, dass das Hinzufügen eines Webserver-Rollendienstes vielleicht nur der erste Schritt zur vollständigen Lösung ist.

IIS-Standardrollendienste

Wie bereits erwähnt, bietet die Standardkonfiguration nur die unverzichtbaren Grundfunktionen. Sie eignet sich für Installationen, die nur einfachen statischen Inhalt anbieten und keine speziellen Anforderungen an Sicherheits- oder Entwicklungsfunktionen stellen. In vielen Fällen ist es aber erforderlich, zusätzliche Komponenten zu aktivieren.

Tabelle 5.1 Standardrollendienste der Serverrolle Webserver (IIS)

Gruppe/Kategorie	Feature(s)
Allgemeine HTTP-Features	Statischer Inhalt
	Standarddokument
	Verzeichnissuche
	HTTP-Fehler
Integrität und Diagnose	HTTP-Protokollierung
	Anforderungsmonitor
Sicherheit	Anforderungsfilterung
Leistung	Komprimierung statischer Inhalte
Verwaltungsprogramme	IIS-Verwaltungskonsole

Tabelle 5.1 listet die Rollendienste auf, die installiert werden, wenn Sie die Rolle Webserver (IIS) zum Computer hinzufügen. In den folgenden Abschnitten erfahren Sie mehr über die Aufgaben dieser und anderer optionaler Rollendienste.

Allgemeine HTTP-Features

Die wichtigste Aufgabe der Rolle Webserver (IIS) ist die Bereitstellung von HTML-Webseiten mit dem HTTP-Protokoll. In der Gruppe *Allgemeine HTTP-Features* lassen sich folgende Komponenten installieren:

- **Statischer Inhalt** Diese Komponente ermöglicht es, statische Webseiten mit HTTP an Clients zu senden. Websites bestehen sehr oft aus statischen HTML-Seiten und Bildern. Dateien mit statischen Inhalten werden gewöhnlich ohne weitere Bearbeitung durch den Server an die Benutzer gesendet.
- **Standarddokument** Diese Komponente ermöglicht es IIS, automatisch eine bestimmte Datei an den Besucher der Website zu senden, wenn in der URL keine bestimmte Datei angefordert wird. Versucht ein Benutzer beispielsweise, eine Verbindung mit *http://www.contoso.com* herzustellen, kann der Webserver so eingestellt werden, dass er als Antwort automatisch die Datei *default.htm* sendet.
- **Verzeichnissuche** IIS enthält die Funktionen, die erforderlich sind, um Benutzern Verzeichnis- oder Ordnerlisten zu senden. Wird sie aktiviert, sendet die Verzeichnissuche Informationen über die Dateien und Ordner, die sich auf einer Website befinden, an den Webbrowser des Clients. Da Benutzer dann in der Lage sind, auf alle Dateien zuzugreifen und sie herunterzuladen, für die sie die entsprechenden Zugriffsrechte haben, wird diese Funktion normalerweise auf öffentlichen Websites gesperrt. Ist die Funktion *Standarddokument* aktiviert und ein Standarddokument vorhanden, sehen die Benutzer keinen *Verzeichnissuche*-Bildschirm.
- **HTTP-Fehler** Die meisten Webbrowser zeigen automatisch eine Fehlermeldung an, wenn ein Problem auftritt. Lässt sich eine Seite zum Beispiel nicht finden oder ist der Server zu beschäftigt, zeigt der Webbrowser dies dem Benutzer an. Um den Benutzer ausführlicher zu informieren, kann IIS so eingestellt werden, das beim Auftreten solcher Probleme benutzerdefinierte Fehlermeldungen angezeigt werden. Auf diesen Seiten können zum Beispiel Kontaktdaten für den Administrator der Website angezeigt oder Benutzer darauf hingewiesen werden, wie sich das Problem beheben lässt.
- **HTTP-Umleitung** Das HTTP-Protokoll bietet die Möglichkeit, eine Anfrage von einer Website an eine andere weiterzuleiten. Der Webserver kann so eingestellt werden, dass er automatisch eine HTTP-Umleitungsaufforderung an den Webbenutzer sendet, wenn ein Zugriff auf eine bestimmte Website erfolgt. Websiteumleitungen sind nützlich, wenn eine Website zum Beispiel eine andere URL erhalten hat oder wenn ein bestimmter Inhalt unter mehreren URLs zu finden ist.

Auch nach dem Hinzufügen der allgemeinen HTTP-Features richtet sich das spezielle Verhalten einer IIS-Website nach ihrem Inhalt und ihrer Konfiguration.

Anwendungsentwicklungsfeatures

Eine einfache Website erfüllt die gestellten Anforderungen vielleicht schon mit statischen Inhalten. Die meisten Produktivsites erfordern aber dynamische Webdienste und die Unterstützung von Webanwendungen. IIS bietet eine breite Palette von unterschiedlichen Funktionen und Technologien, um diesen Ansprüchen gerecht zu werden. Zu den Anwendungsentwicklungsrollendiensten gehören:

- **ASP.NET** ASP.NET ist die wichtigste Microsoft-Entwicklungsplattform für die Webserverentwicklung. Es basiert auf dem .NET Framework und stellt ein leistungsfähiges und flexibles Grundgerüst für die Aufgaben dar, die beim Entwurf einer Website gewöhnlich anfallen. Zu den Funktionen gehören die integrierte Unterstützung von Datenbankzugriffen, Sicherheits- und Autorisierungsmethoden sowie Funktionen zur Verbesserung von Zuverlässigkeit und Skalierbarkeit.
- **.NET-Erweiterbarkeit** Die Programmierplattform Microsoft .NET Framework kann dazu verwendet werden, die Arbeitsweise von IIS-Webservern zu ändern. Dieser Rollendient ermöglicht Entwicklern den Zugriff auf die IIS-Verwaltungsnamespaces und auf Objekte, mit denen sich die Bearbeitung von Webserveranfragen programmieren lässt.
- **ASP** Die ASP-Technologie (Active Server Pages) ist der Vorgänger der ASP.NET-Plattform. ASP bietet eine vereinfachte Methode zur Entwicklung von Webanwendungen auf Skriptbasis. ASP-Skripts werden auf dem Webserver ausgeführt und generieren HTML-Inhalte, die über IIS an den Benutzer gesendet werden. Die ASP-Unterstützung dient hauptsächlich der Abwärtskompatibilität zu Anwendungen, die noch nicht auf die ASP.NET-Plattform umgestellt wurden.
- **CGI** CGI (Common Gateway Interface) ist ein Standard, der definiert, wie Webserver Informationen an Skripts übergeben können. Er wird von einigen serverseitigen Komponenten gebraucht, insbesondere von solchen, die für den Einsatz auf verschiedenen Webserverplattformen entwickelt wurden. Webentwicklungssprachen wie PHP (PHP: Hypertext Preprocessor) sind auf die CGI-Unterstützung des Webservers angewiesen. IIS 7.0 enthält Funktionen, mit denen sich die Leistung von CGI-Vorgängen beträchtlich verbessern lässt.
- **ISAPI-Erweiterungen** IIS unterstützt einen Erweiterungsstandard, der ISAPI (Internet Server Application Programming Interface) genannt wird. Durch die Entwicklung von ISAPI-Erweiterungen können Webentwickler ihre eigenen Handler für Inhalte erstellen, die mit praktisch allen Teilen der Web-Anfragepipeline interagieren können. Der ISAPI-Standard wurde entwickelt, um die gleichzeitige Bearbeitung von vielen Anfragen zu unterstützen.
- **ISAPI-Filter** ISAPI-Filter sind benutzerdefinierter Code, den Entwickler zur Bearbeitung von bestimmten Webserveranfragen erstellen können. Die Programmlogik kann bestimmte Details aus der Webanfrage auslesen und auf der Basis von serverseitiger Logik den entsprechenden Inhalt zurückgeben. IIS versucht, Webanfragen mit dem ISAPI-Filter zu bearbeiten, der sich für den jeweiligen Inhalt am besten

eignet. Die Aktivierung dieses Rollendienstes ermöglicht es Entwicklern, benutzerdefinierte ISAPI-Filter zu IIS hinzuzufügen.

- **Serverseitige Includes (SSI)** Webdesigner suchen manchmal nach einem Weg, auf allen Webseiten bestimmte allgemeine Inhalte anzuzeigen. Dazu gehören zum Beispiel die Titelleiste der Website, Navigationselemente und Fußzeilen. Der Rollendienst Serverseitige Includes (SSI) ermöglicht es dem Webserver, andere Inhalte einzufügen, wenn er eine Webserveranfrage beantwortet. Aus Sicherheitsgründen ist diese Funktion standardmäßig deaktiviert. Allerdings kann diese Technologie für Websites erforderlich sein, denen keine andere Webentwicklungstechnologie (wie ASP.NET) zur Verfügung steht.

Wenn Sie planen, Produktivwebsites bereitzustellen, überprüfen Sie, welche zusätzlichen Optionen aktiviert werden müssen. Die entsprechenden Informationen erhalten Sie gewöhnlich von den Entwicklern oder den Produzenten der Webanwendung.

Integrität und Diagnose

Auch wenn die Grundfunktion eines Webservers den Eindruck macht, relativ einfach zu sein, sind zur Bearbeitung einer typischen Webanfrage doch zahlreiche Schritte erforderlich. Organisationen, die ihre Webserver für den Zugriff auf wichtige Informationen und Systeme einsetzen, brauchen eine Methode, mit der sich Probleme möglichst noch vor dem Auftreten erkennen und beheben lassen. Die Rollendienste aus dem Abschnitt *Integrität und Diagnose* wurden dazu entworfen, Administratoren und Entwickler bei der Erfassung und Analyse von Informationen über Webanfragen zu unterstützen.

Eine typische Herausforderung bei der Überwachung von Websites besteht in der Unmenge an Informationen, die generiert werden. Außerdem bedeutet die ausführliche Aufzeichnung von Informationen über alle Anfragen eine beträchtliche Belastung der Produktivsysteme. Um dieses Problem zu lösen, bietet IIS 7.0 erweiterte Funktionen für die Erfassung von Informationen über bestimmte Anfragen und zur Konfiguration der Daten, die gesammelt werden sollen. Bei den entsprechenden Rollendiensten handelt es sich um:

- **HTTP-Protokollierung** Die Grundform der IIS-Protokollierung besteht darin, Informationen über HTTP-Anfragen als Textdateien im Dateisystem des Servers zu speichern. Das wird durch die HTTP-Protokollierung möglich. Außerdem werden bei der Installation dieser Komponente einige Standardeinstellungen für die Protokollierung der Anfragen vorgenommen. Die Einzelheiten lassen sich in den Eigenschaftendialogfeldern der Websites festlegen. Gespeichert werden die Protokolldateien standardmäßig im Ordner *%SystemDrive%\Inetpub\Logs\LogFiles*. Abbildung 5.3 zeigt eine Liste der Felder, die in die Protokolldatei aufgenommen werden können.

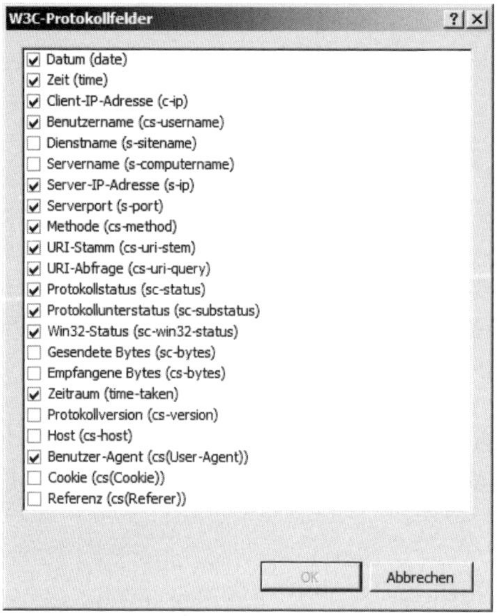

Abbildung 5.3 Auswählen der zu protokollierenden Felder

- **Protokollierungstools** Unbearbeitete HTTP-Anfrageprotokolle sind ohne Hilfsmittel nur schwer zu lesen und zu analysieren. Außerdem werden die Dateien auf vielbesuchten Webservern sehr schnell sehr groß. Da gewöhnlich für jede Anfrage eine neue Zeile mit Informationen gefüllt wird, müssen Administratoren Tausende von Zeilen nach den gewünschten Informationen durchsuchen. Der Rollendienst Protokollierungstools umfasst einfache Hilfsprogramme für die Auswertung von Protokolldateien.
- **Anforderungsmonitor** Eine der typischen Schwierigkeiten bei der Diagnose von leistungsbezogenen Problemen auf einem Webserver besteht darin herauszufinden, welche Aktivitäten gerade stattfinden. Der Anforderungsmonitor ermöglicht es Administratoren, die Anfragen zu sehen, die gerade vom Webserver bearbeitet werden. Dadurch lassen sich die möglichen Ursachen für Leistungseinbrüche oder Überlastungen des Servers durch Anfragen mit langer Bearbeitungszeit ermitteln.
- **Nachverfolgung** Wenn auf einem Webserver ein Fehler oder ein leistungsbezogenes Problem auftritt, ist es sinnvoll, über das Problem so viele Informationen wie möglich zu sammeln. Leider ist es meistens nicht machbar, die Einzelheiten über alle Anfragen zu speichern. Mit der Nachverfolgungsfunktion kann IIS ausführliche Informationen über alle Anfragen speichern, bei deren Bearbeitung Fehler auftreten. Die Nachverfolgung speichert Informationen über die in Bearbeitung befindlichen Anfragen im Arbeitsspeicher, und zwar gerade so lange, bis feststeht, ob Anfragen erfolgreich bearbeitet werden konnten oder nicht. Wenn nicht, lassen sich die Ergebnisse zur späteren Analyse auf dem Webserver speichern.

- **Benutzerdefinierte Protokollierung** Die HTTP-Protokollierung bietet ein Standardformat auf Textbasis zur Speicherung von Informationen über Webanfragen. Für viele Websites und Dienste reicht dies vermutlich schon aus. Bei Bedarf können Organisationen eigene COM-Module für die benutzerdefinierte Protokollierung erstellen. Ein Entwickler erstellt dabei ein Protokollmodul und meldet es zur Datenspeicherung bei IIS an. Dieser Lösungsansatz bietet die größte Flexibilität bei der Auswahl der Details, die aufgezeichnet werden sollen.
- **ODBC-Protokollierung** Die Speicherung von Daten in einer Textdatei ist zwar eine effiziente Methode zur Protokollierung von Anfragen, aber sie erschwert die Analyse und Auswertung der Daten für Berichte über die Leistung von Webservern. Der Rollendienst ODBC-Protokollierung ermöglicht es Anwendungen, Webanfragedaten in einem beliebigen Format zu speichern, das von einer ODBC-Verbindung (Open Database Connectivity) unterstützt wird. Verwenden lassen sich zum Beispiel relationale Datenbankserver wie Microsoft SQL Server oder spezielle Dateiformate, wie das Format von Microsoft Excel. Dabei darf man allerdings nicht vergessen, dass die Protokollierung in ODBC-Datenbanken einen erheblichen Bearbeitungs- und Speicheraufwand nach sich zieht, der sich ganz besonders auf Webservern bemerkbar macht, die sowieso schon stark ausgelastet sind.

Webadministratoren verwenden meistens Protokollanalyseprogramme, um die Protokolldateien auszuwerten, in denen die Informationen über Anfragen gespeichert sind. Die Informationen können dazu dienen, um Probleme zu erkennen (wie zum Beispiel falsche Verknüpfungen oder fehlende Inhalte) und um sich einen Eindruck von der Beliebtheit bestimmter Webseiten zu verschaffen.

Sicherheitsfeatures

Die Sicherheit von Websites, Webanwendungen und Webdiensten ist ein wichtiger Aspekt aller Webserver. Je nach den speziellen Bereitstellungen und Konfigurationen lassen sich eine Vielzahl von Sicherheitsmechanismen aktivieren. Folgende Sicherheitsrollendienste sind für IIS verfügbar:

- Standardauthentifizierung
- Windows-Authentifizierung
- Digestauthentifizierung
- Clientzertifikatzuordnung-Authentifizierung
- IIS-Clientzertifikatzuordnung-Authentifizierung
- URL-Autorisierung
- Anforderungsfilterung
- IP- und Domäneneinschränkungen

Die Wahl und Implementierung dieser Sicherheitsmechanismen wird in Kapitel 6, „Verwalten der Webserversicherheit“, beschrieben.

Leistung

Häufig stellen Organisationen fest, dass ihre Produktivwebserver sehr stark besucht werden. Daher ist es für alle Arten von Webservern wichtig, innerhalb einer bestimmten Zeit eine möglichst große Zahl von Anfragen bearbeiten zu können. IIS weist zahlreiche strukturelle Besonderheiten auf, die eine effiziente Bearbeitung von Webanfragen unterstützen. Außerdem bietet der Abschnitt *Leistung* der Rollendienste zwei zusätzliche Optionen:

- **Komprimierung statischer Inhalte** Das HTTP-Protokoll bietet die Möglichkeit, Webseiten mit statischem Inhalt (beispielsweise HTML-Dateien) vor dem Versand an Clients zu komprimieren. Der Webbrowser expandiert die Informationen und zeigt sie als Webseite an. Diese Methode kann die Belastung des Netzwerks beträchtlich verringern, wobei der zusätzliche Aufwand für die Prozessoren nur gering ist. Außerdem ist IIS in der Lage, häufig abgerufene statische Inhalte im Arbeitsspeicher zwischenzuspeichern, was die Leistung und Skalierbarkeit weiter erhöht. Diese Funktion wird standardmäßig aktiviert und funktioniert automatisch, sofern die Webbrowser der Benutzer die HTTP-Komprimierung unterstützen.
- **Komprimierung dynamischer Inhalte** Dynamische Inhalte variieren gewöhnlich von Benutzer zu Benutzer. Da sich dynamische Inhalte bei jeder neuen Anfrage an den Webserver ändern können, kann der Aufwand für die Komprimierung der Daten beträchtlich werden. Daher ist die Komprimierung dynamischer Inhalte standardmäßig deaktiviert. Sie eignet sich aber dazu, den Bandbreitenverbrauch durch Webanwendungen zu verringern.

Gewöhnlich ist die Übertragungskapazität heutzutage knapper als die Rechenleistung moderner Server. Daher wird empfohlen, die Komprimierung statischer Inhalte aktiviert zu lassen, sofern es nicht besondere Gründe gibt, die dagegen sprechen.

Verwaltungsprogramme

Der Abschnitt *Verwaltungsprogramme* ermöglicht Administratoren die Wahl der Programme, die für die Verwaltung von IIS verfügbar sein sollen. Standardmäßig wird bei der Installation der Rolle Webserver (IIS) nur das wichtigste Verwaltungsprogramm installiert, nämlich die IIS-Verwaltungskonsole. Dieses Programm bietet eine grafische Oberfläche für die Konfiguration und Verwaltung von IIS-Webdiensten. Sie können die IIS-Verwaltungskonsole auch entfernen, falls Sie den Server remote verwalten oder die Sicherheitsvorschriften Ihrer Firma dies erfordern.

Zu den weiteren verfügbaren Verwaltungsprogrammen gehören IIS-Verwaltungsskripts und -tools, die die Verwaltung von IIS auf der Befehlszeile ermöglichen, und der Verwaltungsdienst, mit dem Sie IIS mit der IIS-Verwaltungskonsole remote verwalten können.

Ein wichtiges Ziel beim Entwurf von IIS 7.0 war die Unterstützung der Webanwendungen, die für IIS 6.0 entwickelt wurden. Viele Anwendungen lassen sich zwar direkt auf IIS 7.0 übertragen, aber es sind einige Komponenten als Rollendienste verfügbar, die für eine Abwärtskompatibilität sorgen sollen:

- IIS 6-Verwaltungskompatibilität
- IIS 6-Metabasiskompatibilität
- IIS 6-WMI-Kompatibilität
- IIS 6-Skriptingtools
- IIS 6-Verwaltungskonsole

Mehr über diese Komponenten und ihre Verwendung erfahren Sie in Lektion 2, „Konfigurieren der Internetinformationsdienste".

Installieren der Rolle Webserver (IIS)

Obwohl für die Rolle Webserver (IIS) zahlreiche Features und Optionen verfügbar sind, ist die Installation der Komponenten sehr einfach. Grundvoraussetzung für die Webserverfunktionen ist das Hinzufügen dieser Rolle. IIS-Komponenten werden auch von einigen anderen Features und Komponenten von Windows Server 2008 verwendet. Zur Installation der Serverrolle starten Sie im Server-Manager den Assistenten zum Hinzufügen von Rollen (Abbildung 5.4).

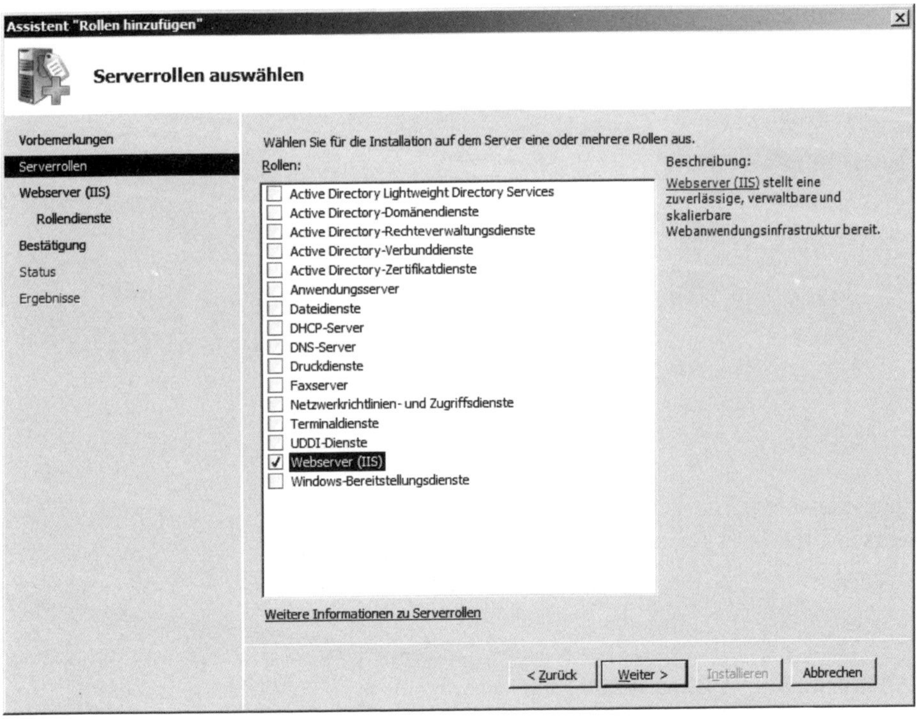

Abbildung 5.4 Auswählen der Serverrolle *Webserver (IIS)* im Assistenten zum Hinzufügen von Rollen

Der Assistent zum Hinzufügen von Rollen wertet die Konfiguration des lokalen Computers automatisch aus und ermittelt, ob zusätzliche Rollendienste erforderlich sind. Ist zum Beispiel der Windows-Prozessaktivierungsdienst noch nicht installiert, werden Sie aufgefordert, ihn hinzuzufügen.

Der Schritt *Webserver (IIS)* bietet einige zusätzliche Informationen über IIS. Im Text wird auch auf die Installation des Windows-Systemressourcen-Managers (WSRM) hingewiesen, mit dem sich die Leistung verbessern lässt, falls der Server mehrere Rollen übernehmen muss.

Auf der Seite *Rollendienste auswählen* wählen Sie die Komponenten aus, die bei der Installation der Rolle mitinstalliert werden sollen (Abbildung 5.5). Die Standardoptionen sorgen für die Grundfunktionen der Rolle Webserver. Wie in diesem Abschnitt später noch beschrieben wird, können Sie nach der Aktivierung der Rolle Webserver (IIS) noch zusätzliche Rollendienste hinzufügen oder vorhandene entfernen. Da einige Funktionen von anderen Komponenten abhängig sind, werden Sie bei der Auswahl einer Komponente vielleicht aufgefordert, die erforderlichen zusätzlichen Komponenten ebenfalls zu installieren.

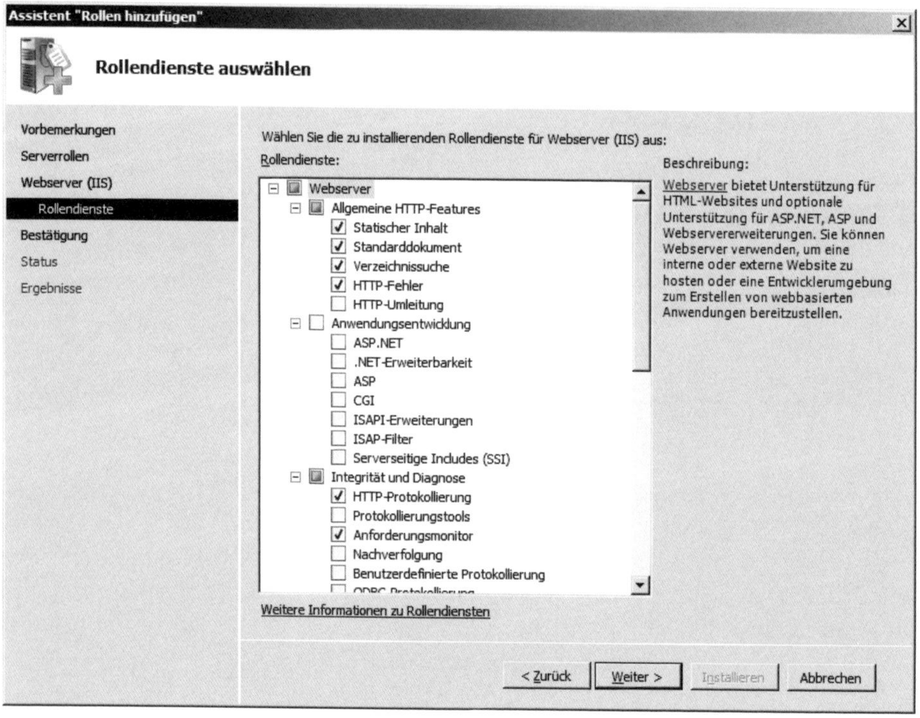

Abbildung 5.5 Auswählen von Rollendiensten für die Rolle Webserver (IIS)

Die Seite *Installationsauswahl bestätigen* zeigt Ihnen in Listenform die Einstellungen und die Rollendienste, die Sie gewählt haben. Wenn Sie die Liste überprüft haben und auf *Installieren* klicken, beginnt die Installation. Je nach den ausgewählten Rollendiensten kann die Installation einige Zeit dauern oder einen Neustart des Computers erfordern, oder beides. Falls ein Neustart erforderlich ist, setzt der Assistent zum Hinzufügen von Rollen seine Arbeit an dem Punkt fort, an dem er sie unterbrochen hat, wenn Sie sich wieder am Server anmelden. Zum Schluss sehen Sie auf der Seite *Installationsergebnisse* (Abbildung 5.6) eine Auflistung der Features, die installiert sind, und je nach den Umständen auch noch weitere Informationen.

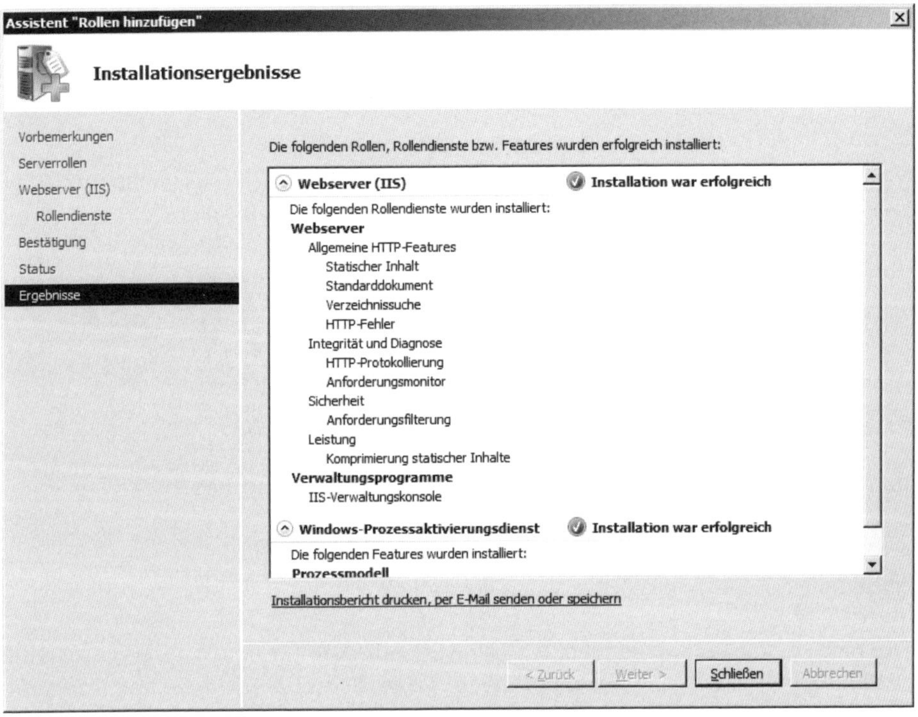

Abbildung 5.6 Anzeigen der Ergebnisse der Installation der Serverrolle Webserver (IIS)

Überprüfen der IIS-Installation mit dem Server-Manager

Nachdem Sie die IIS installiert haben, können Sie auf verschiedene Arten überprüfen, ob die Webserverprozesse funktionieren. Als erste Methode bietet sich der Server-Manager an. Erweitern Sie den Knoten *Rollen* und klicken Sie dann auf *Webserver (IIS)*, damit die entsprechenden Details angezeigt werden. Diese Seite zeigt Ihnen jeden Ereignisprotokolleintrag, der vielleicht überprüft werden sollte. Außerdem listet sie die installierten Dienste und deren Zustände auf (Abbildung 5.7). Welche Komponenten in der Liste aufgeführt werden, hängt natürlich davon ab, welche Rollendienste und erforderlichen Komponenten Sie installiert haben. Die Komponente WWW-Publishingdienst (*W3SVC*) ist der wichtigste Prozess für die Bearbeitung von Webanfragen.

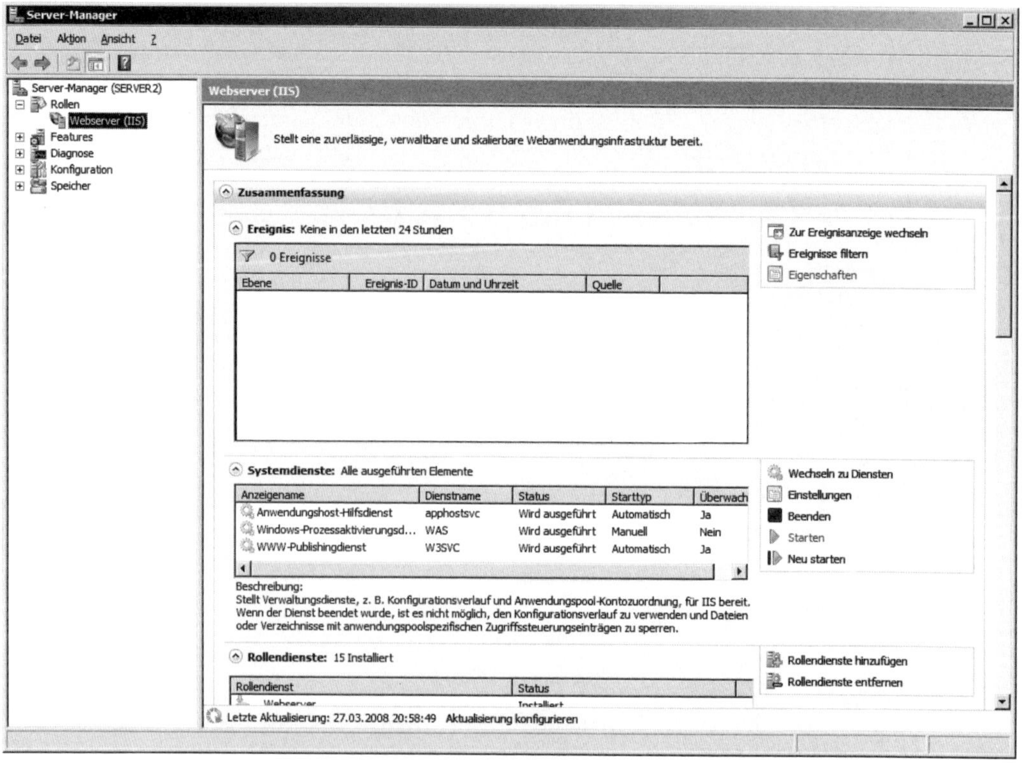

Abbildung 5.7 Anzeigen des Zustands der Rolle Webserver (IIS) im Server-Manager

Der Server-Manager zeigt auch, welche Rollendienste für den Webserver installiert sind (Abbildung 5.8). Mit den Verknüpfungen *Rollendienste hinzufügen* und *Rollendienste entfernen* können Sie die Konfiguration ändern.

Der Abschnitt *Ressourcen und Support* schließlich zeigt Empfehlungen und andere Informationen an, die bei der Einrichtung von IIS und der Rolle Webserver (IIS) auf einem Computer von Nutzen sein können. In Lektion 2 erfahren Sie mehr über diese Optionen. Außerdem sind Verknüpfungen zu verschiedenen Onlinequellen verfügbar, in denen Sie mehr über IIS erfahren.

Überprüfen der IIS-Installation mit dem Internet Explorer

Wenn Sie auf einem Computer, auf dem Windows Server 2008 ausgeführt wird, die Rolle Webserver (IIS) hinzufügen, wird automatisch eine Standardwebsite eingerichtet, die auf dem HTTP-Port 80 antwortet. Gespeichert wird diese Website standardmäßig im Ordner *%SystemDrive%\Inetpub\wwwroot*. Der Standardinhalt beschränkt sich aber auf eine einfache statische HTML-Datei und eine Bilddatei.

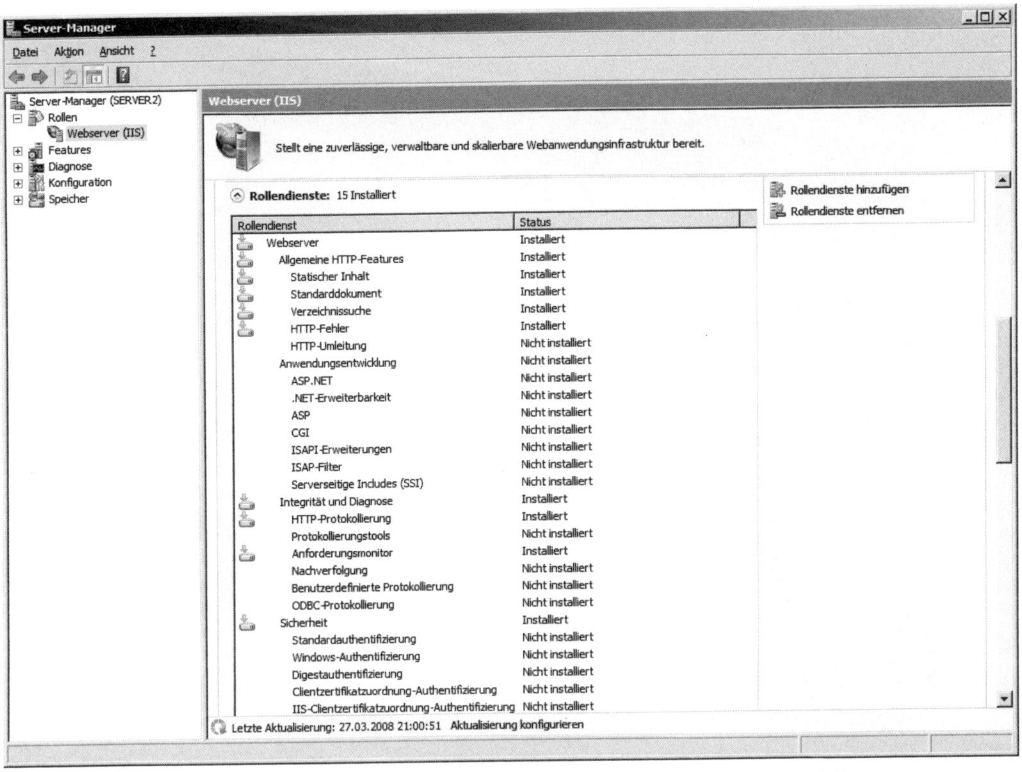

Abbildung 5.8 Anzeigen einer Liste der installierten Rollendienste im Server-Manager

Da es die Aufgabe von IIS ist, Webseiten zu liefern, kann man die Funktionsfähigkeit gut überprüfen, indem man einen Webbrowser startet und eine Verbindung mit dem lokalen Computer herstellt. Sie können den integrierten Ersatz- oder Zweitnamen *localhost* für den lokalen Computer verwenden, indem Sie auf die Seite *http://localhost* gehen, oder Sie verwenden den vollständigen Namen des lokalen Computers, beispielsweise *http://server1.contoso.com*. Bei beiden Methoden sollten Sie die Standardbegrüßungsseite sehen (Abbildung 5.9). Wenn Sie auf eine Sprache klicken, werden Sie automatisch mit der Website *http://www.iis.net* verbunden (sofern der Server über Zugang zum Internet verfügt).

Außerdem empfiehlt es sich, mit einem Remotecomputer zu versuchen, auf die Website zu gehen. Öffnen Sie einfach einen Webbrowser und stellen Sie mit dem vollständigen Namen des Webservers eine Verbindung her. Gelingt dies nicht, könnte das an Problemen mit der DNS-Namensauflösung (Domain Name System) oder an der Konfiguration der Firewall liegen.

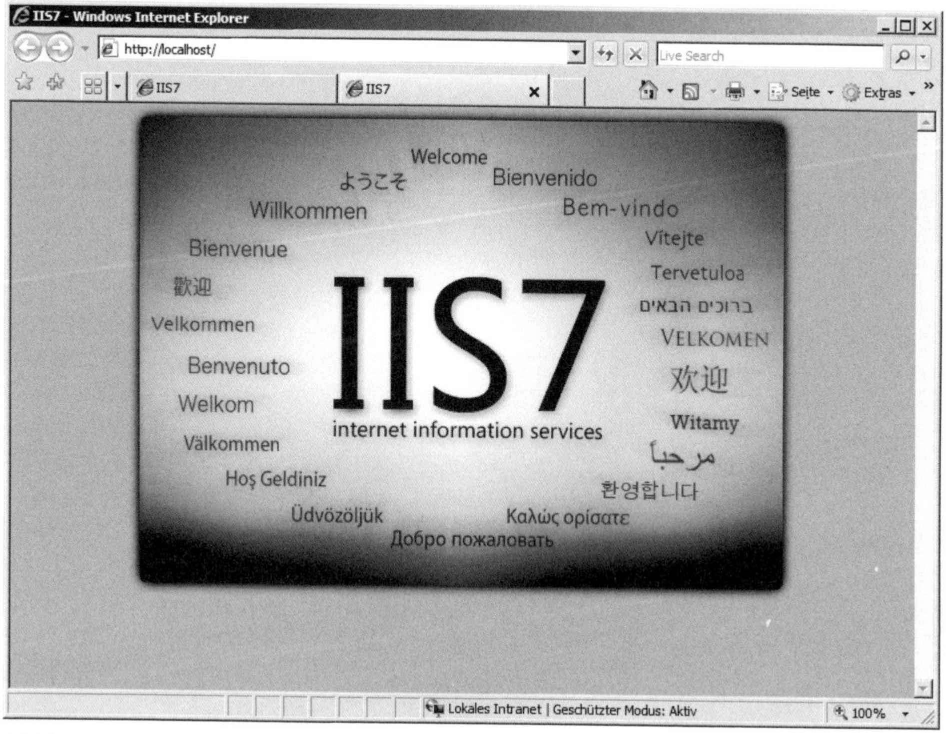

Abbildung 5.9 Anzeigen der IIS-Standardwebsite

Verwalten der Rollendienste

Die modulare Architektur der Internetinformationsdienste ermöglicht es, nach der Installation der Rolle Webserver (IIS) auf einem Windows Server 2008-Computer schnell und einfach Rollendienste hinzuzufügen oder zu entfernen. Der häufigste Grund für die Änderung der Rollendienstkonfiguration ist die Unterstützung einer neuen Webanwendung oder eines neuen Webdienstes. Sie können auch Dienste entfernen, falls die Dienste nicht mehr gebraucht werden oder die technischen Anforderungen sich geändert haben. Da das Entfernen oder Hinzufügen eines Rollendienstes die Konfiguration des gesamten Servers ändert, sollten Sie zuvor die möglichen Auswirkungen auf die Websites überprüfen, die auf dem Server betrieben werden.

Zur Durchführung der Konfigurationsänderung öffnen Sie den Server-Manager, erweitern den Ordner *Rollen*, klicken *Webserver (IIS)* mit der rechten Maustaste an und wählen entweder *Rollendienste hinzufügen* oder *Rollendienste entfernen*. Dann öffnet sich ein Dialogfeld, aus dem hervorgeht, welche Komponenten installiert sind. Ein Häkchen bedeutet, dass eine Komponente installiert ist (samt ihrer untergeordneten Komponenten, sofern vorhanden). Ein Kontrollkästchen ohne Häkchen bedeutet, dass das Element nicht installiert ist, während ein grau dargestelltes Kontrollkästchen anzeigt, dass nur einige der untergeordneten Rollendienstkomponenten installiert sind.

Wenn Sie Rollendienste entfernen oder hinzufügen, zeigt der gewählte Assistent eine Seite an, auf der Sie die Auswahl bestätigen oder den Vorgang abbrechen können. Falls ein Neustart des Computers erforderlich ist, wird die Installation automatisch fortgesetzt, sobald Sie sich wieder an dem Computer angemeldet haben.

Verwenden der Befehlszeile und der Optionen zur automatischen Installation

Organisationen, die IIS verwenden, müssen oft viele verschiedene IIS-Installationen bereitstellen. Sie können die Installation zwar auf jedem Server lokal durchführen, aber meistens ist es effizienter, Skripts oder Befehle zusammenzustellen, die die erforderlichen Schritte automatisch durchführen. Zur Durchführung von automatischen Installationen oder von Installationen, die auf einer Befehlszeile erfolgen, gibt es mehrere Methoden.

Abbildung 5.10 Anzeigen einer Liste der installierten Rollendienste und Features mit ServerManagerCmd

Mit dem Programm ServerManagerCmd lässt sich die Serverrolle Webserver (IIS) auf der Befehlszeile installieren. Der Befehl `ServerManagerCmd -install` *`Web-Server`* installiert zum Beispiel die Webserver-Standardkomponenten. Mit dem Befehl `ServerManagerCmd -query` können Sie sich anzeigen lassen, welche Rollen und Features auf dem lokalen Computer installiert sind. (Abbildung 5.10). Das kann von Nutzen sein, wenn Sie sich schnell einen Überblick über die aktuelle Konfiguration verschaffen müssen, um zu überprüfen, ob zur

Unterstützung einer neuen Webanwendung Änderungen erforderlich sind. Weitere Informationen über die Verwendung dieses Befehls erhalten Sie, indem Sie in einer Eingabeaufforderung `ServerManagerCmd -?` eingeben. Mit diesem Befehl können Sie auch Features wie zum Beispiel WSRM hinzufügen oder entfernen.

Außerdem lässt sich die Rolle Webserver (IIS) auch mit dem Windows-Paket-Manager (PkgMgr) auf der Befehlszeile installieren. Der Windows-Paket-Manager verwendet zur Speicherung der Angaben darüber, welche Features und Optionen in der IIS-Installation verfügbar sein sollen, eine XML-Datei. Weitere Informationen über die Verwendung dieses Programms erhalten Sie, wenn Sie in einer Eingabeaufforderung `PkgMgr -?` eingeben. In Lektion 2 lernen Sie weitere Befehle kennen, mit denen sich IIS auf der Befehlszeile oder in Skripts konfigurieren lässt.

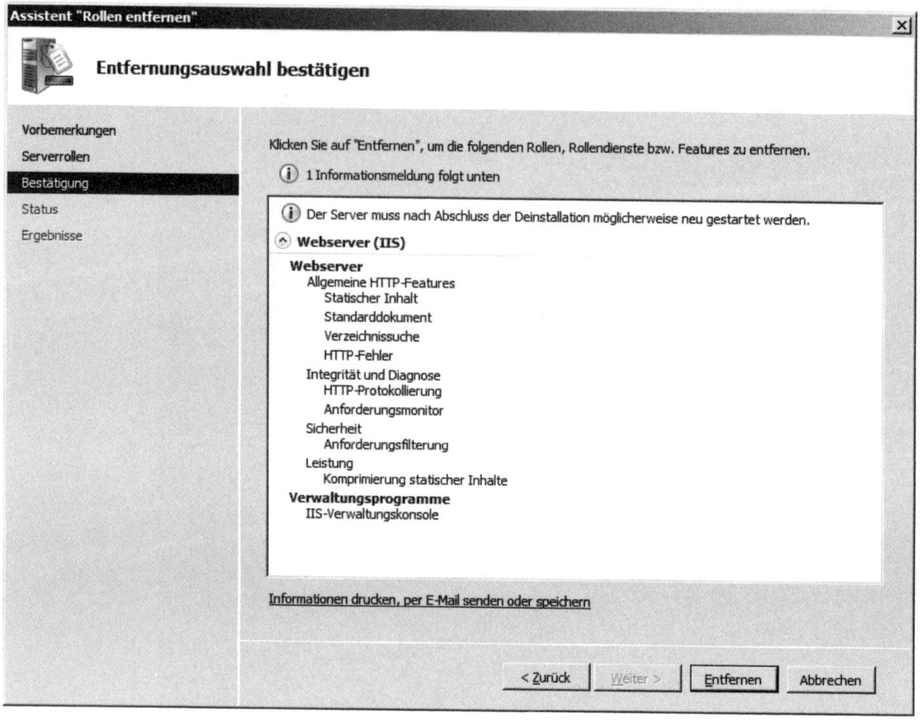

Abbildung 5.11 Bestätigen der Entfernung der Rolle Webserver (IIS)

Entfernen der Rolle Webserver (IIS)

Wenn eine Windows Server 2008-Installation nicht länger als Webserver dienen soll, können Sie IIS und die dazugehörigen Komponenten mit dem Befehl *Rollen entfernen* des Server-Managers entfernen. Berücksichtigen Sie dabei aber, dass es viele verschiedene Komponenten und Funktionen des Betriebssystems geben kann, die darauf angewiesen sind, dass der Webserver installiert ist. Diese abhängigen Features werden entweder entfernt, oder die Funktion, die vom Webserver abhängt, ist nicht mehr verfügbar. Abbildung 5.11 zeigt die Seite *Entfernungsauswahl bestätigen*.

Je nachdem, welche Features installiert waren, ist es vielleicht erforderlich, den Computer nach der Entfernung von Features neu zu starten. In diesem Fall wird der Vorgang automatisch fortgesetzt, wenn sich ein Benutzer das nächste Mal am Computer anmeldet.

Bei der Entfernung der Rolle Webserver (IIS) werden alle Binärdateien und Rollendienste des Webservers entfernt. Die Basiskonfiguration, einschließlich der Liste der Websites und ihrer Einstellungen, bleibt für den Fall erhalten, dass Sie die Rolle Webserver erneut installieren möchten. Die Inhalte der Websites werden nicht automatisch gelöscht. Wenn Sie vorhaben, die Webdienste dauerhaft vom Server zu entfernen, löschen Sie die nicht mehr erforderlichen Webseiten und Daten manuell.

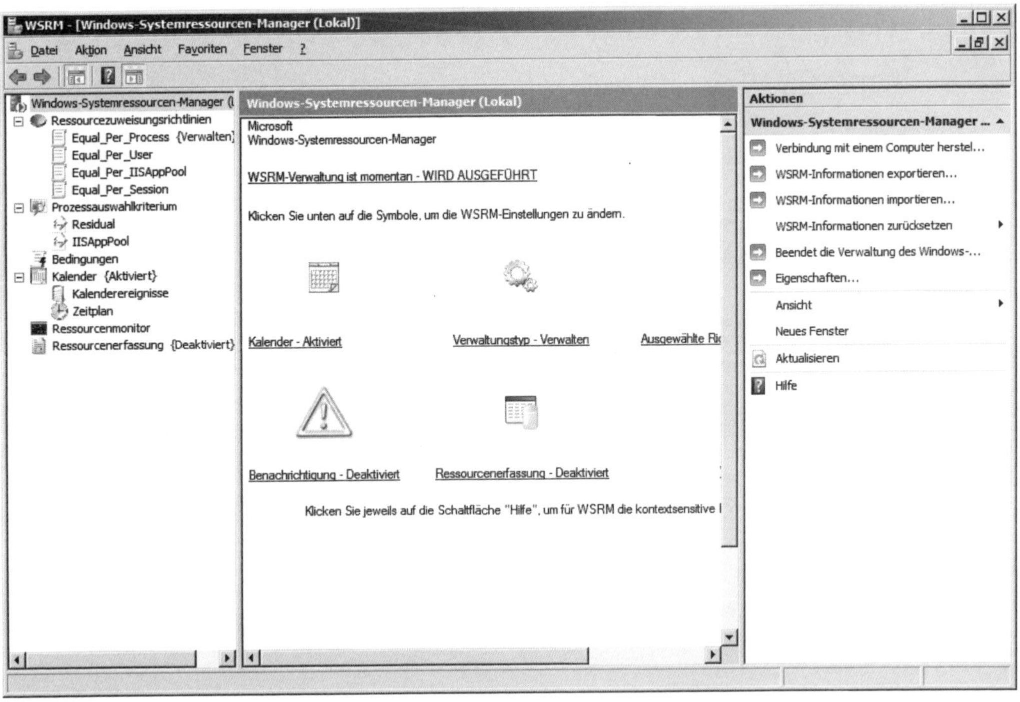

Abbildung 5.12 Die Konsole Windows-Systemressourcen-Manager

Verwenden des Windows-Systemressourcen-Managers

Ein wichtiger Aspekt des Betriebs von Servern besteht darin, dass wichtige Dienste auch dann nicht unterbrochen werden dürfen, wenn das System stark belastet wird. Standardmäßig laufen die meisten Dienste unter Windows Server 2008 mit gleicher Priorität. Der Windows-Systemressourcen-Manager (WSRM) ermöglicht es Administratoren, verschiedenen Systemprozessen wie zum Beispiel IIS Prioritäten zuzuweisen. WSRM ist zwar für die Ausführung der IIS nicht wichtig, aber auf stark belasteten Servern, die viele wichtige Dienste anbieten, kann es sinnvoll sein, WSRM zu aktivieren. Administratoren können zum Beispiel Ressourcenzuweisungsrichtlinien mit Beschränkungen der Rechenzeit und der Speicherbelegung definieren, damit das System auch bei starker Belastung noch mit akzeptablen Antwortzeiten reagiert (Abbildung 5.12).

Mit dem Server-Manager können Sie WSRM zu einem Computer hinzufügen, auf dem Windows Server 2008 ausgeführt wird. Klicken Sie den Knoten *Server-Manager* mit der rechten Maustaste an und wählen Sie *Features hinzufügen*, um die Installation einzuleiten. Der Assistent zum Hinzufügen von Features bietet die Option *Windows-Systemressourcen-Manager*, mit der sich der Manager hinzufügen lässt. Weitere Informationen über WSRM erhalten Sie, indem Sie in Windows-Hilfe und Support **Systemressourcen** eingeben und die EINGABETASTE drücken.

Schnelltest

1. Mit welchen beiden Methoden können Sie überprüfen, ob die Installation der Rolle Webserver (IIS) erfolgreich verlief?
2. Wann können Sie Rollendienste zur Rolle Webserver (IIS) hinzufügen?

Antworten zum Schnelltest

1. Sie können im Server-Manager überprüfen, ob die gewünschten Dienste installiert und gestartet sind, und mit dem Internet Explorer oder einem anderen Webbrowser können Sie überprüfen, ob die Standardwebsite antwortet.
2. Sie können die Rollendienste bereits bei der Installation der Serverrolle hinzufügen oder auch nachträglich, nachdem die Rolle Webserver (IIS) aktiviert ist.

Praktische Übung Installieren und Überprüfen der Rolle Webserver (IIS)

In dieser Übung installieren Sie die Serverrolle Webserver (IIS) auf dem Server *server2.contoso.com*. Sie müssen die Übung 1 abschließen, bevor Sie die Übung 2 durchführen können.

▶ Übung 1: Installieren der Webserverrolle

In dieser Übung fügen Sie die Serverrolle Webserver (IIS) hinzu. Sie installieren diesen Dienst nur mit den Basisrollendiensten, die standardmäßig aktiviert sind.

1. Melden Sie sich auf *server2.contoso.com* mit einem Konto an, das Mitglied der lokalen Administratorengruppe ist.
2. Öffnen Sie den Server-Manager. Klicken Sie *Rollen* mit der rechten Maustaste an und wählen Sie *Rollen hinzufügen*, um den Assistenten zum Hinzufügen von Rollen zu öffnen. Falls die Seite *Vorbemerkungen* angezeigt wird, klicken Sie auf *Weiter*.
3. Wählen Sie auf der Seite *Serverrollen auswählen* die Serverrolle *Webserver (IIS)*. Falls der Assistent Sie darauf hinweist, dass noch einige erforderliche Features fehlen, wählen Sie die automatische Installation dieser Features. Klicken Sie auf *Weiter*.

4. Lesen Sie auf der Seite *Webserver (IIS)* die Einführung in die IIS. Beachten Sie die Verknüpfungen im Abschnitt *Zusätzliche Informationen*, die Ihnen bei Bedarf weitere Informationen über IIS und dazugehörige Komponenten liefern. Klicken Sie auf *Weiter*.

   Die Standardvorgaben auf der Seite *Rollendienste auswählen* umfassen die Komponenten, die für die Grundfunktion der Rolle Webserver (IIS) erforderlich sind. Beachten Sie, dass Sie über jedes Listenelement Informationen erhalten, indem Sie das Element auswählen und den Text rechts auf der Seite lesen. Für die meisten Listenelemente sind Verknüpfungen zu weiteren Informationen aus der Hilfedatei verfügbar. Für diese Übung reicht es aus, wenn Sie die vorgewählten Optionen unverändert übernehmen und auf *Weiter* klicken. (Tabelle 5.1 beschreibt die standardmäßig vorgewählten Optionen.)

5. Überprüfen Sie auf der Seite *Installationsauswahl bestätigen*, welche Rollendienste hinzugefügt werden. Bei Bedarf können Sie die Informationen drucken, per E-Mail versenden oder speichern, um einen Beleg dafür zu haben, welche Komponenten installiert sind. Wenn Sie mit der Installation beginnen wollen, klicken Sie auf *Installieren*.

6. Überprüfen Sie nach dem Abschluss der Installation auf der Seite *Installationsergebnisse*, welche Rollen und Dienste installiert sind. Klicken Sie auf *Schließen*, um den Vorgang abzuschließen.

7. Schließen Sie den Server-Manager, wenn Sie fertig sind.

▶ Übung 2: Überprüfen der IIS-Installation

In dieser Übung überprüfen Sie die Installation der Rolle Webserver (IIS), die Sie in Übung 1 zu *server2.contoso.com* hinzugefügt haben. Genauer gesagt, Sie überprüfen mit dem Server-Manager und dem Internet Explorer, ob die IIS richtig arbeiten.

1. Melden Sie sich auf *server2.contoso.com* mit einem Konto an, das Mitglied der lokalen Administratorengruppe ist.

2. Öffnen Sie den Server-Manager. Erweitern Sie den Ordner *Rollen* und klicken Sie dann auf *Webserver (IIS)*.

   Sie sehen eine Zusammenfassung mit den wichtigsten Daten über die Webserverrolle. Sofern wichtige Nachrichten vorliegen, die mit der Serverrolle *Webserver (IIS)* zu tun haben, werden diese Ereignisse im Abschnitt *Ereignis* angezeigt.

3. Überprüfen Sie im Abschnitt *Systemdienste*, ob der WWW-Publishingdienst (*W3SVC*) gestartet wurde. Außerdem werden Sie dort den Anwendungshost-Hilfsdienst (*apphostsvc*) und den Windows-Prozessaktivierungsdienst (WAS) vorfinden. Wurde einer dieser Dienste beendet, klicken Sie ihn an und versuchen ihn zu starten.

4. Überprüfen Sie im Abschnitt *Rollendienst*, ob alle Standardoptionen installiert sind. Eine Liste der Standardrollendienste finden Sie in Tabelle 5.1 von Lektion 1, „Installieren der Rolle Webserver (IIS)“.

5. Schließen Sie den Server-Manager und öffnen Sie den Internet Explorer. Geben Sie im Adressfeld **http://localhost** ein und drücken Sie die EINGABETASTE. Sie sollten nun die IIS-Standardbegrüßungsseite sehen.
6. Geben Sie im Adressfeld des Internet Explorers die URL **http://server2.contoso.com** ein und drücken Sie die EINGABETASTE. Sie sollten wieder die IIS-Standardbegrüßungsseite sehen. Schließen Sie den Internet Explorer.
7. Wenn Sie fertig sind, schließen Sie den Server-Manager.

Zusammenfassung der Lektion

- Die Rolle Webserver (IIS) wurde entwickelt, um unter Verwendung des HTTP-Protokolls Zugriff auf Websiteinhalte zu ermöglichen.
- Die Rolle Anwendungsserver unterstützt Anwendungen, die Komponenten von .NET Framework 3.0, COM+ und verteilte Transaktionen benötigen.
- Der Windows-Systemressourcen-Manager (WSRM) eignet sich dazu, Diensten wie IIS Ressourcen zuzuweisen.
- Die IIS 7.0-Rollendienste bieten Komponenten für die Anwendungsentwicklung, für die Prüfung der Integrität, zur Diagnose, zur Verbesserung von Sicherheit und Leistung sowie zur Verwaltung.
- Mit dem Server-Manager können Sie die Serverrolle Webserver (IIS) hinzufügen und Rollendienste verwalten.
- Eine IIS-Installation können Sie im Server-Manager und auch dadurch überprüfen, dass Sie die Standardwebsite besuchen, beispielsweise mit dem Internet Explorer.

Lernzielkontrolle

Mit der folgenden Frage können Sie Ihr Wissen über den Stoff von Lektion 1, „Installieren der Rolle Webserver (IIS)", überprüfen. Die Frage ist (in englischer Sprache) auch auf der Begleit-CD zu finden, falls Sie die elektronische Form der Fragen vorziehen.

Hinweis Die Antworten

Die Antworten auf die Frage und Erläuterungen, warum die entsprechende Antwort richtig oder falsch ist, finden Sie im Abschnitt „Antworten" am Ende des Buchs.

---

1. Sie sind ein Systemadministrator, der ein Problem mit dem Zugriff auf eine Website beheben muss, die auf einem Windows Server 2008-Computer betrieben wird. Bisher haben Benutzer die Website unter *http://hr.contoso.com* erreicht. Wenn sie nun versuchen, die Website zu besuchen, sehen sie die Fehlermeldung „Die Webseite kann nicht angezeigt werden". Was müssen Sie tun, um den Fehler zu beheben?
   A. Sie fügen im Server-Manager die Serverrolle HTTP-Fehler hinzu.
   B. Sie überprüfen im Server-Manager, ob der WWW-Publishingdienst gestartet wurde.
   C. Sie überprüfen die Konfiguration der Webbrowser der Benutzer.
   D. Sie fügen im Server-Manager die Serverrolle HTTP-Protokollierung hinzu.
   E. Sie klicken in der Rollenliste des Server-Managers auf *Webserver (IIS)* und überprüfen, ob der IIS-Verwaltungsdienst gestartet wurde.

Lektion 2: Konfigurieren der Internetinformationsdienste

Nachdem Sie die Rolle Webserver (IIS) installiert haben, wollen Sie wahrscheinlich noch Websites erstellen und verwalten. Außerdem müssen Sie wahrscheinlich noch bestimmte Komponenten aktivieren, die für Ihre Anwendungen erforderlich sind. Welche Aufgaben durchzuführen sind, hängt von der Art der erforderlichen Webdienste ab und davon, wie die Internetinformationsdienste verwendet werden. In Betracht kommen zum Beispiel die Übernahme von Websites von älteren IIS-Versionen und die Verwaltung von mehreren Websites und Anwendungen auf demselben Server. IIS enthält eine Reihe von nützlichen Verwaltungsprogrammen, mit denen sich die Verwaltung vereinfachen lässt. In dieser Lektion erfahren Sie, wie Websites und Servereinstellungen für die Rolle Webserver (IIS) unter Windows Server 2008 verwaltet werden.

Weitere Informationen Sicherheit unter IIS

Zu den wichtigsten Aspekten der Produktivwebserver zählen die Einstellungen für die Sicherheit und die Berechtigungen. Diese Lektion hat ihren Schwerpunkt nicht bei der Sicherheit, sondern bei der Konfiguration von Webanwendungen und anderen Features. Informationen über die Authentifizierung und Autorisierung erhalten Sie in Kapitel 6.

Am Ende dieser Lektion werden Sie in der Lage sein, die folgenden Aufgaben auszuführen:

- Verwenden des Internetinformationsdienste-Managers zur Verwaltung von Servereinstellungen für die Webserverrolle
- Erstellen und Konfigurieren von Websites, einschließlich der Websitebindungen
- Erstellen und Verwalten neuer Webanwendungen in Websites
- Beschreiben der Aufgabe von Anwendungspools und Verwalten von Anwendungspools für Websites und Webanwendungen
- Erstellen und Verwalten von virtuellen Verzeichnissen
- Verwenden des Programms AppCmd für gängige Wartungsarbeiten an IIS-Webservern
- Beschreiben, wie IIS 7.0 Konfigurationseinstellungen in den Dateien *ApplicationHost.config* und *Web.config* speichert
- Unterstützen der Übernahme von IIS 6.0-Anwendungen

Veranschlagte Zeit für diese Lektion: 60 Minuten

Arbeiten mit IIS-Verwaltungsprogrammen

Wie Sie in Lektion 1 erfahren haben, bietet IIS viele Features und Optionen, die zur Erfüllung von technischen und geschäftlichen Anforderungen aktiviert werden können. Der Internetinformationsdienste-Manager (oder kurz IIS-Manager) ist das wichtigste Programm zur Konfiguration und Verwaltung von Websites. Er wird automatisch installiert, wenn Sie die Serverrolle Webserver (IIS) mit den Standardoptionen auf einem Windows Server 2008-Computer installieren. Sie können ihn in der Programmgruppe *Verwaltung* starten, indem Sie *Internetinformationsdienste-Manager* wählen. Abbildung 5.13 zeigt die Benutzeroberfläche.

Abbildung 5.13 Die IIS-Managerkonsole stellt automatisch eine Verbindung zum lokalen Server her

Der IIS-Manager stellt standardmäßig eine Verbindung mit dem lokalen Server her. Damit sind Sie in der Lage, die Konfiguration auf dem Server zu ändern und die erforderlichen Einstellungen vorzunehmen. Der IIS-Manager bietet auf einer einfachen und einheitlichen Benutzeroberfläche eine große Zahl an Informationen. Auf der linken Seite ist der Server zu sehen, mit dem Sie verbunden sind. Sie können die Konsolenstruktur erweitern, um Informationen über die Websites und andere Objekte zu erhalten, die es auf dem Server gibt. Für einige Elemente sind zusätzliche Befehle verfügbar, die sichtbar werden, wenn Sie das Element mit der rechten Maustaste anklicken.

Verwenden der *Feature*-Ansicht

Der mittlere Teil des IIS-Managerfensters zeigt Einzelheiten und Optionen für das Element an, das in der Strukturdarstellung auf der linken Seite ausgewählt wurde. Zwei Ansichten können am unteren Rand des Programmfensters gewählt werden. Die *Ansicht "Features"* zeigt eine Liste der verfügbaren Einstellungen, die für das ausgewählte Element konfiguriert werden können. Was alles in der Liste enthalten ist, hängt davon ab, welche Rollendienste Sie zur Serverkonfiguration hinzugefügt haben. In der Dropdownliste *Gruppieren nach* können Sie auswählen, in welcher Anordnung die verschiedenen Elemente angezeigt werden. Folgende Optionen stehen zur Wahl:

- **Keine Gruppierung** Alle Elemente werden in einer Liste alphabetisch angezeigt.
- **Kategorie** Die Elemente werden nach ihren Funktionsbereichen gruppiert (zum Beispiel *Leistung* und *Sicherheit*).
- **Bereich** Die Elemente werden nach den Konfigurationsbereichen gruppiert, auf die sie sich auswirken.

Abbildung 5.14 zeigt die Elemente, die angezeigt werden, wenn im linken Bereich der Server ausgewählt und die Gruppierung *Kategorie* eingestellt wird. Neben diesen Optionen können Sie die Darstellung der Elemente noch mit den Optionen *Details*, *Symbole*, *Kacheln* oder *Liste* ändern. Die Grundstruktur ähnelt dem Windows-Explorer. Der IIS-Assistent ist dafür konzipiert, eine große Anzahl von Einstellungen in einer Weise anzuzeigen und zu strukturieren, die für Systemadministratoren leicht nachvollziehbar und handhabbar ist.

Abbildung 5.14 Anzeigen der Konfigurationselemente nach Kategorien

Ein Doppelklick auf eines der Elemente öffnet eine separate Optionsseite, auf der Sie die entsprechenden Einstellungen ändern können.

Prüfungstipp

Die vielen Features und Optionen der IIS-Plattform zu lernen, kann etwas frustrierend sein, besonders wenn man sich mit der Webentwicklung und -verwaltung nicht auskennt. Ein Bild sagt manchmal mehr als tausend Worte (und hilft Ihnen bei der Prüfung 70-643, sich an die verfügbaren Optionen und Einstellungen zu erinnern). Daher gibt es in dieser Lektion relativ viele Screenshots. Allerdings gibt es für die Praxis einfach keinen Ersatz. Eine gute Methode, sich auf die Prüfung vorzubereiten, besteht darin, sich die verschiedenen Eigenschaftenseiten der vielen verfügbaren Features und Rollendienste anzusehen. Diese Optionen schon gesehen zu haben, hilft Ihnen vielleicht bei der Entscheidung, wie bestimmte Anforderungen am besten erfüllt werden, und zwar nicht nur in der Prüfung, sondern auch in der Praxis.

Verwenden der *Inhalt*-Ansicht

Die *Ansicht "Inhalt"* dient zur Anzeige der Dateien und Ordner einer Website. Details werden in einem Windows-Explorer-Format angezeigt, wobei Sie Filter anwenden und Gruppierungen vornehmen können (Abbildung 5.15). Die *Ansicht "Inhalt"* ist am nützlichsten, wenn Sie den Websiteinhalt verwalten, also nicht die Websiteeinstellungen. Sie ähnelt zudem der Standarddarstellung in den Verwaltungsprogrammen älterer IIS-Versionen.

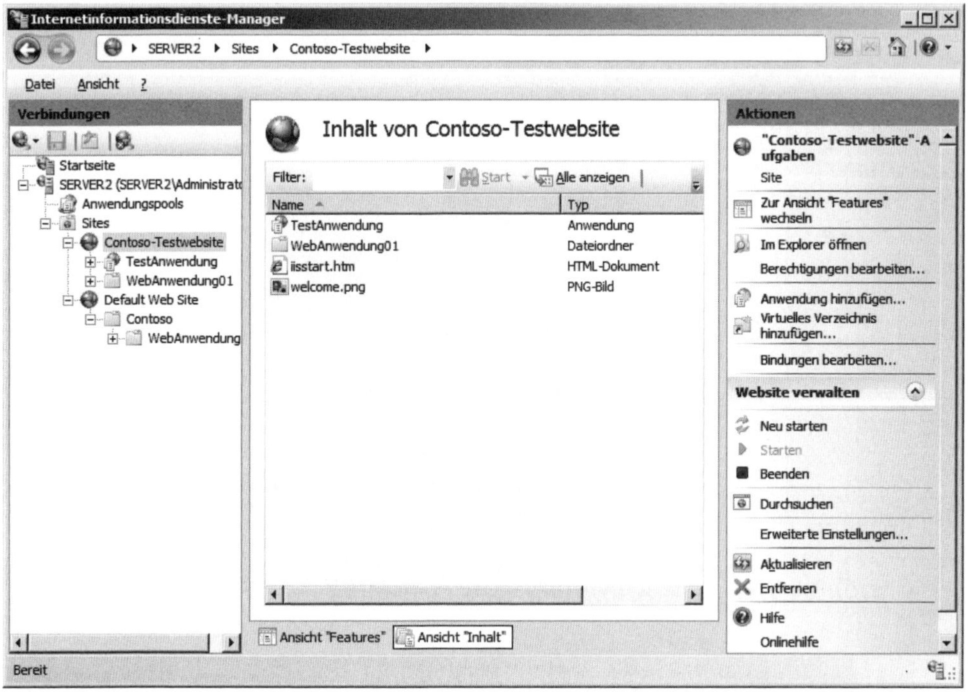

Abbildung 5.15 Verwenden der *Ansicht "Inhalt"* im IIS-Manager

Weitere Informationen Umstieg von IIS 6.0

Wenn Sie auf IIS 7.0 wechseln, nachdem Sie bereits mit IIS 6.0 gearbeitet haben, können Sie davon ausgehen, dass die Funktionalität, die Sie kennen, noch verfügbar ist. Vereinfacht ausgedrückt ist die *Ansicht "Features"* ein Ersatz für die Eigenschaftenseiten, die zur Konfiguration eines IIS 6.0-Webservers verwendet werden. Die *Ansicht "Inhalt"* zeigt Informationen über die Dateien und Ordner der ausgewählten Website oder des ausgewählten Verzeichnisses in einer Weise an, die der Darstellung auf der rechten Seite des IIS-Managers von IIS 6.0 ähnelt. Für IIS 7.0 war es ein wichtiges Ziel, die Vielzahl an Optionen in einer Weise darzustellen, die für Systemadministratoren überschaubar bleibt.

Verwenden des Bereichs *Aktionen*

Die rechte Seite des IIS-Managers zeigt den Bereich *Aktionen*. Die Befehle, die hier angezeigt werden, sind kontextsensitiv. Wenn Sie zum Beispiel eine Website wählen, erscheinen hier Aktionen zum Durchsuchen, Beenden, Starten oder Neustarten der Website (Abbildung 5.16). Außerdem finden Sie im Bereich *Aktionen* bei der Änderung von Einstellungen für Features gewöhnlich die Verknüpfungen *Übernehmen* und *Abbrechen*.

Abbildung 5.16 Anzeigen von Befehlen zur Websiteverwaltung im IIS-Managerbereich *Aktionen*

Erstellen und Konfigurieren von Websites

Einige Webserver sind zwar lediglich für eine einzige Website zuständig, doch meistens werden auf einem IIS-Server viele verschiedene Webdienste und -anwendungen untergebracht. Bevor Sie sich mit der Verwaltung von IIS beschäftigen, sollten Sie wissen, wie die verschiedenen Webserverkomponenten und -objekte zusammenpassen.

Grundlagen von Websites und Sitebindungen

Websites kann man als Container betrachten, die den Zugriff auf ihre Inhalte ermöglichen. Jede Website muss mit einem Ordner auf dem Server verknüpft sein, der in diesem Sinne die Aufgabe des Stammordners für die Website übernimmt und den Zugriff auf alle Inhalte ermöglicht, die für die Besucher der Website verfügbar sind. Der Pfad, auf dem dieser Ordner auf dem Server zu finden ist, wird *physikalischer Pfad* genannt.

Die Konfiguration der Website bestimmt, welche Protokolle, Ports und andere Einstellungen für Verbindungen mit dem Webserver verwendet werden. Diese Einstellungen werden gewöhnlich unter dem Begriff der *Sitebindung* zusammengefasst. Für jede Website kann es je nach den Erfordernissen mehrere Bindungen geben. Zu den Einstellungen, die in einer Websitebindung vorgenommen werden können, gehören folgende Werte:

- **Typ** Gibt das Protokoll an, das für Verbindungen mit dem Server verwendet wird. Die beiden Standardoptionen sind HTTP und HTTPS.

> **Hinweis Unterstützung anderer Protokolle**
>
> Zu den Vorteilen von WAS (Windows Process Activation Service) gehört, dass er es IIS 7.0 ermöglicht, Sites zu erstellen, die auch andere Protokolle als HTTP und HTTPS verwenden. Was die Prüfung (und den Rest dieses Kapitels) betrifft, werden Sie sich hauptsächlich mit der Verwendung der beiden wichtigsten Webserverprotokolle beschäftigen. Wenn Sie verteilte Anwendungen unterstützen, die zum Beispiel die WCF verwenden, vergessen Sie bitte nicht, dass IIS-Websites direkte TCP-Verbindungen und andere Kommunikationsmethoden unterstützen können.

- **IP-Adresse** Eine Liste der IPv4- oder IPv6-Adressen, unter denen der Server erreichbar ist. Sofern der Server mit mehreren IP-Adressen konfiguriert wurde, können verschiedene Websites mit diesen Adressen konfiguriert werden. Außerdem können Administratoren nicht nur eine bestimmte IP-Adresse auswählen, sondern auch die Option *Keine zugewiesen* wählen, damit die Website auf jeder Schnittstelle Anfragen annehmen kann, für die es keine explizite Port- und Protokollbindung gibt.
- **Port** Gibt den TCP-Port an, auf dem der Server Anfragen annimmt und beantwortet. Der Standardport für HTTP-Verbindungen ist Port 80. Benutzer, die andere Ports für den Websitezugriff verwenden, müssen diese Portnummer in ihrer URL angeben. Mit der URL *http://Server1.contoso.com:5937* versucht ein Benutzer zum Beispiel, mit dem HTTP-Protokoll auf Port 5937 eine Verbindung mit einem Webserver namens *Server1.contoso.com* herzustellen. Der Standardbereich für TCP-Ports reicht von Port 1 bis Port 65535. Viele der Portnummern unter 1024 sind zwar bereits für bestimmte gängige Anwendungen reserviert, aber es spricht kein technischer Grund dagegen, diese Portnummern zum Hosten einer Website zu verwenden.
- **Hostname** Diese Texteinstellung ermöglicht es mehreren Websites, denselben Protokolltyp, dieselbe IP-Adresse und dieselbe Portnummer zu verwenden und Benutzern trotzdem noch die Möglichkeit zu geben, Verbindungen mit den verschiedenen

Websites herzustellen. Das funktioniert, weil die Hostheaderinformationen entsprechend ausgewertet werden, die in einer HTTP-Anfrage enthalten sind. Websiteadministratoren können ihre DNS-Einstellungen so vornehmen, dass mehrere Domänennamen auf dieselbe IP-Adresse verweisen. Der Domänenname wird dann vom Webserver verwendet, um die Website zu ermitteln, mit der der Benutzer eine Verbindung herstellen möchte, und die Anfrage dann an diese Website weiterzuleiten.

Vergessen Sie bitte nicht, dass die Kombination von Sitebindungseinstellungen für jede Website einer IIS-Installation eindeutig sein muss. So können zum Beispiel nicht zwei Websites dasselbe Protokoll, dieselbe IP-Adresse, denselben Port und denselben Hostnamen verwenden. Es ist zwar möglich, mehrere Websites mit derselben Sitebindung zu erstellen, aber IIS erlaubt immer nur einer dieser Websites den Start.

Verwalten der Standardwebsite

Bei der Installation der Rolle Webserver (IIS) wird auch eine Website namens *Default Web Site* erstellt. Diese Website ist so eingestellt, dass sie HTTP-Anfragen auf Port 80 und HTTPS-Anfragen auf Port 443 beantwortet. Wenn Sie sich eine Liste der Bindungen ansehen möchten, klicken Sie im IIS-Manager die *Default Web Site* mit der rechten Maustaste an und wählen *Bindungen bearbeiten*. Sie können dasselbe Dialogfeld (Abbildung 5.17) auch mit der Verknüpfung *Bindungen bearbeiten* aus dem Bereich *Aktionen* öffnen.

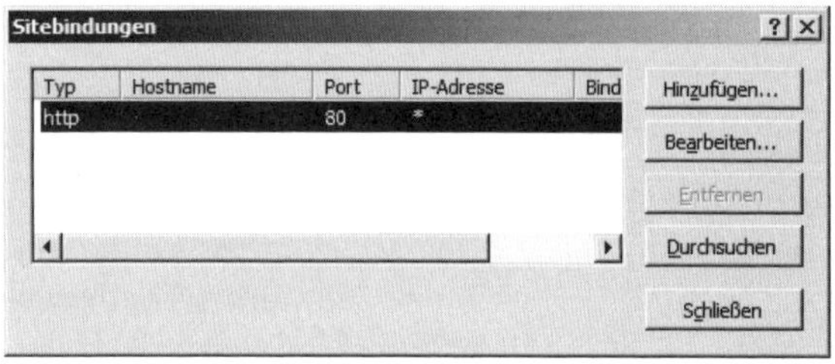

Abbildung 5.17 Anzeigen der Sitebindungen der *Default Web Site*

Wenn Sie einen Webbrowser starten und mit einer URL eine Verbindung herstellen, beispielsweise mit *http://server2.contoso.com*, erhält IIS die Anfrage auf HTTP-Port 80 und gibt den gewünschten Inhalt von der entsprechenden Website zurück.

Um für die Standardwebsite eine neue Bindung hinzuzufügen, klicken Sie im Dialogfeld *Sitebindungen* auf die Schaltfläche *Hinzufügen*. Wie in Abbildung 5.18 zu sehen ist, können Sie den Protokolltyp, die IP-Adresse, den Port und optional einen Hostnamen angeben. Wenn Sie versuchen, eine Sitebindung hinzuzufügen, die bereits verwendet wird, werden Sie daran erinnert, dass die Bindung eindeutig sein muss.

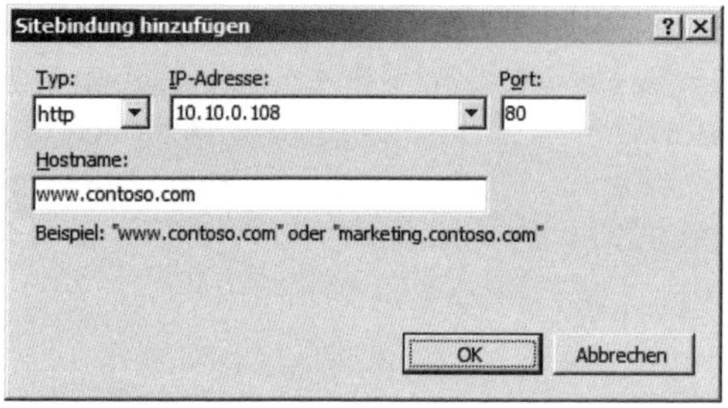

Abbildung 5.18 Hinzufügen einer neuen Website zur *Default Web Site*

Hinzufügen neuer Websites

Um eine neue Website zu den IIS hinzuzufügen, klicken Sie den Ordner *Sites* im IIS-Manager mit der rechten Maustaste an und wählen *Website hinzufügen*. Abbildung 5.19 zeigt die Optionen, die für die neue Website zur Verfügung stehen.

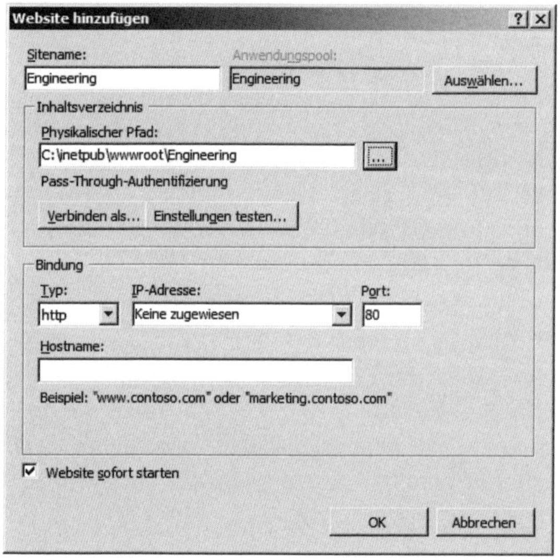

Abbildung 5.19 Hinzufügen einer neuen Website im IIS-Manager

Außer der Standardbindung für die Website werden Sie auch einen Sitenamen angeben müssen. Diese Einstellung ist einfach ein logischer Name, der von den Benutzern der Website nicht direkt gesehen wird. Der IIS-Manager erstellt standardmäßig einen neuen *Anwendungspool* mit demselben Namen, den Sie für die Website eingeben. Sie können auch einen vorhandenen Pool auswählen, indem Sie auf die Schaltfläche *Auswählen* klicken. Über Anwendungspools und ihren Zweck erfahren Sie mehr im Verlauf dieser Lektion.

Der Abschnitt *Inhaltsverzeichnis* ermöglicht Ihnen die Eingabe des vollständigen physikalischen Pfads des Ordners, der als Stammordner der Website dient. Der Standardpfad für IIS-Webinhalte ist *%SystemDrive%\Inetpub\wwwroot*. In diesem Ordner liegen die ersten

Dateien für die Standardwebsite. Zur Speicherung des Inhalts der neuen Website sollten Sie einen neuen Ordner anlegen, sei es in diesem Pfad oder in einem anderen. Die Schaltfläche *Verbinden als* ermöglicht Ihnen, die Anmeldeinformationen einzugeben, die von IIS beim Zugriff auf den Inhalt verwendet werden. Die Standardeinstellung ist die Verwendung der Pass-Through-Authentifizierung. Das bedeutet, dass der Sicherheitskontext des anfragenden Webbenutzers verwendet wird. Über die Absicherung von Webinhalten erfahren Sie mehr in Kapitel 6.

Mit dem letzten Kontrollkästchen können Sie festlegen, ob die Website nach Ihrem Klick auf die *OK*-Schaltfläche sofort gestartet werden soll. Auch in diesem Fall erhalten Sie eine Warnung, falls die Websitebindung bereits verwendet wird (Abbildung 5.20).

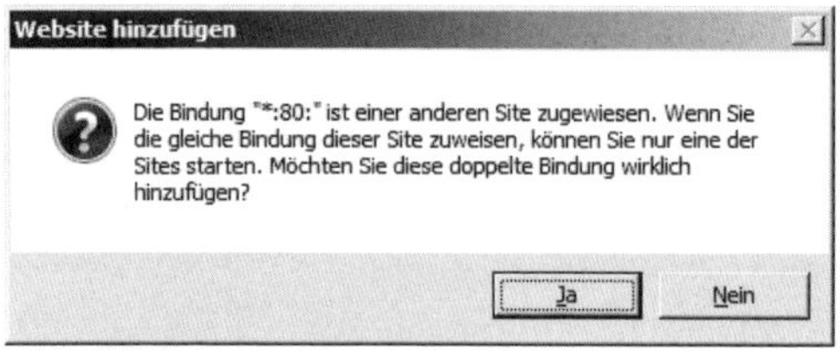

Abbildung 5.20 Es wurde versucht, eine neue Website mit einer bereits vorhandenen Bindung zu erstellen

Nachdem Sie die Website mit einem Klick auf *OK* hinzugefügt haben, erscheint sie auf der linken Seite des IIS-Managers. Websites können einzeln gestartet und beendet werden, indem man sie auswählt und die entsprechenden Befehle aus dem Bereich *Aktionen* verwendet, oder indem man die Website mit der rechten Maustaste anklickt und die Befehle des Menüs *Website verwalten* verwendet.

Andere Details wie beispielsweise die Sitebindungen lassen sich ebenfalls jederzeit ändern. Daher können Sie Websites individuell erstellen, neu konfigurieren und beenden, ohne andere Websites auf demselben Server zu beeinträchtigen. Außer den Grundeinstellungen einer Website gibt es noch andere Einstellungen, die auf Websiteebene erfolgen.

Konfigurieren der Websitelimits

Websitelimits legen Obergrenzen für die verwendete Bandbreite und die Zahl der Verbindungen fest, die von der Website unterstützt werden können. Diese Einstellungen ermöglichen es Systemadministratoren sicherzustellen, dass keine Website auf dem Server ein Übermaß an Netzwerkbandbreite oder anderen Ressourcen beansprucht. Zur Einstellung der Websitelimits wählen Sie die entsprechende Website aus und klicken im Bereich *Aktionen* auf den Befehl *Limits*. Abbildung 5.21 zeigt die Standardeinstellungen für eine neue Website.

Mit der Option *Bandbreitenverwendung einschränken*, die anfangs nicht aktiviert ist, können Sie die Anzahl der Bytes pro Sekunde festlegen, die der Webserver verwendet. Wird diese Grenze erreicht, drosselt der Webserver den Datenstrom, indem er eine Zeitverzögerung einfügt.

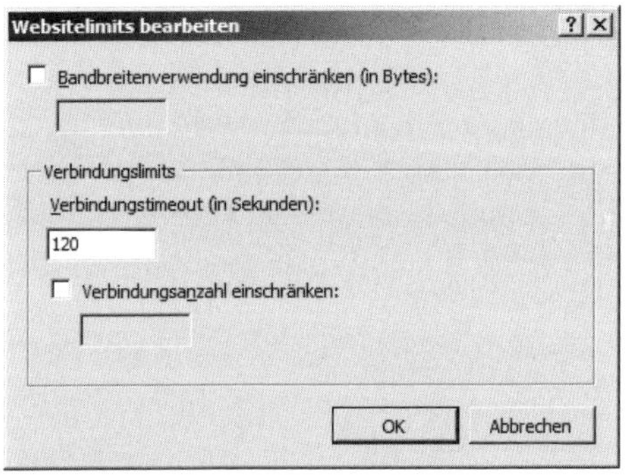

Abbildung 5.21 Konfigurieren der Bandbreitenverwendung und der maximalen Verbindungsanzahl einer Website

Der Abschnitt *Verbindungslimits* bietet die Möglichkeit zur Beschränkung der Zahl der Benutzerverbindungen, die auf jeder Website aktiv sein können. Jede Benutzerverbindung wird automatisch beendet, wenn nach dem Ablauf einer vorgegebenen Frist keine neue Anfrage eingeht. (Der Standardwert beträgt 120 Sekunden, also 2 Minuten). Außerdem können Sie die Zahl der Verbindungen festlegen, die für die Website zulässig sind. Wird die Zahl überschritten, erhalten Benutzer, die eine neue Verbindung herstellen wollen, eine Fehlermeldung, aus der hervorgeht, dass der Server zu stark belastet ist, um zu antworten.

Konfigurieren der Websiteprotokollierung

Eine weitere Einstellung, die auf der Ebene einer Website vorgenommen wird, ist die Protokollierung. Auf diese Eigenschaften erhalten Sie Zugriff, indem Sie die entsprechende Website auswählen und dann in der *Ansicht "Features"* mit einem Doppelklick auf *Protokollierung* klicken. Abbildung 5.22 zeigt die Standardoptionen für die Protokollierung.

Welche Optionen verfügbar sind, hängt davon ab, welche Rollendienste für den Webserver installiert sind. Standardmäßig wird jede neue Website so eingestellt, dass sie textbasierte Protokolldateien auf dem lokalen Server im Pfad *%SystemDrive%\Inetpub\Logs\LogFiles* speichert. Jede Website erhält ihren eigenen Ordner und jeder Ordner enthält eine oder mehrere Protokolldateien. Sie können unter verschiedenen Protokolldateiformaten wählen, aber der Standard ist das W3C-Format. Dieser Standard eignet sich, um Protokollinformationen von verschiedenen Webserverplattformen zu vergleichen. Mit der Schaltfläche *Felder auswählen* erhalten Sie die Gelegenheit, die Informationen auszuwählen, die in der Protokolldatei gespeichert werden. Die Standardfeldauswahl bietet einen guten Kompromiss zwischen Leistung und nützlichen Informationen. Weitere Felder hinzuzufügen, kann die Leistung des Webservers beeinträchtigen und die Größe der Protokolldateien erhöhen. Fügen Sie also nur die Informationen ein, die Sie für die geplanten Analysen tatsächlich brauchen.

Auf vielbesuchten Webservern wachsen Protokolldateien sehr schnell. Da die Protokollierung auf Textbasis erfolgt, kann es schwierig werden, die großen Dateien zu handhaben und zu analysieren. Im Abschnitt *Protokolldateirollover* können Sie festlegen, nach welchen Kriterien IIS eine neue Protokolldatei anlegt. Standardmäßig wird täglich eine neue Protokolldatei erstellt. Sie können einen anderen Zeitplan einstellen oder die maximale Größe jeder Protokolldatei festlegen. Sie können auch festlegen, dass keine neuen Protokolldateien erstellt werden sollen. Es ist zwar möglich, Protokolldateien in Textprogrammen wie zum Beispiel dem Windows-Editor (Notepad) zu öffnen, aber es ist üblich und sinnvoll, spezielle Analyseprogramme zu verwenden, um die Daten auszuwerten.

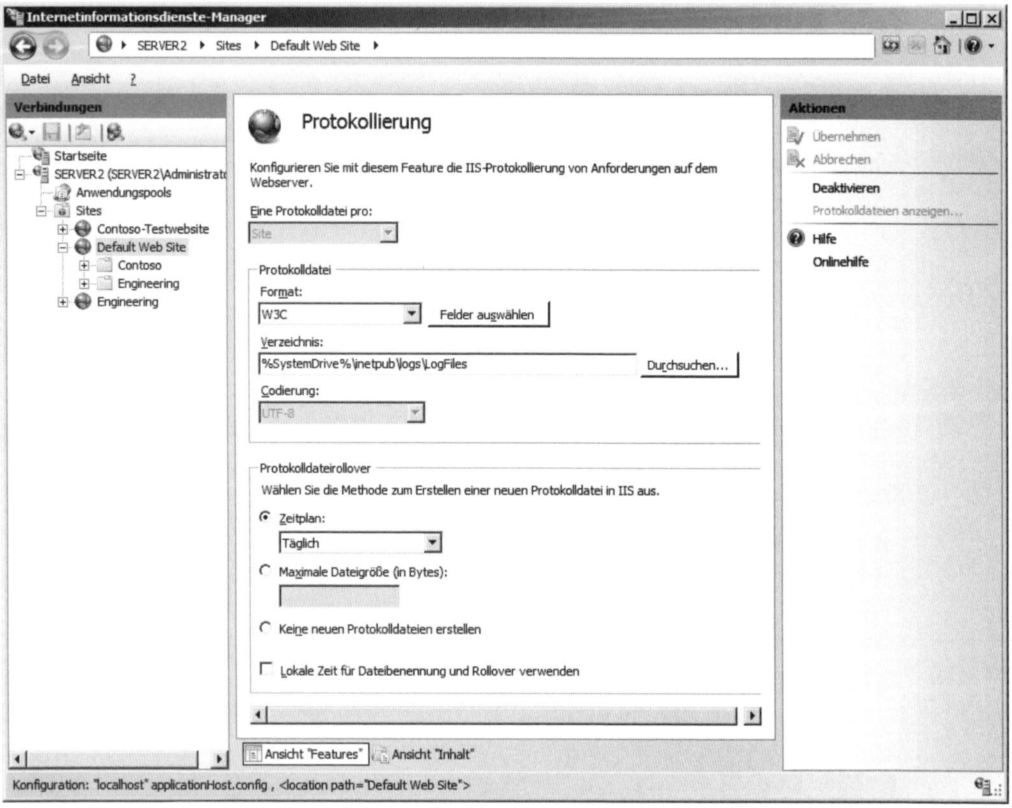

Abbildung 5.22 Konfigurieren der Protokollierung einer Website

Grundlagen der Webanwendungen

Es ist in vielen Webserver-Anwendungsszenarien üblich, dass eine einzelne Website Zugang zu unterschiedlichen Inhalten gewährt. In den Websites werden Webanwendungen erstellt, die auf den (physischen) Speicherort verweisen, an dem die betreffenden Dateien mit den Inhalten gespeichert sind. Eine Website für Onlinenachrichten könnte zum Beispiel zwei verschiedene Webanwendungen enthalten, eine für registrierte Benutzer und eine für nicht registrierte. Jede Webanwendung kann auf einen anderen Ordner des Computers verweisen, damit IIS bestimmen kann, wie die Anfragen zu bearbeiten sind. Webanwendungen können auch mit anderen Methoden sicherstellen, dass derselbe Inhalt (beispielsweise Nachrichten) auf beiden Sites verfügbar sind.

Erstellen von Webanwendungen

Mit dem IIS-Manager können Sie leicht neue Webanwendungen erstellen. Klicken Sie die Website, in der Sie eine neue Webanwendung erstellen möchten, mit der rechten Maustaste an und wählen Sie dann *Anwendung hinzufügen*. Abbildung 5.23 zeigt die verfügbaren Optionen. Im ersten Textfeld *Alias* geben Sie einen Namen für die Website ein. Das ist der Name, den Benutzer als Teil der URL eingeben, mit der sie eine Verbindung herstellen. Wird beispielsweise in der Standardwebsite eine neue Webanwendung mit dem Alias Engineering erstellt, verwenden Besucher eine URL wie *http://server1.contoso.com/Engineering*, um auf den Inhalt zuzugreifen. Über die Einstellung des Anwendungspools erfahren Sie im Verlauf der Lektion mehr.

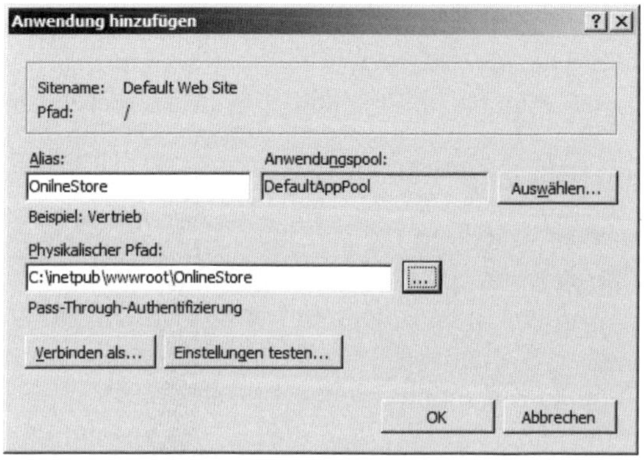

Abbildung 5.23 Hinzufügen einer neuen Webanwendung zu einer Website

Mit der Option *Physikalischer Pfad* können Sie den Ordner festlegen, in dem der Inhalt für die Webanwendung gespeichert wird. Der betreffende Ordner sollte im Dateisystem mit einem eindeutigen Pfad erreichbar sein und nicht auch von anderen Webanwendungen verwendet werden. Bei der Erstellung einer Website können Sie die Standardeinstellung *Pass-Through-Authentifizierung* übernehmen oder auf die Schaltfläche *Verbinden als* klicken, um einen Benutzernamen und ein Kennwort einzugeben, das verwendet werden soll. Mit der Schaltfläche *Einstellungen testen* können Sie die Angaben überprüfen, die Sie gemacht haben. Das Dialogfeld *Verbindung testen* (Abbildung 5.24) zeigt an, dass IIS die Autorisierung nicht überprüfen kann, wenn Sie die Standardeinstellung beibehalten. (Authentifizierung und Autorisierung werden in Kapitel 6 ausführlicher besprochen.) Das liegt daran, dass es erst einen definierten Benutzerkontext gibt, wenn ein Benutzer versucht, auf den Inhalt zuzugreifen.

Zum Abschluss der Erstellung der Webanwendung klicken Sie auf *OK*. Nun erscheint im IIS-Manager unter dem Websiteobjekt eine neue Webanwendung. In der Ansicht *Ansicht "Features"* können Sie nun auch andere Einstellungen für die Webanwendung vornehmen.

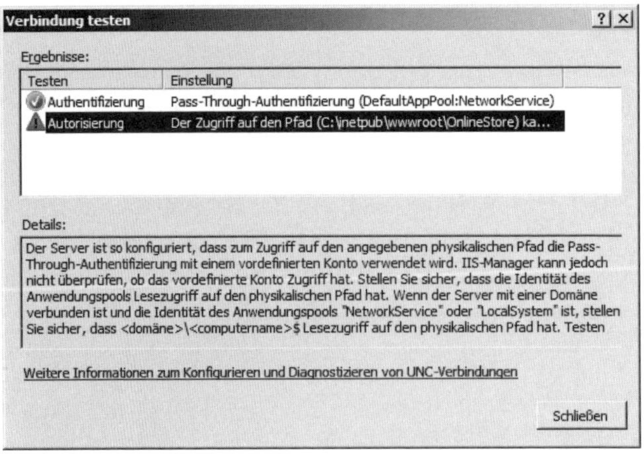

Abbildung 5.24 Test der Verbindungseinstellung beim Erstellen einer neuen Webanwendung

Verwenden von Webanwendungseinstellungen

Standardmäßig erbt eine neue Webanwendung automatisch viele Einstellungen von der Website, in der sie erstellt wird. Daher können Sie für jede neue Site auf einfache Weise dieselben Standardeinstellungen verwenden. In den meisten Fällen können Sie die Einstellungen bei Bedarf auch auf der Ebene der Webanwendung ändern. Dazu klicken Sie in der *Ansicht "Features"* das geeignete Element mit einem Doppelklick an und führen auf der Ebene der Webanwendung die erforderlichen Änderungen durch. Die meisten dieser geänderten Einstellungen setzen die entsprechenden Einstellungen der übergeordneten Website außer Kraft.

Arbeiten mit Anwendungspools

Eines der größten Probleme beim Hosten mehrerer Websites auf demselben Webserver besteht darin, dass eine Website oder eine Webanwendung die anderen Sites oder Anwendungen auf dem Computer negativ beeinflussen könnte. Probleme wie Speicherlecks oder andere Fehler in Anwendungen können den Ausfall oder eine schwächere Leistung vieler anderer Webanwendungen bedeuten. Anwendungspools wurden entwickelt, um verschiedene Websites so voneinander zu isolieren, dass sich Fehler und andere Probleme, die sich in einer Website ergeben, nicht auf andere Websites auswirken. In jedem Anwendungspool gibt es Arbeitsprozesse, die für die Bearbeitung der Webanfragen zuständig sind. Jeder Anwendungspool enthält seinen eigenen Satz an Arbeitsprozessen. Daher können sich Probleme, die in einem Pool auftreten, nicht auf die Prozesse in anderen Pools auswirken. Außerdem können Anwendungspools unabhängig voneinander gestartet und beendet werden.

Standardmäßig gibt es in IIS die Anwendungspools *Classic .NET AppPool* (sofern Sie den Rollendienst ASP.NET installieren) und *DefaultAppPool*, außerdem die Anwendungspools, die die Namen der entsprechenden Anwendungen tragen. *Classic .NET AppPool* dient zur Unterstützung von Anwendungen, die Microsoft .NET Framework 2.0 erfordern und den klassischen verwalteten Pipelinemodus verwenden (ein Modus, der .NET-Code in die Lage versetzt, Anfragen abzufangen und zu beantworten, die von IIS bearbeitet werden). *DefaultAppPool* ist, wie der Name schon andeutet, für die Standardwebsite (Default Web Site) vorgesehen. Er unterstützt auch Microsoft .NET Framework 2.0, verwendet aber den neuen integrierten verwalteten Pipelinemodus. Über Pipelinemodi erfahren Sie mehr im Verlauf dieser Lektion.

Standardmäßig erstellt der IIS-Manager einen neuen Anwendungspool, wenn Sie eine neue Website erstellen. Der Anwendungspool erhält denselben Namen wie die Website. Das ist die empfohlene Vorgehensweise, weil sie die Prozesse voneinander trennt, die in den verschiedenen Websites ablaufen. Wenn Sie eine neue Webanwendung erstellen, können Sie einen der verfügbaren Anwendungspools auswählen.

Erstellen von Anwendungspools

Im IIS-Manager gibt es ein *Anwendungspools*-Objekt, das es Ihnen ermöglicht, die Anwendungspools des Webservers zu verwalten. Die Standardanzeige zeigt alle Anwendungspools, die es auf dem Server gibt, mit ihren aktuellen Zuständen und Einstellungen (Abbildung 5.25).

Abbildung 5.25 Verwalten von Anwendungspools im IIS-Manager

Um einen neuen Anwendungspool zu erstellen, klicken Sie das Objekt *Anwendungspools* mit der rechten Maustaste an und wählen *Anwendungspool hinzufügen*. Abbildung 5.26 zeigt die verfügbaren Optionen. Der Name dient Systemadministratoren dazu, die Pools voneinander zu unterscheiden und die Aufgabe eines Pools zu erkennen. Wenn Sie dieses

Objekt für eine bestimmte Website anlegen, geben Sie ihm einen Namen, der sich entsprechend leicht zuordnen lässt. Welche Optionen für die .NET Framework-Version zur Verfügung stehen, hängt davon ab, welche Versionen auf dem lokalen Computer vorhanden sind. Standardmäßig werden die Optionen *.NET Framework 2.0* und *Kein verwalteter Code* angeboten. Letztere bedeutet, dass keine .NET-Funktionen für die Webanwendungen verfügbar sind, die den betreffenden Pool verwenden.

Abbildung 5.26 Erstellen eines neuen Anwendungspools

Mit der Dropdownliste *Verwalteter Pipelinemodus* wird die Methode angegeben, die für Code verfügbar ist, der sich in die Bearbeitung von Webanwendungen einmischt und selbst einen Teil der Bearbeitung übernimmt. Mit der Option *Klassisch* werden ASP.NET-Anwendungen unterstützt, die für ältere IIS-Versionen geschrieben wurden und darauf angewiesen sind, dass sie Ereignismeldungen aus der Anfragepipeline erhalten. Der Modus *Integriert* bietet bessere Leistung und Funktionalität für ASP.NET-Anwendungen und wird für Webanwendungen empfohlen, die nicht direkt auf den klassischen verwalteten Pipelinemodus angewiesen sind. Außerdem können Sie noch festlegen, ob der Anwendungspool sofort gestartet werden soll.

Verwalten von Anwendungspools

Jeder Anwendungspool eines Webservers lässt sich unabhängig starten und beenden. Das Beenden eines Anwendungspools bedeutet, dass Anwendungen, die den Pool verwenden, keine Anfragen mehr bearbeiten können. Benutzer, die versuchen, auf Inhalte dieser Websites zuzugreifen, erhalten die Fehlermeldung „HTTP Error 503. The service is unavailable". Daher sollte man überprüfen, welche Anwendungen einen bestimmten Anwendungspool verwenden, bevor man ihn beendet. Dazu klicken Sie den betreffenden Anwendungspool im IIS-Manager mit der rechten Maustaste an und wählen *Anwendungen anzeigen*.

Konfigurieren der Wiederverwendung

Eine Alternative zum Beenden eines Anwendungspools ist, ihn mit dem Befehl *Wiederverwenden* aus dem Bereich *Aktionen* wiederzuverwenden. Dieser Befehl weist IIS an, einen aktuellen Arbeitsprozess automatisch zurückzunehmen, nachdem er die vorhandenen Anfragen bearbeitet hat. Der Vorteil ist, dass Benutzer auf ihren Computern nicht auf die Idee kommen, ein Dienst sei ausgefallen, denn der Arbeitsprozess wird bei Bedarf so schnell wie möglich durch einen anderen ersetzt. Eine Wiederverwendung der Anwendungspools wird besonders dann konfiguriert, wenn Probleme wie Speicherlecks oder die Ressourcenauslastung mit der Zeit immer größer werden. Ursache der Probleme ist häufig ein Fehler oder ein anderes Problem im Anwendungscode. Die ideale Lösung besteht natürlich darin, die Ursache zu beseitigen und diesen Fehler zu korrigieren. Allerdings kann man mit dem Befehl *Wiederverwenden* auch die Symptome abschwächen.

In manchen Fällen möchten Sie Arbeitsprozesse vielleicht anhand bestimmter Kriterien automatisch wiederverwenden, beispielsweise auf der Basis der Ressourcenverwendung oder nach einer bestimmten Zeitspanne. Mit einem Klick auf den Befehl *Wiederverwendung* unter *Anwendungspool bearbeiten* im Bereich *Aktionen* erhalten Sie Zugang zu diesen Optionen (Abbildung 5.27).

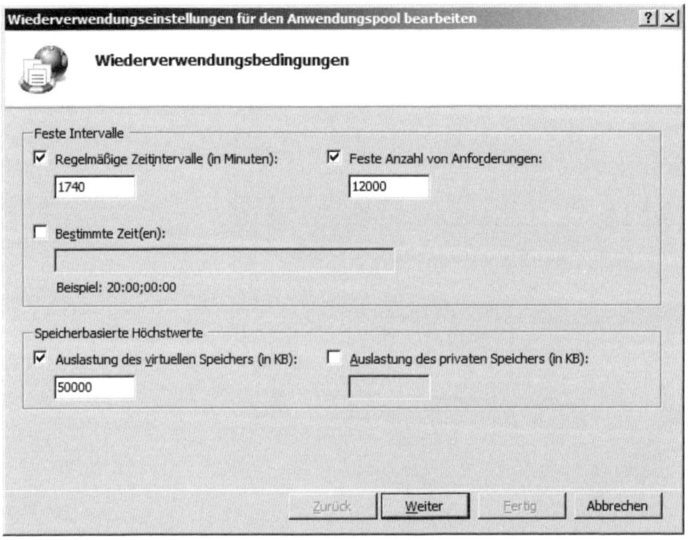

Abbildung 5.27 Konfigurieren der Wiederverwendung eines Anwendungspools

Die wichtigsten Optionen für die Wiederverwendung sind *Feste Intervalle* (auf der Basis von bestimmten Zeiten oder nach einer bestimmten Zahl von Anforderungen) und *Speicherbasierte Höchstwerte.* Welche Optionen am besten geeignet sind, hängt von dem speziellen Problem ab, das Sie beheben oder vermeiden möchten. Anwendungspools zu schnell wiederzuverwenden, kann die Leistung verringern. Hat eine Webanwendung aber ernsthafte Probleme, ist es sinnvoll, die Folgen durch eine Wiederverwendung der Arbeitsprozesse abzuschwächen, bevor Benutzer ein Abnehmen der Leistung der Website bemerken oder Fehlermeldungen erhalten.

Um sicherzustellen, dass Ihr Webserver und seine Anwendungen wie erwartet laufen, sollten Sie auch die Wiederverwendungsereignisse im Auge behalten. Wenn Sie zum Beispiel einen Höchstwert für die Speicherbelegung festlegen, werden Sie wissen wollen, wie oft der Anwendungspool wiederverwendet wird. Abbildung 5.28 zeigt die Seite *Zu protokol-*

lierende Wiederverwendungsereignisse, auf der Sie festlegen können, welche Ereignisse aufgezeichnet werden sollen. Klicken Sie auf *Weiter*, um zur Seite *Zu protokollierende Wiederverwendungsereignisse* zu gelangen.

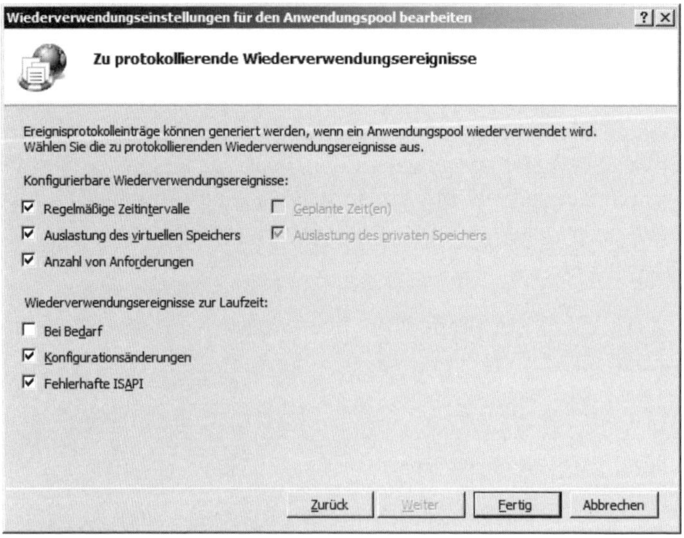

Abbildung 5.28 Auswählen der zu protokollierenden Wiederverwendungsereignisse

Abbildung 5.29 Konfigurieren der erweiterten Einstellungen für einen Anwendungspool

Konfigurieren der erweiterten Anwendungspoolereignisse

Außer den Grundeinstellungen und den Wiederverwendungsoptionen für Anwendungspools können Systemadministratoren auch noch andere Einstellungen vornehmen, um das Verhalten der Arbeitsprozesse genauer zu steuern. Diese Einstellungen sind verfügbar, wenn Sie im IIS-Manager einen Anwendungspool auswählen und im Bereich *Aktionen* auf die Verknüpfung *Erweiterte Einstellungen* klicken (Abbildung 5.29).

Mit den Optionen können Sie die Ressourcenverwendung für den Prozessor und den Speicher festlegen. Im Normalfall sollten Sie diese Einstellungen nicht von Hand ändern, solange Sie nicht genau wissen, wie sich die Änderung auswirken wird. Einige Änderungen können dazu führen, dass die Anwendungen, die den Pool verwenden, langsamer werden. Andere können dazu führen, dass für einen bestimmten Pool zu viele Systemressourcen reserviert oder verwendet werden.

Arbeiten mit virtuellen Verzeichnissen

Eine typische Situation, die häufig auf Websites auftritt, besteht darin, dass Inhalte aus anderen Ordnern eingebunden werden müssen, die außerhalb der Ordnerstruktur der Website liegen. Verwenden zum Beispiel mehrere Websites dieselben Bilder, ist es sinnvoll, diese Bilder nur einmal zu speichern und jede Website mit einem Verweis auf den Ordner zu konfigurieren, in dem die Dateien zu finden sind. Um solche Verweise in die Ordnerstruktur einer Website einbinden zu können, sind virtuelle Verzeichnisse eingeführt worden. Virtuelle Verzeichnisse lassen sich auf der Ebene der Website oder auf der Ebene einer bestimmten Webanwendung erstellen. Sie bestehen im Wesentlichen aus einem Namen, der bei der Anfrage in der URL angegeben wird, und aus der Angabe eines Pfads, unter dem der Ordner im Dateisystem des Computers zu finden ist. (Dieser Pfad wird, um ihn von „virtuellen" Verzeichnissen abzugrenzen, in Microsoft-Texten häufig „physikalischer" Pfad genannt.)

Erstellen eines virtuellen Verzeichnisses

Das Erstellen eines virtuellen Verzeichnisses ähnelt dem Erstellen einer Webanwendung. Klicken Sie im IIS-Manager die übergeordnete Website oder Webanwendung mit der rechten Maustaste an und wählen Sie dann *Virtuelles Verzeichnis hinzufügen*. Sie können einen Alias (einen Namen) für das virtuelle Verzeichnis eingeben, beispielsweise **Bilder**, den physikalischen Pfad für das virtuelle Verzeichnis auswählen und die Anmeldeinformationen festlegen. Wenn eine Anfrage für diesen Alias eintrifft, sucht IIS automatisch am angegebenen Ort des Dateisystems nach dem angeforderten Inhalt.

Vergleich zwischen virtuellen Verzeichnissen und Webanwendungen

Obwohl die Einstellungen für ein virtuelles Verzeichnis denen einer Webanwendung ähneln, unterscheidet sich ihre Verwendung. Webanwendungen sollen ausführbaren Webcode ausführen, beispielsweise ASP.NET-Code. Sie laufen in einem isolierten Prozess und verwenden WAS. Die Verwendung von WAS ermöglicht es Webanwendungen zudem, mit anderen Protokollen als HTTP und HTTPS zu arbeiten (sofern diese Protokolle auf dem lokalen Server installiert und konfiguriert sind).

Virtuelle Verzeichnisse werden dagegen in erster Linie als Zeiger auf statische Inhalte verwendet, die an einer anderen Stelle des Dateisystems gespeichert sind. Sowohl Webanwendungen als auch virtuelle Verzeichnisse sind Bestandteile der vollständigen URL, die für den Zugriff auf eine Website verwendet wird. Sie können auch ineinander geschachtelt werden, um Zugriff auf mehrere Ebenen des Inhalts zu ermöglichen. Welches die bessere Wahl ist, hängt von den Webanwendungen ab, die Sie verwenden möchten.

Weitere Informationen Achten Sie darauf, dass die Konfiguration einfach bleibt

Webanwendungen und virtuelle Verzeichnisse bieten Webserveradministratoren und Webentwicklern ein hohes Maß an Leistung und Flexibilität. Versuchen Sie, Ihre Konfiguration so einfach und verständlich wie möglich zu halten. Obwohl man beide Objektarten zum Beispiel ineinander schachteln kann, werden die Verhältnisse durch eine Schachtelung komplizierter, insbesondere dann, wenn einige der Objekte dieselben Namen tragen. Denken Sie bereits beim Entwurf der Website und bei ihrer Erstellung an die spätere Verwaltung.

Verwalten auf der Befehlszeile

Die Durchführung einfacher Verwaltungsarbeiten auf einigen wenigen IIS-Servern ist eine relativ einfache Sache, die sich mit der IIS-Managerkonsole erledigen lässt. Wenn Sie aber dieselben Änderungen auf vielen Servern durchführen müssen oder die Konfiguration durch Skripts automatisieren möchten, können geeignete Befehlszeilenprogramme diese Arbeiten erleichtern. Zu IIS gehört ein Programm namens AppCmd, das Systemadministratoren die Durchführung der üblichen Arbeiten erleichtert. Die Parameter wurden so gewählt, dass sie zur Struktur der IIS-Websites, Webanwendungen und virtuellen Verzeichnisse passen.

Die Datei *AppCmd.exe* ist im Ordner *%SystemRoot%\System32\Inetsrv* zu finden. Eine erste Hilfestellung zur Verwendung des Programms erhalten Sie wie üblich, wenn Sie es mit dem Schalter `/?` starten (Abbildung 5.30). Mit demselben Schalter erfahren Sie auch weitere Einzelheiten über weitere Befehle. Die allgemeine Syntax ist:

```
AppCmd Befehl Objekt "ObjektName" /Parameter:Wert
```

Befehlsoptionen

AppCmd wurde für die Durchführung von Arbeiten an Objekten mit sechs einfachen Befehlen ausgerüstet:

- **List** Liefert Informationen über das angegebene Objekt
- **Add** Erstellt ein neues Objekt des angegebenen Typs. Mit weiteren Parametern und Werten lassen sich Einzelheiten angeben.
- **Delete** Löscht das angegebene Objekt (z.B. eine Website oder Webanwendung)

- **Set** Ändert Einstellungen des Objekts, wie von den Parametern und Werten festgelegt
- **Start/Stop** Für Objekte verfügbar, die diese Aktionen unterstützen (beispielsweise Websites)

Wenn Sie auf der Befehlszeile oder in einem Skript mehrere Operationen durchführen möchten, müssen Sie für jeden Vorgang AppCmd aufrufen. Dadurch bleibt die Syntax der Anweisungen übersichtlich und ist einfach zu lesen.

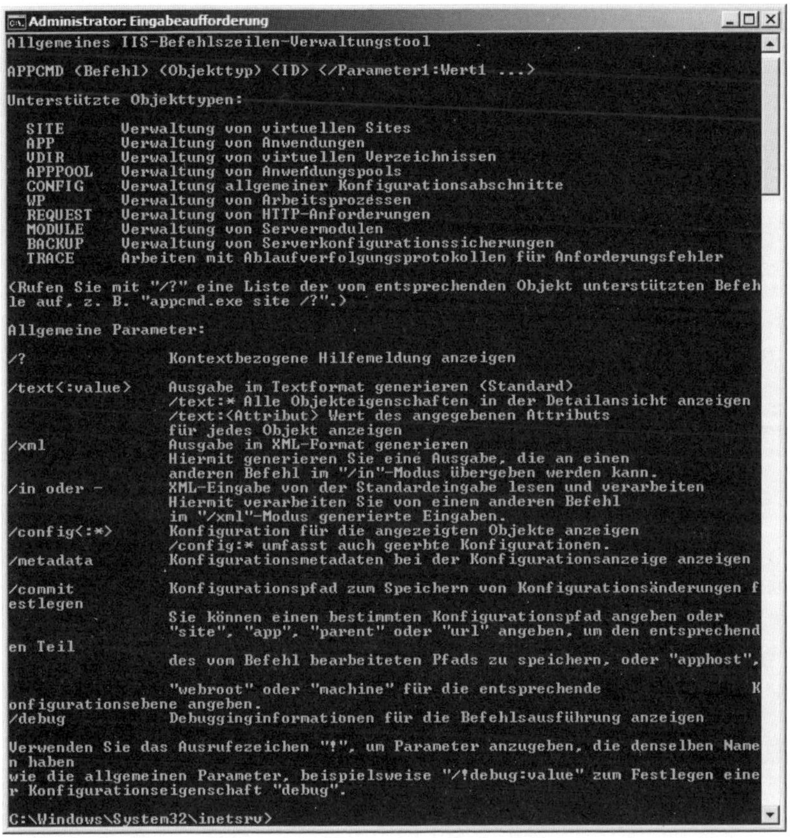

Abbildung 5.30 Anzeigen des Hilfetextes des Programms AppCmd

Objekte

In einer AppCmd-Standardanweisung müssen Sie den Typ und den Namen des Objekts angeben, das Sie verwenden möchten. AppCmd kann folgende Objektarten bearbeiten:

- App (Webanwendung)
- AppPool (Anwendungspools)
- Backup (Serverkonfigurationssicherungen)

- Config (Serverkonfigurationsinformationen)
- Module
- Request
- Site (Website)
- Trace
- VDir (Virtuelles Verzeichnis)
- WP (Arbeitsprozess)

Mehr Informationen über die Parameter und Werte, die sich für ein Objekt angeben lassen, erhalten Sie, indem Sie nach dem Befehl den Schalter -? angeben.

```
Appcmd site -?
```

Beispiele für Befehle

Die Auflistung, Erstellung und Verwaltung von IIS-Einstellungen mit AppCmd ist ziemlich einfach. Tabelle 5.2 zeigt einige Beispiele für gebräuchliche Befehle und ihre Wirkung.

Tabelle 5.2 Beispielbefehle mit AppCmd

Befehl	**Zweck**
`AppCmd list site`	Liefert eine Liste der Websites, die sich auf dem lokalen Server befinden
`AppCmd add site /name:TestSite01`	Fügt eine neue Website namens TestSite01 hinzu
`AppCmd add vdir /app.name:"Default Web Site/" /path:/Images /physicalPath: "C:\Inetpub\wwwroot\images"`	Fügt ein neues virtuelles Verzeichnis mit dem Alias *Images* hinzu, das auf den angegebenen Ort im Dateisystem verweist
`AppCmd list request`	Liefert eine Liste der in Bearbeitung befindlichen Webserveranfragen
`AppCmd list config`	Liefert die gesamte Webserverkonfiguration im XML-Format

Prüfungstipp

Zur Vorbereitung auf die Prüfung 70-643 brauchen Sie sich nicht jede Befehlszeilenoption und jeden Parameter für Programme wie AppCmd zu merken. Konzentrieren Sie sich stattdessen auf die grundlegende Syntax und auf die Operationen, die durchgeführt werden können. Es gibt keine bessere Methode, sich mit den Befehlen vertraut zu machen, als sie auf einem Übungscomputer zu verwenden und zum Beispiel Websites zu erstellen und Konfigurationen zu ändern. Das hilft Ihnen dabei, in der Prüfung die richtigen Antworten zu erkennen. Wenn Sie wissen, was Sie eigentlich tun wollen, sollten Sie auch die richtige Befehlszeilenoption erkennen.

Verwenden von Windows PowerShell

Neben dem Programm AppCmd können Webserveradministratoren auch die Befehlsshell und Skriptsprache Microsoft Windows PowerShell verwenden. Windows Server 2008 bietet Windows PowerShell als Feature, das aber nicht standardmäßig aktiviert ist. Um Windows PowerShell zu aktivieren, öffnen Sie den Server-Manager, klicken mit der rechten Maustaste *Features* an und wählen *Features hinzufügen*. Wählen Sie die Option *Windows PowerShell*, klicken Sie dann auf *Weiter* und anschließend auf *Installieren*, um die Installation durchzuführen. Nach der Installation können Sie Windows Powershell in der Programmgruppe *Windows PowerShell 1.0* des *Start*-Menüs starten. Windows Powershell ermöglicht Ihnen, leistungsfähige Skripts für die Durchführung vieler Verwaltungsaufgaben zu schreiben.

Weitere Informationen Lernen Sie Windows PowerShell

Eine umfassende Beschreibung der Verwendung von PowerShell geht zwar über den Rahmen dieses Buchs (und der Prüfung 70-643) hinaus, aber Sie finden weitere Informationen über die Verwaltung von IIS, indem Sie unter *http://www.iis.net* nach PowerShell suchen. Die Microsoft-Technet-Website „Scripting with Windows PowerShell" bietet eine Einführung und Beispiele für die Erstellung neuer Skripts unter *http://www.microsoft.com/technet/scriptcenter/hubs/msh.mspx.*Einen Überblick über Microsoft Press-Bücher zum Thema PowerShell finden Sie unter *http://www.microsoft-press.de/.*

Automatisierung mit .NET Framework

Viele Webentwickler verfügen bereits über ein beträchtliches Wissen zum .NET Framework, daher kann es für sie sinnvoll sein, IIS mit .NET-Standardcode zu verwalten. IIS 7.0 bietet zwei .NET-Namespaces, die sich zur programmgesteuerten Konfiguration eignen:

- ***Microsoft.Web.Administration*** Dieser Namespace bietet Objekte und Methoden, die sich für die Verwaltung und Änderung von Webservereinstellungen eignen. Er ist in erster Linie für die Konfiguration eines IIS-Servers vorgesehen.
- ***Microsoft.Web.Management*** Die Standardoberfläche des IIS-Managers wurde zwar entworfen, um einfachen Zugriff auf den größten Teil der häufig verwendeten Einstellungen zu bieten, aber in manchen Umgebungen kann es sinnvoll sein, eigene Verwaltungserweiterungen zur Durchführung spezieller Aufgaben zu entwickeln. Der Namespace `Microsoft.Web.Management` enthält Objekte und Methoden, mit denen Entwickler die Benutzeroberfläche von IIS-Verwaltungsprogrammen erweitern können. Diese Erweiterungen lassen sich dann so konfigurieren, dass sie in einer eigenständigen Umgebung ausgeführt werden, oder sie können zur Vereinfachung des Zugriffs in den IIS-Manager integriert werden.

Die Entwicklung von Anwendungen mit dem .NET Framework geht über den Rahmen der Prüfung 70-643 hinaus. Sie sollten sich aber merken, dass dieser Weg zur Automatisierung von Konfigurationen und Verwaltungsaufgaben offen steht. Weitere Informationen über die hier erwähnten und andere Namespaces finden Sie unter *http://msdn2.microsoft.com/en-us/library/aa388745.aspx*.

Verwalten von Webserver-Konfigurationsdateien

Die Änderung der Konfigurationen eines oder mehrerer Server erfolgt zwar am einfachsten mit den grafischen Verwaltungsprogrammen, aber häufig müssen Systemadministratoren relativ viele Webserver konfigurieren. Neben dem IIS-Manager und ähnlichen Programmen können Sie Ihre Webserver auch mit XML-Konfigurationsdateien konfigurieren. Außerdem können Sie Einstellungen leicht sichern und auf anderen IIS-Installationen wiederherstellen, wenn Sie die Einstellungen in einer einzigen Datei speichern. In diesem Abschnitt erfahren Sie mehr darüber, wo Webserver- und Websiteeinstellungen gespeichert werden.

Die Datei *ApplicationHost.config*

Alle Konfigurationseinstellungen, die für den lokalen IIS-Server definiert sind, werden in einer XML-Textdatei namens *ApplicationHost.config* gespeichert. Der Speicherort dieser Datei ist der Ordner *%SystemDrive%\Inetpub\History*. In diesem Basisordner liegen eine Reihe von Ordnern, die jeweils eine Kopie der Datei *ApplicationHost.config* enthalten. Der Anwendungshost-Hilfsdienst, eine Standardkomponente, die bei der Installation der Rolle Webserver (IIS) mitinstalliert wird, stellt automatisch Sicherungen der Konfigurationsdaten des lokalen Webservers her. Dabei entsteht jeweils ein neuer Ordner und eine Kopie der Datei *ApplicationHost.config*.

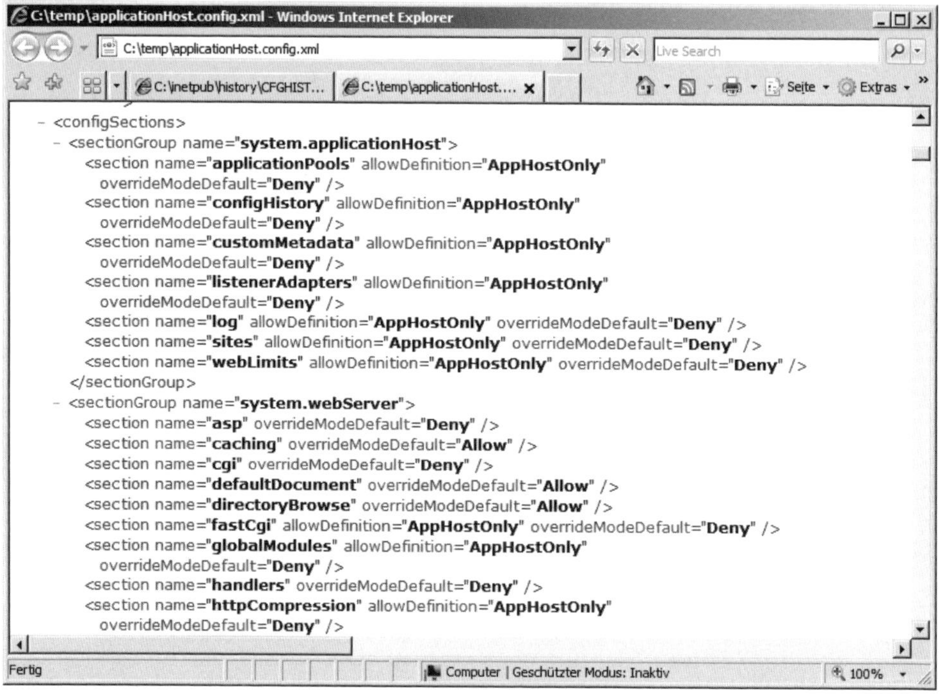

Abbildung 5.31 Anzeigen der Datei *ApplicationHost.config* im Internet Explorer

Eine *ApplicationHost.config*-Datei kann mit einem Standardeditor wie dem Windows-Editor (Notepad) geöffnet und bearbeitet werden, oder mit einer XML-fähigen Anwendung wie Visual Studio. Der Inhalt zeigt die verschiedenen Einstellungen und Optionen, die sich in IIS konfigurieren lassen, in einer hierarchischen Form (Abbildung 5.31). Bevor Sie direkt in einer Installationsdatei Änderungen vornehmen, sollten Sie unbedingt eine Sicherungskopie der Datei anfertigen. Es kann sehr leicht passieren, dass man Änderungen vornimmt, die in IIS zu Fehlern führen.

Wiederherstellen der Datei *ApplicationHost.config*

Falls Sie einen früheren Zustand der IIS-Konfiguration wiederherstellen möchten, können Sie die gewünschte Version der automatischen Sicherungsdateien manuell über die aktuelle Konfigurationsdatei kopieren. Die aktuelle Version der Datei *ApplicationHost.config* finden Sie im Ordner *%SystemRoot%\System32\Inetsrv\Config*. Der Unterordner *Schema* enthält eine Datei, die zur Beschreibung und Interpretation der Einstellungen verwendet wird, die sich in den Konfigurationsdateien vornehmen lassen. Um eine ältere Version der IIS-Konfiguration wiederherzustellen, suchen Sie die gewünschte *ApplicationHost.config* heraus, die Sie verwenden möchten, und kopieren sie über die aktuelle Datei. Beachten Sie, dass es erforderlich sein kann, den Webserver und den IIS-Manager neu zu starten, damit die Änderungen wirksam werden. Außerdem wird dringend empfohlen, von der Konfigurationsdatei eine oder zwei Sicherungskopien herzustellen und an einem sicheren Ort zu verwahren, für den Fall, dass Sie diese Datei später noch brauchen.

Die *Web.config*-Dateien

Ein typisches Problem bei der Verwaltung von Webanwendungen und Websites besteht darin, die Einstellungen beizubehalten, wenn Websites auf andere Server verlegt werden. In älteren IIS-Versionen war es häufig erforderlich, Einstellungen manuell wiederherzustellen, damit die kopierte Website richtig lief. Neben den Einstellungen aus der Datei *ApplicationHost.config*, die auf der Ebene des Servers gelten, können Systemadministratoren und Webentwickler andere Einstellungen in *Web.config*-Dateien speichern.

Web.config-Dateien können im Stammordner einer Website oder Webanwendung gespeichert werden. Diese Dateien können Einstellungen enthalten, die die für den Server geltenden Einstellungen aus der Datei *ApplicationHost.config* außer Kraft setzen. Die Formate der Dateien und Optionen sind ähnlich. Standardmäßig wird automatisch eine neue *Web.config*-Datei erstellt, wenn Sie eine neue Website oder Webanwendung hinzufügen. Die Standardeinstellungen werden von den Servereinstellungen übernommen, sofern Sie die Einstellungen nicht explizit ändern.

Die Hierarchie der Konfigurationsdateien lautet:

1. Host (*ApplicationHost.config*)
2. Website (*Web.config*)
3. Webanwendung (*Web.config*)

Einstellungen, die auf einer tieferen Ebene vorgenommen werden, haben Vorrang vor den Einstellungen aus der nächsthöheren Ebene. Diese Lösung hat den Vorteil, dass die Konfigurationsdaten automatisch übernommen werden, wenn Sie einen ganzen Ordner mit Webinhalten auf einen anderen Server kopieren oder auf demselben Server in einen anderen Ordner verschieben.

Prüfungstipp

Wenn Sie Änderungen an den IIS- und Webanwendungskonfigurationen durchführen, überlegen Sie sich genau, auf welche Teile der Websitestruktur die Änderungen wirken sollen. Wenn es darum geht, alle Websites zu ändern, kommt eine Änderung der Datei *ApplicationHost.config* in Betracht, die auf Serverebene gilt. Meistens dürfte es aber um eine Änderung auf der Ebene einer Website oder einer Webanwendung gehen.

Verlagern von Websites und Webanwendungen auf andere Server

Die Einführung der *Web.config*-Dateien in den Ordnern von Webanwendungen und Websites vereinfacht die Verlegung von Websites auf andere Server oder an andere Standorte. Bei den meisten Anwendungen reicht es aus, die Dateien aus den entsprechenden Ordnern an den neuen Ort zu kopieren. Anschließend können Sie im IIS-Manager alle zusätzlichen Websites, Webanwendungen und virtuellen Verzeichnisse wiederherstellen. Allerdings ist es wichtig, die auf diese Weise an einen anderen Ort verlegten Webanwendungen sorgfältig zu testen. Gelegentlich können Inkompatibilitäten oder andere Probleme, die sich zwischen den auf Serverebene und den auf Anwendungsebene geltenden Einstellungen ergeben, unerwartete Folgen haben. Insgesamt ist das Verlagern oder Kopieren von Websites aber relativ unkompliziert und überschaubar.

Sichern und Wiederherstellen von Konfigurationsdaten mit *AppCmd*

Ein wichtiger Aspekt der Webserververwaltung ist der Schutz vor Datenverlusten. Das gilt auch für die Konfigurationsdaten. Da die IIS-Konfigurationsdaten automatisch im Ordner *%SystemDrive%\Inetpub\History* gesichert werden, sollten Sie dafür sorgen, dass dieser Ordner in die regelmäßige Datensicherung einbezogen wird. Außerdem ist es wichtig, Websites und Webanwendungen zu sichern, damit sie bei Bedarf schnell wiederhergestellt werden können. Häufig werden Sie aber Ihre Konfigurationsdaten manuell sichern müssen. Wenn Sie zum Beispiel die Konfigurationsdaten auf eine andere IIS-Installation übertragen oder die Konfiguration vor unerwünschten Änderungen schützen möchten, empfiehlt es sich, bei Bedarf eine zusätzliche Sicherung der Konfigurationsdaten zu erstellen.

Sie können die Konfiguration von IIS mit AppCmd sichern und als Textdatei speichern. Das Programm kann eine Sicherung erstellen und die Konfiguration aus der Sicherung wiederherstellen. Der Standardbefehl zum Erstellen einer neuen Sicherung lautet:

```
AppCmd add backup "NameDerSicherung"
```

NameDerSicherung ist der Name der Sicherung, die Sie erstellen möchten. Sie können den Namen weglassen, dann wird automatisch ein Name generiert, der eine Art Zeitstempel darstellt. Die Sicherung wird in dem Ordner erstellt, in dem AppCmd ausgeführt wird, aber Sie können die Sicherung an einen anderen Ort kopieren oder verschieben.

Mit folgendem Befehl können Sie die Konfiguration aus der Sicherung wiederherstellen:

```
AppCmd restore backup "NameDerSicherung"
```

Bei diesem Vorgang werden die Einstellungen aus der Sicherung in die Konfiguration des IIS-Webservers übernommen. Wenn Sie sich eine Liste der Sicherungen anzeigen lassen möchten, die erstellt wurden, geben Sie folgenden Befehl ein:

```
AppCmd list backups
```

Es erscheint eine Liste der Sicherungen, die bisher erstellt wurden. Abbildung 5.32 zeigt ein Beispiel für diese Befehle zur Datensicherung.

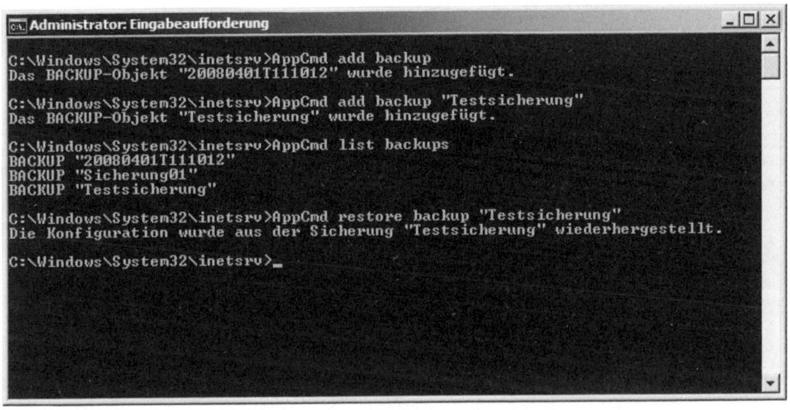

Abbildung 5.32 Sichern und Wiederherstellen der IIS-Konfiguration mit AppCmd

Zentrale Konfiguration von Serverfarmen

Da Organisationen immer stärker auf ihre Websites und Webanwendungen angewiesen sind, sind eine höhere Leistung, Skalierbarkeit und Zuverlässigkeit wichtige Ziele. Was Webserver betrifft, wird häufig eine Konfiguration eingesetzt, die *Webserverfarm* genannt wird. Dabei werden viele Webserver so konfiguriert, dass sie den Zugriff auf dieselben Inhalte ermöglichen. Sie verfügen also über dieselben Konfigurationseinstellungen und speichern die Websites und Webanwendungen entweder lokal oder verwenden sie von einem freigegebenen Speicherort aus.

Was die Systemverwaltung betrifft, kann die Betreuung einer großen Gruppe von Webservern recht anspruchsvoll werden. Sind Konfigurationsänderungen erforderlich, müssen sie häufig manuell auf viele Computer übertragen werden. Selbst bei einer Automatisierung des Vorgangs oder bei der Verwendung von Skripts ist es leicht möglich, einen oder mehrere Server zu übersehen. Zur besseren Unterstützung einer Serverfarm bietet Ihnen IIS 7.0 die Möglichkeit, die Konfigurationsdaten der Server zentral zu speichern.

Der erste Schritt zur Verwendung einer gemeinsamen Konfiguration besteht darin, die Konfiguration eines IIS-Servers zu exportieren. Zuvor konfigurieren Sie diesen Server so, wie die anderen Server konfiguriert werden sollen. Dann klicken Sie den Servernamen im IIS-Manager an und klicken in der *Ansicht "Features"* mit einem Doppelklick auf *Freigegebene Konfiguration*. Um die Konfiguration zu exportieren, klicken Sie im Bereich *Aktionen* auf den Befehl *Konfiguration exportieren* (Abbildung 5.33). Sie können einen Pfad angeben, unter dem die Konfigurationsdateien gespeichert werden sollen. Zum Schutz sensibler Daten aus den Konfigurationsdateien müssen Sie ein Kennwort für den Verschlüsselungsschlüssel eingeben und bestätigen. Dieses Kennwort ist später erforderlich, um die Einstellungen in der Datei einsehen zu können. Außerdem können Sie mit der Option *Verbinden als* Anmeldeinformationen festlegen, falls Sie die Konfiguration in einer Netzwerkfreigabe speichern wollen.

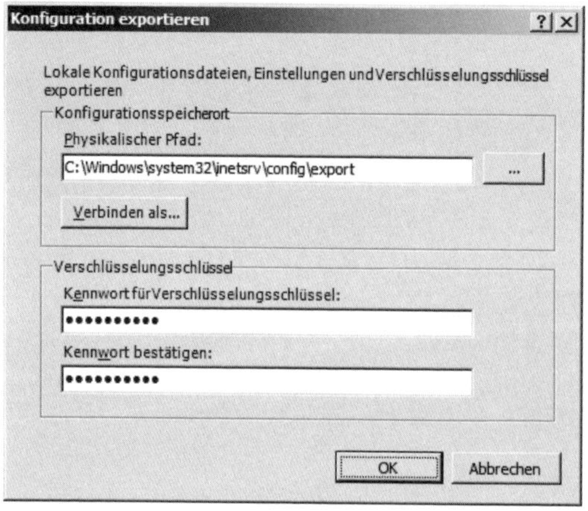

Abbildung 5.33 Exportieren der IIS-Konfigurationsdaten

Der zweite Schritt ist die Speicherung der gemeinsamen Konfigurationsdateien an einem Ort, der für alle beteiligten Webserver zugänglich ist. Gewöhnlich ist ein freigegebener Netzwerkordner auf einem zuverlässigen Server die beste Wahl. Sobald der Dateipfad feststeht, können Sie mit der Funktion *Freigegebene Konfiguration* die Einzelheiten festlegen. Zuerst wählen Sie das Kontrollkästchen *Freigegebene Konfiguration aktivieren* (Abbildung 5.34). Dadurch können Sie im Textfeld *Physikalischer Pfad* den Pfad für die Konfigurationsdateien angeben. Sie können einen lokalen Pfad angeben oder einen Netzwerkpfad auf UNC-Basis (Universal Naming Convention, zum Beispiel *\\Server1\WebConfig*). In den Textfeldern *Benutzername* und *Kennwort* geben Sie die Anmeldeinformationen ein, mit denen IIS eine Verbindung zu den Konfigurationsdateien herstellt.

Zur Speicherung der Einstellungen klicken Sie im Bereich *Aktionen* auf *Übernehmen*. Sie werden aufgefordert, das Kennwort für den Verschlüsselungsschlüssel einzugeben. Nach dem Import der Konfiguration werden Sie darauf hingewiesen, dass Sie den Internetinformationsdienste-Manager neu starten müssen, damit die Konfigurationsänderung erkannt wird. Die freigegebene Konfiguration können Sie später deaktivieren, indem Sie die Markierung des Kontrollkästchens *Freigegebene Konfiguration aktivieren* aufheben. Dadurch verwendet der Webserver wieder die lokalen Konfigurationseinstellungen.

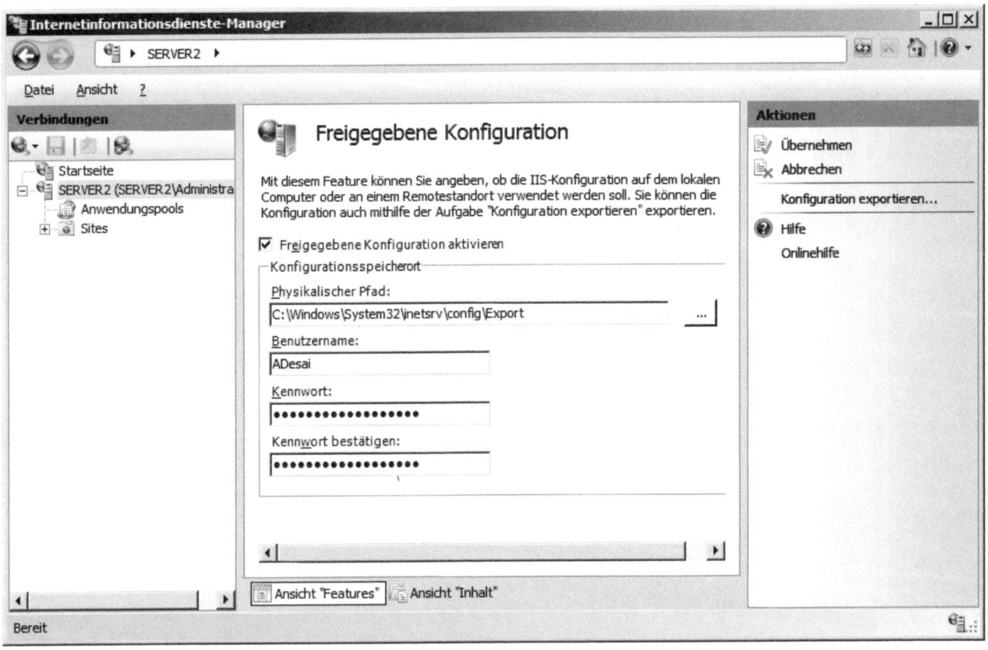

Abbildung 5.34 Aktivieren der gemeinsamen Konfiguration der IIS-Webserver

---

Weitere Informationen Erstellen von Produktivsserverfarmen

Für mehrere Webserver gemeinsame Konfigurationsdaten verwenden zu können, ist ein wichtiger Aspekt beim Aufbau einer IIS-Webserverfarm. Allerdings ist die Verwendung von freigegebenen Konfigurationsdaten beim Aufbau einer Webserverfarm nur ein Thema von vielen. Andere wichtige Themen sind die Bereitstellung und Synchronisierung von Inhaltsaktualisierungen, die Erfassung und Verwaltung der Sitzungszustände, Sicherheit, Lastausgleich und die Reaktion auf Failover-Ereignisse. Dafür gibt es viele gute Lösungen. Achten Sie aber darauf, bei der Planung zukünftiger Erweiterungen Webentwickler und Systemadministratoren hinzuzuziehen.

Umstellung von IIS 6.0

Eine große Zahl von Webentwicklern sind auf ältere IIS-Versionen angewiesen, um die Unterstützung ihrer Webanwendungen und Websites zu gewährleisten. IIS 6.0, die Version aus Windows Server 2003, bietet gegenüber ihren Vorgängerversionen viele Erweiterungen und neue Leistungsmerkmale. IIS 7.0 verfügt über einen noch größeren Funktionsumfang, höhere Leistung, größere Zuverlässigkeit und erweiterte Verwaltungsfunktionen. Eines der wichtigen Ziele bei der Entwicklung dieser Erweiterungen war aber, Abwärtskompatibilität zu Anwendungen sicherzustellen, die für IIS 6.0 entwickelt wurden.

Für Websites und Webanwendungen, die hauptsächlich statische Inhalte anbieten, sollte die Umstellung auf IIS 7.0 ziemlich einfach sein. Im Prinzip müssen nur die Inhalte an den neuen Zielort verschoben und die Einstellungen auf Website- oder Webanwendungsebene wiederhergestellt werden. Allerdings gibt es für andere Arten von Anwendungen noch zusätzliche Optionen und Aspekte, die bedacht werden müssen, beispielsweise bei Anwendungen, die mit ASP.NET entwickelt wurden oder auf die Architektur von IIS 6.0 angewiesen sind. In diesem Abschnitt erfahren Sie, wie Sie Webanwendungen auf IIS 7.0 umstellen.

Aktualisieren von Windows Server 2003 und IIS 6.0

Eine Möglichkeit zur Umstellung von Webanwendungen auf Windows Server 2008 ist, auf einem Windows Server 2003-Computer, auf dem die Anwendungen ausgeführt werden, eine Aktualisierung auf Windows Server 2008 durchzuführen. Bei der Aktualisierung werden automatisch Einstellungen gewählt, die die Kompatibilität mit älteren Anwendungen unterstützen. So werden zum Beispiel die meisten Rollendienste, die bei der Standardrolle Webserver (IIS) optional sind, automatisch installiert. Außerdem sind die IIS 6.0-Verwaltungsprogramme und -funktionen verfügbar. Überprüfen Sie nach einer Aktualisierung auf Windows Server 2008 und IIS 7.0, welche installierten Komponenten erforderlich sind, und entfernen Sie diejenigen, die nicht gebraucht werden. Wie bei jeder Umstellung von einer älteren auf eine neue Version sollten Sie die Funktion der Websites sorgfältig testen, bevor Sie sie wieder zur Verwendung freigeben.

Eine weitere Option zur Umstellung auf IIS 7.0 ist die manuelle Umstellung der Websites. Dazu kopieren Sie den entsprechenden Inhalt auf eine neue Windows Server 2008-Installation. Der vorhandene Inhalt wird also auf den neuen Server übertragen, aber die Websites und Webanwendungen müssen neu konfiguriert werden.

Installieren der IIS 6-Verwaltungskompatibilität

Einige Websites und Webanwendungen enthalten vielleicht Anwendungscode, der zur Bearbeitung von Anfragen auf die Architektur von IIS 6.0 angewiesen ist. Dazu könnten zum Beispiel Webanwendungen gehören, die auf den Zugriff auf die IIS 6.0-Konfigurationsdatenbank angewiesen sind oder ältere Skriptmethoden verwenden. Außerdem brauchen einige Anwendungen vielleicht ältere Versionen der Verwaltungskonsole.

Die Abwärtskompatibilitätskomponenten werden auf neuen Webserverinstallationen unter Windows Server 2008 nicht automatisch installiert. Um Abwärtskompatibilität zu gewährleisten, können Sie mit dem Server-Manager die entsprechenden Rollendienste zur Rolle Webserver (IIS) hinzufügen. Folgende Rollendienste stehen zur Auswahl:

- **IIS 6-Verwaltungskompatibilität** Dieses Kompatibilitätsfeature bietet die Unterstützung für zwei Skript- und Verwaltungskomponenten von IIS 6.0: das Administratorbasisobjekt (Admin Base Object, ABO) und ADSI (Active Directory Services Interface). Webanwendungen, die diese Technologien verwenden, werden dieses Feature brauchen, um korrekt arbeiten zu können. Außerdem ist der Rollendienst IIS 6-Verwaltungskompatibilität zur Aktivierung der anderen IIS 6.0-Kompatibilitätsoptionen erforderlich.

- **IIS 6-Metabasiskompatibilität** IIS 6.0 verwendet für Servereinstellungen und andere Informationen eine Konfigurationsdatenbank, die *Metadatenbank* genannt wird. In IIS 7.0 wurde die Datenbank durch neue Konfigurationsdateien auf XML-Basis ersetzt, beispielsweise *ApplicationHost.config* und *Web.config*-Dateien. IIS 6.0-Webanwendungen können ihre Fähigkeit zur Abfrage der Metadatenbank verwenden, um IIS-Einstellungen zu verwalten. Um diese Anwendungen zu unterstützen, müssen Sie den Rollendienst IIS 6-Metabasiskompatibilität aktivieren.
- **IIS 6-WMI-Kompatibilität** WMI (Windows Management Instrumentation) ist eine Programmierschnittstelle, die Anwendungscode in die Lage versetzt, IIS-Einstellungen abzufragen und zu verwalten, wobei Skripts oder WMI-fähige Tools verwendet werden. Dieser Rollendienst sorgt für die erforderliche Kompatibilität, um WMI-Befehle von IIS 6.0 auf IIS 7.0-Webserver anzuwenden.
- **IIS 6-Skriptingtools** Webentwickler und Systemadministratoren können IIS 6.0-Verwaltungsskripts nach der Aktivierung dieses Rollendienstes auf IIS 7.0 übernehmen. Die Option IIS 6-Skriptingtools sorgt für die Unterstützung von ADO (ActiveX Data Objects) und ADSI.
- **IIS 6-Verwaltungskonsole** Systemadministratoren, die IIS 6.0-Installationen remote verwalten möchten, können die IIS 6-Verwaltungskonsole auf Windows Server 2008 installieren. Diese Konsole kann allerdings nur Verbindung mit IIS 6.0-Servern aufnehmen, nicht zu einem Windows Server 2008-Webserver.

Diese Tools und Features können dafür sorgen, dass vorhandene Anwendungen, die für IIS 6.0 entwickelt wurden, auch auf Windows Server 2008 funktionieren.

Grundlagen der ASP.NET-Integrationsmodi

IIS 7.0 bietet Erweiterungen für die ASP.NET-Entwicklungsplattform. In älteren IIS-Versionen wurden ASP.NET-Vorgänge durch ein ISAPI-Codemodul durchgeführt. Das hat zwar gut funktioniert, aber es gab auch einige wichtige Einschränkungen. In IIS 7.0 wurde die ASP.NET-Integration verbessert. Die Bearbeitung von ASP.NET-Webseiten ist stärker in die Webserver-Anfragepipeline integriert. Diese neue Architektur bietet einige Vorteile, wie zum Beispiel bessere Steuerung der Anfragebearbeitung und die Möglichkeit, ASP.NET-Funktionen auch für andere Inhalte zu verwenden als für dynamische Webseiten.

Alle ASP.NET-Anwendungen können die neue .NET-Pipeline im integrierten Modus verwenden, wenn sie unter IIS 7.0 ausgeführt werden. Allerdings werden Anwendungen, die auf die Möglichkeit der IIS 6.0-Architektur angewiesen sind, Anfragen abzufangen und zu ändern, die Unterstützung des klassischen Pipelinemodus brauchen. Sie können den Bearbeitungsmodus wählen, indem Sie einen passenden Anwendungspool auswählen oder die Konfiguration eines vorhandenen Anwendungspools ändern. (Beide Varianten wurden am Anfang dieser Lektion bereits besprochen.)

Schnelltest

1. Wie können Sie potenzielle Leistungs- oder Ressourcenengpässe vermeiden, wenn auf demselben IIS-Webserver mehrere Websites betrieben werden?
2. Wie können Sie die Konfiguration eines Webservers sichern, bevor Sie die Konfiguration ändern?

Antworten zum Schnelltest

1. Indem Sie jede Website mit einem eigenen Anwendungspool versorgen, können Sie das Risiko verringern, dass sich Anwendungen gegenseitig negativ beeinflussen.
2. Zur Sicherung und Wiederherstellung der IIS-Konfiguration lässt sich das Programm AppCmd verwenden.

Praktische Übung Konfigurieren und Verwalten von IIS

In dieser Übung erstellen Sie auf *Server2.contoso.com* Websites und Webanwendungen und überprüfen die Sicherung und Wiederherstellung der Konfigurationseinstellungen. Die Übungen setzen voraus, dass Sie auf diesem Computer bereits die Rolle Webserver (IIS) mit den Standardrollendiensten installiert haben. (Informationen darüber, wie man diese Rolle installiert, finden Sie in Lektion 1, Übung 1.) Für die Übung 2 ist es erforderlich, die Übung 1 durchzuführen, weil die neue Website, die Sie in Übung 1 erstellen, für den Test der Sicherung und der Wiederherstellung gebraucht wird.

▶ Übung 1: Erstellen von Websites und Webanwendungen

In dieser Übung erstellen Sie mit dem Internetinformationsdienste-Manager (oder kurz *IIS-Manager*) auf dem lokalen Server eine neue Website. Da die Standardwebsite bereits die HTTP- und HTTPS-Standardports verwendet, legen Sie eine andere Websitebindung fest. Außerdem erstellen Sie eine neue Webanwendung, die eine Testwebseite enthält, mit der sich überprüfen lässt, ob der Server antwortet.

1. Melden Sie sich mit den Anmeldeinformationen eines lokalen Administrators auf *server2.contoso.com* an.
2. Bevor Sie eine neue Website erstellen können, legen Sie im Dateisystem die Ordner für die gewünschten Inhalte an. Wechseln Sie auf dem Systemvolume des Computers mit dem Windows-Explorer in den Ordner *%SystemDrive%\Inetpub\wwwroot.*
3. Legen Sie im Ordner *Wwwroot* einen neuen Ordner namens **Contoso** an. Erstellen Sie darin einen weiteren neuen Ordner namens **WebAnwendung01**.

   Sie verwenden diese Ordner zur Angabe der „physikalischen Pfade" für die Website und die Webanwendung, die Sie im Verlauf der Übung noch erstellen.
4. Kopieren Sie die Dateien *Iisstart.htm* und *Welcome.png* aus dem Ordner *Wwwroot* in den Ordner *Contoso*. Benennen Sie *Iisstart.htm* in *Default.htm* um.

5. Erstellen Sie im Ordner *%SystemDrive%\Inetpub\wwwroot\Contoso\WebAnwendung01* eine neue Textdatei namens *Default.htm*. Öffnen Sie die Datei in einem Editor, geben Sie folgenden Text ein und speichern Sie die Datei:

```
<html>
<title>Webanwendung 01</title>
<body>
<h1>Willkommen in Webanwendung 01.</h1>
</body>
</html>
```

6. Öffnen Sie in der Programmgruppe *Verwaltung* den *Internetinformationsdienste-Manager*.
7. Wenn Sie aufgefordert werden, eine Verbindung mit einem Server herzustellen, stellen Sie eine Verbindung mit dem lokalen Computer her.
8. Erweitern Sie das lokale Computerobjekt und den Ordner *Sites*, um eine Liste der vorhandenen Websites zu erhalten.

   Sie sehen die Standardwebsite, die beim Hinzufügen der Rolle Webserver (IIS) zum Computer installiert wird.
9. Um eine neue Website zu erstellen, klicken Sie den Ordner *Sites* mit der rechten Maustaste an und klicken auf *Website hinzufügen*.

   Dadurch öffnet sich das Dialogfeld *Website hinzufügen*.
10. Geben Sie als Namen der neuen Website **Contoso-Testwebsite** ein. Beachten Sie, dass automatisch ein neuer Anwendungspool mit demselben Namen erstellt und ausgewählt wird. In dieser Übung verwenden Sie diesen neuen Anwendungspool. Bei Bedarf können Sie allerdings auch auf die Schaltfläche *Auswählen* klicken und einen vorhandenen Pool wählen.
11. Für das Textfeld *Physikalischer Pfad* suchen Sie den Ordner *%SystemDrive%\Inetpub\wwwroot\Contoso* heraus, den Sie am Anfang dieser Übung erstellt haben. Übernehmen Sie die Standardsicherheitseinstellungen für die Pass-Through-Authentifizierung und klicken Sie auf *Einstellungen testen*. Beachten Sie, dass IIS die Authentifizierung überprüfen kann, aber nicht die Autorisierung, denn die dazu erforderlichen Informationen sind erst bekannt, wenn ein Benutzer versucht, auf die Website zuzugreifen.
12. Klicken Sie auf *Schließen*, um ins Dialogfeld *Website hinzufügen* zurückzukehren.
13. Nehmen Sie im Abschnitt *Bindung* folgende Einstellungen vor:
    - Typ: **HTTP**
    - IP-Adresse: **Keine zugewiesen**
    - Port: **8000**
    - Hostname: (leer)

14. Sorgen Sie dafür, dass die Option *Website sofort starten* gewählt ist, und klicken Sie dann auf *OK*, um die neue Website zu erstellen und automatisch zu starten.
15. Klicken Sie auf der linken Seite des IIS-Managers auf das neu erstellte Objekt *Contoso-Testwebsite*. Beachten Sie, dass der Bereich *Aktionen* Befehle für die Arbeit mit der Website bietet. Um zu überprüfen, ob die Website richtig konfiguriert ist, klicken Sie auf den Befehl **:8000 (http) durchsuchen*. Dadurch wird automatisch der Internet Explorer gestartet und eine Verbindung mit *http://Server2:8000.contoso.com* hergestellt. Im Webbrowser sollten Sie die IIS-Standardstartseite sehen. Wenn Sie fertig sind, schließen Sie den Internet Explorer.
16. Um eine neue Webanwendung zu erstellen, klicken Sie die *Contoso-Testwebsite* im IIS-Manager mit der rechten Maustaste an und wählen *Anwendung hinzufügen*.
17. Als *Alias* geben Sie für die Anwendung **TestAnwendung** ein. Für den Eintrag im Feld *Physikalischer Pfad* suchen Sie den Ordner *%SystemDrive%\Inetpub\wwwroot\Contoso\WebAnwendung01* heraus oder geben diesen Pfad ein. Beachten Sie, dass im Feld *Anwendungspool* der Wert *DefaultAppPool* gewählt wurde.
18. Klicken Sie auf die Schaltfläche *Auswählen*, um den Anwendungspool auf *Contoso-Testwebsite* zu ändern. Übernehmen Sie für alle anderen Einstellungen die Standardwerte und klicken Sie auf *OK*, um die neue Webanwendung zu erstellen.
19. Im linken Bereich des IIS-Managers sehen Sie unter dem Objekt *Contoso-Testwebsite* eine neue Webanwendung namens *TestAnwendung*. Zur Überprüfung des Inhalts dieser Anwendung wählen Sie den Eintrag *TestAnwendung* und klicken dann im unteren mittleren Bereich des IIS-Managers auf die Schaltfläche *Ansicht "Inhalt"*. Dann wird die Datei *Default.htm* aufgelistet, die Sie zuvor erstellt haben.
20. Um die Webanwendung zu testen, klicken Sie im Bereich *Anwendung verwalten* des Bereichs *Aktionen* auf die Schaltfläche *Durchsuchen*. Dadurch wird der Internet Explorer gestartet und stellt eine Verbindung mit *http://Server2:8000.contoso.com/Testanwendung/default.htm* her. Die Titelleiste des Webbrowsers zeigt den Namen *Webanwendung 01* der Anwendung an und als Text erscheint die Willkommensnachricht aus der HTML-Datei. Wenn Sie fertig sind, schließen Sie den Internet Explorer.
21. Schließen Sie den IIS-Manager.

▶ Übung 2: Sichern und Wiederherstellen der IIS-Konfiguration

In dieser Übung stellen Sie mit dem Programm AppCmd eine Sicherung der IIS-Konfiguration her. Dann löschen Sie im IIS-Manager das Objekt *Contoso-Testwebsite*, das Sie in Übung 1 erstellt haben. Zur Wiederherstellung der Websitekonfiguration verwenden Sie wieder das Programm AppCmd.

1. Melden Sie sich mit den Anmeldeinformationen eines lokalen Administrators auf *Server2.contoso.com* an.
2. Öffnen Sie eine neue Eingabeaufforderung, indem Sie auf *Start* und dann auf *Ausführen* klicken und **cmd** eingeben.

3. Wechseln Sie durch die Eingabe von **cd %SystemRoot%\System32\Inetsrv** in das Verzeichnis von AppCmd.
4. Um eine neue Sicherung der IIS-Konfiguration zu erstellen, geben Sie in der Eingabeaufforderung den folgenden Befehl ein:

```
AppCmd add backup "IISBackup01"
```

5. Um zu überprüfen, ob die Sicherung erstellt wurde, geben Sie folgenden Befehl ein:

```
AppCmd list backups
```

6. In der Liste sollte der Eintrag IISBackup01 zu sehen sein. (Falls Sie bereits andere Sicherungen der Konfiguration erstellt haben, erschienen diese ebenfalls in der Liste.)
7. Lassen Sie die Eingabeaufforderung geöffnet und starten Sie die Konsole Internetinformationsdienste-Manager.

   Im nächsten Schritt entfernen Sie eine Website aus der IIS-Konfiguration.
8. Stellen Sie eine Verbindung mit dem lokalen Server her und erweitern Sie den Ordner *Sites*. Klicken Sie das Objekt *Contoso-Testwebsite* mit der rechten Maustaste an und wählen Sie *Entfernen*. Wenn Sie zur Bestätigung der Entfernung aufgefordert werden, klicken Sie auf *Ja*. Beachten Sie, dass die Website und ihre Webanwendung tatsächlich gelöscht werden.
9. Kehren Sie in die Eingabeaufforderung zurück und geben Sie folgenden Befehl ein, um die IIS-Konfiguration aus der Sicherung wiederherzustellen, die Sie zuvor erstellt haben.

```
AppCmd restore backup "IISBackup01"
```

10. Wenn der Vorgang abgeschlossen ist, schließen Sie die Eingabeaufforderung und wechseln in die IIS-Managerkonsole.
11. Klicken Sie den Ordner *Sites* mit der rechten Maustaste an und wählen Sie den Befehl *Aktualisieren*, um die Darstellung zu aktualisieren.

    Sie sehen wieder das *Contoso-Testwebsite*-Objekt. Beachten Sie, dass beim Entfernen der Website nicht der Inhalt der Website gelöscht wurde, der zuvor im Dateisystem gespeichert wurde. Die Website sollte also wieder betriebsbereit sein. In manchen Fällen kann es erforderlich sein, die IIS-Managerkonsole zu schließen und nach dem Abschluss der Wiederherstellung erneut zu öffnen.
12. Wenn Sie fertig sind, schließen Sie den IIS-Manager.

Zusammenfassung der Lektion

- Der IIS-Manager bietet eine grafische Benutzeroberfläche zur Verwaltung von IIS-Einstellungen, Features und Webinhalten.
- Websites verfügen über eine Bindung, in der das Protokoll, die IP-Adresse, der Port und ein Hostname angegeben werden, unter denen die Website antwortet. Systemadministratoren können für jede Website die verwendete Bandbreite und die Zahl der Benutzerverbindungen beschränken und Protokolleinstellungen vornehmen.

- Anwendungspools verbessern die Unabhängigkeit und Isolierung, wenn mehrere Websites und Webanwendungen auf derselben IIS-Installation ausgeführt werden.
- Systemadministratoren und Webentwickler können mit AppCmd die üblichen IIS-Verwaltungsarbeiten auf der Befehlszeile durchführen.
- IIS-Servereinstellungen werden in der Datei *ApplicationHost.config* gespeichert. Diese Einstellungen lassen sich mit *Web.config*-Dateien außer Kraft setzen, die in den Inhaltsordnern gespeichert sind.
- Windows Server 2008 bietet zahlreiche Abwärtskompatibilitätskomponenten, um Anwendungen zu unterstützen, die für IIS 6.0 entwickelt wurden, und um die Verwaltung von IIS 6.0-Servern zu ermöglichen.

Lernzielkontrolle

Mit den folgenden Fragen können Sie Ihr Wissen über den Stoff von Lektion 2, „Konfigurieren der Internetinformationsdienste“, überprüfen. Die Fragen sind (in englischer Sprache) auch auf der Begleit-CD zu finden, falls Sie die elektronische Form der Fragen vorziehen.

Hinweis Die Antworten

Die Antworten auf die Fragen und Erläuterungen, warum die entsprechenden Antworten richtig oder falsch sind, finden Sie im Abschnitt „Antworten“ am Ende des Buchs.

1. Sie sind als Systemadministrator für die Verwaltung eines Windows Server 2008-Webservers zuständig. Auf dem Server wurden noch keine Websites konfiguriert. Sie müssen den Server so einrichten, dass er zwei Webanwendungen anbietet: EngineeringApp und SalesApp. Beide Webanwendungen müssen ohne Verwendung von Hostheadern über HTTP-Port 80 zugänglich sein. Außerdem müssen Sie dafür sorgen, dass Probleme, die vielleicht in einer Webanwendung auftreten, nicht die Leistung und Zuverlässigkeit der anderen Webanwendungen beeinträchtigen. Mit welchen zwei Schritten würden Sie versuchen, diese Anforderungen zu erfüllen?
   A. Sie erstellen eine einzelne Website, die beide Webanwendungen aufnimmt.
   B. Sie erstellen zwei Websites, eine für jede Webanwendung.
   C. Sie weisen beiden Webanwendungen denselben Anwendungspool zu.
   D. Sie weisen jeder Webanwendung ihren eigenen Anwendungspool zu.
2. Sie sind als Systemadministrator für die Verwaltung eines Windows Server 2008-Webservers zuständig. Sie haben noch keine manuellen Sicherungen der IIS-Konfiguration durchgeführt. Kürzlich berichtete ein Webentwickler, dass er versehentlich zwei Websites aus der IIS-Konfiguration entfernt hat. Beide Websites enthielten mehrere Webanwendungen. Sie haben festgestellt, dass die beiden Websites nicht angezeigt werden, wenn Sie die IIS-Managerkonsole öffnen und das Objekt *Sites* erweitern. Außerdem haben Sie festgestellt, dass der Inhalt der beiden Websites noch

im Ordner *C:\WebSites* vorhanden ist. Weiterhin haben Sie in Gesprächen mit den anderen Mitarbeitern des Webentwicklungsteams abgeklärt, dass keine weiteren Änderungen an der IIS-Konfiguration durchgeführt worden sind. Was sollten Sie tun, um die beiden fehlenden Websites so schnell wie möglich wieder mit ihren Einstellungen wiederherzustellen?

A. Sie erstellen die beiden Websites von Hand neu und erstellen dann die dazugehörigen Webanwendungen.

B. Sie ändern die Datei *ApplicationHost.config* von Hand und fügen die Einstellungen für die Website und Webanwendungen hinzu.

C. Sie stellen die IIS-Konfiguration mit dem Programm AppCmd wieder her.

D. Sie kopieren eine ältere Version der Datei *ApplicationHost.config* aus dem Ordner *%SystemDrive% \Inetpub\wwwroot\History* über die aktuelle Version von *ApplicationHost.config*.

Rückblick auf dieses Kapitel

Um den in diesem Kapitel behandelten Stoff zu vertiefen und einzuüben, können Sie folgende Aufgaben durchführen:

- Lesen Sie die Zusammenfassung des Kapitels.
- Lesen Sie die Liste der Schlüsselbegriffe durch, die in diesem Kapitel eingeführt wurden.
- Arbeiten Sie die Übungen mit Fallbeispiel durch. Diese Fallbeispiele bilden Situationen aus der Praxis nach, in denen der Stoff aus diesem Kapitel verwendet werden kann. Entwickeln Sie eine Lösung.
- Arbeiten Sie die vorgeschlagenen Übungen durch.
- Machen Sie einen Übungstest.

Zusammenfassung des Kapitels

- Die Rolle Webserver (IIS) von Windows Server 2008 wurde für die Unterstützung von Websites und Webanwendungen entwickelt.
- Die Rolle Webserver (IIS) bietet zahlreiche Rollendienste für die Bereiche Sicherheit, Leistung, Diagnose und Abwärtskompatibilität.
- Die IIS-Managerkonsole ist das wichtigste Werkzeug für die Erstellung und Verwaltung von Websites, Webanwendungen, Anwendungspools und virtuellen Verzeichnissen.
- IIS lässt sich auch mit dem Befehlszeilenprogramm AppCmd, mit Windows PowerShell und mit .NET Framework-Programmen verwalten.
- Windows Server 2008 bietet mehrere Komponenten, die die Abwärtskompatibilität mit älteren IIS-Versionen gewährleisten sollen.

Schlüsselbegriffe

Wissen Sie, was die folgenden Schlüsselbegriffe bedeuten? Sie können Ihre Antworten überprüfen, indem Sie die Begriffe im Glossar am Ende dieses Buchs nachschlagen.

- AppCmd
- Anwendungspools (IIS)
- *ApplicationHost.config*-Datei
- ASP.NET
- Hypertext Transfer Protocol (HTTP)
- Hypertext Transfer Protocol Secure (HTTPS)
- IIS-Manager
- Internetinformationsdienste (IIS)

- Secure Sockets Layer (SSL)
- Sitebindungen
- Transport Layer Security (TLS)
- Webserver (IIS)-Serverrolle
- Webserverfarmen
- *Web.config*-Dateien
- Windows PowerShell
- Windows-Systemressourcen-Manager (WSRM)

Übungen mit Fallbeispiel

In diesen Übungen mit Fallbeispiel wenden Sie an, was Sie über Websites und Webanwendungen erfahren haben, um die geschäftlichen und technischen Anforderungen zu erfüllen.

Übung 1: IIS-Webserververwaltung

Sie sind in Ihrer Organisation als Systemadministrator für die Verwaltung von fünf verschiedenen Webservern zuständig. Auf jedem Webserver werden mehrere Webanwendungen ausgeführt. Zu den allgemeinen Anforderungen gehört, dass Sie die Zuverlässigkeit und Leistungsfähigkeit der Webanwendungen sicherstellen müssen. Außerdem sollen Sie die Verwaltung der Server vereinfachen. Die Organisation verlangt, dass im Fall eines Hardwareausfalls nicht mehr als 4 Stunden für Arbeiten an der Konfiguration oder den Inhalten erforderlich werden dürfen. Eine Webentwicklerin hat Ihnen zudem mitgeteilt, dass sie auf einem Testwebserver mehrere Änderungen an der IIS-Einstellung vornehmen muss.

1. Wie können Sie die Konfiguration der Server vereinfachen, wenn die Einstellungen auf allen Servern gleich sind?
2. Welchen Inhalt sollten Sie in die Sicherung miteinbeziehen?
3. Auf welche beide Arten können Sie die Konfiguration auf einem Testserver wiederherstellen, falls es versehentliche oder unerwünschte Änderungen gab?

Übung 2: Verwalten mehrerer Websites

Sie sind als Serveradministrator für die Verwaltung von 15 Websites zuständig, die auf einem einzigen Windows Server 2008-Webserver betrieben werden. Aus Sicherheits-, Zuverlässigkeits- und Leistungsgründen wollen Sie aber verhindern, dass sich Probleme, die vielleicht in einer der Webanwendungen auftreten, negativ auf andere auswirken. Außerdem müssen mehrere verschiedene Webanwendungen so eingestellt werden, dass sie auf HTTP-Port 80 und HTTPS-Port 443 mit derselben öffentlichen IP-Adresse erreichbar sind und auf diesen Ports antworten. Eine der ASP.NET-Webanwendungen wurde für IIS 6.0 entwickelt und nutzt eine erweiterte Anfragebearbeitung.

1. Wie können Sie das Risiko verringern, dass sich Fehler, die in einer Webanwendung auftreten, negativ auf die anderen Webanwendungen auswirken, die auf demselben Server betrieben werden?
2. Welche Einstellungen ermöglichen es, die Anforderungen zu erfüllen, die an die HTTP- und HTTPS-Verbindungen gestellt werden?
3. Wie können Sie dafür sorgen, dass sich IIS 6.0-Webanwendungen unter Windows Server 2008 ausführen lassen?

Empfohlene Übungen

Führen Sie die folgenden Übungen durch, um den in diesem Kapitel vorgestellten prüfungsrelevanten Stoff einzuüben.

Verwalten von Webanwendungen

Führen Sie die folgenden Übungen durch, um die Erstellung und Verwaltung von Webanwendungen mit dem IIS-Manager und Befehlszeilenprogrammen einzuüben.

- **Übung 1** Webanwendungen stellen oft zahlreiche Anforderungen und setzen Funktionen voraus, die in IIS erst aktiviert werden müssen. Laden Sie Webanwendungsbeispiele herunter und installieren Sie die Anwendungen mit verschiedenen Einstellungen für Anwendungspools und andere Bereiche in IIS. Ein guter Anfang ist die Microsoft ASP.NET Starter Kit-Website unter *http://www.asp.net/downloads/starter-kits/*. Wenn Ihre Organisation bereits über Websites oder Webanwendungen verfügt, versuchen Sie, diese Websites oder Anwendungen in einer Testumgebung zu installieren.
- **Übung 2** Wenn Sie bereits wissen, wie man Websites mit dem IIS-Manager erstellt und verwaltet, versuchen Sie dies auf der Befehlszeile. Versuchen Sie, mit dem Programm AppCmd folgende Aufgaben durchzuführen:
  - Erstellen einer neuen Website mit eindeutiger Sitebindung
  - Erstellen mehrerer Webanwendungen in der neuen Website
  - Hinzufügen virtueller Verzeichnisse, die auf Speicherorte verweisen, die außerhalb der Standardordner für die Website oder Webanwendung liegen
  - Sichern und Wiederherstellen der IIS-Konfiguration
  - Löschen der Testsites und anderer Objekte, die Sie erstellt haben

Wenn Sie auf mehreren Webservern viele Websites erstellen müssen, können Sie außerdem mehrere Befehle zu Batchdateien zusammenfassen, um die Vorgänge zu automatisieren.

Machen Sie einen Übungstest

Die Übungstests auf der Begleit-CD zu diesem Buch (in englischer Sprache) bieten zahlreiche Möglichkeiten. Zum Beispiel können Sie einen Test machen, der ausschließlich die Themen eines bestimmten Lernziels behandelt, oder Sie können sich selbst mit dem gesamten Inhalt der Prüfung 70-643 testen. Sie können den Test so konfigurieren, dass er dem Ablauf einer echten Prüfung entspricht, oder Sie können einen Lernmodus verwenden, in dem Sie sich nach dem Beantworten einer Frage jeweils sofort die richtige Antwort und Erklärungen ansehen können.

Weitere Informationen Übungstests

Einzelheiten zu allen Optionen, die bei den Übungstests zur Verfügung stehen, finden Sie im Abschnitt „So benutzen Sie die Übungstests“ in der Einführung dieses Buchs.

K A P I T E L 6

Verwalten der Webserversicherheit

Vom Standpunkt eines Systemadministrators aus betrachtet, ist ein hoher Sicherheitsstandard eines der wichtigsten Ziele, die es bei der Verwaltung von Webservern zu erreichen gilt. Sicherheit ist in allen IT-Bereichen wichtig, vor allem aber für Anwendungen, die einer großen Zahl von Benutzern zugänglich sind. In diesem Kapitel erfahren Sie, wie Sie die Sicherheit für Windows Server 2008-Webserver konfigurieren können.

Lektion 1, „Konfigurieren der IIS-Sicherheit", beschreibt die Sicherung des Zugriffs auf die Internetinformationsdienste 7.0 (IIS 7.0) und die Inhalte, die damit verwaltet werden. Sie erfahren, wie die Berechtigungen für die Remoteverwaltung eingestellt werden und wie sich die Sicherheit des Servers durch die Deaktivierung oder Entfernung nicht benötigter Features und Komponenten verbessern lässt. In Lektion 2, „Kontrollieren des Zugriffs auf Webdienste", erfahren Sie mehr über die Authentifizierung und Autorisierung. Sie erfahren auch, wie Sie die Sicherheit durch Serverzertifikate und IP-Adressenbeschränkungen verbessern können.

In diesem Kapitel abgedeckte Prüfungsziele:

- Konfigurieren einer Webdiensteinfrastruktur
  - Konfigurieren von Webanwendungen
  - Verwalten von Websites
  - Verwalten der Internetinformationsdienste (IIS)
  - Konfigurieren der SSL-Sicherheit
  - Konfigurieren der Websiteauthentifizierung und der Berechtigungen

Lektionen in diesem Kapitel:

Bevor Sie beginnen

Um die Lektionen und Übungen dieses Kapitels durchzuarbeiten, brauchen Sie Folgendes:

- Einen Computer namens *server2.contoso.com*, auf dem Sie die Rolle Webserver (IIS) mit den Standardoptionen installiert haben. Wenn Sie in den bisherigen Übungen bereits zusätzliche Websites oder Webanwendungen erstellt haben, können diese auf dem Server bleiben.
- Grundwissen über die Erstellung und Verwaltung von Websites und Webanwendungen. Diese Themen werden in Kapitel 5, „Installieren und Konfigurieren von Webanwendungen", behandelt.

Praxistipp

Anil Desai

Eines der wichtigsten Ziele von Systemadministratoren, die für die Verwaltung der Zugriffe auf Webdienste verantwortlich sind, ist es, das Potenzial für nichtautorisierte Zugriffe und den Missbrauch von Anwendungen oder Daten so klein wie möglich zu halten. Der Begriff der *Angriffsfläche* beruht auf Anzahl und Art der Zugriffe auf einen Server. Einer der wichtigsten Wege, einen Server abzusichern, besteht in der Verkleinerung seiner Angriffsfläche. IIS unterstützt Webanwendungen, die unterschiedlichste Technologien einsetzen. Wenn bestimmte Webanwendungen eine bestimmte Technologie gar nicht brauchen (beispielsweise die Unterstützung für Microsoft .NET Framework), können Sie die möglichen nichtautorisierten Zugriffe auf das System einschränken, indem Sie dieses Feature deaktivieren.

Eine weitere wichtige Strategie zur Verbesserung der Sicherheit der Webserver ist die „gestaffelte Verteidigung" (defense in depth). Bei dieser Technik geht es darum, Sicherheitsvorkehrungen auf allen Ebenen zu treffen, auf denen es sinnvoll ist. Zu den üblichen Mitteln gehören Authentifizierung, Autorisierung, Dateisystemberechtigungen und andere Einstellungen, die für nichtautorisierte Zugriffe eine Staffelung der Hindernisse darstellen. Diese Sicherheitsmechanismen greifen ineinander, um sicherzustellen, dass nur autorisierte Benutzer Zugang zum System erhalten. Ist eine Ebene falsch konfiguriert oder wird sie überwunden, verhindern oder beschränken die weiteren Sicherheitsmechanismen immer noch unerwünschte Zugriffe.

Sicherheitseinstellungen können sehr komplex und schwer zu verwalten sein. Das Sicherheitssystem wird aber geschwächt, wenn Systemadministratoren Schwierigkeiten haben, die richtigen Einstellungen vorzunehmen. IIS ist so konzipiert, dass sich eine hierarchische Anordnung der Objekte, beispielsweise Websites und Webanwendungen, verwenden lässt, die eine übersichtlichere Organisation von Einstellungen und Inhalten unterstützt. Sie können Sicherheitseinstellungen zum Beispiel auf der Serverebene, für bestimmte Websites, für bestimmte Webanwendungen oder direkt für virtuelle Verzeichnisse sowie für Dateien und Ordner aus dem Dateisystem des Servercomputers vornehmen.

Berechtigungen auf einer höheren Ebene der Hierarchie zu vergeben, vereinfacht die Verwaltung. Abbildung 6.1 zeigt, wie Objekte wie Webserver, Websites, Webanwendungen und andere Elemente in einer hierarchischen Form angeordnet werden. Normalerweise gelten Einstellungen, die auf einer höheren Ebene durchgeführt werden (beispielsweise für eine Website), automatisch auch für alle untergeordneten Objekte (zum Beispiel mehrere Webanwendungen). Administratoren können diese Einstellungen dann für bestimmte Webanwendungen ändern. Welche Methode sie dabei verwenden, hängt von den technischen oder geschäftlichen Gegebenheiten ab. Das Ergebnis dieser Konfigurationsstrategie ist ein hohes Maß an Sicherheit bei minimalem Verwaltungsaufwand.

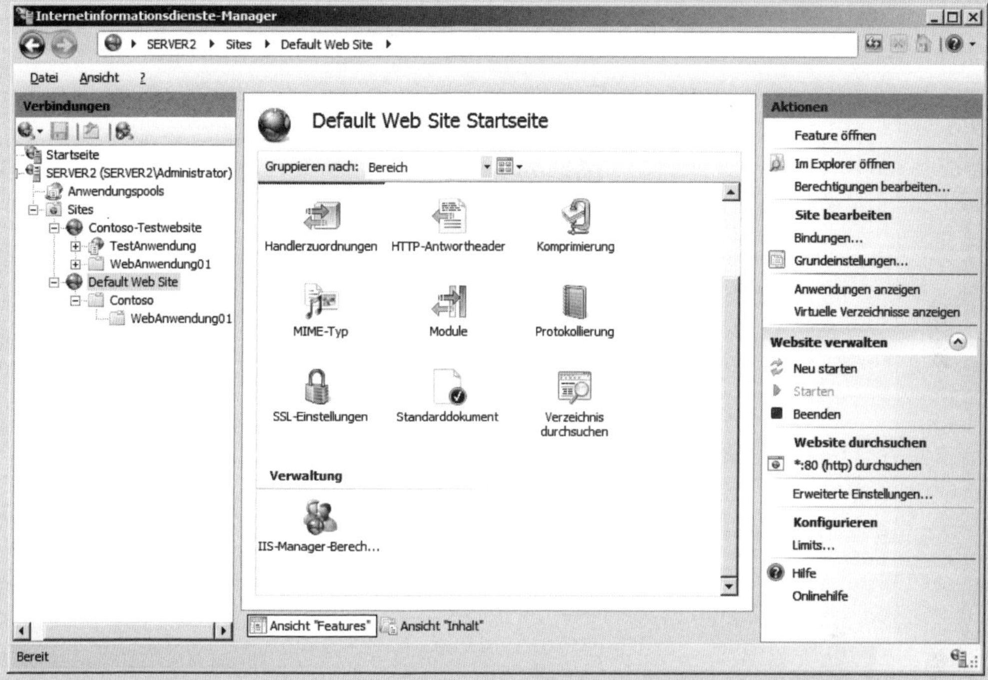

Abbildung 6.1 Anzeigen einer Objekthierarchie im IIS-Manager

Prüfungstipp

In der Prüfung 70-643 werden Sie vielleicht nicht direkt über allgemeine Sicherheitskonzepte und Lösungsansätze befragt, aber Sie sollten die empfohlene gestaffelte Verteidigung und die Verkleinerung der Angriffsfläche für Webserver im Auge behalten. Meistens beruht die beste Lösung (und die richtige Antwort) für ein Szenario auf einer passenden Kombination der verschiedenen Sicherungsmethoden.

Lektion 1: Konfigurieren der IIS-Sicherheit

IIS dient in erster Linie als Server für Webdienste. Aufgrund der Wichtigkeit der Sicherung von Webinhalten gibt es zahlreiche Sicherheitsstandards, die von IIS 7.0 unterstützt werden und die Sie kennen sollten. In dieser Lektion erfahren Sie, wie die Sicherheit für die Serverrolle Webserver (IIS) und die dazugehörigen Komponenten konfiguriert und verwaltet werden. Zuerst geht es darum, wie Sie die Berechtigungen festlegen können, über die Administratoren auf Webservern verfügen. Dann erfahren Sie, wie sich die Berechtigungen zur IIS-Verwaltung über die Remoteverwaltung und Delegierungseinstellungen an andere Benutzer und Webentwickler aus Ihrer Organisation ausweiten lassen. Schließlich erfahren Sie noch, wie sich die Sicherheit durch die Konfiguration von Anfragehandlern und die dazugehörigen Einstellungen verbessern lässt, um das Risiko der Ausführung von unerwünschtem oder schädlichem Code oder Inhalt zu minimieren.

Am Ende dieser Lektion werden Sie in der Lage sein, die folgenden Aufgaben auszuführen:

- Beschreiben der Sicherheitsarchitektur von IIS, einschließlich der integrierten Konten
- Aktivieren der Remoteverwaltungsfunktionen für IIS-Webserver
- Konfigurieren von IIS-Manager-Benutzern, Berechtigungen und der Delegierung von Features zur verteilten Verwaltung
- Verwalten von Anfragehandlern und Handlerzuordnungen, um die Angriffsfläche des Webservers zu verkleinern

Veranschlagte Zeit für diese Lektion: 60 Minuten

Grundlagen der IIS 7.0-Sicherheitskonten

Wenn Sie zu einem Windows Server 2008-Computer die Rolle Webserver (IIS) hinzufügen, wie in Kapitel 5, „Installieren und Konfigurieren von Webanwendungen", beschrieben, werden an der Konfiguration des Servers zahlreiche Änderungen und Ergänzungen durchgeführt. In älteren IIS-Versionen wurden zur Installation Dienstkonten benutzt, deren Namen vom Namen des Servers abgeleitet wurden. Da die Konten und ihre Sicherheitskennungen (SIDs) verschieden waren, erforderte das Kopieren von Webinhalten und Einstellungen unter Webservern mehrere Schritte.

In IIS 7.0 werden auf dem Windows Server 2008-Webservercomputer ein Standardkonto namens *IUSR* und eine lokale Sicherheitsgruppe namens *IIS_IUSRS* verwendet. Die Kennwörter für die Konten werden intern verwaltet. Die Administratoren brauchen also nicht selbst über die Kennwörter Buch zu führen.

Prüfungstipp

Webdienste sind Programme, die einen Server in die Lage versetzen, Informationen zu speichern, zu erstellen und mit Standardprotokollen wie beispielsweise HTTP (Hypertext Transfer Protocol) und Standardmethoden weiterzugeben. Im Fall von IIS 7.0 sind damit auch Webanwendungen und statische Websiteinhalte gemeint, die in der Serverkonfiguration enthalten sind. Wenn Sie die Prüfung ablegen, stellen Sie sich am besten die gesamte Funktionalität, die IIS bietet, als „Webdienste" vor.

Verwalten der Dateisystemberechtigungen

Zur Konfiguration der Sicherheit müssen Webserveradministratoren auch festlegen können, welcher Inhalt geschützt werden soll. Außerdem müssen sie festlegen können, welche Benutzer oder Benutzergruppen Zugriff auf geschützte Inhalte erhalten. Die Berechtigungseinstellungen für Webinhalte werden mit den Berechtigungen des NTFS-Dateisystems vorgenommen. Diese Berechtigungen lassen sich über den Windows-Explorer direkt einstellen, oder im IIS-Manager durch einen Klick mit der rechten Maustaste auf das betreffende Objekt aus der IIS-Managerhierarchie und die Wahl des Befehls *Berechtigungen bearbeiten*. Wie in Abbildung 6.2 zu sehen ist, geht aus den Berechtigungseinstellungen hervor, welche Benutzer oder Benutzergruppen Zugriff auf den Inhalt haben und über welche Berechtigungen sie verfügen. IIS bestimmt anhand dieser Berechtigungen, welche Anmeldeinformationen für die Bearbeitung einer Anfrage von einem Webclient erforderlich sind.

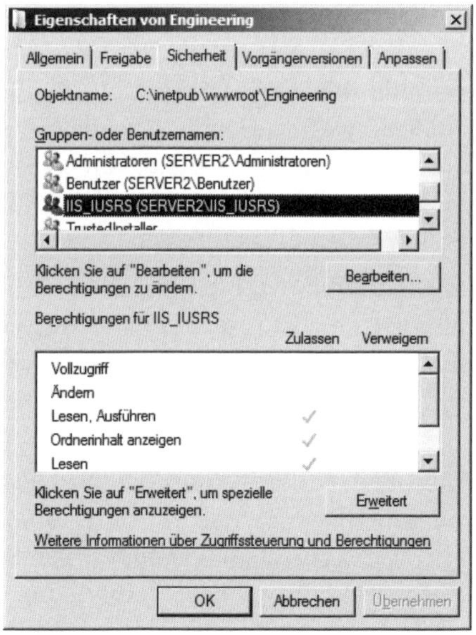

Abbildung 6.2 Anzeigen der Berechtigungen für einen Ordner der Engineering-Website

Konfigurieren der IIS-Verwaltungsfunktionen

Wenn Sie die Rolle Webserver (IIS) zu einem Computer hinzufügen, auf dem Windows Server 2008 ausgeführt wird, ermöglicht die Standardkonfiguration nur die lokale Verwaltung des Servers. Das erhöht die Sicherheit, denn Benutzer von anderen Computern können den IIS-Manager nicht auf ihren Computern verwenden, um die Konfiguration des Servers zu ändern. Für kleine und einfache Installationen ist das zwar eine sinnvolle Lösung, aber meistens ist es für Systemadministratoren von Vorteil, wenn sie die Fähigkeit des IIS-Managers zur Remoteverwaltung nutzen können.

In vielen Umgebungen verwalten mehrere Systemadministratoren die Websites und Webanwendungen. In großen Bereitstellungen ist es üblich, dass mehrere Administratoren für denselben Webserver verantwortlich sind. Ein und derselbe IIS-Server hostet vielleicht mehrere wichtige Webanwendungen, die jeweils von einem anderen Mitarbeiter oder einer anderen Gruppe betreut werden. In Hostingumgebungen, in denen eine Organisation für ihre Kunden IIS-Webserver einrichtet und betreibt, müssen Sie den Kunden die Kontrolle bestimmter Webinhalte und Features ermöglichen. In diesem Fall ist der Kunde ein Remoteadministrator für bestimmte Teile des Servers. Die Remoteverwaltung ist eine sinnvolle Lösung, wenn mehrere Administratoren einen Server oder ein Administrator mehrere Server betreuen muss, die vielleicht an verschiedenen Orten aufgestellt sind. Damit Remoteadministratoren IIS verwalten können, müssen Sie zuerst die Remoteverwaltung auf dem Server aktivieren. Dann können Sie IIS-Manager-Benutzer definieren und konfigurieren. Bei der Delegierung von Features können Sie festlegen, welche Aktionen Remoteadministratoren ausführen können.

Aktivieren der Remoteverwaltung

Zur Aktivierung der Remoteverwaltung müssen Sie zuerst den IIS-Verwaltungsdienst zum lokalen Server hinzufügen. Das können Sie im Server-Manager tun. Klicken Sie im Ordner *Rollen* die Rolle *Webserver (IIS)* mit der rechten Maustaste an und wählen Sie dann *Rollendienste hinzufügen*. Fügen Sie den *Verwaltungsdienst* hinzu, den Sie im Abschnitt *Verwaltungsprogramme* der Liste der verfügbaren Rollendienste finden.

Der IIS-Remoteverwaltungsdienst verwendet eine HTTP- oder eine HTTPS-Verbindung. Standardmäßig erfolgt die Kommunikation über Port 8172. Sofern der Datenverkehr durch diesen Port von den betreffenden Firewalls oder Netzwerksicherheitsgeräten zugelassen wird, können Remoteadministratoren ihre IIS-Server über eine lokale Netzwerkverbindung oder über das Internet verwalten.

Nachdem Sie den Rollendienst Verwaltungsdienst zur Rolle Webserver (IIS) hinzugefügt haben, können Sie die Remoteverwaltung im IIS-Manager aktivieren. Dazu öffnen Sie den IIS-Manager und wählen im linken Bereich das Webserverobjekt. Dann wählen Sie im Abschnitt *Verwaltung* der *Ansicht "Features"* den *Verwaltungsdienst* (Abbildung 6.3). Anfangs ist die Option *Remoteverbindungen aktivieren* nicht aktiviert. Um Administratoren eine Netzwerkverbindung mit IIS zu ermöglichen, wählen Sie die Option *Remoteverbindungen aktivieren*. Im Abschnitt *Anmeldeinformationen für Identität* können Sie festlegen, ob nur mit den Windows-Anmeldeinformationen eine Authentifizierung möglich ist (die Standardeinstellung) oder ob auch IIS-Manager-Anmeldeinformationen zulässig sind.

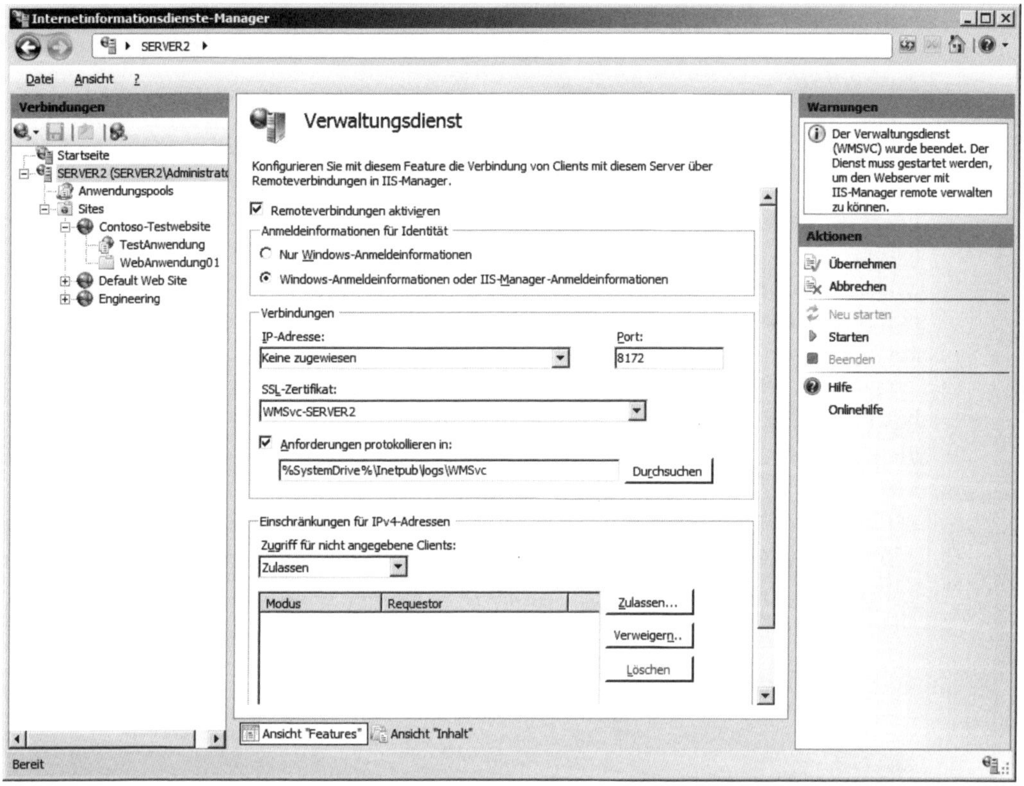

Abbildung 6.3 Konfigurieren des Verwaltungsdiensts mit dem IIS-Manager

Der Abschnitt *Verbindungen* der Einstellungen ermöglicht Ihnen die Angabe der IP-Adressen und Ports, auf denen der Verwaltungsdienst antwortet. Die Standardeinstellung des Dienstes ist die Beantwortung von Anfragen auf allen verfügbaren Adressen auf Port 8172. Ist Ihr Webserver mit mehreren Netzwerkverbindungen oder IP-Adressen konfiguriert, können Sie Remotezugriffsverbindungen zur Verbesserung der Sicherheit auf eine bestimmte Adresse beschränken. Der Abschnitt *SSL-Zertifikat* ermöglicht Ihnen die Auswahl eines der SSL-Zertifikate, die auf dem lokalen Server installiert sind. Sie können auch den Pfad einstellen, unter dem Remoteverwaltungsanfragen protokolliert werden. Der Standardpfad ist *%SystemDrive%\Inetpub\Logs\WMSvc*.

Im Abschnitt *Einschränkungen für IPv4-Adressen* schließlich können Sie für eine höhere Sicherheit sorgen, indem Sie festlegen, welche Computer eine Remoteverbindung mit IIS herstellen dürfen. Wie aus Abbildung 6.4 hervorgeht, können Sie Regeln für eine bestimmte IPv4-Adresse oder für einen Adressenbereich festlegen (der Adressenbereich wird durch eine Kombination aus einer IP-Adresse und einer Subnetzmaske definiert). Die Dropdownliste *Zugriff für nicht angegebene Clients* legt fest, ob nicht eingetragene IP-Adressen abgelehnt oder zugelassen werden. Anschließend können Sie mit *Zulassen*- oder *Verweigern*-Einträgen genauer festlegen, welche IP-Adressen Verbindungen herstellen dürfen. Diese Optionen sind am nützlichsten, wenn Sie über eine Gruppe von Computern verfügen, die für die Verwaltung von Webdiensten verwendet werden.

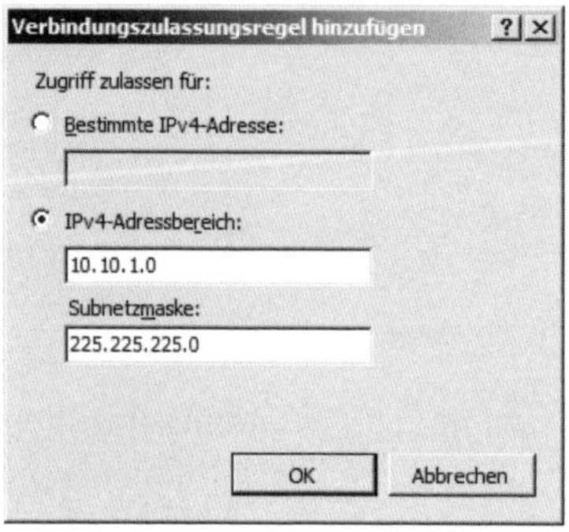

Abbildung 6.4 Konfigurieren der *Einschränkungen für IPv4-Adressen* für den Verwaltungsdienst im IIS-Manager

Da der Verwaltungsdienst durch die Konfiguration nicht automatisch gestartet wird, müssen Sie im Bereich *Aktionen* auf den Befehl *Starten* klicken, um Remoteverbindungen zuzulassen. Vor der Durchführung von Änderungen an der Konfiguration müssen Sie den Verwaltungsdienst wieder stoppen.

IIS-Manager-Benutzer

Um mit dem IIS-Manager eine Verbindung mit einem Windows Server 2008-Webserver herstellen zu können, müssen Sie über die erforderlichen Berechtigungen verfügen. Benutzer, die mit Administratorrechten an einem Windows Server 2008-Computer angemeldet sind, verfügen automatisch über die Berechtigungen, alle auf dem Server durchführbaren Aufgaben zu erledigen. Bei anderen Benutzern wie zum Beispiel Remotesystemadministratoren müssen Sie entscheiden, wie Sie die Berechtigungen verwalten.

Standardmäßig erlaubt die Rolle Webserver (IIS) nur die Zuweisung von Berechtigungen, wenn die Windows-Authentifizierung verwendet wird. Das bedeutet, dass alle Administratoren, die IIS verwalten sollen, über Windows-Anmeldeinformationen und Berechtigungen verfügen müssen. Die Windows-Authentifizierung eignet sich sehr gut für Umgebungen, in denen alle Webserveradministratoren derselben Domäne angehören. Benutzer, die sich bei der Domäne anmelden, müssen Anmeldeinformationen nicht manuell eingeben, wenn sie mit dem IIS-Manager eine Verbindung mit einem Server herstellen, sofern sie über die erforderlichen Berechtigungen verfügen. Die Windows-Authentifizierung ist auch nützlich, wenn Sie für alle Administratoren, die den IIS-Manager verwenden müssen, lokale Konten oder Domänenkonten erstellen wollen.

In manchen Fällen kann es aber unpraktisch sein, für jeden der potenziellen IIS-Administratoren lokale Konten oder Domänenkonten einzurichten. Firmen, die Webdienste hosten, können zum Beispiel Hunderte von Benutzern haben, die ihre Server verwalten wollen. In solchen Umgebungen kann gewöhnlich jeder Benutzer bestimmte Einstellungen seiner Website ändern. Diese Benutzer dürfen keinen Zugriff auf die Websites anderer Benutzer erhalten und verfügen meistens nur über die Berechtigung, bestimmte Einstellungen zu ändern. In solchen Situationen müssen Sie die Option *Windows-Anmeldeinformationen oder IIS-Manager-Anmeldeinformationen* aktivieren. Wenn diese Option für den Verwaltungsdienst aktiviert wird, wie im vorigen Abschnitt beschrieben, können Sie speziell für die IIS-Verwaltung Kombinationen von Benutzernamen und Kennwörtern festlegen. Diese Anmeldeinformationen können anderen Benutzern und Administratoren gegeben werden, damit sie Verbindungen mit dem Webserver herstellen können, ohne dass für jeden Benutzer ein eigenes Windows-Konto angelegt werden muss.

Erstellen eines IIS-Manager-Benutzers

Im IIS-Manager können Sie festlegen, welche Benutzer eine Verbindung mit Websites und Webdiensten herstellen und diese verwalten können. Für diese Einstellungen gehen Sie folgendermaßen vor:

1. Öffnen Sie den IIS-Manager und wählen Sie im linken Bereich einen Server.
2. Klicken Sie im Bereich *Verwaltung* der *Ansicht "Features"* auf *IIS-Manager-Benutzer*. Standardmäßig enthält eine IIS-Installation keine lokal definierten Benutzer.
3. Klicken Sie zur Erstellung des ersten Benutzers im Bereich *Aktionen* auf *Feature öffnen* und klicken Sie dann im Bereich *Aktionen* auf den Befehl *Benutzer hinzufügen*. Sie werden aufgefordert, einen Benutzernamen und ein Kennwort einzugeben und das Kennwort zu bestätigen (Abbildung 6.5). Diese Einstellungen werden lokal in IIS definiert. Es ist also nicht erforderlich, einen vollständigen Benutzernamen anzugeben, wie sonst in einer Domäne üblich.

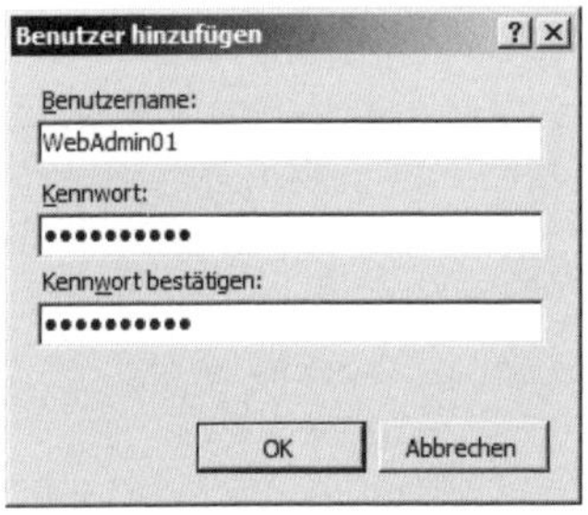

Abbildung 6.5 Hinzufügen eines IIS-Manager-Benutzers

Neben der Konfiguration der Zugriffsberechtigungen durch IIS-Manager-Benutzer können Sie auch durch Gruppenmitgliedschaften steuern, welche Benutzer Remoteverbindungen herstellen dürfen. Benutzer, die sich lokal auf dem Computer anmelden und den IIS-Manager verwenden dürfen, können dies auch über einen Remotecomputer tun.

Definieren von IIS-Verwaltungsberechtigungen

Bisher haben Sie erfahren, wie die Remoteverwaltung aktiviert wird und wie die Benutzer angegeben werden, die einen Webserver mit dem IIS-Manager verwalten dürfen. Im nächsten Schritt müssen Sie entscheiden, über welche Berechtigungen ein Remoteadministrator nach der Herstellung der Verbindung verfügen soll. In manchen Fällen werden Sie einem Remoteadministrator den Vollzugriff gewähren. Andere erhalten nur einen beschränkten Zugriff auf bestimmte Websites oder Webanwendungen. Sie können die IIS-Manager-Berechtigungen auf der Ebene der Websites oder der Webanwendungen festlegen. Allerdings können Sie Berechtigungen nicht direkt auf der Serverebene konfigurieren. Dadurch lässt sich leichter sicherstellen, dass Benutzer nur die Berechtigung zur Änderung der Einstellungen an den Websites und Webanwendungen erhalten, auf die sie Zugriff brauchen.

Zur Verwaltung der Berechtigungen wählen Sie eine Website oder Webanwendung aus und klicken dann im Bereich *Verwaltung* der *Ansicht "Features"* auf *IIS-Manager-Berechtigungen*. Standardmäßig erhalten neue IIS-Manager-Benutzer nicht das Recht, auf eine bestimmte Website oder Webanwendung zuzugreifen. Um einem neuen Benutzer eine Verbindung auf der gewählten Ebene zu ermöglichen, klicken Sie zuerst im Bereich *Aktionen* auf *Feature öffnen* und dann im Bereich *Aktionen* auf den Befehl *Benutzer zulassen*. Sie erhalten die Gelegenheit, einen Windows-Benutzer oder einen IIS-Manager anzugeben, sofern IIS-Manager-Anmeldeinformationen akzeptiert werden (Abbildung 6.6). Wenn Sie die Option *Windows* verwenden, können Sie einen vorhandenen Benutzer oder eine vorhandene Gruppe auswählen, die entweder lokal definiert oder auf der Ebene der Domäne ist (sofern der Server Mitglied einer Domäne ist).

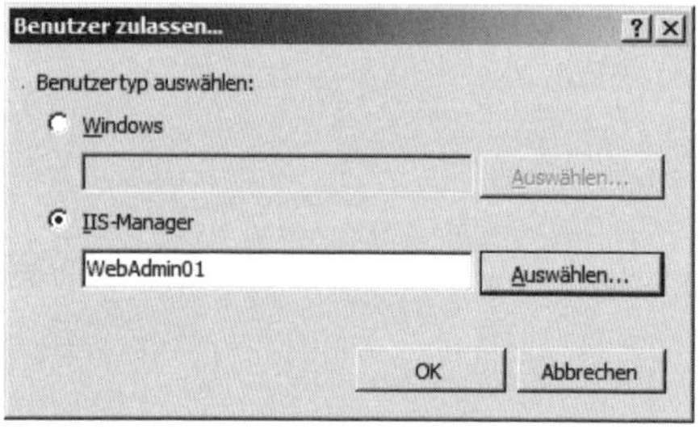

Abbildung 6.6 Hier erhält ein Benutzer das Recht, eine Website zu verwalten

Wenn Benutzer eine Remoteverbindung zu IIS herstellen, können sie nur auf die Websites und Webanwendungen zugreifen, für die sie zugelassen wurden. Standmäßig werden Berechtigungen von Objekten einer höheren Ebene automatisch von untergeordneten Objekten geerbt. Sie können auch mit dem Befehl *Benutzerzugriff verweigern* aus dem Bereich *Aktionen* explizit den Zugriff auf bestimmte Ebenen verweigern.

Zur Vereinfachung der Verwaltung vieler Benutzer sind bei der Verwaltung der Berechtigungen für eine Website zwei Befehle verfügbar. *Alle Benutzer anzeigen* liefert eine Liste aller Benutzer, die auf einer IIS-Installation definiert sind. *Nur Sitebenutzer anzeigen* beschränkt die Anzeige auf Benutzer, die Zugriff auf die Website haben.

Konfigurieren der Delegierung von Features

Durch die Möglichkeit, Benutzer und Berechtigungen zu definieren, können Sie eine Verwaltung einrichten, die sich an der Struktur des Websiteinhalts orientiert. Allerdings ist es auch wichtig festzulegen, welche Features Benutzer sehen und konfigurieren dürfen. Vielleicht möchten Sie einem Websiteadministrator erlauben, eine Verbindung mit der Standardwebsite (Default Web Site) herzustellen, aber Sie möchten dem Administrator nicht das Recht gewähren, die Authentifizierungseinstellung zu ändern. Delegierung ist der Vorgang, mit dem ein Administrator festlegen kann, welche IIS-Features ein Benutzer sehen und ändern kann.

Die Standardeinstellungen für die Delegierung von Features werden in IIS auf der Ebene des Servers festgelegt. Im IIS-Manager erreichen Sie diese Einstellungen, indem Sie im linken Bereich das Webserverobjekt auswählen und dann im Bereich *Verwaltung* der *Ansicht "Features"* mit einem Doppelklick auf *Delegierung von Features* klicken (Abbildung 6.7).

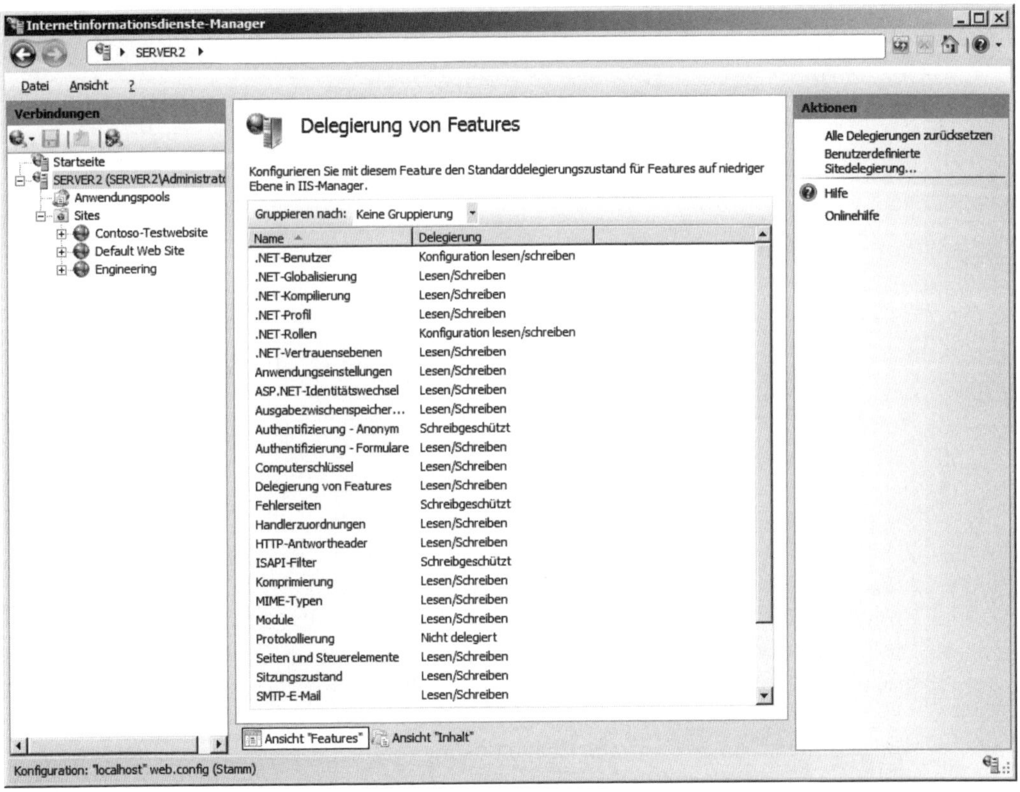

Abbildung 6.7 Anzeigen der Einstellungen für die Delegierung von Features eines IIS-Webservers

Die Liste der Features, die sich delegieren lassen, umfasst alle Features, die durch die Serverrolle Webserver (IIS) und die aktivierten Rollendienste hinzugefügt worden sind.

Um die Einstellung für ein Feature zu ändern, wählen Sie es aus der Liste aus und verwenden die Befehle aus dem Abschnitt *Delegierung von Features festlegen* des Bereichs *Aktionen*. Die meisten Features sind auf *Schreibgeschützt* oder *Lesen/Schreiben* eingestellt. Manche sind auf *Konfiguration lesen/schreiben* oder *Konfiguration schreibgeschützt* eingestellt. Diese Einstellungen ermöglichen es Webentwicklern, in ihren Konfigurationsdateien Einstellungen vorzunehmen oder sie anhand von Einstellungen aus Datenbanken zu verwalten. Die Einstellung *Nicht delegiert* bedeutet, dass die Aktivierung des Features auf tieferen Ebenen nicht aktiviert ist und sich auch nicht konfigurieren lässt. Mit der Option *Delegierung* aus der Dropdownliste *Gruppieren nach* können Sie schnell überblicken, wie die Einstellungen aussehen (Abbildung 6.8).

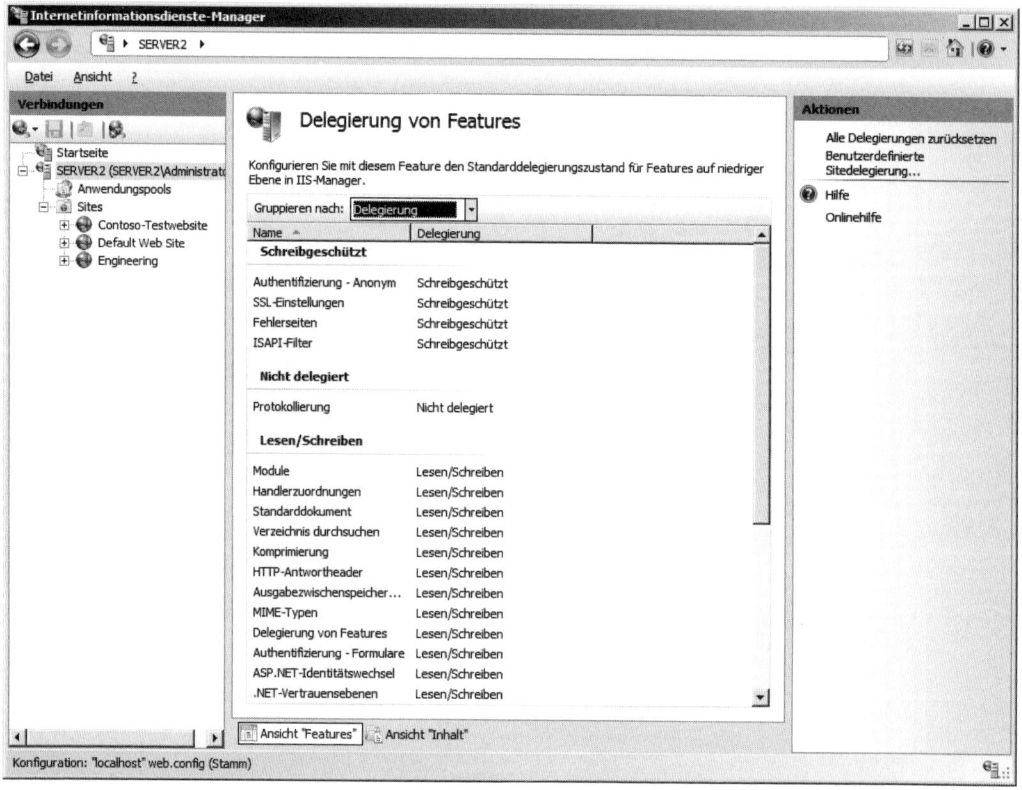

Abbildung 6.8 Anzeigen der Einstellungen für die Delegierung von Features, zusammengefasst nach den Einstellungen

Einstellungen, die Sie auf der Ebene des Servers vornehmen, gelten automatisch für alle untergeordneten Websites und Webanwendungen. In manchen Fällen werden Sie die Delegierung von Features auf die Websiteebene beschränken wollen. Dazu klicken Sie im Bereich *Aktionen* auf den Befehl *Benutzerdefinierte Sitedelegierung*. Dadurch öffnet sich die Seite *Benutzerdefinierte Sitedelegierung* (Abbildung 6.9), auf der Sie die Website auswählen können, für die Ihre Delegierungseinstellungen gelten sollen.

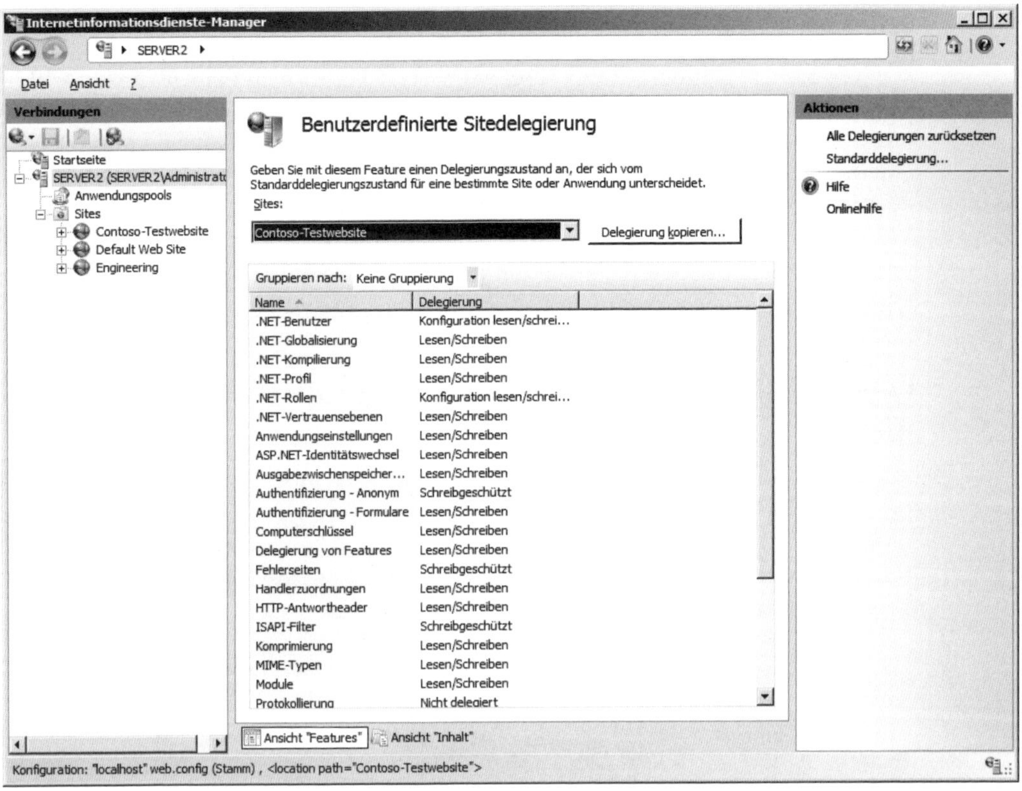

Abbildung 6.9 Festlegen benutzerdefinierter Delegierungseinstellungen

Mit dem Befehl *Delegierung kopieren* können Sie die aktuell gewählten Einstellungen auf eine oder mehrere Websites kopieren, die sich auf dem Server befinden. Sie können auch die Befehle *Alle Delegierungen zurücksetzen* und *Standarddelegierung* aus dem Bereich *Aktionen* verwenden, um Gruppen von Einstellungen schnell auf ihre vorherigen Werte zurückzusetzen. Mit den Einstellungen für die Delegierung von Features legen Sie fest, welche Teile der Systemkonfiguration für Remotebenutzer zugänglich werden, die mit dem IIS-Manager eine Verbindung zum Server herstellen.

Hinweis Einstellungen und Ebenen

Wenn Sie Sicherheitseinstellungen für die Remoteverwaltung vornehmen, vergessen Sie bitte nicht die Bedingungen, die für die jeweiligen Einstellungen gelten. Manche Einstellungen lassen sich nur auf der Ebene des Webservers konfigurieren, wie zum Beispiel die Definition von IIS-Manager-Benutzern und die Delegierung von Features. Dadurch werden diese Einstellungen für alle untergeordneten Objekte verfügbar. IIS-Manager-Berechtigungen lassen sich dagegen für bestimmte Websites und Webanwendungen einstellen. Daher können Sie sehr genau festlegen, welche Benutzer nur einen beschränkten Zugang zu bestimmten Teilen des Webservers erhalten.

Verbinden des IIS-Managers mit einem Remoteserver

Nachdem Sie die Remoteverwaltung aktiviert und die entsprechenden Berechtigungen konfiguriert haben, können Remotebenutzer mit der IIS-Managerkonsole eine Verbindung mit dem Server herstellen. Um die Konfiguration auf dem lokalen Computer oder mit einem Remotecomputer zu überprüfen, auf dem die IIS-Managerkonsole installiert ist, können Sie die *Startseite* des IIS-Managers oder das *Datei*-Menü verwenden, um eine Verbindung mit IIS herzustellen. Wie Abbildung 6.10 zeigt, können Remotebenutzer auf verschiedenen Ebenen eine Verbindung mit dem Server herstellen. Die verfügbaren Befehle sind *Mit einem Server verbinden, Mit einer Site verbinden* und *Mit einer Anwendung verbinden.*

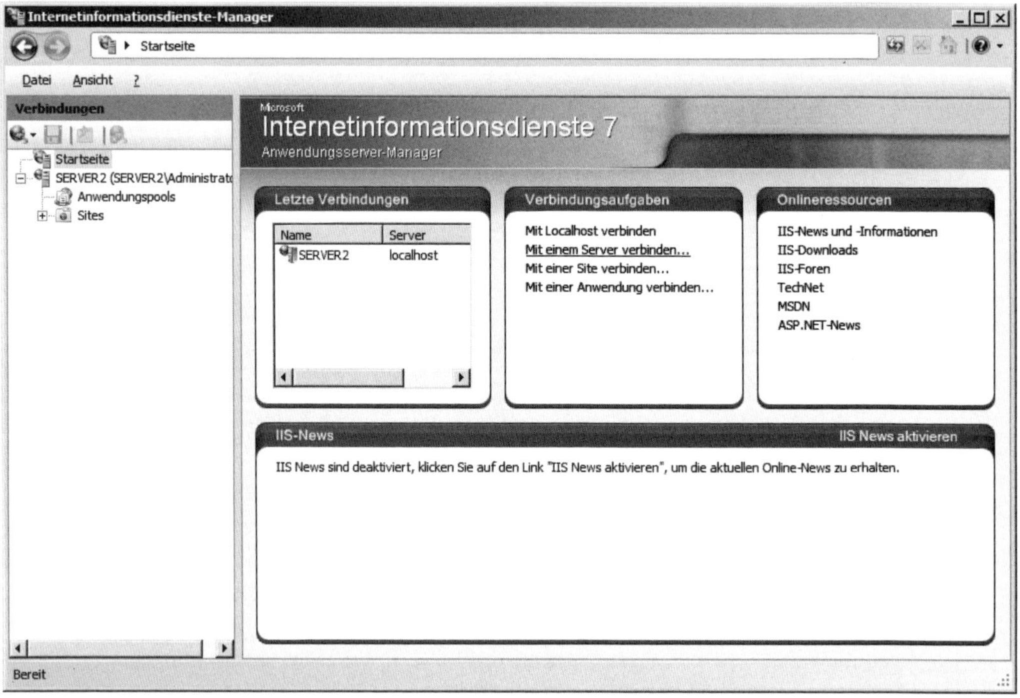

Abbildung 6.10 Verbinden mit einer Remoteinstallation von IIS

Weitere Informationen Herunterladen der IIS-Managerkonsole

Benutzer von Microsoft Windows Server 2003, Microsoft Windows XP und Windows Vista können eine Version der IIS-Managerkonsole herunterladen, die sich auf ihren Computern installieren lässt. Um die Datei zu finden, besuchen Sie *http://www.iis.net/downloads* und suchen nach dem „Internet Information Services (IIS) 7.0 Manager". Sobald Remotebenutzer das Programm installiert haben, können sie damit Verbindungen zu Windows Server 2008-Computern herstellen, auf denen die Serverrolle Webserver (IIS) installiert und die Remoteverwaltung aktiviert ist.

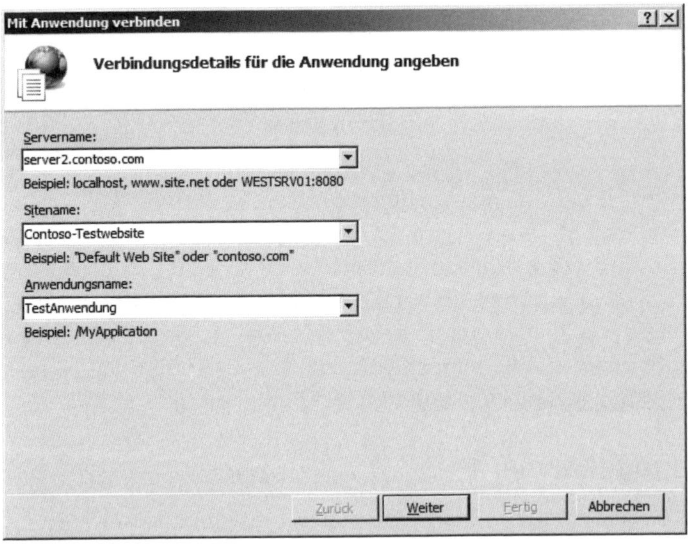

Abbildung 6.11 Erstellen einer Verbindung mit einer Webanwendung

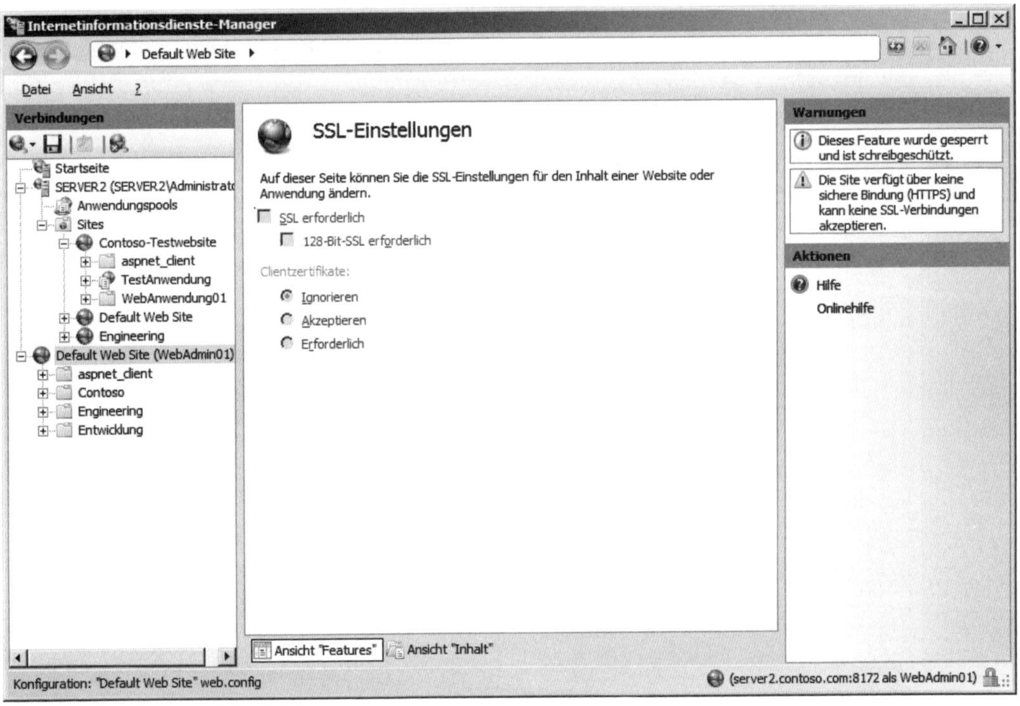

Abbildung 6.12 Anzeigen der SSL-Optionen, die wegen der Einstellung der Delegierung von Features gesperrt sind

Abbildung 6.11 zeigt die Optionen, die für eine direkte Verbindung mit einer Webanwendung verfügbar sind. Remoteadministratoren werden außerdem aufgefordert, Anmeldeinformationen einzugeben (Benutzername und Kennwort), um die Verbindung herzustellen. Kommt die Verbindung zustande, sehen Remoteadministratoren auf der linken Seite des IIS-Managers ein neues Objekt. Diese Administratoren können der Verbindung auch einen Namen geben oder sie umbenennen, um bei mehreren Verbindungen den Überblick zu behalten.

Welche Elemente für die Verwaltung zur Verfügung stehen, hängt von den Einstellungen der Delegierung von Features ab. Auch wenn vielleicht dieselben Symbole angezeigt werden, können Remoteadministratoren die Einstellungen von bestimmten Elementen vielleicht nicht ändern oder geänderte Einstellungen nicht speichern. Für die meisten Einstellungen werden sie die entsprechenden Seiten öffnen können, auf denen die Details angezeigt werden, aber die Steuerelemente bleiben gesperrt. In diesem Fall lassen sich keine Änderungen vornehmen und speichern. Abbildung 6.12 zeigt ein Beispiel.

Verwalten von Anfragehandlern

Zur Unterstützung unterschiedlicher Webanwendungstechnologien lässt die IIS-Architektur die Aktivierung und Deaktivierung von Anfragehandlern zu. Anfragehandler sind Programme, die Webanfragen bearbeiten und Antworten zusammenstellen, die dann an die Clients zurückgesendet werden. Webserver und Webanwendungen lassen sich mit ihren eigenen Anfragehandlern konfigurieren, deren Auswahl von der Art des Inhalts abhängt, der unterstützt werden soll. Beispielsweise kann eine Webanwendung ebenso für statischen Inhalt (etwa HTML) wie für ASP.NET-Webseiten ausgelegt werden.

Der wichtigste Vorteil ist, dass Webentwickler die Technologie wählen können, die sich für die anstehenden Aufgaben am besten eignet. Allerdings gibt es unter Sicherheitsgesichtspunkten auch einen Nachteil. Wenn IIS mit vielen Anfragehandlern konfiguriert wird, vergrößert sich die Angriffsfläche. Eine Schwachstelle in einem der aktivierten Anfragehandler kann nichtautorisierte Zugriffe oder ähnliche Probleme nach sich ziehen. Daher wird empfohlen, dass Systemadministratoren nur die Anfragehandler aktivieren, die auch tatsächlich verwendet werden sollen. In diesem Abschnitt erfahren Sie, wie man Anfragehandler aktiviert und deaktiviert.

Praxistipp

Anil Desai

Webentwickler und Systemadministratoren neigen dazu, auf ihren Webservern viel zu viele Berechtigungen zu vergeben. Der Grund ist simpel: Es ist einfacher, für alle Features und Einstellungen Vollzugriff zu gewähren. Auf diese Weise ist es unwahrscheinlich, dass man eine seltene Kombination von Anforderungen nicht erfüllt. Häufig verstehen Systemadministratoren nicht die Komplexität des Themas Sicherheit für Webanwendungen und Webentwickler unterschätzen häufig die Bedeutung der Verkleinerung der Angriffsfläche auf Produktivwebservern. Das Ergebnis ist ein Sicherheitssystem, das nicht gerade optimal konfiguriert ist und ein erhöhtes Risiko für nichtautorisierte Zugriffe aufweist. Wie also könnte eine Lösung aussehen?

Der wichtigste Aspekt bei der Ermittlung der optimalen Sicherheitseinstellungen ist Kommunikation. Serveradministratoren sollten Webanwendungsentwickler nach einer Liste mit den speziellen Anforderungen der Anwendungen fragen, die in der Produktivumgebung laufen. Eine Prüfliste, die im Vorfeld verwendet wird, um Informationen über die vorgesehenen Benutzer, die erforderlichen ISS-Handler, Anforderungen für die Authentifizierung und für die Codezugriffssicherheit erfasst, ist ein guter Ausgangspunkt. Webentwickler müssen die Bedeutung der Beschränkung von Zugriffen auf Dienste und die Einschränkung der Ausführungsberechtigungen für ihre Anwendungen verstehen. Um sicherzustellen, dass die gewünschten Ziele erreicht werden, können beide Teams Tests entwickeln, mit denen die Konfiguration unter Sicherheits- und funktionalen Aspekten überprüft wird.

Webentwickler und Webserveradministratoren haben gewöhnlich unterschiedliches Hintergrundwissen und verschiedenartige Erfahrungen. Das ist durchaus nicht negativ, solange beide Gruppen es verstehen, ihr Wissen und ihre Erfahrungen zu kombinieren und die bestmögliche Sicherheit für die Produktivserver zu erreichen.

Grundlagen der Handlerzuordnungen

Wenn der Webserver eine Anfrage erhält, verwendet IIS die definierten Handlerzuordnungen, um den zu verwendenden Anfragehandler zu bestimmen. Eine Handlerzuordnung enthält folgende Informationen:

- **Verben** HTTP-Anfragen enthalten Verben, die die Art der Anfrage genauer festlegen. Die beiden gebräuchlichsten Verben sind `GET`, das verwendet wird, um Informationen vom Webserver abzurufen, und `POST`, mit dem Informationen vom Clientbrowser zum Webserver gesendet werden können.
- **Anfrageerweiterung** Webserver geben eine Vielfalt von Inhaltstypen zurück. Die gebräuchlichsten sind Standard-HTML-Seiten und Bilder, wie zum Beispiel *.jpg*- und *.gif*-Dateien. IIS kann die Dateierweiterung aus der HTTP-Anfrage verwenden, um zu bestimmen, welche Art von Inhalt bearbeitet werden muss. Die Standarddateierweiterung von ASP.NET-Webseiten ist zum Beispiel *.aspx*. Für Anforderungen von *.aspx*-Seiten wird automatisch der ASP.NET-Anfragehandler verwendet. Die meisten Webentwicklungsplattformen haben eigene Konventionen für Erweiterungen. Es ist auch möglich, neue Erweiterungen zu definieren und geeignete Zuordnungen dafür vorzunehmen.
- **Handlerinformationen** Die Handlerzuordnung enthält Angaben über den speziellen Anfragehandler, den IIS anhand des Verbs und der Anfrageerweiterung aufrufen soll. Diese Information kann auf verschiedene Arten angegeben werden, zum Beispiel als vollständiger Pfadname einer ausführbaren Datei oder als Name eines Programms, das zur Bearbeitung der Anfrage entwickelt wurde.

Neben einer bestimmten Handlerzuordnung auf der Grundlage dieser Einstellungen bietet IIS auch einen Standardhandler, mit dem sich Standardinhalte an den Client zurücksenden lassen. Die Handlerzuordnung *StaticFile* ist so konfiguriert, dass sie für die Beantwortung von Anfragen sorgt, die keiner vorhandenen Datei zugeordnet werden. Wie die Antwort im Detail aussieht, hängt von den Einstellungen für die Webanwendung ab. Wird für die Webanwendung ein Standarddokument festgelegt oder ein virtuelles Verzeichnis, so wird dieses Dokument zurückgegeben, wenn die URL keine Dateiangabe enthält. Die Anforderung von *http://Server1.contoso.com/TestSite* führt zum Beispiel automatisch zur Rückgabe der Datei *Default.htm* (sofern vorhanden).

Liegt kein Standarddokument vor oder ist das Feature deaktiviert, überprüft der `StaticFile`-Handler, ob die Verzeichnissuche aktiviert ist. Ist dies der Fall, wird eine Liste mit dem Inhalt des Ordners an den Anfrager zurückgesendet. Kann die Anfrage mit keiner dieser Methoden beantwortet werden, erhält der Benutzer eine Fehlermeldung, die besagt, dass es sich um eine unzulässige Anfrage handelt. Die vollständige Fehlermeldung lautet *HTTP-Fehler 403.14 – Forbidden: Der Webserver ist so konfiguriert, dass der Inhalt dieses Verzeichnisses nicht aufgelistet wird* (Abbildung 6.13).

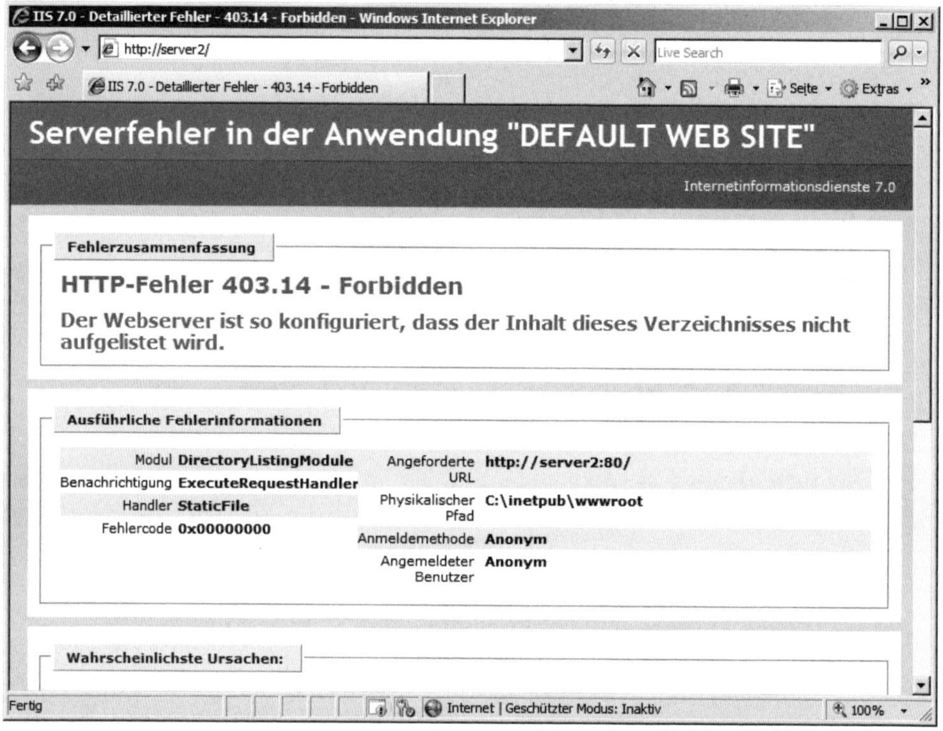

Abbildung 6.13 Kann eine Anfrage nicht bearbeitet werden, erhält der Benutzer eine Fehlermeldung

Hinweis Lokale Fehlermeldungen versus Remotefehlermeldungen

Aus Sicherheitsgründen ist IIS so konfiguriert, dass es für Webbenutzer, die vom lokalen Computer aus auf den Server zugreifen, und für Remotebenutzer jeweils verschiedene Fehlermeldungen übermittelt. Das hat einen ganz einfachen Grund: Möglicherweise sensible Informationen sollen nicht an Remotebenutzer gesendet werden, aber Systemadministratoren und Webentwickler sollen natürlich sinnvolle Informationen erhalten, die ihnen bei der Behebung des Problems helfen.

Konfigurieren der Handlerzuordnungen

Wenn Sie die Rolle Webserver (IIS) zu Windows Server 2008 hinzufügen, werden für den Webserver und die Standardwebsite Standardsätze an Handlerzuordnungen definiert. Neue Websites und Webanwendungen erhalten ebenfalls einen Standardsatz an Handlerzuordnungen. Außerdem werden nach Bedarf automatisch weitere Handlerzuordnungen zur Konfiguration hinzugefügt, wenn Sie Rollendienste zur Rolle Webserver (IIS) hinzufügen.

Sie können Handlerzuordnungen im IIS-Manager konfigurieren. Nachdem Sie eine Verbindung mit einer IIS-Installation hergestellt haben, wählen Sie die Ebene, auf der Sie die Zuordnungen konfigurieren. Folgende Ebenen stehen zur Wahl:

- Webserver
- Websites
- Webanwendungen
- Virtuelle Verzeichnisse
- Webordner

Untergeordnete Elemente aus der Hierarchie erben automatisch die Handlerzuordnungen der übergeordneten Ebene. Eine neue untergeordnete Webanwendung erbt zum Beispiel automatisch die Standardhandlerzuordnungen der übergeordneten Website. Einstellungen, die auf einer tieferen Ebene erfolgen, haben Vorrang vor den Einstellungen aus der höheren Ebene. Daher kann eine bestimmte Webanwendung zum Beispiel einen bestimmten Dateiinhalt (wie ASP.NET-Seiten) unterstützen, während andere Anwendungen und die übergeordnete Website vielleicht nur statische Inhalte anbieten.

Zur Anzeige der Handlerzuordnungen, die auf einer bestimmten Ebene eingestellt sind, klicken Sie das betreffende Objekt im linken Bereich des IIS-Managers an. Dann klicken Sie im mittleren Bereich in der *Ansicht "Features"* mit einem Doppelklick auf das Element *Handlerzuordnungen*. Abbildung 6.14 zeigt die *Handlerzuordnungen*, die für eine Website definiert wurden.

In der Liste werden alle Handlerzuordnungen aufgeführt, die auf der gewählten Ebene definiert sind. Die Namen geben die Anfragehandler an, wie zum Beispiel *StaticFile* oder *ASPClassic*. Integrierte Handlerzuordnungen haben Standardnamen, aber Administratoren können bei der Definition neuer Zuordnungen selbst Namen festlegen. Die Spalte *Pfad* zeigt die Dateierweiterungen, für die der Handler verwendet wird.

Die Spalte *Zustand* gibt an, ob der Handler aktiviert oder deaktiviert ist. Sollte der Handler deaktiviert sein, werden Anfragen, die zu der Zuordnung passen, nicht bearbeitet. Die Spalte *Handler* gibt das Programm an, das aufgerufen wird. Die Spalte *Eintragstyp* schließlich gibt an, ob die Handlerzuordnung von einem übergeordneten Objekt geerbt oder lokal für das Objekt definiert wurde.

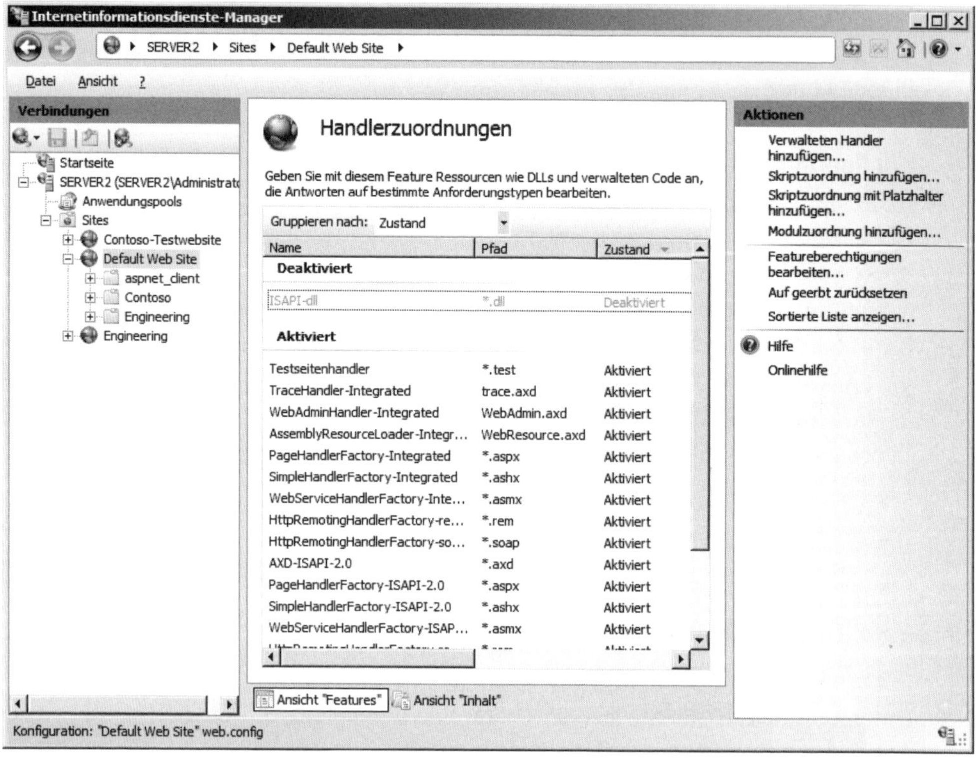

Abbildung 6.14 Anzeigen der Handlerzuordnungen für eine Website

Die Dropdownliste *Gruppieren nach* können Sie verwenden, um Handlerzuordnungen nach verschiedenen Kriterien zu Gruppen zusammenzufassen. Das Kriterium *Eintragstyp* zeigt, welche Einstellungen von übergeordneten Objekten geerbt wurden und welche Handler direkt für das ausgewählte Objekt konfiguriert wurden. Die Gruppierung nach dem *Zustand* zeigt, welche Handlerzuordnungen aktiv sind und welche nicht. Diese Anzeigeoptionen geben Ihnen einen schnellen Überblick über die Angriffsflächen der Komponenten des Webservers.

Entfernen der Handlerzuordnungen

Zur Sicherung des Webinhalts sollten Sie alle Anfragehandler entfernen, von denen Sie wissen, dass sie in der Produktivumgebung nicht verwendet werden. Um eine Handlerzuordnung zu entfernen, klicken Sie die Zuordnung an und wählen dann im Bereich *Aktionen* den Befehl *Entfernen*. Nach der Entfernung der Zuordnung werden Anfragen nach den Inhaltstypen, für die der Handler zuständig war, nicht mehr bearbeitet. Abbildung 6.15 zeigt zum Beispiel die Fehlermeldung, die der Benutzer erhält, wenn der Anfragehandler *StaticFile* der Webanwendung entfernt wurde. In diesem Fall ist die angeforderte Datei (*Default.htm*) im Ordner der Webanwendung vorhanden, allerdings ist für die Dateinamenserweiterung *.htm* kein Handler verfügbar und die Anfrage kann deshalb nicht bearbeitet werden. Der Anfrager erhält den Eindruck, die Datei sei nicht vorhanden.

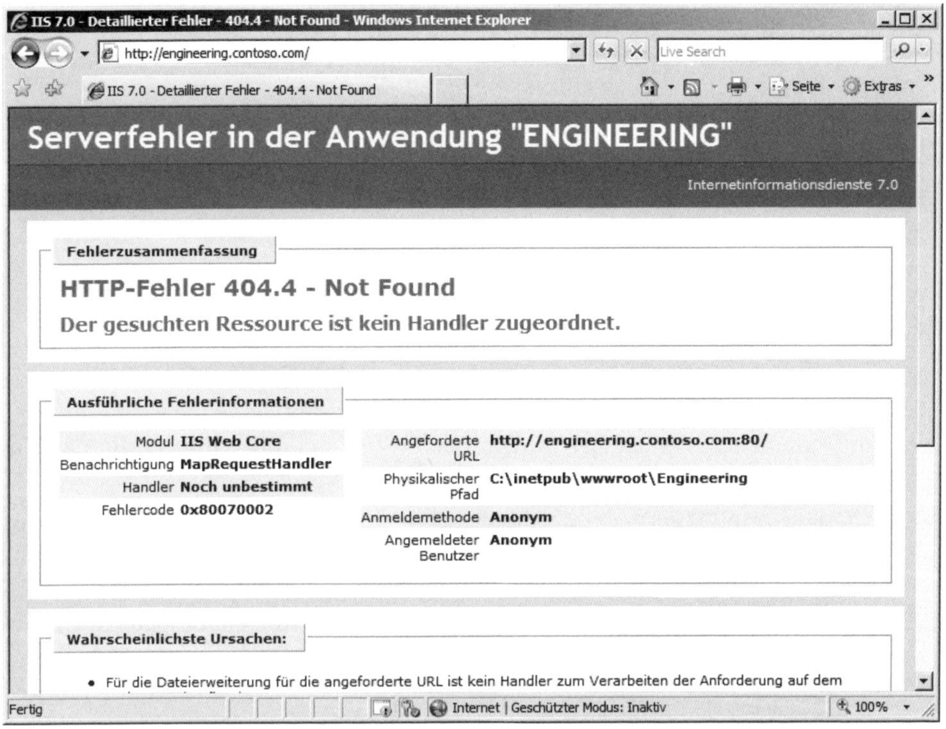

Abbildung 6.15 Eine ausführliche Meldung über den fehlenden Anfragehandler

Verwalten der Handlervererbung

Die Vererbung der Handlerzuordnungen vereinfacht die Verwaltung von Servern beträchtlich, auf denen viele Websites und Webanwendungen betrieben werden. Sie konfigurieren Handlerzuordnungen gewöhnlich auf der höchsten Ebene, auf der die Zuordnung sinnvoll ist. Wenn Sie zum Beispiel sicher sind, dass keine Webanwendung einer bestimmten Website auf die Dateinamenserweiterung *.soap* reagieren soll, können Sie diese Handlerzuordnung auf der Ebene der Website entfernen. Wie bereits erwähnt, sollten Sie aus Sicherheitsgründen die Zahl und Art der aktivierten Handler auf die tatsächlich benötigten beschränken.

Standardmäßig ist es für Objekte aus untergeordneten Ebenen möglich, von übergeordneten Ebenen geerbte Handlerzuordnungen außer Kraft zu setzen. In manchen Fällen möchten Sie vielleicht unabhängig von den Einstellungen für Websites und Webanwendungen auf dem ganzen Server verhindern, dass bestimmte Anfragen bearbeitet werden können. Das erreichen Sie durch eine Sperrung der Konfiguration des Anfragehandlers. Um die Konfiguration zu sperren, klicken Sie das Webserverobjekt im IIS-Manager an und doppelklicken auf *Handlerzuordnungen*. Wählen Sie die Handlerzuordnung aus, die Sie sperren möchten, und klicken Sie im Bereich *Aktionen* auf den Befehl *Sperren*.

Außerdem ist es möglich, die Einstellungen für die Handlerzuordnungen auf ihre Standardwerte zurückzusetzen. Dazu klicken Sie im Bereich *Aktionen* des IIS-Managers auf den Befehl *Auf geerbt zurücksetzen*. Damit werden die Abbildungen von den übergeordneten Ebenen wiederhergestellt. Alle lokal festgelegten Handlerzuordnungen gehen dabei allerdings verloren.

Hinzufügen von Handlerzuordnungen

Die IIS-Architektur ermöglicht es Systemadministratoren, nach Bedarf neue Handlerzuordnungen hinzuzufügen. Wenn Sie zum Beispiel eine bestimmte Dateiart mit der Namenserweiterung *.mypage* unterstützen möchten, können Sie einen Handler für diesen Dateityp hinzufügen. Außerdem können Webentwickler ihre eigenen Programme zur Verwaltung neuer Anfragetypen erstellen.

Um eine Handlerzuordnung hinzuzufügen, wählen Sie das betreffende Objekt aus und klicken dann in der *Ansicht "Features"* des IIS-Managers die *Handlerzuordnungen* mit einem Doppelklick an. Der Bereich *Aktionen* bietet mehrere Optionen für das Hinzufügen neuer Anfragehandler:

- **Verwalteten Handler hinzufügen** Ein verwalteter Handler bearbeitet Anfragen auf der Basis einer .NET-Codebibliothek. Mit der *Typ*-Einstellung können Sie eine Auswahl unter den .NET-Codemodulen treffen, die auf dem lokalen Server installiert sind (Abbildung 6.16). Diese Typen gehören alle zum Namespace *System.Web*.

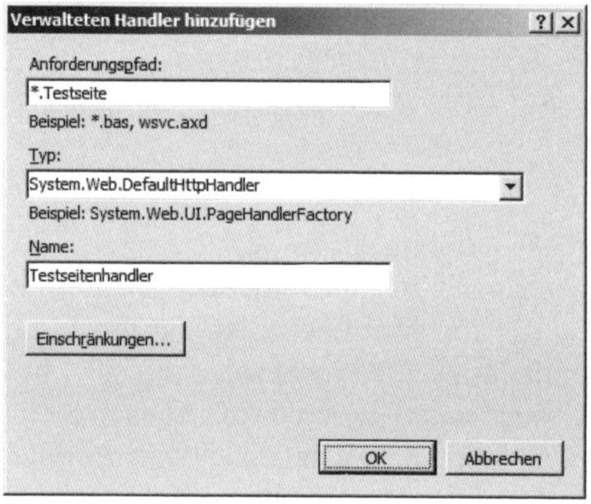

Abbildung 6.16 Hinzufügen eines verwalteten Handlers zu einer Website

- **Skriptzuordnung hinzufügen** Skriptzuordnungen werden verwendet, um Anfragen mit einer bestimmten DLL (Dynamic Link Library) oder EXE (executable file) zu bearbeiten. Solche Programme werden entwickelt, um Anfragen zu bearbeiten und eine Antwort zu generieren, die IIS an den Absender zurücksenden kann.
- **Skriptzuordnung mit Platzhalter hinzufügen** Skriptzuordnungen mit Platzhalter werden zur Angabe von Standardhandlern für Dokumenttypen verwendet, die von keinen anderen Handlern bearbeitet werden. Der Eintrag im Textfeld *Anforderungspfad* verweist auf eine *.dll*- oder *.exe*-Datei, die zur Bearbeitung der Anfrage entwickelt wurde.

- **Modulzuordnung hinzufügen** Module sind (in diesem Zusammenhang) Programme, die in die IIS-Bearbeitungspipeline eingreifen. Sie können eine Vielfalt von Funktionen bieten und Teile der Standardrollendienste und der optionalen Rollendienste der Rolle Webserver (IIS) sein. Zu den Beispielen zählen *FastCGIModule* für die Bearbeitung von Skripts auf der Basis der CGI-Spezifikation (Common Gateway Interface) und *StaticCompressionModule* zur Komprimierung von statischen HTML-Inhalten (zur Verringerung der benötigten Bandbreite). Administratoren können eine optionale ausführbare oder *.dll*-Datei angeben, die bei der Bearbeitung von Anfragen verwendet wird (Abbildung 6.17).

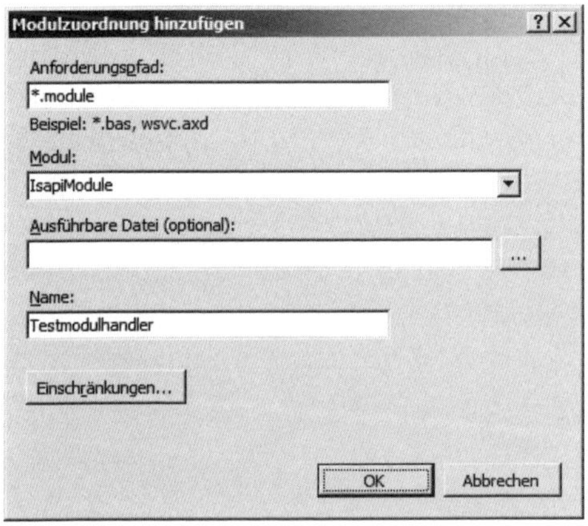

Abbildung 6.17 Hinzufügen einer Modulzuordnung zu einer Webanwendung

Wenn Sie einen neuen Anfragehandler hinzufügen, werden Sie aufgefordert, den Anforderungspfad anzugeben. Dabei können Sie Platzhalter verwenden oder eine explizite Dateiliste angeben. Beispiele wären **.mypage* (zur Bearbeitung von Anfragen für eine Datei mit dieser Namenserweiterung) und *Config.mypage* (zur Bearbeitung von Anfragen nach diesem speziellen Dateinamen). Im Textfeld *Name* sollten Sie eine Bezeichnung wählen, die anderen Entwicklern und Administratoren einen Hinweis auf den Zweck der Handlerzuordnung gibt.

Konfigurieren von Anfragebeschränkungen

Neben den Pfaden und Dateinamen, für die bestimmte Anfragehandler zuständig sind, können Sie zur Verbesserung der Sicherheit auch Einschränkungen festlegen. Um die verfügbaren Optionen zu sehen, klicken Sie im Dialogfeld zum Hinzufügen der Zuordnung auf *Einschränkungen*. Die verfügbaren Optionen werden auf drei Registerkarten angezeigt: *Zuordnung*, *Verben* und *Zugriff*.

Auf der Registerkarte *Zuordnung* können Sie detailliert angeben, ob die Zuordnung für Dateien, Ordner oder beides gilt. Die Standardeinstellung ist, dass der Handler automatisch Anfragen nach Dateien und Ordnern bearbeitet. Sie können das auf Dateien oder

Ordner beschränken und damit festlegen, ob der Handler auf Anfragen nach Standarddokumenten oder auf explizite Dateianfragen antwortet.

Auf der Registerkarte *Verben* (Abbildung 6.18) können Sie angeben, auf welche HTTP-Anfrageverben der Handler antworten soll. Die gebräuchlichsten Verben sind zwar `GET` und `POST`, aber manche Anwendungen verwenden vielleicht andere Verben (wie `HEAD`), um andere Informationen vom Webserver anzufordern. Standardmäßig werden alle Verben an den Anfragehandler weitergeleitet. Wenn Sie für andere Verben andere Handler verwenden möchten oder wenn die Handlerzuordnung nur für bestimmte Verben gelten soll, können Sie dies mit der Option *Eines der folgenden Verben* erreichen.

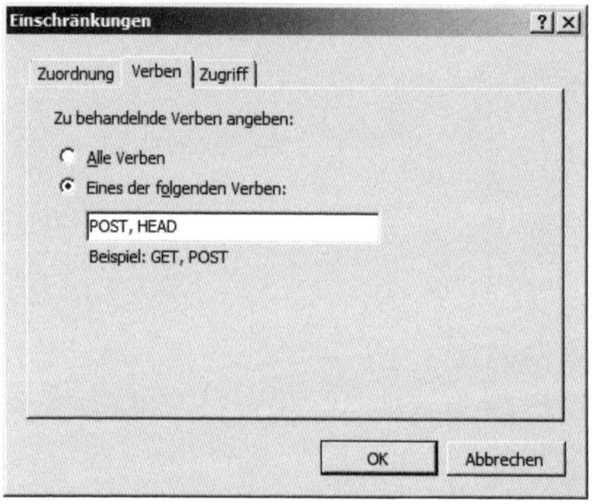

Abbildung 6.18 Anzeigen der Einschränkungsoptionen für eine Handlerzuordnung

Die Registerkarte *Zugriff* schließlich legt die Zugriffsberechtigungen fest, über die der Anfragehandler verfügt. Geben Sie dem Handler zur Verbesserung der Sicherheit nur die Rechte, die er für seine Arbeit braucht. Die Standardeinstellung ist *Skript*, was für die meisten Handler ausreicht. Außerdem sind noch die Optionen *Keine*, *Lesen*, *Schreiben* und *Ausführen* verfügbar.

Konfigurieren der Featureberechtigungen

Featureberechtigungen legen fest, welche Arten von Aktionen ein Anfragehandler durchführen darf. Um diese Einstellungen vorzunehmen, klicken Sie mit einem Doppelklick auf *Handlerzuordnungen* und klicken dann im Bereich *Aktionen* auf *Featureberechtigungen bearbeiten* (Abbildung 6.19).

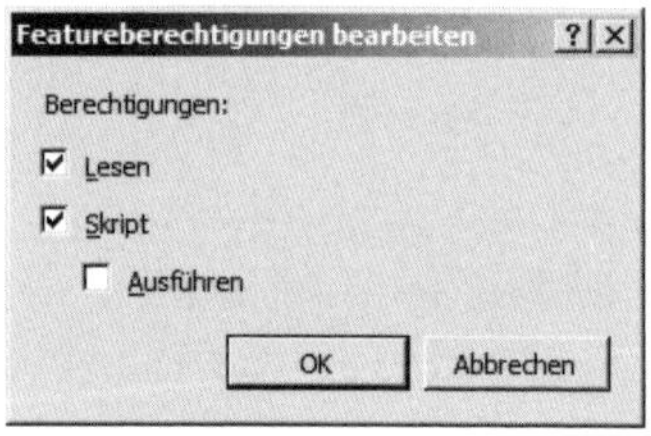

Abbildung 6.19 Konfigurieren der Featureberechtigungen für einen Anfragehandler

Die drei Berechtigungen sind:

- **Lesen** Erlaubt dem Handler, die Dateien zu lesen, die im Dateisystem gespeichert sind
- **Skript** Erlaubt dem Handler, einfache Skripts auf dem Server auszuführen
- **Ausführen** Erlaubt dem Handler, zur Bearbeitung einer Anfrage ausführbaren Programmcode auszuführen (wie *.dll-* oder *.exe*-Dateien). Um die Berechtigung *Ausführen* zu aktivieren, muss zuvor die Berechtigung *Skript* aktiviert werden.

Standardmäßig werden für neue Handlerzuordnungen die Featureberechtigungen *Lesen* und *Skript* aktiviert.

Schnelltest

1. Welche Vorbereitungen müssen Sie treffen, damit Benutzer die IIS mit der IIS-Managerkonsole remote verwalten können?
2. Auf welche beiden Arten können Sie kontrollieren, welche Benutzer die IIS remote verwalten können?

Antworten zum Schnelltest

1. Zur Aktivierung der Remoteverwaltung müssen Sie den Rollendienst Verwaltungsdienst hinzufügen und den Verwaltungsdienst aktivieren.
2. Der IIS-Verwaltungsdienst kann Benutzer mit der Windows-Authentifizierung oder mit den IIS-Manager-Anmeldeinformationen überprüfen.

Praktische Übung Verwalten der IIS-Sicherheitseinstellungen

Diese Übung beschreibt die Konfiguration der Sicherheitseinstellungen für einen Computer, auf dem Windows Server 2008 ausgeführt wird und die Rolle Webserver (IIS) installiert ist. Sie erfahren, wie Sie die Remoteverwaltung aktivieren und Handlerzuordnungen konfigurieren, um die Sicherheit zu verbessern. Die Übungen setzen voraus, dass Sie die Rolle Webserver (IIS) bereits mit den Standardoptionen auf *server2.contoso.com* installiert haben und wissen, wie man Rollendienste hinzufügt.

▶ Übung 1: Konfigurieren der Remoteverwaltung

In dieser Übung ermöglichen Sie es einem Benutzer mit dem IIS-Verwaltungsdienst, eine Verbindung mit dem Computer herzustellen. Zuerst installieren Sie den Rollendienst Verwaltungsdienst. Dann erstellen Sie im IIS-Manager einen neuen Benutzer und geben ihm die Berechtigung für den Zugriff auf die Standardwebsite (Default Web Site). Schließlich stellen Sie mit dem neuen Benutzer eine Verbindung mit IIS her, um zu überprüfen, ob die Berechtigungen und die Delegierungseinstellungen korrekt sind. Die letzten Schritte lassen sich zwar lokal auf Server2 durchführen, aber Sie können dafür auch einen anderen Computer verwenden, auf dem Windows Vista oder Windows Server 2008 ausgeführt wird und auf dem die IIS 7.0-Managerkonsole installiert ist. Die folgende Beschreibung geht davon aus, dass Sie lokal auf Server2 arbeiten.

1. Melden Sie sich auf Server2 als ein Benutzer an, der auf dem Computer über Administratorrechte verfügt.
2. Fügen Sie im Server-Manager den Rollendienst *Verwaltungsdienst* zur Serverrolle Webserver (IIS) hinzu. Wenn Sie fertig sind, schließen Sie den Server-Manager.
3. Öffnen Sie den IIS-Manager und stellen Sie eine Verbindung mit dem lokalen Server her (Server 2).
4. Klicken Sie das Serverobjekt im linken Bereich an und klicken Sie dann in der *Ansicht "Features"* mit einem Doppelklick auf das Symbol *Verwaltungsdienst*.
5. Auf der Seite *Verwaltungsdienst* sollte die Meldung zu lesen sein, dass der Dienst noch nicht gestartet wurde. Das ist erforderlich, um Konfigurationsänderungen durchführen zu können. Wählen Sie die Option *Remoteverbindungen aktivieren*.
6. Wählen Sie im Abschnitt *Anmeldeinformationen für Identität* die Option *Windows-Anmeldeinformationen oder IIS-Manager-Anmeldeinformationen*. Dadurch können Sie später mit dem IIS-Manager Benutzerkonten erstellen. Übernehmen Sie für alle anderen Einstellungen die Standardvorgaben. Beachten Sie, dass der Verwaltungsdienst standardmäßig auf Port 8172 antwortet.
7. Starten Sie den Verwaltungsdienst durch einen Klick auf den Befehl *Starten* im Bereich *Aktionen*. Beachten Sie, dass sich die Einstellungen nicht ändern lassen, während der Dienst ausgeführt wird.
8. Kehren Sie zur *Ansicht "Features"* zurück, indem Sie in der oberen Symbolleiste auf die Schaltfläche *Zurück* klicken.
9. Klicken Sie *IIS-Manager-Benutzer* mit einem Doppelklick an, um eine Liste der Benutzer anzuzeigen, die Zugang zum System haben. Beachten Sie, dass am Anfang noch keine Benutzer in dieser Liste stehen.
10. Klicken Sie im Bereich *Aktionen* auf *Benutzer hinzufügen*, um einen neuen IIS-Manager-Benutzer zu erstellen. Verwenden Sie den Benutzernamen **WebAdmin01** und das Kennwort **1w3b!admin**. (Verwenden Sie immer sichere Kennwörter.) Klicken Sie auf *OK*, um den neuen Benutzer zu erstellen. Überprüfen Sie, ob er in der Liste *IIS-Manager-Benutzer* angezeigt wird.
11. Klicken Sie im linken Bereich des IIS-Managers auf das Objekt *Default Web Site*. Klicken Sie dann im Bereich *Verwaltung* der *Ansicht "Features"* mit einem Doppelklick auf *IIS-Manager-Berechtigungen*.
12. Klicken Sie auf die Aktion *Benutzer zulassen*. Wählen Sie als Benutzertyp *IIS-Manager* und geben Sie im Textfeld **WebAdmin01** ein.

    Sie können auch die Schaltfläche *Auswählen* verwenden, um von den bisher auf dem Server definierten Benutzern einen auszuwählen.
13. Klicken Sie auf *OK*.

14. Klicken Sie im IIS-Manager auf das *Server2*-Objekt und klicken Sie dann im Bereich *Verwaltung* der *Ansicht "Features"* mit einem Doppelklick auf *Delegierung von Features*. Wählen Sie in der Dropdownliste *Gruppieren nach* die Gruppierungsart *Delegierung*. Beachten Sie, welche Features in der Liste schreibgeschützt sind. Im Verlauf der Übung versuchen Sie, die SSL-Einstellungen zu ändern, um zu überprüfen, ob die Delegierung von Features funktioniert.
15. Klicken Sie auf der linken Seite des IIS-Managers auf den Knoten *Startseite*. Klicken Sie in der mittleren Fläche auf die Verknüpfung *Mit einer Site verbinden*.
16. Geben Sie als Servernamen **Server2.contoso.com** ein. Als Sitenamen geben Sie **Default Web Site** ein. Klicken Sie auf *Weiter*.
17. Verwenden Sie als Benutzernamen **WebAdmin01** und geben Sie als Kennwort **1w3b!admin** ein. Klicken Sie auf *Weiter*.
18. Geben Sie als Verbindungsnamen **Default Web Site – Test** ein, um deutlich zu machen, dass es sich um eine Testverbindung handelt. Klicken Sie auf *Fertig*.

    Nach der Fertigstellung der Verbindung erscheint im linken Bereich des IIS-Managers ein neues Element mit der Beschriftung *Default Web Site – Test*. Um die betreffende Website zu verwalten, können Sie diese Verbindung anklicken, so wie Sie es bei der lokalen Standardverbindung tun. Beachten Sie aber, dass die neue Verbindung nur den Inhalt der Standardwebsite anzeigt. Sie verfügen nur über die Berechtigungen, die dem Benutzer *WebAdmin01* zugewiesen wurden.
19. Klicken Sie zur Überprüfung der Einstellungen für die Delegierung von Features im Abschnitt *IIS* der *Ansicht "Features"* mit einem Doppelklick auf das Element *SSL-Einstellungen*.

    Beachten Sie die Meldung im Bereich *Aktionen*, dass das Feature schreibgeschützt ist. Überprüfen Sie, ob Sie diese Einstellungen ändern können.
20. Bei Bedarf können Sie die neue Verbindung aus dem IIS-Manager entfernen, indem Sie die Verbindung mit der rechten Maustaste anklicken und *Verbindung entfernen* wählen.
21. Schließen Sie den IIS-Manager, wenn Sie fertig sind.

▶ Übung 2: Verwalten von Handlerzuordnungen

In dieser Übung erfahren Sie, wie man Handlerzuordnungen für eine Webanwendung konfiguriert und verwaltet. Dann überprüfen Sie, ob der Inhalt der Testseite im Webserver korrekt angezeigt wird. Anschließend stellen Sie die ursprüngliche Einstellung für die Handlerzuordnungen wieder her.

1. Melden Sie sich auf Server2 als ein Benutzer an, der auf dem Computer über Administratorrechte verfügt.
2. Wechseln Sie im Windows Explorer in den Ordner *%SystemDrive%\Inetpub\wwwroot*. Fertigen Sie von der Datei *Iisstart.htm* eine Kopie an (ziehen Sie die Datei mit der rechten Maustaste) und nennen Sie die Kopie **Iisstart.test**.

Da die Erweiterungen zur Unterscheidung der Dateien wichtig sind, sollen Sie die Anzeige der Erweiterungen aktivieren. Wählen Sie im Menü *Extras* den Befehl *Ordneroptionen*. Wechseln Sie im Dialogfeld *Ordneroptionen* auf die Registerkarte *Ansicht* und deaktivieren Sie die Option *Erweiterungen bei bekannten Dateitypen ausblenden*.

3. Schließen Sie den Windows-Explorer, wenn Sie fertig sind.
4. Öffnen Sie den IIS-Manager und stellen Sie eine Verbindung zum lokalen Server her.
5. Wählen Sie im linken Bereich des IIS-Managers die *Default Web Site*. Klicken Sie im Bereich *Aktionen* auf den Befehl **:80 (http) durchsuchen*. Dadurch startet der Internet Explorer und stellt eine Verbindung zum Standardinhalt der Website her. Beachten Sie, dass das Standarddokument angezeigt wird (in diesem Fall *Iisstart.htm*) und dass die Seite ein Bild des Typs *.png* enthält.
6. Ändern Sie die URL im Internet Explorer so, dass die Seite *iisstart.test* angefordert wird. Eine vollständige URL wäre zum Beispiel *http://Server2/iisstart.test*.

   Sie erhalten wahrscheinlich die Fehlermeldung „HTTP-Fehler 404.0 – Not Found“, obwohl die Datei existiert.
7. Schließen Sie den Internet Explorer, wenn Sie fertig sind.
8. Klicken Sie im IIS-Manager mit einem Doppelklick auf das Element *Handlerzuordnungen*. Sie sehen eine Liste aller Standardhandler, die auf dem System registriert sind.
9. Klicken Sie auf die Verknüpfung *Modulzuordnung hinzufügen*, um eine neue Zuordnung zu definieren. Geben Sie als Anforderungspfad ***.test** ein. In der Dropdownliste *Module* wählen Sie *StaticFileModule*. Als Namen geben Sie **Testseitenhandler** ein. Übernehmen Sie die anderen Einstellungen mit ihren vorgegebenen Standardwerten und klicken Sie auf *OK*, um die Zuordnung zu erstellen.

   Das ermöglicht dem Webserver, Dateien mit der Erweiterung *.test* zu bearbeiten.
10. Öffnen Sie den Internet Explorer und wechseln Sie auf die Seite *Iisstart.test*. Verwenden Sie dieselbe URL wie in Schritt 6.

    Dieses Mal sehen Sie eine leere Seite, aber es erscheint keine Fehlermeldung. Das bedeutet, dass die neu erstellte Handlerzuordnung funktioniert.
11. Schließen Sie den Internet Explorer.
12. Kehren Sie im IIS-Manager zum Abschnitt *Handlerzuordnungen* für die *Default Web Site* zurück und klicken Sie im Bereich *Aktionen* auf den Befehl *Auf geerbt zurücksetzen*. Klicken Sie auf *Ja*, um die Änderung zu bestätigen.

    Dadurch werden die Standardhandlerzuordnungen wiederhergestellt und die Testhandlerzuordnung, die Sie erstellt haben, wird gelöscht.
13. Schließen Sie den IIS-Manager, wenn Sie fertig sind.

Zusammenfassung der Lektion

- Berücksichtigen Sie bei der Konfiguration der IIS-Sicherheit die Ziele, eine gestaffelte Verteidigung (defense-in-depth) und eine Verkleinerung der Angriffsfläche des Servers zu erreichen.
- IIS 7.0 verwendet integrierte Benutzer- und Gruppenkonten.
- Sie können die Remoteverwaltung von IIS aktivieren, indem Sie den Rollendienst Verwaltungsdienst hinzufügen.
- Sie können für die Remoteverwaltung Benutzer erstellen, Berechtigungen zuweisen und die Delegierung von Features konfigurieren.
- Anfragehandlerzuordnungen bestimmen, welche Arten von Inhalt IIS für eine bestimmte Komponente aus der Hierarchie zulässt.

Lernzielkontrolle

Mit den folgenden Fragen können Sie Ihr Wissen über den Stoff der Lektion 1, „Konfigurieren der IIS-Sicherheit", überprüfen. Die Fragen sind (in englischer Sprache) auch auf der Begleit-CD zu finden, falls Sie die elektronische Form der Fragen vorziehen.

Hinweis Die Antworten

Die Antworten auf die Fragen und Erläuterungen, warum die entsprechenden Antworten richtig oder falsch sind, finden Sie im Abschnitt „Antworten" am Ende des Buchs.

1. Sie sind als Systemadministrator für die Absicherung eines Windows Server 2008-Webservers zuständig. Sie haben eine neue Website namens Contoso Intranet erstellt, die 7 Webanwendungen enthält. Eine der Anwendungsentwicklerinnen hat Ihnen mitgeteilt, dass ihre Webanwendung einen neuen Anfragehandler benötigt, der auf eine .NET-Bibliothek zurückgreift, die ihr Team erstellt hat. Wie können Sie diese Anforderungen erfüllen und gleichzeitig ein möglichst hohes Maß an Sicherheit für den Server erreichen?
   A. Sie fügen zur Website Contoso Intranet einen verwalteten Handler hinzu.
   B. Sie fügen für die betreffende Webanwendung, die darauf angewiesen ist, einen verwalteten Handler hinzu.
   C. Sie erstellen für die Website Contoso Intranet eine neue Modulzuordnung.
   D. Sie erstellen für die betreffende Webanwendung, die darauf angewiesen ist, eine neue Modulzuordnung.
2. Sie sind als Systemadministrator für die Verwaltung eines Windows Server 2008-Webservers zuständig. Vor Kurzem hat Ihre Organisation eine neue IIS-Website eingerichtet, die von externen Benutzern verwendet wird, die nicht zur Organisation gehören. Berater sollen mit IIS-Manager eine Verbindung mit dieser Website herstellen können. Die Sicherheitsrichtlinien Ihrer Organisation verbieten, dass Sie für diese

Benutzer Domänenkonten oder lokale Benutzerkonten einrichten. Sie versuchen, IIS-Manager-Berechtigungen für die Website zu verwenden. Wenn Sie aber auf *Benutzer zulassen* klicken, können Sie nur Windows-Benutzer auswählen. Wie lösen Sie das Problem?

A. Sie überprüfen, ob der Verwaltungsdienst gestartet wurde.

B. Sie ändern die Dateisystemberechtigungen für den Stammordner der Website.

C. Sie konfigurieren den Verwaltungsdienst so, dass der Windows- und IIS-Manager-Anmeldeinformationen akzeptiert.

D. Sie überprüfen die Authentifizierungseinstellungen für die Website.

Lektion 2: Kontrollieren des Zugriffs auf Webdienste

Webserver werden in einer Vielzahl unterschiedlicher Konfigurationen bereitgestellt. Einige Server bieten Inhalt an, der über das Internet öffentlich zugänglich sein soll. Andere enthalten Webanwendungen, die nur für einen eingeschränkten Benutzerkreis gedacht sind. Webserveradministratoren müssen festlegen können, welche Benutzer einen bestimmten Webdienst benutzen dürfen. Nachdem Benutzer ihre Identität bewiesen haben, müssen Regeln in Kraft treten, die definieren, auf welche Inhalte sie Zugriff haben.

In dieser Lektion erfahren Sie, wie Sie die Authentifizierung und Autorisierung zum Schutz von Webinhalt in IIS konfigurieren. Wegen der vielen Sicherheitsstandards und Lösungsansätze für Webdienste ist es wichtig, für ein bestimmtes Szenario die richtige Wahl zu treffen. Sie erfahren auch, wie Sie Ihre Webdienste mit Funktionen wie den IP-Adressen- und Domäneneinschränkungen und den .NET-Vertrauensebenen weiter absichern.

Am Ende dieser Lektion werden Sie in der Lage sein, die folgenden Aufgaben auszuführen:

- Beschreiben der Authentifizierungsoptionen für IIS-Webdienste
- Konfigurieren der Authentifizierungsoptionen für einen Webserver, eine Website oder eine Webanwendung
- Implementieren und Verwalten der Autorisierungsregeln zur Zugangsbeschränkung für bestimmte Webinhalte
- Konfigurieren von Serverzertifikaten und Aktivieren der SSL-Funktion (Secure Sockets Layer) für einen IIS-Server
- Erstellen und Verwalten der IP-Adressen- und Domäneneinschränkungen zur Zugangsbeschränkung auf einem IIS-Webserver
- Konfigurieren der .NET-Vertrauensebenen nach den Erfordernissen einer bestimmten Webanwendung

Veranschlagte Zeit für diese Lektion: 75 Minuten

Verwalten der IIS-Authentifizierung

Mit Authentifizierung ist der Vorgang gemeint, bei dem ein Benutzer oder Computer aus Sicherheitsgründen seine Identität beweist. Die gebräuchlichste Methode ist der Identitätsbeweis mit einem Anmelde- oder Benutzernamen und dem dazugehörigen Kennwort. Bei Webservern wie IIS legen Authentifizierungseinstellungen fest, welche Angaben Benutzer machen müssen, um auf den Inhalt zugreifen zu dürfen, der auf dem Webserver gespeichert ist. IIS bietet mehrere Methoden zur Sicherung des Inhalts. Standardmäßig wird anonymen Benutzern der Zugriff auf den Inhalt gewährt, der in neuen Websites, Webanwendungen und virtuellen Verzeichnissen gespeichert ist. Das bedeutet, dass Benutzer keine Authentifizierungsinformationen eingeben müssen, um die gewünschten Daten zu erhalten. In diesem Abschnitt erfahren Sie, welche Authentifizierungsmethoden IIS unterstützt und wie Sie diese Methoden konfigurieren.

Grundlagen der anonymen Authentifizierung

Bei vielen Webservern sollten Benutzer zumindest eine Standardseite oder einen gewissen Umfang des Inhalts abrufen können, ohne sich authentifizieren zu müssen. Wenn Sie die Rolle Webserver (IIS) mit den Standardoptionen aktivieren, wird die anonyme Authentifizierung standardmäßig für die Standardwebsite (Default Web Site) und ihren Webinhalt zugelassen. Die anonyme Authentifizierung ist für den Zugriff auf Inhalte vorgesehen, die für alle Benutzer, die eine Verbindung mit dem Webserver herstellen können, zugänglich sein sollen, wie zum Beispiel die IIS-Standardwebseite der Standardwebsite. Wenn IIS eine Anfrage nach einem bestimmten Inhalt erhält, verwendet es zur Bearbeitung der Anfrage automatisch eine bestimmte Identität. Standardmäßig wird bei der anonymen Authentifizierung das integrierte Konto *IUSR* verwendet (Abbildung 6.20). Solange dieses Benutzerkonto über die Berechtigung verfügt, auf den gewünschten Inhalt zuzugreifen (auf der Basis der NTFS-Berechtigungen), wird die Anfrage automatisch beantwortet.

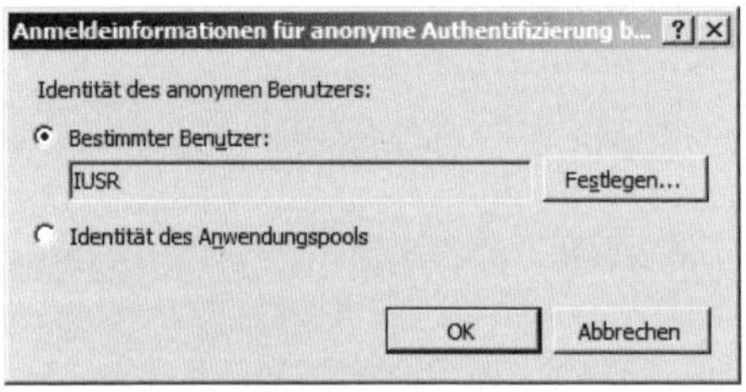

Abbildung 6.20 Bearbeiten der Einstellungen für die anonyme Authentifizierung

Außerdem ist es mit der Schaltfläche *Festlegen* möglich, einen anderen Benutzernamen (also ein anderes Konto) und das dazugehörige Kennwort festzulegen. Das ist sinnvoll, wenn Sie für verschiedene Webinhalte verschiedene NTFS-Berechtigungen verwenden wollen. Schließlich gibt es noch die Option, die Identität des Anwendungspools zu verwenden. Diese Einstellung weist IIS an, dieselben Anmeldeinformationen zu verwenden, die auch für den Anwendungspool der Website oder Webanwendung verwendet werden.

Wenn allen Benutzern der gesamte Inhalt des Webservers zur Verfügung stehen soll, ist keine weitere Konfiguration der Authentifizierung erforderlich. Meistens werden Sie aber den Zugriff auf zumindest einen Teil der Daten einschränken wollen. Beispielsweise könnte auf einem Intranetserver eine Webanwendung oder ein virtuelles Verzeichnis vorhanden sein, das nur für Mitarbeiter der Personalabteilung vorgesehen ist. Den Zugriff auf die betreffenden Daten können Sie mit NTFS-Berechtigungen einschränken. Wenn die Anmeldeinformationen, die für die anonyme Authentifizierung eingestellt wurden, nicht für den Zugriff auf diese Inhalte ausreichen, werden die Inhalte nicht automatisch an die Benutzer übermittelt. Aktivieren Sie eine der anderen verfügbaren Authentifizierungsmethoden, damit autorisierte Benutzer auf den Inhalt zugreifen können.

Hinweis Vereinfachen des Schutzes der Inhalte

Auf allen Webservern gibt es Daten, die nicht jedem Benutzer zugänglich sein sollen, zum Beispiel die Inhalte der Systemordner (etwa der Inhalt des Ordners *Windows*) und der Quellcode der Anwendungen, der in den Web-Inhaltsordnern gespeichert ist. Durch die Verweigerung der entsprechenden NTFS-Berechtigung können Sie verhindern, dass anonym angemeldete Benutzer auf diese Inhalte zugreifen können. Wenn Sie mehrere Konten für die anonyme Authentifizierung unterschiedlicher Inhalte verwenden möchten, ist es am einfachsten, eine Gruppe zu definieren, die diese Konten aufnimmt. Dann können Sie zur Vereinfachung der Verwaltung der ganzen Gruppe die entsprechenden Zugriffsrechte verweigern.

Grundlagen der Formularauthentifizierung

Webentwickler verwenden zur Übermittlung von Anmeldeinformationen häufig gewöhnliche HTTP-Formulare. Bei der Formularauthentifizierung wird die Antwort HTTP 302 (Anmeldung/Umleitung, Login/Redirect) verwendet, um Benutzer auf eine Anmeldeseite umzuleiten. Die Anmeldeseite bietet Benutzern gewöhnlich die Gelegenheit, einen Anmeldenamen und ein Kennwort einzugeben. Nach der Übermittlung dieser Informationen an die Anmeldeseite werden die Daten überprüft. Wenn die Angaben akzeptiert werden, werden die Benutzer zu dem Inhalt weitergeleitet, den sie ursprünglich angefordert haben. Die Formulardaten werden standardmäßig unverschlüsselt übertragen. Um die Übermittlung der Anmeldeinformationen abzusichern, können Sie die Verschlüsselung mit SSL oder TLS aktivieren.

Die Formularauthentifizierung ist im Internet die gebräuchlichste Lösung, weil sie keine speziellen Anforderungen an den Webbrowser stellt. Gewöhnlich stellen Webentwickler ihre eigenen Anmeldeseiten zusammen. Anmeldungen werden meistens anhand von Kontoinformationen überprüft, die in einer relationalen Datenbank (im Fall von Internet-Websites) oder in einer Active Directory-Domäne gespeichert sind.

Die Standardeinstellungen für die Formularauthentifizierung sind für ASP.NET-Webanwendungen vorgesehen. Sie können die Einstellungen der Formularauthentifizierung nach Bedarf ändern (Abbildung 6.21). Die wichtigste Einstellung ist die URL für die Anmeldung. Sie gibt den Namen der Webseite an, an die Benutzer weitergeleitet werden, wenn sie versuchen, auf geschützte Inhalte zuzugreifen.

Sobald der Benutzer seine Anmeldeinformationen eingegeben hat, werden während jeder Anfrage Cookies vom Webbrowser an den Webserver gesendet. Dadurch kann der Client beweisen, dass er vom Webserver authentifiziert wurde. Das ist erforderlich, weil HTTP ein zustandsloses Protokoll ist. Im Abschnitt *Cookieeinstellungen* können Sie festlegen, wie Cookies von der Website verwendet werden. Folgende Einstellungen sind verfügbar:

- *Keine Cookies verwenden*
- *Cookies verwenden*

- *Automatisch erkennen*
- *Geräteprofil verwenden*

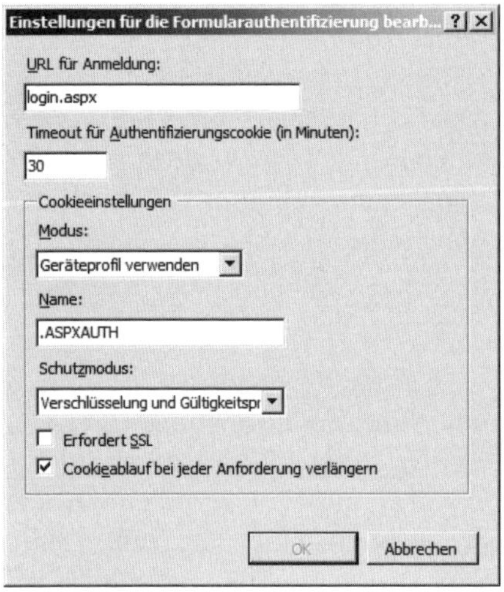

Abbildung 6.21 Festlegen der Einstellungen für die Formularauthentifizierung

Welche Einstellung am besten geeignet ist, hängt von den Anforderungen der Webanwendungen und den Webinhalten ab sowie von den Anforderungen, die an die Webbrowser gestellt werden (zum Beispiel davon, ob die Website von den Benutzern verlangt, Cookies zuzulassen).

Grundlagen der abfragebasierten Authentifizierung

Benutzer, die im Internet auf abgesicherte Websites zugreifen, kennen die Anmeldung mit Benutzernamen und Kennwort, um auf gesicherte Inhalte zugreifen oder die gewünschten Aktionen vornehmen und zum Beispiel Bestellungen aufgeben zu können. IIS unterstützt drei Methoden, bei denen Benutzer, die auf durch Dateisystemberechtigungen gesicherte Inhalte zugreifen wollen, nach bestimmten Informationen gefragt werden. Jede dieser Methoden beruht auf einer HTTP-Abfragenachricht (HTTP 401 Challenge), mit der ein Benutzer zur Eingabe von Anmeldeinformationen aufgefordert wird. Diese drei Authentifizierungsmethoden sind:

- **Standardauthentifizierung** Die Standardauthentifizierung fordert alle Webbenutzer in einer Weise zur Authentifizierung auf, die von allen Webbrowsern unterstützt wird. Der größte Nachteil der Standardauthentifizierung besteht darin, dass die Angaben des Benutzers zwar kodiert, aber nicht verschlüsselt werden. Wird die Übertragung abgefangen, lassen sich der Benutzername und das Kennwort also leicht ermitteln. Um die Informationen für eine Standardauthentifizierung sicher übertragen zu können, sollten Sie dafür sorgen, dass Ihre Netzwerkverbindungen sicher sind (beispielsweise in einem Datencenter). Oder Sie aktivieren die Verschlüsselung mit SSL oder TLS.

- **Digestauthentifizierung** Die Digestauthentifizierung stützt sich darauf, dass das HTTP-Protokoll 1.1 eine sichere Methode zur Übermittlung von Anmeldeinformationen bietet. Zur Authentifizierung des Benutzers wird ein Windows-Domänencontroller verwendet. Ein möglicher Nachteil ist, dass die Webbrowser der Clients HTTP 1.1 unterstützen müssen. Die aktuellen Versionen der gebräuchlichsten Browser unterstützen diese Methode. Daher ist es möglich, die Digestauthentifizierung für Internet- und Intranetumgebungen zu verwenden.
- **Windows-Authentifizierung** Die Windows-Authentifizierung ist eine sichere und leicht zu verwaltende Authentifizierungsoption. Sie beruht auf der Verwendung des NTLM- oder Kerberos-Authentifizierungsprotokolls zur Überprüfung der Anmeldeinformationen des Benutzers anhand einer Windows-Domäne oder einer lokalen Sicherheitsdatenbank. Die Windows-Authentifizierung wurde in erster Linie für eine Intranetumgebung entwickelt, in der Clients und Webserver Mitglieder derselben Domäne sind. Zur Vereinfachung der Verwaltung können Administratoren den Zugriff auf Inhalte mit Active Directory-Domänenkonten kontrollieren.

Ein wichtiger Aspekt dieser abfragebasierten Authentifizierungsmethoden ist die Kombination mit der anonymen Authentifizierung. Wenn Sie wollen, dass sich Benutzer anmelden, bevor sie auf Webinhalte zugreifen, müssen Sie die anonyme Authentifizierung deaktivieren. Bleibt die anonyme Authentifizierung aktiviert, werden Inhalte, die nicht durch Dateisystemberechtigungen geschützt sind, ohne spezielle Authentifizierung automatisch für Benutzer zugänglich. Außerdem können Sie für denselben Inhalt nicht die Formularauthentifizierung mit einer abfragebasierten Authentifizierung kombinieren.

Grundlagen der ASP.NET-Identitätswechsel

Ein Identitätswechsel ist eine Sicherheitsmethode, bei der eine IIS-Webanfrage mit den Sicherheitsinformationen eines bestimmten Benutzerkontos oder des Benutzers durchgeführt wird, der auf die Website zugreift. Wird der ASP.NET-Identitätswechsel deaktiviert (die Standardeinstellung), basiert der Sicherheitskontext für die Bearbeitung der Abfrage auf dem Konto, das von der Webanwendung verwendet wird. Wenn Sie den Identitätswechsel aktivieren, können Sie ein Benutzerkonto angeben, um den Sicherheitskontext festzulegen (Abbildung 6.22). Wenn Sie einen Benutzernamen und ein Kennwort festlegen möchten, klicken Sie auf die Schaltfläche *Festlegen*.

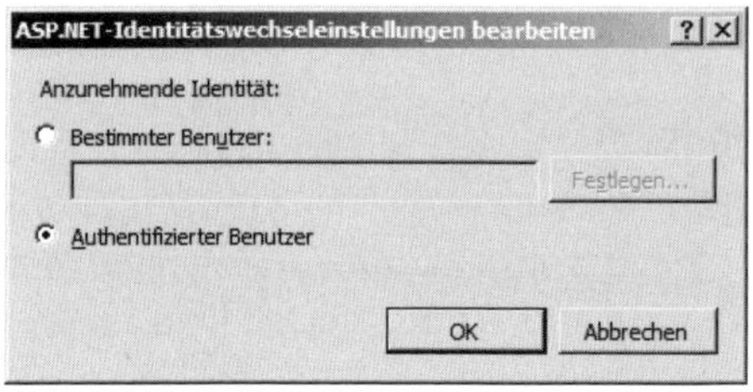

Abbildung 6.22 Konfigurieren der ASP.NET-Identitätswechseleinstellungen

Eine weitere Möglichkeit ist, für ASP.NET-Identitätswechsel die Einstellung *Authentifizierter Benutzer* zu wählen. Diese Einstellung bewirkt, dass der Zugriff mit den Sicherheitsberechtigungen eines authentifizierten Benutzers erfolgt (wobei eine der anderen Authentifizierungsoptionen verwendet wird). Diese Einstellung ist nützlich, wenn Sie die Dateisystemberechtigungen so einstellen möchten, dass der Schutz auf der Basis bestimmter Benutzer und Gruppen erfolgt. Eine Konfiguration dieser Art eignet sich für Umgebungen, in denen es nur eine relativ geringe Anzahl von Benutzern gibt, beispielsweise für Intranetwebserver einer Abteilung.

Grundlagen der Clientzertifikatauthentifizierung

Zusätzlich zu den anderen verfügbaren Authentifizierungsoptionen unterstützt IIS die Identitätsüberprüfung von Webbenutzern mit Clientzertifikaten. Diese Methode erfordert, dass auf den Computern der Benutzer Sicherheitszertifikate installiert sind. Wenn geschützter Inhalt angefordert wird, überprüft IIS automatisch die Identität des Clients, indem es das Zertifikat abruft. Für die Verwendung von Clientzertifikaten gibt es drei Hauptmethoden:

- **Eins-zu-eins-Zuordnungen** Bei dieser Konfiguration muss der Webserver über Kopien der Clientzertifikate verfügen, die von den Computern verwendet werden, die auf geschützte Inhalte zugreifen wollen. Der Server vergleicht sein Exemplar des Zertifikats mit dem, das der Client vorlegt, um die Anfrage zu überprüfen.
- **Viele-zu-eins-Zuordnungen** Meistens ist es nicht möglich, für alle potenziellen Webbenutzer auf dem Server Zertifikate zu verwalten. Die Methode ist zwar nicht so sicher, aber Viele-zu-eins-Zuordnungen erfolgen so, dass der Webserver zur Authentifizierung bestimmte Informationen aus dem Clientzertifikat verwendet. Ein typisches Beispiel ist die Überprüfung der Firmenangabe im Zertifikat, um sicherzustellen, dass der Benutzer von einer vertrauenswürdigen Organisation kommt.
- **Active Directory-Zuordnungen** Die Active Directory-Zertifikatdienste können die Erstellung und Verwaltung von Clientzertifikaten vereinfachen. Dazu muss eine Organisation allerdings zuerst ihre eigene Zertifikatinfrastruktur einrichten.

Wegen der für die Clientzertifikatauthentifizierung erforderlichen Zertifikate wird diese Methode meistens in Umgebungen verwendet, in denen Systemadministratoren die Kontrolle über die Computer der Endbenutzer haben. Für öffentlich zugängliche Websites und Anwendungen lassen sich keine Zertifikate vorschreiben.

Grundlagen der Authentifizierungsanforderungen

Handler und Module verwalten die IIS-Authentifizierung. Welche Authentifizierungsoptionen auf einem Webserver zur Verfügung stehen, hängt davon ab, welche Rollendienste für die Rolle Webserver (IIS) installiert sind. Folgende Rollendienste sind verfügbar:

- Standardauthentifizierung
- Windows-Authentifizierung
- Digestauthentifizierung
- Clientzertifikatzuordnung-Authentifizierung
- IIS-Clientzertifikatzuordnung-Authentifizierung

Um einen Rollendienst für das Sicherheitssystem hinzuzufügen oder zu entfernen, öffnen Sie den Server-Manager, erweitern den Ordner *Rollen*, klicken *Webserver (IIS)* mit der rechten Maustaste an und wählen dann entweder *Rollendienste hinzufügen* oder *Rollendienste entfernen* (Abbildung 6.23). Da sich die Rollendienste auf die Authentifizierungsoptionen des gesamten Webservers auswirken, müssen Sie die Authentifizierungsanforderungen aller Webanwendungen und Webinhalte auf Ihrem Server kennen.

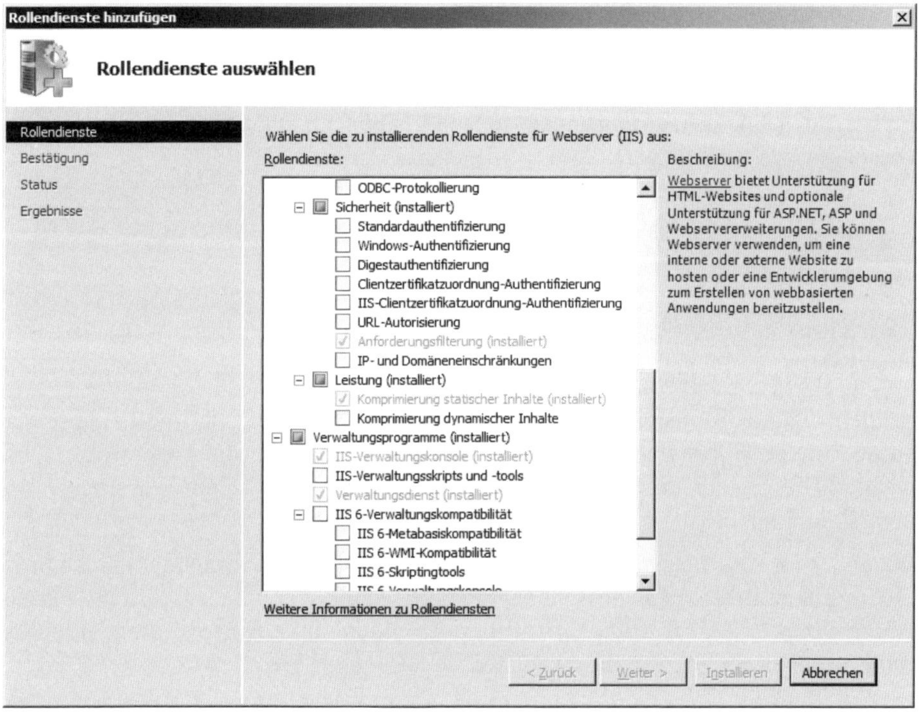

Abbildung 6.23 Anzeigen der installierten Rollendienste für die Authentifizierung

Zusätzlich zu den Rollendiensteinstellungen stellt jede Authentifizierungsmethode bestimmte Anforderungen an die Module, die verfügbar sein müssen (Tabelle 6.1). Weitere Informationen über die Verwaltung von Modulen finden Sie im Abschnitt „Verwalten von Anfragehandlern" dieses Kapitels.

Tabelle 6.1 IIS-Authentifizierungsmethoden und ihre Anforderungen

Authentifizierungsmethoden	Erforderliche Module
Anonym	AnonymousAuthenticationModule
ASP.NET-Identitätswechsel	ManagedEngine
Standard (Basic)	BasicAuthenticationModule TokenCacheModule
Clientzertifikate	IISClientCertificateMappingModule
Clientzertifikate (Active Directory-Zuordung)	CertificateMappingAuthenticationModule
Digest	DigestAuthenticationModule
Formular	FormsAuthentication
Windows	WindowsAuthentication

Konfigurieren der Authentifizierungseinstellungen

IIS ermöglicht Ihnen die Festlegung von Konfigurationseinstellungen in der Webobjekthierarchie. Authentifizierungseinstellungen können auf folgenden Ebenen für Objekte vorgenommen werden:

- Webserver
- Websites
- Webanwendungen
- Virtuelle Verzeichnisse
- (Physische) Ordner und einzelne Dateien im Dateisystem

Authentifizierungseinstellungen, die auf einer höheren Ebene definiert sind (beispielsweise für eine Webanwendung), werden automatisch für die untergeordneten Objekte verwendet. Diese Methode vereinfacht die Einstellung von mehreren Websites, Webanwendungen und Inhalten.

Wenn Sie im IIS-Manager Authentifizierungseinstellungen vornehmen möchten, wählen Sie im linken Bereich das passende Objekt aus und klicken in der *Ansicht "Features"* mit einem Doppelklick auf *Authentifizierung*. Abbildung 6.24 zeigt die Standardauthentifizierungsoptionen für das Standardwebsiteobjekt (Default Web Site).

Die Standarddarstellung zeigt eine vollständige Liste der verfügbaren Authentifizierungsoptionen, gruppiert nach Antworttypen. Jede Methode lässt sich aktivieren oder deaktivieren, indem man den Listeneintrag auswählt und im Bereich *Aktionen* auf *Aktivieren* oder *Deaktivieren* klickt. Außerdem sind bei einigen Authentifizierungsoptionen zusätzliche Einstellungen möglich. Wenn Sie eine Authentifizierungsoption aktivieren oder deaktivieren, gilt die Einstellung standardmäßig für alle untergeordneten Objekte und Inhalte aus der IIS-Hierarchie. Sie können dies ändern, indem Sie Authentifizierungsmethoden bei Bedarf auf den untergeordneten Ebenen explizit aktivieren oder deaktivieren.

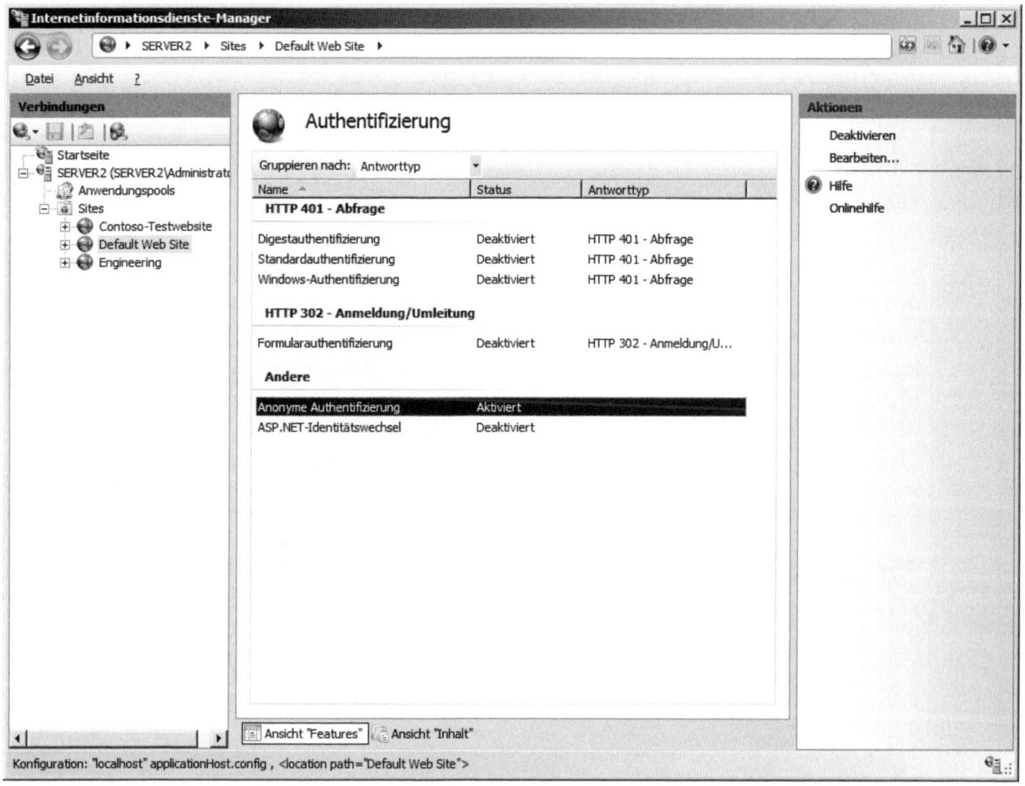

Abbildung 6.24 Anzeigen der Authentifizierungsoptionen für die Standardwebsite (Default Web Site) im IIS-Manager

Um Ihre Authentifizierungseinstellungen zu überprüfen, sollten Sie immer mit einem Webbrowser versuchen, auf Inhalte zuzugreifen. Gelegentlich kann es erforderlich sein, einen zweiten Computer zu verwenden, um sicherzustellen, dass die Authentifizierung richtig funktioniert. Wenn Sie zum Beispiel bereits als Mitglied der Administratorengruppe auf einem Windows Server 2008-Computer angemeldet sind und die Windows-Authentifizierung überprüfen möchten, sollten Sie versuchen, von einem anderen Computer aus eine Verbindung herzustellen. Auf diese Weise können Sie vermeiden, dass eine automatische Authentifizierung Ihre Testergebnisse verfälscht.

Verwalten der URL-Autorisierungsregeln

Autorisierung ist ein Vorgang, mit dem Systemadministratoren festlegen können, welche Ressourcen und Inhalte für bestimmte Benutzer zugänglich sind. Die Autorisierung ist auf die Authentifizierung angewiesen, was die Überprüfung der Identität eines Benutzers betrifft. Sobald die Identität bewiesen ist, legen Autorisierungsregeln fest, welche Aktionen ein Benutzer oder Computer durchführen kann. IIS bietet auf der Basis der URL-Autorisierung Methoden zur Absicherung verschiedener Inhaltsarten. Da Webinhalte gewöhnlich mit einer URL angefordert werden, die den vollständigen Pfad zum gewünschten Inhalt enthält, können Sie die Autorisierungseinstellungen sehr leicht im IIS-Manager vornehmen.

Erstellen von URL-Autorisierungsregeln

Zur Aktivierung der URL-Autorisierung muss das Modul UrlAuthorizationModule aktiviert sein. Autorisierungsregeln lassen sich auf der Ebene des Webservers, für bestimmte Websites, für bestimmte Webanwendungen und für bestimmte Dateien (auf der Basis eines vollständigen URL-Pfads) festlegen. URL-Autorisierungsregeln werden vererbt. Untergeordnete Objekte erben also die Autorisierungseinstellungen von ihren übergeordneten Objekten, wobei sich die Einstellungen der übergeordneten Objekte durch eine explizite neue Festlegung außer Kraft setzen und für das untergeordnete Objekt ändern lassen. Wählen Sie zur Konfiguration der Autorisierungseinstellungen auf der linken Seite des IIS-Managers das passende Objekt aus und wählen Sie dann in der *Ansicht "Features"* die *Autorisierungsregeln*. Abbildung 6.25 zeigt ein Beispiel mit einigen Regeln, die für eine Website konfiguriert wurden.

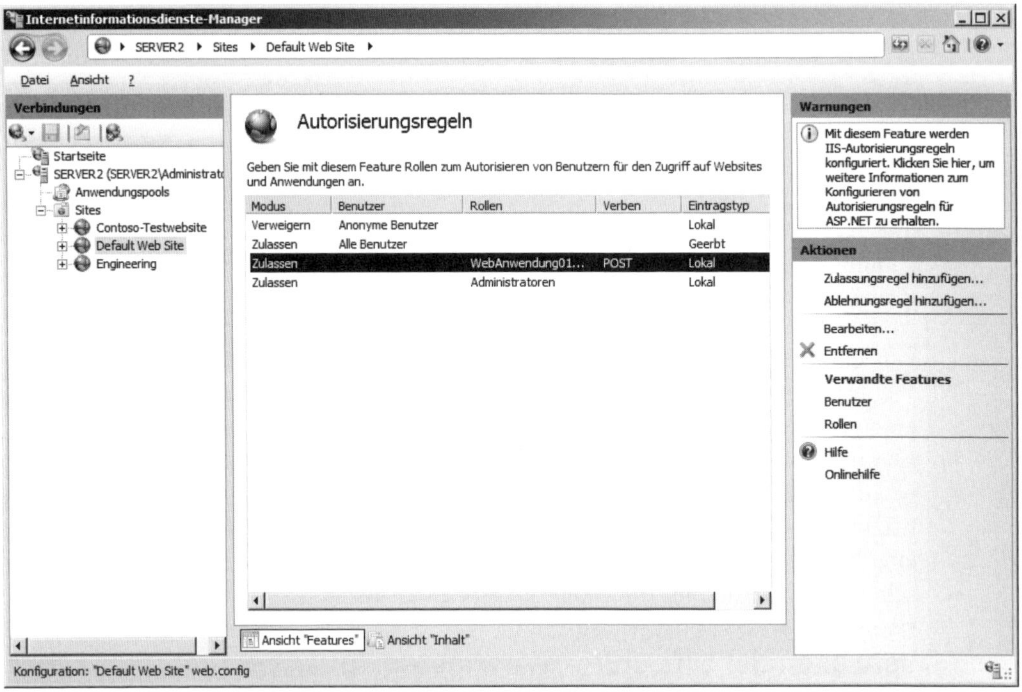

Abbildung 6.25 Anzeigen der Autorisierungsregeln für eine Website

Es gibt zwei Arten von Regeln: Zulassungsregeln und Ablehnungsregeln. Mit den Befehlen *Zulassungsregel hinzufügen* und *Ablehnungsregel hinzufügen* aus dem Bereich *Aktionen* können Sie neue Regeln aufstellen. Für beide Regelarten sind dieselben Optionen verfügbar (Abbildung 6.26). Wenn Sie eine neue Regel aufstellen, ist die wichtigste Einstellung die, für welche Benutzer die Regel gelten soll. Zur Wahl stehen folgende Optionen:

- *Alle Benutzer*
- *Alle anonymen Benutzer*
- *Bestimmte Rollen oder Benutzergruppen*
- *Bestimmte Benutzer*

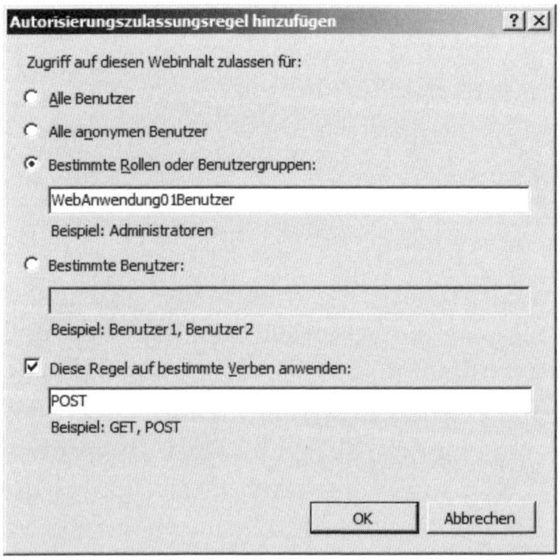

Abbildung 6.26 Erstellen einer neuen Zulassungsregel für eine Webanwendung

Wenn Sie bestimmte Benutzer oder Gruppen auswählen, für die eine Regel gelten soll, können Sie die entsprechenden Namen als kommagetrennte Liste eintragen. Die Benutzer und Gruppen werden mit .NET-Rollenanbietern definiert. Das ist ein Standardfeature, das den ASP.NET-Webentwicklern zur Verfügung steht. Entwickler können ihre eigenen Rollen und Benutzerkonten erstellen und in ihren Anwendungen die Berechtigungen definieren. Die Informationen über Benutzer und Rollen werden gewöhnlich in einer relationalen Datenbank oder in einem Verzeichnisdienst wie Active Directory gespeichert.

Neben der Benutzer- und Rollenauswahl können Sie auch HTTP-Verben festlegen, auf die die Regel angewendet werden soll. Wenn eine Regel zum Beispiel nur für `POST`-Befehle gelten soll (sie werden dazu verwendet, um von einem Webbrowser Informationen an einen Webserver zu senden), fügen Sie nur das Verb `POST` zur Regel hinzu.

Verwalten der Regelvererbung

Wie bereits früher in diesem Abschnitt erwähnt, werden Autorisierungsregeln automatisch an untergeordnete Objekte vererbt. Das ist von Nutzen, wenn Ihre Websites und Webinhalte nach der Art der vorgesehenen Benutzer oder Gruppen hierarchisch strukturiert sind. Die Spalte *Eintragstyp* zeigt an, ob eine Regel von einer höheren Ebene geerbt oder lokal definiert wurde. Der IIS-Manager hindert Sie automatisch daran, Regeln doppelt aufzustellen. Sie können Regeln auf jeder Ebene entfernen, und zwar beide Typen, *Geerbt* und *Lokal*.

Konfigurieren von Serverzertifikaten

Eine der größten Herausforderungen im Bereich Sicherheit ist die Überprüfung der Identität eines Webservers. Sobald Sie einigermaßen sicher sind, dass man dem fraglichen Server wohl trauen darf, müssen Sie außerdem die Kommunikation zwischen Webclient und Webserver schützen. In vielen Netzwerken, vor allem im Internet, ist die Bereitstellung von sicheren Kommunikationskanälen für sensible Daten von fundamentaler Bedeutung. Serverzertifikate wurden entwickelt, um Webdienste zusätzlich abzusichern. IIS ist in der Lage, Serverzertifikate selbst auszustellen, zu verwalten und zur Verschlüsselung der Kommunikation zu verwenden. In diesem Abschnitt erfahren Sie, wie Sie diese Optionen konfigurieren und aktivieren.

Grundlagen der Serverzertifikate

Serverzertifikate sind ein Mittel, mit dem ein Webserver gegenüber den Clients, die Verbindungen mit ihm herstellen wollen, seine Identität beweisen kann. Dahinter verbirgt sich eine Hierarchie aus vertrauenswürdigen Zertifizierungsstellen. Eine Zertifizierungsstelle (Certification Authority, CA) stellt ein Serverzertifikat aus. Im Internet bieten zahlreiche Organisationen ihre Dienste zur Ausstellung von Zertifikaten und zur Überprüfung von Servern an. Wenn ein Benutzer einer solchen Organisation vertraut, kann er auch den Websites vertrauen, für die die Organisation Zertifikate ausstellt. Für interne Server können Organisationen auch selbst die Rolle der Zertifizierungsstelle übernehmen. Das versetzt Systemadministratoren in die Lage, neue Serverbereitstellungen mit einem sicheren Mechanismus zu überprüfen und zu genehmigen.

Der allgemeine Ablauf bei der Beschaffung eines Serverzertifikats besteht aus drei Schritten:

- **Erstellen einer Zertifikatanforderung** Die Anfrage wird auf einem Webserver erstellt, der eine verschlüsselte Textdatei mit Informationen über das gewünschte Zertifikat erzeugt. Die Zertifikatanforderung benennt den Webserver eindeutig.
- **Übermitteln der Zertifikatanforderung an eine Zertifizierungsstelle** Die Zertifikatanforderung wird an eine Zertifizierungsstelle übermittelt (gewöhnlich über eine sichere Website oder per E-Mail). Die Zertifizierungsstelle überprüft die Informationen aus der Anfrage und erstellt ein als vertrauenswürdig eingestuftes Serverzertifikat.
- **Eingang und Installation eines Zertifikats auf dem Webserver** Die Zertifizierungsstelle sendet das Zertifikat an den Antragsteller zurück, gewöhnlich in Form einer kleinen Textdatei. Diese Datei kann auf dem Webserver importiert werden, um eine sichere Kommunikation zu ermöglichen.

Hinweis Clientzertifikate versus Serverzertifikate

Zertifikate lassen sich auf einem Webserver auf verschiedene Arten einsetzen. Mit Clientzertifikaten lassen sich Clients überprüfen, die auf einen Webserver zugreifen. In diesem Fall besitzt der Client ein Zertifikat, das der Server überprüfen kann. Davon haben Sie in dieser Lektion bereits erfahren. Serverseitige Zertifikate werden auf den Webservercomputern installiert, damit die Computer gegenüber Webclients ihre Identität beweisen und Datenübertragungen verschlüsseln können. Clientseitige Zertifikate werden gewöhnlich in Intranet- oder Extranetumgebungen verwendet, während serverseitige Zertifikate zur Absicherungen aller Arten von Webservern gebräuchlich sind.

Erstellen einer Internet-Zertifikatanforderung

Um ein Zertifikat anzufordern, das sich auf einem IIS-Webserver verwenden lässt, können Sie den IIS-Manager verwenden. Zuerst nehmen Sie Verbindung mit einem Webserver auf, auf dem Windows Server 2008 ausgeführt wird, und wählen in der *Ansicht "Features"* die Option *Serverzertifikate* (Abbildung 6.27). Beachten Sie, dass Zertifikatanforderungen auf der Ebene des Webservers erstellt werden, und nicht auf der Ebene von anderen Objekten wie Websites oder Webanwendungen.

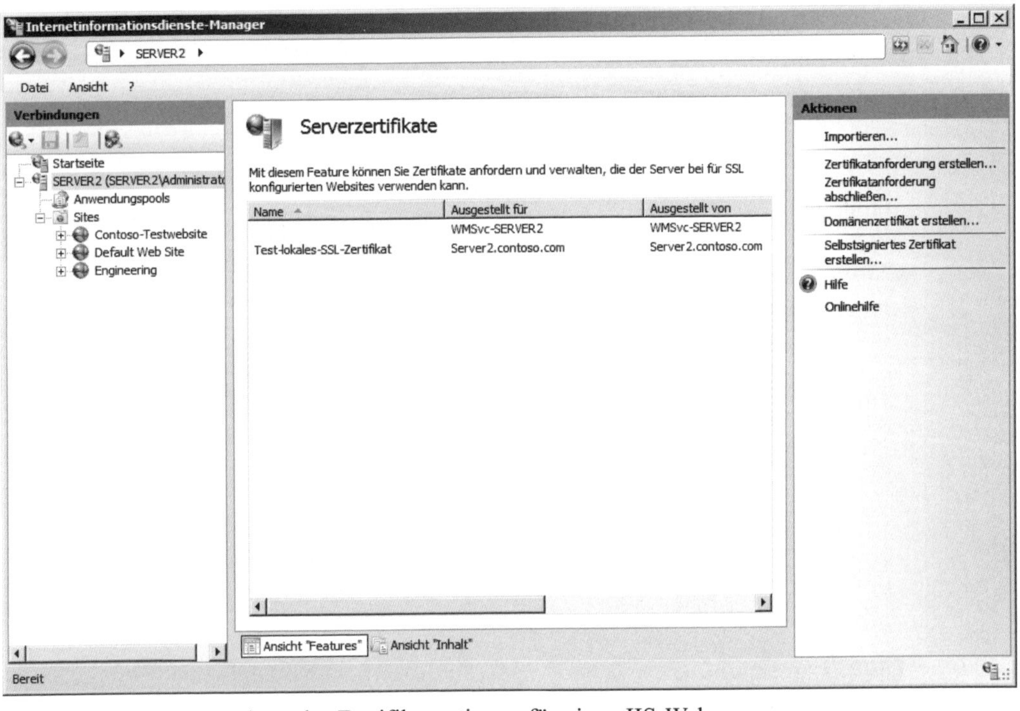

Abbildung 6.27 Anzeigen der Zertifikatoptionen für einen IIS-Webserver

Je nach Konfiguration des lokalen Servers wurden vielleicht bereits einige Zertifikate installiert. Der Bereich *Aktionen* bietet Befehle für das Erstellen neuer Zertifikate.

Um die Zertifikatanforderung einzuleiten, klicken Sie auf *Zertifikatanforderung erstellen*. Wie Abbildung 6.28 zeigt, werden Sie aufgefordert, Angaben über den Antragsteller zu machen. Anhand dieser Angaben entscheidet die Zertifizierungsstelle, ob das Zertifikat ausgestellt wird, daher ist es wichtig, dass die Angaben richtig sind. Das Feld *Organisation* sollte zum Beispiel den vollständigen rechtsgültigen Namen der Firma enthalten, die den Antrag stellt. Das Feld *Gemeinsamer Name* gibt gewöhnlich den Namen der Domäne an, in der das Zertifikat verwendet wird.

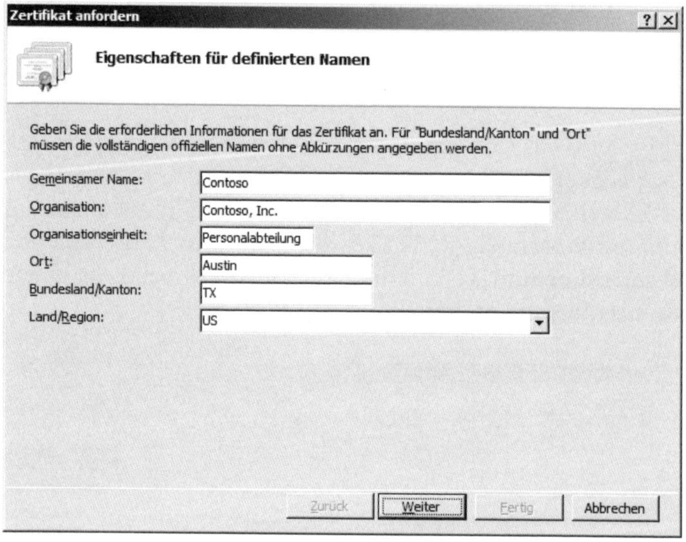

Abbildung 6.28 Die Seite *Eigenschaften für definierten Namen*

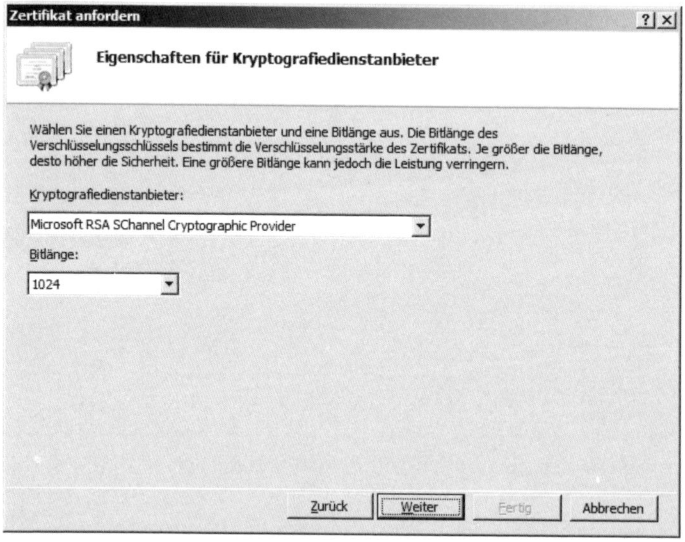

Abbildung 6.29 Die Seite *Eigenschaften von Kryptografiedienstanbieter*

Im zweiten Schritt der Zertifikatanforderung wählen Sie eine Verschlüsselungsmethode für die Verschlüsselung der Zertifikatanforderung aus (Abbildung 6.29). Wählen Sie für *Kryptografiedienstanbieter* eine Einstellung, die von der Zertifizierungsstelle akzeptiert wird. (Die Standardeinstellung *Microsoft RSA SChannel Cryptographic Provider* wird von den meisten Zertifizierungsstellen akzeptiert.) Die Einstellung *Bitlänge* gibt die Stärke der Verschlüsselung an. Größere Werte erfordern zwar längere Bearbeitungszeiten (der Rechenaufwand ist größer), bieten aber höhere Sicherheit.

Der letzte Schritt der Zertifikatanforderung ist die Speicherung der Zertifikatanforderung in einer Datei. Geben Sie einen vollständigen Pfadnamen an, unter dem die Anforderung gespeichert wird. Die Anfrage selbst wird in einer Textdatei gespeichert, die verschlüsselte Informationen enthält.

Anschließend muss die Zertifikatanforderung an die Zertifizierungsstelle übermittelt werden. Gewöhnlich fordert die Website des Ausstellers Sie dazu auf, die Zertifikatanforderung hochzuladen oder den Inhalt zu kopieren und auf einer sicheren Website einzufügen. Außerdem erwartet der Aussteller noch zusätzliche Informationen, beispielsweise nähere Angaben über Ihre Organisation und über die Zahlungsweise.

Abschließen einer Internet-Zertifikatanforderung

Wie lange die Ausstellung eines Zertifikats dauert, hängt von der Zertifizierungsstelle ab. Nachdem die Anforderung bearbeitet und genehmigt wurde, sendet die Zertifizierungsstelle per E-Mail oder über ihre Website eine Antwort. Sie können diese Antwort in einer Textdatei speichern und in IIS bearbeiten, um den Vorgang abzuschließen. Dazu wählen Sie in der Featureansicht *Serverzertifikate* die entsprechende Anforderung aus und klicken dann im Bereich *Aktionen* auf den Befehl *Zertifikatanforderung abschließen*. Sie werden aufgefordert, den Pfadnamen der Antwortdatei anzugeben und einen sinnvollen Anzeigenamen für Verwaltungsaufgaben festzulegen (Abbildung 6.30). Es ist zwar üblich, der Antwortdatei einen Namen mit der Erweiterung *.cer* zu geben, aber ein beliebiger Standardtextdateityp lässt sich ebenfalls verwenden.

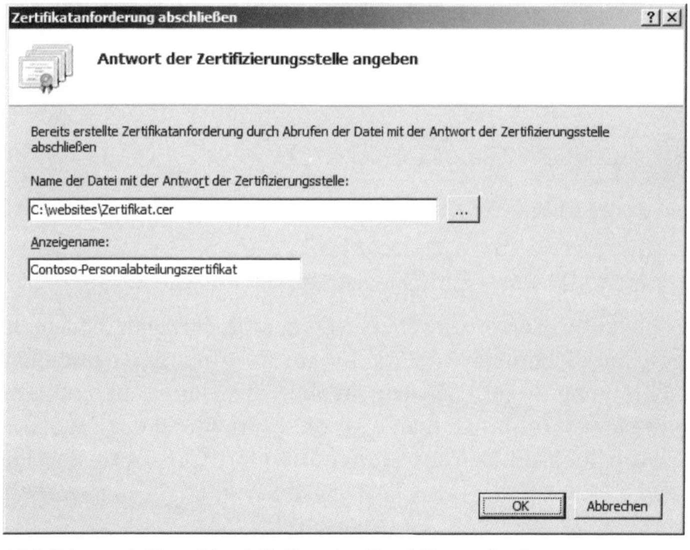

Abbildung 6.30 Abschließen der Zertifikatanforderung

Wenn die vorgelegte Antwort zur Zertifikatanforderung passt, wird das Zertifikat in die IIS-Konfiguration importiert und ist verwendbar.

Erstellen anderer Zertifikattypen

Neben der Standardzertifikatanforderung können Sie auch noch zwei andere Befehle verwenden, um Zertifikate zu erstellen. Auch diese Befehle sind im Bereich *Aktionen* des Features *Serverzertifikate* verfügbar. Der Befehl *Domänenzertifikat erstellen* erstellt eine Zertifikatanforderung für eine interne Zertifizierungsstelle und lässt sich in Organisationen einsetzen, die ihre eigene Zertifikatdienste-Infrastruktur eingerichtet haben. Statt die Anfrage an eine externe Zertifizierungsstelle zu senden, wird sie an einen internen Server übermittelt. Abbildung 6.31 zeigt die verfügbaren Optionen. Geben Sie im Textfeld *Online-Zertifizierungsstelle angeben* den Pfadnamen eines internen Zertifizierungsstellenservers ein. Der *Anzeigename* kann verwendet werden, um den Zweck des Zertifikats zu beschreiben.

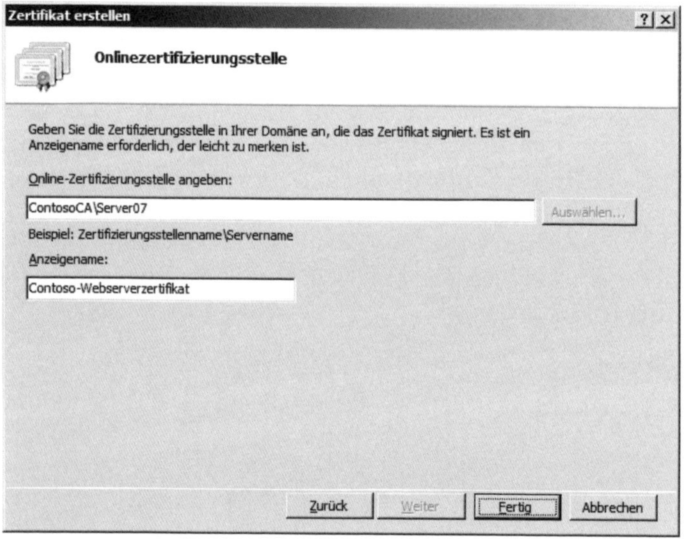

Abbildung 6.31 Eingeben der Online-Zertifizierungsstelle für ein Domänenzertifikat

---

Weitere Informationen Active Directory-Zertifikatdienste

Windows Server 2008 bietet die Serverrolle Active Directory-Zertifikatdienste, mit der Administratoren eine eigene Sicherheitsinfrastruktur auf Zertifikatbasis aufbauen können. Eine ausführliche Beschreibung dieser Dienste geht aber über den Rahmen dieses Buchs und der Prüfung 70-643 hinaus. Informationen über die Einrichtung der Zertifikatdiente finden Sie in dem Microsoft TechNet-Beitrag „Active Directory Certificate Services" unter *http://technet2.microsoft.com/windowsserver2008/en/servermanager/activedirectory Certificateservices.mspx.*

Erstellen eines selbstsignierten Zertifikats

Die Erstellung und Verwaltung von Zertifikaten erfordert mehrere Schritte und zieht gewöhnlich zusätzliche Kosten nach sich, wenn das Zertifikat von einer vertrauenswürdigen externen Zertifizierungsstelle gekauft werden muss. Dieser Aufwand ist zwar erforderlich, um in einer Produktivumgebung für die nötige Sicherheit zu sorgen, aber für Entwicklungs- und Testumgebungen wäre eine einfachere Methode vorzuziehen. Selbstsignierte Zertifikate sind lokal erstellte Zertifikate, mit denen sich Zertifikatfunktionen testen lassen. Mit dem Befehl *Selbstsigniertes Zertifikat erstellen* aus dem Bereich *Aktionen* ist es sehr einfach, solche Zertifikate auch ohne Zertifizierungsstelle zu erstellen. Abbildung 6.32 zeigt das Dialogfeld.

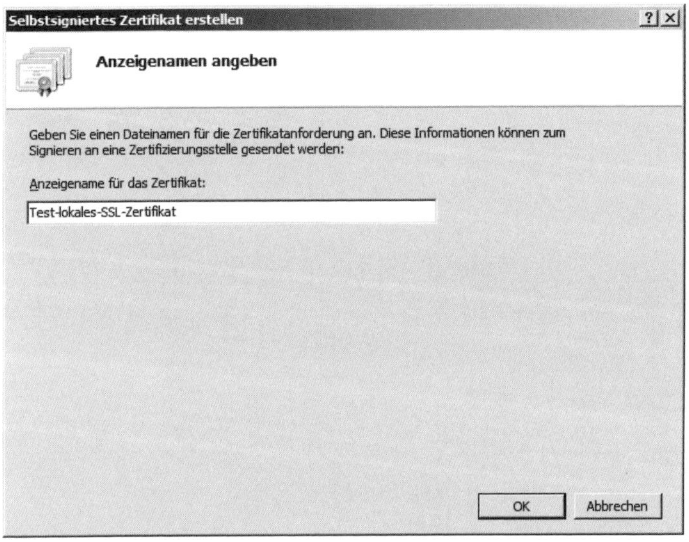

Abbildung 6.32 Erstellen eines selbstsignierten Zertifikats

Im Gegensatz zu anderen Zertifikattypen ist es nicht erforderlich, für das Zertifikat Angaben über die Organisation zu machen. Das Zertifikat wird einfach direkt auf dem lokalen Computer erstellt. Der größte Nachteil selbstsignierter Zertifikate ist, dass Benutzer, die über eine sichere Verbindung auf den Webserver zugreifen wollen, die Warnung erhalten, dass das Zertifikat nicht von einer vertrauenswürdigen Zertifizierungsstelle ausgestellt worden ist (Abbildung 6.33). In einer Testumgebung ist das normalerweise zwar kein Problem, aber für Produktivwebserver eignen sich selbstsignierte Zertifikate nicht.

Anzeigen der Zertifikatinformationen

Ein Serverzertifikat enthält eine Reihe von Eigenschaften und Angaben. Zur Anzeige dieser Informationen klicken Sie das betreffende Zertifikat in der Serverzertifikatliste eines Webservers mit einem Doppelklick an. Das Dialogfeld *Zertifikat* (Abbildung 6.34) zeigt Informationen über das Serverzertifikat an. Auf der Registerkarte *Allgemein* wird zum Beispiel der Aussteller angezeigt. Bei Zertifikaten, die von externen Zertifizierungsstellen angefordert werden, ist dies der Name des vertrauenswürdigen Herausgebers des Zertifikats. Außerdem verfügen Zertifikate über einen Gültigkeitszeitraum, der ebenfalls auf dieser Registerkarte genannt wird.

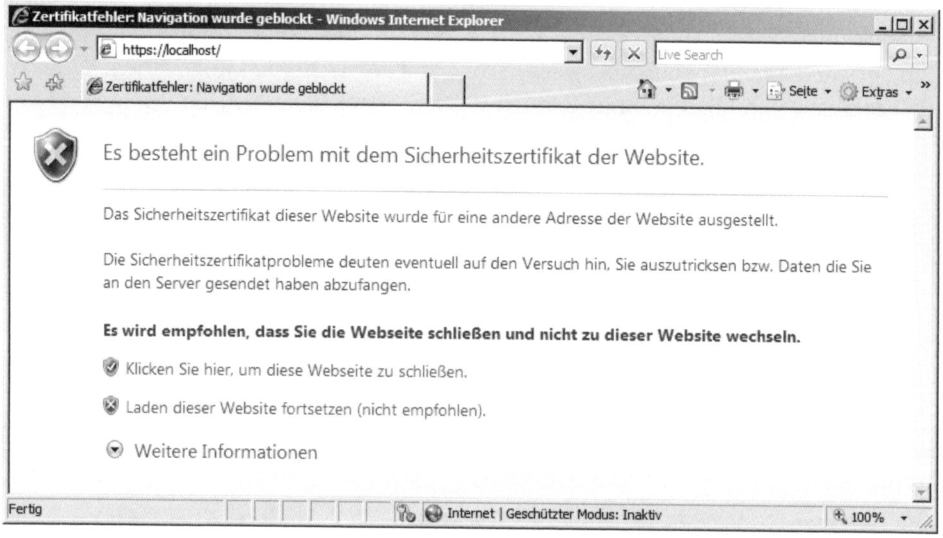

Abbildung 6.33 Beim Zugriff auf einen Server, der ein selbstsigniertes Zertifikat verwendet, erhält der Benutzer eine Warnung

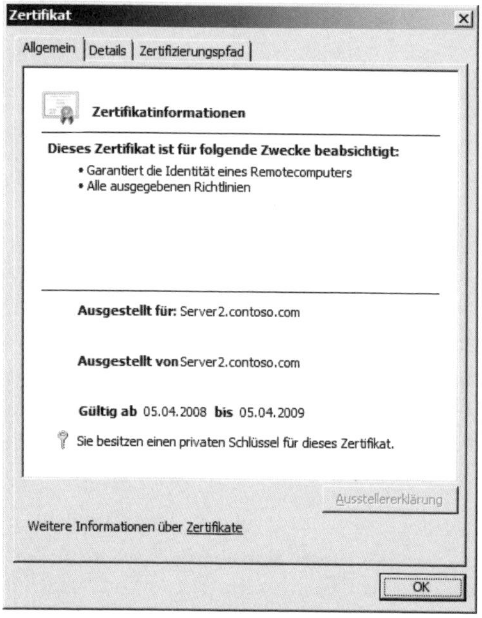

Abbildung 6.34 Anzeigen der allgemeinen Angaben über ein Serverzertifikat

Die Registerkarte *Details* enthält weitere Informationen über das Zertifikat, beispielsweise die Verschlüsselungsmethode. Die Registerkarte *Zertifizierungspfad* zeigt die gesamte Vertrauenshierarchie für das Zertifikat. In Umgebungen, in denen die Zertifizierungs-Infrastruktur aus mehreren Ebenen besteht, sind diese Angaben nützlich, um die verwendeten Vertrauensbeziehungen überprüfen zu können. Damit ein Zertifikat als gültig angesehen wird, müssen alle Ebenen vertrauenswürdig sein.

Auch Webbenutzer können sich die Sicherheitszertifikate genauer ansehen. Das ist von Nutzen, um die Identität eines Webservers oder einer Organisation zu überprüfen. Im Internet Explorer können Benutzer eine Webseite mit der rechten Maustaste anklicken und *Eigenschaften* wählen. Auf der Registerkarte *Allgemein* gibt es eine Schaltfläche, mit der sich der Status und andere Details eines Zertifikats anzeigen lassen (Abbildung 6.35).

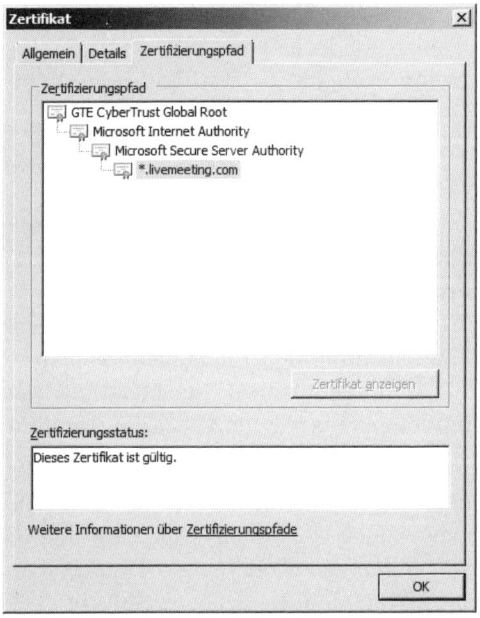

Abbildung 6.35 Anzeigen der Informationen des Zertifikats einer öffentlichen Website im Internet Explorer

Importieren und Exportieren von Zertifikaten

Nach der Installation eines Zertifikats auf einem Webserver müssen Sie das Zertifikat vielleicht in eine Datei exportieren. Das können Sie im IIS-Manager tun, indem Sie das Zertifikat mit der rechten Maustaste anklicken und den Befehl *Exportieren* eingeben. Dann können Sie einen Pfadnamen zur Speicherung der Datei und ein Kennwort angeben, um das Zertifikat davor zu schützen, von nichtautorisierten Benutzern installiert zu werden (Abbildung 6.36). Standardmäßig werden Zertifikate mit der Dateinamenserweiterung *.pfx* exportiert. Allerdings können Sie auch eine andere Erweiterung verwenden. Der Inhalt des exportierten Zertifikats wird mit dem Kennwort, das Sie angeben, verschlüsselt und geschützt.

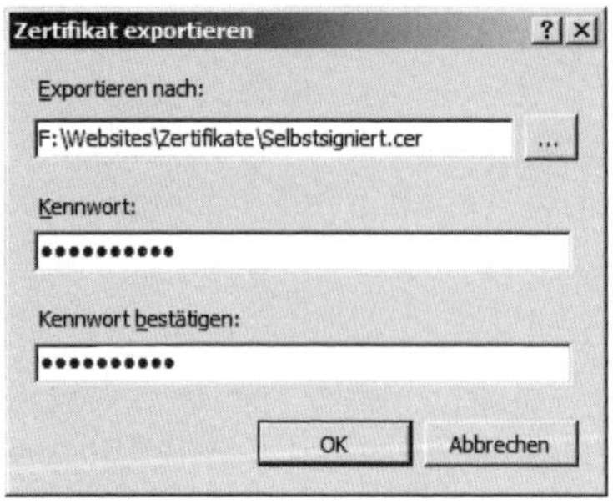

Abbildung 6.36 Exportieren eines Serverzertifikats im IIS Manager

Um ein Zertifikat zu importieren, klicken Sie im Bereich *Aktionen* auf den Befehl *Importieren*. Sie werden aufgefordert, den Pfadnamen anzugeben, unter dem die exportierte Zertifikatdatei im Dateisystem zu finden ist, sowie ein Kennwort, mit dem die Datei geöffnet werden kann. Außerdem können Sie noch festlegen, ob das Zertifikat zukünftig exportiert werden darf.

Aktivieren von Secure Sockets Layer

Nachdem Sie auf einem IIS-Webserver ein Serverzertifikat installiert haben, können Sie Verbindungen mit SSL schützen. SSL-Verbindungen setzen voraus, dass sich die Identität des Webservers mit einem Zertifikat überprüfen lässt. Nach der Identitätsprüfung können Benutzer mit dem Protokoll HTTPS (HTTP Secure) eine sichere Verbindung herstellen. Standardmäßig verwenden HTTPS-Verbindungen für die Kommunikation den TCP-Port 443. Um Einzelheiten zu ändern oder HTTPS für eine Website zu aktivieren, müssen Sie die Sitebindungen für die Website konfigurieren. (Einzelheiten über die Konfiguration der Sitebindungen finden Sie in Kapitel 5.)

Im IIS-Manager können Sie SSL-Verbindungen für bestimmte Websites vorschreiben. Dazu wählen Sie die Website, eine Webanwendung oder einen Ordner aus und klicken dann in der *Ansicht "Features"* auf *SSL-Einstellungen*. Abbildung 6.37 zeigt die verfügbaren Optionen. Mit den Kontrollkästchen können Sie festlegen, ob SSL für den Zugriff auf den Inhalt erforderlich ist. Wird diese Option aktiviert, werden keine HTTP-Standardverbindungen aktiviert. Bei Bedarf legen Sie außerdem fest, ob Clientzertifikate ignoriert, akzeptiert oder vorgeschrieben werden.

Serverzertifikate und SSL bieten eine Standardmethode für den Schutz von Webverbindungen und Webserverinhalten. Die Unterstützung von Serverzertifikaten und SSL wird gewöhnlich auf allen Webserverarten erwartet, die sensible Daten enthalten.

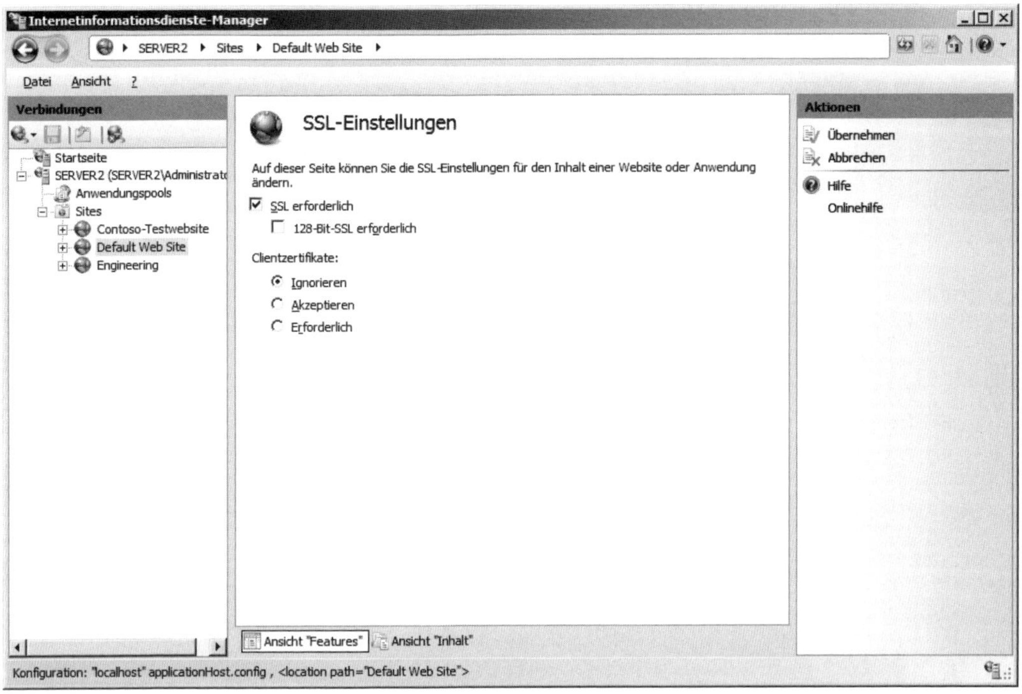

Abbildung 6.37 Konfigurieren der SSL-Einstellungen für eine Webanwendung

Konfigurieren von IP-Adressen- und Domäneneinschränkungen

Manche Webserver werden zwar so eingerichtet, dass der öffentliche Zugriff auf den gesamten Inhalt möglich ist, aber häufig ist es erforderlich, den Zugang auf bestimmte Benutzergruppen zu beschränken. Standardmäßig ist IIS so konfiguriert, dass alle Anfragen auf allen Verbindungen auf der Basis von Sitebindungen angenommen werden, in denen beispielsweise die IP-Adresse und der TCP-Port festgelegt werden. Systemadministratoren können den Zugriff auf Websites im IIS-Manager weiter einschränken, indem sie nur Antworten auf Anfragen zulassen, die von bestimmten IP-Adressen oder aus bestimmten Domänen stammen.

Der erste Schritt ist die Wahl der Ebene, auf der die Beschränkungen vorgenommen werden sollen. Das Feature *Einschränkungen für IPv4-Adressen und Domänen* ist auf den Ebenen Server, Website, Webanwendung, virtuelles Verzeichnis und Ordner verfügbar. Normalerweise legen Sie Beschränkungen auf der höchsten Ebene fest, für die sie gelten. Sollen sämtliche Webanwendungen einer bestimmten Website zum Beispiel nur auf Anfragen antworten, die aus einer bestimmten Domäne stammen, nehmen Sie die Einschränkung auf der Ebene der Website vor. Standardmäßig gelten in IIS keine Einschränkungen. Um eine Einschränkung festzulegen, wählen Sie im linken Bereich des IIS-Managers das passende Objekt aus und klicken dann in der *Ansicht "Features"* mit einem Doppelklick auf *Einschränkungen für IPv4-Adressen und Domänen*. Abbildung 6.38 zeigt ein Beispiel für die Einstellungen.

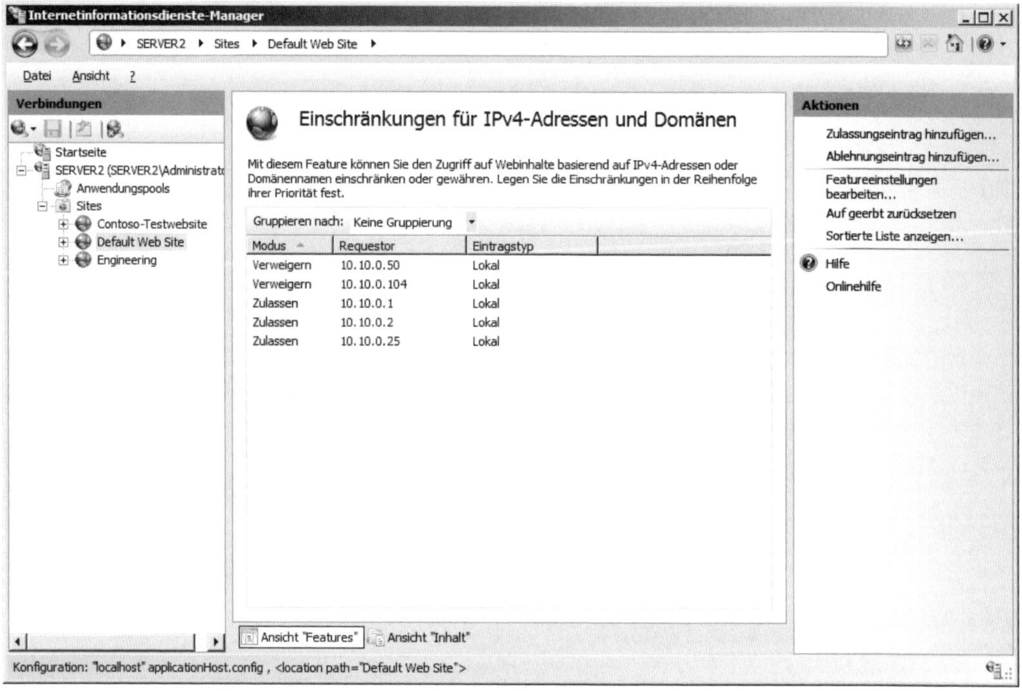

Abbildung 6.38 Konfigurieren der *Einschränkungen für IPv4-Adressen und Domänen* für eine Website

Hinzufügen von Zulassungs- und Ablehnungseinträgen

Es gibt zwei Arten von Einträgen, die Sie zur Konfiguration der Einschränkungen für IPv4-Adressen und Domänen hinzufügen können. Zulassungseinträge geben an, welche IP-Adressen auf Webinhalte zugreifen dürfen. Ablehnungseinträge legen fest, welche Adressen nicht auf den Inhalt zugreifen können. Bei der Konfiguration von IP-Adresseneinschränkungen können Sie entweder eine einzelne IP-Adresse oder einen IP-Adressenbereich angeben (Abbildung 6.39). Zur Angabe eines Bereichs können Sie die erste IP-Adresse und die Subnetzmaske verwenden. Daraus ergibt sich der Adressenbereich, aus dem Anfragen zugelassen oder abgelehnt werden. Außerdem ist es möglich, bestimmte Adressen oder Bereiche durch zusätzliche Zulassungs- oder Ablehnungsregeln zuzulassen oder auszuschließen. Versuchen Sie aber, die Konfiguration möglichst einfach zu gestalten, um die Verwaltung zu vereinfachen.

Die Einzeladressenoption ist sinnvoll, wenn nur wenige Benutzer Zugang zur Website brauchen oder wenn nur wenige andere Server auf den Inhalt zugreifen müssen. Das ist häufig in Umgebungen mit verteilten serverseitigen Webanwendungen der Fall, die nicht für den direkten Benutzerzugang vorgesehen sind. IP-Adressenbereiche sind eher geeignet, wenn ganze Gruppen von Benutzern oder Computern Zugang zur Umgebung erhalten sollen. Gehören zum Beispiel alle Benutzer der Personalabteilung zum selben Subnetz, kann man dieses Subnetz zulassen, während alle anderen Subnetze abgelehnt werden.

Bei der Auswertung der Verbindungsregeln ermittelt IIS anhand aller Zulassungs- und Ablehnungsregeln, welche Adresse Zugang erhält. Ablehnungsregeln haben Vorrang vor Zulassungsregeln. Wird Benutzern der Zugang zur Website verweigert, erhalten Sie eine ähnliche Fehlermeldung, wie sie in Abbildung 6.40 gezeigt wird.

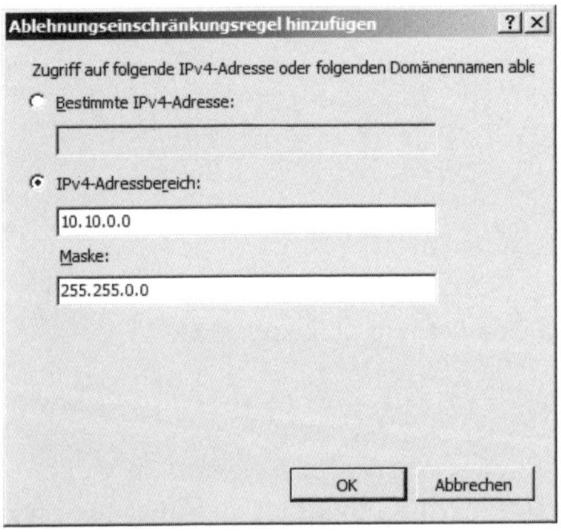

Abbildung 6.39 Hinzufügen eines Ablehnungseintrags für IP-Adressen zu einer Website

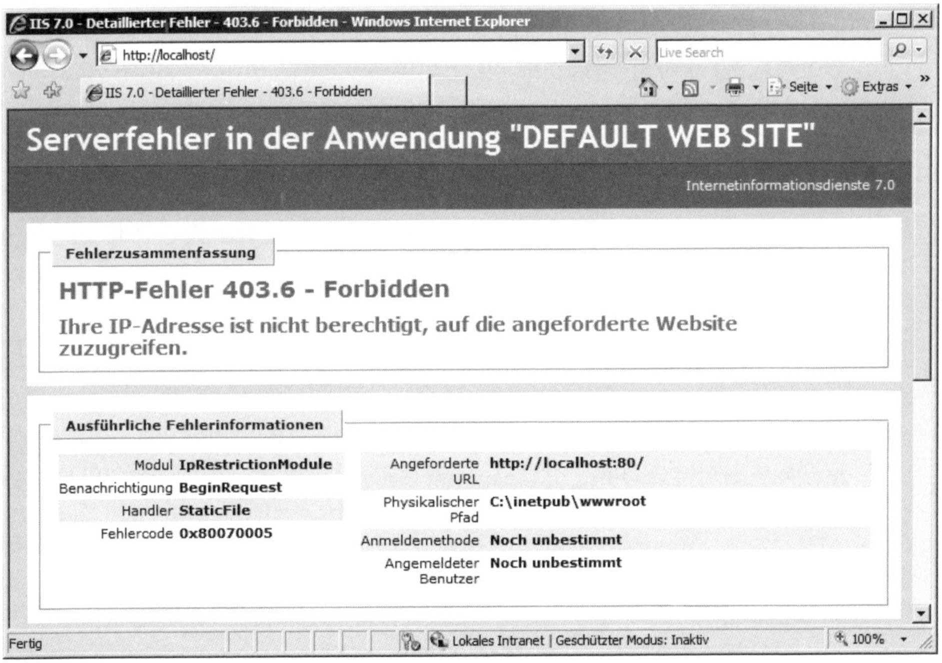

Abbildung 6.40 Eine Fehlermeldung, die der Client wegen der Beschränkungseinstellungen erhält

Eine zusätzliche Einstellung legt das Verhalten für IP-Adressen fest, die nicht explizit von der Zulassungs- und Ablehnungsliste berücksichtigt werden. Standardmäßig lässt IIS für solche Adressen automatisch den Zugang zu. Um diese Einstellung zu ändern, klicken Sie im Bereich *Aktionen* auf *Featureeinstellungen bearbeiten* und wählen für *Zugriff für nicht angegebene Clients* die Einstellung *Verweigern* (Abbildung 6.41).

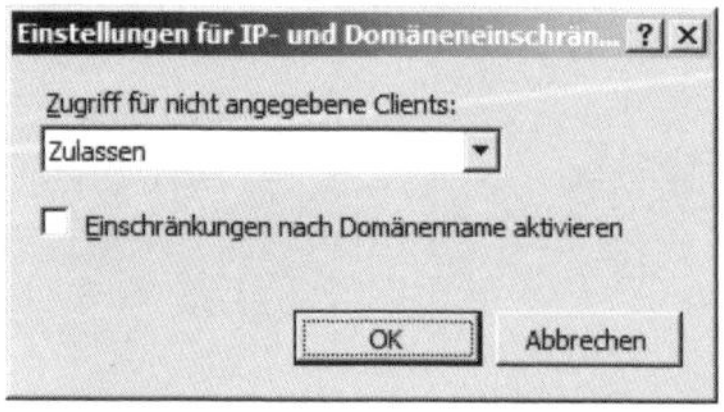

Abbildung 6.41 Einstellungen für die IP- und Domäneneinschränkungen

Hinzufügen von Domäneneinschränkungen

Die Kontrolle des Zugriffs auf Webdienste über IP-Adressen ist nützlich, wenn die Clients genau bekannt sind. Das ist gewöhnlich in Intranetumgebungen und internen Netzwerken der Fall, in denen Netzwerkadministratoren die IP-Adressenbereiche konfigurieren und verwalten. In anderen Situationen, beispielsweise auf öffentlich zugänglichen Webservern oder Extranetumgebungen, kann die Verwaltung von IP-Adressenbereichen sehr zeitaufwendig oder unpraktisch sein.

Als Alternative zu Beschränkungen auf IP-Adressenbasis bietet es sich an, den Domänennamen für Zulassungen und Ablehnungen heranzuziehen. Diese Methode hängt von Reverse-Lookup-Operationen des DNS-Systems (Domain Name System) ab. Wenn ein Benutzer versucht, eine Verbindung mit IIS herzustellen, führt der Webserver einen Reverse-Lookup durch, um anhand der IP-Adresse des Clients seinen Domänennamen zu ermitteln. Dann entscheidet IIS anhand des Domänennamens, ob der Benutzer Zugang erhält. Standardmäßig sind Domäneneinschränkungen deaktiviert, weil sie sich stark auf die Leistung eines Servers auswirken können. Jede eintreffende Anfrage muss überprüft werden, das kostet Zeit. Außerdem ergibt sich daraus eine deutliche Belastung der DNS-Serverinfrastruktur. Was die Verwaltung betrifft, kann diese Funktion aber nützlich sein, insbesondere bei geringerem Anfrageaufkommen.

Zur Aktivierung von Domäneneinschränkungen wählen Sie auf der linken Seite des IIS-Managers das geeignete Objekt, klicken mit einem Doppelklick auf *Einschränkungen für IPv4-Adressen und Domänen* und klicken dann im Bereich *Aktionen* auf *Featureeinstellungen bearbeiten*. Wie Abbildung 6.41 zeigt, können Sie die Domäneneinschränkung mit dem Kontrollkästchen *Einschränkungen nach Domänenname aktivieren* aktivieren. Abbildung 6.42 zeigt die Warnung, die angezeigt wird, wenn Sie diese Funktion aktivieren.

Nach der Aktivierung der Domäneneinschränkung können Sie die Regeln mit den Befehlen *Zulassungseintrag hinzufügen* und *Ablehnungseintrag hinzufügen* festlegen. Wie Abbildung 6.43 zeigt, weisen die Dialogfelder eine zusätzliche Option für den Domänennamen auf.

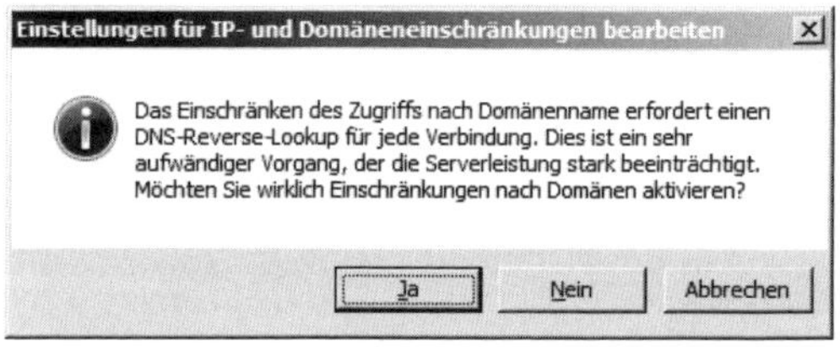

Abbildung 6.42 Wenn Sie Domäneneinschränkungen aktivieren, erscheint eine Warnung

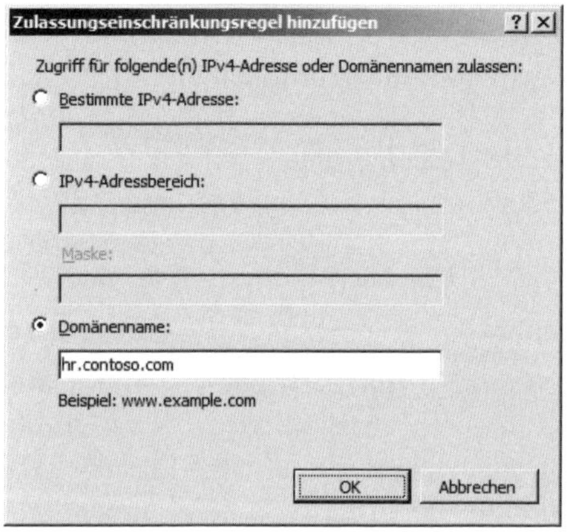

Abbildung 6.43 Hinzufügen einer Domäneneinschränkung zu einer Website

Prüfungstipp

IP-Adressen- und Domäneneinschränkungen können zwar die Sicherheit in IIS verbessern, sind aber kein Ersatz für eine sorgfältige Konfiguration der Authentifizierung und Autorisierung. Verwenden Sie die Einschränkungen, wenn Sie die eingehenden Anfragen auf eine relativ kleine Gruppe von Benutzern und Computern begrenzen können. Verwenden Sie die IP-Adressen- und -domäneneinschränkungen aber nur als Teil einer umfassenden Webserversicherheitsstrategie.

Wie bereits erwähnt, werden Einstellungen für Zulassungs- und Ablehnungseinträge für diese Einschränkungen von den übergeordneten Objekten auf die untergeordneten vererbt. Wenn Sie für ein bestimmtes Objekt mehrere explizite Änderungen vorgenommen haben, beispielsweise für eine Webanwendung, können Sie die Einstellungen auf der betreffenden Ebene mit dem Befehl *Auf geerbt zurücksetzen* aus dem Bereich *Aktionen* wieder entfernen. Anschließend gelten wieder die vom übergeordneten Objekt geerbten Einstellungen.

Konfigurieren der .NET-Vertrauensebenen

Das .NET Framework bietet Webentwicklern eine leistungsfähige Grundlage für die Implementierung von Anwendungen. Damit lassen sich natürlich auch Webanwendungen erstellen (auf der Basis der Plattform ASP.NET) und andere Anwendungen, die mit verwaltetem Code arbeiten. Es ist ziemlich einfach, .NET-Anwendungen zu erstellen, die auf einem Computer eine Vielzahl von Operationen durchführen können. Unter Sicherheitsaspekten ist es allerdings wichtig, die Berechtigungen einzuschränken, die einer .NET-Anwendung gewährt werden. Fehlerhafter oder absichtlich schädlicher Code kann Probleme verursachen, die von nichtautorisierten Zugriffen auf Daten bis hin zur Löschung von Inhalten reichen.

Um Systemadministratoren bei der Verwaltung von Berechtigungen auf Produktivservern besser unterstützen zu können, bietet IIS Codezugriffssicherheitsrichtlinien (Code Access Security, CAS). Mit diesen Richtlinien lässt sich festlegen, welche Operationen eine .NET-Anwendung durchführen kann. Es gibt zwei Hauptkonfigurationen, nämlich die Einstellungen für volles Vertrauen und die partiellen Vertrauensebenen. Die Option *Full* für volles Vertrauen gibt ASP.NET-Anwendungen alle Berechtigungen auf dem Computer. Aus Kompatibilitätsgründen ist dies die Standardeinstellung für Anwendungen, die für .NET Framework 1.0, 1.1 und 2.0 entwickelt wurden.

Partielle Vertrauensebenen

Die zweite Codezugriffssicherheitsoption ist das partielle Vertrauen. Dadurch werden die Aktionen beschränkt, die .NET-Anwendungen durchführen können. Diese Optionen sind für Anwendungen verfügbar, die für .NET Framework 1.1 und .NET Framework 2.0 entwickelt wurden. Sinn dieses partiellen Vertrauens ist, nur die Berechtigungen zu vergeben, die für eine bestimmte Webanwendung erforderlich sind.

Vertrauensebenen lassen sich auf verschiedenen Ebenen der Webserverobjekthierarchie konfigurieren:

- Webserver
- Websites
- Webanwendungen
- Virtuelle Verzeichnisse und (physische) Ordner

Wie andere Sicherheitseinstellungen werden auch Vertrauensebenen, die auf übergeordneten Ebenen festgelegt werden, von den untergeordneten Objekten geerbt, sofern sie nicht ausdrücklich außer Kraft gesetzt und durch andere Einstellungen ersetzt werden. Nehmen Sie die Einstellungen für die .NET-Vertrauensebenen auf der höchsten Ebene vor, auf der die Einstellungen sinnvoll sind. Soll zum Beispiel keine Webanwendung einer Website sämtliche Berechtigungen erhalten, können Sie die Einstellung auf der Ebene der Website vornehmen. Anschließend können Sie bei Bedarf die Einstellung der .NET-Vertrauensebene für bestimmte Webanwendungen oder Ordner ändern.

Grundlagen der .NET-Vertrauensebenen

Das .NET Framework enthält viele Komponenten und Funktionen, die für einen Webserver zu einem Sicherheitsproblem werden können. Zur Vereinfachung der Konfiguration und Anwendung von Vertrauenseinstellungen wurden für IIS fünf Ebenen vordefiniert, die sich für IIS-Objekte einstellen lassen. Die speziellen Einstellungen für jede Ebene werden in verschiedenen *.config*-Dateien festgelegt. (Weitere Informationen über die Verwendung von Konfigurationsdateien finden Sie in Kapitel 5.) Daher ist es möglich, die in diesen Dateien vorgenommenen Einstellungen mit einem XML- oder Texteditor einzusehen und zu ändern. Tabelle 6.2 listet die Ebenen auf und beschreibt ihre Einschränkungen.

Tabelle 6.2 .NET-Vertrauensebenen und ihre Einschränkungen

.NET-Vertrauensebene	*.Config*-Dateiname	Beschreibung	Eingeschränkte Aktionen
Full (internal)	(keine Datei)	Gibt einer ASP.NET-Anwendung sämtliche Berechtigungen	(keine)
High	*Web_hightrust.config*	Bietet Zugriff auf die meisten Aktionen, die auf einem Server möglich sind, und ist für vertrauenswürdige und durchgetestete Webanwendungen vorgesehen	■ Aufrufen von unverwaltetem Code ■ Aufrufen von verarbeiteten Komponenten ■ Schreibzugriffe auf das Ereignisprotokoll ■ Zugreifen auf Nachrichtenwarteschlangen ■ Zugreifen auf ODBC-, OLEDB- und Oracle-Datenquellen
Medium	*Web_mediumtrust.config*	Bietet zusätzliche Beschränkungen für Webanwendungen, die nicht auf das Dateisystem oder die Registrierung zugreifen sollen	■ Zugreifen auf Dateien außerhalb des Anwendungsverzeichnisses ■ Zugreifen auf die Registrierung ■ Netzwerk- und Webdienstaufrufe
Low	*Web_lowtrust.config*	Weitere Einschränkungen des Funktionsumfangs	■ Schreibzugriffe auf das Dateisystem ■ Aufrufen der Methode `Assert` (eine Methode, die häufig zum Test von Anwendungscode verwendet wird)
Minimal	*Web_minimaltrust.config*	Bietet nur Ausführungsrechte und verhindert Zugriffe auf andere Ressourcen des Computers	Durchführen von Aktionen, die umfangreichere Berechtigungen als *Execute* erfordern

Prüfungstipp

Sehen Sie sich zur Vorbereitung auf die Prüfung 70-643 genau an, welche Aufgabe jede .NET-Vertrauensebene hat. Statt sich spezielle Einschränkungen zu merken, sollten Sie sich eher darauf konzentrieren, welche Operationen als risikoreich eingestuft werden. Die

Einschränkungen sind kumulativ. So werden auf der Ebene *Low* zum Beispiel zusätzliche Einschränkungen vorgenommen, die über die Einschränkungen der Ebene *Medium* und der darüber liegenden Ebenen hinausgehen. Achten Sie in der Prüfung darauf, welche Anforderungen eine Webanwendung stellt, bevor sie sich entscheiden, welche die passendste Vertrauensebene ist.

Die Standardeinstellung ist *Full (internal)*. Sie bietet die beste Kompatibilität, weist aber auch das größte Sicherheitsrisiko auf. Sofern es möglich ist, sollten Sie eine niedrigere .NET-Vertrauensebene einstellen, damit die Anwendung nur die erforderlichen Berechtigungen erhält. Zu diesem Zweck müssen Sie im Normalfall Kontakt zu den Webentwicklern aufnehmen. Führen Sie außerdem ausführliche Tests mit den gewählten Sicherheitseinstellungen durch.

Konfigurieren der .NET-Vertrauensebenen

Zur Konfiguration der .NET-Vertrauensebenen mit dem IIS-Manager wählen Sie das passende Objekt aus und klicken dann in der *Ansicht "Features"* mit einem Doppelklick auf *.NET-Vertrauensebenen* (Abbildung 6.44). Zur Änderung der Einstellung wählen Sie die passende Ebene aus der Dropdownliste aus und klicken auf *Übernehmen*. Sobald die Vertrauensebene eingestellt ist, gilt sie für alle ASP.NET-Anwendungen, die auf der ausgewählten Ebene ausgeführt werden, sowie für alle untergeordneten Objekte, sofern die Einstellungen nicht explizit außer Kraft gesetzt und geändert werden.

Schnelltest

1. Wie können Sie festlegen, welche Inhalte für Benutzer zugänglich sind, ohne eine Authentifizierung zu verlangen?
2. Welche Voraussetzungen müssen für die Aktivierung von SSL auf einem IIS-Webserver erfüllt sein, der im Internet erreichbar ist?
3. Wie können Sie den Zugriff auf eine IIS-Webanwendung auf bestimmte Computer einschränken?

Antworten zum Schnelltest

1. Sofern die anonyme Authentifizierung aktiviert ist, bestimmt IIS anhand der NTFS-Dateisystemberechtigungen, welcher Inhalt Anmeldeinformationen erfordert, um zugänglich zu sein.
2. Um Internetverbindungen durch SSL zu schützen, beschaffen Sie von einer vertrauenswürdigen Zertifizierungsstelle ein Sicherheitszertifikat und installieren das Zertifikat auf dem Webserver. Anschließend können Sie über eine HTTPS-Sitebindung SSL aktivieren.
3. Sie können mit IP-Adresseneinschränkungen festlegen, welche Computer Zugang zu einem IIS-Webserver erhalten. Es sind auch andere Lösungen möglich, wie zum Beispiel die Verwendung von Clientzertifikaten.

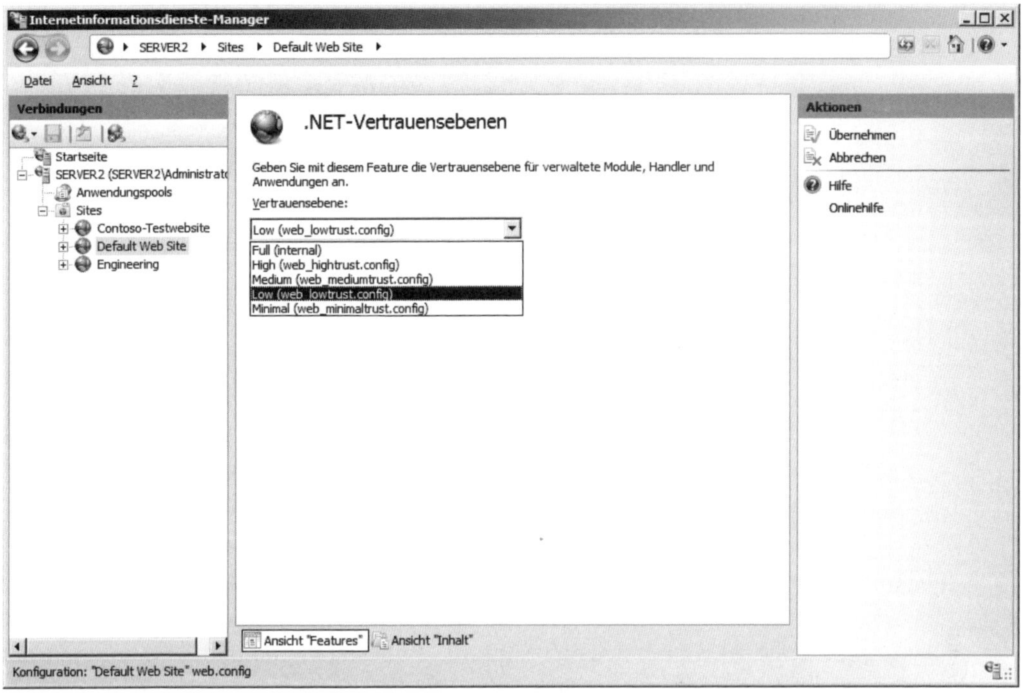

Abbildung 6.44 Anzeigen der für eine Website verfügbaren .NET-Vertrauensebenen

Praktische Übung Absichern von Webservern und Webhinhalten

In diesen Übungen wenden Sie an, was Sie über die Absicherung von Webinhalten wissen. Die Übungen setzen voraus, dass Sie die Rolle Webserver (IIS) mit den Standardeinstellungen installiert haben und wissen, wie man Rollendienste hinzufügt.

▶ Übung 1: Verwalten und Testen von Authentifizierungseinstellungen

In dieser Übung konfigurieren Sie verschiedene Authentifizierungseinstellungen und überprüfen die Auswirkungen der Einstellungen.

1. Melden Sie sich auf Server2 als Benutzer mit Administratorrechten an.
2. Fügen Sie mit dem Server-Manager folgende Rollendienste zur Rolle Webserver (IIS) hinzu:
   - Standardauthentifizierung
   - Windows-Authentifizierung
   - Digestauthentifizierung
   - URL-Autorisierung
   - IP- und Domäneneinschränkungen
3. Schließen Sie den Server-Manager, wenn Sie fertig sind.

4. Öffnen Sie den IIS-Manager und wählen Sie im linken Bereich die *Default Web Site*. Klicken Sie in der *Ansicht "Features"* mit einem Doppelklick auf *Authentifizierung*. Beachten Sie, dass in der Standardeinstellung nur die anonyme Authentifizierung aktiviert ist.
5. Klicken Sie auf *Default Web Site* und dann im Bereich *Aktionen* auf **:80 (http) durchsuchen*. Überprüfen Sie, ob die IIS-Standardstartseite angezeigt wird. Lassen Sie den Webbrowser geöffnet, wechseln Sie aber wieder in den IIS-Manager.
6. Klicken Sie wieder in der *Ansicht "Features"* mit einem Doppelklick auf *Authentifizierung*. Wählen Sie *Windows-Authentifizierung* und klicken Sie im Bereich *Aktionen* auf *Aktivieren*.
7. Wechseln Sie in den Internet Explorer und aktualisieren Sie die Seite.

   Beachten Sie, dass Sie nicht zur Eingabe von Anmeldeinformationen aufgefordert werden, weil immer noch die anonyme Authentifizierung für die Site aktiviert ist.
8. Wechseln Sie in den IIS-Manager, wählen Sie die *Anonyme Authentifizierung* und klicken Sie im Bereich *Aktionen* auf *Deaktivieren*.
9. Wechseln Sie in den Internet Explorer und aktualisieren Sie die Seite. Diesmal werden Sie zur Eingabe von Anmeldeinformationen aufgefordert, um auf die Website zugreifen zu können. Geben Sie Ihren Benutzernamen und Ihr Kennwort ein und klicken Sie auf *OK*, um zu überprüfen, ob die Verbindung zustande kommt. Zu Testzwecken können Sie auch ungültige Anmeldeinformationen eingeben, beispielsweise ein Konto, das gar nicht existiert. Sie werden feststellen, dass keine Verbindung mit der Website zustande kommt. Schließen Sie den Internet Explorer, wenn Sie fertig sind.
10. Wechseln Sie in den IIS-Manager, um die ursprünglichen Authentifizierungseinstellungen wiederherzustellen. Deaktivieren Sie die Windows-Authentifizierung und aktivieren Sie die anonyme Authentifizierung.
11. Schließen Sie den IIS-Manager, wenn Sie fertig sind.

▶ Übung 2: Konfigurieren von Serverzertifikaten

In dieser Übung erstellen Sie ein selbstsigniertes Sicherheitszertifikat für *server2.contoso.com*. Dann verwenden Sie den Internet Explorer und SSL, um auf die Standardwebsite (Default Web Site) zuzugreifen und die Einstellungen zu testen.

1. Melden Sie sich auf Server2 als Benutzer mit Administratorrechten an.
2. Öffnen Sie den IIS-Manager und wählen Sie im linken Bereich das Serverobjekt.
3. Klicken Sie im *IIS*-Abschnitt der *Ansicht "Features"* mit einem Doppelklick auf *Serverzertifikate*.

   Beachten Sie, dass sich je nach den Rollen und Rollendiensten, die auf dem lokalen Computer installiert sind, bereits einige Serverzertifikate auf dem Server befinden können.

4. Klicken Sie im Bereich *Aktionen* auf *Selbstsigniertes Zertifikat erstellen.*

5. Geben Sie als Namen des Zertifikats **Test-lokales-SSL-Zertifikat** ein und klicken Sie dann auf *OK.*

   Das neue Zertifikat sollte nun in der Liste der Serverzertifikate des IIS-Managers angezeigt werden.

6. Klicken Sie mit der rechten Maustaste das neue Zertifikat zur Überprüfung der Eigenschaften an und wählen Sie *Anzeigen.*

   Beachten Sie Angaben wie den Aussteller (unter *Ausgestellt von* erscheint der Name des Servers) und den Gültigkeitszeitraum des Zertifikats (neue Zertifikate gelten 1 Jahr). Auf der Registerkarte *Zertifizierungspfad* erscheint nur das Zertifikat selbst. Daran können Sie erkennen, dass es nicht von einer vertrauenswürdigen Zertifizierungsstelle ausgestellt wurde. Deshalb ist das Zertifikat nicht für Zugriffe von Benutzern aus öffentlichen Netzen wie zum Beispiel dem Internet geeignet.

7. Klicken Sie auf *OK,* wenn Sie fertig sind.

8. Klicken Sie im IIS-Manager mit der rechten Maustaste auf das Objekt *Default Web Site* und wählen Sie *Bindungen bearbeiten.* Wählen Sie den Bindungstyp *HTTPS* und klicken Sie auf *Bearbeiten* (oder fügen Sie den Bindungstyp hinzu, falls er noch nicht vorhanden ist). Wählen Sie in der Liste *SSL-Zertifikat* das *Test-lokales-SSL-Zertifikat* aus. Klicken Sie auf *OK,* um die Einstellungen zu speichern, und dann auf *Schließen.*

9. Klicken Sie in der *Ansicht "Features"* mit einem Doppelklick auf *SSL-Einstellungen.* Aktivieren Sie die Option *SSL erforderlich* und klicken Sie dann auf *Übernehmen.*

10. Klicken Sie auf die Schaltfläche *Zurück,* um zur *Ansicht "Features"* der Standardwebsite zurückzukehren. Wählen Sie im Bereich *Aktionen* den Befehl **:80 (http) durchsuchen.* Dadurch wird der Internet Explorer gestartet, der versucht, eine nicht gesicherte HTTP-Verbindung mit der Website herzustellen. Beachten Sie, dass Sie eine Fehlermeldung mit dem Text „Die von Ihnen aufgerufene Seite ist mit SSL (Secure Sockets Layer) gesichert“ erhalten. Schließen Sie den Internet Explorer.

11. Klicken Sie im Bereich *Aktionen* des IIS-Managers auf **:443 (https) durchsuchen* (eventuell müssen Sie die Darstellung im IIS-Manager aktualisieren, um diesen Befehl zu sehen).

    Beachten Sie, dass Sie diesmal eine Warnung mit dem Hinweis erhalten, dass ein Problem mit dem Sicherheitszertifikat der Website vorliegt. Das liegt daran, dass es sich um ein selbstsigniertes Zertifikat handelt, das nicht von einer vertrauenswürdigen Zertifizierungsstelle ausgestellt wurde.

12. Wenn Sie die Website trotzdem verwenden möchten, klicken Sie auf *Laden dieser Website fortsetzen.*

    Beachten Sie, dass sich die Adressleiste rot färbt und die Meldung *Zertifikatfehler* erscheint. Der Inhalt der Website ist aber zugänglich.

13. Schließen Sie den Internet Explorer, wenn Sie fertig sind.

14. Klicken Sie im IIS-Manager mit einem Doppelklick auf das Feature *SSL-Einstellungen* der *Default Web Site* und deaktivieren Sie die Option *SSL erforderlich*. Klicken Sie im Bereich *Aktionen* auf *Übernehmen*, um die Einstellung zu speichern.
15. Schließen Sie den IIS-Manager, wenn Sie fertig sind.

Zusammenfassung der Lektion

- Die anonyme Authentifizierung bietet den Zugang zu Websiteinhalten, ohne dass Benutzer Anmeldeinformationen angeben müssen.
- Die Formularauthentifizierung eignet sich für öffentlich zugängliche Websites und Anwendungen, die ihre eigenen Sicherheitsvorkehrungen treffen.
- URL-Autorisierungsregeln bestimmen, welche Benutzer oder Gruppen Zugang zu welchen Websiteinhalten erhalten.
- Webserveradministratoren können Serverzertifikate verwenden, um Internetverbindungen mit SSL zu verschlüsseln.
- Administratoren können zu Test- und Entwicklungszwecken selbstsignierte Serverzertifikate verwenden.
- Mit IP-Adressen- und Domäneneinschränkungen können Sie den Zugang zu Webinhalten einschränken.
- .NET-Vertrauensebenen schränken die Berechtigungen ein, über die verwalteter Code auf einem Webserver verfügt.

Lernzielkontrolle

Mit den folgenden Fragen können Sie Ihr Wissen über den Stoff von Lektion 2, „Kontrollieren des Zugriffs auf Webdienste", überprüfen. Die Fragen sind (in englischer Sprache) auch auf der Begleit-CD zu finden, falls Sie die elektronische Form der Fragen vorziehen.

Hinweis Die Antworten

Die Antworten auf die Frage und Erläuterungen, warum die entsprechende Antwort richtig oder falsch ist, finden Sie im Abschnitt „Antworten" am Ende des Buchs.

1. Sie nehmen als IIS-Webserveradministrator Authentifizierungseinstellungen für eine neue Website vor. Den Anforderungen der Personalabteilungswebsite entsprechend sollen Benutzer zur Eingabe von Authentifizierungsinformationen aufgefordert werden, wenn sie die Website besuchen. Die Website wird nur von Benutzern verwendet, die in der Active Directory-Domäne Ihrer Organisation über Konten verfügen. Sie haben die Dateisystemberechtigungen für die Inhalte bereits entsprechend konfiguriert. Sie möchten die Website möglichst gut absichern. Welche beiden Aktionen sollten Sie durchführen, um diese Anforderungen zu erfüllen?

A. Aktivieren der Windows-Authentifizierung

B. Aktivieren der Standardauthentifizierung

C. Deaktivieren der anonymen Authentifizierung

D. Aktivieren der anonymen Authentifizierung

2. Sie sind Systemadministrator und versuchen, ein Problem mit dem Zugriff auf einen Webserver zu beheben, auf dem Windows Server 2008 verwendet wird. Zuvor hat ein anderer Administrator ein Serverzertifikat erstellt und auf dem Computer installiert. Benutzer berichten, dass sie mit HTTP auf die Website zugreifen können, aber im Internet Explorer eine Warnung erhalten, wenn Sie mit HTTPS eine Verbindung herstellen wollen. Sie möchten, dass Benutzer Verbindungen mit HTTP und HTTPS herstellen können. Sie versuchen, direkt auf dem Server mit dem Internet Explorer eine Verbindung mit der Website herzustellen, erhalten aber dieselbe Warnung bezüglich der HTTPS-Verbindungen. Wie lösen Sie das Problem?

   A. Sie ändern die Sitebindung für die Website, um Verbindungen über Port 443 zu ermöglichen.

   B. Sie ändern die SSL-Einstellung für die Website auf *SSL erforderlich*.

   C. Sie beschaffen ein Serverzertifikat von einer externen vertrauenswürdigen Zertifizierungsstelle (über das Internet) und installieren es auf dem Webserver.

   D. Sie exportieren das vorhandene Sicherheitszertifikat und importieren es erneut.

   E. Sie stellen die Firewalls der Clients so ein, dass der HTTPS-Datenverkehr über Port 443 zugelassen wird.

Rückblick auf dieses Kapitel

Um den in diesem Kapitel behandelten Stoff zu vertiefen und einzuüben, können Sie folgende Aufgaben durchführen:

- Lesen Sie die Zusammenfassung des Kapitels.
- Lesen Sie die Liste der Schlüsselbegriffe durch, die in diesem Kapitel eingeführt wurden.
- Arbeiten Sie die Übungen mit Fallbeispiel durch. Diese Fallbeispiele bilden Situationen aus der Praxis nach, in denen der Stoff aus diesem Kapitel verwendet werden kann. Entwickeln Sie eine Lösung.
- Arbeiten Sie die vorgeschlagenen Übungen durch.
- Machen Sie einen Übungstest.

Zusammenfassung des Kapitels

- Webserveradministratoren sollten sich auf die Implementierung der gestaffelten Verteidigung und der Verkleinerung der Angriffsfläche konzentrieren. Dazu lassen sich zum Beispiel Anfragehandlerzuordnungen verwenden.
- Die Internetinformationsdienste lassen sich remote verwalten. Dazu werden Benutzer, Berechtigungen und die Delegierung von Features für den Verwaltungsdienst konfiguriert.
- Serveradministratoren können den Zugang zu einem Webserver mit Authentifizierungseinstellungen, URL-Autorisierungsregeln, Serverzertifikaten sowie IP-Adressen- und Domäneneinschränkungen kontrollieren.

Schlüsselbegriffe

Wissen Sie, was die folgenden Schlüsselbegriffe bedeuten? Sie können Ihre Antworten überprüfen, indem Sie die Begriffe im Glossar am Ende dieses Buchs nachschlagen.

- ASP.NET-Identitätswechsel (impersonation)
- Angriffsfläche
- Zertifizierungsstelle (Certificate Authority, CA)
- Clientzertifikatauthentifizierung
- Gestaffelte Verteidigung (defense in depth)
- Domäneneinschränkungen (IIS)
- Delegierung von Features (IIS)
- Handlerzuordnungen (IIS)
- IIS-Manager-Anmeldeinformationen
- Internet-Zertifikatanforderung (IIS)

- IP-Adresseneinschränkungen (IIS)
- IIS-Verwaltungsdienst
- Module (IIS)
- .NET-Vertrauensebenen
- Anfragehandler
- Selbstsigniertes Zertifikat
- Serverzertifikate
- URL-Autorisierungsregeln

Übungen mit Fallbeispiel

In diesen Übungen mit Fallbeispielen wenden Sie Ihr Wissen über die Absicherung der Internetinformationsdienste (IIS) 7.0 an.

Übung 1: Konfigurieren der Remoteverwaltung für IIS

Sie sind als Systemadministrator für die Verwaltung von vier Webservern zuständig, auf denen Windows Server 2008 ausgeführt wird. Sie möchten alle Server vom selben Computer aus mit dem IIS-Manager verwalten. Außerdem müssen drei andere Systemadministratoren zu Verwaltungszwecken auf die Server zugreifen können. Einer dieser Administratoren ist eine Beraterin, die nicht über ein lokales Benutzerkonto oder ein Windows-Domänenkonto verfügt. Sie möchten für sie einen Benutzer mit Benutzernamen und Kennwort definieren, der ihr die IIS-Verwaltung (und nur die IIS-Verwaltung) ermöglicht. Alle Administratoren außer Ihnen sollen die Einstellungen für die Features Standarddokument und Verzeichnissuche zwar anzeigen, aber nicht ändern können.

1. Wie lassen sich die Einstellungen am einfachsten mit dem IIS-Manager für alle Webserver vornehmen?
2. Wie können Sie für einen Remotesystemadministrator einen Benutzernamen und ein Kennwort einrichten?
3. Wie verhindern Sie, dass andere Benutzer im IIS-Manager die Einstellungen der Features Standarddokument und Verzeichnis durchsuchen ändern können?

Übung 2: Verbessern der Websitesicherheit

Sie sind als Systemadministrator für die Konfiguration und Verwaltung der Sicherheitsvorkehrungen für einen Produktivserver zuständig, auf dem Windows Server 2008 ausgeführt wird. Der Server ist im Internet zugänglich und enthält 8 Websites. Jede Website enthält mindestens eine Webanwendung. Eine Webanwendung namens Kundendatenbank enthält eine ASP.NET 2.0-Anwendung, die Zugriff auf einen Remotedatenbankserver braucht. Eine weitere Website namens Kundendienst enthält statischen Inhalt, der überwiegend für alle Benutzer zugänglich sein soll. Allerdings gibt es einen Ordner namens *Admin*, der nur bestimmten Benutzern zugänglich sein darf. Außerdem haben Sie eine neue Anforderung für eine Anwendung namens Contoso-Zentrale erhalten, die besagt, dass alle Verbindungen verschlüsselt werden sollen.

1. Welche .NET-Vertrauensebene sollten Sie für die Anwendung Kundendatenbank einstellen?
2. Wie können Sie die Sicherheit des Ordners *Admin* in der Anwendung Kundendienst gewährleisten?
3. Wie erreichen Sie, dass alle Verbindungen mit der Anwendung Contoso-Zentrale verschlüsselt werden?

Empfohlene Übungen

Führen Sie die folgenden Übungen durch, um den in diesem Kapitel vorgestellten prüfungsrelevanten Stoff einzuüben.

Implementieren der Webserversicherheit

Die Übungen dieses Abschnitts bieten Ihnen die Gelegenheit, Ihr frisch erworbenes Wissen zur Absicherung von IIS-Webservern, Websites und Webanwendungen einzusetzen.

- **Übung 1** Erstellen Sie mit dem IIS-Manager eine neue Website. Als Inhalt der Website können Kopien der Datei *Iisstart.htm* dienen, oder andere HTML-Dateien, die Ihnen zur Verfügung stehen. Speichern Sie einige dieser Dateien in den Ordnern und denken Sie sich Szenarien aus, in denen Sie den Inhalt schützen müssen. Verwenden Sie Dateisystemberechtigungen, Authentifizierungseinstellungen und URL-Autorisierungsregeln, um sicherzustellen, dass nur bestimmte Benutzer Zugriff auf die Website erhalten. Erstellen Sie in einer Webanwendung zum Beispiel einen neuen Ordner namens *GesicherteDokumente*. Stellen Sie den Zugriff so ein, dass Benutzer ihre Anmeldeinformationen angeben müssen, um Zugriff auf den Inhalt zu erhalten. Ändern Sie auch einige Handlerzuordnungen und überprüfen Sie die Auswirkungen. Entfernen Sie zum Beispiel die Handlerzuordnung StaticFile einer Website und testen Sie die Auswirkungen im Internet Explorer. Sie können auch eigene Handlerzuordnungen für neue Dateitypen definieren, beispielsweise für Dateien mit der Namenserweiterung *.secure*.
- **Übung 2** Fügen Sie zu einem Webserver, auf dem Windows Server 2008 ausgeführt wird, den IIS-Rollendienst Verwaltungsdienst hinzu. Experimentieren Sie mit verschiedenen Sicherheitsfunktionen, um Webserveradministratoren unterschiedliche Stufen des Zugriffs zu gewähren. Spielen Sie folgende Optionen durch:
  - Erstellen von IIS-Manager-Benutzern
  - Zuweisen von IIS-Manager-Berechtigungen, um festzulegen, auf welche Websites und Webanwendungen Administratoren Zugriff erhalten
  - Zuweisen von Berechtigungen an Benutzer, die nicht zu den Administratoren zählen, aber über Windows-Konten verfügen

- Erstellen von IP-Adresseneinschränkungen, um festzulegen, welche Computer IIS verwalten dürfen
- Verwenden der Delegierung von Features, um festzulegen, welche Einstellungen mit dem IIS-Manager geändert werden können

Für einen effizienten Test empfiehlt es sich, einen Remotecomputer zu verwenden, auf dem Windows Vista oder Windows Server 2008 verwendet wird und auf dem der IIS-Manager 7.0 installiert ist.

- **Übung 3** Sehen Sie sich folgende Webcasts und Quellen an, um mehr über die Internetinformationsdienste (IIS) 7.0 zu erfahren:
  - Den Webcast „Secure, Simplified Web Publishing Using Internet Information Services 7.0 (Level 300)" von Robert McMurray (auf der Begleit-CD im Ordner Webcasts). Sie finden ihn auch auf der Website *http://msevents.microsoft.com*, wenn Sie nach der Ereigniskennung 1032352159 suchen.
  - Den Webcast „Securing and Tuning Internet Information Services 7.0 (Level 300)" von Nazim Lala (auf der Begleit-CD im Ordner *Webcasts*). Sie finden diesen Webcast auch auf der Website *http://msevents.microsoft.com*, wenn Sie nach der Ereigniskennung 1032352141 suchen.
  - Die Microsoft-Internetinformationsdienste-Website unter *http://www.microsoft.com/iis*
  - Die IIS.Net-Website unter *http://www.iis.net*
  - IIS 7.0-Webcasts unter *http://www.iis.net/default.aspx?tabid=2&subtabid=24*
  - IIS 7.0 Virtual Labs unter *http://virtuallabs.iis.net*

Machen Sie einen Übungstest

Die Übungstests auf der Begleit-CD zu diesem Buch (in englischer Sprache) bieten zahlreiche Möglichkeiten. Zum Beispiel können Sie einen Test machen, der ausschließlich die Themen eines bestimmten Lernziels behandelt, oder Sie können sich selbst mit dem gesamten Inhalt der Prüfung 70-643 testen. Sie können den Test so konfigurieren, dass er dem Ablauf einer echten Prüfung entspricht, oder Sie können einen Lernmodus verwenden, in dem Sie sich nach dem Beantworten einer Frage jeweils sofort die richtige Antwort und Erklärungen ansehen können.

Weitere Informationen Übungstests

Einzelheiten zu allen Optionen, die bei den Übungstests zur Verfügung stehen, finden Sie im Abschnitt „So benutzen Sie die Übungstests" in der Einführung dieses Buchs.

KAPITEL 7

Konfigurieren der FTP- und SMTP-Dienste

Die Internetinformationsdienste (Internet Information Services, IIS) sind in der Lage, Informationen mit mehreren Protokollen zu liefern. FTP (File Transfer Protokoll) bietet eine Standardmethode, mit der Computer untereinander Dateien und andere Arten von Daten austauschen können. Es wird in internen Netzwerken und im Internet viel benutzt, um Inhalte hoch- und herunterzuladen. SMTP (Simple Mail Transfer Protocol) ist eine Standardmethode zur Übermittlung von E-Mails. Es wird von Webanwendungen oft benutzt, um Mitteilungen an die E-Mail-Adressen von Benutzern zu senden.

In diesem Kapitel erfahren Sie, wie Sie diese Dienste in Windows Server 2008 konfigurieren. Lektion 1, „Konfigurieren von FTP", behandelt die Installation und Konfiguration der FTP-Funktionen. Lektion 2, „Konfigurieren von SMTP", beschreibt die Installation und Konfiguration des SMTP-Dienstes.

In diesem Kapitel abgedeckte Prüfungsziele:

- Konfigurieren einer Webdiensteinfrastruktur
  - Konfigurieren eines FTP-Servers (File Transfer Protocol)
  - Konfigurieren von SMTP (Simple Mail Transfer Protocol)

Lektionen in diesem Kapitel:

Bevor Sie beginnen

Um die Lektionen und Übungen dieses Kapitels durcharbeiten zu können, brauchen Sie folgende Ausrüstung und Fähigkeiten:

- Grundlagenwissen über die IIS-Konfiguration. Sie müssen wissen, wie man die Serverrolle Webserver (IIS) und optionale Rollendienste hinzufügt. Diese Themen werden in Kapitel 5, „Installieren und Konfigurieren von Webanwendungen", besprochen.
- Einen Computer namens *server2.contoso.com* mit installierter Serverrolle Webserver (IIS) und den installierten Standardoptionen dieser Rolle. Wenn Sie in den bisherigen Übungen zusätzliche Websites oder Webanwendungen erstellt haben, können diese auf dem Server bleiben.

Lektion 1: Konfigurieren von FTP

Windows Server 2008 unterstützt zwei Versionen des FTP-Servers. Der FTP-Publishingdienst von Windows Server 2008 bietet dieselbe Funktionalität, die in den IIS 6.0 von Microsoft Windows Server 2003 zur Verfügung stand. Diese Version wird FTP 6 genannt. Sie können auch eine neue Version des Produkts namens FTP 7 herunterladen und installieren. Beide Versionen ermöglichen es, FTP-Websites einzurichten, mit denen Benutzer leicht Dateien hoch- und herunterladen können. Zudem bietet FTP 7 erweiterte Sicherheits- und Verwaltungsfunktionen. In dieser Lektion erfahren Sie, wie man diese beiden Versionen auf einem Windows Server 2008-Computer verwendet.

Prüfungstipp

Zu der Zeit, als dieses Buch entstand, sah Microsoft für die Prüfung 70-643 noch Fragen über FTP 6 vor, aber auch Prüfungen ändern sich. Im Lauf der Zeit werden in der Prüfung auch Fragen über FTP 7 gestellt werden. Die Grundfunktionen sind in beiden Versionen zwar gleich, aber FTP 7 bietet viele neue Funktionen und lässt sich zudem mit dem IIS-Manager von Windows Server 2008 verwalten.

Praxistipp

Anil Desai

Bei meiner Tätigkeit als IT-Berater sehe ich häufig Server- und Dienstkonfigurationen, die anscheinend eher nach dem Zufallsprinzip durchgeführt wurden, sich nicht an die Empfehlungen halten und manchmal auch jedes Verständnis für das Sicherheitssystem vermissen lassen. In einigen Fällen werden Systemadministratoren mit vielfältigen Anforderungen konfrontiert und haben nicht genügend Zeit, die Dienste korrekt einzurichten. In anderen Fällen wissen sie einfach nicht, was sie tun. Was auch immer die Gründe sein mögen, das Problem ist zumeist dasselbe: Dienste werden häufig auf unsichere Weise bereitgestellt.

Wenn Sie für die Bereitstellung neuer Features und Dienste zuständig sind, die zusätzliche Funktionalität bieten sollen, ist es wichtig, die möglichen Auswirkungen der Änderungen auf die Sicherheit zu durchdenken. Die Implementierung eines FTP-Servers ist ein gutes Beispiel. FTP-Websites ermöglichen es Benutzern, Daten aus Ihrem Netzwerk herunter oder in Ihr Netzwerk hochzuladen. Besonders dann, wenn der Zugriff aus dem Internet oder anderen externen Netzwerken möglich ist, ist es wichtig, sicherzustellen, dass nur autorisierte Benutzer Zugriff auf den Server erhalten. Mit Optionen wie den Authentifizierungsmethoden, verschlüsselten Verbindungen, Autorisierungseinstellungen und Benutzerstammverzeichnissen können Sie dafür sorgen, dass die Einrichtung einer neuen FTP-Website nicht zu Lücken im Sicherheitssystem führt. (Über diese Dinge erfahren Sie mehr in Lektion 1.)

Nehmen Sie sich die Zeit, die Folgen der Einrichtung von Netzwerkdiensten wie FTP-Servern auf das Sicherheitssystem zu überprüfen. Als brauchbare Faustregel mag Folgendes gelten: Wenn Ihnen die Zeit oder die Erfahrung fehlt, den Server auf sichere Weise bereitzustellen, ist es wahrscheinlich besser, ihn gar nicht bereitzustellen.

Am Ende dieser Lektion werden Sie in der Lage sein, die folgenden Aufgaben auszuführen:

- Installieren und Konfigurieren des FTP-Publishingdienstes in Windows Server 2008
- Erstellen und Konfigurieren einer neuen FTP-Website mit FTP 6
- Verwalten von FTP 7 mit dem IIS-Manager
- Konfigurieren der FTP-Sitebindungen für eine IIS 7.0-Website.
- Verwalten von FTP 7-Einstellungen, einschließlich der SSL-Einstellungen, Authentifizierung, Autorisierung und Benutzerisolation
- Verwenden der FTP-Clientsoftware zum Test einer FTP-Site

Veranschlagte Zeit für diese Lektion: 60 Minuten

Installieren des FTP-Publishingdienstes

Der FTP-Publishingdienst (FTP 6) ist als optionaler Rollendienst der Serverrolle Webserver (IIS) verfügbar. Sie können die Rolle mit dem Server-Manager zum Server hinzufügen. Die einfachste Methode ist, den Rollendienst FTP-Publishingdienst bereits beim Hinzufügen der Serverrolle Webserver (IIS) zum Computer mit auszuwählen. Sofern Sie die Serverrolle Webserver (IIS) bereits installiert haben, können Sie den Befehl *Rollendienste hinzufügen* verwenden, um den Rollendienst nachträglich zu installieren (Abbildung 7.1).

Verwenden von FTP 6

Der FTP-Publishingdienst umfasst zwei Rollendienste. FTP-Server ist ein Systemdienst, der für den Zugang zu FTP-Sites sorgt. Die FTP-Verwaltungskonsole wird zur Erstellung und Verwaltung von FTP-Sites verwendet.

Entfernen des FTP-Publishingdienstes

Wenn der Server keinen FTP-Zugriff mehr anbieten soll, können Sie den FTP-Publishingdienst entfernen. Auch wenn Sie FTP 7 installieren möchten, empfiehlt es sich, zuvor den FTP-Publishingdienst vom Computer zu entfernen. Auf diese Weise lassen sich potenzielle Portkonflikte und andere Kompatibilitätsprobleme vermeiden.

Sie können den FTP-Publishingdienst im Server-Manager entfernen. Erweitern Sie im linken Bereich den Knoten *Rollen*, klicken Sie *Webserver (IIS)* mit der rechten Maustaste an und wählen Sie *Rollendienste entfernen*. Entfernen Sie den FTP-Publishingdienst und seine optionalen Komponenten, wenn Sie die FTP-Funktionen vom Server entfernen möchten. Beachten Sie, dass der Inhalt des FTP-Ordners im Dateisystem des Computers dabei nicht gelöscht oder geändert wird.

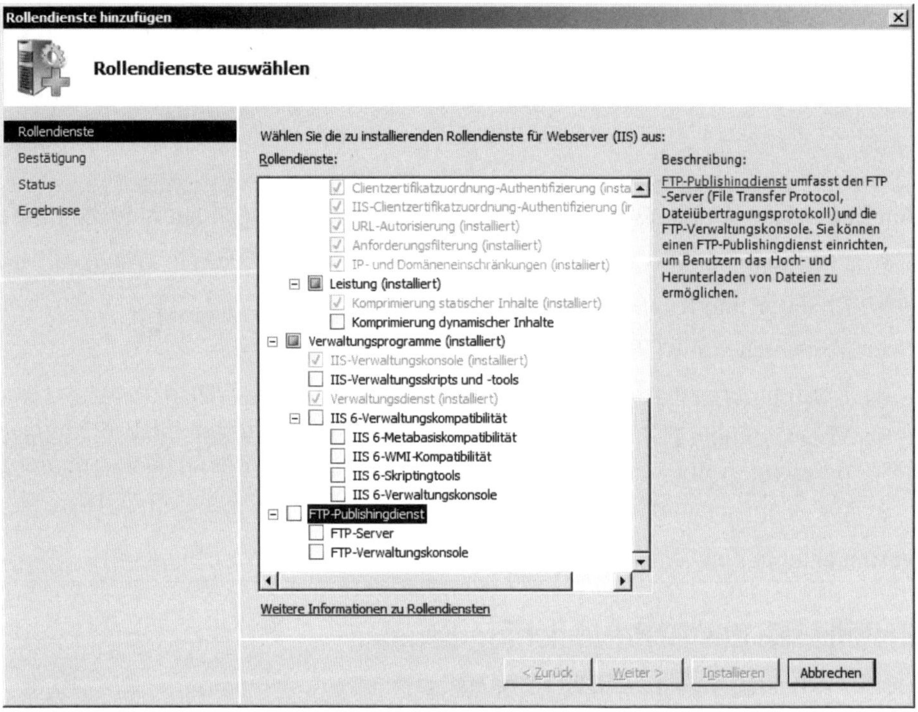

Abbildung 7.1 Installieren der FTP 6-Funktionen in Windows Server 2008

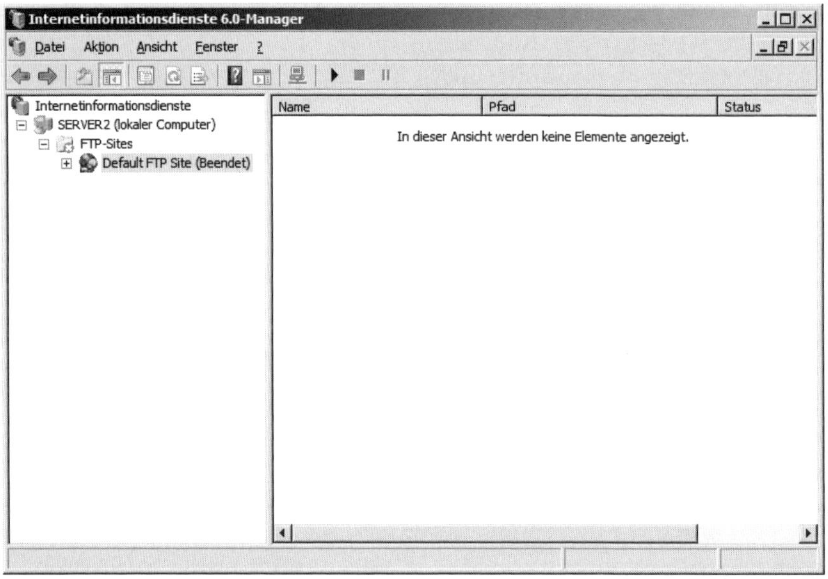

Abbildung 7.2 FTP-Sites lassen sich im IIS 6.0-Manager erstellen und verwalten

Konfigurieren von FTP Sites mit dem IIS 6.0-Manager

Sie können die FTP-Serverkomponenten im Internetinformationsdienste 6.0-Manager (oder kurz IIS 6.0-Manager) verwalten, der sich in der Programmgruppe *Verwaltung* starten lässt. Um die Konfiguration des lokalen Servers anzuzeigen, erweitern Sie das Serverobjekt und den Ordner *FTP-Sites*. Der FTP-Publishingdienst installiert eine FTP-Standardsite namens *Default FTP Site* (Abbildung 7.2).

In diesem Abschnitt erfahren Sie, wie Sie mit dem IIS 6.0-Manager neue FTP-Sites erstellen und FTP-Sites konfigurieren können.

Erstellen einer neuen FTP-Site

Sie können mehrere FTP-Sites einrichten, die auf unterschiedlichen Ports und IP-Adressen antworten. Um mit dem IIS 6.0-Manager eine neue FTP-Site zu erstellen, klicken Sie den Ordner *FTP-Sites* mit der rechten Maustaste an, zeigen auf *Neu* und klicken dann auf *FTP-Site*. Dadurch wird der Assistent zum Erstellen einer FTP-Site gestartet. Die erste Seite des Assistenten (nach der *Willkommen*-Seite) fordert Sie zur Eingabe einer Beschreibung der Website auf. Damit ist einfach ein Name gemeint, der Ihnen bei der Verwaltung hilft, die richtige Website zu finden.

Die Seite *IP-Adresse und Porteinstellungen* (Abbildung 7.3) ermöglicht Ihnen, die IP-Adresse und den Port festzulegen, auf dem der Server antwortet. Die Standardkonfiguration ist, dass dem Server noch keine IP-Adresse, aber der Standardport 21 zugewiesen wird. Jede FTP-Site des Servers muss über eine eindeutige Kombination von IP-Adresse und Port verfügen, damit sich die Server nicht gegenseitig stören.

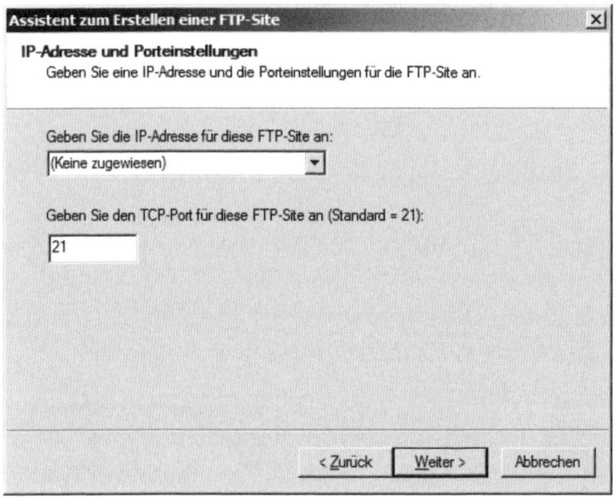

Abbildung 7.3 Konfigurieren der IP-Adresse und des Ports einer neuen FTP-Site

Auf der Seite *FTP-Benutzerisolation* können Sie festlegen, auf welche Inhalte Benutzer zugreifen können (Abbildung 7.4). Folgende Optionen stehen zur Wahl:

- **Benutzer nicht isolieren** Diese Einstellung ermöglicht allen Benutzern den Zugriff auf den gesamten Inhalt der FTP-Site, auch auf die Ordner, die von anderen Benutzern erstellt werden.
- **Benutzer isolieren** Jedem Benutzer wird automatisch ein Ordner zugeordnet, der nach dem Anmeldenamen des Benutzers benannt wird. Diese Option hindert Benutzer daran, auf andere Ordner oder Verzeichnisse des FTP-Servers zuzugreifen.
- **Benutzer mit Active Directory isolieren** Diese Einstellung ermöglicht es, das FTP-Stammverzeichnis und die Isolierungseinstellungen im Active Directory-Verzeichnisdienst festzulegen. Damit sich Benutzer am Server anmelden können, müssen sie über Active Directory-Domänenkonten verfügen und die angegebenen Pfade für die Stammordner der Benutzer müssen vorhanden sein.

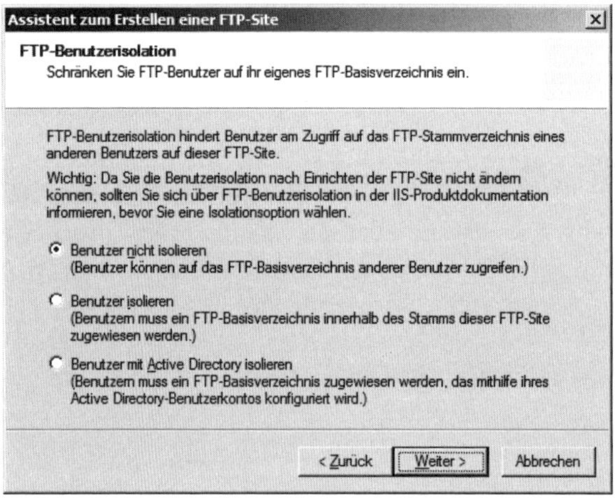

Abbildung 7.4 Konfigurieren der FTP-Benutzerisolation für eine neue FTP-Site

Auf der Seite *Basisverzeichnis der FTP-Site* wählen Sie den Ordner aus dem Dateisystem des Computers aus, der als Stammordner der FTP-Site dienen soll. Gewöhnlich erhält jede neue FTP-Site ihren eigenen eindeutigen Stammordner. Die FTP-Standardsite (Default FTP Site) wird auf den Ordner *%SystemDrive%\Inetpub\Ftproot* abgebildet.

Auf der Seite *Zugriffsberechtigungen für FTP-Site* des Assistenten zum Erstellen einer FTP-Site können Sie festlegen, ob Benutzer Dateien vom Server lesen oder auf den Server schreiben dürfen, oder beides. Dürfen sie nur lesen, können Benutzer zwar Dateien herunterladen, aber nicht hochladen. Um Dateien zur FTP-Site hochzuladen, ist die Schreibberechtigung erforderlich. Außerdem ist es möglich, nur die Schreibberechtigung zu vergeben, sofern die FTP-Site den Benutzern das Hochladen von Dateien ermöglichen soll, aber nicht das Anzeigen oder Herunterladen.

Wenn Sie im Assistenten zum Erstellen einer FTP-Site auf *Fertig stellen* klicken, wird eine neue FTP-Site erstellt. Sie können diese FTP-Site und ihre Einstellungen im IIS 6.0-Manager verwalten. FTP-Websites, die mit dem FTP-Publishingdienst konfiguriert werden, können unabhängig voneinander gestartet, beendet oder angehalten werden. Wird eine FTP-Site beendet, reagiert sie nicht mehr auf Verbindungsanfragen.

Konfigurieren der FTP-Siteeigenschaften

Um die Einstellungen einer FTP-Site zu ändern, klicken Sie das Siteobjekt im IIS 6.0-Manager mit der rechten Maustaste an und wählen *Eigenschaften*. Sie können die Einstellungen für die IP-Adresse und den TCP-Port auf der Registerkarte *FTP-Site* ändern (Abbildung 7.5). Damit die Änderungen wirksam werden, müssen Sie die FTP-Site neu starten.

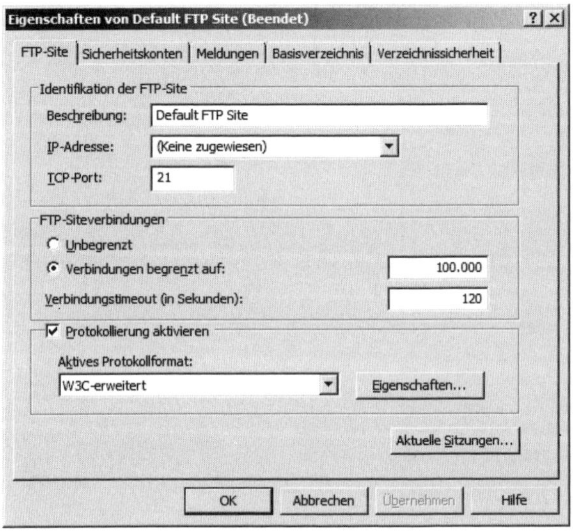

Abbildung 7.5 Anzeigen der FTP-Siteeinstellungen im IIS 6.0-Manager

Im Abschnitt *FTP-Siteverbindungen* können Sie verbindungsspezifische Grenzwerte festlegen. Die Standardeinstellung lässt bis zu 100.000 Verbindungen zu, wobei inaktive Verbindungen nach 120 Sekunden getrennt werden. Wenn Sie die Bandbreite und Ressourcenmenge beschränken möchten, die bestimmte Sites im FTP-Publishingdienst beanspruchen, können Sie hier entsprechende Einstellungen vornehmen.

Wichtig Beschränkungen der Verbindungen

FTP-Server sind häufig Ziele von nichtautorisierten Zugriffsversuchen, insbesondere dann, wenn sie im Internet zugänglich sind. Benutzer stellen manchmal Verbindungen mit einem nicht ausreichend abgesicherten FTP-Server her, um anderen Zugang zu ihrem eigenen hochgeladenen Inhalt zu ermöglichen. Einstellungen wie zum Beispiel eine Obergrenze für die Zahl der Verbindungen können mit dafür sorgen, dass die Site nur von autorisierten

Benutzern verwendet wird. Wenn Sie zum Beispiel davon ausgehen, dass nur gelegentlich einige Benutzer die Site verwenden, können Sie die Standardobergrenze deutlich herabsetzen. Eine Beschränkung der Anzahl der Verbindungen ist zwar kein Ersatz für die erforderlichen Sicherheitsmaßnahmen, kann aber bestimmte Arten von Missbrauch einschränken.

Wenn Sie im Abschnitt *Protokollierung aktivieren* auf die Schaltfläche *Eigenschaften* klicken, öffnet sich das Dialogfeld *Protokollierungseigenschaften*. In diesem Dialogfeld können Sie den Zeitplan festlegen, nach dem neue Protokolldateien erstellt werden, und das Verzeichnis, in dem sie gespeichert werden (Abbildung 7.6). Mit den Eigenschaften auf der Registerkarte *Erweitert* legen Sie zudem fest, welche Informationen erfasst werden. Wenn Sie in den Protokolldateien zusätzliche Daten aufzeichnen, steigt zwar die Größe der Dateien, aber Sie erfahren auch mehr über die Website. Protokolldateien sind einfache Textdateien, die sich mit einem beliebigen Texteditor öffnen lassen, beispielsweise mit dem Editor von Windows (Notepad).

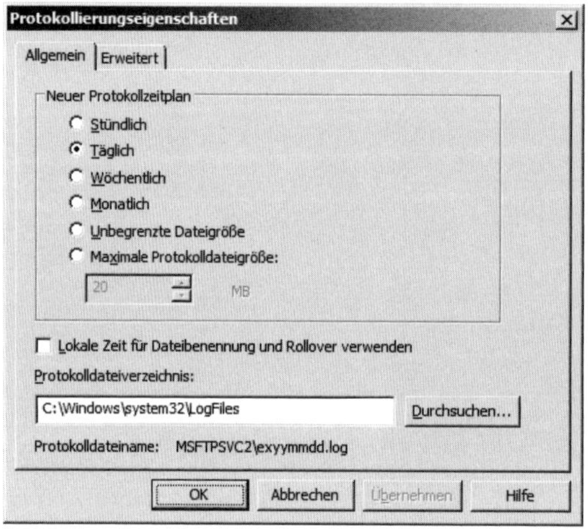

Abbildung 7.6 Einstellen der Protokollierung einer FTP-Site

Die Schaltfläche *Aktuelle Sitzungen* auf der Registerkarte *FTP-Site* ermöglicht die Anzeige der mit dem Server verbundenen Benutzer. Diese Angaben können bei der Behebung von Leistungsproblemen nützlich sein. Außerdem lässt sich damit überprüfen, wie die Website zu einem bestimmten Zeitpunkt verwendet wird.

Konfigurieren der Sicherheitskonten

Wenn Benutzer eine anonyme Verbindung mit einem FTP-Server herstellen, verwendet der FTP-Publishingdienst für die Bearbeitung der Dateiübertragungen die Berechtigungen eines bestimmten Kontos. Standardmäßig wird das Konto *IUSR_ComputerName* benutzt (darin ist *ComputerName* der Name des lokalen Computers). Auf der Registerkarte *Sicherheitskonten* können Sie einen anderen Benutzernamen mit dem dazugehörigen Kennwort angeben (Abbildung 7.7). Die Option *Nur anonyme Verbindungen zulassen* bewirkt, dass alle Benutzer der Website nur die Berechtigungen erhalten, die dem angegebenen Konto zugewiesen wurden, auch wenn sie andere gültige Windows-Anmeldeinformationen angegeben haben.

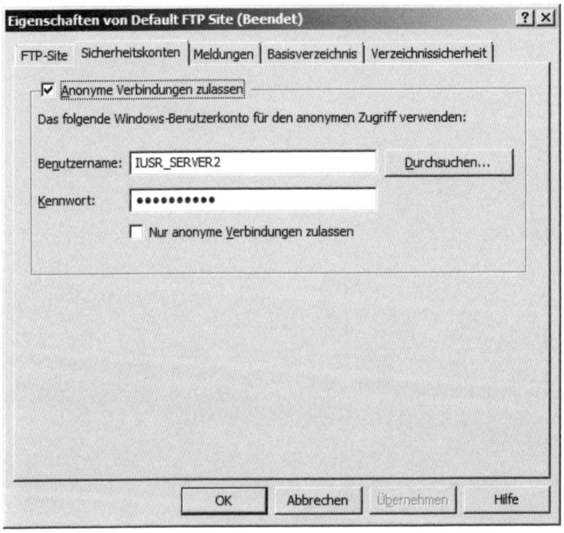

Abbildung 7.7 Konfigurieren des Sicherheitskontos für eine FTP-Site

Definieren der FTP-Meldungen

Auf der Registerkarte *Meldungen* können Sie die Texte eingeben, die Benutzern in verschiedenen Situationen angezeigt werden. Der Text aus dem Textfeld *Banner* wird angezeigt, bevor sich der Benutzer bei der FTP-Website anmeldet. In diesem Textfeld können Sie Angaben über die Website machen und Kontaktinformationen für die Siteadministratoren angeben (Abbildung 7.8). Die Meldung aus dem Textfeld *Willkommen* wird angezeigt, nachdem sich der Benutzer erfolgreich beim Server angemeldet hat. Die *Beenden*-Meldung wird angezeigt, wenn der Benutzer seine Verbindung trennt, und die Meldung aus dem Textfeld *Maximale Verbindungen* erscheint, wenn der FTP-Server die maximale Anzahl an Verbindungen erreicht hat, die auf der Registerkarte *FTP-Site* festgelegt wurde.

Konfigurieren des Basisverzeichnisses

Auf der Registerkarte *Basisverzeichnis* legen Sie fest, welcher Ordner als Stammordner der FTP-Site dient (Abbildung 7.9). Die Standardoption *In einem Verzeichnis auf diesem Computer* ermöglicht die Angabe des Pfadnamens eines lokalen Ordners. Außerdem können Sie festlegen, ob Besucher Schreib- oder Leseberechtigung erhalten, oder beides, und ob Besuche protokolliert werden. Die Einstellung im Bereich *Verzeichnisformat* legt fest, in welcher Form die Dateiliste an den FTP-Client übermittelt wird.

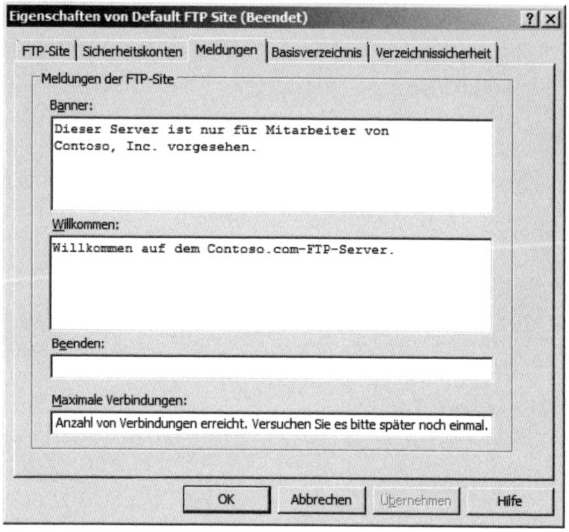

Abbildung 7.8 Festlegen von Meldungen für die FTP-Site

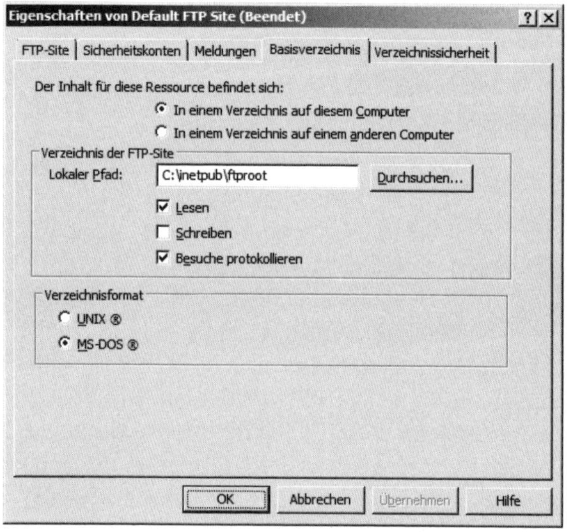

Abbildung 7.9 Konfigurieren des Basisverzeichnisses einer FTP-Site

Sie können auch ein Stammverzeichnis verwenden, das auf einem anderen Computer liegt. Gewöhnlich wird diese Option gewählt, wenn mehrere FTP-Server Zugriff auf denselben Inhalt bieten sollen. Wenn Sie die Option *In einem Verzeichnis auf einem anderen Computer* wählen, können Sie den UNC-Netzwerkpfad (Universal Naming Convention) des ausgewählten Ordners eingeben (zum Beispiel *\\Server1\FTPDaten*). Die Schaltfläche *Verbinden als* ermöglicht die Angabe eines Benutzernamens und des dazugehörigen Kennworts, mit dem der Zugriff erfolgen soll (Abbildung 7.10). Die Standardeinstellung ist, den Netzwerkzugriff immer mit den Anmeldeinformationen des authentifizierten Benutzers durchzuführen. Sie können auch ein spezielles Konto einrichten, um die Berechtigungen unabhängig von den Anmeldeinformationen des Benutzers festzulegen und zu überprüfen.

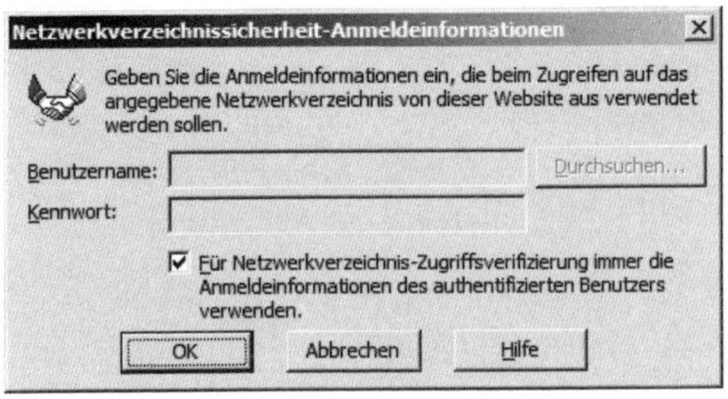

Abbildung 7.10 Festlegen der Netzwerkverzeichnis-Anmeldeinformationen für eine FTP-Site

Verwalten der Verzeichnissicherheitseinstellungen

Sie können den Zugang zu einer FTP-Site anhand der IPv4-Adressen beschränken. Die entsprechenden Einstellungen nehmen Sie auf der Registerkarte *Verzeichnissicherheit* vor (Abbildung 7.11). Standardmäßig erhalten alle Computer Zugang zur FTP-Site. Diese Einstellung können Sie auf *Zugriff verweigert* ändern und zudem Einträge für bestimmte Computer oder Computergruppen festlegen, denen der Zugriff gewährt oder verweigert werden soll.

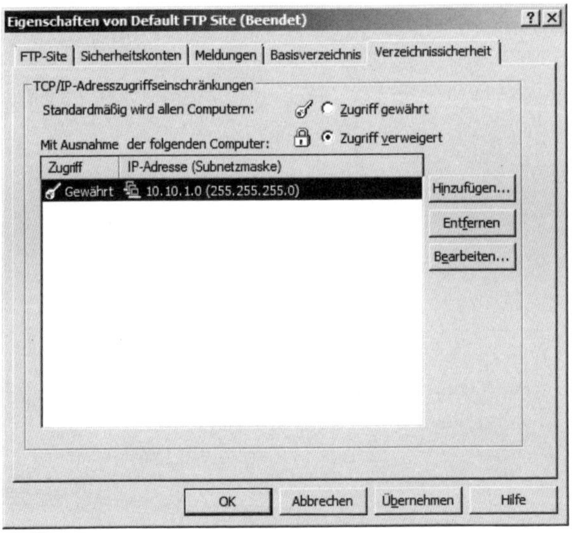

Abbildung 7.11 Einstellen der Verzeichnissicherheit für eine FTP-Site

Installieren und Verwalten von FTP 7

Microsoft hat für Windows Server 2008 eine aktualisierte Version der FTP-Dienste entwickelt. Allerdings müssen Sie FTP 7 erst noch herunterladen und installieren. Sie finden die erforderlichen Dateien und eine Installationsanleitung im *Downloads*-Abschnitt der Microsoft Internet Information Services (IIS)-Website unter *http://www.iis.net/downloads/*. Installieren Sie aber nicht FTP 6 und FTP 7 auf demselben Computer, um Konflikte in der Website- und Portkonfiguration zu vermeiden. Entfernen Sie also FTP 6 vom Computer, wie in dieser Lektion beschrieben, bevor Sie FTP 7 installieren.

Das wichtigste Verwaltungswerkzeug für FTP 7 ist der Internetinformationsdienste-Manager (oder kurz IIS-Manager). Systemadministratoren können im IIS-Manager mit derselben Verwaltungsschnittstelle HTTP- und FTP-Dienste konfigurieren. Nachdem Sie FTP 7 heruntergeladen und installiert haben, können Sie den IIS-Manager starten und den Server konfigurieren. Abbildung 7.12 zeigt die verfügbaren FTP-Optionen. (Wie Sie sehen, lag zu dem Zeitpunkt, als dieses Buch entstand, nur die englischsprachige Version von FTP 7 vor. Die genauen deutschen Übersetzungen der Begriffe aus der Benutzeroberfläche standen noch nicht fest. Daher werden im folgenden Text die englischen Begriffe angegeben.)

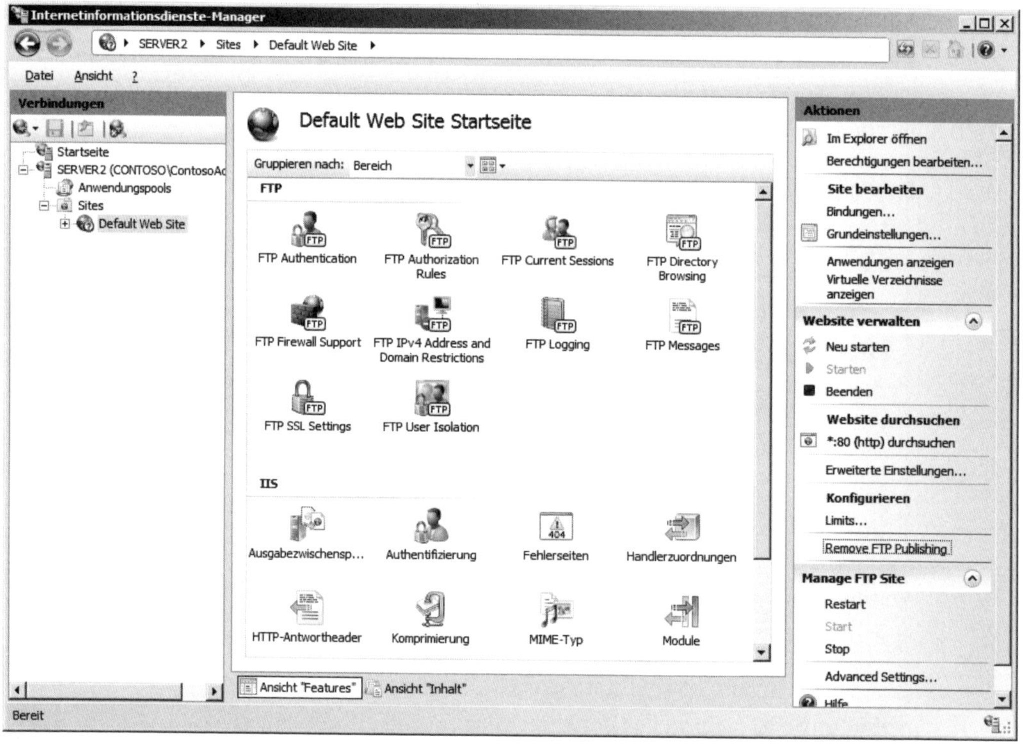

Abbildung 7.12 Anzeigen der FTP-Optionen im IIS-Manager

Verwalten von FTP-Sites

Nachdem Sie FTP 7 installiert haben, können Sie mit dem IIS-Manager FTP-Sites erstellen und konfigurieren. In diesem Abschnitt erfahren Sie, wie Sie neue FTP-Sites erstellen und FTP-Funktionen zu einer vorhandenen Website hinzufügen.

Erstellen einer neuen FTP-Site

Um verschiedene Benutzergruppen zu unterstützen oder den Zugriff auf unterschiedliche Inhalte zu ermöglichen, können Sie neue FTP-Sites erstellen. Zur Erstellung einer neuen FTP-Site klicken Sie das Serverobjekt im linken Bereich des IIS-Managers mit der rechten Maustaste an und wählen *FTP-Site hinzufügen* (*Add FTP Site*). Dadurch wird der Assistent zum Hinzufügen von FTP-Sites gestartet. Auf der ersten Seite geben Sie den Namen der Site ein (Abbildung 7.13). Dieser Name dient zu Verwaltungszwecken. Sie sollten also einen Namen wählen, unter dem Sie die Site auch dann leicht wiederfinden, wenn Sie auf demselben Server mehrere FTP-Sites betreiben. Die Einstellung für den Basisordner (*Physical path*) ermöglicht Ihnen, den Pfadnamen des Stammordners der FTP-Site festzulegen. Sie können zwar einen beliebigen gültigen Pfad wählen, aber viele Installationen verwenden einen Unterordner des Ordners *%SystemDrive%\Inetpub*.

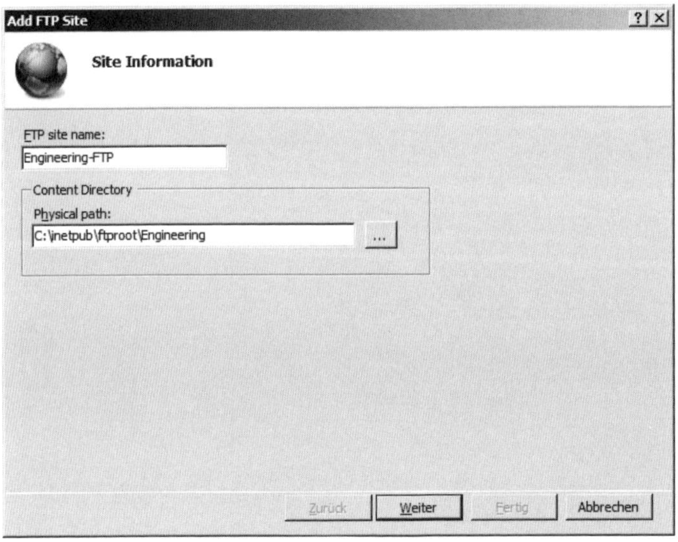

Abbildung 7.13 Hinzufügen einer neuen FTP-Site im IIS-Manager

Auf der zweiten Seite des Assistenten können Sie die Bindung der neuen FTP-Site festlegen und SSL-Einstellungen vornehmen (Abbildung 7.14). Die Bindungseinstellungen umfassen folgende Optionen:

- **IP-Adresse** Die Standardeinstellung der FTP-Site ist, auf alle Anfragen zu antworten, die auf einer beliebigen Netzwerkkarte oder IP-Adresse des Servers eintreffen. Ist der Computer mit mehreren Netzwerkkarten ausgerüstet oder wurden für eine

Karte mehrere IP-Adressen konfiguriert, können Sie in der Dropdownliste eine bestimmte Adresse auswählen.

- **Port** Das ist der TCP-Port, auf dem die FTP-Site antwortet. Standardmäßig wird Port 21 für die FTP-Kommunikation verwendet. Wenn Sie einen anderen Port wählen, müssen FTP-Benutzer ihre FTP-Clientsoftware entsprechend einstellen, damit sie die Verbindung mit der Portnummer des Servers herstellen.
- **Virtueller Host (Virtual Host)** Administratoren können mehrere Websites einrichten, die auf derselben IP-Adresse und demselben Port antworten. Die Websites werden dann an ihren virtuellen Hostnamen unterschieden. Diese Namen werden in Kombination mit entsprechenden DNS-Einträgen (Domain Name System) dazu verwendet, die Site zu finden, mit der die Benutzer eine Verbindung herstellen wollen. Benutzer können den virtuellen Hostnamen auch in ihrem Anmeldenamen angeben, um die Site auszuwählen, mit der sie eine Verbindung herstellen wollen.
- **FTP-Site automatisch starten (Start FTP Site Automatically)** Wenn diese Option aktiviert ist, wird die FTP-Site beim Start des Computers oder beim Neustart des FTP-Dienstes automatisch gestartet. Wenn Sie die FTP-Site nach Bedarf manuell starten möchten, deaktivieren Sie diese Option.

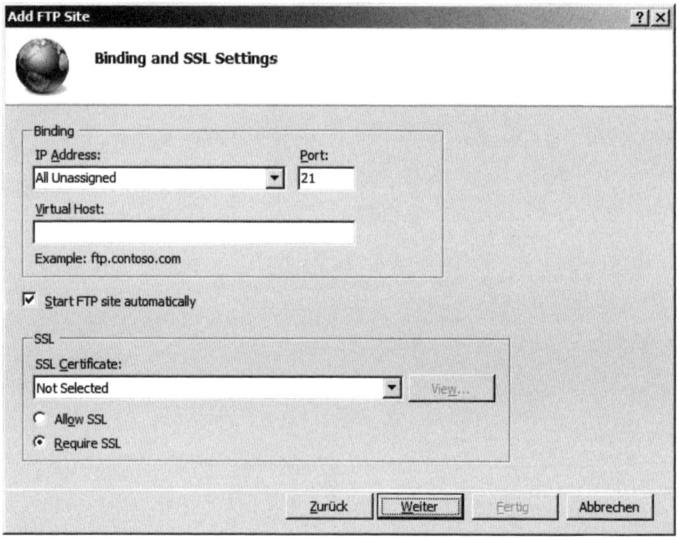

Abbildung 7.14 Konfigurieren der Bindungs- und SSL-Einstellungen für eine neue FTP-Site

Sie können auch ein SSL-Zertifikat auswählen und festlegen, ob SSL-Verbindungen (Secure Socket Layer) für die FTP-Site vorgeschrieben oder zugelassen werden. Über diese Optionen erfahren Sie mehr im Verlauf dieser Lektion.

Auf der Seite *Authentifizierungs- und Autorisierungseinstellungen* (*Authentication And Authorization Information*) legen Sie Sicherheitseinstellungen für die neue FTP-Site fest (Abbildung 7.15).

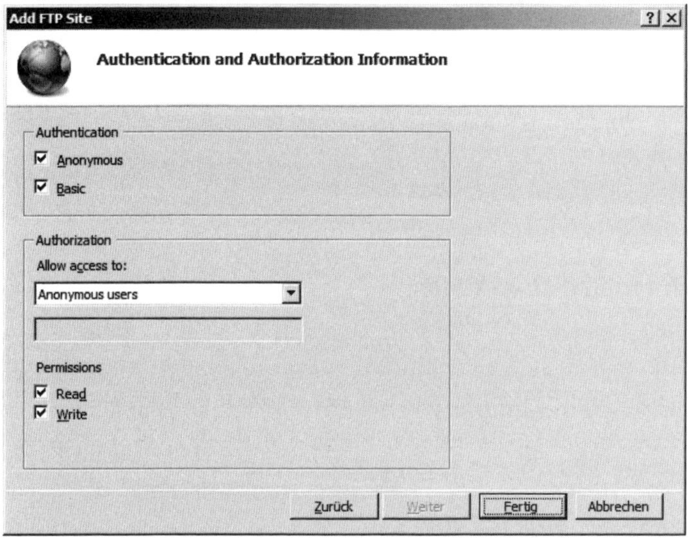

Abbildung 7.15 Einstellungen für die Authentifizierung und Autorisierung durch die neue FTP-Site

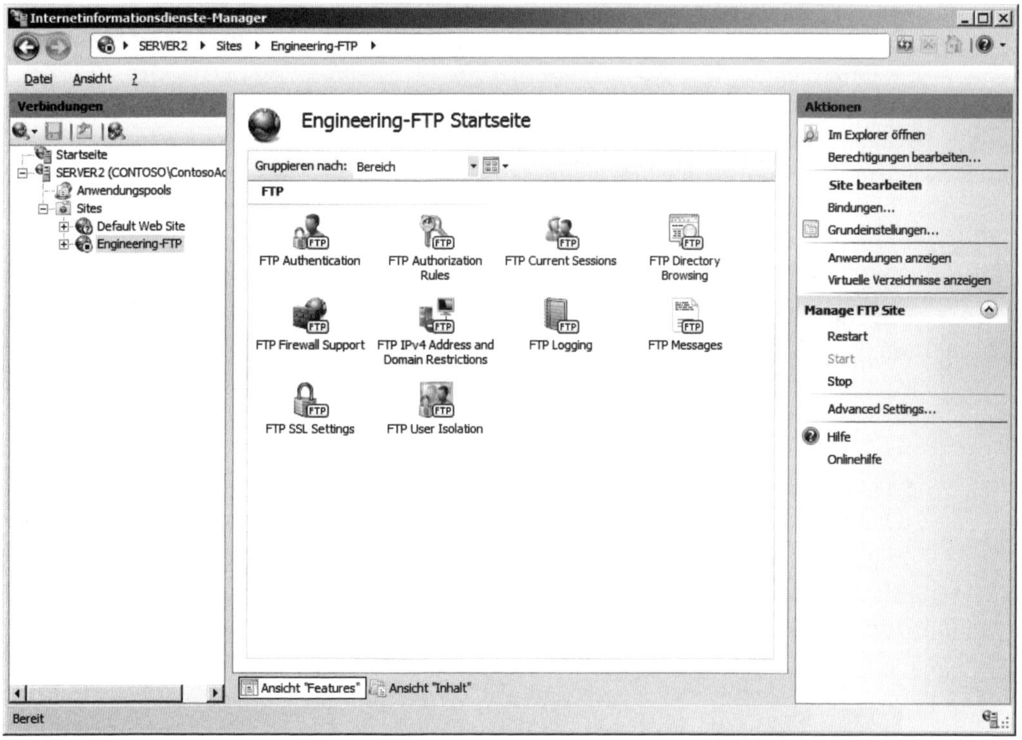

Abbildung 7.16 Anzeigen der FTP-Optionen im IIS-Manager

Wenn Sie auf die Schaltfläche *Fertig* klicken, wird die neue FTP-Site erstellt und erscheint im linken Bereich des IIS-Managers. Wenn Sie das neue FTP-Siteobjekt wählen, erscheinen im Bereich *Aktionen* entsprechende Befehle, mit denen sich die FTP-Site starten, beenden oder neu starten lässt. Außerdem sehen Sie im mittleren Bereich des IIS-Managers eine Liste mit den Konfigurationsoptionen, die für die FTP-Site zur Verfügung stehen (Abbildung 7.16; wie bereits erwähnt, lag zum Zeitpunkt der Erstellung dieses Buchs nur eine englische Version der FTP 7 vor).

Grundlagen der FTP 7-Konfigurationsdateien

Alle Konfigurationseinstellungen für FTP 7-Sites werden im XML-Format in *.config*-Dateien gespeichert. Sie können sich diese Einstellungen mit einem Texteditor ansehen. Einstellungen für Websites und FTP-Sites, die auf Serverebene gelten, werden in der Datei *ApplicationHost.config* gespeichert. Weitere Informationen über diese Konfigurationsdateien und ihre Sicherung finden Sie in Kapitel 5.

Erstellen von virtuellen Verzeichnissen

Sie können die Inhalte einer FTP-Site leicht mithilfe zusätzlicher Ordner strukturieren. So können Sie zum Beispiel eine Ordnerhierarchie für unterschiedliche Arten von Anwendungen und Daten anlegen. Gelegentlich werden Sie den Zugriff auf Inhalte ermöglichen müssen, die nicht im Stammverzeichnis der FTP-Site oder ihren Unterordnern zu finden sind. In solchen Fällen können Sie virtuelle Verzeichnisse erstellen. Virtuelle Verzeichnisse sind Zeiger auf Ordner und können in anderen virtuellen oder realen Verzeichnissen geschachtelt werden. Wenn Benutzer über die entsprechenden Berechtigungen verfügen, sehen sie ein virtuelles Verzeichnis so, als wäre es ein ganz normales Verzeichnis. Das Hoch- und Herunterladen erfolgt aber auf der Basis des zugrundeliegenden realen Ordners. Virtuelle Verzeichnisse sind nützlich, wenn Sie auf mehreren Websites dieselben Inhalte anbieten oder die Daten nicht in den FTP-Stammordner kopieren oder verschieben möchten.

Um ein neues virtuelles Verzeichnis zu erstellen, klicken Sie im linken Bereich des IIS-Mangers das übergeordnete Objekt mit der rechten Maustaste an und wählen den Befehl *Virtuelles Verzeichnis hinzufügen*. Dadurch öffnet sich das Dialogfeld *Virtuelles Verzeichnis hinzufügen* (Abbildung 7.17). *Sitename* und *Pfad* geben an, wo das neue virtuelle Verzeichnis angelegt wird. Der *Alias* ist der Name des Ordners, den die Besucher der Website sehen. Die Einstellung *Physikalischer Pfad* ermöglicht die Angabe des Pfads, unter dem der Inhalt, den Sie verfügbar machen möchten, im Dateisystem des Computers zu finden ist.

Standardmäßig verwenden virtuelle Verzeichnisse zur Bestimmung, welche Benutzer Zugriff auf den Inhalt erhalten, eine Pass-Through-Authentifizierung. Das bedeutet, dass das Benutzerkonto, das zur Anmeldung verwendet wird, über die Berechtigung verfügen muss, auf den Ordner zuzugreifen. Wenn Sie diese Einstellung ändern möchten, klicken Sie auf die Schaltfläche *Verbinden als* und wählen die Option *Bestimmter Benutzer*. Dann können Sie einen Benutzernamen und das dazugehörige Kennwort eingeben. Wenn die Option *Bestimmter Benutzer* aktiviert ist, werden alle Anfragen nach Inhalten aus dem angegebenen Pfad im Sicherheitskontext dieses Benutzers bearbeitet.

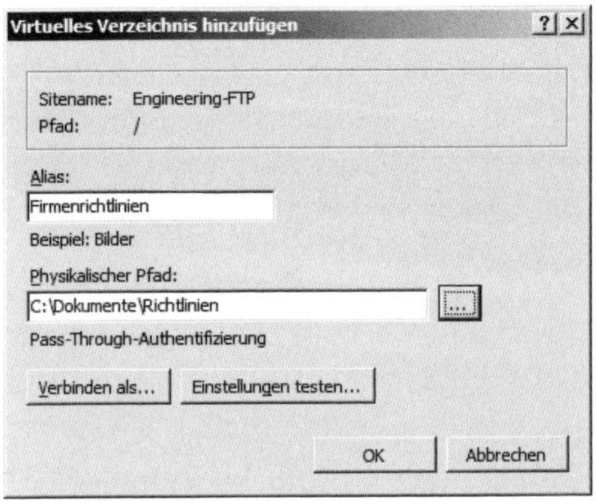

Abbildung 7.17 Hinzufügen eines neuen virtuellen Verzeichnisses zu einer FTP-Site

Konfigurieren der erweiterten FTP-Siteeigenschaften

Neben den Standardeigenschaften, die in der *Ansicht "Features"* des IIS-Managers zugänglich sind, können Sie auch erweiterte Einstellungen vornehmen. Um Zugang zu diesen Einstellungen zu erhalten, klicken Sie im Bereich *Aktionen* auf *Erweiterte Einstellungen* (*Advanced Settings*). Abbildung 7.18 zeigt die verfügbaren Optionen und ihre Standardwerte (wieder in englischer Sprache).

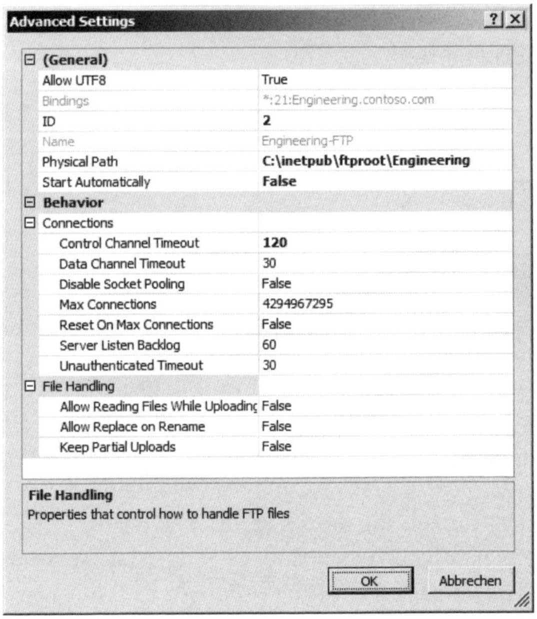

Abbildung 7.18 Konfigurieren der erweiterten Einstellungen für eine FTP-Site

Der Abschnitt *Verhalten* (*Behavior*) enthält Optionen für die Feineinstellung der FTP-Site. Der Abschnitt *Verbindungen* (*Connections*) ermöglicht Ihnen, eine Ablauffrist (in Sekunden) für den Übertragungskanal und die maximal zulässige Anzahl von Verbindungen festzulegen. Diese Einstellungen können bei stark belasteten Web- und FTP-Servern zur Verbesserung der Gesamtleistung von Nutzen sein. Der Abschnitt *Dateioptionen* (*File Handling*) bietet Optionen, mit denen sich der Umgang mit teilweise hochgeladenen Dateien festlegen lässt und die Durchführung von anderen Aktionen während des Hochladens von Dateien zugelassen werden kann.

Verwalten der FTP-Sitebindungen

FTP 7 bietet Webadministratoren eine vereinfachte Methode zur Verwaltung von Inhalten mit FTP. In älteren FTP-Versionen mussten Administratoren eine neue Site oder virtuelle Verzeichnisse manuell für den Zugriff auf Websiteinhalte konfigurieren. Nun können Sie eine neue FTP-Sitebindung zu einer Website hinzufügen, um FTP-Clients automatisch Zugriff zu ermöglichen. Das ist von Nutzen, wenn Sie Remoteadministratoren und Webentwicklern den Zugriff auf die Inhalte von bestimmten Websites oder deren Änderung ermöglichen wollen.

Um eine neue FTP-Bindung hinzuzufügen, wählen Sie im IIS-Manager eine Website aus und klicken dann auf *Bindungen*. Klicken Sie anschließend auf die Schaltfläche *Hinzufügen,* um eine neue Sitebindung hinzuzufügen (Abbildung 7.19.)

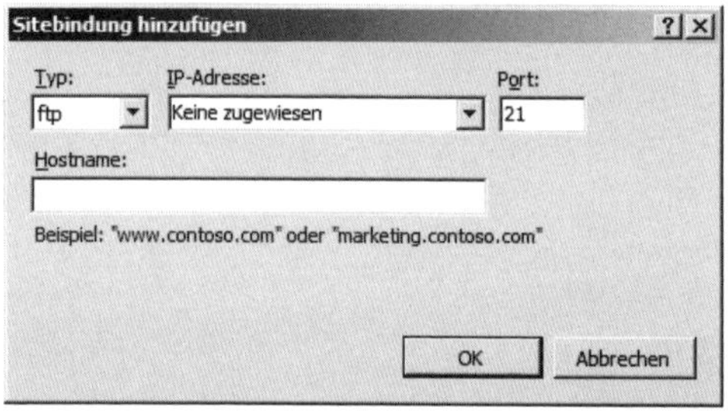

Abbildung 7.19 Hinzufügen einer neuen FTP-Sitebindung zu einer vorhandenen Website

Im Dialogfeld *Sitebindung hinzufügen* können Sie den Typ auf *ftp* einstellen. Anschließend können Sie die IP-Adresse, den Port und einen Hostnamen eingeben, um festzulegen, wie Benutzer auf die FTP-Site zugreifen können. Nachdem Sie eine FTP-Bindung hinzugefügt haben, werden Sie in der *Ansicht "Features"* des IIS-Managers eine Reihe von *FTP*-Befehlen vorfinden. Mit diesen Befehlen können Sie die Einstellungen der FTP-Sitebindung in derselben Weise wie für eine eigenständige Website ändern. Außerdem weist der Bereich *Aktionen* einen neuen Abschnitt *FTP-Site verwalten* (*Manage FTP Site*) auf. Eine FTP-Site, die Teil einer Website ist, kann unabhängig von der Website gestartet, beendet und erneut gestartet werden.

Wichtig FTP-Portnummern und Sicherheit

Die Wahl eines anderen Ports als des Standardports 21 kann eine FTP-Serverkonfiguration etwas sicherer machen. Eindringlinge versuchen oft, über diesen Port eine Verbindung herzustellen, um ungesicherte FTP-Server zu finden. Generell ist aber der „Schutz durch Anonymität“ nicht die beste Lösung. Wenn eine FTP-Site schwerer zu finden ist, löst dies nicht die wichtigsten Sicherheitsprobleme. Setzen Sie zusätzlich zu den Sitebindungen immer auch die anderen üblichen Sicherheitsvorkehrungen ein, wie Firewalls, Authentifizierungseinstellungen und Autorisierungsregeln.

Verwalten der FTP-Benutzersicherheit

Benutzer können sensible Daten auf FTP-Server hoch- und von FTP-Servern herunterladen. Welche Benutzer Zugang zu bestimmten Inhalten erhalten, können Sie auf mehrere Arten festlegen. In diesem Abschnitt erfahren Sie mehr über die Einstellungen für die Authentifizierung, Autorisierung und Benutzerisolation.

Konfigurieren der Authentifizierungsoptionen

Mit den Authentifizierungseinstellungen für eine FTP-Site können Sie festlegen, wie Benutzer auf den Inhalt zugreifen können, der auf einer FTP-Site gespeichert ist. Zur Verwaltung der Authentifizierung stehen einige integrierte Methoden zur Verfügung. Wenn Sie die entsprechenden Einstellungen im IIS-Manager durchführen möchten, wählen Sie das FTP-Siteobjekt aus und klicken in der *Ansicht "Features"* mit einem Doppelklick auf *FTP-Authentifizierung* (*FTP Authentication*). Abbildung 7.20 zeigt ein Beispiel für die Authentifizierungsoptionen. Sie können die verschiedenen Authentifizierungsoptionen im Bereich *Aktionen* aktivieren oder deaktivieren. Mit dem Befehl *Bearbeiten* (*Edit*) aus dem Bereich *Aktionen* können Sie zusätzliche Angaben zur gewählten Authentifizierungsmethode machen.

Die anonyme Authentifizierung ermöglicht es allen Benutzern, unabhängig von den Anmeldeinformationen, die sie eingeben, eine Verbindung mit der Website herzustellen, um auf Inhalte zuzugreifen. Verwenden Sie diese Option, wenn der Inhalt für alle Besucher der FTP-Site zugänglich sein soll oder wenn Sie den Zugang zur Website mit anderen Methoden beschränken. Wenn ein FTP-Benutzer Daten lesen oder schreiben will, werden seine Berechtigungen bei der anonymen Authentifizierung anhand eines speziellen Benutzerkontos überprüft. Die Standardeinstellung ist, zu diesem Zweck das integrierte Konto *IUSR* zu verwenden. Wenn Sie ein anderes Konto verwenden möchten, klicken Sie im Bereich *Aktionen* auf den Befehl *Bearbeiten* (*Edit*). Anschließend können Sie eine bestimmte Benutzeridentität festlegen, die für die anonyme Authentifizierung verwendet wird (Abbildung 7.21).

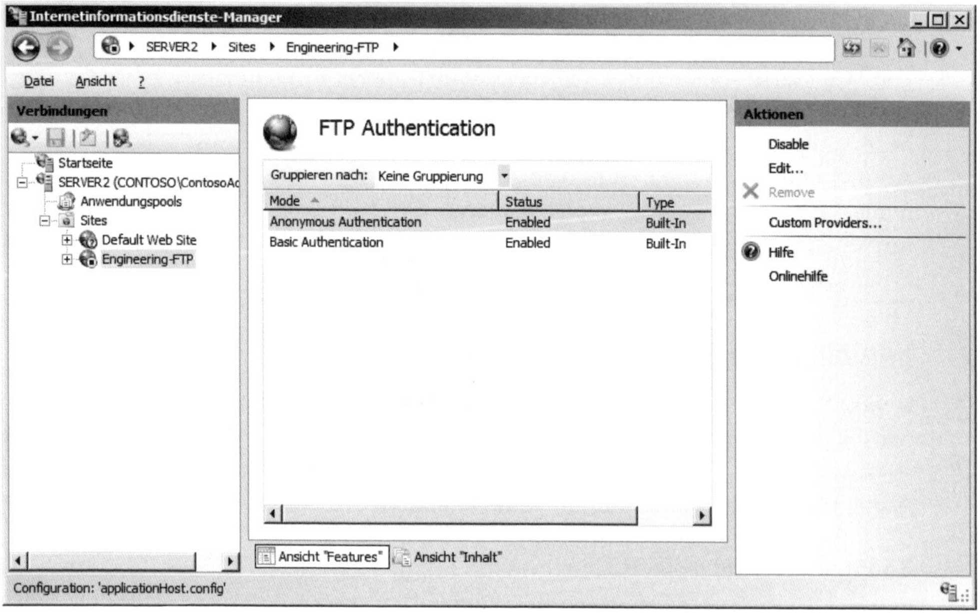

Abbildung 7.20 Anzeigen der FTP Authentifizierungseinstellungen für eine FTP-Site

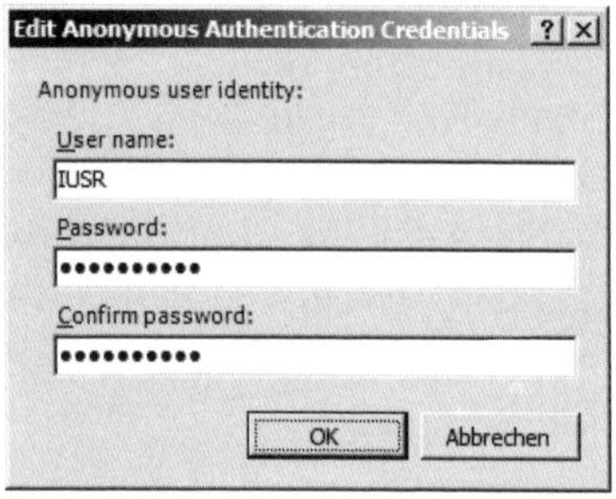

Abbildung 7.21 Wechseln des für die anonyme Authentifizierung verwendeten Kontos

Die Standardauthentifizierung verlangt von Besuchern der Website die Eingabe der Anmeldeinformationen für ein gültiges Windows-Benutzerkonto. Dabei kann es sich um ein lokales Konto oder um ein Konto aus einer Active Directory-Domäne handeln, falls der Server Mitglied einer Domäne ist. Vergessen Sie aber nicht, dass die Anmeldeinformationen in Klartext an die FTP-Site übermittelt werden. Das kann ein Sicherheitsrisiko bedeuten, insbesondere für FTP-Verbindungen, die über das Internet hergestellt werden. Verwenden Sie die Standardauthentifizierung in erster Linie dann, wenn Sie den Zugang zu FTP-Inhalten von Anmeldeinformationen abhängig machen möchten.

Sie können auch zwei andere Authentifizierungsmethoden auswählen, wenn Sie im Bereich *Aktionen* auf *Benutzerdefinierte Anbieter* (*Custom Providers*) klicken. Die IIS-Manager-Authentifizierung (*IISManagerAuth*) stellt die Website so ein, dass sie die Anmeldeinformationen eines IIS-Manager-Benutzers akzeptiert. Diese Methode ist sinnvoll, wenn Sie den Zugang zur FTP-Site auf bestimmte Benutzer beschränken wollen, die auf dem lokalen FTP-Server nicht über Windows-Konten verfügen. Bevor Sie diese Authentifizierungsmethode verwenden können, muss der Rollendienst Verwaltungsdienst installiert und aktiviert werden. Weitere Informationen über die Definition und Verwaltung von IIS-Manager-Benutzern finden Sie in Kapitel 6, „Verwalten der Webserversicherheit". Wie die Anmeldeinformationen für die Standardauthentifizierung werden der Benutzername und das Kennwort als Klartext vom FTP-Client an den FTP-Server gesendet.

Die ASP.NET-Authentifizierung (AspNetAuth) überlässt die Authentifizierung der .NET-Benutzerverwaltung. Sie ist von Nutzen, wenn Sie eine ASP.NET-Website erstellt haben, die Benutzeranmeldeinformationen überprüft. Es ist für Webanwendungen üblich, zur Überprüfung des Zugangs und der Berechtigungen auf einer Site Anmeldeinformationen zu verwenden, die in einer Datenbank gespeichert sind.

Definieren der FTP-Autorisierungsregeln

Mit FTP-Autorisierungsregeln können Sie festlegen, welche Benutzer Zugang zu bestimmten Inhalten der FTP-Site erhalten. Autorisierungsregeln können auf der Ebene der FTP-Site oder von bestimmten logischen oder virtuellen Ordnern definiert werden. Das gibt Ihnen die Flexibilität, anhand des Inhalts, der den Benutzern zur Verfügung gestellt werden soll, genau passende Autorisierungsregeln festzulegen. Es gibt zwei Arten von Autorisierungsregeln: Zulassungsregeln und Ablehnungsregeln. Standardmäßig wird eine neue FTP-Site ohne vordefinierte Autorisierungsregeln erstellt. Mit den Befehlen aus dem Bereich *Aktionen* können Sie neue Regeln aufstellen. Abbildung 7.22 zeigt die Optionen, die für die Erstellung einer neuen Regel zur Verfügung stehen.

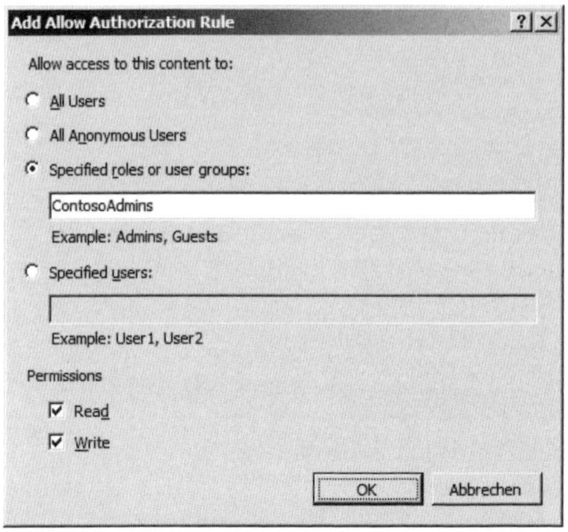

Abbildung 7.22 Hinzufügen einer FTP-Zulassungsautorisierungsregel

Zulassungs- und Ablehnungsregeln können für folgende Benutzerkreise festgelegt werden:

- *Alle Benutzer*
- *Alle anonymen Benutzer*
- *Bestimmte Rollen oder Benutzergruppen*
- *Bestimmte Benutzer*

Nachdem Sie festgelegt haben, für welche Benutzer oder Gruppen die Regel gilt, können Sie festlegen, ob der oder die Benutzer über Schreib- oder Lesezugriff oder beides verfügen.

Konfigurieren von FTP-Benutzerisolationsoptionen

Wenn Sie die Zugriffsberechtigungen und Einstellungen eines FTP-Servers verwalten, werden Sie es oft mit der Anforderung zu tun haben, dass den Benutzern jeweils ihre eigenen Ordner und Verzeichnisse zur Verfügung gestellt werden sollen. Benutzer sollen in der Lage sein, Dateien aus ihren eigenen Ordnern hoch- und herunterzuladen, aber sie sollen nicht auf die Dateien und Ordner anderer Benutzer zugreifen können. Diese Einstellungen können Sie mit der FTP-Benutzerisolation vornehmen. Wenn Sie die Einstellungen ändern möchten, wählen Sie im IIS-Manager eine FTP-Site aus und öffnen dann das Feature *FTP-Benutzerisolation* (*FTP User Isolation*, Abbildung 7.23).

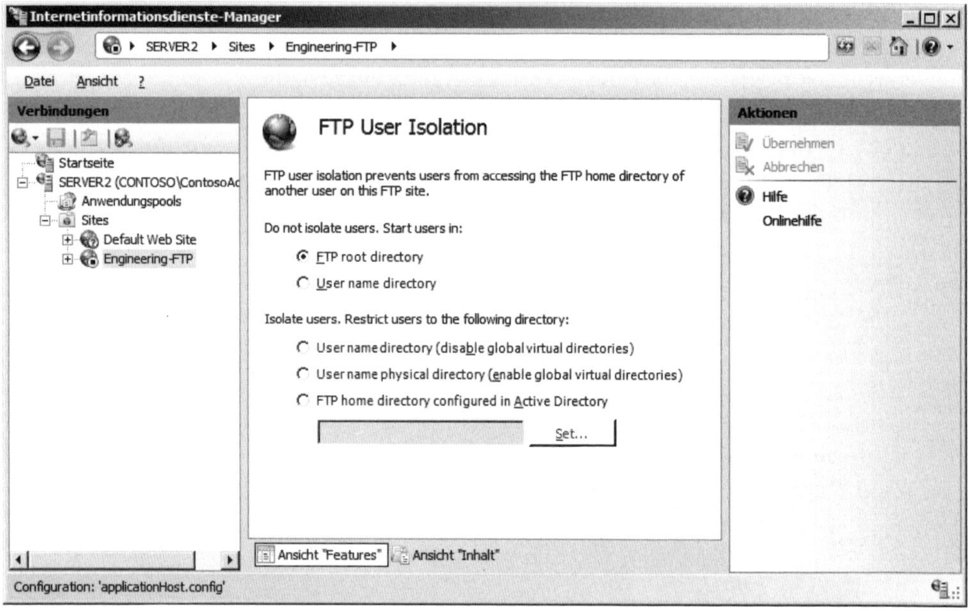

Abbildung 7.23 Anzeigen der Optionen zur FTP-Benutzerisolierung

Die Standardauswahl für die Benutzerisolierung ist *FTP-Stammverzeichnis* (*FTP Root Directory*). Diese Option bewirkt, dass Benutzer ihren Besuch im FTP-Stammverzeichnis beginnen, das Sie bei der Erstellung der FTP-Site festgelegt haben. Diese Einstellung passt am besten, wenn alle Benutzer Zugang zum selben Inhalt erhalten sollen. Dann können Sie mit den Autorisierungsregeln weitere Berechtigungen für bestimmte Ordner festlegen.

Die Option *Benutzernamensverzeichnis* (*User name directory*) bedeutet, dass jeder Benutzer über einen eigenen Stammordner verfügt, der seinen Namen trägt. Wenn der benutzerspezifische Ordner nicht existiert, wird der Benutzer zum Stammverzeichnis der FTP-Site weitergeleitet. Vergessen Sie bitte nicht, dass diese Standardordnereinstellung nicht als Sicherheitsmechanismus vorgesehen ist (zumindest nicht, wenn sie allein verwendet wird). Wenn Ihre FTP-Site so eingestellt ist, dass sie eine anonyme Authentifizierung zulässt, können Sie für diese Benutzer einen Ordner namens *Default* erstellen.

Prüfungstipp

FTP-Sicherheitseinstellungen können Sie über verschiedene Features vornehmen, beispielsweise die Authentifizierung, Autorisierung und die Einschränkungen für IPv4-Adressen und Domänen. Wenn Sie die Sicherheit einer FTP-Site konfigurieren, vergessen Sie bitte nicht, dass die beste Lösung wahrscheinlich aus einer Kombination dieser Funktionen besteht. Mit der FTP-Benutzerisolierung können Sie zum Beispiel festlegen, auf welche Dateien und Inhalte Benutzer Zugriff erhalten. Mit den FTP-Autorisierungsregeln können Sie den Zugang zu bestimmten Inhalten beschränken. Vergessen Sie das nicht, wenn Sie in der Praxis für die Sicherheit von FTP-Servern auf Produktivservern sorgen oder die Prüfung 70-643 machen.

Die restlichen drei Optionen ermöglichen die Isolierung von FTP-Benutzern. Sie können die Optionen einsetzen, um den Zugang auf bestimmte Ordner der FTP-Site zu beschränken. Die Option *Benutzernamensverzeichnis (deaktiviere allgemeine globale Verzeichnisse)* (*User name directory (disable global virtual directories)*) führt Benutzer auf der Basis des für die Anmeldung verwendeten Benutzerkontos in ein bestimmtes Stammverzeichnis. Der Benutzer ist nicht in der Lage, in den übergeordneten Ordner zu wechseln, und kann daher nicht auf andere Ordner zugreifen. Der Benutzer kann auch keine globalen virtuellen Verzeichnisse sehen, die für die FTP-Site definiert wurden. Mit der Wahl der Option *Physische Benutzernamensverzeichnisse (aktiviere globale virtuelle Verzeichnisse)* (*User name physical directory (enable global virtual directories)*) können Sie Benutzern den Zugriff auf diese Verzeichnisse ermöglichen.

Zur Unterstützung der FTP-Benutzerisolierungseinstellungen müssen Sie die entsprechende Orderstruktur für Ihre Benutzer erstellen. Bei den Ordnern für die Benutzer kann es sich um reale oder virtuelle Verzeichnisse auf dem Server handeln. Der Pfad zum Ordner setzt sich aus mehreren Variablen zusammen:

- **FTPRoot** Der Stamm- oder Basisordner der FTP-Site
- **UserName** Der Name des authentifizierten Benutzers, wie er vom Client beim Anmeldevorgang angegeben wird.

- **UserDomain** Der Name der Windows-Domäne, die zur Überprüfung der Anmeldeinformationen verwendet wird. Das ist der Name des lokalen FTP-Servers oder, sofern der Server Mitglied einer Domäne ist, der Name der Active Directory-Domäne.

Der spezielle Ordnerpfad, den Sie erstellen, hängt von den Authentifizierungseinstellungen der Site ab und davon, welcher Benutzer auf den Inhalt zugreifen möchte. Tabelle 7.1 zeigt eine Liste der Standardspeicherorte für jede Benutzerkontoart.

Tabelle 7.1 FTP-Standardspeicherorte nach der Art der Benutzerkonten

FTP-Benutzerkontentyp	Speicherort des Stammverzeichnisses
Anonyme Benutzer	*%FTPRoot%\LocalUser\Public*
Lokale Windows-Konten	*%FTPRoot%\LocalUser\%UserName%*
Windows-Domänenkonten	*%FTPRoot%\%UserDomain%\%UserName%*
IIS-Manager-Benutzerkonten oder ASP.NET-Benutzerkonten	*%FTPRoot%\LocalUser\%UserName%*

Die letzte Option zur FTP-Benutzerisolierung ist *FTP-Stammverzeichnis konfiguriert in Active Directory* (*FTP Home Directory Configured In Active Directory*). Sie können diese Option verwenden, wenn Sie die FTP-Ordner der Benutzer mit den Variablen `FTPRoot` und `FTPDir` in Active Directory definieren möchten. Diese Eigenschaften gibt es in Active Directory-Domänen, die mit Windows Server 2003 oder höher betrieben werden. (Sie können die Eigenschaften für Domänen auf der Basis von Windows 2000 Server manuell definieren.) Mit der Schaltfläche *Festlegen* (*Set*) können Sie die Anmeldeinformationen festlegen, die für eine Verbindung mit Active Directory verwendet werden. Wenn sich ein Benutzer bei der FTP-Site anmeldet, versucht die, diese Eigenschaften für den Benutzer abzurufen. Sind die Eigenschaften vorhanden und ist der Ordnerpfad gültig, wird der Benutzer in diesen Ordner geführt. Andernfalls wird der Benutzer daran gehindert, auf den Server zuzugreifen.

Hinweis Erstellen von Benutzerkonten mit Skripts

Das Erstellen von einzelnen Benutzerkonten für viele Benutzer erweckt gleich den Eindruck einer ebenso zeitaufwendigen wie langweiligen und fehlerträchtigen Arbeit. Mit anderen Worten: Es ist eine ideale Aufgabe für eine Maschine. Delegieren Sie die Arbeit an Ihren Computer. Eine Liste der Benutzerkonten können Sie mit verschiedenen Methoden aufstellen, beispielsweise mit VBScript oder Microsoft Windows PowerShell. Dann verwenden Sie diese Informationen, um Befehle zusammenzustellen, mit denen die gewünschten Ordner erstellt werden. Weitere Informationen über die Automatisierung von Aufgaben mit Skripts erhalten Sie im Microsoft-TechNet-Skriptcenter unter *http://www.microsoft.com/technet/scriptcenter*.

Konfigurieren der IIS-Manager-Berechtigungen

In vielen Umgebungen ist es üblich, dass sich mehrere Administratoren um die Verwaltung der FTP-Sites und ihrer Inhalte kümmern. Vielleicht setzt zum Beispiel ein Web- und FTP-Hostinganbieter für jede FTP-Site einen anderen Administrator ein. Mit dem Feature IIS-Manager-Berechtigungen können Sie anderen Benutzern ermöglichen, auf die Site zuzugreifen. Mit dem Befehl *Benutzer zulassen* können Sie einen neuen Benutzer eintragen, der nur im IIS-Manager definiert wird oder über ein Windows-Konto verfügt. Autorisierte Benutzer können dann auf ihren Computern den IIS-Manager verwenden, um eine Verbindung mit dem FTP 7-Server herzustellen. Weitere Informationen über die Einstellung der IIS-Manager-Berechtigungen finden Sie in Kapitel 6.

Konfigurieren der FTP-Netzwerksicherheit

FTP 7 bietet zahlreiche Methoden, mit denen sich sicherstellen lässt, dass nur autorisierte Benutzer Zugriff auf eine FTP-Site erhalten. In diesem Abschnitt erfahren Sie etwas über die Verwendung von SSL, IP-Adresseneinschränkungen und der Firewall zur Kontrolle des Zugriffs auf FTP-Sites.

Konfigurieren von FTP-SSL-Einstellungen

Standardmäßig werden alle Übertragungen im Steuerungs- und Datenkanal zwischen FTP-Server und FTP-Client als Klartext übertragen. Das ist insbesondere dann ein ernsthaftes Sicherheitsproblem, wenn der Zugriff auf die FTP-Site über das Internet erfolgt. Werden beispielsweise Datenpakete während der Authentifizierung abgefangen, könnten Benutzername und Kennwort leicht ermittelt und für unerwünschte Zugriffe auf die Website verwendet werden.

Administratoren können die Kommunikation zwischen einem FTP 7-Server und einem FTP-Client mit dem Standard FTP-über-SSL verschlüsseln, der auch FTP/S oder FTPS genannt wird. Um die entsprechenden Einstellungen vorzunehmen, wählen Sie die betreffende FTP-Site im IIS-Manager aus und klicken mit einem Doppelklick auf das Feature *FTP-SSL-Einstellungen* (*FTP SSL Settings*, Abbildung 7.24).

Mit der ersten Einstellung legen Sie fest, welches SSL-Zertifikat von der FTP-Site verwendet wird. Informationen über die Erstellung oder Beschaffung von SSL-Zertifikaten finden Sie in Kapitel 6. Der Abschnitt *SSL-Richtlinien* (*SSL Policy*) bietet drei Optionen. *SSL-Verbindungen zulassen* (*Allow SSL Connections*) bedeutet, dass Benutzer zwar SSL-Verbindungen benutzen dürfen, aber auch unverschlüsselte Verbindungen mit dem Server herstellen können. *SSL erforderlich* (*Require SSL Connections*) zwingt alle Benutzer zur Verwendung von SSL und verhindert unverschlüsselte Verbindungen. Die Option *Benutzerdefiniert* (*Custom*) ermöglicht Ihnen, für den Steuerkanal und den Datenkanal unterschiedliche Einstellungen zu verwenden (Abbildung 7.25). Mit diesen Optionen können Sie eine Leistungsoptimierung vornehmen. Wenn Sie zum Beispiel nur für die Anmeldeinformationen eine Verschlüsselung vorschreiben, können Sie die Klartextübertragung von Benutzernamen und Kennwörtern vermeiden, während andere Steuerbefehle und die Daten unverschlüsselt übertragen werden.

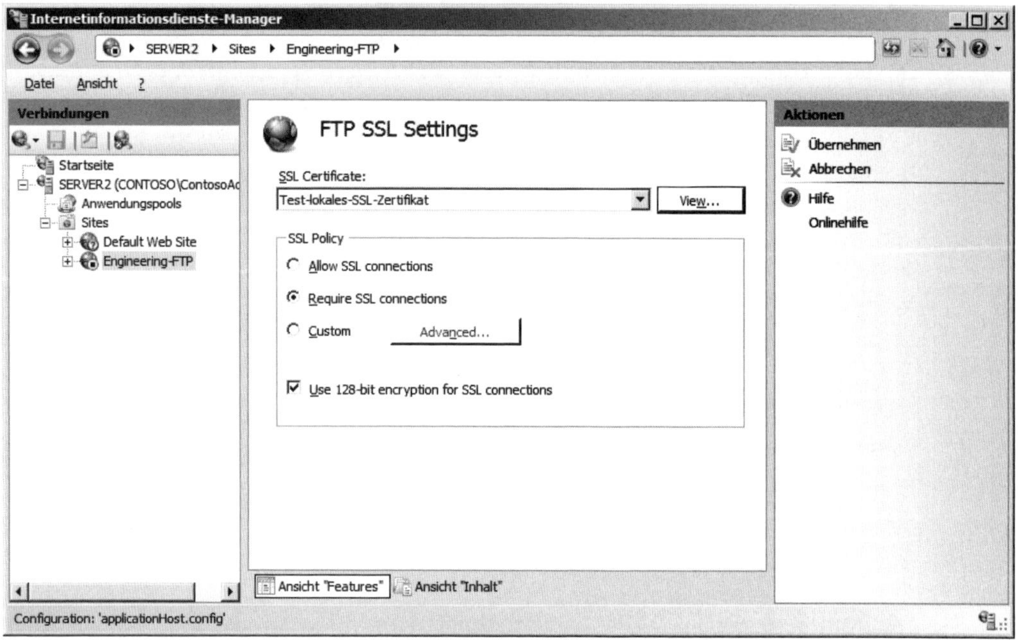

Abbildung 7.24 Konfigurieren von FTP-SSL-Einstellungen im IIS-Manager

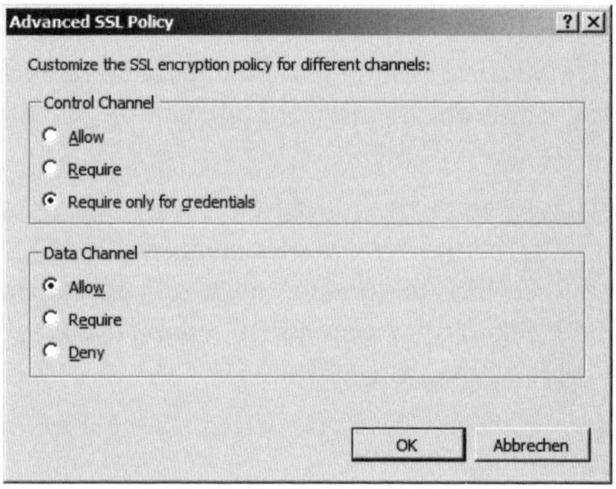

Abbildung 7.25 Konfigurieren erweiterter SSL-Richtlinien für eine FTP-Site

Standardmäßig erfolgt die FTP-SSL-Verschlüsselung mit einem 40-Bit-Schlüssel. Das bedeutet nur eine relativ geringe Prozessorbelastung, während die erreichte Sicherheit für die meisten Anwendungsfälle ausreicht. Mit der Option *128-Bit-Verschlüsselung* (*Use 128-Bit Encryption For SSL Connections*) können Sie die Verschlüsselung verbessern, allerdings auf Kosten der Leistung.

Hinweis FTP-Sicherheitsstandard

Der SSH-Standard (Secure Shell) lässt sich ebenfalls zur Absicherung der FTP-Kommunikation verwenden. Die Kombination dieser Technologien wird auch Secure FTP oder SFTP genannt. Die Verwendung von SSH wird zwar in Windows Server 2008 und FTP 7 nicht unterstützt, aber Sie sehen es vielleicht als Option in anderer FTP-Software oder in den Optionen für FTP-Clientverbindungen.

Benutzer nehmen die SSL-Einstellungen gewöhnlich in ihrer FTP-Clientsoftware vor. Wenn sie versuchen, eine neue Verbindung herzustellen, erhalten sie eine Nachricht, die es ihnen ermöglicht, das auf dem FTP-Server installierte SSL-Zertifikat anzuzeigen und zu akzeptieren.

Verwalten der FTP-Firewalloptionen

Damit der Zugriff auf einen FTP-Server möglich ist, müssen die Firewalls den Netzwerkdatenverkehr auf dem Steuerungskanal und auf dem Datenkanal zulassen. Wenn Benutzer eine Verbindung mit einem Webserver herstellen, erfolgt der erste Verbindungsversuch mit dem Port, der in der Adresse angegeben wurde. (Fehlt diese Angabe, wird der Standardport 21 verwendet.) Zur Übermittlung von Datenkanalinformationen wie Verzeichnislisten und Dateien kann der FTP-Server aber auf einem Portnummernbereich antworten. Wenn diese Ports von einer Firewall gesperrt werden, können Benutzer nicht den ganzen Funktionsumfang der Site nutzen.

Hinweis Beheben von FTP-Verbindungsproblemen

Beim Zugriff auf FTP-Server, die durch Firewalls geschützt sind, kommt es gelegentlich zu typischen Problemen. Benutzer berichten vielleicht, dass sie zwar in der Lage sind, eine Verbindung mit dem FTP-Server herzustellen und ihre Anmeldeinformationen anzugeben, aber wenn sie dann die gewünschte Arbeit durchführen und zum Beispiel den Inhalt des Verzeichnisses auflisten möchten, erhalten sie keine Antwort. Das ist der klassische Fall einer Beschränkung der Datenkanalkommunikation durch eine Firewall. Eine Möglichkeit zur Behebung des Problems wäre, auf dem FTP-Client passive FTP-Verbindungen zu aktivieren. Eine zweite wäre die Anpassung der Konfiguration der Firewall. Berücksichtigen Sie solche Symptome, wenn Sie FTP-Verbindungsprobleme beheben.

Mit dem Feature *FTP-Firewallunterstützung* (*FTP Firewall Support*) können Sie das Problem im IIS-Manager vermeiden (Abbildung 7.26). FTP 7 unterstützt passive FTP-Verbindungen, bei denen sich die Ports festlegen lassen, auf denen der FTP-Server auf Anfragen antwortet. Mit der Einstellung *Datenkanal-Portbereich* (*Data Channel Port Range*) können Sie den Portbereich angeben, der für Antworten an die Clients verwendet wird. Sie sollten Ports zwischen 1024 und 65535 wählen. Die Einstellung *Externe IP-Adresse der Firewall* (*External IP Address Of Firewall*) ermöglicht dem FTP-Server, zu erkennen, von wo Pakete gesendet werden. Das ist zur Unterstützung der SSL-Verschlüsselung von Nutzen.

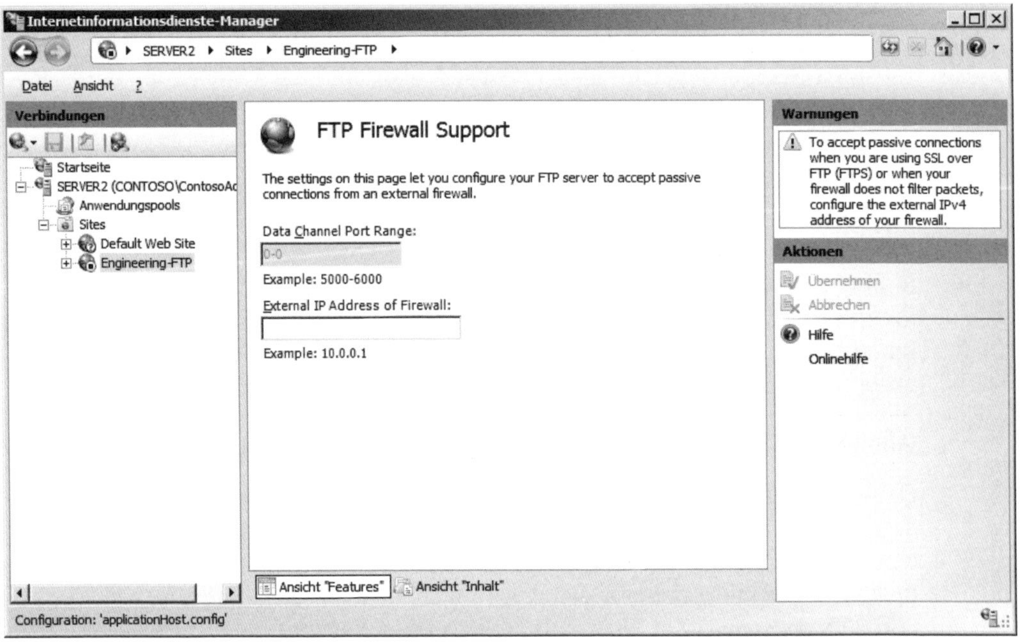

Abbildung 7.26 Konfigurieren der FTP-Firewallunterstützung

Prüfungstipp

Legen Sie mit den Optionen der FTP-Firewallunterstützung fest, wie die FTP-Site auf FTP-Befehle und Anfragen reagieren soll. Es werden keine Änderungen an der Firewall-konfiguration von Windows Server 2008 oder an anderen Geräten aus dem Netzwerk durchgeführt. Allerdings kann die Terminologie etwas verwirrend sein. Vergessen Sie in der Prüfung 70-643 nicht, dass Sie die Einstellungen der FTP-Firewallunterstützung so vornehmen, dass sie zu den Firewalleinstellungen passen, und dass Sie vielleicht auch die Firewallkonfiguration anpassen müssen, um die Anforderungen zu erfüllen.

Implementieren der IP-Adressen- und Domäneneinschränkungen

Sie können die Sicherheit eines FTP-Servers verbessern, indem Sie die Netzwerkadressen beschränken, von denen aus Zugriff auf bestimmte FTP-Sites oder Ordner möglich ist. Um diese Einstellungen vorzunehmen, wählen Sie im IIS-Manager eine FTP-Site oder einen Ordner aus und dann das Feature *FTP-Einschränkungen für IPv4-Adressen und Domänen* (*FTP IPv4 Address And Domain Restrictions*). Der Bereich *Aktionen* bietet zwei Befehle zur Verwaltung der Regeln: *Zulassungseintrag hinzufügen* (*Add Allow Entry*) und *Ablehnungseintrag hinzufügen* (*Add Deny Entry*). Mit den IP-Adressenregeln können Sie entweder eine einzelne IP-Adresse oder einen IP-Adressenbereich angeben, der durch die Kombination von IP-Adresse und Subnetzmaske angegeben wird (Abbildung 7.27).

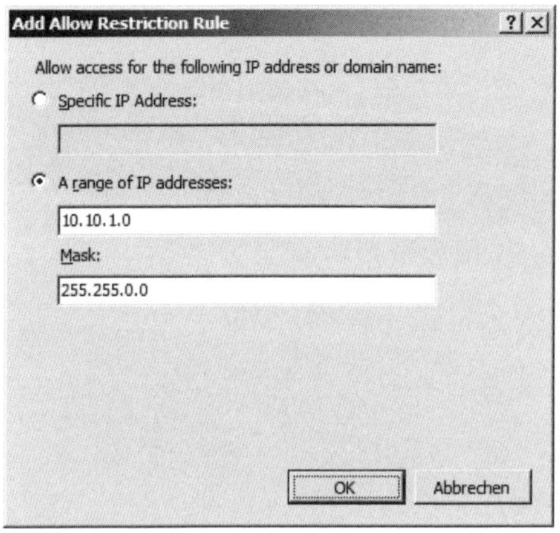

Abbildung 7.27 Hinzufügen einer neuen IP-Adressenbeschränkungsregel für eine FTP-Site

Verwenden Sie den Befehl *Featureeinstellungen bearbeiten* (*Edit Feature Settings*) aus dem Bereich *Aktionen*, wenn Sie Standardaktionen für IP-Adressen angeben wollen, die von keiner der definierten Regeln erfasst werden. Die Standardeinstellung *Zulassen* (*Allow*) erlaubt es diesen IP-Adressen, Verbindungen herzustellen. Durch die Wahl der Einstellung *Verweigern* (*Deny*) können Sie den Zugang auf die Clients beschränken, für die Zulassungseinträge vorhanden sind.

Im Dialogfeld *Featureeinstellungen bearbeiten* können Sie auch die zugelassenen Domänen beschränken. Domänennamensbeschränkungen erfolgen auf der Grundlage der DNS-Domänennamen (wie *extranet.contoso.com*). Ihre Verwaltung kann zwar einfacher sein als die Verwaltung von IP-Adressenregeln, aber sie weisen auch den Nachteil auf, sich deutlich auf die Leistung auszuwirken, weil für jede Regel, die ausgewertet werden soll, ein DNS-Reverse-Lookup erforderlich ist. Das kann zeitaufwendig sein und belastet die DNS-Infrastruktur.

Die FTP-Einschränkungen für IPv4-Adressen und Domänen werden von den untergeordneten Objekten geerbt. Einschränkungen, die zum Beispiel auf der Ebene der FTP-Site vorgenommen werden, gelten automatisch für alle Ordner dieser Site. Sie können das auf einer tieferen Ebene ändern, indem Sie für bestimmte Ordner und virtuelle Verzeichnisse explizite Regeln definieren. Außerdem können Sie mit dem Befehl *Auf geerbt zurücksetzen* (*Revert To Parent*) alle zusätzlich aufgestellten Regeln wieder entfernen.

Verwalten der FTP-Siteeinstellungen

FTP 7 bietet Funktionen, mit denen sich Benutzer überwachen lassen und der Funktionsumfang beeinflussen lässt. In diesem Abschnitt erfahren Sie mehr über diese Optionen und über die Überwachung der Verwendung der FTP-Website.

Überwachen der aktuellen FTP-Sitzungen

Mit dem Feature *Aktuelle FTP-Sitzungen* (*FTP Current Sessions*) können Sie sich anzeigen lassen, welche Benutzer gerade mit dem Server verbunden sind (Abbildung 7.28). Folgende Details werden angezeigt:

- Benutzername
- Client-IP-Adresse
- Anfangszeit der Sitzung
- Aktueller Befehl
- Vorheriger Befehl
- Befehlszeitpunkt (Command Start Time)
- Bytes gesendet
- Bytes empfangen
- Sitzungskennung (Session ID)

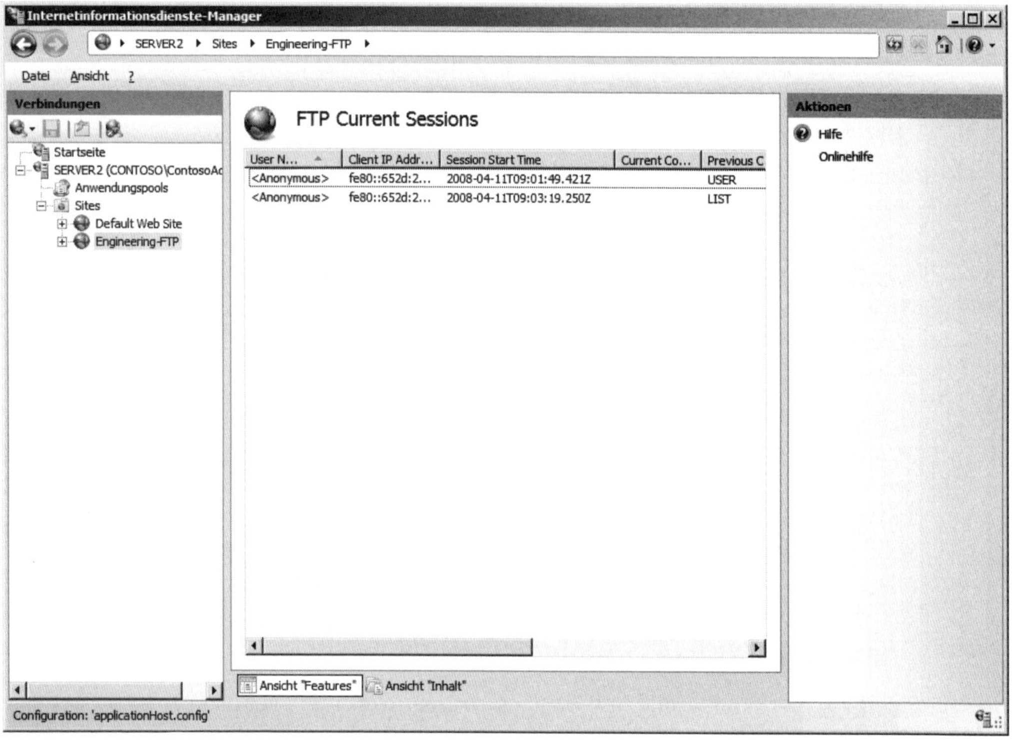

Abbildung 7.28 Anzeigen einer Liste der aktuellen Sitzungen im IIS-Manager

Verwalten der FTP-Meldungen

Mit dem Feature *FTP-Meldungen* (*FTP Messages*) können Sie Texte definieren, die bei bestimmten Gelegenheiten an die Clients übermittelt werden. Folgende Texte können Sie festlegen:

- **Banner** Dieser Text wird am Anfang gezeigt, wenn ein Benutzer eine Verbindung mit der FTP-Site herstellt.
- **Wilkommen** Diese Meldung wird angezeigt, nachdem sich ein Benutzer erfolgreich bei der FTP-Site angemeldet hat.
- **Beenden** Diese Meldung wird kurz vor der Trennung der Verbindung angezeigt, wenn ein Benutzer seine Verbindung beendet.
- **Maximale Verbindungen** Diese Meldung wird angezeigt, wenn der FTP-Server seine maximale Verbindungsanzahl erreicht hat und der Benutzer keinen Zugang zur Site mehr erhält.

FTP-Meldungen können je nach der Aufgabe der Site auch Warnungen oder Kontaktinformationen für den Siteadministrator enthalten (Abbildung 7.29).

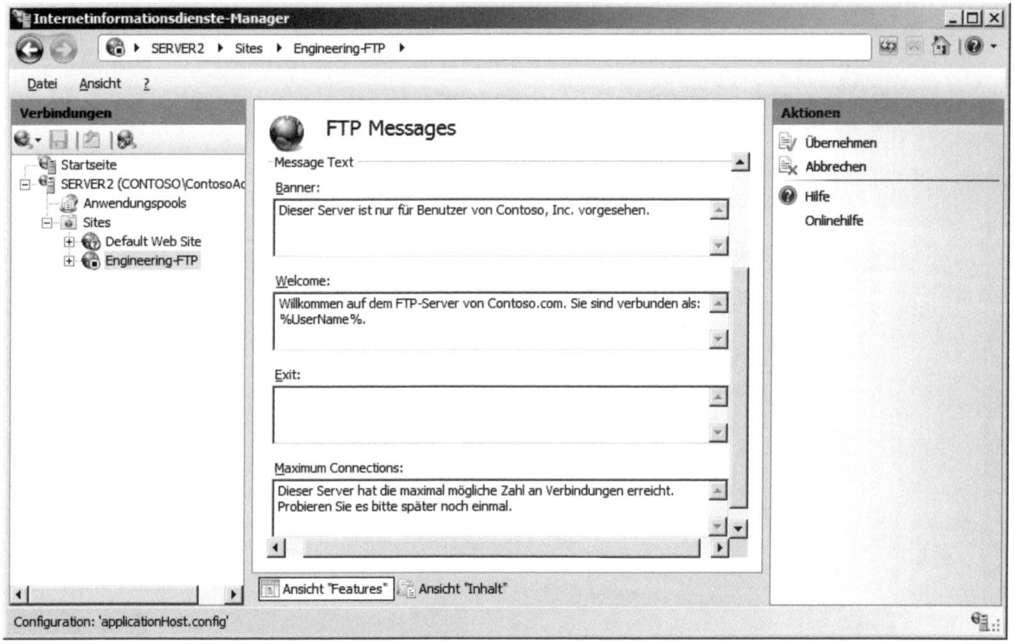

Abbildung 7.29 Festlegen von Meldungstexten für eine FTP-Site

Im Abschnitt *Meldungen* (*Message Behaviour*) können Sie verhindern, dass das Standardbanner an die Benutzer gesendet wird. Das ist zum Beispiel sinnvoll, wenn Sie keine ausführlicheren Angaben über den Zweck der FTP-Site machen möchten, bevor die Benutzer authentifiziert wurden. Die Option *Benutzervariablen in Meldungen unterstützen* (*Support*

User Variables In Messages) ermöglicht Ihnen, in Meldungen folgende Variablen zu verwenden:

- BytesReceived (Anzahl empfangener Bytes)
- BytesSent (Anzahl gesendeter Bytes)
- SessionID (Sitzungskennung)
- SiteName (Sitename)
- UserName (Benutzername)

Wenn Sie eine Variable als Zeichenfolge zwischen zwei Prozentzeichen angeben (wie zum Beispiel in *%UserName%*), setzt der FTP-Server an dieser Stelle automatisch den betreffenden Wert ein.

Konfigurieren der FTP-Protokollierung

FTP 7 kann automatisch Protokolldateien erstellen, in denen die Aktivitäten der FTP-Site aufgezeichnet werden. Standardmäßig werden die Protokolle als Textdateien im Ordner *%SystemDrive%\Inetpub\Logs\LogFiles* gespeichert. Für jede FTP-Site, die auf dem lokalen Computer betrieben wird, werden eigene Ordner angelegt. Die Einstellungen für die Protokolldateien können Sie mit der Option *FTP-Protokollierung* (FTP Logging) ändern. Der Befehl *W3C-Felder auswählen* (*Select W3C Fields*) ermöglicht Ihnen, die Art der Daten festzulegen, die für jeden Befehl oder jede Anfrage aufgezeichnet wird, die den FTP-Server erreicht. Abbildung 7.30 zeigt die Standardoptionen. Die Auswahl stellt einen Kompromiss zwischen der Aufzeichnung ausführlicher Informationen und dem Platz- und Leistungsbedarf dar, der bei der Aufzeichnung zusätzlicher Daten anfällt.

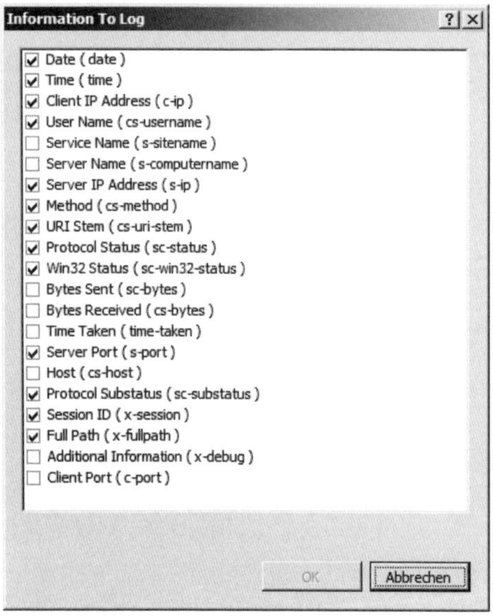

Abbildung 7.30 Auswahl der Felder, die in den FTP-Protokollen erfasst werden

Im Abschnitt *Protokolldateirollover* (*Log File Rollover*) können Sie die Regeln festlegen, nach denen neue Protokolldateien angelegt werden. Falls Sie in mehreren Zeitzonen FTP-Server verwalten, können Sie auch eine entsprechende Einstellung der Option *Lokale Zeit für Dateibenennung und Rollover verwenden* (*Use Local Time For File Naming And Rollover*) wählen. Der Befehl *Protokolldateien anzeigen* (*View Logs*) im Bereich *Aktionen* öffnet den Ordner, in dem die FTP-Protokolldateien liegen. Die Dateien enthalten Textdokumente mit kommaseparierten Werten. Sie lassen sich zum Beispiel im Windows-Editor (Notepad) oder mit der entsprechenden Analysesoftware von anderen Herstellern einsehen und auswerten. Im Allgemeinen empfiehlt es sich, die Protokolle der FTP-Server regelmäßig zu überprüfen, um nichtautorisierte Zugriffe oder unerwartete Verwendungsmuster zu erkennen.

Konfigurieren der Verzeichnissuche

Einer der häufigsten Befehle, die von FTP-Clients gegeben werden, ist die Anforderung einer Verzeichnisliste. Die meisten FTP-Clientprogramme führen automatisch einen `LIST`-Befehl aus, wenn der Benutzer das aktuelle Arbeitsverzeichnis ändert. Um diese Option zu konfigurieren, wählen Sie im IIS-Manager eine Site aus und dann das Feature *FTP-Verzeichnissuche* (*FTP Directory Browsing*, Abbildung 7.31). Mit den Verzeichnisformatoptionen können Sie festlegen, ob die Information nach MS-DOS-Art (voreingestellt) oder nach UNIX-Art formatiert werden sollen. Diese Einstellungen definieren, in welchem Format die Informationen an einen FTP-Client gesendet werden. Die meisten FTP-Clients können beide Formate verwenden.

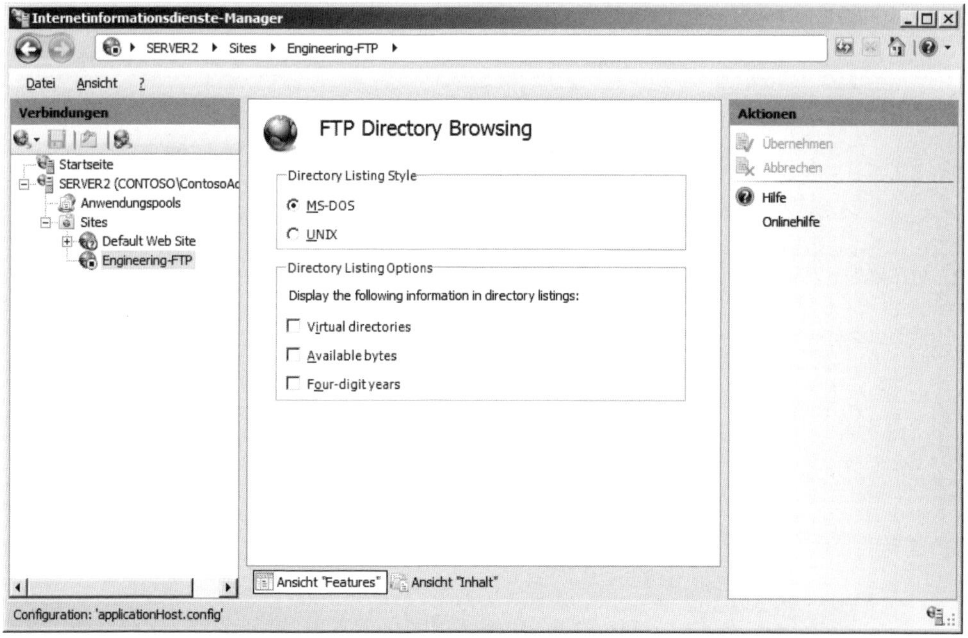

Abbildung 7.31 Konfigurieren der FTP-Verzeichnissuche

Mit den Optionen für die Verzeichnisauflistung können Sie festlegen, welche Informationen in die Liste aufgenommen werden. Die Option *Virtuelle Verzeichnisse* (*Virtual Directories*) legt fest, ob die Namen von virtuellen Verzeichnissen an den Benutzer übermittelt werden. Wenn Sie virtuelle Verzeichnisse vor den Benutzern verbergen möchten, deaktivieren Sie diese Option. Die Option *Verfügbare Bytes* (*Available Bytes*) gibt den freien Speicherplatz auf der FTP-Site an. Ist die Datenträgerkontingentierung aktiviert, besagt diese Angabe, wie viel Platz noch für den betreffenden Benutzer frei ist. Die Aktivierung von vierstelligen Jahresangaben (*Four-Digit Years*) bewirkt, dass die Jahresangaben nicht mit zwei, sondern mit vier Stellen erfolgen.

Verwenden von FTP-Clientsoftware

Benutzer können mit verschiedenen FTP-Clientprogrammen Verbindungen zu einem FTP-Server herstellen. Das Betriebssystem Windows bietet zum Beispiel das Befehlszeilenprogramm FTP, das auf Textbasis arbeitet und die Grundfunktionen für eine Verbindung mit einem FTP-Server beherrscht. Es eignet sich für einfache Aufgaben und für den Test der Websitefunktionen. FTP-Befehle können Sie auch in Batchdateien verwenden, um häufiger anfallende Arbeiten zu automatisieren, beispielsweise die Übertragung von Sicherungsdateien auf einen Remoteserver.

Ebenso können Sie einen FTP-fähigen Webbrowser verwenden, um eine Verbindung mit einer FTP-Site herzustellen, wie zum Beispiel den Windows Internet Explorer (Abbildung 7.32). Die Standardsyntax für die URL ist *ftp://ServerName*. Außerdem können Sie in der URL mit der folgenden Syntax Anmeldeinformationen und den Port angeben:

ftp://BenutzerName:Kennwort:ServerName:Port/Pfad

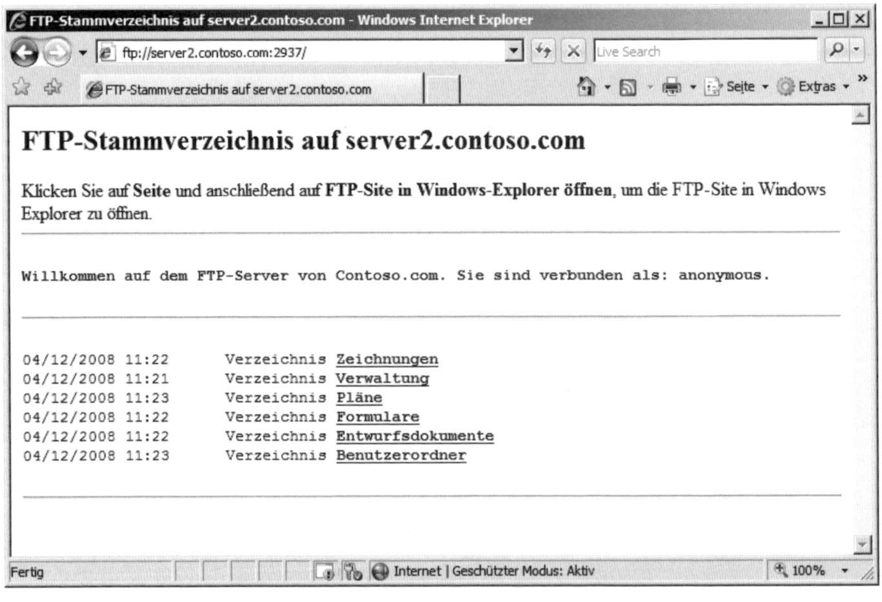

Abbildung 7.32 Zugreifen auf eine FTP-Site mit dem Internet Explorer 7

FTP-URLs sind nützlich, wenn es um den schnellen Zugriff auf Dateien geht, die auf FTP-Sites gespeichert sind. Vergessen Sie bitte nicht, dass die Kommunikation standardmäßig in Klartext erfolgt. Daher sollten Sie FTP-URLs nur für FTP-Site verwenden, die für anonyme Benutzer vorgesehen sind.

Sie können auch den Windows-Explorer als grafische Benutzeroberfläche für den Zugriff auf eine FTP-Site verwenden (Abbildung 7.33). Bei dieser Methode haben Sie den Vorteil, bekannte Befehle und Funktionen verwenden zu können, beispielsweise Ziehen-und-Ablegen. Um die Verbindung herzustellen, geben Sie einfach in der Adressenleiste des Windows-Explorers die FTP-URL ein. Falls Sie mit dem Internet Explorer 7 bereits eine Verbindung mit einer FTP-Site hergestellt haben, können Sie auch im Menü *Seite* des Internet Explorers den Befehl *FTP-Site in Windows-Explorer öffnen* geben. Die Funktionen zur Datei- und Ordnerverwaltung sind zwar etwas eingeschränkt, aber mit dieser Methode können auch Benutzer, die nicht an die Arbeit mit Befehlszeilenprogrammen gewöhnt sind, relativ leicht auf FTP-Inhalte zugreifen.

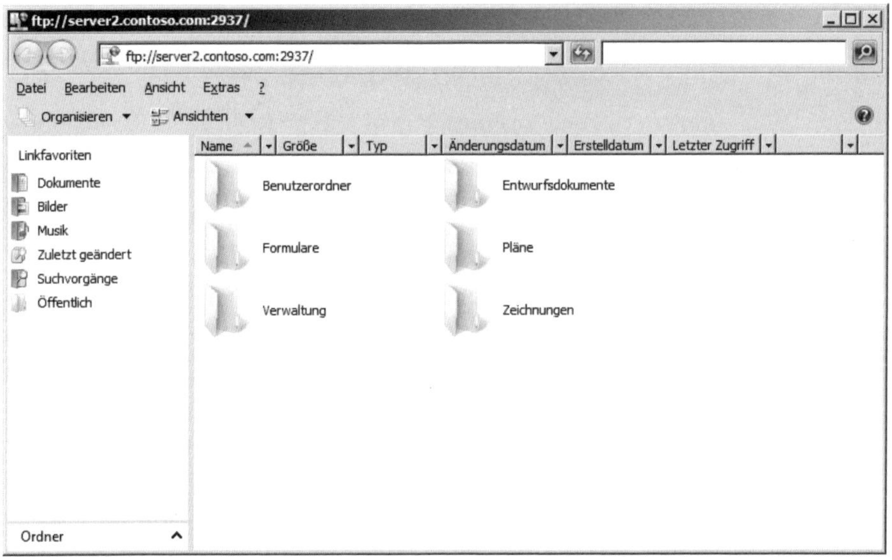

Abbildung 7.33 Verwenden des Windows-Explorers für den Zugriff auf eine FTP-Site

Schließlich gibt es noch zahlreiche FTP-Clientsoftwarepakete von anderen Herstellern. Sie finden diese Programme, wenn Sie im Internet nach „ftp client software" suchen. Oft bieten diese Produkte einen größeren Funktionsumfang, wie zum Beispiel die Fähigkeit, häufig gebrauchte Befehle als Skripts auszuführen, oder eine automatische Methode zur Synchronisation mehrerer Ordner mit denselben Inhalten.

Schnelltest

1. Was ist bei der Verwendung von FTP 7 die einfachste Methode, um einer bestimmten Benutzergruppe den Zugriff auf einen bestimmten Ordner Ihrer FTP 7-Site zu verweigern?
2. Wie können Sie sicherstellen, dass die Anmeldeinformationen, die für eine im Internet zugängliche FTP-Site bei der Standardauthentifizierung verwendet werden, in verschlüsselter Form übertragen werden?

Antworten zum Schnelltest

1. Um für bestimmte Teile einer FTP-Site bestimmte Berechtigungen festzulegen, können die FTP-Autorisierungsregeln verwendet werden.
2. Aktivieren Sie für die FTP 7-Site FTP-über-SSL (FTPS). Dazu ist es erforderlich, auf dem Server ein SSL-Zertifikat zu installieren und dann zumindest für die Übergabe der Anmeldeinformationen SSL vorzuschreiben.

Praktische Übung Konfigurieren und Testen von FTP

In dieser Übung erfahren Sie, wie man mit FTP 6 und FTP 7 eine FTP-Site einrichtet. Anschließend stellen Sie mit dem FTP-Befehlszeilenprogramm eine Verbindung mit der neuen Website her.

▶ Übung 1: Erstellen einer neuen FTP-Website mit FTP 6

In dieser Übung erstellen Sie mit FTP 6 eine neue Website. Der erste Schritt ist die Aktivierung von FTP 6. Die folgende Anleitung setzt voraus, dass Sie bereits die Serverrolle Webserver (IIS) mit den Standardoptionen installiert haben und dass der Rollendienst FTP-Publishingdienst noch nicht installiert ist.

1. Melden Sie sich auf Server2 als Benutzer mit Administratorrechten an.
2. Öffnen Sie den Server-Manager. Erweitern Sie den Knoten *Rollen*, klicken Sie die Serverrolle *Webserver (IIS)* mit der rechten Maustaste an und wählen Sie *Rollendienste hinzufügen*.
3. Wählen Sie auf der Seite *Rollendienste auswählen* den *FTP-Publishingdienst*. Beachten Sie, dass automatisch auch die Rollendienste *FTP-Server* und FTP-Verwaltungskonsole installiert werden. Klicken Sie auf *Weiter*.
4. Überprüfen Sie auf der Seite *Installationsauswahl bestätigen* die Auswahl und klicken Sie dann auf *Installieren*, um die Installation einzuleiten. Nach dem Abschluss der Installation klicken Sie auf *Schließen*.
5. Überprüfen Sie im Server-Manager, ob der FTP-Publishingdienst für die Serverrolle Webserver (IIS) installiert ist. Schließen Sie den Server-Manager.
6. Starten Sie in der Programmgruppe *Verwaltung* den *Internetinformationsdienste 6.0-Manager*, um den FTP-Server zu konfigurieren.

7. Erweitern Sie den Knoten *Server2* und dann den Ordner *FTP-Sites*. Beachten Sie, dass das Objekt *Default FTP Site* bereits vorhanden ist, aber nicht automatisch gestartet wurde.
8. Klicken Sie das Objekt *Default FTP Site* mit der rechten Maustaste an und klicken Sie dann auf *Eigenschaften*. Beachten Sie die Einstellungen auf der Registerkarte *FTP-Site*.

   Die Standardeinstellung der FTP-Site ist die Beantwortung von Anfragen auf TCP-Port 21, wobei noch keine IP-Adressen zugewiesen wurden.
9. Klicken Sie die Registerkarte *Basisverzeichnis* an, um die Lage des Stammverzeichnisses der FTP-Site im Dateisystem des Computers zu überprüfen.

   Der lokale Standardpfad ist *%SystemDrive%\Inetpub\Ftproot*. Die Standardberechtigungen erlauben nur Lesezugriffe auf die Inhalte dieses Ordners.
10. Wenn Sie fertig sind, schließen Sie das Dialogfeld *Eigenschaften von Default FTP Site* mit einem Klick auf *OK*.
11. Erstellen Sie nun einige Beispieldateien, um die FTP-Funktion zu testen. Öffnen Sie das Stammverzeichnis der FTP-Site im Windows-Explorer und erstellen Sie einen neuen Ordner namens *FTPInhalte*. Erstellen Sie in diesem Ordner eine neue Textdatei mit dem Namen *TestDatei.txt*. Schließen Sie den Windows-Explorer.
12. Klicken Sie im IIS 6.0-Manager das Objekt *Default FTP Site* mit der rechten Maustaste an und klicken Sie dann auf *Starten*. Dadurch wird die FTP-Standardwebsite gestartet.

    Nun überprüfen Sie mit dem Befehlszeilenprogramm FTP die Konfiguration der FTP-Site.
13. Öffnen Sie eine Eingabeaufforderung, indem Sie im *Start*-Menü auf die *Eingabeaufforderung* klicken. Geben Sie **FTP Server2** ein, um eine Verbindung mit dem lokalen FTP-Server herzustellen.

    Beachten Sie, dass Sie keine Portnummer angeben müssen, weil der Server an den Standardport (TCP-Port 21) gebunden ist.
14. Geben Sie in der *Benutzer*-Eingabeaufforderung den Namen Ihres Windows-Benutzerkontos an. Geben Sie dann Ihr Kennwort ein, wenn Sie dazu aufgefordert werden. Geben Sie in der *FTP*-Eingabeaufforderung den Befehl **dir** ein und drücken Sie die EINGABETASTE, um eine Liste der Dateien abzurufen, die im Stammordner der FTP-Standardwebsite gespeichert sind. Sie sollten den Ordner *FTPInhalte* sehen, den Sie in Schritt 10 erstellt haben.
15. Geben Sie den Befehl **cd FTPInhalte** ein, um den aktiven Ordner zu wechseln. Mit dem Befehl **dir** können Sie die Dateien auflisten, die in diesem Ordner gespeichert sind. Geben Sie dann **get TestDatei.txt** ein, um die Testdatei herunterzuladen, die Sie zuvor im lokalen Arbeitsverzeichnis erstellt haben.

16. Wenn Sie fertig sind, geben Sie **quit** ein, um das Programm FTP zu verlassen. Schließen Sie dann das Fenster *Eingabeaufforderung*.
17. Schließen Sie den IIS 6.0-Manager, wenn Sie fertig sind.

▶ Übung 2: Hinzufügen einer FTP-Sitebindung mit FTP 7

In dieser Übung erstellen Sie mit FTP 7 eine neue FTP-Sitebindung für die Standardwebsite (Default Web Site). Bevor Sie mit dieser Übung beginnen, müssen Sie FTP 6 entfernen, falls es auf *server2.contoso.com* installiert ist. Laden Sie dann das FTP 7-Paket von *http://www.iis.net/downloads* herunter und installieren Sie es. (Als dieses Buch entstand, lag dieses Paket nur in englischer Sprache vor.)

1. Melden Sie sich auf Server2 als ein Benutzer an, der auf dem Computer über Administratorrechte verfügt.
2. Öffnen Sie den IIS-Manager und stellen Sie eine Verbindung zum lokalen Server her.
3. Klicken Sie im linken Bereich das Objekt *Default Web Site* mit der rechten Maustaste an und wählen Sie *Bindungen bearbeiten*. Klicken Sie im Dialogfeld *Sitebindungen* auf *Hinzufügen*.
4. Wählen Sie im Dialogfeld *Sitebindung hinzufügen* als *Typ* den Eintrag *ftp*. Lassen Sie im Eingabefeld *IP-Adresse* die Standardeinstellung *Keine zugewiesen* unverändert, ebenso den Port 21 als *Port*. Tragen Sie auch in *Hostname* keinen Namen ein und klicken Sie auf *OK*, um die neue Sitebindung hinzuzufügen.
5. Überprüfen Sie, ob eine neue Sitebindung für das FTP-Protokoll auf Port 21 erstellt wurde. Schließen Sie das Dialogfeld *Sitebindungen* mit einem Klick auf *Schließen*.
6. Damit die neuen FTP-Optionen für die Standardwebsite angezeigt werden, klicken Sie im Menü *Ansicht* des IIS-Managers auf *Aktualisieren*.

   Nun sollten Sie einen *FTP*-Abschnitt sehen, in dem Optionen für das Konfigurieren der FTP-Site verfügbar sind. Auch im Bereich *Aktionen* erscheinen Befehle für die Verwaltung der FTP-Site.
7. Klicken Sie im Abschnitt *FTP-Site verwalten* (*Manage FTP Site*) des Bereichs *Aktionen* auf *Erweiterte Einstellungen* (*Advanced Settings*). Beachten Sie, dass als Stammordner der FTP-Site der Stammordner *%SystemDrive%\Inetpub\wwwroot* der Standardwebsite verwendet wird. Klicken Sie auf *OK*.
8. Klicken Sie in der *Ansicht "Features"* des IIS-Managers mit einem Doppelklick auf *FTP-Authentifizierung* (*FTP Authentication*). Beachten Sie, dass standardmäßig keine Authentifizierungsoptionen aktiviert sind. Aktivieren Sie die Optionen *Standardauthentifizierung* (*Basic Authentication*) und *Anonyme Authentifizierung* (*Anonymous Authentication*), indem Sie die Optionen wählen und dann im Bereich *Aktionen* auf *Aktivieren* (*Enable*) klicken.
9. Klicken Sie auf die Schaltfläche *Zurück* oder auf das Objekt *Default Web Site*, um zur *Ansicht "Features"* zurückzukehren.

10. Öffnen Sie das Feature *FTP-SSL-Einstellungen* (*FTP SSL Settings*). Beachten Sie, dass der Server standardmäßig so konfiguriert ist, dass SSL erforderlich ist. Ändern Sie die Einstellung für diese Übung auf *SSL-Verbindungen zulassen* (*Allow SSL Connections*). Beachten Sie, dass Sie bei Bedarf auch ein SSL-Zertifikat aus der Dropdownliste auswählen können. Klicken Sie auf *Übernehmen*, um die Einstellungen zu speichern.
11. Testen Sie nun mit dem Programm FTP, ob die FTP-Site zugänglich ist. Öffnen Sie eine Eingabeaufforderung, indem Sie im *Start*-Menü den Befehl *Eingabeaufforderung* wählen. Geben Sie **FTP Server2** ein, um eine Verbindung mit dem lokalen FTP-Server herzustellen. Beachten Sie, dass Sie keine Portnummer angeben müssen, weil der Server an den Standardport 21 gebunden ist.
12. Geben Sie in der Eingabeaufforderung *Benutzer* den Namen Ihres Windows-Benutzerkontos ein und geben Sie auch das Kennwort ein, wenn Sie dazu aufgefordert werden. Sollte die Anmeldung scheitern, weil noch keine Autorisierungsregeln festgelegt wurden, holen Sie dies nach. Autorisieren Sie das Konto, das Sie verwenden möchten.
13. Geben Sie in der *ftp*-Eingabeaufforderung den Befehl **dir** ein und drücken Sie die EINGABETASTE. Damit rufen Sie eine Liste der Dateien ab, die im Stammordner der Standardwebsite gespeichert sind. Bei Bedarf können Sie auch die Befehle `get` und `put` verwenden, um Dateien hoch- oder herunterzuladen. Wenn Sie fertig sind, geben Sie **quit** ein, um das Programm FTP zu verlassen. Schließen Sie das Fenster *Eingabeaufforderung*.
14. Schließen Sie den IIS-Manager, wenn Sie fertig sind.

Zusammenfassung der Lektion

- Um mit FTP 6 FTP-Sites einrichten zu können, müssen Sie den Rollendienst FTP-Publishingdienst zur Serverrolle Webserver (IIS) hinzufügen.
- FTP 6-Sites können Sie mit dem IIS 6.0-Manager erstellen und verwalten.
- Um unter Windows Server 2008 FTP 7 zu verwenden, müssen Sie ein separates Softwarepaket herunterladen und installieren.
- FTP 7 bietet gegenüber FTP 6 zahlreiche Verbesserungen, wie SSL-geschützte Verbindungen, eine vereinfachte Konfiguration im IIS-Manager und die Möglichkeit, auf einfache Weise eine FTP-Bindung für eine Website zu definieren.

Lernzielkontrolle

Mit den folgenden Fragen können Sie Ihr Wissen über den Stoff der Lektion 1, „Konfigurieren von FTP“, überprüfen. Die Fragen sind (in englischer Sprache) auch auf der Begleit-CD zu finden, falls Sie die elektronische Form der Fragen vorziehen.

Hinweis Die Antworten

Die Antworten auf die Fragen und Erläuterungen, warum die entsprechenden Antworten richtig oder falsch sind, finden Sie im Abschnitt „Antworten“ am Ende des Buchs.

1. Sie sind als Windows Server 2008-Systemadministrator für die Konfiguration des FTP-Publishingdienstes zuständig, der von den Mitgliedern der Entwicklungsabteilung Ihrer Organisation verwendet werden soll. Der Name des Servers lautet FTP-Server01. Einige Benutzer haben berichtet, dass sie in der FTP-Site auf die meisten Dateien zugreifen können, aber nicht auf den Inhalt des Ordners *Zeichnungen*. Sie haben überprüft, dass die Windows-Konten dieser Benutzer über die Dateisystemberechtigungen verfügen, die für den Zugriff auf diesen Ordner erforderlich sind. Sie möchten den Benutzern außerdem nur die unbedingt erforderlichen Berechtigungen geben. Welche der folgenden Änderungen sollten Sie vornehmen, damit die Benutzer auf diesen Ordner zugreifen können?

   A. Ändern der Berechtigungen des Kontos *IUSR_FTPServer01* für den Ordner *Zeichnungen*

   B. Erstellen neuer TCP/IP-Adresseneinschränkungseinträge für Benutzer, die nicht auf den Ordner *Zeichnungen* zugreifen können

   C. Deaktivieren der Option *Nur anonyme Verbindungen zulassen*

   D. Hinzufügen der Benutzer zur lokalen Administratorengruppe auf FTPServer02

2. Sie haben als Systemadministrator kürzlich auf einem Windows Server 2008-Computer FTP 7 installiert und konfiguriert. Sie haben auf dem Server FTP-über-SSL (FTPS) aktiviert, indem Sie von einer vertrauenswürdigen Zertifizierungsstelle ein SSL-Zertifikat bestellt und installiert haben. In der letzten Zeit ist die Auslastung der FTP-Site gestiegen und Benutzer beschweren sich darüber, dass das Herunterladen von Dateien zu lange dauert. Daher möchten Sie die SSL-Einstellungen so vornehmen, dass nur die Anmeldeinformationen und Befehle verschlüsselt werden, jedoch nicht die übertragenen Dateien. Außerdem möchten Sie die Verschlüsselung beschleunigen. Welche der folgenden Einstellungen sollten Sie vornehmen? (Wählen Sie zwei Antworten aus. Jede richtige Antwort ist Teil der vollständigen Lösung.)

   A. Wählen der SSL-Option *SSL-Verbindungen zulassen* (*Allow SSL Connections*)

   B. Deaktivieren der 128-Bit-Verschlüsselung für SSL

   C. Wählen der Option *SSL erforderlich*

   D. Wählen der SSL-Option *Benutzerdefiniert*

Lektion 2: Konfigurieren von SMTP

Der SMTP-Server (Simple Mail Transfer Protocol) von Windows Server 2008 ermöglicht Ihnen die Weiterleitung von E-Mails. Der SMTP-Standard bietet eine einheitliche Methode für den Versand von Nachrichten. Er lässt sich für interne E-Mails oder für die Kommunikation im Internet einsetzen. Benutzer und Anwendungen verwenden häufig SMTP-Funktionen für den Versand von Benachrichtigungen und anderen Informationen. In dieser Lektion erfahren Sie, wie Sie das Feature SMTP-Server in Windows Server 2008 aktivieren und konfigurieren.

Am Ende dieser Lektion werden Sie in der Lage sein, die folgenden Aufgaben auszuführen:

- Aktivieren des Features SMTP-Server von Windows Server 2008
- Erstellen eines neuen virtuellen SMTP-Servers
- Konfigurieren der IP-Adressen- und Porteinstellungen für einen virtuellen SMTP-Server
- Absichern des SMTP-Dienstes durch Authentifizierungseinstellungen für eingehende und ausgehende Verbindungen
- Testen des SMTP-Dienstes mit einem E-Mail-Client

Veranschlagte Zeit für diese Lektion: 45 Minuten

Installieren des Features SMTP-Server

Mit dem Feature SMTP-Server von Windows Server 2008 ermöglichen Sie es vielen Anwendungen, E-Mails zu versenden. Eine Webanwendung könnte mit SMTP zum Beispiel E-Mail-Benachrichtigungen an Benutzer versenden. Der SMTP-Standard wurde für den Versand von E-Mails entwickelt, die ein Nachrichtenserver wie Microsoft Exchange Server empfangen kann. Nachrichten können auch im Dateisystem gespeichert und auf diese Weise für andere Anwendungen zugänglich gemacht werden. Benutzer erhalten diese Nachrichten gewöhnlich, indem sie mit einem Protokoll wie POP (Post Office Protocol) Verbindungen mit ihren Postfächern auf dem Nachrichtenserver herstellen.

Auf einem Windows Server 2008-Computer können Sie das Feature SMTP-Server mit dem Server-Manager installieren. Dazu klicken Sie das *Features*-Objekt mit der rechten Maustaste an und wählen *Features hinzufügen*. Der SMTP-Server ist auf einige andere Komponenten angewiesen (Abbildung 7.34).

Sie können das Feature SMTP-Server auch wieder mit dem Server-Manager entfernen. Dazu klicken Sie das *Features*-Objekt mit der rechten Maustaste an und wählen *Features entfernen*. Wenn Sie den SMTP-Server entfernen, können Sie mit dem Server aber keine E-Mails mehr übermitteln oder weiterleiten.

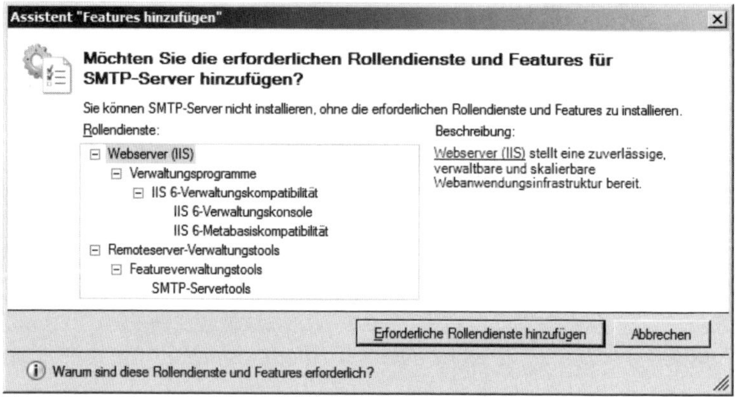

Abbildung 7.34 Der SMTP-Server ist auf einige andere Komponenten angewiesen

Konfigurieren des SMTP-Dienstes

Nachdem Sie das Feature SMTP-Server auf einem Windows Server 2008-Computer installiert haben, können Sie den SMTP-Server mit dem IIS 6.0-Manager konfigurieren. Dazu öffnen Sie den IIS 6.0-Manager und erweitern das Serverobjekt. Bei der Installation des Features SMTP-Server wird automatisch eine Standardsite namens *SMTP Virtual Server #1* erstellt.

Erstellen eines neuen virtuellen SMTP-Servers

Mit dem Assistenten für neue virtuelle SMTP-Server können Sie in Windows Server 2008 neue virtuelle SMTP-Server erstellen. Jeder virtuelle Server erhält seine eigene Konfiguration und kann unabhängig von den anderen verwaltet werden. Zur Erstellung eines neuen virtuellen SMTP-Servers klicken Sie das Serverobjekt im IIS 6.0-Manager mit der rechten Maustaste an, zeigen auf *Neu* und klicken dann auf *Virtueller SMTP-Server*. Auf der ersten Seite des Assistenten werden Sie aufgefordert, dem virtuellen Server einen Namen zu geben. Wählen Sie einen Namen, aus dem die Aufgabe des virtuellen Servers hervorgeht, denn dieser Name wird in der Benutzeroberfläche des IIS 6.0-Managers zur Identifizierung der verschiedenen Server angezeigt.

Wählen Sie auf der Seite *IP-Adresse auswählen* die Netzwerkverbindung, auf welcher der SMTP-Server erreichbar sein soll. Sofern der Server über mehrere Netzwerkkarten oder mehrere IP-Adressen verfügt, können Sie die gewünschte aus der Dropdownliste auswählen. Das ist von Nutzen, wenn Sie den Zugang zum SMTP-Server aus Sicherheitsgründen einschränken möchten. Vielleicht möchten Sie nicht, dass der Server auf IP-Adressen antwortet, die im Internet zugänglich sind. Die Standardeinstellung für die IP-Adresse lautet *(Keine zugewiesen)*. Das bedeutet, dass der virtuelle SMTP-Server auf jeder IP-Adresse antwortet, die auf dem Server konfiguriert ist.

Ein weiterer Grund zur Wahl einer anderen IP-Adresse ist, dass keine zwei virtuellen SMTP-Server gleichzeitig ausgeführt werden können, wenn ihnen dieselbe IP-Adresse und Portnummer zugewiesen wurde. Der Standardport für SMTP-Verbindungen ist Port

25. Wenn Sie versuchen, einen neuen virtuellen SMTP-Server mit einer Kombination von IP-Adresse und Portnummer zu erstellen, die bereits verwendet wird, erscheint die Fehlermeldung aus Abbildung 7.35. In diesem Fall können Sie zwar die Erstellung des Servers abschließen, müssen aber anschließend die Einstellungen ändern, damit sich der Server starten lässt.

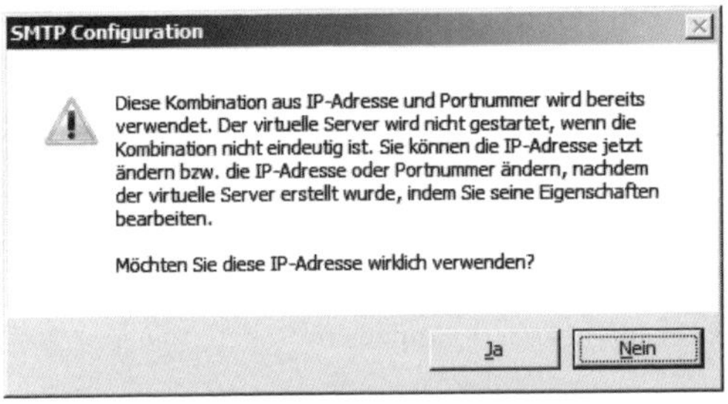

Abbildung 7.35 Bei einer bereits verwendeten Kombination von IP-Adresse und Portnummer erscheint eine Warnung

Auf der Seite *Basisverzeichnis auswählen* geben Sie einen Ordner aus dem Dateisystem an, der als Stammordner des neuen SMTP-Servers dient (Abbildung 7.36). In diesem Ordner werden Nachrichtendateien und andere Daten gespeichert.

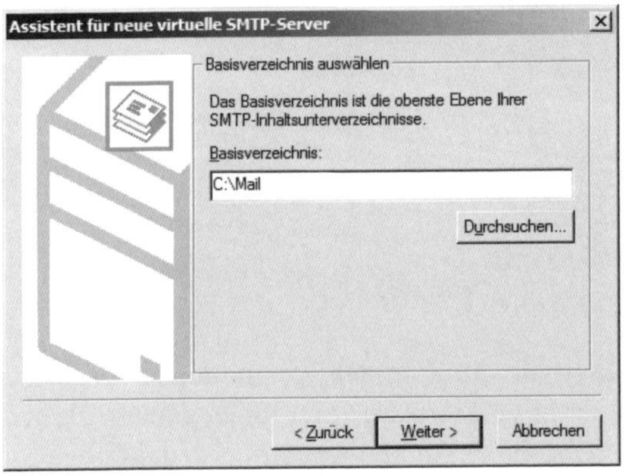

Abbildung 7.36 Konfigurieren des Basisordners des neuen virtuellen SMTP-Servers

Auf der Seite *Standarddomäne* geben Sie den vollständigen Domänennamen des neuen virtuellen SMTP-Servers ein, unter dem der Server erreichbar ist. Gewöhnlich geben Sie hier einen DNS-Domänennamen wie zum Beispiel *hr.contoso.com* ein. Nachdem Sie den neuen Server im Assistenten für neue virtuelle SMTP-Server erstellt haben, erscheint der Server im IIS 6.0-Manager. Anschließend können Sie im Eigenschaftendialogfeld des Servers weitere Einstellungen vornehmen.

Konfigurieren der allgemeinen SMTP-Servereinstellungen

Um das Eigenschaftendialogfeld eines virtuellen SMTP-Servers zu öffnen, klicken Sie den Server im IIS 6.0-Manager mit der rechten Maustaste an und wählen *Eigenschaften*. Die Registerkarte *Allgemein* zeigt die Einstellungen für die Netzwerkverbindung des SMTP-Servers (Abbildung 7.37). In der Dropdownliste können Sie eine der verfügbaren IP-Adressen oder die Einstellung *(Keine zugewiesen)* auswählen, oder Sie klicken auf die Schaltfläche *Erweitert* und konfigurieren mehrere Bindungen. Das Dialogfeld *Erweitert*, das sich dann öffnet, ermöglicht Ihnen auch die Änderung der Portnummer, unter der der SMTP-Server zugänglich ist.

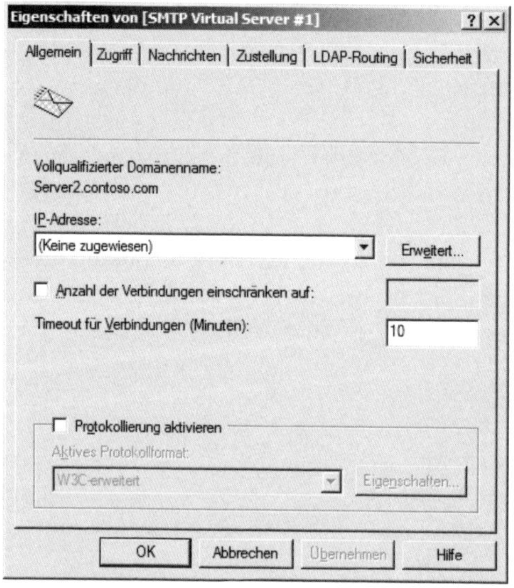

Abbildung 7.37 Konfigurieren der allgemeinen Einstellungen eines virtuellen SMTP-Servers

Auf der Registerkarte *Allgemein* können Sie die Zahl der Verbindungen beschränken und ein Zeitlimit festlegen. Die Einstellung dieser Grenzen kann Ihnen dabei helfen, die Leistungsfähigkeit vielbeanspruchter SMTP-Server zu erhalten. Außerdem können Sie die Option *Protokollierung aktivieren* verwenden, um Informationen über die Nachrichten aufzuzeichnen, die mit diesem virtuellen SMTP-Server versendet werden. Ein Klick auf die Schaltfläche *Eigenschaften* öffnet das Dialogfeld *Protokollierungseigenschaften*, in dem Sie den Speicherort der Protokolldateien und die Zeitabstände festlegen können, in denen neue Protokolldateien angelegt werden. Auf der Registerkarte *Erweitert* können Sie festlegen, welche Informationen in der Protokolldatei aufgezeichnet werden. Die Protokolldateien lassen sich mit einem Texteditor wie dem Windows-Editor (Notepad) einsehen. Auf stark belasteten SMTP-Servern kann sich die Aktivierung der Protokollierung negativ auf die Leistung auswirken und relativ viel Speicherplatz auf den Datenträgern benötigen.

Absichern eines virtuellen SMTP-Servers vor unbefugten Zugriffen

Um unerwünschte Verwendungen eines virtuellen SMTP-Servers zu verhindern, ist es wichtig, für den Versand von Nachrichten mit SMTP Zugriffsregeln festzulegen. Ein großer Teil der unerwünschten kommerziellen E-Mails (Spam) wird durch ungeschützte SMTP-Relays verschickt. Die Regeln für die Verwendung des virtuellen SMTP-Servers können Sie mit den Eigenschaften auf der Registerkarte *Zugriff* festlegen (Abbildung 7.38).

Abbildung 7.38 Konfigurieren der Zugriffsregeln für einen virtuellen SMTP-Server

Mit den Authentifizierungseinstellungen können Sie festlegen, wie potenzielle Benutzer des virtuellen SMTP-Servers ihre Anmeldeinformationen an den Dienst übermitteln. Abbildung 7.39 zeigt die verfügbaren Optionen. Die Standardeinstellung ist der anonyme Zugriff. Das bedeutet, dass für eine Verbindung mit einem virtuellen SMTP-Server keine Anmeldeinformationen erforderlich sind. Diese Option ist von Nutzen, wenn Sie nichtautorisierte Zugriffe auf den Server mit anderen Methoden verhindern (zum Beispiel Firewalls oder vertrauenswürdige Netzwerkverbindungen).

Die Option *Standardauthentifizierung* erfordert die Übermittlung eines Benutzernamens und eines Kennworts an den virtuellen SMTP-Server. Standardmäßig werden diese Anmeldeinformationen in Klartext gesendet und lassen sich daher ohne großen Aufwand abfangen. Zur Verschlüsselung der gesendeten Nachrichten können Sie TLS (Transport Layer Security) aktivieren. TLS erfordert für die Erstellung einer verschlüsselten Verbindung ein Zertifikat. Die integrierte Windows-Authentifizierung verwendet zur Überprüfung der Anmeldeinformationen die Standardkonten von Windows. Diese Methode eignet sich am besten für Anwendungen, die nur ein einziges Windows-Konto verwenden, oder wenn alle potenziellen Benutzer des SMTP-Servers über Active Directory-Domänenkonten verfügen.

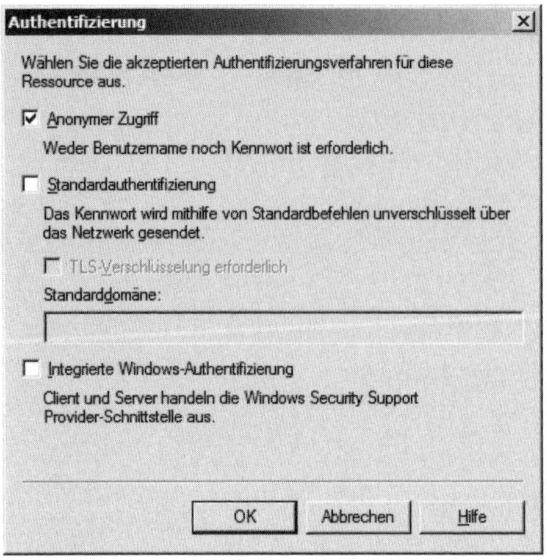

Abbildung 7.39 Verwalten der Authentifizierungsoptionen für einen virtuellen SMTP-Server

Sie können den Zugriff auf einen virtuellen SMTP-Server nicht nur mit entsprechenden Authentifizierungseinstellungen, sondern auch auf der Basis von IP-Adressen oder Domänennamen beschränken. Auf diese Weise können Sie dafür sorgen, dass nur zugelassene Netzwerkclients den SMTP-Dienst verwenden können. Um diese Beschränkungen vorzunehmen, klicken Sie im Eigenschaftendialogfeld des virtuellen SMTP-Servers auf der Registerkarte *Zugriff* auf die Schaltfläche *Verbindung*. Dann können Sie das Standardverhalten bei Verbindungsversuchen ändern.

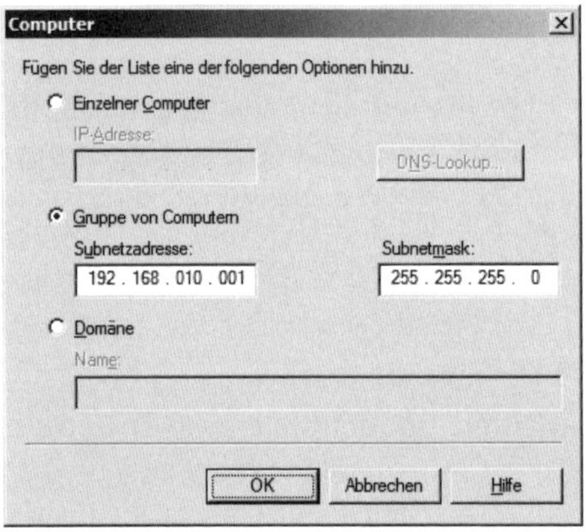

Abbildung 7.40 Erstellen einer neuen Verbindungsregel für einen virtuellen SMTP-Server

Die Option *Nur Computer in der Liste unten* bedeutet, dass nur Computer, für die Sie passende Zugangsregeln festgelegt haben, den Server benutzen können. Diese Einstellung eignet sich am besten, wenn alle erwarteten Clientcomputer zu einem oder wenigen Netzwerken gehören. Die Option *Alle, mit Ausnahme der Computer in der Liste unten* bedeutet, dass Sie Regeln für Computer hinzufügen, die den virtuellen SMTP-Server nicht verwenden dürfen. Klicken Sie auf die Schaltfläche *Hinzufügen*, um neue Regeln zu erstellen (Abbildung 7.40). Sie können Beschränkungen für eine einzelne IP-Adresse oder für einen IP-Adressenbereich festlegen.

Außerdem können Sie statt einer IP-Adresse auch einen Domänennamen angeben. Die Option *Domäne* weist den SMTP-Server an, einen DNS-Reverse-Lookup durchzuführen, wenn ein Computer eine Verbindung herzustellen versucht. Damit wird versucht, anhand der IP-Adresse der eingehenden Verbindung einen DNS-Namen zu ermitteln. Die Aktivierung dieser Option kann die Leistung beeinträchtigen, wenn viele DNS-Abfragen erforderlich werden.

Die letzte Gruppe von Zugriffskontrolloptionen sind Relayeinschränkungen (Weiterleitungseinschränkungen). Das Weiterleiten von Nachrichten ist dann erforderlich, wenn eine Nachricht eintrifft, deren Absende- und Zieladresse nicht zur Domäne des virtuellen SMTP-Servers gehören. Die Weiterleitung (Relaying) ist eine gebräuchliche Methode, durch die leider auch Massenspammer in der Lage sind, ungeschützte virtuelle SMTP-Server für den Versand unerwünschter Mails zu verwenden. Mit den Realyeinschränkungsoptionen können Sie festlegen, welche Computer Nachrichten über den SMTP-Server weiterleiten dürfen (Abbildung 7.41). Die Standeinstellung ist, die Weiterleitung von Nachrichten jedem Benutzer oder Computer zu erlauben, der sich authentifizieren kann. Mit dem Befehl *Hinzufügen* können Sie festlegen, welche IP-Adressen oder Domänennamen (oder beides) Nachrichten weiterleiten dürfen.

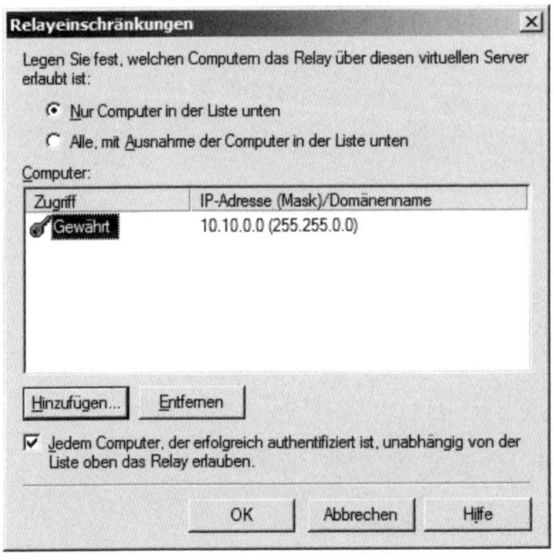

Abbildung 7.41 Konfigurieren von SMTP-Relayeinschränkungen

Hinweis Unterstützen Sie die Beschränkung von Spam

Neben dem Vorteil, die Belastung von ungeschützten Netzwerken zu verringern, gibt es noch andere gute Gründe, Ihren virtuellen SMTP-Server vor nichtautorisierten Zugriffen zu schützen. Viele Anti-Spam-Utilities führen eine Liste der bekannten ungeschützten

SMTP-Server und tragen sie in eine Sperrliste ein. Alle Nachrichten, die über dieses SMTP-Relay gesendet werden, werden als Spam gekennzeichnet. Dadurch wird es für Benutzer und Anwendungen schwierig, mit Benutzern außerhalb Ihrer Organisation zu kommunizieren. Wenn Sie einen neuen virtuellen SMTP-Server einrichten, sollten Sie sich also die Zeit nehmen, den Server abzusichern. Außerdem ist es wichtig, die SMTP-Serverkonfiguration und die Protokolldateien regelmäßig zu überprüfen, um dem Anschein nach unerwünschte Verwendungen des Servers zu erkennen.

Konfigurieren der Nachrichtenoptionen

Die Registerkarte *Nachrichten* des Eigenschaftendialogfelds eines virtuellen SMTP-Servers ermöglicht Ihnen, Beschränkungen für die Nachrichten festzulegen, die über den Server versendet werden (Abbildung 7.42). Mit den ersten beiden Optionen können Sie die Nachrichtengröße (einschließlich der Anhänge) und die Datenmenge beschränken, die in einer Sitzung versendet werden kann. Außerdem können Sie die Zahl der Nachrichten pro Sitzung und die Zahl der Empfänger beschränken, an die sich die Nachrichten richten. Diese Einstellungen helfen Ihnen, unerwünschte Zugriffe auf den Server einzuschränken und die Ressourcen zu schonen, beispielsweise die Netzwerkbandbreite.

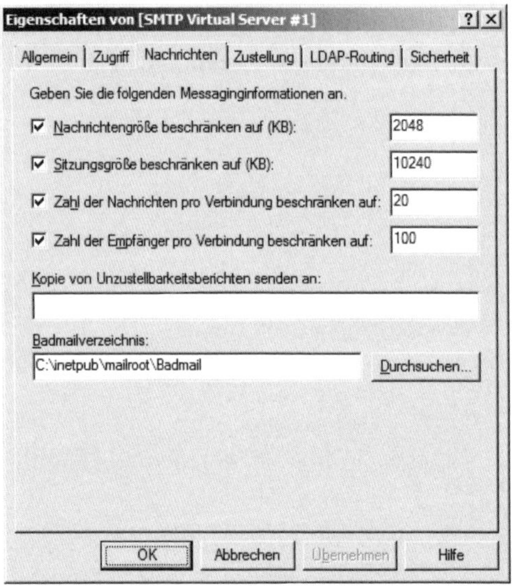

Abbildung 7.42 Nachrichteneinstellungen für einen virtuellen SMTP-Server

Der häufigste Grund für nicht zustellbare Nachrichten ist, dass der Absender falsche Adressen oder Domänennamen eingibt. Mit der Option *Kopie von Unzustellbarkeitsberichten senden an* können Sie eine E-Mail-Adresse festlegen, an die nicht zustellbare Nachrichten weitergeleitet werden. Im Eingabefeld *Badmailverzeichnis* können Sie einen Ordner angeben, an den diese Nachrichten gesendet werden. Wenn Sie das System auf nicht zustellbare Nachrichten überprüfen möchten, sehen Sie in diesen Nachrichten oder Dateien nach.

Definieren der Zustellungseigenschaften

Bei der Kommunikation im Internet können Routingprobleme und Serverschäden zum Ausfall von Diensten führen. Der SMTP-Standard wurde so konzipiert, dass er trotzdem eine hohe Zuverlässigkeit ermöglicht. SMTP-Server speichern automatisch von allen Nachrichten, die sie versenden wollen, eine Kopie. Ist der Zielserver nicht erreichbar, wiederholt der SMTP-Server den Versuch, die Nachricht zu versenden. Die Details können Sie auf der Registerkarte *Zustellung* einstellen (Abbildung 7.43). Die Einstellungen im Abschnitt *Ausgehend* legen die Abstände fest, in denen der Server versucht, im Fehlerfall die Übertragung einer Nachricht zu wiederholen.

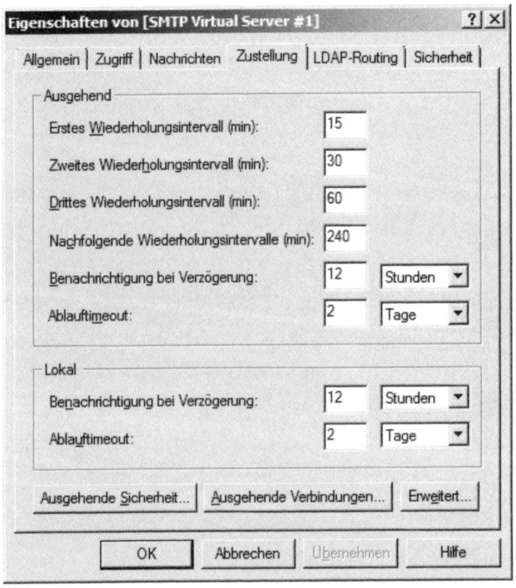

Abbildung 7.43 Die Standardeinstellungen eines virtuellen SMTP-Servers für die Zustellung von Nachrichten

Sie können in den Abschnitten *Ausgehend* und *Lokal* mit den Optionen *Benachrichtigung bei Verzögerung* und *Ablauftimeout* auch festlegen, wann der Versuch eingestellt wird, eine Nachricht zu versenden.

Es ist üblich, dass SMTP-Server Nachrichten über andere SMTP-Server weiterleiten, bis die Nachrichten irgendwann ihr Ziel erreichen. Administratoren können ihre SMTP-Server so einstellen, dass sie eine Authentifizierung durchführen, bevor sie eine Nachricht weiterleiten. Mit dem Befehl *Ausgehende Sicherheit* der Registerkarte *Zustellung* können Sie die Authentifizierungsinformationen einstellen, die bei einer Verbindung mit einem anderen SMTP-Server verwendet werden. Die Einstellungen unter *Ausgehende Verbindungen* legen Grenzwerte für die Zahl der Verbindungen mit anderen SMTP-Servern und für den Zeitraum fest, nach dem eine inaktive Verbindung beendet wird.

Der Befehl *Erweitert* bietet zusätzliche Optionen, mit denen Sie einstellen können, wie ein virtueller SMTP-Server Nachrichten bearbeitet. Folgende Optionen sind verfügbar:

- **Maximale Anzahl der Hops** Wenn Nachrichten an einen SMTP-Server weitergeleitet werden, enthält die Nachricht einen Zähler, der angibt, wie oft die Nachricht weitergeleitet wurde. Überschreitet eine Nachricht die maximale Anzahl der Weiterleitungen (Hops), wird sie als unzustellbar eingestuft.
- **Maskeradendomäne** Diese Einstellung weist den SMTP-Server an, in ausgehenden Nachrichten automatisch die Absenderdomäne (in der *From*-Zeile) zu ändern. Sie können diese Einstellung verwenden, wenn Sie sicherstellen wollen, dass ausgehende Nachrichten einen einheitlichen Domänennamen haben.
- **Vollqualifizierter Domänenname** Diese Einstellung gibt die DNS-Adresse des virtuellen SMTP-Servers an, wobei ein Adressendatensatz (A) und ein Mail Exchanger-Datensatz (MX) verwendet werden. Jeder SMTP-Server einer Domäne muss einen eindeutigen vollqualifizierten Domänennamen tragen, in dem der Servername und die Domäne vollständig angegeben werden (zum Beispiel *Server01.mail.contoso.com*).
- **Smarthost** Wenn im Textfeld *Smarthost* der Name oder die IP-Adresse eines Servers angegeben ist, leitet der virtuelle SMTP-Server alle ausgehenden Nachrichten an diesen angegebenen Server weiter. Diese Option wird gewöhnlich verwendet, wenn mehrere interne Server ihre Nachrichten über einen bestimmten SMTP-Server senden sollen, der über einen Internetzugang verfügt. Eine Smarthostkonfiguration kann Bandbreite einsparen und die Sicherheit verbessern, weil nur bestimmte Server einen Zugang zu externen Netzwerken brauchen. Die Option *Direkte Übermittlung versuchen, bevor zum Smarthost gesendet wird* weist den lokalen SMTP-Server an, zuerst eine direkte Verbindung mit dem Ziel-SMTP-Server herzustellen. Schlägt dieser Versuch fehl, wird die Nachricht an den angegebenen Smarthost weitergeleitet.
- **Reverse-DNS-Lookup an eingehenden Nachrichten durchführen** Diese Einstellung weist den SMTP-Server an, mit einem DNS-Reverse-Lookup zu überprüfen, ob die Domäne des Benutzers zur IP-Adresse aus dem Nachrichtenkopf passt. Durch die Aktivierung dieser Option können Sie die nichtautorisierte Verwendung des SMTP-Servers durch Nachrichten mit inkonsistenten Kopfdaten verringern oder vermeiden.

Aktivieren des LDAP-Routings

Das LDAP-Protokoll (Lightweight Directory Access Protocol) ist der wichtigste Kommunikationsstandard für Verzeichnisdienstsoftware. LDAP-konforme Verzeichnisdienste sind zum Beispiel Active Directory und Exchange Server. Sie können die Registerkarte *LDAP-Routing* aktivieren, um einen virtuellen SMTP-Server so einzustellen, dass er Absende- und Zieladressen aus den Nachrichten mit LDAP-Abfragen auflöst. Mit den Optionen legen Sie fest, mit welcher Art von LDAP-System der SMTP-Server eine Verbindung herstellt und unter welcher Adresse der Server zu finden ist. Weitere Einstellungen betreffen die Authentifizierungsinformationen für die Verbindung mit dem LDAP-Server und die Abfrage des Servers.

Verwalten der Sicherheitseinstellungen

Auf der Registerkarte *Sicherheit* können Sie festlegen, welche Windows-Benutzer den virtuellen SMTP-Server verwalten dürfen (Abbildung 7.44). Die Liste legt fest, welche Benutzer als Operatoren eingestuft werden. Operatoren haben das Recht, die Konfiguration des virtuellen SMTP-Servers zu ändern. Standardmäßig gehören dazu die Gruppe *Administratoren* und die integrierten Konten *Lokaler Dienst* und *Netzwerkdienst*. Klicken Sie auf die Schaltfläche *Hinzufügen*, wenn Sie weitere Gruppen oder Benutzer in die Liste der Operatoren aufnehmen möchten.

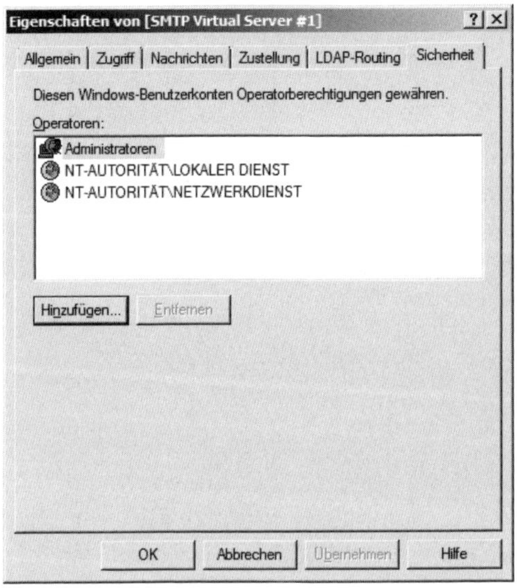

Abbildung 7.44 Sicherheitseinstellungen für einen virtuellen SMTP-Server

Überwachen virtueller SMTP-Server

Es gibt verschiedene Methoden, mit denen sich ein virtueller SMTP-Server überwachen lässt. Der IIS 6.0-Manager bietet den Knoten *Aktuelle Sitzungen*, mit dem sich die aktuellen Verbindungen des SMTP-Servers anzeigen lassen. Falls es in der Nachrichtenübertragung zu Verzögerungen oder auf dem Server zu Leistungsproblemen kommt, können Sie anhand der Daten feststellen, woher die Nachrichten stammen. Außerdem können Sie im Windows-Systemmonitor die Leistungsindikatoren des SMTP-Serverobjekts anzeigen. Zur Überwachung der Verwendung des SMTP-Servers eignen sich zum Beispiel:

- % Lokale Empfänger
- % Remote-Empfänger
- Aktuelle eingehende Verbindungen
- Gesamtzahl von Nachrichtenbytes
- Übermittelte Nachrichten/Sek.

- Gesendete Nachrichten/Sek.
- Gesamtzahl ausgehender Verbindungen
- Gesamtzahl von Verbindungsfehlern

Zusätzlich zur Überwachung der Verwendung des Servers sollten Sie regelmäßig die nicht zustellbaren Nachrichten überprüfen. Standardmäßig werden diese Nachrichten in dem Stammordner gespeichert, der für den SMTP-Server definiert wurde. Der virtuelle SMTP-Standardserver (SMTP Virtual Server #1) verwendet dafür den Ordner *%SystemDrive%\Inetpub\Mailroot*. In diesem Ordner liegen mehrere Unterordner, die weitere Informationen über die Nachrichten enthalten können:

- **Badmail** Nachrichten, die wegen Adressierungs- oder Sicherheitsproblemen nicht zugestellt werden können
- **Drop** Speicher für alle eingehenden SMTP-Nachrichten
- **Pickup** Speicher für Nachrichten, die von anderen Programmen oder Diensten bearbeitet werden sollen
- **Queue** Nachrichten, die versendet werden sollen

Wenn Sie die Weiterleitung von unzustellbaren Nachrichten an ein bestimmtes Konto konfiguriert haben, sollten Sie auch diese Nachrichten regelmäßig überprüfen.

Verwenden eines virtuellen SMTP-Servers

Der Zugriff auf virtuelle SMTP-Server kann auf verschiedene Arten erfolgen. Systemadministratoren können mit dem Befehlszeilenprogramm Telnet eine direkte Verbindung mit einem SMTP-Server herstellen und dem Server Befehle geben oder Nachrichten erstellen. Typische Quellen von SMTP-Nachrichten sind aber Endbenutzer- und Webanwendungen.

Verwenden von Telnet

Mit dem Befehl Telnet können Sie eine direkte Verbindung mit einem SMTP-Server herstellen. Der Telnet-Client ist ein optionales Windows Server 2008-Feature, das sich zum Computer hinzufügen lässt. Nachdem Sie dieses Feature auf dem Computer installiert haben, können Sie den Telnet-Befehl in einer Eingabeaufforderung verwenden, um eine Verbindung mit einem virtuellen SMTP-Server herzustellen. Dann geben Sie manuell Befehle ein, um bestimmte Arbeiten durchzuführen und zum Beispiel eine neue Nachricht zu senden. Gewöhnlich wird Telnet nur zur Diagnose und zur Fehlerbehebung verwendet. Endbenutzer verwenden normalerweise leichter bedienbare Anwendungen, um E-Mails zu senden oder zu empfangen.

Weitere Informationen Fehlerbehebung mit Telnet

Informationen über die Fehlerbehebung im SMTP-System mit Telnet finden Sie im Hilfe und Support-Artikel „How To Test SMTP Services Manually in Windows Server 2003“ unter *http://support.microsoft.com/kb/323350/*.

Verwenden einer Client-Nachrichtenanwendung

Die gebräuchlichste Methode, mit der Endanwender Nachrichten versenden, ist ein entsprechendes E-Mail-Programm. Zu den Beispielen zählen Microsoft Outlook, Windows Mail (im Lieferumfang von Windows Vista) und Outlook Express (aus Windows XP). Wie die Anwendungen installiert und konfiguriert werden, hängt im Detail zwar von den Anwendungen ab, aber zur korrekten Konfiguration ihrer SMTP-Server brauchen Benutzer gewöhnlich folgende Informationen:

- Die Adresse oder den Hostnamen des SMTP-Servers
- Den Port des SMTP-Servers
- Die Anmeldeinformationen für den SMTP-Server, sofern erforderlich

Konfigurieren der SMTP-Einstellungen für ASP.NET

Von vielen Webanwendungen wird erwartet, dass sie E-Mails an Benutzer senden können. Um dies tun zu können, braucht die Webanwendungen Informationen über einen verfügbaren SMTP-Server. Für eine ASP.NET-Anwendung, die unter IIS 7.0 ausgeführt wird, können Sie diese Einstellungen mit dem IIS-Manager vornehmen. Dazu wählen Sie im linken Bereich des IIS-Managers den entsprechenden Webserver, die Website oder Webanwendung aus und öffnen dann die Seite *SMTP-E-Mail* (Abbildung 7.45.).

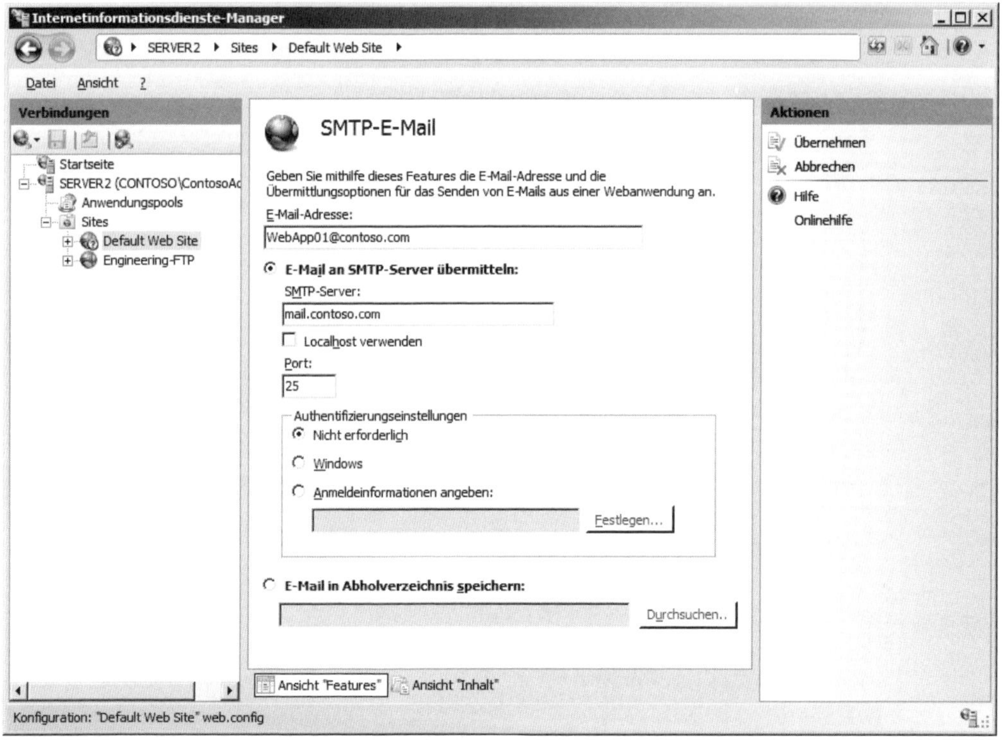

Abbildung 7.45 Die SMTP-E-Mail-Einstellungen für eine IIS 7.0-Website

Prüfungstipp

Verwechseln Sie nicht die SMTP-E-Mail-Einstellungen im IIS-Manager für IIS 7.0 mit den Einstellungen für den virtuellen SMTP-Server, die im IIS 6.0-Manager zugänglich sind. Die IIS 7.0-Einstellungen dienen nur dazu, die erforderlichen Informationen für Webanwendungen verfügbar zu machen. Sie bewirken keine Änderung an der Konfiguration des virtuellen SMTP-Servers. Um die Einstellungen und Berechtigungen für den SMTP-Server zu ändern, müssen Sie den IIS 6.0-Manager verwenden.

Webanwendungen können diese Informationen abfragen, wenn eine neue E-Mail versendet werden muss. Diese Methode vereinfacht die Konfiguration. Zu den verfügbaren Informationen gehört eine *E-Mail-Adresse*. Das ist die Adresse, die im *From*-Feld der Nachricht verwendet wird. Die Einstellungen *SMTP-Server* und *Port* geben Werte an, die für die Verbindung mit einem verfügbaren virtuellen SMTP-Server erforderlich sind. Die *Authentifizierungseinstellungen* können vorgenommen werden, wenn der SMTP-Server Anmeldeinformationen erwartet. Die Option *E-Mail in Abholverzeichnis speichern* schließlich ist eine Alternative zur Weiterleitung von Nachrichten an einen SMTP-Server. Wenn Sie diese Option wählen, werden ausgehende Nachrichten als eigenständige Dateien im angegebenen Ordner gespeichert.

Schnelltest

1. Welche Einstellung sollten Sie ändern, damit SMTP-Benutzer auch Nachrichten mit großen Anhängen an einen SMTP-Server senden können?
2. Wie können Sie einen virtuellen SMTP-Server so konfigurieren, dass ihm nur ein einziger Webserver Nachrichten senden kann?

Antworten zum Schnelltest

1. Mit den Optionen auf der Registerkarte *Nachrichten* können Sie die zulässige Nachrichtengröße in KB angeben.
2. Sie können im Eigenschaftendialogfeld des virtuellen SMTP-Servers auf die Schaltfläche *Verbindung* der Registerkarte *Zugriff* klicken und die Einstellung so ändern, dass nur die IP-Adressen des Webservers zugelassen werden.

Praktische Übung Konfigurieren und Testen des SMTP-Dienstes

In dieser Übung aktivieren Sie den SMTP-Dienst unter Windows Server 2008.

▶ Übung 1: Erstellen eines neuen virtuellen SMTP-Servers

In dieser Übung erstellen Sie mit dem IIS 6.0-Manager einen neuen virtuellen SMTP-Server. In der Beschreibung wird angenommen, dass Sie das Feature SMTP-Server noch nicht installiert haben.

1. Melden Sie sich mit Administratorrechten auf *server2.contoso.com* an.
2. Öffnen Sie den Server-Manager. Klicken Sie *Features* mit der rechten Maustaste an und wählen Sie *Features hinzufügen*.
3. Wählen Sie die Features *SMTP-Server* und *Telnet-Client* und klicken Sie dann auf *Weiter*.
4. Klicken Sie auf der Seite *Installationsauswahl bestätigen* auf *Installieren*, um die Installation einzuleiten. Sobald sie abgeschlossen ist, klicken Sie auf *Schließen*.
5. Schließen Sie den Server-Manager. Starten Sie in der Programmgruppe *Verwaltung* den IIS 6.0-Manager.
6. Erweitern Sie das Objekt *Server2 (lokaler Computer)*. Beachten Sie, dass ein Standardobjekt namens *virtueller SMTP-Server #1* bereits erstellt wurde.
7. Klicken Sie das Objekt *Server2* mit der rechten Maustaste an und wählen Sie *Neu, Virtueller SMTP-Server*.
8. Geben Sie als Namen **Contoso-SMTP** ein. Klicken Sie auf *Weiter*.
9. Übernehmen Sie die vorgegebene Standardeinstellung für die IP-Adresse und klicken Sie auf *Weiter*. Lesen Sie die Warnung und klicken Sie dann auf *Ja*, um fortzufahren.

   Diesen Konflikt lösen Sie in den späteren Schritten.
10. Erstellen Sie mit dem Windows Explorer im Stammordner Ihres Systemvolumes einen neuen Ordner namens **Mail**. Geben Sie im Assistenten für neue virtuelle SMTP-Server den Pfadnamen dieses Ordners an (beispielsweise *C:\Mail*).
11. Geben Sie als Standarddomäne **mail.contoso.com** ein und klicken Sie dann auf *Fertig stellen*. Beachten Sie, dass im linken Bereich des IIS 6.0-Managers ein neuer virtueller SMTP-Server mit dem Namen *Contoso-SMTP* erscheint.
12. Klicken Sie das Objekt *Contoso-SMTP* mit der rechten Maustaste an und wählen Sie *Eigenschaften*.
13. Klicken Sie auf der Registerkarte *Allgemein* auf *Erweitert*, um die Liste der IP-Adressen und Portnummern zu öffnen, die dem virtuellen SMTP-Server zugewiesen wurden. Wählen Sie in der Liste den Eintrag *(Keine zugewiesen)* und klicken Sie auf *Bearbeiten*.
14. Ändern Sie die TCP-Porteinstellung auf 2525 und klicken Sie auf *OK*. Dadurch wird der Konflikt mit dem virtuellen SMTP-Standardserver behoben. Schließen Sie die geöffneten Dialogfelder jeweils mit einem Klick auf *OK*, um die Einstellungen zu speichern.
15. Klicken Sie im IIS 6.0-Manager das Objekt *Contoso-SMTP* mit der rechten Maustaste an und wählen Sie *Starten*.

16. Nachdem Sie diese Übung abgeschlossen haben, können Sie mit einem E-Mail-Client eine Verbindung mit dem SMTP-Server herstellen und eine Nachricht senden. Sie können versuchen, eine Nachricht mit einer ungültigen E-Mail-Adresse (wie *Empfänger@mail.test*) zu senden, um das Verhalten des SMTP-Servers zu überprüfen.
17. Wenn Sie fertig sind, schließen Sie den IIS 6.0-Manager. Sie können den SMTP-Server auch wieder von Server2 entfernen, wenn Sie ihn nicht mehr brauchen.

Zusammenfassung der Lektion

- Sie können das Feature SMTP-Server im Server-Manager von Windows Server 2008 aktivieren.
- Jeder virtuelle SMTP-Server muss so konfiguriert werden, dass er eine eindeutige Kombination von IP-Adresse und Portnummer verwendet.
- Sie können die Authentifizierung so einstellen, dass Benutzer Anmeldeinformationen angeben müssen, wenn sie den virtuellen SMTP-Server verwenden wollen.
- Sie können Relayeinschränkungen vornehmen, um den Versand von unerwünschten kommerziellen E-Mails einzuschränken.
- Mit einer E-Mail-Clientanwendung können Sie die Konfiguration eines virtuellen SMTP-Servers testen.

Lernzielkontrolle

Mit den folgenden Fragen können Sie Ihr Wissen über den Stoff der Lektion 2, „Konfigurieren von SMTP“, überprüfen. Die Fragen sind (in englischer Sprache) auch auf der Begleit-CD zu finden, falls Sie die elektronische Form der Fragen vorziehen.

Hinweis Die Antworten

Die Antworten auf die Fragen und Erläuterungen, warum die entsprechenden Antworten richtig oder falsch sind, finden Sie im Abschnitt „Antworten“ am Ende des Buchs.

1. Sie sind als Systemadministrator für die Konfiguration eines SMTP-Servers unter Windows Server 2008 verantwortlich. Ihre Organisation verwendet derzeit den virtuellen SMTP-Standardserver für den Versand von Auftragsbestätigungen, die von einer Webanwendung namens ContosoOrderManagement erstellt werden. Ihnen ist aufgefallen, dass in letzter Zeit von anderen Computern und Benutzern eine große Zahl von Nachrichten an den virtuellen SMTP-Server gesendet wurde. Mit welchen beiden Methoden können Sie einen nichtautorisierten Zugriff auf den SMTP-Server verhindern? (Wählen Sie zwei Antworten. Jede richtige Antwort stellt eine vollständige Lösung dar.)

A. Aktivieren der Standardauthentifizierung

B. Konfigurieren eines Smarthosts für den virtuellen SMTP-Server

C. Hinzufügen von Verbindungskontrolleinträgen, mit denen die IP-Adressen eingeschränkt werden, die den SMTP-Server verwenden dürfen

D. Anpassen der Einstellungen auf der Registerkarte *Sicherheit* des Eigenschaftendialogfelds des virtuellen SMTP-Servers

2. Sie sind als Systemadministrator für die Verwaltung eines SMTP-Servers unter Windows Server 2008 zuständig. Benutzer haben sich darüber beschwert, dass eine Webanwendung, die auf demselben Server ausgeführt wird, zu bestimmten Tageszeiten sehr langsam wird. Sie vermuten, dass dies die Folge einer starken Belastung des SMTP-Servers ist. Mit welcher der folgenden Methoden können Sie die Leistung eines virtuellen SMTP-Servers über den Tag hinweg verfolgen?

   A. Mit dem Abschnitt *Aktuelle Sitzungen* des IIS 6.0-Managers

   B. Mit Leistungsindikatoren des SMTP-Server-Objekts im Systemmonitor

   C. Mit dem Anwendungsprotokoll der Windows-Ereignisanzeige

   D. Mit dem Systemprotokoll der Windows-Ereignisanzeige

   E. Mit dem Inhalt des *Badmail*-Ordners des virtuellen SMTP-Servers

Rückblick auf dieses Kapitel

Um den in diesem Kapitel behandelten Stoff zu vertiefen und einzuüben, können Sie folgende Aufgaben durchführen:

- Lesen Sie die Zusammenfassung des Kapitels.
- Lesen Sie die Liste der Schlüsselbegriffe durch, die in diesem Kapitel eingeführt wurden.
- Arbeiten Sie die Übungen mit Fallbeispiel durch. Diese Fallbeispiele bilden Situationen aus der Praxis nach, in denen der Stoff aus diesem Kapitel verwendet werden kann. Entwickeln Sie eine Lösung.
- Arbeiten Sie die vorgeschlagenen Übungen durch.
- Machen Sie einen Übungstest.

Zusammenfassung des Kapitels

- Windows Server 2008 enthält den FTP-Publishingdienst (FTP 6), mit dem Benutzer in die Lage versetzt werden können, Dateien hoch- und herunterzuladen.
- Sie können FTP 7 herunterladen und unter Windows Server 2008 installieren, wenn Sie die neuen Funktionen verwenden möchten, beispielsweise die Integration in Websitebindungen, die Verwaltung im IIS-Manager und die Unterstützung von FTP-über-SSL (FTPS).
- Der SMTP-Dienst ermöglicht es Windows Server 2008, E-Mails auf sichere Weise an andere Server oder Benutzer weiterzuleiten.

Schlüsselbegriffe

Wissen Sie, was die folgenden Schlüsselbegriffe bedeuten? Sie können Ihre Antworten überprüfen, indem Sie die Begriffe im Glossar am Ende dieses Buchs nachschlagen.

- File Transfer Protocol (FTP)
- FTP-Client
- FTP-Server
- FTP-über-SSL
- FTP-Benutzerisolation
- Maskeradendomäne
- Relayeinschränkungen
- Simple Mail Transfer Protocol (SMTP)
- Smarthost
- Virtueller SMTP-Server

Übungen mit Fallbeispiel

In diesen Übungen mit Fallbeispiel wenden Sie Ihr Wissen über die Konfiguration der FTP- und SMTP-Dienste unter Windows Server 2008 an.

Übung 1: Implementieren einer sicheren FTP-Site

Sie müssen als Systemadministrator dafür sorgen, dass Webentwickler ihre Webanwendungen auf einem Testserver verwalten können. Einige dieser Benutzer sind externe Berater, für die es in der Active Directory-Domäne Ihrer Organisation keine Konten gibt. Sie möchten erreichen, dass diese Benutzer auf bestimmte Websites zugreifen und deren Inhalte ändern können. Außerdem möchten Sie den Verwaltungsaufwand gering halten, der für diese Konfiguration erforderlich ist. Die Sicherheitsrichtlinien Ihrer Organisation besagen, dass Anmeldeinformationen wie Benutzernamen und Kennwörter niemals unverschlüsselt übertragen werden dürfen.

1. Welche Version des FTP-Servers sollten Sie verwenden?
2. Wie erreichen Sie, dass die Anmeldeinformationen verschlüsselt übertragen werden?
3. Was ist die einfachste Methode, um Benutzern den Zugriff auf die vorhandenen Websites zu ermöglichen?

Übung 2: Konfigurieren eines virtuellen SMTP-Servers

Als Systemadministrator sind Sie für die Absicherung eines virtuellen SMTP-Servers unter Windows Server 2008 verantwortlich. Der Server, auf dem der virtuelle SMTP-Server betrieben wird, ist mit zwei Netzwerkkarten ausgerüstet, die mit separaten Netzwerken verbunden sind. Zu den Sicherheitsvorkehrungen gehört, dass der SMTP-Server nur auf eine der IP-Adressen antwortet und Port 8937 verwendet. Benutzer und Anwendungen, die den SMTP-Server verwenden wollen, müssen ihre Anmeldeinformationen angeben. In der letzten Zeit haben sich Benutzer darüber beschwert, dass sie keine Anhänge versenden können, die größer sind als 2 MB. Sie möchten Anhänge bis zu einer Größe von 10 MB zulassen.

1. Wie müssen Sie den Server einstellen, damit er nur auf bestimmte Netzwerkanfragen reagiert?
2. Wie können Sie den Server so einstellen, dass er die Angabe von Anmeldeinformationen verlangt, um SMTP-Nachrichten zu versenden?
3. Wie können Sie die zulässige Nachrichtengröße ändern?

Empfohlene Übungen

Führen Sie die folgenden Übungen durch, um den in diesem Kapitel vorgestellten prüfungsrelevanten Stoff einzuüben.

Arbeiten mit FTP- und SMTP-Diensten

In den Übungen dieses Abschnitts erstellen und verwalten Sie FTP- und SMTP-Dienste unter Windows Server 2008.

- **Übung 1** In dieser Übung verwenden Sie die neuen Funktionen von FTP 7 unter Windows Server 2008.
  1. Laden Sie das FTP 7-Paket für Windows Server 2008 von *http://www.iis.net/downloads* herunter und installieren Sie es.
  2. Erstellen Sie im IIS-Manager eine neue FTP-Sitebindung für das Objekt *Default Web Site*.
  3. Nehmen Sie verschiedene Einstellungen für die FTP-Benutzerisolation vor und überprüfen Sie die Wirkung mit einem FTP-Client. Achten Sie bei den verschiedenen Einstellungen darauf, wo der Stammordner liegt und welche Ordner für die Benutzer zugänglich sind.
  4. Aktivieren Sie mit einem selbstsignierten SSL-Zertifikat FTP-über-SSL (FTPS). Testen Sie die Funktion mit einer FTPS-kompatiblen FTP-Clientanwendung.
- **Übung 2** In dieser Übung konfigurieren und testen Sie die SMTP-Dienste unter Windows Server 2008.
  1. Installieren Sie in Windows Server 2008 das Feature SMTP-Server.
  2. Ändern Sie die Einstellung des virtuellen SMTP-Standardservers so, dass er für den Versand von Nachrichten die Standardauthentifizierung verwendet.
  3. Testen Sie die SMTP-Serverkonfiguration, indem Sie eine E-Mail über den SMTP-Server versenden. Verwenden Sie eine Clientanwendung wie Windows Mail, Outlook oder Outlook Express.
  4. Versuchen Sie, eine Test-E-Mail an eine E-Mail-Adresse zu senden, die falsch formatiert ist oder die es gar nicht gibt. Überprüfen Sie, ob die Nachricht im *Badmail*-Ordner des SMTP-Servers zu finden ist. Überprüfen Sie auch, ob Sie eine entsprechende E-Mail mit einem Hinweis auf die unzustellbare E-Mail erhalten.

Machen Sie einen Übungstest

Die Übungstests auf der Begleit-CD zu diesem Buch (in englischer Sprache) bieten zahlreiche Möglichkeiten. Zum Beispiel können Sie einen Test machen, der ausschließlich die Themen eines bestimmten Lernziels behandelt, oder Sie können sich selbst mit dem gesamten Inhalt der Prüfung 70-643 testen. Sie können den Test so konfigurieren, dass er dem Ablauf einer echten Prüfung entspricht, oder Sie können einen Lernmodus verwenden, in dem Sie sich nach dem Beantworten einer Frage jeweils sofort die richtige Antwort und Erklärungen ansehen können.

Weitere Informationen Übungstests

Einzelheiten zu allen Optionen, die bei den Übungstests zur Verfügung stehen, finden Sie im Abschnitt „So benutzen Sie die Übungstests“ in der Einführung dieses Buchs.

K A P I T E L 8

Konfigurieren der Windows Media-Dienste

Viele Organisationen müssen umfangreiches digitales Medienmaterial auf effiziente Weise an Benutzer übertragen. Häufig sind für Angestellte und externe Benutzer Audio- und Videodateien verfügbar, mit denen sich wichtige Informationen besser vermitteln lassen. Eine Organisation kann beispielsweise archivierte Aufzeichnungen von Besprechungen oder Präsentationen zur späteren Verwendung auf einem Intranetserver speichern. Einige Firmen bieten ihren Benutzern im Rahmen ihres Geschäftsmodells Audio- und Videoinhalte an. Benutzer erwarten inzwischen eine reibungslose Wiedergabe von aufgezeichneten oder direkt übertragenen Inhalten unterschiedlichster Art. Allerdings kann die Übertragung von Medieninformationen über Netzwerkverbindungen und Internet eine starke Belastung des Netzwerks bedeuten und die Ressourcen der Server auf eine harte Probe stellen.

Windows Server 2008 bietet effiziente Funktionen für die Übermittlung von Medieninhalten über öffentliche oder private Netzwerke an Benutzer. In diesem Kapitel erfahren Sie, wie Sie die Serverrolle Streaming Media-Dienste installieren und konfigurieren und wie Sie die Windows Media-Dienste konfigurieren, um Benutzern den Zugriff auf unterschiedliche Inhaltsarten zu ermöglichen. Außerdem erfahren Sie, wie Sie digitale Inhalte mit der DRM-Komponente (Digital Rights Management) schützen können.

Weitere Informationen **Beschaffen der Windows Media-Dienste**

Die Rolle Streaming Media-Dienste ist als Add-On für Windows Server 2008 herunterladbar. Weitere Informationen über die Beschaffung des Produkts erhalten Sie auf der Windows Media Server-Website unter *http://www.microsoft.com/windows/windowsmedia/forpros/server/server.aspx*.

In diesem Kapitel abgedeckte Prüfungsziele:

- Konfigurieren von Netzwerkwendungsdiensten
  - Konfigurieren des Windows Media-Servers
  - Konfigurieren der DRM-Komponente (Digital Rights Management)

Lektion in diesem Kapitel:

Bevor Sie beginnen

Damit Sie die Lektionen dieses Kapitels durcharbeiten können, sollten Sie auf *server2.contoso.com* die Serverrolle Webserver (IIS) installiert und konfiguriert haben.

Lektion 1: Konfigurieren der Windows Media-Dienste

Die Serverrolle Streaming Media-Dienste von Windows Server 2008 bietet Ihnen eine große Zahl von Funktionen für die Verwaltung und Präsentation von Audio- und Videoinhalten. Außerdem bietet sie Verwaltungsprogramme und Einstellungen, mit denen sich viele geschäftliche und technische Anforderungen erfüllen lassen. In dieser Lektion lernen Sie, wie Sie die Windows Media-Dienste aktivieren und konfigurieren. Sie erfahren auch, wie sich die Skalierbarkeit, Leistung, Sicherheit und Zuverlässigkeit steigern lassen.

Am Ende dieser Lektion werden Sie in der Lage sein, die folgenden Aufgaben auszuführen:

- Installieren der Serverrolle Streaming Media-Dienste auf einem Windows Server 2008-Computer
- Konfigurieren der Streaming Media-Dienste mit der Konsole Windows Media-Dienste
- Erstellen von Publishingpoints für die Bereitstellung von Broadcast- und On-Demand-Audio- und -Videoinhalten
- Konfigurieren der Authentifizierungs- und Autorisierungs-Sicherheitseinstellungen zum Schutz von Inhalten vor unerwünschten Zugriffen
- Aktivieren der Zwischenspeicherung und der Proxyfunktion, um die Leistung und Zuverlässigkeit der Streaming Media-Dienste zu verbessern
- Beschreiben der Implementierung der DRM-Komponente (Digital Rights Management) zum Schutz geistigen Eigentums

Veranschlagte Zeit für diese Lektion: 60 Minuten

Grundlagen der Mediendienste

Die technischen Anforderungen an die Bereitstellung von Audio- und Videoinhalten können sich beträchtlich von den Anforderungen unterscheiden, die andere Inhalte stellen. Die Serverrolle Webserver (IIS) kann Ihren Benutzern den Zugriff auf viele verschiedene Dateiarten ermöglichen. Sie können Benutzern zum Beispiel *.wma*-Dateien (Windows Media Audio) und *.wmv*-Dateien (Windows Media Video) zum Download anbieten, wenn Sie ihnen eine passende URL zur Verfügung stellen und für die erforderliche Zugriffsberechtigung sorgen. Allerdings hat diese Lösung den Nachteil, dass Benutzer gewöhnlich die gesamte Datei herunterladen müssen, bevor sie mit der Wiedergabe beginnen können. Die Verzögerung, die durch das vollständige Herunterladen entsteht, stellt die Geduld der Benutzer auf eine harte Probe. Viele Benutzer werden die Übertragung einfach abbrechen. Wenn Benutzer größere Video- oder Audiodateien anfordern, versuchen Webserver, die Informationen so schnell wie möglich zu übermitteln. Dadurch sinkt die Leistung des Servers für andere Benutzer und auch die Skalierbarkeit leidet. Zudem kann die Übertragung große Teile der Systemressourcen beanspruchen, die letztlich vergeudet sind, wenn Benutzer die Übertragung nicht abschließen.

Wegen dieser Probleme ist es sinnvoll, für die Bereitstellung von Medieninhalten einen speziellen Dienst zu verwenden. Die wichtigste Aufgabe der Serverrolle Streaming Media-Dienste von Windows Server 2008 ist es, den Zugriff auf aktuelle und gespeicherte Audio- und Videoinhalte über Standardkommunikationsprotokolle zu ermöglichen, wie sie beispielsweise im Internet verwendet werden. Medien können im Intranet oder über eine öffentlich zugängliche Website im Internet für Benutzer verfügbar gemacht werden. In vielen Fällen wird eine Webanwendung entsprechende Verknüpfungen anbieten, mit denen Benutzer den gewünschten Inhalt leicht erreichen und abrufen können. Normalerweise kann die Wiedergabe innerhalb weniger Sekunden beginnen und der Medienserver kann die Netzwerkbelastung, die durch die Übertragung erfolgt, je nach der Übertragungsleistung der Verbindung und der gewünschten Qualität entsprechend verringern. Außerdem können Sie den Inhalt, der an die Benutzer übermittelt wird, mit DRM schützen.

Aktuelle Liveübertragungen und Aufzeichnungen

Benutzer können über die Windows Media-Dienste zwei Arten von Inhalten erreichen. Liveübertragungen werden für aktuelle Ereignisse wie Sportveranstaltungen, Musikkonzerte und Besprechungen verwendet. Die Datenquelle für Liveübertragungen ist gewöhnlich ein Server oder eine Kamera, die den Windows Media Encoder-Standard unterstützt. Die Übertragung dieser Art von Inhalt beginnt zu einer bestimmten Zeit und alle Benutzer erhalten dieselben Audio- oder Videoinhalte. Da die Daten praktisch so übertragen werden, wie sie entstehen, können Benutzer während der Übertragung nicht die bei der Wiedergabe von Medien gewohnten Befehle wie Pause, schneller Vorlauf oder erneutes Abspielen verwenden. Liveübertragungen können aber aufgezeichnet und später nach Bedarf wiedergegeben werden.

Aufgezeichnete Inhalte lassen sich nach Bedarf durch Benutzer abrufen (On-demand-Wiedergabe), wie zum Beispiel Schulungsvideos, Musikvideos, Fernsehsendungen oder andere Inhalte. Wenn Benutzer solche Inhalte anfordern, beginnen die Streaming Media-Dienste sofort mit der Übertragung. Sobald genügend Daten beim Medienwiedergabegerät des Clientcomputers eingetroffen sind, kann die Wiedergabe beginnen. Die Anfangsverzögerung, die durch die Zwischenspeicherung der Daten entsteht, beträgt meistens nur wenige Sekunden. Die Wiedergabe beginnt also sehr schnell. Die Entwickler von Inhalten können auch Webseiten mit einem eingebetteten Player erstellen, um einen einfachen Zugriff auf die Inhalte zu ermöglichen und zusätzliche Informationen anzuzeigen. Außerdem können Benutzer die Wiedergabe solcher On-demand-Inhalte nach Wunsch beenden, anhalten, beschleunigen oder von vorn beginnen.

Grundlagen von Unicast- und Multicastübertragungen

Ein wichtiges Ziel bei der Bereitstellung von Audio- und Videoinhalten ist es, die Netzwerkbelastung zu verringern. Clients und Server weisen oft Beschränkungen auf, die sich negativ auf die Skalierbarkeit auswirken und letztlich die Zahl der Benutzer beschränken, die gleichzeitig auf die Medieninhalte zugreifen können. Die Windows Media-Dienste bieten zwei Übertragungsmethoden an, mit denen sich Daten an Clients übermitteln lassen.

Unicastdatenströme werden für Übertragungen verwendet, bei denen ein Medienserver einen Clientcomputer beliefern soll (Eins-zu-eins-Verbindungen). Diese Lösung eignet sich für Anwendungen, bei denen Benutzer die Gelegenheit erhalten sollen, einen beliebigen Inhalt nach Bedarf abzuspielen. Da der Inhalt an jeden Client separat übertragen wird, können Benutzer die Wiedergabe anhalten, von vorn beginnen oder im schnellen Vorlauf abspielen. Der größte Nachteil der Unicastlösung besteht darin, dass sie einen erheblichen Anteil an der Netzwerkbandbreite beanspruchen kann.

Multicastdatenströme versorgen viele Clients gleichzeitig mit demselben Datenstrom von einem Server (Eins-zu-viele-Verbindungen). Die Belastung des Netzwerks wird deutlich verringert, weil die Daten nur einmal übertragen werden, auch wenn es mehrere Empfänger gibt. Solange die Netzwerkinfrastruktur das Multicastrouting und die Multicastzustellung unterstützt, können Clients den Inhalt empfangen, ohne selbst eine direkte Verbindung mit dem Server herzustellen. Multicastdatenströme eignen sich am besten für Liveübertragungen, weil die Benutzer die Wiedergabe des Datenstroms nicht steuern können. Solche Multicastübermittlungen eignen sich auch für interne Firmennetzwerke, in denen Administratoren dafür sorgen können, dass die Infrastruktur Multicastdatenströme unterstützt.

Vergleich der Datenübertragungsprotokolle

Die Anbieter von Inhalten müssen ihre Mediendatenstromdienste so einrichten, dass sie die Zugänglichkeit der Inhalte und die Übertragungsleistung sicherstellen können. Die Windows Media-Dienste unterstützen je nach der Leistungsfähigkeit der Clients und des Netzwerks unterschiedliche Protokolle. Das RTSP-Protokoll (Real-Time Streaming Protocol) bietet eine effiziente Methode zur Übermittlung von Audio- und Videoinhalten an Computer, auf denen Windows Media Player 9 oder höher ausgeführt wird. RTSP kann das User Datagram Protocol (UDP, die Kombination wird RTSPU genannt) verwenden, wenn es vom Client und vom Netzwerk unterstützt wird. Wird UDP nicht unterstützt, kann RTSP TCP verwenden (RTSPT). Der Standard-TCP-Port für die Verbindung ist 554, aber Sie können diese Einstellung ändern, falls eine Firewall das erforderlich macht.

Unterstützen die Clients oder das Netzwerk RTSP nicht, können die Windows Media-Dienste die Mediendatenströme auch mit dem HTTP-Protokoll übertragen. Standardmäßig werden Daten an den HTTP-Port 80 gesendet, aber der Port lässt sich ändern, um Konflikte mit der Serverrolle Webserver (IIS) zu vermeiden. Zur Erleichterung der Verbindungsherstellung bieten die Windows Media-Dienste eine Funktion, die automatisches Protokollrollover genannt wird. Diese Funktion kann automatisch für einen bestimmten Media Player-Client das am besten geeignete Protokoll ermitteln und die Daten mit dieser Methode übertragen.

Installieren der Streaming Media-Dienste

Die Streaming Media-Dienste sind eine optionale Serverrolle, die Sie von Microsoft herunterladen und installieren müssen. Sie finden das entsprechende Paket unter *http://www.microsoft.com/downloads*. Suchen Sie nach den Windows Media-Diensten

(Windows Media Services) für Windows Server 2008. Die Website bietet auch Informationen über die Installation der Serverrolle Streaming Media-Dienste mit dem Server-Manager. Dazu öffnen Sie den Server-Manager, klicken den Knoten *Rollen* mit der rechten Maustaste an und wählen *Rollen hinzufügen*. Die Rolle *Streaming Media-Dienste* erscheint in der Liste (Abbildung 8.1).

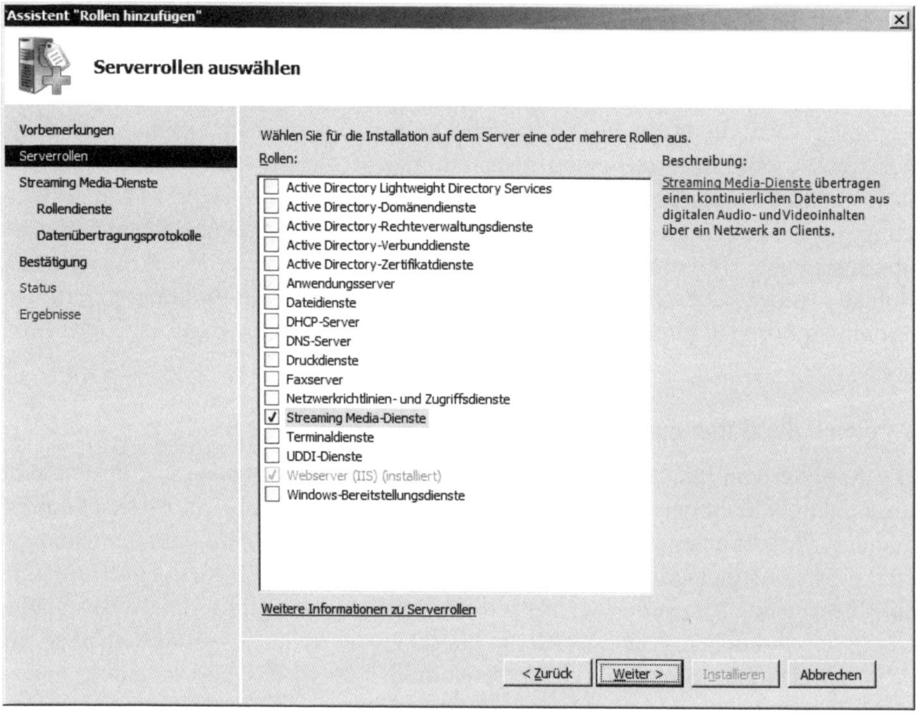

Abbildung 8.1 Hinzufügen der Rolle Streaming Media-Dienste im Server-Manager

Zur Rolle Streaming Media-Dienste gehören folgende Rollendienste:

- **Windows Media-Server** Diese Option installiert die Windows Media-Dienste und die Konsole Windows Media-Dienste. Sie müssen diese Option wählen, damit Audio- und Videoinhalte vom lokalen Server an Clients übertragen werden können.
- **Web-basierte Verwaltung** Zu den Windows Media-Diensten gehört auch eine optionale Konfigurations- und Verwaltungswebsite, die über dieselben Funktionen verfügt wie die Standardkonsole Windows Media-Dienste. Für diese Komponente muss die Serverrolle Webserver (IIS) auf dem lokalen Computer installiert sein.
- **Protokollierungs-Agent** Diese Komponente erfasst Informationen über die Audio- und Videodatenströme. Sie benötigt ebenfalls die Serverrolle Webserver (IIS). Wenn Sie diese Rolle auf demselben Computer installieren, auf dem Sie den Rollendienst Windows Media-Dienste installieren, müssen Sie in der Standardwebsite (Default Web Site) oder im Protokollierungs-Agenten die verwendete HTTP-Portnummer ändern, um Bindungskonflikte zu vermeiden.

Die Seite *Auswählen von Datenübertragungsprotokollen* bietet Optionen für die Protokolle, die standardmäßig aktiviert werden. Wenn Sie bereits die Serverrolle Webserver (IIS) installiert und einen Webserver eingerichtet haben, der an den HTTP-Port 80 gebunden ist, können Sie die Option *HTTP (Hypertext Transfer Protocol)* nicht wählen (Abbildung 8.2). Allerdings können Sie nach dem Hinzufügen der Rolle die Konfiguration ändern und HTTP aktivieren.

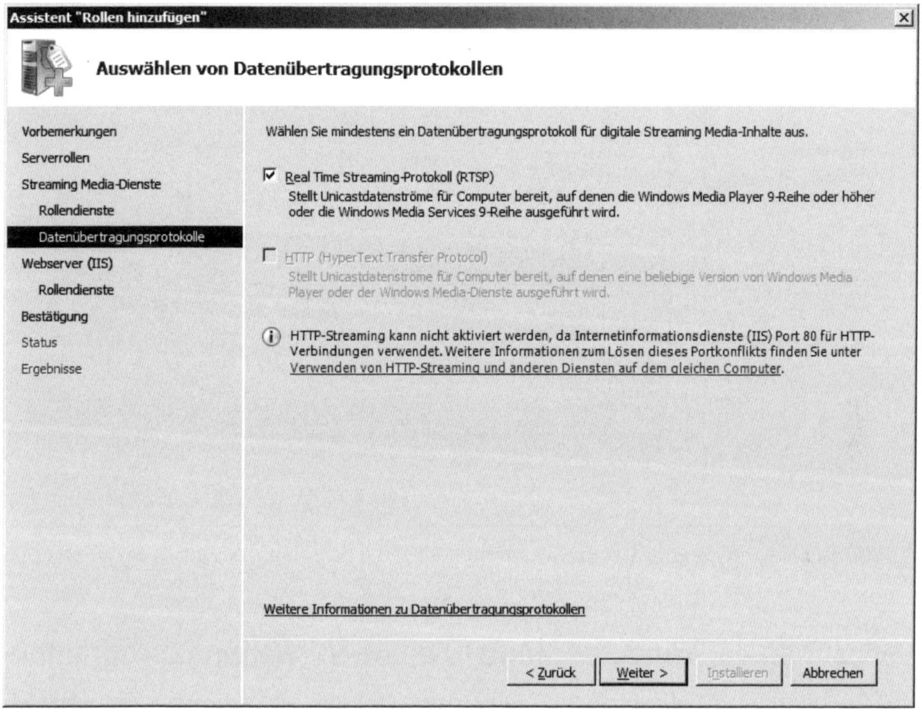

Abbildung 8.2 Datenübertragungsprotokolleinstellungen für die Serverrolle Streaming Media Service

Zusätzlich zu diesen Rollendiensten bieten die Windows Media-Dienste auch Funktionen, mit denen sich der Zugriff auf den Inhalt testen lässt. Dabei wird der Windows Media Player verwendet. Damit sich der Windows Media Player verwenden lässt, müssen Sie mit dem Server-Manager das Feature Desktopdarstellung installieren. Allerdings ist das Feature nur erforderlich, wenn Sie planen, die Medienübertragung auf dem lokalen Windows Server 2008-Computer zu testen.

Nach der Installation der Serverrolle Streaming Media-Dienste auf dem Computer können Sie sich im Server-Manager genauere Angaben über die Rolle ansehen. Dazu erweitern Sie das Objekt *Rollen* und wählen *Streaming Media-Dienste* (Abbildung 8.3). Sollten im Windows-Ereignisprotokoll Fehler eingetragen worden sein, werden sie im Abschnitt *Ereignis* angezeigt. Der Abschnitt *Ressourcen und Support* zeigt eine Reihe von Empfehlungen für die Konfiguration und Bereitstellung von Datenstrommedien.

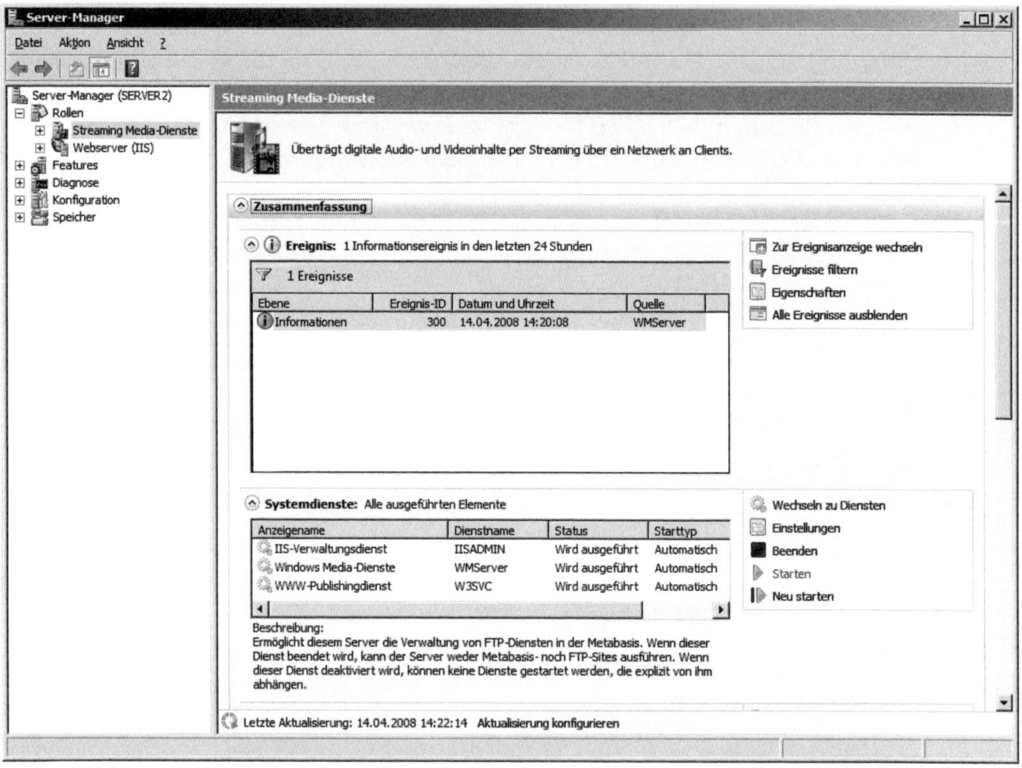

Abbildung 8.3 Anzeigen von Informationen über die Streaming Media-Dienste im Server-Manager

Verwenden der Windows Media-Dienste-Verwaltungsprogramme

Für die Windows Media-Dienste gibt es zwei wichtige Verwaltungsprogramme. Die Konsole Windows Media-Dienste können Sie starten, indem Sie in der Programmgruppe *Verwaltung* die *Windows Media-Dienste* wählen (Abbildung 8.4).

Wenn Sie die Option *Web-basierte Verwaltung* gewählt haben, können Sie die Windows Media-Dienste auch in einem Webbrowser konfigurieren. Der Standardport der Windows Media-Verwaltungssite ist HTTP-Port 8080. Diese Website können Sie im Internetinformationsdienste-Manager (IIS-Manager) starten, beenden und neu konfigurieren (Abbildung 8.5).

Sobald Sie die Site gestartet haben, können Sie sie verwenden. Dazu wählen Sie in der Programmgruppe *Verwaltung* den Menüpunkt *Windows Media-Dienste (Web)* oder geben in einem Webbrowser die URL der Site ein. Die Standardsitebindung ist nicht SSL-fähig. Daher werden Sie eine Warnung wie in Abbildung 8.6 erhalten. Informationen über die Konfiguration und Aktivierung von SSL (Secure Sockets Layer) für eine Website finden Sie in Kapitel 6, „Verwalten der Webserversicherheit“. Allerdings können Sie die Verwaltungswebsite für die Windows Media-Dienste in einer lokalen Testumgebung auch ohne SSL-Verbindung verwenden.

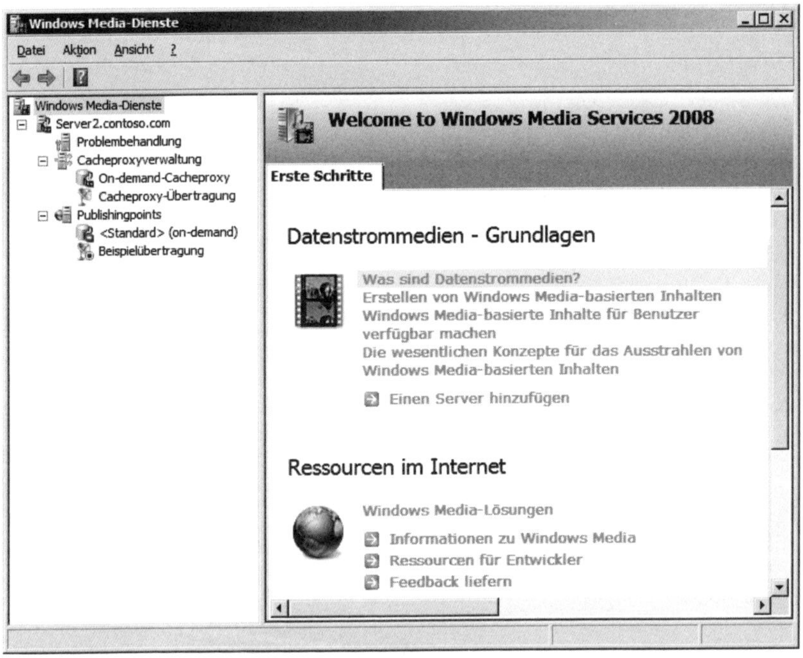

Abbildung 8.4 Verwenden der Konsole Windows Media-Dienste

Abbildung 8.5 Anzeigen der Windows Media-Verwaltungssite im IIS-Manager

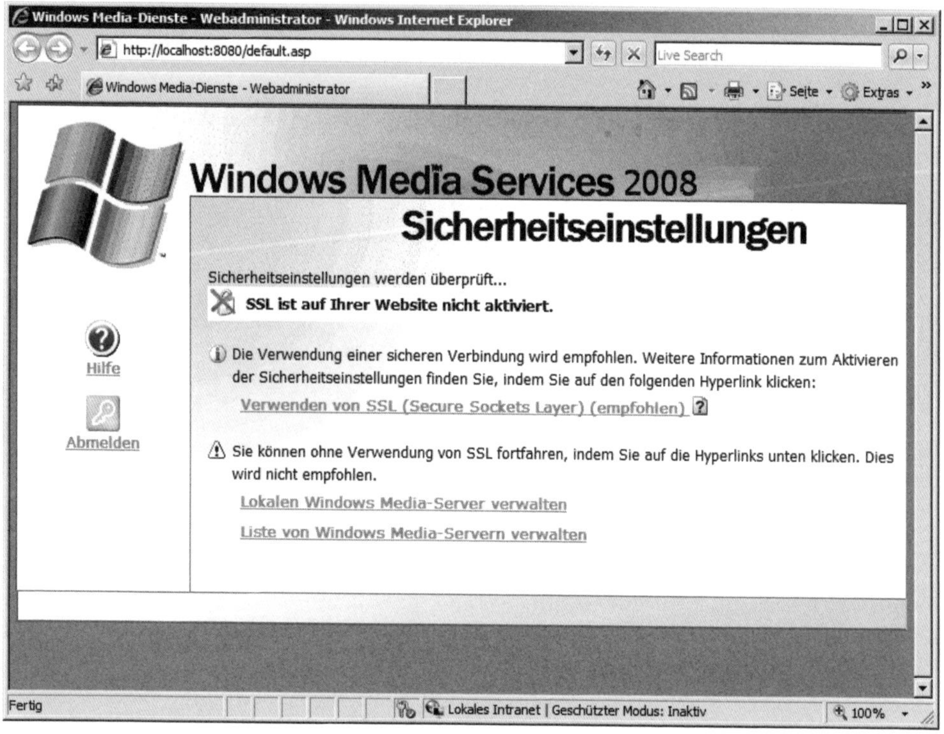

Abbildung 8.6 Anzeigen einer Sicherheitswarnung der Windows Media-Dienste

Die Gestaltung der Windows Media-Verwaltungssite (Abbildung 8.7) orientiert sich an der Konsole Windows Media-Dienste. In dieser Website ist dasselbe Funktionsangebot verfügbar. Die Webseiten werden automatisch regelmäßig aktualisiert, damit immer die aktuellen Informationen angezeigt werden. Die Verwaltungswebsite eignet sich sehr gut für die Remoteverwaltung der Windows Media-Dienste.

Im weiteren Verlauf dieser Lektion wird zwar die Konsole Windows Media-Dienste zur Verwaltung verwendet, aber die beschriebenen Einstellungen lassen sich auch in der Windows Media-Verwaltungssite durchführen.

Verwalten von Publishingpoints

Publishingpoints werden zur Definition der Orte und der Arten der Inhalte verwendet, die für Benutzer der Windows Media-Dienste verfügbar sind. Wenn Sie die Rolle Streaming Media-Dienste installieren, wird automatisch ein Standardpublishingpoint namens *<Standard> (on-demand)* erstellt. Im Dateisystem ist dieser Ordner unter *%SystemDrive%\Wmpub\Wmroot* zu finden. In diesem Ordner liegen eine Reihe von Beispieldateien, wie *.wmv*-Dateien (Windows Media Video), Wiedergabelisten und Bilddateien.

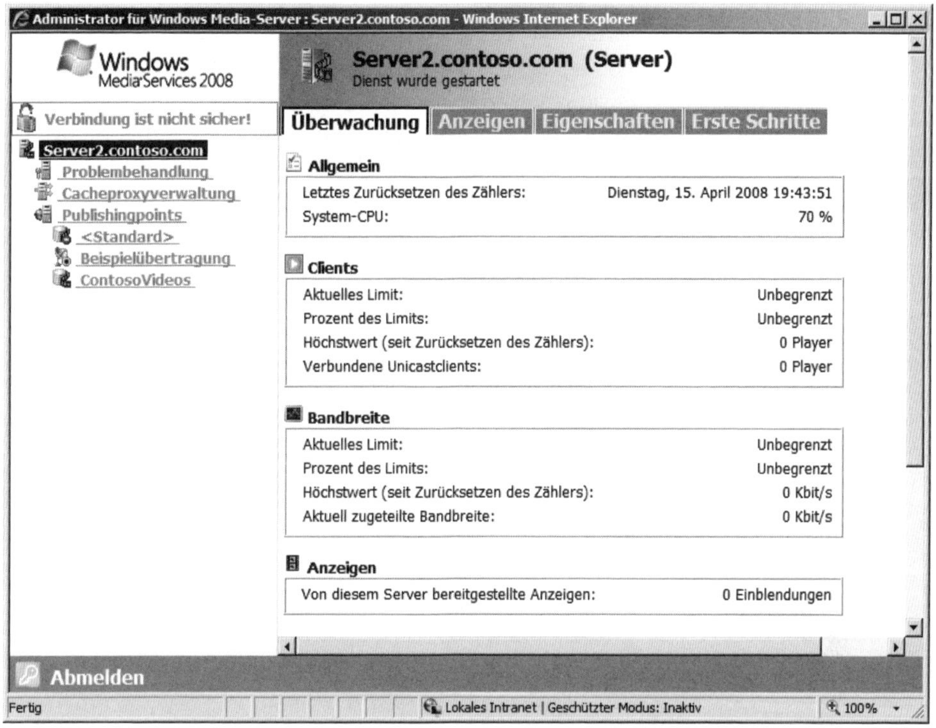

Abbildung 8.7 Die Verwaltungswebsite für die Windows Media-Dienste

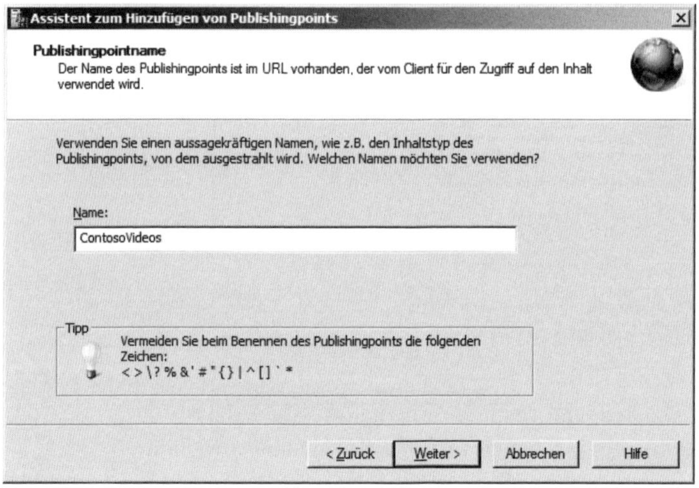

Abbildung 8.8 Eingeben eines Namens für einen neuen Publishingpoint

Erstellen eines neuen Publishingpoints

Wenn Sie den Zugang zu neuen Inhalten ermöglichen möchten, können Sie mit der Konsole Windows Media-Dienste einen neuen Publishingpoint erstellen. Dazu klicken Sie im linken Bereich der Konsole das Objekt *Publishingpoint* mit der rechten Maustaste an und wählen dann den Befehl *Publishingpoint hinzufügen (Assistent)*. Klicken Sie auf der Seite *Willkommen* auf *Weiter*. Auf der Seite *Publishingpointname* des Assistenten zum Hinzufügen von Publishingpoints werden Sie aufgefordert, einen Namen für den neuen Publishingpoint anzugeben (Abbildung 8.8). Dieser Name sollte kurz, aber eindeutig und leicht verständlich sein, weil er in der URL verwendet wird, mit der Clients eine Verbindung zum Inhalt herstellen.

Die Seite *Inhaltstyp* des Assistenten fordert Sie auf, die Art des Inhalts anzugeben, der mit dem Publishingpoint verfügbar gemacht werden soll (Abbildung 8.9). Folgende Optionen stehen zur Wahl:

- *Encoder (Livedatenstrom)*
- *Wiedergabeliste (eine Mischung aus Dateien und/oder Livedatenströmen, die zu einem fortlaufenden Datenstrom zusammengefasst werden können)*
- *Eine Datei (hilfreich für das Übertragen einer archivierten Datei)*
- *Dateien (digitale Medien oder Wiedergabelisten) in einem Verzeichnis (sinnvoll für den Zugriff auf die On-demand-Wiedergabe über einen einzigen Publishingpoint)*

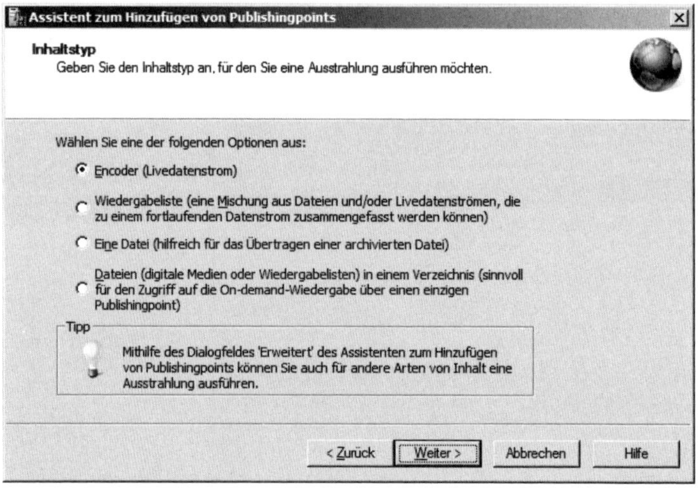

Abbildung 8.9 Festlegen des Inhaltstyps für einen neuen Publishingpoint

Die Seite *PublishingpointTyp* ermöglicht Ihnen die Wahl zwischen einem Übertragungspublishingpoint (Broadcast Publishing Point) und einem On-demand-Publishingpoint (Abbildung 8.10). Je nach der Option, die Sie auf der vorigen Seite gewählt haben, ist vielleicht eine der Optionen gesperrt.

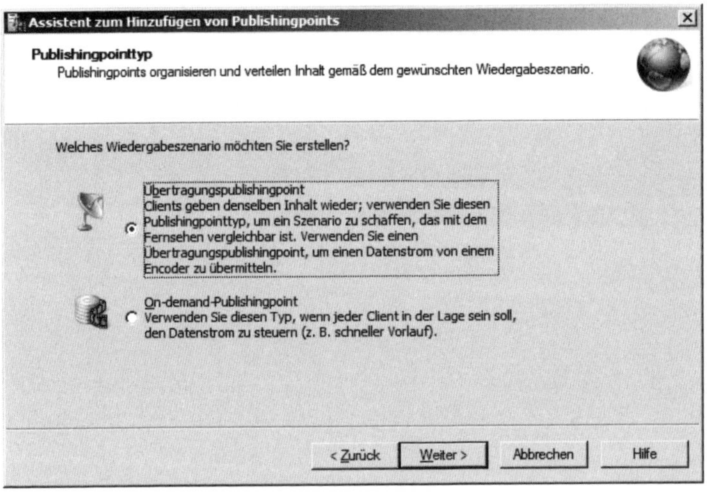

Abbildung 8.10 Angeben des Publishingpointtyps

Auf der Seite *Übermittlungsoptionen für Übertragungspublishingpoints* können Sie festlegen, ob eine Unicast- oder eine Multicastübertragung verwendet werden soll (Abbildung 8.11). Die Standardvorgabe ist *Unicast*. Diese Lösung weist zwar die größte Kompatibilität auf, führt aber auch zur größten Belastung des Netzwerks. Wenn das Netzwerk Multicastübertragungen unterstützt, können Sie die Option *Multicast* wählen. Und wenn Sie *Multicast* wählen, können Sie auch *Unicastrollover* aktivieren, eine Funktion, die den Übertragungsmodus auf Unicast umschaltet, wenn der Client den Multicastdatenstrom nicht verarbeiten kann.

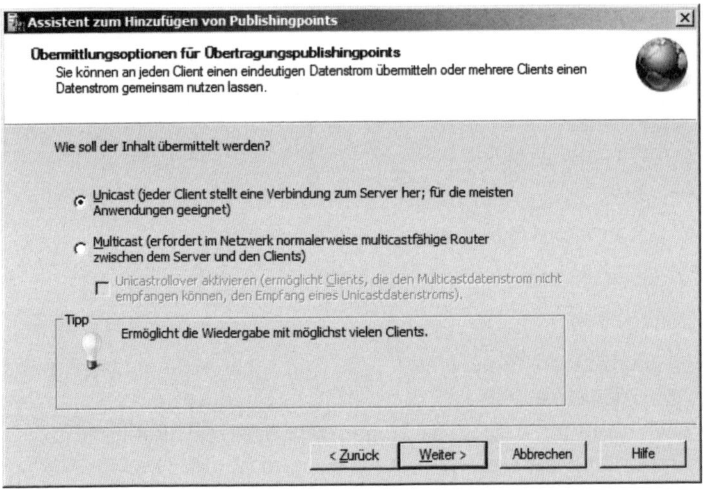

Abbildung 8.11 Auswählen von Unicast- oder Multicastübertragung

Wenn Sie einen Publishingpoint erstellen, der den Zugriff auf Dateien ermöglicht, erscheint außerdem die Seite *Verzeichnisspeicherort* (Abbildung 8.12). Auf dieser Seite können Sie den Pfadnamen des Stammordners festlegen, in dem die Medieninhalte gespeichert sind. Speichern Sie alle Audio- und Videodateien, die Sie verfügbar machen möchten, in diesem Ordner.

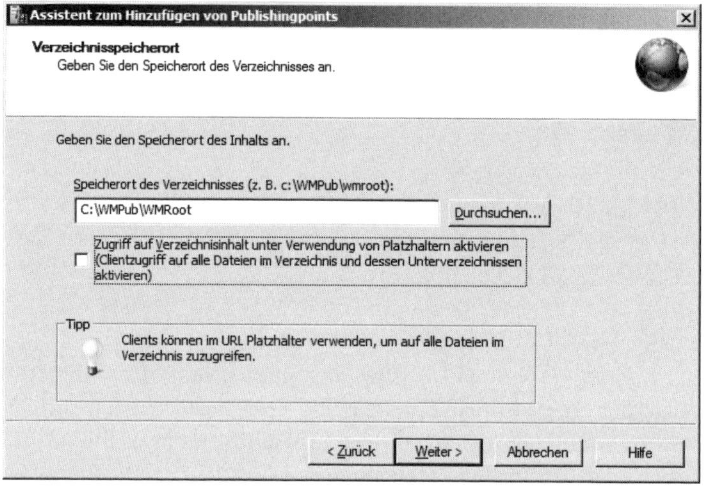

Abbildung 8.12 Festlegen des Stammverzeichnisses des neuen Publishingpoints

Die Option *Zugriff auf Verzeichnisinhalt unter Verwendung von Platzhaltern aktivieren* ermöglicht Benutzern, direkt auf beliebige Dateien zuzugreifen, die in diesem Ordner gespeichert sind. Dazu können sie zum Beispiel die URL entsprechend ändern, wenn sie den Namen der abzurufenden Datei kennen. Die Aktivierung dieser Option ist von Nutzen, wenn Sie eine große Zahl von Dateien anbieten, auf die der direkte Zugriff erlaubt werden soll. Wenn Sie allerdings sicherstellen möchten, dass Benutzer nur auf bestimmte Dateien zugreifen können, die Sie beispielsweise auf einer Webseite über Verknüpfungen anbieten, deaktivieren Sie diese Option.

Die Seite *Inhaltswiedergabe* ermöglicht die Einstellung der Art der Wiedergabe von On-demand-Inhalten. Die beiden verfügbaren Optionen sind:

- *Schleife (Fortlaufende Wiedergabe des Inhalts)*
- *Zufällige Wiedergabe (Wiedergabe des Inhalts nach dem Zufallsprinzip)*

Wenn Sie einen On-demand-Publishingpoint erstellen, der einen Livedatenstrom aussendet, fordert die Seite *Encoder-URL* Sie auf, die URL des Encoders einzugeben, der den Medieninhalt anbietet (Abbildung 8.13). Die URL sollte den vollständigen Pfad und die Portnummer eines Servers angeben, auf dem ein Windows Media-Dienste-Kodierer ausgeführt wird.

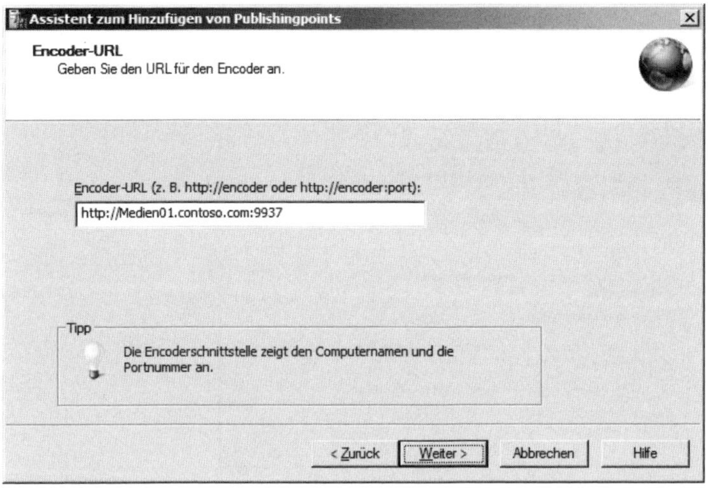

Abbildung 8.13 Angeben der Encoder-URL bei der Erstellung eines Übertragungs-publishingpoints

Die Seite *Unicastprotokollierung* des Assistenten zum Hinzufügen von Publishingpoints ermöglicht Ihnen die Aktivierung der Protokollierung für den Publishingpoint. Auf der Seite *Übersicht über den Publishingpoint* werden die Entscheidungen zusammengefasst, die Sie auf den bisherigen Seiten getroffen haben (Abbildung 8.14).

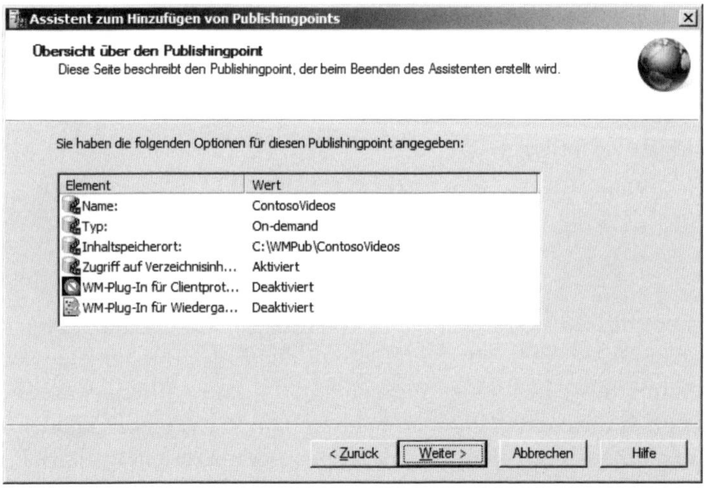

Abbildung 8.14 Anzeigen einer Zusammenfassung der Publishingpointeinstellungen

Die letzte Seite des Assistenten zeigt wichtige Informationen über die URL an, die für den Zugriff auf den Publishingpoint verwendet wird (Abbildung 8.15). An diesem Punkt können Sie außerdem unter verschiedenen Dateien wählen, mit denen der Inhalt für die Benutzer verfügbar gemacht wird. Darauf kommen wir um Verlauf dieses Abschnitts noch zurück.

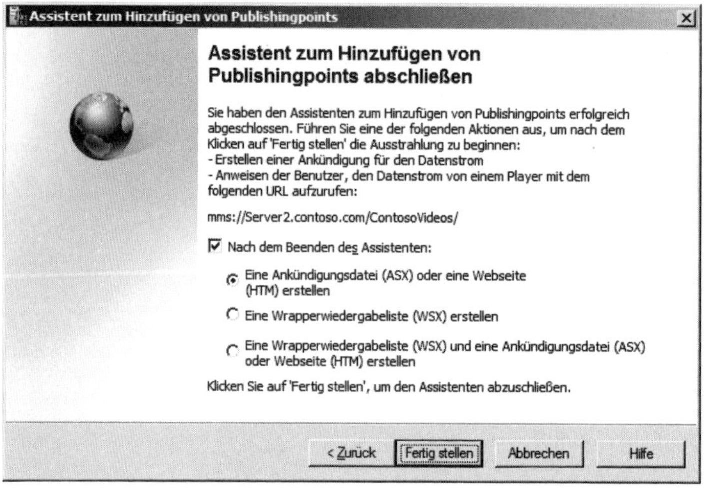

Abbildung 8.15 Abschließen des Assistenten zum Hinzufügen von Publishingpoints

Verwalten der Zustände von Publishingpoints

Die Zustände von Publishingpoints können Sie in der Konsole Windows Media-Dienste verwalten. Um den Zustand eines Publishingpoints zu ändern und andere Verwaltungsaufgaben zu erledigen, klicken Sie das entsprechende Objekt mit der rechten Maustaste an. Im Kontextmenü sind folgende Befehle verfügbar:

- Start
- Stopp
- Neue Verbindungen zulassen
- Neue Verbindungen verweigern
- Duplizieren
- Umbenennen
- Entfernen

Einzelne Publishingpoint lassen sich unabhängig voneinander starten und stoppen. Sie können auch den Befehl *Duplizieren* benutzen, um mit den Einstellungen eines bereits vorhandenen Publishingpoints einen neuen Publishingpoint zu erstellen, dem Sie nur noch einen neuen Namen und eine neue URL geben müssen. Die Verweigerung neuer Verbindungen macht den Inhalt eines Publishingpoints für neue Benutzer unzugänglich, während die aktuellen Übertragungen an die bereits verbundenen Benutzer weitergeführt werden. Der Befehl *Stopp* beendet alle Übertragungen vom Publishingpoint und trennt die Verbindungen zu allen aktiven Benutzern.

Überwachen von Publishingpoints

Auf der Registerkarte *Überwachung* eines Publishingpoints erhalten Sie einen Überblick über alle aktuellen Verbindungen und Angaben über die aktuell abgerufenen Inhalte

(Abbildung 8.16). Standardmäßig wird die Anzeige alle 3 Sekunden aktualisiert. Mit dem Befehl *Alle Zähler zurücksetzen* (eines der Symbole am unteren Rand der Registerkarte) können Sie alle Höchstwertanzeigen auf ihre Anfangswerte zurücksetzen.

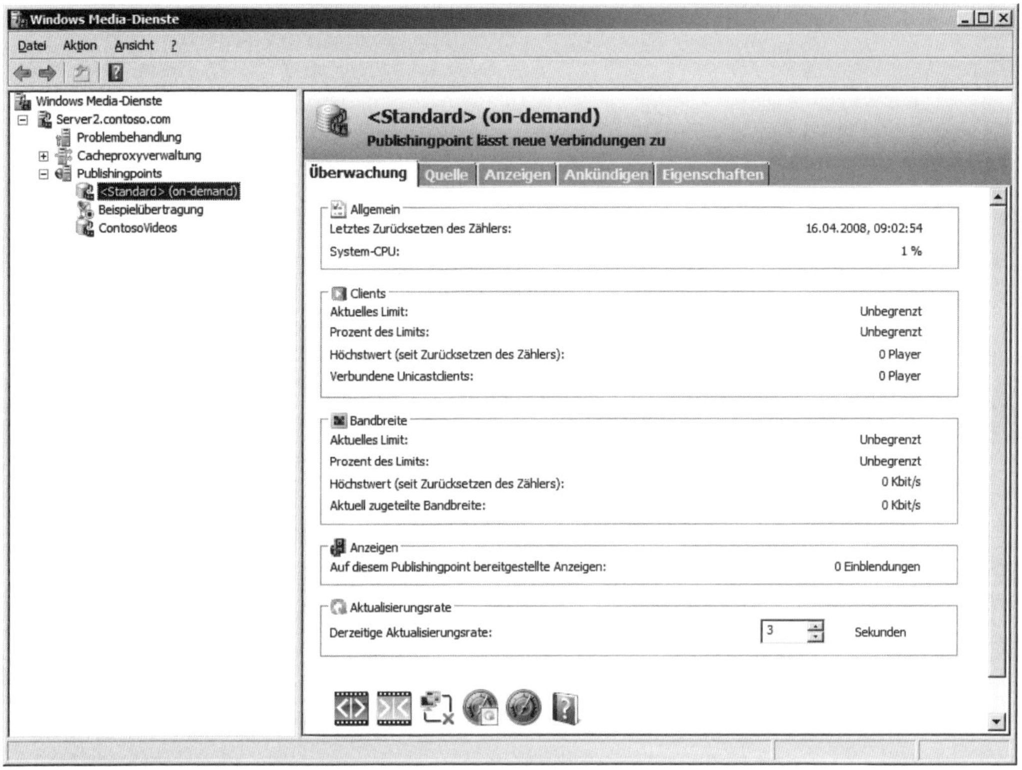

Abbildung 8.16 Überwachen der Aktivität eines Publishingpoints in der Konsole Windows Media-Dienste

Der Befehl *Systemmonitor anzeigen* öffnet ein neues Fenster, das die relevanten Leistungsindikatoren des Publishingpoints anzeigt. Wie beim Systemmonitor können Sie die Befehle aus der Symbolleiste verwenden, um die Anzeige anzupassen oder Werte hinzuzufügen. Sie können zum Beispiel Leistungsindikatoren der Objekte Prozessor, Speicher oder Netzwerkschnittstelle hinzufügen, um Informationen über die Gesamtleistung des Servers zu erhalten.

Konfigurieren der Quelleneinstellungen

Jeder Publishingpoint muss über eine Quelle für die Mediendateien verfügen, die er Benutzern anbietet. Wie Sie im vorigen Abschnitt erfahren haben, können Sie die entsprechenden Standardangaben bereits bei der Erstellung eines neuen Publishingpoints im Assistenten zum Hinzufügen von Publishingpoints machen. Außerdem können Sie die Konsole Windows Media-Dienste verwenden, um die Einstellungen für die Quelle zu ändern. Dazu wählen Sie einen Publishingpoint aus und klicken dann auf die Registerkarte *Quelle* (Abbildung 8.17).

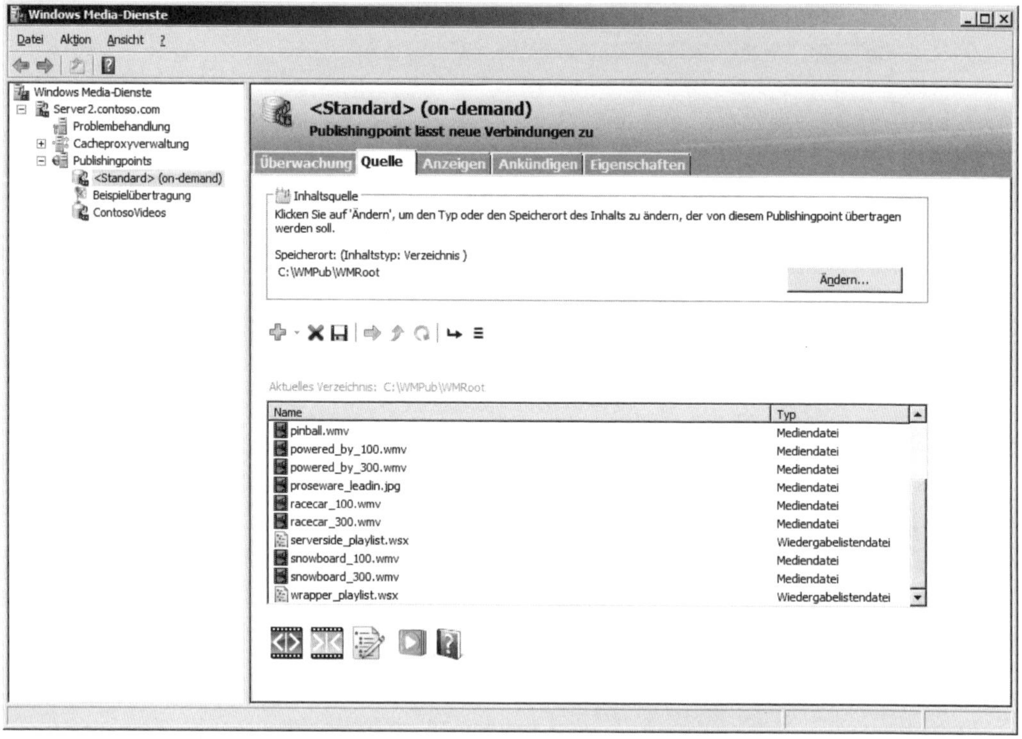

Abbildung 8.17 Quelleinstellungen für einen On-demand-Publishingpoint

Welche Optionen und Einzelheiten auf dieser Seite angezeigt werden, hängt von der Art des Publishingpoints ab. Für einen Publishingpoint beispielsweise, der Video-Liveübertragungen anbietet, wird die URL der Quelle angezeigt, während für On-demand-Publishingpoints eine Wiedergabeliste und der Speicherort der Dateien angezeigt werden. Mit den Quelleneinstellungen können Sie auf einfache Weise die Art des verfügbaren Inhalts ändern, ohne einen neuen Publishingpoint erstellen zu müssen. Außerdem können Sie zum Beispiel ein Video markieren und auf die Schaltfläche *Datenstrom testen* klicken, um mit dem Windows Media Player den direkten Zugriff auf die Datei zu überprüfen.

Erstellen von Ankündigungen

Nachdem Sie auf dem Windows Media-Dienste-Server einen neuen Publishingpoint vorbereitet haben, brauchen Sie noch eine Methode, um den Inhalt für Benutzer zugänglich zu machen. Mit der Konsole Windows Media-Dienste können Sie Ankündigungen erstellen. Ankündigungen sind Methoden, Verknüpfungen und Wiedergabelisten für die Inhalte zu erstellen, die Sie verfügbar machen möchten. Der letzte Arbeitsschritt im Assistenten zum Hinzufügen von Publishingpoints ermöglicht Ihnen, die wichtigsten Ankündigungsarten automatisch zu erstellen. Folgende Optionen stehen zur Wahl:

- *Eine Ankündigungsdatei (ASX) oder eine Webseite (HTM) erstellen*
- *Eine Wrapperwiedergabeliste (WSX) erstellen*
- *Eine Wrapperwiedergabeliste (WSX) und eine Ankündigungsdatei (ASX) oder Webseite (HTM) erstellen*

Je nach der Option, die Sie auswählen, werden noch weitere Optionen verfügbar. Die Ankündigungseinstellungen eines vorhandenen Publishingpoints können Sie in der Konsole Windows Media-Dienste anzeigen, indem Sie den Publishingpoint auswählen und auf die Registerkarte *Ankündigen* klicken (Abbildung 8.18).

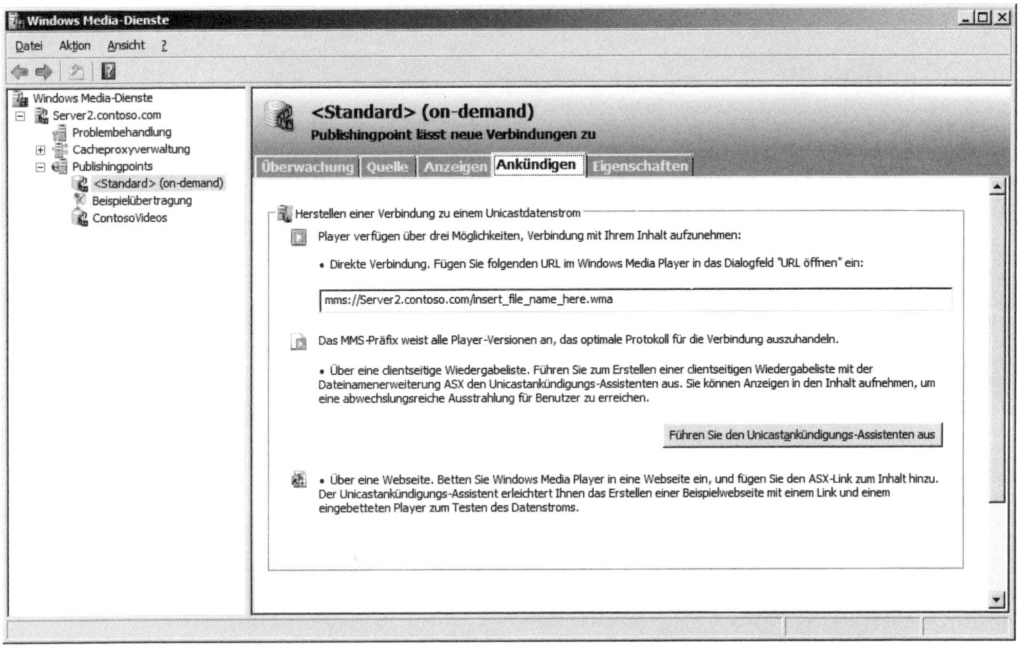

Abbildung 8.18 Anzeigen der Ankündigungseinstellungen für einen Publishingpoint

Sie können die Ankündigungsinformationen in Ihren eigenen Webseiten verwenden, indem Sie zum Beispiel ein Tag mit einer Verknüpfung zu einem Publishingpoint einrichten, oder Sie stellen Verknüpfungen mit den Wiedergabelisten oder Wrappern bereit.

Verwenden des Assistenten zum Erstellen von Wrappern

Mit dem Assistenten zum Erstellen von Wrappern können Sie eine Wrapperwiedergabeliste erstellen, die Mediendateien und Ankündigungen umfasst (Abbildung 8.19).

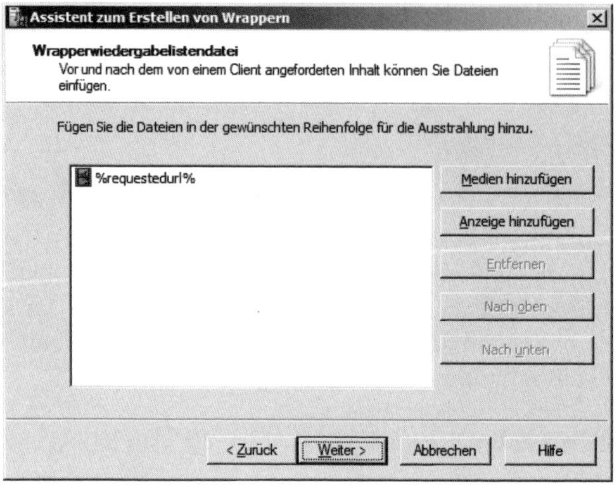

Abbildung 8.19 Verwenden des Assistenten zum Erstellen von Wrappern

Klicken Sie auf die Schaltfläche *Medien hinzufügen*, um neue Dateien oder andere Inhalte hinzuzufügen (Abbildung 8.20). Die Daten können von anderen Publishingpoints stammen und Sie können On-demand- und Liveinhalte mischen. Nachdem Sie die passende Option gewählt haben, werden Sie aufgefordert, den Ort anzugeben, an dem die *.wsx*-Datei gespeichert werden soll. Im Allgemeinen sollten Sie diese Datei im Stammordner des Publishingpoints speichern, damit sie für Benutzer zugänglich wird. Sie können diese Datei aber auch an einen anderen Ort kopieren oder verschieben, beispielsweise in den Stammordner einer Website.

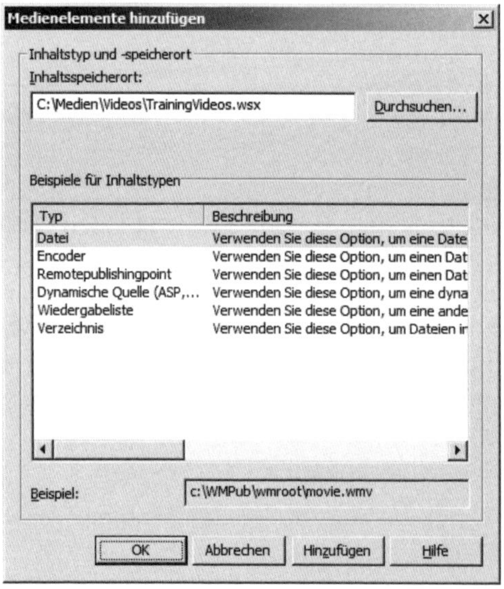

Abbildung 8.20 Hinzufügen von Medien zu einer Wrapperwiedergabeliste

Verwenden des Unicastankündigungs-Assistenten

Wenn Sie sich für Unicast-Livedatenströme entschieden haben, können Sie die entsprechenden Optionen mit dem Unicastankündigungs-Assistenten konfigurieren. Standardmäßig erhalten Unicast-URLs das Präfix *mms* (wie zum Beispiel in *mms://Server2.contoso.com/Medien*). Clientmedienwiedergabegerät wie Windows Media Player werden automatisch mit diesem URL-Typ verknüpft. Die Wiedergabe des Inhalts kann also automatisch beginnen, wenn der Benutzer in einer Webseite auf den entsprechenden Hyperlink klickt. Auf der Seite *Ankündigungsoptionen speichern* des Assistenten können Sie den Ort festlegen, an dem die Ankündigungsdatei (*.asx*) gespeichert wird (Abbildung 8.21). Der Standardspeicherort ist der Stammordner des Standardwebsiteobjekts (Default Web Site) der Serverrolle Webserver (IIS).

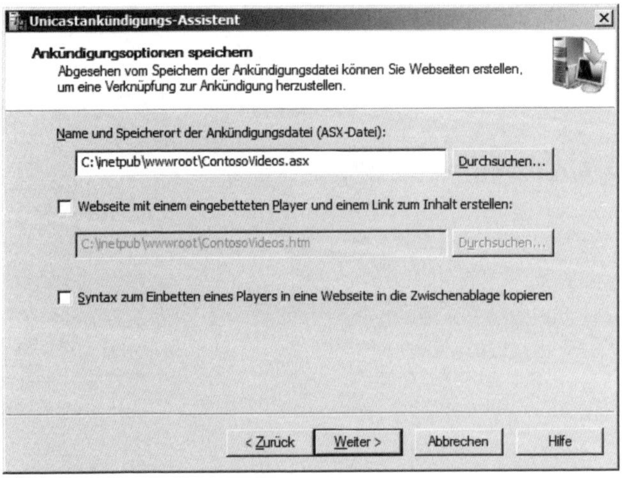

Abbildung 8.21 Speichern von Ankündigungsdateien

Sie können diese Seite auch verwenden, um eine HTML-Webseite zu erstellen, die einen eingebetteten Player und eine Verknüpfung mit dem Inhalt enthält. Diese Methode bietet Webentwicklern eine vereinfachte Methode, die HTML- und Player-Tags zusammenzustellen, die sie für ihren eigenen Code brauchen. Später können Sie die Webseite im Internet Explorer direkt laden. Wenn Sie den Windows Media Player installiert haben, können Sie dann die Ankündigung testen, indem Sie das Video abspielen (Abbildung 8.22). Falls Sie vorhaben, eine Verknüpfung mit dem Medieninhalt in eine vorhandene Webseite einzufügen, können Sie die Option *Syntax zum Einbetten eines Players in eine Website in die Zwischenablage kopieren* wählen.

Auf der Seite *Ankündigungsmetadaten bearbeiten* können Sie Angaben über den Titel, den Autor und das Copyright machen. Diese Informationen werden automatisch an die Medienwiedergabegeräte der Benutzer gesendet.

Zur Überprüfung der Einstellungen, die Sie gewählt haben, können Sie die Schaltflächen des Fensters *Unicastankündigungen testen* verwenden. Das wird beim Abschluss des Unicastankündigungs-Assistenten automatisch gestartet (Abbildung 8.23). Die erste Schaltfläche *Testen* gibt Ihnen direkten Zugriff auf die Wiedergabeliste und sollte den Windows Media Player starten und die Wiedergabe des Inhalts einleiten. Die zweite *Testen*-Schaltfläche hinter dem Text *Webseite mit eingebettetem Player testen* startet den Internet Explorer und lädt die Testwebseite, sofern eine erstellt wurde.

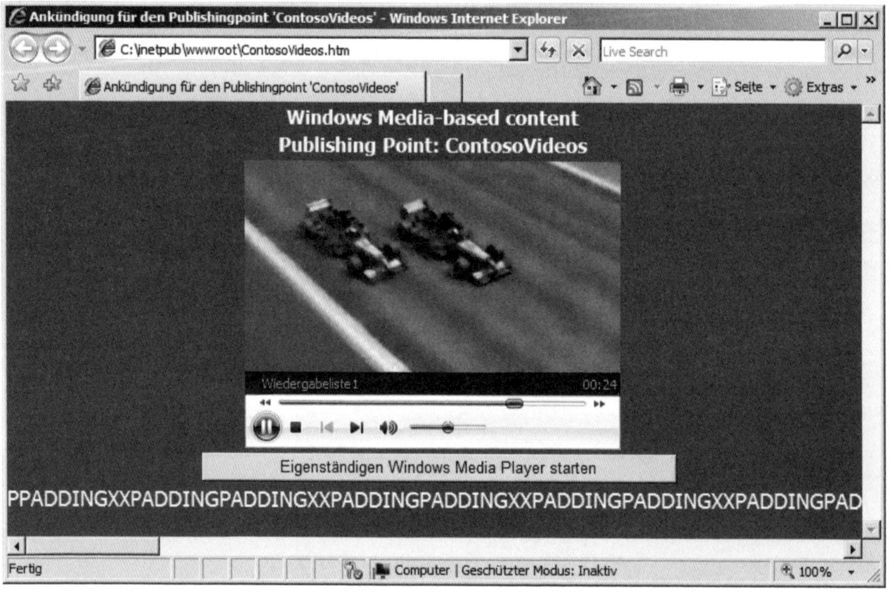

Abbildung 8.22 Anzeigen einer Ankündigungswebseite, die mit dem Unicastankündigungs-Assistenten erstellt wurde

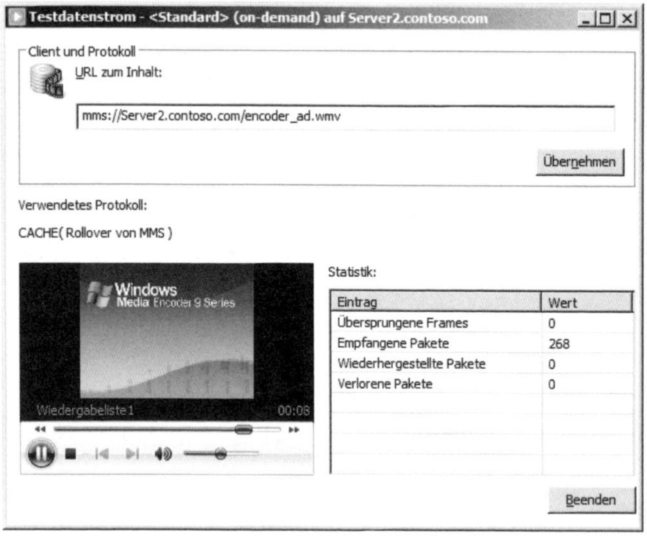

Abbildung 8.23 Testen der Ankündigungen in der Verwaltungskonsole Windows Media-Dienste

Verwenden des Multicastankündigungs-Assistenten

Wenn Sie Publishingpoints konfigurieren, die eine Multicastübertragung von Mediendatenströmen ermöglichen, können Sie den Multicastankündigungs-Assistenten verwenden, um die erforderlichen Dateien zu erstellen. Auf der Seite *Geben Sie die zu erstellende Dateien an* können Sie die Methode wählen, mit der Verknüpfungen zum Multicastdatenstrom erstellt werden (Abbildung 8.24).

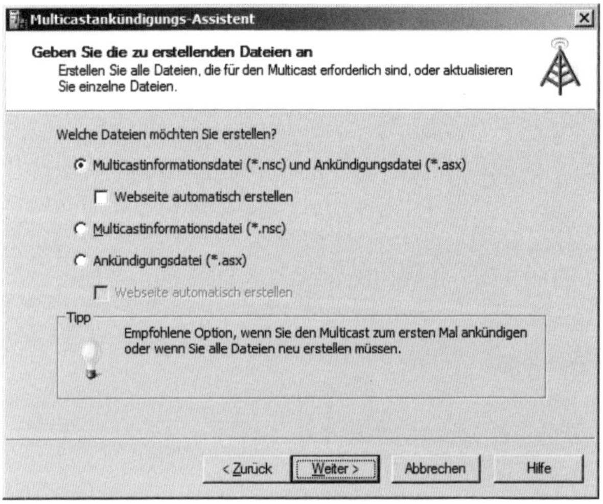

Abbildung 8.24 Erstellen einer Multicastankündigung

Die Standardoption *Multicastinformationsdatei (*.nsc) und Ankündigungsdatei (*.asx)* bewirkt die Erstellung aller Dateien, die für den Zugriff auf den Inhalt erforderlich sind. Sie können die *.nsc*- oder *.asx*-Dateien auch einzeln erstellen oder noch einmal erstellen. Die Option *Webseite automatisch erstellen* führt zur Erstellung einer HTML-Datei, die eine Verknüpfung zum Multicastinhalt enthält.

Auf der Seite *Datenstromformate* können Sie auswählen, welche Datenströme mit der Ankündigung verfügbar gemacht werden. Sie können den Zugriff auf verschiedene Datenströme ermöglichen, die an verschiedenen Publishingpoints auf demselben Server oder auf anderen Windows Media-Dienste-Servern verfügbar sind. Klicken Sie auf die Schaltfläche *Hinzufügen*, um das Dialogfeld *Datenstromformate hinzufügen* zu öffnen (Abbildung 8.25). Mit der Einstellung *Inhaltsspeicherort* können Sie entweder direkt eine Audio- oder Videodatei angeben, oder einen Livemedienkodierer. Außerdem können Sie eine Verknüpfung zu einem Datenstrom eines anderen Publishingpoints herstellen. Wenn Sie dann auf *Weiter* klicken, überprüft der Multicastankündigungs-Assistent automatisch die Verknüpfungen, die Sie angegeben haben.

Die Seite *Multicastankündigungsdateien speichern* listet die Pfadnamen auf, unter denen die ausgewählten Dateien gespeichert werden (Abbildung 8.26). Der Standardspeicherort ist der Stammordner der Standardwebsite (Default Web Site), die bei der Installation der

Serverrolle Webserver (IIS) erstellt wurde. Allerdings können Sie auch andere Speicherorte wählen, wenn die Ankündigungen in einer anderen Website verfügbar sein sollen.

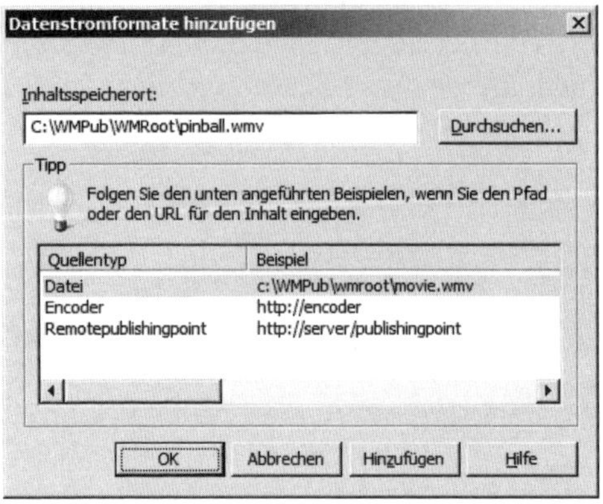

Abbildung 8.25 Hinzufügen von Datenstromformaten im Multicastankündigungs-Assistenten

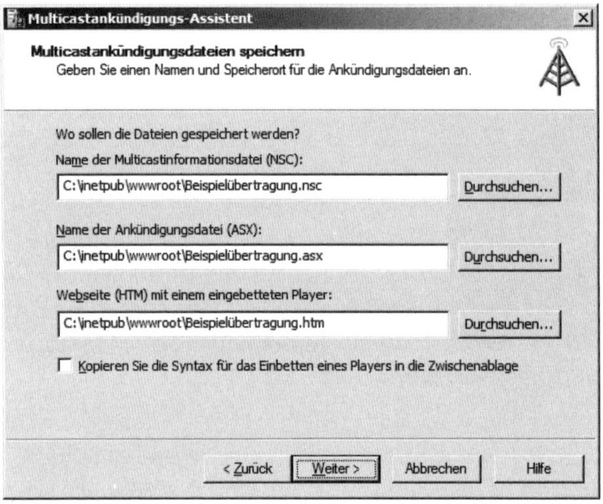

Abbildung 8.26 Auswählen der Speicherorte für Multicastankündigungsdateien

Eine Ankündigung kann auf einen Speicherort auf dem Webserver oder auf einer Netzwerkfreigabe verweisen, an dem die *.nsc*-Datei zu finden ist. Die Wahl treffen Sie auf der Seite *Geben Sie den URL zur Multicastinformationsdatei an* (Abbildung 8.27). Wenn Sie eine Netzwerkfreigabe wählen, muss das Konto der Windows Media-Dienste über die Berechtigung verfügen, die Datei zu lesen. Die Option *Netzwerkfreigabe* ist von Nutzen, wenn Sie die Erstellung und Verwaltung von Multicastinformationsdateien zentralisieren möchten.

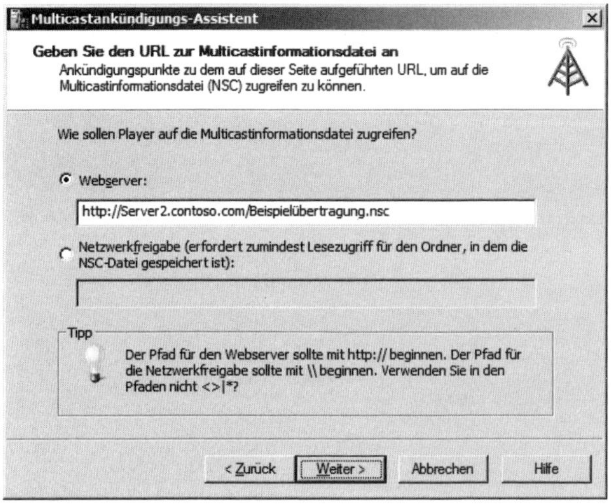

Abbildung 8.27 Festlegen des Speicherorts der Multicastinformationsdatei

Da Multicastdatenströme den Zugriff auf Liveinhalte ermöglichen sollen, ist gewöhnlich kein Audio- oder Videodatenstrom für eine automatische Wiedergabe verfügbar. Wenn Sie die Videodatei automatisch archivieren möchten, können Sie auf der Seite *Inhalt archivieren* die Option *Ja* wählen. Nach dem Ende der Übertragung kann die aufgezeichnete Datei dann verwendet werden.

Nachdem Sie die Arbeit im Multicastankündigungs-Assistenten abgeschlossen haben, können Sie die gewählten Einstellungen und die erzeugten Dateien wie schon beim Unicastankündigungs-Assistenten testen. Sie können zum Beispiel die Webseite laden, die eine Verknüpfung zum Abspielen des Livewebcasts enthält. Allerdings lässt sich der gewählte Datenstrom natürlich nicht abspielen, wenn der Livedatenstrom noch nicht vom angegebenen Encoder geliefert wird.

Konfigurieren der Eigenschaften von Publishingpoints

Die Windows Media-Dienste verwenden zur Konfiguration der Publishingpoints eine Architektur, die mit Plug-Ins arbeitet. Wenn Sie die verfügbaren Einstellungen überprüfen möchten, wählen Sie den betreffenden Publishingpoint in der Konsole Windows Media-Dienste aus und wählen dann die Registerkarte *Eigenschaften*. Abbildung 8.28 zeigt einen Überblick über die verfügbaren Optionen.

Welche Kategorien und Standardeinstellungen verfügbar sind, hängt von den Entscheidungen ab, die Sie bei der Erstellung des Publishingpoints getroffen haben.

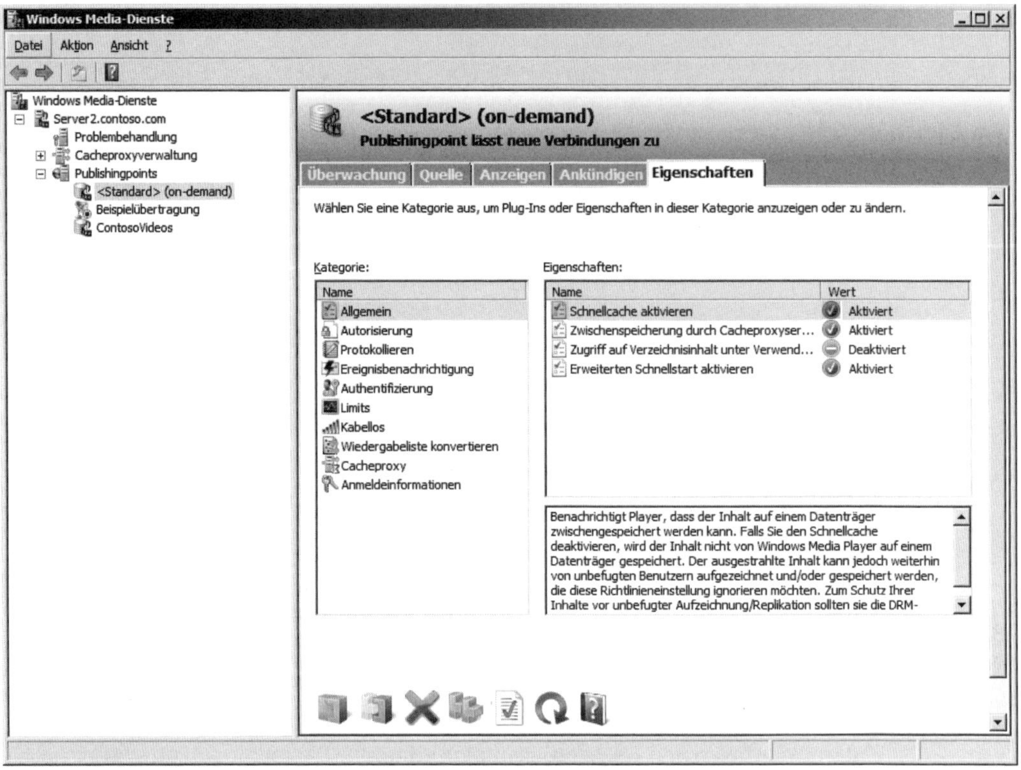

Abbildung 8.28 Anzeigen der Eigenschaften eines On-demand-Publishingpoints

Die Kategorie *Limits* bietet zum Beispiel zahlreiche Optionen zur Beschränkung der Bandbreitennutzung und der beanspruchten Leistung:

- Playerverbindungen begrenzen
- Ausgehende Verteilungsverbindungen begrenzen
- Gesamtplayerbandbreite begrenzen (KBit/s)
- Ausgehende Gesamtverteilungsbandbreite begrenzen (KBit/s)
- Bandbreite pro Playerverbindung begrenzen (KBit/s)
- Bandbreite pro ausgehende Verteilungsverbindung begrenzen (KBit/s)
- Schnellstart-Bandbreite pro Playerverbindung begrenzen (KBit/s)
- Schnellcache-Übermittlungsrate für Inhalt beschränken

Diese Einstellungen sind zur Verwaltung der Netzwerkbeanspruchung nützlich, besonders dann, wenn viele Windows Media-Dienste-Komponenten um dieselben Ressourcen konkurrieren oder wenn auf einem Server viele Publishingpoints betrieben werden. Über Einstellungen für den Bereich Sicherheit erfahren Sie mehr im Verlauf dieser Lektion.

Verwalten der Anzeigeeinstellungen

Für viele Anbieter von Inhalten ist Audio- und Videowerbung eine wichtige Einnahmequelle. Mit der Konsole Windows Media-Dienste können Sie die Werbeanzeigen erstellen und verwalten. Zur Anzeige und Änderung der Einstellungen wählen Sie einen Publishingpoint aus und klicken dann auf die Registerkarte *Anzeigen* (Abbildung 8.29).

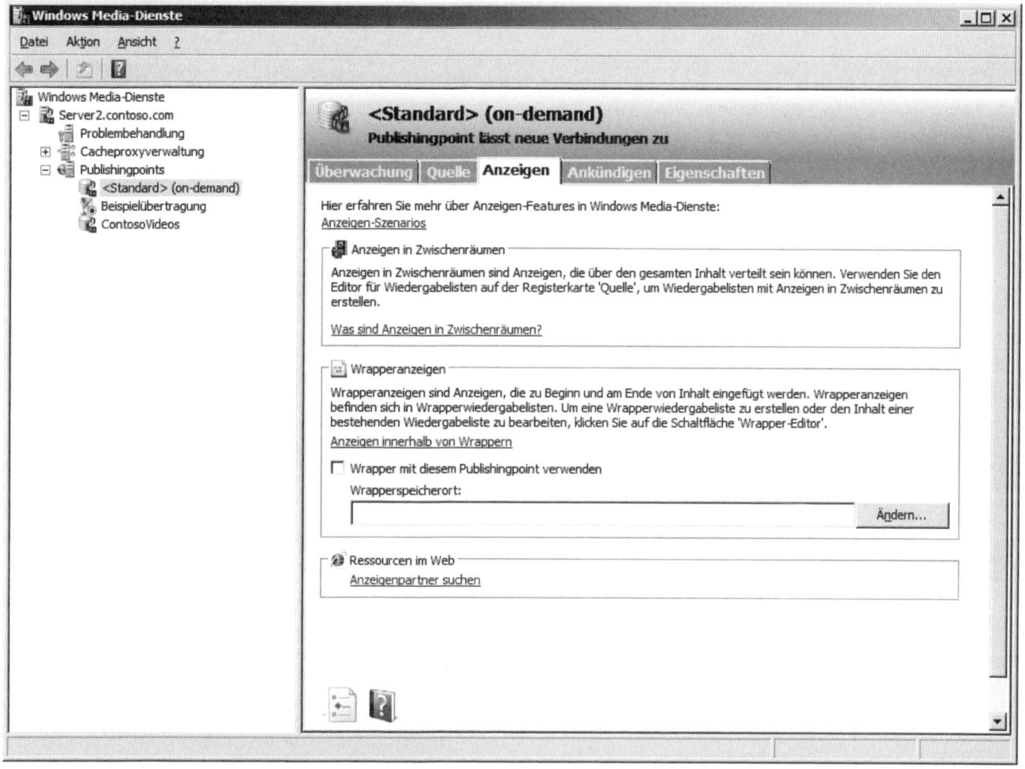

Abbildung 8.29 Konfigurieren der Werbeeinstellungen für einen Publishingpoint

Es ist möglich, Werbung manuell einzufügen, indem man die entsprechenden Dateien in eine Wiedergabeliste einfügt. Allerdings kann diese Arbeit anstrengend und zeitaufwendig sein, vor allem dann, wenn ein Publishingpoint viele Audio- und Videodateien anbietet. Werbung kann drei wichtige Formen annehmen:

- **Bannerwerbung** Viele Webseiten, die eine Verknüpfung auf Audio- oder Videoinhalte aufweisen, können Werbung enthalten. In der Mitte der Seite wird zum Beispiel eine Videoausstrahlung angezeigt, während auf der restlichen Fläche der Seite Werbung in Form von statischen Bildern zu sehen ist. Diese Methode erfordert keine spezielle Konfiguration der Windows Media-Dienste.

- **Wrapperwerbung** Eine typische Anforderung, die viele Organisation stellen, ist die Möglichkeit, vor oder nach dem Zugriff auf Datenstrommedien einen bestimmten Audio- oder Videoclip abzuspielen. Eine Nachrichtenagentur möchte vielleicht ein kurzes Begrüßungsvideo abspielen, wenn ein Benutzer auf seine Medien zugreift. Wrapperwerbung verweist auf eine Wiedergabeliste, in der die entsprechenden Informationen enthalten sind. Diese Werbung wird auch bei Liveübertragungen automatisch abgespielt. Auf diese Weise ist sichergestellt, dass auch Benutzer, die zu einer bereits laufenden Übertragung hinzukommen, die Werbung sehen.
- **Werbepausen (Werbung in regelmäßigen Abständen)** Die Werbung wird während der Wiedergabe bestimmter Inhalte zu verschiedenen Zeiten angezeigt. Ein Onlinefernsehsender möchte vielleicht nach der Wiedergabe von jeweils vier On-demand-Videos eine neue Werbung zeigen. Durch eine entsprechende Anpassung der Wiedergabelisteneinstellungen auf der Registerkarte *Quelle* eines Publishingpoints können Sie manuell festlegen, welche Werbung gezeigt wird. Sie können auch die Wiedergabelisten manuell bearbeiten, um dasselbe Ergebnis zu erzielen.

Die Registerkarte *Anzeigen* weist auch eine Verknüpfung zum Windows Media Partner Center auf. Die dort genannten Firmen bieten Dienste wie zum Beispiel zentralisierte Werbung und DRM an.

Konfigurieren der Sicherheit der Windows Media-Dienste

Wie bei allen Inhalten, die in einem Netzwerk zugänglich sind, ist es auch bei Audio- und Videodatenströmen wichtig, dafür zu sorgen, dass nur autorisierte Benutzer Zugang erhalten. Einige Organisationen bieten nur registrierten oder zahlenden Kunden Inhalte an und möchten verhindern, dass andere die verfügbare Bandbreite belegen. Nichtautorisierte Benutzer sollen daran gehindert werden, eine direkte Verbindung mit den verfügbaren Inhalten herzustellen oder Mediendateien herunterzuladen und weiterzugeben. Die Windows Media-Dienste bieten einige Methoden zur Sicherung der Datenstrommedien an. Auf der Ebene des Servers können Standardeinstellungen für die Sicherheit vorgenommen werden. Diese Einstellungen gelten automatisch für alle Publishingpoints auf dem Server. Allerdings können Sie diese Vorgaben für jeden einzelnen Publishingpoint ändern. In diesem Abschnitt erfahren Sie mehr über die Optionen, die auf der Registerkarte *Eigenschaften* eines Publishingpoints für die Authentifizierung und Autorisierung von Benutzern und für die Berechtigungen der Benutzer verfügbar sind.

Konfigurieren der Authentifizierungsoptionen

Standardmäßig erben alle neuen Publishingpoints die Sicherheitseinstellungen, die auf der Serverebene vorgenommen wurden. Sie können für andere Inhalte Einstellungen vornehmen, indem Sie auf der Registerkarte *Eigenschaften* eines Publishingpoints auf die Kategorie *Authentifizierung* klicken (Abbildung 8.30).

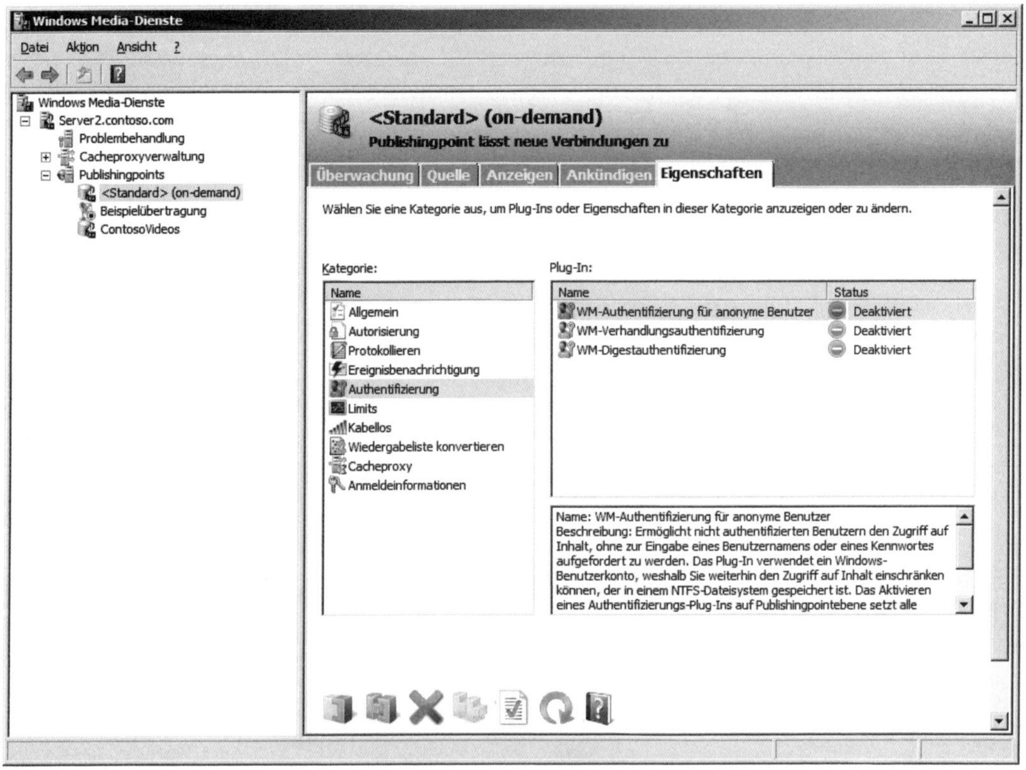

Abbildung 8.30 Anzeigen der Authentifizierungseinstellungen für einen Publishingpoint

Sie können Benutzer auf eine von drei Arten authentifizieren. Die *WM-Authentifizierung für anonyme Benutzer* bedeutet, dass die Windows Media-Dienste den Benutzer nicht zur Eingabe von Anmeldeinformationen auffordern. Ist diese Option aktiviert, können Benutzer allerdings nur auf Inhalte zugreifen, für die ihnen das für den Zugriff vorgesehene Konto die entsprechenden NTFS-Dateisystemberechtigungen gibt. Das Standardbenutzerkonto ist das Konto *WMUS_Servername*, das automatisch erstellt wird, wenn Sie die Serverrolle Streaming Media-Dienste installieren. Wenn Sie diese Kontoeinstellung ändern wollen, klicken Sie das Plug-In *WM-Authentifizierung für anonyme Benutzer* mit einem Doppelklick an und geben den entsprechenden Benutzernamen und das dazugehörige Kennwort ein. Eine anonyme Authentifizierung ist von Nutzen, wenn alle Benutzer des Medienservers Zugang zu denselben Inhalten erhalten sollen.

Die *WM-Verhandlungsauthentifizierung* bestimmt die Identität des anfragenden Benutzers mit Methoden auf NTLM- oder Kerberos-Basis. Diese Methode ist sinnvoll, wenn Sie den Zugang auf Benutzer beschränken möchten, die auf dem lokalen Server oder in einer Active Directory-Domäne über Konten verfügen. Wenn Benutzer versuchen, auf den Inhalt zuzugreifen, wird anhand ihrer Windows-Anmeldeinformationen überprüft, ob sie über die Berechtigung für den Zugriff auf die angeforderten Dateien verfügen.

Die Option *WM-Digestauthentifizierung* wird in erster Linie zur Unterstützung von Internetbenutzern verwendet. Zur Abfrage der Anmeldeinformationen über das Netzwerk wird das HTTP-Protokoll verwendet. Aus Sicherheitsgründen wird aber nicht das Kennwort übermittelt, sondern ein Hashwert, mit dem die Identität des Benutzers überprüft werden kann.

Konfigurieren der Autorisierungsoptionen

Die Autorisierungseigenschaften eines Windows Media-Dienste-Servers oder Publishingpoints legen fest, wie die Berechtigungen überprüft werden, bevor Benutzer Zugriff auf den Inhalt erhalten. Es sind drei Optionen verfügbar (Abbildung 8.31). Die WM-Autorisierung mit NTFS-ACL überprüft anhand der NTFS-Dateisystemberechtigungen, ob ein Benutzer Zugriff auf Dateien erhält. Sofern nur die anonyme Authentifizierung aktiviert ist, muss das für die anonyme Authentifizierung verwendete Benutzerkonto über die entsprechenden Zugriffsberechtigungen auf den Inhalt verfügen. Sofern Anmeldeinformationen angegeben werden, werden die effektiven Berechtigungen des Benutzers überprüft, bevor ein Datenstrom übermittelt wird.

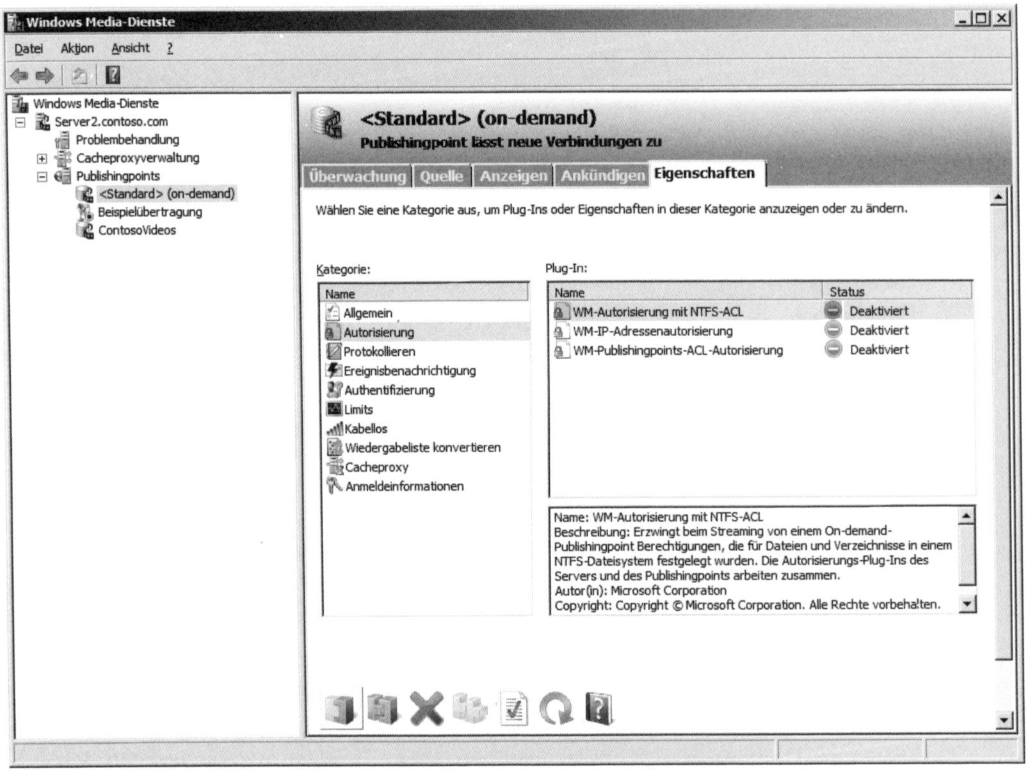

Abbildung 8.31 Anzeigen der Autorisierungsoptionen für einen Publishingpoint

Manche Windows Media-Dienste-Installationen sollen nur von bestimmten Computergruppen verwendet werden. Beispielsweise könnte eine Organisation in ihrem lokalen Netzwerk Videos von wichtigen Besprechungen bereitstellen. Administratoren können mit dem Plug-In WM-IP-Adressenautorisierung festlegen, welche IP-Adressen Zugang zum Inhalt erhalten (Abbildung 8.32). Die Autorisierung lässt sich so einstellen, dass der Zugriff durch nicht aufgelistete IP-Adressen zugelassen wird oder nicht.

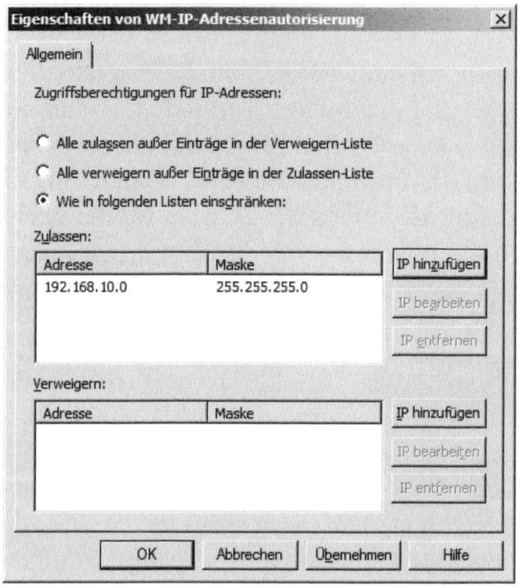

Abbildung 8.32 Konfigurieren der WM-IP-Adressenautorisierung

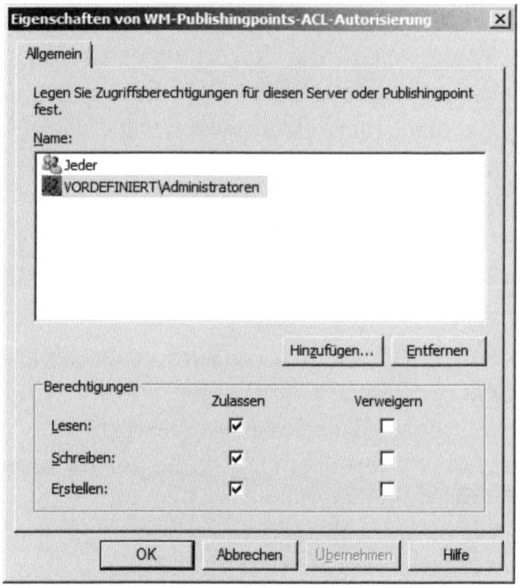

Abbildung 8.33 Konfigurieren der WM-Publishingpoints-ACL-Autorisierung

Mit dem Plug-In WM-Publishingpoints-ACL-Autorisierung können Sie festlegen, welche Benutzer und Gruppen Zugriff auf den Publishingpoint erhalten (Abbildung 8.33). Für den Zugriff müssen Benutzer zumindest über die Berechtigung *Lesen* verfügen. Standardmäßig verfügt die Gruppe *Jeder* über diese Berechtigung. Benutzern und Gruppen können auch die Berechtigungen *Schreiben* und *Erstellen* zugewiesen werden, damit sie Inhalte des Publishingpoints ändern können.

Verwenden der Webserverberechtigungen

Eine weitere Methode zur Sicherung des Zugriffs auf Datenstrommedien hat nicht direkt etwas mit den Windows Media-Diensten zu tun. Sie können Verbindungen und Inhalte, die für Benutzer zugänglich sein könnten, mit den Berechtigungs- und Sicherheitsoptionen schützen, die in der Serverrolle Webserver (IIS) verfügbar sind. So können Sie zum Beispiel dafür sorgen, dass Verknüpfungen und Video-Wiedergabelisten nur für registrierte Benutzer zugänglich werden, die eine SSL-Verbindung verwenden. Informationen über die Sicherheitseinstellungen der Internetinformationsdienste (IIS) 7.0 finden Sie in Kapitel 6.

Aktivieren der Cacheproxyfunktionen

Die Verwaltung der verfügbaren Netzwerk- und Serverressourcen für eine große Zahl von Benutzern kann schwierig sein, wenn nur ein einziger Windows Media-Dienste-Server verwendet wird. Der Server kann selbst zum Engpass werden, sodass seine Leistungsprobleme auf den Clients spürbar werden. Außerdem kann der Ausfall des Servers dazu führen, dass der Zugriff auf Audio- und Videodaten verloren geht. Um diese Probleme zu beheben, können Sie die Cacheproxyfunktionen der Windows Media-Dienste verwenden.

Die Zwischenspeicherung und die Bereitstellung von Proxys („Stellvertreter“) sind Methoden, bei denen die Windows Media-Dienste die Datenströme von einem Publishingpoint an einen weiteren Computer weiterleiten, der für die Zustellung an die Benutzer zuständig ist. Zwischenspeicherung bedeutet, dass die Windows Media-Dienste den Inhalt vom Quellserver kopieren und lokal zwischenspeichern. Der zwischenspeichernde Computer ist dafür zuständig, die Daten von der Quelle anzufordern und an die Clients zu übermitteln. Eine Proxykonfiguration dient dazu, mehrere Windows Media-Dienste-Computer einzurichten, die den Benutzern für die Bearbeitung von Anfragen nach Datenstrommedien zur Verfügung stehen. Abbildung 3.34 zeigt ein Beispiel für eine typische Serverkonfiguration.

In diesem Diagramm bietet der Quellserver nur den Verteilerservern einen direkten Zugang zu den Daten. Die Verteilerserver wiederum können die Datenstrommedien an Clients weiterleiten, die diese Daten anfordern. Dadurch wird die Belastung des primären Windows Media-Dienste-Servers und des Netzwerks verringert. Benutzer können sich an Server wenden, die entsprechend der lokalen Netzwerkkonfiguration optimal aufgestellt sind.

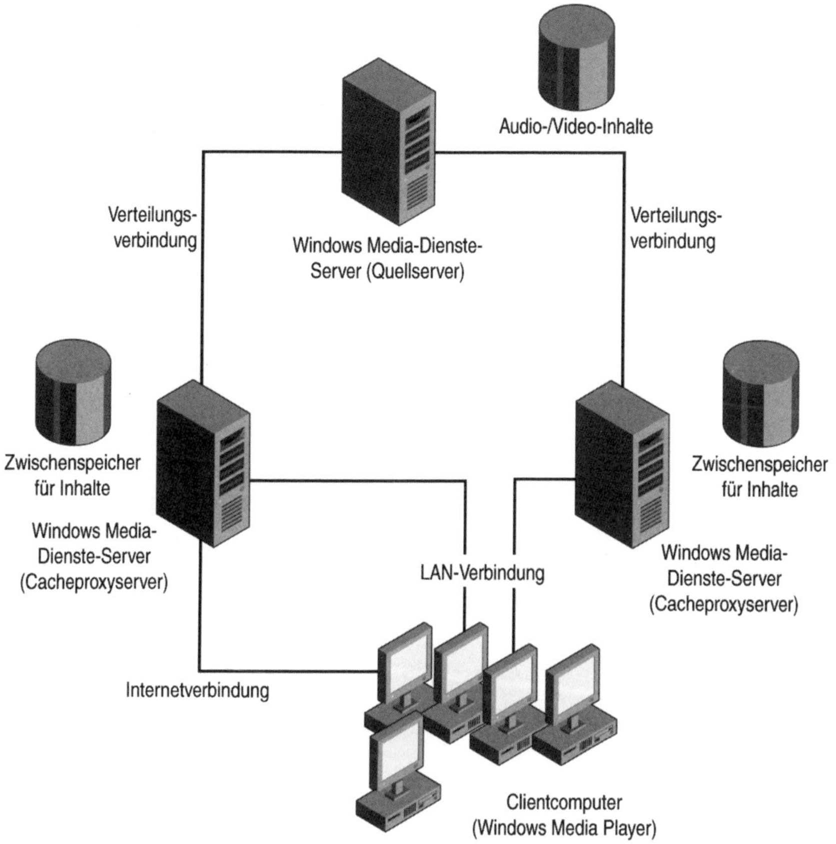

Abbildung 8.34 Verwenden von Cacheproxyservern zur Verbesserung der Leistung und Skalierbarkeit

Aktivieren der Cacheproxyverwaltung

Standardmäßig ist die Cacheproxyverwaltung auf neuen Streaming Media-Dienste-Installationen deaktiviert. Um diese Funktion für einen Server zu aktivieren, öffnen Sie die Konsole Windows Media-Dienste und wählen das Serverobjekt. Dann wählen Sie die Registerkarte *Eigenschaften* und die Kategorie *Cacheproxyverwaltung*. Klicken Sie das Plug-In *WM-Cacheproxy* mit der rechten Maustaste an und wählen Sie *Aktivieren*. Sie können das Plug-In *WM-Cacheproxy* auch mit einem Doppelklick anklicken, um Zugriff auf die Konfigurationsoptionen für die Cache- und Proxyfunktionen zu erhalten.

Auf der Registerkarte *Allgemein* können Sie festlegen, welches Protokoll für die Übermittlung der Datenstrommedien vom Quellserver zum Cacheproxyserver bevorzugt wird. Die Standardeinstellung ist, das Protokoll zu verwenden, das der Client anfordert.

Prüfungstipp

Ein einzelner Windows Media-Dienste-Server kann mehrere Aufgaben übernehmen. Er kann zum Beispiel Zugriff auf On-demand- oder Liveinhalte bieten und gleichzeitig Anfragen für andere Server annehmen und die Inhalte anderer Server zwischenspeichern. Der Einfachheit halber ist in dieser Lektion von „Quellservern" und von „Cacheproxyservern" die Rede. Je nach dem Aufbau Ihres Netzwerks oder der Fragestellung in der Prüfung kann es sinnvoll sein, diese Funktionen auf demselben Server zu konfigurieren.

Konfigurieren der Zwischenspeicherung

Auf der Registerkarte *Cache* können Sie Einstellungen für die Zwischenspeicherung vornehmen (Abbildung 8.35). Ein Cacheproxyserver versucht, so viele Informationen wie möglich zu speichern, um den Quellserver zu entlasten. Standardmäßig wird die Größe des Zwischenspeichers nicht begrenzt, aber wenn Sie eine Zwischenspeicherung für umfangreiche Datenmengen vornehmen, empfiehlt es sich, Obergrenzen festzulegen.

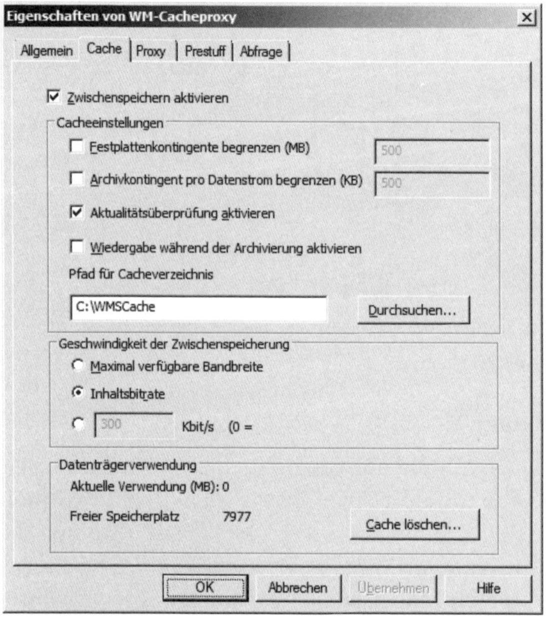

Abbildung 8.35 Cacheeinstellungen für einen Windows Media-Server

Der Abschnitt *Geschwindigkeit der Zwischenspeicherung* legt fest, wie schnell Daten vom Quellserver angefordert werden. Wenn Sie *Maximal verfügbare Bandbreite* wählen, versucht der Cacheproxyserver, den Inhalt so schnell wie möglich vom Quellserver zu übertragen, und speichert ihn dann lokal zwischen. Die Option *Inhaltsbitrate* bedeutet, dass die Daten so schnell vom Quellserver übertragen werden, wie es für eine reibungslose Wiedergabe der Datei erforderlich ist. Diese Einstellung ist sinnvoll, wenn es viele Zwischenspeicherserver gibt, die auf denselben Quellserver zugreifen.

Die Registerkarte *Prestuff* bietet Optionen, mit denen sich der Zwischenspeicher selbst dann füllen lässt, wenn noch kein Benutzer Daten angefordert hat (Abbildung 8.36). Damit können Sie dafür sorgen, dass der Zwischenspeicher gefüllt ist, bevor der Server wirklich genutzt wird und die Belastung deutlich höher wird. Die erste Option ist, die Füllung mit einem Datenstrom durchzuführen. Dazu brauchen Sie die vollständige URL eines Publishingpoints, der auf dem Quellserver verfügbar sein muss. Außerdem können Sie die Bandbreite begrenzen, die zur Füllung beansprucht wird.

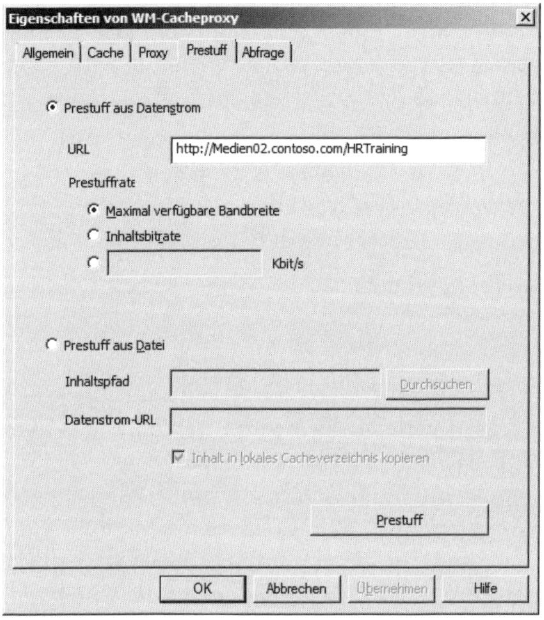

Abbildung 8.36 Konfigurieren der Vorabfüllung eines Zwischenspeichers

Um eine Überlastung des Netzwerks durch große Datenmengen zu vermeiden, können Sie den Zwischenspeicher auch durch Dateien mit Daten versorgen. Die Einstellung *Inhaltspfad* kann einen Ort im lokalen Dateisystem oder einen Netzwerkpfad angeben. Die URL im Feld *Datenstrom-URL* dient zur Überprüfung der Dateien anhand eines vorhandenen Publishingpoints. Klicken Sie auf die Schaltfläche *Prestuff*, wenn Sie den Zwischenspeicher vorab füllen wollen.

Weitere Informationen Testen Sie Ihre Windows Media-Dienste-Infrastruktur

Wenn Sie eine große Anzahl von Benutzern mit Datenstrommedien versorgen wollen, ist es sinnvoll, die Windows Media-Dienste-Infrastruktur zuvor in einer Simulation zu testen. Microsoft bietet den Windows Media Load Simulator für die Windows Media-Dienste 9 als kostenloses Programm an, das Sie herunterladen und zur Simulation von Benutzeraktivitäten verwenden können. Sie finden dieses Programm und andere Downloads auf der *Windows Media Services 9 Series*-Seite *Tools and Add-ins* unter *http://www.microsoft.com/windows/windowsmedia/forpros/serve/tools.aspx.*

Konfigurieren der Proxyfunktion

Ein Windows Media-Dienste-Server kann auch stellvertretend für einen anderen Server Anfragen von Clients entgegennehmen, um die Belastung des Quellservers zu verringern. Die Registerkarte *Proxy* enthält drei Optionen für Proxys:

- **Proxy** Das ist die Standard-Proxyfunktion, in der der Server den Clients Inhalte anbietet. Dem Client gegenüber tritt der Server als der ursprüngliche Quellserver der Windows Media-Dienste auf.
- **Proxyumleitung** Diese Option bedeutet, dass Clientanfragen an einen anderen Proxyserver aus dem Netzwerk weitergeleitet werden sollen. Sie wird gewöhnlich in Lastausgleichskonfigurationen verwendet, um Benutzer an einen Server weiterzuleiten, der über den gewünschten Inhalt verfügt.
- **Reverseproxy** Ein Reverseproxy leitet eingehende Anfragen an einen bestimmten Publishingpoint weiter. Der Reverseproxyserver überprüft die Authentifizierung des Benutzers und fordert dann vom Quellserver den gewünschten Inhalt an.

Durch die Verwendung von Proxyservern können Sie die Skalierbarkeit eines Publishingpoints eines Windows Media-Dienste-Servers verbessern.

Konfigurieren der Cacheproxyeinstellungen für Publishingpoints

Nachdem Sie auf den entsprechenden Servern die Cacheproxyverwaltung aktiviert und konfiguriert haben, können Sie mit der Konsole Windows Media-Dienste die Cacheeinstellungen für Publishingpoints vornehmen. Dazu wählen Sie einen Publishingpoint aus und klicken auf die Registerkarte *Eigenschaften*. Die Kategorie *Cacheproxy* enthält Eigenschaften, mit denen sich die Zwischenspeicherung von Informationen steuern lässt. Für Broadcastveröffentlichungspunkte ist die Einstellung *Ablauf der Datenstromaufteilung* verfügbar. Damit wird der Zeitraum angegeben, in dem ein Zugriff auf den Inhalt erfolgen kann, bevor beim Quellserver überprüft werden muss, ob Inhalte aktualisiert wurden. Dieselbe Bedeutung hat die Eigenschaft *Cacheablauf* für On-demand-Publishingpoints. Die Standardeinstellung für beide Werte ist 86.400 Sekunden (24 Stunden).

Überwachen des Cacheproxyservers

Die Konsole Windows Media-Dienste zeigt im Abschnitt *Cacheproxyverwaltung* zwei Objekte an. Diese Objekte werden zur Überwachung der Leistung und Verwendung eines Proxydienstes verwendet. Die Knoten *On-demand-Cacheproxy* und *Cacheproxy-Übertragung* zeigen Informationen über die Aktivitäten der Publishingpoints des Quellservers an. Sie können die Einstellungen unabhängig voneinander vornehmen. So können Sie zum Beispiel für On-demand-Inhalte neue Verbindungen verweigern, während neue Verbindungen für Broadcasts weiter zugelassen werden. Die Registerkarte *Überwachung* zeigt Leistungsdaten und Angaben über die Konfiguration (Abbildung 8.37).

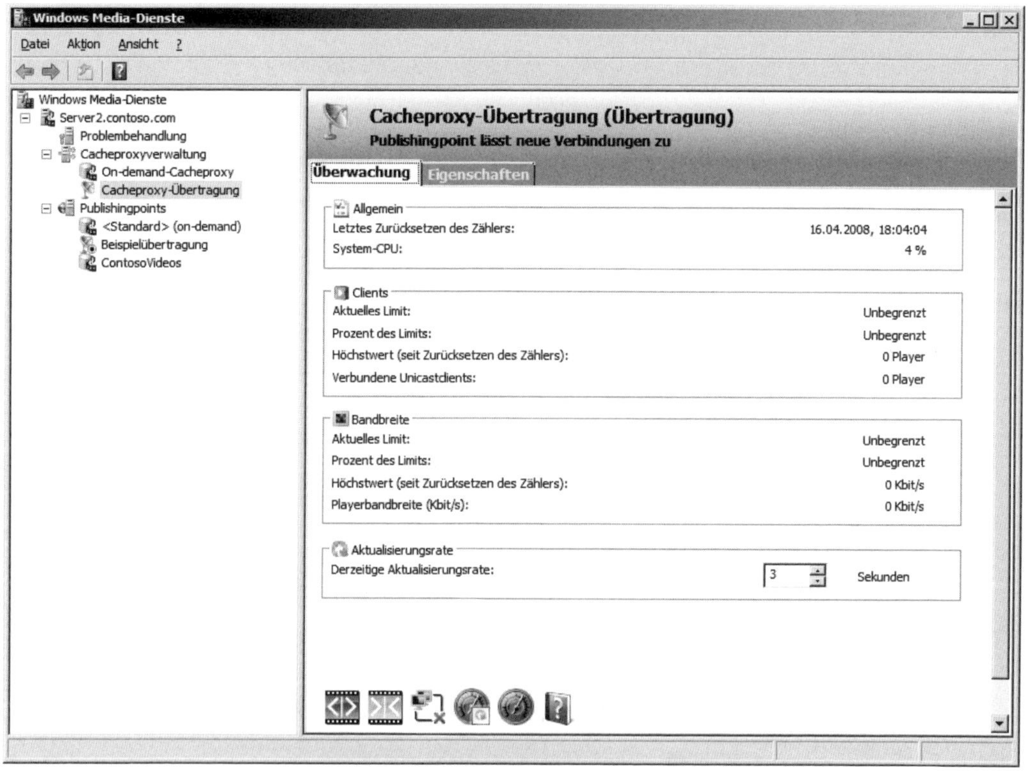

Abbildung 8.37 Überwachen der Cacheproxyeinstellungen und der Leistung

Für beide Arten von Cacheproxy-Publishingpoints können Sie auf der Registerkarte *Eigenschaften* Einstellungen vornehmen. Wie bei den Publishingpoints können Sie Einstellungen in Kategorien wie Autorisierung, Authentifizierung und Limits vornehmen.

Schutz des geistigen Eigentums mit DRM

Organisationen, die ihren Benutzern wertvolle Inhalte anbieten, müssen sicherstellen, dass die Informationen wie vorgesehen verwendet werden. Wenn ein Benutzer zum Beispiel auf seinem Computer eine Kopie einer Videodatei speichern kann, sollte er daran gehindert werden, diese Datei ohne Erlaubnis des Anbieters an andere Benutzer zu senden oder auf einer Website bereitzustellen. Die DRM-Komponente (Digital Rights Management) ermöglicht Inhaltsanbietern und den Autoren, den Vertrieb ihrer Werke zu beschränken. Sie können den Inhalt auf verschiedene Arten schützen.

Verwenden von Komponenten von DRM Partnern

Die Architektur der Windows Media-Dienste ist erweiterbar und ermöglicht Ihnen auf einfache Weise, Plug-Ins für die gewünschte DRM-Funktionalität hinzuzufügen. Solche Plug-Ins sind von Firmen erhältlich, die sich auf den Schutz von Inhalten spezialisiert haben. Weitere Informationen über diese Firmen erhalten Sie auf der Microsoft-Website *Windows Media DRM Partners* unter *http://www.microsoft.com/windows/windowsmedia/forpros/drm/9series/providers.aspx*.

Verwenden der Active Directory-Rechteverwaltungsdienste

In Windows Server 2008 gibt es eine Serverrolle namens Active Directory-Rechteverwaltungsdienste. Diese Serverrolle ermöglicht es einem Windows Server 2008-Computer, Lizenzen für die Erstellung und den Schutz von Inhalten wie Mediendateien und Dokumente auszustellen. Wenn Sie diese Infrastruktur verwenden möchten, müssen die Anwendungen, die zur Erstellung der Inhalte verwendet werden, zu den Rechteverwaltungsdiensten kompatibel sein. Kompatible Anwendungen sind zum Beispiel Microsoft Office 2003 und 2007. Sie können die Funktionen des Rechteverwaltungsdienstes auch im Internet Explorer verwenden. Weitere Informationen über die Active Directory-Rechteverwaltungsdienste finden Sie auf der Microsoft TechNet-Website unter *http://technet.microsoft.com* (suchen Sie nach „Active Directory-Rechteverwaltungsdienste" oder nach „Active Directory Rights Management").

Andere Methoden zum Schutz von Inhalten

Zum Schutz von digitalen Audio- und Videoinhalten gibt es auch noch andere Methoden. Sie können zum Beispiel eine entsprechende Authentifizierung und Autorisierung vorsehen, damit nur registrierte Benutzer Zugang zu den Inhalten erhalten. Sie können auch Netzwerksicherungsgeräte wie Firewalls einsetzen, um unerwünschte direkte Zugriffe auf Inhaltsdateien zu verhindern. An der Umsetzung der Ziele einer DRM-Komponente sind mehrere andere Komponenten beteiligt, die alle entsprechend konfiguriert werden müssen, damit nur autorisierte Benutzer Zugang zu den Inhalten erhalten.

Schnelltest

1. Welche Art von Publishingpoint sollten Sie erstellen, wenn Sie Benutzern den Zugang zu einer großen Bibliothek mit Audio- und Videodateien ermöglichen möchten?
2. Wie können Sie die Skalierbarkeit eines Windows Media-Dienste-Publishingpoints verbessern, bei dem wegen einer zu starken Belastung des Netzwerks öfters Engpässe auftreten?

Antworten zum Schnelltest

1. Ein On-demand-Publishingpoint ermöglicht es Benutzern, jederzeit die Medien abzurufen, die sie verwenden wollen, wobei die Benutzer den Inhalt schnell abspielen, die Wiederhabe anhalten oder von vorne beginnen können.
2. Richten Sie zusätzliche Streaming Media-Dienste-Server ein, die als Cacheproxyserver dienen und den Quellserver entlasten.

Praktische Übung Konfigurieren der Rolle Streaming Media-Dienste

In dieser Übung installieren und konfigurieren Sie die Serverrolle Streaming Media-Dienste auf einem Windows Server 2008-Computer. Sie müssen die Übung 1 durchführen und abschließen, bevor Sie die Übung 2 durchführen können.

▶ Übung 1: Installieren der Serverrolle Streaming Media-Dienste

In dieser Übung fügen Sie die Serverrolle Streaming Media-Dienste mit dem Server-Manager zu *server2.contoso.com* hinzu. Die Übung setzt voraus, dass Sie das erforderliche Update-Paket für die Windows Media-Dienste bereits heruntergeladen und installiert haben, wie im Abschnitt „Installieren der Streaming Media-Dienste" dieser Lektion beschrieben. Außerdem sollten Sie auf dem lokalen Computer die Serverrolle Webserver (IIS) installiert haben. Falls dies noch nicht geschehen ist, werden Sie während der Installation aufgefordert, die erforderlichen Rollen und Rollendienste zu installieren.

1. Melden Sie sich auf Server2 als ein Benutzer an, der auf dem Computer über Administratorrechte verfügt.
2. Öffnen Sie den Server-Manager, klicken Sie das Objekt *Rollen* mit der rechten Maustaste an und wählen Sie *Rollen hinzufügen*. Klicken Sie auf *Weiter*, falls die Seite *Vorbemerkungen* angezeigt wird.
3. Wählen Sie auf der Seite *Serverrollen auswählen* die Rolle *Streaming Media-Dienste*. Klicken Sie dann auf *Weiter*.
4. Lesen Sie den Text auf der Seite *Einführung in Streaming Media-Dienste* und klicken Sie dann auf *Weiter*.

   Beachten Sie, dass Sie mit den Verknüpfungen aus dem Abschnitt *Zusätzliche Informationen* auf weitere Informationen über die Konfiguration dieser Serverrolle zugreifen können.
5. Wählen Sie auf der Seite *Rollendienste auswählen* alle drei Rollendienste: *Windows Media-Server*, *Web-basierte Verwaltung* und *Protokollierungs-Agent*. Klicken Sie dann auf *Weiter*.
6. Übernehmen Sie auf der Seite *Auswählen von Datenübertragungsprotokollen* die vorgegebenen Standardeinstellungen. Beachten Sie, dass Sie das HTTP-Protokoll nicht hinzufügen können, falls auf dem lokalen Server bereits eine Website an HTTP-Port 80 gebunden ist. Klicken Sie dann auf *Weiter*.
7. Falls Sie dazu aufgefordert werden, fügen Sie die erforderlichen Komponenten zur Serverrolle Webserver (IIS) hinzu. Weitere Informationen über diese Rolle und die dazugehörigen Rollendienste finden Sie in Kapitel 5, „Installieren und Konfigurieren von Webanwendungen".
8. Überprüfen Sie die Installationsauswahl, die Sie getroffen haben, und klicken Sie auf *Installieren*, um die Installation einzuleiten. Wenn die Installation abgeschlossen ist, klicken Sie auf *Schließen*.

9. Erweitern Sie im Server-Manager das Objekt *Rollen* und wählen Sie die *Streaming Media-Dienste*. Beachten Sie, dass Informationen über Ereignisse, Systemdienste, Rollendienste und Ressourcen und Support verfügbar sind. Schließen Sie den Server-Manager, wenn Sie fertig sind.
10. Starten Sie die *Windows Media-Dienste* in der Programmgruppe *Verwaltung*. Die Konsole stellt automatisch eine Verbindung mit dem lokalen Windows Media-Dienst her. Sie können das Serverobjekt erweitern und die Standardkonfiguration des Servers überprüfen. Schließen Sie die Konsole Windows Media-Dienste, wenn Sie fertig sind.
11. Öffnen Sie den Windows-Explorer und wechseln Sie in den Ordner *%SystemDrive%\Wmpub*. Beachten Sie, welcher Standardinhalt bereits in diesem Ordner gespeichert ist. Der Ordner *wmroot* enthält Beispieldateien, die Sie zu Testzwecken verwenden können.
12. Schließen Sie den Windows-Explorer, wenn Sie fertig sind, und melden Sie sich beim Server ab.

▶ Übung 2: Erstellen und Testen eines neuen Publishingpoints

In dieser Übung erstellen Sie einen neuen Publishingpoint für die Windows Media-Dienste. Der Publishingpoint bietet On-demand-Zugriff auf die Beispielmediendateien der Serverrolle Streaming Media-Dienste. Dann testen Sie den Zugriff auf den Inhalt, indem Sie mit dem Internet Explorer eine Videodatei abrufen. Zur Durchführung dieses Tests müssen Sie auf dem lokalen Computer das Windows-Feature Desktopdarstellung installiert haben.

1. Melden Sie sich auf Server2 als Benutzer mit Administratorrechten an.
2. Öffnen Sie den Windows-Explorer und erstellen Sie im Ordner *%SystemDrive%\Wmpub* eine Kopie des Ordners *wmroot*. Ändern Sie den Namen des kopierten Ordners in **ContosoVideos**. Dieser Ordner dient als Stammordner für einen neuen Publishingpoint. Schließen Sie den Windows-Explorer, wenn Sie fertig sind.
3. Öffnen Sie in der Programmgruppe *Verwaltung* die Konsole Windows Media-Dienste.
4. Erweitern Sie das Objekt *Server2*, klicken Sie *Publishingpoints* mit der rechten Maustaste an und wählen Sie *Publishingpoint hinzufügen (Assistent)*.
5. Klicken Sie auf der *Willkommen*-Seite des Assistenten zum Hinzufügen von Publishingpoints auf *Weiter*.
6. Geben Sie als Name des Publishingpoints **ContosoVideos** ein. Klicken Sie auf *Weiter*.
7. Wählen Sie auf der Seite *Inhaltstyp* die Option *Dateien (digitale Medien oder Wiedergabelisten)* und klicken Sie dann auf *Weiter*.
8. Wählen Sie auf der Seite *Publishingpointtyp* die Option *On-demand-Publishingpoint*.

   Dadurch sind Benutzer in der Lage, auf die verfügbaren Videos zuzugreifen (sofern sie über die erforderlichen Berechtigungen verfügen) und die Wiedergabe zu steuern, während sie den Datenstrom erhalten. Klicken Sie auf *Weiter*.

9. Wählen Sie auf der Seite *Verzeichnisspeicherort* den Pfad des Ordners aus, den Sie in Schritt 2 erstellt haben. Wählen Sie außerdem die Option *Zugriff auf Verzeichnisinhalt unter Verwendung von Platzhaltern aktivieren*. Dadurch können Benutzer den Namen eines Videos manuell eingeben, um es direkt vom Server anzufordern. Klicken Sie auf *Weiter*.
10. Übernehmen Sie auf der Seite *Inhaltswiedergabe* die vorgegebene Auswahl und klicken Sie auf *Weiter*.
11. Übernehmen Sie auf der Seite *Unicastprotokollierung* die vorgegebene Auswahl und klicken Sie auf *Weiter*.
12. Überprüfen Sie die Angaben auf der Seite *Übersicht über den Publishingpoint* und klicken Sie dann auf *Weiter*.
13. Übernehmen Sie auf der letzten Seite des Assistenten zum Hinzufügen von Publishingpoints die vorgegebene Standardauswahl und klicken Sie auf *Fertig stellen*.
14. Nachdem der Publishingpoint erstellt ist, öffnet sich automatisch der Unicastankündigungs-Assistent. Klicken Sie auf *Weiter*, um den Assistenten zu starten.
15. Klicken Sie auf der Seite *On-demand-Verzeichnis* auf die Schaltfläche *Durchsuchen* und wählen Sie in dem Ordner, den Sie in Schritt 2 erstellt haben, die Datei *serverside_playlist.wsx* aus. Klicken Sie auf *Weiter*.
16. Notieren Sie sich die URL, die auf der Seite *Zugriff auf den Inhalt* angezeigt wird. Diese URL verwenden Sie in einem späteren Schritt, um die Ankündigung zu testen. Klicken Sie auf *Weiter*.
17. Übernehmen Sie auf der Seite *Ankündigungsoptionen speichern* den vorgegebenen Pfad. Er gibt den Ordner der Standardwebsite (Default Web Site) an, die bei der Installation der Serverrolle Webserver (IIS) erstellt wurde. Wählen Sie außerdem die Option, eine Webseite zu erstellen, und übernehmen Sie die vorgegebene Einstellung. Klicken Sie auf *Weiter*.
18. Geben Sie auf der Seite *Ankündigungsmetadaten bearbeiten* als Titel **Contoso-Training** ein. Klicken Sie auf *Weiter*.
19. Sorgen Sie auf der letzten Seite des Unicastankündigungs-Assistenten dafür, dass die Option *Nach Fertigstellen Dateien testen* gewählt ist, und klicken Sie auf *Fertig stellen*.
20. Klicken Sie im Dialogfeld *Unicastankündigungen testen* auf die erste *Testen*-Schaltfläche, um die Ankündigung direkt zu testen. Dadurch sollte der Windows Media Player gestartet werden und automatisch mit der Wiedergabe des Videos vom Publishingpoint beginnen. Schließen Sie den Windows Media Player, wenn die Wiedergabe beendet ist.
21. Klicken Sie im Dialogfeld *Unicastankündigungen testen* auf die zweite *Testen*-Schaltfläche, um eine Webseite zu öffnen, die einen eingebetteten Player enthält. Überprüfen Sie, ob das Video korrekt abgespielt wird, und schließen Sie dann den Internet Explorer.

22. Wenn Sie fertig sind, klicken Sie im Dialogfeld *Unicastankündigungen testen* auf die Schaltfläche *Beenden*. Schließen Sie dann die Konsole Windows Media-Dienste.

Zusammenfassung der Lektion

- Die Windows Media-Dienste wurden entwickelt, um die Bereitstellung von aufgezeichneten oder Live-Audio- und Videodaten als Datenströme zu ermöglichen, die von Benutzern abgerufen werden können.
- Die Serverrolle Streaming Media-Dienste bietet Verwaltungsprogramme auf MMC- und auf Webbasis.
- Multicastdatenströme können in Netzwerken, die diese Datenströme unterstützen, die Belastung des Netzwerks verringern.
- Auf einem Windows Media-Dienste-Server können Sie unterschiedliche Publishingpoints erstellen, um den Zugriff auf unterschiedliche Inhalte zu ermöglichen.
- Cacheproxyserver können die Leistung und Skalierbarkeit von Windows Media-Dienste-Servern verbessern.
- Sie können Publishingpoints mit entsprechenden Einstellungen für die Autorisierung und Authentifizierung vor unerwünschten Zugriffen schützen.
- DRM-Technologie (Digital Rights Management) ermöglicht es Herstellern von Inhalten, ihr geistiges Eigentum zu schützen, indem sie eine gewisse Kontrolle darüber behalten, wann und wie die Medien verwendet werden.

Lernzielkontrolle

Mit den folgenden Fragen können Sie Ihr Wissen über den Stoff von Lektion 1, „Konfigurieren der Windows Media-Dienste“, überprüfen. Die Fragen sind (in englischer Sprache) auch auf der Begleit-CD zu finden, falls Sie die elektronische Form der Fragen vorziehen.

Hinweis Die Antworten

Die Antworten auf die Fragen und Erläuterungen, warum die entsprechenden Antworten richtig oder falsch sind, finden Sie im Abschnitt „Antworten“ am Ende des Buchs.

1. Sie sind als Windows Server 2008-Systemadministrator für die Konfiguration der Serverrolle Streaming Media-Dienste verantwortlich. Ihre Organisation möchte für ihre Mitarbeiter eine Reihe von Schulungsvideos verfügbar machen. Die Mitarbeiter sollen die Wiedergabe nach Bedarf anhalten oder das Video im Schnelldurchlauf abspielen können. Außerdem möchten Sie sicherstellen, dass Benutzer nur dann auf die Videos zugreifen können, wenn sie mit dem privaten Netzwerk Ihrer Firma verbunden sind. Was sollten Sie tun? (Wählen Sie zwei Antworten. Jede richtige Antwort ist ein Teil der vollständigen Lösung.)

A. Sie erstellen einen neuen Übertragungspublishingpoint.

B. Sie erstellen einen neuen On-demand-Publishingpoint.

C. Sie aktivieren die WM-IP-Adressenautorisierung für den Publishingpoint.

D. Sie aktivieren die WM-Verhandlungsauthentifizierung für den Publishingpoint.

E. Sie aktivieren die WM-Autorisierung mit NTFS-ACL für den Publishingpoint.

2. Sie sind als Windows Media-Dienste-Administrator für die Konfiguration der Serverrolle Streaming Media-Dienste zuständig, die verwendet werden soll, um über das Internet den Zugang zu Mediendateien zu ermöglichen. Derzeit sind in einem Ordner, der von vier Publishingpoints des Servers verwendet wird, 200 große Videodateien gespeichert. Sie möchten den Benutzern aber nur Zugriff auf 100 Dateien ermöglichen, bei denen es sich um Schulungsvideos handelt. Sie haben einen neuen On-demand-Publishingpoint erstellt, der den Ordner, in dem die Videodateien gespeichert sind, als Stammordner verwendet. Außerdem möchten Sie die Speichermenge beschränken, die auf dem Server belegt werden kann. Benutzer sollen bei Bedarf auf jedes der 100 Schulungsvideos zugreifen können, ohne Anmeldeinformationen anzugeben. Welche der folgenden Maßnahmen sollten Sie durchführen?

   A. Erstellen einer HTML-Seite, die Zugriff auf den Inhalt ermöglicht, mit dem Unicastankündigungs-Assistenten

   B. Aktivieren der WM-Autorisierung mit NTFS-ACL für die Website und Einrichten der entsprechenden Dateisystemberechtigungen

   C. Kopieren der Schulungsvideos in einen anderen Ordner und Anpassen des Stammordners des Publishingpoints

   D. Deaktivieren der *WM-Authentifizierung für anonyme Benutzer* für den Publishingpoint

   E. Erstellen einer neuen Wrapperwiedergabeliste, die nur die Schulungsvideos enthält

3. Sie sollen als Windows Server 2008-Systemadministrator dafür sorgen, dass registrierte Benutzer der öffentlichen Website Ihrer Organisation Zugriff auf eine große Zahl von Videodateien haben. Diese Dateien liegen alle im Ordner *D:\Public\Videos*. Die Produzenten der Schulungsvideos erstellen häufig neue Videos und ändern vorhandene. Vor Kurzem haben sich Benutzer darüber beschwert, dass der Zugriff auf die Videos bei großem Andrang sehr langsam geworden ist. Zu diesen Zeiten wird der Windows Media-Dienste-Server, auf dem die Videos gespeichert sind, sehr stark belastet, genau wie das Netzwerk. Sie möchten mit möglichst geringem Verwaltungsaufwand die Leistung erhöhen. Welche der folgenden Aufgaben sollten Sie durchführen, um das Problem zu lösen?

A. Kopieren der Schulungsvideos in einen anderen Ordner des Windows Media-Dienste-Servers

B. Installieren der Serverrolle Streaming Media-Dienste auf weiteren Servern und Konfigurieren dieser Server als Cacheserver

C. Installieren der Serverrolle Streaming Media-Dienste auf weiteren Servern und Konfigurieren dieser Server als Proxyserver

D. Aktivieren der Option *Ausgehende Verteilungsverbindungen begrenzen* in den Eigenschaften des Publishingpoints

Rückblick auf dieses Kapitel

Um den in diesem Kapitel behandelten Stoff zu vertiefen und einzuüben, können Sie folgende Aufgaben durchführen:

- Lesen Sie die Zusammenfassung des Kapitels.
- Lesen Sie die Liste der Schlüsselbegriffe durch, die in diesem Kapitel eingeführt wurden.
- Arbeiten Sie die Übungen mit Fallbeispiel durch. Diese Fallbeispiele bilden Situationen aus der Praxis nach, in denen der Stoff aus diesem Kapitel verwendet werden kann. Entwickeln Sie eine Lösung.
- Arbeiten Sie die vorgeschlagenen Übungen durch.
- Machen Sie einen Übungstest.

Zusammenfassung des Kapitels

- Die Streaming Media-Dienste von Windows Server 2008 bieten eine skalierbare Methode für die Bereitstellung von aufgezeichneten On-demand- und ausgestrahlten Live-Audio- und -Videoinhalten für Benutzer.
- Ein Windows Media-Dienste-Server kann viele Publishingpoints beherbergen, die den Zugang zu unterschiedlichen Inhalten ermöglichen.
- Zur Verbesserung der Leistung von Windows Media-Dienste-Servern können Sie Cache- und Proxyserver einrichten.

Schlüsselbegriffe

Wissen Sie, was die folgenden Schlüsselbegriffe bedeuten? Sie können Ihre Antworten überprüfen, indem Sie die Begriffe im Glossar am Ende dieses Buchs nachschlagen.

- Active Directory-Rechteverwaltungsdienste (Active Directory Rights Management Services, AD RMS)
- DRM-Komponente (Digital Rights Management)
- Werbung in regelmäßigen Abständen (Werbepausen)
- Publishingpoints
- Real-Time Streaming Protocol (RTSP)
- Streaming Media-Dienste (Serverrolle)
- Windows Media Load Simulator 9 Series-Programm
- Windows Media-Dienste-Ankündigungen
- Windows Media-Dienste-Broadcast
- Windows Media-Dienste-Cacheproxyserver

- Windows Media-Dienste-Wiedergabeliste
- Windows Media-Dienste-Plug-Ins
- Windows Media-Dienste
- Windows Media-Dienste-Multicast
- Windows Media-Dienste-Unicast
- Wrapperwiedergabelistenankündigungen

Übungen mit Fallbeispiel

In den folgenden Übungen mit Fallbeispiel wenden Sie an, was Sie in diesem Kapitel gelernt haben. Antworten auf die Fragen finden Sie im Abschnitt „Antworten" am Ende des Buchs

Übung 1: Schützen von Datenstrommedieninhalten

Sie arbeiten als Windows Server 2008-Systemadministrator für eine Firma, die IT-Schulungen durchführt. Ihre Firma hat beschlossen, für die Teilnehmer ihrer Kurse Schulungsvideos verfügbar zu machen. Die Benutzer sollen aber nur Zugang zu den Videos erhalten, die für die Kurse vorgesehen sind, an denen sie teilnehmen. Die Teilnehmer erhalten in einer speziellen Active Directory-Schulungsdomäne Ihrer Organisation Windows-Benutzerkonten. Sie sollen in der Lage sein, jederzeit das gewünschte Video auswählen, abspielen und die Wiedergabe steuern zu können. Ihre Schulungsfirma möchte vor der Wiedergabe eines Videos eine kurze Einführung anzeigen.

1. Welche Art von Publishingpoint sollten Sie erstellen, damit Benutzer den gewünschten Zugang zu den Medien erhalten?
2. Wie können Sie den Zugang der Kursteilnehmer auf die Schulungsvideos beschränken, die für die Kursteilnehmer wichtig sind?
3. Wie lässt es sich auf einfachste Weise erreichen, dass vor jedem Video eine kurze Einführung abgespielt wird?

Übung 2: Verbessern der Leistung und Skalierbarkeit der Windows Media-Dienste

Ihre Organisation bietet zahlenden Kunden über das Internet Zugang zu Audiodatenströmen. Sie haben einen Windows Server 2008-Computer mit der Serverrolle Streaming Media-Dienste konfiguriert. Anfangs war der Server auch in der Lage, die Anfragen der Kunden zu bedienen. Inzwischen haben sich aber einige tausend neue Kunden für den Dienst angemeldet und manche berichten, dass der Server zu bestimmten Tageszeiten sehr langsam wird und es zu Aussetzern bei der Wiedergabe kommt. Aus Sicherheitsgründen und zur Vereinfachung der Verwaltung wollen Sie vermeiden, Audioinhalte vom aktuellen Windows Media-Dienste-Server manuell zu kopieren oder zu verschieben. Ihre Organisation plant zudem, in den nächsten Monaten Livekonzerte zu übertragen und dabei möglichst viele Benutzer zu erreichen.

1. Welche Art von Publishingpoint sollten Sie für die Livekonzerte einrichten?
2. Wie können Sie ohne zusätzliche Windows Media-Dienste-Server die Anforderungen verringern, die bei der Übertragung der Livekonzerte an die Bandbreite des Netzwerks gestellt werden?
3. Wie können Sie mit zusätzlichen Windows Media-Dienste-Servern die Skalierbarkeit verbessern?

Empfohlene Übungen

Führen Sie die folgenden Übungen durch, um den in diesem Kapitel vorgestellten prüfungsrelevanten Stoff einzuüben.

Konfigurieren der Windows Media-Dienste

In den folgenden Übungen konfigurieren und verwalten Sie die Rolle Streaming Media-Dienste von Windows Server 2008 und erstellen auf einem Windows Media-Dienste-Server neue Publishingpoints.

- **Übung 1** Erstellen Sie einen On-demand-Publishingpoint und ermöglichen Sie den Zugriff auf eine Wiedergabeliste, die mehrere Audio- und Videodateien enthält. Falls Sie keine Dateien zur Verfügung haben, können Sie dafür die Beispieldateien verwenden, die bei der Installation der Serverrolle Streaming Media-Dienste installiert werden.

  Konfigurieren Sie eines der Videos so, dass es automatisch abgespielt wird, bevor die vom Benutzer angeforderte Datei übertragen wird. Verwenden Sie dazu den Mechanismus für Wrapperwerbung.

  Leiten Sie in einem Webbrowser die Wiedergabe des Inhalts ein, um zu überprüfen, ob der Zugriff funktioniert. Wenn Sie mehrere Computer zur Verfügung haben, versuchen Sie, Inhalte gleichzeitig auf mehreren Computern abzuspielen, um zu überprüfen, was geschieht, wenn mehrere Verbindungen bestehen.

  Sehen Sie sich auf der Registerkarte *Überwachung* des Publishingpoints die Angaben über die Wiedergabe der Inhalte an.

- **Übung 2** Installieren Sie auf zwei Windows Server 2008-Computern die Serverrolle Streaming Media-Dienste. Konfigurieren Sie einen der Server mit einem On-demand-Publishingpoint.

  Testen Sie die Leistung und Skalierbarkeit Ihres Windows Media-Dienste-Servers mit dem Windows Media Load Simulator. Versuchen Sie, eine große Anzahl von Verbindungen zu simulieren, und sehen Sie sich auf der Registerkarte *Überwachung* des Publishingpoints die Angaben über die aktuellen Verbindungen an.

Konfigurieren Sie den zweiten Windows Media-Dienste-Server als Cacheproxyserver für den Publishingpoint, den Sie auf dem ersten Windows Media-Dienste-Server erstellt haben.

Wiederholen Sie die Tests mit dem Windows Media Load Simulator, um die Leistung zu überprüfen. Überprüfen Sie auch, welcher Server die Anfragen bedient.

Legen Sie in den Eigenschaften des Publishingpoints Beschränkungen fest und überprüfen Sie die Auswirkung dieser Einschränkungen im Windows Media Load Simulator-Test.

Machen Sie einen Übungstest

Die Übungstests auf der Begleit-CD zu diesem Buch (in englischer Sprache) bieten zahlreiche Möglichkeiten. Zum Beispiel können Sie einen Test machen, der ausschließlich die Themen eines bestimmten Lernziels behandelt, oder Sie können sich selbst mit dem gesamten Inhalt der Prüfung 70-643 testen. Sie können den Test so konfigurieren, dass er dem Ablauf einer echten Prüfung entspricht, oder Sie können einen Lernmodus verwenden, in dem Sie sich nach dem Beantworten einer Frage jeweils sofort die richtige Antwort und Erklärungen ansehen können.

Weitere Informationen Übungstests

Einzelheiten zu allen Optionen, die bei den Übungstests zur Verfügung stehen, finden Sie im Abschnitt „So benutzen Sie die Übungstests“ in der Einführung dieses Buchs.

KAPITEL 9

Konfigurieren der Windows SharePoint Services

Einer der vielen Bereiche, in denen ein Serverbetriebssystem Benutzer unterstützen kann, ist die Zusammenarbeit. Die Microsoft Windows SharePoint Services (WSS) wurden entwickelt, um Benutzern die Möglichkeit zu geben, unterschiedlichste Inhalte gemeinsam zu verwenden, gemeinsam zu bearbeiten und zu besprechen. Sie bieten Funktionen für die zentrale Erstellung gebräuchlicher Informationsarten wie Anhänge, Aufgaben und Erinnerungen. Anwendungsentwickler können WSS zudem als Grundlage für die Entwicklung eigener Webanwendungen verwenden.

Das Betriebssystem Windows Server 2008 unterstützt Windows SharePoint Services als Serverrolle, die auf einfache Weise schnell in einer Produktivumgebung bereitgestellt werden kann. In diesem Kapitel erfahren Sie, wie WSS konfiguriert wird. Unter anderem wird die Einrichtung und Verwaltung neuer SharePoint-Websites und die Verwaltung eines SharePoint-Servers besprochen.

In diesem Kapitel abgedeckte Prüfungsziele:

- Konfigurieren der Netzwerkwendungsdienste
  - Konfigurieren der Microsoft Windows SharePoint Services-Serverrolle
  - Konfigurieren der E-Mail-Integration für die Windows SharePoint Services

Lektion in diesem Kapitel:

Bevor Sie beginnen

Für die Bearbeitung dieses Kapitels müssen Sie folgende Vorbereitung getroffen haben:

- Sie haben die Serverrolle Webserver (IIS) mit den Standardoptionen zu *server2. contoso.com* hinzugefügt. Weitere Informationen über die Installation dieser Rolle finden Sie in Kapitel 5, „Installieren und Konfigurieren von Webanwendungen“.

Lektion 1: Konfigurieren und Verwalten der Windows SharePoint Services

Die wichtigste Aufgabe von WSS besteht darin, eine Umgebung bereitzustellen, in der Benutzer zusammenarbeiten können, wobei sie Informationen und Dokumente gemeinsam verwenden und untereinander austauschen. Organisationen können WSS als Grundlage für eine firmeninterne Intranetwebsite verwenden, oder um den Austausch von Informationen zwischen Arbeitsgruppen und Abteilungen zu erleichtern. Die Benutzeroberfläche auf Webbasis ermöglicht in der ganzen Organisation den Zugriff mit Webbrowsern und wurde so entwickelt, dass sie sich leicht erlernen und schnell beherrschen lässt. Viele Anwendungen wie zum Beispiel Microsoft Office bieten für das Verwalten und Bearbeiten von Dokumenten eine enge Verzahnung mit WSS. WSS ist zudem eine Plattform, die Entwickler bei Bedarf zur Entwicklung eigener Webanwendungen verwenden können.

Da WSS eine Plattform mit einer großen Zahl von Verwendungsmöglichkeiten ist, ist es wichtig, nach der Installation verschiedene Einstellungen vorzunehmen. Nachdem Sie die Serverrolle Windows SharePoint Services installiert haben, können Sie die Konfiguration mit der SharePoint 3.0-Zentraladministrationswebsite ändern. In dieser Lektion erfahren Sie mehr darüber, welche Optionen und Funktionen es gibt und wie man sie verwendet.

Weitere Informationen Installieren der Windows SharePoint Services

Als dieses Buch entstand, hatte Microsoft den genauen Ablauf der Installation und Konfiguration der Windows SharePoint Services unter Windows Server 2008 noch nicht festgelegt. WSS ist nicht im Lieferumfang von Windows Server 2008 enthalten und muss separat heruntergeladen und installiert werden. In Teilen dieses Kapitels werden gewisse Voraussetzungen über das Verhalten von WSS gemacht. Vergessen Sie dabei bitte nicht, dass sich bis zur endgültigen Version noch Änderungen ergeben können. Wenn Sie sich auf die Prüfung 70-643 vorbereiten, berücksichtigen Sie bitte, dass der Schwerpunkt in der Prüfung nicht auf der Installation des Produkts liegen dürfte, sondern auf der Anpassung und Konfiguration von WSS nach den Erfordernissen. Weitere Informationen über das Herunterladen und Installieren der Windows SharePoint Services unter Windows Server 2008 finden Sie im Windows SharePoint Services TechCenter unter *http://technet.microsoft.com/en-us /windowsserver/sharepoint/default.aspx* (als diese Übersetzung entstand, war WSS 3.0 mit Service Pack 1 Stand der Dinge).

Am Ende dieser Lektion werden Sie in der Lage sein, die folgenden Aufgaben auszuführen:

- Beschreiben der Aufgabe der Windows SharePoint Services (WSS)
- Beschreiben des Unterschieds zwischen einer eigenständigen WSS-Bereitstellung und einer WSS-Serverfarm
- Abschließen der WSS-Konfigurationsaufgaben mit der SharePoint 3.0-Zentraladministrationswebsite

- Konfigurieren der WSS-Einstellungen für Sicherheit, E-Mail und Protokollierung
- Durchführen von Sicherungen und Wiederherstellungen von SharePoint-Websites
- Bereitstellen und Konfigurieren neuer SharePoint-Websites
- Konfigurieren von Webanwendungen für SharePoint-Websites

Veranschlagte Zeit für diese Lektion: 60 Minuten

Grundlagen der Windows SharePoint Services

Windows Server 2008 unterstützt die Windows SharePoint Services (WSS) 3.0. Benutzer arbeiten mit WSS und verwenden dabei Websites, die mit Unterstützung der Internetinformationsdienste (IIS) betrieben werden. Die Erstinstallation des Servers wird gewöhnlich zwar durch IT-Profis durchgeführt, aber erfahrene Benutzer können auf WSS-Websites die Verwaltung der Inhalte und Informationen übernehmen. Eine Abteilung oder Gruppe der Organisation kann zum Beispiel eine eigene Portalwebsite oder einen eigenen Teamarbeitsbereich für die Kommunikation mit anderen einrichten. Zu den Komponenten und Informationen, die angeboten werden können, gehören:

- Ankündigungen (announcements)
- Freigegebene Dokumente
- Kalender
- Aufgaben (tasks)
- Diskussionen
- Hyperlinks
- Kontaktinformationen

Abbildung 9.1 gibt Ihnen einen Eindruck von der Benutzeroberfläche einer WSS-Website.

Benutzer können diese Information direkt verwalten und die Daten lassen sich durch entsprechende Sicherheitsberechtigungen schützen. Benutzer können per E-Mail Hinweise auf erfolgte Änderungen an den Inhalten empfangen und E-Mails verwenden, um Informationen aus WSS oder an WSS zu übertragen. Spezielle Funktionen, die die Anwesenheit der Teilnehmer feststellen können, helfen Teams, deren Mitglieder über mehrere Orte verstreut sind, durch Direktnachrichten und andere Anwendungen miteinander in Kontakt zu bleiben. WSS wurde zudem als erweiterbare Plattform konzipiert, für die Anwendungsentwickler neue Funktionen entwickeln können. Insgesamt bieten diese Funktionen und Komponenten für Teams und Abteilungen eine einfache Methode, um Informationen auszutauschen und zusammenzuarbeiten.

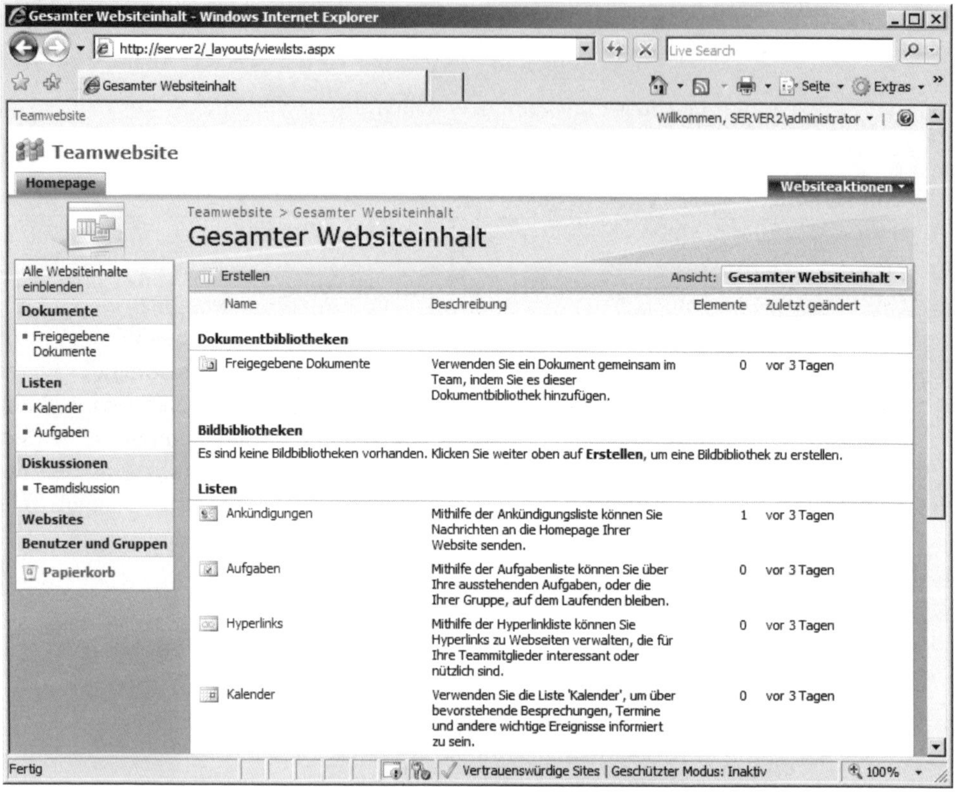

Abbildung 9.1 Zugreifen auf eine WSS-Teamwebsite mit einem Webbrowser

Weitere Informationen Andere SharePoint Services-Produkte

Die Windows SharePoint Services sind auch als kostenloser Download für die Plattform Microsoft Windows Server 2003 SP1 erhältlich. Außerdem bietet Microsoft ein serverseitiges Produkt namens Microsoft Office SharePoint Server 2007 zur Förderung der Zusammenarbeit an. SharePoint Server 2007 bietet zusätzliche Funktionen wie zum Beispiel Benutzerprofile, die einmalige Anmeldung (single sign-on), persönliche Websites und viele andere Funktionen. Weitere Informationen über dieses Produkt erhalten Sie unter *http://www.microsoft.com/sharepoint/default.mspx.*

Grundlagen der WSS-Bereitstellungsoptionen

WSS wurde für die unterschiedlichsten Einsatzbereiche entwickelt. Vom Standpunkt eines Systemadministrators aus ist die einfache Bereitstellung ebenso wichtig wie andere Eigenschaften, beispielsweise die Skalierbarkeit. Um unterschiedliche Anforderungen erfüllen zu können, bietet WSS zwei Grundtypen der Bereitstellung, nämlich als eigenständiger Server und als Teil einer Serverfarm. Beide Optionen sind beim Hinzufügen der Serverrolle Windows SharePoint Services verfügbar. In diesem Abschnitt erfahren Sie mehr über die unterschiedlichen Arten, wie sich SharePoint bereitstellen lässt.

Bereitstellen von WSS auf einem eigenständigen Server

Die einfachste Methode, sich in WSS einzuarbeiten, ist der Aufbau eines eigenständigen WSS-Servers. Bei dieser Konfiguration werden alle Komponenten und Dienste auf einem einzigen Computer installiert.

Das wichtigste Werkzeug für die Arbeit mit WSS ist ein Webbrowser. Um die primäre WSS-Benutzerwebsite und die SharePoint 3.0-Zentraladministrationswebsite betreiben zu können, sind die Internetinformationsdienste (IIS) erforderlich. Die WSS-Architektur setzt außerdem voraus, dass das Feature .NET Framework 3.0 auf dem Computer installiert ist. Zur Datenspeicherung wird in der eigenständigen Konfiguration die interne Windows-Datenbank verwendet. Diese Datenbank wurde zur Speicherung von betriebssystembezogenen Daten einschließlich WSS-Inhalten entwickelt. Die Datenbank selbst basiert auf der Microsoft SQL Server-Technologie.

Da alle Dienste auf demselben Computer ausgeführt werden, können Sie die Installation und Konfiguration sehr schnell abschließen. Bis auf Serverrollen und Rollendiensten, die automatisch installiert werden, gibt es keine zusätzlichen Systemvoraussetzungen oder spezielle Konfigurationsschritte. Die weitere Konfiguration führen Sie in der SharePoint 3.0-Zentraladministrationswebsite durch.

Der größte Nachteil einer eigenständigen Konfiguration liegt natürlich darin, dass sich diese Konfiguration in größeren Umgebungen nicht auf mehrere Server ausweiten lässt, um die Skalierbarkeit zu erhöhen.

Bereitstellen von WSS in einer Serverfarmkonfiguration

In vielen Organisationen sind die Funktionen zur Verbesserung der Zusammenarbeit ein wichtiger Bestandteil der Infrastruktur. Da WSS viele nützliche Komponenten enthält, ist auch die Skalierbarkeit ein wichtiger Aspekt. Die WSS-Architektur ermöglicht es Systemadministratoren, die Benutzer- und Verwaltungswebsites (Front-end) von der WSS-Datenbank (Back-end) zu trennen. Diese Bereitstellungsoption wird *Serverfarmkonfiguration* genannt.

In einer Serverfarm können mehrere WSS-Front-End-Server Verbindungen mit einem Back-End-Datenbankserver herstellen, der Kopien von allen Dokumenten, Einstellungen und anderen erforderlichen Daten enthält. Dadurch lässt sich die Leistung des Gesamtsystems in einer Reihe von Szenarien verbessern. Zum Beispiel ist es auf diese Weise möglich, ein Extranetszenario aufzubauen, bei dem externe Benutzer und Organisationen (wie Geschäftspartner oder Berater) das System verwenden können. Außerdem können Niederlassungen und Büros an anderen Orten aus Leistungs- und Verfügbarkeitsgründen ihre eigenen WSS-Server aufbauen.

Die Grundvoraussetzungen, die das System erfüllen muss, sind mit Ausnahme der internen Windows-Datenbank dieselben wie bei einer eigenständigen WSS-Konfiguration. Beim Aufbau einer Serverfarmkonfiguration muss bereits eine SharePoint-Datenbank auf der Basis von Microsoft SQL Server 2000 oder SQL Server 2005 zur Verfügung stehen. Dadurch werden zwar zusätzliche Bereitstellungsschritte erforderlich, aber die Datenbanken können von den Datenbankadministratoren der Organisation auf bereits vorhandenen SQL Server-Installationen eingerichtet werden.

Die Bereitstellung erfolgt in der Weise, dass zuerst auf einem Computer, auf dem SQL Server verfügbar ist, die erforderlichen Datenbanken installiert und konfiguriert werden. Je nach den Sicherheits- und Leistungsansprüchen, die an die Bereitstellung gestellt werden, kann SQL Server auf einem der Computer installiert und konfiguriert werden, auf denen WSS ausgeführt wird. Der nächste Schritt besteht darin, auf allen WSS-Front-End-Servern die Serverrolle Windows SharePoint Services zu installieren. Zusätzliche Server können zwar nachträglich hinzugefügt werden, aber es ist am besten, die Rolle auf allen Servern zu installieren, die für die erste Bereitstellung vorgesehen sind. Die SharePoint 3.0-Zentraladministrationswebsite wird auf dem ersten Server installiert und konfiguriert, der nicht zur Serverfarm gehört.

Prüfungstipp

Für die Prüfung 70-643 ist es wichtig, dass Sie die technischen Unterschiede zwischen einer eigenständigen Bereitstellung und einer Serverfarmbereitstellung der Windows SharePoint Services verstehen. Eine Serverfarmkonfiguration ist von zusätzlichen Komponenten abhängig und stellt andere Anforderungen, wie zum Beispiel den Zugriff auf SQL Server. Wenn Sie sich mit SQL Server nicht auskennen, konzentrieren Sie sich auf die Installation und Konfiguration einer eigenständigen WSS-Bereitstellung. Von der ersten Installation einmal abgesehen, sind alle weiteren Konfigurationsschritte ähnlich.

Eine Serverfarm ist eine leistungsfähigere und anspruchsvollere WSS-Konfiguration, die zusätzliche Planung und Koordination erfordert.

Verwenden des Konfigurations-Assistent für SharePoint-Produkte und -Technologien

Nachdem die Front-End-WSS-Serverrollen für die erste Bereitstellung installiert sind, können Administratoren zur weiteren Konfiguration den *Konfigurations-Assistenten für SharePoint-Produkte und -Technologien* verwenden. Er unterstützt sie bei der Einrichtung der WSS-Datenbank und der Webserver (Abbildung 9.2). Mit dem Assistenten können Sie auch eine WSS-Installation reparieren, falls die Website unzugänglich wird oder fehlerhaft arbeitet. Wenn Sie eine Serverfarmkonfiguration einrichten, müssen Sie zum Beispiel den Datenbankserver angeben, der für die Serverfarm verwendet werden soll, und die dazugehörigen Anmeldeinformationen.

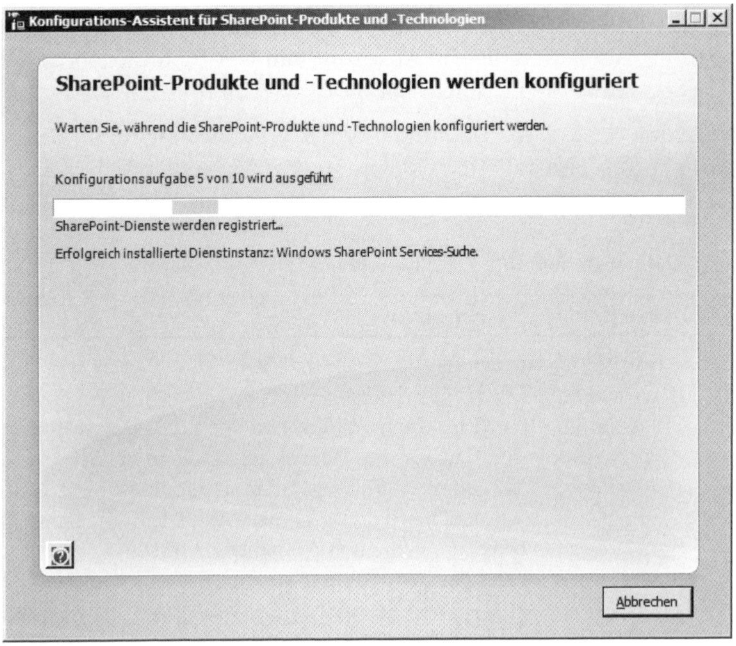

Abbildung 9.2 Verwenden des Konfigurations-Assistenten für SharePoint-Produkte und -Technologien

Weitere Informationen WSS und Windows Web Server 2008

Sie können WSS zwar auf Windows Web Server 2008 installieren und verwenden, aber die Lizenzbedingungen für dieses Betriebssystem beschränken den Einsatz auf die Erstellung von öffentlich zugänglichen Internet-Websites. Daher können Sie die Web-Edition nicht zur Erstellung von Portalen oder Teamwebsites für Intranet- oder Extranetumgebungen verwenden. Außerdem können Sie mit dieser Edition keine eigenständige WSS-Konfiguration bereitstellen. Weitere Informationen über die Editionen finden Sie auf der Microsoft Windows Server 2008-Website unter *http://www.microsoft.com/windowsserver2008/default.mspx*.

Überprüfen der WSS-Installation

Nachdem Sie die Rolle Windows SharePoint Services installiert haben, können Sie das Ergebnis mit dem Server-Manager und dem Windows Internet Explorer überprüfen. In diesem Abschnitt erfahren Sie, wie man die Installation überprüfen kann.

Überprüfen der Serverrolle und der Einstellungen

Wenn die Windows SharePoint Services fertiggestellt sind, werden sie wahrscheinlich im Server-Manager angezeigt. Dann können Sie sich Details über die Installation ansehen, indem Sie im Server-Manager den Knoten *Rollen* erweitern und auf *Windows SharePoint Services* klicken.

Der Abschnitt *Ereignisse* zeigt Protokolleinträge, die für WSS wichtig sind. Überprüfen Sie regelmäßig die Informationen in diesem Abschnitt, um Konfigurationsdetails oder Bedienungsfehler zu erkennen, die vielleicht überprüft werden müssen.

Der Abschnitt *Systemdienste* zeigt die Hauptdienste der Windows SharePoint Services an. Auf einer eigenständigen Serverinstallation werden Sie dort wahrscheinlich mehrere Dienste sehen (Tabelle 9.1). Bei Bedarf können Sie bestimmte Dienste starten oder beenden.

Tabelle 9.1 WSS-Systemdienste und ihre Beschreibungen

Anzeigename	Dienstname	Beschreibung
IIS-Verwaltungsdienst	iisadmin	Wird zur Speicherung und Verwaltung von SMTP- und FTP-bezogenen Konfigurationsdaten verwendet.
SharePoint-Timer-dienst (Windows SharePoint Services Timer)	SPTimerv3	Wird für die Durchführung von geplanten Aufgaben und für den Versand von Benachrichtigungen verwendet, die in der SharePoint 3.0-Zentraladministrationswebsite konfiguriert wurden. Wird dieser Dienst beendet, findet keine Durchführung von geplanten Aufgaben mehr statt und auch der Versand der betreffenden Meldungen erfolgt nicht.
WWW-Publishing-dienst	W3SVC	Die HTTP-Serverkomponente von IIS, die SharePoint-Websites in die Lage versetzt, Verbindungen anzunehmen und Anfragen zu bearbeiten. Wird dieser Dienst angehalten, können Benutzer und Administratoren mit ihren Webbrowsern keine Verbindung mehr zu den Windows SharePoint Services aufnehmen.

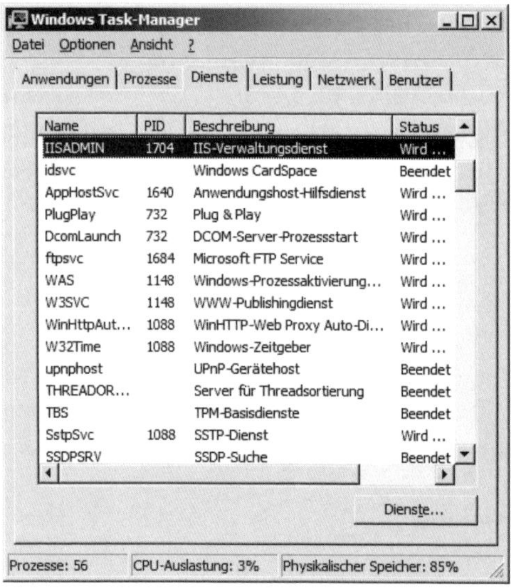

Abbildung 9.3 Verwenden des Task-Managers zur Anzeige von Diensten

Der Abschnitt *Ressourcen und Support* des Server-Managers zeigt weitere nützliche Informationen über die Konfiguration der Windows SharePoint Services an.

Die Systemdienste können Sie auch in der *Dienste*-Konsole anzeigen. Dazu klicken Sie im *Start*-Menü auf *Verwaltung* und dann auf *Dienste*.

Überprüfen von WSS-Websites

Wie bereits in dieser Lektion erwähnt, werden zwei neue IIS-Websites erstellt, wenn die Serverrolle Windows SharePoint Services zum Computer hinzugefügt wird. Dabei handelt es sich um folgende:

- **SharePoint – 80** Das ist die Hauptwebsite, die WSS-Benutzer in ihren Browsern verwenden (Abbildung 9.4). Sie wird so eingestellt, dass sie standardmäßig auf Port 80 antwortet. Nachdem die Website erstellt wurde, ist sie unter *http://ServerName* für Benutzer erreichbar.

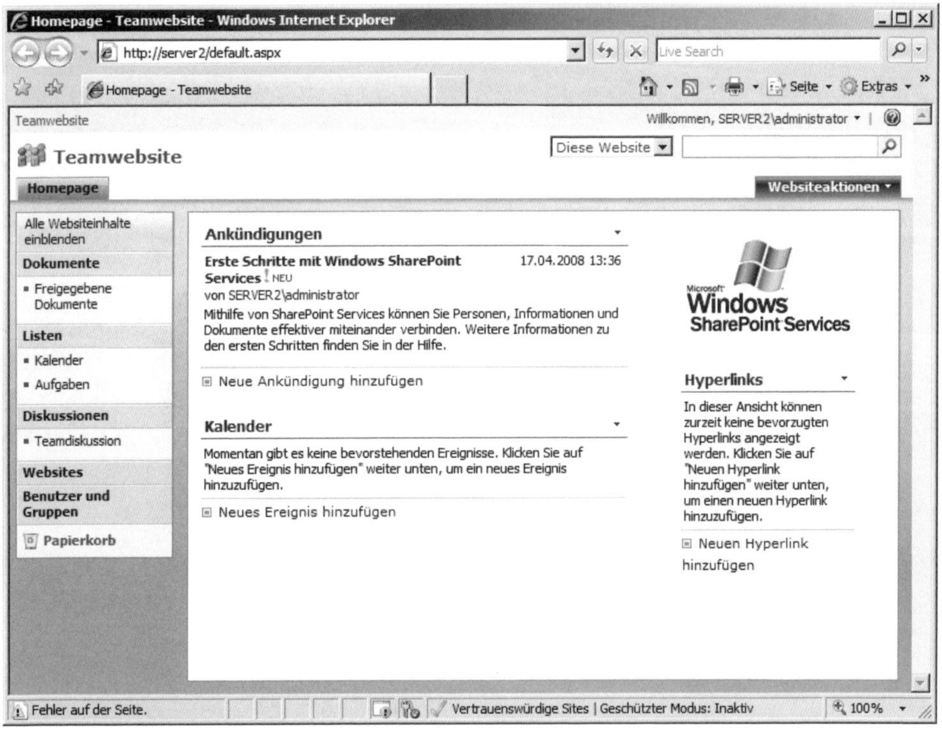

Abbildung 9.4 Zugreifen auf die SharePoint-Website

- **SharePoint 3.0-Zentraladministration** Diese Website soll SharePoint-Administratoren die Verwaltung der SharePoint Services ermöglichen. Administratoren können beispielsweise Einstellungen für E-Mails vornehmen, Benutzerberechtigungen festlegen und Einstellungen für einzelne SharePoint-Websites vornehmen.

Beachten Sie, dass durch die Installation dieser Serverrolle automatisch jede andere IIS-Website beendet wird, die auf dem lokalen Server für Port 80 konfiguriert ist. Das ist erforderlich, weil IIS nicht zulässt, dass mehrere Websites denselben HTTP-Port verwenden, wenn sie keine eindeutigen Hostheader verwenden. Falls der lokale Server eine andere Website oder Webanwendung beherbergt, sollten Sie deren Porteinstellung ändern, damit sie Benutzern weiterhin zur Verfügung steht. Weitere Informationen über die Konfiguration von IIS erhalten Sie in Kapitel 5.

Schnelltest

1. Welche Rolle müssen Sie installieren, um die Windows SharePoint Services in einer eigenständigen Konfiguration (einzelner Server) zu installieren, und von welchen Komponenten ist diese Rolle abhängig?
2. Welche Vorteile hat eine Serverfarmkonfiguration?

Antworten zum Schnelltest

1. WSS benötigt das Feature .NET Framework 3.0, die Rolle Webserver (IIS), das Feature Windows-Prozessaktivierungsdienst und das Feature Interne Windows-Datenbank.
2. Eine Serverfarmkonfiguration ermöglicht es, mehrere WSS-Webserver einzurichten, die Verbindungen mit Back-End-Datenbankservern herstellen können. Dadurch lassen sich zum Beispiel Extranetszenarien unterstützen und die Skalierbarkeit für umfangreiche Bereitstellungen steigt.

Verwenden der SharePoint 3.0-Zentraladministrationswebsite

Das wichtigste Verwaltungsprogramm für WSS ist die SharePoint 3.0-Zentraladministrationswebsite. Wenn Sie die Rolle Windows SharePoint Services mit den Standardoptionen hinzugefügt haben, können Sie auf diese Website gehen, indem Sie einen Browser öffnen und die URL *http://ServerName:PortNummer* verwenden (oder Sie klicken in der Programmgruppe *Verwaltung* auf *SharePoint 3.0-Zentraladministration*). Die Website bietet mehrere Abschnitte mit Optionen für die Verwaltung des Servers und zur Durchführung wichtiger Aufgaben wie zum Beispiel die Erstellung neuer Websites für Benutzer.

Durchführen der Administratoraufgaben

Nach der ersten Verbindung mit der Website wird eine Liste mit Administratoraufgaben angezeigt. Die Standardeinträge wurden jeweils mit einem Prioritätswert versehen. Folgende Aufgaben werden angezeigt:

- WICHTIGE HINWEISE – Klicken Sie auf diesen Hyperlink, um Bereitstellungsanweisungen zu erhalten.
- Einstellungen für eingehende E-Mail
- Einstellungen für ausgehende E-Mail

- SharePoint-Websites erstellen
- Workfloweinstellungen konfigurieren
- Das Anwendungspoolkonto der Zentraladministration muss eindeutig sein.
- Diagnoseprotokollierungseinstellungen
- Virusschutz hinzufügen

Es empfiehlt sich, diese Aufgaben zu erledigen, bevor Sie den ersten Benutzern die Verwendung einer SharePoint-Website erlauben. Wenn Sie weitere Einzelheiten über die Aufgaben sehen möchten, klicken Sie auf die Verknüpfung. Wie Abbildung 9.5 zeigt, werden nähere Angaben über die Aufgaben gemacht.

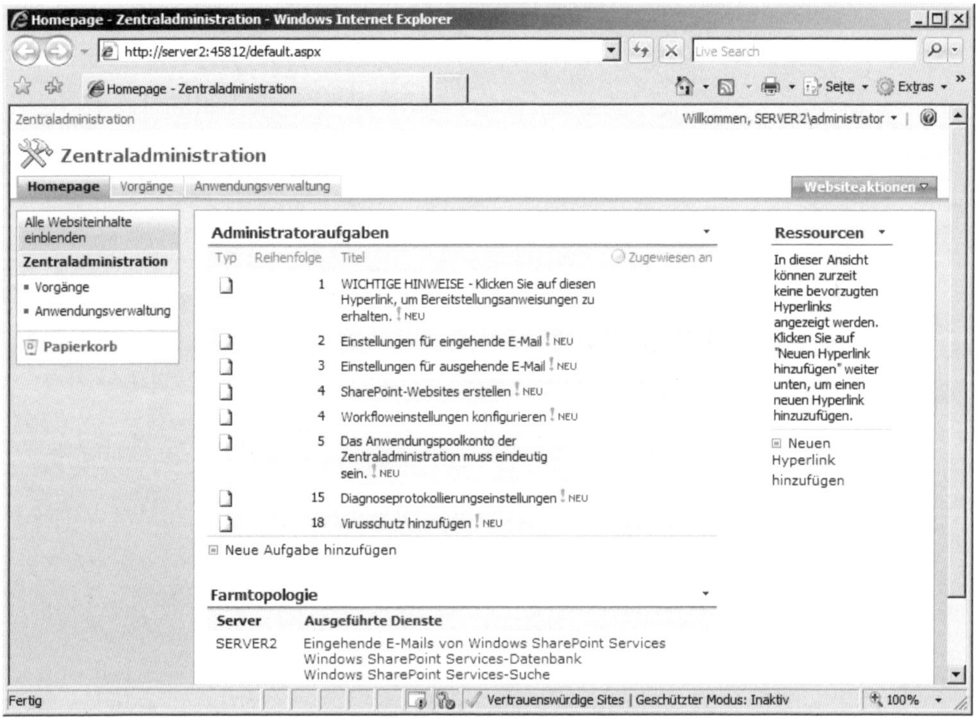

Abbildung 9.5 Anzeigen von Details über die Administratoraufgaben in der SharePoint 3.0-Zentraladministrationswebsite

Sobald Sie eine Aufgabe erledigt haben, können Sie sie löschen, damit sie nicht mehr in der Liste erscheint. Beachten Sie, dass die Einstellung *Aktion* bei manchen Einträgen eine Verknüpfung enthält, die Sie direkt zu den entsprechenden Konfigurationsseiten führt. Sie können die Seiten natürlich auch manuell ansteuern.

Navigieren in der Zentraladministrationswebsite

Die Liste *Administratoraufgaben* gibt Ihnen zwar einen schnellen Überblick über die wichtigsten Arbeiten, die bei der Einrichtung WSS zu erledigen sind, aber die SharePoint 3.0-Zentraladministrationswebsite kann noch wesentlich mehr. Die verfügbaren Optionen wurden zu zwei Hauptbereichen zusammengefasst. Der erste ist die Registerkarte *Vorgänge*. Sie enthält Einstellungen und Aufgaben für die Konfiguration und Verwaltung von WSS (Abbildung 9.6).

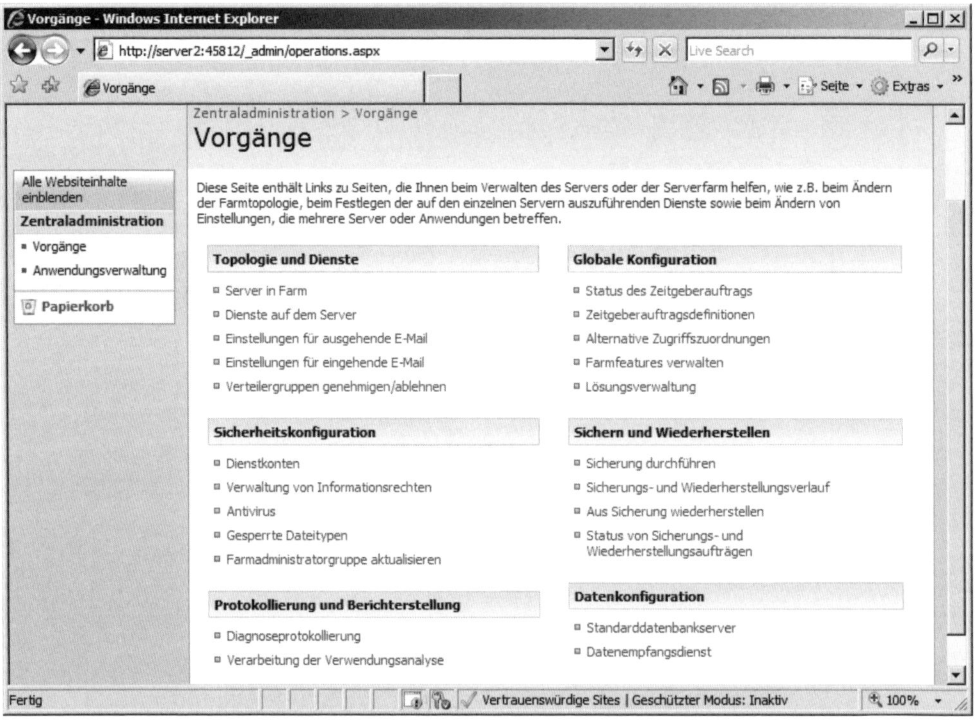

Abbildung 9.6 Die Registerkarte *Vorgänge* der SharePoint 3.0-Zentraladministrationswebsite

Die Optionen auf dieser Registerkarte sind in mehrere Bereiche aufgeteilt:

- **Topologie und Dienste** Definiert die Konfiguration einer Serverfarm und einige E-Mail-Einstellungen
- **Sicherheitskonfiguration** Verwaltet Dienstkonten, Antiviruseinstellungen und andere Sicherheitseinstellungen
- **Protokollierung und Berichterstellung** Ermöglicht Administratoren die Aktivierung der Protokollierung für die Problembehebung und die Erstellung von Berichten über die Verwendung der Websites
- **Globale Konfiguration** Einstellung für die zeitgesteuerte Ausführung von Aufgaben, die Verwaltung von Lösungen und von alternativen Websitezuordnungen

- **Sichern und Wiederherstellen** Bietet die Möglichkeit zur Durchführung von Sicherungen, von Wiederherstellungen und zur Überwachung von Sicherungsaufträgen
- **Datenkonfiguration** Ermöglicht Administratoren die Angabe des Datenbankservers, der von WSS verwendet wird

Der zweite Hauptbereich in der SharePoint 3.0-Zentraladministrationswebsite ist die Registerkarte *Anwendungsverwaltung* (Abbildung 9.7).

Abbildung 9.7 Die Registerkarte *Anwendungsverwaltung* der SharePoint 3.0-Zentraladministrationswebsite

Diese Befehle und Optionen dienen zur Erstellung und Verwaltung von SharePoint-Webanwendungen. Folgende Bereiche sind verfügbar:

- **Verwaltung von SharePoint-Webanwendungen** Ermöglicht die Erstellung neuer Webanwendungen und die Konfiguration von anwendungsspezifischen Werten
- **Anwendungssicherheit** Ermöglicht Sicherheitseinstellungen, einschließlich der Berechtigungen und Authentifizierungsmethoden für eine Webanwendung
- **Workflowverwaltung** Ermöglicht die Konfiguration von Workflows
- **SharePoint-Websiteverwaltung** Aufgaben, die sich im Zusammenhang mit der Erstellung, Löschung und Verwaltung von SharePoint-Websitesammlungen ergeben

- **Externe Dienstverbindungen** Optionen für die HTML-Anzeige, die Dokumentkonvertierung und das Datenarchiv

Einige dieser Optionen haben zwar eine gewisse Ähnlichkeit mit Optionen von der Registerkarte *Vorgänge*, aber die Aufgaben der Registerkarte *Anwendungsverwaltung* beziehen sich auf bestimmte WSS-Websites und nicht auf den gesamten WSS-Server. Im Verlauf dieser Lektion erfahren Sie mehr über viele dieser Einstellungen.

Prüfungstipp

Eine gute Methode, die Optionen der SharePoint 3.0-Zentraladministrationswebsite kennenzulernen, besteht darin, jede Verknüpfung anzuklicken. In vielen Abschnitten werden kurze Beschreibungen und zusätzliche Details angezeigt, mit denen Sie herausfinden können, welche Optionen für Ihre Bereitstellung wichtig sind. Außerdem machen Sie sich auf diese Weise mit den Optionen vertraut und bereiten sich gut auf die Prüfung 70-643 vor.

Verwalten wichtiger SharePoint-Einstellungen

Ist WSS erst einmal installiert und funktionsfähig, können Benutzer viele Aufgaben, die sich auf Inhalte beziehen, selbst erledigen. Bevor Sie Benutzern aber den Zugang zur Website ermöglichen, sollten Sie eine Reihe von Verwaltungseinstellungen überprüfen und bei Bedarf anpassen. In diesem Abschnitt erfahren Sie etwas über die wichtigsten Funktionen und Einstellungen eines WSS-Servers.

Verwalten der Sicherheitseinstellungen

Für eine optimale Sicherheit ist es wichtig, Anwendungen und Diensten nur die Berechtigungen zu geben, die aus technischen Gründen oder für die Durchführung der vorgesehenen Aufgaben erforderlich sind. Wenn Sie die Serverrolle Windows SharePoint Services zu einem Computer hinzufügen, werden auf dem lokalen Server einige zusätzliche Dienste installiert. Jeder Dienst verwendet ein Standardkonto. Tabelle 9.2 zeigt die Standardeinstellungen für eine eigenständige WSS-Konfiguration.

Tabelle 9.2 Standardkonten für die Windows SharePoint Services

Dienstname	Standardkonto	Starttyp
Windows SharePoint Services Administration	Lokales System	Manuell
Windows SharePoint Services Search	Lokaler Dienst	Manuell
Windows SharePoint Services Timer	Netzwerkdienst	Automatisch
Windows SharePoint Services Tracing	Lokaler Dienst	Automatisch
Windows SharePoint Services VSS Writer	Lokales System	Manuell

Sie können die Einstellungen der Dienstkonten zwar in der Konsole Dienste ändern, aber die bevorzugte Methode ist die Verwendung der SharePoint 3.0-Zentraladministrationswebsite. Abbildung 9.8 zeigt die Seite *Dienstkonten* und die verfügbaren Optionen.

Standardmäßig erhält jede SharePoint-Website einen eigenen Anwendungspool (über Anwendungspools erfahren Sie mehr in Kapitel 5). Sie können auch die Sicherheitseinstellungen jeder Website ändern, indem Sie ihr ein integriertes Konto (wie *Netzwerkdienst* oder *Lokaler Dienst*) oder ein Benutzerkonto samt Kennwort zuweisen. Es können auch spezielle lokale Konten oder Domänenkonten erforderlich werden, wenn die Website zum Beispiel Zugriff auf andere Server aus der Umgebung erhalten soll.

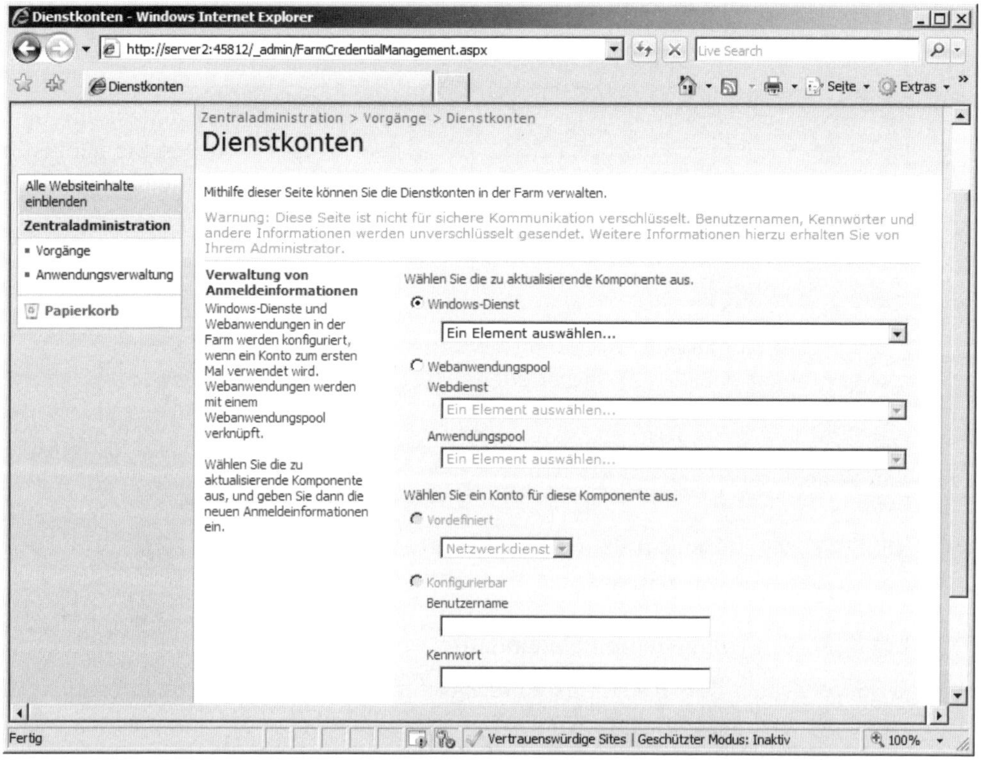

Abbildung 9.8 Verwalten von Sicherheitskontoeinstellungen in der SharePoint 3.0-Zentraladministrationswebsite

Die Zusammenarbeit in einer Netzwerkumgebung bringt das Risiko mit sich, dass Benutzer unerwünschte oder mit Viren infizierte Dateien hochladen. WSS verfügt zwar nicht über ein integriertes Virenprogramm, aber es ist möglich, Dateien automatisch mit entsprechenden Programmen von anderen Herstellern zu überprüfen, wenn sie auf eine SharePoint-Website hochgeladen oder von ihr heruntergeladen werden.

Außerdem können Sie die Sicherheit durch eine entsprechende Einstellung der Option *Gesperrte Dateitypen* verbessern (Abbildung 9.9). Diese Beschränkungen sorgen dafür, dass nur zugelassene Dateitypen hochgeladen werden. Standardmäßig werden zum Beispiel viele gebräuchliche Skriptformate (wie VBScript) gesperrt. Es ist zwar möglich, dass Benutzer die Dateinamenserweiterungen ändern, aber diese Einstellungen verhindern, dass Benutzer diese Dateitypen herunterladen und automatisch ausführen.

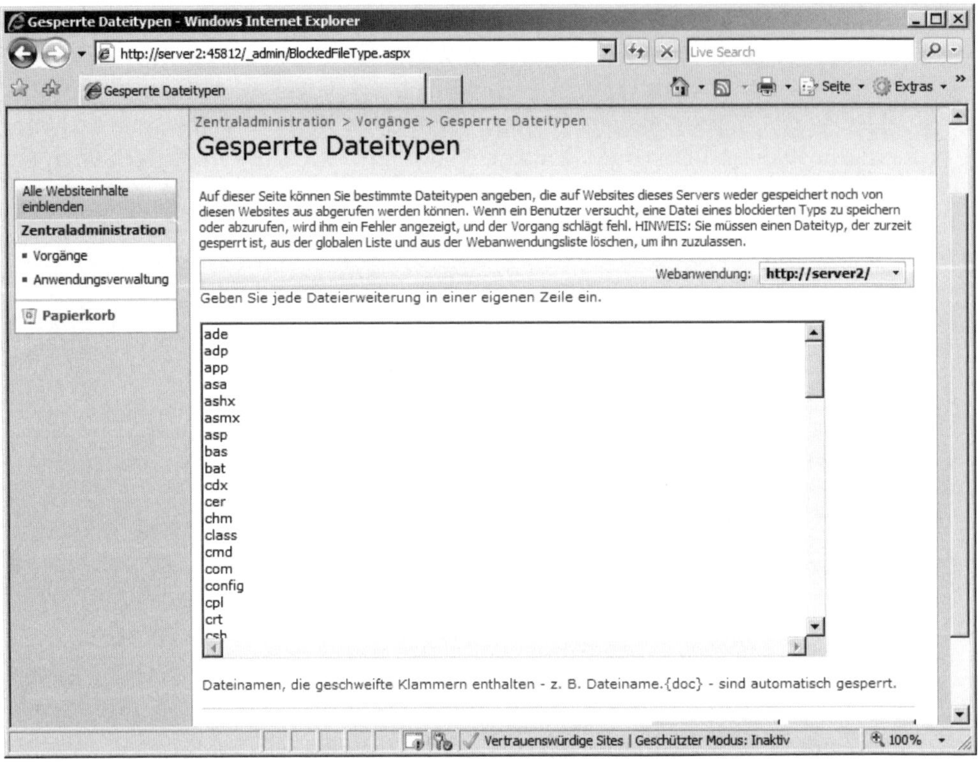

Abbildung 9.9 Konfigurieren von gesperrten Dateitypen in der SharePoint 3.0-Zentraladministrationswebsite

Konfigurieren von E-Mail-Einstellungen

WSS verwendet SMTP-E-Mails, um Benachrichtigungen zu versenden und Nachrichten zu senden und zu empfangen. Sie haben zwar schon bei der Installation der Serverrolle Windows SharePoint Services die Gelegenheit, einen E-Mail-Server und Adressen anzugeben, können dies aber auch später nachholen. Vielleicht müssen Sie die Einstellungen auch wegen Änderungen, die sich im Netzwerk ergeben, später ändern. Verwenden Sie dann die Verknüpfung *Einstellungen für ausgehende E-Mail* auf der Registerkarte *Vorgänge* (Abbildung 9.10).

WSS ermöglicht Ihnen aber nicht nur den Versand von E-Mails, sondern auch den Empfang. Standardmäßig ist diese Funktion jedoch deaktiviert. Um sie zu aktivieren, klicken Sie auf die Verknüpfung *Einstellungen für eingehende E-Mail*. Abbildung 9.11 zeigt die entsprechende Seite.

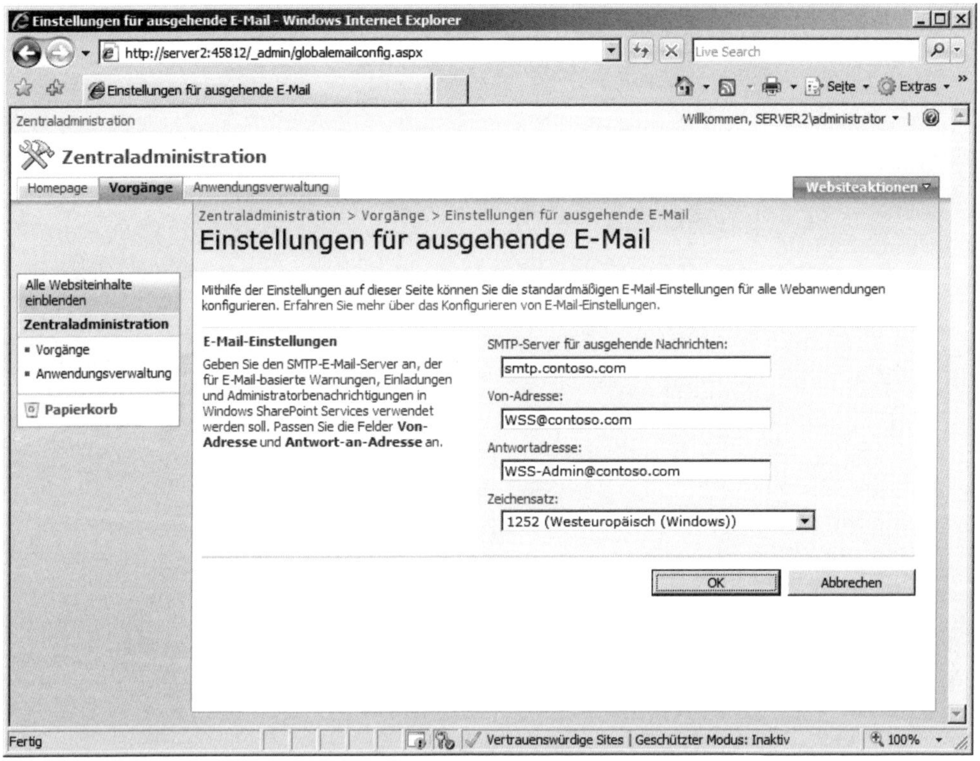

Abbildung 9.10 E-Mail-Einstellungen für ausgehende E-Mails

Es gibt zwei wichtige Methoden, um die E-Mail-Einstellungen vorzunehmen. Im Einstellungsmodus *Automatisch* werden Einstellungen verwendet, die Sie auf der Seite *Einstellungen für ausgehende E-Mail* vorgenommen haben (genauer gesagt, es wird der SMTP-Server verwendet, den Sie angegeben haben). Wenn Sie diese Einstellungen noch nicht vorgenommen haben oder keinen SMTP-Server verwenden möchten, können Sie die Option *Erweitert* verwenden. Dann müssen Sie einen E-Mail-Ablageordner angeben, in dem neue Nachrichten gespeichert werden. Sie können auch entscheiden, ob Sie den Verzeichnisverwaltungsdienst verwenden möchten, um E-Mail-Verteilergruppen den Zugriff zu erlauben. Weitere Informationen über das Konfigurieren eines SMTP-Servers finden Sie in Kapitel 7, „Konfigurieren der FTP- und SMTP-Dienste". Wenn Sie in einer Active Directory-Umgebung arbeiten, ist dies eine nützliche Funktion, um eingehende Nachrichten zu erkennen.

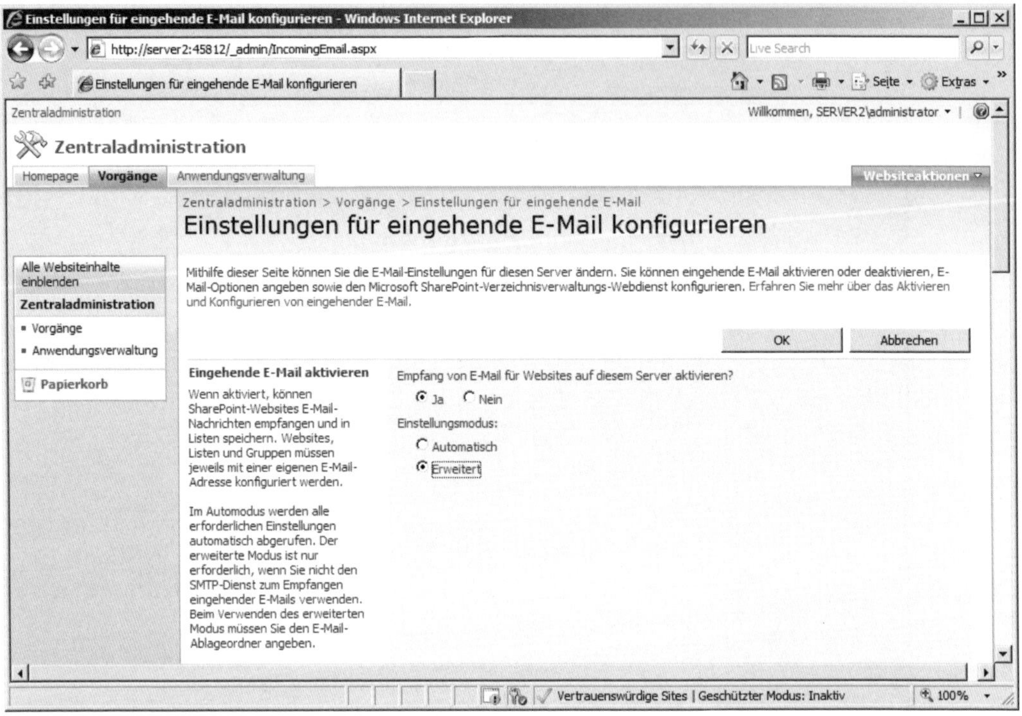

Abbildung 9.11 Einstellungen für eingehende E-Mails

Nachdem Sie auf einem WSS-Server eingehende E-Mails aktiviert haben, können Sie die Dokumentbibliotheken so einstellen, dass diese ebenfalls eingehende Nachrichten annehmen. Dazu öffnen Sie auf einer SharePoint-Website eine Dokumentbibliothek. Klicken Sie im Menü *Einstellungen* auf *Einstellungen für 'Dokumentbibliothek'* und wählen Sie dann im Abschnitt *Kommunikation* die Verknüpfung *Einstellungen für eingehende E-Mail.* Die Seite *Einstellungen für eingehende E-Mail: Freigegebene Dokumente* bietet Optionen, mit denen sich der Empfang von E-Mails aktivieren und die Bearbeitung von Anhängen einstellen lässt (Abbildung 9.12).

Verwalten von Einstellungen für die Protokollierung

Systemadministratoren können die integrierte Protokollierung und Berichterstellung von WSS konfigurieren. Die Seite *Diagnoseprotokollierung* (Abbildung 9.13) bietet Optionen für die Einstellung von Art und Umfang der Protokollierung. Standardmäßig ist die Sammlung von Fehlerberichten aktiviert. Diese Berichte werden automatisch erstellt, wenn im Bereich von WSS schwerwiegende Fehler auftreten. Dazu gehören Hardwarefehler, fehlende wichtige Dateien oder Softwarekonfigurationsprobleme.

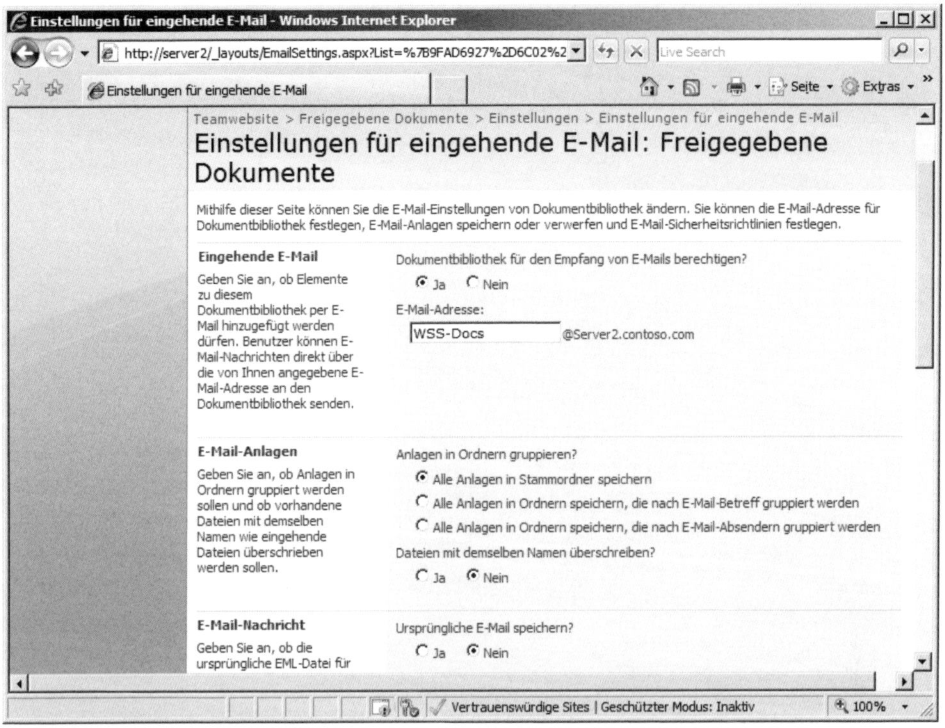

Abbildung 9.12 Einstellungen für eingehende E-Mails für Dokumentbibliotheken

Da gut ausgelastete SharePoint-Websites eine große Anzahl von Ereigniseinträgen erzeugen können, können Sie im Abschnitt *Ereignissteuerung* festlegen, welche Art von Informationen aufgezeichnet werden sollen. Die Kategorieliste zeigt die Ereignisarten an, die sich überwachen lassen. Das Spektrum reicht von Ereignissen aus dem Bereich der Datenbank bis hin zu Websteuerelementen. Sie können die Einstellungen für eine oder alle Kategorien ändern. Fehler können in Protokolldateien gespeichert oder im Ereignisprotokoll von Windows erfasst werden, wo sie dann mit der Ereignisanzeige oder dem Server-Manager eingesehen werden können.

Die Option *Unwichtigstes, im Ereignisprotokoll aufzuzeichnendes Ereignis* erlaubt folgende Einstellungen:

- Keine
- Fehler
- Warnung
- Überwachungsfehler [d.h. Fehlschlagüberwachung]
- Überwachungserfolg [d.h. Erfolgsüberwachung]
- Information

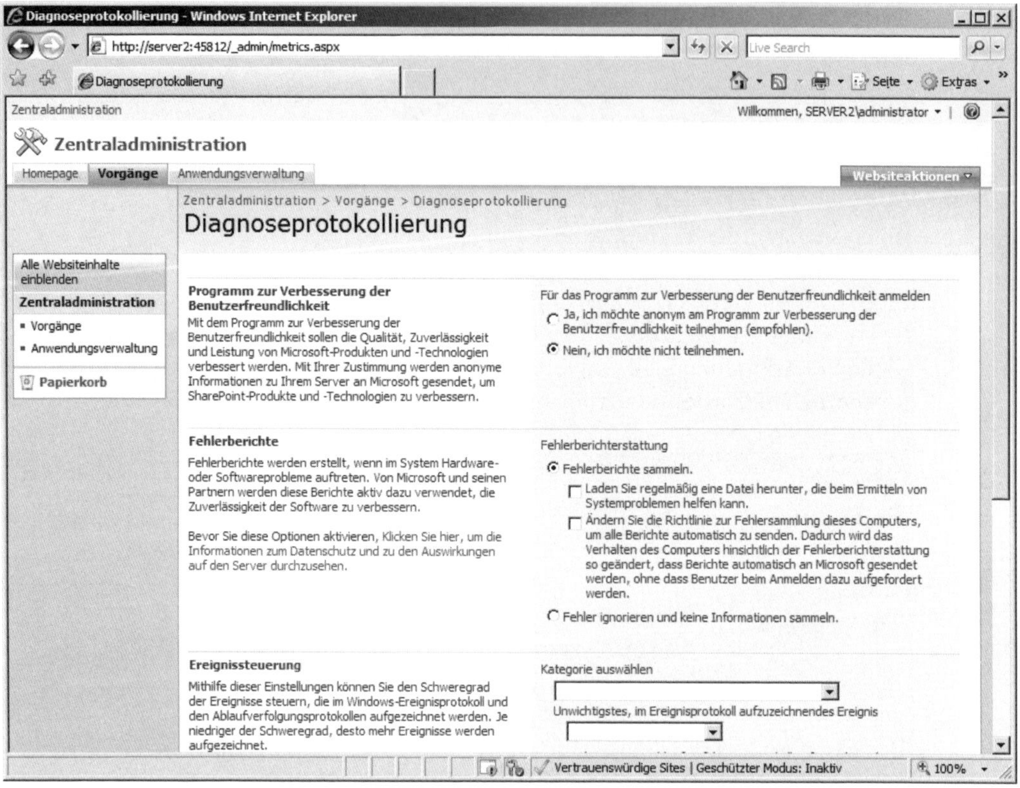

Abbildung 9.13 Diagnoseprotokollierungseinstellungen in der SharePoint 3.0-Zentraladministrationswebsite

Die Option *Unwichtigstes, im Ablaufverfolgungsprotokoll aufzuzeichnendes Ereignis* erlaubt folgende Einstellungen:

- Keine
- Unerwartet
- Überwachbar
- Hoch
- Mittel
- Ausführlich

Die Standardeinstellungen reichen zwar für die Protokollierung der wichtigsten Ereignisse aus, aber bei Bedarf können Sie die Einstellungen zur Behebung spezieller Probleme ändern. Wenn Sie zum Beispiel vermuten, dass es in der Kategorie *Sichern und Wiederherstellen* ein potenzielles Zuverlässigkeitsproblem gibt, können Sie für diese Kategorie eine ausführliche Protokollierung einstellen.

Im Abschnitt *Ablaufverfolgungsprotokoll* schließlich können Sie festlegen, wie viele Protokolldateien angelegt werden und wie lange eine Datei jeweils verwendet wird. Diese

Einstellungen helfen Ihnen, einen vernünftigen Kompromiss zwischen Speicherplatzbedarf und Überschaubarkeit der Protokolldateien zu finden. Gespeichert werden Protokolldateien standardmäßig im Ordner *%ProgramFiles%\Common Files\Microsoft Shared\Web Server Extensions\12\Logs*.

Aktivieren der Verwendungsanalyse

Für Systemadministratoren ist es von Nutzen, die Verwendung der SharePoint-Websites überwachen zu können. Aus den Zahlen geht zum Beispiel hervor, ob die Leistung ausreicht oder ob vielleicht Änderungen an der Konfiguration erforderlich sind. Aus Leistungsgründen ist die Datenerfassung für die Verwendungsanalyse standardmäßig deaktiviert. Wie Abbildung 9.14 zeigt, können Sie die Protokollierung aktivieren und die erforderlichen Einstellungen für die Protokolldateien vornehmen.

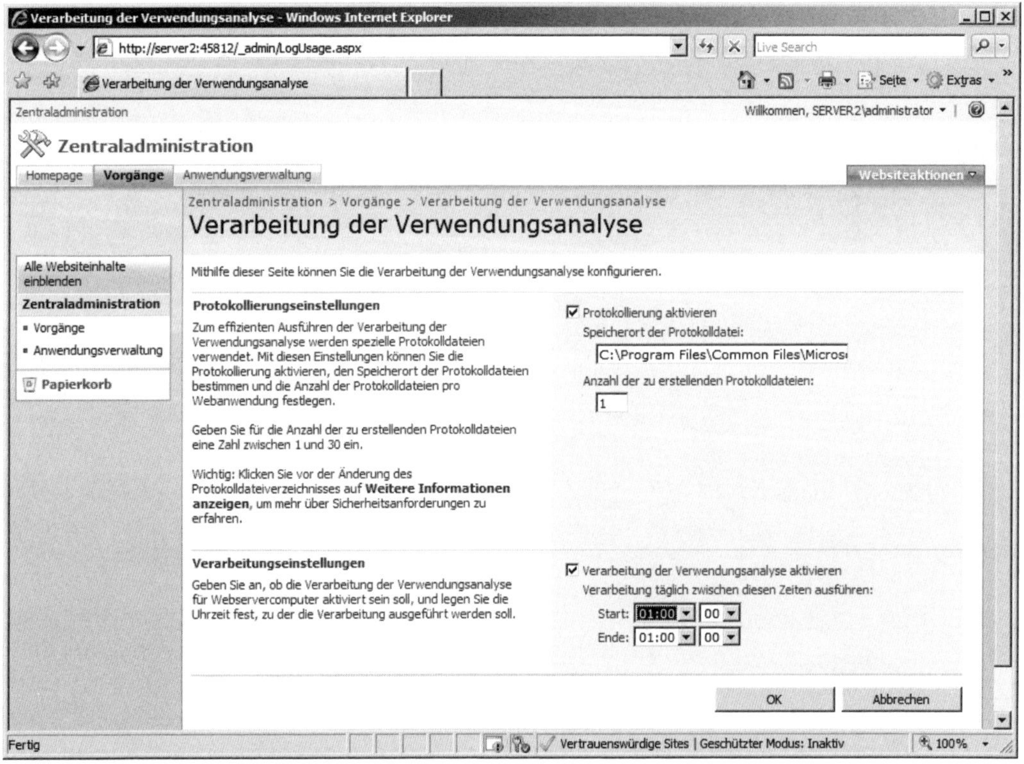

Abbildung 9.14 Konfigurieren der Verwendungsanalyse in der SharePoint 3.0-Zentraladministrationswebsite

WSS kann die Nutzungsdaten nicht nur erfassen und speichern, sondern auch zu bestimmten Zeitpunkten automatisch verarbeiten. Benutzer, die über die entsprechenden Berechtigungen verfügen, können die Verwendungsberichte auf bestimmten SharePoint-Websites einsehen.

Anzeigen der Definitionen von Zeitgeberaufträgen

WSS verwendet zur Datenspeicherung bei eigenständigen Konfigurationen die interne Windows-Datenbank und bei Serverfarmkonfigurationen eine SQL Server-Datenbank. Diese Datenbanken erfordern eine gewisse Pflege, damit nicht mehr benötigte Daten entfernt werden und die Gesamtleistung erhalten bleibt. Wenn Sie sich Einzelheiten über geplante Aufgaben ansehen möchten, klicken Sie auf der Registerkarte *Vorgänge* auf die Verknüpfung *Zeitgeberauftragsdefinitionen* (Abbildung 9.15). Sie können die einzelnen Aufträge bei Bedarf anklicken, um sie zu aktivieren oder zu deaktivieren.

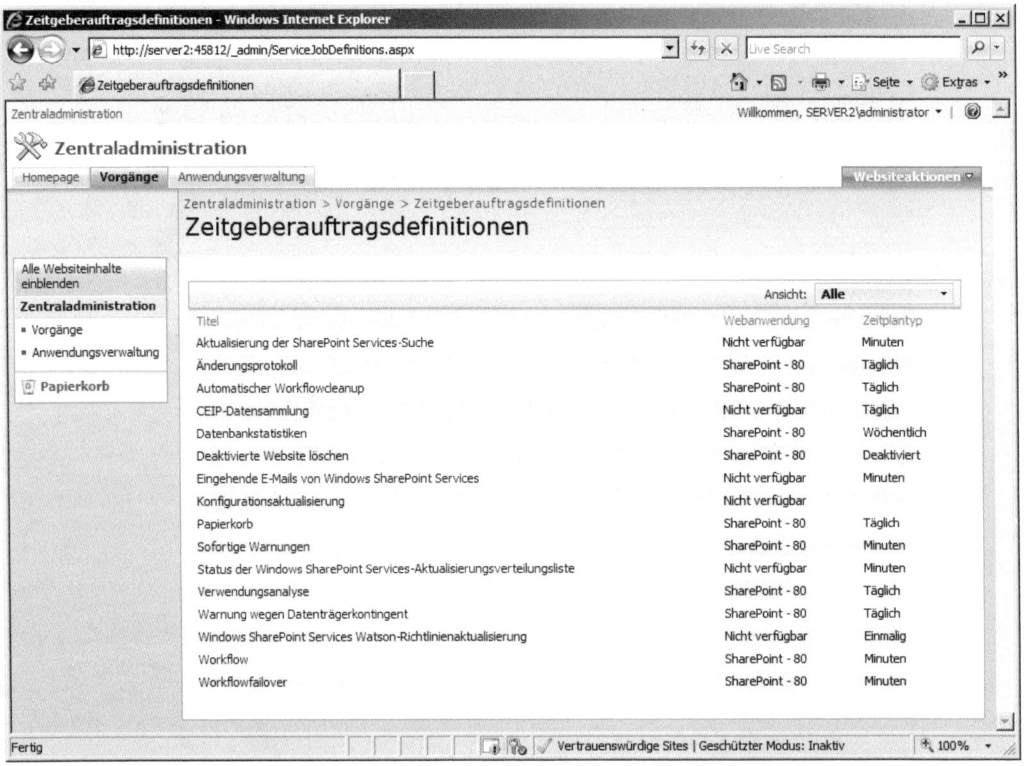

Abbildung 9.15 Anzeigen der Zeitgeberauftragsdefinitionen in der SharePoint 3.0-Zentraladministrationswebsite

Wenn Sie sich einen Überblick darüber verschaffen möchten, wann Aufträge ausgeführt wurden, klicken Sie auf die Verknüpfung *Status des Zeitgeberauftrags*. Diese Seite zeigt jeden Auftrag, der ausgeführt wurde, sowie den Zeitpunkt der Durchführung und das Ergebnis. Überprüfen Sie regelmäßig diese Angaben, um mögliche Probleme zu erkennen.

Verwalten von WSS mit *Stsadm*

Einstellungen in der SharePoint 3.0-Zentraladministrationswebsite vorzunehmen, ist zwar nicht sehr schwer, aber sehr zeitaufwendig, wenn viele WSS-Server zu konfigurieren sind.

Zur Automatisierung von häufig durchzuführenden Arbeiten bietet WSS das Befehlszeilenprogramm Stsadm. Mit diesem Programm können Sie zum Beispiel SharePoint-Websites erstellen, löschen oder sichern. Nähere Angaben über die Syntax und die zur Verfügung stehenden Befehle erhalten Sie, wenn Sie das Programm mit dem Schalter `-help` aufrufen. Abbildung 9.16 zeigt einen Teil des Hilfetextes, der dann angezeigt wird.

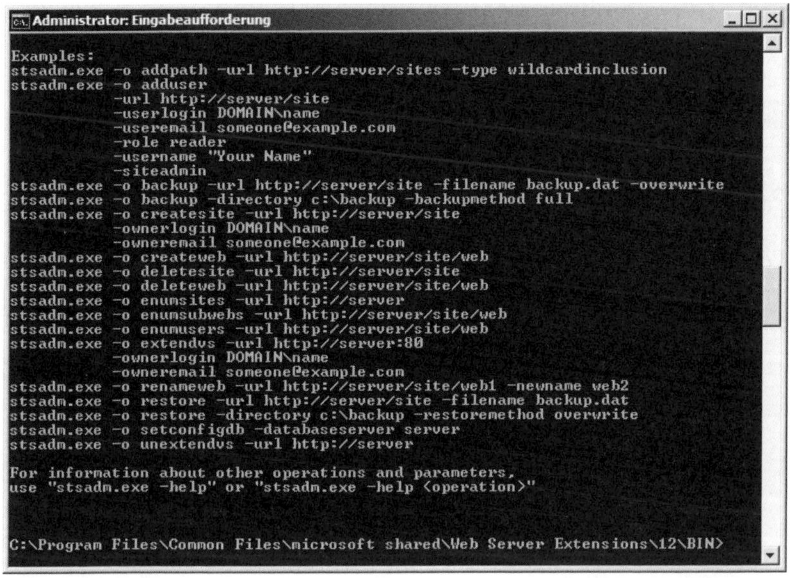

Abbildung 9.16 Anzeigen des Hilfetextes für das Befehlszeilenprogramm Stsadm

Das Befehlszeilenprogramm Stsadm ist im Ordner *%ProgramFiles%\Common Files\Microsoft Shared\Web Server Extensions\12\BIN* zu finden.

Prüfungstipp

Vielleicht erscheint es Ihnen seltsam, dass das wichtigste Befehlszeilenprogramm für die Verwaltung der Windows SharePoint Services (WSS) Stsadm genannt wird. Das liegt daran, dass die Vorgängerversionen von WSS SharePoint Team Services (STS) genannt wurden. Wenn Sie die Prüfung ablegen, hilft Ihnen dieser Zusammenhang vielleicht, sich an die Aufgabe des Befehlszeilenprogramms zu erinnern.

Stsadm ist dann von Nutzen, wenn Sie dieselben oder ähnliche Arbeiten auf mehreren WSS-Computern durchführen müssen oder wenn Sie ein Skript entwickeln wollen, mit dem häufiger durchzuführende Arbeiten erledigt werden sollen. Außerdem ist es hilfreich, wenn Sie keinen Webzugriff auf die SharePoint 3.0-Zentraladministrationswebsite haben.

Grundlagen der WSS-Sicherung und -Wiederherstellung

Da die Benutzer in Ihrer Organisation wahrscheinlich auf die Daten angewiesen sind, die in SharePoint gespeichert sind, ist es wichtig, den Inhalt und die Konfiguration zu sichern. Der wichtigste Grund für die Erstellung von Datensicherungen ist der Schutz vor Datenverlusten, die ihre Ursache in Hardwareausfällen, versehentlichen Änderungen oder sonstigen Problemen haben, die sich ergeben können. In diesem Abschnitt erfahren Sie, wie Sie die Daten einer SharePoint-Website sichern und wiederherstellen können.

Erstellen von SharePoint-Sicherungen

Die SharePoint 3.0-Zentraladministrationswebsite bietet die Möglichkeit, manuell oder nach Zeitplan Datensicherungen zu erstellen. Um den Vorgang einzuleiten, klicken Sie auf der Registerkarte *Vorgänge* auf *Sicherung durchführen*. Im ersten Schritt dieses Prozesses wählen Sie die Informationen aus, die im Sicherungssatz erfasst werden sollen (Abbildung 9.17).

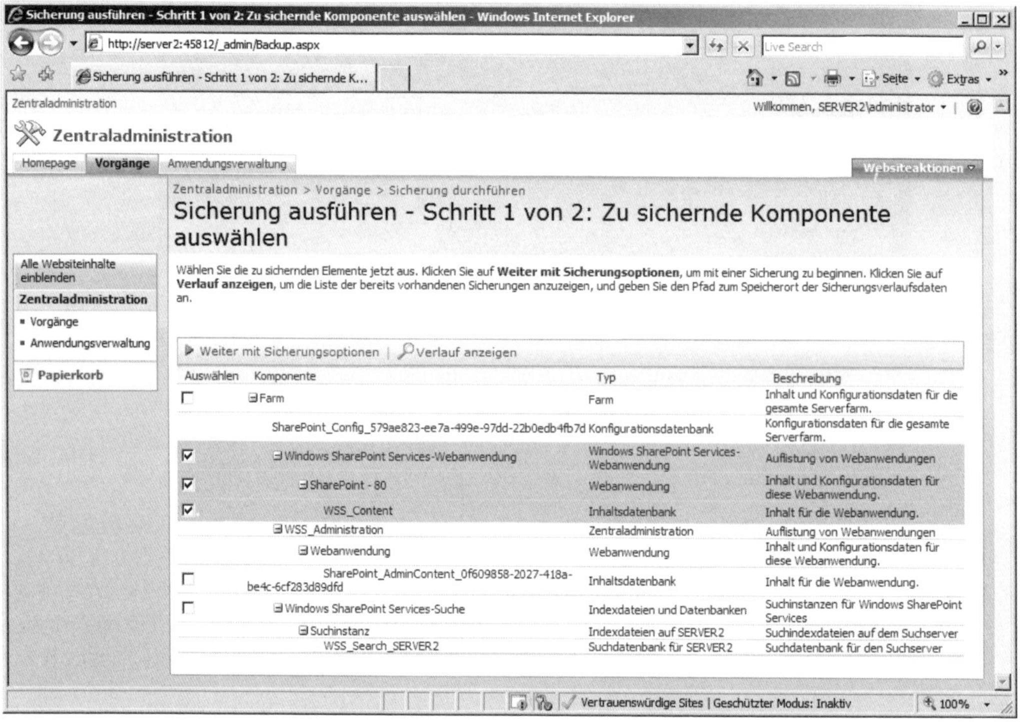

Abbildung 9.17 Auswählen der Daten, die gesichert werden sollen

WSS besteht aus vielen Komponenten, die gesichert werden können. Wenn Sie eine relativ kleine WSS-Installation sichern oder dafür sorgen möchten, dass alle Konfigurations- und Benutzerdaten gesichert werden, klicken Sie auf das Kontrollkästchen *Farm*. Dadurch werden automatisch alle anderen Komponenten gewählt. Vielleicht wollen Sie aber nur eine bestimmte Website oder bestimmte Einstellungen sichern. Das erreichen Sie durch die Wahl der entsprechenden Optionen. Klicken Sie auf *Weiter mit Sicherungsoptionen*, wenn Sie Ihre Auswahl getroffen haben.

Die Seite *Sicherung starten* (Abbildung 9.18) enthält Optionen, mit denen sich weitere Einstellungen für die Sicherung vornehmen lassen. Der Abschnitt *Sicherungstyp* bietet zwei Optionen. Bei einer vollständigen Sicherung werden alle Daten der ausgewählten Komponenten kopiert. Wie groß die Sicherung wird, hängt vom Inhalt der SharePoint-Website ab (am unteren Rand der Seite finden Sie eine Abschätzung der erwarteten Größe).

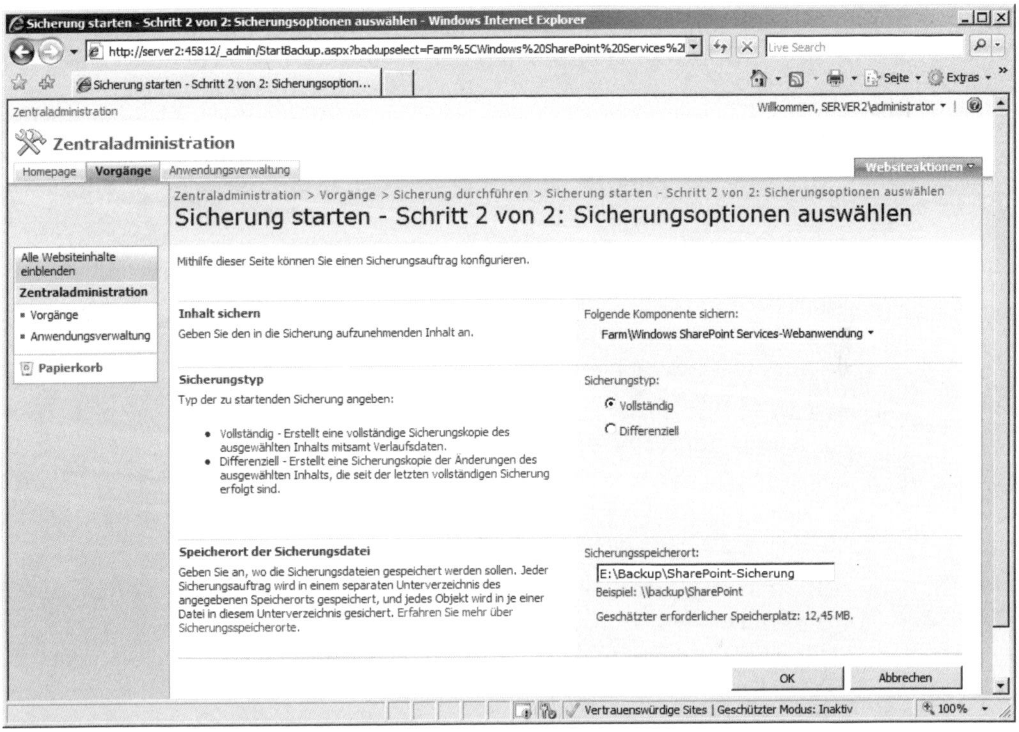

Abbildung 9.18 Festlegen der Optionen für die Datensicherung

Die andere Option ist eine differenzielle Sicherung. Bei dieser Sicherungsart werden nur die Daten gesichert, die sich seit der letzten vollständigen Sicherung geändert haben. Der Platzbedarf und Ressourcenaufwand für eine differenzielle Sicherung ist zwar geringer, aber um die Daten wiederherzustellen, brauchen Sie nicht nur die differenzielle Sicherung, sondern auch alle anderen bisher erstellten Sicherungen, bis zurück zur letzten vollständigen Datensicherung.

Die letzte Einstellung betrifft den Speicherort der Sicherung. Sie können einen Ordner des lokalen Dateisystems oder einen Netzwerkpfad für einen freigegebenen Ordner angeben. Als Schutz vor Datenverlust wegen des Ausfalls eines Speichermediums sollten Sie die gesicherten Dateien auf einem anderen Computer der Umgebung speichern.

Nachdem Sie die gewünschten Einstellungen vorgenommen haben, können Sie die Datensicherung mit einem Klick auf *OK* auf den Zeitplan setzen. Die Sicherung wird vom WSS-Zeitgeber zum nächstmöglichen Termin gestartet. Die Sicherung erfolgt ohne Ausfallzeit für die Website. Allerdings bemerken Benutzer vielleicht eine etwas langsamere Reaktion der Website. Auf der Seite *Sichern und Wiederherstellen – Verlauf* können Sie den Fortgang der Sicherung verfolgen. Die Seite wird automatisch regelmäßig aktualisiert, bis der Vorgang abgeschlossen ist.

Wiederherstellen der Windows SharePoint Services

Es gibt verschiedene Gründe, weshalb eine Wiederherstellung von SharePoint-Daten erforderlich sein könnte. Vielleicht führt ein Hardwareausfall oder ein Fehler im Dateisystem dazu, dass eine Website nicht mehr zu gebrauchen ist. Vielleicht werden wichtige Dokumente oder andere Inhalte versehentlich gelöscht oder auf unzulässige Weise geändert. Um die Wiederherstellung einzuleiten, klicken Sie auf der Registerkarte *Vorgänge* auf die Verknüpfung *Aus Sicherung wiederherstellen*. Eine Wiederherstellung erfolgt in vier Arbeitsschritten:

- **Schritt 1: Sicherungsspeicherort auswählen** Diese Seite ermöglicht Ihnen die Eingabe des Pfads zu einem lokalen oder einem freigegebenen Netzwerkordner, in dem die gesicherten Daten gespeichert wurden. Die Standardvorgabe ist der Pfad, der für die letzte Sicherung verwendet wurde.
- **Schritt 2: Wiederherzustellende Sicherung auswählen** Anhand der Pfadangabe aus Schritt 1 sucht WSS im angegebenen Ordner nach Datensicherungen. Wird eine Sicherung gefunden, können Sie sie auswählen und auf die Verknüpfung *Wiederherstellungsvorgang fortsetzen* klicken. Andernfalls können Sie auf *Verzeichnis ändern* klicken und einen anderen Ordner auswählen.
- **Schritt 3: Wiederherzustellende Komponente auswählen** Auf dieser Seite wählen Sie eine oder mehrere Komponenten aus, die auf dem WSS-Server wiederhergestellt werden sollen. In der Liste erscheinen die Komponenten, die in der Sicherung vorhanden sind (Abbildung 9.19). Wählen Sie die gewünschten Komponenten aus und klicken Sie dann auf *Wiederherstellungsvorgang fortsetzen*.
- **Schritt 4: Wiederherstellungsoptionen auswählen** Auf dieser Seite können Sie festlegen, wie die Wiederherstellung erfolgen soll.

Die Wiederherstellung lässt sich auf zwei verschiedene Arten durchführen. Die Option *Gleiche Konfiguration* ist von Nutzen, wenn Sie alle aktuellen Komponenten durch die gesicherten Versionen ersetzen möchten. Beachten Sie, dass dabei aber alle Änderungen verloren gehen, die seit der letzten Datensicherung an den ausgewählten Komponenten durchgeführt wurden.

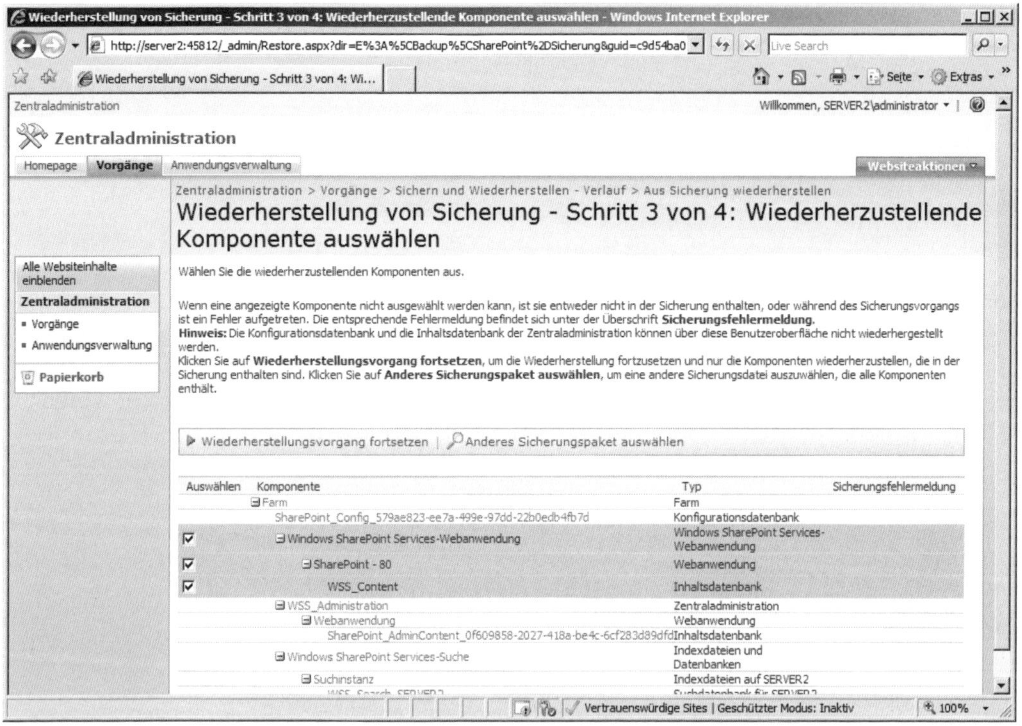

Abbildung 9.19 Auswählen der wiederherzustellenden Komponenten

Die andere Option mit der Bezeichnung *Neue Konfiguration* ermöglicht Ihnen, eine Kopie der Website zu erstellen, indem Sie die Daten in einer anderen Konfiguration wiederherstellen. Außerdem ist diese Art der Wiederherstellung sicherer, weil die aktuelle SharePoint-Website nicht beeinflusst wird. Welche Optionen verfügbar sind, hängt von der Auswahl ab, die Sie bei der Erstellung der Website getroffen haben. Zu den Daten, die Sie ändern können, gehören zum Beispiel die URL und der Webanwendungsname für die SharePoint-Website. Sie können auch den Datenbankserver wählen (oder die interne Windows-Datenbank, sofern verfügbar) und den Namen der Datenbank und den Speicherort angeben. Wenn Sie alle erforderlichen Eingaben gemacht haben, klicken Sie auf *OK*.

Anzeigen des Sicherungs- und Wiederherstellungsverlaufs

Um zu überprüfen, ob die Sicherungen erfolgreich durchgeführt wurden, können Sie auf der Registerkarte *Vorgänge* auf die Verknüpfung *Sicherungs- und Wiederherstellungsverlauf* klicken. Abbildung 9.20 zeigt die verfügbaren Informationen. Angezeigt werden Datum und Uhrzeit der Sicherung, der Inhalt der Sicherung, die Sicherungsart und der Speicherort der gesicherten Dateien. Außerdem ist es möglich, durch die Auswahl einer Sicherung und einen Klick auf *Wiederherstellungsvorgang fortsetzen* eine Wiederherstellung einzuleiten.

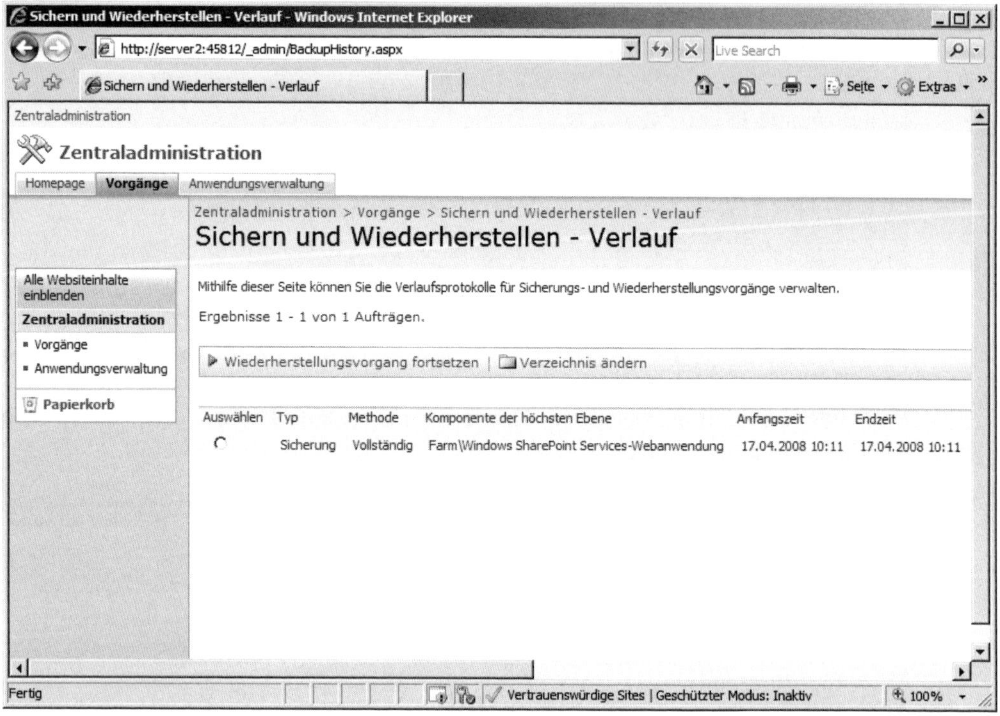

Abbildung 9.20 Anzeigen der Informationen über den Verlauf von Sicherungs- und Wiederherstellungsvorgängen

Bereitstellen und Konfigurieren von SharePoint-Websites

Da es mit WSS möglich ist, auf demselben Server viele SharePoint-Websites zu erstellen, ist es wichtig, sich ein gutes Konzept für die Aufteilung von Inhalten und Benutzern zu überlegen. Versuchen Sie, die Aufgaben einer Website und die Zahl ihrer Benutzer zu beschränken. Wird eine einzelne Website für zu viele verschiedene Aktivitäten und von einer großen Zahl von Benutzern verwendet, kann es für die Benutzer schwierig sein, schnell zu finden, was sie suchen. Außerdem kann die Verwaltung des Inhalts schwierig und zeitraubend werden. In diesem Abschnitt erfahren Sie mehr über die Erstellung und Verwaltung von Websites.

Grundlagen der Unterwebsites und Websitesammlungen

Eine *Websitesammlung* ist eine Gruppe von zusammengehörigen SharePoint-Websites, die viele gemeinsame Einstellungen haben. Beispielsweise verwenden alle Websites einer Websitesammlung dieselben Navigationsleisten. Dadurch wird es für Benutzer einfacher, auf die Websites einer Sammlung zuzugreifen, ohne zu einer anderen URL wechseln zu müssen. Außerdem sind viele Aspekte der Inhaltstypen, der Suchfunktionalität und der Sicherheitsgruppen in allen Websites einer Sammlung gleich.

Es gibt in WSS zwei wichtige Methoden, zusätzliche Websites zu erstellen. Gewöhnlich ist es am besten, neue Websites zur selben Websitesammlung hinzuzufügen, wenn die Websites ähnliche Inhalte aufweisen und die technischen Anforderungen ähnlich sind. Die andere Methode ist, in einer neuen Websitesammlung eine neue SharePoint-Website auf der obersten Ebene zu erstellen. Diese Vorgehensweise empfiehlt sich, wenn sich die neue Website beträchtlich von den vorhandenen Websites unterscheidet. Websites, die sich in verschiedenen Websitesammlungen befinden, können zum Beispiel unterschiedliche Sicherheitseinstellungen haben. Auch andere Aspekte wie zum Beispiel Suchbereiche und Kontingente lassen sich für separate Websitesammlungen separat verwalten. Was den Betrieb und die Verwaltung betrifft, sind separate Websitesammlungen voneinander unabhängig. Größere Organisationen können die Verantwortung für die WSS-Verwaltung aufteilen, indem sie mehrere Websitesammlungen einrichten. Außerdem lassen sich diese Websites unabhängig voneinander sichern und wiederherstellen. Dadurch lassen sich auch Sicherungen leichter handhaben.

Praxistipp

Anil Desai

Viel zu gern konzentrieren wir IT-Profis uns auf die Technik statt auf die Frage, wie die Benutzer den größten Nutzen daraus ziehen. Wenn es um die Entscheidung geht, ein Produkt wie die Windows SharePoint Services zu verwenden, ist eine der ersten wichtigen Fragen, wie das Produkt in der Produktivumgebung verwendet werden soll. Die Erstellung einer neuen SharePoint-Website ist nicht kompliziert, aber den besten Lösungsansatz für die Implementierung und Verwendung zu finden, kann schon beträchtlich mehr Zeit und Aufwand erfordern. In manchen Fällen ist es vielleicht am einfachsten, eine neue Website einzurichten, den Benutzern die Arbeit mit der Website zu ermöglichen und abzuwarten, wie sich die Sache entwickelt. In den meisten Fällen ist aber eine gewisse Vorausplanung besser, um den Erfolg der Arbeit zu sichern.

Der wichtigste Aspekt einer erfolgreichen IT-Anwendungs- und -Dienstebereitstellung ist die Beteiligung der Benutzer an den Entscheidungen. Sie müssen wissen, wofür die Mitarbeiter der Organisation die Website brauchen. Eine gute erste Frage ist zum Beispiel: „Welche Probleme versucht ihr zu lösen?“ WSS verfügt über viele leistungsfähige Funktionen und Komponenten, mit denen sich Dokumente gemeinsam verwenden lassen und die Zusammenarbeit unterstützt wird. Wonach Benutzer fragen, ist aber nicht zwangsläufig das, was sie tatsächlich wollen oder brauchen. Manche Mitarbeiter wünschen sich zum Beispiel eine neue Website, obwohl es bereits eine ähnliche Website gibt, oder sie versuchen, dieselbe Website für unterschiedliche Aufgaben zu verwenden. Andere Aspekte, die berücksichtigt werden müssen, sind die Sicherheitsanforderungen, die erwartete Zahl der Benutzer und die erwartete Datenmenge, die von der Website angeboten werden soll. Anhand der Kombination der Anforderungen können Sie die beste Lösung entwickeln. Genau festgelegte Anforderungen helfen Ihnen zudem bei der späteren Überprüfung, ob eine Bereitstellung erfolgreich verlaufen ist.

Nehmen Sie sich die Zeit, um herauszufinden, welche Vor- und Nachteile SharePoint (oder jede andere IT-Technologie, mit der Sie arbeiten müssen) für die Benutzer mit sich bringt. Weitere Informationen und Beispiele finden Sie im Microsoft TechNet auf der Seite *Planning Worksheets for Windows SharePoint Services 3.0* unter *http://technet.microsoft.com* (suchen Sie nach „SharePoint planning worksheets“).

Erstellen von Websitesammlungen

Zur Verwaltung von Websitesammlungen, von Websites und den entsprechenden Einstellungen können Sie die SharePoint 3.0-Zentraladministrationswebsite verwenden. Die Verknüpfungen zum Erstellen oder Löschen von Websitesammlungen finden Sie im Abschnitt *SharePoint-Websiteverwaltung* der Registerkarte *Anwendungsverwaltung*. Ein Klick auf die Verknüpfung *Websitesammlung erstellen* zeigt Ihnen die Optionen, die zur Erstellung von Websites zur Verfügung stehen (Abbildung 9.21).

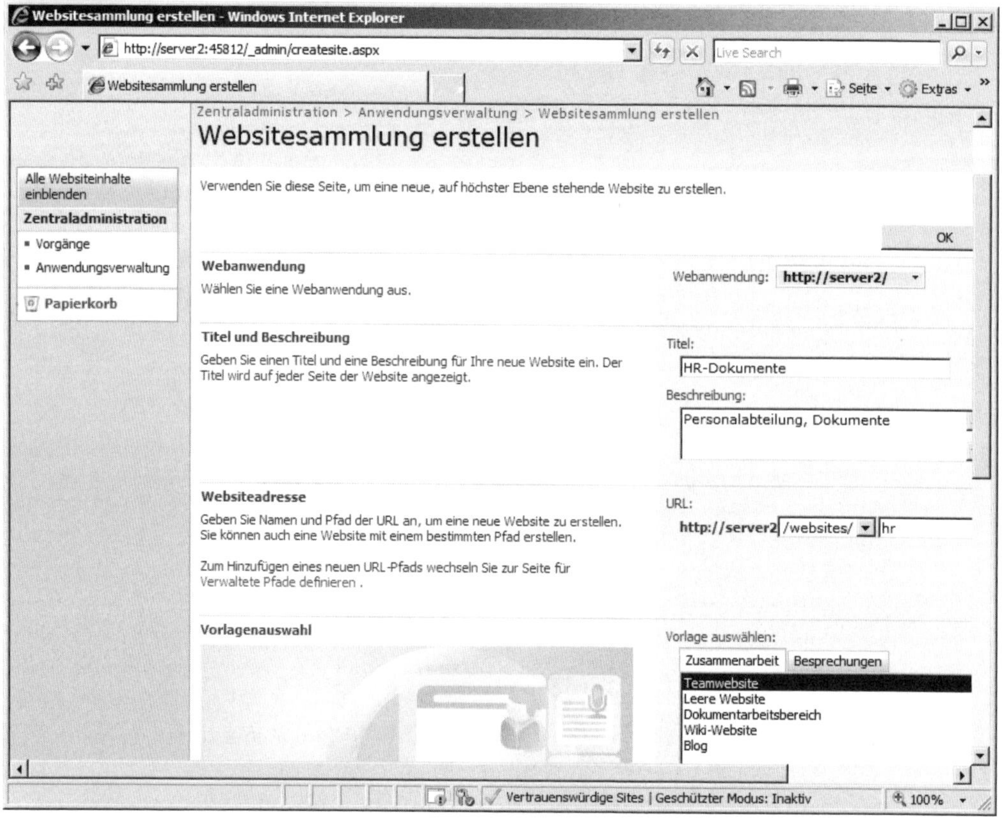

Abbildung 9.21 Erstellen einer neuen Websitesammlung in der SharePoint 3.0-Zentraladministrationswebsite

Folgende Angaben sind erforderlich:

- **Webanwendung** Diese Dropdownliste führt alle Webanwendungen auf, die in der SharePoint-Umgebung erstellt wurden. Falls Sie noch keine zusätzlichen Webanwendungen erstellt haben, wird nur die Standard-URL des Servers angezeigt.
- **Titel und Beschreibung** Diese Angaben dienen zur eindeutigen Kennzeichnung der Websitesammlung. Benutzer und Administratoren können den Titel sehen und aus der Beschreibung sollte die Aufgabe der Websitesammlung hervorgehen. In manchen Fällen werden Websitesammlungen vielleicht für bestimmte Organisationseinheiten erstellt, beispielsweise für die Marketing- oder die Personalabteilung.
- **Websiteadresse** Jede Website, die in WSS erstellt wird, muss über eine eindeutige URL verfügen. Standardmäßig ist der URL-Pfad */websites* verfügbar. Im Textfeld können Sie die Adresse der Website vervollständigen. Da Benutzer diese Adresse eingeben müssen, sollten Sie eine passende Abkürzung des Websitenamens verwenden und Leerzeichen sowie Satzzeichen vermeiden.
- **Vorlagenauswahl** Zur Erstellung einer neuen SharePoint-Websitesammlung kann eine bestimmte Vorlage verwendet werden. Die Standardvorlagen werden in zwei Kategorien aufgeteilt: *Zusammenarbeit* und *Besprechungen*. Wenn Sie eine der Optionen anklicken, wird eine kurze Beschreibung der Vorlage angezeigt. Im Verlauf dieser Lektion erfahren Sie, wie Sie neue Vorlagen zum Server hinzufügen.
- **Primärer Websitesammlungsadministrator und sekundärer Websitesammlungsadministrator** In relativ kleinen SharePoint-Umgebungen wird es wahrscheinlich nur einen einzigen Systemadministrator geben, der für die Verwaltung der Websites und Websitesammlungen zuständig ist. In diesen beiden Abschnitten können Sie angeben, welche Benutzer die Berechtigung zur Verwaltung der Websitesammlung erhalten sollen. Mit einem Klick auf das Symbol *Durchsuchen* können Sie ein Dialogfeld öffnen, in dem Sie auf dem lokalen Computer oder in der Domäne nach den gewünschten Konten suchen können (sofern der Computer Mitglied einer Domäne ist).
- **Kontingentvorlage** In diesem Abschnitt können Sie eine Kontingentvorlage auswählen, mit der sich der Speicherplatz beschränken lässt, der für die Websitesammlung zur Verfügung steht. (Im folgenden Abschnitt erfahren Sie mehr über Kontingentvorlagen.)

Der Inhalt und Aufbau einer Website hängt davon ab, welche Anwendungsvorlage Sie wählen. In Abbildung 9.22 wird bei der Erstellung einer neuen Websitesammlung die Vorlage *Standard-Besprechungsarbeitsbereich* verwendet. Sobald Sie auf *OK* klicken, erstellt WSS die neue Websitesammlung. In der Erfolgsmeldung wird die URL der neuen Website der obersten Ebene angezeigt. Wenn Sie überprüfen möchten, ob die Website richtig eingerichtet ist, klicken Sie auf diese URL oder kopieren sie in das Adressfeld eines neuen Browserfensters.

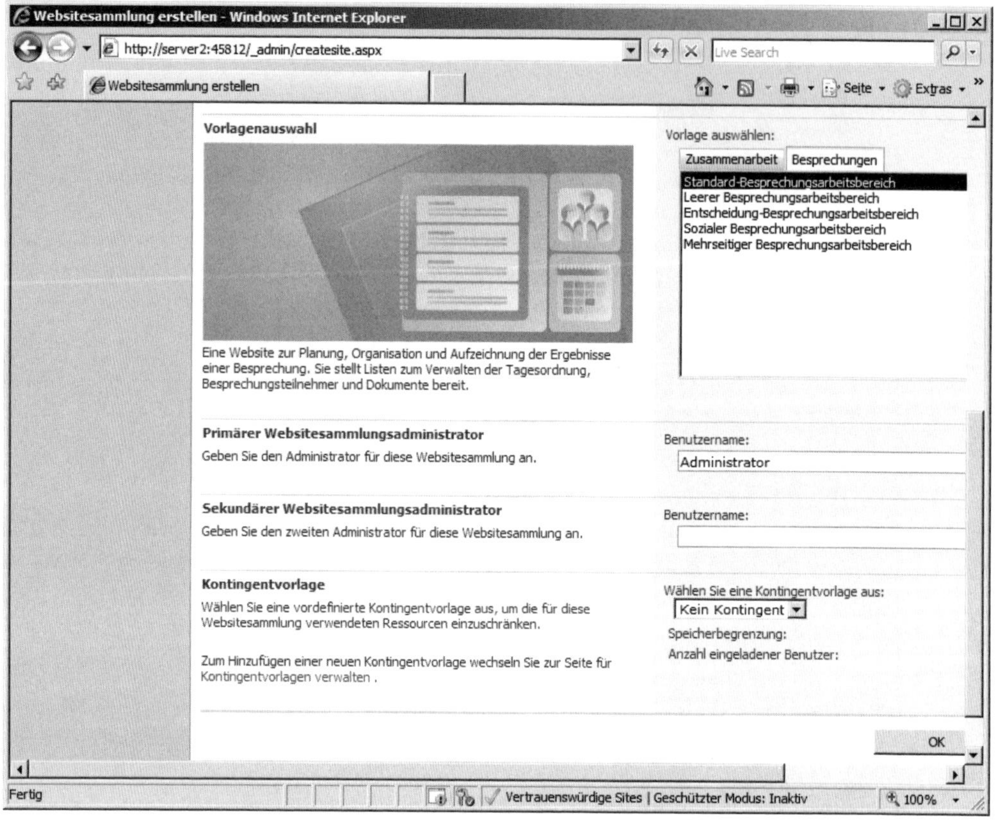

Abbildung 9.22 Einstellungen für eine neue Websitesammlung auf der Basis der Vorlage *Standard-Besprechungsarbeitsbereich*

Wenn Sie eine Liste aller Websitesammlungen anzeigen möchten, die auf einem WSS-Server definiert sind, klicken Sie auf der Registerkarte *Anwendungsverwaltung* auf die Verknüpfung *Websitesammlungsliste*. Angezeigt werden unter anderem die Titel und Beschreibungen, sofern verfügbar, sowie die Administratoren der Websitesammlungen.

Definieren von Kontingentvorlagen

Wenn Sie bereits Erfahrung mit der Verwaltung von Datenspeichern wie zum Beispiel einem Dateiserver oder Microsoft Exchange Server gesammelt haben, wissen Sie, dass sehr schnell große Teile des verfügbaren Speichers belegt sein können. WSS ist keine Ausnahme, weil Benutzer häufig umfangreiche Dokumente auf ihre Websites hochladen. Zur genaueren Steuerung der Ressourcenverwendung können Sie Kontingentvorlagen erstellen. Diese Vorlagen können bestimmten SharePoint-Websitesammlungen zugewiesen werden. Standardmäßig sind in der WSS-Konfiguration keine Kontingentvorlagen enthalten. Klicken Sie auf der Registerkarte *Anwendungsverwaltung* auf die Verknüpfung *Kontingentvorlagen*, wenn Sie eine neue Kontingentvorlage erstellen möchten. Abbildung 9.23 zeigt die verfügbaren Optionen.

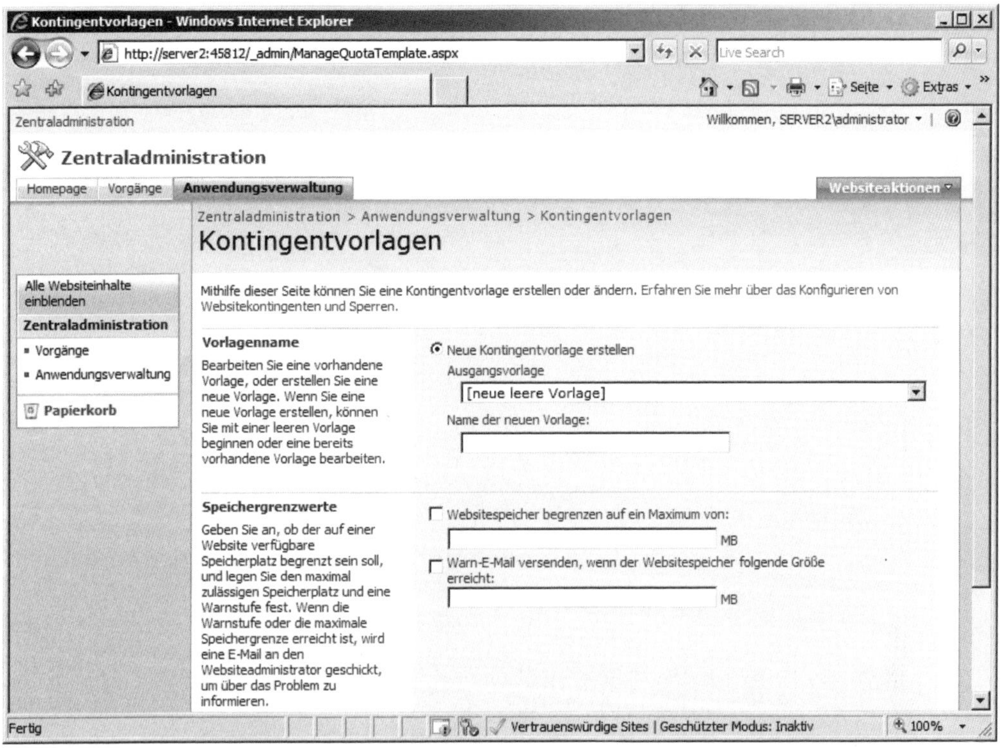

Abbildung 9.23 Definieren einer neuen Kontingentvorlage in der SharePoint 3.0-Zentraladministrationswebsite

Im ersten Textfeld geben Sie der neuen Kontingentvorlage einen Namen. Dabei können Sie die Einstellungen einer vorhandenen Kontingentvorlage ändern oder einen neuen Namen für eine neue Kontingentvorlage eingeben. Der Name sollte die Aufgabe der neuen Vorlage leicht verständlich angeben (beispielsweise *Entwicklungsabteilungskontingente*). Der Abschnitt *Speichergrenzwerte* ermöglicht es, zwei Beschränkungen festzulegen. Im Feld *Websitespeicher begrenzen auf ein Maximum von* können Sie festlegen, wie viel Speicher der Website maximal zur Verfügung steht (in MB). Wird diese Grenze überschritten, können Benutzer keine neuen Inhalte mehr speichern. Mit der zweiten Option können Sie die Speicherbelegung festlegen, bei deren Erreichen dem Websiteadministrator eine entsprechende Warn-E-Mail zugeschickt wird.

Um eine Kontingentvorlage mit einer Website zu verknüpfen, klicken Sie auf der Registerkarte *Anwendungsverwaltung* auf die Verknüpfung *Kontingente und Sperren für Websitesammlungen* (Abbildung 9.24). Auf dieser Seite können Sie eine Websitesammlung auswählen und Einstellungen für den Speicher vornehmen. Im Abschnitt *Websitesperrinformationen* können Sie die Speicherung auf der Website sperren. Folgende Optionen sind verfügbar:

- Nicht gesperrt
- Hinzufügen von Inhalt verhindert
- Schreibgeschützt (Blockiert Hinzufügungen, Aktualisierungen und Löschvorgänge)
- Kein Zugriff

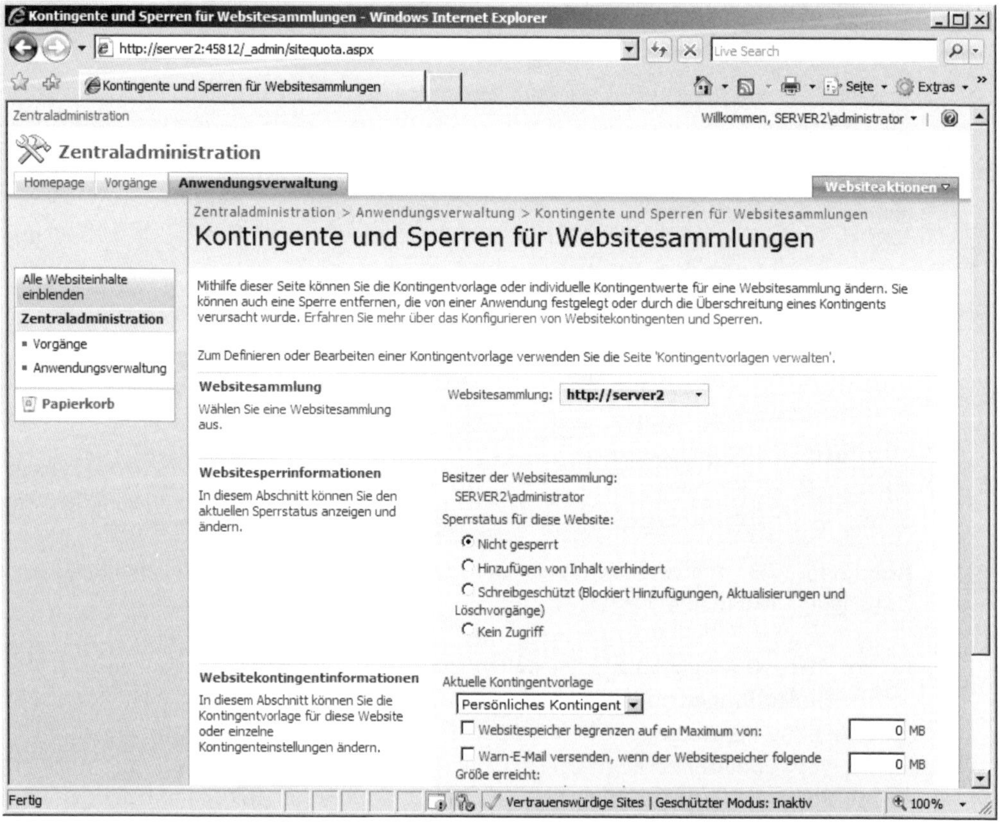

Abbildung 9.24 Konfigurieren von Kontingenten und Sperren für Websitesammlungen

Diese Optionen sind nützlich, wenn Benutzer die Inhalte einer SharePoint-Website nicht mehr ändern sollen, aber trotzdem noch in der Lage sein sollen, die vorhandenen Daten anzuzeigen. Im Abschnitt *Websitekontingentinformationen* können Sie eine Kontingentvorlage auswählen oder die Einstellung *Persönliches Kontingent* verwenden, um bestimmte Einstellungen für die Websitesammlung festzulegen. Der wichtigste Vorteil einer Kontingentvorlage besteht darin, die Speicherbeschränkungen für viele Websitesammlungen zentral festlegen zu können, ohne deswegen jede einzelne Websitesammlung separat zu konfigurieren.

Konfigurieren von Websiteeinstellungen

Zusätzlich zu den Grundangaben, die bei der Erstellung einer neuen SharePoint-Website oder Websitesammlung gemacht werden, gibt es noch zahlreiche Einstellungen für die Verwaltung des Inhalts einer Website. Um diese Einstellungen vorzunehmen, gehen Sie zuerst auf die Website, die Sie verwalten möchten. Für alle Websites wird im oberen rechten Bereich des Webbrowsers das Menü *Websiteaktionen* angezeigt. Wenn Sie den Befehl *Websiteeinstellungen* auswählen, werden viele Optionen sichtbar (Abbildung 9.25).

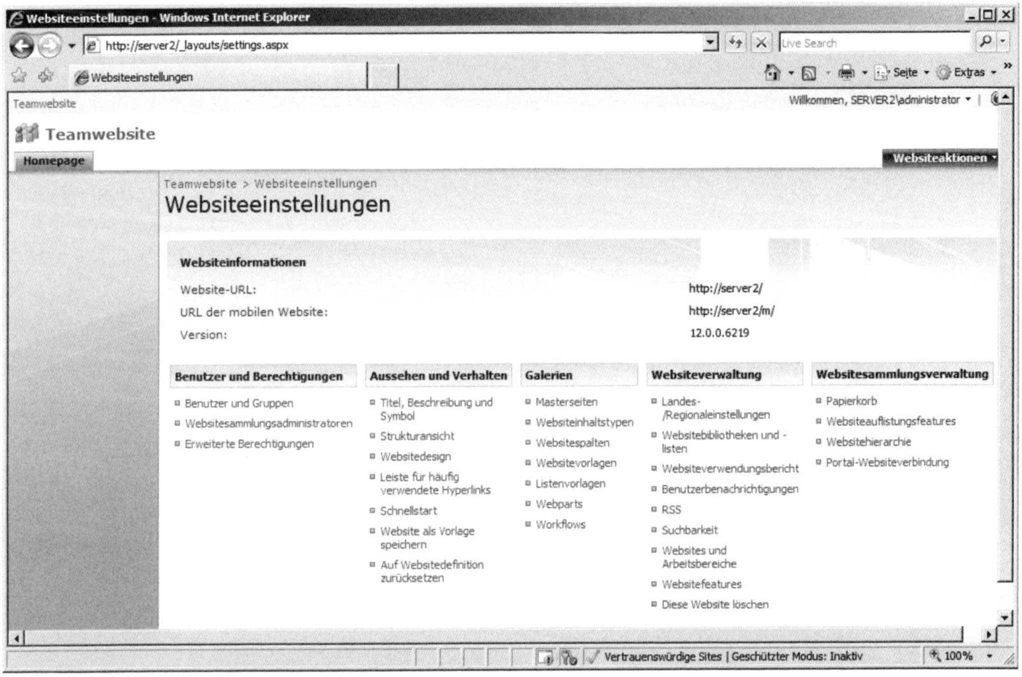

Abbildung 9.25 Die Websiteeinstellungen sind sehr umfangreich

Die Optionen werden in folgende Gruppen unterteilt:

- Benutzer und Berechtigungen
- Aussehen und Verhalten
- Galerien
- Websiteverwaltung
- Websitesammlungsverwaltung

In vielen Fällen werden die Systemadministratoren für die Verwaltung der Website zuständig sein. Hinreichend erfahrene SharePoint-Benutzer, die über die entsprechenden Berechtigungen verfügen, können bei Bedarf aber ebenfalls einen Teil der Verwaltungsarbeit übernehmen.

Verwalten von Webanwendungen

Webanwendungen werden auf den Front-End-SharePoint-Websites verwendet, mit denen Benutzer Verbindungen herstellen können. Bei der Installation der Serverrolle Windows SharePoint Services werden automatisch zwei integrierte Webanwendungen installiert: die Website SharePoint – 80 und die SharePoint 3.0-Zentraladministrationswebsite. Mit dem Befehl *Webanwendung erstellen oder erweitern* auf der Registerkarte *Anwendungsverwaltung* der SharePoint 3.0-Zentraladministrationswebsite können Sie neue Webanwendungen erstellen. Auf der Seite *Neue Webanwendung erstellen* geben Sie die erforderlichen Einzelheiten für die neue Website und eine neue Datenbank an (Abbildung 9.26).

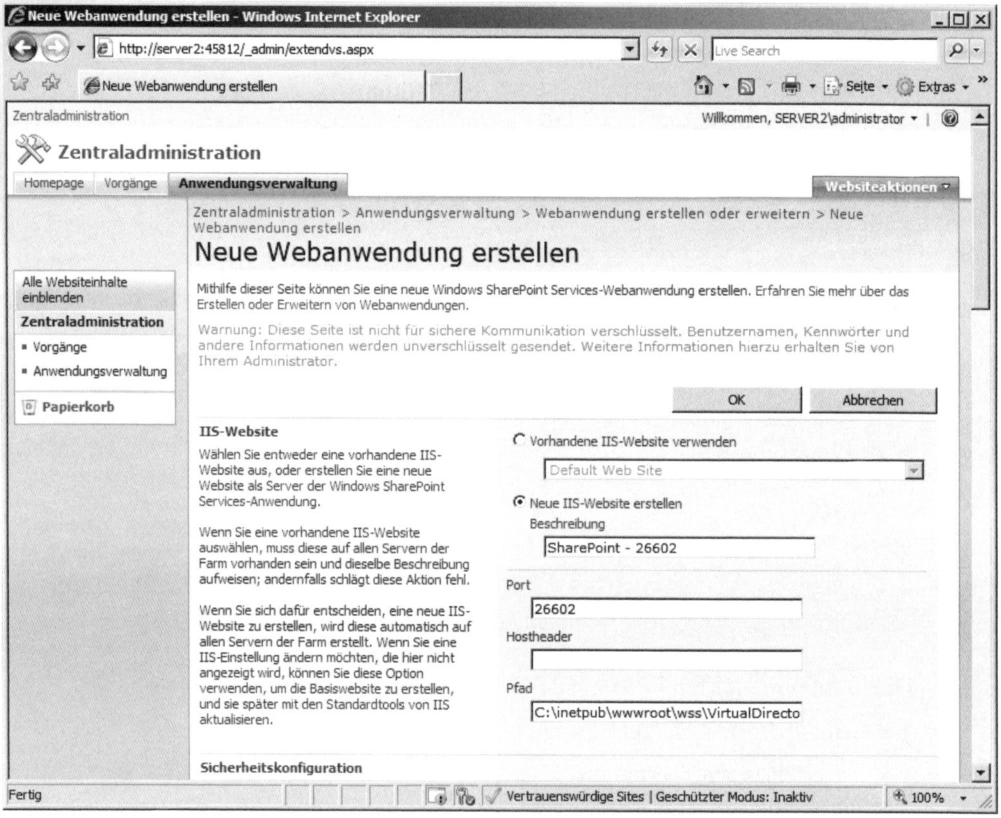

Abbildung 9.26 Erstellen oder Erweitern einer Webanwendung

Eine bereits vorhandene Webanwendung können Sie auch erweitern. Verwenden Sie diese Seite, wenn Sie mehrere Websites bereitstellen möchten, die dieselbe Back-End-Datenbank verwenden. Das könnte zum Beispiel in einer Extranetkonfiguration erforderlich sein. Bei dieser Konfiguration werden mehrere URLs verwendet, eine für interne Firmenmitarbeiter und eine weitere für Benutzer, die über das Internet auf die Website zugreifen. Beide Gruppen sehen zwar dieselben Inhalte, aber die Systemadministratoren können die extern zugängliche Website anders konfigurieren. Die Website kann zum Beispiel einen anderen Port verwenden und andere Sicherheitseinstellungen erhalten.

Die Verknüpfung *Webanwendungsliste* auf der Registerkarte *Anwendungsverwaltung* führt Sie zu einer Liste der Webanwendungen, die für die WSS-Installation installiert wurden. Zwei weitere Verknüpfungen auf der Registerkarte ermöglichen Ihnen, Webanwendungen zu entfernen. Sie können die Verknüpfung *Webanwendung löschen* verwenden, um die gesamte Anwendung von der WSS-Installation zu löschen. Sie können die Inhaltsdatenbank der Webanwendung löschen, die dazugehörige Website oder beides.

Wenn Sie nur die Website entfernen möchten, verwenden Sie die Verknüpfung *SharePoint aus IIS-Website entfernen*. Dadurch wird die Webanwendung aus der WSS-Konfiguration entfernt. Sie können auch die dazugehörige Website löschen.

Allgemeine Einstellungen für Webanwendungen

Systemadministratoren können viele Einstellungen für jede Webanwendung separat festlegen. Die Verknüpfung *Allgemeine Webanwendungseinstellungen* führt Sie zu den verfügbaren Optionen (Abbildung 9.27). Nachdem Sie die gewünschte Website ausgewählt haben, stehen folgende Optionen zur Verfügung:

- Standardzeitzone
- Standardkontingentvorlage
- SmartTag für Personennamen- und Anwesenheitseinstellungen
- Maximale Uploadgröße
- Warnungen
- RSS-Einstellungen
- Blog-API-Einstellungen
- Webseiten-Sicherheitsüberprüfung
- Benutzername und Kennwort in E-Mail versenden
- Abwärtskompatible Ereignishandler
- Änderungsprotokoll
- Papierkorb

Einige Anfangswerte werden aus Einstellungen abgeleitet, die auf der Ebene des Servers gelten. Bei einigen anderen Werten handelt es sich um Vorgaben, die für neue Webanwendungen üblich sind. Sie sollten die Einstellungen für jede neue Website überprüfen, die Sie erstellen. Beispielsweise könnten für die Zeitzone unterschiedliche Einstellungen erforderlich sein, wenn die Organisation über mehrere Niederlassungen in verschiedenen Ländern verfügt.

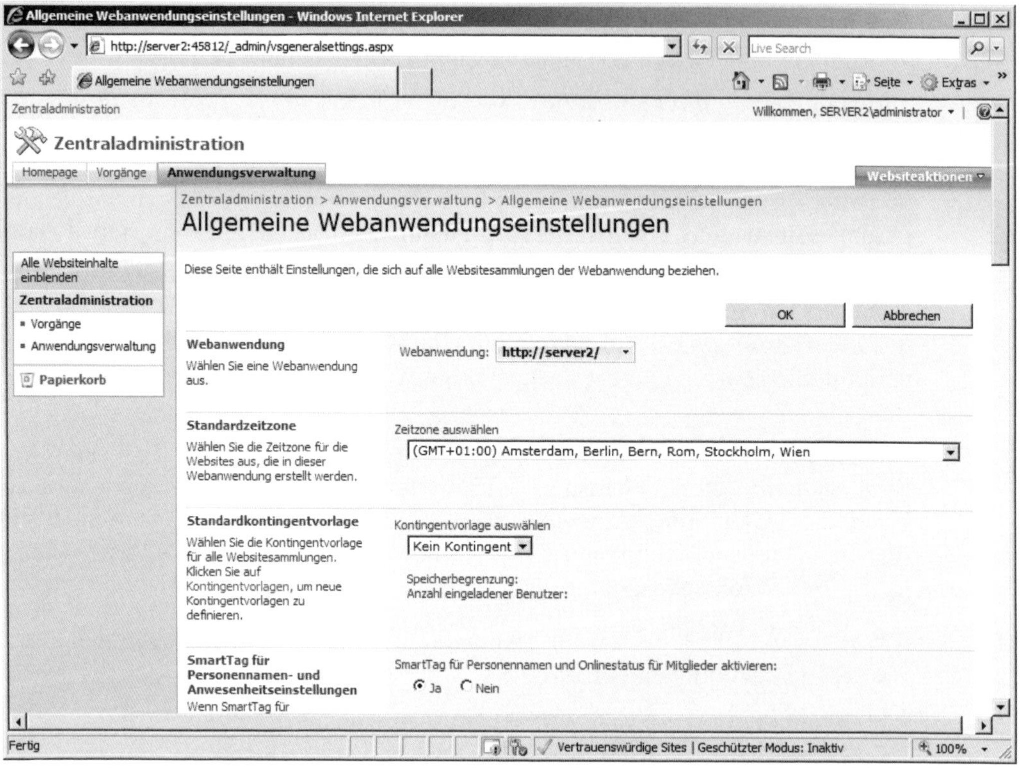

Abbildung 9.27 Allgemeine Einstellungen für Webanwendungen

Definieren von verwalteten Pfaden

In dieser Lektion haben Sie bereits erfahren, wie Sie Websites und Websitesammlungen definieren können. Verwaltete Pfade ermöglichen es Ihnen festzulegen, wie WSS auf bestimmte Webanfragen reagieren soll. Klicken Sie auf der Registerkarte *Anwendungsverwaltung* auf die Verknüpfung *Verwaltete Pfade definieren*, wenn Sie die entsprechenden Einstellungen vornehmen möchten (Abbildung 9.28).

Standardmäßig enthält WSS zwei verwaltete Pfade. Der Pfad *(Wurzel)* ist der Standardort, auf den ein Zugriff erfolgt, wenn ein Benutzer auf Port 80 auf die Standardwebsite geht. Der Websitepfad umfasst eine Stamm-URL, die mehrere zusätzliche Websites und Webanwendungen enthalten kann. Wenn Sie für eine Sammlung von neuen Webanwendungen einen URL-Namespace erstellen möchten, können Sie einen neuen Pfad hinzufügen. Das ist zum Beispiel sinnvoll, wenn Sie über eine große Anzahl von Webanwendungen verfügen und die URLs vereinfachen möchten, mit denen Zugriffe erfolgen.

Abbildung 9.28 Definieren von verwalteten Pfaden für Webanwendungen

Konfigurieren von Webanwendungsberechtigungen

Da viele Organisationen auf SharePoint-Websites sensible Daten speichern, sind die entsprechenden Sicherheitseinstellungen von großer Bedeutung. Administratoren können auf mehrere Arten den Zugang beschränken und Zugriffsberechtigungen verwalten. Die entsprechenden Konfigurationsseiten sind im Abschnitt *Anwendungssicherheit* der Registerkarte *Anwendungsverwaltung* zugänglich.

Die Seite *Benutzerberechtigungen für Webanwendungen* (Abbildung 9.29) enthält viele Optionen. Allerdings werden auf dieser Seite keine Berechtigungen für bestimmte Benutzer festgelegt. Stattdessen legen die Einstellungen fest, welche Berechtigungen von den Administratoren der Webanwendungen an Benutzer vergeben werden können. Die Berechtigungen sind in drei Gruppen aufgeteilt:

- **Listenberechtigungen** Diese Berechtigungen gelten für SharePoint-Steuerelemente, mit denen Daten hinzugefügt oder entfernt werden können. Zu den Beispielen zählen die Komponenten *Ankündigungen*, *Kalender* und *Teamdiskussion*. Beispielsweise können die Berechtigungen zum Hinzufügen, Bearbeiten, Löschen und Anzeigen von Einträgen zugelassen werden.

- **Websiteberechtigungen** Verwenden Sie diese Optionen, wenn Sie die Berechtigungen für die Administratoren von SharePoint-Webanwendungen festlegen möchten. Dazu gehört zum Beispiel das Recht, Berechtigungen für andere Benutzer zu verwalten, Seiten hinzuzufügen und anzupassen und Informationen über Websitebenutzer anzuzeigen.
- **Persönliche Berechtigungen** Benutzer von SharePoint-Websites können ihre eigenen Komponenten zur Darstellung von Daten entwickeln, die *Webparts*. Benutzer können diese Webparts nach ihren persönlichen Vorlieben hinzufügen, anordnen und wieder entfernen. Diese Berechtigungen legen fest, ob Benutzer ihre persönlichen Darstellungsformen für Daten festlegen und verwalten können.

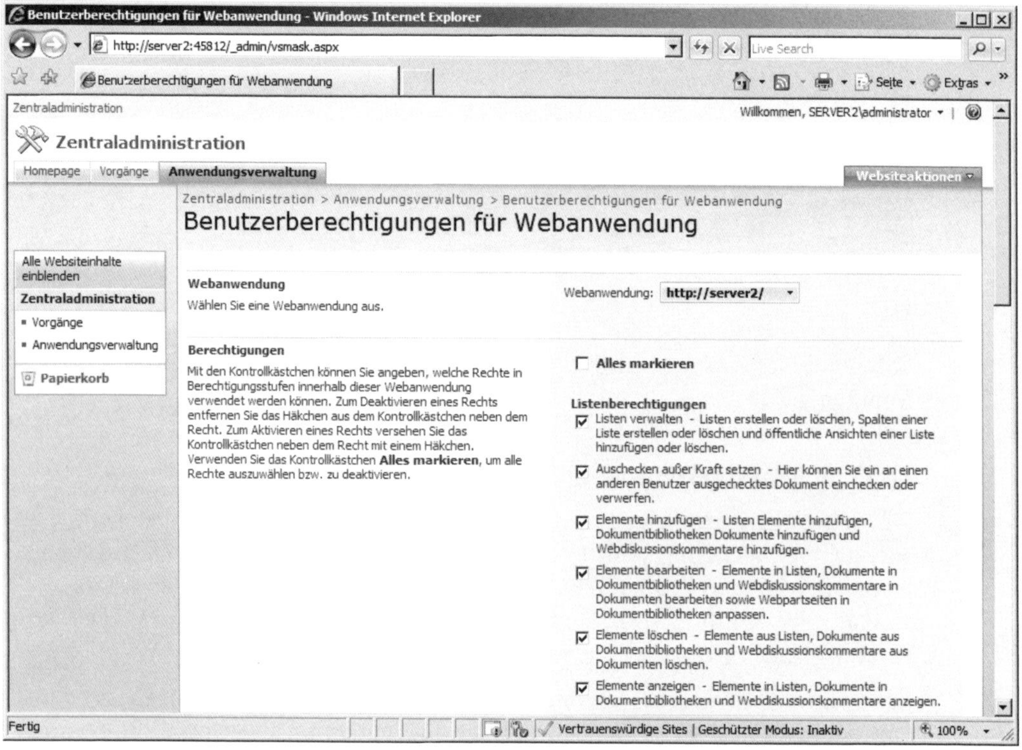

Abbildung 9.29 Konfigurieren von Benutzerberechtigungen für Webanwendungen

Verwalten von Authentifizierungseinstellungen

Ein wichtiger Aspekt der Sicherheit in WSS besteht darin, nur autorisierten Benutzern den Zugang zu bestimmten Websites zu ermöglichen. Auf der Seite *Authentifizierung bearbeiten*, die durch einen Klick auf die Verknüpfung *Authentifizierungsanbieter* der Registerkarte *Anwendungsverwaltung* und die anschließende Auswahl eines Anbieters zugänglich ist, können Sie festlegen, wie die Authentifizierung erfolgt (Abbildung 9.30). Sicherheitseinstellungen lassen sich für jede in WSS definierte Webanwendung separat vornehmen.

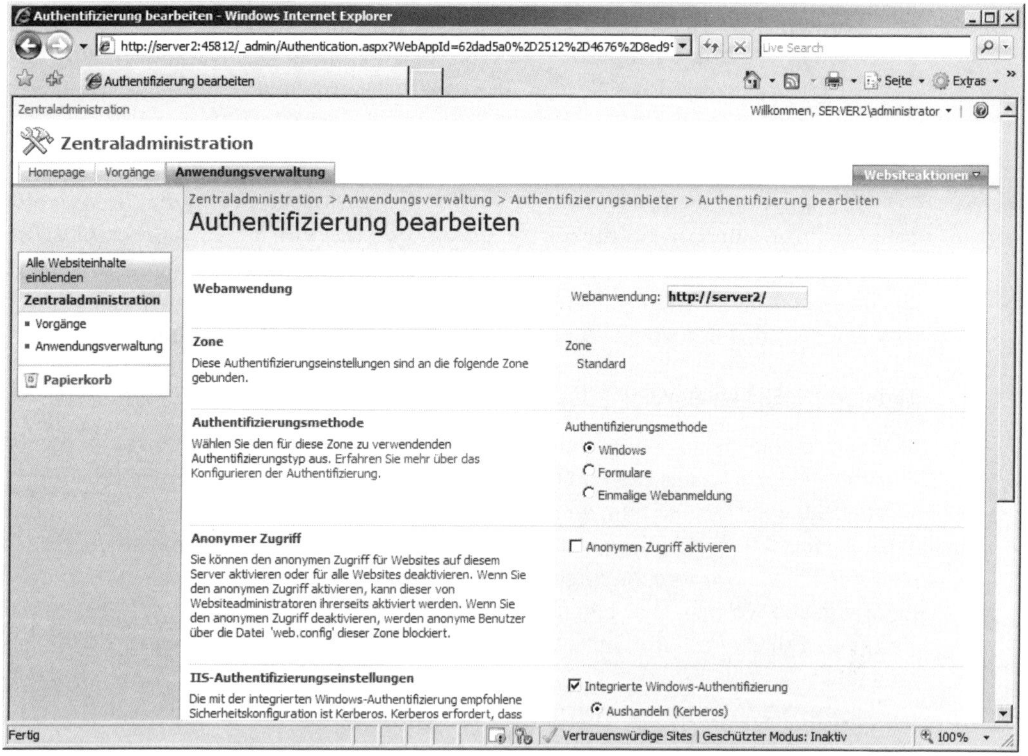

Abbildung 9.30 Verwalten der Authentifizierungseinstellungen in der SharePoint 3.0-Zentraladministrationswebsite

Drei Einstellungen stehen für die *Authentifizierungsmethode* zur Wahl:

- **Windows** Diese Methode entspricht der Standardauthentifizierungsmethode von Windows. Sie ist die beste Wahl, wenn es sich bei den Hauptbenutzern der Website um Mitarbeiter handelt, die entweder auf dem lokalen Computer oder in einer Active Directory-Domäne über Konten verfügen. Mit Ausnahme von strengen Sicherheitsprotollen (wie Kerberos) müssen authentifizierte Benutzer gewöhnlich noch nicht einmal einen Benutzernamen und ein Kennwort eingeben, wenn sie auf die Website zugreifen.
- **Formulare** Eine Authentifizierung auf Formularbasis erfordert vom Benutzer einer Website die Eingabe eines gültigen Benutzernamens und des dazugehörigen Kennworts. Diese Einstellung empfiehlt sich, wenn keine Windows-Authentifizierung möglich ist. Wenn zum Beispiel externe Geschäftspartner oder Internetbenutzer auf die SharePoint-Website zugreifen müssen, ist eine Formularauthentifizierung sinnvoll.
- **Einmalige Webanmeldung** Die einmalige Webanmeldung ist ein Standardmechanismus, bei dem die Authentifizierung bei einem Webdienst erfolgt. Das ist sinnvoll, wenn keine Windows-Authentifizierung möglich ist. Sie ermöglicht einen verein-

fachten Zugang für Benutzer, die immer wieder auf verschiedene Websysteme und Webanwendungen zugreifen müssen. Um die einmalige Webanwendung zu ermöglichen, kann Windows Server 2008-ADFS (Active Directory Federation Services) verwendet werden.

Es lassen sich noch weitere Einstellungen vornehmen. Sie können zum Beispiel den anonymen Zugriff auf die SharePoint-Website zulassen. Diese Option ist für Websites sinnvoll, die Informationen für die Öffentlichkeit oder für alle Benutzer einer Organisation anbieten. Die Auswahl an verschiedenen Authentifizierungsoptionen unterstützt Administratoren bei ihren Bemühungen, SharePoint-Websites so weit wie möglich abzusichern, sie aber trotzdem für den vorgesehenen Benutzerkreis zugänglich zu machen.

Aktivieren der Self-Service Site-Verwaltung

In kleineren und weniger dynamischen Umgebungen kann es sinnvoll sein, wenn die Systemadministratoren die Erstellung neuer Websites übernehmen. In größeren Umgebungen kann es dagegen besser sein, wenn Benutzer ihre eigenen Websites erstellen. Die Seite *Self-Service Site-Verwaltung*, die über die gleichnamige Verknüpfung auf der Registerkarte *Anwendungsverwaltung* zugänglich ist, enthält Einstellungen, mit denen Benutzer in die Lage versetzt werden, ihre eigenen SharePoint-Websites zu erstellen. In der Standardeinstellung ist diese Funktion aber für neue Webanwendungen deaktiviert.

Installieren von Anwendungsvorlagen

Eine Standardwebsite verfügt zwar bereits über viele nützliche Funktionen, aber die SharePoint-Architektur bietet viele Möglichkeiten zur Erweiterung, um spezielle Anforderungen zu erfüllen. Um Firmen und Organisationen bei ihrer Arbeit zu unterstützen, hat Microsoft eine Reihe von kostenlosen Anwendungsvorlagen für WSS entwickelt, wie zum Beispiel folgende:

- Verwaltung von Abwesenheitsmeldungen und dem Urlaubsplan
- Budgetieren und Überwachen mehrerer Projekte
- Fehlerdatenbank
- Änderungsauftragsverwaltung
- Callcenter
- Veranstaltungsplanung
- Helpdesk
- IT-Team-Arbeitsbereich
- Kundenkontakt-Pipeline

Zwei Arten von Vorlagen sind verfügbar: Websiteadministratorvorlagen lassen sich durch jeden Benutzer, der über die erforderlichen Berechtigungen verfügt, in einer bestimmten SharePoint-Website installieren. Serveradministratorvorlagen werden auf der Ebene des Servers installiert und setzen die Berechtigungen eines Systemadministrators voraus, um sie für Webanwendungen und Websites verfügbar zu machen. Weitere Details und die Verknüpfungen zu den Downloads finden Sie auf der *Microsoft SharePoint Products and Technologies Templates*-Website unter *http:/www.microsoft.com/sharepoint/templates.mspx* (oder suchen Sie im Download-Center nach „SharePoint Templates"). In der Installationsanleitung finden Sie nähere Angaben zur Installation der Vorlagen auf einem WSS-Server.

Schnelltest

1. Welche Option wählen Sie, wenn Sie eine neue SharePoint-Website erstellen möchten, die über dieselben Navigations- und Sicherheitsoptionen wie eine bereits vorhandene Website verfügt?
2. Wie können Sie den Speicherplatz begrenzen, den mehrere SharePoint-Websites beanspruchen?

Antworten zum Schnelltest

1. Sie sollten die neue Website in derselben Websitesammlung erstellen, in der die bereits vorhandene Website zu finden ist, um für die neue Website automatisch dieselben Navigations- und Sicherheitseinstellungen verwenden zu können.
2. Die einfachste Methode zur Beschränkung des verfügbaren Speicherplatzes besteht darin, eine Kontingentvorlage zu erstellen und sie der (oder den) entsprechenden Websitesammlung(en) zuzuweisen. Außerdem ist es möglich, für jede Websitesammlung separate Kontingenteinstellungen vorzunehmen.

Praktische Übung Konfigurieren und Verwalten der Windows SharePoint Services

In diesen Übungen beschäftigen Sie sich mit der Konfiguration der Windows SharePoint Services und verwenden die Sicherungs- und Wiederherstellungsfunktionen der SharePoint 3.0-Zentraladministrationswebsite. Die Übungen setzen voraus, dass Sie auf dem lokalen Computer die Serverrolle Windows SharePoint Services und alle Komponenten installiert haben, von denen diese Rolle abhängig ist. Da Sie im Verlauf der Übungen Konfigurationsänderungen vornehmen, sollten Sie die Übungen auf einem Testcomputer durchführen, auf den andere Benutzer aus Ihrer Umgebung nicht angewiesen sind.

▶ Übung 1: Konfigurieren von WSS-Sites und Websitesammlungen

In dieser Übung erstellen Sie eine neue SharePoint Services-Website. Dann überprüfen Sie die Site, indem Sie mit dem Internet Explorer eine Verbindung herstellen.

1. Melden Sie sich auf Server2 als Benutzer mit Administratorrechten an.
2. Öffnen Sie die SharePoint 3.0-Zentraladministrationswebsite, indem Sie in der Programmgruppe *Verwaltung* auf *SharePoint 3.0-Zentraladministration* klicken.

3. Wenn Sie dazu aufgefordert werden, geben Sie die Anmeldeinformationen ein, mit denen Sie sich in Schritt 1 auf dem Server angemeldet haben. Anschließend sollten Sie im Internet Explorer die Zentraladministrationswebsite sehen.
4. Beachten Sie auf der Registerkarte *Homepage* die aufgelisteten Administratoraufgaben. Sie können später wieder auf diese Seite wechseln, um die Konfigurationsschritte nachzuholen, die in dieser Übung nicht durchgeführt werden.
5. Klicken Sie im oberen Bereich der Seite auf die Registerkarte *Anwendungsverwaltung*. Klicken Sie im Abschnitt *Verwaltung von SharePoint-Webanwendungen* auf die Verknüpfung *Webanwendung erstellen oder erweitern*.
6. Wählen Sie auf der Seite *Webanwendung erstellen oder erweitern* die Option *Neue Webanwendung erstellen*.
7. Übernehmen Sie im Abschnitt *IIS-Website* der Seite *Neue Webanwendung erstellen* die Standardvorgaben. Beachten Sie, dass die Zentraladministrationswebsite automatisch eine Beschreibung erstellt und eine Portnummer zugewiesen hat. Außerdem hat sie anhand des Pfads des vorhandenen Webinhalts eine Pfadeinstellung vorgenommen.
8. Wählen Sie im Abschnitt *Anwendungspool* die Option *Neuen Anwendungspool erstellen*. Ändern Sie die Einstellung für das Sicherheitskonto auf *Vordefiniert* und wählen Sie *Netzwerkdienst*.
9. Überprüfen Sie die anderen verfügbaren Optionen in den Bereichen *Sicherheitskonfiguration* und *Datenbankname und Authentifizierung*. In dieser Übung übernehmen Sie die Standardeinstellungen dieser Optionen.
10. Wählen Sie im Abschnitt *Suchserver* den *Server2*. Die Erstellung der neuen Website kann je nach der Leistungsfähigkeit des Servers und der anderen Aktivitäten des Servers einige Minuten dauern.
11. Nach dem Abschluss des Vorgangs erscheint die Seite *Anwendung erstellt*. Klicken Sie auf die Verknüpfung *Websitesammlung erstellen*, um eine neue Websitesammlung zu erstellen.
12. Geben Sie auf der Seite *Websitesammlung erstellen* als Titel **Contoso-Besprechungen** ein.
13. Wählen Sie im Abschnitt *Vorlagenauswahl* die Registerkarte *Besprechungen* und dann den Eintrag *Entscheidung-Besprechungsarbeitsbereich*.
14. Geben Sie im Abschnitt *Primärer Websitesammlungsadministrator* als *Benutzername* den Benutzernamen ein, mit dem Sie sich in Schritt 1 auf dem Server angemeldet haben.
15. Leiten Sie die Erstellung der Websitesammlung mit einem Klick auf *OK* ein.
16. Die Seite *Auf höchster Ebene stehende Website erfolgreich erstellt* zeigt Ihnen die URL an, unter der Sie die neue Website erreichen. Klicken Sie auf diese Verknüpfung, um auf die Website zu wechseln, und geben Sie auf Aufforderung Ihre Anmeldeinformationen ein.

17. Nun sollten Sie eine neue SharePoint-Website namens *Contoso-Besprechungen* sehen. Die Standardsite weist zahlreiche Elemente auf, wie zum Beispiel die Abschnitte *Tagesordnung*, *Zielsetzungen* und *Dokumentbibliothek*. Bei Bedarf können Sie auch neue Elemente erstellen und Dateien hochladen, um die Arbeit mit der Website zu üben. Notieren Sie sich die URL der neuen Site für den Fall, dass Sie später noch damit arbeiten möchten.
18. Schließen Sie den Internet Explorer, wenn Sie fertig sind, und melden Sie sich beim Server2 ab.

▶ Übung 2: Sichern und Wiederherstellen einer Windows SharePoint Services-Website

In dieser Übung erstellen Sie auf dem lokalen Computer eine Sicherung Ihrer WSS-Serverkonfiguration. Dann stellen Sie die SharePoint-Website Contoso-Besprechungen wieder her, die Sie in Übung 1 erstellt haben. Die Übung setzt voraus, dass Sie die Übung 1 abgeschlossen haben. Da Inhalt und Konfiguration bei der Wiederherstellung überschrieben werden, empfiehlt es sich außerdem, diese Übung auf einem Testserver durchzuführen.

1. Melden Sie sich auf Server2 als ein Benutzer an, der auf dem Computer über Administratorrechte verfügt.
2. Erstellen Sie im Windows Explorer einen neuen Ordner, in dem Sie die Sicherung speichern. Der Ordner kann auf einem beliebigen Volume des Servers liegen. Notieren Sie sich den vollständigen Pfad des Ordners, da Sie ihn in den späteren Schritten brauchen.
3. Öffnen Sie die SharePoint 3.0-Zentraladministrationswebsite, indem Sie in der Programmgruppe *Verwaltung* auf *SharePoint 3.0-Zentraladministration* klicken.
4. Wenn Sie dazu aufgefordert werden, geben Sie die Anmeldeinformationen ein, mit denen Sie sich in Schritt 1 beim Server angemeldet haben. Anschließend sollten Sie die Zentraladministrationswebsite im Internet Explorer sehen.
5. Klicken Sie auf die Registerkarte *Vorgänge*. Klicken Sie im Abschnitt *Sichern und Wiederherstellen* auf die Verknüpfung *Sicherung durchführen*.
6. Wählen Sie auf der Seite *Zu sichernde Komponente auswählen* die Komponente namens *Farm* aus der obersten Ebene. Beachten Sie, dass dadurch der Inhalt des gesamten Servers eingeschlossen wird, einschließlich aller SharePoint-Websites. Klicken Sie auf *Weiter mit Sicherungsoptionen*.
7. Übernehmen Sie auf der Seite *Sicherungsoptionen auswählen* die Standardvorgaben in den Abschnitten *Inhalt sichern* und *Sicherungstyp*. Geben Sie unter *Speicherort der Sicherungsdatei* den vollständigen Pfad des neuen Ordners ein, den Sie in Schritt 2 erstellt haben. Beachten Sie, dass zu den Angaben eine Abschätzung des Speicherplatzes gehört, der für die Sicherung erforderlich ist. Klicken Sie auf *OK*.

8. Die Sicherung beginnt automatisch. Klicken Sie auf *Aktualisieren*, um den Status der Sicherung anzuzeigen. Die Anzeige wird in Abständen von einigen Sekunden automatisch aktualisiert. Warten Sie, bis aus der Anzeige hervorgeht, dass die Sicherung abgeschlossen ist.
9. Nun zur Wiederherstellung. Klicken Sie in der Zentraladministrationswebsite auf die Registerkarte *Vorgänge*. Klicken Sie im Abschnitt *Sichern und Wiederherstellen* auf *Aus Sicherung wiederherstellen*.
10. Unter *Speicherort der Sicherungsdatei* sollte automatisch der Pfad des Ordners angezeigt werden, den Sie im Schritt 2 erstellt haben. Falls die Angabe nicht korrekt ist, geben Sie den Pfad ein. Klicken Sie auf *OK*.
11. Wählen Sie auf der Seite *Wiederherzustellende Sicherung* die Sicherung aus, die Sie erstellt haben. Falls mehrere Sicherungen vorhanden sind, können Sie die gesuchte Sicherung an den Angaben für die Anfangszeit und Endzeit des Vorgangs erkennen. Klicken Sie auf *Wiederherstellungsvorgang fortsetzen*.
12. Wählen Sie auf der Seite *Wiederherzustellende Komponente auswählen* die neue SharePoint-Website, die Sie in Übung 1 erstellt haben. Sie erkennen die Website an ihrem Namen und ihrer Portnummer. Beachten Sie, dass dabei die Inhaltsdatenbank der Website automatisch gewählt wird. Klicken Sie auf *Wiederherstellungsvorgang fortsetzen*.
13. Wählen Sie auf der Seite *Wiederherstellungsoptionen auswählen* im Abschnitt *Wiederherstellungsoptionen* die Option *Gleiche Konfiguration*. Drücken Sie auf *OK*, wenn Sie davor gewarnt werden, dass die vorhandene Website überschrieben wird. Beachten Sie, dass Sie die Wiederherstellung auch mit einer anderen Datenbank durchführen könnten, wenn Sie eine Kopie herstellen wollen, ohne die aktuelle Version zu überschreiben. Klicken Sie auf *OK*.
14. Die Wiederherstellung beginnt automatisch. Sie können auf die Schaltfläche *Aktualisieren* klicken, um den Fortgang des Vorgangs anzuzeigen. Wenn aus der Anzeige hervorgeht, dass die Wiederherstellung abgeschlossen ist, sollte der gesamte Inhalt der SharePoint-Website Contoso-Besprechungen auf dem Server wiederhergestellt worden sein. Zur Kontrolle können Sie überprüfen, ob die Website zugänglich ist, indem Sie den Internet Explorer öffnen und die URL der Website eingeben.
15. Wenn Sie fertig sind, schließen Sie alle geöffneten Browserfenster und melden sich dann beim Server2 ab.

Zusammenfassung der Lektion

- WSS kann in einer eigenständigen Konfiguration oder als Teil einer Serverfarm bereitgestellt werden.
- Die SharePoint 3.0-Zentraladministrationswebsite ist die zentrale Anwendung für die Verwaltung von Websites und Websitesammlungen.

- Überprüfen Sie nach der Installation von WSS die Einstellungen für E-Mails, für die Protokollierung und die Verwendungsanalyse.
- Das Befehlszeilenprogramm Stsadm eignet sich ebenfalls zur Verwaltung von WSS, wenn die SharePoint 3.0-Zentraladministrationswebsite nicht verwendet werden soll.
- Sie können zur Strukturierung der angebotenen SharePoint-Inhalte nach Bedarf mehrere Unterwebsites und Websitesammlungen anlegen.
- Kontingentvorlagen ermöglichen es, den maximalen Speicherplatz zu beschränken, der von einer Websitesammlung belegt werden darf.
- Sie können SharePoint auf verschiedene Authorisierungstechniken einstellen.
- Sie können zusätzliche Anwendungsvorlagen installieren, damit passende Grundgerüste für neue SharePoint-Websites und Webanwendungen zur Verfügung stehen.

Lernzielkontrolle

Mit den folgenden Fragen können Sie Ihr Wissen über den Stoff von Lektion 1, „Konfigurieren und Verwalten der Windows SharePoint Services", überprüfen. Die Fragen sind (in englischer Sprache) auch auf der Begleit-CD zu finden, falls Sie die elektronische Form der Fragen vorziehen.

Hinweis Die Antworten

Die Antworten auf die Fragen und Erläuterungen, warum die entsprechenden Antworten richtig oder falsch sind, finden Sie im Abschnitt „Antworten" am Ende des Buchs.

1. Sie sind als Systemadministrator für die Installation der Serverrolle Windows SharePoint Services (WSS) auf einem Windows Server 2008-Computer zuständig. Auf dem Server haben Sie die erste Installation bereits abgeschlossen, aber noch keine Rollen oder Features zur Installation hinzugefügt. Aufgrund der technischen Anforderungen haben Sie beschlossen, WSS in einer Serverfarmkonfiguration zu installieren. Welche der folgenden Komponenten wird für die Serverrolle WSS nicht gebraucht? (Wählen Sie alle zutreffenden Antworten).

   A. Das Feature Interne Windows-Datenbank

   B. Das Feature Windows-Prozessaktivierungsdienst

   C. Microsoft .NET Framework 3.0

   D. Die Rolle Webserver (IIS)

   E. Die Rolle Dateidienste

2. Sie sind als Systemadministrator für die Bereitstellung der Windows SharePoint Services für die Mitarbeiter eines externen Geschäftspartners zuständig. Die entsprechende Serverrolle haben Sie bereits installiert und auf dem lokalen Servercomputer überprüft, ob die SharePoint-Website funktioniert. Bisher haben Sie noch keine speziellen Konfigurationen vorgenommen, sondern die vorgeschlagenen Standardwerte

übernommen. Externe Benutzer berichten, dass sie sich nicht auf der Website anmelden können. Mit welcher der folgenden Änderungen können Sie das Problem beheben?

A. Erstellen einer neuen Website in einer vorhandenen Websitesammlung für die externen Benutzer

B. Erstellen einer neuen Websitesammlung für externe Benutzer

C. Ändern des Authentifizierungsmodus für die Webanwendung auf die Formularauthentifizierung

D. Ändern der Einstellungen unter *Benutzerberechtigungen für Webanwendungen*

E. Ändern der Kontingentvorlageneinstellungen der Standardwebanwendung

Rückblick auf dieses Kapitel

Um den in diesem Kapitel behandelten Stoff zu vertiefen und einzuüben, können Sie folgende Aufgaben durchführen:

- Lesen Sie die Zusammenfassung des Kapitels.
- Lesen Sie die Liste der Schlüsselbegriffe durch, die in diesem Kapitel eingeführt wurden.
- Arbeiten Sie die Übungen mit Fallbeispiel durch. Diese Fallbeispiele bilden Situationen aus der Praxis nach, in denen der Stoff aus diesem Kapitel verwendet werden kann. Entwickeln Sie eine Lösung.
- Arbeiten Sie die vorgeschlagenen Übungen durch.
- Machen Sie einen Übungstest.

Zusammenfassung des Kapitels

- Zu den Windows SharePoint Services gehören eine Standardwebsite und die SharePoint 3.0-Zentraladministrationswebsite.
- Die Windows SharePoint Services können eigenständig oder in einer Serverfarmkonfiguration bereitgestellt werden.
- Administratoren können mit der SharePoint 3.0-Zentraladministrationswebsite Websites und Websitesammlungen erstellen und verwalten.
- Webanwendungen können je nach den Erfordernissen ihre eigenen Sicherheits- und Authentifizierungseinstellungen erhalten.

Schlüsselbegriffe

Wissen Sie, was die folgenden Schlüsselbegriffe bedeuten? Sie können Ihre Antworten überprüfen, indem Sie die Begriffe im Glossar am Ende dieses Buchs nachschlagen.

- Anwendungsvorlagen (Windows SharePoint Services)
- Kontingentvorlagen (Windows SharePoint Services)
- Serverfarmkonfiguration (Windows SharePoint Services)
- SharePoint 3.0-Zentraladministrationswebsite
- Websitesammlung (Windows SharePoint Services)
- Eigenständige Serverkonfiguration (Windows SharePoint Services)
- Stsadm
- Webanwendung (Windows SharePoint Services)
- Interne Windows-Datenbank
- Windows SharePoint Services (WSS)

Übungen mit Fallbeispiel

Die folgenden Übungen mit Fallbeispiel helfen Ihnen, anhand der unterschiedlichen geschäftlichen und technischen Anforderungen die beste Art der Bereitstellung der Windows SharePoint Services zu ermitteln.

Übung 1: Bereitstellen der Windows SharePoint Services

Sie sind als Systemadministrator für die Aktivierung der Windows SharePoint Services auf sieben Windows Server 2008-Computern zuständig. Ihre Organisation plant, zur Speicherung aller Konfigurationsdaten und Inhalte eine einzige Back-End-Datenbank zu verwenden. Auf sechs der Server müssen Sie zusätzliche Websitesammlungen und Webanwendungen erstellen.

1. Welche Bereitstellungsoption sollten Sie bei der Installation der Serverrolle Windows SharePoint Services auf den Computern verwenden?
2. Wie können Sie die Erstellung der Websitesammlungen und Webanwendungen automatisieren?

Übung 2: Verwalten der Windows SharePoint Services

Sie sind als Systemadministrator für die Verwaltung eines vorhandenen Windows SharePoint Services-Servers zuständig. Auf dem Server sind einige Websitesammlungen und Websites erstellt worden. Der WSS-Server gehört zu einer Active Directory-Domäne, deren Benutzer alle über eigene Konten verfügen. Die Benutzer arbeiten bereits seit einigen Monaten mit dem Server und berichten von einigen Problemen. Die Benutzer mancher SharePoint-Webanwendungen sagen, dass sie bei der Anmeldung an bestimmten Websites immer einen Benutzernamen und ein Kennwort eingeben müssen. Außerdem ist es einige Male geschehen, dass der WSS-Server nicht mehr verfügbar war, wenn auf den Datenträgern kein Platz mehr frei war. Und manche Benutzer möchten ihre eigenen Websites erstellen können, ohne sich an die IT-Abteilung wenden zu müssen.

1. Wie sollten Sie die Authentifizierungseinstellungen vornehmen, um die Anforderungen der Benutzer zu erfüllen?
2. Wie können Sie verhindern, dass es auf dem WSS-Server in Zukunft Speicherplatzprobleme gibt?
3. Was ist die einfachste Methode, Benutzern die Erstellung eigener SharePoint-Websites zu ermöglichen?

Empfohlene Übungen

Führen Sie die folgenden Übungen durch, um den in diesem Kapitel vorgestellten prüfungsrelevanten Stoff einzuüben.

Installieren und Verwalten der Windows SharePoint Services

In den folgenden Übungen arbeiten Sie mit den Windows SharePoint Services.

- **Übung 1** Erstellen Sie mit der SharePoint 3.0-Zentraladministrationswebsite eine neue Websitesammlung. Verwenden Sie eine der integrierten Anwendungsvorlagen, um den Standardinhalt zu konfigurieren. Fügen Sie zur selben Websitesammlung eine zweite Website hinzu und achten Sie auf die Änderungen in der Navigationsleiste. Laden Sie neue Anwendungsvorlagen von Microsoft herunter und installieren Sie die Vorlagen. Erstellen Sie mit einer der neuen Anwendungsvorlagen eine neue Website und überprüfen Sie deren Funktion in einem Webbrowser.
- **Übung 2** Erstellen Sie auf einem WSS-Testserver eine Sicherung der Konfiguration und stellen Sie die ausgewählten Komponenten aus der Sicherung wieder her. Stellen Sie zuerst die gesicherten Daten über einer vorhandenen Website wieder her und überprüfen Sie, ob die Website anschließend tatsächlich in der älteren Version vorliegt. Verwenden Sie dann die Wiederherstellung, um unter einem anderen Namen ein zweites Exemplar einer SharePoint-Websitesammlung zu erstellen.
- **Übung 3** Informieren Sie sich auf der Begleit-CD oder mit den angegebenen URLs über die folgenden Themen:
  - Windows SharePoint Services TechCenter: *http://technet.microsoft.com/en-us/windowsserver/sharepoint/default.aspx*
  - Microsoft TechNet Virtual Labs: SharePoint Products and Technologies: *http://technet.microsoft.com/en-us/bb512933.aspx*
  - Microsoft Office Windows SharePoint Services technology Home Page: *http://office.microsoft.com/en-us/sharepointtechnology*

Machen Sie einen Übungstest

Die Übungstests auf der Begleit-CD zu diesem Buch (in englischer Sprache) bieten zahlreiche Möglichkeiten. Zum Beispiel können Sie einen Test machen, der ausschließlich die Themen eines bestimmten Lernziels behandelt, oder Sie können sich selbst mit dem gesamten Inhalt der Prüfung 70-643 testen. Sie können den Test so konfigurieren, dass er dem Ablauf einer echten Prüfung entspricht, oder Sie können einen Lernmodus verwenden, in dem Sie sich nach dem Beantworten einer Frage jeweils sofort die richtige Antwort und Erklärungen ansehen können.

Weitere Informationen Übungstests

Einzelheiten zu allen Optionen, die bei den Übungstests zur Verfügung stehen, finden Sie im Abschnitt „So benutzen Sie die Übungstests“ in der Einführung dieses Buchs.

Antworten

Kapitel 1: Antworten zur Lernzielkontrolle

Lektion 1

1. **Richtige Antwort: C**
   - A. **Falsch:** Windows PE wird dazu verwendet, einen Computer von einer CD zu starten und zum Beispiel ein Festplattenlaufwerk vorzubereiten.
   - B. **Falsch:** Das Programm ImageX erfasst, ändert oder installiert WIM-Abbilder.
   - C. **Richtig:** Sysprep bereitet eine Windows-Installation für die Abbildung vor, indem es alle eindeutigen Systeminformationen von der Windows-Installation entfernt und zum Beispiel die Sicherheitskennungen (SIDs) zurücksetzt, die Systemwiederherstellungspunkte löscht und die Ereignisprotokolle löscht.
   - D. **Falsch:** Der Windows-Systemabbild-Manager (Windows SIM) ist ein Werkzeug, mit dem Antwortdateien für die unbeaufsichtigte Installation mit Setup erstellt werden können.

Lektion 2

1. **Richtige Antwort: C**
   - A. **Falsch:** Der Abbildspeicher liegt im Ordner Pfad*RemoteInstall* Ihres Windows-Bereitstellungsdiensteservers und dient zur Speicherung und Verwaltung der Start- und Installationsabbilder, die für Bereitstellungen verwendet werden.
   - B. **Falsch:** Die Windows-Bereitstellungsdienste enthalten einen TFTP-Server, der einem PXE-fähigen Clientcomputer antworten kann, damit der Client den WDS-Client herunterladen und starten kann. Der WDS-Client zeigt dann sein Startmenü, in dem er die Auswahl eines Installationsabbilds ermöglicht, das installiert werden soll.
   - C. **Richtig:** Windows SIM eignet sich zwar sehr gut zur Erstellung von Antwortdateien für unbeaufsichtigte Installationen, die mit den Windows-Bereitstellungsdienste durchgeführt werden, gehört aber nicht zu den Windows-Bereitstellungsdiensten. Windows SIM gehört zum Windows AIK.
   - D. **Falsch:** Die Windows-Bereitstellungsdienste enthalten einen PXE-Server, der auf BOOTP-Anfragen von PXE-fähigen Clientcomputern antworten und diesen Computern mitteilen kann, wo der WDS-Client zu finden ist, der für den Start des Installationsvorgangs gebraucht wird.

2. **Richtige Antworten: A und C**

   A. **Richtig:** FAT32-Volumes werden von den Windows-Bereitstellungsdiensten nicht unterstützt.

   B. **Falsch:** Die PXE-Serveranfangseinstellungen sind in diesem Zusammenhang nicht wichtig. Außerdem haben Sie die Einstellung mit den geringsten Beschränkungen gewählt.

   C. **Richtig:** Nur die *Boot.wim*-Datei von den Produktmedien von Windows Server 2008 oder von Windows Vista mit integriertem Service Pack 1 ermöglichen Ihnen die Verwendung der Erweiterungen der neuen Windows-Bereitstellungsdiensteversion von Windows Server 2008. Die Datei *Boot.wim* von Windows Vista RTM-Medien unterstützt nur eine ältere Version der Windows-Bereitstellungsdienste.

   D. **Falsch:** Sie verwechseln hier Start- und Installationsabbilder.

Lektion 3

1. **Richtige Antwort: D**

   A. **Falsch:** Sowohl Virtual Server als auch Windows Server Hyper-V unterstützen den Netzwerklastenausgleich.

   B. **Falsch:** Sowohl Virtual Server als auch Hyper-V sind in der Lage, einem virtuellen Computer einen Hostprozessor zuzuordnen.

   C. **Falsch:** Alle drei Virtualisierungstechnologien von Microsoft bieten 64-Bit-Hostunterstützung.

   D. **Richtig:** Nur Hyper-V unterstützt 64-Bit-Gäste.

2. **Richtige Antwort: D**

   A. **Falsch:** Die unterstützte Umstellung von realen auf virtuelle Computer ist keine Funktion von Virtual PC.

   B. **Falsch:** Die unterstützte Umstellung von realen auf virtuelle Computer ist keine Funktion von Virtual Server.

   C. **Falsch:** Die unterstützte Umstellung von realen auf virtuelle Computer ist keine Funktion von Hyper-V.

   D. **Richtig:** Das Virtual Server Migration Toolkit ist kostenlos herunterladbar und erleichtert die P2V-Migration (P2V steht für Physical-to-Virtual).

Lektion 4

1. **Richtige Antwort: C**

   A. **Falsch:** Mindestens 25 Computer sind erforderlich, bevor Windows Vista-Clients erfolgreich aktiviert werden können. Die Filiale erfüllt diese Anforderung, wie auch die für eine Windows Server 2008-Aktivierung.

   B. **Falsch:** Mindestens 5 Computer sind erforderlich, damit Windows Server 2008 erfolgreich durch einen KMS-Host aktiviert werden kann. Die Filiale erfüllt diese Anforderung, wie auch die für eine Windows Vista-Aktivierung.

   C. **Richtig:** Nimmt man beide Betriebssysteme zusammen, ist eine KMS-Lizenzierung möglich. Damit Windows Vista-Clients mit KMS aktiviert werden können, muss der KMS-Hosts von 25 Computern Aktivierungsanforderungen erhalten. Damit Windows Server 2008-Installationen aktiviert werden können, muss der KMS-Host Aktivierungsanforderungen von 5 Computern erhalten. Die Filiale erfüllt diese Anforderungen.

   D. **Falsch:** Die Filiale erfüllt die Anforderungen für die KMS-Lizenzierung beider Betriebssysteme.

2. **Richtige Antwort: B**

   A. **Falsch:** Ohne Internetzugang würde eine unabhängige MAK-Aktivierung eine Aktivierung jedes einzelnen Computers per Telefon erfordern. Dieser Vorgang wäre sehr zeitaufwendig und ineffizient.

   B. **Richtig:** Die MAK-Proxyaktivierung bietet die effizienteste Möglichkeit zur Aktivierung von weniger als 25 Computern, auf denen Windows Vista ausgeführt wird und die nicht über einen Internetzugang verfügen. Bei der MAK-Proxyaktivierung speichern Sie die Installationskennungen der zu aktivierenden Clients in einer XML-Datei. Dann fordern Sie auf einem Computer, der eine Verbindung mit dem Internet herstellen kann, die entsprechenden Bestätigungskennungen an. Mit diesen Bestätigungskennungen werden die Computer aktiviert.

   C. **Falsch:** Eine KMS-Lizenzierung oder -Aktivierung können Sie in dieser Situation nicht verwenden, weil es im Forschungsnetzwerk nicht genug Computer gibt.

   D. **Falsch:** Sie können keine Aktivierung mit einem Vollproduktschlüssel durchführen, weil für die 15 Clientcomputer Volumenlizenzen erworben wurden. Das geht aus der Frage hervor.

Kapitel 1: Antworten zu den Übungen mit Fallbeispiel

Übung 1: Bereitstellen von Servern

1. System Center Configuration Manager 2007.
2. Sie sollten die Server, auf denen Windows NT- und Linux-Anwendungen ausgeführt werden, virtualisieren (entweder mit Virtual Server oder Hyper-V). Dadurch sinken die Kosten für den Betrieb dieser Server und die Zahl der Server, die Sie für die Bereitstellung von Windows Server 2008 anschaffen müssen.

Übung 2: Erstellen einer Aktivierungsinfrastruktur

1. In der Zentrale sollten Sie für alle Computer, die nicht zum Forschungsnetzwerk gehören, die KMS-Lizenzierung und -Aktivierung vorsehen. Für die Computer im isolierten Forschungssubnetz sollten Sie die MAK-Proxyaktivierung durchführen.
2. Am Standort Binghamton sollten Sie eine KMS-Lizenzierung mit einem lokal installierten KMS-Host verwenden.
3. Am Standort Syracuse sollten Sie eine MAK-Lizenzierung verwenden.

Kapitel 2: Antworten zur Lernzielkontrolle

Lektion 1

1. **Richtige Antwort: B**
   - A. **Falsch:** In der Datenträgerverwaltung werden keine Datenträger angezeigt, wenn der Hersteller des Speichersystems keinen Hardwareprovider für den Dienst für virtuelle Datenträger (VDS) bereitgestellt hat. Auch wenn ein passender Hardwareprovider installiert ist, erscheinen die Datenträger erst dann, wenn LUNs erstellt und dem Server zugewiesen wurden.
   - B. **Richtig:** VDS ist ein API, das Speichersubsysteme und SAN-Hardware für die Verwaltungsprogramme zugänglich macht. Damit integrierte Speicherverwaltungstools wie der Speicher-Manager für SANs eine Verbindung mit Speichergeräten von anderen Herstellern herstellen können, muss die Hardware eine passende Softwareschnittstelle für den Dienst für virtuelle Datenträger enthalten. Diese Schnittstelle wird der VDS-Hardwareprovider genannt.
   - C. **Falsch:** Wenn sich mit der Software des Herstellers eine Verbindung mit dem Speichersubsystem herstellen lässt, besteht bereits eine iSCSI-Verbindung mit dem Gerät. Außerdem sieht auch der iSCSI-Initiator von Windows das Gerät nicht, wenn das Gerät nicht über einen VDS-Hardwareprovider verfügt.
   - D. **Falsch:** Wenn mit der Software des Herstellers eine Verbindung mit dem Speichersubsystem hergestellt werden kann, besteht bereits eine Verbindung mit dem Gerät. Die Konfiguration eines iSNS-Servers ermöglicht keine Erkennung des Geräts. Damit die Verwaltungstools das Gerät erkennen können, muss dieses Gerät über einen VDS-Hardwareprovider verfügen.
2. **Richtige Antwort: D**
   - A. **Falsch:** Ein einfaches Volume würde nur eines der drei Festplattenlaufwerke belegen und bietet auch nicht die beste Schreib- oder Leseleistung.
   - B. **Falsch:** Ein übergreifendes Volume könnte zwar den Speicherplatz von allen drei Festplattenlaufwerken bestmöglich ausnutzen, bietet aber nicht die beste Schreib- oder Leseleistung.

C. **Falsch:** Ein gespiegeltes Volume würde nur den Speicherplatz aufweisen, den eines der beteiligten Festplattenlaufwerke bietet. Außerdem bietet ein gespiegeltes Volume nicht die beste Schreib- oder Leseleistung.

D. **Richtig:** Ein Stripesetvolume kann den gesamten Speicherplatz der drei Festplattenlaufwerke nutzbar machen. Außerdem bietet ein Stripesetvolume von allen Volumetypen die beste Schreib- und Leseleistung.

E. **Falsch:** Ein RAID-5-Volume würde nur den Speicherplatz bieten, den zwei der drei Festplattenlaufwerke zusammen aufweisen. Außerdem bietet ein RAID-5-Volume zwar eine ausgezeichnete Leseleistung, weist aber auch eine relativ schlechte Schreibleistung auf.

Lektion 2

1. **Richtige Antwort: B**

   A. **Falsch:** Ein leistungsfähigerer Server könnte kurzfristig das Leistungsproblem der Website beheben, aber es wird erwartet, dass die Belastung des Servers in den nächsten Jahren immer weiter ansteigt. Daher ist diese Lösung nicht die beste Methode, um die Anforderungen auch langfristig zu erfüllen.

   B. **Richtig:** Ein NLB-Cluster (Webfarm) würde die Leistungsanforderungen an die Website nicht nur kurzfristig, sondern auch langfristig erfüllen. Wenn die Belastung der Website steigt, brauchen Sie nur zusätzliche Server hinzuzufügen, um die höhere Arbeitslast zu bewältigen.

   C. **Falsch:** Ein Failover-Cluster würde eine Website nicht in die Lage versetzen, eine wachsende Arbeitslast zu bewältigen. Ein Failover-Cluster bewirkt nur, dass ein Server die Arbeit eines anderen Servers übernehmen kann, falls der andere Server ausfällt.

   D. **Falsch:** Für kleinere Bereitstellungen kann Round-Robin eine angemessene Lösung sein, aber auf längere Sicht ist es nicht die beste Lösung. Man sollte es vermeiden, dass Webclients an ausgefallene oder überlastete Webserver verwiesen werden. Es ist sinnvoll, eine Lösung zu wählen, die eine bessere Verteilung der Arbeitslast ermöglicht als Round-Robin.

2. **Richtige Antwort: B**

   A. **Falsch:** Die Quorumkonfiguration *Knotenmehrheit* ist am besten für Failover-Cluster mit einer ungeraden Knotenzahl geeignet.

   B. **Richtig:** *Knoten- und Datenträgermehrheit* ist die passende Quorumkonfiguration für Failover-Cluster mit einer geraden Knotenzahl und ausreichend gemeinsam verwendeten Speicher.

   C. **Falsch:** *Knoten- und Dateifreigabemehrheit* ist die passende Quorumkonfiguration für einen Failover-Cluster mit einer geraden Knotenzahl, der nicht über ein gemeinsam genutztes Volume verfügt, das als Zeugendatenträger verwendet werden kann.

D. **Falsch:** Die Quorumkonfiguration *Keine Mehrheit: Nur Datenträger* wird nicht empfohlen. Sie kann in Testumgebungen oder unter speziellen Umständen verwendet werden, wenn keine andere Quorumkonfiguration sinnvoll oder möglich ist.

Kapitel 2: Antworten zu den Übungen mit Fallbeispiel

Übung 1: Planen des Speichers

1. Sie sollten ein SAN auf iSCSI-Basis wählen, weil es eine ausgezeichnete Leistung bietet und Ihnen ermöglicht, auf die vorhandene Erfahrung der IT-Abteilung mit Netzwerken zurückzugreifen.
2. Sie sollten auf Produkte achten, die über einen Hardwareanbieter für VDS verfügen.

Übung 2: Planen der Verfügbarkeit

1. Für IIS und die Webanwendung sollten Sie einen NLB-Cluster einrichten. Dadurch erhalten Sie die höchste Leistung, weil Clientanfragen auf die Server verteilt werden. Außerdem verringert ein NLB-Cluster Ausfallzeiten, weil Anfragen, die an ausgefallene Server gerichtet sind, an andere Server weitergeleitet werden.
2. Für die Back-End-Datenbank sollten Sie einen Failover-Cluster einrichten. Da sich die Daten intern immer in einwandfreiem Zustand befinden müssen, muss sich die Datenbank auch auf einen einzelnen Speicher beschränken. Der Failover-Cluster verringert zudem die Ausfallzeit, weil ein Failover-Dienst zur Verfügung steht, falls ein Datenbankserver ausfällt.

Kapitel 3: Antworten zur Lernzielkontrolle

Lektion 1

1. **Richtige Antworten: A und C**

   A. **Richtig:** Dieser Befehl stellt eine lokale Server Core-Installation von Windows Server 2008 so ein, dass sie Remotedesktopverbindungen akzeptiert.

   B. **Falsch:** Dieser Befehl stellt eine lokale Server Core-Installation von Windows Server 2008 so ein, dass sie Remotedesktopverbindungen sperrt.

   C. **Richtig:** Dieser Befehl stellt eine lokale Server Core-Installation von Windows Server 2008 so ein, dass sie Remotedesktopverbindungen von Clients akzeptiert, auf denen Windows XP oder ältere Windows-Versionen ausgeführt werden.

   D. **Falsch:** Dieser Befehl stellt eine lokale Server Core-Installation von Windows Server 2008 so ein, dass sie keine Remotedesktopverbindungen von Clients akzeptiert, auf denen Windows XP oder ältere Windows-Versionen ausgeführt werden.

2. **Richtige Antwort: D**

   A. **Falsch:** Remotedestop für Verwaltung ist die unlizenzierte Version der Terminaldienste, die nur zwei gleichzeitige Desktopsitzungen zulässt. Zwei Sitzungen reichen nicht aus, um 75 Berater zu unterstützen, die vor Ort beim Kunden arbeiten. Außerdem brauchen Sie keine zusätzlichen Lizenzen zu kaufen, wenn Sie Remotedestop für Verwaltung verwenden.

   B. **Falsch:** Remotedestop für Verwaltung ist die unlizenzierte Version der Terminaldienste, die nur zwei gleichzeitige Desktopsitzungen zulässt. Zwei Sitzungen reichen nicht aus, um 75 Berater zu unterstützen, die vor Ort beim Kunden arbeiten.

   C. **Falsch:** Sie müssen auf dem Anwendungsserver die Terminaldienste installieren, damit mehr als zwei Benutzer gleichzeitig eine Verbindung mit dem Server herstellen können. Allerdings empfiehlt es sich, benutzerbezogene Clientzugriffslizenzen zu wählen, weil die Zahl der Geräte die Zahl der Benutzer übersteigt.

   D. **Richtig:** Sie müssen auf dem Anwendungsserver die Terminaldienste installieren, damit mehr als zwei Benutzer gleichzeitig eine Verbindung mit dem Server herstellen können. Sie müssen zwar nur 75 benutzerbezogene Clientzugriffslizenzen erwerben, aber die Zahl der gerätebezogenen Clientzugriffslizenzen wäre wegen der hohen Anzahl der Computer, von denen aus die Berater vielleicht eine Verbindung herstellen, wesentlich größer. Der Erwerb von benutzerbezogenen Clientzugriffslizenzen ist daher in diesem Fall die beste Wahl.

Lektion 2

1. **Richtige Antwort: B**

   A. **Falsch:** Der Terminaldienste-Sitzungsbroker verwaltet die Sitzungen in einer Farm und ist für die Wiederverbindung von Benutzern mit getrennten RDP-Sitzungen zuständig. Damit der Terminaldienste-Sitzungsbrokerdienst die Sitzungen aller Farmmitglieder erfassen kann, muss jeder Mitgliedsserver auf dem Sitzungsbrokerserver zur lokalen Gruppe *Sitzungsverzeichnis Computer* hinzugefügt werden. In dieser Übung ist TSLB1 der Sitzungsbrokerserver.

   B. **Richtig:** Damit Benutzer in einer Terminaldiensteserverfarm wieder eine Verbindung mit getrennten RDP-Sitzungen herstellen können, muss jeder Mitgliedsserver auf dem Sitzungsbrokerserver zur lokalen Gruppe *Sitzungsverzeichnis Computer* hinzugefügt werden. In dieser Übung ist TSLB1 der Sitzungsbrokerserver.

   C. **Falsch:** Diese Option bewirkt, dass nur einige der Clientanfragen, die an TSFARM1 gerichtet sind, an TSLB6 weitergeleitet werden. Sie ermöglicht es dem Terminaldienste-Sitzungsbrokerdienst nicht, eine Verbindung mit getrennten Sitzungen herzustellen.

D. **Falsch:** Diese Option bewirkt, dass Benutzer nur eine Verbindung mit TSLB6 herstellen können, indem sie den Server direkt angeben. Sie ermöglicht es Benutzern, die mit dem Farmnamen TSFARM1 eine Verbindung herstellen wollen, nicht, eine Verbindung mit getrennten Sitzungen herzustellen.

2. **Richtige Antwort: D**

A. **Falsch:** Diese Option würde verhindern, dass Terminaldiensteclients auf lokalen Druckern drucken können. Damit stünde den Terminaldiensteclients ein „Fallbacktreiber“ (Reserve-, Ersatz- oder Standarddruckertreiber) zur Verfügung, falls kein passender Druckertreiber für den Drucker des Clients zu finden ist.

B. **Falsch:** Diese Option würde einen lokalen Drucker von TS1 als Standarddrucker in der Terminaldienstesitzung vorsehen. Sie würde aber nicht dafür sorgen, dass ein Fallbacktreiber zur Verfügung steht, falls kein passender Druckertreiber für Terminaldiensteclients zu finden ist.

C. **Falsch:** Diese Richtlinieneinstellung vereinfacht zwar den Druck für Terminaldiensteclients, richtet aber keinen Fallbacktreiber ein.

D. **Richtig:** Um einen Fallbackdruckertreiber bereitzustellen, müssen Sie in den Gruppenrichtlinien diese Richtlinieneinstellung vornehmen.

Kapitel 3: Antworten zu den Übungen mit Fallbeispiel

Übung 1: Auswählen eines Terminaldienste-Lizenzierungsmodus

1. Ja, Sie sollten die Terminaldienste auf TS1 installieren, da viele Sitzungen gleichzeitig abgehalten werden. Wählen Sie auf Benutzer bezogene Clientzugriffslizenzen, weil es weniger Benutzer als Geräte gibt, die eine Verbindung mit TS1 herstellen.
2. Nein, Sie brauchen auf TS2 die Terminaldienste nicht zu installieren, weil es keinen Bedarf dafür gibt, mehr als zwei Desktopsitzungen gleichzeitig abzuhalten. Stattdessen aktivieren Sie auf dem Server einfach die Remotedesktopfunktion. Für Remotedesktop brauchen Sie keine Clientzugriffslizenzen zu kaufen.

Übung 2: Beheben von Fehlern in einer Terminaldienste-Installation

1. Löschen Sie auf App3 auf der Registerkarte *Allgemein* des Dialogfelds *RDP-TCP Eigenschaften* das Kontrollkästchen *Verbindungen nur von Computern zulassen, die Remotedesktop mit Authentifizierung auf Netzwerkebene verwenden.*
2. Stellen Sie auf App1 die Option *Getrennte Sitzung beenden* auf der Registerkarte *Sitzungen* des Dialogfelds *RDP-TCP Eigenschaften* auf *Nie.*

Kapitel 4: Antworten zur Lernzielkontrolle

Lektion 1

1. **Richtige Antwort: B**
   A. **Falsch:** Erforderliche Profile widersprechen dem beschriebenen Ziel, dass Benutzer in der Lage sein sollen, ihre eigenen Daten zu speichern.
   B. **Richtig:** Durch die Einrichtung von Datenträgerkontingenten können Sie dafür sorgen, dass die Benutzerprofile nicht den gesamten auf dem Datenträger verfügbaren Speicherplatz belegen.
   C. **Falsch:** Servergespeicherte Benutzerprofile lösen nicht das Problem. Sie müssen die Profile an einem anderen Ort speichern, an dem mehr Speicherkapazität zur Verfügung steht.
   D. **Falsch:** Profile für Terminaldienstebenutzer werden auf dem Terminalserver gespeichert, nicht auf dem lokalen Computer. Die Einrichtung von Datenträgerkontingenten auf den lokalen Datenträgern der Benutzer löst das Problem nicht.
2. **Richtige Antwort: A**
   A. **Richtig:** Sie können eine Benutzersitzung auf dem Terminalserver mit den Befehlen Rwinsta oder `Reset session` löschen. Durch das Löschen der getrennten, im Leerlauf befindlichen Sitzungen werden auf dem Server wieder Platz und Ressourcen für aktive Sitzungen frei.
   B. **Falsch:** Der Befehl Tdiscon trennt Benutzersitzungen, die derzeit verbunden sind. Sie wollen aber getrennte Sitzungen löschen und nicht aktive Verbindungen trennen.
   C. **Falsch:** Der Befehl Tskill beendet einen einzelnen Prozess auf dem Terminalserver. Er beendet nicht die gesamte Benutzersitzung.
   D. **Falsch:** Der Befehl Tscon stellt eine Verbindung zu einer getrennten Sitzung her. Er beendet Benutzersitzungen nicht.

Lektion 2

1. **Richtige Antwort: C**
   A. **Falsch:** TCP-Port 25 wird für SMTP-Datenverkehr verwendet. Dieser Port ist nicht für die Kommunikation mit dem Terminaldienstegateway erforderlich.
   B. **Falsch:** TCP-Port 3389 wird für direkte RDP-Verbindungen ohne Terminaldienstegateway verwendet. Sie wollen aber, dass Ihre Clients über das Terminaldienstegateway kommunizieren.
   C. **Richtig:** TCP-Port 443 ist der Port, der für SSL verwendet wird. Das Terminaldienstegateway kommuniziert mit Clients über SSL.

D. **Falsch:** TCP-Port 80 wird für HTTP-Datenverkehr verwendet. Sie werden diesen Port geöffnet halten müssen, damit ein Client mit einem Webserver kommunizieren kann, der sich hinter Ihrer Firmenfirewall befindet.

2. **Richtige Antwort: D**

A. **Falsch:** Wenn Sie eine HTTPS–HTTP-Bridge aktivieren, verwenden Sie keinen ISA-Server als SSL-Endpunkt für Terminaldienstegatewayverbindungen. Die Kommunikation mit dem Terminaldienstegateway erfolgt dann unverschlüsselt über HTTP.

B. **Falsch:** Auf einem ISA-Server ist es erforderlich, TCP-Port 443 zu öffnen, damit externe Clients Verbindungen herstellen können. Allerdings ist durch das Öffnen dieses Ports nicht sichergestellt, dass der ISA-Server mit dem Terminaldienstegateway kommunizieren kann.

C. **Falsch:** Sie müssen das Terminaldienstegateway-Zertifikat auf den ISA-Server exportieren, nicht umgekehrt.

D. **Richtig:** Wenn ein ISA-Server zwischen externen Terminaldiensteclients und einem internen Terminaldienstegateway bereitgestellt wird, ist der ISA-Server ein Client des Terminaldienstegateways. Deshalb muss das Terminaldienstegateway-Zertifikat, das für SSL verwendet wird, auf dem Computer installiert werden, auf dem ISA Server ausgeführt wird.

Lektion 3

1. **Richtige Antwort: B**

A. **Falsch:** Dieser Befehl wird zur Aktivierung und Deaktivierung von Anmeldungen für Clientsitzungen auf einem Terminalserver verwendet. Er stellt nicht sicher, dass eine installierte Anwendung mehrere Benutzer unterstützt.

B. **Richtig:** Geben Sie den Befehl `chguser /install` ein, bevor Sie eine Anwendung installieren, damit die *.ini*-Dateien für die Anwendung im Systemordner erstellt werden. Dadurch wird erreicht, dass die Benutzer ihre persönlichen Einstellungen für die Anwendung speichern können. Geben Sie nach der Installation den Befehl `chguser /execute` ein.

C. **Falsch:** Dieser Befehl zeigt eine Liste aller Terminalserver im Netzwerk an. Damit erreichen Sie nicht, dass installierte Anwendungen mehrere Benutzer unterstützen.

D. **Falsch:** Dieser Befehl startet den Terminaldiensteclient Remotedesktopverbindung (Mstsc). Mit diesem Befehl erreichen Sie nicht, dass eine installierte Anwendung mehrere Benutzer unterstützt.

2. **Richtige Antworten: A und B**

   A. **Richtig:** Die neue Terminaldienste-Webzugriffssite listet das RemoteApp-Programm auf und verbindet Benutzer mit dem neuen Ort.

   B. **Richtig:** Nach der Umstellung des RemoteApp-Programms ist die alte RDP-Datei nicht mehr verwendbar. Sie müssen die Datei neu erstellen und an die Benutzer verteilen.

   C. **Falsch:** Sie können in einer RDP-Datei zwar einige Einstellungen verändern, aber nicht den Pfad des RemoteApp-Programms. Wenn Sie eine Anwendung an einen anderen Ort verlagern, müssen Sie die dazugehörige RDP-Datei neu erstellen.

   D. **Falsch:** Sie können zwar den Servernamen in den *Terminalservereinstellungen* ändern, aber das wird in erster Linie erforderlich, wenn der lokale Server zu einer Serverfarm gehört. Die Änderung des Servernamens ermöglicht es den Benutzern nicht, eine Verbindung mit einer Anwendung herzustellen, die an einen anderen Ort verlegt wurde.

Kapitel 4: Antworten zu den Übungen mit Fallbeispiel

Übung 1: Verwalten von Terminaldienstesitzungen

1. Sie können die Sitzungskennung mit dem Befehl `Query session` ermitteln. Dann können Sie die Sitzung mit den Befehlen `Rwinsta` oder `Reset session` beenden (löschen).
2. Sie können mit der Remoteüberwachungsfunktion die Sitzung der Benutzerin übernehmen und ihr vorführen, wie die Anwendung verwendet wird.

Übung 2: Veröffentlichen von Anwendungen

1. Verwenden Sie zur Veröffentlichung des RemoteApp-Programms auf den Desktops der Benutzer Gruppenrichtlinien. Dazu können Sie entweder eine RDP- oder eine MSI-Datei einsetzen.
2. Fügen Sie App1 im Terminaldienste-RemoteApp-Manager zur Liste der RemoteApp-Programme hinzu und erstellen Sie ein Windows Installer-Paket für die Anwendung. Richten Sie die MSI-Datei so ein, dass im *Start*-Menü eine Verknüpfung mit dem RemoteApp-Programm installiert wird und dass das Programm gestartet wird, wenn eine Datei mit der entsprechenden Erweiterung geöffnet wird. Stellen Sie die MSI-Datei mit Gruppenrichtlinien bereit.
3. Stellen Sie im Umkreisnetzwerk Ihrer Firma einen Terminaldienstegatewayserver bereit. Erstellen Sie mit dem Terminaldienste-RemoteApp-Manager eine RDP-Datei für App1, in der Sie den Terminaldienstegatewayserver angeben. Verteilen Sie die RDP-Datei an Remotebenutzer.

Kapitel 5: Antworten zur Lernzielkontrolle

Lektion 1

1. **Richtige Antwort: B**

   A. **Falsch:** Der Rollendienst HTTP-Fehler wird verwendet, um Benutzern benutzerdefinierte Fehlermeldungen zu senden. Da der Server nicht zu antworten scheint, lässt sich das Problem wohl nicht auf diese Weise lösen.

   B. **Richtig:** Die wahrscheinlichste Ursache des Problems ist, dass der WWW-Publishingdienst beendet wurde. Sie können den Status des Dienstes und die vorliegenden Ereignisprotokolleinträge im Server-Manager überprüfen.

   C. **Falsch:** Da mehrere Benutzer Probleme mit dem Zugriff auf die Website haben, liegt das Problem höchstwahrscheinlich beim Server.

   D. **Falsch:** Die Rolle HTTP-Protokollierung ermöglicht Ihnen, Informationen über die Anfragen zu sammeln, die an die Website gerichtet sind. Da der Webserver die Anfragen aber nicht bearbeitet, löst das Hinzufügen dieses Rollendienstes das Problem nicht.

   E. **Falsch:** Der IIS-Verwaltungsdienst ist erforderlich, um am Webserver Konfigurationsänderungen durchzuführen. Selbst wenn dieser Dienst beendet wurde, sollte der Webserver trotzdem noch Benutzeranfragen beantworten.

Lektion 2

1. **Richtige Antworten: A und D**

   A. **Richtig:** Da beide Anwendungen über den HTTP-Standardport zugänglich sein müssen, müssen sie sich auch in derselben Website befinden.

   B. **Falsch:** IIS lässt es nicht zu, dass mehrere Websites dieselben Einstellungen für die Websitebindung verwenden. Daher können Sie nicht mehrere Websites mit Bindung an HTTP-Port 80 starten.

   C. **Falsch:** Beiden Webanwendungen denselben Webanwendungspool zuzuweisen, schützt eine Webanwendung nicht vor den Folgen der Probleme, die in der anderen Webanwendung auftreten.

   D. **Richtig:** Durch die Verwendung getrennter Anwendungspools sind beide Webanwendungen besser voneinander isoliert. Dadurch sind die Anwendungen besser vor Problemen geschützt, die in der anderen Anwendung auftreten.

2. **Richtige Antwort: D**

   A. **Falsch:** Die Websites neu zu erstellen, kann eine zeitaufwendige Angelegenheit werden. Außerdem lassen sich die genauen Einstellungen nur schwer wiederherstellen.

B. **Falsch:** Manuell Einstellungen in der Datei *ApplicationHost.config* vorzunehmen, kann sich zu einer zeitraubenden Angelegenheit entwickeln. Es ist keine gute Idee.

C. **Falsch:** Da keine manuellen Sicherungen der IIS-Konfiguration durchgeführt wurden, gibt es für AppCmd auch nichts, was es wiederherstellen könnte.

D. **Richtig:** Da für jede Website zahlreiche Einstellungen vorgenommen wurden und seit der Löschung keine weiteren Änderungen am Server erfolgten, ist die schnellste Methode zur Wiederherstellung der IIS-Konfiguration, eine der automatisch gesicherten *ApplicationHost.config*-Dateien auf die aktuelle Arbeitsversion zu kopieren.

Kapitel 5: Antworten zu den Übungen mit Fallbeispiel

Übung 1: IIS-Webserververwaltung

1. Durch die Verwendung einer freigegebenen Konfiguration können mehrere Webserver dieselben Konfigurationsdateien verwenden. Dazu exportieren Sie die Konfiguration von einem der Server und stellen alle anderen Server dann so ein, dass sie diese exportierten Konfigurationsdateien verwenden.
2. Sie sollten alle Inhaltsordner der Websites einschließlich ihrer *Web.config*-Dateien in die Sicherung einbeziehen. Die Sicherung sollte auch den Ordner *%SystemDrive%\Inetpub\History* einbeziehen, weil hier die automatisch gesicherten Vorgängerversionen der Konfigurationsdateien gespeichert sind.
3. Sie können die IIS-Konfiguration mit dem Programm AppCmd manuell sichern und wiederherstellen. Es empfiehlt sich, eine manuelle Sicherung durchzuführen, bevor Sie an dem Server Konfigurationsänderungen vornehmen. Als zweite Möglichkeit bietet sich an, eine passende Vorgängerversion der Datei *ApplicationHost.config* über die aktuelle Arbeitsversion zu kopieren, um den Server auf eine ältere Konfiguration zurückzuführen.

Übung 2: Verwalten mehrerer Websites

1. Wenn Sie jeder Webanwendung einen eigenen Anwendungspool zuweisen, wirken sich Programmfehler weniger stark auf andere Anwendungen aus.
2. Sie können die Sitebindung für jede Website so einstellen, dass ein anderer Hostname verwendet wird. Benutzer werden anhand dieses Namens automatisch an die entsprechende Website weitergeleitet.
3. Durch das Hinzufügen des Rollendienstes IIS 6-Verwaltungskompatibilität ermöglichen Sie den Zugriff auf die IIS 6.0-Metadatenbank und andere Funktionen. Wenn ASP.NET-Anwendungen den klassischen Pipelinemodus brauchen, können Sie dafür einen speziellen Anwendungspool einrichten oder die Einstellung des vorhandenen Pools entsprechend ändern.

Kapitel 6: Antworten zur Lernzielkontrolle

Lektion 1

1. **Richtige Antwort: B**

   A. **Falsch:** Das Hinzufügen eines Handlers zur gesamten Website macht den Handler für alle Webanwendungen verfügbar und schwächt potenziell das Sicherheitssystem.

   B. **Richtig:** Ein verwalteter Handler ermöglicht Ihnen, zur Bearbeitung einer Anfrage eine .NET-Bibliothek aufzurufen. Um die Angriffsfläche von IIS zu verkleinern, machen Sie diesen Handler nur in der einen Webanwendung verfügbar, die auf diesen Handler angewiesen ist.

   C. **Falsch:** Modulzuordnungen sind nicht dafür vorgesehen, Zugriff auf .NET-Bibliotheken zu bieten.

   D. **Falsch:** Modulzuordnungen sind nicht dafür vorgesehen, Zugriff auf .NET-Bibliotheken zu bieten.

2. **Richtige Antwort: C**

   A. **Falsch:** Der IIS-Manager ermöglicht Ihnen auch dann die Konfiguration der Benutzerberechtigungen für Websites, wenn der Verwaltungsdienst beendet wurde.

   B. **Falsch:** Dateisystemberechtigungen wirken sich nicht darauf aus, ob IIS-Manager-Benutzer zu einer Website hinzugefügt werden können.

   C. **Richtig:** Um IIS-Manager-Benutzer zu einer Website hinzufügen zu können, muss der Verwaltungsdienst so konfiguriert sein, dass er IIS-Manager-Anmeldeinformationen akzeptiert.

   D. **Falsch:** Authentifizierungseinstellungen gelten nur für Benutzer, die versuchen, mit einem Webbrowser oder anderen Anwendungen auf Webinhalte zuzugreifen. Diese Einstellungen wirken sich nicht auf IIS-Manager-Benutzereinstellungen oder Verbindungen aus.

Lektion 2

1. **Richtige Antworten: A und C**

   A. **Richtig:** Die Windows-Authentifizierung wurde entworfen, damit sich Benutzer mit lokalen Windows-Benutzerkonten oder Domänenkonten bei einem Server authentifizieren können.

   B. **Falsch:** Die Standardauthentifizierung ist weniger sicher als eine Windows-Authentifizierung.

C. **Richtig:** Die anonyme Authentifizierung muss deaktiviert werden, damit Benutzer beim Zugriff auf die Website zur Eingabe ihrer Anmeldeinformationen aufgefordert werden.

D. **Falsch:** Solange die anonyme Authentifizierung aktiviert ist, können Benutzer ohne Anmeldeinformationen auf die Website zugreifen.

2. **Richtige Antwort: C**

A. **Falsch:** Die Website scheint Verbindungen auf Port 443 anzunehmen, weil die Benutzer keine Fehlermeldung, sondern eine Warnung erhalten.

B. **Falsch:** Aus der Frage geht hervor, dass die Benutzer mit HTTP und HTTPS Verbindungen herstellen können sollen. Daher können Sie für den Zugriff auf die Website nicht SSL vorschreiben.

C. **Richtig:** Die Benutzer erhalten eine Warnung, weil das Serverzertifikat nicht von einer vertrauenswürdigen Zertifizierungsstelle ausgestellt wurde. Vermutlich handelt es sich um ein selbstsigniertes Zertifikat, das zuvor installiert worden ist. Sie können das Problem beheben, indem Sie von einer vertrauenswürdigen Zertifizierungsstelle aus dem Internet ein Zertifikat anfordern und das erhaltene Zertifikat auf dem Server installieren.

D. **Falsch:** Das Serverzertifikat scheint richtig installiert worden zu sein. Daher lässt sich das Problem nicht lösen, indem man das Zertifikat exportiert und dann neu importiert.

E. **Falsch:** Da Benutzer bei der Verbindung mit der Website eine Warnung erhalten, verhindern die Firewalleinstellungen keine Verbindung.

Kapitel 6: Antworten zu den Übungen mit Fallbeispiel

Übung 1: Konfigurieren der Remoteverwaltung für IIS

1. Sofern Sie über die erforderlichen Berechtigungen verfügen, können Sie mit dem IIS-Manager für jeden Server eine Verbindung einrichten. Bei Bedarf können Sie für jede Verbindung unterschiedliche Anmeldeinformationen angeben.
2. Die sicherste Lösung besteht darin, für den Verwaltungsdienst IIS-Manager-Anmeldeinformationen zuzulassen und für den Administrator ein neues IIS-Manager-Benutzerkonto zu erstellen.
3. Die Einstellungen der Delegierung von Features bestimmen, welche Einstellungen Administratoren im IIS-Manager einsehen und ändern können. Stellen Sie die Delegierung für *Standarddokument* und *Verzeichnis durchsuchen* auf *Schreibgeschützt*, damit Administratoren keine Änderungen vornehmen können.

Übung 2: Verbessern der Websitesicherheit

1. Da die Webanwendung eine Verbindung mit einem Remotedatenbankserver herstellen können muss, müssen Sie die .NET-Vertrauensebene auf *High (Web_hightrust.config)* einstellen. Diese Einstellung sollte auf der Ebene der Webanwendung erfolgen.
2. Beschränken Sie zuerst mit den Dateisystemberechtigungen den Zugriff auf die vorgesehenen Benutzer. Dann können Sie mit Autorisierungsregeln festlegen, welche Benutzer Zugriff auf den Inhalt erhalten.
3. Sie müssen zuerst von einer vertrauenswürdigen Zertifizierungsstelle ein Serverzertifikat anfordern und auf dem Webserver installieren. Dann können Sie mit Sitebindungseinstellungen SSL-Verbindungen aktivieren. Um die SSL-Verschlüsselung vorzuschreiben, verwenden Sie schließlich das Feature SSL-Einstellungen für die Webanwendung.

Kapitel 7: Antworten zur Lernzielkontrolle

Lektion 1

1. **Richtige Antwort: C**
   A. **Falsch:** Das Konto *IUSR_ComputerName* wird bei anonymen Verbindungen mit dem FTP-Server zur Überprüfung der Berechtigungen verwendet. Da die Benutzer über Windows-Konten und -Berechtigungen verfügen, sind diese Einstellungen für den Zugriff auf den Ordner *Zeichnungen* nicht von Bedeutung.
   B. **Falsch:** TCP/IP-Adresseneinschränkungen ermöglichen anhand der IP-Adressen oder DNS-Namen der Clients eine Kontrolle des Zugriffs auf den FTP-Server. Diese Einstellungen wirken sich nicht auf einzelne Ordner aus.
   C. **Richtig:** Die wahrscheinlichste Ursache des Problems ist, dass alle Verbindungen anonym erfolgen. Damit der FTP-Server die Zugangsberechtigungen anhand der Windows-Konten der Benutzer überprüft, deaktivieren Sie diese Option.
   D. **Falsch:** Die Aufnahme der Benutzer in die Gruppe der lokalen Administratoren würde den Benutzern auf dem Server zu viele Berechtigungen geben (einmal davon abgesehen, dass FTPServer02 sowieso der falsche Server wäre).
2. **Richtige Antworten: B und D**
   A. **Falsch:** Das Zulassen von SSL-Verbindungen bedeutet nicht zwangsläufig, dass tatsächlich SSL-Verbindungen verwendet werden. Daher erfüllt diese Option nicht die Anforderung, dass Anmeldeinformationen und Befehle verschlüsselt werden sollen.

B. **Richtig:** Durch die Deaktivierung der 128-Bit-Verschlüsselung verwendet die FTP-Site wieder die 40-Bit-Verschlüsselung. Dadurch verringert sich die Belastung des Servers, während die Daten weiterhin verschlüsselt werden.

C. **Falsch:** Die Einstellung *SSL erforderlich* bewirkt, dass die Kommunikation zwischen FTP-Client und FTP-Site verschlüsselt wird.

D. **Richtig:** Die SSL-Option *Benutzerdefiniert* ermöglicht es Administratoren, die Kontrollkanäle und Datenkanäle unabhängig voneinander einzustellen.

Lektion 2

1. **Richtige Antworten: A und C**

   A. **Richtig:** Die Standardauthentifizierung verlangt, dass alle Benutzer oder Anwendungen Anmeldeinformationen angeben müssen, um den virtuellen SMTP-Server zu verwenden.

   B. **Falsch:** Eine Smarthosteinstellung veranlasst den virtuellen SMTP-Server dazu, alle neuen E-Mails an einen bestimmten Server weiterzuleiten. Das verhindert aber keine unbefugten Zugriffe auf den Server.

   C. **Richtig:** Mit den Regeln zur Verbindungskontrolle lässt sich festlegen, welche Computer oder IP-Adressen den virtuellen SMTP-Server verwenden können.

   D. **Falsch:** Die Registerkarte *Sicherheit* wird dazu verwendet, um die Operatoren des SMTP-Servers festzulegen. Dadurch werden unbefugte Benutzer nicht daran gehindert, Nachrichten zu senden.

2. **Richtige Antwort: B**

   A. **Falsch:** Der Abschnitt *Aktuelle Sitzungen* zeigt nur, welche Benutzer und Anwendungen den Server zu einem bestimmten Zeitpunkt verwenden. Er ist keine gute Wahl, wenn es darum geht, die Belastung des Servers über den Tag hinweg zu erfassen.

   B. **Richtig:** Die Leistungsindikatoren des SMTP-Server-Objekts können Informationen darüber liefern, wie viele Nachrichten vom Server über den Tag hinweg versendet und empfangen werden. Sie können diese Informationen auch mit anderen Daten vergleichen, beispielsweise mit der Prozessorbelastung, der Speicher- und der Netzwerkverwendung.

   C. **Falsch:** Die Windows-Ereignisprotokolle enthalten keine Leistungsdaten für den SMTP-Server.

   D. **Falsch:** Die Windows-Ereignisprotokolle enthalten keine Leistungsdaten für den SMTP-Server.

   E. **Falsch:** Unzustellbare Nachrichten werden zwar im Ordner *Badmail* gespeichert, aber die Leistungsprobleme haben nicht zwangsläufig ihre Ursache in unzustellbaren Nachrichten.

Kapitel 7: Antworten zu den Übungen mit Fallbeispiel

Übung 1: Implementieren einer sicheren FTP-Site

1. Laden Sie FTP 7 herunter und installieren Sie es, um die Anforderungen an die Sicherheit und die Webintegration zu erfüllen.
2. Beschaffen Sie ein Serverzertifikat für den FTP-Server und aktivieren Sie im IIS-Manager FTP-über-SSL (FTPS).
3. Mit dem IIS-Manager können Sie für eine vorhandene Website eine neue FTP-Sitebindung erstellen. Dabei wird automatisch das Stammverzeichnis für die Site festgelegt.

Übung 2: Konfigurieren eines virtuellen SMTP-Servers

1. Mit den Einstellungen auf der Registerkarte *Allgemein* des Eigenschaftendialogfelds eines virtuellen SMTP-Servers können Sie die IP-Adressen und Portnummern festlegen, auf denen der Server antwortet.
2. Aktivieren Sie auf der Registerkarte *Zugriff* des Eigenschaftendialogfelds des virtuellen SMTP-Servers die Standardauthentifizierung.
3. Mit der Option *Nachrichtengröße beschränken* auf der Registerkarte *Nachrichten* können Sie die Größe einer einzelnen SMTP-Nachricht beschränken.

Kapitel 8: Antworten zur Lernzielkontrolle

Lektion 1

1. **Richtige Antworten: B und C**
   - A. **Falsch:** Benutzer können Inhalte, die von einem Übertragungspublishingpoint stammen, nicht im Schnelldurchlauf abspielen.
   - B. **Richtig:** Benutzer können einen On-demand-Publishingpoint verwenden, um das gewünschte Video auszusuchen, und die Wiedergabe kontrollieren.
   - C. **Richtig:** Die WM-IP-Adressenautorisierungseinstellungen erlauben nur Computern, die zum lokalen Netzwerk gehören, den Zugang zum Server.
   - D. **Falsch:** Die WM-Verhandlungsauthentifizierung dient zur Authentifizierung von Benutzern mit Windows-Konten, aber sie hindert Clients nicht daran, von anderen Orten als dem lokalen Netzwerk aus auf Inhalte zuzugreifen.
   - E. **Falsch:** Die WM-Autorisierung mit NTFS-ACL überprüft anhand der Windows-Konten der Benutzer, ob sie auf die Inhalte zugreifen dürfen, aber sie beschränkt nicht den Kreis der Netzwerkadressen, von denen aus die Inhalte zugänglich sind.

2. **Richtige Antwort: B**

   A. **Falsch:** Der Unicastankündigungs-Assistent hindert Benutzer nicht daran, auf bestimmte Inhalte des Publishingpoints zuzugreifen.

   B. **Richtig:** Sie können mit NTFS-Berechtigungen festlegen, welche Inhalte im Publishingpoint zugänglich sind. Mit dem Plug-In WM-Autorisierung mit NTFS-ACL können Sie das Benutzerkonto festlegen, das für Zugriffe verwendet werden soll.

   C. **Falsch:** Das Kopieren der Schulungsvideos würde zusätzlichen Platz auf den Datenträgern beanspruchen und ist nicht erforderlich, um die Anforderungen zu erfüllen.

   D. **Falsch:** Eine Deaktivierung der WM-Authentifizierung für anonyme Benutzer würde bewirken, dass Benutzer Anmeldeinformationen angeben müssen, um auf den Inhalt zuzugreifen.

   E. **Falsch:** Den Benutzern eine Wrapperwiedergabeliste zu geben, würde ihnen die Möglichkeit nehmen, das Video auszuwählen, das sie sich ansehen möchten.

3. **Richtige Antwort: B**

   A. **Falsch:** Ein Kopieren der Schulungsvideos erschwert die Verwaltung von Aktualisierungen und erfordert zusätzlichen Speicherpatz auf den Datenträgern des Servers.

   B. **Richtig:** Cache- oder Zwischenspeicherserver fordern automatisch Kopien der Videodateien des Quellservers an, speichern sie zwischen und machen sie für Benutzer verfügbar.

   C. **Falsch:** Proxyserver werden verwendet, um Clientanfragen an andere Server weiterzuleiten. Sie können zwar die Leistung steigern, verbessern aber die Skalierbarkeit nicht so stark wie Cacheserver.

   D. **Falsch:** Eine Beschränkung der Verteilungsverbindungen steigert nicht direkt die Skalierbarkeit für Clientverbindungen.

Kapitel 8: Antworten zu den Übungen mit Fallbeispiel

Übung 1: Schützen von Datenstrommedieninhalten

1. Sie sollten einen einzelnen Publishingpoint erstellen, der den Zugriff auf gespeicherte Videodateien nach Bedarf (on-demand) ermöglicht. Dann können Benutzer das gewünschte Video aussuchen und die Wiedergabe anhalten oder das Video im Schnelldurchlauf abspielen.

2. Da die Benutzer über Active Directory-Konten verfügen, sollten Sie die WM-Autorisierung mit NTFS-ACL aktivieren. Zur Vereinfachung der Verwaltung können Sie die Kursteilnehmer kursweise zu Gruppen zusammenfassen. Dann können Sie mit

den Dateisystemberechtigungen festlegen, welche Gruppen Zugang zu welchen Dateien erhalten.

3. Sie können die Methode der Wrapperwerbung verwenden, um vor der Wiedergabe des vom Benutzer ausgewählten Videos automatisch ein bestimmtes Video abzuspielen. Das ist die einfachste Methode, weil sie ohne manuelle Erstellung von Wiedergabelisten auskommt.

Übung 2: Verbessern der Leistung und Skalierbarkeit der Windows Media-Dienste

1. Ein Übertragungspublishingpoint ist für Liveübertragungen am besten geeignet, weil er die Informationen direkt von einem Encoder-Datenstrom abrufen kann.
2. Für Netzwerke, die Multicastbroadcasts unterstützen, kann eine Multicastübertragung die Beanspruchung des Netzwerks deutlich verringern. Benutzer, die keine Multicastdatenströme empfangen können, können auf die Unicastmethode ausweichen.
3. Durch zusätzliche Cacheproxyserver lässt sich die Leistung verbessern, wobei die Speicherung und Verwaltung des Inhalts weiterhin auf dem Quellserver erfolgt.

Kapitel 9: Antworten zur Lernzielkontrolle

Lektion 1

1. **Richtige Antworten: A und E**
   - A. **Richtig:** Im Gegensatz zur eigenständigen WSS-Installation (auf einem einzelnen Server) erfordert eine Farmkonfiguration nicht die Installation des Features Interne Windows-Datenbank. Alle Inhalte und Konfigurationen werden in einer speziellen SQL Server-Datenbank gespeichert.
   - B. **Falsch:** Das Feature Windows-Prozessaktivierungsdienst wird für den Betrieb der SharePoint-Websites gebraucht.
   - C. **Falsch:** WSS setzt .NET Framework 3.0 voraus.
   - D. **Falsch:** Die Serverrolle Webserver (IIS) ist für die SharePoint-Benutzerwebsites und die Verwaltungswebsite erforderlich.
   - E. **Richtig:** Die Rolle Dateidienste ist keine Voraussetzung für einen WSS-Server.
2. **Richtige Antwort: C**
   - A. **Falsch:** Es ist nicht erforderlich, eine neue Website zu erstellen, um den Zugriff auf die SharePoint-Standardwebsite zu ermöglichen.
   - B. **Falsch:** Es ist nicht erforderlich, eine neue Websitesammlung zu erstellen, um den Zugriff auf die SharePoint-Standardwebsite zu ermöglichen.

C. **Richtig:** Die Standardauthentifizierungseinstellung für die SharePoint-Standardwebsite ist die Windows-Authentifizierung. Um eine Verbindung herzustellen, müssen Benutzer Anmeldeinformationen angeben, die in der lokalen Domäne gelten. Externe Benutzer, die nicht über ein passendes Domänenkonto verfügen, können die Website erst verwenden, wenn Sie die Formularauthentifizierung einstellen.

D. **Falsch:** Benutzerberechtigungen wirken sich nur auf die Aufgaben aus, die sich durchführen lassen, nachdem ein Benutzer eine Verbindung mit der SharePoint-Website hergestellt hat. Sie können nicht verhindern, dass ein Benutzer eine Verbindung mit der Website herstellt.

E. **Falsch:** Kontingentvorlagen beschränken nur die Speichermenge, die eine Websitesammlung belegen kann. Sie verhindern nicht, dass Benutzer Verbindungen mit der Website herstellen.

Kapitel 9: Antworten zu den Übungen mit Fallbeispiel

Übung 1: Bereitstellen der Windows SharePoint Services

1. Da ein einzelner Back-End-Datenbankserver zur Speicherung der Inhalte vorgesehen ist, sollten Sie die Serverfarmkonfiguration wählen. Dann können Sie die Einstellungen für den Datenbankzugriff im Konfigurations-Assistenten für SharePoint-Produkte und -Technologien vornehmen.
2. Sie können Aufgaben wie die Erstellung neuer Websites mit dem Befehlszeilenprogramm Stsadm erledigen, ohne die SharePoint 3.0-Zentraladministrationswebsite zu verwenden. Die entsprechenden Befehle lassen sich auch in einer Skriptdatei verwenden, um die Installation zu automatisieren.

Übung 2: Verwalten der Windows SharePoint Services

1. Da alle Benutzer zur selben Active Directory-Domäne gehören, ermöglicht es die Windows-Authentifizierung, ohne zusätzliche Eingabe von Anmeldeinformationen eine Verbindung zu WSS herzustellen.
2. Zur Beschränkung des Speicherplatzes, der von jeder Website verwendet wird, können Kontingentvorlagen erstellt und den betreffenden Websitesammlungen zugewiesen werden. Außerdem können Sie E-Mail-Warnungen einrichten, die gesendet werden, wenn bestimmte Websites ihre Grenzen erreichen.
3. Mit der SharePoint-Funktion *Self-Service Site-Verwaltung* können Sie Benutzer in die Lage versetzen, eigene SharePoint-Websites zu erstellen. Sie erreichen diese Option über die Registerkarte *Anwendungsverwaltung* der SharePoint 3.0-Zentraladministrationswebsite.

Glossar

Active Directory-Rechteverwaltungsdienste (Active Directory Rights Management Services, AD RMS) Eine Serverrolle von Windows Server 2008, die es einem Computer ermöglicht, Zertifikate für die Erstellung und Bearbeitung von Dokumenten und Mediendateien auszustellen und die entsprechenden Berechtigungen zuzuweisen.

Anfragehandler Programme, die entwickelt wurden, um eingehende IIS-Anfragen zu bearbeiten und zu beantworten. Anfragehandler können nach den speziellen Bedürfnissen einer Webanwendung aktiviert oder deaktiviert werden.

Angriffsfläche Ein Begriff, der das Potenzial eines Servers oder Dienstes bezeichnet, Schwachstellen aufzuweisen. Die Angriffsfläche eines Webservers lässt sich zum Beispiel durch die Deaktivierung nicht verwendeter Features und Dienste verkleinern.

Anwendungspools (IIS) Ein Hilfsmitteln, um Websites in IIS mit separaten Arbeitsprozessen zu versorgen. Anwendungspools verringern die Wahrscheinlichkeit, dass Fehler in Websites und Webanwendungen andere Websites oder Anwendungen negativ beeinflussen.

Anwendungsvorlagen (Windows SharePoint Services) Herunterladbare SharePoint-Websitevorlagen, die installiert und für neue Websites verwendet werden können. Gewöhnlich sind Anwendungsvorlagen aufgaben- oder organisationsspezifisch.

AppCmd Ein Befehlszeilenprogramm zur Verwaltung der IIS 7.0-Konfiguration. Mit ihm lässt sich die Konfiguration zum Beispiel sichern und wiederherstellen.

ApplicationHost.config-Datei Eine Datei mit den wichtigsten Einstellungen für IIS auf Serverebene. Die Datei basiert auf dem XML-Format und kann manuell bearbeitet werden.

ASP.NET Eine Technologie zur Entwicklung von Webanwendungen, die auf Microsoft .NET Framework beruht. ASP.NET-Anwendungen werden von IIS unterstützt.

ASP.NET-Identitätswechsel (impersonation) Eine IIS-Absicherungsmethode, bei der ASP.NET-Anwendungen in einem bestimmten Sicherheitskontext oder im Sicherheitskontext des authentifizierten Benutzers ausgeführt werden.

Aufzeichnungsabbild (capture image) Ein spezielles Startabbild, mit dem ein Mastercomputer gestartet wird, um ein Abbild der Installation zu erstellen und zu den Windows-Bereitstellungsdiensten hochzuladen.

Authentifizierung auf Netzwerkebene (Network Level Authentication, NLA) Eine Funktion des RDP 6.0, die eine Benutzerauthentifizierung ermöglicht, bevor eine Verbindung mit einem Remotecomputer eingerichtet wird.

Basisordner Der Standardordner, in dem die Dateien eines Benutzers gespeichert werden.

Benutzerprofil Die Datensammlung, aus denen sich die individuelle Umgebung eines Benutzers zusammensetzt, einschließlich der Dateien des Benutzers, seiner Anwendungseinstellungen und der Desktopkonfiguration.

Clientzertifikatauthentifizierung Eine Methode zum Beweis der Identität eines Benutzers oder Computers, bei der Sicherheitszertifikate auf Clientcomputern installiert und von einem Webserver überprüft werden.

Cluster Eine allgemeine Bezeichnung für eine Gruppe von Servern, die nach außen hin wie ein einziges Gerät arbeiten. Trotz ihrer Gemeinsamkeiten haben NLB-Cluster und Failover-Cluster verschiedene Aufgaben.

Datenzugriff auf Blockbasis Direkt oder unformatiert, im Gegensatz zum Dateizugriff auf Dateibasis. Der Datenzugriff auf Blockbasis bietet schnellen und direkten Zugriff auf Daten, die vom Betriebssystem und Anwendungen gebraucht werden.

Delegierung von Features Eine Methode, mit der sich festlegen lässt, welche Konfigurationseinstellungen Benutzer anzeigen oder ändern können, wenn sie mit dem IIS-Manager eine Verbindung mit einem Webserver herstellen.

Domäneneinschränkungen Ein Verfahren, mit dem Systemadministratoren anhand der DNS-Domäne der Clientcomputer festlegen können, welche Benutzer eine Verbindung mit einem Webserver herstellen können.

DRM-Komponente (Digital Rights Management) Eine Technik, die es den Herstellern von Medieninhalten ermöglicht, eine nicht genehmigte Verwendung ihres geistigen Eigentums zu verhindern.

Druckerumleitung Eine Funktion, die es einem Terminaldiensteclient ermöglicht, in einer Terminaldienstesitzung auf seinen lokalen Druckern zu drucken.

Eigenständige Serverkonfiguration (Windows SharePoint Services) Eine Bereitstellungsoption der Windows SharePoint Services, die dazu führt, dass alle erforderlichen Komponenten auf demselben Computer installiert werden.

FTP (File Transfer Protocol) Ein Standardprotokoll zur Übertragung von Dateien zwischen Computern.

FTP-Benutzerisolation Einstellungen, mit denen die Standardordner festgelegt werden, auf die FTP-Benutzer Zugriff erhalten.

FTP-Client Software, die Benutzer in die Lage versetzt, eine Verbindung mit einem FTP-Server herzustellen, um Dateien hoch- oder herunterzuladen. Zu den Beispielen zählen das Befehlszeilenprogramm FTP von Windows und die FTP-Funktionen des Internet Explorers.

FTP-Server Ein Computer, der so konfiguriert ist, dass Benutzer auf Dateien zugreifen und Dateien hoch- und herunterladen können.

FTP-über-SSL (FTPS) Eine sichere Implementierung des FTP-Protokolls, mit der Serveradministratoren die Verschlüsselung der Daten- und Kontrollkanäle zulassen oder vorschreiben können.

Gastbetriebssystem Das Betriebssystem auf einem virtuellen Computer.

Gestaffelte Verteidigung (defense in depth) Eine Staffelung von Sicherheitsmaßnahmen über mehrere Ebenen. Sollte ein Eindringling die erste Schutzmaßnahme überwinden, werden sensible Daten, beispielsweise Webinhalte, immer noch von den verbleibenden Maßnahmen geschützt.

Handlerzuordnungen (IIS) Konfigurationseinstellungen, mit denen festgelegt wird, welche Art von Inhalt von welchem Anfragehandler bearbeitet wird.

Hostbetriebssystem Das Basisbetriebssystem, das auf einem Computer installiert ist, auf dem eine Virtualisierungstechnologie eingesetzt wird.

HTTP (Hypertext Transfer Protocol) Das wichtigste Protokoll für die Kommunikation zwischen Webservern und Webbrowsern. Standardmäßig verwendet HTTP den TCP-Port 80 zur Kommunikation.

HTTPS (Hypertext Transfer Protocol Secure) HTTP-über-SSL, eine gängige Methode zur Verschlüsselung des Webdatenverkehrs. Eine sichere Version des HTTP-Protokolls, die die Verwendung von Secure Sockets Layer (SSL) und Zertifikaten ermöglicht. Standardmäßig verwendet HTTPS den TCP-Port 443 zur Kommunikation.

Hypervisor Eine dünne Softwareschicht, die unterhalb des Hostbetriebssystems installiert wird und dem Hostbetriebssystem und den Gastbetriebssystemen gleichberechtigten Zugang zu den

Hardwareressourcen gewährt (beispielsweise auf den Prozessor).

IIS (Internetinformationsdienste) Die Webserverplattform von Windows Server 2008. IIS unterstützt HTTP, FTP, SMTP und andere Kommunikationsprotokolle. Außerdem werden eine Reihe von Webentwicklungssprachen und -plattformen unterstützt.

IIS-Manager (Internetinformationsdienste-Manager) Das wichtigste grafische Verwaltungsprogramm zur Konfiguration von IIS.

IIS-Manager-Anmeldeinformationen Eine Authentifizierungsmethode, die Webserveradministratoren in die Lage versetzt, Benutzerkonten und Kennwörter zu definieren, mit denen Remotebenutzer IIS verwalten können.

IIS-Verwaltungsdienst Ein Rollendienst, der Benutzern der Rolle Webserver (IIS) die Remoteverwaltung von IIS ermöglicht.

Installationsabbild Ein Abbild einer Windows Vista- oder Windows Server 2008-Installation, das Sie auf einem Computer bereitstellen (installieren) können.

Installationsmodus Ein Betriebsmodus der Terminaldienste, in dem neue Anwendungen installiert werden, die von mehreren Benutzern verwendet werden sollen.

Interne Windows-Datenbank Eine integrierte Datenbank von Windows Server 2008, die zur Speicherung interner Informationen verwendet wird. Die Windows SharePoint Services und andere Betriebssystemkomponenten können ihre Daten in dieser Datenbank speichern.

Internetinformationsdienste (IIS) Die Webserverplattform von Windows Server 2008. IIS unterstützt HTTP, FTP, SMTP und andere Kommunikationsprotokolle. Außerdem werden eine Reihe von Webentwicklungssprachen und -plattformen unterstützt.

Internet-Zertifikatanforderung (IIS) Eine Anforderung eines Serverzertifikats, die auf einem Webserver erstellt wird, der öffentlich zugänglich ist. Die Anforderung wird an eine Zertifizierungsstelle gesendet, die anhand der Informationen ein Serverzertifikat erstellt, das sich auf dem Computer installieren lässt.

IP-Adresseneinschränkungen (IIS) Ein Verfahren, mit dem Systemadministratoren anhand der IP-Adressen der Clientcomputer festlegen können, welche Benutzer eine Verbindung mit einem Webserver herstellen können.

iSCSI-Initiator Ein Softwareagent, der im Auftrag eines Computers eine Verbindung mit einem iSCSI-Gerät herstellt.

iSCSI-Ziel Ein Hardwaregerät mit einer SCSI-Schnittstelle, das über ein iSCSI-Kabel und einen iSCSI-Adapter mit einem Computer verbunden ist.

KMS (Key Management Service, Schlüsselverwaltungsdienst) Eine Volumenlizenzierungsoption, die auf einem KMS-Schlüssel basiert. Bei der KMS-Lizenzierung nehmen Clients automatisch eine Verbindung mit einem lokalen KMS-Host auf und aktivieren sich ohne Eingriff durch einen Benutzer.

Konsolensitzung Auf einem Terminalserver ist dies die Sitzung des Benutzers, der sich lokal angemeldet hat und Zugriff auf den Desktop hat.

Kontingentvorlagen (Windows SharePoint Services) Einstellungen, mit denen sich die Speichermenge beschränken lässt, die von einer Websitesammlung maximal belegt wird. Kontingentvorlagen können mit der SharePoint 3.0-Zentraladministrationswebsite erstellt und verwaltet werden.

MAK (Multiple Acess Key) Ein Volumenlizenzschlüssel, der für eine bestimmte Anzahl von Aktivierungen verwendet werden kann.

Maskeradendomäne (SMTP) Eine SMTP-Domänennamensoption, die bewirkt, dass die Domänenangaben aller Nachrichten geändert werden, die über einen virtuellen SMTP-Server gesendet werden.

Module (IIS) Komponenten, die entwickelt wurden, um Webdiensten zusätzliche Funktionalität oder Fähigkeiten zu geben. Module können im IIS-Manager hinzugefügt, entfernt oder deaktiviert werden.

.NET-Vertrauensebenen IIS-Konfigurationseinstellungen, die die CAS-Regeln (Code Access Security) für eine Anwendung festlegen, die mit dem .NET Framework entwickelt wurde.

NLA siehe *Authentifizierung auf Netzwerkebene.*

Parität Zusatzinformationen darüber, ob Werte gerade oder ungerade sind. Diese Informationen werden zur Fehlerüberprüfung verwendet. Ihre Fehlertoleranz erreichen RAID-5-Volumes durch Paritätsdaten.

Partitionstyp Die Grundstruktur eines Festplattenlaufwerks, die entscheidet, wie Partitionen erstellt und verwendet werden. Der Partitionstyp mit der weitesten Verbreitung ist MBR (Master Boot Record).

Publishingpoints Ein Windows Media-Server-Endpunkt, der Zugriff auf gespeicherte oder Live-Medieninhalte bietet (On-demand- oder Broadcast-Inhalte). Ein einzelner Windows Media-Dienste-Server kann mehrere Publishingpoints beherbergen.

Quorumkonfiguration Die ausgewählte Regel, die in einem Failover-Cluster festlegt, wie viele Ausfälle es im Cluster geben darf, bevor der Cluster den Betrieb einstellt.

Real-Time Streaming Protocol (RTSP) Ein Datenstromprotokoll, das von den Windows Media-Diensten bei kompatiblen Wiedergabegeräten (wie Windows Media Player Series 9 oder höher) verwendet wird. RTSP kann auf UDP (RTSPU) oder auf TCP (RTSPT) verwendet werden.

Relayeinschränkungen (SMTP) SMTP-Sicherheitseinstellungen, die festlegen, welche Benutzer oder Computer Nachrichten senden können, die weder aus der SMTP-Domäne stammen noch an einen Empfänger in der SMTP-Domäne gerichtet sind. Die Aktivierung der Regeleinschränkungen kann die Zahl der unerwünschten E-Mails verringern, die über einen SMTP-Server weitergeleitet werden.

Remotedesktopprotokoll (RDP) Das Protokoll, das den Features Terminaldienste und Remotedesktop die Übertragung einer Desktopsitzung von einem Computer auf einen anderen ermöglicht.

Remotedestop für Verwaltung (Remote Desktop for Administration, RDA) Ein Modus der Terminaldienste (auch Remotedesktop genannt), der weder die Installation der Serverrolle Terminaldienste noch den Erwerb von Terminaldienste-Clientzugriffslizenzen erfordert. Bei diesem Feature sind aber nur zwei gleichzeitige Desktopsitzungen auf dem lokalen Server möglich, und zwar inklusive der Konsolensitzung. Standardmäßig ist dieses Feature deaktiviert.

Round-Robin-DNS Eine einfache Methode zur Verteilung von Clientanfragen auf die Server einer Servergruppe.

SAN-Fabric Die Hardwaregeräte, die Server und Speicher in einem SAN (Storage Area Network) verbinden.

Secure Sockets Layer (SSL) Ein Sicherheitsprotokoll, das Webservern und Webbrowsern die Authentifizierung und Verschlüsselung der Daten ermöglichen soll. SSL ist der Vorgänger des TLS-Protokolls (Transport Layer Security).

Selbstsigniertes Zertifikat Ein Sicherheitszertifikat, das ein Computer für sich selbst ausstellt. Auf einem Server können solche Zertifikate zum Beispiel für die Entwicklung und zu Testzwecken verwendet werden. Ein selbstsigniertes Zertifikat ist kein Identitätsbeweis, eignet sich aber zur Verschlüsselung. Die Ausstellung eines selbstsignierten Zertifikats erfordert keine Zertifizierungsstelle.

Serverfarmkonfiguration (Windows SharePoint Services) Eine Bereitstellungsoption der Windows SharePoint Services, bei der aus Leistungs-, Zuverlässigkeits- und Skalierbarkeitsgründen mehrere Front-End-Webserver eingerichtet werden, die auf dieselben Back-End-Datenbankserver zurückgreifen.

Serverzertifikate Eine Methode, mit der Webserver ihre Identität gegenüber Webbenutzern beweisen können. Serverzertifikate werden von einer Zertifizierungsstelle ausgestellt.

SharePoint 3.0-Zentraladministrationswebsite Die Standardverwaltungswebsite der Windows SharePoint Services. Sie ermöglicht die Erstellung von Websites und Websitesammlungen sowie deren Verwaltung.

Simple Mail Transfer Protocol (SMTP) Ein Internetstandard für den Versand von Textnachrichten zwischen Computern unter Verwendung des TCP/IP-Protokolls.

Sitebindungen Informationen, die festlegen, auf welche Arten von Anfragen eine IIS-Website antworten soll. Die Sitebindung umfasst einen Protokolltyp, eine IP-Adresse, Portnummern und optional einen Hostnamen.

Smarthost (SMTP) Eine Option eines virtuellen SMTP-Servers, mit der sich festlegen lässt, dass ausgehende Nachrichten nicht direkt an den Empfänger versendet, sondern an einen bestimmten SMTP-Server weitergeleitet werden sollen. Die Einrichtung von Smarthosts kann die Leistung und Sicherheit verbessern.

SSL Secure Sockets Layer. Ein Verfahren zur Verschlüsslung des Netzwerkdatenverkehrs, das mit digitalen Zertifikaten arbeitet.

Startabbild Eine WIM-Datei, mit der Sie einen Computer starten können, auf dem noch kein Betriebssystem installiert ist. Die Produkt-DVDs von Windows Vista und Windows Server 2008 können den Computer starten, wobei Startabbilder mit der Bezeichnung *Boot.wim* verwendet werden.

Streaming Media-Dienste (Serverrolle) Eine optionale herunterladbare Serverrolle von Windows Server 2008. Sie umfasst die Windows Media-Dienste, Beispielmediendateien und Verwaltungsprogramme.

Stsadm Ein Befehlszeilenprogramm zum Konfigurieren und Verwalten der Windows SharePoint Services.

Suchabbild (discover image) Ein Startabbild, mit dem Sie einen Computer starten können, der nicht PXE-fähig ist und auf dem noch kein Betriebssystem installiert ist, um eine Verbindung mit einem Windows-Bereitstellungsdiensteserver herzustellen und ein Startmenü und ein Abbild herunterzuladen.

Terminaldienste Ressourcenautorisierungsrichtlinie (Terminal Services Resource Authorization Policy, TS-RAP) Diese Richtlinienart wird auf einen Terminaldienstegatewayserver angewendet und beschränkt den Zugriff auf die Terminaldiensteressourcen einer Organisation.

Terminaldienste-Clientzugriffslizenz (Terminal Services Client Access License, TS CAL) Lizenzen, die Sie für jeden Benutzer oder für jedes Gerät erwerben müssen, das unter Windows Server 2008 eine Verbindung mit den Terminaldiensten herstellt. Ohne Terminaldienste-Clientzugriffslizenzen stellen die Terminaldienste nach 120 Tagen den Dienst ein.

Terminaldienstegateway Eine Komponente von Windows Server 2008, die es autorisierten Benutzern ermöglicht, über das Internet eine Verbindung mit einem Terminalserver eines privaten Netzwerks herzustellen.

Terminaldienste-RemoteApp Eine Komponente der Terminaldienste von Windows Server 2008, die es einem Benutzer ermöglicht, ein Programm, das auf einem Remoteserver installiert ist, so zu verwenden, als sei es lokal installiert worden.

Terminaldienstesitzung Ein ununterbrochener Zeitraum, in dem ein Benutzer auf einem anderen Computer angemeldet ist, auf dem die Terminaldienste ausgeführt werden.

Terminaldienste-Sitzungsbroker Eine optionale Komponente der Terminaldienste, die es einem Computer ermöglicht, alle Benutzersitzungen in einer Terminalserverfarm zu erfassen. Ein Vorteil des Terminaldienste-Sitzungsbrokers ist, dass Benutzer, die versehentlich von einer Sitzung getrennt werden, die sie in der Serverfarm abhalten, wieder mit derselben Sitzung auf dem richtigen Server verbunden werden können.

Terminaldiensteverbindung Ein offenes Fenster, das eine Anmeldesitzung anzeigt, die auf einem anderen Computer ausgeführt wird, auf dem die Terminaldienste installiert sind.

Terminaldienste-Verbindungsautorisierungsrichtlinie (Terminal Services Connection Authorization Policy, TS-CAP) Diese Richtlinienart wird auf einen Terminaldienstegatewayserver angewendet und beschränkt den Zugriff von externen Clients auf das Gateway.

Terminaldienste-Webzugriff Eine Komponente der Terminaldienste, die es einem Benutzer ermöglicht, über eine Webseite auf RemoteApp-Programme und Remotedesktops zuzugreifen.

Transport Layer Security (TLS) Ein Sicherheitsprotokoll zur Authentifizierung und Verschlüsselung von Netzwerkverbindungen.

URL-Autorisierungsregeln IIS-Servereinstellungen, die auf der Basis des Pfads, der in der URL der Anfrage angegeben wird, festlegen, welche Inhalte für welche Benutzer zugänglich sind.

Veröffentlichen (einer Anwendung) Bereitstellen einer Anwendung für die Remoteverwendung.

Virtueller SMTP-Server Eine bestimmte Instanz eines SMTP-Servers, die Anfragen bearbeiten soll, die an eine bestimmte Domäne, IP-Adresse und Portnummer gerichtet sind. Virtuelle SMTP-Server können unabhängig voneinander gestartet und beendet werden.

***Web.config*-Dateien** Konfigurationsdateien, die in IIS-Webanwendungen und Websites erstellt werden können. Diese Dateien können Einstellungen enthalten, die Vorrang vor den entsprechenden Angaben aus der Datei *ApplicationHost.config* haben.

Webanwendung (Windows SharePoint Services) Eine SharePoint-Website, die für eine Arbeitsgruppe oder einen Teil der Organisation eine bestimmte Funktionalität bietet. Um die Bedürfnisse unterschiedlicher Benutzergruppen zu erfüllen, können zusätzliche Webanwendungen erstellt werden.

Webfarm Ein NLB-Cluster, der Clientanfragen beantwortet, die an eine Website oder an eine Gruppe von Websites gerichtet sind.

Webserver (IIS)-Serverrolle Eine Serverrolle von Windows Server 2008 zur Unterstützung von Websites und Webanwendungen. Diese Rolle installiert IIS 7.0 und ermöglicht die Aktivierung einer Vielzahl zusätzlicher Rollendienste.

Webserverfarmen Webserver, die zu Gruppen zusammengefasst wurden und zusammenarbeiten, um die Kapazität, Skalierbarkeit, Leistung und Zuverlässigkeit zu steigern. Im Allgemeinen verfügen die Server einer Farm über denselben Inhalt und dieselben Einstellungen.

Websitesammlung (Windows SharePoint Services) Eine Gruppe von SharePoint-Websites, die über dieselben Navigations- und Konfigurationseinstellungen verfügen. Damit sich unterschiedliche Konfigurationen verwenden lassen, ist es möglich, mehrere Websitesammlungen zu erstellen.

Werbung in regelmäßigen Abständen (Werbepausen) Audio- oder Videowerbung, die in bestimmten Abständen wiedergegeben werden soll, wenn Benutzer auf Medieninhalte zugreifen.

WIM-Datei Eine Datei, die ein oder mehrere Abbilder im Windows-Abbildformat (Windows Imaging-Format) enthält.

Windows Media Load Simulator 9 Series-Programm Ein kostenloses Hilfsprogramm von Microsoft zur Simulation von Clientaktivitäten auf Windows Media-Servern.

Windows Media-Dienste Ein Serverdienst, der den Zugang zu aufgezeichneten und Live-Audio- und Videoinhalten ermöglicht.

Windows Media-Dienste-Ankündigungen Eine Methode, mit der Anbieter von Medieninhalten Verknüpfungen zu den Inhalten ihrer Server erstellen können. Dabei kann wahlweise eine Webseite oder eine spezielle Ankündigungsdatei erstellt werden, die Benutzer direkt abrufen können.

Windows Media-Dienste-Broadcast Eine Methode, um Audio- oder Videodatenströme an viele Benutzer auf einmal zu übermitteln. Broadcasts (Übertragungen) werden meistens für Live-Ereignisse und in Kombination mit einem Datenstromkodierer (Encoder) verwendet.

Windows Media-Dienste-Cacheproxyserver Eine Windows Media-Serverkonfiguration, die es Servern ermöglicht, zur Steigerung der Leistung und Skalierbarkeit Clientverbindungen zu übernehmen und Kopien der Datenstrommedien zwischenzuspeichern.

Windows Media-Dienste-Multicast Eine Übertragungsmethode für Datenstrommedien, bei der viele Benutzer denselben Datenstrom empfangen können, der von den Windows Media-Diensten ausgestrahlt wird.

Windows Media-Dienste-Plug-Ins Komponenten, mit denen Microsoft und andere Hersteller die Funktionalität eines Windows Media-Servers erweitern können. Plug-Ins sind zur Verwaltung der Authentifizierung, Autorisierung und Leistung erhältlich.

Windows Media-Dienste-Unicast Eine Übertragungsmethode für Datenstrommedien, bei der es jeweils nur einen Empfänger gibt.

Windows Media-Dienste-Wiedergabeliste Eine Datei, die eine Liste mit Audio- und Videomedien enthält, die wiedergegeben werden sollen.

Windows PowerShell Eine Microsoft-Skriptumgebung und Programmiersprache. Windows PowerShell ermöglicht Benutzern die Erstellung von Skripts mit objektorientierten Programmiermethoden.

Windows SharePoint Services (WSS) Eine Serverrolle, die es Benutzern ermöglicht, zum Zweck der besseren Zusammenarbeit, zur Dokumentverwaltung und zur Kommunikation SharePoint-Websites zu verwenden. WSS bietet auf Webbasis eine Verwaltungsschnittstelle für den Zugriff auf Inhalte und zur Verwaltung.

Windows-Systemressourcen-Manager (WSRM) Ein Windows Server 2008-Programm zur Ressourcenverwaltung. Administratoren können für Anwendungen und Dienste, die auf den Servern ausgeführt werden, Richtlinien für die Prozessor- und Ressourcenverwendung festlegen.

Wrapperwiedergabelistenankündigungen (wrapper playlist advertisements) Audio- oder Videowerbung, die vor oder nach der Wiedergabe des Inhalts abgespielt wird, wenn ein Benutzer ein On-demand-Medium anfordert.

Zertifikat Ein digitales Dokument, das als Identitätsbeweis dient und einen Schlüssel enthält, mit dem Dokumente verschlüsselt werden können.

Zertifizierungsstelle (Certificate Authority, CA) Eine Organisation oder ein Dienst, der Zertifikate ausstellen kann. Vertrauenswürdige Organisationen können zum Beispiel Zertifikate für Webserver ausstellen, die im Internet zugänglich sind.

Zeugendatenträger In einem Failover-Cluster ist dies ein Datenträger, der eine Kopie der Clusterkonfigurationsdatenbank enthält. Die Verfügbarkeit eines Zeugendatenträgers wird manchmal als Kriterium verwendet, ob ein Cluster betriebsbereit ist oder nicht.

ANHANG

Windows Server 2008-Bereitstellung

Die folgenden Abschnitte bieten Ihnen zusätzliche Informationen über die Bereitstellung von Windows Server 2008. Der Zweck dieses Anhangs ist zwar in erster Linie, Sie bei der Planung und Durchführung von Bereitstellungen zu unterstützen, aber die zusätzlichen Informationen werden auch in der Prüfung 70-643 von Vorteil sein.

Die Methoden zur Bereitstellung von Windows Server 2008 reichen von einfachen manuellen Installationen mit der Produkt-DVD bis hin zu unbeaufsichtigten Bereitstellungen mit dem Windows Automated Installation Kit (Windows AIK), von der Verwendung der Microsoft Windows-Bereitstellungsdienste (WDS) bis zur Verwendung des Microsoft System Center Configuration Manager 2007. Welche Methode die sinnvollste ist, hängt von der Größe der Organisation und von Ihren Ansprüchen an eine Automatisierung der Bereitstellung ab.

Grundlagen der Windows-Bereitstellungstechnologien

Bevor Sie ein Werkzeug oder eine Plattform für die Bereitstellung Ihrer Server auswählen, sollten Sie sich einige wichtige Fragen stellen:

- Geht es um die Bereitstellung einer großen Zahl von Servern oder nur um eine relativ kleine Zahl? Muss das Betriebssystem also auf vielen Servern installiert werden oder nur auf wenigen? Wenn Sie zur Bereitstellung weniger Server ein Verfahren verwenden, das eigentlich für eine Massenbereitstellung entwickelt wurde, müssen Sie die Zeit berücksichtigen, die Sie brauchen, um die Methode zu beherrschen. Die Technologie für eine Massenbereitstellung kann zudem hohe Anschaffungs- und Lizenzkosten nach sich ziehen. Andererseits bedeutet die Verwendung eines Installationsverfahrens, das eher für Einzelcomputer vorgesehen ist, bei der Installation von Tausenden von Servern einen sehr hohen Zeitaufwand und die ständige Wiederholung immer gleicher Arbeitsschritte. Sie werden bald davon gelangweilt sein, wieder und wieder dasselbe zu tun. Das schadet der Aufmerksamkeit und führt zu Fehlern.
- Ist Zeit ein wichtiger Faktor für die Bereitstellung? Wenn Sie viel Zeit haben, können Sie die Installation von einigen Dutzend Servern leicht selbst ausführen. Ist der Zeitdruck dagegen hoch, kann es sinnvoll sein, zu lernen, wie man Antwortdateien für unbeaufsichtigte Installationen erstellt. Davon profitiert letztlich auch die Organisation.
- In welchem Umfang sind auf den installierten Betriebssystemen Anpassungen erforderlich? Wenn alle Server über identische Hardware verfügen und dieselben Serverrollen ausführen, kann die unbeaufsichtigte Installation eines passenden Betriebssys-

temabbilds Ihnen viel Zeit und Aufwand ersparen. Gelten aber für jeden Server andere Hardwarevoraussetzungen und werden unterschiedliche Serverrollen installiert, ist vielleicht eine passende Kombination von unbeaufsichtigter und manueller Installation für Ihre Situation am besten geeignet.

Der entscheidende Punkt ist, für die anstehenden Bereitstellungen die richtige Methode zu wählen. Eine teure, komplizierte, schwer zu erlernende Plattform wie der System Center Configuration Manager eignet sich nur für größere Unternehmen, die über die Zeit, das Geld und das Personal verfügen, um die Leistung dieser Plattform wirklich nutzen zu können. Bevor Sie also eine Bereitstellungstechnologie auswählen, stellen Sie sich die genannten Fragen und wählen erst dann die Methode, die am besten zu Ihrer Situation passt.

Wenden wir uns nun den unterschiedlichen Methoden und Plattformen zu, die für die Bereitstellung von Windows Server 2008 zur Verfügung stehen.

Manuelle Installation

Sie können Windows Server 2008 manuell installieren, indem Sie eine Windows Server 2008-Produkt-DVD in das DVD-Laufwerk Ihres Servers einlegen, den Inhalt dieser DVD auf eine Netzwerkfreigabe kopieren und das Programm Setup remote aufrufen, nachdem Sie den Computer mit dem bereits installierten Betriebssystem gestartet haben. Oder Sie starten den Computer mit einer Windows PE-CD (Windows Preinstallation Environment).

Windows AIK

Das Windows AIK bietet Administratoren in Unternehmen und Computerherstellern (OEMs) eine Reihe von Werkzeugen mit Dokumentation für die Durchführung von unbeaufsichtigten Installationen von Windows Server 2008, Windows Vista und einigen älteren Microsoft Windows-Versionen, darunter Windows XP und Windows Server 2003.

Wichtig Windows AIK-Versionen

Wenn Sie Windows Server 2008 mit dem Windows AIK bereitstellen möchten, müssen Sie die neuste Version des Windows AIK verwenden. Zu der Zeit, als dieses Buch entstand, war Windows AIK 1.1 die neuste Version. Sie war in der Lage, Windows Server 2008 und Windows Vista mit integriertem Service Pack 1 bereitzustellen.

Windows-Bereitstellungsdienste

Die Windows-Bereitstellungsdienste bestehen aus mehreren Komponenten und ersetzen die Remoteinstallationsdienste, die erstmals im Rahmen von Windows 2000 Server als Bereitstellungstechnologie veröffentlicht wurden. Windows Server 2008 bietet die Rolle Windows-Bereitstellungsdienste, die Sie im Server-Manager zu Servern hinzufügen können. Die Windows-Bereitstellungsdienste wiederum bieten eine Bereitstellungstechnologie auf Server- und Abbildbasis, die sich gut für mittlere Unternehmen eignet, die die Bereitstellung von Arbeitsstationen, Servern oder beidem automatisieren wollen.

Microsoft Deployment

Microsoft Deployment ist die neuste BDD-Version (Microsoft Solution Accelerator for Business Desktop Deployment). Ein Microsoft Solution Accelerator bietet eine umfassende Lösung für die Planung, die Zusammenstellung, den Test und die Bereitstellung von Microsoft-Plattformen und -Produkten. Microsoft Deployment ist eine Zusammenstellung von umfassenden Dokumenten und Tools von Microsoft für die optimale Bereitstellung von Windows-Servern, Windows-Clients und Microsoft Office 2007. Microsoft Deployment ist in erster Linie für kleinere bis mittlere Unternehmen vorgesehen und enthält Programme, Skripts, Vorlagen und Dokumentationen, die es Administratoren ermöglichen, Bereitstellungen zu planen, Tests auf Anwendungsprobleme durchzuführen und die Probleme zu beheben, Anwendungen für die Bereitstellung anzupassen und vorzubereiten und die Bereitstellung auf der Basis von Abbildern zu automatisieren. Zu diesem Zweck bietet Microsoft Deployment eine zentrale Workbench-Anwendung (Deployment Workbench), die die Arbeit der folgenden Tools integriert:

- Windows AIK
- Application Compatibility Toolkit (ACT)
- User State Migration Tool (USMT)
- Windows-Bereitstellungsdienste (WDS)

Außerdem unterstützt Microsoft Deployment die Integration des Microsoft System Center Configuration Manager 2007 und bietet eine automatische Definition von Serverrollen mit dem Server-Manager von Windows Server 2008.

Microsoft System Center Configuration Manager 2007

Microsoft System Center Configuration Manager 2007 ist die neuste Ausgabe des Microsoft Systems Management Servers (SMS) und ermöglicht auf Richtlinienbasis die Automatisierung von vollständigen Bereitstellungen, Aktualisierungen und Erweiterungen für Server, Clients und tragbare Geräte, sei es als reale, virtuelle, verteilte oder mobile Systeme. Der Configuration Manager ist eine Plattform für Unternehmen, die zur Microsoft System Center-Produktfamilie gehört, in der auch Microsoft System Center Operations Manager 2007, Microsoft System Center Data Protection Manager (DPM) 2007, Microsoft System Center Virtual Machine Manager 2007 und andere Produkte zu finden sind, die entwickelt wurden, um den IT-Abteilungen von Unternehmen die Verwaltung der IT-Ressourcen zu erleichtern.

Weitere Informationen System Center Configuration Manager 2007

Die Bereitstellung von Windows Server 2008 mit dem System Center Configuration Manager geht über den Rahmen dieses Buchs hinaus. Informationen über den Configuration Manager und die System Center-Produktfamilie finden Sie unter *http://www.microsoft.com/systemcenter/*.

Schnelltest

- Welche Bereitstellungstechnologie fasst Tools, Vorlagen, Skripts und die erforderliche Dokumentation für die Bereitstellung von Windows auf Desktops und Servern zu einem umfassenden Tool zusammen und ist für kleinere bis mittlere Unternehmen vorgesehen?

Antwort zum Schnelltest

- Microsoft Deployment

Grundlagen des Windows AIK

Wie bereits erwähnt, handelt es sich bei dem Windows AIK um Programme, die für die Bereitstellung der neusten Windows-Versionen vorgesehen sind. Die folgenden Programme sind im Windows AIK enthalten oder werden vom Windows AIK bereitgestellt:

- **Windows-Systemabbild-Manager (Windows SIM)** Ermöglicht die Erstellung von Antwortdateien (*unattend.xml*) und Distributionsfreigaben für die Durchführung von unbeaufsichtigten Installationen von Windows
- **Windows Preinstallation Environment (Windows PE)** Ermöglicht den Start von Computern, auf denen noch kein Betriebssystem installiert ist, und die Bereitstellung von Windows
- **ImageX** Ermöglicht die Aufzeichnung, Änderung und Installation von Systemabbildern auf Dateibasis zur schnellen Bereitstellung

Zusätzlich zu diesen Tools werden durch die Installation des Windows AIK auch noch andere Komponenten verfügbar:

- Windows Recovery Environment-Programme (Windows RE) für die Erstellung von Diagnose- und Wiederherstellungslösungen auf der Basis von Windows PE
- Zusätzliche Befehlszeilenprogramme wie Pkgmgr, PEImg und andere. Diese Programme werden in späteren Abschnitten dieses Anhangs besprochen.
- Dokumentation in Form von Windows-Hilfedateien (*.chm*)

Weitere Informationen Integrierte Tools

Bei der Bereitstellung können auch einige integrierte Tools des Betriebssystems von Nutzen sein, beispielsweise DiskPart, BCDEdit und andere. Mehr darüber erfahren Sie im nächsten Abschnitt dieses Buchs und im Abschnitt „Technische Referenz zu Befehlszeilentools“ des *Windows Automated Installation Kit-Benutzerhandbuchs*.

Zur Durchführung einer Bereitstellung reichen die hier beschriebenen Windows AIK-Tools aber nicht aus. Diese Tools sind auf andere Windows-Komponenten angewiesen oder werden durch sie ergänzt:

- **Windows Setup** Das Installationsprogramm, das Windows auf fabrikneuen Computern installiert oder auf Windows-Computern Aktualisierungen durchführt
- **Windows-Abbilddatei (.wim)** Eine einzelne komprimierte Datei, die zur Duplikation einer Windows-Installation auf einem Datenträgervolume verwendet wird
- **Windows-Bereitstellungsdienste (Windows DS oder WDS, optional)** Dienen zur Remoteinstallation von Windows Server 2008 oder Windows Vista, ohne dass auf den Zielcomputern eine manuelle Steuerung des Ablaufs erforderlich ist

Abbildung A.1 stellt die Architektur der Plattformen für die Bereitstellung von Windows Server 2008 und Windows Vista schematisch dar.

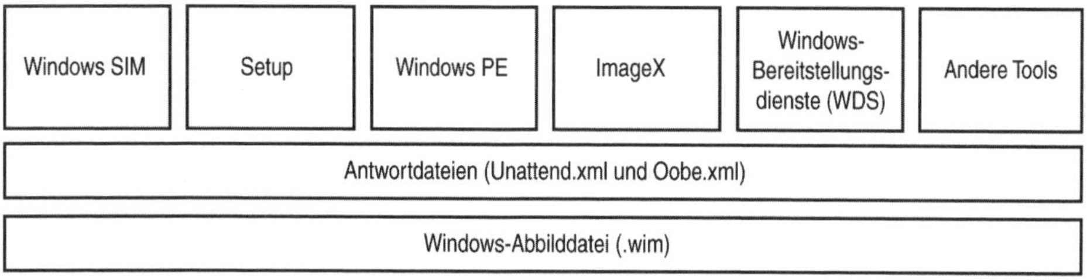

Abbildung A.1 Architektur der Plattform für die Bereitstellung von Windows Server 2008 und Windows Vista

Hinweis Unterstützte Windows-Versionen

Was in diesem Buch über die Bereitstellung von Windows Server 2008 gesagt wird, gilt überwiegend auch für die Bereitstellung von Windows Vista auf Desktopcomputern, denn mit Windows AIK 1.1 können Sie Windows Server 2008 und Windows Vista installieren. Sofern nicht speziell darauf hingewiesen wird, gelten die Beschreibungen zur Installation von Windows oder Windows Server 2008 also auch für Windows Vista. Allerdings liegt der Schwerpunkt dieses Anhangs auf der Bereitstellung von Windows Server 2008 und nicht auf Windows Vista.

Vergleich der Bereitstellungstools für verschiedene Windows-Versionen

Tabelle A.1 bietet Ihnen einen kurzen, wenn auch nicht vollständigen Überblick über die verschiedenen Tools und Technologien zur Bereitstellung von Windows Server 2008 und Windows Vista sowie über Bereitstellungstools, die für die älteren Windows-Versionen Windows Server 2003 und Windows XP vorgesehen sind. Wenn Sie sich bereits mit den Tools für die Bereitstellung von Windows Server 2003 und Windows XP auskennen, können Sie Ihr Wissen anhand dieser Tabelle schnell auf die Bereitstellung von Windows Server 2008 und Windows Vista aktualisieren. Außerdem finden Sie im Windows Automated Installation Kit-Benutzerhandbuch weitere Informationen über die genannten Programme.

Tabelle A.1 Vergleich der Bereitstellungstools und -technologien für Windows XP/Windows Server 2003 und Windows Vista/Windows Server 2008

Windows Server 2003 und Windows XP	Windows Server 2008 und Windows Vista
Antwortdateitools und Einstellungen	
Installations-Manager	Windows SIM
Antwortdateien im einfachen Textformat	XML-Antwortdateien
Mehrere Antwortdateien	Nur zwei Antwortdateien
Unattend.txt	*Unattend.xml* (oder *Autounattend.xml*)
Winnt.sif Winborn.ini Oobeinfo.ini Sysprep.inf	Oobe.xml (wird hauptsächlich für Vista verwendet)
Cmdlines.txt	RunSynchronous
Abschnitt [GUIRunOnce]	FirstLogonCommands
OEM-Ordner	Datenabbild (allerdings wird OEM in Konfigurationssätzen noch unterstützt)
Windows PE-Versionen	
Windows PE 1.0	Windows PE 2.0
Datenträgerabbildtools	
Programme anderer Hersteller	ImageX
Windows Setup	
Winnt.exe und Winnt32.exe	Setup.exe
Hinzufügen von Gerätetreibern	
OEMPnPDriverPath	Paket-Manager
Hinzufügen der Sprachenunterstützung	
MUI-Dateien	Sprachpakete (Language packs)

In den folgenden Abschnitten werden die verschiedenen Windows AIK-Tools und die Erweiterungen, die an Windows AIK 1.1 vorgenommen wurden, ausführlicher beschrieben.

Grundlagen von Windows SIM und Antwortdateien

Der Windows-Systemabbild-Manager (Windows SIM) ist das Werkzeug, mit dem Sie Antwortdateien erstellen und verwalten. Diese Antwortdateien steuern die unbeaufsichtigte Installation von Windows. Windows SIM bietet eine grafische Benutzeroberfläche zur Erstellung neuer Antwortdateien und zur Anpassung der Einstellungen, die für die Installation von Windows verwendet werden (Abbildung A.2).

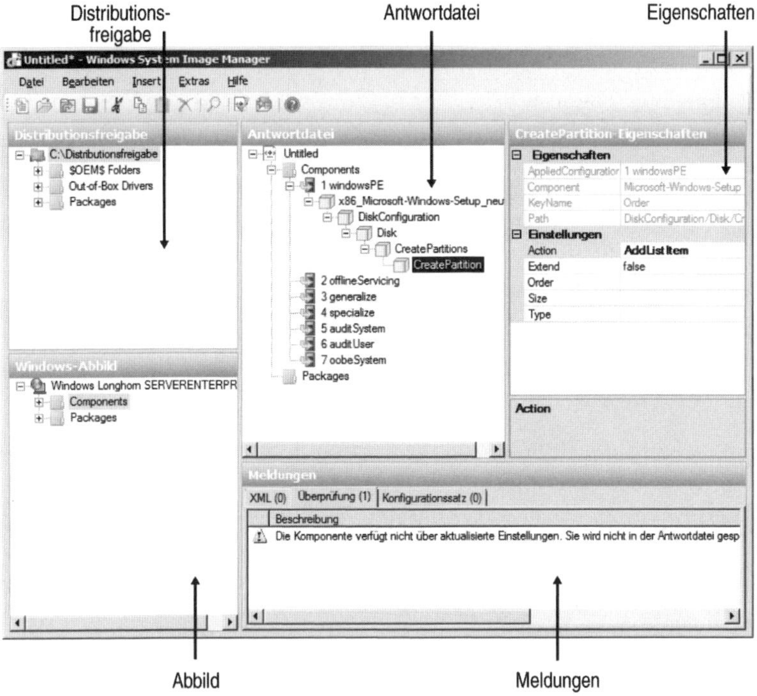

Abbildung A.2 Die Benutzeroberfläche des Windows-Systemabbild-Managers

Die fünf Anzeigebereiche des Windows-Systemabbild-Managers sind:

- **Distributionsfreigabe** Zeigt den derzeit geöffneten Distributionsfreigabeordner und dessen Unterordner. In diesem Bereich können Sie Distributionsfreigabeordner auswählen, erstellen, überprüfen und schließen sowie Elemente aus dem geöffneten Distributionsfreigabeordner zu Ihren Antwortdateien hinzufügen. Distributionsfreigaben werden im Verlauf dieses Abschnitts noch ausführlicher besprochen.
- **Windows-Abbild** Zeigt die derzeit geöffnete Windows-Abbilddatei (*.wim*) und die Komponenten und Pakete an, die sie zur Installation bereitstellt. Gewöhnlich öffnen Sie eine *.wim*-Datei, bevor Sie eine Antwortdatei für eine unbeaufsichtigte Installation von Windows erstellen. Im Verlauf dieses Abschnitts erhalten Sie weitere Informationen über *.wim*-Dateien.
- **Antwortdatei** Zeigt die verschiedenen Konfigurationsdurchgänge, die von Windows Setup durchgeführt werden, und die Antwortdateieinstellungen, die Sie für diese Durchgänge vorgenommen haben.
- **Eigenschaften** Zeigt die Eigenschaften der Einstellung aus der Antwortdatei, die im Bereich *Antwortdatei* ausgewählt wurde.
- **Meldungen** Zeigt Informationen über die XML-Syntax der Antwortdatei an, über die Gültigkeit der Einstellungen für die zur Installation vorgesehene Windows-Version und andere Nachrichten.

Mit Windows SIM können Sie folgende Aufgaben durchführen:

- Erstellen einer neuen Antwortdatei und Konfigurieren der Einstellungen für Komponenten und Pakete, sodass diese Einstellungen in den vorgesehenen Konfigurationsdurchläufen angewendet werden
- Bearbeiten der Einstellungen in einer vorhandenen Antwortdatei
- Hinzufügen von Treibern, Anwendungen und anderen Paketen von anderen Herstellern zu einer Antwortdatei
- Überprüfen einer Antwortdatei auf syntaktische Korrektheit und Eignung der vorgesehenen Einstellungen für die bereitzustellende Windows-Version
- Erstellen einer Distributionsfreigabe für die Durchführung einer unbeaufsichtigten Installation von Windows über ein Netzwerk
- Erstellen eines Konfigurationssatzes für die Durchführung einer unbeaufsichtigten Installation, wenn kein geeignetes Netzwerk zur Verfügung steht

In der Windows SIM-Terminologie ist eine *Komponente* ein Teil des Windows-Betriebssystems, das die Dateien, Ressourcen und Einstellungen für eine bestimmte Funktion von Windows oder für einen Teil der Funktionen bereitstellt. Für viele Komponenten lassen sich Installationseinstellungen vornehmen, mit denen sich die Konfiguration während der Installation steuern lässt. Im Gegensatz dazu ist ein *Paket* eine Gruppe von Dateien, mit denen sich eine Funktion von Windows ändern lässt. Zu den verfügbaren Paketen gehören Service Packs, Sicherheitsupdates, Sprachpakete und Hotfixes. Für Pakete können ebenfalls Einstellungen vorgenommen werden, mit denen ihre Konfiguration während der Windows-Installation gesteuert wird.

Wenn Sie Einstellungen für die unbeaufsichtigte Installation einer Komponente oder eines Pakets vornehmen, wählen Sie auch den Konfigurationsdurchlauf, in dem diese Einstellung angewendet wird. Ein *Konfigurationsdurchlauf* ist eine Phase bei der Windows-Installation. Das Installationsprogramm von Windows Server 2008 sieht sieben Konfigurationsdurchläufe vor, die bei einer Installation durchgeführt werden. Verschiedene Teile von Windows werden in verschiedenen Konfigurationsdurchläufen installiert. Bei Bedarf können Sie eine bestimmte Einstellung sogar in mehreren Konfigurationsdurchläufen angeben.

Eine *Distributionsfreigabe* ist eine Gruppe von Ordnern, in denen Treiber von anderen Herstellen, Anwendungen und von Microsoft herausgegebene Pakete gespeichert werden, beispielsweise Softwareupdates und Service Packs. Distributionsfreigaben sind optional und können mit Windows SIM auf einem geeigneten Computer erstellt werden. Allerdings können Sie Distributionsfreigaben auch manuell erstellen, falls Ihnen das mehr zusagt. Im Gegensatz dazu ist ein *Konfigurationssatz* eine eigenständige Datei- und Ordnerstruktur, die nur Dateien enthält, die Sie zur Steuerung des Installationsvorgangs brauchen. Im Prinzip handelt es sich bei einem Konfigurationssatz um eine kleinere Ausgabe der Distributionsfreigabe. Er lässt sich entweder auf einer Netzwerkfreigabe speichern oder auf einem Wechselmedium, falls eine Installation ohne Netzwerk erfolgen soll. Die Dateien eines Konfigurationssatzes enthalten dieselben Informationen wie die Distributionsfreigabe. Allerdings wurden sie in eine binäre Form konvertiert.

Distributionsfreigaben oder Konfigurationssätze lassen sich zusammen mit Antwortdateien zur Durchführung von unbeaufsichtigten Installationen von Windows über ein Netzwerk auf fabrikneuen Computern verwenden. Abbildung A.3 zeigt die Ordnerstruktur, die entsteht, wenn eine Distributionsfreigabe mit Windows SIM erstellt wird.

Abbildung A.3 Die Ordnerstruktur einer Distributionsfreigabe

Die Unterordner einer Distributionsfreigabe haben folgende Aufgaben:

- **OEM Folders** Enthalten Dateien, mit denen Sie benutzerdefinierte Anwendungen von anderen Herstellern kennzeichnen oder zu Ihrer Windows-Installation hinzufügen können, oder beides. Das ist eine ältere Bereitstellungstechnologie, die zwar in Windows Server 2008 noch unterstützt wird, aber zum Hinzufügen neuer Dateien und Ressourcen zu Windows-Installationen wird die Verwendung von Datenabbildern empfohlen. Ein *Datenabbild* ist eine zusätzliche *.wim*-Datei, die Anwendungen, Dateien oder andere Ressourcen zur Ergänzung der *.wim*-Hauptdatei enthält, die zur Installation von Windows verwendet wird. (Weitere Informationen über *.wim*-Dateien folgen im Verlauf dieses Abschnitts.)
- **Out-of-Box Drivers** Enthält zusätzliche Gerätetreiber, die Sie bei der Installation von Windows ebenfalls installieren wollen.
- **Packages** Enthält Softwareaktualisierungen für Windows, wie Service Packs, Sprachpakete, Sicherheitsupdates und andere Updatearten. Pakete müssen mit Windows SIM in diesen Ordner importiert werden. Sobald Sie ein Paket importiert haben, können Sie es mit Windows SIM zur Installation hinzufügen und die Einstellungen vornehmen, die für das Paket erforderlich sind.

Gerätetreiber und die Windows-Installation

Gelegentlich brauchen Sie zusätzliche Gerätetreiber, um Windows erfolgreich installieren zu können. Es ist wichtig, die Unterschiede zwischen den Gerätetreiberarten zu kennen und zu wissen, wie man Treiber zu einer Windows-Installation hinzufügt.

- **In-box-Treiber** Dabei handelt es sich um Gerätetreiber, die bereits zum Lieferumfang von Windows gehören. Eine weitere In-box-Gerätetreiberart stellen die Treiber dar, die mit einer Windows-Installationsdatei (*.msi*) installiert werden. Diese Treiber werden auf dieselbe Weise wie Anwendungen zu einer Installation hinzugefügt.
- **Out-of-box-Treiber** Dabei handelt es sich um zusätzliche Treiber auf der Basis von *.inf*-Dateien, die Sie mit Windows SIM zu Windows Setup hinzufügen. Out-of-Box-Treiber müssen im Ordner *Out-of-Box Drivers* der Distributionsfreigabe liegen und werden gewöhnlich während des `auditSystem`-Durchlaufs der Installation verarbeitet. Handelt es sich bei Ihren Out-of-Box-Treibern allerdings um Treiber, die für

> den Start des Computers erforderlich sind, müssen diese Treiber stattdessen im `windowsPE`-Durchlauf hinzugefügt werden. Dazu verwenden Sie in Windows SIM die Komponente `Windows-PnpCustomizationsWinPE`.

Bei den Antwortdateien, die Sie mit Windows SIM erstellen, handelt es sich um XML-Dateien, die Definitionen und Werte für die verschiedenen Einstellungen enthalten, die Sie für die unbeaufsichtigte Installation von Windows vorbereiten. Antwortdateien erhalten gewöhnlich einen der beiden folgenden Namen:

- **Unattend.xml** Diese Antwortdatei wird für die meisten Arten unbeaufsichtigter Installationen von Windows Server 2008 verwendet. *Unattend.xml* ist eine einzelne XML-Antwortdatei, die praktisch alle Phasen der unbeaufsichtigten Installation steuert. Im Vergleich dazu wurden für ältere Windows-Versionen wie Windows Server 2003 und Windows XP Professional mehrere Arten von Antwortdateien verwendet, um die verschiedenen Phasen eines Installationsvorgangs zu steuern.
- **Autounattend.xml** Eine Antwortdatei für unbeaufsichtigte Installationen von Windows mit der DVD-Start-Methode. Um den Computer von der Windows Server 2008-Produkt-DVD starten und die Installation unbeaufsichtigt durchführen zu können, kopieren Sie Ihre *Autounattend.xml*-Antwortdatei ins Stammverzeichnis einer Diskette oder eines USB-Flashlaufwerks. Das ähnelt der Art, wie Sie eine *Winnt.sif*-Datei zur Steuerung der Installation von älteren Windows-Versionen von der Produkt-CD verwendet haben (allerdings gibt es Unterschiede).

Wenn Sie sich einen Eindruck davon verschaffen möchten, wie eine XML-Antwortdatei aussieht, untersuchen Sie die verschiedenen Abschnitte der Datei *autounattend_sample.xml* aus dem Ordner *%ProgramFiles%\Windows AIK\Samples*:

```
<?xml version="1.0" encoding="utf-8"?>
<unattend xmlns="urn:schemas-microsoft-com:unattend">
    <settings pass="Windows PE">
        <component name="Microsoft-Windows-Setup" processorArchitecture="x86"
publicKeyToken="31bf3856ad364e35" language="neutral" versionScope="nonSxS"
xmlns:wcm="http://schemas.microsoft.com/WMIConfig/2002/State"
xmlns:xsi="http://www.w3.org/2001/XMLSchema-instance">
```

Nach dieser Einleitung, in der Dinge wie der Konfigurationsdurchlauf festgelegt werden, in denen die folgenden Einstellungen verarbeitet werden (Windows PE), sowie die zu installierende Komponente (Microsoft Windows-Setup) und die Architektur des Computers, auf dem Windows bereitgestellt wird (x86), werden die Datenträgerpartition und die Formatierung angegeben:

```
            <DiskConfiguration>
                <Disk>
                    <CreatePartitions>
                        <CreatePartition wcm:action="add">
                            <Order>1</Order>
                            <Size>20000</Size>
```

```
                    <Type>Primary</Type>
                </CreatePartition>
            </CreatePartitions>
            <ModifyPartitions>
                <ModifyPartition wcm:action="add">
                    <Active>true</Active>
                    <Extend>false</Extend>
                    <Format>NTFS</Format>
                    <Label>OS_Install</Label>
                    <Letter>C</Letter>
                    <Order>1</Order>
                    <PartitionID>1</PartitionID>
                </ModifyPartition>
            </ModifyPartitions>
            <DiskID>0</DiskID>
            <WillWipeDisk>true</WillWipeDisk>
        </Disk>
        <WillShowUI>OnError</WillShowUI>
    </DiskConfiguration>
```

Der nächste Abschnitt gibt den Product Key an, der für die Installation verwendet werden soll. Außerdem wird die Zustimmung zu den Lizenzbestimmungen (End-User Licensing Agreement, EULA) gegeben.

```
    <UserData>
        <ProductKey>
            <Key>&lt;productkey&gt;</Key>
            <WillShowUI>OnError</WillShowUI>
        </ProductKey>
        <AcceptEula>true</AcceptEula>
    </UserData>
```

Daran schließt sich ein Abschnitt an, der das Setup-Programm anweist, Windows in der zuvor erstellten Partition zu installieren:

```
    <ImageInstall>
        <OSImage>
            <InstallTo>
                <DiskID>0</DiskID>
                <PartitionID>1</PartitionID>
            </InstallTo>
            <WillShowUI>OnError</WillShowUI>
        </OSImage>
    </ImageInstall>
</component>
```

Nun werden Einstellungen für eine andere Komponente vorgenommen. Aus diesem Abschnitt geht hervor, dass zur Installation die Spracheinstellung für das amerikanische Englisch verwendet wird.

```
        <component name="Microsoft-Windows-International-Core-WinPE"
processorArchitecture="x86" publicKeyToken="31bf3856ad364e35"
language="neutral" versionScope="nonSxS"
xmlns:wcm="http://schemas.microsoft.com/WMIConfig/2002/State"
xmlns:xsi="http://www.w3.org/2001/XMLSchema-instance">
            <SetupUILanguage>
                <UILanguage>en-us</UILanguage>
            </SetupUILanguage>
            <InputLocale>0409:00000409</InputLocale>
            <SystemLocale>en-us</SystemLocale>
            <UILanguage>en-us</UILanguage>
            <UserLocale>en-US</UserLocale>
        </component>
    </settings>
```

Der folgende Abschnitt enthält Einstellungen, die im Konfigurationsdurchlauf `oobeSystem` verarbeitet werden. Sie werden angewendet, wenn Endbenutzer das System das erste Mal starten. Aus den Einstellungen geht hervor, dass Sysprep im Überwachungsmodus ausgeführt werden soll:

```
    <settings pass="oobeSystem">
        <component name="Microsoft-Windows-Deployment"
processorArchitecture="x86" publicKeyToken="31bf3856ad364e35"
language="neutral" versionScope="nonSxS"
xmlns:wcm="http://schemas.microsoft.com/WMIConfig/2002/State"
xmlns:xsi="http://www.w3.org/2001/XMLSchema-instance">
            <Reseal>
                <Mode>Audit</Mode>
            </Reseal>
        </component>
    </settings>
```

Der letzte Abschnitt schließlich enthält Einstellungen, die im `specialize`-Durchlauf verarbeitet werden, in dem computerspezifische Informationen für das Abbild angewendet werden. Ein Computerhersteller (Original Equipment Manufacturer, OEM) kann diesen Abschnitt verwenden, um Hersteller und Modell des Computers sowie Supportinformationen für Endbenutzer anzugeben, beispielsweise eine Telefonnummer. Mitarbeiter von Unternehmen können diesen Abschnitt zum Beispiel verwenden, um Kontaktinformationen für die zuständigen Supportmitarbeiter oder URLs für die Supportwebsites des firmeneigenen Intranets anzugeben.

```
    <settings pass="specialize">
        <component name="Microsoft-Windows-Shell-Setup"
processorArchitecture="x86" publicKeyToken="31bf3856ad364e35"
language="neutral" versionScope="nonSxS"
xmlns:wcm="http://schemas.microsoft.com/WMIConfig/2002/State"
xmlns:xsi="http://www.w3.org/2001/XMLSchema-instance">
            <OEMInformation>
                <Manufacturer>&lt;manufacturer&gt;</Manufacturer>
```

```
                <Model>&lt;model&gt;</Model>
                <SupportHours>&lt;support hours&gt;</SupportHours>
                <SupportPhone>&lt;support phone&gt;</SupportPhone>
            </OEMInformation>
        </component>
    </settings>
    <cpi:offlineImage cpi:source="catalog:c:/dan/install_windows vista
ultimate.clg" xmlns:cpi="urn:schemas-microsoft-com:cpi" />
</unattend>
```

Weitere Informationen Windows SIM und Antwortdateien

Weitere Informationen über Windows SIM finden Sie im Abschnitt „Technische Referenz zu Bereitstellungstools" der Hilfedatei *WAIK.chm* aus dem Windows AIK. Ausführliche Informationen über die einzelnen Einstellungen in der Antwortdatei finden Sie in der Dokumentation „Unattended Windows Setup Reference" aus dem Windows AIK.

Schnelltest

1. Inwiefern ähnelt eine *Autounattend.xml*-Datei einer *Winnt.sif*-Datei?
2. Worin unterscheiden sich diese beiden Dateien?

Antworten zum Schnelltest

1. Beides sind Textdateien, die zur Durchführung von unbeaufsichtigten Installationen von Windows vom Installationsmedium verwendet werden.
2. *Winnt.sif* ist eine ältere Technologie, die zur Installation von Windows 2000, Windows XP und Windows Server 2003 verwendet wurde. *Autounattend.xml* dient zur Installation von Windows Vista und Windows Server 2008. Ein weiterer Unterschied besteht darin, dass *Autounattend.xml* XML-Code enthält, während sich *Winnt.sif* aus Abschnittsüberschriften, Parametern und Werten für diese Parameter zusammensetzt.

Grundlagen von Windows PE

Windows PE (Windows Preinstallation Environment) ist eine Minimalversion von Windows, die auf dem Windows Vista-Kern basiert, der wiederum mit dem Systemkern von Windows Server 2008 identisch ist. Windows PE eignet sich zur Bereitstellung und zur Fehlerbehebung. Damit können Sie Folgendes tun:

- Einen fabrikneuen Computer starten, um Windows zu installieren (Abbildung A.4). Mit Windows PE können Sie das System starten, die Festplattenlaufwerke partitionieren und formatieren und eine Verbindung mit einer Distributionsfreigabe aus dem Netzwerk herstellen, um Datenträgerabbilder zu kopieren und Windows nach Bedarf unbeaufsichtigt oder unter Aufsicht zu installieren.

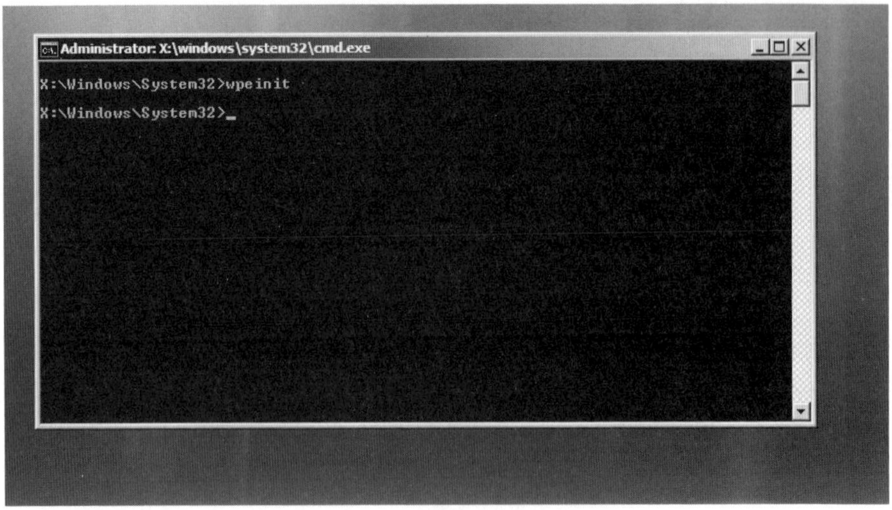

Abbildung A.4 Die Windows PE-Eingabeaufforderung

- Probleme auf einem Computer beheben, auf dem Windows zwar bereits installiert ist, aber noch nicht richtig funktioniert. Mit Windows PE können Sie Windows RE (Windows Recovery Environment) starten und die integrierten Programme zur Diagnose und Problembehebung ausführen. Außerdem können Sie mit Windows PE ein angepasstes System zur automatischen Wiederherstellung von Windows-Computern erstellen.

Windows PE wird außerdem gestartet, wenn Sie Windows Server 2008 auf einem Computer installieren. Die Programme mit grafischer Oberfläche, die während der Installation ausgeführt werden, laufen in einer Windows PE-Umgebung.

Wie Sie in Abbildung A.4 sehen, bietet Windows PE Ihnen eine Eingabeaufforderung, in der Sie verschiedene integrierte Programme starten können, die bei der Installation und der Behebung von Problemen von Nutzen sind. In der Eingabeaufforderung von Windows PE stehen Ihnen die folgenden Tools zur Verfügung.

Hinweis Was ist das Laufwerk X?

Das Laufwerk X von Windows PE ist ein RAM-Laufwerk (ein beschreibbares Volume, das im Arbeitsspeicher simuliert wird). Es wird verwendet, wenn Windows PE von einem schreibgeschützten Medium gestartet wird, beispielsweise von einer CD oder DVD, einem USB-Speichermedium oder einem WDS-Abbild. Standardmäßig sieht Windows PE zwar 32 MB für dieses RAM-Laufwerk vor, aber Sie können die Größe des RAM-Laufwerks mit dem Programm PEImg ändern. Weitere Informationen finden Sie in einem späteren Abschnitt mit der Überschrift „Grundlagen der Windows AIK 1.1-Erweiterungen" dieses Anhangs.

- **Startkonfigurationsdaten** Dieses Programm kann zur Bearbeitung des Startkonfigurationsdatenspeichers (Boot Configuration Data, BCD) verwendet werden, der die Startanwendungen und Starteinstellungen beschreibt. Der BCD-Speicher von Windows Vista und Windows Server 2008 ersetzt die Datei *Boot.ini*, die in älteren Windows-Versionen verwendet wurde.
- **Bootsect** Dieses Programm kann zur Wiederherstellung des Startsektors des Computers verwendet werden. Dabei wird der Hauptstartcode für Datenträgerpartitionen aktualisiert, sodass er zwischen BOOTMGR und NTLDR wechseln kann. Dieses Programm ersetzt die Programme FixFAT und FixNTFS, die in älteren Windows-Versionen verwendet wurden.
- **DiskPart** Dieses Tool kann zur Verwaltung von Festplattenlaufwerken, Partitionen und Volumes verwendet werden, sei es interaktiv in einer Eingabeaufforderung oder in Skripts.
- **Drvload** Dieses Tool kann dazu verwendet werden, Out-of-box-Treiber zu einem gestarteten Windows PE-Abbild hinzuzufügen, wobei eine oder mehrere *.inf*-Dateien als Eingabedateien dienen.
- **Oscdimg** Dieses Programm eignet sich zur Erstellung einer Abbilddatei (*.iso*) von einer angepassten 32-Bit- oder 64-Bit-Version von Windows PE. Diese Datei können Sie auf eine CD brennen, um eine startfähige Windows PE-CD zu erstellen.
- **PEImg** Dieses Programm eignet sich zur Erstellung oder Änderung eines Windows PE-Abbilds. Sie können zum Beispiel ein Paket importieren, einen Treiber installieren und so weiter.
- **Winpeshl.ini** Diese Datei eignet sich zur Anpassung der Standard-Shell für Windows PE. Statt der Standardeingabeaufforderung von Windows PE können Sie also eine eigene Shell-Anwendung verwenden.
- **Wpeinit** Dieses Tools wird bei jedem Start von Windows PE zur Initialisierung von Windows PE verwendet.

Weitere Informationen Windows PE-Tools

Weitere Informationen über die Windows PE-Befehlszeilentools finden Sie in der Dokumentation zum Windows AIK, und zwar im Abschnitt „Technische Referenz zu Windows PE-Tools“ des *Windows PE-Benutzerhandbuchs*.

Ursprünglich wurde Windows PE entwickelt, um auf fabrikneuen Computern Windows Setup ausführen zu können, ohne auf MS-DOS-Startdisketten angewiesen zu sein. Die erste Version von Windows PE basierte auf dem Systemkern von Windows XP und wurde Windows PE 1.0 genannt. Als Windows Vista erschien, wurde auch eine neue Version namens Windows PE 2.0 herausgegeben, die auf dem neueren Systemkern von Windows Vista beruht.

Hinweis Grenzen von Windows PE

Windows PE weist eine ganze Reihe von Beschränkungen auf, weil es nicht als Betriebssystem für die tägliche Arbeit vorgesehen ist. Beispielsweise stellt Windows PE automatisch nach 72 Stunden den Betrieb ein und führt einen Neustart durch. Diese Beschränkung lässt sich auch nicht beseitigen. Außerdem gehen bei einem Neustart alle Änderungen verloren, die an der Windows PE-Registrierung durchgeführt werden (sofern Sie die Änderungen nicht durchführen, wenn Windows PE offline ist). Zudem unterstützt Windows PE nicht das .NET Framework, die CLR (Common Language Runtime) oder Anwendungen, die als *.msi*-Dateien (Windows Installer) verpackt sind. Windows PE unterstützt auch nur eine Teilmenge der Win32-APIs. Auch von dieser Seite her gibt es also eine Beschränkung in der Auswahl der Anwendungen, die unter Windows PE ausgeführt werden können.

Beschränkungen der MS-DOS-Startdisketten

Viele Jahre lang haben Administratoren fabrikneue Computer mit MS-DOS-Startdisketten gestartet, um anschließend über das Netzwerk unbeaufsichtigte Windows-Installationen durchzuführen. Es gibt aber mehrere Gründe, warum diese Vorgehensweise immer weniger gebräuchlich ist. MS-DOS hat zum Beispiel folgende Nachteile:

- Äußerst spärliche Netzwerkunterstützung
- Keine Unterstützung des NTFS-Dateisystems
- Keine Unterstützung von 32-Bit- oder 64-Bit-Windows-Gerätetreibern

Wegen dieser Beschränkungen – und weil es immer schwieriger wird, heutzutage überhaupt noch startfähige MS-DOS-Disketten zu finden, oder Leute, die wissen, wie man sie anpasst – hat Microsoft Windows PE als neues Betriebssystem für den Start von Computern entwickelt, auf denen noch kein Betriebssystem installiert ist. Im Vergleich zu MS-DOS-Startdisketten hat Windows PE folgende Vorteile:

- Unterstützung von NTFS 5.x, einschließlich der Unterstützung für die Erstellung und Verwaltung von dynamischen Volumes
- Unterstützung von TCP/IP-Netzwerken, einschließlich eines Dateifreigabeclients
- Unterstützung von 32-Bit- oder 64-Bit-Gerätetreibern, je nach Windows PE-Version
- Startfähig von CD oder DVD, USB-Flashlaufwerken und remote von WDS

Der übliche Weg für die Vorbereitung eines Windows PE-Systems ist, mit den Programmen des Windows AIK eine Windows PE-Umgebung zusammenzustellen und sie in eine *.iso*-Datei umzuwandeln, die das einsatzbereite Windows PE-Betriebssystem enthält. Bei Bedarf können Sie die Windows PE-Umgebung vor diesem Schritt erweitern und zusätzliche Programme hinzufügen. Dann brennen Sie die *.iso*-Datei mit einem passenden Programm auf eine CD. Verläuft alles nach Plan, ist das Ergebnis eine startfähige Windows PE-CD, mit der Sie einen fabrikneuen Computer starten und die Installation einleiten können.

ImageX und das .wim-Dateiformat

ImageX ist ein Befehlszeilenprogramm, mit dem Sie *.wim*-Dateien (Windows Imaging) erstellen können, um auf fabrikneuen Computern Windows-Bereitstellungen auf Abbildbasis durchzuführen. Viele Systemadministratoren haben ältere Windows-Versionen mit einer Abbildsoftware von anderen Herstellern installiert. Diese Programme haben gewöhnlich auf Sektorbasis ein Abbild einer Windows-Installation hergestellt („geklont"), um es auf den Zielsystemen zu installieren. ImageX wurde so konzipiert, dass seine Dateien flexibler sind als ein Abbild auf Sektorbasis, dass es kleinere Abbilder erstellen kann, die sich schneller installieren lassen, und dass es eine Offline-Bearbeitung der Abbilder ermöglicht, wobei sich Dateien zum Abbild hinzufügen oder löschen lassen.

ImageX arbeitet mit drei anderen Abbildkomponenten zusammen, die in Abbildung A.5 schematisch dargestellt werden.

- **WIM-Dateien (Windows Imaging)** Dabei handelt es sich um Sammlungen von Abbilddateien, die eine oder mehrere Windows-Betriebssysteme, deren Komponenten und hinzugefügte Pakete enthalten. WIM ist ein komprimiertes Datenträgerabbildformat auf Dateibasis, das mit Windows Vista eingeführt wurde.
- **WIM-Dateisystemfilter** Er ermöglicht Ihnen, den Inhalt einer *.wim*-Datei anzuzeigen und zu bearbeiten, nachdem Sie die Datei in einem Ordner bereitgestellt haben.
- **WIM-APIs** Diese APIs ermöglichen Ihnen den Zugriff auf die Funktionen des WIM-Dateisystemfilters und des ImageX-Befehls. Die APIs ermöglichen es auch anderen Herstellern, eigene Bereitstellungstools für das *.wim*-Format zu entwickeln.

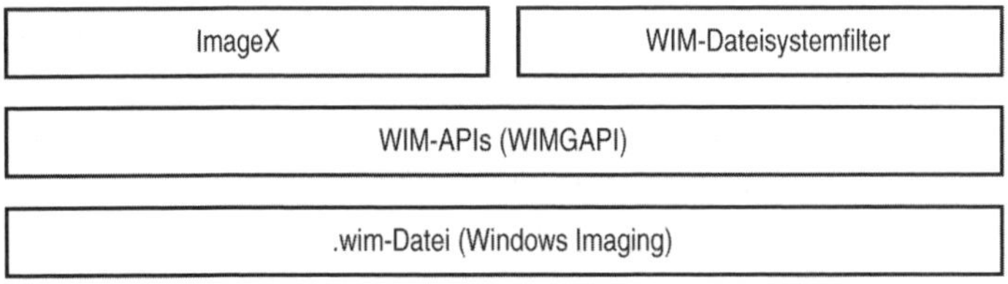

Abbildung A.5 Die ImageX-Architektur

Um ImageX zu verwenden, geben Sie den Namen des Befehls mit einer seiner Befehlsoptionen und den erforderlichen zusätzlichen Angaben ein. So führt die Eingabe von **imagex /capture Abbildpfad Abbilddatei "Name"** zum Beispiel dazu, dass ImageX ein Abbild des Volumes *Abbildpfad* erstellt, es in der Datei *Abbilddatei* speichert und ihm den Namen *Name* gibt.

Die folgende Liste führt die ImageX-Befehlsoptionen jeweils mit einer kurzen Beschreibung auf. Ausführlichere Beschreibungen erhalten Sie, wenn Sie auf einem Computer, auf dem das Windows AIK installiert ist, in der Windows PE Tools-Eingabeaufforderung **imagex /?** eingeben.

- **/append** Hängt ein Volumeabbild an eine vorhandene *.wim*-Datei an
- **/apply** Wendet ein Volumeabbild auf das angegebene Laufwerk an (installiert es)
- **/capture** Erfasst ein Volumeabbild und speichert es in einer neuen *.wim*-Datei
- **/delete** Löscht das angegebene Volumeabbild aus einer *.wim*-Datei, in der es mehrere Volumeabbilder gibt
- **/dir** Zeigt eine Liste der Dateien und Ordner in dem angegebenen Volumeabbild an
- **/export** Exportiert eine Kopie des angegebenen Volumeabbilds in eine andere *.wim*-Datei
- **/info** Gibt die gespeicherten XML-Beschreibungen für die angegebene *.wim*-Datei an, darunter die Gesamtdateigröße, die Abbildanzahl, den Abbildindex, die Verzeichnisanzahl, die Dateianzahl und eine Beschreibung
- **/split** Teilt eine vorhandene *.wim*-Datei in mehrere schreibgeschützte *.wim*-Dateien auf
- **/mount** Stellt eine *.wim*-Datei schreibgeschützt im angegebenen Verzeichnis bereit. Anschließend können Sie den Inhalt der Datei anzeigen, aber nicht ändern.
- **/mountrw** Stellt eine *.wim*-Datei mit Schreib- und Leseberechtigung im angegebenen Verzeichnis bereit. Anschließend können Sie den Inhalt der Datei anzeigen und ändern.
- **/unmount** Hebt die Bereitstellung des Abbilds im angegebenen Verzeichnis auf

Grundlagen von Sysprep

Sysprep ist ein Bereitstellungsprogramm, das einige wichtige Aufgaben erfüllt:

- Alle systemspezifischen Informationen aus einer Windows-Installation entfernen, damit Sie mit ImageX ein Abbild erfassen, speichern und auf anderen Computern installieren können
- Eine Windows-Installation so konfigurieren, dass sie im Überwachungsmodus gestartet wird und Sie Gerätetreiber und Anwendungen von anderen Herstellern installieren und testen können, bevor Sie ein Abbild erstellen
- Eine Windows-Installation so konfigurieren, dass beim nächsten Start ein Willkommen-Bildschirm angezeigt wird. Das wird gewöhnlich vor der Auslieferung eines Computers an einen Kunden oder Endbenutzer getan.
- Die Windows-Produktaktivierungsfrist bis zu drei Mal verlängern

Vorsicht Verwenden von Sysprep

Sie sollten Sysprep nur auf einer frischen Windows-Installation verwenden. Sie sollten es nicht auf vorhandenen Windows-Installationen verwenden und Sie können es nicht auf Installationen verwenden, die durch eine Aktualisierung älterer Windows-Versionen entstanden sind.

Die allgemeine Syntax des Befehls Sysprep lautet:

```
sysprep [/oobe | /audit] [/generalize] [/reboot | /shutdown | /quit] [/quiet]
    [/unattend:Antwortdatei]
```

Die folgende Liste führt die Befehlsoptionen von Sysprep jeweils mit einer kurzen Beschreibung auf:

- **/audit** Startet den Computer im Überwachungsmodus neu, damit Sie zusätzliche Treiber oder Anwendungen hinzufügen und die Installation vor der Auslieferung an den Benutzer testen können.
- **/generalize** Bereitet die Windows-Installation auf die Abbildung vor. Dazu werden alle speziellen Systeminformationen aus der Windows-Installation entfernt, die nur eine bestimmte Einzelinstallation betreffen. So werden zum Beispiel die Sicherheitskennungen zurückgesetzt, die Systemwiederherstellungspunkte entfernt und die Ereignisprotokolle gelöscht. Beim nächsten Start des Systems erfolgt ein `specialize`-Durchlauf. Das bedeutet, dass neue Sicherheitskennungen erstellt und der Windows-Aktivierungszähler zurückgesetzt wird (sofern der Aktivierungszähler nicht bereits die erlaubten drei Mal zurückgesetzt wurde).
- **/oobe** Fährt den Computer nach der Ausführung des Befehls herunter und bewirkt, dass beim nächsten Start die Willkommensseite angezeigt wird, damit Benutzer ihre Windows-Installationen anpassen können, indem sie Benutzerkonten anlegen, dem Computer einen Namen geben und alle anderen erforderlichen Arbeiten durchführen. Die Antwortdateieinstellungen, die für den `oobeSystem`-Durchlauf festgelegt wurden, werden unmittelbar vor der Anzeige der Willkommensseite durchgeführt.
- **/reboot** Startet den Computer neu. Verwenden Sie diese Option, um den Computer zu überwachen und zu überprüfen, ob Ihre OOBE-Anpassungen wie geplant funktionieren.
- **/shutdown** Fährt den Computer herunter, sobald Sysprep seine Arbeit abgeschlossen hat
- **/quiet** Bewirkt, dass Sysprep ohne Anzeige von Bestätigungsmeldungen ausgeführt wird. Das ist von Nutzen, wenn Sie die Sysprep-Aufrufe automatisieren müssen.
- **/quit** Schließt Sysprep nach der Ausführung des angegebenen Befehls
- **/unattend:Antwortdatei** Wendet bei einer unbeaufsichtigten Installation die Einstellungen aus der angegebenen Antwortdatei an

Sysprep können Sie nicht nur auf der Befehlszeile oder in Skripts verwenden. Bestimmte Sysprep-Optionen stehen auch in einer grafischen Benutzeroberfläche zur Verfügung. Das Dialogfeld aus Abbildung A.6 öffnet sich, wenn Sie in einer Eingabeaufforderung **%SystemRoot%\System32\sysprep\sysprep** ohne Parameter eingeben.

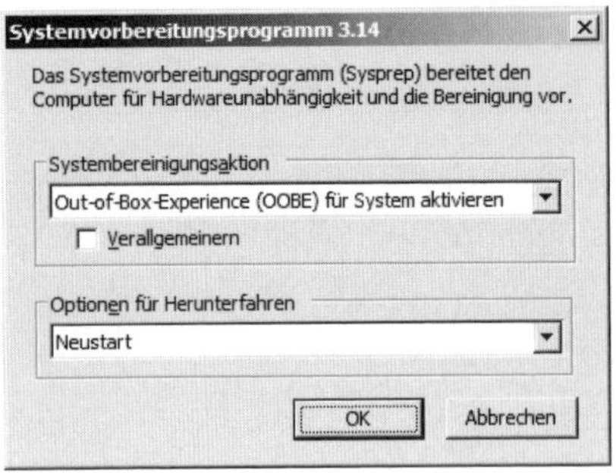

Abbildung A.6 Das Dialogfeld *Systemvorbereitungsprogramm*

Sysprep eignet sich zwar sehr gut für die Vorbereitung von Windows-Installationen auf die Abbilderfassung, aber bei der Verwendung auf Windows Server 2008 sind einige Einschränkungen zu beachten. Insbesondere lassen sich folgende Serverrollen nach ihrer Installation *nicht* mit `sysprep /generalize` auf eine Abbildung vorbereiten:

- Sämtliche Active Directory-Serverrollen, einschließlich Active Directory-Zertifikatdienste (AD CS), Active Directory-Domänendienste (AD DS), Active Directory-Verbunddienste (AD FS), Active Directory Lightweight Directory Services (AD LDS) und Active Directory-Rechteverwaltungsdienste (AD RMS)
- DNS-Server
- Faxserver
- Dateidienste
- Netzwerkrichtlinien- und Zugriffsdienste
- Druckdienste
- UDDI-Dienste
- Windows-Bereitstellungsdienste
- Windows SharePoint Services

Die genannten Rollen müssen Sie nach der Installation des Betriebssystems installieren, damit sie richtig funktionieren. Außerdem gelten bei der Verwendung von Sysprep im Zusammenhang mit Rollen noch folgende Beschränkungen:

- Die Rolle Webserver (IIS) wird von Sysprep nicht korrekt verarbeitet, wenn die Datei *ApplicationHost.config* verschlüsselte Anmeldeinformationen enthält.
- Die Rolle Terminaldienste wird von Sysprep nicht korrekt verarbeitet, wenn das Masterabbild zu einer Domäne hinzugefügt wird.

Windows AIK 1.1-Erweiterungen

Windows AIK 1.1 bietet gegenüber der Windows AIK-Version 1.0, die mit Windows Vista veröffentlicht wurde, einige Erweiterungen zur Durchführung von Bereitstellungen auf Abbildbasis. Zu den wichtigeren Erweiterungen gehören folgende:

- Die Möglichkeit, Windows Vista, Windows Vista mit integriertem Service Pack 1 und Windows Server 2008 bereitzustellen
- Die Möglichkeit, das Hinzufügen von Serverrollen, Rollendiensten und Features in den letzten Schritten der Windows-Installation zu automatisieren
- Die Möglichkeit, aus einer 32-Bit-Vorinstallationsumgebung heraus 64-Bit-Versionen von Windows bereitzustellen
- Der Möglichkeit, Windows-Abbilder auf UEFI-fähige Computer anzuwenden (UEFI steht für Unified Extended Firmware Interface)
- EFI-Unterstützung (Extensible Firmware Interface) für 64 Bit und Installation von Medien auf iSCSI-Datenträgern
- IA64-Unterstützung für Windows SIM, damit sich eine *.wim*-Datei von einem IA64-Medium bereitstellen lässt
- Zusätzliche Antwortdateieinstellungen, die nur von Windows Server 2008 und nicht von Windows Vista unterstützt werden. Dazu gehören Einstellungen zur Festlegung der Art der Installation (Windows Server 2008 oder Windows Server 2008 Server Core), zur Deaktivierung der erweiterten Sicherheitskonfiguration des Internet Explorers, zur Festlegung des Administratorkennworts, zur Aktivierung der automatischen Anmeldung mit dem Administratorkonto, zur Deaktivierung der Anzeige der *Aufgaben der Erstkonfiguration* und zur Deaktivierung des Server-Managers und anderer serverspezifischer Komponenten.
- Erweiterungen an Windows PE, darunter die Möglichkeit, die Größe des RAM-Laufwerks (Laufwerk *X:*) mit dem Befehl `PEImg /scratchspace` *`Größe`* festzulegen, wobei die *`Größe`* 32, 64, 128, 256 oder 512 MB betragen kann, sowie ein aktualisiertes Oscdimg-Programm, das neue Befehlsoptionen aufweist und größere Abbilder unterstützt, die Möglichkeit zum Start vom Festplattenlaufwerk statt vom RAM-Laufwerk und eine IA64-Version von Windows PE.
- Die Unterstützung eines virtuellen Diskettenlaufwerks für die Installation von Windows mit Medien, wie sie im Einzelhandel vertrieben werden
- Ein neues Programm namens PostReflect, das es ermöglicht, in einem Offline-Windows-Abbild alle für den Start erforderlichen Treiber aus dem Treiberspeicher anzuzeigen. Somit lässt sich das Abbild auf verschiedenen Hardwarekonfigurationen installieren.
- Es sind eine Reihe von Schemadefinitionen verfügbar, mit denen Sie Aufgaben, Links und Firmenlogos zum ersten Aussehen des Systems („Out-of-Box-Experience") hinzufügen können.

Grundlagen der Vorinstallationsterminologie

Der Ausdruck *Vorinstallation* bezieht sich auf die Planung, Vorbereitung, Anpassung, Bereitstellung und Wartung von Windows-Betriebssystemabbildern, die für eine Bereitstellung auf Abbildbasis verwendet werden. Ein Windows-Abbild ist eine einzelne komprimierte Datei, die eine Sammlung von Dateien und Ordnern enthält, die sich zur Installation des Betriebssystems Windows auf einem Datenträgervolume eignen. Um die Abläufe bei der Vorinstallation zu verstehen, müssen Sie folgende Begriffe kennen:

- **Referenzcomputer (technician computer)** Das ist der Computer, auf dem Sie den Windows-Systemabbild-Manager (Windows SIM) installieren und auf dem gewöhnlich auch Ihre Konfigurationssätze und die Distributionsfreigabe zu finden sind.
- **Masterinstallation** Damit ist die angepasste Windows-Installation gemeint, die Sie auf einen oder mehrere Zielcomputer übertragen möchten.
- **Mastercomputer** Das ist der Computer, auf dem Sie die Masterinstallation durchführen.
- **Basisabbild** Damit ist die zu einer einzigen Datei zusammengefasste Sammlung von Dateien und Ordnern gemeint, die von einer Masterinstallation aufgezeichnet wurde und das Basisbetriebssystem sowie alle zusätzlichen Konfigurationen und Dateien enthält, die Sie festgelegt haben.
- **Zielcomputer** Damit ist jeder Computer gemeint, auf dem Sie Windows vorab installieren, sei es mit Windows Setup oder indem Sie eine Masterinstallation auf diesen Computer kopieren.

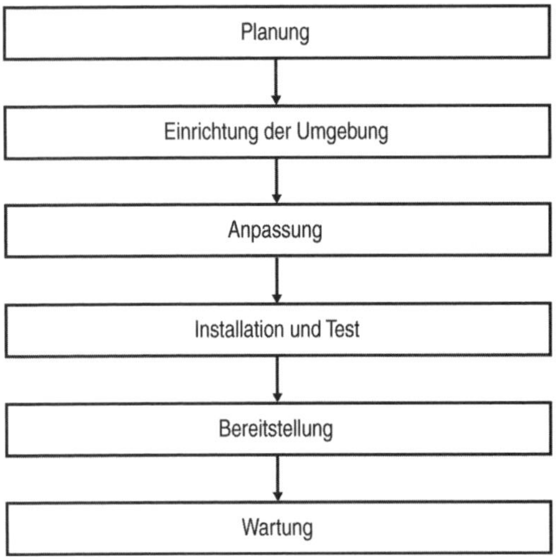

Abbildung A.7 Der Ablauf der Vorinstallation

Grundlagen der Vorinstallation

Die Vorinstallation für die Bereitstellung von Windows Server 2008 und Windows Vista auf Abbildbasis lässt sich in sechs Phasen unterteilen (Abbildung A.7).

1. **Planung** Diese Phase umfasst die Auswahl der Bereitstellungsmethode und der Werkzeuge, mit denen sich die gestellten Anforderungen am besten erfüllen lassen.
2. **Einrichtung der Umgebung** In dieser Phase richten Sie den Referenzcomputer ein und installieren Windows SIM auf dem Computer. Außerdem richten Sie eine Testumgebung ein, in der Sie Ihre Installationen testen können, bevor Sie sie im Produktivnetzwerk bereitstellen.
3. **Anpassung** In dieser Phase erstellen Sie eine Antwortdatei mit Windows SIM, mit der Sie Ihre Installationen anpassen können.
4. **Installation und Test** In dieser Phase erstellen Sie Ihre Masterinstallation und testen sie, um sicherzustellen, dass alles nach Plan verläuft.
5. **Bereitstellung** Diese Phase umfasst die Erfassung und Aufzeichnung eines Windows-Abbilds von der Masterinstallation und die Bereitstellung (Installation) des Abbilds mit einer passenden Methode auf den Zielcomputern.
6. **Wartung** In dieser Phase ändern Sie die aufgezeichneten Abbilder nach Bedarf, indem Sie zusätzliche Gerätetreiber, Softwareupdates, Service Packs und Anwendungen von anderen Herstellern hinzufügen.

Konzepte der Bereitstellungsmethoden

Am leichtesten lassen sich Bereitstellungsmethoden daran unterscheiden, ob sie sich für die Bereitstellung einer kleinen, einer mittleren oder einer großen Zahl von Computern eignen:

- **Bereitstellungen in großer Anzahl** Diese Aufgabe stellt sich gewöhnlich in großen Unternehmen, in denen auf schnelle und einfache Weise Hunderte oder Tausende von Desktopcomputern eingerichtet werden müssen, auf denen Windows Vista ausgeführt wird. (Eine Installation von Windows Server 2008 auf einer großen Zahl von Computern kommt im Wesentlichen wohl nur in großen Datencentern in Frage.) Die typische Lösung für hochvolumige Bereitstellungen ist die „Installation vom Abbild“. Dazu gehören die Erstellung einer Masterinstallation, die Aufzeichnung eines Abbilds und die Bereitstellung des Abbilds für die Zielcomputer auf einer Netzwerkfreigabe.
- **Bereitstellungen in mittlerer Anzahl** Dabei geht es gewöhnlich um die Einrichtung von Desktop- oder Servercomputern in kleinen bis mittleren Unternehmen, in denen Sie auf schnelle und einfache Weise ein paar Dutzend Windows-Vista-Computer oder einige Windows Server 2008-Computer einrichten müssen, ohne den Aufwand für die Aufzeichnung und Wartung einer Bibliothek mit Windows-Abbildern zu treiben. Die typische Lösung für Bereitstellungen mittleren Volumens wird „Installation mit einem Konfigurationssatz“ genannt. Der Ablauf sieht so aus, dass die

Zielcomputer mit einer Diskette oder einem USB-Flashlaufwerk gestartet werden und die Installation anschließend mit Windows Setup und einer Netzwerkfreigabe durchgeführt wird.

- **Bereitstellungen in geringer Anzahl** Diese Situation ist gewöhnlich in kleinen Büros und bei Privatanwendern anzutreffen, wobei man das administrative Wissen als eher gering einstufen muss und nur sehr wenige Computer einzurichten sind. Außerdem ist diese Situation in kleinen bis mittleren Unternehmen anzutreffen, in denen die administrativen Ressourcen ebenfalls einschränkt sind und nur einige Server eingerichtet werden müssen. Die übliche Lösung für Bereitstellungen in geringer Zahl nennt man „Installation von DVD" (oder „Installation vom Produktmedium").

Tabelle A.2 vergleicht die drei beschriebenen Bereitstellungsmethoden.

Tabelle A.2 Vergleich der Bereitstellungsmethoden

Methode	Volumen	Geschwindigkeit	Netzwerk erforderlich
Installation vom Abbild	hoch	schnell	ja
Installation mit einem Konfigurationssatz	mittel	langsam	optional
Installation von DVD	niedrig	langsam	nein

Die folgenden Abschnitte beschreiben diese drei Bereitstellungsmethoden genauer.

Verwenden der Methode *Installation von DVD*

Abbildung A.8 stellt die DVD-Methode zur Installation von Windows dar, die gewöhnlich bei einer geringen Zahl von Bereitstellungen von Desktop- oder Servercomputern in kleinen Büros oder in privaten Umgebungen oder zur Bereitstellung von Servern in kleinen bis mittleren Unternehmen bei beschränkter administrativer Kapazität verwendet wird.

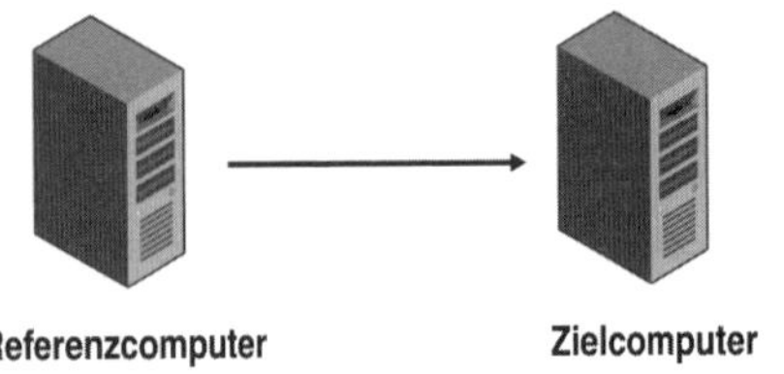

Abbildung A.8 Die Methode *Installation von DVD* zur Bereitstellung von Windows

Bei dieser Methode verwenden Sie Windows SIM auf einem Referenzcomputer, um eine Antwortdatei namens *Autounattend.xml* zu erstellen. Dann starten Sie den Zielcomputer mit der Produkt-DVD und stellen die Antwortdatei auf einer Diskette oder auf einem USB-Flashlaufwerk bereit.

Außerdem lässt sich mit dieser Methode eine Masterinstallation einrichten, die Sie dann zur Bereitstellung von Windows nach der Methode *Installation vom Abbild* verwenden können. Um zum Beispiel eine Masterinstallation nach dieser Methode zu erstellen, ersetzen Sie im vorigen Diagramm das Wort „Zielcomputer“ durch „Mastercomputer“.

Die Bereitstellung von Windows durch eine Installation von DVD läuft folgendermaßen ab:

1. Erstellen Sie mit Windows SIM auf Ihrem Referenzcomputer eine Antwortdatei, konfigurieren Sie die Datei und speichern Sie die Datei unter den Namen *Autounattend.xml* ab. Überprüfen Sie die Antwortdatei und kopieren Sie die Datei dann auf eine Diskette, ein USB-Flashlaufwerk oder auf ein anderes Wechselmediengerät.
2. Legen Sie die Windows-Produkt-DVD in das DVD-Laufwerk des Zielcomputers ein. Legen Sie auch die Diskette mit der Antwortdatei ins entsprechende Laufwerk des Zielcomputers ein (oder schließen Sie das von Ihnen gewählte USB-Flashlaufwerk oder Wechselmediengerät an). Sorgen Sie dafür, dass das BIOS des Zielcomputers so eingestellt ist, dass der Systemstart von DVD erfolgt.
3. Schalten Sie den Zielcomputer ein. Wenn Windows Setup gestartet wird, sucht es nach einer Antwortdatei namens *Autounattend.xml*. Wenn es diese Datei findet, verwendet es die darin angegebenen Einstellungen bei der Installation.
4. Wenn das Setup-Programm seine Arbeit beendet hat und der Computer neu gestartet wird, können Sie den Computer nach Bedarf entweder so, wie er ist, im Netzwerk bereitstellen oder zusätzliche Anpassungen durchführen, `sysprep /generalize /shutdown` ausführen und den Computer dann im Netzwerk bereitstellen.

Verwenden der *Konfigurationssatz*-Methode

Abbildung A.9 illustriert die Grundinstallation von Windows mit der Konfigurationssatzmethode, die gewöhnlich für Bereitstellungen mittleren Volumens von Desktop- oder Servercomputern in kleinen bis mittleren Unternehmen verwendet wird.

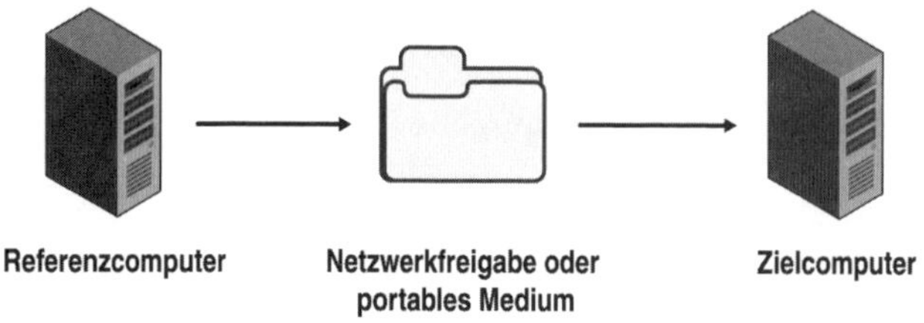

Abbildung A.9 Die Installation von Windows mit der Konfigurationssatzmethode

Bei dieser Methode erstellen Sie mit Windows SIM auf dem Referenzcomputer eine Antwortdatei, gefolgt von einem Konfigurationssatz. Dann kopieren Sie den Konfigurationssatz auf eine Netzwerkfreigabe (oder auf ein portables Medium). Schließlich starten Sie den Zielcomputer mit Windows PE und stellen eine Verbindung mit der Netzwerkfreigabe her, um Windows mit dem Konfigurationssatz zu installieren.

Wie die Bereitstellung von Windows mit der Konfigurationssatzmethode im Detail erfolgt, hängt davon ab, ob Sie den Konfigurationssatz auf einer Netzwerkfreigabe oder auf einem Wechselmedium speichern.

Installation mit einem Konfigurationssatz auf einem Wechselmedium

Zur Bereitstellung von Windows nach der Konfigurationssatzmethode, wobei der Konfigurationssatz auf einem Wechselmedium gespeichert wird, gehen Sie folgendermaßen vor:

1. Erstellen Sie mit Windows SIM auf Ihrem Referenzcomputer eine Antwortdatei, konfigurieren Sie die Datei und speichern Sie sie unter den Namen *Autounattend.xml*.
2. Erstellen Sie mit Windows SIM auf Ihrem Referenzcomputer einen Distributionsfreigabeordner. Fügen Sie bei Bedarf zusätzliche Gerätetreiber und Anwendungen von anderen Herstellern zu Ihrer Distributionsfreigabe hinzu und passen Sie Ihre Antwortdatei entsprechend an. Überprüfen Sie die Antwortdatei.
3. Erstellen Sie mit Windows SIM einen Konfigurationssatz, der an einem Ort alle Ressourcendateien zusammenfasst, die Sie in Ihrer Antwortdatei angegeben haben.
4. Kopieren Sie Ihren Konfigurationssatz auf ein Wechselmedium, beispielsweise auf ein USB-Flashlaufwerk.
5. Legen Sie die Windows-Produkt-DVD in das DVD-Laufwerk des Zielcomputers ein. Legen Sie auch das Wechselmedium ein, auf dem der Konfigurationssatz gespeichert ist. Sorgen Sie dafür, dass das BIOS des Zielcomputers so eingestellt ist, dass der Systemstart von DVD erfolgt.
6. Schalten Sie den Zielcomputer ein. Wenn Windows Setup gestartet wird, sucht es nach einer Antwortdatei namens *Autounattend.xml*. Wenn es diese Datei findet, verwendet es die darin vorgesehenen Einstellungen bei der Installation.
7. Wenn die Installation abgeschlossen ist und der Zielcomputer neu gestartet wird, können Sie den Computer nach Bedarf entweder so, wie er ist, im Netzwerk bereitstellen oder zusätzliche Anpassungen durchführen, `sysprep /generalize /shutdown` ausführen und den Computer dann im Netzwerk bereitstellen.

Installation mit einem Konfigurationssatz auf einer Netzwerkfreigabe

Wenn der Konfigurationssatz auf einer Netzwerkfreigabe gespeichert ist, gehen Sie zur Bereitstellung von Windows folgendermaßen vor:

1. Erstellen Sie mit Windows SIM auf Ihrem Referenzcomputer eine Antwortdatei, konfigurieren Sie die Datei und speichern Sie sie unter dem Namen *Autounattend.xml*.
2. Erstellen Sie mit Windows SIM auf Ihrem Referenzcomputer einen Distributionsfreigabeordner. Fügen Sie bei Bedarf zusätzliche Gerätetreiber und Anwendungen von anderen Herstellern zu Ihrer Distributionsfreigabe hinzu und passen Sie Ihre Antwortdatei entsprechend an. Überprüfen Sie die Antwortdatei.
3. Erstellen Sie mit Windows SIM einen Konfigurationssatz, der an einem Ort alle Ressourcendateien zusammenfasst, die Sie in Ihrer Antwortdatei angegeben haben.
4. Erstellen Sie in Ihrem Netzwerk eine Freigabe und erstellen Sie darin zwei Unterordner, einen für die Windows-Quelldateien und einen für die Dateien Ihres Konfigurationssatzes.

Erstellen Sie zum Beispiel folgende Ordnerstruktur:

```
\\Freigabename\sources
\\Freigabename\confsets
```

5. Kopieren Sie die Windows-Installationsdateien vom Ordner *\sources* Ihrer Produkt-DVD in den Unterordner *\sources* Ihrer Netzwerkfreigabe.
6. Kopieren Sie Ihre Konfigurationssatzdateien in den Unterordner *\confsets* Ihrer Netzwerkfreigabe.
7. Starten Sie den Zielcomputer mit einem startfähigen Windows PE-Medium. Sobald das Windows PE-Eingabeaufforderungsfenster erscheint, stellen Sie eine Verbindung mit der Netzwerkfreigabe her, indem Sie mit einem Befehl wie dem folgenden eine Laufwerkszuordnung festlegen:

   ```
   net use y: \\Freigabename
   ```

   Vielleicht müssen Sie Anmeldeinformationen angeben, damit die Verbindung hergestellt wird. Wenn dies der Fall ist, achten Sie darauf, die Informationen in der Form *Computername\Benutzername* anzugeben.
8. Wenn die Verbindung zur Netzwerkfreigabe hergestellt ist, starten Sie Windows Setup unter Angabe der Antwortdatei, die in Ihrem Konfigurationssatz enthalten ist, mit einem Befehl wie dem folgenden:

   ```
   y:\sources\setup /unattend:y:\confsets\autounattend.xml
   ```

9. Wenn die Installation abgeschlossen ist und der Zielcomputer neu gestartet wird, können Sie den Computer nach Bedarf entweder so, wie er ist, im Netzwerk bereitstellen oder zusätzliche Anpassungen durchführen, `sysprep /generalize /shutdown` ausführen und den Computer dann im Netzwerk bereitstellen.

Schnelltest

- Wann sollten Sie bei der Installation von Windows Server 2008 ohne Netzwerk die Installation mit einem Konfigurationssatz statt der Installation von DVD wählen?

Antwort zum Schnelltest

- Verwenden Sie die Installation mit einem Konfigurationssatz, wenn Sie eine Installation ohne Netzwerk durchführen möchten, bei der auch zusätzliche Gerätetreiber oder Anwendungen von anderen Herstellern installiert werden sollen.

Verwenden der Methode *Installation vom Abbild*

Abbildung A.10 zeigt schematisch die Installation von Windows von einem Abbild, wie sie gewöhnlich bei hochvolumigen Bereitstellungen von Desktopcomputern in einer Unternehmensumgebung und von Servern in Datacenter-Umgebungen verwendet wird.

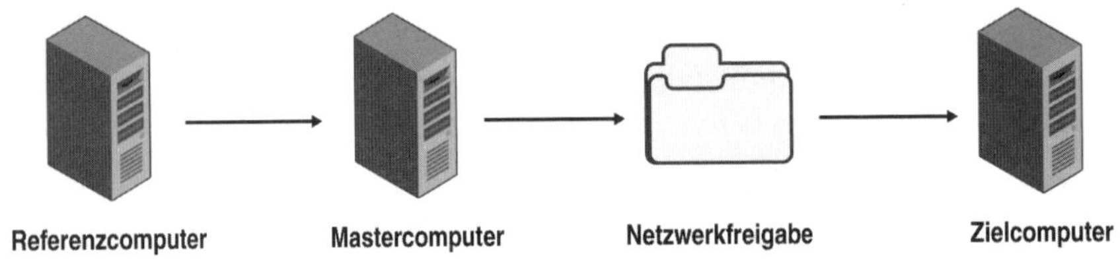

Abbildung A.10 Die Installation von Windows mit einem Abbild

Bei dieser Methode erstellen Sie auf dem Referenzcomputer mit Windows SIM eine Antwortdatei. Dann erstellen Sie auf dem Mastercomputer eine Masterinstallation und bereiten den Computer mit Sysprep auf die Abbildung vor. Anschließend verwenden Sie ImageX unter Windows PE, um ein Abbild des Mastercomputers zu erstellen und in eine Distributionsfreigabe hochzuladen. Schließlich starten Sie den Zielcomputer unter Windows PE, formatieren mit Diskpart das Festplattenlaufwerk und stellen eine Verbindung zur Distributionsfreigabe her, um das Abbild zu installieren.

Wie die Bereitstellung von Windows aus einem Abbild im Detail verläuft, hängt davon ab, ob Sie das aufgezeichnete Abbild von Ihrer Masterinstallation mit ImageX oder mit Windows Setup auf den Zielcomputer anwenden.

Installation vom Abbild mit ImageX

Zur Bereitstellung von Windows mit ImageX aus einem Abbild gehen Sie folgendermaßen vor:

1. Erstellen Sie durch eine Installation von DVD oder eine Installation mit einem Konfigurationssatz Ihre Masterinstallation von Windows. Passen Sie die Installation nach Bedarf an und testen Sie sie sorgfältig, bevor Sie fortfahren.
2. Bereiten Sie Ihre Masterinstallation auf die Abbilderfassung vor, indem Sie mit dem Befehl `sysprep /generalize /shutdown` alle computerspezifischen Informationen entfernen, wie zum Beispiel die Sicherheitskennungen.
3. Starten Sie Ihren Mastercomputer mit einem startfähigen Windows PE-Medium. Sorgen Sie dafür, dass auf dem Windows PE-Medium das Programm ImageX zur Verfügung steht.
4. Geben Sie in der Windows PE-Eingabeaufforderung den Befehl `imagex /capture` ein, um ein Windows-Abbild von der Masterinstallation zu erstellen.
5. Verknüpfen Sie Ihre Netzwerkfreigabe mit dem Befehl `net use` mit einem Laufwerksbuchstaben. (Vielleicht müssen Sie Anmeldeinformationen angeben, damit das funktioniert.) Kopieren Sie die aufgezeichnete *.wim*-Datei mit dem Befehl `copy` auf Ihre Netzwerkfreigabe.
6. Starten Sie den Zielcomputer mit einem startfähigen Windows PE-Medium.
7. Verwenden Sie in der Windows PE-Eingabeaufforderung den Befehl Diskpart, um das Festplattenlaufwerk des Zielcomputers zu partitionieren und zu formatieren. Beachten Sie, dass Sie diesen Schritt auch mit einem Skript automatisieren können.

8. Verknüpfen Sie in der Windows PE-Eingabeaufforderung die Netzwerkfreigabe, auf der das Abbild der Masterinstallation gespeichert wurde, mit dem Befehl `net use` mit einem Laufwerksbuchstaben.
9. Verwenden Sie in der Windows PE-Eingabeaufforderung den Befehl `imagex /apply`, um das Abbild Ihrer Masterinstallation auf das Festplattenlaufwerk des Zielcomputers anzuwenden.

Installation vom Abbild mit Windows Setup

Zur Bereitstellung von Windows mit Windows Setup aus einem Abbild gehen Sie folgendermaßen vor:

1. Erstellen Sie durch eine Installation von DVD oder eine Installation mit einem Konfigurationssatz Ihre Masterinstallation von Windows. Passen Sie die Installation nach Bedarf an und testen Sie sie sorgfältig, bevor Sie fortfahren.
2. Bereiten Sie Ihre Masterinstallation auf die Abbilderfassung vor, indem Sie mit dem Befehl `sysprep /generalize /shutdown` alle computerspezifischen Informationen entfernen, wie zum Beispiel die Sicherheitskennungen.
3. Starten Sie Ihren Mastercomputer mit einem startfähigen Windows PE-Medium. Sorgen Sie dafür, dass auf dem Windows PE-Medium das Programm ImageX zur Verfügung steht.
4. Geben Sie in der Windows PE-Eingabeaufforderung den Befehl `imagex /capture` ein, um ein Windows-Abbild von der Masterinstallation zu erstellen. Achten Sie darauf, dass Sie dem aufgezeichneten Abbild den Namen *Install.wim* geben – das ist erforderlich, damit diese Methode funktioniert.
5. Verknüpfen Sie Ihre Netzwerkfreigabe mit dem Befehl `net use` mit einem Laufwerksbuchstaben. (Vielleicht müssen Sie Anmeldeinformationen angeben, damit das funktioniert.) Kopieren Sie die aufgezeichnete *.wim*-Datei mit dem Befehl `copy` auf Ihre Netzwerkfreigabe.
6. Öffnen Sie auf Ihrem Referenzcomputer mit Windows SIM die *.wim*-Datei, die Sie von der Masterinstallation erstellt haben. Erstellen und konfigurieren Sie eine Antwortdatei und speichern Sie diese Datei unter dem Namen *Unattend.xml*. Überprüfen Sie die Antwortdatei und kopieren Sie sie dann auf die Netzwerkfreigabe, auf der das Abbild (*Install.wim*) der Masterinstallation gespeichert ist, das Sie erstellt haben.
7. Starten Sie den Zielcomputer mit einem startfähigen Windows PE-Medium.
8. Verknüpfen Sie in der Windows PE-Eingabeaufforderung die Netzwerkfreigabe, auf der das Abbild der Masterinstallation und die Antwortdatei *Unattend.xml* gespeichert wurden, mit dem Befehl `net use` mit einem Laufwerksbuchstaben.
9. Starten Sie Windows Setup unter Angabe der Antwortdatei, die Sie zusammen mit dem aufgezeichneten Abbild Ihrer Masterinstallation gespeichert haben, mit einem Befehl wie dem folgenden:

   ```
   y:\setup /unattend:unattend.xml
   ```

Andere Arten von Bereitstellungen auf Abbildbasis

Außer der Bereitstellung eines aufgezeichneten Abbilds einer Masterinstallation mit `imagex /apply` oder Setup können Sie auch noch zwei andere Methoden verwenden, um Windows auf Abbildbasis bereitzustellen:

- Sie können die Windows-Bereitstellungsdienste (WDS) verwenden, die es ermöglichen, Windows PE remote zu starten. Sie brauchen also nicht zu den Zielcomputern zu gehen, um die Festplattenlaufwerke manuell zu partitionieren und zu formatieren und den Installationsvorgang einzuleiten.
- Sie können einen PXE-Server (Preboot Execution Environment) eines anderen Herstellers verwenden, Ihre Windows PE-Quelldateien auf den PXE-Server kopieren und die Startkonfiguration des PXE-Servers so einstellen, dass Windows PE verwendet wird.

Weitere Informationen über die zweite Methode finden Sie im *Windows Automated Installation Kit-Benutzerhandbuch* aus dem Windows AIK.

Grundlagen von Windows Setup

Bevor Sie mit der Erstellung von Antwortdateien beginnen und sie mit einer der beschriebenen Methoden für die automatisierte Bereitstellung von Windows verwenden können, müssen Sie wissen, wie Windows Setup arbeitet. Bei Neuinstallationen und bei Aktualisierungen ist Windows Setup die Schlüsselkomponente für den Bereitstellungsprozess. Windows Setup (*Setup.exe*) ist ein Programm, das die Installation einleitet, die für die Installation erforderlichen Informationen ermittelt (durch eine direkte Befragung des Benutzers oder durch die Auswertung einer vorhandenen Antwortdatei), Windows installiert und konfiguriert, den Computer bei Bedarf neu startet und die vorbereiteten Begrüßungsbildschirme anzeigt, sei es die vorbereitete OOBE-Seite (Out Of Box Experience) oder die Willkommenseite von Windows. Bei einer Neuinstallation von Windows beginnt Setup mit dem Start von Windows PE, um das Festplattenlaufwerk zu konfigurieren und das Windows-Abbild auf den Datenträger zu kopieren.

Windows Setup führt eine Reihe von Konfigurationsdurchläufen durch. Ein *Konfigurationsdurchlauf* ist eine Installationsphase, in der bestimmte Einstellungen, die in einer Antwortdatei festgelegt wurden, bei einer unbeaufsichtigten Installation von Windows angewendet werden können. Windows Setup kann sieben Konfigurationsdurchläufe durchführen, aber bei einer typischen Installation von Windows erfolgen nicht alle Durchläufe.

Die folgenden sieben Abschnitte beschreiben die verschiedenen Konfigurationsdurchläufe. Daran schließt sich ein Abschnitt an, der beschreibt, wie die verschiedenen Konfigurationsdurchläufe bei einer typischen Installation von einem Abbild verwendet werden. Die Reihenfolge, in der die Durchläufe beschrieben werden, entspricht der Reihenfolge, in der die Durchläufe in einer Antwortdatei erscheinen (Abbildung A.11).

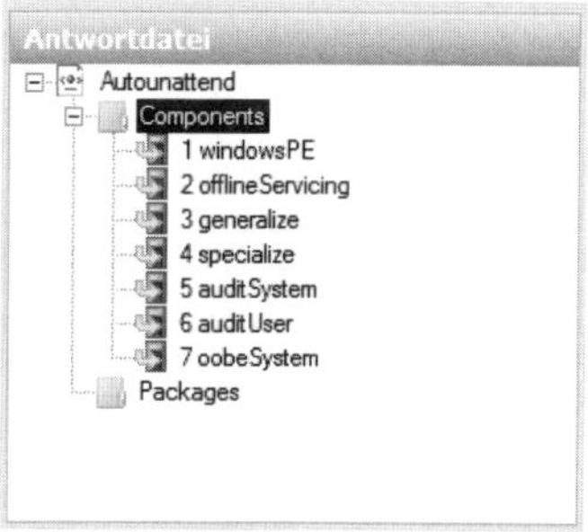

Abbildung A.11 So werden Konfigurationsdurchläufe für Windows Setup in einer Antwortdatei angezeigt

Der windowsPE-Konfigurationsdurchlauf

Der `windowsPE`-Konfigurationsdurchlauf dient zur Konfiguration von Windows PE-spezifischen Einstellungen. Dazu gehören zum Beispiel die Festlegung des Orts, an dem Protokolldateien gespeichert werden, die Einstellung der Bildschirmauflösung für Windows PE und so weiter.

Der `windowsPE`-Durchlauf wird auch für installationsspezifische Einstellungen verwendet. Dazu gehören zum Beispiel folgende Einstellungen:

- Partitionierung und Formatierung des Festplattenlaufwerks
- Angabe eines Windows-Abbilds für die Installation (zum Beispiel Enterprise Edition oder Standard Edition, Vollinstallation oder Server Core)
- Der Product Key, der für die Installation verwendet werden soll
- Sprach- und Gebietseinstellungen, die bei der Installation verwendet werden sollen

Der offlineServicing-Konfigurationsdurchlauf

Der `offlineServicing`-Durchlauf wird verwendet, wenn Sie Einstellungen aus einer Antwortdatei auf ein Offline-Windows-Abbild anwenden wollen. Zu einem Offline-Abbild könnten Sie zum Beispiel folgende Komponenten hinzufügen:

- Sprachpakete
- Softwareupdates
- Zusätzliche Treiberpakete
- Service Packs

Der generalize-Konfigurationsdurchlauf

Im Gegensatz zu den Durchläufen `windowsPE` und `offlineServicing` findet der `generalize`-Durchlauf bei einer normalen Windows-Installation nicht statt. Er wird nur durchgeführt, wenn Sie eine Windows-Installation mit dem Befehl `sysprep /generalize` neu versiegeln, wobei alle computerspezifischen Informationen entfernt werden, wie Sicherheitskennungen, Protokolldateien und so weiter. Nach dem Abschluss des `generalize`-Durchlaufs fährt das System herunter und ist dann für die Erfassung eines Abbilds bereit, das auf anderen Computern bereitgestellt werden kann. Wenn ein `generalize`-Durchlauf durchgeführt wird, führt der Computer nach dem nächsten Neustart als nächsten Schritt einen `specialize`-Durchlauf durch.

Der specialize-Konfigurationsdurchlauf

Der `specialize`-Durchlauf dient zur Konfiguration computerspezifischer Informationen. Dazu gehören zum Beispiel folgende Einstellungen:

- Zeitzone
- Sprache und Gebiet
- Netzwerkeinstellungen
- Domänenzugehörigkeit
- Eine URL für die Startseite der Abteilung

Der `specialize`-Durchlauf wird immer zusammen mit dem `generalize`-Durchlauf durchgeführt und ist nicht Bestandteil einer normalen Windows-Installation. Wenn ein Computer mit dem Befehl `sysprep /generalize` versiegelt wurde, erfolgt direkt nach dem nächsten Start des Computers ein `specialize`-Durchlauf. Anders gesagt, was der `generalize`-Durchlauf vom System entfernt, fügt der `specialize`-Durchlauf wieder hinzu.

Der auditSystem-Konfigurationsdurchlauf

Der `auditSystem`-Durchlauf erfolgt im Kontext des Überwachungsmodus. Damit der Computer in diesen Modus wechselt, muss der Befehl `sysprep /audit` ausgeführt werden. Gewöhnlich wird der `auditSystem`-Durchlauf für die Installation zusätzlicher Gerätetreiber und Softwareupdates verwendet, wenn das Referenzabbild nur mit einem minimalen Satz an Gerätetreibern ausgestattet ist. Nach dem `auditSystem`-Durchlauf wird auf dem Computer ein `auditUser`-Durchlauf durchgeführt. Keiner dieser beiden Durchläufe erfolgt bei einer normalen Windows-Installation.

Der auditUser-Konfigurationsdurchlauf

Der `auditUser`-Durchlauf wird auf einem Computer, auf dem der Befehl `sysprep /audit` gegeben wurde, direkt nach dem `auditSystem`-Durchlauf durchgeführt. Der `auditUser`-Durchlauf wird gewöhnlich verwendet, um zusätzliche Befehle zur Ausführung von Skripts oder Anwendungen zu geben. Diese Befehle können entweder mit der Antwortdateieinstellung `RunSynchronous` oder `RunAsynchronous` gegeben werden.

Der oobeSystem-Konfigurationsdurchlauf

Der `oobeSystem`-Durchlauf schließlich legt Einstellungen fest, die im OOBE-Teil (Out Of Box Experience) der Installation angewendet werden. Auf einem Windows Vista-Computer entspricht dies der Willkommen-Phase der Installation.

Konfigurationsdurchläufe bei der Installation vom Abbild

Zum Abschluss dieses Abschnitts erfahren Sie noch, wie diese verschiedenen Konfigurationsdurchläufe bei einer typischen Bereitstellung von einem Windows-Abbild eingesetzt werden, wenn mit ImageX ein Abbild vom Mastercomputer aufgezeichnet und auf einen Zielcomputer angewendet wird. Tabelle A.3 fasst die verschiedenen Schritte zusammen, die bei dieser Bereitstellungsart erfolgen, und gibt zudem an, welche Konfigurationsdurchläufe für die Schritte verwendet werden.

Tabelle A.3 Konfigurationsdurchläufe bei einer Bereitstellung von einem Abbild mit ImageX

Bereitstellungschritt	Konfigurationsdurchläufe
Erstellen einer Masterinstallation durch Installation von DVD mit einer *Autounattend.xml*-Antwortdatei	windowsPE offlineServicing oobeSystem
Vorbereiten der Masterinstallation mit `sysprep /generalize /oobe` auf die Erfassung eines Abbilds	generalize
Start des Mastercomputers mit einem startfähigen Windows PE-Medium und Aufzeichnung eines Windows-Abbilds vom Computer mit using ImageX	windowsPE
Start des Zielcomputers mit einem startfähigen Windows PE-Medium und Anwendung des zuvor aufgezeichneten Masterabbilds	windowsPE
Neustart des Zielcomputers vom installierten Abbild	specialize oobeSystem

Upgrade auf Windows Server 2008

Sinn dieses Abschnitts ist es, Sie mit dem Upgrade älterer Versionen des Windows Server-Betriebssystems auf Windows Server 2008 vertraut zu machen. Der Abschnitt weist auf wichtige Aspekte hin, die Sie vor einer Entscheidung über eine Neuinstallation oder ein Upgrade bedenken sollten, und beschreibt die Vorbereitung eines Upgrades. Außerdem werden die unterstützten Upgradepfade und die Systemvoraussetzungen für Windows Server 2008 genannt. Schließlich beschreibt der Abschnitt, wie Sie die verschiedenen Protokolldateien zur Behebung von Problemen verwenden können, falls eine Neuinstallation oder ein Upgrade fehlschlägt.

Das Upgrade eines Windows Server 2003-Computers auf Windows Server 2008 unterscheidet sich wesentlich von der Neuinstallation auf einem fabrikneuen Computer, auf dem noch kein Betriebssystem vorhanden ist. Wenn Sie eine Neuinstallation durchführen, können Sie den Vorgang mit Windows AIK oder einer anderen Bereitstellungstechnologie automatisieren. Upgrades müssen dagegen manuell durchgeführt werden und erfordern eine nicht minder sorgfältige Planung.

Bevor Sie Ihre vorhandenen Server von Windows Server 2003 auf Windows Server 2008 upgraden, sollten Sie sich folgende Fragen stellen:

- Sind die Anwendungen, die derzeit auf dem Server verwendet werden, zur neuen Windows-Version kompatibel? Das Letzte, was Sie gebrauchen können, ist die Feststellung, dass Ihre Anwendungen, die Sie von Microsoft oder anderen Herstellern erworben haben, nach der Umstellung auf Windows Server 2008 nicht mehr richtig laufen und die geschäftlichen Anforderungen nicht mehr erfüllen. Um zu überprüfen, ob die Anwendungen zu Windows Server 2008 kompatibel sind, sollten Sie vom Microsoft Download Center unter *http://www.microsoft.com/downloads* die neuste Version des Microsoft Application Compatibility Toolkit (ACT) herunterladen. Testen Sie sorgfältig, ob Ihre Anwendungen zu Windows Server 2008 kompatibel sind.
- Ist die Hardware Ihrer vorhandenen Server in der Lage, Windows Server 2008 auszuführen? Überprüfen Sie die Hardwarevoraussetzungen für Windows Server 2008, die im Verlauf dieses Abschnitts in Tabelle A.4 angegeben werden, und überlegen Sie sorgfältig, ob Sie Ihre alten Rechner upgraden sollten oder ob es nicht sinnvoller wäre, neue Hardware anzuschaffen und Neuinstallationen durchzuführen. Außerdem müssen Sie überprüfen, ob für die Massenspeichergeräte, die Sie auf ihren vorhandenen Servern verwenden, passende Windows Server 2008-Gerätetreiber verfügbar sind. Ist dies nicht der Fall, verspricht ein Upgrade keine Aussicht auf Erfolg. Sehen Sie sich den Windows Server-Katalog unter *http://www.windowsservercatalog.com* an und überprüfen Sie, ob sich die Hardwaregeräte Ihrer Server für das neue Betriebssystem eignen. Beachten Sie außerdem, dass Windows Server 2008 nur Systeme unterstützt, die die Hardwarevoraussetzungen für Windows Server 2008 ACPI erfüllen, und dass Sie bei der Installation von Windows Server 2008 keine benutzerdefinierte HAL (Hardware Abstraction Layer) angeben können.
- Haben Sie Ihre Server gesichert? Sie sollten Sicherungen der Serverkonfigurationen und der Daten durchführen, die auf den Servern gespeichert sind, bevor Sie ein Upgrade auf die neue Windows-Version vornehmen. Außerdem sollten Sie alle rollenspezifischen Daten von den Servern sichern, wie zum Beispiel die DHCP-Datenbanken der DHCP-Server.
- Unterstützen die Serverrollen, die auf Ihren Servern installiert sind, ein Upgrade auf Windows Server 2008? Nicht alle Serverrollen lassen sich upgraden und einige Rollen lassen sich leichter als andere upgraden. Die neusten Informationen über das Upgrade der verschiedenen Serverrollen finden Sie im Windows Server 2008 TechCenter unter *http://technet.microsoft.com/en-us/windowsserver/2008/*.

Neben den allgemeinen Überlegungen, wie sie in dieser kurzen Liste durchgeführt werden, müssen Sie auch einige spezielle Aufgaben erledigen, bevor Sie ein Windows Server 2003-System auf Windows Server 2008 upgraden können:

- Überprüfen Sie den Speicher und die Festplattenlaufwerke Ihrer Server mit entsprechenden Diagnoseprogrammen, um sicherzustellen, dass von dieser Seite her keine Probleme vorliegen, die die Installation zerstören könnten.
- Deaktivieren Sie die Antivierenprogramme, die auf den Servern ausgeführt werden, für die Dauer des Upgrades, weil sich solche Programme störend auf die Installation auswirken können.
- Trennen Sie alle UPS-Geräte, die mit Ihren Servern verbunden sind, weil sich durch solche Geräte gelegentlich Probleme mit der Hardwareerkennung ergeben können, die Windows Setup durchführt.

Außerdem müssen Sie natürlich wissen, welche Upgradepfade von älteren Versionen des Windows Server-Betriebssystems auf Windows Server 2008 unterstützt werden. Diese Pfade werden im Abschnitt „Unterstützte Upgradepfade auf Windows Server 2008“ besprochen.

Upgrade auf separatem Volume

Eine Möglichkeit, die vorhandene Serverhardware weiter zu verwenden und sich den Rückweg freizuhalten, falls das Upgrade nicht den erwünschten Erfolg liefert, ist das separate Upgrade (Side-by-Side Upgrade). Dabei installieren Sie Windows Server 2008 auf einem separaten Volume, also nicht auf dem Volume, auf dem bereits Windows Server 2003 installiert ist. Ist Windows Server 2003 zum Beispiel auf Laufwerk C installiert, können Sie ein zweites Laufwerk D einrichten und Windows Setup dann unter Windows Server 2003 starten, um Windows Server 2008 auf Laufwerk D zu installieren.

Diese Lösung ist zwar eher eine Art von Neuinstallation und kein Upgrade, aber auf diese Weise können Sie die vorhandene Serverhardware weiterverwenden und halten sich trotzdem die Option offen, wieder auf die alte Windows-Version zurückzugreifen, falls sich durch das Upgrade Probleme ergeben. Außerdem können Sie auf diese Weise die Servereinstellungen nach und nach von Windows Server 2003 auf Windows Server 2008 übernehmen.

Systemvoraussetzungen für Windows Server 2008

Bevor Sie einen vorhandenen Computer auf Windows Server 2008 umstellen, sollten Sie überprüfen, ob er die in Tabelle A.4 genannten Systemvoraussetzungen erfüllt:

Tabelle A.4 Systemvoraussetzungen für Windows Server 2008

Komponente	Voraussetzung
Prozessor	Minimum: 1 GHz (x86-Prozessor) oder 1.4 GHz (x64-Prozessor) Empfohlen: 2 GHz oder schneller Bitte beachten: Für Computer auf Itanium-Basis ist ein Intel Itanium 2-Prozessor für Windows Server 2008 erforderlich
Speicher	Minimum: 512 MB RAM Empfohlen: 2 GB RAM oder mehr Maximum (32-Bit-Systeme): 4 GB (Standard Edition) oder 64 GB (Enterprise Edition und Datacenter Edition) Maximum (64-Bit-Systeme): 32 GB (Standard Edition) oder 2 TB (Enterprise Edition, Datacenter Edition und Systeme auf Itanium-Basis)
Freier Speicherplatz auf dem Festplattenlaufwerk	Minimum: 10 GB Empfohlen: 40 GB oder mehr Bitte beachten: Computer mit mehr als 16 GB RAM erfordern mehr Speicherplatz für die Auslagerungsdatei, für den Ruhezustand und für Speicherabbilder (Dump-Dateien).
Weitere Laufwerke	DVD-ROM-Laufwerk
Bildschirm und Peripheriegeräte	Super VGA (800 x 600) oder eine höhere Auflösung Tastatur Microsoft-Maus oder ein kompatibles Zeigegerät

Unterstützte Upgradepfade auf Windows Server 2008

Bevor Sie ein älteres Windows Server-System auf Windows Server 2008 upgraden, sollten Sie sich darüber informieren, welche Upgradepfade unterstützt werden. Tabelle A.5 fasst die unterstützten Upgradepfade zusammen.

Tabelle A.5 Unterstützte Upgradepfade auf Windows Server 2008

Wenn Sie dieses System verwenden...	... können Sie ein Upgrade auf dieses System durchführen:
Microsoft Windows Server 2003 R2 Standard Edition Microsoft Windows Server 2003 Betriebssystems mit Service Pack 1 (SP1) Standard Edition Microsoft Windows Server 2003 Betriebssystems mit Service Pack 2 (SP2) Standard Edition	Vollständige Installation von Windows Server 2008 Standard Edition Vollständige Installation von Windows Server 2008 Enterprise Edition

▶

Wenn Sie dieses System verwenden...	... können Sie ein Upgrade auf dieses System durchführen:
Microsoft Windows Server 2003 R2 Enterprise Edition Microsoft Windows Server 2003 Betriebssysteme mit Service Pack 1 (SP1) Enterprise Edition Microsoft Windows Server 2003 Betriebssysteme mit Service Pack 2 (SP2) Enterprise Edition	Vollständige Installation von Windows Server 2008 Enterprise Edition
Microsoft Windows Server 2003 R2 Datacenter Edition Microsoft Windows Server 2003 mit Service Pack 1 (SP1) Datacenter Edition Microsoft Windows Server 2003 mit Service Pack 2 (SP2) Datacenter Edition	Vollständige Installation von Windows Server 2008 Datacenter Edition

Während diese Tabelle die Wege nennt, die Sie beschreiten können, erfahren Sie aus den folgenden Hinweisen, welche Upgradepfade auf Windows Server 2008 es nicht gibt:

- Sie können kein Upgrade von Windows 2000 Server auf Windows Server 2008 durchführen.
- Sie können kein Upgrade von Windows NT 4.0 Server auf Windows Server 2008 vornehmen.
- Ein Upgrade kann nicht über Architekturgrenzen hinweg erfolgen. Sie können zum Beispiel keine 32-Bit-Version von Windows Server 2003 auf eine 64-Bit-Version von Windows Server 2008 upgraden und auch keine 64-Bit-Version von Windows Server 2003 auf eine 32-Bit-Version von Windows Server 2008.
- Sie können keine Web-Edition von Windows Server 2003 auf eine der Windows Server 2008-Versionen upgraden.
- Sie können keine Itanium-Ausgabe (IA64) von Windows Server 2003 auf eine der Windows Server 2008-Versionen upgraden.
- Sie können keine RTM-Ausgabe von Windows Server 2003 auf Windows Server 2008 upgraden. Anders gesagt, Sie müssen wenigstens das Service Pack 1 auf Windows Server 2003 installieren, bevor Sie ein Upgrade auf Windows Server 2008 durchführen können.
- Sie können keine Ausgabe von Windows Server 2003 auf eine Server Core-Installation von Windows Server 2008 upgraden. Anders gesagt, es sind nur Upgrades auf vollständige Installationen von Windows Server 2008 möglich. Server Core-Installationen erfordern eine Neuinstallation.

Schnelltest

1. Warum sollten Sie alle UPS-Geräte von Ihren Servern trennen, bevor Sie ein Upgrade durchführen?
2. Wie können Sie überprüfen, ob sich ein Massenspeichergerät unter Windows Server 2008 verwenden lässt?

Antworten zum Schnelltest

1. Das UPS-Gerät kann die Hardwareerkennung stören, die während der Installation verwendet wird.
2. Überprüfen Sie im Windows Server-Katalog unter *http://www.windowsservercatalog.com*, ob sich das Gerät unter Windows Server 2008 verwenden lässt.

Beheben von Installationsproblemen

Ob Sie nun eine Neuinstallation von Windows Server 2008 durchführen oder ein Windows Server 2003-System upgraden, manchmal laufen die Dinge bei einer Bereitstellung nicht nach Plan. Wichtig ist, dass Sie in solchen Fällen wissen, wie Sie vorgehen müssen, um die Probleme zu beheben. Daher folgen nun ein paar Hinweise zu diesem Thema.

Installationsprotokolldateien

Schlägt eine Installation aus unbekannten Gründen fehl, empfiehlt es sich, die Installationsprotokolle zu überprüfen. Zwei Protokolldateien sind bei der Behebung von Installationsproblemen besonders nützlich:

- **setupact.log** Diese Protokolldatei enthält Informationen über die Installationsaktionen, die während der Installation erfolgten.
- **setuperr.log** Diese Protokolldatei enthält Informationen über die Fehler, die während der Installation aufgetreten sind und aufgezeichnet wurden.

Wo diese Protokolldateien gespeichert werden, hängt davon ab, in welcher Phase der Installation sie erstellt werden. Gewöhnlich bedeutet dies, dass diese Dateien in einem der folgenden Verzeichnisse zu finden sind:

- **C:\$WINDOWS.~BT\Sources\Panther** Die Installationsprotokolldateien werden während des `windowsPE`-Konfigurationsdurchlaufs der Installation an diesem Ort gespeichert. Die Protokolldateien sind auch im Verzeichnis *X:\$WINDOWS.~BT\Sources\Panther* des Windows PE-RAM-Laufwerks z finden, also im Arbeitsspeicher des Computers.
- **C:\Windows\Panther** Die Onlinekonfigurationsphase ist die erste Startphase von Windows Setup und beginnt mit der Anzeige der Meldung: „Warten Sie, während Windows für den ersten Start vorbereitet wird“. Während der Onlinekonfigurationsphase wird der Hardwaresupport installiert. Wenn Sie eine Aktualisierung durchführen, werden in dieser Phase zudem Daten und Programme übernommen. Außerdem

werden die Installationsprotokolldateien während des `oobeSystem`-Konfigurationsdurchlaufs an diesem Ort gespeichert.

Beachten Sie, dass es sich bei Laufwerk C in diesen Beispielen entweder um das Volume handelt, auf dem Windows Server 2008 installiert wird, oder um das Volume, auf dem sich die zu aktualisierende Vorgängerversion befindet. Handelt es sich bei dem System um eine Itanium-Architektur (IA64), können die Protokolldateien je nach dem Speicherplatz, der während der Installation zur Verfügung steht, auch auf einem anderen Festplattenlaufwerk liegen.

Treiberprobleme

Schlägt eine Installation fehl, sind häufig Probleme mit Gerätetreibern die Ursache. Dazu einige Beispiele:

- Die Installation eines unsignierten Treibers kann dazu führen, dass sich eine x64-Installation von Windows Server 2008-Computer nicht mehr starten lässt. Als schnelle Lösung bietet sich an, während des Startvorgangs `F8` zu drücken und im Menü *Erweiterte Startoptionen* die Option *Erzwingen der Treibersignatur deaktivieren* zu wählen. Die bessere Lösung ist natürlich, eine digital signierte Version des Treibers zu beschaffen, der das Problem verursacht.
- Wenn Setup bei einem Upgrade keine startfähigen Wechselmedien erkennt, kann die Installation nach dem ersten Neustart mit einem blauen Bildschirm enden. Wenn Sie während der Installation einen Gerätetreiber für ein Startgerät laden müssen, speichern Sie den Treiber auf einem Wechselmedium, beispielsweise auf einer Diskette, auf einem USB-Flashlaufwerk, einer CD oder einer DVD. Der Treiber sollte im Stammverzeichnis des Mediums oder in einem der folgenden Unterordner liegen:
  - *\Sources* auf x86-Systemen
  - *\AMD64* auf x64-Systemen
  - *\IA64* auf Itanium-Systemen

Server Core-Installationen

Die Möglichkeit zur Server Core-Installation ist neu in Windows Server 2008. Damit können Sie eine kleinere Version von Windows Server 2008 installieren, die im Vergleich zu einer vollständigen Installation geringere Anforderungen an die Hardware stellt und sicherer und leichter zu warten ist. IT-Administratoren werden Server Core als neue Plattform für den Betrieb von kritischen Netzwerkdiensten wie DHCP und DNS begrüßen.

Die Tools für die Bereitstellung von Server Core sind zwar dieselben wie für die Bereitstellung der vollständigen Windows Server 2008-Version, aber sie werden etwas anders eingesetzt, vor allem bei der Automatisierung der Nachinstallationsaufgaben wie zum Beispiel der Durchführung der Erstkonfiguration des Servers und dem Hinzufügen von Serverrollen und Features.

Grundlagen von Windows Server Core

In den älteren Versionen des Windows Server-Betriebssystems wie beispielsweise Windows Server 2003 bedeutete die Installation des Betriebssystems häufig auch, Binärdateien zu installieren, die in vielen Netzwerkumgebungen nicht gebraucht wurden. Ein Server, der nicht als Anwendungsserver eingesetzt wird, braucht zum Beispiel kein .NET Framework und keine CLR. Ein Server, der nur remote verwaltet wird, braucht den Windows-Explorer ebenso wenig wie die verschiedenen Benutzeroberflächenelemente, beispielsweise Designs oder das Suchfenster. Die Installation solcher Binärdateien für überflüssige Funktionen kann allerdings den Wartungsaufwand erhöhen, der für die Server zu treiben ist. Wird zum Beispiel das .NET Framewort auf einem Server installiert, müssen alle diesbezüglichen Softwareupdates, die Microsoft herausgibt, auf dem Server installiert werden, selbst wenn .NET Framework gar nicht verwendet wird. Andernfalls riskiert man, bekannt gewordene Sicherheitslücken nicht zu schließen. Außerdem beansprucht auch eine unbenutzte Komponente Ressourcen, nämlich Platz im Arbeitsspeicher, Rechenzeit und Speicherplatz auf dem Datenträger.

Wegen dieser Probleme hat Microsoft zwei verschiedene Installationsoptionen für Windows Server 2008 vorgesehen, nämlich die vollständige Installation und Server Core. Bei einer vollständigen Installation werden die Binärdateien von allen Komponenten des Betriebssystems auf Ihrem Computer installiert. Bei der Server Core-Installation wird dagegen nur eine Teilmenge dieser Binärdateien installiert, die für die Unterstützung einer eingeschränkten Menge der Serverrollen, Rollendienste und Features erforderlich sind. Indem nur eine Minimalumgebung für die Ausführung einer beschränkten Menge an Serverrollen und Features eingerichtet wird, kann die neue Server Core-Installationsoption Sie dabei unterstützen, die Anforderungen an die Hardware und Wartung des Servers zu reduzieren. Eine Server Core-Installation hat folgende Vorteile:

- **Größere Stabilität und Leistung** Server Core unterstützt die Installation einer begrenzten Zahl an Serverrollen. Das bedeutet, dass auf Ihrem Server weniger Dienste ausgeführt werden. Das wiederum bedeutet höhere Stabilität und Leistung.
- **Kleinere Angriffsfläche** Da auf einem Server Core-Computer weniger Netzwerkdienste ausgeführt werden, ist auch die Angriffsfläche des Computers kleiner. Durch die Entfernung nicht benötigter Binärdateien vom Computer und die Verringerung der Zahl der ausgeführten Dienste kann Server Core sicherer sein als eine vollständige Installation.
- **Geringerer Wartungsaufwand** Wenn eine Rolle oder ein Feature nicht auf einem Server Core-Computer verfügbar ist, sind auch die Binärdateien für diese Rolle oder das Feature nicht auf dem Computer vorhanden. Wird also ein Softwareupdate für eine Rolle oder ein Feature herausgegeben, das nur in einer vollständigen Installation vorhanden ist, aber nicht in einer Server Core-Installation, brauchen Sie dieses Update nicht auf dem System zu installieren. Microsoft schätzt, dass Server Core nur ungefähr 40 Prozent der Softwareupdates braucht, die auf früheren Versionen von Windows Server erforderlich waren.

- **Geringere Speicherplatzbelegung auf dem Datenträger** Da viele Binärdateien aus der vollständigen Installation auf einer Server Core-Installation nicht gebraucht werden, stellt die Server Core-Installation deutlich geringere Anforderungen an den verfügbaren Speicherplatz auf dem Datenträger als eine vollständige Installation (etwa 1,5 GB im Vergleich zu ungefähr 5,9 GB für eine vollständige Installation). Außerdem ist Server Core auch besser als die vollständige Installation für Computer geeignet, die nicht so reichlich mit Arbeitsspeicher ausgestattet sind.

Verfügbarkeit und Systemvoraussetzungen für Server Core

Server Core ist als Installationsoption für die 32-Bit- und 64-Bit-Versionen der Windows Server 2008-Varianten Standard, Enterprise und Datacenter Edition verfügbar.

Tabelle A.6 zeigt die Mindestvoraussetzungen und die empfohlene Ausstattung für Windows Server 2008 als Server Core-Installation.

Tabelle A.6 Systemvoraussetzungen für Server Core

Komponente	Voraussetzung
Prozessor	Minimum: 1 GHz
	Empfohlen: 2 GHz
	Optimal: 3 GHz oder schneller
	Beachten Sie, dass für Computer auf Itanium-Basis ein Intel Itanium 2-Prozessor für Windows Server 2008 erforderlich ist.
Speicher	Minimum: 512 MB RAM
	Empfohlen: 1 GB RAM
	Optimal: 1 GB RAM (Server Core-Installation) oder mehr
	Maximum (32-Bit-Systeme): 4 GB (Standard) oder 64 GB (Enterprise Edition und Datacenter Edition)
	Maximum (64-Bit-Systeme): 32 GB (Standard Edition) oder 2 TB (Enterprise Edition, Datacenter Edition und Systeme auf Itanium-Basis)
Festplattenlaufwerk	Minimum: 8 GB
	Empfohlen: 10 GB (Server Core-Installation)
	Optimal: 40 GB (Server Core-Installation) oder mehr
	Beachten Sie, dass Computer mit mehr als 16 GB RAM mehr Speicherplatz für die Auslagerungsdatei, für den Ruhezustand und für Speicherabbilder (Dump-Dateien) erfordern. Für die Erstinstallation von Server Core reichen zwar ungefähr 1,5 GB aus, aber es wird trotzdem ein Volume mit mindestens 10 GB empfohlen, damit Platz für Updates, Hotfixe, temporäre Dateien und zukünftige Erweiterungen bleibt.
Weitere Laufwerke	DVD-ROM-Laufwerk
Anzeige	Super VGA (800 × 600) oder eine höhere Auflösung
Sonstige Geräte	Tastatur und Microsoft-Maus oder kompatibles Zeigegerät

Was ist in Server Core enthalten?

Server Core ist in erster Linie für den Aufbau von spezialisierten Servern gedacht, auf denen eine oder mehrere wichtige Serverrollen ausgeführt werden. Beispielsweise können Sie Server Core verwenden, um einen DHCP-Server, einen DNS-Server, einen Domänencontroller und so weiter aufzubauen. Da es beim Entwurf von Server Core zu den Zielen gehörte, die Anforderungen und die Angriffsfläche möglichst klein zu halten, ist nur eine Teilmenge der Rollen verfügbar, über die eine vollständige Installation von Windows Server 2008 verfügt. In einer Server Core-Installation lassen sich nur folgende Rollen verwenden:

- Active Directory-Domänendienste (AD DS)
- Active Directory Lightweight Directory Services (AD LDS)
- DHCP-Server
- DNS-Server
- Dateidienste
- Druckdienste
- Webserver (IIS)
- Hyper-V

Außerdem lässt sich auch die Rolle Streaming Media-Dienste auf einer Server Core-Installation installieren. Allerdings gehört diese Rolle nicht zum Lieferumfang von Windows Server 2008. In dem Microsoft Knowledge Base-Artikel 934518 (*http://support.microsoft.com/kb/934518*) finden Sie einen Link, über den Sie ein Installationspaket für die Rolle herunterladen können.

Wenn sich eine Rolle auf einem Server Core-Computer installieren lässt, bedeutet dies aber nicht automatisch, dass sich auch alle Rollendienste dieser Rolle installieren lassen. So lässt sich zum Beispiel die Rolle Webserver (IIS) auf Server Core installieren (also IIS 7.0), aber nicht .NET Framework. Folglich lässt sich auch ASP.NET, eine Komponente von IIS 7.0, nicht installieren. Da Server Core auch nicht über eine grafische Benutzeroberfläche verfügt, können Sie auf einem Server Core-Computer auch nicht die IIS 7.0-Verwaltungsprogramme installieren.

Außerdem unterstützt Server Core nur eine Teilmenge der Features, über die eine vollständige Installation von Windows Server 2008 verfügt. Wie Sie wissen, beschreibt eine *Rolle* eine bestimmte Funktion, die Ihr Server in einem Netzwerk übernimmt. Rollen werden durch einen oder mehrere *Rollendienste* unterstützt, die unterschiedliche Hilfsfunktionen für die Rolle übernehmen. Ein *Feature* ist in diesem Zusammenhang eine optionale Komponente, die Sie auf Ihrem Server installieren können, um zusätzliche Funktionen zur Verfügung zu haben. Manche Features unterstützen eine oder mehrere Rollen, andere bieten eine eigenständige Funktionalität. Die einzigen Features, die sich auf einem Server Core-Computer installieren lassen, sind folgende:

- BitLocker-Laufwerkverschlüsselung
- Failover-Clusterunterstützung
- Multipfad-E/A
- Netzwerklastenausgleich
- Wechselmedien-Manager
- SNMP-Dienst (Simple Network Management Protocol)
- Subsystem für UNIX-basierte Anwendungen
- Telnet-Client
- WINS-Server (Windows Internet Name Service)
- Windows Server-Sicherungsfeature

Beachten Sie, dass einige dieser Features eine spezielle Hardware erfordern, um auf einem Server einsetzbar zu sein. So erfordert die BitLocker-Laufwerkverschlüsselung zum Beispiel ein TPM 1.2-Modul oder höher (TPM steht für Trusted Platform Module) und ein TCG-konformes BIOS (TCG bedeutet Trusted Computing Group). Außerdem erfordert Bitlocker zwei separate NTFS-Volumes, von denen eines unverschlüsselt bleibt, damit der Computer gestartet werden kann, während das zweite, auf dem das Betriebssystem installiert ist, durch Verschlüsselung geschützt wird. Zudem sind nicht alle Features in jeder Ausgabe von Windows Server 2008 verfügbar. Das Feature Failover-Clusterunterstützung wird zum Beispiel nicht in der Standard Edition angeboten, nur in der Enterprise und der Datacenter Edition.

Was die grafischen Tools betrifft, werden unter Server Core nur einige dieser Anwendungen unterstützt. Tabelle A.7 listet die verfügbaren Programme mit einer kurzen Beschreibung ihres Verwendungszwecks auf. Beachten Sie, dass diese Tools nicht den gewohnten Funktionsumfang haben. Wenn Sie zum Beispiel im Editor (Notepad) Hilfe anfordern, wird keine Hilfedatei geöffnet, weil die Betriebssystemkomponente für die Anzeige von *.chm*-Dateien in Server Core nicht verfügbar ist.

Tabelle A.7 Grafische Tools, die in Server Core verfügbar sind

Tool	Grund für die Aufnahme in Server Core
Eingabeaufforderung (*cmd.exe*)	Dient zur Verwaltung von Server Core auf der lokalen Konsole
Editor (*notepad.exe*)	Dient zur Anzeige von Protokolldateien, zur Bearbeitung von Konfigurationsdateien und so weiter
Registrierungseditor (*regedit.exe*)	Dient zur Anzeige und Bearbeitung der Registrierung
Systeminformation (*msinfo32.exe*)	Dient zur Anzeige von Systeminformationen
Task-Manager (*taskmgr.exe*)	Dient zur Verwaltung von Prozessen und zum Start eines neuen Eingabeaufforderungsfensters

▶

Tool	Grund für die Aufnahme in Server Core
Windows Installer (*msiexec.exe*)	Dient zur Installation von Anwendungen, die als *.msi*-Pakete vorliegen
Microsoft Support-Diagnosetool (*msdt.exe*)	Wird im Rahmen der Behebung von Problemen verwendet, um Systeminformationen zu erfassen und an Mitarbeiter des Microsoft Product Support Services (PSS) zu senden

Was ist nicht in Server Core enthalten?

Wenn Sie die Bereitstellung eines Servers planen, müssen Sie auch wissen, was in Server Core nicht verfügbar ist, damit Sie nicht nachträglich eine vollständige Installation durchführen müssen, um den gewünschten Funktionsumfang zu erhalten. Die folgenden Rollen sind in Server Core *nicht* verfügbar:

- Active Directory-Zertifikatdienste (AD CS)
- Active Directory-Verbunddienste (AD FS)
- Active Directory-Rechteverwaltungsdienste
- Anwendungsserver
- Faxserver
- Netzwerkrichtlinien- und Zugriffsdienste
- Terminaldienste
- UDDI-Dienste
- Windows-Bereitstellungsdienste
- Windows SharePoint Services

Das bedeutet zum Beispiel, dass Sie einen Server Core-Computer nicht als Stammzertifizierungsstelle der PKI (Public Key Infrastructure) Ihrer Organisation einsetzen können und dass Sie mit Server Core auch keinen Terminalserver aufbauen können, auf dem Anwendungen zentral für Ihre Benutzer verfügbar gemacht werden.

Dieser zweite Punkt, dass nämlich Server Core nicht als Plattform für den Betrieb von Netzwerkanwendungen vorgesehen ist, verdient eine nähere Betrachtung. Sie können zum Beispiel nicht nur die Rolle Terminaldienste *nicht* auf Server Core installieren, sondern auch keine Anwendungen wie Microsoft Office 2007 oder Microsoft Visual Studio. Anwendungen wie Office oder Visual Studio können deswegen nicht auf Server Core verwendet werden, weil der größte Teil der Grafikfunktionen aus Server Core entfernt wurde, um die Anforderungen des Systems und die Angriffsfläche zu verkleinern. Das bedeutet zum Beispiel, dass weder Windows-Explorer noch Explorer-Dialogfelder wie *Öffnen* oder *Speichern unter* verfügbar sind. Da solche Dialogfelder in Anwendungen wie Office häufig verwendet werden, können solche Anwendungen normalerweise nicht auf Server Core installiert werden. Falls sie (mithilfe spezieller Kompatibilitätsschichten) doch installiert werden können, verfügen sie wahrscheinlich nur über einen eingeschränkten Funktionsumfang.

Hinweis Remotedesktop

Die Rolle Terminaldienste wird auf einer Server Core-Installation zwar nicht unterstützt, aber Server Core lässt zu Verwaltungszwecken Remotedesktopverbindungen von anderen Computern zu. (Beachten Sie aber, dass bei einer Remotedesktopverbindung mit einer Server Core-Installation auf dem Remoteserver keine grafischen Tools verfügbar werden.)

Die Liste der Features, die auf Server Core nicht unterstützt werden, ist sogar noch länger als die Liste der nicht unterstützten Rollen:

- BITS-Servererweiterungen
- Verbindungs-Manager-Verwaltungskit
- Desktopdarstellung
- Gruppenrichtlinienverwaltung
- Internetdruckclient
- iSNS (Internet Storage Name Server)
- LPR-Portmonitor
- Message Queuing
- .NET Framework 3.0-Features
- Peer Name Resolution-Protokoll
- Verbessertes Windows-Audio-/Video-Streaming
- Remoteunterstützung
- Remotedifferenzialkomprimierung
- Remoteserver-Verwaltungstools
- RPC über HTTP-Proxy
- Dienste für NFS
- Einfache TCP/IP-Dienste
- SMTP-Server
- Speicher-Manager für SANs
- Telnet-Server
- TFTP-Client
- Interne Windows-Datenbank
- Windows PowerShell
- Windows-Prozessaktivierungsdienst
- Windows-Wiederherstellungsdatenträger
- Windows-Systemressourcen-Manager
- WLAN-Dienst

Bei einigen dieser Features ist es offensichtlich, dass sie nicht auf Server Core installiert werden können. Zum Beispiel können Sie das Feature Desktopdarstellung nicht auf Server Core installieren, weil Server Core keinen Desktop hat. Und Sie können die Remoteserver-Verwaltungstools nicht auf Server Core installieren, weil diese Tools zu den MMC-Tools (Microsoft Management Console) gehören, die in Fenstern laufen, und ohne Desktop gibt es keine Fenster. Bei einigen Features ist es allerdings nur schwer nachzuvollziehen, warum sie sich nicht auf Server Core installieren lassen. Gewöhnlich ist eine nicht so offensichtliche Abhängigkeit von einer anderen Komponente der Grund, weshalb ein Feature nicht mit der beschränkten Menge an Binärdateien ausgeführt werden kann, die auf Server Core zur Verfügung steht. Zur Erläuterung beschreibt der nächste Abschnitt die Architektur der Server Core-Installation und der vollständigen Installation von Windows Server 2008.

Die Liste der grafischen Tools, die für Server Core verfügbar sind, mag kurz erscheinen (Tabelle A.7), aber dafür ist die Liste der grafischen Tools, die es in Server Core nicht gibt, erstaunlich lang. Der folgende kurze Ausschnitt der grafischen Tools, die es in Server Core *nicht* gibt, ist bei Weitem nicht vollständig:

- Die Windows-Desktop-Shell (Explorer)
- Das .NET Framework und die CLR
- Die Microsoft Management Console (MMC) und ihre vielen Snap-Ins
- Die meisten Module der Systemsteuerung
- Internet Explorer
- Windows Media Player
- Windows Mail

Dass viele dieser Tools nicht in Server Core verfügbar sind, kann zusätzliche Konsequenzen nach sich ziehen. Beispiele:

- Kein Internet Explorer bedeutet keine HTML-Anzeige. Keine HTML-Anzeige bedeutet, Sie können in Server Core keine HTML-Hilfetexte anzeigen. Wenn Sie sich also über bestimmte Features von Windows Server 2008 informieren möchten, müssen Sie auf einer vollständigen Installation des Produkts in der Onlinehilfe nachsehen.
- Keine MMC und keine MMC-Snap-Ins bedeutet, dass es schwierig sein kann, einen Server Core-Computer lokal zu verwalten, weil man nicht viel mehr als die Eingabeaufforderung zur Verfügung hat. Es bedeutet auch, dass Sie die Verwaltung remote durchführen müssen, wenn Sie einen Server Core-Computer mit den MMC-Tools verwalten möchten. MMCs lassen sich nicht lokal ausführen.
- Keine Desktop-Shell bedeutet keine Taskleiste. Keine Taskleiste bedeutet keinen Infobereich und keine Hinweise in Sprechblasenform. Wenn Sie also auf Ihrem Server Core-Computer die Netzwerkverbindung verlieren, wenn Ihr Kennwort abläuft oder wenn eine Anwendung aktiviert werden muss, erscheint keine Sprechblase, um Sie auf das Problem hinzuweisen.

- Kein .NET Framework bedeutet, dass Sie auf einem Server Core-Computer keinen verwalteten Code ausführen können. Das bedeutet auch, dass Sie keine Windows PowerShell-Skripts lokal ausführen können. Allerdings können Sie PowerShell-Skripts remote auf Server Core-Computern ausführen, wenn die Skripts WMI (Windows Management Instrumentation) verwenden, denn Server Core enthält viele der WMI-Provider, die in einer vollständigen Installation zu finden sind, wenn auch nicht alle.
- In Server Core sind nur sehr wenige Module der Systemsteuerung enthalten, nämlich nur die *Regions- und Sprachoptionen* (*Intl.cpl*) und *Datum und Uhrzeit* (*Timedate.cpl*). Das bedeutet, dass die Konfiguration eines Server Core-Computers nicht so einfach ist wie die einer vollständigen Installation. Als Lösung bietet sich an, die Konfigurationsaufgaben auf Server Core-Computern mit geeigneten Skripts durchzuführen oder eine unbeaufsichtigte Installation durchzuführen, die auch alle erforderlichen Nachinstallationsaufgaben erledigt.

Hinweis Shell-DLLs

Explorer.exe ist zwar nicht in Server Core enthalten, wohl aber die DLLs *Shell32.dll* und *Shlwapi.dll*.

Schnelltest

1. Warum gibt es auf Server Core den Task-Manager?
2. Warum ist der Editor auf Server Core verfügbar?

Antworten zum Schnelltest

1. Wenn Sie die Eingabeaufforderung von Server Core schließen, können Sie mit dem Task-Manager eine neue Instanz von *cmd.exe* starten.
2. Der Editor eignet sich zur Überprüfung von Protokolldateien, zum Schreiben von Skripts und für viele andere Arbeiten.

Aufbau einer vollständigen Installation von Windows Server 2008

Abbildung A.12 zeigt den Aufbau einer vollständigen Installation von Windows Server 2008. Dieser Aufbau enthält Komponenten, die auf allen Installationen verfügbar sind (Server Core und vollständige Installation), sowie Komponenten, die nur in einer vollständigen Installation verfügbar sind.

Zu den Betriebssystemkomponenten, die in einer Server Core-Installation und in einer vollständigen Installation verfügbar sind, gehören der RPC-Mechanismus (Remote Procedure Call), der Netzwerkstapel, Sicherheitsfunktionen, CBS (Component-Based Servicing), der Paket-Manager (Pkgmgr), OCSetup und andere. Die verschiedenen Rollen, die sich in einer vollständigen Installation einsetzen lassen, sind auf diese verschiedenen Betriebssystemkomponenten angewiesen, um ihre Aufgaben erfüllen zu können.

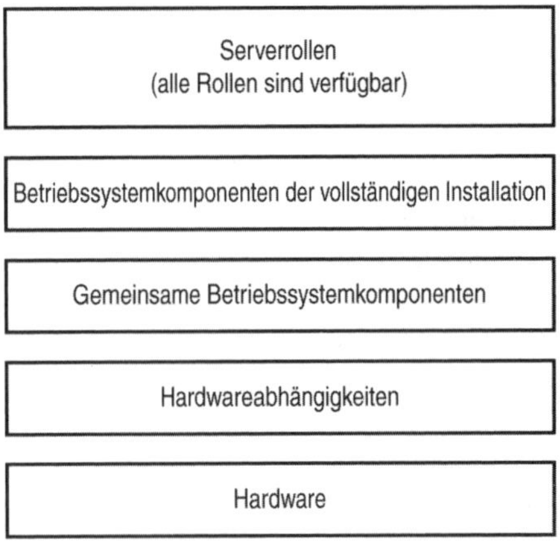

Abbildung A.12 Aufbau einer vollständigen Installation von Windows Server 2008

Aufbau einer Server Core-Installation von Windows Server 2008

Auf den ersten Blick ähnelt der Aufbau von Server Core einer vollständigen Installation (Abbildung A.13).

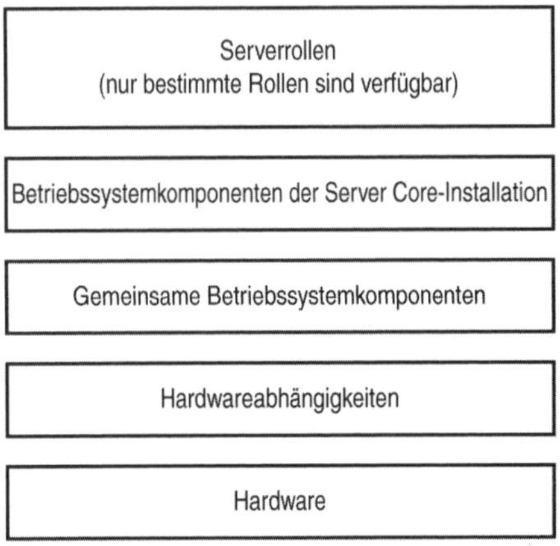

Abbildung A.13 Aufbau einer Server Core-Installation von Windows Server 2008

Der entscheidende Unterschied zeigt sich in der Schicht oberhalb der gemeinsamen Betriebssystemkomponenten, in der Server Core einen anderen Satz von Betriebssystemkomponenten aufweist, die es in einer vollständigen Installation nicht gibt. So gehören zum Beispiel OCList und *SCRegEdit.wsf* zu den Server Core-Betriebssystemkomponenten, die es nur in Server Core gibt. Durch einen Vergleich erkennen Sie einige wichtige Aspekte der Architekturen:

- Der Aufbau von Windows Server 2008 ist *modular*. Er lässt sich in mehrere Schichten unterteilen, angefangen auf der untersten Ebene mit der Hardware, auf der das Betriebssystem läuft, bis hin zu den Serverrollen aus der obersten Schicht, die für die Benutzer und Computer Ihres Netzwerks wichtige Dienste bereitstellen.
- Sowohl eine vollständige Installation als auch eine Server Core-Installation stützen sich auf eine kleinere Menge an Kernbetriebssystemkomponenten. Jede Installationsoption (vollständig oder Server Core) fügt dann ihre eigenen zusätzlichen Komponenten zu diesen Kernkomponenten hinzu, um die Erwartungen zu erfüllen, die an die Installationsoption gestellt werden.

Außerdem sollte aus einem Vergleich der Abbildungen A.12 und A.13 deutlich werden, dass Server Core keine Version oder Ausgabe von Windows Server 2008 ist, sondern eher eine Installationsoption. Wenn es auf einer vollständigen Installation und auf einer Server Core-Installation von Windows Server 2008 zum Beispiel eine bestimmte Binärdatei gibt, bedeutet dies, dass es sich bei beiden Installationsoptionen um *dieselbe* Binärdatei handelt. Es gibt also keinen Server Core-Systemkern und keinen Systemkern für die vollständige Installation, beide verwenden denselben Kern. Allerdings gilt das nicht für die verschiedenen Editionen. Der Kern der Standard Edition ist nicht mit dem Kern der Enterprise Edition oder der Datacenter Edition identisch. Wäre in den verschiedenen Editionen derselbe Kern vorhanden, könnten sie keine unterschiedliche SMP-Unterstützung (Symmetric MultiProcessing) bieten, was sie aber tun.

Bereitstellen von Server Core

Da Server Core einfach nur eine Installationsoption von Windows Server 2008 ist, können Sie Server Core mit einer der folgenden Methoden bereitstellen:

- Installation von DVD (manuell oder unbeaufsichtigt)
- Installation mit einem Konfigurationssatz, wahlweise mit einem Wechselmedium oder von einer Netzwerkfreigabe
- Installation vom Abbild mit ImageX oder Windows Setup

Außerdem können Sie Server Core mit anderen Windows-Bereitstellungstechnologien wie WDS, Microsoft Deployment oder dem System Center Configuration Manager bereitstellen.

Upgrades werden nicht unterstützt

Die einzige Installationsart, die Sie bei der Installationsoption Server Core durchführen können, ist die Neuinstallation. Das bedeutet, dass Sie Server Core auf einem fabrikneuen Computer installieren müssen (oder auf einem zweiten Volume eines vorhandenen Computers, obwohl Installationen mit mehreren startfähigen Betriebssystemen in einer Produktivumgebung nicht zu empfehlen sind). Anders gesagt, Sie können kein Upgrade eines vorhandenen Betriebssystems auf eine Server Core-Installation durchführen. Insbesondere gilt Folgendes:

- Sie können keine ältere Version von Windows Server auf Windows Server 2008 Server Core upgraden.
- Sie können kein Upgrade einer vollständigen Installation von Windows Server 2008 auf Server Core durchführen.
- Sie können eine Server Core-Installation nicht auf eine vollständige Installation von Windows Server 2008 upgraden.

Unterm Strich bleibt für Server Core festzuhalten: nur Neuinstallationen, kein Upgrade.

Gerätetreiber und Server Core

Ein wichtiger Aspekt bei der Bereitstellung von Server Core ist, dass bei dieser Installationsoption weniger Gerätetreiber als bei einer vollständigen Installation zur Verfügung stehen. Der Grund ist auch hier, den Platzbedarf einer Server Core-Installation möglichst gering zu halten. Daher umfasst eine Server Core-Installation nur Gerätetreiber für folgende Gerätearten:

- Speichergeräte
- Standard-VGA-Grafik
- Netzwerkadapter

Für diese Geräteklassen enthält Server Core dieselben Treiber, die auch eine vollständige Installation für diese Geräteklassen enthält. Beachten Sie auch, dass Server Core auch das Plug-&-Play-Subsystem umfasst, das in der vollständigen Installation von Windows Server 2008 zu finden ist. Dadurch ist Server Core in der Lage, für Geräte dieser drei Klassen, die während der Installation erkannt werden, automatisch die verfügbaren Treiber aus dem Lieferumfang zu installieren.

▶ Übung: Untersuchen von Server Core

In dieser Übung untersuchen Sie eine Server Core-Installation. Sie überprüfen, welche GUI-Tools für die Konfiguration der Server Core-Installation auf der Befehlszeile verfügbar sind.

Für diese Übung können Sie den Server Core1 verwenden, der in der Einführung dieses Buchs beschrieben wurde. Allerdings können Sie auch jede andere Server Core-Installation verwenden. Melden Sie sich zu Beginn der Übung als Administrator an.

1. Geben Sie in der Server Core-Eingabeaufforderung **notepad** ein, um den Editor zu öffnen.
2. Wählen Sie im *Datei*-Menü des Editors den Befehl *Öffnen*.

   Beachten Sie, dass der Editor in Server Core die alte Windows 3.1-Version des Dialogfelds *Öffnen* verwendet.
3. Schließen Sie das Dialogfeld *Öffnen* und wählen Sie im *Hilfe*-Menü des Editors den Befehl *Hilfe anzeigen*.

Beachten Sie, dass nichts geschieht. Server Core bietet nicht das gewöhnte Windows-Hilfesystem.

4. Schließen Sie den Editor und geben Sie in der Server Core-Eingabeaufforderung **regedit** ein, um den Registrierungseditor zu öffnen.

5. Schließen Sie den Registrierungseditor und geben Sie in der Eingabeaufforderung **control timedate.cpl** ein.

   Das Modul Datum und Uhrzeit der Systemsteuerung wird angezeigt und ermöglicht Ihnen, auf Ihrem Server das Datum und die Uhrzeit einzustellen.

6. Schließen Sie das Modul Datum und Uhrzeit und geben Sie in der Eingabeaufforderung **control sysdm.cpl** ein.

   Dadurch öffnet sich aber kein Modul der Systemsteuerung. Stattdessen erscheint eine Fehlermeldung mit dem Text „'SystemPropertiesComputerName.exe' konnte nicht gefunden werden. Stellen Sie sicher, dass Sie den Namen richtig eingegeben haben und wiederholen Sie den Vorgang".

   Auf einer Server Core-Installation müssen Sie den Computernamen und die Domänenmitgliedschaft auf andere Weise festlegen.

7. Klicken Sie auf *OK*, um die Fehlermeldung zu schließen, und geben Sie dann folgende zwei Befehle ein:

   ```
   net start > Dienste.txt
   notepad Dienste.txt
   ```

   Der erste Befehl zeigt eine Liste aller Windows-Dienste an, die auf dem Computer ausgeführt werden, und speichert diese Liste im aktuellen Verzeichnis in der Datei *Dienste.txt*. Der zweite Befehl öffnet die Datei *Dienste.txt* im Editor, in dem die Liste angezeigt wird. Beachten Sie, dass auf einer Server Core-Installation, auf der keine weiteren Rollen oder Features installiert sind, knapp 40 Dienste ausgeführt werden.

8. Schließen Sie den Editor. Schließen Sie dann die Server Core-Eingabeaufforderung, indem Sie auf *Schließen* klicken (das X in der oberen rechten Ecke des Fensters). Nun ist der Bildschirm vollständig leer.

   Sie erhalten Ihre Eingabeaufforderung zurück, indem Sie auf STRG+ALT+ENTF drücken (oder wählen Sie im Menü *Aktion* von Virtual PC den Befehl *Strg+Alt+Entf*). Wählen Sie dann die Option *Task-Manager starten*. Wenn der Task-Manager erscheint, wählen Sie die Registerkarte *Anwendungen* und klicken auf die Schaltfläche *Neuer Task*.

9. Geben Sie im Dialogfeld *Neuen Task erstellen* **cmd** ein und klicken Sie auf *OK*. Ihre Server Core-Eingabeaufforderung erscheint wieder und Sie können den Task-Manager schließen.

   Beachten Sie, dass sich die neue Eingabeaufforderung von der alten unterscheidet. Die Server Core-Standardeingabeaufforderung verwendet *%UserProfile%* als aktuelles Verzeichnis. Die neue Eingabeaufforderung, die Sie im Task-Manager geöffnet haben, hat *%WinDir%\System32* als aktuelles Verzeichnis.

Sie können das aktuelle Verzeichnis wieder in *%UserProfile%* ändern, indem Sie in der neuen Eingabeaufforderung **cd %UserProfile%** eingeben.

10. Geben Sie in der Eingabeaufforderung **ipconfig** ein. Ihrer Server Core-Installation sollte vom DHCP-Server des Netzwerks dynamisch eine IP-Adresse zugewiesen worden sein.

11. Geben Sie in der Eingabeaufforderung **msinfo32** ein. Das Programm Systeminformationen öffnet sich und zeigt Informationen über die Hard- und Software Ihres Systems an. Erweitern Sie den Knoten *Systemübersicht*, dann den Knoten *Softwareumgebung* und wählen Sie den Knoten *Druckaufträge*. Auf der rechten Seite erscheint die Fehlermeldung „Auf die Software von Windows-Verwaltungsinstrumentation kann nicht zugegriffen werden. Möglicherweise wurden die Windows-Verwaltungsdateien verschoben oder sind nicht vorhanden".

    Diese Fehlermeldung bedeutet, dass einige WMI-Anbieter nicht unter Server Core verfügbar sind.

12. Schließen Sie Core1 mit dem Befehl **shutdown /s /t 0**.

Durchführen von Nachinstallationsaufgaben

Nachdem Sie Windows Server 2008 als Server Core oder als Vollinstallation auf einem Computer installiert haben, müssen Sie noch eine Reihe von Konfigurationen durchführen, bevor der Server in einer Produktivumgebung eingesetzt werden kann. Die anstehenden Konfigurationsaufgaben reichen von der Einstellung der Zeitzone bis hin zur Installation und Konfiguration von Rollen, Rollendiensten und Features auf dem Server. Viele dieser Aufgaben lassen sich automatisieren. Dieser Abschnitt soll Sie mit den verschiedenen Arten vertraut machen, wie Sie bei Windows Server 2008-Bereitstellungen die Nachinstallationsaufgaben durchführen können. Zu den beschriebenen Methoden gehören die manuelle Konfiguration der Server mit grafischen Tools oder auf der Befehlszeile und die automatische Konfiguration mit Antwortdateien.

Grundlagen der Nachinstallationsaufgaben

Nachdem Sie Windows Server 2008 erfolgreich auf einem Computer installiert haben, sind Sie noch nicht fertig. Sie müssen die Installation noch konfigurieren und die Rollen und Features auf Ihrem Server installieren, die erforderlich sind, damit der Computer die vorgesehenen Aufgaben übernehmen kann. Nachinstallationsarbeiten lassen sich auf einem Windows Server 2008-Computer auf verschiedene Arten durchführen:

- Lokal mit den grafischen Verwaltungsprogrammen, die auf dem Server verfügbar sind
- Lokal auf der Befehlszeile (mit oder ohne Skripts)
- Remote mit den Remoteserver-Verwaltungstools, den Terminaldiensten, Gruppenrichtlinien, WMI- oder PowerShell-Skripts oder der Windows-Remoteshell (WinRS)

Die Schwierigkeit besteht darin, dass nicht alle Konfigurationsaufgaben mit jedem Tool erledigt werden können. Manchmal müssen Sie wissen, für welche Aufgabe Sie welches Tool wählen, weil sich andere Tools nicht dafür eignen. Außerdem werden manche Konfigurationsaufgaben wegen der geringeren Menge an verfügbaren Binärdateien auf Server Core-Installationen anders durchgeführt. Auch in diesem Fall müssen Sie wissen, welches das richtige Tool für die anstehende Aufgabe ist. Es ist Sache des IT-Administrators zu wissen, welches Werkzeug sich zu welchem Zweck auf welcher Installation einsetzen lässt.

Die Nachinstallationsaufgaben selbst lassen sich grob in zwei Kategorien aufteilen:

- Aufgaben der Erstkonfiguration, wie die Einstellung des Netzwerks und der Zeitzone, das Aktivieren von Remotedesktop, die Aktivierung der Installation und andere Aufgaben, die gewöhnlich auf allen Servern durchgeführt werden müssen, bevor die Server im Netzwerk bereitgestellt werden können
- Das Hinzufügen von Rollen und Features zu den Servern, damit die Server die vorgesehene Funktionalität aufweisen und ihre Aufgaben im Netzwerk übernehmen können

Sehen Sie sich einige der verschiedenen Methoden an, mit denen Sie diese Aufgaben auf vollständigen und auf Server Core-Installationen von Windows Server 2008 durchführen können. Der Einfachheit halber werden die Optionen zur Konfiguration von vollständigen Installationen zuerst besprochen. Anschließend können Sie sich darauf konzentrieren, was bei einer Server Core-Installation anders ist.

Durchführen der Aufgaben der Erstkonfiguration auf einer vollständigen Installation

Am einfachsten können Sie die Aufgaben der Erstkonfiguration auf einer vollständigen Installation von Windows Server 2008 durchführen, indem Sie das Fenster *Aufgaben der Erstkonfiguration* verwenden, das nach der ersten Anmeldung automatisch erscheint (Abbildung A.14). Das Fenster *Aufgaben der Erstkonfiguration* ermöglicht Ihnen die Durchführung folgender Aufgaben, die praktisch auf allen Servern erledigt werden müssen, die in Ihrem Netzwerk bereitgestellt werden sollen.

- Festlegen eines Kennworts für das lokale Konto *Administrator*
- Konfigurieren der TCP/IP-Netzwerkeinstellungen des Servers
- Ändern des Computernamens
- Hinzufügen des Servers zu einer Domäne
- Aktivieren automatischer Aktualisierungen des Servers mit Windows Update
- Herunterladen und Installieren verfügbarer Updates mit Windows Update
- Aktivieren der Windows-Fehlerberichterstattung und des Programms zur Verbesserung der Benutzerfreundlichkeit
- Aktivieren von Remotedesktop auf Ihrem Server
- Aktivieren von Windows-Firewall auf Ihrem Server

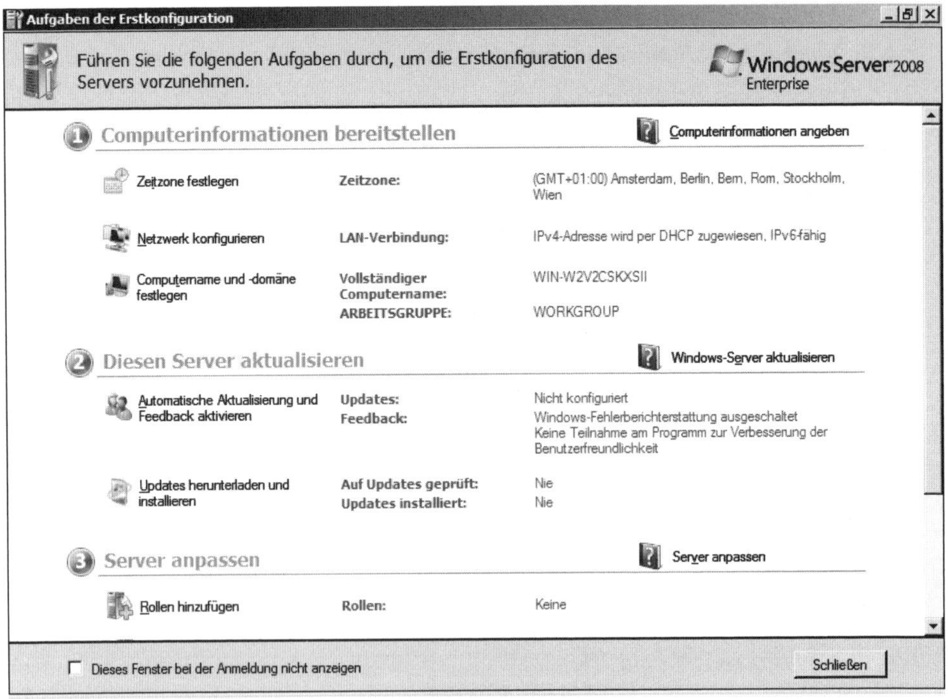

Abbildung A.14 Das Fenster *Aufgaben der Erstkonfiguration* einer vollständigen Installation von Windows Server 2008

Hinweis Der Befehl *Oobe* öffnet das Fenster *Aufgaben der Erstkonfiguration*

Falls Sie im Fenster *Aufgaben der Erstkonfiguration* das Kontrollkästchen *Dieses Fenster bei der Anmeldung nicht anzeigen* gewählt haben, können Sie im Dialogfeld *Ausführen*, im Eingabefeld *Suche starten* oder in einer Eingabeaufforderung den Befehl Oobe geben, um das Fenster wieder zu öffnen.

Das Fenster *Aufgaben der Erstkonfiguration* bietet Ihnen nicht nur die Gelegenheit, diese Aufgaben durchzuführen, sondern ermöglicht Ihnen auch den Start des Assistenten zum Hinzufügen von Rollen und des Assistenten zum Hinzufügen von Features, mit denen Sie Rollen und Features zu Ihrem Server hinzufügen können.

Die einfachste Methode, diese Aufgaben auf einer vollständigen Installation von Windows Server 2008 durchzuführen, besteht darin, sich nach der Installation lokal auf dem Server anzumelden und nach Bedarf jeden der beschriebenen Arbeitsschritte durchzuführen. Einige dieser Aufgaben lassen sich allerdings auch automatisieren und bereits im Rahmen der Installation erledigen. So lässt sich das Kennwort des lokalen Administratorkontos zum Beispiel mit folgender Antwortdateieinstellung festlegen:

```
Microsoft-Windows-Shell-Setup\UserAccounts\AdministratorPassword
```

In ähnlicher Weise lässt sich auch die Zeitzone mit der Einstellung *Microsoft-Windows-Shell-Setup* in der Antwortdatei bereits bei der Installation einstellen (Abbildung A.15).

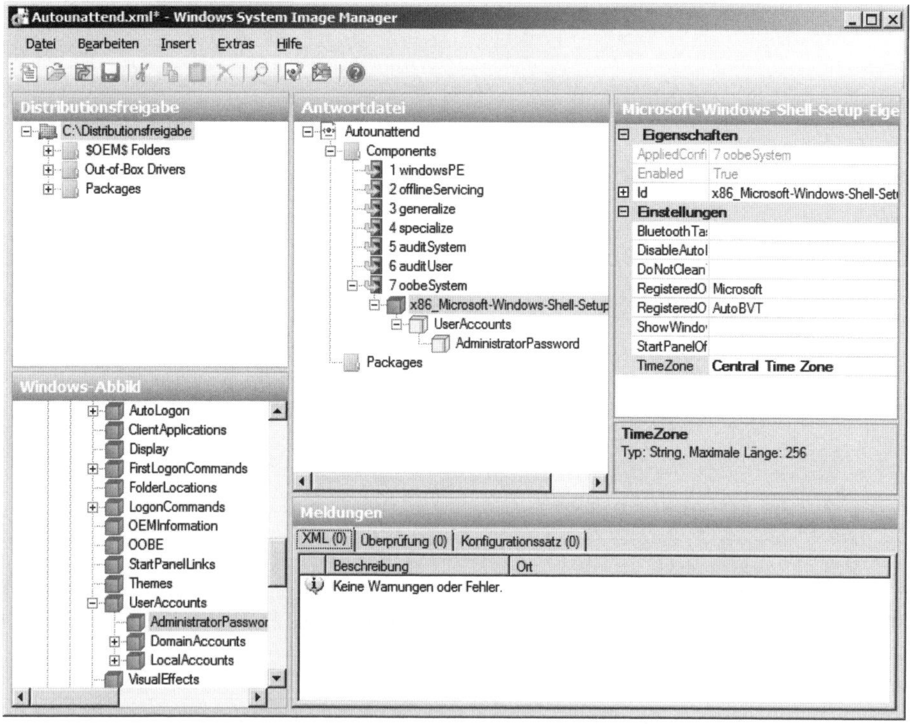

Abbildung A.15 Festlegen der Zeitzone in einer Antwortdatei

Wenn Sie Remotedesktop bereits während der Installation aktivieren möchten, können Sie dies durch die Konfiguration folgender Einstellung in einer Antwortdatei erreichen:

`Microsoft-Windows-TerminalServices-LocalSessionManager`

Dazu fügen Sie diese Einstellung zum `offlineServicing`-Durchlauf der Antwortdatei hinzu und konfigurieren die Einstellung *fDenyTSConnections* in Windows SIM so, dass sie den booleschen Wert *False* aufweist (Abbildung A.16).

Nach der Aktivierung von Remotedesktop auf einem Server ist es relativ einfach, die anderen Aufgaben der Erstkonfiguration remote durchzuführen, weil Sie dann auf einem anderen Computer mit Remotedesktopverbindung auf den Server zugreifen können. Wenn Sie in dieser Weise Remotedesktop mit der Antwortdateieinstellung Microsoft-Windows-TerminalServices-LocalSessionManager aktivieren, werden Benutzer, die versuchen, eine Verbindung mit Ihrem Server herzustellen, entsprechend der Option *Verbindungen nur von Computern zulassen, die Remotedesktop mit Authentifizierung auf Netzwerkebene verwenden* authentifiziert.

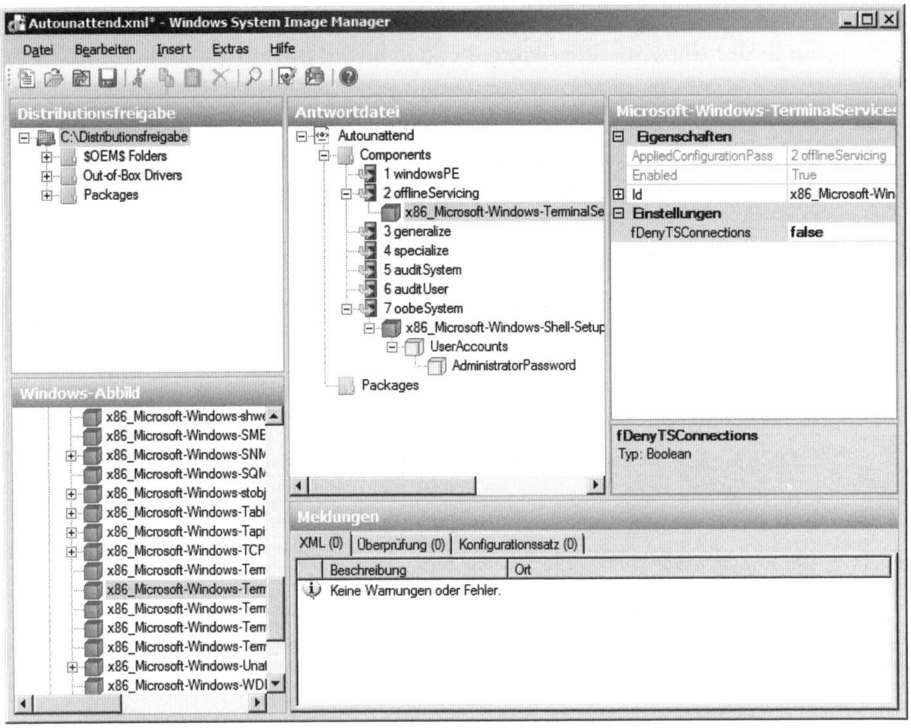

Abbildung A.16 Aktivieren von Remotedesktop mit einer Antwortdatei

Das ist für Remotedesktopverbindungen die sicherste Form der Authentifizierung. Sie setzt voraus, dass auf dem Computer, der für die Verbindung verwendet wird, Windows Vista oder Windows Server 2008 ausgeführt wird (oder es handelt sich um einen Windows-XP-Computer, auf dem die optionale Software Remotedesktopverbindung 6.1 heruntergeladen und installiert wurde). Um bei der Wahl der Clients flexibler zu sein, können Sie auch Remoteverbindungen mit der weniger sicheren Authentifizierungsoption *Verbindungen von Computern zulassen, auf denen eine beliebige Version von Remotedesktop ausgeführt wird* zulassen.

Um diese Art der Authentifizierung in Ihrer Antwortdatei einzustellen, fügen Sie die Einstellung Microsoft-Windows-TerminalServices-RDP-WinStationExtensions zum `specialize`-Durchlauf der Antwortdatei hinzu und stellen den Wert *UserAuthentication* in Windows SIM auf null.

Durchführen der Aufgaben der Erstkonfiguration auf einer Server Core-Installation

Die Durchführung der Aufgaben der Erstkonfiguration erfolgt auf einer Server Core-Installation ganz anders als auf einer vollständigen Installation von Windows Server 2008. Der wichtigste Grund ist natürlich, dass eine Server Core-Installation über keinen Desktop verfügt. Tools wie das Fenster *Aufgaben der Erstkonfiguration* lassen sich daher nicht anzeigen oder zur Konfiguration verwenden. Alle Aufgaben der Erstkonfiguration, die sich auf einer vollständigen Installation von Windows Server 2008 durchführen lassen, lassen sich auch auf einer Server Core-Installation durchführen. Allerdings muss man dazu bestimmte Befehlszeilenprogramme von Windows beherrschen und gelegentlich auch mal ein Skript schreiben können, oder zwei. Sehen Sie sich nun an, wie man eine neue Server Core-Installation auf der Befehlszeile konfiguriert.

Konfigurieren des Kennworts des lokalen Administrators

Auf einer Server Core-Installation können Sie das Kennwort des lokalen Administrators mit folgendem Befehl auf der Befehlszeile festlegen:

```
net user administrator *
```

Geben Sie das neue Kennwort zweimal ein, um das Kennwort für das Konto zu ändern. Es gibt auch noch andere Aufgaben, die Sie auf einer Server Core-Installation mit Net-Befehlen durchführen können. Beispielsweise können Sie mit folgendem Befehl einen Benutzer zur lokalen Gruppe *Administratoren* hinzufügen:

```
net localgroup Administrators /add Domäne\Benutzername
```

In diesem Beispiel werden mit `Domäne\Benutzername` die Domäne und der Name des Benutzers angegeben, den Sie zur lokalen Gruppe *Administratoren* des Servers hinzufügen. Mit folgendem Befehl können Sie einen Benutzer wieder aus der lokalen Gruppe *Administratoren* entfernen:

```
net localgroup Administrators /delete Domäne\Benutzername
```

Das funktioniert auch mit anderen lokalen Gruppen, wobei Sie natürlich statt *Administratoren* den Namen der anderen Gruppe angeben müssen, zu der Sie Mitglieder hinzufügen oder aus der Sie Mitglieder entfernen wollen. Außerdem können Sie mit folgendem Befehl in der integrierten lokalen Gruppe *Benutzer* ein neues lokales Benutzerkonto einrichten:

```
net user Benutzername * /add
```

Konfigurieren der TCP/IP-Netzwerkeinstellungen

Standardmäßig ist DHCP auf einer Server Core-Installation aktiviert, damit der Server dynamisch von einem DHCP-Server des Netzwerks (sofern vorhanden) eine IP-Adresse anfordern kann. Gewöhnlich werden Servern aber statische IP-Adressen zugewiesen. Sie können mit dem Befehl Netsh auf einer Server Core-Installation statische IP-Adressen konfigurieren.

Bevor Sie aber versuchen, eine statische IP-Adresse einzustellen, sollten Sie sich eine Liste der aktuellen Netzwerkkarten und Verbindungen des Servers anzeigen lassen. Geben Sie dazu folgenden Befehl ein:

```
netsh interface ipv4 show interfaces
```

Notieren Sie sich, welche Schnittstellennummer für die gewünschte Netzwerkkarte in der Spalte *Idx* der Liste angezeigt wird, die dieser Netsh-Befehl anzeigt. Gewöhnlich handelt es sich um die Verbindung *LAN-Verbindung*. Sie brauchen diese Nummer für die folgenden Netsh-Befehle.

Um der gewünschten Schnittstelle eine IP-Adresse zuzuweisen, geben Sie folgenden Befehl ein:

```
netsh interface ipv4 set address name=ID source=static IP SM DG
```

In diesem Beispiel ist `ID` die Idx-Schnittstellennummer der Schnittstelle, `IP` die gewünschte statische IP-Adresse, `SM` die dazugehörige Subnetzmaske und `DG` das Standardgateway.

Wenn Sie Ihrem Server eine statische Adresse zuweisen, müssen Sie ihm auch eine statische DNS-Serveradresse zuweisen. Verwenden Sie dafür folgenden Befehl:

```
netsh interface ipv4 add dnsserver name=ID address=DNSIP index=1
```

In diesem Beispiel ist `ID` die Idx-Schnittstellennummer der Schnittstelle und `DNSIP` die IP-Adresse Ihres DNS-Servers. Sie können diesen Befehl wiederholt anwenden, um zusätzliche DNS-Reserveserver anzugeben. Achten Sie dann aber darauf, dass Sie bei jedem Aufruf die Indexnummer erhöhen.

Wenn Sie später DHCP auf dem Server reaktivieren möchten, nutzen Sie folgenden Befehl:

```
netsh interface ipv4 set address name=ID source=dhcp
```

Ändern des Servernamens

Um den Namen des Servers mit der Server Core-Installation zu ändern, bevor der Server in eine Domäne aufgenommen wird, geben Sie folgenden Netdom-Befehl ein:

```
netdom renamecomputer %ComputerName% /NewName:NEUERNAME
```

Um die Namensänderung zu überprüfen, geben Sie in der Eingabeaufforderung einfach **hostname** ein. Oder Sie geben **set** ein und überprüfen den Wert der Umgebungsvariablen *ComputerName*. Oder Sie geben **echo %ComputerName%** ein, um den Namen des Computers anzuzeigen.

Hinweis Ändern des Computernamens

Die Änderung des Computernamens des Servers erfordert einen Neustart, damit die Änderung wirksam wird.

Falls Ihr Server bereits Mitglied einer Domäne ist, müssen Sie folgenden Befehl eingeben, um seinen Namen zu ändern:

```
netdom renamecomputer %ComputerName% /NewName:NEUERNAME /userd:Domäne\Benutzername
    /passwordd:*
```

Beitreten zu einer Domäne

Sie können Netdom auch verwenden, um den Server in eine Domäne aufzunehmen oder um ihn aus einer Domäne zu entfernen. Wenn der Server Mitglied einer Domäne werden soll, geben Sie folgenden Befehl ein:

```
netdom join NAME /domain:DOMÄNE /userd:DOMÄNENADMINISTRATOR /passwordd:*
```

In diesem Beispiel ist *NAME* der Name des Servers, *DOMÄNE* der Name der Domäne, der der Server beitreten soll, und *DOMÄNENADMINISTRATOR* ist ein Domänenadministratorkonto.

Mit einem ähnlichen Befehl können Sie den Server wieder aus der Domäne entfernen:

```
netdom remove NAME /domain:DOMÄNE /userd:DOMÄNENADMINISTRATOR /passwordd:*
```

Hinweis Einer Domäne beitreten oder eine Domäne verlassen

Das Beitreten oder Verlassen einer Domäne erfordert einen Neustart, damit die Änderung wirksam wird.

Aktivieren von automatischen Updates

Mit dem Skript *Scregedit.wsf* können Sie eine Reihe von Aspekten einer Server Core-Installation konfigurieren, beispielsweise folgende:

- Aktivieren von automatischen Updates
- Aktivieren von Remotedesktop
- Zulassen von Computern, auf denen ältere Windows-Versionen ausgeführt werden, als Remotedesktopclients für eine Server Core-Installation
- Konfigurieren der Priorität und Gewichtung von DNS-SRV-Einträgen
- Zulassen der Remoteverwaltung mit dem IP-Sicherheitsmonitor

---

Prüfungstipp

Machen Sie sich mit den verschiedenen Befehlszeilenoptionen von *scregedit.wsf* vertraut. Um eine Liste der verfügbaren Optionen anzuzeigen, geben Sie in der Server Core-Eingabeaufforderung **cscript %SystemRoot%\System32\scregedit.wsf /?** ein. Sie können auch **cscript %SystemRoot%\System32\scregedit.wsf /cli** eingeben, um sich eine Liste der verschiedenen Befehle anzeigen zu lassen, mit denen sich eine Server Core-Installation konfigurieren lässt.

Um auf einer Server Core-Installation mit *Scregedit.wsf* automatische Updates zu aktivieren, geben Sie folgenden Befehl ein:

```
cscript %SystemRoot%\System32\scregedit.wsf /AU 4
```

Falls Sie die automatischen Updates später wieder deaktivieren möchten, geben Sie folgenden Befehl ein:

```
cscript %SystemRoot%\System32\scregedit.wsf /AU 1
```

Hinweis Konfigurieren von automatischen Updates

Falls auch noch andere Einstellungen für die automatischen Updates erforderlich sind, verwenden Sie dafür am besten Gruppenrichtlinien.

Aktivieren von Remotedesktop

Das Skript *Scregedit.wsf* wird auch verwendet, um auf einer Server Core-Installation Remotedesktop zu konfigurieren. Wenn der Server zum Beispiel Remotedesktopverbindungen akzeptieren soll, geben Sie folgenden Befehl ein:

```
cscript %SystemRoot%\System32\scregedit.wsf /ar 0
```

Falls Sie Remotedesktop später wieder auf dem Server deaktivieren möchten, können Sie dies mit folgendem Befehl tun:

```
cscript %SystemRoot%\System32\scregedit.wsf /ar 1
```

Wenn Sie auch Verbindungen von älteren Versionen von Remotedesktopverbindung zulassen wollen, müssen Sie zuerst die standardmäßig aktivierte erweiterte Sicherheit für Remotedesktop aktivieren:

```
cscript %SystemRoot%\System32\scregedit.wsf /cs 0
```

Wenn Sie sich die aktuelle Remotedesktopkonfiguration des Servers ansehen möchten, geben Sie folgenden Befehl ein:

```
cscript %SystemRoot%\System32\scregedit.wsf /ar /v
```

Aktivieren der Windows-Fehlerberichterstattung

Zur Aktivierung und Konfiguration der Windows-Fehlerberichterstattung (Windows Error Reporting, WER) auf Ihrem Server verwenden Sie ein anderes Befehlszeilenprogramm namens ServerWEROptin. Die Syntax dieses Tools ist wie folgt:

```
C:\Windows\System32>serverweroptin /?
ServerWerOptin /h[elp] | /q[uery] | /s[ummary] | /de[tailed] | /d[isable]

Beschreibung:

Mit diesem Tool können Sie die automatische Übertragung von Problembeschreibungen von diesem
Server an Microsoft aktivieren. Weitere Informationen zur Windows-Fehlerberichterstattung
finden Sie in den Datenschutzbestimmungen unter http://go.microsoft.com/fwlink/?linkid=50163

Parameterliste:
/query     Zeigt den Anmeldestatus für die Windows-Fehlerberichterstattung an.
/summary   Sendet im Rahmen der Windows-Fehlerberichterstattung automatisch
           Zusammenfassungsberichte.
/detailed  Sendet im Rahmen der Windows-Fehlerberichterstattung automatisch detaillierte
           Berichte.
/disable   Deaktiviert die Windows-Fehlerberichterstattung.
/help      Zeigt Parameter und Syntax für diesen Befehl an.
```

```
Beispiele:
ServerWerOptin /query
ServerWerOptin /summary
```

Wenn Sie also automatisch ausführliche Fehlerberichte an Microsoft senden möchten, müssen Sie, wie aus dieser Beschreibung hervorgeht, folgenden Befehl verwenden:

```
serverweroptin /detailed
```

Aktivieren der Windows-Firewall

Die Aktivierung der Windows-Firewall auf einer Server Core-Installation ist auf der Befehlszeile etwas schwieriger, weil sie im `advfirewall`-Kontext des Netsh-Befehls erfolgt, für den es eine ganze Reihe von Optionen gibt. Statt also die Firewallprofile und -regeln mit `netsh advfirewall`-Befehlen einzeln zu konfigurieren, ist es einfacher, für alle Firewallprofile mit folgendem Befehl die Remoteverwaltung zu aktivieren:

```
netsh advfirewall set allprofiles settings remotemanagement enable
```

Nachdem das erledigt ist, können Sie auf einem Windows Vista-Computer, der zur Verwaltung verwendet wird, oder auf einer Vollinstallation von Windows Server 2008 die gewünschten Einstellungen in der Gruppenrichtlinienverwaltung durchführen. Im Knoten *Windows-Firewall mit erweiterter Sicherheit* des Gruppenrichtlinienverwaltungs-Editors können Sie auf Windows Vista- und Windows Server 2008-Computern (einschließlich Server Core-Installationen) auf einfache Weise die Windows-Firewall verwalten.

Automatisieren der Aufgaben der Erstkonfiguration

Schließlich können Sie auf einer Server Core-Installation dieselben Antwortdateieinstellungen verwenden, die Sie für die Automatisierung der Aufgaben der Erstinstallation auf einer vollständigen Installation von Windows Server 2008 verwenden. Allerdings können nicht alle Aufgaben der Erstkonfiguration auf einer Server Core-Installation mit Antwortdateien durchgeführt werden.

Installieren von Rollen und Features auf einer vollständigen Installation

Nachdem die Aufgaben der Erstkonfiguration auf Ihrem Server durchgeführt sind, können Sie die erforderlichen Rollen und Features installieren, damit der Server im Netzwerk die gewünschten Dienste anbieten kann. Vielleicht möchten Sie zum Beispiel die Rolle DHCP-Server installieren, damit Ihr Server IP-Adressen an Clientcomputer ausgeben kann.

Rollen und Features lassen sich auf einer vollständigen Installation von Windows Server 2008 auf mehreren Wegen installieren:

- Durch den Start des Assistenten zum Hinzufügen von Rollen oder des Assistenten zum Hinzufügen von Features mit der entsprechenden Verknüpfung im Fenster *Aufgaben der Erstkonfiguration*
- Durch den Start des Assistenten zum Hinzufügen von Rollen oder des Assistenten zum Hinzufügen von Features durch einen Klick mit der rechten Maustaste auf den

entsprechenden Knoten im Server-Manager oder durch einen Klick auf die entsprechende Verknüpfung auf der rechten Seite des Server-Managers

- Durch die Verwendung des Befehlszeilenprogramms ServerManagerCmd

Alle drei Methoden eignen sich nicht nur zur manuellen Installation von Rollen und Features, sondern auch zu deren Entfernung. Um die Installation von Rollen und Features zu automatisieren, müssen Sie aber ServerManagerCmd zusammen mit einer passenden Antwortdatei verwenden (dazu später mehr).

Manuelles Installieren von Rollen und Features mit den Assistenten

Rollen und Features können mit dem Assistenten zum Hinzufügen von Rollen und dem Assistenten zum Hinzufügen von Features manuell hinzugefügt werden. Um zum Beispiel die Rolle DHCP-Server zu Ihrem Server hinzuzufügen, können Sie im Abschnitt *Server anpassen* des Fensters *Aufgaben der Erstkonfiguration* auf die Verknüpfung *Rollen hinzufügen* klicken. Wenn Sie die verschiedenen Seiten der Assistenten durcharbeiten, werden Sie gewöhnlich zur Eingabe von zusätzlichen Informationen aufgefordert, die zur Konfiguration der gewünschten Rolle oder des Features erforderlich sind (Abbildung A.17).

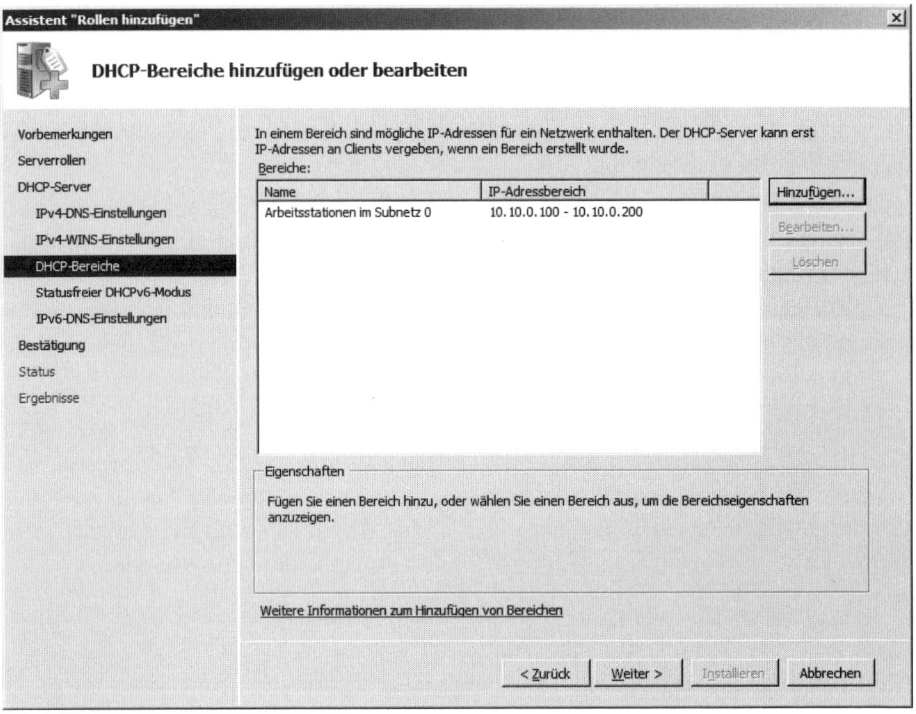

Abbildung A.17 Installieren der Rolle DHCP-Server mit dem Assistenten zum Hinzufügen von Rollen

Manuelles Installieren von Rollen und Features mit ServerManagerCmd

Rollen und Features lassen sich mit dem Befehl ServerManagerCmd auch auf der Befehlszeile manuell hinzufügen. ServerManagerCmd ist ein leistungsfähiges Programm für die Installation und Entfernung von Rollen und Features. Außerdem gibt es an, welche Komponenten installiert werden, wenn Sie sich dafür entscheiden, eine bestimmte Rolle oder ein Feature zum Server hinzuzufügen. ServerManagerCmd hat folgende Hauptparameter:

- **-query [<Abfrage.xml>]** Zeigt eine Liste aller Rollen, Rollendienste und Features an, die installiert sind oder die für die Installation auf dem Server bereitstehen. Wenn Sie die Abfrageergebnisse in einer Datei speichern möchten, geben Sie für *Abfrage.xml* den gewünschten Dateinamen ein.
- **-inputPath <Antwort.xml>** Installiert oder entfernt Rollen, Rollendienste und Features, wie in der Antwortdatei *Antwort.xml* angegeben
- **-install <Name>** Installiert die mit *<Name>* angegebene Rolle, den Rollendienst oder das Feature
- **-remove <Name>** Entfernt die mit *<Name>* angegebene Rolle, den Rollendienst oder das Feature

Der Parameter *<Name>* gibt die Rolle oder das Feature an, das Sie mit ServerManagerCmd installieren oder entfernen möchten. Der Parameter *<Name>* für die Rolle DHCP-Server ist zum Beispiel einfach nur `DHCP`, während der Parameter *<Name>* für die Active Directory-Domänendienste *ADDS-Domain-Controller* lautet. Im Parameter *<Name>* werden Groß- und Kleinbuchstaben nicht unterschieden.

Die folgenden Beispiele demonstrieren, wie Sie mit ServerManagerCmd Rollen und Features installieren und verwalten können:

- **servermanagercmd –install Web-Server –whatif** Untersucht, welche Rollen, Rollendienste und Features bei der Installation der Rolle Webserver (IIS) ebenfalls installiert werden. Dieser Befehl vergleicht die Liste der Rollen, Rollendienste und Features der Rolle Webserver mit der Liste der bereits auf dem Server installierten Rollen, Rollendienste und Features. Nur die Rollen, Rollendienste und Features, die noch nicht installiert sind, werden zur Installation vorgeschlagen. Die wichtigste Aufgabe des Parameters `-whatif` besteht darin, überprüfen zu können, welche Aktionen der Befehl ServerManagerCmd durchführen würde, ohne tatsächlich Änderungen auf dem Server vorzunehmen.
- **servermanagercmd –install Web-Server** Dieser Befehl führt dieselben Vorbereitungen durch wie der obige Befehl. Allerdings fehlt der Parameter `-whatif`. Das bedeutet, dass die Rolle Webserver (IIS) tatsächlich auf dem Server installiert wird.
- **servermanagercmd –remove Web-Server** Entfernt die Rolle Webserver (IIS) vom Server, sofern diese Rolle auf dem Server installiert ist. Sind weitere Rollen installiert, die auf die Rolle Webserver (IIS) angewiesen sind (beispielsweise Windows SharePoint Services), werden auch diese Rollen vom Server entfernt.

- **servermanagercmd –remove Web-Server –resultPath *Ergebnisse.xml*** Führt dieselben Arbeiten durch wie der vorige Befehl. Der zusätzliche Parameter `-resultPath` bewirkt aber, dass ServerManagerCmd die Ergebnisse der Aktionen in einer XML-Datei protokolliert, die später analysiert oder ausgewertet werden kann.
- **servermanagercmd –install Terminal-Services –restart** Installiert die Rolle Terminaldienste auf dem Server. Da die Installation dieser Rolle einen Neustart erfordert, kann der Parameter `-restart` angegeben werden, um den Computer nach der Installation der Rolle automatisch neu zu starten. Wird `-restart` nicht angegeben, müssen Sie den Computer manuell neu starten, um die Installation dieser Rolle abzuschließen.
- **servermanagercmd –inputPath *Eingabe.xml*** Ermöglicht Ihnen mit einem einzigen ServerManagerCmd-Befehl die Installation oder Entfernung von mehreren Rollen, Rollendiensten und Features. Das kann zur Bearbeitung mehrerer Rollen oder Features sinnvoller sein als die Verwendung mehrerer Installations- oder Entfernungsbefehle. In Ihrer *Eingabe.xml*-Datei können Sie so viele Elemente angeben, wie Sie für erforderlich halten. Eine typische *Eingabe.xml*-Datei könnte so aussehen:

```
<?xml version="1.0" encoding="utf-8" ?>
<ServerManagerConfiguration Action="Install"
  xmlns="http://schemas.microsoft.com/sdm/Windows/ServerManager/Configuration
  /2007/1" xmlns:xs="http://www.w3.org/2001/XMLSchema">
    <Feature Id="NLB"                        InstallAllSubFeatures="true"/>
    <Feature Id="Desktop-Experience"         InstallAllSubFeatures="true"/>
    <Feature Id="NET-Framework"              InstallAllSubFeatures="true"/>
    <Feature Id="WSRM"                       InstallAllSubFeatures="true"/>
    <Feature Id="Wireless-Networking"        InstallAllSubFeatures="true"/>
    <Feature Id="Backup"                     InstallAllSubFeatures="true"/>
    <Feature Id="WINS-Server"                InstallAllSubFeatures="true"/>
    <Feature Id="Remote-Assistance"          InstallAllSubFeatures="true"/>
    <Feature Id="Simple-TCPIP"               InstallAllSubFeatures="true"/>
    <Feature Id="Telnet-Client"              InstallAllSubFeatures="true"/>
    <Feature Id="Telnet-Server"              InstallAllSubFeatures="true"/>
    <Feature Id="Subsystem-UNIX-Apps"        InstallAllSubFeatures="true"/>
    <Feature Id="RPC-over-HTTP-Proxy"        InstallAllSubFeatures="true"/>
    <Feature Id="SMTP-Server"                InstallAllSubFeatures="true"/>
    <Feature Id="LPR-Port-Monitor"           InstallAllSubFeatures="true"/>
    <Feature Id="Storage-Mgr-SANs"           InstallAllSubFeatures="true"/>
    <Feature Id="BITS"                       InstallAllSubFeatures="true"/>
    <Feature Id="MSMQ"/>
    <Feature Id="MSMQ-Services"/>
    <Feature Id="MSMQ-DCOM"/>
    <Feature Id="WPAS"                       InstallAllSubFeatures="true"/>
    <Feature Id="Windows-Internal-DB"        InstallAllSubFeatures="true"/>
    <Feature Id="BitLocker"                  InstallAllSubFeatures="true"/>
    <Feature Id="Multipath-IO"               InstallAllSubFeatures="true"/>
    <Feature Id="ISNS"                       InstallAllSubFeatures="true"/>
```

```
    <Feature Id="Removable-Storage"          InstallAllSubFeatures="true"/>
    <Feature Id="TFTP-Client"                InstallAllSubFeatures="true"/>
    <Feature Id="SNMP-Service"               InstallAllSubFeatures="true"/>
    <Feature Id="Internet-Print-Client"      InstallAllSubFeatures="true"/>
    <Feature Id="PNRP"                       InstallAllSubFeatures="true"/>
    <Feature Id="CMAK"                       InstallAllSubFeatures="true"/>
</ServerManagerConfiguration>
```

Hinweis Hilfe zu ServerManagerCmd

Wenn Sie mehr über die Syntax von ServerManagerCmd erfahren möchten, geben Sie in einer Eingabeaufforderung den Befehl **ServerManagerCmd -help** ein.

Automatisieren der Installation von Rollen und Features

Sie können die Installation von Rollen und Features auf Ihrem Server auch durch eine Kombination von ServerManagerCmd und der Antwortdatei *Autounattend.xml* oder *Unattend.xml* automatisieren. Der Schlüssel dazu ist die Komponente *Microsoft-Windows-Shell-Setup\FirstLogonCommands*. Fügen Sie diese Komponente zum Abschnitt für den `oobeSystem`-Konfigurationsdurchlauf Ihrer Antwortdatei hinzu (Abbildung A.18).

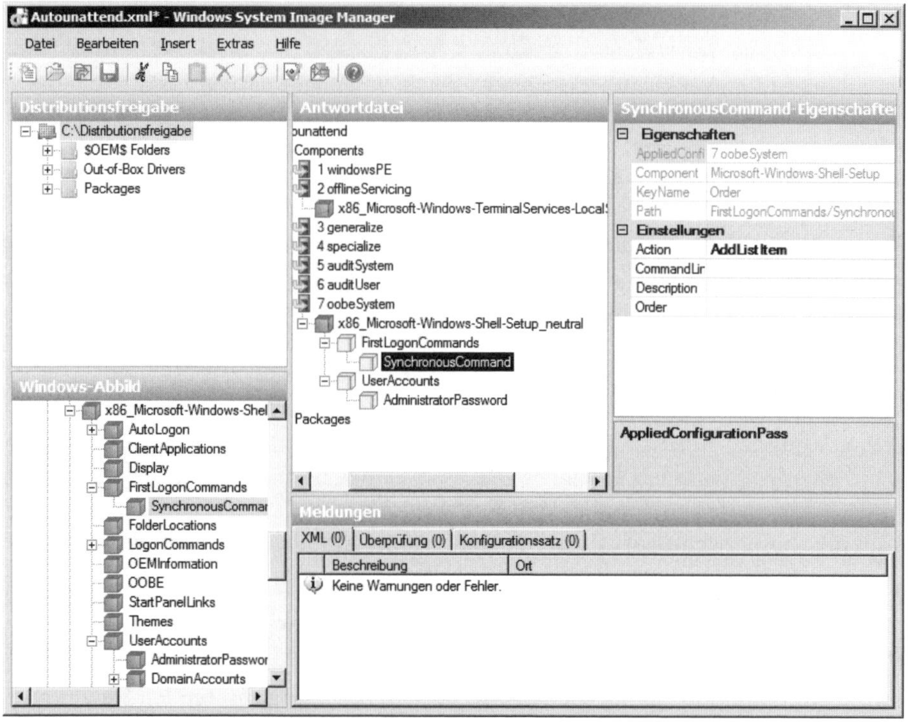

Abbildung A.18 Konfigurieren der Komponente *Microsoft-Windows-Shell-Setup\FirstLogonCommands* im Abschnitt der Antwortdatei für den `oobeSystem`-Durchlauf

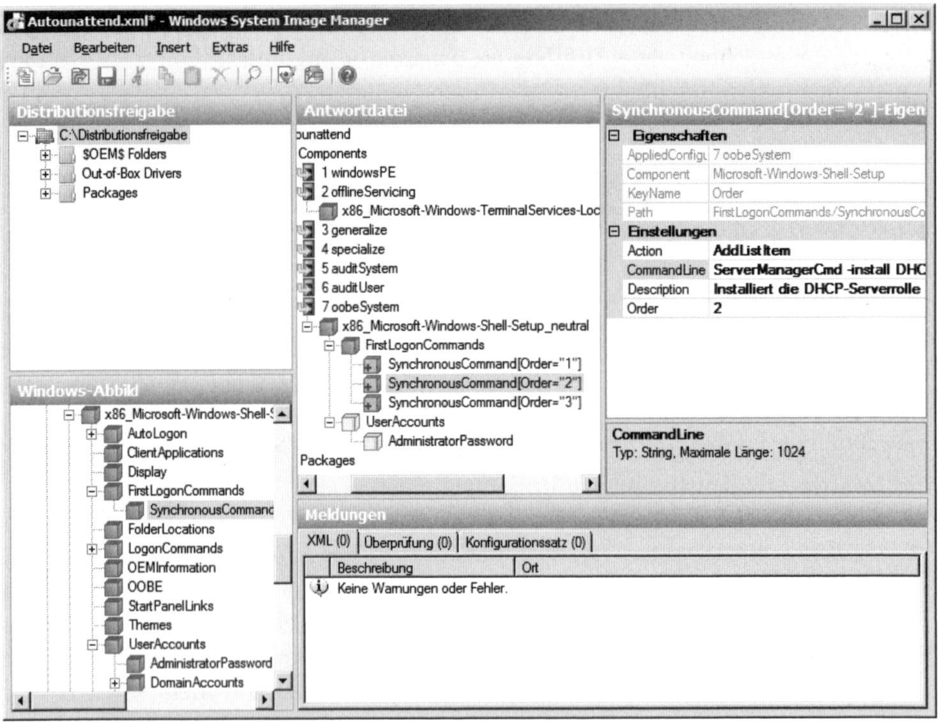

Abbildung A.19 Ausführen von mehreren Befehlen während des `oobeSystem`-Konfigurationsdurchlaufs des Setup-Programms

Die Einstellung *FirstLogonCommands* gibt alle Befehle an, die bei der ersten Anmeldung eines Benutzers auf dem Computer ausgeführt werden müssen. Anders gesagt, FirstLogonCommands werden nach der Anmeldung, aber vor der Anzeige des Desktops ausgeführt. Diese Befehle werden nur einmal ausgeführt und erhalten automatisch erhöhte Rechte, wenn der angemeldete Benutzer über Administratorrechte verfügt. (Auf Server Core ist keine Erhöhung der Rechte erforderlich, weil diese Installationsoption keine Benutzerkontensteuerung unterstützt.) Die Erhöhung der Rechte ist erforderlich, weil die Ausführung von Befehlen zur Konfiguration Ihres Servers oder zum Hinzufügen von Rollen oder Features gewöhnlich Änderungen in der Registrierung oder den Start von Windows Setup mit den in einer Antwortdatei angegebenen FirstLogonCommands erfordert. FirstLogonCommands werden alle synchron ausgeführt. Das bedeutet, dass der nächste Befehl erst dann ausgeführt wird, wenn der aktuell ausgeführte Befehl abgeschlossen wurde.

Wenn Sie während des `oobeSystem`-Konfigurationsdurchlaufs einer Installation mit der FirstLogonCommands-Einstellung einen Befehl ausführen möchten, müssen Sie für den Befehl folgende drei Werte festlegen:

- **CommandLine** Gibt die Befehlszeile für den auszuführenden Befehl an
- **Description** Beschreibt den auszuführenden Befehl
- **Order** Gibt die Stelle an, an der der Befehl ausgeführt wird (bei mehreren Befehlen)

Wenn Sie in einem `oobeSystem`-Durchlauf mehrere Befehle ausführen müssen, fügen Sie einfach entsprechend viele *FirstLogonCommands*-Abschnitte zu Ihrer Antwortdatei hinzu und geben jedem Befehl eine andere *Order*-Nummer. Abbildung A.19 zeigt zum Beispiel drei Befehle, die während des `oobeSystem`-Durchlaufs des Setup-Programms synchron ausgeführt werden (also einer nach dem anderen), wobei der zweite Befehl die Rolle DHCP-Server mit ihren Standardeinstellungen installiert.

Beachten Sie, dass Sie in Ihrer Antwortdatei neben *FirstLogonCommands* auch die Einstellungen *Microsoft-Windows-Shell-Setup\Autologon* und *Microsoft-Windows-Shell-Setup\Autologon \Password* verwenden müssen, damit die Installation der Rollen und Features unbeaufsichtigt erfolgen kann.

Hinweis FirstLogonCommands versus [GUIRunOnce]

`FirstLogonCommands` ersetzt den Abschnitt `[GUIRunOnce]`, der in älteren Windows-Versionen in *Unattend.txt*-Antwortdateien verwendet wurde.

Schnelltest

1. Warum müssen Sie in Ihrer Antwortdatei die Einstellungen für die automatische Anmeldung konfigurieren, wenn Sie die Aufgaben der Erstkonfiguration mit den Einstellungen für `FirstLogonCommands` automatisieren wollen?
2. Wie können Sie mit einem einzigen ServerManagerCmd-Befehl mehrere Rollen und Funktionen installieren?

Antworten zum Schnelltest

1. Wird die automatische Anmeldung nicht konfiguriert, so werden die `FirstLogonCommands` nicht im Rahmen des `oobeSystem`-Durchlaufs ausgeführt.
2. Verwenden Sie dafür den Befehl `servermanagercmd -inputPath` *`Eingabe.xml`*.

Installieren von Rollen und Features auf Server Core

Die Installation von Rollen und Servern auf einer Server Core-Installation erfolgt anders als bei einer vollständigen Installation. Das ist so, weil Server Core weder den Assistenten zum Hinzufügen von Rollen noch den Assistenten zum Hinzufügen von Features oder den Befehl ServerManagerCmd bietet. Stattdessen werden Rollen und Features mit den folgenden OC-Befehlszeilentools (OC bedeutet Optional Component) hinzugefügt oder entfernt:

- **OCList** Dient zur Auflistung der Serverrollen, Rollendienste und Features, die zur Installation zur Verfügung stehen, und zur Anzeige ihrer Installationszustände (installiert oder nicht). Dieses Programm ist nur in einer Server Core-Installation verfügbar und auf einer vollständigen Installation nicht vorhanden.

- **OCSsetup** Dient zur Installation oder Entfernung von Serverrollen, Rollendiensten und Features. Dieses Programm ist auf vollständigen Installationen und auf Server Core-Installation verfügbar.

Um auf einer Server Core-Installation eine Rolle oder ein Feature zu installieren, geben Sie zuerst in einer Eingabeaufforderung **oclist** ein. Dieser Befehl zeigt die aktuellen Installationszustände der optionalen Rollen und Features an. Außerdem zeigt er den Paketnamen an, der zur Installation einer bestimmten Rolle oder eines Features erforderlich ist (Abbildung A.20).

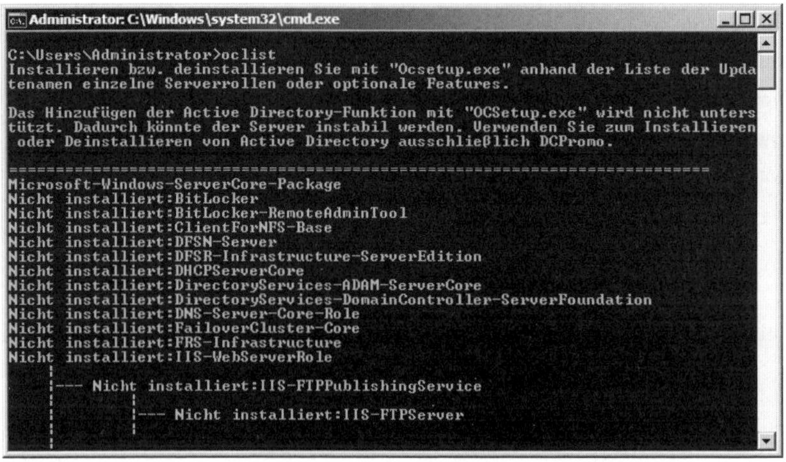

Abbildung A.20 Ergebnisse der Ausführung von OCList auf einer Server Core-Installation

In dieser Abbildung sehen Sie zum Beispiel, dass der Paketname für die Rolle DHCP-Server *DHCPServerCore* lautet. Wenn Sie das in Erfahrung gebracht haben, können Sie diese Rolle mit folgendem Befehl auf Ihrem Server installieren:

```
start /w ocsetup DHCPServerCore
```

Wenn Sie den Befehl OCSetup in dieser Weise verwenden, sind zwei Dinge zu beachten:

- Der Befehl OCSetup unterscheidet zwischen Groß- und Kleinbuchstaben. Sie müssen den Paketnamen also genau so eingeben, wie er vom Befehl OCList angezeigt wird. Eine abweichende Schreibweise wird in der Regel dazu führen, dass die Installation der angegebenen Rolle oder des Features fehlschlägt.
- Der Befehl lässt sich zwar auch ohne `start /w` geben, aber das ist weniger zu empfehlen. Je nach der zu installierenden Komponente könnte OCList eine Rolle oder ein Feature fälschlich als nicht installiert ausweisen, weil die Installation noch nicht abgeschlossen ist. Der Teil `start /w` des Befehls verhindert diese Art der Falscherkennung. Genauer gesagt, der Schalter `/w` (wait) bedeutet in Kombination mit dem Befehl `start`, dass die angegebene Anwendung gestartet wird (in diesem Fall also OCSetup) und dass der Kontrollfluss erst wieder an die Eingabeaufforderung zurückgeht, wenn der Befehl abgeschlossen ist.

OCSetup stellt in gewisser Weise eine Verpackung (einen Wrapper) für die Befehlszeilenschnittstelle des Paket-Managers (PkgMgr) dar. Der Paket-Manager ist das Windows-Tool, das für die Installation und Entfernung von Paketen und für die Aktivierung und Deaktivierung von Features verwendet wird. Der Paket-Manager (PkgMgr) wird von OCSetup aufgerufen. Während einer normalen Installation von Windows (manuell oder unbeaufsichtigt) wird der Paket-Manager von Windows Setup aufgerufen und läuft praktisch unbemerkt im Hintergrund. Der Paket-Manager kann auch für eine unbeaufsichtigte Installation von Hotfixes und Softwareupdates verwendet werden. Außerdem eignet er sich für die Aktivierung oder Deaktivierung von Windows-Features und für die Bereitstellung eines Offline-Windows-Abbilds.

OCSetup kann mit folgenden Befehlszeilenparametern aufgerufen werden:

- **/log:*Datei*** Gibt einen abweichenden Speicherort an
- **/norestart** Legt fest, dass der Computer nicht neu gestartet wird, selbst wenn dies nach der Installation der Komponente erforderlich wäre
- **/passive** Unbeaufsichtigter Modus. Nur der Fortgang der Installation wird angezeigt.
- **/quiet** Stiller Modus, keine Benutzerinteraktion
- **/unattendfile:*Datei*** Verwendet die angegebene Datei für die Installation, die Standardeinstellungen außer Kraft setzen oder zusätzliche Einstellungen enthalten kann (setzt `/passive` voraus)
- **/uninstall** Entfernt die angegebene Komponente
- **/x: *Parameter*** Gibt zusätzliche Konfigurationsparameter an, die bei der Installation der Komponente angewendet werden sollen

Weitere Informationen über die Syntax erhalten Sie, wenn Sie in einer Eingabeaufforderung den Befehl **ocsetup /help** eingeben.

Hinweis Verwenden von PkgMgr statt OCSetup

OCSetup ist zwar die bevorzugte Methode zur Installation von Rollen und Diensten unter Server Core, aber Sie können dafür auch den Paket-Manager verwenden. Der folgende Befehl installiert zum Beispiel alle verfügbaren IIS 7.0-Komponenten auf Server Core:

```
start /w pkgmgr /iu:IIS-WebServerRole;IIS-WebServer;IIS-CommonHttpFeatures;IISStaticContent;
IIS-DefaultDocument;IIS-DirectoryBrowsing;IIS-HttpErrors;IIS-HttpRedirect;
IISApplicationDevelopment;IIS-ASP;IIS-CGI;IIS-ISAPIExtensions;IIS-ISAPIFilter;
IISServerSideIncludes;IIS-HealthAndDiagnostics;IIS-HttpLogging;IIS-LoggingLibraries;
IISRequestMonitor;IIS-HttpTracing;IIS-CustomLogging;IIS-ODBCLogging;IIS-Security;
IISBasicAuthentication;IIS-WindowsAuthentication;IIS-DigestAuthentication;
IISClientCertificateMappingAuthentication;IIS-IISCertificateMappingAuthentication;
IISURLAuthorization;IIS-RequestFiltering;IIS-IPSecurity;IIS-Performance;
IISHttpCompressionStatic;IIS-HttpCompressionDynamic;IIS-WebServerManagementTools;
IISManagementScriptingTools;IIS-IIS6ManagementCompatibility;IIS-Metabase;IISWMICompatibility;
IIS-LegacyScripts;IIS-FTPPublishingService;IIS-FTPServer;WASWindowsActivationService;
WAS-ProcessModel.
```

Automatisieren der Installation von Rollen und Features

Sie können die Installation von Rollen und Features auf Server Core automatisieren, indem Sie OCSetup mit den `FirstLogonCommands`-Einstellungen in Ihrer Antwortdatei kombinieren. Das geschieht im Wesentlichen in derselben Weise, wie ServerManagerCmd mit den `FirstLogonCommands` kombiniert wird, wie weiter oben beschrieben.

Stichwortverzeichnis

C

D

E

Q

R

S

T

U

X

Z

Die Autoren

J. C. Mackin (MCITP, MCTS, MCSE, MCDST, MCT) ist Autor, Herausgeber, Consultant und Trainer und arbeitet bereits seit mehr als einem Jahrzehnt mit Microsoft-Netzwerken. Zu den Büchern, die er bisher allein oder zusammen mit anderen Autoren geschrieben hat, gehören *Administrieren einer MS Windows Server 2003-Netzwerkinfrastruktur – Original Microsoft Training: Examen 70-291; Entwerfen einer Datenbankserver-Infrastruktur mit SQL Server 2005 – Original Microsoft Training: Examen 70-443* und *Windows Vista-Support in Unternehmen – Original Microsoft Training für Examen 70-622*. Außerdem hat er einen Master in Telekommunikation und Netzwerkverwaltung.

Wenn er nicht mit Computern arbeitet, kann man J. C. in Italien oder Frankreich mit einer Panoramakamera beim Fotografieren mittelalterlicher Städte antreffen.

Anil Desai (MCITP, MCSE, MCSD) ist ein unabhängiger Consultant aus Austin, Texas. Sein Arbeitsschwerpunkt ist die Beurteilung, Implementierung und Verwaltung von IT-Lösungen. Er hat sich intensiv mit Microsoft-Serverprodukten und der Microsoft .NET-Entwicklungsplattform beschäftigt und verfügt über 12 Jahre IT-Erfahrung. Anil ist ein Microsoft-MVP (Windows Server – Management Infrastructure).

Anil ist Verfasser von zahlreichen Fachbüchern für Microsoft-Zertifizierungen, über die Windows-Serverplattform, die Virtualisierungstechnologie, Microsoft Active Directory, Microsoft SQL Server und Themen aus dem Bereich der IT-Verwaltung. Er hat auf Konferenzen Dutzende von Präsentationen durchgeführt und liefert auch für viele Online- und Printmedien Beiträge. In seiner Freizeit ist er gern mit dem Fahrrad unterwegs, spielt Gitarre, Schlagzeug und auf seiner Xbox 360 Videospiele. Weitere Informationen finden Sie auf seiner Website unter *http://AnilDesai.net*.